D1755580

Handbuch der Spielpädagogik Band 3

Handbuch der Spielpädagogik

mit Beiträgen von

Baer, U. (Remscheid)
Ballstaedt, St.-P. (Tübingen)
Bannmüller, E. (Stuttgart)
Barrèt, G. (Montréal)
Behn, R. (Köln)
Behr, M. (Essen)
Beimdick, W. (Dortmund)
Binswanger, R. (Bern)
Bittner, G. (Essen)
Böhm, W. (Würzburg)
Bonk-Luetkens, M. (Hamburg)
Burtchen, I. (München)
Dörger, D. (Berlin)
Engelmann, A. (Bielefeld)
Fend-Engelmann, E. (Köln)
Freudenreich, D. (Reutlingen)
Fritz, K. (Köln)
Fürderer-Schoenmackers, H. (Köln)
Gibas, H. (Düsseldorf)
Goetze, H. (Hamburg)
Goldbrunner, H. (Essen)
Groenewold, P. (Leeuwarden)
Grossmann, K. (Regensburg)
Gudjons, H. (Hamburg)
Gutenberg, N. (Saarbrücken)
Hamer, H. E. (Essen)
Hanada, N. (Fukuoka)
Hannes, E. (Heiligenhaus)
Hansel, T. (Essen)
Heinig, P. (Bonn)
Hering, W. (Bedburg)
Hielscher, K.-W. (Braunschweig)
Homann, G. (Lörrach)
Hoppe, H. (Siegen)
Huppertz, N. (Freiburg)
Hüttenmoser, M. (Zürich)
Jendrowiak, H.-W. (Eichstätt)
Jenisch, J. (Essen)
Jeske, W. (Essen)
Kessler, U. (Düsseldorf)
Klinke, J. W. (Gießen)
Klosinski, G. (Tübingen)
Kluge, K.-J. (Köln)
Kluge, N. (Landau)
Kooij, R. v. d. (Groningen)
König, E. (Paderborn)
König, G. (Saarbrücken)
Korte, R. (Hagen)
Kraft, P. (Bielefeld)
Krambrich, V. (Hamburg)
Kreuzer, K. J. (Essen)
Kube, K. (Bornheide)
Lenzen, H. (Köln)
Lütkenhaus, P. (Regensburg)

Maiwald, R. (Essen)
Martini, U. (Münster)
Meyer, B. (Darmstadt)
Mielke, B. (Duisburg)
Mieskes, H. (Gießen)
Mölter, U. (Köln)
Neumann, U. (Düsseldorf)
Neuer, J. (Essen)
Nickel, H.-W. (Berlin)
Niermann, M. (Wuppertal)
Noetzel, W. (Bielefeld)
Nold, W. (Frankfurt)
Oberfrank, W. (Landau)
Oertel-Burduli, B. (Düsseldorf)
Orff, G. (München)
Petzold, H. (Düsseldorf)
Preising, W. (Köln)
Pütt, H. (Essen)
Reinert, G.-B. (Hamburg)
Reiter, K. (Essen)
Retter, H. (Braunschweig)
Richter, Ch. (Berlin)
Richter, H. G. (Köln)
Riegels, V. (Düsseldorf)
Ritter, H. M. (Berlin)
Röhrs, H. (Heidelberg)
Szatkowski, J. (Aarhus)
Schäfer, E. (Würzburg)
Schaller, H.-J. (Aachen)
Scheel, B. (Frankfurt)
Schenk-Danziger, L. (Wien)
Schenkel, R. (Basel)
Scheuerl, H. (Hamburg)
Schmack, E. (Dortmund)
Schmidtchen, St. (Hamburg)
Schmidtke, H.-P. (Essen)
Schmitz-Hambrecht, A. (Essen)
Schreiner, K. (Köln)
Schubert, P. (Dortmund)
Schulze-Reimpell, W. (Erftstadt)
Segler, H. (Braunschweig)
Stankewitz, W. (Köln)
Steinmann, P. K. (Berlin)
Stuckenhoff, W. (Dortmund)
Thomas, I. (Essen)
Thiell, B. (Essen)
Tiemann, K. (Bremen)
Tschinkel, J. H. (Wien)
Twellmann, W. (Essen)
Warns, E. N. (Bielefeld)
Wegener-Spöhring, G. (Göttingen)
Wegner, R. (Essen)
Wölfert, E. (Hamburg)
Wurst, F. (Klagenfurt)

Handbuch der Spielpädagogik

Band 3
Das Spiel als Erfahrungsraum und Medium

Herausgegeben
von
Karl Josef Kreuzer

Schwann Düsseldorf

CIP-Kurztitelaufnahme der Deutschen Bibliothek

Handbuch der Spielpädagogik / hrsg. von Karl Josef Kreuzer. — Düsselsorf: Schwann
NE: Kreuzer, Karl Josef [Hrsg.]

Bd. 3. → Das Spiel als Erfahrungsraum und Medium / hrsg. von Karl Josef Kreuzer. — 1. Aufl. — Düsseldorf: Schwann, 1984
(Handbuch der Spielpädagogik; Bd. 3)
ISBN 3-590-14398-3

NE: Kreuzer, Karl Josef [Hrsg.]

© Pädagogischer Verlag Schwann-Bagel GmbH Düsseldorf
Alle Rechte vorbehalten
1. Auflage 1984
Satz Reprosatz Brigitte Struve, Düsseldorf
Druck Lengericher Handelsdruckerei, Lengerich
Bindung Hunke & Schröder, Iserlohn
ISBN 3-590-14398-3

Inhalt

Band 3

I. Einleitung 1

Karl Josef Kreuzer
Konkretionen, Erprobungen und Erfahrungen in Praxisfeldern 3

II. Spiel, Kommunikation, Interaktion und Gruppendynamik 15

1. *Karl Josef Kreuzer*
   Das Spielen, Feiern und Festerleben von Jugendlichen 17

2. *Jürgen Fritz*
   Der Einsatz von Spielen zur Steuerung gruppendynamischer Prozesse 31

3. *Herbert Gudjons*
   Interaktionsspiele in Schule und Jugendarbeit zur Initiierung sozialer Lernprozesse 41

4. *Gisela Wegener-Spöhring*
   Interaktion im Rollenspiel 55

5. *Wilfried Noetzel*
   Interaktionspädagogisches Spielen 71

6. *Heinz Gibas / Uwe Mölter*
   Materiale, funktionale und pädagogische Aspekte kommerzieller Gesellschaftsspiele in der Jugendarbeit 93

7. *Ulrich Baer*
   Kooperative Spiele in der Jugendarbeit 129

8. *Guido König*
   Ohne Bücher kein Zuhause 141

III. Spiel, Kunst, Musik und Tanz 165

1. *Peter Heinig*
   Kinetische Objektkunst und Spielobjekte im Kunstunterricht ... 167

2. *Peter Schubert*
   Zur Struktur von Aktionen und ihrer Bedeutung in der ästhetischen Erziehung 183

3. *Kurt Schreiner*
   Vom Gestalten zum Spiel 203

4. *Heinrich Lenzen*
   Mediales Spiel 221

5. *Ulrich Martini*
   Spiele mit Musik 241

6. *Christoph Richter*
   Musik als Spiel 253

7. *Helmut Segler*
   Spielen, Tanzen, Musizieren für alle – muß das sein? 265

8. *Karl Josef Kreuzer / Renate Maiwald*
   Der Tanz als Spiel und das Tanzspiel 285

9. *Nobuhisa Hanada / Heyo Hamer*
   Das Spiel mit der Bambusflöte 301

IV. Spiel und Theater 311

1. *Hans Hoppe*
   Theaterspielen als pädagogischer Erfahrungsraum 313

2. *Hans-Wolfgang Nickel*
   Theater mit Kindern – Theater für Kinder 333

3. *Winfried Stankewitz*
   Didaktik des Theaterspielens mit Kindern und Jugendlichen 361

4. *Ute Kessler / Barbara Oertel-Burduli*
   Spielraum Bühne 381

5. *Jakob Jenisch*
   Ausdrucksmöglichkeiten, Identifikationen und pädagogische
   Erfahrungen beim Theaterspielen 397

6. *Peter-Klaus Steinmann*
   Figurentheater als Kinder- und Jugendtheater 417

7. *Michael Behr*
   Vom Märchenspiel zum Kindermitspieltheater 433

8. *Werner Schulze-Reimpell*
   Kinder- und Jugendtheater in der Bundesrepublik Deutschland 445

9. *Norbert Gutenberg*
   Amateurtheater als pädagogische Aufgabe 457

10. *Hans Martin Ritter*
    Das Lehrstück 479

11. *Walter Beimdick*
    Theaterkunst und Zuschaukunst 495

V. Spiel und Sport 509

1. *Hermann Röhrs*
   Das Sportspiel in Theorie und Praxis 511

2. *Klaus-Wieprecht Hielscher*
   Spiele im Sportunterricht 533

3. *Hans-Jürgen Schaller*
   Didaktische Theorie und Praxis des Sportspiels 545

4. *Eva Banmüller*
   Ästhetische Dimension der Bewegung im Sport 567

5. *Gerhard Bittner*
   Kooperative Spiele im Sportunterricht 577

VI. Spiel und Umwelt 589

1. *Bernhard Meyer*
   Spielräume in der Stadt 591

2. Johannes Niermann
   Vom Spielplatz zum Freizeitpark 607

3. Inge Thomas
   Die Reintegration der Spielräume von Kindern in die Erwachsenengesellschaft 623

4. Wilfried Noetzel
   Sozial- und freizeitpädagogische Aspekte einer nicht-unterrichtlichen
   Spieldidaktik 639

5. Norbert Kluge / Waltraud Oberfrank
   Elterliche Spieleingriffe und kindliches Spielverhalten auf
   Gerätespielplätzen 659

6. Karl Reiter
   Spiel und Straßenverkehr 675

7. Rolf Behn
   Videospiele als Abbild unserer Wirklichkeit 683

8. Karl Josef Kreuzer / Barbara Thiell
   Umwelterziehung im Spiel 697

Die Autoren 715

Personenregister 727

Sachregister 735

Inhalt

Band 1

Vorwort 1

I. Einleitung 5

Karl Josef Kreuzer
Zur Komplexität der spielpädagogischen Fragestellungen und Bereiche   7

II. Pädagogische Aspekte der Theorie und Praxis des Spielens und der Spiele 29

   1. *Hans Scheuerl*
      Die pädagogisch-anthropologische Dimension des Spiels 31

   2. *Hermann Röhrs*
      Das Spiel — Eine Grundbedingung der Entwicklung des Lebens .. 43

   3. *Rudolf Schenkel*
      Zur Funktionalität des Spiels. Eine vergleichend-biologische Untersuchung 69

   4. *Rimmert van der Kooij*
      Empirische Spielforschung. Überblick und neuere Ergebnisse ... 89

   5. *Hans Hoppe*
      Pädagogische Funktionen und Implikationen des Kinderspiels ... 159

   6. *Wolfgang Stuckenhoff*
      Das Verhältnis von Spielaltern und Spielformen als Basis für eine Spielförderung 181

   7. *Walter Twellmann*
      Spielen und Arbeiten — Spielen und Feiern — Spielen und Lernen. Ambivalente Bezüge des Spielens im Raum der Erziehung 197

   8. *Ernst Schmack*
      Spielendes Lernen — Lernendes Spielen 211

   9. *Karl Josef Kreuzer*
      Zur Geschichte der pädagogischen Betrachtung des Spiels und der Spiele 229

   10. *Winfried Böhm*
       Wider die Pädagogisierung des Spiels 281

III. Psychologisch-pädagogische Aspekte des Spiels 295

1. *Rimmert van der Kooij*
   Die psychologischen Theorien des Spiels 297

2. *Gerd E. Schäfer*
   Spiel, Phantasie und Selbstbezug 337

3. *Paul Lütkenhaus / Klaus Grossmann*
   Zusammenspiel und Kompetenzentwicklung 357

4. *Lotte Schenk-Danzinger*
   Zur entwicklungspsychologischen Bedeutung des Spiels 369

IV. Spielmittel und Spielmittelforschung 385

1. *Hans Mieskes*
   Spielmittel und Spielmittelforschung im Kontext spielpädagogischer
   Fragestellungen 387

2. *Winfried Klinke*
   Modellentwurf zur Beschreibung, Analyse und Beurteilung von
   Spiel- und Arbeitsmitteln 431

3. *Wilfried Nold*
   Papierspielzeug – ein pädagogisches Medium? 447

V. Spielpädagogik im internationalen Vergleich 459

1. *Ingeborg H. Tschinkel*
   Die Spielpädagogik in Österreich – Theoretische Ansätze und
   praktische Erprobungen 461

2. *Marco Hüttenmoser*
   Spielpädagogik in der Schweiz – Theoretische Ansätze und
   praktische Erfahrungen 471

3. *Janek Szatkowski*
   Tendenzen der „Dramapädagogik" in Skandinavien –
   historisch und gegenwärtig 481

5. *Heyo E. Hamer*
   Möglichkeiten der Selbstverwirklichung im Spiel. Ein Vergleich
   Japan und USA 515

6. *Werner Jeske*
   Das Spiel des Vorschulkindes im Sozialismus — dargestellt am
   Beispiel der DDR 531

Personenregister 547

Sachregister 551

Die Autoren 559

Band 2

I. Einleitung 1

Karl Josef Kreuzer
Gedanken über das Verhältnis pädagogischer Institutionen zum Spiel . 3

II. Voraussetzungen und Zielperspektiven des Spiels im frühpädagogischen Bereich 19

1. *Rainer Korte*
   Die Bedeutung des Spiels für die kindliche Entwicklung in den ersten Lebensjahren aus tiefenpsychologischer Sicht 21

2. *Reinhard Wegner*
   Die Bedeutung des Spiels in den ersten Lebensjahren aus lernpsychologischer Sicht 33

3. *Eckard König / Gerda Volmer*
   Spiel und Normen 57

4. *Hans-Werner Jendrowiak*
   Das Spiel und die verschiedenen Wirklichkeiten von Welt 65

5. *Toni Hansel*
   Die Tätigkeit des Kindes in der Spannung zwischen Spielen und Lernen. Zur pädagogischen Ambivalenz des Einsatzes von Lernspielen 77

III. Das Spielen im vorschulischen Handlungsvollzug 99

1. *Wolfgang Hering*
   Der pädagogische Einsatz von Spiel in vorschulischen Bildungseinrichtungen 101

2. *Norbert Huppertz*
   Das Rollenspiel in der Kindergarten- und Vorschulerziehung 119

3. *Monika Niermann*
   Freies und gebundenes Spiel in Kindergarten und Familie 129

4. *Norbert Kluge*
   Sexuelle Grunderfahrungen im Spiel 145

5. Norbert Huppertz
   Spielnachmittage im Kindergarten für Eltern und Kinder 157

IV. Didaktik und Methodik des Spiels in der Schule 165

1. Klaus Kube
   Zur Didaktik, Typologie und Zielsetzung des Spiels 167

2. Monika Niermann
   Erzieherische Zielsetzungen beim Einsatz von Funktionsspielen .. 185

3. Wolfgang Stukenhoff
   Der Stellenwert und die pädagogische Verantwortbarkeit „freier
   Spiele" und „freien Spielens" im Unterricht 203

4. Dorothea Freudenreich
   Rollenspiel und soziales Lernen im Unterricht 213

5. Gerd-Bodo Reinert
   Integrative Spielpädagogik 231

6. Klaus Tiemann
   Unterrichtsspiel und Handlungsmodell 251

7. Monika Bonk-Luetkens
   Planspiele und Planspielmodelle 269

8. Hans Hoppe
   Spiel im Deutsch- und Fremdsprachenunterricht — Begründungen
   und Kriterien für die fächerspezifische Spielauswahl und
   -verwendung 285

9. Gerhard Homann
   Verschiedene Spiele in verschiedenen Fächern — Zur fächer-
   spezifischen Spielauswahl und -verwendung am Beispiel des
   Mathematikunterrichts 305

10. Klaus Kube
    Zur fächerspezifischen Spielauswahl und -verwendung am Beispiel
    des Sozialkunde- und Politikunterrichts 319

11. Else Natalie Warns
    Prozeß- und produktorientierte Spiel- undTheaterarbeit im
    Literaturunterricht der gymnasialen Oberstufe 337

12. *Else Natalie Warns*
    Zur fächerspezifischen Spielauswahl und -verwendung am Beispiel
    des (evangelischen) Religionsunterrichts 359

13. *Hein Retter*
    Spielmittel als Lernmittel — Lernmittel als Spielmittel 377

V. Spiele als Bestandteil des Schulalltags 395

  1. *Burkhard Mielke*
     Schultheater — Schülertheater 397

  2. *Heinz Pütt*
     Der Lehrer als Spielleiter und Animateur 423

  3. *Hans-Wolfgang Nickel*
     Lehrer, Eltern, Schüler spielen 443

  4. *Peter Kraft*
     Spiele bei Festen und Feiern in der Schule? 469

VI. Das Problem einer Qualifizierung zum Spielleiter 469

Karl Josef Kreuzer
Das Spiel in der Aus- und Weiterbildung von Lehrern und Erziehern .. 471

Personenregister 489

Sachregister 493

Die Autoren 497

I. Einleitung

Konkretionen, Erprobungen und Erfahrungen in Praxisfeldern

Karl Josef Kreuzer

I. Das Spiel als Erfahrungsraum

Mit dem Spiel in seiner engen und weiten Begriffsdeutung (vgl. auch Einleitung zu Bd. 1, 7 ff.) bietet sich dem Menschen ein Erfahrungsraum, der, faßt man ihn kultisch, bis an die Wurzel aller Kultur zurückreicht (vgl. HUIZINGA 1956). Die indische Gottheit des tanzenden Shiwa schafft die Welt spielerisch als Spiel. Das ist die weiteste aller räumlichen Bezugssetzungen, weitgehend der Erfahrung entzogen. Der Mensch als Spielzeug Gottes, als *lebendiges* Spielzeug (PLATON), ist ein Gedanke, der die Räumlichkeit der Spielerfahrung überschreitet und in sie zurückkehrt, wenn man bedenkt, daß der Mensch nicht nur eine willenlose Spielfigur (RAHNER 1952, 28) darstellt. Die Konstruktion von Metaspiel und Spiel zeigt uns zwar an, daß wir die weiteste Beziehung kaum zu fassen vermögen, bringt aber gerade die mit dem Spiel gegebene emotionale Erfahrung unter das Joch der Kognition. Unter diesem Aspekt kann das kultische Spiel als die Inkarnation der Unfreiheit erscheinen, weil diese ritualisierte Form der scheinbaren Freiheit des Spiels entgegensteht. Tatsächlich kann die Spielerfahrung aber auch hier größtes Freiheitserleben bedeuten. Beschränken wird uns also zunächst auf eine Feststellung von BALLY (1966, 61):

„Dem Menschen sind tatsächlich in seiner Konstitution alle Voraussetzungen dafür gegeben, daß das Spiel — bei den niederen Säugern in einfachsten Formen, bei den höheren und höchsten endlich in differenzierter Gestalt aufweisbar — in seinem Leben einen bedeutenden Raum einnehme."

Das ist die eine Seite: im Leben des Menschen nimmt das Spiel einen Raum ein, und es ist ein „Spielraum der Freiheit". Auf der anderen Seite steht dem Menschen mit dem Spiel ein Erfahrungsraum *zur Verfügung*, und es ist geradezu selbstverständlich, daß der junge Mensch (wie das junge Säugetier), ihn so extensiv nutzt, wie seine Umwelt dies zuläßt. Aber selbst noch für den Erwachsenen läßt das Spiel konstruktive Erfahrungen zu, die durch einen anderen Erlebens- und Handlungsbereich nicht ersetzbar zu sein scheinen.

„Jeder spielende Mensch zeigt jugendliche Merkmale, und der gealterte, müde, kranke, schwermütige Mensch hat Sehnsucht nach dem ‚Paradies' des jugendlichen Lebensdranges, der Spontaneität, Spannkraft, Vitalität und ein Verlangen, Möglichkeiten zu verwirklichen, Grenzen zu überschreiten, das Risiko des Abenteuers auf sich zu nehmen, das Glück zu versuchen — kurz: Die Freude des Spielens zu genießen, das Glück des Gelingens" (BUYTENDIJK 1973, 111).

Soeben hat ERIKSON (1983, 28 — 44) noch einmal darauf hingewiesen, wie man sich auch als alter Mensch, nein gerade als alter Mensch, der spielerischen Seite des Lebens wieder verstärkt zuwenden kann, um vielleicht die alten und ewig jungen Erfahrungen erneut und vertieft zu machen. Nein, es gibt keine Altersgrenze für das Spiel als einen Erfahrungsraum, aber beim jüngeren Kind wird seine Bedeutung wahrnehmbarer, eindringlich erfahrbarer. Im Wortsinn schafft sich das Kind Raum beim Lieblingsspiel der Vier- bis Fünfjährigen, dem Verstecken und Gesuchtwerden. Das fängt zwar schon beim Einjährigen an, wird aktiv jedoch mit der eigenen Bewegungskraft, dem hinter oder unter ein Möbel Kriechen zum vollendeten Erleben der Wonneangst. Das steckt tief in uns, der Wunsch nach dem Sich- verbergen, nach Geborgenheit und Sicherheit, und es findet seinen Ausdruck im Hütten- bzw. „Buden"bau der Jugendlichen ebenso wie in den verschiedenen Versteck-, Such- und Fangspielen.

Aber noch in anderer Weise stellt das Spiel einen Erfahrungsraum dar, wobei die Erfahrung abstrakt oder konkret sein kann, auch in Überschneidungen, und parallel dazu der Raum fiktiv oder real, mit fließenden Grenzen.

Bei allen darstellenden Spielen wird das deutlich, aber auch dort, wo man sich der künstlerischen oder musikalischen Elemente bedient, um einen „Spielraum" erst einmal zu schaffen, als Bühne, als Forum für Auftritte, als improvisiertes Szenarium oder als „Klangraum". Ebenso konkret sehen wir uns der Spielhalle, der Turnhalle gegenüber. Weit bedeutender erscheint uns jedoch das Spiel als ein Erfahrungsraum unmittelbarer Art zu sein, wobei das Räumliche als gedacht, in der Phantasie gegeben anzusehen ist, und gewissermaßen eine „Schutzhülle", ein Reservat um die Spielenden aufbaut, verwundbar zwar gegenüber Eingriffen von außen, die das Spielgeschehen zerstören könnten, aber temporär begrenzt doch Sicherheit und ein „Entrücktsein" bietend. In diesem Sinne hat auch der von uns skizzierte Erfahrungsraum des Spiels, wo er konkret in Erscheinung tritt, eine *Gestimmtheit* im BOLLNOWschen Sinn (vgl. BOLLNOW 1963).

Wohlgemerkt, wir sprechen nicht von jenem hospitalisierten oder übersteigerten Spielbedürfnis, das einer Sucht gleichkommt, sondern vom Spielen als einem Lebensvollzug der unmittelbaren und unbekümmerten Vergangenheits-, Gegenwarts- und Zukunftsbewältigung.

Bei allen Konkretionen von Spiel tut sich ein Erfahrungsraum auf, der zugleich Weltbemächtigung bedeutet. Das betrifft die einzelnen Handlungsabläufe und Verhaltensweisen selbst, wie sie sich zum Beispiel kommunikativ und interaktiv repräsentieren oder in sozialen Beziehungen oder in der Dynamik von Gruppen, bezieht sich aber auch auf die unterschiedlichen konkreten Bereiche wie einen Kindergarten, eine Schule oder einen Gruppenraum und erstreckt sich darüber hinaus auf die das Spiel unmittelbar tangierenden, betreffenden oder zu seiner Veranlassung beitragenden Sachverhalte. Der Erfahrungsraum Spiel bringt bruchstückhafte, un-

gesicherte Freiheit, aber nicht in der Form des „Sich Spielens" (vgl. KUTZ-NER 1975, 275), sondern in der Form des *Spiel*raums, der nur innerhalb von Regelungen denkbar ist. Es gibt kein Spiel ohne Regeln, aber im Spiel ist nicht alles geregelt (vgl. MEYER-DRAWE 1983, 403 und ihren Hinweis auf WITTGENSTEIN).
Bei der „Rekonstruktion des Erfahrungsbegriffs" sehen wir uns auf das Gegenüber von Leben, Handlung und Erkenntnis verwiesen (GÖTZ 1973, 51 ff.). Im Zusammenhang mit dem Spiel ist der Erfahrungsbegriff zuerst pragmatisch zu verstehen, und er bestimmt, als psychisches Phänomen, eine subjektive Art der Weltaneignung und -auseinandersetzung. Im letzteren Sinn ist also auch der philosophische Charakter des (traditionellen) Erfahrungsbegriffes mitgemeint.
Ausgestattet mit einer „vorgängigen Erfahrung" (GÖTZ 1973, 86) trifft der Spieler auf die Grenzen des Spielraumes, findet sich beim Spielgeschehen in einem Prozeß wieder, der in unterschiedlichster Weise Vorerfahrungen aktiviert und neue bereit hält. Erfahrung als statischer Verfügungsapparat gerät in den meisten Spielen rasch ins Wanken. Das gilt für darstellende Spiele, für viele Gesellschaftsspiele, für alle freien und spontanen Spiele und auch für Sportspiele, was mit der Aussage eines ehemaligen Fußballbundestrainers „der Ball ist rund" treffend charakterisiert ist; ein Rest Unwägbarkeit liegt in jedem Spiel, wird von der „Berechenbarkeit" einiger Glücksspiele einmal abgesehen.
Erzieherisch vermag gerade der Erfahrungsraum Spiel Ich-Qualitäten zu stabilisieren, die auf eine „Sensibilität für Veränderungen, auf die Fähigkeit der Frustrationstoleranz, der Hingabe und Empfänglichkeit für Neues" (GÖTZ 1973, 88) zuläuft.
Der Anschluß an DEWEY, den GÖTZ vornimmt, wenn er auf die Bedeutung von Tun und Erleiden für die Erfahrung hinweist, ist in unserem Falle ebenso hilfreich wie seine Unterscheidung zwischen „unmittelbarer Erfahrung", „kognitiver Erfahrung" und „empirischer und experimenteller Erfahrung" (GÖTZ 1973, 91 ff.). In Spielen, gerade in Kinderspielen, scheint sich permanent ein Sinn dafür herauszubilden, daß oft nur das unmittelbare Anstoßen an Grenzen, das Umgehen mit Regeln, das Empfinden von Offenheit und Geschlossenheit weiterhilft. Aber auch die Erkenntnis, daß man von den Erfahrungen anderer lernen kann (man denke an die Bereitstellung des Spielleiters) und dies einsieht, wird in vielen Spielsituationen zwangsläufig virulent. Die denkende Verknüpfung des Selbst mit den sozialen und nichtsozialen Objekten im Raum gehört darüber hinaus zu einer kognitiven Erfahrung, der sich kein *Mitspieler* entziehen kann. Erst recht gilt beim Spielen, daß der Spieler, man denke an die *trial-and-error-Situationen* von Spielen, bei denen es auf Schnelligkeit und Geschicklichkeit ankommt, auch mit blindem oder wildem Eifer agiert und dabei seine „empirischen" Erfahrungen macht; daneben gibt es andere Spiele, die das Experimentieren mit dem Ziel der einsichtigen Problemlösung explizit nahelegen (vgl. hierzu auch: VAN DER KOOIJ, Handbuch der Spielpädagogik, Bd. 1, I. 4).

Was unter dem Namen Spiel öffentlich ist, führt jedoch auch zu Erfahrungen, die mit Betrügen, mit Willkür, mit Brutalität und Gewalt, mit Lächerlichkeit, mit Rechthaberei oder Qual und Zerwürfnis zu tun haben. Bei näherem Hinsehen erweist sich hier aber das Spiel als degeneriert, korrumpiert oder verabsolutiert. Die Risikobereitschaft sinkt, die Begierde steigt. Die personale Auseinandersetzung versteckt sich hinter Apparaten. Die freie Spiellaune wird von der Sucht erstickt.

Hier soll das Spiel nicht veridealisiert werden, aber weder die weitgefaßte noch die engste Definition von Spiel läßt, wenn sie rechtschaffen ist, Zwang oder Unterwerfung außerhalb der Regelbindung zu. Dieser Sachverhalt schützt den Erfahrungsraum des Spiels und die Spieler. Konkretionen, Erfahrungen und Erprobungen, gerade im pädagogischen Bereich, stehen unter diesem Primat.

II. Das Spiel als Medium

Das Spiel ist, in allen Formen konkreter Spielhandlungen und bei allen Experimenten und abtastenden Erprobungen, immer als ein *Mittler* und *Vermittler* anzusehen. Es ist aber auch in dem Sinne Medium, daß es als *Träger* veranlaßter oder selbstgewählter Vorgänge und Ziele zu betrachten ist.

Das Spiel ist ein Medium der Freude, der Heiterkeit und des Vergnügens, aber auch des Wagnisses und des Abenteuers, denn diese werden durch das Spielen vermittelt und erlebbar. Und auch die Spielhandlung selbst ist medial in einer ursprünglich interaktiven Weise. Gespielt wird immer nur mit jemandem oder mit etwas.

Ein Hauch spiritistischer Gedanken erhält sich, wenn man an die mit vielen Spielen gegebenen Verwandlungsmöglichkeiten denkt, an den Zauber spielerischer Metamorphosen, Entfaltungen, Rollenwechsel.

Ein weiterer Aspekt ist die *mediale Ausgestaltung* vieler Spiele als unabdingbarer Begleitwert zum Beispiel der meisten darstellerischen Spiele: vom Requisit bis zum Bühnenbild, von der Maske bis zum Kostüm, vom Luftballon bis zur Videocassette. Ohne solche Medien, mit der Kraft zum Tragen und Vermitteln, verarmt das Spiel zur seelenlosen Hülle oder es entzieht sich.

Im Spiel erlebt sich auch der *Spieler als Medium*, wenn er mit seiner *Imaginationskraft* sich selbst und andere verwandelt und aus dem scheinbaren Nichts heraus Gegenstände hervorzaubert, mit denen gespielt werden kann. BUYTENDIJK (1973, 94) war es, der noch einmal GADAMERs Ansicht hervorgehoben hat, „daß der ursprüngliche Sinn von Spielen der mediale Sinn ist", und er verweist dabei auf das spielerische Hin und Her zwischen Schein und Realität, das jedem Spiel innewohnt. Damit ist von zwei Seiten her das Spiel auch als Medium charakterisiert. Um aber das Spiel und seine mediale Dimension voll auszuleuchten, müssen folgende *Aspekte* bedacht werden:

- das Spiel selbst ist Medium im Sinne eines Mittlers oder Vermittlers auf eine Person hin,
- auf ein Objekt hin und
- auf eine Idee hin.

Außerdem ist das Spiel medial

- in seinen Mitteln,
- in seinen Ausdrucksformen und
- in seiner Imaginationskraft.

Hinzu kommt der *mediative Gesichtspunkt*, und hier zeigt sich das Spiel als

- mediatives Erlebnis, als ein Verwandelt- oder Verzaubertwerden,
- als mediative Erfahrung, als ein sich anders und neu Fühlen und
- als eine Konkretisierung oder Verwirklichung des Unbekannten, Nichtvorhandenen, Transzendenten, Unerhörten, Traumhaften, im realen Leben Außen-vor-Stehenden (Scheinhaften).

Das Spiel als Medium integriert in einzigartiger Weise Denken und Fühlen, Verbales und Nonverbales, Individuelles und Soziales. Es impliziert planvolles und situatives Agieren, vereinigt Spontaneität und zielbewußtes Handeln.

Vor allem aber ist das Spiel als Medium ohne den handelnden, aktiven, sich auseinandersetzenden Menschen, der zufaßt und sich selbst in das Geschehen eingibt, nicht denkbar. Das schafft, wie wir meinen, ein, wenn auch bescheidenes, Gegengewicht zur Allmacht der Medien, der Massenmedien und der elektronischen Medien. Vor allem das Fernsehen und die neue Videobegeisterung führen immer mehr zu einem gefährlich werdenden Konsum von Wirklichkeit aus zweiter Hand über eine Glaswand hinweg. Die Aktivitäten, die sich auf der Mattscheibe des Fernsehgerätes abspielen, sind immer „weit weg", getrennt vom Zuschauer. Es fehlen in jedem Fall die Dreidimensionlität und die Originalität des Geschehens. Kein Zwischenruf, keine Beifalls- oder Mißfallenskundgebung ist unmittelbar möglich. Neben diese Ohnmacht gesellt sich die, auf die Bildauswahlprinzipien des „Bildmischers" Einfluß auszuüben oder auf die Moderations- oder Interviewpraxis direkt zu antworten. Hier soll keine Globalkritik des Fernsehens versucht werden. Das Fernsehen gibt es, und mit ihm muß, so gut es geht, umgegangen werden. Aber die mögliche Versklavung des Menschen durch diese Medien ist wachsam im Auge zu behalten, und es ist nach Wegen zu suchen, wie man ihr vorbeugen oder begegnen kann. Mit dem Zuschauer, als dem fanatischen Spieler, wie einmal gesagt wurde, ist uns wenig geholfen, wohl aber mit dem engagierten, handelnden, eben dem Menschen, der selbst spielt, das aktive Medium nützt oder das passive in ein solches ummünzt.

Im Blick auf unsere Jugend ist der „Fernsehentzug", wie ihn zum Beispiel die Schulverwaltung der Gemeinde Farmington bei Hartford im US-Bundesstaat Connecticut im Januar des Jahres 1984 den Schülern und Eltern anriet, keine pädagogisch akzeptable Lösung. Eher schon helfen Alternativen, Anregungen zu eigenem Erleben, die Inszenierung von Unmittelbarkeit. Hoffnungsvoll mag stimmen, daß auf diesem Gebiet viele Initiativen und Be-

wegungen erkennbar werden. Trotzdem stehen wir, um einen anderen Punkt zu benennen, in der Bundesrepublik Deutschland allein für 1982 und 1983 einem Absatz von mehreren 100 000 *Videospielkonsolen* gegenüber und der Verkauf an Spielkassetten umfaßt mehrere Millionen (in Amerika sollen bereits ca. 10 Millionen Spielgeräte in den Haushalten vorhanden sein!) (vgl. hierzu den Beitrag von BEHN in diesem Band).
Auch dieser „Spielboom", vor allem mit den *Atari-Spielen* eingeleitet, soll hier nicht einfach verteufelt werden, deutet er doch auf ein Spielbedürfnis breiter Schichten, und bei einem maßvollen Umgang können auch solche Spiele viel Spaß und anregende Unterhaltung bedeuten. Die Konzentration auf den Bildschirm sollte pädagogisch verantwortbare Grenzen haben, sonst verkehrt sich das Spiel in ein *Antispiel*. Noch ist ein gutes Maß an wissenschaftlicher Forschung nötig, um nähere Aufschlüsse über die Wirkungen solcher Spiele zu ermitteln, um herauszufinden, wie Kinder, Jugendliche, Eltern, Pädagogen mit ihnen umgehen. Schon jetzt aber warnen uns erste Ergebnisse, die auf soziale Verarmung hinweisen. Wesentlich scheint es vor allem zu sein, die Ursachen der offensichtlichen Faszinationskraft, wie sie zum Beispiel mit Tempo und Spieldynamik (FRITZ) gegeben sein könnten, herauszufinden und die bereits vorhandenen alternativen Spiele zu aktivieren, die sowohl das individuelle als auch das soziale Vermögen fördern. Stimmt auch die Nachricht von einer Renaissance der alten *Flipper-Automaten* tröstlich, die im Vergleich mit den Videospielen harmlos anmuten, ist hier doch der Spieler noch relativ stark mit Augen, Händen und Körper *dabei*, insgesamt ist die Zunahme der quantitativen Spiele besorgniserregend. Der Kampf mit der Zeit und gegen eine schier unendliche Anzahl von zu eliminierenden Leuchtpunkten dominiert in den meisten Fällen solchermaßen, daß die positiven Aspkete der schnellen Reaktion, Koordination und intensiven Konzentration überwuchert werden. Vergessen wir aber nicht, daß das Grundprinzip des Kampfes gegen die Zeit und die Vorrangstellung des Superlativs der Punkte oder der Sekundenbruchteile in vielen Bereichen des Lebens bereits voll gilt, den Jugendlichen vorgegeben wird. Die Sportnachrichten, man denke zum Beispiel an die Skiabfahrtsrennen, werden regelmäßig davon beherrscht. Nimmt man Sachverhalte, wie die bereits durch die Spielanleitung gegebene Aufforderung zur äußersten Aggressivität hinzu und den Umstand, daß die schnellste Vernichtung die beste ist (vgl. das verbreitete Spiel „Space Invaders"), so sind pädagogische und psychologische Bedenken mehr als angebracht.
Das Spiel als Medium in dem vorweg von uns gekennzeichneten Sinn, so zeigt sich, lebt von der spontanen Eigenbeteiligung, von direkter Entschlußkraft zum Handeln, vom Sicheingeben des einzelnen in den, häufig auch sozialen, Prozeß. In dieser Hinsicht schafft das Spiel Erfülltsein und eröffnet Sinnperspektiven über den Tag hinaus. Roboter und Automaten werden dem Menschen diese, das Humane erhaltende Kraft nicht ersetzen können, es sei denn, sie werden mediatisiert und so zu Spielmitteln, die ihre Regeln weitgehend von sozialen Wesen in einer ad-hoc-Situation empfangen. Danach sieht es bisher nicht aus.

III. Das Spiel in verschiedenen Praxisfeldern

Über den Elementarbereich und die Schule hinaus, aber durchaus auch noch diese betreffend, werden in diesem dritten Band des HANDBUCHES DER SPIELPÄDAGOGIK Bereiche akzentuiert und, wie thematisiert, als Erfahrungsraum und Medium Spiel erkennbar, die auch im alltäglichen Leben jedes einzelnen von Bedeutung sind. Daß Spiele eine kommunikative Atmosphäre schaffen, daß die meisten Spiele Interaktionen hervorrufen oder begünstigen und bei jeder Spielgruppe eine innere Dynamik vorhanden ist, muß über die Bereichslogik hinaus dargestellt werden. Festgemacht wird das in den Einzelbeiträgen an den das Spiel unmittelbar tangierenden Festen und Feiern, an den unmittelbar bedeutsamen interaktiven Erfahrungen, auch den Techniken und Methoden der Selbsterfahrung (FRITZ), an den unterschiedlichen Gruppenstrukturen, Gruppenaktionen und Gruppenprozessen (GUDJONS), an der Realitätsbewältigung in Rollenspiel und pädagogischen Spielbegegnungen (WEGENER-SPÖRING), an der strafferen Kennzeichnung, Bewertung und Funktionsbeschreibung von kommerziellen Gesellschaftsspielen (GIBAS / MÖLTER) und der pädagogischen Einschätzung und Bedeutung kooperativer Spiele (BAER).

Im Gegensatz zu Band II dieses Handbuchs liegt das Schwergewicht vom Feld her gesehen bei der Jugendarbeit, aber auch der Schule oder den Erziehungsfeldern allgemein (vgl. KÖNIG mit seinem Beispiel einer kreativinnigen Verbindung des Mediums Spiel mit dem Medium Buch) wird Rechnung getragen.

Ist in diesem Abschnitt II die Einbindung noch von zwei Hauptaspekten her, nämlich dem pädagogisch initiierten und erprobten Handlungsvollzug (unter Einfluß diverser praktischer Beispiele) und übergreifenden Funktionszusammenhängen (Gruppe, Jugendarbeit, Kooperation, Lesen), vorgenommen worden, so wird in Abschnitt III das jeweils unmittelbare, mit dem Spiel verbundene Medium und Aktionsfeld angegangen. Einige Beispiele aus dem Bereich der bildenden Kunst und der künstlerischen Aktionen (die Spielcharakter haben!) (HEINIG und SCHUBERT) stehen neben konzentrierten Wegweisungen der Gestaltung von und mit Puppen (SCHREINER) und einer umfassenden Beispielgebung medialer Spiele (LENZEN) und den zentralen Bereichen der Musik (MARTINI und RICHTER) sowie des Tanzes (SEGLER und KREUZER / MAIWALD), wobei auch hier wieder, wie zum Beispiel in Band 1 (BÖHM) vor einer zu intensiven Majorisierung des Spiels (hier im Zusammenhang mit der Musik und dem Tanz) gewarnt wird und teilweise ironische Übersteigerungen und Ideologisierungen angeprangert werden (SEGLER) oder eine vergleichend interessante Randnotiz (in Ergänzung auch von Abschnitt V in Band 1) mit aufgenommen wurde (HAMER / HANADA).

Sowohl hinsichtlich des Erfahrungsraumes Spiel als auch im Hinblick auf das Spiel als Medium (zum Teil in sinnfälligen Kongruenzen und Liaisons) ergeben sich Konkretionen, Erprobungen und Erfahrungen, die geeignet sind, das Spektrum der ersten beiden Handbuchbände zu ergänzen, „anfaßbarer" zu machen, aber auch zusätzlich zu substantiieren.

Das setzt sich fort, wenn der weite Bereich des Zusammenhangs von Spiel und Theater eine nuancierte und wohl alle wichtigen Aspekte berücksichtigende Ausgestaltung erfährt. Gerade deshalb, weil in weiten Kreisen der Spielgedanke mit dem Theaterspiel identifiziert wird und pädagogisch das Spiel auch lange Zeit (so intensiv von den Paktikern nach 1945) von Frauen und Männern am Leben gehalten wurde, die sich vor allem als Leiter einer Spielschar, als Laienspieler, als Vertreter des „Schul"-spiels oder des Amateurtheaters verstanden, halte ich diese breite, theoretisch-reflexive, historisch-aspektuierende und didaktisch wie methodisch pointierende Darstellung für mehr als gerechtfertigt.

Das Theaterspielen wird als pädagogischer Erfahrungsraum umfassend einer durch Erprobungen abgesicherten Klärung zugeführt (HOPPE); die Interdependenz eines Theaters für Kinder und eines Theaters mit Kindern (NICKEL) wird anschaulich und eröffnet ihrerseits ein weitgestecktes Spielspektrum; die praktischen Erfahrungen werden für den Leser spürbar und nacherlebbar in Erfahrungsberichten (KESSLER / OERTEL-BURDULI); ein stringenter didaktischer Aufriß eröffnet die didaktischen Perspektiven (STANKEWITZ); der mediale Aspekt tritt hervor aus der Identifikation und der Bedeutung der Rollenerfahrung (JENISCH); die weitgespannten Möglichkeiten des Figurenspiels (STEINMANN) spiegeln sich im Erfahrungsschatz eines Mannes, der sich im literarischen Figurentheater nicht nur selbst wiederfindet und darstellt, sondern auch die pädagogischen Wirkungen transparent machen kann; die Aktionsmöglichkeiten vom Märchenspiel bis zum Kindermitspieltheater belegen sich einmal mehr aus dem Blick eines Insiders der Szene, der trotzdem aus einem gewissen Abstand zu berichten weiß (BEHR); die Entwicklung in der jüngeren Geschichte (vgl. hierzu auch die Ausführungen von MIELKE in Bd. 1) läßt eine Reihe von Wandlungen miterleben (SCHULZE-REIMPELL), die für die Beurteilung der heutigen und künftigen Entwicklung Leitlinien geben können, Verständnishorizonte erschließen; die pädagogische Aufgabe des Amateurtheaters erweist sich doppelseitig einmal mehr als jugendpädagogisches Engagement und Ziel (GUTENBERG), die Rezeption von „Theater" als didaktisches Erfordernis (BEIMDICK).

Das Sportspiel erfährt eine fundierte und wegweisende pädagogische Klärung und Orientierung (RÖHRS), und die pädagogische Theorie und Praxis sportlicher Spiele bekommt eine klar durchstrukturierte Gestalt, die als Orientierungsrahmen für jeden Praktiker wertvolle Hilfen leisten kann (SCHALLER). „Spiele im Sportunterricht" (HIELSCHER), mit denen die Entwicklung der Spielfähigkeit akzentuiert wird, kommen zu ihrem Recht, die ästhetische Dimension der Bewegung im Sport bringt eine beispielgebende Sichterweiterung (BANNMÜLLER), und kooperative Spiele wurden, vor allem auch in Beispielen, vorgestellt (BITTNER) und theoretisch reflektiert. Das ist viel, aber nicht genug. Ist es symptomatisch für die Haltung vieler, daß man leicht Autoren zum Stellenwert des „Trainings" im Sport gewinnen konnte, nicht aber zu einem dezidierten Aufweis der Interdependenzen, Ambivalenzen und auch Antinomien zwischen dem Sport als Spiel und dem Spiel als Sport? Der Herausgeber hofft, daß er nur die falschen Leute gefragt hat und zum Schluß keine Zeit mehr blieb, die richtigen zu finden. Der Herausgeber hätte es begrüßt, wenn die Themen „Der Stellenwert des Spiels im Freizeitsport" und „Die Bedeutung des Spiels in der Jugend- und Vereinsarbeit" noch behandelt worden wären. Kapriziöse Auseinandersetzungen und die nicht geleistete Arbeit derer, die sich bereit erklärt hatten, verhinderten dies. Eine Reihe von redaktionellen, ökonomischen und technischen Zwängen ließ aber die Verzögerung der Edition des dritten Bandes nicht mehr zu. Das auch die um Hilfe bei der Autorensuche bemühten Verbände keine Antwort gaben (oder geben konnten?), wirkt um so bedrückender, wenn man als Sporttreibender, Sportlehrer und Übungsleiter vielfach erleben konnte, wie gerade Spiele eine motivationssteigernde oder -entfachende Wirkung besaßen, das Zusammengehörigkeitsgefühl einer Mannschaft festigten oder ganz einfach die Freude am Sport bewirkten und erhielten. Dabei ist man mancherorts auf dem erfreulichen Weg, Spiel, Sport und Bewegung als ein gemeinsames Tun mit allen, die wollen und interessiert sind, neu zu beleben, damit sie nicht im TrimmDich-Gedanken verkümmern (vgl. das Konzept von Hans WIELAND und Claudia FLEISCHLE-BRAUN, Stuttgart, wo Hochschulangehörigen und Anwohnern ein gemeinsames Angebot gemacht wird).

Der IV. Abschnitt dieses Bandes repräsentiert die soziologisch und klassisch wesentlichen Themenstellungen neben aktuellen. Das ist schon deshalb zu begrüßen, weil es sich hier ja in vielen Fällen um *den* konkreten Bezugsrahmen handelt, in dem Kinder und Jugendliche ihre Spiele erfahren und sich mit dem Medium Spiel auseinandersetzen. Die Spielräume in der Stadt, nicht selten desillusionierende Umwelten (MEYER), werden kategorisiert und in den Zusammenhang mit Kinderbedürfnissen gesetzt, der Problematik gestalteter Spielumwelten (NIERMANN) wird nachgegangen, und sie werden unter dem Aspekt der Lebensintegriertheit gewürdigt; die Reintegration der Spielräume von Kindern in die Erwachsenengesellschaft wird zum Programm erhoben (THOMAS), die übergreifenden freizeitpädagogischen Gesichtspunkte werden ausgebreitet (NOETZEL), die elterlichen Spieleingriffe auf Spielplätzen werden anhand einer Untersuchung vorgestellt und problematisiert (KLUGE / OBERFRANK), der Zusammenhang mit dem Straßenverkehr wird greifbar gemacht (REITER), die Videospiele als Abbild der Wirklichkeit, als in unsere Umwelt projiziert und diese konstitutiv projizierend (BEHN), werden zur hautnahen Realität, die spannungsvolle Wechselbeziehung einer Umwelterziehung im Spiel wird (KREUZER / THIELL) als grenzüberschreitende pädagogische Aufgabe gekennzeichnet und in Beispielen verzeichnet.

Über vierzig Beiträge schaffen eine Übersicht über wesentliche Konkretionen, Erfahrungsräume, spielaktivierende Methoden und Mittel, Erprobungen und Erfahrungen, eine Fülle von Beispielgebungen und Anregungen. Nach dem Hinweis auf die Gratwanderung des Pädagogen (vgl. Einleitungen zu Bd. 1 und 2) und auf das immer wieder im Weg stehende Theoriedefizit von vielen, die sich für das Spiel und das Spielen engagieren, das seinerseits zu Legitimationszwängen führt, sei hier auch die Auseinandersetzung mit

den theoretischen Grundlagenbeiträgen in Band 1 angeraten. Manches von dem, was hier vielleicht zu verzweckt, zu direkt, zu gesteuert oder zu konstruiert erscheint, gewinnt so vielleicht seine Begründung außerhalb der Argumentation des einzelnen Autors oder darüber hinaus und verweist auch auf die Beschäftigung mit dem Fundus jahrzehntelanger Erfahrung und theoretischer Reflexion.
Die Praxisfelder sind wichtig, ob pädagogisch gestaltet, betreut, veranstaltet, institutionalisiert oder „ganz einfach vorhanden". In ihnen ereignen sich die Spiele, werden sie erlebt, entfalten sie ihre Wirkung oder entarten sie. Man darf jedoch wohl nicht müde werden, gegen eine zu kurzsichtige Praxeologie einzutreten, die ihre Begründungszusammenhänge immer nur vom Augenblick beziehen möchte. Unversehens gerät Spielen dann wieder unter irgendein ideologisches Primat, wird zur Agitation ebenso mißbraucht wie zur kommerziellen Ausbeutung. Neben den Anregungen, Beispielen, Versuchen, Aktionen, den vielen praktischen Möglichkeiten war es dem Herausgeber deshalb immer wieder wichtig, und das findet sich auch bei den meisten Autoren wieder, eine gegründete Argumentation aufzubauen, die eine pädagogisch-theoretische Absicherung verstärkt oder herbeiführen hilft. Pragmatismus allein reicht nicht aus.

IV. Das Erproben von Spielen und die Erfahrung

Es muß für den Pädagogen bedeutsam sein, wie man Spiele erprobt und wie man Spiele erfährt. Der vorliegende Band gibt dazu vielfältige Aufschlüsse. Das verzahnt sich mit den Inhalten von Band 1 und 2. Stehen zum Beispiel in Band 1 Forschungsfragen historischer (vgl. II. 1; 8; 9 oder IV. 1), phänomenologischer (II. 1), ontologischer (II. 2 und 3), empirischer (II. 3; III. 3) oder philosophischer (II. 10) Art im Vordergrund, so verquicken sie sich unmittelbar mit den verschiedensten Verweisen auf eine Praxis hin (vgl. II. 5; 6; 8; IV. 7; 9; V. 3; 4 und 5).
In Band 1, III. 2 und 4 wird das Erfahren so intensiv mitgemeint, wie in III. 2 oder V. 1 das Erproben.
Allzu gefällige Grenzziehungen sind also nicht möglich und ich halte sie auch für wenig hilfreich; und wenn ich dies täte, wäre dieses Handbuchunternehmen in seiner offenen, wenngleich systematischen Anlegung verfehlt. Deshalb sind in allen Handbuchbänden, einer guten Tradition entsprechend, Autoren unterschiedlicher Richtung zu Wort gekommen.
In Band 2 des Handbuches sind zwar didaktische und methodische Gesichtspunkte stärker berücksichtigt und die Beispielgebungen reichhaltiger als in Band 1, dennoch ist auch hier der theoretische Bezugsrahmen gewahrt worden, der auch für Band 3 und 4 gilt: Die Fragestellungen auf konkrete Bereiche und Sachanliegen sind leitend, werden aber theoretisch angebunden bzw. wissenschaftsmethodisch legitimiert. Das gelingt nicht in allen Fällen in voller Transparenz und auch nicht immer expressis verbis, der implizite Zusammenhang wird sich dem aufmerksamen und einfühl-

samen Leser aber nicht verschließen. Anthropologische, pädagogische, psychologische und soziologische Prämissen bilden in aller Regel den „Untergrund" aber gleichzeitig den „Überbau". Und immer wieder zeigt sich, wie dicht alles beieinander liegt, was in Band 3, wo es zentral um Erprobungen und Erfahrungen geht, weil ja hier die Bereiche und Aufgaben in ihrer Fülle präsent werden, offen zu Tage tritt und bereits in den *Konkretionen* zu vielen Beiträgen des 1. und 2. Bandes sekundär vorhanden war. Plötzlich gilt hier an keiner Stelle mehr das Ausweichen in Abstrakta, sondern es müssen Roß und Reiter benannt werden, und es muß offengelegt werden, was wann und wo und wie erprobt wurde und zu erfahren war.
Dabei zeigt sich, das Spielen in mancherlei Weise erlernt werden kann, daß sich beim Erproben die Erfahrung sammelt und daß diese Erfahrungen Wege weisen, aber es zeigt sich auch, daß man gerade beim Spielen das meiste *selbst* erproben muß, will man sich die Erfahrung zum *Besitz* machen (vgl. hierzu Bd. 2, VI. 1).
Diese Überlegungen legen nahe: Spielen will auch gelernt sein. Deshalb sind Erprobungen von Spielen, die immer ein Sich-selbst-erproben miteinbeziehen, unumgänglich, wenn der Pädagoge daran interessiert ist, die Spielbereitschaft von Kindern und Jugendlichen zu entwickeln und die Spielfähigkeit zu stärken.
Das Erproben von Spielen ist für die Spieler ohne Außenrisiken zu bestehen, es hat keinerlei Konsequenzen, wenn die Proben nicht bestanden werden, weder für die private noch die berufliche oder schulische Wirklichkeit. Allerdings besteht, wie bei jedem Spiel, ein Binnenrisiko, auf das sich der Spieler einlassen muß und das sowohl individuell als auch sozial ausgehalten werden muß. Dafür die geeignete Atmosphäre, eine positive motivationale Gestimmtheit zu schaffen, ist Aufgabe des Spielleiters (vgl. Bd. 2, V. 2 und VI.).
Ein Spiel, das als Spiel gelingt, bringt eine Erfahrung mit sich, die positiv bestärkt und für die Beteiligung an weiteren Spielhandlungen motiviert. Außerdem verstärkt sie das Bedürfnis des einzelnen Individuums, das teilgenommen hat, selbst solche Spiele zu veranstalten, mit anderen durchzuführen. Wie jeder Lernerfolg ist deshalb auch der Spielerfolg von entscheidender Auswirkung auf unser zukünftiges Verhalten und Handeln. Hinzu kommt, daß beim Erproben von Spielen, man denke nur an die Rollen-, Simulations- und Planspiele oder an die Interaktionsspiele, immer ein Stück Lebenserfahrung gewonnen wird. Ohne den Einbezug von Leben gelingen solche Spiele nicht, und sie vergrößern stetig den Anteil an fiktiver Erfahrung.
Pädagogische Intention ist es ohnehin, Spiele nicht nur zu spielen, sondern mit ihnen eine bestimmte Erfahrung zu vermitteln. Danach orientiert sich die pädagogische Zielsetzung, die zum Beispiel auf eine verbesserte Kommunikationsfähigkeit aus ist oder eine gute Kooperationsfähigkeit herbeiführen möchte.
Eine Gefahr besteht darin, daß die pädagogisch gewünschte Erfahrung, die das Erfahren der Aufgehobenheit in einer Gruppe oder das Aufeinander-

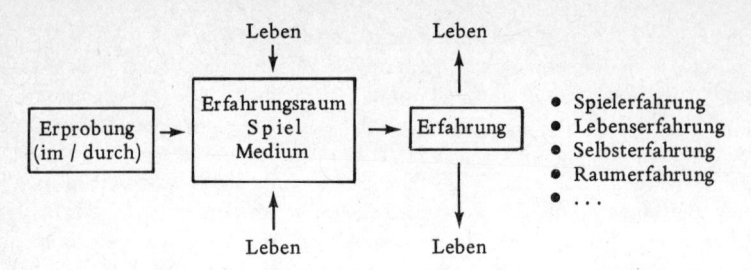

```
Erprobung  →  Erfahrungsraum  →  Erfahrung        • Spielerfahrung
(im / durch)    Spiel                              • Lebenserfahrung
                Medium                             • Selbsterfahrung
                                                   • Raumerfahrung
                                                   • ...
```
          Leben ↑   ↑ Leben   ↓ Leben
       (oben: Leben, Leben)

Abbildung: Spiel zwischen Erprobung und Erfahrung

verwiesensein von Gruppenmitgliedern betreffen kann, aber auch die Erfahrung der eigenen Körperlichkeit oder der eigenen Fähigkeiten, das Erproben so stark dominiert, daß letztlich der Spielprozeß sich unmerklich in einen Arbeitsprozeß verwandelt.

Die Beiträge dieses Bandes stellen nicht nur eine Fülle von Erfahrungen bereit, sondern sie regen auch zum Erproben an und involvieren Erfahrungen und verweisen auf neue, die gerade beim Spielen letztlich jeder selbst machen muß, soll ihm nicht eine große Lebensfreude entgehen.

Literatur

Bally, G.: Vom Spielraum der Freiheit. Die Bedeutung des Spiels bei Tier und Mensch, Basel / Stuttgart 1966
Bollnow, O. F.: Mensch und Raum, Stuttgart 1963
Buytendijk, F. J. J.: Das menschliche Spielen, in: Gadamer, H. G. / Vogler, P. (Hrsg.): Neue Anthropologie, Bd. 4: Kulturanthropologie, Stuttgart 1973
Erikson, E. H.: Der Lebenszyklus und die neue Identität der Menschheit, in: Psychologie heute 10, 12/1983, 28 – 41
Götz, B.: Erfahrung und Erziehung. Prinzipien der pragmatischen Erziehungstheorie, Freiburg i. Br. 1973
Kutzner, H.: Erfahrung und Begriff des Spiels. Eine religionswissenschaftliche, metapsychologische und gesellschaftskritische Untersuchung, Bonn 1975
Meyer-Drawe, K.: Spielraum der Kommunikation. Zu einer phänomenologischen Konzeption inter-subjektiver Erfahrungen, in: Vierteljahresschrift für wissenschaftliche Pädagogik 59 (1983), 403 – 418
Rahner, H.: Der spielende Mensch, Einsiedeln 1952

II. Spiel, Kommunikation, Interaktion und Gruppendynamik

1. Das Spielen, Feiern und Festerleben von Jugendlichen*

Karl Josef Kreuzer

I. Jugend zwischen Reflexion und Perspektive

Im pädagogischen und psychologischen Kontext besitzt das *Nach*denken über die Jugend eine differenzierte Tradition. Das ist in mehrfacher Hinsicht verständlich, wenn man bedenkt, in welcher Weise Jugendliche von Erwachsenen und Erwachsene von Jugendlichen abhängig und aufeinander verwiesen sind. Erwachsene haben deshalb zu jeder Zeit darüber reflektiert, was aus „dieser" Jugend wird und damit die Spekulation nach ihren eigenen Perspektiven verbunden. Je nach dem wie dabei der immer auch vorhandene Vergleich mit der vermeintlich zu rekonstruierenden „eigenen" Jugend ausfiel, bekamen die Aussichten in die Zukunft ihre Präferenz. Es macht einen der offensichtlich gravierenden Konfliktstoffe zwischen Erwachsenen und Jugendlichen aus, daß die Jugendlichen in stärkerem Maße prospektiv orientiert sind, während die Erwachsenen sich deutlicher reflexiv verhalten.
Die geisteswissenschaftliche Pädagogik hat seit DILTHEY das „Verhältnis zwischen Erwachsenen und Heranwachsenden in der Gesellschaft" zu einem zentralen Konstituens aller pädagogischen, psychologischen und soziologischen Überlegungen gemacht. Auch wenn heute Untersuchungen dominieren, die Aufschluß über die jeweilige Verfaßtheit der Jugendlichen geben sollen (vgl. die SHELL-STUDIEN von 1953 bis 1981; aber auch GÜNTHER 1982) und auch, wenn wir heute bereits nach Ursula LEHR von einer Fünf-Generationen-Gesellschaft ausgehen müssen, hat sich an dem grundsätzlichen Problem, daß Jugend sich von außen und innen betrachtet zwischen Reflexion und Perspektive ansiedelt, nichts geändert.
Jugend, das bedeutet für die einen Rückblick, erlöst oder wehmutsvoll, anklagend oder verklärend, für die anderen Unternehmungsgeist, Lebensplangestaltung, Gegenwartsfreude — aber auch Resignation. Ob man die Jugend konstruktiv oder rebellisch, angepaßt oder revolutionär sieht, selbst in der divergierendsten Inanspruchnahme zeigt sich, zwischen Hoffen und Bangen, die zukunftsorientierte Lebensbewältigung als dominante Daseinsfrage (vgl. JENDROWIAK / KREUZER 1982, 69 ff.).
Die rückblickende Betrachtung auf die „verlorene" Jugend oder die „erhaltene" oder „wiedergewonnene" gehört so unabdingbar zur lebensmäßigen

---

* Vgl. in diesem Handbuch die unmittelbar korrespondierenden Beiträge zu dieser Thematik von TWELLMANN, W., Bd. 1, 197 — 209, und KRAFT, P., Bd. 2, 459 bis 467.

Auseinandersetzung des Menschen wie die vorausschauende, ob kalkulatorisch-haushälterisch, utopisch oder zukunftsentschleiernd-prophetisch.
Ob es bei Erwachsenen heißt „In unserer Jugend . . .", „Diese Jugend von heute . . ." oder „Was mag aus dieser Jugend nur werden . . .?", allein das Wort „Jugend" weckt Erinnerungen, stößt auf Notwendigkeiten, schafft Aufbruchgestimmtheit und Zukunftsperspektive, bringt die entscheidenden Fragen von Werterhalt oder Wertneuschöpfung in die Diskussion. Das allein besitzt für sich gesehen bereits eine innere Dynamik, bedeutet Kommunikation und zwingt, im Generationenverhältnis, immer erneut zur Interaktion.
Jugend, das bedeutet, immer und überall, je nach der inneren Lage der Kultur (vgl. TWELLMANN u. a. 1980), etwas anderes und doch gleiches. Ob die Jugendlichen in ihrer Mehrzahl so oder so denken, sich für dies oder jenes engagieren oder heterogen und plural hinsichtlich der anerkannten Wertestrukturen, Normierungen und Zielsetzungen sind, immer bleibt das konstruktive Wirklichkeit ausbildende Abstraktum *Jugend* personal, kontextual und kulturell ein gesellschaftlicher Bestimmungsfaktor ersten Ranges.
Jugend mag in Teilen als hedonistisch oder narzißtisch (vgl. GÜNTHER 1982), konservativ oder rebellisch gekennzeichnet werden, sie zeigt in einigen wesentlichen Lebensäußerungen und Verhaltensweisen dennoch durchgängig strukturell Primärinteressen, die nur graduelle zeitliche und geographische, nationale und politische Unterscheidungen ermöglichen. Das gilt für genuine pädagogische Begriffe und psychologische. Lernen, Sich-Auseinandersetzen, Zustimmen und Verweigern sind prinzipiell mit dem Handeln jeder Jugend verbunden wie Liebe, Lust, Freude, Heiterkeit, Verzagtheit, Schmerz und Leid. Was ließe sich dem nicht noch alles hinzufügen. Und es würde für Menschen gelten und erst recht für die Jugend.
Zwischen Reflexion und Perspektive zeigt sich Jugend immer schon bekannt in einigen wesentlichen Zügen und gleichzeitig fremd und neu in anderen. SPRANGER schrieb:

„Während das Kind nur in Anlehnung an Erwachsene leben kann und insofern immer ergänzungsbedürftig ist, zeichnet den Jugendlichen trotzige *Selbständigkeit* aus, die sich in einer eignen Innenwelt ansiedelt und deren Menschensehnsucht schon aus eigener Wahl hervorgeht" (SPRANGER 1929, 3).

Gerade weil er dies wußte, war für ihn, einer Beschwörungsformel gleich, das *Vertrauen* in die Jugend und das *Vertrauengewinnen* der Jugend eine pädagogische Aufgabe ersten Ranges. Nur so, und bei der Anerkennung des Menschen als ein Ganzes auch in seiner Jugendzeit sah er *die* Ausgangslage als gegeben an, die Einflußnahme rechtfertigt und dem Erwachsenen die Möglichkeit bietet, die Bedeutung des „*Phantasieerlebens und Phantasieschaffens*" der Jugend voll zu begreifen. Die Akte der Selbstbefreiung, des inneren Ausdrucks zum äußeren, des musikalisch-rhythmischen und sprachlichen Erlebens führen im Jugendalter auf „die innere Produktion des Ideals" (SPRANGER 1929, 79) und leiten so über die eigene Existenz hinaus und bekommen prospektiven Charakter. Bildung im Jugendalter kommt u. a. auch so in den Rang einer „Entwicklung der Person als Aneignung der Kultur" (LÖFFELHOLZ 1983, 231). Auf der anderen Seite sehen sich Erwachsene, nicht zuletzt auch viele Erzieher, außerstande, die Konkretionen der Menschheitssehnsucht von Jugendlichen zu verstehen oder mitzuvollziehen, weil sie sich bei der rasanten Zunahme der Wirklichkeitskonstruktionen und -bedrohungen überfordert fühlen, selbst nach Sicherheit bei dem suchen, was bekannt ist und als gesichert erscheint, oder zu negieren trachten, was konstitutiv Realität geworden ist. Hinzu kommt, daß sich nicht wenige Erwachsene dabei ertappen, daß sie Sinnperspektiven vorzeichnen, die sie selbst nicht mehr mit Inhalt füllen können. Für den wissenschaftlich arbeitenden Pädagogen scheint in vielen Fällen nicht viel mehr zu verbleiben als eine *Pädagogik im Nachvollzug* oder eine solche, die sich in Quantitäten und Formalitäten erschöpft. Im ersteren Fall besteht die Gefahr, daß nur reflexiv erfaßt wird und sinnfällige Entwicklungslinien nachgezeichnet werden, im zweiten Fall überholen die Deskriptionen nicht selten die Analysen.

Was als bleibend notwendig erkannt wird, ist deshalb die Auseinandersetzung mit der *Jugend* als einer pädagogischen Kategorie (vgl. FISCHER 1983, 168 ff.) ebenso wie das handelnde Miterleben dieser Jugend, das dem Erzieher das *Vorleben* zumindest leichter macht.

Zu dem, was Jugend treibt und antreibt, was sie braucht und was ihr nützt, ist neben der rationalen Bewältigung der Welt und der kognitiven Auseinandersetzung mit ihr immer auch das Spielen, das Feiern und das Festerleben zu zählen gewesen; nicht selten demoliert und korrumpiert (Bd. 1, 229 ff.) sind sie doch in ihrem Grundbestand unvernichtbar. Das ist gerade mit der verstärkt geführten Freizeitdiskussion erneut ins Bewußtsein getreten, mit der auch die freizeit-kulturelle Animation (OPASCHOWSKI 1970 und 1979) wieder als pädagogische Aufgabe Anerkennung fand.

Aber auch bei diesen drei Handlungs- und Erlebnisbereichen des Spiels, der Feier und des Festes zeigt sich deren Eingewobensein in den allgemeinen Kulturzusammenhang, und Defizite und Differenzen ergeben sich letztlich schon deshalb, weil die Erwachsenen, vielleicht nur zeitweilig, Bezüge außer Acht ließen, die für die lebensvolle Entwicklung des Jugendlichen unverzichtbar sind und bleiben. Verkümmerungen im Festerleben fanden keine Kompensation, beseitigte Rituale keine Äquivalente, zerstörte Liturgien keinen Ersatz, Spielhypertrophien keine Alternativen.

Was nützt es da, ausschließlich nur zu fragen oder gar zu klagen? Wo man in der Erziehung und bei der Auseinandersetzung mit der Jugend das musischkünstlerische, das sportliche, das spielerische Element vernachlässigt und einen einseitigen Leistungsbegriff propagiert, der an intellektualistischen Margen festgemacht ist und im Hintergrund blanke ökonomische oder politisch-ideologische Präferenzen verbirgt oder technokratische und mechanische Prinzipien absolut setzt, darf man Exzesse, Ausbrüche, Aufstände, Revolten, in milderer Form: Uniformiertheit, Exzentrik, Exotik ebenso wenig bejammern wie die Flucht in scheinbare Alternativen, in Sektierertum oder Verweigerung. Der Ausstieg wird vorprogrammiert. Die Verherrlichung der Idylle interaktiver, solidarischer, gruppen"dynamischer" Lebensformen oder ländlich-archaischer Strukturen wird gewissermaßen inszeniert. Jugend sucht. Dabei muß sie, das ist ihr gutes Recht, notgedrungen auf einem Auge blind bleiben, denn auch für sie ist zu einem guten Teil „Erfahrung die Brille des Verstandes". Aber bis sie das weiß, erfahren *hat*, ist eben diese Jugend vorbei und – im schlimmsten Fall – verloren. Ist aber schon ein Erwachsenenleben ohne Spiele, Feste und Feiern ein verarmtes Leben, so ist die Jugendzeit ohne sie verkürzt, beraubt – vielleicht zerstört.

II. Jugend und Festerleben

Die Jugend der letzten Jahrzehnte ist in immer stärkerem Maße vieler Feste verlustig gegangen; teilweise hat man sie der Jugend genommen, teilweise eliminierte man sie politisch oder postpolitisch, teilweise lösten sie sich im Dickicht säkularer und pluraler Aufgeklärtheit auf, teilweise verloren sie ihren konstellativen Wirklichkeitshintergrund.
Dennoch gibt es Feste. An Festtagen werden Fahnen gehißt, Ansprachen gehalten, wird schulfrei gegeben, für gutes Essen gesorgt, verreist. In nicht wenigen Fällen sind Festtage in diesem Sinne immer noch „besondere Tage", was immer auch ein „Frei-sein-von-Arbeit" bedeutet.
Josef PIEPER würde bezweifeln, daß bereits in dieser Weise eine befriedigende Antwort darauf gefunden wurde, was ein Fest denn ausmache. Nicht einzig der Gegensatz zur Arbeit macht das Eigentliche eines Festes aus (vgl. PIEPER 1963a, 20), eher schon muß sein Ausnahmecharakter hervorgehoben werden und die Findung seiner Sinnfülle in Abhängigkeit vom Menschen, der das Fest begeht, betrachtet werden (vgl. PIEPER 1963b).
Ob es allerdings nützlich ist, die Feste in PIEPERs Weise zu hierarchisieren und ausschließlich auf ihre transzendentale Mitte zu achten, bleibt hinsichtlich der Vielfältigkeit des Festbegriffs zweifelhaft. PIEPER (1963a, 135) ordnet die Begriffe „Schützenfest, Richtfest, Schlachtfest" einem „ziemlich breiten Randbezirk uneigentlichen Wortgebrauchs" zu. Ich hingegen habe gemeint:

„Feste spielen im Alltagsleben offensichtlich eine große Rolle und waren und sind, in unterschiedlicher Ausprägung, in jeder Kultur bedeutungsvoll. Im Rahmen des bäuerlichen Hauswesens bildete zum Beispiel das Schlachtfest ein besonderes Ereignis, gab den Anlaß zum Ausdruck von Dank und Freude ..." (KREUZER 1981, 542).

Obwohl man zustimmend vermerken muß:

„Das Fest gehört in den Bereich der Auseinandersetzung des Menschen mit den Fragen nach den Bedingungen und dem Sinn seiner Existenz" (SCHIFFLER 1980, 20).

Übergreifend hatten alle Feste, geht man von der Wortbedeutung aus, immer etwas mit einem freudvollen, vergnügungsvollen gemeinsamen Erleben zu tun, und die Festanlässe binden sich an einen bestimmten Ort, eine bestimmte Zeit, einen Anlaß oder einen Kult (vgl. KREUZER 1981, 541 f.). Damit ist auf das breite Spektrum verwiesen, innerhalb dessen Feste lokalisierbar werden, und auch darauf, in welch aufschlußreicher Weise gerade die Feste eines Jahres die innere Lage einer Kultur kennzeichnen. In einer vom Christentum geprägten Kultur gliedern Feste den Jahreskreis. Ob sie dies heute auch noch inhaltlich tun, wird mit mancherlei Begründung angezweifelt. Zumindest gilt nur noch geographisch-punktuell, daß einige der Kirchenfeste Jung und Alt zusammenbringen zu gemeinsamem Gestalten und Feiern, und in nicht wenigen Fällen haben solche Feste eine lange zurückreichende Tradition, weit über die Christianisierung hinaus. Immer mehr Jugendliche haben heute jedoch ein distanziertes und skeptisches Verhältnis zu den Kirchenfesten; teilweise werden sie abgelehnt oder man begeht sie säkularisiert-formal, ohne innere Anteilnahme. Das Weihnachts- oder Osterfest könnte als Beispiel dafür gelten. Aber auch die staatlichen Feste sehen sich einem ausgeprägten Desinteresse gegenüber, und die Volksfeste sind längst weithin zur Gaudi verkommen. Die allgemeine Tendenz geht dahin, daß sich Jugendliche den herkömmlichen Festen gegenüber in einer indifferenten Situation befinden.

Dennoch nimmt Jugend an Festen teil und sucht neue Feste durch die Umgestaltung alter zu erreichen oder begibt sich in Teilen auf die Suche nach neuen Formen der Festgestaltung; gelegentlich werden durch verschiedene Gruppen auch alte Traditionen reaktiviert (vgl. auch SCHIFFLER 1980, 30 ff.).

Es ist aber immer noch ein Zustand zu beklagen, den Wilhelm ROESSLER 1957 (452 f.) folgendermaßen beschrieben hat:

„Es tritt bei der Analyse der Haltung und des Verhaltens der heute Heranwachsenden deutlich zutage, daß die bei der Erziehung früherer Generationen als selbstverständlich vorausgesetzten Verhaltensmuster — die man deswegen oft für Naturformen kindlichen Wachstums hielt — in weitem Maße geschwunden oder aber in ihrer Prägekraft entscheidend geschwächt sind. Das macht sich vor allem in den Bereichen bemerkbar, die früher durch Brauchtum und Sitte eindeutig bestimmt wurden, durch Brauchtumsformen, deren Beobachtung dem Heranwachsenden das Gefühl der Geborgenheit und Sicherheit im Sozialraum gab."

Insofern ist die Jugend heute zweierlei Anforderungen ausgesetzt: sie muß das entstandene Vakuum zu füllen suchen und sieht sich gleichzeitig einer Fülle von Belastungen gegenüber, wie kaum eine Generation vorher. Die Fülle der solitären Stimulierungen, wie sie auch mit vielen neuen „Spielen", der Mechanisierung, Computerisierung und Automatisierung einhergehen, werden begleitet von einer immer mehr Zeit beanspruchenden Einweg-Kommunikation; die *Inter*aktionen werden belastet und schrumpfen. Zudem stehen heute ca. 70 000 Väter und 600 000 Mütter ihrer Erziehungsaufgabe allein gegenüber, und etwa 30 % der Kinder wachsen ohne Geschwister auf (so eine Bestandsaufnahme von Thea SCHÖNFELDER auf dem 9. Westdeutschen Psychotherapieseminar in Aachen 1984). Die zunehmenden Vereinzelungen von Menschen, von jungen Menschen nicht selten mit einem übersteigerten Selbstwertstreben beantwortet, und die monetäre

Abkapselung auch intakter Familien führen dazu, daß Feste nicht mehr in größeren Gruppen begangen werden. Zugegeben gibt es hier noch ein deutliches Stadt-Land-Gefälle. In ländlichen Gebieten findet man sich noch eher zur gemeinsamen Feier eines Festes zusammen. Aber ansonsten sehen sich auch Familienangehörige nur noch sporadisch, und dies nicht bei Festen, sondern bei Feiern: der Hochzeitsfeier, der Totenfeier.
Ob alternative Projekte (ich halte es für unangebracht, von einer „Alternativkultur" — vgl. MAYER 1981 — zu sprechen, da es sich immer nur um Erscheinungsbilder innerhalb unserer Gesamtkultur handelt) oder die Installierung „kleiner Netzwerke", die wieder mehr Interaktionsmöglichkeiten schaffen und den direkten Umgang begünstigen, hier Abhilfe schaffen können, bleibt abzuwarten. Hoffnungsvolle Zeichen sind nicht zu übersehen: Stadtteilinitiativen gestalten ein Stadtteilfest, Gemeindefeste bekommen stärkeren Zulauf, Theaterfeste regen zu Gruppendiskussionen und gemeinsamen Aktionen an. In leider nicht zu seltenen Fällen wird aus dem *Fest* lediglich eine *Fete*, ein langweiliges Zusammenhocken bei irgendwelcher Musik, mit wenig ergiebigen Gesprächen mit den Personen der unmittelbaren Nachbarschaft, und die Teilnehmer gehen mit dem gleichen Erlebnishunger oder einer inneren Leere nach Hause, mit der sie gekommen sind.
Eines aber sollte bei allem Nachdenken über die Bedeutung von Festen in unserer Zeit und Gesellschaft bedacht werden: Der aufmerksame Erwachsene sieht sich in der Jugend seiner Zeit „zurückgestrahlt"; er erkennt einen Teil seines eigenen Denkens, Fühlens und Handelns, seiner Auseinandersetzung mit dem Leben und der Welt in dieser Jugend, und damit auch in ihrem Festerleben oder -nichterleben, wieder. Verschiedene Bereiche der Erziehung, so auch die Schule, müssen sich dabei den Vorwurf gefallen lassen, Feste, wie bereits BOLLNOW (1970, 73 ff.) festhielt, vernachlässigt zu haben. Einerseits waren sie lästig, andererseits vielfältig vorbelastet. Lästig waren sie deshalb, weil ihre Inhaltlichkeit und Innerlichkeit, das emotionale Angesprochensein bei denen, die sie hätten initiieren sollen, selbst nicht vorhanden war, aber auch deshalb, weil Festausgestaltungen eine Fülle von Ansprüchen und Arbeiten mit sich bringen, die zur Befriedigung eines verbreiteten Konsumdenkens wenig beitragen und selbstgewählte, vermeintliche Sicherheitsisolationen in Gefahr brachten. Vorbelastet waren die Feste, so vor allem die Schulfeste, von der Kaiserzeit her (Sedanfest, Kaisers Geburtstag) und von der nationalsozialistischen Epoche (Führers Geburtstag) mit ihren Festen, die eigentlich große Aufmärsche und Spektakel waren (vgl. auch KRAFT 1979, 7 — 39).
Das entledigt den Erwachsenen, und keinesfalls den professionellen Erzieher, nicht, nach besten Kräften zu einer Rekultivierung des Festerlebens beizutragen und entsprechende Bereitstellungen zu leisten. Das ist schwer.

„Verordnete Feste bleiben steril, formell, langweilig, geben keinen ausreichenden Raum für Eigeninitiativen, erschweren die innere Beteiligung. Man kann Feste und Feiern terminieren, veranstalten, organisieren, aber man kann sie nur sehr bedingt in ihrem Verlauf planen oder auf die innere Beteiligung der Feiernden Einfluß nehmen.

Das ist gut so. Deshalb sollten Feste, die Jugendliche begehen oder an denen sie beteiligt sind, immer Feste sein, die aus dem Horizont der Jugendlichen erwachsen, zu denen sie eine Beziehung besitzen oder zu der man eine solche stiften kann" (KREUZER 1982, 155).

Gerade das Festerleben bedeutet für Jugendliche ein interaktives Erlebnis voller Dynamik, das zwangsläufig mit Erwachsenen zusammenführt, wobei die emotionale Gestimmtheit eine wesentliche Rolle spielt.
Nach dem heutigen Stand der Dinge scheint es so zu sein, daß Feste, die von den Teilnehmern *getragen, gestaltet* und *gefeiert* werden, die Tendenz zu einer emotionalen Verinnerlichung besitzen, die zugleich wertschöpfend und werterhaltend ist. Solche Feste erhalten, beleben und schaffen Traditionen, die ihrerseits Halt bieten und das Selbstwertgefühl von einzelnen und Gruppen erhöhen. Dorfgemeinschaften erhalten davon ebenso lebensvolle Impulse und eine gesteigerte Investitionskraft wie Vereine, Verbände, Jugendgruppen, Kirchengemeinden oder Parteien.
Vom äußeren Rahmen her wird ein Fest stark von den räumlichen Bedingungen und deren künstlerischer Ausgestaltung beeinflußt. Daneben tritt das Gestaltungselement der Musik, des Gesanges.
Der Festablauf verlangt nach Spielen, nach Deklamationen, Rezitationen, kleinen oder größeren Aufführungen, Scharaden, Maskeraden, Schaustellungen vielerlei Art; und er lebt vom Tanzen, vom feierlichen Aufmarsch bis hin zur Polonaise, vom ungezwungenen Gespräch, vom Humor, von lachenden Gesichtern.
Das Fest wird bereichert vom Genuß der Speisen und Getränke, deren Darreichung bereits wesentlich den Festcharakter *dieses* Ereignisses unterstreicht, vom Sich-Kleiden und Verkleiden.
Eines der wichtigsten Kriterien jedoch, ob ein Fest zum Fest wird, ist der Grad des Festerlebens, der ursprünglichen Fröhlichkeit und der Form. Das Festerleben seinerseits hängt in hohem Maße vom *Festgrund* und seinem Sinn ab. Je mehr Identifikationsmöglichkeiten der eigentliche *Festanlaß* bietet, desto größer sind die Chancen für das *Festgelingen*.

III. Jugend feiert und spielt

Spielen und Feiern gehören zum substantiellen und unverzichtbaren anthropologischen Grundbestand menschlichen Lebens. Dabei wirken sie nicht nur kompensatorisch oder korrigierend, entlastend oder befreiend, sondern Spiel bedeutet die Fülle einer „lebendigen Haltung" (RAHNER 1952, 11), und mit dem Feiern erleben wir jene Ernstnahme des besonderen Tages, mit der Freud und Leid ihre humane Gestalt finden.
Zwar haben wir uns angewöhnt, vom Feiern nur noch dann zu sprechen, wenn lustvolle Geselligkeit gemeint ist, und nicht selten finden wir die Vorstellung auf ein *Gelage* oder eine rauschhafte Verstrickung verengt.
Der Sprachgebrauch legt uns jedoch nahe, mit der Feier die gesamte Daseinsfülle *und* Endlichkeit anzunehmen und zu durchleben. Schon das Adjektiv

müßte uns stutzig machen: feierlich ist ein Geschehen, das würdevoll und dem Ereignis nach angemessen ausgestaltet ist und handelnd vollzogen wird. Nicht überall sucht sich die Jugend, dem Vorbild vieler Erwachsener folgend, dem zu entziehen. Man muß nicht erst an die *Totenfeier* erinnern, um die Spannbreite deutlich zu machen, obwohl gerade sie, mit Totenklage, Begräbnisgang, Beisetzung und Totenschmaus sinnfällig erkennbar werden läßt, wie hier Angehörige, die den Fortgang eines geliebten Menschen beklagen, in einer Gemeinschaft aufgehoben sind (oder sein könnten).
Bereits neue Formen von *Abschlußfeiern* in verschiedenen Institutionen und die feierliche Neuaufnahme von Mitgliedern in einigen Vereinen, von vielen Jugendlichen offenkundig wieder gefragt und dankbar angenommen, verweisen auf die Feier als ein wichtiges und kulturell manifestiertes Lebenselement. Das erweist sich konsequent bei der vielfältig zu beobachtenden neuartigen Zelebration von Gottesdiensten, der *Meßfeier* und der Feier besonderer kultischer Feste in allen Religionen.
Die Feier sieht sich, so auch in vielen Wortzusammensetzungen, in Gegensatz zur Arbeit gebracht. Der Feierabend meint die Zeit nach der Arbeit, die Feierschicht eine Schicht, wo eben nicht gearbeitet wird, und man spricht vom „Krankfeiern", wenn man nicht arbeiten kann und vom Abfeiern, wenn Arbeit statt durch Geld mit freier Zeit entlohnt werden soll. (Ursprünglich war man frei von Arbeit, weil man einen (kirchlichen) Festtag beging, an dem nicht gearbeitet werden durfte.)
Im allgemeinen aber bedeutet uns eine Feier die „festliche Veranstaltung anläßlich eines bedeutenden Ereignisses oder eines Gedenktages" (Wörterbuch der deutschen Sprache 1976). Die unbekümmerte Gleichsetzung von Fest und Feier erscheint als problematisch, wenn man bedenkt, daß ein Fest *immer* ein freudvolles Ereignis betrifft, eine Feier aber zwischen *freudig* und *traurig* an vielen Orten angesiedelt sein kann.
Feier als Handlung, als Tätigkeit des Menschen, bedeutet aber immer auch ein Sich-lösen vom Alltäglichen, hat vom Wortursprung her mit der Huldigung, der Verehrung und Preisung zu tun. Feierlich ist ein Geschehen, wenn es würdevoll und weihevoll ist. Der religiöse Hintergrund schimmert auch hier wieder hervor. Man feierte einen Festtag im Jahreskreis aus innerem Erleben und Bedürfnis.
Vielleicht war es eine vorgetäuschte Würde, gegen die Jugendliche sich Ende der sechziger Jahre wehrten, als die studentische Jugend, aber auch Schüler sich gegen die „Feiern" wandten und sie teilweise umwandelten, umfunktionierten oder unmöglich machten. Dem entspricht der Ausspruch moderner Umgangssprache „das ist ja nicht mehr feierlich", und er meint, daß dieses oder jenes nicht mehr schön oder sogar unerträglich sei (vgl. Wörterbuch der deutschen Alltagssprache 1971). Eine Feier, in äußeren Formen erstarrt und ohne die Transparenz ihres tieferen Sinns, dagegen müssen sich gerade Jugendliche, die nach Identifikationsmustern suchen, Offenheit und Wahrheit als Werte zu beherzigen trachten, die nach Inhaltlichkeit verlangen, mit Vehemenz wenden. Daß Jugend dabei auch leicht

über das Ziel hinausschießt, selbst zum Mittel des apodiktischen, allein seligmachenden Diktats zu greifen sucht, ist eine andere Sache.
Feiert Jugend also noch? Soweit wir erkennen können, bindet sich das Feiern von Jugendlichen vor allem an ein Fest und bedeutet, weitgehend eingeschränkt (aber nicht ausschließlich), ein Treiben, bei dem es lustig, fröhlich, auch ausgelassen zugeht. Rauschmittel, allen voran Alkohol, gehören in aller Regel dazu, ebenso der Tanz und das Gespräch. Wir konnten hingegen auch eine Reihe von Feiern miterleben, die Jugendliche initiiert und ausgestaltet hatten, bei denen andere Vorgaben eine Rolle spielten oder sogar Vorrang hatten. Die Anlässe klingen willkürlich oder verlegen gewählt: „Wir wollen ein Straßenfest machen", „Im Frühling machen wir ein Brunnenfest", „In diesem Jahr machen wir ein Waldfest", „Unser letztes Bergfest, darauf sind wir schon stolz". Diesen wörtlichen Aussagen ist zu entnehmen, daß Jugendliche Feste feiern wollen und sie dort, wo andere Gelegenheiten fehlen, auf Surrogate unterschiedlicher Qualität zurückgreifen, um ihrem Bedürfnis, zu feiern, Raum zu schaffen, eine Gelegenheit zu geben.

„Wo Jugendliche eine Feier gestalten, hat das Bestreben zugenommen, das Feiern mit einer politischen, sozialen, ökologischen, sportlichen oder allgemein-gesellschaftlichen Komponente anzureichern" (KREUZER 1982, 154).

Nicht zuletzt wird damit der Versuch unternommen, einen tiefergehenden Bezugsrahmen zu schaffen, wie er durch Brauchtum, Kunst, Sitte, Religion und gesellschaftliche Tradition ansonsten immer vorab bereits gegeben war. Da Jugendliche in ihrer Mehrzahl zu jeder Zeit nach Sinnfülle suchen, in ganz ausgeprägtem Maße mit einem „Willen zum Sinn" ausgestattet sind (vgl. DIENELT 1970; FRANKL 1975), äußern sie spontan ihre Unzufriedenheit über „Feten" und „Festivals" (letztere, so die meisten Aussagen bei einer unserer Umfragen, bringen allenfalls „am Rande" etwas ein) und Suchen nach adäquaten Gelegenheiten zur Selbstdarstellung, zur Entfaltung, zum Sich-Bewähren, zum Dabei-Sein, zum Miteinander, zum Abrücken und Neu-erfüllt-werden.
Das Lamento vieler Erwachsener über die Jugend, die nicht mehr richtig feiern kann, teilen wir nicht. Wie wir bei Umfragen feststellen konnten, neigen viele Jugendliche dazu, das Feiern der jeweils anderen zu belächeln oder geringzuschätzen. Häufig sind sie dort, wo sie glauben, einen Anschluß gefunden zu haben, wo man sie mit ihrer ganzen Persönlichkeit an-, ernst- und aufnimmt, zu erstaunlichem Engagement bereit. Das mag ein Sportclub, ein Spielmannszug, ein Fanfarenchor, ein Schützenverein oder *irgendeine Jugend* sein: man setzt sich für eine gemeinsame Feier ein, leistet *Arbeit auf den Tag hin*, organisiert und wirbt, sammelt und probt, lädt Leute ein, gestaltet, schafft heran und — feiert.
Hier soll nicht das Bild einer über Nacht heil gewordenen Welt gezeichnet werden, aber solche Beobachtungen konnten wir machen und aus der Nähe mitansehen, mitfeiern.
Die Flucht in Randzonen, die narzißtische Nabelschau, die wogende Masse von 200 exhibitionistisch aufgelegten Leibern unter Kunstnebel und Laser

oder Spotlights, auch das konnten wir erfahren. Hier kehrt sich das Lamento der Alten um: „Was wissen denn die?" Auf der einen Seite, neben Ignoranz auch Toleranz, und eine manchmal linkische Bereitschaft zur aufklärenden Hilfe für den Älteren: wie und wo man sich „lagern" kann, warum man etwas so „dufte" findet, wer oder was ganz „heiß" und „in" ist, daß die Bhagwan-Leute die Sache im Griff haben oder die beiden Disco-Besitzer einfach „die" Show abziehen. Jugend ist vielgestaltig, aber alle Jugendlichen wollen etwas *erleben*. Daß sie nicht immer wissen *was*, ist nicht allein ihre Schuld. Oder gibt es in diesem Zusammenhang gar keine Schuldfrage, sondern nur eine nach den Ideen, dem Stellenwert des Kreativen, nach den Ufern einer vergnüglichen und freudvoll-friedlichen freien Zukunft? Immer erneut steht sie vor uns, ist plötzlich da: die Sehnsucht nach dem Verzauberten, nach dem ewig Verborgenen, nach der Lust und dem Abenteuer, nach der Traumnacht, die man erlebt, nach dem zart-mystischen Mondglück irgendwo in der menschheitsverbessernden Ferne. Das Leben ist schön und Glücklichsein gehört dazu. Also feiert die Jugend ihre Feste, begeht oder schafft sie sich ihre Feiern. Ein wenig von der Erfahrung der Erwachsenen, vom Spaßmachen, vom Vortragen, vom Anregen, vom Begeistern zum Spiel oder Tanz wird von der Jugend angenommen, wenn der Versuch nicht zu altväterlich, dirigistisch oder autokratisch unternommen wird.

Spiele und Spielen können helfen, mancherlei Feier gelingen zu lassen, und dem Fest geben sie oft den Kern oder die Mitte.

Spielen aber will Jugend um jeden Preis. Jugend spielt immer. Und sie will Spaß haben, der Langeweile entrinnen, sich unterhalten (vgl. zum Beispiel VAHSEN 1983, 291 f.). Ihr sind die Spiele zu vergällen, man kann sie mit den großen Spielen verführen und mit allerlei Spielzeug in einen Strudel der Selbstvergessenheit zerren und rauschhafte Zeitvergessenheit herbeiführen, aber das steht immer im Kontext der Erwachsenenwelt, ihrer Attribute, Lebensgewohnheiten, Freiheiten und Zwänge.

Jugend will und kann spielen, Jugend spielt und sucht sich Spiele. Wo das Angebot räumlich reduziert wird, werden Ersatzplätze geschaffen oder ertrotzt, wo das Angebot kommerzialisiert wird, sucht man nach einer übertrumpfenden Verfügungsgewalt (bis hin zur kriminellen Zerstörung), wo die Spiele im eigentlichen Sinn und nach der Definition der Zeit negiert werden, als langweilig erscheinen, treten neue an ihre Stelle.

Als Pädagogen haben wir also einerseits mit dem Faktum umzugehen, daß sich, teilweise in einem aberwitzigen Tempo, Veränderungen, auch Begriffsveränderungen und -umdeutungen, vollziehen, Bereitstellungen nur noch unvollkommen geleistet werden können, auf der anderen Seite das optimistische Grundmuster fortwährend erkennbar bleibt, daß sich der Mensch nur sehr langsam verändert. Letztes kann aber , weitet man das Blickfeld, auch pessimistisch stimmen: der Kampf, das Leid, der Krieg, die Verabsolutierung der Augenblickswahrnehmung, die lebennegierende kurzfristige Perspektive dominiert in allzu vielen Fällen.

Optimistisch stimmt uns der Wille und Wunsch des Menschen zu feiern und zu spielen, auch wenn er dabei hin und wieder nur ein geckenhaftes Be-

dürfnis nach der Zurschaustellung von neuen Kleidern hat (wie angenehm menschlich); Feiern und Spielen befrieden, wenn es sich nicht um Orgien oder Glücksspiele handelt, die Atmosphäre innerhalb einer Gesellung.
Richten wir einen Blick auf die Spiele der heutigen Jugend. In vielem sind sie nicht viel anders als seit altersher. Die weitergegebene Fracht entfaltet ihre Wirkung. Gleichzeitig erkennen wir ein *Anderssein der Spiele*, das vor allem folgende *Faktoren* betrifft:

- die Spielgegenstände oder -mittel,
- die Spielorte,
- die Spielräume,
- die Spielzeiten,
- die Spielregeln,
- die Spieler.

Besonders augenfällig waren die Automatenspiele, die Telespiele und Computerspiele. Mit ihnen schien völlig Neues die Spielszene zu beherrschen. Das betraf die Spielmittel ebenso wie die Spielorte respektive -räume.
Aber mit diesen Spielen ist nur ein verhältnismäßig geringer Teil der Spielszene ausgeleuchtet. Es wird, bei genauerem Hinsehen, viel mehr gespielt, als gemeinhin wahrgenommen wird. Das liegt einerseits daran, daß bestimmte Verhaltensweisen und Vorgänge im engeren Sinne nicht als Spiel klassifiziert werden, und andererseits ergibt sich dieser Umstand aus einer Fehlinterpretation oder Ignorierung der Erwachsenen, die damit zum Teil ihr eigenes Tun nicht als „Spielen" gekennzeichnet sehen möchten, weil für sie Spielen immer noch eine „minderwertige" Tätigkeitsform darstellt.
Zu diesem Komplex gehören zum Beispiel die Spiele mit Modellen, vor allem den Modellen von Verkehrsmitteln, deren Faszinationskraft als ungebrochen gelten darf. Hinzu kommen die Spiele mit den konkreten *Fortbewegungsmitteln*; in der Jugend mit dem Fahrrad, dem Moped und Motorrad, später mit dem Auto und unterschiedlichsten Fluginstrumenten oder solchen, die bei Schnee benutzt werden können. Wir fassen hier den Spielbegriff weit und sind der Meinung, daß es sich bei vielen Tätigkeiten, die der Mensch in seiner Freizeit ausführt, um Spiele handelt, auch wenn der jeweiligen Ausführung ein anderes Erkennungsmerkmal mitgegeben wird, das in die Richtung einer ernsthaften Tätigkeit, was letztlich wieder Arbeit bedeutet, zeigt.
Jugend spielt mit Fernsehern, Radios, Funkgeräten, Rollschuhen, Eisenbahnen, Modellautos, Miniatur-Flugzeugen, naturgetreuen Schiffsnachbildungen, künstlerischen Techniken (Batik, Töpfern, Ikebana, Stricken . . .), der Erwachsenenwelt, im weitesten Sinn – mit sich selbst.
Alte Spiele stehen neben neuen. Mitspieler werden gesucht. Nicht nur die Riesenballons der New Games müssen herhalten, um zu demonstrieren, daß der Mensch spielen will. Der Alltag zeigt es uns in vielfältiger Weise. Wie anders sollten wir die vielen „nutzlosen" Tätigkeiten auffassen, die Jugendliche *und* Erwachsene ausführen, wenn nicht als Spiel? Das erbauliche Hin und Her zwischen Form und Gestalt bei der wiederholten Um-

gestaltung eines Gartenbeetes vermag in diesem Falle ebenso als Beispiel zu dienen wie die sorgsame Abwägung der Teilschritte bei einer Autovollpolitur und Imagegestaltung per Zierstreifen und sonstigem Beiwerk. Es ist Spiel.
Jugend spielt also, will spielen, kann spielen, muß spielen. Und sie tut es mit Bravour, dauernd wechselnd, vom Skateboard zu den Rollschuhen, vom Hula-Hupp-Reifen zum Yo-Yo. Das geschieht fast unbemerkt, von einem Tag auf den andern. Allzu sinnfällige Theorien über die Steuerungsmechanismen der Wirtschaft sind dabei unangebracht; letztere sind oft „Opfer" der Trends. Man versuche nur, zu einer x-beliebigen Zeit, ein x-beliebiges Spielzeug am Markt zu etablieren. Die Jugend wählt wie eine Katze, wenn man sie läßt. Und man muß sie – letztlich – lassen.
Neben die tradierten und allgemein bekannten Spiele gesellen sich immer die Tagesspiele, die Spiele, die nebenbei gespielt werden, beim Warten auf Einlaß, während einer Karussellfahrt, allein, zu zweit, zu mehreren. Spiele, deren Entstehungsursprung man kaum nachvollziehen kann, werden so geboren, tauchen auf und verschwinden wieder.
Der Pädagoge muß sich um *alle* Spiele kümmern. Nicht nur die von ihm animierbaren bieten das pädagogische Potential, sondern auch die immer schon geschehenden, am Rande liegenden, scheinbar unerheblichen, die Spiele der entfachten Wellen oder entstehenden Trends, die Spiele der Nobodys und der Etablierten, die Spiele im engen *und* im weiten Sinne.
Spiele stimmen, in aller Regel, froh und heiter. Wo Jugendliche spielen, geht es auch manchmal hart oder grausam zu. Spiele aber, die grausam sind, gibt es nicht. Sie sind entwürdigt und ideologisiert, wie die entfremdeten *Menschenopferfeiern* südamerikanischer Indianer vor langer Zeit. Der Pädagoge kann das harte Spiel dulden, das grausame nicht. Die grausame Handlung muß als solche auch gekennzeichnet oder enttarnt werden. Sie hat mit dem *homo ludens* nichts zu tun, weil dieser seinen Nutzen vergibt, sich hingibt an das Spiel, auch deshalb, weil es ungefährlich ist.

Literatur

Bollnow, O. F.: Die pädagogische Atmosphäre, 4. Aufl. Heidelberg 1970
Bussiek, H.: Bericht zur Lage der Jugend, 2. Aufl. Frankfurt 1978
Deutsche Shell AG, Jugendwerk der (Hrsg.): Jugend '81. Lebensentwürfe, Alltagskulturen, Zukunftsbilder, Hamburg 1981
Dienelt, K.: Pädagogische Anthropologie, München / Basel 1970
Dilthey, W.: Gesammelte Schriften, Bd. IX, hrsg. von F. Bollnow, Stuttgart 1934
Fischer, W.: „Jugend" als pädagogische Kategorie – historische Rückfragen an Untersuchungen zur Kompetenzentwicklung und Identitätsbildung, in: ZfPäd, 18. Beiheft, 168 – 177
Frankl, V. E.: Theorie und Therapie der Neurose, 4. Aufl. München / Basel 1979
Günther, H.: Die verwöhnte Generation? Lebensstile und Weltbilder 14- bis 19jähriger. Eine empirische Untersuchung, Köln 1982
Jendrowiak, H.-W. / Kreuzer, K. J.: Anthropologische Grundlagen des Unterrichts, Düsseldorf 1982

Kerényi, K.: Vom Wesen des Festes, in: Kerényi, K. (Hrsg.): Antike Religion, München / Wien 1971
Kirchgäßner, H.: Freizeitpädagogik oder Die Ermutigung der Gemeinde, Gelnhausen / Berlin / Stein 1980
Kraft, P.: Feste und Geselligkeiten in der Schule, Braunschweig 1979
Kreuzer, K. J.: Spiele, Feste und Feiern der Jugend, in: Reumann, K. (Hrsg.): Jugend heute: Aufbruch oder Aufstand?, Köln 1982
— Spiele, Feste, Feiern in der Schule, in: Twellmann, W. (Hrsg.): Handbuch Schule und Unterricht, Bd. 4.1, Düsseldorf 1981, 532 — 553
Küpper, H.: Wörterbuch der deutschen Alltagssprache, Bd. 1, München 1971
Löffelholz, M.: Bildung im Jugendalter — Entwicklung der Person als Aneignung der Kultur, in: Eisermann, W. / Meyer, H. J. / Röhrs, H. (Hrsg.): Maßstäbe. Perspektiven des Denkens von Eduard Spranger, Düsseldorf 1983
Mayer, U.: Zwischen Anpassung und Alternativkultur oder das politische Bewußtsein und Handeln der Studenten, Bonn 1981
Opaschowski, H. W.: Einführung in die freizeitkulturelle Breitenarbeit. Methoden und Modelle der Animation, Bad Heilbrunn / Obb. 1979
— Schule und Freizeit, in: Twellmann, W. (Hrsg.): Handbuch Schule und Unterricht, Bd. 2, Düsseldorf 1981, 306 — 318
Pieper, J.: Zustimmung zur Welt. Eine Theorie des Festes, München 1963a
— Über das Phänomen des Festes, Köln / Opladen 1963b
Rahner, H.: Der spielende Mensch, Einsiedeln 1952
Roessler, W.: Jugend im Erziehungsfeld. Haltung und Verhalten der deutschen Jugend in der ersten Hälfte des 20. Jahrhunderts unter besonderer Berücksichtigung der westdeutschen Jugend der Gegenwart, Düsseldorf 1957
Schiffler, H.: Feste feiern in der Schule, Didaktik und praktische Anwendungen, Freiburg i. Br. 1980
Schilling, J.: Jugend und Freizeit. Eine kritische Analyse empirischer Arbeiten, Tübingen 1973
Spranger, E.: Psychologie des Jugendalters, Leipzig 1929
Strzelewicz, W.: Jugend in ihrer freien Zeit, München 1965
Twellmann, W. / Jendrowiak, H. W. / Kreuzer, K. J. / Hansel, T.: Expressive Pädagogik, Düsseldorf 1980
Vahsen, F. G. (Hrsg.): Beiträge zur Theorie und Praxis der Freizeitpädagogik, Hildesheim 1983
Wörterbuch der deutschen Sprache, Duden Bd. 2, Mannheim / Wien / Zürich 1976

2. Spiel und gruppendynamische Prozesse

Jürgen Fritz

I. Verwendung von Spielen zur Anregung von Selbsterfahrung

1. Gruppendynamik-Boom und spielpädagogische Handhabung

Gruppendynamik als Methode, als gruppendynamisches Training, verweist auf eine Reihe von Techniken und Methoden, um *Selbsterfahrungen* zu machen. Bei den Methoden handelt es sich zum Beispiel um Prozeßanalysen, Soziogramm, Brainstorming, Rollenspiele und schließlich auch um *Interaktionsspiele*. Diese gruppendynamischen Methoden dienen zum Sichtbarmachen von gruppendynamischen Prozessen für die Beteiligten, zur Erfassung oder Steuerung von Gruppenverhalten und Gruppenprozessen. Sie bilden eine wichtige methodische Grundlage für gruppendynamische Seminare. Um Selbsterfahrungsprozesse auszulösen, muß etwas in den Gruppen geschehen. Dieser „Verhaltensausstoß" kann darin bestehen, daß sich die Gruppe als Institution zur „kollektiven Beichte" versteht: Wechselseitig berichten die Teilnehmer offen und direkt über ihre Gefühle, Sorgen, Beziehungen, Einstellungen. Offenheit und Direktheit sind jedoch in unserer Gesellschaftsordnung geradezu selbstmörderische „Tugenden". Die zur Erhaltung der Gesellschaftsform notwendige Entfremdung bringt Verhaltensmuster wie Verschlossenheit, Indirektheit, Mehrdeutigkeit hervor. Wenn nun in einem gruppendynamischen Seminar „alternative" Verhaltensformen gefordert werden, so stößt dies meist auf starke Abwehrschranken und massive Ängste. In dieser Situation greifen viele „Trainer" auf Interaktionsspiele zurück, die sie wie „Dosenöffner" einsetzen, um das „Innenleben" der Teilnehmer bloßzulegen. Sie werden zu einem Mittel, den Selbsterfahrungs- und Äußerungszwang zu forcieren.

Wie sehen solche „Spiele" aus? Bei der „Nasa-Übung" (vgl. ANTONS 1973, 155 ff.) geht es zum Beispiel darum, sich in einer Gruppe von fünf Personen über die Rangordnung von 15 Gegenständen zu einigen. Die durch diese Übung erzeugten Interaktionen sind Gegenstand intensiver, auf Selbsterfahrung bezogener Reflexionsprozesse.

Seit den siebziger Jahren ist ein Fülle von Publikationen erschienen, die Interaktionsspiele dieser Art zum Gegenstand haben (zum Beispiel PFEIFFER / JONES 1974; GUDJONS 1983). Der wohl profilierteste deutschsprachige Vertreter dieser „Spiel"-Orientierung ist zweifellos Klaus W. VOPEL. Seit Anfang der siebziger Jahre erscheinen im Selbstverlag dieses Autors in regelmäßiger Folge mehrbändige Spielesammlungen: Interaktionsspiele (für

Erwachsene), in vier Teilbänden (Hamburg 1974), Interaktionsspiele für Kinder, in vier Teilen (Hamburg 1980), und schließlich Interaktionsspiele für Jugendliche, ebenfalls in vier Teilen (Hamburg 1981). Während die einzelnen Hefte kaum mehr als eine Spielesammlung bieten, erschließt das von Klaus W. VOPEL verfaßte Handbuch für Gruppenleiter (Hamburg 1980) das Selbstverständnis des Autors im Umgang mit diesen „Spielen".

Für VOPEL sind Interaktionsspiele „eine Intervention des Gruppenleiters (oder eines Teilnehmers) in die gegenwärtige Gruppensituation, welche die Aktivität aller Gruppenmitglieder durch spezifische Spielregeln für eine begrenzte Zeit strukturiert, damit ein bestimmtes Lernziel erreicht wird" (VOPEL 1980a, 2).

Für VOPEL „reproduzieren Interaktionsspiele auf vereinfachende Weise die Struktur wirklicher Lebens- und Gruppensituationen. Sie isolieren aus den komplexen Aspekten wirklicher intra- bzw. interpersoneller Situationen einige wichtige Elemente und stellen diese in den speziellen und ‚künstlichen' Kontext eines durch die Spielregeln definierten Handlungsschemas" (VOPEL 1980a, 2).

Nach Auffassung von VOPEL ermöglichen Interaktionsspiele den Teilnehmern

„Strukturen und strukturelle Zusammenhänge besser zu erfahren und zu verstehen als in der eher unüberschaubaren Wirklichkeit. Sie (die Teilnehmer) können auf diese Weise wirksam und relativ risikofrei neue Verhaltensweisen lernen und mitgebrachte Einstellungen und Haltungen überprüfen" (VOPEL 1980a, 2).

In ähnlicher Weise betont GUDJONS (1983, 29) die Vorzüge von Interaktionsspielen („strukturierte Übungen") gegenüber völlig unstrukturierten Lernsituationen:

„Sie konfrontieren den Teilnehmer nicht mit der zum Initialstreß und hoher Belastung führenden Komplexität einer offenen und unüberschaubaren sozialen Situation, sondern isolieren einige wenige, aber wesentliche Elemente, so wie sie auch in Alltagsgruppen und Zusammenhängen vorkommen, um sie gezielt und kontrolliert üben und bearbeiten zu können. (. . .) Grundlegende Faktoren von Interaktionsprozessen in einer verdichtenden Weise zu erfahren und zu studieren, darin liegt das kreative Potential strukturierter Übungen" (GUDJONS 1983, 29).

2. Zum Problem didaktisch „gebannter" Spiele

Bei den Interaktionsspielen stehen nicht Spaß, Vergnügen und Freude im Mittelpunkt, sondern Lernprozesse im psychosozialen Bereich. Die belebenden Effekte des Spiels dienen als Vehikel für die geplanten Lernprozesse (vgl. VOPEL 1980a, 17). Spiele gerinnen zu „Werkzeugen" in der Hand des Gruppenleiters (VOPEL 1980a, 23). Sie werden zu einem Gelenkstück zwischen den individuellen Bedürfnissen der Teilnehmer und der Lernzielorientierung des Gruppenleiters, der mit ihrer Hilfe eine relativ distanzierte, lustlose und pseudofreundliche Gruppenatmosphäre auflockern kann. Dies führt schließlich dazu, daß die Attraktivität eines Leiters unmittelbar an die Verwendung von Interaktionsspielen gebunden wird:

„Teilnehmer schätzen in der Regel Leiter, die Interaktionsspiele verwenden, mehr als die, die keinen Gebrauch davon machen. Das gilt auf jeden Fall für Trainingsgruppen, deren Mitglieder nur für eine begrenzte Zeit miteinander arbeiten. Hier wird der Gruppenleiter durch seine Verwendung von strukturierten Lernsituationen als besonders kompetent, verständnisvoll und attraktiv erlebt" (VOPEL 1980a, 22).

Spiele in diesen Lernarrangements gerinnen zu „Selbsterfahrungsritualen". Weniger psychische Störungen der Teilnehmer sind die Folge dieser Lernprozesse, als vielmehr die Wirkungslosigkeit in bezug auf die den Teilnehmern angesonnenen Lernziele. Dies gilt vermehrt dann, wenn laufend Spiele praktiziert werden und es überdeutlich wird, daß sich der Leiter hinter diesen Spielen versteckt und die Gruppe lediglich beschäftigt – Fehlentwicklungen, vor denen VOPEL (1980a, 25) und GUDJONS (1983, 30) eindringlich warnen.

Der Eindruck von Künstlichkeit und mangelndem Realitätsbezug, den manche Teilnehmer bei der Verwendung von Interaktionsspielen haben, ist weniger eine Rationalisierung, wie dies Vopel (1980a, 116 f.) annimmt, als vielmehr eine recht realistische Einschätzung eines spielbezogenen Lernarrangements. Dies gilt vermehrt für eine Vielzahl an „Spielen", die von VOPEL (1980b, 1981) aufgelistet sind, und deren „spielerische Dynamik" darin besteht, psychologische „Selbstbefragungen" durchzuführen. Insbesondere bei diesen „Selbsterfahrungs-Angeboten" ist der Begriff „Spiel" geradezu irreführend: Es handelt sich vielmehr um lernzielbezogene, deutlich strukturierte Übungen, aus denen spielerische Elemente weitgehend getilgt sind. Ihr Formalisierungsgrad ist derart hoch, daß nicht die Inhaltlichkeit dieser Übungen „die Struktur wirklicher Lebens- und Gruppensituationen auf vereinfachende Weise reproduziert", sondern allenfalls die starre formale Struktur des Fragerasters und des Auswertungsverfahrens. Die Teilnehmer finden sich bei manchen Übungen in einem Lernarrangement wieder, das ihnen von bürokratischen Organisationen (zu denen auch Schule gehört) bekannt ist und das Verbindungen zu maschinenhaften Strukturen nur schwer verbergen kann.

Die eher spielerischen Formen von Übungen sind keinesfalls geeignet, „Strukturen und strukturelle Zusammenhänge besser zu erfahren und zu verstehen als in der eher unüberschaubaren Wirklichkeit". Diese Übungen tragen eher den Charakter kompensatorischer Angebote: Die Teilnehmer erhalten einen Freiraum, in dem sie mit neuen und vielleicht auch unbekannten Formen des Verhaltens experimentieren können, in dem sie gefahrlos Verhalten zeigen dürfen, das in Realsituationen weitgehend ausgeschlossen ist. Erkenntnis- und Transferfunktionen sind kaum anzunehmen. Vielmehr scheint es so zu sein, daß die Teilnehmer ihr Interesse am lustvollen, „befreienden" Spiel im Lernarrangement zu verwirklichen trachten – entgegen der erklärten didaktischen Absicht der Leiter –, indem sie die Spielangebote so für sich „rahmen", daß Spaß und Freude entstehen kann. Auf Selbsterfahrung hin angelegter Lernzielbezug erscheint künstlich und scheinhaft: ein „didaktisches Feigenblatt", das mehr enthüllt als verdeckt.

Die mit Lernzielen wie „Sensibilisierung der Wahrnehmungsfähigkeit", „Vertiefung der Selbstverantwortlichkeit", „Abbau von Rollenstereotypen und unerwünschten Verhaltensstandards", „Funktionaler Ausdruck von Gefühlen", „Bewußtheit eigener Motivation", „Selbstakzeptierung",

"Akzeptierung anderer", Interdependentes Verhalten" und "interpersonale Offenheit" (VOPEL 1980a, 28 ff.) befrachteten "Interaktionsspiele" machen folgende Tendenzen deutlich:

a) Versuch der Instrumentalisierung und Didaktisierung des sozialen Lernens,
b) Ausgliederung dieser Lernprozesse aus realen Kontexten,
c) Etablierung von künstlichen Lernarrangements, in denen "Freiräume" und "Experimentiersituationen" geboten werden,
d) Didaktische Überformung von Spielangeboten, um Motivationsquellen für soziale Lernprozesse auszuschöpfen.

Diese Verbindung zwischen Spiel und gruppendynamisch orientierter Selbsterfahrung wird sowohl dem Charakter des Spiels als auch einer emanzipatorischen Absichten verpflichteten Selbsterfahrung nicht gerecht. Es entwickelt sich vielmehr eine Party- und Freizeit„kultur", die zwischen spielerischem Ausleben und „kollektiver Beichte" oszilliert – untherapeutisch und „quasipädagogisch" zugleich, mithin: ein folgenloses Spiel zum „psychosozialen Lernen" – nur häufig nicht so vergnüglich, wie viele Spiele sein können.

II. Spiele zur Entwicklung des Gruppenprozesses

1. Spiele als Mittel zur Steuerung gruppendynamischer Prozesse in Selbsterfahrungsgruppen

Im Rahmen lernorientierter Konzepte des sozialen Lernens (zum Beispiel SADER u. a. 1975) könnten Spiele zur „Klimaverbesserung" innerhalb der Lerngruppe beitragen. Ein offenes Spielangebot bietet die Möglichkeit, unabgegoltene Bedürfnisse auszudrücken und latenten Impulsen Gestalt zu verleihen. Die spielerische Vorwegnahme dessen, was in späteren Lernprozessen vorgesehen ist, kann geeignet sein, emotionale Vorbehalte und Ängste etwas zu mildern und die Bereitschaft, sich auf neue Erfahrungen einzulassen, fördern. Eine weitere Möglichkeit, gruppendynamische Prozesse durch Spiele zu steuern, besteht darin, Entwicklungstendenzen in der Gruppe wahrzunehmen und darauf mit einem entsprechenden Angebot an Spielen zu „antworten". VOPEL (1980a, 12) empfiehlt daher als ersten Schritt bei der Verwendung eines Interaktionsspiels die Analyse der Gruppensituation. Die Ergebnisse der Analyse ermöglichen es dem Gruppenleiter, durch ein Angebot ausgewählter Spiele bestimmte Tendenzen in der Gruppe zu unterstützen, anderen entgegenzuwirken. Dazu Beispiele:

a) Um die Aufnahmebereitschaft zu Beginn einer Gruppensitzung zu erhöhen, um Spannungen zu mildern und motorische Bedürfnisse zu befriedigen, kann es empfehlenswert sein, mit bewegungsreichen Spielen zu beginnen, deren Konkurrenzcharakter deutlich vemindert ist.

Anregungen zu diesen Spielen finden sich insbesondere bei FLUEGELMANN / TEMBECK 1981 und FLUEGELMANN 1982. Diese „Spiele ohne Verlierer" sind keine auf Selbsterfahrung hin angelegten „Interaktionsspiele", sondern sie dienen dem Spaß und dem Vergnügen der Spieler; ihnen fehlen didaktische Befrachtungen – und das allein macht schon ihren Wert aus. Sie verhelfen den Spielern zu einem lustvollen Spiel, ohne mit dem Stachel eines wie auch immer formulierten Zwecks behaftet zu sein. Diese Spiele bereiten Vergnügen, weil sie es ermöglichen, einem breiten Spektrum von Impulsen Gestalt zu verleihen – ohne diesen Spaß durch eine „obligatorische" Reflexionsphase verleidet zu bekommen.

Das Verhalten der Teilnehmer bei „offenen Spielangeboten" kann ein Spiegel dessen sein, was während der „offiziellen" Gruppensitzungen sich nicht zeigen durfte. Dies kann sich zum Beispiel auch in der Bevorzugung bestimmter Brettspiele zeigen. Erfahrungen dieser Art habe ich zum Beispiel mit dem „Malefizspiel" als Student während eines Wochenseminars in einer einsam gelegenen Bildungsstätte machen können. Es war ein sehr spannungsvolles, von der Stimmung her geradezu feindseliges Seminar, bei dem nur wenige redeten, die meisten verbissen schwiegen und nicht handelten wie sie dachten und fühlten. Abends wurde dann mit einer wahren Begeisterung „Malefiz" gespielt. Die negativen Impulse, die während der Seminarzeit nicht herausgelassen wurden und verborgen werden mußten, konnten sich nun artikulieren und entfalten: Andere behindern und rauswerfen, Bündnisse schließen, Mitspieler offen bekämpfen, mit anderen um das Gewinnen ringen. Das Spiel wurde zum symbolischen Ausdruck der Erfahrungen der Spieler im „offiziellen Teil" des Seminars. Bestimmte Grundthemen des Umgangs miteinander konnten sich beleben und durften sich gefahrlos zeigen. In der miniaturisierten und symbolisierten Welt, die im „Malefizspiel" eingefangen ist, durften die Studenten sich loslassen und hatten die Möglichkeit, sich anders als sonst im Seminar zu verhalten. Der aggressive Kampf, die hinterhältigen Gemeinheiten und Rachegefühle konnten ohne Furcht vor bedrohenden Sanktionen ausgelebt werden – und dies bewirkte den infernalischen Spaß beim Spiel. In dem Maß, wie den Studenten durch das Spiel ihre eigene Gefühlslage bewußt wurde, konnten sie ihre „ungelebten" Anteile in die „offizielle" Kommunikation einbeziehen.

b) In der Entwicklung einer Selbsterfahrungsgruppe kann es notwendig sein, den Lernfortschritt behutsam vorzubereiten und auf einer eher spielerischen Ebene Grundlagen zu bilden für weiterführende Lernprozesse.
Um Entscheidungssituationen in der Gruppe angemessen zu bewältigen, kann es sinnvoll sein, auf die Gruppe hin abgestimmte Kooperationsspiele anzubieten, in denen die Teilnehmer Grundstrukturen und Probleme von Entscheidungsprozessen und gemeinsamen Handelns spielerisch erfahren können. Die Erfahrungen in diesen Interaktionsspielen reichen jedoch nicht aus; es bedarf der „Verankerung" in Situationen, die einen deutlicheren Ernstcharakter besitzen. Gruppendynamische Probleme bei der Zusammenarbeit einer Gruppe können in einer ersten Phase in ein inhaltlich neutrales Spiel einfließen, beobachtbar werden und Schritte zur Veränderung einleiten, die in realitätsbezogener Zusammenarbeit wirksam werden könnten. Übungen und Spiele zur Zusammenarbeit sind vereinzelt

in der gruppendynamischen Literatur (zum Beispiel ANTONS 1973, 113 ff.; FRITZ 1977, 271 ff.) beschrieben worden. Besonders bekannt ist die „Turmbau-Übung":

Kleingruppen bauen im Wettbewerb mit anderen Gruppen aus zur Verfügung gestellten Materialien einen standfesten und originellen Turm. Die Probleme beim Ablauf der Zusammenarbeit werden durch Beobachter anhand vorgegebener Fragen aufgezeichnet und anschließend diskutiert. Anlässe für spielerisches Erproben der Zusammenarbeit können u. a. auch sein: ein Spielplan, zu dem die Gruppe Spielregeln erfinden muß; eine Liste von Gegenständen, die für eine bestimmte Situation in eine Rangfolge gebracht werden muß; das Beschaffen von Gegenständen; die Übermittlung von Zeichen; ein Mittagessen, das die einzelnen Gruppen zubereiten müssen.
Auch jüngst entstandene kooperative bzw. koalitive Brettspiele können geeignet sein, Prozesse der Zusammenarbeit zu stimulieren (so zum Beispiel das Brettspiel „Scotland Yard", das den Spielern die Aufgabe stellt, einen unbekannten „Mister X" auf dem Stadtplan von London ausfindig zu machen).

Allen diesen Kooperationsspielen gemeinsam ist, daß sie inhaltlich austauschbar und unabhängig von realen Rollen konzipiert sind. Es ist daher notwendig, in einer zweiten Phase die Erkenntnisse in konkrete Formen der Zusammenarbeit einzubringen, zumindest diese Formen der Zusammenarbeit in der Selbsterfahrungsgruppe zu simulieren. Anderenfalls würde man über ein „Spiel ohne Folgen" nicht hinauskommen:

„Die ‚künstliche' Situation gruppendynamischer Seminare erhält nur dann einen politischen Sinn, wenn es gelingt, die Realbedingungen der Gesellschaft heute in Verbindung zu bringen mit der psychosozialen Struktur der teilnehmenden Individuen. (. . .) Für das Design gruppendynamischer Seminare, die auf politische Bildung angelegt sind, bieten sich Simulationen gesellschaftlicher Realität vorwiegend aus dem Erfahrungsbereich der Teilnehmer an" (HORN 1972, 383 und 386).

Die vereinfachte Welt der Spiele kann die Auseinandersetzung mit der Welt nicht ersetzen. Sie sind ein „Freiraum", in dem sich psychische Energien neu bilden können und sich Dispositionen für Erkenntnisprozesse und Verhaltensänderungen legen lassen.

2. Spiele zur Stimulierung von Lernprozessen in schulischen Gruppen

Im Gegensatz zu Selbsterfahrungsgruppen stehen in schulischen Gruppen in der Regel kognitive Lernprozesse im Mittelpunkt. Im Rahmen der Expansion gruppendynamischer Verfahren sind auch Überlegungen entstanden, Selbsterfahrungsprozesse in der Schule zu initiieren. Das hat in der Regel dazu geführt, daß gruppendynamisch orientierter Unterricht in „Lernghettos" verwiesen wurde. Er wurde zu einer „Spielwiese", auf der die im üblichen Unterricht unabgegoltenen emotionalen und sozialen Bedürfnisse berücksichtigt werden durften. Die meisten Erfahrungsberichte und Empfehlungen bezogen sich daher auch auf randständige, vom üblichen Lernstoff „gereinigte" Bereiche schulischen Lernens (vgl. FRITZ 1981, 184 ff.).
Gegenüber diesen Tendenzen wird die Auffassung vertreten, daß in der Schule sowohl der Inhalt als auch die gruppendynamischen Prozesse während des gemeinsamen Lernens miteinander verschränkt ihr Recht erhalten

müssen. Bei dieser Auffassung liegt es nahe, dies im Rahmen des täglichen, fachbezogenen Unterrichts zu versuchen. Verfolgt man die sozialen Lernziele getrennt, muß man sie aus ihrem sozialen Zusammenhang herausbrechen, sie von situativen Bedingungen „reinigen", sie didaktisch „aufbereiten", also eine schulische Selbsterfahrungsgruppe etablieren. Derart „stilisiert" und zum ausdrücklichen Programm erhoben, verlieren diese Ziele an „Tiefgang" und Wirksamkeit, entwinden sie sich der Erreichbarkeit, weil zur Künstlichkeit schulischen Lernens lediglich ein weiterer Lernbereich hinzugeschaffen wurde, der die inhaltliche Beliebigkeit und Folgenlosigkeit schulischer Stoffe durch seine „gereinigte" und instrumentalisierte Form in gleicher Weise besitzt. Die Folgenlosigkeit separierten sozialen Lernens läßt sich zumindest teilweise aufheben, wenn inhaltliches Anliegen und gruppendynamisch orientierte Zielvorstellungen miteinander verbunden werden. Neben dem Vermögen des Lehrers, gruppendynamische Prinzipien intermittierend in die Arbeit einzubeziehen (vgl. FRITZ 1981, 189), können auch spielerische Formen des Unterrichts zur Entwicklung der Gruppenprozesse beitragen.

Dazu einige Beispiele:
a) In einer 5. Klasse hatte ich Musikunterricht zu geben. Auch im Musikunterricht arbeitete ich meist gruppenbezogen:

Die wesentlichen Lernprozesse finden in Kleingruppen statt, die Auswertung geschieht im Rahmen der gesamten Klasse. Eine im Rahmen der Gruppenarbeit sich gebildete Kleingruppe war recht problematisch. Sie bestand aus zahlreichen aggressiven und dominanten Jungen, die sich untereinander ihren Führungsanspruch streitig machten. Die ständigen „Alpha-Rivalitäten" hinderten die Gruppe daran, zur Sache zu arbeiten. Auf meine Vorschläge, zu überlegen, ob diese Gruppe in dieser Form günstig zusammengesetzt sei, gingen die Schüler nicht ein. Der Streit um die Führungsposition dauerte an, ohne daß sich eine Änderung zeigte und ohne daß vorzeigbare Arbeitsergebnisse zustande kamen. Die Gruppe zog daraus nicht die Konsequenz, sich aufzulösen, sondern machte weiter, während der Gruppenarbeitsphasen ihre Machtkämpfe auszutragen. Es wurde notwendig, die Gruppenmitglieder mit ihrer Realität deutlich zu konfrontieren. In einer Doppelstunde Musikunterricht erhielten alle Gruppen die Aufgabe, ein „Maschinengeräusch" zu komponieren, die erforderlichen Instrumente zu benennen und dieses Musikstück der Klasse vorzuführen. Während der Vorführung sollten die übrigen Schüler die jeweilige Gruppe beobachten und dann mitteilen, wie sie die Zusammenarbeit gefunden hätten, ob jemand in der Gruppe führte, in welcher Art geführt wurde und wie das Musikstück insgesamt ausgefallen ist.
Die ersten Gruppen brachten Brauchbares zuwege. Die Klasse kam rasch auf den Zusammenhang zwischen Qualität des Musikstücks und Fähigkeit der Zusammenarbeit. Nach einer Mädchengruppe, die schon gut zusammenarbeiten konnte, kam die besagte Jungengruppe an die Reihe und brachte kein Musikstück zustande: Keiner achtete auf den anderen, jeder wollte die Gruppe führen, keiner konnte sich bei den anderen durchsetzen, jeder neue Anlauf scheiterte kläglich, offener Streit brandete auf. Die Schüler hatten die Gruppe gut beobachtet: Es sei keine Zusammenarbeit dagewesen, jeder stritte mit jedem, darum sei auch nichts herausgekommen bei der Arbeit. Die Jungen waren betroffen; es entstand ein Gespräch in der Klasse, warum eine Zusammenarbeit in der Jungengruppe nicht möglich gewesen war. Die Klasse kam bald darauf, daß sich die Jungen in der Gruppe in einem Punkt ähnlich seien: Sie wollten alle den Ton angeben, und das gehe in einer Gruppe nicht gut. Nach dem Gespräch löste sich die Gruppe auf; es bildeten sich neue Gruppen mit weniger „geballter Dominanz".

Das Beispiel macht deutlich, daß es durchaus möglich ist, im Rahmen spielerischer Formen des Unterrichts Selbsterfahrungssituationen zu inszenieren, die unmittelbar mit der schulischen Wirklichkeit verbunden sind. Anstatt ein inhaltlich belangloses Kooperationsspiel zu wählen und daran die Probleme von Rollenverteilung und Zusammenarbeit zu verdeutlichen, wurde die alltägliche schulische Situation zu einem „Selbsterfahrungsspiel", das in seiner Wirkung den künstlichen Interaktionsspielen deutlich überlegen ist.

b) *In einer neu gebildeten 5. Klasse an einer Gesamtschule wurde ich „Stammgruppenleiter" (Klassenlehrer).*

Nach meinen Beobachtungen fiel es den Schülern zunächst sehr schwer, in Gruppen zusammenzuarbeiten, sich über die Aufgabenverteilung zu einigen, Entscheidungen zu treffen. Häufig wurde einer in der Gruppe ausgeschimpft: Er arbeite nicht, mache Unsinn, halte die Gruppe auf. Die gesamte Klasse hatte Schwierigkeiten mit der Gruppenarbeit; mit dieser Lernform waren sie nicht vertraut; die Gruppenprozesse konnten sie noch nicht regulieren. Zur Spannungsentlastung konzentrierte sich die Gruppe auf einzelne „Störer", die sich anboten oder dazu gebracht wurden, stellvertretend für die anderen aus der Gruppe die negativen Aspekte, die in der Gruppe vorhanden waren, darzustellen. Der in der Gruppenpsychologie als „Omega-Bildung" bezeichnete Versuch der Gruppe, durch „Sündenböcke" Probleme zu lösen, behinderte in starkem Maße die Fortentwicklung des Gruppenunterrichts. Die Tendenzen zur Omega-Bildung blieben auf den Unterricht nicht beschränkt: Schwächere Mitschüler wurden in der Pause häufig grundlos verprügelt, Auffälligkeiten und Schwächen einzelner Schüler mitleidlos bloßgestellt. Nach einigen Gesprächen mit der Klasse und Besserungsversprechen änderte sich nicht viel, das Ausmaß offener Aggression wurde vielleicht ein wenig geringer.

Wir behandelten im Unterricht die Geschichte eines türkischen Mädchens, das von den deutschen Mitschülerinnen übel behandelt wurde, das im Unterricht nicht gut mitkam und auch von der Lehrerin nicht unterstützt wurde. Es wurde prompt verdächtigt, eine Diebin zu sein, als eine Mitschülerin ein Füllhaleretui verlegt hatte. Voller Verzweiflung lief es aus der Schule fort, achtete nicht auf ein Auto, wurde überfahren und mußte ins Krankenhaus. Die Geschichte wurde von der Klasse „mitleidig" belächelt: Diese Probleme habe man nicht, darüber sei man hinaus, ich wisse doch genau, daß die beiden ausländischen Mitschülerinnen in unserer Klasse so nicht behandelt würden; im übrigen sei man ja auf einer Gesamtschule, da passiere so etwas nicht. Und überhaupt — eine langweilige Geschichte, längst überholt. Selbst auf der Grundschule würden Ausländerkinder genauso behandelt wie Deutsche auch. Widerspruch kam auf. Jeder wußte etwas zu erzählen über Ausländerkinder an der Schule. In die ausufernden Berichte und Erörterungen hinein machte ich den Vorschlag, Teile aus der vorgelesenen Geschichte nachzuspielen. Das wurde begeistert aufgegriffen.

In einer Szene „Mitschülerinnen reden über das Türkenkind" brachten die Spieler alle Vorurteile vor, derer sie habhaft werden konnten, bald in spielerischem Ernst, bald in karikaturistischer Übertreibung. Bereits in der nächsten Szene „Mitschülerinnen nach dem Unfall" wurde es problematisch: Die Information über den Unfall wurde eingebracht, es folgten ein kurzes Betroffensein, ein schlechtes Gewissen, dann Angst und schließlich der Versuch, einen „Schuldigen" an dem Unfall unter sich auszumachen, über den sich dann die Aggressionen der anderen entladen konnten. Ich ließ die Szene zwei- oder dreimal mit anderer Besetzung spielen. Es ergab sich stets die gleiche Struktur: Angst vor Strafe, Suche nach einem Schuldigen, Entladung von Aggressionen. Ich spielte den Schülern die Tonbandaufzeichnung vor. Sie stellten Strukturähnlichkeit fest, kritisierten das Rollenspiel, hielten eine andere, für das Türkenmädchen hilfreiche Lösung für angebracht. Aber auch die nächsten Versuche mißlangen; stets rutschten sie wieder in eine „Omega-Struktur" hinein, wechselseitige Vorwürfe über das Maß an

Schuld wurden immer wieder zum Inhalt. Spöttische Bemerkungen folgten der Wiedergabe der Tonband-Aufzeichnung: „Na, ihr könnt es auch nicht viel besser als wir." Unter den Darstellern brach eine heftig geführte Auseinandersetzung aus, wer von ihnen daran wohl die Schuld gehabt habe. Ich ließ sie einige Zeit gewähren und fragte dann, ob der Klasse beim Vergleich der Rollenspiele mit dem gerade geführten Gespräch etwas auffalle. „Man wollte jedesmal einen Schuldigen haben", war die Antwort. „Wie in der Geschichte mit der Türkin", vervollständigte ein anderer, „da brauchten die einen Schuldigen für das weggekommene Etui." Ausführlich diskutierte die Klasse über die Probleme, die bei der „Schuldigen-Suche" entstehen. Viele Beispiele und eigene Erlebnisse wurden eingebracht. Schließlich schlug die Klassensprecherin vor, die Szene noch einmal zu spielen. Sie wolle die Darsteller aussuchen, dann werde es sicherlich anders laufen. Zunächst schien es so, als werde das Rollenspiel einen anderen Verlauf nehmen, dann aber gerieten die Spieler wieder in die „Omega-Struktur" hinein: wechselseitige Vorwürfe, Streit, Suche nach Schuldigen. Nach einiger Zeit merkten die Spieler dies selber, schwiegen für einen Moment betroffen und machten sich dann gegenseitig heftige Vorwürfe, stritten sich, wer von ihnen die Schuld hätte an dem mißlungenen Spiel. Zurufe aus der Klasse machten ihnen deutlich, daß sie auch jetzt wieder jenem Mechanismus der „Schuldigen-Suche" unterlagen. Niedergeschlagen schlichen sie an ihre Plätze zurück, sie, die sie das höchste Ansehen in der Klasse genossen, schafften diese Aufgabe nicht, eine Aufgabe, die doch so einfach schien. Betroffenheit breitete sich in der Klasse aus. Fragen nach dem Wieso und Warum kamen auf. Wir entwickelten aus dem Erlebten ein einfaches Modell von Ursache und Wirkung und begannen, es mit Substanz zu füllen: eigene Erlebnisse zu Hause und in der Schule, Geschichten vom Vater und von der Mutter, Erfahrungen mit Freundesgruppen, Begebenheiten am Arbeitsplatz der Eltern, die Juden in Deutschland und zuletzt auch: die eigene Klasse mit ihren Sündenböcken und der Lehrer, der auch nicht davon frei ist, Sündenböcke zu suchen.

Unsere Erfahrungen hatten Folgen: Die Gruppenarbeit ging besser, die Streitigkeiten in den Gruppen wurden geringer, schwächere Schüler wurden geschützt. Versuche der Tischgruppen, einzelne Schüler auszustoßen, begegneten dem Widerstand der Klasse. In vielen Fällen wurde in einem Gespräch der Klasse die „Omega-Struktur" des Ausstoßungsprozesses herausgefunden, diskutiert, wurden Hilfen und Verhaltensalternativen erörtert. Aber das blieb nicht alles: In einer ziemlich unruhigen Stunde machte ich einem der Schüler Vorhaltungen und kritisierte wohl etwas heftig sein „Störverhalten". Darauf empörte sich eine andere Schülerin: „Sie sind ungerecht! Es sind doch fast alle laut. Sie suchen nur einen Schuldigen". Sie hatte recht und trotz Betroffenheit und einer „daneben"gegangenen Stunde hätte ich vielleicht Grund gehabt, mich über den Lernzuwachs dieser Schülerin zu freuen. Aber welcher Lehrer freut sich schon, wenn in der anbrandenden Unruhe einer Klasse die Zweifel wachsen, ob Bemühen und Fähigkeiten ausreichen, einen für die Schüler sinnvollen, folgenreichen Unterricht zu machen?
Das Rollenspiel zeigte Folgen, weil es in seiner dynamischen Gestalt in den Gruppenprozessen der Klasse eine mehrfache Verankerung fand:

1. in bezug auf den Unterrichtsgegenstand,
2. mit Blick auf die Lebenserfahrungen der Schüler,
3. in Hinblick auf ihr Verhalten in der Klasse,
4. unter Berücksichtigung der Reaktion der Schüler auf das Rollenspiel,
5. in Hinblick auf bestimmte Lehrer-Schüler-Interaktionen.

Das Spiel konnte Lernprozesse stimulieren, weil es nicht als abgehobene Selbsterfahrungssituation erkannt wurde, sondern als integrierter Bestandteil umfassenden schulischen Lernens. Nur in dieser Einbindung vermag das Spiel etwas zur Entfaltung gruppendynamischer Prozesse beizutragen.

Literatur

Antons, K.: Praxis der Gruppendynamik, Göttingen 1973
Fritz, J.: Gruppendynamisches Training in der Schule, Heidelberg 1975
— Methoden des sozialen Lernens, München 1977
— Gruppenprozesse in der Schule, in: Rittelmeyer, C., u. a.: Erziehung und Gruppe, München 1980
— Kritische Gruppendynamik und Schule, in: Bachmann, C. H. (Hrsg.): Kritik der Gruppendynamik, Frankfurt 1981
Gudjons, H.: Spielbuch Interaktionserziehung, 2. Aufl. Bad Heilbrunn 1983
Giere, W.: Gruppendynamik und politische Bildung, in: Horn, K. (Hrsg.): Gruppendynamik und der „subjektive Faktor", Repressive Entsublimierung oder politisierende Praxis, Frankfurt 1972
Pfeiffer, J. W. / Jones, J. E.: Arbeitsmaterial zur Gruppendynamik (in 4 Bänden), Gelnhausen / Berlin 1974
Sader, M., u. a. (Hrsg.): Verbesserung von Interaktion durch Gruppendynamik, Münster 1976
Vopel, K. W.: Interaktionsspiele (in 4 Bänden), Hamburg 1974
— Handbuch für Gruppenleiter, 3. Aufl. Hamburg 1980a
— Interaktionsspiele für Kinder (in 4 Teilen), 2. Aufl. Hamburg 1980b
— Interaktionsspiele für Jugendliche (in 4 Teilen), Hamburg 1981

3. Interaktionsspiele in Schule und Jugendarbeit zur Initiierung sozialer Lernprozesse

Herbert Gudjons

I. Die Interaktions- und Beziehungsebene schulischer Lerngruppen

1. Zwischen „Zwangsaggregat" und „Gruppe"

In schulischen Lerngruppen — und wahrscheinlich im menschlichen Lernen überhaupt — vollziehen sich kognitive Lernprozesse, auf Inhalte und Gegenstände bezogenes Lernen, immer in wechselseitiger Beeinflussung mit affektiven und sozialen Komponenten. Dies wurde inzwischen durch eine Fülle von Forschungsarbeiten belegt (BIERMANN 1978; SEIFFGE-KRENKE 1981). Praktikable Konzeptionen, Modelle oder auch nur Techniken, die dem Pädagogen helfen können, aus einem zufällig zusammengesetzten Zweckverband (zum Beispiel Schulklasse) eine arbeitsfähige, aber auch emotional befriedigende Gruppe zu machen, sind dagegen erheblich seltener (MEYER / WEBER 1980; STANFORD 1980; SCHREINER 1981). So unreflektiert und selbstverständlich, wie sich Kinder und Jugendliche nach einer „guten (Klassen-)Gemeinschaft" sehnen, so mühsam ist die Anerkennung der Interaktions- und Beziehungsebene als einem dem Lehrplan gleichgewichtigen Lernfeld (CARTLEDGE / MILBURN 1978). Das ist verständlich, wenn sich unter dem Ziel „Gemeinschaft" jene romantisierende Ideologie des „Einer-für-alle" und „Alle-für-einen" einschleicht, jener Zwang zur Preisgabe des Individuell-Besonderen, des Nonkonformistischen, der Kritik, der Opposition, des Mutes zum „aufrechten Gang" (BLOCH).

Demgegenüber hat sich heute als Zielbestimmung für die interaktionelle Gruppenentwicklung eher als Qualitätsmerkmal durchgesetzt, auch mit *Interessengegensätzen* und Beziehungs*konflikten* umzugehen, Kommunikation und Zusammenarbeit zu pflegen, Außenseiter zu integrieren, eigenes und fremdes Verhalten sensibel wahrzunehmen und zu verändern. Es geht also nicht allein um ein Sich-Wohlfühlen in einer künstlich auf Harmonie getrimmten Gemeinschaft, vielmehr wird die Gruppe oder Klasse mit ihren Kommunikationsproblemen, funktionalen und disfunktionalen Rollen, förderlichen oder hinderlichen Normen usw. als eigenes Lernfeld neben dem „Stoff", „Thema" und Lehrplan begriffen. Dabei ist grundlegend, daß schulische Lerngruppen sich erheblich von Selbsterfahrungs-, Kommunikationstrainings-, Therapie-Gruppen usw., aber auch von Spielgruppen, freien Jugendgruppen u. a. m. unterscheiden. Eine Schulklasse ist in der

Regel weder (wie die Familie) ein gewachsenes Gebilde noch (wie eine Jugendgruppe) eine freiwillige Assoziation, sondern ist als zufällige Mischung von Kindern eines Altersjahrgangs ein *Zweckverband* mit von außen gesetzten Zielen und Normen, mit weitgehend festgelegten Interaktionstypen (nicht vorgesehene Interaktionen werden als arbeitsstörende Elemente sanktioniert), eher soziales Zwangsgebilde, diffuses Aggregat als strukturierte „Gruppe" mit face-to-face-relations. Sowohl eine Übertragung von Ergebnissen der klassischen Gruppenforschung als auch die Entwicklung von Spielen zur Verbesserung der Interaktionsebene einer schulischen Gruppe dürften die hier angelegte Spannung zwischen äußerer Zwecksetzung / Fremdbestimmung und innerem Stil / informellem Gruppenleben nicht übersehen. Die Initiierung sozialer Lernprozesse wird immer begrenzt durch die Bedingungen der Institution Schule.

Um diesen Doppelcharakter der Schulklasse als Zweckverband und Gruppe genauer zu verstehen, ist eine Unterscheidung von C. W. GORDON (1970) hilfreich. GORDON bezeichnet den ersten Aspekt des sozialen Gebildes „Schulklasse" als *äußeres System* und meint damit jenes von außen durch die Zwecke der Schule und ihre Bedingungen vorgebene Organisationsmuster, das die Interaktion der Mitglieder hinsichtlich der Hauptfunktion der Schulklasse regelt (zum Beispiel den Lernanforderungen der Schule genügen und damit Leistungen erbringen zum Erhalt des übergeordneten Systems „Gesellschaft"). „Die Rücksicht auf die Situation außerhalb der Schulklasse kontrolliert und steuert in beträchtlichem Maße die Tätigkeit und die Art der sozialen Interaktion in der Schulklasse" (GORDON 1970). Es entstehen formelle Normen und Kommunikationsmuster in der Klasse, die sich in Auseinandersetzung mit diesen äußeren Leistungs- und Rollenanforderungen herauskristallisiert haben.

Daneben aber bildet sich als zweiter Aspekt das *innere System* heraus, das zugleich Folge des äußeren Systems ist, auf dieses zurückwirkt und doch aus den unmittelbaren Bedürfnissen der Schüler entspringt. Es umfaßt zum einen das informelle Netz persönlicher sozialer Beziehungen, der Freundschaften, Cliquen, Außenseiter usw., zum anderen aber auch das sich entwickelnde Normensystem der Schüler, nach dem Prestige, Beliebtheit und sozialer Einfluß untereinander verteilt werden. Wichtig ist dabei zu sehen, daß das äußere System tief in die informelle Gruppenstruktur hineinreicht, wenn zum Beispiel bei zunehmender Leistungsorientierung einer Schule diejenigen Schüler zu den beliebtesten gehören, die die besten Zensuren aufweisen können. Das innere System dient vor allem den Solidaritäts-, aber auch Abgrenzungsbedürfnissen der Schüler, es soll emotionale Unterstützung gewähren und bildet sich auch außerhalb des Unterrichts im Umgang der Schüler miteinander heraus. Bei den informellen Interaktionen im inneren System sind vor allem *vier grundlegende Strukturierungsmodi* zu finden (PETILLON 1980):

- *Macht- und Entscheidungsstruktur* — hier zeigt sich die Verteilung von Einfluß, Führung, Dominanz innerhalb der Schülergruppe, nicht selten nach hierarchischem Muster;

- *Kommunikationsstruktur* — das Netz von Kommunikationswegen (oft entlang der Freundschaftsstruktur) entscheidet über die Stellung des einzelnen hinsichtlich der Verfügbarkeit und Zugänglichkeit von Informationen;
- *Rollen- (oder Erwartungs-)struktur* — wobei Schüler sich gegenseitig relativ stabile Erwartungen zuschreiben bis hin zur Bündelung eines „Typs" (Kumpel, Angeber, Streber u. a. m.), was dazu führen kann, daß diese Zuschreibungen immer mehr vom Betroffenen akzeptiert werden und Einfluß nehmen auf dessen Verhaltens- und Selbstkonzept;
- *Sympathiestruktur* — die bestimmt wird durch Gefühle der Beliebtheit oder Ablehnung, vor allem aber einen erheblichen Einfluß auf das Lernverhalten des einzelnen hat.

Das Gruppenverhalten des einzelnen Mitgliedes wird allerdings über den Einfluß dieser Strukturierungsmodi hinaus von zahlreichen weiteren Faktoren beeinflußt wie zum Beispiel der individuellen Lerngeschichte und Persönlichkeitsentwicklung, der Definition der momentanen konkreten Situation, den Kontaktmöglichkeiten mit anderen Gruppen usw., vor allem auch von der Sozialisation im Elternhaus. So gravierend für das Befinden und für die psychische Entwicklung auch die Position des Schülers in der Klasse sein mag (welcher Lehrer könnte nicht von unter Erwartung schlechten Leistungen manches Außenseiters berichten oder von Kindern, die sich insgesamt entfaltet haben, sobald sie in der Klasse Anerkennung fanden), so stark wird die Interaktions- und Beziehungsebene einer Klasse doch von Normen des „äußeren Systems" bestimmt: Immer noch stehen Wettbewerb vor Zusammenarbeit, Konkurrenz vor Solidarität, „Kopfbildung" vor Persönlichkeitsentwicklung. „Leistungsfeld und soziale Welt sind im Klassenzimmer kaum zur Deckung zu bringen", denn die Schulklasse ist

„eine Zwangsgemeinschaft im Sinne einer fremdbestimmten Konkurrenzgruppe mit kopflastigen Kommunikations- und Autoritätsstrukturen, die im Verlauf einer subinstitutionellen Gruppenbildung zu einer Sympathie- und Interessengemeinschaft werden bzw. sich in einzelne Sympathiegemeinschaften ausgliedern kann" (ULICH 1971, 91/93; TILLMANN 1976).

Kernproblem einer Humanisierung der Schule nicht zuletzt unter interaktionspädagogischen Gesichtspunkten ist deshalb die Überwindung verunsichernder, krankmachender, blockierender, angsterzeugender Beziehungen — sowohl zwischen Lehrern und Schülern als auch in den beiden Gruppen untereinander (SINGER 1981). Daß dies nicht ohne tiefgreifende strukturelle Reformen des Bildungswesens zu realisieren ist, darf freilich nicht übersehen werden.

2. Möglichkeiten zur Förderung der Gruppeninteraktionen

Bevor auf die speziellen und zugleich beschränkten Möglichkeiten von Interaktionsspielen einzugehen ist, soll kurz die breite Palette ergänzender Maßnahmen und Gestaltungsmöglichkeiten wenigstens im Ansatz aufgezeigt werden. SCHREINER (1981) hat in diesem Zusammenhang *fünf Elemente* systematisiert: *Gruppenintegration*

- durch den *Leiter*,
- durch *organisierte Erfahrungen*,
- durch die *„dritte Sache"* (Aufgabe),
- durch *Abbau von Rollen- und Positionsfixierungen*,
- durch *prosoziale Normen und Regeln*.

Zunächst bietet eine bewußte Förderung des *Schullebens* eine Fülle von Möglichkeiten, soziale Lernprozesse zu initiieren (GUDJONS / REINERT 1980):

Feste, Feiern, Klassenreisen, Radtouren und Zeltlager usw., aber auch die soziale Organisation des schulischen Lebens über den engen Rahmen der Unterrichtsstunde hinaus bis hin zur Einrichtung des Klassenraumes enthalten und provozieren Anlässe, „naturwüchsige" Interaktionsstrukturen pädagogisch zu beeinflussen.
So braucht zum Beispiel die Klasse zur Entwicklung eines Wir-Gefühles einen festen Raum, der den Schülern das Gefühl eines lokalisierbaren „Wir-Ortes" gibt; die Tee- und Sitzecke, vielleicht Musikgeräte, Plattenkiste zum Tauschen, die Buch- oder Werkzeugausleihe, Gruppentische und vieles andere sind Elemente, die zunächst ganz einfach die Identifizierung der Schüler mit ihrer Klasse fördern können (PRIOR 1978).

Zum anderen kann auch Unterricht mit Projektarbeit, Kleingruppen usw. erhebliche Chancen für spezifische soziale Lernprozesse eröffnen (FUHR 1977; MEYER 1981; BASTIAN / GUDJONS 1984), vor allem wenn die Ebene von Kooperation und Kommunikation sinnvoll in Reflexions- und Metakommunikationsphasen thematisiert wird. Ebenso liegt auch im *unterrichtsbezogenen feedback der Schüler* untereinander und als Rückmeldung für die Tätigkeit des Lehrers eine Möglichkeit zur Aktivierung der Schüler als Mitglieder einer Gruppe, die sich gegenseitig ernstnehmen (FRITZ 1977). – Auch von einem *Sachthema* her kann ein Zugang zur Bearbeitung und Förderung der Beziehungsebene in der Klasse gewonnen werden. Über die Minderwertigkeitsgefühle von Schülern in der Klasse zu sprechen, ist zum Beispiel gut möglich im Anschluß an Texte von GOFFMANN (die praktische Beispiele enthalten) oder über Kurzgeschichten mit entsprechender Thematik oder über den Film Minderwertigkeitsgefühle (T.70204). – Ferner sind verfremdete Fallbeispiele wegen des oft noch nicht vorhandenen Vertrauens eine geeignete Vorstufe, um später ein eigenes Soziogramm zu erarbeiten.

Schließlich liegen inzwischen Ansätze und Erfahrungen vor, den *Unterricht insgesamt nach einem Konzept des sozialen Lernens* anzulegen. Neben Alternativschulen (WINKEL 1981) sind hier auch Versuche innerhalb der Regelschule zu nennen (Westermanns Pädagogische Beiträge 1980, 1981), vor allem von der themenzentrierten Interaktion her (zum Beispiel ZÖLLER 1979), von der Gestaltpädagogik her als confluent education oder integrativer Unterricht (zum Beispiel PETZOLD / BROWN 1977; BROWN 1978), als schulpädagogische Anwendung der Transaktionsanalyse (WANDEL 1977) oder als Kommunikationscurriculum (NEWBERG / BORTON 1976).

II. Spiele und Übungen zur Interaktionspädagogik

1. Interaktionspädagogik

Interaktionspädagogik im engeren Sinn (FRITZ 1978) bezieht sich auf die im ersten Abschnitt umrissene Interaktions- und Beziehungsebene einer Gruppe, das „soziale Verhalten der Lernenden ist unmittelbar Gegenstand dieser Pädagogik" (FRITZ 1977, 7). Interaktionserziehung meint eine Erziehung zur interaktiven Kompetenz durch das Mittel und Medium der Interaktion. Basis der Interaktionserziehung ist deshalb die Selbsterfahrung, das Sich-selbst-Kennenlernen in Interaktionsprozessen, vor allem auch an den Reaktionen der Partner in der Gruppe. Nicht eine Unterrichtsstunde über „Interaktion" liefert das Thema, sondern das „Leben selbst", d. h. das aktuelle Geschehen zwischen den Beteiligten, welches allerdings durchaus geplant, strukturiert und dann zielorientiert reflektiert werden kann.

Interaktionserziehung versteht damit den Verlauf der Sozialisation innerhalb pädagogischer Institutionen weder als ein en passant sich ergebendes Nebenprodukt der unterrichtlichen Gesamtorganisation noch als einen von unbewußten, irrationalen und stereotypen Verhaltensmustern gesteuerten „naturwüchsigen" Reproduktionsprozeß. Eine konsequente Thematisierung der Interaktion im Hier-und-Jetzt impliziert auch die Bearbeitung der gegenwärtigen schulischen und unterrichtsorganisatorischen Situation mit dem Ziel einer Veränderung im Sinne einer kommunikativen Didaktik. Neben den Aspekt der auf das Hier-und-Jetzt bezogenen interaktionellen Selbsterfahrung und der auf das Dort-und-Dann gerichteten Fähigkeit zur Bewältigung künftiger Interaktionsprobleme durch unterrichtliche Information tritt als dritter zentraler Handlungsaspekt die Bearbeitung der eigenen bisherigen Sozialisierungserfahrungen, und zwar als

„ein auf Umlernen gerichteter Prozeß ... in bezug auf Einstellungen, Gefühle, Motive und Interaktionsformen im Sinne der Übernahme von Verhalten in denkende Selbststeuerung, in rationales Handeln" (GRUNDKE 1975, 14).

Damit zielt die Interaktionserziehung nicht nur auf Verhaltensreflexion, sondern auch auf Verhaltensänderung.

2. Spiele und Übungen

a) Anwendungsgesichtspunkte

Im Rahmen der pädagogisch gezielten Einflußnahme auf die Entwicklung der Interaktions- und Beziehungsebene stellen Spiele und Übungen nur einen begrenzten Ausschnitt dar: Interaktionsspiele sind keine gruppenpädagogischen Wunderwaffen, strukturierte Übungen können nicht als Einzelaktionen über Jahre hin internalisierte Verhaltensmuster schlagartig umkrempeln. Eine *Unterscheidung von Spiel und Übung* ist insofern nützlich, als das Spiel im Zielbereich offener, in der Durchführung (trotz festgelegter Regeln) eher locker, spaßhaft ist, „Als-ob-Charakter" hat, Spielfreude und Neugier stärker betont, oft einen unmittelbaren Belohnungscharakter hat.

Interaktionsspiele können zur intrinsischen Motivation helfen, die Selbststeuerungs- und Entscheidungsfähigkeit fördern, Experimentierfreude steigern durch regelhaftes „Aus-der-Rolle-Fallen", die reflexive Distanz zum Geschehen erleichtern, direkte und unmittelbare Erfahrung und Erleben als „Lernmaterial" (statt Belehrung) schaffen und zur Auseinandersetzung ebenso wie zur Gemeinsamkeit mit andern auffordern (PORTELE 1975). Als Beispiel mag das bekannte „Fallenlassen" (ein Gruppenmitglied läßt sich wie eine steife Puppe in einen engen Kreis der Gruppe fallen und wird hin- und hergeschoben) oder das Ein- und Ausbrechen in / aus dem Gruppenkreis gelten.

Demgegenüber geht eine Übung eher unter einer bestimmten engeren Zielvorgabe ein Problem an oder trainiert ein Verhalten (zum Beispiel Zuhören lernen in der Form des „Kontrollierten Dialogs"). Übungen streben eher eingegrenzte Lerneffekte an, die besonders in späteren „Ernstsituationen" erfolgreiche und fruchtbare Interaktionen ermöglichen. — Übungen wie Spiele erschöpfen sich nicht darin, als Spiel-Ziel Gewinner und Verlierer zu produzieren, in der Regel ist der Spiel*prozeß* und die entsprechende Auswertung das Entscheidende. Insofern übersieht die oft abfällige Rede von „gruppendynamischen Spielchen", daß es sich hier nicht nur um Unterhaltung, Entspannung und zielloses „Erleben" handelt, sondern um „ernste Spiele" (ABT 1970), in denen zielorientiert und pädagogisch reflektiert gelernt wird.

Gegenüber einer breiten und offenen, verbal-reflexiv orientierten „Diskussion über . . ." enthalten strukturierte Übungen und Spiele eine *Fokussierung eines Aspektes* innerhalb einer komplexen sozialen Situation. Erfahrungsrichtung, Aufmerksamkeit, kognitive und emotionale Energien werden auf *einen* Brennpunkt gerichtet, einige wenige, aber wesentliche Elemente werden isoliert, verdichtet erfahren und studiert. Wer alles zugleich bearbeiten will, erreicht in der Regel gar nichts. Dieses „Zerlegen" von komplexen Verhaltensweisen in einzelne Spielformen und Übungsschritte kann auch dazu beitragen, daß sich die Teilnehmer in der Entwicklung von Handlungsstrategien nicht permanent selbst überfordern. Die überschaubare Struktur eines Spieles oder einer Übung gewährleistet mit ihrem „Ausnahmecharakter" auch einen *straffreien Experimentierraum*, in dem leichter eigenes Verhalten hinterfragt und ungewohntes Verhalten ausprobiert werden kann.

Allerdings dürfen Lernsituationen auch nicht überorganisiert werden. Es ist nötig, den freien und ungeplanten Interaktionen zwischen den Teilnehmern genügend Raum zu geben, damit sich die natürliche Dynamik und Struktur der Gruppe entfalten kann. Die Gefahr einer zu enggeführten *Sequenzierung* von Spielen und Übungen liegt darin, daß die Gruppe „totgespielt" wird; sie gewinnt dann nicht jene Fähigkeit zur Selbstregulation, die es erlaubt, an *den* Problemen anzusetzen, die realiter in der Gruppenentwicklung vorhanden sind und die als Interesse der Teilnehmer (nicht nur als Interpretation des Leiters) eingebracht werden sollen:

Interaktionsspiele müssen *prozeßorientiert* eingebracht werden. Die Arbeit mit Interaktonsspielen setzt die Fähigkeit des Leiters zur Diagnose der Gruppensituation voraus, nur so ist eine *indikationsorientierte* Entscheidung gewährleistet (welches Spiel in welcher Variante unter welchen Gruppenbedingungen für die Bearbeitung eines Interaktionsproblems hilfreich sein kann). Vor der Arbeit mit Interaktionsspielen ist zu prüfen, auf welchem Niveau die Gruppe steht, ob der Leiter mit einfachen Spielen auf natürliche Weise beginnen sollte, welchen Grad von Bereitschaft er vorfinden wird und wieweit eine personale Auswertung bereits möglich ist (Teilnehmerzusammensetzung, Vorerfahrungen, Lernbereitschaft, Bekanntschaftsgrad usw. — Welches Ziel wird mit der Intervention angestrebt? Welches Problem wird fokussiert? Welche Tiefe soll das Spiel oder die Übung haben? Welche Belastungen können auftreten? u. a. m.).

Wenn dann ein Spiel konkret eingeführt wird, ist es günstig, den Teilnehmern zu erklären, was mit dieser Intervention bezweckt wird, welches die *Ziele* sind und wie sie sich von der bisherigen Entwicklung der Gruppe her begründen lassen. Auch der *Ablauf* muß vorher in einem Überblick bekannt gemacht werden, die Freiwilligkeit der Teilnehmer respektiert und der experimentelle Charakter eines Spieles oder einer Übung als besondere Lernsituation verdeutlicht werden. — Die *Moderation* der Übung selbst muß klar in der Führung sein und kann durchaus Anweisungen für das Verhalten einschließen. — Während des Spielens selbst sollten eventuell auftretende Unklarheiten und Mißverständnisse durch kurze, präzise Anleitungen geklärt werden. Spielregeln sollten eingehalten werden. Der Moderator muß auch entscheiden, wann er mitspielt und aus welchen Gründen er nicht teilnehmen will. Die Bearbeitung von Interaktions- und persönlichen Problemen darf nie erzwungen und gegen den Willen der Mitglieder durchgedrückt werden. Wenn sich Mitglieder der Gruppe sperren, Widerstand leisten und sich verweigern, sollte das Prinzip der Freiheit und Freiwilligkeit respektiert werden. Im psychologischen Sinne Widerstand zu leisten, kann für den einzelnen ein lebensnotwendiger Schutz sein. Niemals darf Widerstand durch gewaltsamen Teilnahmezwang (hier zeigt sich wohl am deutlichsten die Spannung zum normalen „Unterricht") gebrochen werden; nur Akzeptierung und Zuwendung auch bei Verweigerung sind geeignete Mittel, Widerstand zu lockern, weil der Teilnehmer dann *selbst* die Entscheidungsfreiheit behält.

Interaktionsspiele sind allerdings — auch bei sorgfältiger prozeß- und indikationsorientierter Anwendung — in der Regel *polyvalent*, d. h. sie lassen sich in mehreren Zieldimensionen verwenden und können verschiedene Effekte haben. Wenn ich feedback gebe, erfahre ich auch etwas über mich selbst, wenn die Teilnehmer über den Gruppenprozeß und ihre Kommunikationsprobleme sprechen (Metakommunikation), wird auch feedback gegeben, wenn ich an der Verbesserung der Selbst- und Fremdwahrnehmung arbeite, übe ich gleichzeitig kommunikative Fähigkeiten usw.

Normalerweise sollte jedes Spiel gründlich *ausgewertet* werden. Dies kann in Partnergesprächen, Kleinstgruppen, aber auch in der Gesamtgruppe geschehen. Ohne eine auswertende Verarbeitung von Erfahrungen bleiben Spiele zwar nicht völlig wertlos, aber die Chance der kognitiven Vertiefung aus der reflektierenden Distanz zum eigenen Engagement während eines Spieles — und damit auch das Interesse an der Rationalität der Interaktion —

werden nicht realisiert. Dies aber ist Grundbedingung der Selbsterfahrung und -reflexion. Die vom Leiter zu gebenden Auswertungshilfen sollen die Teilnehmer veranlassen, zunächst ganz persönlich über ihre Erfahrungen nachzudenken, dann auch dazu ermuntern, mit anderen darüber zu sprechen und Erfahrungen mitzuteilen, schließlich auch Konsequenzen für die Entwicklung des eigenen Verhaltens zu ziehen und mit der täglichen Lebenspraxis zu verbinden.

Schließlich muß deutlich betont werden, daß eine fundierte und umfassende *Selbsterfahrung des Leiters* in Hinsicht auf den Umgang mit allen von ihm eingebrachten Spielen unentbehrliche Voraussetzung ihrer Anwendung ist!

b) Problem: Systematisierung

Interaktionsspiele sind in der Regel in der freien Tradition von Gruppentraining, Selbsterfahrungskursen, Encounter-Gruppen, von Laboratorien, Kommunikationsseminaren und Therapieverfahren u. a. m. entstanden. Die kaum noch überschaubare Fülle praktischer Materialsammlungen (zusammenfassend: FRITZ 1981) weist – abgesehen von einigen immer wiederkehrenden Kategorien – keine einheitliche Systematik auf. Spiele – verbale wie nonverbale – haben einen sehr heterogenen Entstehungshintergrund und einen ausgesprochen ungesicherten Bezug zu sozialpsychologischen Forschungsbefunden und Theorien. Nicht selten verändern sich auch Spiele, Übungen und Interventionstechniken in der persönlichen Handhabung dessen, der sie in einer Gruppe einsetzt. – Im folgenden werden deshalb nur die immer wieder zu findenden wichtigsten Kategorien beschrieben, mit denen die wichtigsten Lernfelder und Problembereiche der interaktionellen Ebene einer Gruppe markiert werden.

Unstrittig ist, daß es „typische" Anfangsprobleme am Beginn einer Gruppenentwicklung gibt. Im Mittelpunkt stehen zum Beispiel die Bewältigung der sozialen Distanz, die gegenseitige Akzeptierung, die Zielfrage und die ganz persönlichen (oft gar nicht bewußt wahrgenommenen) Erwartungen und Befürchtungen im Hinblick auf den Verlauf der Gruppenarbeit und der eigenen Funktion und Position in der Gruppe. Eine Fülle von Spielen thematisiert deshalb insbesondere diese Probleme unter dem Stichwort „unfreezing" oder „warming up" oder einfach „Kennenlernen" (GUDJONS 1978, auch für alle folgenden Beispiele von Übungen und Spielen).

Grundlegend für eine angemessene Kommunikation einer Gruppe ist die Schärfung der *Wahrnehmung*. Undifferenzierte und verzerrte Wahrnehmungen sind Quelle zahlreicher Kommunikations- und Arbeitsstörungen. Unsere Wahrnehmung ist das Ergebnis einer Wechselwirkung zwischen der wahrnehmenden Person und ihrer Mitwelt, ein Kompromiß zwischen dem, was der Mensch wahrzunehmen erwartet, und dem, was er tatsächlich in der Umwelt vorfindet. Die Kenntnis dieser subjektiven Anteile an der Wahrnehmung hat sich als Basis für das Training von Kommunikationsverhalten erwiesen. Die Differenzierung der sozialen Wahrnehmung und das Bewußtwerden der Fehlwahrnehmung sind die ersten Schritte zur Verbesserung des Kommunikationsverhaltens.

Gezielte Übungen helfen, sich die Wahrnehmung in ihrem selektiven Charakter klarzumachen (zum Beispiel „Zeugen beschreiben"), ihre Abhängigkeit von eigenen Stereotypen zu erkennen (zum Beispiel „Partner wahrnehmen"), ihre Funktion für die unbewußte Beziehungsdefinition zu durchschauen (zum Beispiel „Erster Eindruck"), den Überstrahlungseffekt eines als besonders dominant erlebten Merkmals zu sehen (zum Beispiel „Peter und Hans") usw. — Die einfache Tatsache, daß mit dem ganzen Körper wahrgenommen und reagiert wird (wir bekommen feuchte Hände bei Anspannung, haben einen „Kloß im Hals" bei Angst, haben Wut im Bauch usw.), daß Gefühle einen Sitz im Körper haben und daß für eine differenzierte Selbst- und Fremdwahrnehmung der Kontakt zum eigenen Körper und zur inneren Welt eine unabdingbare Notwendigkeit ist, spiegelt sich in vielen Spielen zur Körper- und Gefühlswahrnehmung.

Spiele der Kategorie „*Identität / Selbstbild / Sich-selbst-Kennenlernen*" zielen auf einen Grundfaktor für das Gelingen menschlicher Interaktion (ARGYLE 1972), auf Stärkung des Ichs, auf Differenzierung des Selbsts.

Zur häufig zu findenden Kategorie „*Vertrauen, Offenheit, Echtheit*" ist grundsätzlich zu bemerken, daß es keine Tricks gibt, um Vertrauen zu schaffen. Wer sich von einigen Vertrauensspielen eine Steigerung der Gruppenkohäsion erhofft, begibt sich auf einen nicht tragfähigen Boden. Vertrauen entsteht durch offene Kommunikation, durch oft mühsame Klärung von Beziehungen, durch ehrliche Konfrontation und durch Begegnung ohne Maske (Echtheit). *Dazu* geben Spiele konkrete Hilfen. Einerseits müssen wir sehen, daß sich nach empirischen Untersuchungen die Gruppenkohäsion als der wichtigste Umständefaktor zur Erhöhung der Eigenaktivität des einzelnen (SADER 1976) gezeigt hat, andererseits ist zur berücksichtigen, daß bei *zu* hoher Kohäsion die Leistung der Gruppe auch zurückgehen kann.

Feedback wird in jeder Gruppe gegeben, in dem Sinn, daß auf gezeigtes Verhalten unabsichtlich oder absichtlich von andern reagiert wird, was wiederum Rückwirkungen auf Stabilisierung oder Änderung dieses Verhaltens hat. Dies gilt für das Verhalten des einzelnen genauso wie für die Gruppeninteraktion. Ziel müßte es sein, den Charakter des feedback so zu gestalten, daß der Informationswert der Reaktionen durch offene und direkte Form deutlich wird, damit eine rationale Entscheidung über mögliche Konsequenzen gezogen werden kann. Indirektes, verstecktes feedback wirkt destruktiv; es löst zwar auch Reaktionen aus, aber diese sind oft unkontrolliert und nicht rational gesteuert. Zunächst ist es notwendig, nicht-verletzendes, auf Wahrnehmung und Reaktion (nicht auf Spekulation, Phantasie und Wunsch) gegründetes feedback-Geben zu lernen. Hier sind unbedingt spielerische Vorformen nötig, damit die Gruppenmitglieder langsam an die Selbstregulierung der Gruppe durch ein feedback-System herangeführt werden.

Unter der Kategorie der *Metakommunikation* werden Verfahren zur intendierten und expliziten Kommunikation *über* Kommunikation verstanden. In diesem Sinn ist feedback ein Teil der Metakommunikation, der einen Einblick in das Kräftefeld der Gruppe und ihren Arbeits- und Entwicklungsprozeß gibt. Das Problem liegt darin, hier Verfahren zu entwickeln, die einerseits das Erlebnishafte und den Handlungsaspekt nicht zugunsten von Strichlisten und Tabellen verkürzen (vgl. zum Beispiel Spiele wie „Promenade", „Gruppe als Zielscheibe") und andererseits doch hinreichend breites Datenmaterial zur Analyse des Gruppenprozesses produzieren („Prozeßanalyse", „Gruppenspiegel" u. a. m.). Eine explizite Metakommunikation ist das entscheidende Instrument zum Lernen und zur Realisierung der Selbststeuerung durch die Gruppe.

Über die Bedeutung von *Rollen und Normen* ist inzwischen soviel bekannt, daß uns hier der Hinweis auf die Notwendigkeit einer gezielten Analyse und eines mehrfachen Trainings von Rollenverhalten durch geplante und strukturierte Situationen genügen soll. Wesentliches Ziel der Interaktionserziehung ist es ferner, einmal etablierten Normen (die meist auf Konformität gerichtet sind) nicht blind zu gehorchen, sondern den Prozeß der Normenentwicklung beim einzelnen und in der Gruppe kritisch zu reflektieren und planvoll zu beeinflussen.

Die in den Kategorien *Kooperation, Entscheidungen und Konflikte* angezielten Bereiche gehören zu den klassischen Gebieten des Interaktionstrainings. Hier kommen vor allem Simulationsverfahren (Plan-Spiele, Rollen-Spiele etc.) zum Tragen. Entscheidungen haben zwar auch eine sachlogische Seite, aber niemals können demokratische Entscheidungsprozesse zufriedenstellend verlaufen, wenn ihnen nicht auch eine psychische Entscheidungs*fähigkeit* und *-willigkeit* der Beteiligten zugrunde liegt. Bei konkreten Entscheidungen (und solche werden, genau betrachtet, ununterbrochen in der Gruppe getroffen) spielen vor allem auch Probleme der Rivalität untereinander, des Einflusses und der Auseinandersetzung mit dem Leiter eine entscheidende Rolle. Viele Spiele und Übungen wollen gerade diese Thematik ans Licht heben und nicht der Ebene eines blinden bellum omnium contra omnes überlassen.

Schließlich gibt es zahlreiche Spiele, Übungen und Einzeltechniken, die *Phantasie, Kreativität* etc. fördern können. Nicht selten sind dies auch Spiele, die eng mit anderen Unterrichtsbereichen (Ästhetik, Deutsch etc.) zusammenhängen.

c) Gruppenprozeßorientierter Unterricht

Insbesondere bei einer neu zusammengesetzten Gruppe / Klasse hat der Leiter / Lehrer eine vergleichsweise große Chance, den Prozeß der Gruppenentwicklung — insbesondere die Bildung von Normen — zu beeinflussen. STANFORD (1980) und im Anschluß an ihn SCHREINER (1981) haben dazu das differenzierteste Modell entwickelt. In diesem sind (neben anderen Interventionen) auch Interaktionsspiele von großer Bedeutung. STANFORD unterscheidet *fünf Phasen der Entwicklung*, in denen jeweils eine bestimmte Entwicklungsaufgabe als Voraussetzung für ein Gelingen der nächsten Phase gelöst werden muß:

1. Orientierung (vgl. oben: warming up / Kennenlernen),
2. Normenbildung (unterteilt in Normen für Selbstverantwortung, für das Eingehen auf andere, für Zusammenarbeit, für Entscheidung durch Konsensbildung, für verantwortlichen Umgang mit Problemen),
3. Umgang mit Konflikten,
4. Produktive Arbeit,
5. Auflösung der Gruppe.

Jeder Phase werden in Form von „sorgfältig geplanten, strukturierten Lernaktivitäten" (STANFORD 1980, 7) Spiele und Übungen zugeordnet, die phasenspezifisch die zentralen Gruppenentwicklungsschritte fokussieren und adäquates Verhalten einüben. Nach STANFORDs Erfahrungen und Untersuchungen wirkt ein solcher gruppenprozeßorientierter Unterricht stark angstreduzierend, vermindert Bedrohungen, Abwehr und Störungen, fördert Offenheit und Aneignung von Fachwissen: die Förderung zwischenmenschlicher Beziehungen erwies sich als die entscheidende Basis für fachlichen Unterricht.

Entscheidend für die Übungen und Spiele, die STANFORD zur Förderung des Gruppenprozesses jeweils einsetzt, sind vier Merkmale:

Erstens haben sie starken Trainingscharakter, es werden konkrete Fertigkeiten (zum Beispiel Zuhören können, ermutigende Äußerungen in einer Diskussion machen, wichtige Gruppenfunktionen — wie Organisieren, Koordinieren, Beiträge produzieren — bewußt übernehmen, auf andere eingehen usw.) eingeübt.

Zweitens sind sie mit unterrichtlichen Sachthemen verbunden (zum Beispiel nur kooperativ zu lösende Rätselspiele), die Interaktionsebene wird unmittelbar auf den zu bearbeitenden Unterrichtsgegenstand bezogen.

Drittens fördern die Spiele bewußt das kooperative Element, die Notwendigkeit *gemeinsamer* Aufgabenbewältigung schaltet Konkurrenz und Gegeneinander bewußt aus (zum Beispiel haben bei Lösung einer Aufgabe *alle* gewonnen, hier werden zahlreiche bekannte Spiele direkt umfunktioniert).

Viertens schließlich zielen sie alle auf selbstverantwortliche Steuerung des Gruppenprozesses einschließlich Konfliktbearbeitung auf der Basis der erworbenen Einstellungen und Fähigkeiten.

Mißverstanden wäre dies Modell (auch in seiner Erweiterung durch SCHREINER), wollte man es als linear-sequentielle Stufung verstehen; so kann etwa eine faszinierende Gruppenaufgabe („dritte Sache") prosoziale Normen konstituieren und zu hoher Produktivität führen, ohne daß beispielsweise vorher im einzelnen Modi der Konfliktbearbeitung eingeübt wurden. — Auch bedarf das in den einzelnen Phasen Gelernte einer ständigen Sicherung durch Wiederholung. — Insgesamt aber dürfte mit dem von SCHREINER bearbeiteten Modell STANFORDs ein praktikables Konzept einer Integration von Interaktionsspielen in den Unterricht entwickelt worden sein, das auch unter den Bedingungen der normalen Regelschule realisierbar ist.

3. Interaktionsspiele in der Jugendarbeit

Im Vergleich zu jenen Bedingungen der Schulklasse „zwischen Zwangsaggregat und Gruppe" mit ihrer Asymmetrie von intentionalen sozialen Lernprozessen und stofflichem Lehrplan weisen Jugendgruppen zentrale

Unterschiede auf. Zwar gibt es auch in Jugendgruppen (Übersicht und Funktionsbestimmung bei BAACKE 1980) eine ordnende Struktur und eigene Interaktionsdynamik – insofern finden sich die oben beschriebenen Merkmale der Interaktions- und Beziehungsebene auch hier –, aber in folgenden Charakteristika weichen Gruppen im außerschulischen Bereich ab (BAACKE 1980):

1. Die sozialen Erfahrungen werden (weil die Teilnahme in der Regel freiwillig ist) emotional als besonders bedeutsam erlebt; eine stärkere Identifikation ist nötig, um längere Zeit einer Gruppe aus eigenem Antrieb anzugehören.
2. Die Kohäsion neigt zu Extremen: entweder stark gefährdet (die Gruppe geht bald wieder ein) oder hyperstabil (die Gruppe grenzt sich nach außen stark ab).
3. Außerschulische Gruppen haben oft psychische Entlastungsfunktion, da sie überwiegend dem Freizeitbereich zuzuordnen sind.
4. Die Mitglieder werden nachdrücklich definiert und erhalten Identitätszuschreibungen („ein typischer Pfadfinder").
5. Die Teilnahme an Interaktionen ist gleichmäßiger verteilt als in der Schulklasse, dies führt zu verstärkter Anpassung / Konformität, aber auch zu höherer Attraktion durch Sympathiebeziehungen.

Die Verwendung von Interaktionsspielen in der Jugendarbeit muß die grundlegende gesellschaftliche Funktion der peer-group (EISENSTADT 1966) und die sich daraus ergebenden Gefährdungen beachten: Jugendgruppen sind gesuchtes Lernfeld zwischen Partikularismus der Orientierung in der Familie und Universalismus der Gesellschaft;

„der Loslösungsprozeß von der Familie führt den Jugendlichen ebenso in die Gruppe wie sein Suchweg nach neuen sozialen Anerkennungen, so daß Selbstverwirklichung im sozialen Beziehungslernen stattfindet" (BAACKE 1980, 144).

So haben Interaktionsspiele einmal die legitime Funktion, die Bedürfnisse nach Kontakt, Nähe, Orientierung, Beziehungsaufnahme, Erfahren von Interaktionsmöglichkeiten, sozialer Anerkennung usw. zu unterstützen, insgesamt den Prozeß der Identitätsentwicklung im Feld der Beziehungen zu Gleichaltrigen zu fördern (BUTTON 1976). Ein emanzipatorisches Verständnis dieser selbstreflexiven Komponente wird allerdings nicht bei der bloßen gruppendynamischen Selbsterfahrung stehen bleiben, sondern auch die auf gruppenexterne Bedingungen gerichtete Thematisierung von gesellschaftlichen und politischen Erfahrungen / Prägungen in der Lebensgeschichte der Jugendlichen („Biografie-Konzeption" in vertikaler Dimension: BEHRENDT / GRÖSCH 1981) einschließen, ebenso wie das Bewußtmachen gemeinsamer Alltagserfahrungen der Jugendlichen („Alltags-Konzeption" in horizontaler Dimension: BEHRENDT / GRÖSCH 1981). Spiele wie „Lebenskurve", „Lebensraum" u. a. m. können ganz konkret helfen, diesen Außenbezug herzustellen, andere (zum Beispiel Vertrauens- und feedback-Spiele) stärken den dazu nötigen Gruppenzusammenhalt und fördern die Intensität des Gruppenprozesses.

Andererseits muß der genannte Konformitätsdruck gesehen werden, die Tendenz zu starker Kohäsion und die daraus resultierende Abschottungsgefahr mit der Konsequenz der narzißtischen Übersteigerung von (schließlich nicht erfüllbaren) Erwartungen an die Gruppe;

hierdurch kann „ein Lernen in angstfreier, kommunikativ offener Austausch-Atmosphäre mit gründlichen Möglichkeiten zum Nachfragen und Überprüfen" (BAACKE 1980, 146) geradezu verhindert werden.

Nötig ist deshalb eine spezifische Art der Selbstthematisierung (hier bieten sich vor allem Spiele und Techniken der Metakommunikation und Normenanalyse an) in dem Sinn, daß eben jener Prozeß des Zustandekommens und der Entwicklung der Gruppe ab und zu kritisch überprüft wird. Dies umfaßt sowohl die kritische Analyse der *Binnenbeziehungen* (wieweit ist zum Beispiel Distanz von Majoritäten, Abweichungen vom Gruppen-Über-Ich möglich?) als auch die Thematisierung *externer* Beziehungen (soziale Insel? Anregung durch externes Beziehungspotential?). Diese Reflexion ist um so eher möglich, als die Zunahme selbstreflektorischer Fähigkeiten, universalisierender Moralurteile und metasituativer Kommunikation besondere Merkmale und Chancen des Jugendalters sein dürften (OELKERS 1979).

Abschließend sei darauf verwiesen, daß bei aller theoretischen Absicherung und Problematik die Verwendung von Interaktionsspielen auf eine breite Basis praktischer Materialsammlungen angewiesen ist. Eine kommentierte Auswahl mit hervorragendem Überblick über den neuesten Stand bietet dazu Jürgen FRITZ (1981).

Literatur

Abt, C. C.: Ernste Spiele, Köln 1970
Argyle, M.: Soziale Interaktion, Köln 1972
Baacke, D.: Gruppen im außerschulischen Feld, in: Rittelmeyer, C. / Baacke, D. / Parmentier, M.: Erziehung und Gruppe, München 1980, 93 — 148
Bastian, J. / Gudjons, H.: Das Projektbuch, Braunschweig 1984
Biermann, R.: Interaktion im Unterricht, Darmstadt 1978
Button, L.: Gruppenarbeit mit Jugendlichen, München 1976
Brown, G. I. (Hrsg.): Gefühl und Aktion, Frankfurt 1978
Cartledge, G. / Milburn, J.: The Case for teaching social skills in the classroom: A Review of Educational Research 48 (1978), 133 — 156
Eisenstadt, S. N.: Von Generation zu Generation, München 1966
Fritz, J.: Methoden des sozialen Lernens, München 1977
— Soziale Spiele für die Schule — eine Literaturübersicht, in: Westermanns Pädagogische Beiträge, Heft 8 (1981)
Fuhr, R., u. a.: Soziales Lernen. Innere Differenzierung. Kleingruppenunterricht, Braunschweig 1977
Gordon, C. W.: Die Schulklasse als ein soziales System, in: Meyer, E. (Hrsg.): Die Gruppe im Lehr- und Lernprozeß, Heidelberg 1970, 1 — 27
Grundke, P.: Interaktionserziehung in der Schule, München 1975
Gudjons, H.: Spielbuch Interaktionserziehung, Bad Heilbrunn 1983
Gudjons, H. / Reinert, G.-B.: Schulleben, Königstein 1980
Meyer, E.: Trainingsbuch Gruppenunterricht, Oberursel 1981
Meyer, E. / Weber, A. (Hrsg.): Aktivierung von Gruppenprozessen in pädagogischen Feldern, München 1980
Newberg, N. / Borton, T.: Emotionales und soziales Lernen in der Schule, München 1976
Oelkers, J.: Soziales Lernen mit Jugendlichen in: Meyer, E. (Hrsg.): Planung und Analyse von Gruppenprozessen, Grafenau 1979, 117 — 137

Petillon, H.: Soziale Beziehungen in Schulklassen, Weinheim 1980
Petzold, H. / Brown, G. I. (Hrsg.): Gestalt-Pädagogik, München 1977
Portele, G.: Überlegungen zur Verwendung von Spielen, in: Gruppendynamik 3 (1975), 205 – 214
Prior, H. (Hrsg.): Soziales Lernen in der Praxis, München 1978
Sader, M.: Psychologie der Gruppe, München 1976
Schreiner, G.: Wie kann man einer Ansammlung von Schülern helfen, sich zu einer „guten Gruppe" zu entwickeln?, in: Die Deutsche Schule 73 (1981) 113 – 119, 165 – 174, 239 – 245
Seiffge-Krenke, I.: Soziales Verhalten in der Schulklasse, in: Twellmann, W. (Hrsg.): Handbuch Schule und Unterricht, Bd. 3, Düsseldorf 1981, 329 – 372
Singer, K.: Maßstäbe für eine humane Schule, Frankfurt 1981
Stanford, G.: Gruppenentwicklung im Klassenraum und anderswo, Braunschweig 1980
Tillmann, K.-J.: Unterricht als soziales Erfahrungsfeld, Frankfurt 1976
Wandel, F.: Erziehung im Unterricht, Stuttgart 1977
Westermanns Pädagogische Beiträge: Themenheft „Alternativen in der Regelschule" 1980, H. 12; 1981, H. 9
Winkel, R.: Alternative Schulen, in: Twellmann, W. (Hrsg.): Handbuch Schule und Unterricht, Bd. 3, Düsseldorf 1981, 629 – 642
Zöller, W.: Gemeinsam lernen, München 1979

4. Interaktion im Rollenspiel
Initiierung, Prozesse, Analysen

Gisela Wegener-Spöhring

Seit Anfang der siebziger Jahre ist ein sprunghaft zunehmendes Interesse am Rollenspiel zu verzeichnen, das um 1975 geradezu in einer Rollenspiel-Euphorie gipfelte: Rollenspiel wurde als pädagogisches „Allzweckgerät" (HAUG 1977, 58) vom Kindergarten bis zur Altenarbeit empfohlen. Die Gründe dafür können hier nicht dargestellt werden (vgl. dazu HAUG 1977); mit Sicherheit wichtig ist in diesem Zusammenhang jedoch eine deutliche Zunahme subjektiv erlebter „Kommunikationsnot" (RICHTER 1974), für die man sich durch Rollenspiele Hilfe erhoffte. Diese Hilfe soll im folgenden konkretisiert und bewertet werden. Die theoretische Basis dafür wird vorweg knapp in Form von Begriffsklärungen expliziert (ausführlich vgl. WEGENER-SPÖHRING 1978).

I. Begriffsklärungen

1. Rollenspiel

Kleine Kinder spielen spontane Rollenspiele (Imitationsspiele), in denen sie die ihnen bekannte Realität meist stark typisiert reproduzieren und sich so an sie anpassen („Vater-Mutter-Kind", „beim Kaufmann"). Im schulischen Bereich wird meist das angeleitete Rollenspiel mit dem Ziel der Erarbeitung von Konfliktlösungen eingesetzt (so zum Beispiel SHAFTEL / SHAFTEL 1973; GÜMBEL 1974; KOCHAN 1975). In einem etwas weiteren Verständnis soll Rollenspiel hier durch die folgenden Merkmale beschrieben werden: ein Spieler übernimmt eine Spielrolle (in der Regel eine Fremdrolle) in einem Spielraum; er handelt in dieser Rolle, in der Regel in Interaktion mit anderen Spielrollenträgern. Dieses Handeln sollte keine realen Konsequenzen oder Sanktionen zur Folge haben und nach Möglichkeit Spaß machen („Freiraum" und „spontanes Engagement" als spieldefinierende Merkmale). So wird ein angstfreies Probehandeln im Spiel ermöglicht, dessen angstfreies Beurteilen im Gespräch häufig dazukommen wird. In einem geglückten Rollenspiel sind Denken, Fühlen und Handeln (einschließlich Sprechen) gleichermaßen realisiert. Der Sinn liegt dabei „zwischen zweckfreiem Tun und Realitätsbewältigung" (COBURN-STAEGE 1977, 42) („Ambivalenz" als spieldefinierendes Merkmal). — Rollenspiele sind sehr komplexe und offene, d. h. wenig geregelte Spiele; sie setzen deshalb immer schon etliche Kompetenzen bei den Spielern voraus. Werden diese

Kompetenzen nicht an einfacheren, mehr geregelten Spielen erworben, entsteht schnell eine Situation der Überforderung und damit Frustration und Ernüchterung bei den Spielern. Hier liegt wohl der Grund für den nicht unbeträchtlichen Rückgang der Rollenspiel-Euphorie in jüngster Zeit.

2. Interaktion / Kommunikation

Die Praxis des Gebrauchs beider Begriffe ist uneinheitlich bis widersprüchlich (vgl. GRAUMANN 1972, 1110 f.; STANGE 1977, 43). Übereinstimmung besteht jedoch darin, daß jede Interaktion notwendig auch einen Kommunikationsaspekt aufweist: zum einen kann man „nicht nicht kommunizieren" (das 1. Kommuniktions-Axiom von WATZLAWICK u. a. 1967, 50), zum anderen ist interpersonelles Handeln an das Vorhandensein geteilter Symbole geknüpft, die kommunikativ konstituiert werden (Symbolischer Interaktionismus). Ich behalte deshalb die Kopplung beider Begriffe bei und beschreibe sie folgendermaßen: konstitutiv für Interaktion / Kommunikation ist ein wechselseitig reguliertes Verhalten zwischen Interaktionspartnern. Über verbale und nonverbale Kommunikationskanäle (Mimik, Gestik, Körpersprache, Raum- und Objektsprache) werden dabei sich ständig überlagernde Informationen und Rückmeldungen ausgetauscht und zu diesem Zweck kodiert und enkodiert. Dieser Vorgang ist immer in einen situationalen und in einen gesellschaftlichen Kontext eingeordnet (vgl. dazu das Kommunikationsmodell von BAACKE 1973, 97).

Die Fähigkeit, „Interaktionen und Kommunikationen zwischen Menschen durchzustehen, soziale Situationen zu bewältigen" macht nach COBURN-STAEGE (1977, 74) „soziale Kompetenz" aus; hier soll dafür der Begriff „Interaktionskompetenz" verwendet werden.

Er impliziert also zum einen die kompetente Verfügung über alle Kommunikationskanäle in Darstellung und Wahrnehmung sowie die Bereitschaft zu wechselseitiger Verhaltensregulierung. Zum anderen wird darunter die Fähigkeit zum Rollenverhalten verstanden (COBURN-STAEGE a. a. O., 75).

3. Rolle

Das wachsende Interesse an Kommunikations- und Interaktionsprozessen verhalf einem an sich schon älteren theoretischen Ansatz zu plötzlichem Bedeutungszuwachs: dem Symbolischen Interaktionismus. Seine Grundannahme — der Mensch lebt in einer symbolischen Umwelt, in der Bedeutungen kommunikativ festgelegt werden und geteilte Symbole Verständigung ermöglichen — gilt auch für einen auf seiner Grundlage revidierten Rollenbegriff: Rollen werden nicht mehr verstanden als Erwartungen an Positionen, denen das Rollenverhalten möglichst komplementär entsprechen sollte, sondern als „soziale Objekte" (McCALL / SIMMONS 1974, 105), d. h. als lose definierte Systeme, deren konkrete Ausfüllung von den Interaktionspartnern jeweils „ausgehandelt" werden muß. Rollenhandeln bedarf also der flexiblen und persönlichen Interpretation, weil sich nur so die konflikthaltigen, notwendig instabilen Interaktionen in immer nur vorläufig kommunikativ definierten sozialen Situationen erfolgreich bewältigen lassen. Auf dieser Grundlage benennt KRAPPMANN (1971; 1975) die folgenden Grundqualifikationen für kommunikatives Handeln, die ein erfolgreiches Rollenhandeln allererst ermöglichen: Rollendistanz, „roletaking" und Empathie, Ambiguitätstoleranz, Selbstpräsentation und das diese Fähigkeiten tragende Sprachvermögen. Identität muß dabei als Balance zwischen sozialer und personaler Identität verwirklicht werden. Dieser Katalog wird auch in der Rollenspiel-Literatur häufig rezipiert (zum Beispiel COBURN-STAEGE 1977, 20 f.; HERING 1979, 61); hier wird er deshalb lediglich unten am Beispiel erläutert. – Erst auf der Grundlage eines solchen Rollenmodells konnte das Rollenspiel derartig an Bedeutung gewinnen; wenn Rollenerwartungen lediglich rigide erfüllt werden, ist allenfalls das Imitationsspiel von Interesse.

II. Realitätsbewältigung durch Rollenspiel

In einem Punkt sind sich fast alle Autoren, die Aussagen zum Thema machen, einig: Rollenspiel soll auf die bessere Bewältigung der Realität vorbereiten. So berichtet zum Beispiel Martin Luther KING von Rollenspielen, in denen Schwarze üben, mit Weißen zusammen in einem Bus zu fahren (in: KOCHAN 1975, 263). Allgemeiner gefaßt lautet die Zielsetzung des Arbeitskollektivs des Proletarischen Kindertheaters X:

„Wir wollen die Kinder für ihre Auseinandersetzung mit der Umwelt mit besseren Fähigkeiten ausrüsten" (1972, 31).

Es muß jedoch akzeptieren, daß die Kinder bei allzu starker Konfrontation mit der Realität die Lust zum Weiterspielen verlieren – „Sie resignieren vor den übermächtigen Verhältnissen der Realität" – weshalb die Autoren „vorerst auf allzu große Realitätstreue zugunsten der Spielfreude und des abschließenden Erfolgserlebnisses" verzichten (ARBEITSKOLLEKTIV 1972, 25). Das ist im Hinblick auf den erhobenen Anspruch – bessere Realitätsbewältigung – sicherlich problematisch, macht aber ein wichtiges Merkmal jeden Spieles deutlich: die Distanz zur Realität. Spiel ist eine „Quasi-Realität" (HECKHAUSEN 1973, 135; KRAPPMANN 1973, 198) oder – für den hier vertretenen Ansatz präziser formuliert – eine von den Spielenden durch kommunikatives Aushandeln der Spielregeln konstituierte Realität, in der Rollen und Ereignisse neu definiert, verfremdet und handhabbar gemacht werden (vgl. dazu GOFFMANN 1973). Dieses Verfremden und Handhabbar-Machen von Ereignissen geschieht durch folgende Mittel: *Isolierung eines Aspektes, Vergrößerung eines Aspektes, Abstraktion vom Kontext, Beschränkung auf wenige Alternativen, Beschränkung auf die unmittelbar Beteiligten, Beschränkung auf das Typische und Allgemeine* (vgl. COLEMAN 1966, nach: LEHMANN 1975, 59): Spiel ist eine „caricatur" sozialen Lebens. In einem Rollenspiel, das das

Verhältnis eines Lehrlings zu seinem Chef zum Inhalt hat, wird dieser eine Aspekt, nämlich das Lehrverhältnis, aus dem Kontext des Gesamtbetriebes gelöst (anders wäre es im Spiel gar nicht darstellbar; ein Spiel kann keinen Gesamtbetrieb abbilden). Dieser wird isoliert, nur von den unmittelbar Beteiligten – dem Lehrling und dem Chef – gespielt und damit auf eine face-to-face-Interaktion reduziert. Die Konsequenz ist eine psychologisierende Darstellung der Situation ohne gesellschaftlichen Bezug. Die gespielte Realität suggeriert eine Selbstbestimmbarkeit des eigenen Verhaltens, eine Veränderbarkeit von Rollen und Normen, die angesichts „wirklicher" Zwänge und Sanktionen problematisch sein kann (vgl. dazu auch HAUG 1977, 170 ff.). Das Rollenspiel bildet also Interaktion, wie sie oben beschrieben wurde, nur unvollständig ab. Ob eine dem Spiel folgende Diskussion diese Unvollständigkeit zureichend ausgleichen kann, soll hier nicht weiter diskutiert werden. Gegenüber der Erwartung, im Rollen*spiel* könne konkretes, inhaltlich gefülltes Rollenverhalten („Lehrling – Chef") erprobt und dann in der Realität ebenso angewandt werden, müssen aber um so mehr Vorbehalte geltend gemacht werden, je stärker die Interaktionssituation vom gesellschaftlichen Kontext her bestimmt ist. Die eingangs genannte Zielrichtung – die Vorbereitung auf eine „bessere" Bewältigung der Realität – kann nur auf der Grundlage einer theoretischen Klärung und einer Bewertung dieser Realität konkretisiert werden. Rollenspiel kann Realität lediglich abbilden mit dem Ziel der Rollen- und Normübernahme und Anpassung; Verhaltensänderungen dienen dann lediglich der Effizienzsteigerung innerhalb fraglos übernommener normativer Vorgaben (ein sehr markantes Beispiel ist das Manager-Training durch Rollenspiele bei der Firma Siemens; in: HOFFMANNs COMIC TEATER 1974, 68 ff.). Rollenspiel ist dann „sozialer Stabilisator" (KOSSOLAPOW 1975, 124). – Rollenspiel kann aber auch der „Stärkung sozialen Widerstandspotentials" dienen (KOSSOLAPOW 1975); es muß dazu Realität umbilden mit dem Ziel der Rollen- und Norminterpretation und Emanzipation oder doch zumindest zwischen Anpassung und Emanzipation, Übernahme und Interpretation von Rollen dialektisch vermitteln (vgl. dazu COBURN-STAEGE 1977, 121 ff.). Wie oben gezeigt wurde, macht eine veränderte Bewertung der Realität durch den Symbolischen Interaktionismus und das revidierte Rollenmodell dies als „bessere" Realitätsbewältigung deutlich. Daß darin Interaktion / Kommunikation im Hinblick auf die Veränderung gesellschaftlicher Praxis wahrscheinlich überbewertet wird, soll hier nicht diskutiert werden (vgl. dazu zum Beispiel MOSER 1976). Die bisherigen Ausführungen haben deutlich gemacht, daß ohnehin *direkte* Auswirkungen des im Spiel erprobten Rollenverhaltens in der Realität nur sehr bedingt zu erwarten sind. – Rollenspiel kann jedoch noch eine dritte Funktion übernehmen; KOSSOLAPOW (1975) nennt sie „sozialer Kommunikator". Im Gegensatz zu der bisher beschriebenen Quasi-Realität, der „Ebene der gespielten Realität", wird diese wirksam auf der „Ebene der Realität des Spiels" (vgl. SCHMITT 1979).

III. Interaktionskompetenz durch Rollenspiel

Ist auch die Spielsituation eine „Quasi-Realität", so sind doch die Gefühle, Wünsche, Absichten, Kommunikationsprozesse und Interaktionsstrategien, die dabei erlebt und praktiziert werden, real (RUBINSTEIN 1971). Beim nonverbalen Blindenführen geht einer mit dem anderen ja tatsächlich um; der Führende muß seine Botschaften dem Geführten mitteilen, dieser muß sie verstehen, wenn er nicht an ein Hindernis stoßen will. Der Führende muß tatsächlich Verantwortung übernehmen, der Geführte tatsächlich vertrauen. Real ist, was als Interaktionspart im Spiel ist.

1. Aufgrund der oben beschriebenen, für Spiel typischen Verkürzungen von Verhalten auf face-to-face-Interaktionen ist Spiel in der Regel eine sehr komprimierte Interaktionssituation. DENKER / BALLSTAED bezeichnen Spiel als *„Interaktionsknoten"* (1976, 64), in dem gegenüber der Umwelt eine „Verdichtung" verschiedener Interaktionsebenen stattfindet (68). Es ist deshalb zu vermuten, daß sich Interaktionskompetenz — oben beschrieben als kompetente Verfügung über alle Kommunikationskanäle in Darstellung und Wahrnehmung, als Bereitschaft zu wechselseitiger Verhaltensregulierung sowie als Fähigkeit zu flexiblem, persönlich interpretiertem Rollenverhalten — durch Spiel steigern läßt. Und dies müßte sogar Spaß machen, da sich die Spieler aufgrund der Attraktivität des Spiels auf die Interaktionen einlassen. Ein Beispiel soll dies im folgenden verdeutlichen. Die Spielvorgabe lautet: eine Frau hat eine Autopanne; Männer kommen dazu. Das Beispiel ist oft erprobt und hat bisher allen Gruppen (Studenten) Spaß gemacht, weil es den subjektiven Erfahrungsmöglichkeiten aller entspricht („Auto" kann zum Beispiel durch „Fahrrad" ersetzt werden), und weil es aufgrund der starken Anteile gesamtkörperlicher Aktivitäten und der naheliegenden komischen Elemente äußerst dankbar zu spielen ist.

2. Zunächst müssen die Spielsituation kommunikativ geklärt und die spielrelevanten Dinge „ausgehandelt" werden: der Ort (zum Beispiel vielbefahrene Bundesstraße, kleine Landstraße etc.), die Zeit (während des Berufsverkehrs, spät abends), die realen oder symbolisch konstituierten Gegenstände (Wo ist das Auto, und wo hat dies die Motorhaube? Werden die Autositze durch Stühle symbolisiert? Gibt es eine Telefonzelle?), die Rollenverteilung (Spieler — Zuschauer, Verteilung der speziellen Spieler- und Zuschauerrollen), die Rollenbeschreibungen für die Spieler (zum Beispiel „selbstbewußte, aber technisch inkompetente Frau"), die Rollenbeschreibungen für die Zuschauer (sollen sie beobachten, beraten, sich identifizieren oder kritisieren — vgl. dazu CHESLER / FOX 1975 — und unter welchen leitenden Fragestellungen?), das leitende Spielinteresse (Worauf kommt es an, was ist spielrelevant? zum Beispiel die Wechselwirkung geschlechtsspezifischer Verhaltensweisen bei variierten Rolleninterpretationen erproben), den Handlungsablauf (Was geschieht wann, zum Beispiel die Panne? Wer ist wo? Wer kommt wann? Wer spricht und tut etwas zu welchem Zeitpunkt und

wie lange?). — Nur wenn alle Beteiligten sich hinsichtlich der aufgeführten Punkte einigermaßen einig sind, ist ein Rollenspiel möglich: *die Rollen und Symbole werden* — wie oben ausgeführt — *kommunikativ ausgehandelt und konstituiert.* Was für jede reale Situation gilt, ist im Spiel nur deutlicher. Ein Grund hierfür liegt in der größeren Transparenz der auf die spielrelevanten Aspekte beschränkten Spielsituation. Zum anderen hat eine mangelnde kommunikative Übereinstimmung für alle Beteiligten sofort erfahrbare Konsequenzen: der Spielverlauf stockt, d. h. die Interaktion mißlingt. Wenn die von der Panne betroffene Frau sich entschließt, das Problem durch einen Anruf beim ADAC zu lösen, der mitspielende Mann aber der Meinung ist, es sei keine Telefonzelle vorhanden, so muß dieser Sachverhalt vor dem Fortgang der Szene geklärt, d. h. neuer kommunikativer Verhandlung zugänglich gemacht werden, bis ein tragfähiger Konsens hergestellt ist. Das ist nun im Spiel meist nicht sehr schwierig, weil das Mißlingen der Interaktion für niemanden bedrohlich ist, die Gründe dafür zudem leicht zu finden sind und die Fortführung des Spiels als angenehme Interaktion von allen gewünscht wird. In der Realtität dagegen entstehen als Folge solcher Situationen häufig Pseudo-Interaktionen und gestörte Kommunikationssituationen.

Die beschriebenen kommunikativen Abklärungen müssen nicht notwendig rein verbal im Vorfeld des Spieles erfolgen; ein solches ausführliches „Entwerfen" der Situation kann zumindest teilweise durch „spontanes Lösen" während des Spiels ersetzt werden (vgl. BARTNITZKY 1975). Das macht die notwendige Konsens-Herstellung keineswegs überflüssig; diese verläuft dann lediglich verstärkt auch über nonverbale Kommunikationskanäle und damit vieldeutiger und redundanter. Da in der Spielsituation darüber hinaus — wie im folgenden gezeigt wird — komplexe kommunikative Leistungen zu erbringen sind, ist die Gefahr der Überforderung und des Scheiterns dann größer. Für kleine Spielgruppen kann dieser Weg jedoch vorzuziehen sein, besonders dann, wenn das viele Reden vor Spielbeginn den Kompetenzen und Erwartungen der Gruppe nicht entspricht. So berichtet SCHERF von ihren Rollenspielen mit Arbeiterkindern, daß Reden für diese „kein Mittel zum Begreifen war"; deshalb „mußte die Reproduktion der Wirklichkeit als bildhafte Darstellung Zusammenhänge herstellen" (1973, 109). Sie entwickelte deshalb die Themen und auch die für das Rollenspiel notwendigen kommunikativen Fähigkeiten mit den Kindern zusammen im Spiel selbst.

Wer mitspielen will, muß sich dem beschriebenen Konstitutions- und Einigungsprozeß aussetzen — und das in rascher Folge, da er bei jeder Änderung (und sei es nur das Einführen eines anderen Requisites) erneut notwendig wird.

3. Das gilt auch für die *Fähigkeiten des Rollenhandelns*; es folgt deshalb der Analyse ausgewählter Spielverläufe im Hinblick auf die Interaktion zwischen den Rollenträgern.

a) Die Spieler übernehmen mit der Spielrolle die Aufgabe, rollenrelevantes Verhalten zu zeigen, bei den Mitspielern ebensolches zu erwarten und darauf rollentypisch zu reagieren, also in diesem Beispiel typisch „weiblich" und „männlich". Bei einer bloßen Übernahme der Rolle (*role-playing*, role-enactment) wird deutlich, daß fast alle Spieler sehr ähnliche Klischees produzieren: die technisch unwissende, hilflose Frau und der kompetente, hilfsbereite Mann. Offensichtlich gibt es in unserer Gesellschaft nach wie vor Lernprozesse, aufgrund derer wir dies und ähnliches als geschlechtsrollentypisch verinnerlichen, auch wenn wir uns selber ganz anders definieren. Im Spiel werden spontan häufig erst einmal ziemlich archaisch anmutende Typisierungen in Szene gesetzt; bei den Familie- und Schule-Spielen der Kinder gibt es regelmäßig prügelnde Väter und Lehrer.
b) Weitere Spielsequenzen machen dann einen breiten Interpretationsspielraum der Geschlechtsrolle deutlich. Bei der Frauenrolle werden alle Grade der Kompetenzerweiterung dargestellt, die in der persönlich souveränen und technisch versierten Frau den Gegenpol des Weiblichkeitsklischees erreichen. Damit wird *role-making* als generelle Möglichkeit sichtbar. Es geht hier nicht um die Zwänge der Realität und um die praktische Durchsetzbarkeit; in Punkt II wurde die Erwartung einer direkten Anwendung spielerischen Rollenverhaltens in der Realität weitgehend zurückgewiesen. Es geht um die Interpretations- und Darstellungsleistung, die für eine erfolgreiche Interaktion notwendig ist, wenn keine allgemein bekannten Rollenvorstellungen von Mann und Frau vorhersehbares Verhalten produzieren, Interaktionssituationen von daher notwendig konflikthaltig und instabil sind. — Hat die Frau eine Rolleninterpretation gewählt (zum Beispiel technisch inkompetente Frau, die aber in Kenntnis dieser Inkompetenz für den Fall einer Autopanne vorgesorgt hat: Schutzbriefversicherung, einschlägige Telefonnummern, intakte Abschleppvorrichtungen etc.), so muß sie eine entsprechende
c) *Präsentation des Selbst* auf allen Kommunikationskanälen möglichst widerspruchsfrei realisieren. Sie wird beispielsweise weder Ängstlichkeit und Nervosität (etwa durch Hochwerfen der Hände, schnelle, planlose Gesten) signalisieren, noch Desinteresse (schlaffe Körperhaltung, halbgeschlossene Augen, fehlender Blickkontakt), sondern überlegte Entschlossenheit und Tatkraft (etwa durch ein mittleres Maß an Körperspannung, klare Akzente zwischen einzelnen Handlungsabschnitten, prägnante Gestik, Blickkontakt zu Interaktionspartnern und -objekten). Sie muß sich außerdem laufend vergewissern, ob ihr männlicher Interaktionspartner die Rolleninterpretation ihrer Intention gemäß versteht und diese — falls das nicht der Fall ist — verdeutlichen. Sie wird die Erfahrung machen, daß dies nur sehr bedingt über zusätzliche verbale Informationen zu erreichen ist (was wir in einer analogen realen Situation meist automatisch tun: wir „erklären" dem Partner besser, wer wir sind und was wir wollen), sondern daß sie verdeutlichende nonverbale Signale aussenden muß (etwa: bestimmterer Tonfall, präziserer Blickkontakt). Veränderte Signale muß die Frau als Rollenspielerin zum einen erneut auf ihre Angemessenheit in bezug auf die gewählte Rolleninterpretation überprüfen (so würden zum Beispiel Dominanzgesten dieser nicht entsprechen) und zum anderen daraufhin, ob der Interaktionspartner sie jetzt besser versteht. Für den anderen Interaktionspartner (Mann) gilt analog dasselbe.

4. Exkurs: Ergebnisse der Kommunikationsforschung belegen diese große Bedeutung *nonverbaler Kommunikation* (vgl. ARGYLE 1972, 140 f.). Diskrepanzen zwischen verbaler und nonverbaler Kommunikation sind ein häufiger Grund für Störungen. Wie soll sich der Rollenspieler „Mann" seiner Interaktionspartnerin gegenüber verhalten, wenn diese zwar verbal äußert, sie sei bestens informiert über diese Art einer Autopanne und habe alle zur Zeit notwendigen Schritte bereits getan, gleichzeitig aber nonverbal Ängstlichkeit vermittelt und damit die Bitte „Hilf mir!"? Das Spiel macht solche

Diskrepanzen aufgrund seiner auf die face-to-face-Interaktion weniger Spieler beschränkten Situation offensichtlicher, als es die Realität tut. Zudem gibt es für den Spieler die Möglichkeit, die Szene zu unterbrechen und die Störung zu thematisieren: „Ich bin irritiert; ich fühle mich unwohl; ich weiß nicht, was du meinst." Er wendet also *Metakommunikation* an, um die Interaktion im Spiel weiterführen zu können. Eine solche Thematisierung ist nur im Spiel leidlich gefahrlos; wahrscheinlich war einfach die schauspielerische Umsetzungsfähigkeit der Interaktionspartnerin nicht groß genug, und das ist leicht einzugestehen. Äußert sie jedoch, sie verhalte sich bei Angst ganz anders, hier habe sie Ungeduld ausgedrückt, wird das Problem deutlich: nonverbale Signale sind prinzipiell mehrdeutig. Diskrepanzerlebnisse der geschilderten Art sind daher in hohem Grade anfällig für Irrtümer. Deshalb werden sie in der Realität oft nicht thematisiert und produzieren als Folge paradoxe, krankmachende Kommunikationssituationen.

d) Damit dieser Prozeß wechselseitig regulierten Verhaltens (oben als Hauptmerkmal von Kommunikation / Interaktion bezeichnet) ablaufen kann, ist neben der angemessenen Selbstpräsentation eine zweite, ebenso wichtige Leistung von den Interaktionspartnern zu erbringen: *role-taking (Rollenübernahme, Empathie)*. Die Rollenspielerin muß antizipieren, welche Rolleninterpretationen der Interaktionspartner in der Situation einbringt, wie er sich folglich verhalten und welches Verhalten er von ihr erwarten wird. Spielt die Szene während des Berufsverkehrs, erwartet ein eilig aus seinem Wagen steigender Mann keine langen Erklärungen oder gar Gefühlsausbrüche, sondern eine knappe, sachliche Information und ein distanziert-neutrales Verhalten. Ein freundlicher alter Herr dagegen, der bei seinem Nachmittagsspaziergang auf das liegengebliebene Auto trifft, möchte vielleicht zunächst etwas unterhalten werden (zum Beispiel durch Erzählen der Vorgeschichte der Panne oder durch Verbalisieren der durch die Panne ausgelösten Empfindungen). Die Rollenspielerin kann sich natürlich anders verhalten, riskiert dann aber, daß die Interaktionssituation nicht zustande kommt. Will sie das jedoch nicht, muß sie den antizipierten Erwartungen erst einmal ein Stück weit entsprechen. Für den Mann gilt analog dasselbe; deutlich wird aber: wer in einer Situation der Abhängigkeit ist (was für die Frau zuträfe, falls sie die Hilfe des Mannes unbedingt benötigte), ist verstärkt darauf angewiesen, Rollenerwartungen zu antizipieren und diese in seinem Verhalten zu berücksichtigen. Interaktionen finden nur selten zwischen völlig gleichberechtigten Partner statt; in der Regel besteht zwischen ihnen ein Machtverhältnis, das die Interaktion beeinflußt. — Nach der ersten, meist noch sehr vagen Antizipation der gegenseitigen Rolleninterpretationen setzt dann jener Prozeß ein,
„in dem antizipierte Erwartungen ständig getestet und aufgrund neuen Materials, das der fortschreitende Prozeß liefert, immer wieder revidiert werden, bis sich die Interpretationen einer bestimmten Situation und ihrer Erfordernisse unter den beteiligten Interaktionspartnern einander angenähert haben" (KRAPPMANN 1975, 145).
Erst so ist role-taking vollständig beschrieben. Nachdem beispielsweise die Eingangsszene wie im zweiten Beispiel verlaufen ist, werden beide Rollenspieler neue Elemente ihrer Rolleninterpretation einführen und erproben, wie der Partner darauf reagiert. Der ältere Herr sieht etwa in der Frau eine nette Gesprächspartnerin und beginnt von Autopannen zu erzählen, die ihm selbst zugestoßen sind. Die Frau kann versuchen, diese Erwartung zu korrigieren, indem sie vorsichtig Desinteresse signalisiert und ihre eigene Rolleninterpretation präziser darstellt: sie beginnt zum Beispiel Telefonnummern herauszusuchen und erkundigt sich nach einer Telefonzelle. Geschieht das nicht zu brüskierend, kann der ältere Herr sich darauf einstellen und eine Verhaltenskorrektur vornehmen; er kann etwa anbieten, für die

Dauer des Anrufs auf den Wagen zu achten. — Rollenhandeln bedarf in instabilen Interaktionssituationen also der flexiblen Interpretation und der ständigen kommunikativen Abklärung und Korrektur: Rollen sind „soziale Objekte".

e) Um dazu in der Lage zu sein, muß der Rollenspieler akzeptieren, daß unterschiedliche bis widersprüchliche Rolleninterpretationen in einer Interaktionssituation möglich sind. Er muß deshalb ertragen, daß seine eigenen Wünsche und Absichten möglicherweise nur sehr partiell erfüllt werden und daß darüber hinaus die Situation ständig scheitern kann; d. h. er muß über *Ambiguitäts- und Frustrationstoleranz* verfügen. Die Grenzen dieser Fähigkeit im Geschlechtsrollenverhalten werden meistens in einigen Spielsequenzen sehr deutlich: zeichnet sich ab, daß der Interaktionspartner die präsentierte Frau- oder Mannrolle so nicht akzeptieren wird, d. h. möglicherweise die Frau nicht mehr als „weiblich", den Mann nicht mehr als „männlich" zu behandeln gewillt ist, ist diese Ungewißheit für einige Rollenspieler unerträglich und sie versuchen, sie durch Einfügen von Elementen des alten Geschlechtsrollenklischees abzubauen (etwa indem die Frau mehr Hilflosigkeit demonstriert, der Mann das Eingeständnis technischer Inkompetenz zurücknimmt oder durch Dominanzgesten und „Imponiergehabe" davon abzulenken versucht). Das kann eigentlich auch nicht verwundern. Der Erwerb der Geschlechtsrolle beginnt mit der Geburt, und folglich enthält diese große unbewußte und affektiv besetzte Anteile. Das Beispiel zeigt lediglich, daß diese Anteile noch vorhanden sind und bearbeitet werden müssen — worüber die Rollenspieler häufig erstaunt und betroffen sind, da sie sich selbst erklärtermaßen anders sehen. — Diese affektiv besetzten Anteile erschweren auch die Realisierung einer weiteren Voraussetzung der beschriebenen kommunikativen Rollenabklärung: der Rollensdistanz.

f) *Rollendistanz* bezeichnet hier die Fähigkeit, von den dargestellten weiblichen und männlichen Rolleninterpretationen soweit Abstand nehmen zu können, daß diese reflektiert und situationsspezifisch verändert werden können. Ein Spieler, der sich gerade bei starker Identifikation mit der Rolle als sehr „männlich" darstellt — etwa indem er die Situation tatkräftig und erfolgreich managt und sich dadurch legitimiert fühlt, sexuelles Interesse an der Frau eindeutig und seiner Meinung nach auch überzeugend zu signalisieren (das geht nur unter starker Beteiligung nonverbaler Kommunikationsmittel) — ist dazu meist nicht in der Lage; er besteht auf seiner Rolleninterpretation und bricht die Interaktionssituation ab, wenn er sie nicht durchsetzen kann. Nur mit etwas reflektierender Distanz kann dem männlichen Rollenspieler in den Blick kommen, daß für diese Interaktionspartnerin ein erfolgreiches Management der Situation nichts mit einer Berechtigung zu sexuellen Anspielungen zu tun hat; daß sich für ihn also die Notwendigkeit ergibt, diese Berechtigung anders zu legitimieren, sie als nichtig zu betrachten, oder in irgendeiner anderen Weise sein Rollenverhalten situations- und partnerbezogen zu modifizieren. — Die Spielsequenzen enthalten in der Regel auch sehr drastische Veränderungen der Situation — das Auto springt plötzlich an; der technische Hilfsdienst ist angekommen; eine technisch kompetente Frau erscheint — die die Notwendigkeit der Modifikation von Rollenverhalten mit spielerischer Deutlichkeit und Situationskomik vorführen. Es ist der schon erwähnte Vorteil des Spiels, daß hier durchschaubar und vergnüglich ist, was in der realen Situation für den einzelnen oft undurchsichtig und deshalb bedrohlich erscheint. Im ersten Beispiel war das Spiel der Realität vielleicht zu nahe gekommen.

5. Gezeigt wurde, daß die eine Interaktionskompetenz ausmachenden Qualifikationen im Rollenspiel ständig und intensiv zur Anwendung kommen; sie werden von daher mit Sicherheit geübt: interagieren lernt man, indem man häufig und intensiv interagiert — unter der Voraussetzung, daß man, wie für das Spielbeispiel beschrieben, ein Mißlingen konstruktiv bearbeitet. Wieweit sich dieser Übungseffekt in reale Interaktionssituationen

überträgt (*transfer*), ist bislang nicht eindeutig nachgewiesen (vgl. dazu COBURN-STAEGE 1977, 136 ff.). Festgestellt werden kann jedoch: Gruppen, die zusammen gespielt haben, „funktionieren" besser. Sehr deutlich ist das für mich bei Studentengruppen, die während eines Seminars Spiele durchführen, im Vergleich zu solchen, die nur theoretisch arbeiten: erstere sind entspannter, offener, bereitwilliger und fähiger, sich auf Interaktionssituationen einzulassen. Dieser Effekt ist auch lange nach Abschluß der Spielphasen noch wirksam. Die Autoren des „Proletarischen Kindertheaters X" (1972, 31) berichten, die Kinder seien durch ihre Rollenspiele selbstbewußter, aktiver, kritischer geworden und hätten Gruppenbewußtsein entwickelt. EBERT / PARIS (1976, 335) führen als Ergebnis ihrer Spiele an, daß die Gruppe immer selbständiger geworden sei und die einzelnen ein größeres Selbstbewußtsein entwickelt hätten. – Spiele sind also wahrscheinlich „ein hervorragendes Mittel, um soziale Gruppen zu konstituieren" (KRAPPMANN 1973, 197).

IV. Die Verbindung von Spiel und Gespräch

Da die Spielerfahrungen in einer „Quasi-Realität" und in einem „Freiraum" gemacht werden, so kann ein transfer in die Realität eigentlich nur dann erwartet werden, wenn man Quasi-Realität und Freiraum zumindest partiell verläßt – und damit natürlich auch die Sphäre des Spiels. So ist es nur folgerichtig, wenn in allen Ablaufschemata zum Rollenspiel Spiel- und Gesprächsphasen einander ablösen (zum Beispiel SHAFTEL / SHAFTEL 1973, 214 ff.; CHESLER / FOX 1975, 28 ff.; SCHMITT 1975, 371 f.; SILKENBEUMER / DATTA 1975, 81; BARTNITZKY 1975, 28 ff.; COBURN / STAEGE 1977, 125 ff.; HIELSCHER 1981, 53). *Die Grundform besteht aus drei Teilen*: Vorbereitung – Spiel – Diskussion, die dann, den Erfordernissen der jeweiligen Situation folgend, um weitere Spiel- und Diskussionsphasen erweitert wird. Der Sinn liegt dabei in einem aufeinander bezogenen Wechsel von Erklären und Bewerten einerseits und Erproben andererseits. In Punkt II war die Notwendigkeit der Diskussion des konkreten, inhaltlich gefüllten Rollenverhaltens betont worden, wenn überhaupt ein transfer verantwortbar sein soll (im gewählten Beispiel etwa durch Aufzeigen der Beschränkungen und Sanktionen, die die Realität oft noch für kompetente Frauen bereithält oder auch durch Aufzeigen der eigenen, auf geschlechtsspezifische Sozialisationspraktiken zurückführbare Lernwiderstände, die dem Erwerb einer solchen Kompetenz im Wege stehen). Diskutiert werden müssen jedoch auch die formalen Qualifikationen einer Interaktionskompetenz, wenn sie über die Spielsituation hinaus generalisierbar sein sollen. Wie das geschehen kann, hat das geschilderte Beispiel gezeigt: die meisten Analysen des spielerischen Rollenhandelns sind in den Spielsequenzen folgenden Diskussionsphasen mit Studenten erarbeitet worden.
Auch in den Phasenmodellen, die aufweisen wollen, wie spielerische Aktionen allmählich in konkrete Aktionen überführt werden können, kommt

den Gesprächsphasen entscheidende Bedeutung zu (AUTORENKOLLEKTIV 1972, 21 f.; RICHARD 1972, 107; PAUL 1972, 102; STEINCHEN 1975, 280).

„Dies dürfte aber kaum nur für das Rollenspiel typisch sein; vielmehr ist die sprachliche Erfassung ein Korrelat jeden kommunikativen Lernens. Da sich Menschen — dem Ansatz des Symbolischen Interaktionismus zufolge — über meist sprachlich vermittelte Symbole in der Welt orientieren, sind sie stark darauf angewiesen, Kennzeichnungen (labels) und Erklärungen zur Verfügung zu haben, um sie auf die bedeutsamen Aspekte ihrer Umgebung anzuwenden, und sie neigen dazu, unsicher zu werden, wenn diese nicht verfügbar sind" (LINDESMITH / STRAUSS 1974, 87).

Solange Sachverhalte nicht mit Symbolen verbunden sind, bleiben sie Teil der nichtsymbolischen Umgebung des Menschen, auf die er, wie auf „natürliche" Zeichen, nur reagieren, nicht aber über sie verfügen kann (LINDESMITH / STRAUSS 1974, 86). Das gilt auch für die hier angeführten Qualifikationen einer Interaktionskompetenz, deren sprachliche Erfassung Metakommunikation allererst ermöglicht. So sind zum Beispiel Informationen über den ganzen nonverbalen Bereich menschlicher Kommunikation

„. . . erst vor sehr kurzer Zeit sprachlich enkodiert und damit allgemein wißbar geworden. Zuvor funktionierte dieses sozialregulative System außerhalb der menschlichen Bewußtheit" (SCHEFLEN 1976, 156).

Für die kompetente Handhabung von Interaktionssituationen ist also die Fähigkeit zur Verbalisierung des Handlungsgeschehens unerläßlich. KRAPPMANN ordnete ja auch den Grundqualifikationen flexiblen Rollenhandelns „das diese Fähigkeiten tragende Sprachvermögen" zu (siehe oben).
Dennoch ist diese Verbindung von Spiel und Diskussion nicht unproblematisch: das Spiel erfordert gesamtkörperliche Involviertheit und spontanes Engagement, die Diskussion dagegen kognitive Distanziertheit und abwägende Kritik. Die dadurch bewirkte Verhaltensänderung bei den Spielteilnehmern ist um so deutlicher sichtbar, je intensiver das Spiel war: bei Ankündigung einer Diskussionsphase verebben zunächst Lärm und Lachen, dann verändert sich die Mimik zum Ernsthaften; man setzt sich und beginnt zu denken, zunächst herrscht Schweigen. Offensichtlich müssen sich alle erst etwas mühsam auf die völlig veränderte Interaktionssituation einstellen. Fast noch mehr gilt das, wenn dem Gespräch eine erneute Spielphase folgen soll. Es bedarf einigen Elans und erklärter Spielbereitschaft, sich wieder auf die Szene zu begeben, nachdem man gerade diskutiert hat. Es ist hilfreich, wenn der Spielleiter den erarbeiteten Spielauftrag klar, überzeugend und motivierend vermitteln kann und selbst engagiert in die Szene einführt. Spielen können die Teilnehmer nur, wenn sie es gern tun, und dazu brauchen sie mitunter eine „Starthilfe". — Den beschriebenen Bruch in der Interaktionssituation beobachte ich nicht nur bei Erwachsenen. In Kindergruppen sind es die langsamer Reagierenden und Gehemmteren, die ihn augenscheinlich verkraften müssen; deshalb muß der Spielleiter ihn kennen und berücksichtigen, auch wenn andere Kinder ihn noch spontan und schwungvoll überspringen können.

Trotz dieser Einschränkungen zeigt die Praxis, daß die dem Spiel folgenden Gespräche eine ganz andere Qualität haben können (nicht „müssen") als eine rein verbale Diskussion; sie können viel engagierter, persönlicher und auch offener sein. Ein Grund dafür ist schon genannt worden. Die Gruppe hat sich durch das Spiel besser konstituiert, der einzelne fühlt sich wohler und sicherer. Ein weiterer Grund liegt darin, daß die Teilnehmer das Thema im Spiel auf die eigenen lebensweltlichen Erfahrungen bezogen haben und es auch so diskutieren (bei dem berichteten Beispiel ist das in starkem Maße der Fall). Ein dritter Grund ist die Erfüllung einer alten pädagogischen Forderung: das Rollenspiel stellt das Thema „vor alle Sinne".

Es könnte der Eindruck entstanden sein, es ginge darum, Interaktionssituationen immer und um jeden Preis durchzustehen. Das ist nicht der Fall; die Realität wird auch solche enthalten, die wir abbrechen wollen oder müssen. Die Frage, welche das sein sollten, kann durch Rollenspiele nur sehr individualistisch und damit keineswegs erschöpfend beantwortet werden: es sind als unerträglich erlebte, krankmachende Interaktionssituationen. Die weitaus meisten Interaktionssituationen müssen wir jedoch „durchstehen", und das wird uns leichter fallen, wenn wir über die beschriebenen Qualifikationen einer „Interaktionskompetenz" verfügen.

Mir ist bewußt, daß damit nur die formale Seite menschlicher Interaktion beschrieben ist; die inhaltliche und intentionale Seite ist wahrscheinlich die noch wichtigere (obwohl es gar nicht so selten ist, daß Menschen ihre guten Absichten aufgrund fehlender Interaktionskompetenz einfach nicht vermitteln können); sie ist aber nicht Thema dieses Aufsatzes.

V. Spielhilfen im Rollenspiel

1. Das Rollenspiel als komplexe, offene Spielform setzt immer schon Spielkompetenz voraus. Es ist deshalb sinnvoll, diese mit *vorbereitenden Spielformen* schrittweise aufzubauen, um Frustrationen zu vermeiden. Solche Spielformen werden im folgenden aufgelistet; daraus sollte im Hinblick auf die Bedürfnisse spezieller Gruppen je eine Auswahl getroffen werden.

- *Isoliertes Üben der Rollenspiel-Elemente*:
  - *mimischer Ausdruck*: Gesichter zuwerfen, mimische Kette, Fratzen;
  - *körperlicher Ausdruck*: Bewegung nach Musik (zum Beispiel „Bolero"), Interaktionsspiele (sound and movement, Gehen wie „Gummimenschen", „Roboter" usw.), pantomimische Übungen, Spiel mit Masken;
  - *sprachlicher Ausdruck*:
    a) Umgang mit der Stimme: Summtöne, Geräusche in der Gruppe, sound and movement, Blindenführen durch Geräusche;
    b) Modulations- und Artikulationsfähigkeit: rhythmisches Sprechen von Reimen, dynamisches Vor- und Nachsprechen („Löwenjagd"), Echo-Spiegel-Spiel, Sprechen mit verschiedenen typisierten Handpuppen;
    c) Verbalisierungsfähigkeit: anhand von Bildgeschichten, Strichmännchen-Bildern u. a.;
    d) Ideen produzieren: Assoziationspiele, Monologstaffette, Dialogspiele, Geschichten erzählen, Nonsensdebatten.

- *Hemmungen abbauen*:
  Spiele zum „Warming-up", Klatsch-Rhythmusspiel, rasche Interaktionsspiele, laute Spiele, (zum Beispiel „Familienspiel").
- *Üben, sich in den Mitspieler hineinzuversetzen*:
  Spiele zum Kennenlernen, Spiegel-Spiel, „Bildhauer", Blindenführer.
- *Üben, mit dem Mitspieler etwas zusammen zu tun*:
  Spiele, bei denen Kooperation nicht schwierig ist und Spaß macht: Fangen zu zweit / in der Kette, „Maschine", Sammelspiele.
- *Üben, Spielrollen zu übernehmen*:
  durch Verkleiden und Requisiten (zum Beispiel unterschiedliche Hüte).
- *Üben, sich im Spiel selber darzustellen*:
  Puppenspiele (Hilfe: Rückzug der Person hinter die Puppe).
- *Üben, Spielideen zu produzieren; Zutrauen zur eigenen Spielfähigkeit entwickeln*:
  Blödel-, Klamaukspiele, Rundumszenen (im Bus, auf einer Party): jeder kennt die Situation, alle sind beteiligt, Tempo, action, Komik, dankbar zu spielen; Streitszenen (vgl. HOFFMANNs COMIC TEATER 1974, 24 f.).
- *Allmähliche Steigerung der Länge* der zu spielenden Szene:
  Kurzszene (zum Beispiel zu „Brülle ich zum Fenster raus . . ."), pantomimische Imitationsspiele, Szenenfolgen (zum Beispiel zu „Hast Du Worte?") (SCHMITT 1975).
- *Entwicklung* des Themas und der Rollenspielfähigkeiten *im Spiel selbst* (vgl. SCHERF 1973).
- Bei Mißerfolg aller genannten Möglichkeiten der Vorübung:
  Fernseherfahrungen spielen lassen. Gefahr: man beginnt mit der Reproduktion von second-hand-Erlebnissen und Klischees. Es kann sein, daß man nicht mehr davon loskommt.

2. Im folgenden werden *Spielhilfen für das Rollenspiel selbst* aufgeführt. Man sollte in Abstimmung mit der Spielgruppe nach und nach einige erproben und dann die bewährten (nicht zu viele!) in das ständige Spielrepertoire übernehmen.

- *Spezifische Rollenspieltechniken*:
  Selbstgespräch (vor-sich-hinsprechen / zur Seite-reden);
  Double / Hilfs-Ich (kann für den Spieler einspringen);
  Spiegelmethode (Beobachter macht einem Spieler sein Rollenspiel durch Nachahmung deutlich);
  Rollentausch (zwei Spieler tauschen bei einer Szenenwiederholung ihre Rolle);
  Rollenwechsel (ein Spieler gibt seine Rolle an einen Beobachter ab);
  Beteiligung der Zuschauer am Spiel:
  „Zeiger" (ein Zuschauer ruft „Stop"; daraufhin erstarrten Mimik und Gestik der Spieler und die Situation kann kommentiert werden);
  Echo (ein Zuschauer ruft „Echo"; daraufhin wiederholt der Spieler seinen letzten Satz so lange, bis „weiter" gerufen wird);
  Konfrontation (Zuschauer sagen dem Spieler sehr direkt, was sie über ihn denken; Ziel: Demaskierung geheuchelter Ausdrucksformen).
  Rückgriffe (gespielte Beantwortung der Frage: Wie ist es dazu gekommen?).
  (Vgl. dazu FREUDENREICH u. a. 1976, 63 ff.; SCHERF 1973; CHESLER / FOX 1975; COBURN-STAEGE 1977, 118 f.).
- *Rollenbeschreibungen* für die Spieler (zum Beispiel Rollenspielkarten); Erklären der Aufgaben der Zuschauer (Beobachter, Berater, Identifikant, Kritiker) (CHESLER / FOX 1975).
- Formulierung von *Beobachtungsaufträgen für das Rollenspiel*,
  Formulierung von *Fragen zur Spielauswertung*;

(vgl. BALES, in: HÖPER 1974, 86; SILKENBEUMER / DATTA 1975, 82 ff.; STEINCHEN 1975, 276; BARTNITZKY 1975, 32; BROICH 1980, 128 f.; KLUCKHUHN 1978, 46).
Übungen zum feedback (FREUDENREICH u. a. 1976, 65 ff.).

- *Helfende Funktionen des Spielleiters*:
Hilfen zur Auswahl des Rollenspiel-Inhalts: dieser soll den subjektiven Interessen der Spieler entsprechen; relevant, aber nicht bedrohlich sein; im Handlungsbereich der Spieler liegen.
Weiterführende Informationen zum Rollenspiel-Inhalt;
Motivierende, abwechslungsreiche Vorgabe des Spielanlasses;
Hilfen zum Szenenaufbau und zur Rollenverteilung;
Hilfen zum Beginn und zum Beenden des Spiels;
Hilfen zum Einstieg in die Rolle und zum Ablegen der Rolle;
Schutz einzelner Spieler (Sprechzeit verschaffen; bei zu starkem Druck Spiel unterbrechen; bei Spielstockungen einhelfen).
Ideen zur Erprobung neuer Handlungsstrategien im Spiel; Hilfen zur Strukturierung des Gesprächs.

Literatur

Achtnich, E. / Opdenhoff, H.: Rollenspielkarten, Gelnhausen / Freiburg i. B. o. J.
Arbeitskollektiv: Bericht über das proletarische Kindertheater X, in: betrifft: erziehung 5 (1972/2), 19 – 31
Argyle, M.: Soziale Interaktion, Köln 1972
Autorengruppe Westberliner Volkstheaterkooperative: blumen und märchen. Stadtteilarbeit mit Kindern im mv Berlin, Reinbek 1974
Autorenkollektiv (Beck u. a.): Konzeption für einen politisch-emanzipativen Gebrauch von Rollenspielen, in: Ästhetik und Kommunikation 1972, Heft 5/6, 18 – 22
Baacke, D.: Kommunikation und Kompetenz, München 1973
Bartnitzky, H.: Konfliktspiele im Unterricht, Essen 1975
Broich, H.: Rollenspiele mit Erwachsenen, Reinbek 1980
Chesler, M. / Fox, R.: Methoden des Rollenspiels im Unterricht, in: Kochan, B. (Hrsg.): Rollenspiel als Methode sprachlichen und sozialen Lernens, Kronberg 1975, 13 bis 47
Coburn-Staege, U.: Lernen durch Rollenspiel, Frankfurt / M. 1977
Denker, R. / Ballstaed, S. P.: Aggression im Spiel, Stuttgart 1976
Ebert, H. / Paris, V.: Warum ist bei Schulzes Krach? Kindertheater Märkisches Viertel / Rollenspiel / Politisches Lernen, Teil I und II, Berlin 1976
Freudenreich / Gräßer / Köberling: Rollenspiel: Rollenspiellernen für Kinder und Erzieher, Hannover 1976
Goffmann, E.: Interaktion: Spaß am Spiel, Rollendistanz, München 1973
Graumann, C. F.: Interaktion und Kommunikation, in: Graumann, C. F. (Hrsg.): Handbuch der Psychologie, Bd. 7/2, Göttingen 1972, 1109 – 1262
Gümbel, G.: Zur Bedeutung von Rollenspielen für soziales und politisches Lernen, in: Die Grundschule 6 (1974), 515 – 521
Haug, F.: Erziehung und gesellschaftliche Produktion: Kritik des Rollenspiels, Frankfurt 1977
Heckhausen, H.: Entwurf einer Psychologie des Spielens, in: Flitner, A. (Hrsg.): Das Kinderspiel, München 1973, 133 – 149
Hering, W.: Spieltheorie und pädagogische Praxis, Düsseldorf 1979
Hielscher, H.: Spielen macht Schule, Heidelberg 1981
Hoffmanns Comic Teater: Will dein Chef von dir mal Feuer. Rollenspiele und was man damit machen kann, Berlin 1974
Höper, C.-J., u. a.: Die spielende Gruppe, Wuppertal 1974

Kluckhuhn, R.: Rollenspiel in der Hauptschule, Braunschweig 1978
Kluge, N.: Spielpädagogik, Bad Heilbrunn 1980
Kochan, B. (Hrsg.): Rollenspiel als Methode sprachlichen und sozialen Lernens, Kronberg 1975
— Rollenspiel als Methode sozialen Lernens, Königstein / Ts. 1981
Kossolapow, L.: Die Bedeutung des Rollenspiels in der vorschulischen Erziehung, in: Kochan, B. (Hrsg.): Rollenspiel als Methode sprachlichen und sozialen Lernens, Kronberg 1975, 123 — 152
Krappmann, L.: Neuere Rollenkonzepte als Erklärungsmöglichkeit für Sozialisationsprozesse, in: betrifft: erziehung 4 (1971), H. 3. 27 — 34
— Sozialisation im Spiel, in: Die Grundschule 5 (1973), 195 — 201
— Soziologische Dimensionen der Identität, 4. Aufl. Stuttgart 1975
Lehmann, J.: Das Simulationsspiel in der Erziehung, Weinheim 1975
Lindesmith, A. R. / Strauss, A. L.: Symbolische Bedingungen der Sozialisation, Bd. 1 und 2, Düsseldorf 1974
McCall, G. J. / Simmons, J. L.: Identität und Interaktion, Untersuchungen über zwischenmenschliche Beziehungen im Alltagsleben, Düsseldorf 1974
Moser, H.: Zum Verhältnis von geisteswissenschaftlicher Pädagogik und kommunikativer Didaktik, in: Die Deutsche Schule 68 (1976), 371 — 379
Paul, A.: Theaterspiel mit Arbeiterkindern, in: Klevitz / Nickel (Hrsg.): Kindertheater und Interaktionspädagogik, Stuttgart 1972, 95 — 116
Richard, J.: Zum angeleiteten Rollenspiel mit Arbeiterkindern im Schulalter, in: Pädagogisches Zentrum Berlin (Hrsg.): Gesamtschulinformation 6 (1972), 88 — 108
Richter, H. E.: Lernziel Solidarität, Reinbek 1974
Rubinstein, S. L.: Das Spiel, in: Rubinstein, S. L.: Grundlagen der allgemeinen Psychologie, Berlin (Ost) 1971
Scheflen, A. E.: Körpersprache und soziale Ordnung, Stuttgart 1976
Scherer, K. R. / Wallbott, H. G.: Nonverbale Kommunikation: Forschungsberichte zum Interaktionsverhalten, Weinheim 1979
Scherf, E.: Aus dem Stegreif, Soziodramatische Spiele mit Arbeiterkindern, in: Kursbuch 34, 1973, 103 — 156
Schmitt, R.: Rollenspiele in einem gesellschaftspolitischen Vorschulcurriculum, in: Zeitschrift für Pädagogik 21 (1975), 363 — 377
— Rollenspiel, in: Kochan, B. / Neuhaus-Siemon, E. (Hrsg.): Taschenlexikon Grundschule, Königstein / Ts. 1979, 369 — 372
Shaftel, F. R. / Shaftel, G.: Rollenspiel als soziales Entscheidungstraining, München / Basel 1973
Shaw, A.: Curriculumelement Rollenspiel, in: betrifft: erziehung 3 (1970), H. 11, 28 bis 30
Silkenbeumer, R. / Datta, A.: Rollenspiel und Planspiel, Hannover 1975
Stange, W.: Kommunikation und Interaktion — Skizze zur Ableitung eines funktionsorientierten Spiel- und Lernangebots, in: Stange / Tiemann (Hrsg.): Materialien zur sozialen Erziehung im Kindesalter 2, Heidelberg 1977, 43 — 90
Steinchen, R.: Methodische Organisation des Rollenspiels, in: Kochan, B. (Hrsg.): Rollenspiel als Methode sprachlichen und sozialen Lernens, Kronberg 1975, 273 bis 280
Watzlawick, P. / Beavin, J. H. / Jackson, D. D.: Menschliche Kommunikation, Bern 1967
Watzlawick, P. / Weakland, J. H. / Fisch, R.: Lösungen, Bern 1974
Wegener-Spöhring, G.: Soziales Lernen im Spiel, Untersuchung seiner Möglichkeiten und Grenzen im Bereich Schule (Dissertation) Kiel 1978

5. Interaktionspädagogisches Spielen
Überlegungen zu einer Pädagogik der Spielbegegnung
Wilfried Noetzel

1970 erfanden Hochschuldozenten eines Lehrbereichs, den man inzwischen „Spielpädagogik" zu nennen sich angewöhnt hat, die Bezeichnung „Interaktionspädagogik" als begriffliche Ergänzung zu „Theaterpädagogik", an die sie ein gemeinsames berufliches Interesse band. Aus meiner Sicht sollte der Terminus, über den Argumentationszusammenhang Pädagogischen Theaters und Ästhetischer Erziehung hinaus, die sozial- und kommunikationswissenschaftliche Ausrichtung der ins Auge gefaßten theoretischen Begründung einer spezifischen pädagogischen Spielpraxis signalisieren (BRANDES / NICKEL 1971; KLEWITZ / NICKEL 1972).

I. Was heißt hier Interaktionspädagogik?

H. W. NICKEL (1972) interpretiert Interaktionspädagogik im engeren Sinne als rollentheoretisch und theaterpraktisch orientierte Spielgruppenpädagogik. Methodisch wird zwischen einem sowohl nonverbalen als auch verbalen „Interaktionstraining" in der Nachbarschaft der Gruppendynamik und dem „Rollenspiel" als zentralem interaktionspädagogischen Verfahren unterschieden. Spiel-, Theater- und Interaktionspädagogik für schulisches und außerschulisches Lernen stehen in einem komplementären Verhältnis zueinander, wobei letztere insofern übergeordnet erscheint, als sie „durch" Spiel und Theater Praxis werden soll (NICKEL 1976).
NICKELs gruppenpädagogischem Verständnis von Interaktionspädagogik im engeren Sinne ist auch J. FRITZ (1975) verpflichtet, der allerdings stärker gruppendynamische bzw. -therapeutische Akzente setzt. Zielsetzungen Ästhetischer Erziehung treten deshalb eindeutig hinter die Betonung sozialen Lernens zurück. Kinder- und Jugendtheater finden allerdings Beachtung, wie überhaupt Spiel das methodische Bindeglied zwischen den heterogenen Ansätzen dieser multidimensionalen und integrativen außerschulischen Interaktionspädagogik abgibt.
Ich selbst habe Anfang der siebziger Jahre eine anders und weiter gefaßte Konzeption von Interaktionspädagogik entworfen, die schulische und außerschulische Erziehungsbereiche in ein umfassendes Programm zur Verbesserung mitmenschlichen Umgangs einbeziehen wollte (NOETZEL 1971a, 1971b). Diese Interaktionspädagogik im weiteren Sinne sollte entsprechend eine lernortdifferenzierte Didaktik „komplexer" Kommunikation begründen

helfen, die Spielerziehung, Sprecherziehung und Medienerziehung zu einer erziehungswissenschaftlich legitimierten Interaktionsmethodik zusammenfaßt. Neben dem kommunikativen wurde gleicherweise der kreative Aspekt der Intersubjektivität hervorgehoben und das übergreifende Anliegen der Interaktionserziehung mit dem Ästhetischer Erziehung verknüpft (NOETZEL 1972a, 1972b).

Interaktionspädagogik im weiteren Sinne wurde dann nicht nur auf den beruflichen Anwendungsbereich der Sozial- und Freizeitpädagogik eingegrenzt, sondern mußte auch, wegen der bereits institutionalisierten Eigengewichtigkeit der Massenmedienpädagogik, um Medienerziehung verkürzt werden. In dieser außerschulischen Version erscheint Sprecherziehung dann bewußt aus dem traditionellen Rahmen der Deutschdidaktik herausgelöst, obwohl diese ihrerseits durchaus Interesse am interaktionspädagogischen Konzept bekundet hat (BEHR 1979; INGENDAHL 1981). In solcher Lesart hat Interaktionspädagogik dann als integraler Bestandteil eines interdisziplinären Fachs „Ästhetik und Kommunikation" — irreführend auch „Medienpädagogik" genannt — im Rahmen des von mir beeinflußten Siegener Modells eines Studiengangs der Sozialpädagogik / Sozialarbeit institutionalisiert werden können (NOETZEL 1976). Und von dort her ist sie auch ein Bestandteil der entsprechenden, für Nordrhein-Westfalen verbindlichen Prüfungsordnung geworden (BOLLERMANN / ZANK 1978; WRISCH 1978, 19 ff.).

Für Spielpädagogik, die allein an dieser Stelle zur Diskussion steht, bleibt als besonderer „interaktionspädagogischer" Ansatz festzuhalten, daß die allgemein angestrebten spielerisch-kreativen Kompetenzen mit interaktiven bzw. sprachlich-kommunikativen, letztendlich demokratischen Kompetenzen korrespondieren müssen. Entsprechend wird Spielpädagogik auf „soziale Handlung" als grundlegendes Phänomen bezogen, der Bezug auf Spielphänomene selbstverständlich vorausgesetzt (NOETZEL 1974). Wenn also in folgenden Darlegungen von „interaktionspädagogischem Spielen" die Rede sein wird, muß eine Pädagogik der „Spielbegegnung" mitgedacht werden, die es von den ebenfalls historisch gewachsenen Pädagogiken des „Spielplatzes" (SCHOTTMAYER / CHRISTMANN 1976), der „Spielmittel" (RETTER 1979) und der „Spielbewegung" (RÖHRS 1981; GRUPE 1982) abzuheben gilt. Man kann im Begründungszusammenhang einer interdisziplinären Ästhetischen Erziehung bzw. einer entsprechenden Didaktik der Ästhetik und Kommunikation objekt- und subjektorientierte Praxen voneinander unterscheiden, wobei erstere materiale und mediale Formen ästhetischer Kommunikation bevorzugen, letztere korporeale und interpersonale (NOETZEL 1978). Die gleichen Akzentuierungen sind auch bei den genannten Spielpädagogiken auffindbar: „Spielbegegnung" soll demnach besagen, daß hier weder der materiale oder mediale Aspekt des Spiels zum Ausgangspunkt des pädagogischen Interesses gemacht wird — wie bei der Spielplatz- und Spielmittelpädagogik —, noch korporeale — wie bei der Spielbewegungspädagogik —, sondern eben sein interpersonaler. Die Kennzeichnung „interaktionspädagogisch" besagt im spielpädagogischen Kontext, jedenfalls an dieser Stelle, nichts anderes als dies (vgl. Abb. 1).

Ästhetische Erziehung – Didaktik der Ästhetik und Kommunikation			
Subjektorientierte ÄE		Objektorientierte ÄE	
korporeale Ä & K	interpersonale Ä & K	materiale Ä & K	mediale Ä & K
Sport- und Musikpädagogik	Interakttions- und Geschmacks- pädagogik	Kunst- und Werkpädagogik	Medien- und Literatur- pädagogik
Pädagogik der Spielbewegung	Pädagogik der Spielbegegnung	Pädagogik des Spielplatzes	Pädagogik der Spielmittel
Spielpädagogik und Spieldidaktik			

Abbildung 1: Spielbegegnung und Ästhetische Erziehung

II. Pädagogische Theorie und Praxis der Spielbegegnung

Ich halte es spielpädagogisch für vorteilhaft, den traditionsreichen Begegnungsbegriff wiederaufzugreifen, der erstmals im ersten Drittel dieses Jahrhunderts für die deutsche Pädagogik bedeutsam wurde und der für die Bundesrepublik Deutschland dann in den fünfziger / sechziger Jahren geradezu modisch gewesen ist (GERNER 1969). Die Wurzeln einer Geisteswissenschaft und philosophischer Anthropologie verpflichteten Begegnungspädagogik reichen nicht nur in die jüdische und auch christliche Theologie, sondern bis in die Lebensphilosophie des Sturm und Drang, der Romantik und dann W. DILTHEYs. Auch spielen idealistische, sensualistische und existentialistische Einflüsse eine Rolle (SCHORB 1958; LOCH 1958; BOLLNOW 1959).

Die Begegnung von Menschen stellt auch das grundlegende Phänomen für eine interaktionistisch argumentierende Spielpädagogik dar. Da dieser Begriff überdies geeignet erscheint, einen thematischen Bogen vom Laienspiel der Jugendbewegung über das Darstellende Spiel musischer und künstlerischer Erziehung in den oben erwähnten fünfziger / sechziger Jahren bis hin zur Interaktions- und Theaterpädagogik der siebziger Jahre und darüber hinaus zu spannen, soll er hier mit neuerer sozial- und erziehungswissenschaftlicher Theorie und Terminologie in Beziehung gesetzt werden. Die Begegnungspädagogik kann indessen nur kritisch adaptiert werden. Ihr philosophisch-anthropologischer Begründungszusammenhang erfordert den Bezug auf eine Theorie der Gesellschaft, genauer der Lebenswelt, in der und für die sie entwickelt wurde, um der Gefahr zu entgehen, historisch bedingte Dimensionen des Menschlichen für natürliche auszugeben (HABERMAS 1958).

1. Zur Handlungstheorie einer Spielbegegnungspädagogik

Folgt man W. LOCH (1958), so signalisierte der pädagogische Ansatz bei der zwischenmenschlichen Begegnung in den zwanziger Jahren eine wachsende kritische Distanz gegenüber den aktivistischen und subjektivistischen Übersteigerungen der frühen Reformpädagogik. Gleichzeitig relativierte er die ebenfalls zeitgenössische neokantianistische Persönlichkeitspädagogik. War die Entfaltung der schöpferischen Kräfte und der Persönlichkeit bislang einseitig der Eigenaktivität des Ichs zugeschrieben worden, so entdeckte man jetzt das Du und den anderen als Faktor der menschlichen Entwicklung.

a) *Begegnung, Interaktion und Rolle als pädagogische Schlüsselbegriffe*

M. BUBER (1962, 78 ff.), auf den die Begegnungspädagogik in der Regel zurückgeführt wird, charakterisierte das „pädagogische Verhältnis" als ein dialogisches. Das ist keineswegs nur zu verstehen als verbale Kommunikation: „Gegenseitige Umfassung" kann zwar durchaus den abstrakten Charakter von gewissermaßen „handlungsentlasteten" Diskursen etwa im Sinne von J. HABERMAS (1971) annehmen, „weil sie sich auf den Menschen nur als geistige Person bezieht und von der vollen Wirklichkeit seines Wesens und Lebens absehen muß" (BUBER 1962, 804). Doch das erzieherische Umfassungsverhältnis zeichnet sich als Begegnung gerade durch konkrete Wirklichkeit aus, wie sie auch Freundschaftsverhältnissen eigen ist.

Wenn man Wert darauf legt, kann man BUBERs Begegnungsbegriff mit dem J. L. MORENOs in Verbindung bringen bzw. sich deren offenbare Verbindung zunutze machen. MORENO (1969, 18) verwendet den Begriff schon vor BUBER in seinen frühen expressionistischen Schriften (PETZOLD 1980). Wie dieser hebt er die Unmittelbarkeit des Begegnungserlebnisses hervor und wie dessen „Umfassung" interpretiert er sein „Tele" im Gegensatz zur Einfühlung: als „Zweifühlung" (MORENO 1967, 167 ff.). Diese auch ist die Grundlage seiner Lehre von der therapeutischen Interaktion, die aus den deutschsprachigen Entwürfen zu einer „Therapie der Begegnung" entstanden ist. In ihr gründen Psycho- und Soziodrama, ebenfalls hervorgegangen aus Wiener Stegreiftheaterversuchen zu szenischen Begegnungen (MORENO 1923). Unter anderen durch BUBER und MORENO ist dann nach PETZOLD (1980) der Begegnungsgedanke in die humanistische Psychologie gelangt. MORENO kann sogar als ein direkter Vorläufer der Encounter-Bewegung in den USA gelten.

Dieser Rückgriff auf die expressionistische und philosophische Begrifflichkeit soll nicht nur die Verbindung zu dem spiel- und theaterpädagogischen Verständnis von Interaktion herstellen, das ich anfangs maßgeblich von MORENO bezogen habe (NOETZEL 1971a). Er dient vor allem dazu, die Brücke zur angelsächsischen Interaktions- und Rollentheorie zu schlagen, wobei gerade wieder MORENO in seiner Person und in seinem Werk den thematischen und terminologischen Zusammenhang geradezu repräsentiert. Da seine Soziometrie einen kulturanthropologischen Ansatz zur Rollentheorie enthält, gerät er nach M. SADER (1969, 206 ff.) außerdem in die Nachbarschaft von G. H. MEAD. Diese beiden Ur-Interaktionisten haben neben R. LINTON dem Rollenbegriff in der Soziologie der USA zur Verbreitung verholfen (COBURN-STAEGE 1973, 19 ff.). MEAD (1969) galt neben der Sprache gerade das Spiel als wichtiger Faktor für die Genese des

Ichs. Er exemplifiziert nicht nur seine Sozialisationstheorie am sportlichen Mannschaftsspiel, sondern ist sich auch dessen pädagogischer Bedeutung als Entwicklungsschritt über das unorganisierte Rollenspielen der Kinder hinaus durchaus bewußt. Das ist von der erziehungswissenschaftlichen Rezeption des Symbolischen Interaktionismus hierzulande zu wenig beachtet worden, die den verbalen Aspekt überbetonte (EICHLER 1979, 117 f.). Auch für MORENO war das Rollenspiel mehr als eine Methode der Rollenforschung, es sollte eben auch der Rollenänderung dienen.
Es werden also Bezüge zwischen den Begriffen „Begegnung", „Interaktion" und „Rolle" im sozialpsychologischen und soziologischen, therapeutischen und pädagogischen Kontext sichtbar, die von Anfang an auch auf die Thematik von Spiel und Theater verweisen. Phänomenologie der Intersubjektivität mündet in der Tat in Interaktions- und Rollentheorie (KISKER 1969). Die Doppelbödigkeit und Rollenhaftigkeit des Interpersonalen — übrigens auch schon in K. LÖWITHs (1928) Begegnungsbegriff eingegangen—, wurde in der angelsächsischen Sozialwissenschaft u. a. von E. GOFFMAN (1969) ebenfalls mit Hilfe der Theatermetaphorik beschrieben. Er setzte auch „Encounters" zu Spiel und Spaß in Beziehung (GOFFMAN 1973). Wie überhaupt die Häufigkeit der gedanklichen Verbindung zwischen menschlichen Spiel- und Gesellungsphänomenen am Symbolischen Interaktionismus auffällt. Auch A. STRAUSS (1968) bedient sich der Spiel- und Theatermetaphorik, um die Komplexität von „vis-à-vis-Interaktion" zu beschreiben.
BUBER war es vor allem um das individuelle „Sein" zu tun, das hinter dem Erscheinungsbild und der Selbstdarstellung der Personen anzunehmen ist. Deswegen wollte er auch das intimere Zwischenmenschliche vom öffentlichen Sozialen unterschieden sehen (BUBER 1962, 269 ff.). Dabei gestand die zeitgenössische Soziologie dem vergesellschafteten Menschen ausdrücklich ein außersoziales „Selbst-Sein" zu (SIMMEL 1968, 21 ff.). Die deutsche Rezeption der nordamerikanischen Rollentheorie und der Anstoß zur Auseinandersetzung mit ihr in der Bundesrepublik Deutschland ist R. DAHRENDORF (1958) zu danken. Und er reklamierte ebenfalls, übrigens wie SIMMEL im Anschluß an KANT, hinter der empirischen Erscheinung des Menschen als „homo sociologicus" einen Freiheitsspielraum individueller Integrität, der gesellschaftliche Veränderungen, und damit den Wandel der Normen und Rollenerwartungen, erst möglich macht. Aber HABERMAS (1972, 238 ff.) hat dann erst, über diese dem Struktur-Funktionalismus PARSONscher Prägung und seinem konservativen Rollenbegriff entgegengesetzte dynamische Konflikttheorie der Gesellschaft hinaus, die historische Bedingtheit des Rollenkonzepts der Soziologie überhaupt ins Bewußtsein gehoben: Erst die technizistische industrielle Gesellschaft nämlich verleiht „den ‚Rollen' eine quasi dingliche Existenz gegenüber den Personen, die sich darin ‚entäußern' und in der zu Bewußtsein kommenden Entäußerung den Anspruch auf Innerlichkeit entfalten". An HABERMAS knüpft dann die Konstruktion eines aus dem Symbolischen Interaktionismus entwickelten modifizierten Rollenkonzepts an, das die spontanen und kreativen Elemente

der Interaktion zum Tragen bringt (KRAPPMANN 1973, 114 ff.). Dieses Konzept einer ausbalancierten Ich-Identität hat Interaktionspädagogik wesentlich beeinflußt und liegt auch dem Entwurf zu einer Pädagogik der Spielbegegnung zugrunde.

Meines Erachtens ist BUBERs philosophische Begegnungstheorie ein Beispiel für das von HABERMAS erwähnte Bewußtwerden der Entäußerung im „Schein" und für den daraus erwachsenden Anspruch auf „Sein" als Kategorie der Innerlichkeit. Insofern läßt sich die Begegnungspädagogik überhaupt als Innerlichkeitsphänomen der industriellen Gesellschaft erklären, das die erlittene Erfahrung und das Bewußtsein der Veräußerlichung der zwischenmenschlichen Beziehungen, und damit der Enthumanisierung der Lebenswelt, voraussetzt. Die pädagogischen Theorien der Begegnung, wie sie vor allem von R. GUARDINI (1928), Th. LITT (1938) und O. F. BOLLNOW (1959) entwickelt worden sind, heben deren „situative Einmaligkeit", den „Eingriff von außen" in das Leben des einzelnen oder die existentielle „Berührung" mit dem anderen Menschen hervor. Sie stellen nach W. LOCH (1958) aktuelle Reaktionen auf jeweils andere katastrophale historische Erfahrungen dar, die von zwei Weltkriegen und der Zeit zwischen und nach ihnen geprägt wurden. Der Begriff spiegelt daher das moderne Lebensgefühl brüchig werdender Traditionen und ungewisser Zukunftsaussichten und sucht das immer wieder erfahrbare Ausgeliefertsein an eine Veränderung erzwingende Gegenwart einzufangen. Das sichert ihm auch heute noch Aktualität, besonders in diesem Zusammenhang, weil auch der Symbolische Interaktionismus eine ambivalente Gegenwart zwischen Tradition und Zukunft beschreibt, was ihm zwei Seiten verleiht: Befürwortung und Ablehnung der Anpassung zugleich (BRUMLIK 1973, 120 ff.).

Der Zusammenhang und die Aktualität von Begegnungs-, Interaktions- und Rollenthematik wird endlich von einem Begegnungspädagogen selbst bestätigt. W. LOCH gab dem existentiellen Begegnungsbegriff eine biographische Bedeutung, indem er die menschliche Lebenssituation als „Unterwegssein" schlechthin charakterisierte (GERNER 1969, 295 ff.) Dann kehrte er der Begnungspädagogik, die sich überlebt hatte, den Rücken, weil sie als eine „Nachgeburt irrationaler Strömungen im Gefolge der sogenannten Pädagogischen Bewegung" jede Beachtung der gesellschaftlichen Bedingungen von Zwischenmenschlichkeit vermissen ließ. Aber schon Ende der sechziger Jahre hatte LOCH die Gefährdung erkannt, die der Pädagogik umgekehrt durch strukturfunktionales Denken und Handeln erwuchs. Er entdeckte die interaktionistische Theorie des Identitätswandels und HABERMAS' lebensgeschichtliche Studien und damit eine neue Aktualität seines biographischen Ansatzes vor dem Hintergrund der Dialektik von Lebensgeschichte und Sozialstruktur. Der Begegnungsbegriff erschien ihm mit dem Blick auf eine entsprechende Interaktions- und Rollentheorie

„zur theoretischen Erschließung derjenigen sozialen und speziell erzieherischen Situationen brauchbar . . ., wo der Mensch aus der Rolle fällt und andere dadurch zwingt, den Sinn der Situation im Hinblick auf das eigene Selbstverständnis neu zu definieren" (GERNER 1969, 398 ff.).

„Das Erlebnis der menschlichen Begegnung" heißt der deutsche Untertitel eines verbreiteten Buchs von R. ROGERS (1974). Er gibt darin die Antwort auf die erstaunliche Beliebtheit der Trainings und Workshops im Gefolge der nordamerikanischen Encounter-Bewegung, die auch die westeuropäischen Jugendbewegungen der sechziger bis achtziger Jahre begleitet:

„Es ist der Hunger nach engen und wirklichen Beziehungen, in denen Gefühle und Emotionen spontan, ohne Angst und Vorsicht, ausgedrückt werden können, in denen tiefe Erfahrungen – Enttäuschungen und Freuden – geteilt und neue Arten des Verhaltens gewagt und ausprobiert werden können" (ROGERS 1974, 18).

Hier wird ein weiteres Mal der von HABERMAS aufgezeigte „Anspruch auf Innerlichkeit" ausdrücklich erhoben. Und ROGERS (1978) hat recht, wenn er die politische Brisanz jener daraus erwachsenden „stillen" Revolution" hervorhebt, die von einem Menschentypus getragen zu werden scheint, dem es jenseits ökonomischer Interessen vor allem um Authentizität zu tun ist, das „Sein" also sowohl dem „Schein" (BUBER) als auch dem „Haben" (FROMM) vorzieht. Interaktionspädagogik ist von dieser Bewegung von Anfang an zumindest indirekt beeinflußt worden. Pädagogik der Spielbegegnung sollte behilflich sein, daß die von ROGERS proklamierte idealistische Alternative „Macht oder Menschen" in der Erziehung nicht zu neuerlicher Innerlichkeitsphase verkommt. Aus Reformpädagogik, Musischer Erziehung und Begegnungspädagogik darf gelernt werden!

b) Dialektischer und handlungsorientierter Spielbegriff

Pädagogik der Spielbegegnung benötigt einen handlungsbezogenen Spielbegriff, weil sie sowohl Spielen als auch Erziehen als soziale Handlungen begreift. Dialektisch wird das zugrunde liegende Verständnis von Spiel genannt, weil hier angenommen wird, daß dieses sich nicht eindeutig, sondern weit eher durch polare Dimensionen kennzeichnen läßt. R. OERTER (1969) hat es deshalb bereits vor einiger Zeit vorgezogen, das Phänomen durch Polaritäten zu charakterisieren. In jüngerer Zeit hat S. PREISER (1979) nicht weniger als zwölf solcher Entgegensetzungen aufzählen können. Das vermag die Annahme zu bestärken, daß für Spiel eine gewisse Dialektik konstitutiv ist. In der Tat vertritt B. SUTTON-SMITH (1978) ausdrücklich eine solche Position. Nach seiner Ansicht vermag Spiel einige der im Leben anzutreffenden Gegensätze zu transzendieren, gewissermaßen eine Synthese zwischen Ordnung und Unordnung, Annäherung und Zurückweisung, Erfolg und Niederlage herzustellen.

Eine dialektische Betrachtungsweise scheint auch schon in der Spielphänomenologie von H. SCHEUERL (1954) enthalten, wenn er zwischen dem spielerischen „Tun" und einem sich von diesem lösenden inneren „Geschehen" unterscheidet. Diese Unterscheidung von äußeren Spieltätigkeiten und inneren Spielabläufen erlaubt es SCHEUERL (1975) dann, ein „spielerisches Tätigsein" mit durchaus Arbeitscharakter für möglich zu halten. Spezifische innere „Geschehnisabläufe" also verleihen einer Handlung spielerische Qualität und nicht schon deren äußere Kennzeichnung als Spiel oder Arbeit.

Hochmotivierte kreative Denk- und Produktionsprozesse, zielgerichtete und längerfristige Aktivitäten, wie zum Beispiel künstlerische oder wissenschaftliche, müssen daher nicht prinzipiell jenseits der Charakterisierung von Spiel liegengelassen werden, wie manche Spielpädagogen für unumgänglich halten (HOPPE / KÜHL / NOETZEL 1979, 42 ff.). Doch scheint es mir wenig hilfreich zu sein, den Unterschied von Ernsthaftigkeit im Spiel und Arbeitsernst völlig verwischen zu wollen. Beide Handlungsweisen gelten G. EICHLER (1959, 131 ff.) nämlich lediglich noch als „sprachliche Formeln für die ideologische Zuordnung auf je ein Extrem von Offenheit bzw. Gebundenheit des Handelns".
Wo EICHLER die Identität von Spiel und Exploration behauptet, macht SUTTON-SMITH (1978) deren bloße Verwandtschaft deutlich: Beide Phänomene scheinen in der Tat aus mittleren Erregungsgraden zu entstehen und in komplexen, anregenden Umfeldern aufzutreten. Doch sind dabei wichtige Unterschiede zu beachten! Während bei der Exploration mit wachsendem Informationsgewinn die Erregungskurve stetig abnimmt, vermag der Spieler seine Spannung nach Belieben aufrecht zu erhalten, wie er sie auch willkürlich reduzieren kann. Dem Spielen widerspricht eigentlich nur eine zu große oder zu geringe Erregung. Diese Dialektik hat schon H. HECKHAUSEN (1964) unterstrichen: Spielen scheint – wie andere „freie" Tätigkeiten, zum Beispiel Philosophieren, Kunst genießen oder gestalten usw., auch – einem „Aktivierungszirkel" ständiger Suche nach einem optimalen Spannungsniveau zu unterliegen. A. FLITNER (1972) hält diese Sichtweise deshalb auch für geeignet, die kontrastierenden psychoanalytischen und phänomenologischen Deutungsmodelle miteinander zu versöhnen. Spiel entspringt offenbar nicht nur dem Mangel und dem Streben, diesem abzuhelfen, sondern eben auch dem Überfluß! Bei reichen Umweltbeziehungen und Geborgenheit in der Gruppe, auf der Grundlage relativer Freiheit von der Sorge um Triebbefriedigung, ist Spiel nur noch „gestaltete Zeit", weiß der Anthropologe A. PORTMANN (1975) aus der vergleichenden Verhaltensforschung. Diese eigentlich ästhetische Spielhaltung hat OERTER (1969) als eine „idealistische" von den „realistischen" unterschieden und entsprechend redundante von informativen Spielen. Spiele mit explorativem Charakter, auf die zum Beispiel allein SCHOTTMAYER / CHRISTMANN (1976) die Spielplatzpädagogik gründen, sind Informationsspiele. Redundante Spiele wie Fiktions-, Illusions-, Rollenspiele und Gedankenspiele sind eigentlich nicht weniger explorativ gegenüber dem Innenleben der Spielenden. Sie sind aber gegenüber der Umwelt hermetisch, ja sogar offensiv: Denn sie deuten diese entsprechend dem vorhandenen Interpretationsmustern, also „idealistisch", um und assimilieren sie, wie J. PIAGET (1971) sagt. Redundante Spiele sind daher für die Entwicklung divergenter Denkoperationen, für das Symbolvermögen wie für jede kreative Innen- und schließlich auch Außenweltgestaltung von entscheidender Bedeutung, und natürlich auch für das Rollen- und Interaktionslernen. EICHLER (1973), der OERTERs Polarisierung von Informations- und Redundanzspiel für künstlich hält, übersieht,

daß auch bei diesem schon, wenn auch anders als bei ihm, der Redundanzaspekt in eine umfassende Explorationstheorie eingeholt wird. Idealistische und realistische Spielhaltung verbindet miteinander, daß sie als Spiele generell, um mit SUTTON-SMITH (1972) zu sprechen, „Mittler zum Neuen" sind — allerdings entweder auf die Innen- oder auf die Außenwelt bezogen. Not macht erfinderisch, aber eben nicht nur diese! Die realistische Spielhaltung scheint einem objektgebundenen Spielen zu entsprechen, während die idealistische mit Vorstellungen spielt. Aber wer will bestreiten, daß auch Ideen die Umwelt verändern?

Dennoch gestaltet nicht jedes Spiel und jede kreative Leistung sogleich das kulturelle Umfeld um, wie HUIZINGA (1956) zu unterstellen scheint. Wirkliche Neuerungen sind auch von der Art der Gesellschaft abhängig, in der das Spielen sich ereignet. Nach SUTTON-SMITH sind Personen, die viel spielen, offenbar kreativer als andere, aber eine reiche Spielkultur weisen nur komplexe Gesellschaften auf, deren Dynamik Neuartigkeit und Wandel begünstigen. Spiele vermögen eine „Quelle neuer Kultur" zu sein, weil sie ihrer dialektischen Struktur wegen eine Ansammlung von Gegenständen zwischen Ordnung und Unordnung darstellen und sowohl die bestehende gesellschaftliche Struktur abbilden als auch „Gegenstruktur" repräsentieren, also Anarchie, Rollenumkehrungen, neuartige Erfahrungen zulassen. Nur — und das ist entscheidend — die bestehende Kultur muß auch solche Neuerungen für wünschbar erachten, um vom Spiel her veränderbar zu sein. Das Spielgeschehen als höchst individueller innerer Vorgang steht also ebenfalls in einem dialektischen Verhältnis zur sozialen Außenwelt.

Für die Pädagogik der Spielbegegnung ist das szenische Spiel von wesentlicher Bedeutung. Abstrahierten „Laienspiel" und „Darstellendes Spiel" noch völlig von der gesellschaftlichen Dimension, so verkürzte sich das „Rollenspiel" auf soziale Pragmatik (HAVEN 1970; KOCHAN 1976). Mit dem Begriff des „szenischen Spiels" hat W. STANKEWITZ (1977) versucht, Spielphantasie und Spielgestaltung, also die ästhetische Komponente von Theater, wieder einzuholen. Die für Theaterspielen konstitutive Dialektik soll das Thema dieses Abschnitts ein letztes Mal variieren. Auch hierbei läßt sich der Blick weg von den empirisch faßbaren Spieltätigkeiten auf das subjektive Spielgeschehen richten. Ein solches Spielen am „inneren Modell der Außenwelt" gilt deshalb als heuristisches, weil auf dem Feld der Vorstellungen und Reflexionen durch Versuch und Irrtum kreative Problemlösungen gesucht werden, die zu Handlungsvorschlägen für eine sinnvolle Praxis taugen könnten (KLAUS 1968). Auch in dieser erkenntnistheoretischen Spieltheorie gewinnt also gerade das innere Geschehen jene umweltverändernde Komponente, die SUTTON-SMITH annimmt. Nun kann sich der „homo ludens" sein inneres Modell aber auch veröjektivieren und vor Augen führen. Theater ist zum Beispiel ein solches sinnfälliges Experimentieren mit Vorstellungsmodellen. Nicht zufällig bezieht sich jedenfalls W. WEKWERTH (1974) auf G. KLAUS, wenn er nicht etwa den sichtbaren Schau-Spielhandlungen auf der Bühne, sondern gerade dem unsichtbaren Spiel in den Köpfen der Zuschauer die eigentlich konstituierende Bedeutung beimißt. Theater kann als Modell von Spielbegegnung schlechtin gelten, weil es eine menschliche Versammlung ist, die allein zu dem Zweck einberufen wird, durch öffentliche Spieltätigkeiten innere Spielabläufe zu initiieren (NOETZEL 1981). Dabei wird dann Interaktion zum Thema des Theaterspielens, das von interagierenden Spielern gemacht wird, die wiederum als Rollenspieler in fiktiven Situationen mit den ihrerseits interagierenden Rollenspielern in der realen Situation des Theaterpublikums in eine wechselseitig stimulierende Interaktion treten (RAPP 1973).

c) Spielpädagogische Konsequenzen

Die Pädagogik der Spielbegegnung hat nach den erziehungswissenschaftlichen Begründungszusammenhängen zu fragen, die ihr vor dem Hintergrund der Begegnungsproblematik angemessen sein könnte. Gesellschaftskritische Erziehungswissenschaft hat das von HABERMAS (1973a, 146 ff.) unterstellte emanzipatorische Interesse praxisorientierter Handlungswissenschaften zu ihrem eigenen gemacht, und von dort her das Mündigkeitsverständnis geisteswissenschaftlicher Pädagogik einer Überprüfung unterzogen: Diese verharmloste nach K. MOLLENHAUER (1970, 27)

„und entpolitisierte das Konfliktproblem durch jene Konstruktion einer pädagogischen Gegenwelt, die sich zwar kritisch gegen das Gegebene richtete, aber — der Preis der schlechten Utopie — gesellschaftlich nichts ausrichten konnte".

Demokratie als Staatsform bedarf aber dessen, was H. GIESECKE (1972, 92 ff.) „emanzipierte Beteiligung" nennt. Und diese kann eben weder als persönlicher Entwicklungsstand „Mündigkeit" juristisch oder pädagogisch zugesichert werden noch auch als politische „Emanzipation" für alle Zeiten und Generationen erfolgreich erkämpft. Emanzipation als politisch-pädagogische Zielgröße setzt deshalb die Vorstellung ständig notwendiger Demokratisierungsprozesse in einer sich konfliktreich wandelnden Gesellschaft voraus, in der „Chancengleichheit" immer wieder aufs neue hergestellt werden muß. In diesem Sinne muß eine emanzipatorische Spielbegegnungspädagogik darauf zielen, zu einer demokratiebewußten und -befähigten Persönlichkeit zu erziehen, die die vorhandenen Spielräume und Chancen dieser komplexen und dynamischen Gesellschaft in eigenem Interesse und der anderer Betroffener zu nutzen weiß (LEMPERT 1973; KLAFKI 1970).

Eine solch emanzipierte Persönlichkeit müßte sich, nach der hier vertretenen Ansicht, durch folgende grundlegende Kompetenzen auszeichnen:

Spielerische Kompetenz, die sich einmal sowohl auf explizite Spiel- als auch auf Arbeitsprozesse, zum anderen sowohl auf Interaktionen in realen als auch in fiktiven Situationen beziehen läßt, hat eine explorativ-informative wie eine ästhetisch-redundante Seite. Spielfähigkeit bedeutet demnach sowohl die Möglichkeit zum heuristischen Vorlauf kreativer, d. h. umweltverändernder Prozesse als auch die zur Distanzierung von der Realität, indem sie diese zum äußeren Anlaß für ein inneres Spielgeschehen nimmt, dem seinerseits wiederum innovative Qualitäten zuzusprechen sind.

Kreative Kompetenz gründet in spielerischer, und zwar sowohl in deren explorativen als auch ästhetischen Elementen. Problemlösende Realitätsbewältigung und innovative künstlerische und wissenschaftliche Produktion setzen ihre kennzeichnende Struktur-Gegenstruktur-Dialektik voraus. Kreativität ist aber, anders als Spiel, zielbewußt auf Konfliktlösung und Produktivität ausgerichtet (ULMANN 1980). Kreative Kompetenz ist daher von umweltverändernder Wirksamkeit nicht zu trennen. Auch soziale Kreativität erschöpft sich nicht in flexiblem Rollenverhalten und überzeugender Selbstdarstellung, sondern schließt auch die Originalität und Effektivität politischen Handelns mit ein.

Interaktive Kompetenz ist mehr als die Fähigkeit zum alltäglichen „Gespräch über den Gartenzaun" (HABERMAS 1971). Sie betrifft die ganze Komplexität intersubjektiver Kommunikation, also neben den kognitiv-verbalen besonders auch deren affektiv-nonverbale und situative Elemente. Die bereits von den „Interaktionspädagogen" in Anlehnung an J. HABERMAS (1968) und L. KRAPPMANN (1969) mehr oder minder vollständig zugrunde gelegten Dimensionen der Ich-Identität beschreiben Grundfähigkeiten sozialer Kreativität und „spielerischer" Identitätsbalance (NICKEL 1972; NOETZEL 1974; STANKEWITZ 1977; KLOSTERKÖTTER 1980).

In Kürze:
Rollendistanz (Spielraumgewinn des Ich gegenüber dem Normendruck der Rollenerwartungen)
Empathie (affektiv-kognitiv-pragmatische Vorwegnahme der erwartbaren Reaktionen von Interaktionspartnern in die eigenen Handlungen)
Ambiguitätstoleranz (Ertragen von mehrdeutigen Situationsinterpretationen und der Gefährdung der eigenen Identität durch die der Interaktionspartner)
Identitätsdarstellung (deutliche Ausformulierung personaler Identität, um die eigenen Erwartungen an das Rollenverhalten von Interaktionspartnern zu signalisieren)
Sprachlich-kommunikative Kompetenz ist die wesentliche Voraussetzung kritischer Rationalität. Diese ist mit dem emanzipatorischen Interesse schon wegen dessen transzendental-hermeneutischen Ursprungs genuin verknüpft (HABERMAS 1971). Sprachlich-kommunikative Kompetenz bezieht sich aber nicht allein auf dieses metakommunikative, „herrschaftsfreie" Modell vernünftigen Redens. Sie bedarf wegen ihrer notwendigen Anwendbarkeit auf pädagogisches und politisches Handeln gerade der konkreten zwischenmenschlichen Handlungselemente, die BUBER und MORENO jeweils anders in den Begegnungsbegriff faßten. Spontane und kreative Interaktion aber ist notwendig affektiv und handlungsbetont. Überdies kann verbale Demokratiepraxis niemals frei von Herrschaft und Realitätsdruck sein (von HENTIG 1973).
Demokratische Kompetenz setzt alle bisher genannten Vermögen voraus, außerdem jedoch mindestens zwei weitere, von W. SCHULZ (1971) vorgeschlagene demokratiepraktische Teilfähigkeiten:
Systembewußtsein (Einsicht in die ökonomisch-politische wie normativ-kulturelle Beschaffenheit des Gesellschaftssystems, dessen als unbefriedigend erfahrene Eigenschaften verändert werden sollen)
Aktionssolidarität (die Fähigkeit, mit anderen Betroffenen kooperativ auf Benachteiligungen durch politische Aktion zu antworten, d. h. oben beschworene „demokratische Beteiligung" wirklich zu praktizieren)

Das Auflisten solcher Kompetenzen kann selbstverständlich weder eingehendere theoretische Erörterungen ersetzen, noch ist deren Anwendbarkeit auf die Spielpraxis dadurch sichergestellt. Es sollen lediglich Markierungen für das Formulieren von Erziehungszielen gesetzt werden. Doch sind in sie die vorausgeschickten Erwägungen zu Begegnung und Spiel eingegangen, was nicht ohne erziehungswissenschaftliche Folgen bleiben kann: So wird, trotz der kritisch-emanzipatorischen Ausrichtung der Pädagogik der Spielbegegnung, eine ausschließliche Orientierung am reflexiv-intellektualistischen Diskursmodell nicht nachvollzogen. Und das, obwohl HABERMAS (1973a, 9 ff.) seinerseits das Prinzip „Interaktion" zum demokratischen

schlechthin machte und es dem technisierter Arbeit gegenüberstellte. Das pädagogische Feld konstituiert, tradiert und erschließt nach MOLLENHAUER (1972) zwar Sinn, aber es ist eben auch eine sinnlich erfahrbare Realität lebendigen Interagierens. HABERMAS' (1973b, 262 ff.) Rückgriff auf die verbal-analytische Tiefenhermeneutik FREUDs wird deshalb der Hinweis auf MORENOs handlungs-analytische Gruppenpsychotherapie zur Seite gegeben: „Scenisches Verstehen (LORENZER 1970) soll durch „Handlungskatharsis" (MORENO 1969) sinnvoll ergänzt werden.
Genausowenig aber, wie ein spielpädagogischer Erziehungsbegriff einseitig in Analogie zum wissenschaftlichen Disput entwickelt werden kann, sollte er allerdings, wie es die geisteswissenschaftliche Theorie des „pädagogischen Bezugs" tut, die sich ebenfalls auf M. BUBER beruft, am Idealbild vertrauens- und gefühlvoller Zweierbeziehungen ausgerichtet bleiben (ULICH 1976, 57 ff.). Hier bedarf eben die Begegnungspädagogik der Korrektur. Eine emanzipatorische Pädagogik der Spielbegegnung wird weiter um ihre erziehungswissenschaftliche Grundlegung ringen müssen, zumal sie mit dem Bezug auf die interaktionistische Identitätslehre noch keineswegs der Gefahr entronnen ist, spielapologetischer Schonraumideologie verhaftet zu bleiben. Denn die Vorstellung einer Identitätsbalance legt nach D. ULICH (1976) eben auch das Mißverständnis nahe, hier solle dem gesellschaftlichen Zwang in ein spielerisches „Als-ob" ausgewichen werden. Das verweist wiederum auf den umfassenderen Begründungszusammenhang Ästhetischer Erziehung, in dem ja seit H. von HENTIG (1969, 1970) auch Selbstbestimmung unter den Bedingungen des Systemzwangs diskutiert wird. Selbst der engagierte Rückgriff über H. MARCUSE auf die halbe politische Ästhetik F. SCHILLERs bewahrt nicht vor einer letztlich hedonistischen Spielraumtheorie der Kulturpädagogik (GLASER / STAHL 1974). Die notwendigen lusttranszendierenden Anstrengungen und möglichen existentiellen Erschütterungen auch bei Spielbegegnungen sind jedoch ohne die ethische Komponente des Ästhetischen pädagogisch nicht fruchtbar zu machen (NOETZEL 1979).

2. Pädagogische Spielbegegnungen

Vier charakteristische Bereiche des Spielens können meines Erachtens, substantiell und historisch, einer Pädagogik der Spielbegegnung zugeschrieben werden, also „interaktionspädagogisches Spielen" in einem weiteren Sinn repräsentieren: Geselliges Spielen, Interaktionstraining, Pädagogisches Theater und Fest bzw. Feier. Hier wird keinerlei Methodik entwickelt oder Praxisanweisung erteilt. Es soll lediglich die allgemeine Blickrichtung einer solchen Praxis verdeutlicht werden.

a) Geselliges Spielen

Der Sinn von Geselligkeit ist nach K. MOLLENHAUER (1970, 119 ff.) stets in der Befreiung vom alltäglichen Druck ökonomisch-politischer Verhältnisse zu suchen, auch wenn sie nur kurzfristig und kompensatorisch gelingen mag. Das Bürgertum entdeckte für sich im Zuge der Aufklärung den geselligen „Müßiggang" und interpretierte diesen anfänglich kritisch und sozialschöpferisch. Doch diese öffentlich-diskursive Form verkam im Laufe des 19. / 20. Jahrhunderts zu jener affirmativen, die selbst dort noch die herrschenden Verhältnisse stabilisierte, wo sie sich, wie in der deutschen Jugendbewegung, oppositionell gab. Geselligkeit wurde zu einem unpolitischen, irrationalen, „musischen" Phänomen volkstümelnden Gemeinschaftslebens, das die entfremdenden Begleiterscheinungen wachsender Industrialisierung mit „kulturellem Genuß" kompensierte (MENZE 1971).

Das jugendbewegte Laienspiel gründete in dieser affirmativen Geselligkeit ebenso wie das musisch bewegte gruppenpädagogische Spielen nach dem Zweiten Weltkrieg. Konservative Kulturkritik flüchtete in gemeinschaftstrunkene Gegenwelten und sah im geselligen Spielen „den Ort, an dem die Urbezüge noch in alter Gültigkeit sind" (KAISER 1964). Außerhalb dieses Schonraums war indessen Geselligkeit schon längst zur Sprachlosigkeit kollektiven Konsums und zur Banalität eines wohlfeilen Freizeitaktionismus abgesunken. Kollektivierung, Banalisierung und Brutalisierung konsumptiver Geselligkeit haben bis heute Konjunktur. Aber auch neomusische Tendenzen sind in den internationalen Jugendbewegungen der westlichen Welt während der letzten zwei Jahrzehnte, und gerade heute wieder besonders, unverkennbar (KOSSOLAPOW 1975). Drogen- und sexbeflügelte Gesellungsexzesse sind keine Randgruppenerscheinung. Aber es gibt auch, von der Apo bis zur Friedensbewegung, ermutigende neue Ansätze kritischdiskursiver Geselligkeit. Was das gesellige Spielen angeht, wird gerade auch wieder in den Gemeinschaftsformen der jüngsten Jugendbewegungen sichtbar, daß es ein eigenständiger spielpädagogischer Arbeitsbereich ist und seine Wirksamkeit keineswegs in den Anwärmphasen von Interaktions- und Theatertrainings erschöpft.

Einige Hinweise nach Maßgabe einer Pädagogik der Spielbegegnung:

- Weder die politische Belanglosigkeit und ideologische Naivität gegenüber Spielinhalten, -qualitäten und -regeln des frühen gruppenpädagogischen Spielens noch der rezeptologische Instrumentalismus neuerer Spielkarteien und -methodiken ist akzeptabel (KELBER 1973; BECKER 1976).
- Spiele sollten dennoch nicht nach gesellschaftskritischen Gesichtspunkten abqualifiziert werden (KLEINDIEK 1976). Weder „Konkurrenz" noch „Chancenungleichheit" und dergleichen sagen etwas über den Unwert eines Spiels aus. Im Gegenteil: Solche Spiele können gerade wegen ihrer Struktur-Gegenstruktur-Dialektik zum Ausgangspunkt alternativer Erfahrungen gemacht werden.
- Erst im Zusammenhang pädagogischer Intentionen und Situationen kann ein Spiel als kulturelle Objektivation zu edukativer Spieltätigkeit werden, das aber auch nur, wenn diese ein inneres Spielgeschehen in den Spielern auszulösen vermag (HOPPE / KÜHL / NOETZEL 1979, 42 ff.).
- Das Kriterium subjektiv empfundenen Lustgewinns bleibt maßgebend für das Gelingen des Spielens. Dennoch kann Spielfreude nicht außerhalb kritischer Reflexion gestellt werden. Weder heiligt „Spaß" als Endzweck jedes Spiel, noch kann Spielen generell gutgeheißen werden. Nach E. FROMM (1978a) ist die Freude kein Wert an sich, sondern unterliegt objektiven Kriterien. So können der „Spielspaß" oder das „Spielvergnügen" als Entspannungsphänomene psychophysischen Mangels durchaus nicht nur befriedigende, sondern auch neurotische Tendenzen aufweisen (NOETZEL 1983). Bevorzugt sollten deshalb anspannende Spielfreuden aus dem

produktiven Überfluß angebahnt werden, die „Genugtuung" oder auch „Glück"
zu provozieren vermögen (vgl. Abb. 2).

Überfluß

Entspannung ⟵ ⟨ Glück / Genugtuung / Spielfreude / Vergnügen / Spaß ⟩ ⟶ Anspannung

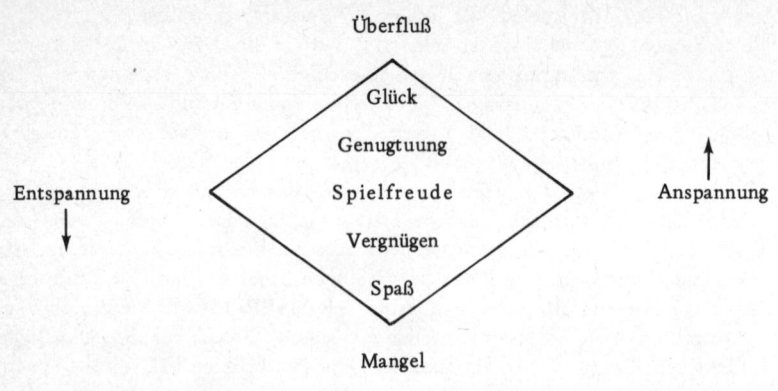

Mangel

Abbildung 2: Bewertung von Spielfreude

- In Spielsituationen muß die Autorität von Regelsystemen und den sie vertretenden Spielleitern hinterfragbar bleiben. Die Variation vorgegebener Spiele und die Erfindung ganz neuer, situationsangemessener, sollte stimuliert und deren Qualitäten durchforscht werden. Am Ende gilt es aber doch, einen Konsens zu finden und solidarisch eindeutige Spielanweisungen zu formulieren, die situative Geltung beanspruchen können.
- Spielfreude und Spielkritik sollten sich nicht wechselseitig behindern und verunmöglichen, sondern beflügeln, um emanzipierte Geselligkeit auf der Grundlage von Spielbegegnungen möglich zu machen.

b) *Interaktionstraining*

Das Interaktionstraining kann als spielpädagogische Variante gruppentherapeutischer Trainingsangebote gelten. NICKEL (1976, 64 f.) bestimmt den Unterschied von angewandter Gruppendynamik und Interaktionstraining, die sich beide methodisch des Spielens bedienen, durch eine eher kognitive oder affektive Zielorientierung und plädiert für eine Verbindung gruppendynamischer Reflexivität mit der Emotionalität von Interaktionsspielen.

Die NICKEL-Schule vertritt einen neuartigen gruppenpädagogischen Ansatz zur Spielpädagogik mit der Akzentuierung sozialen Lernens. Sie unterscheidet sich dabei mit ihrer spielerisch-propädeutischen Sozialerziehung, besonders auch durch die Hereinnahme verbaler, rhetorischer Elemente, deutlich von gewissen Trainings im Windschatten der Encounter-Bewegung, die die allgemeine Sehnsucht nach Vertrauen, zwischenmenschlicher Wärme und Gefühlsintensität ausbeuten. Diese heben nämlich von der sozialen und gesellschaftlichen Wirklichkeit völlig ab und verführen zu konflikt- und leidensflüchtiger Regression in hedonistische Infantilität (GUDJONS 1978, 13 ff.; RICHTER 1979, 127 ff.). Dennoch bleibt die durchaus gesehene Problematik des Transfer alternativer Erfahrungen aus dem spielpädagogi-

schen Interaktionstraining in die Lebenswelt der Teilnehmer weitgehend ungelöst, wenn es schließlich die zeitweilig verdrängte Hoffnungslosigkeit nur verstärken hilft (NICKEL / BRECKWOLDT 1975).
Wird diese Form der Interaktionserziehung jedoch in jenen spiel- und theaterpädagogischen Rahmen gestellt, in den sie, auch nach NICKEL und E. BRANDES (1978), eigentlich gehört, ist sie als besonders intensive gruppenbildende Maßnahme von nicht zu unterschätzendem Wert. Dann besteht nicht die Gefahr, daß der Spielpädagoge die Grenze zum gruppentherapeutischen Trainer überschreitet, zu der es einer besonderen Qualifikation bedarf (NOETZEL 1972).

c) Pädagogisches Theater

Da Theater seinem Inhalt und seiner Form nach menschliche Interaktion modellhaft abbildet und die sozialwissenschaftliche Kommunikations- und Rollentheorie pädagogische Rückschlüsse, allerdings auch Kurzschlüsse, nahelegt, stand es seit je im Mittelpunkt interaktionistischer Spielpädagogik, die sich bemühte, einen „dritten Weg" (NICKEL) zwischen musischem Laienspiel bzw. kunsterzieherischem Darstellenden Spiel und klassenkämpferischem Kinder- und Jugendtheater einzuschlagen. STANKEWITZ (1977) hat aus einem verwandten Blickwinkel heraus aktuelle theaterpädagogische Konzeptionen einer Beurteilung unterzogen. Dabei tritt die Unabdingbarkeit der Ausrichtung der Spielpraxis am Erwerb von interaktiven und demokratischen Kompetenzen, im Sinne der hier darunter subsummierten Dimensionen, für einen emanzipatorischen Ansatz zutage. Eine entsprechende Pädagogik der Spielbegegnung muß also auch Theaterprozesse so konzipieren und organisieren, daß sie nach Inhalt, Form und individueller Beteiligung der Entwicklung genannter Persönlichkeitsmerkmale – einschließlich spielerischer, kreativer und sprachlich-kommunikativer Kompetenzen – dienlich sein kann.
In Europa ist die Geschichte pädagogischen Theaters so alt wie das Theater selbst, und es lassen sich in ihr kathartisch-irrationale wie dialektischrationale Entwicklungsstränge verfolgen. Das Interesse einer Pädagogik der Spielbegegnung an Theater erstreckt sich daher auf die kreativen und reflexiven, phantastischen und pragmatischen, mit NIETZSCHE „dionysischen" und „apollinischen" Qualitäten dieses Gesellungs- und Kunstphänomens, das offenbar sowohl bestehende Gesellschafts- und Persönlichkeitsstrukturen, Einstellungs-, Erlebnis-, Denk- und Verhaltensmuster zu stabilisieren als auch zu modifizieren vermag. Der Ansatz bei der Balance zwischen sozialer und individueller Identität, passiver und aktiver Anpassung, nachahmender Akkomodation an die Umwelt und umgestaltender Assimilation der Umwelt, kommt dessen dialektischen Qualitäten entgegen.
Theater wird hier als Veranstaltung bewußten Rollenspiels in fiktiven Situationen begriffen. Bei pädagogischen Theaterprozessen verfolgen die Veranstalter gegenüber ihren Adressaten Erziehungsziele. Vier edukativ wirk-

same Formen des spezifischen Kommunikationsverhältnisses zwischen pädagogisch ambitionierten Veranstaltern und deren Adressaten können unterschieden werden (NOETZEL 1981; vgl. Abb. 3).

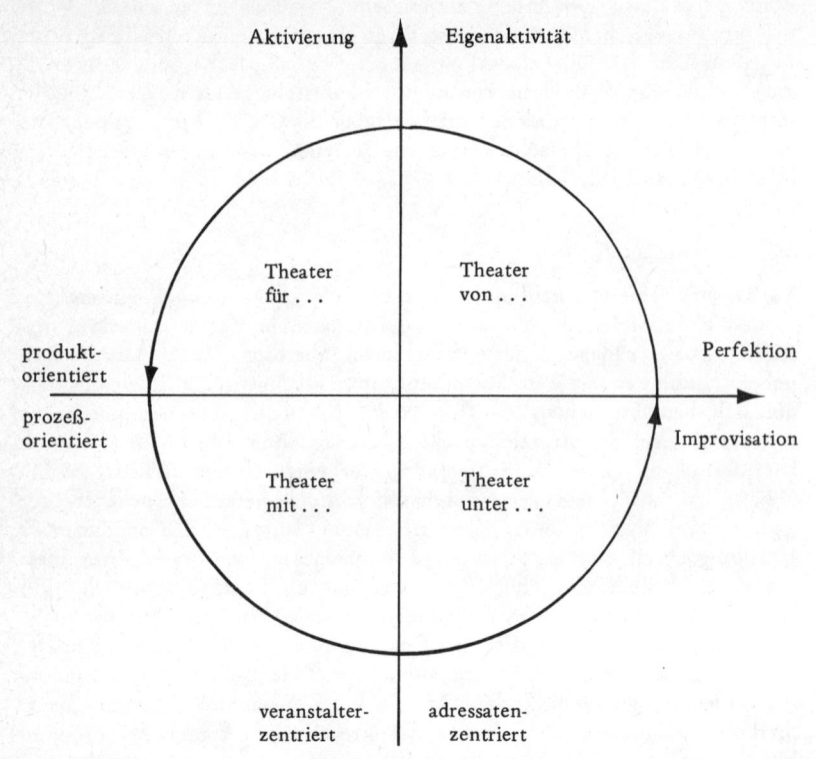

Abbildung 3: Zusammenhang pädagogischer Theaterprozesse

Pädagogisches Theater *für* Adressaten ist veranstalterzentriert und produktorientiert. Die Veranstalter zielen auf die affektive und kognitive Aktivierung ihrer Adressaten (zum Beispiel BRECHTs „episches" Theater).
Pädagogisches Theater *mit* Adressaten ist veranstalterzentriert und prozeßorientiert. Die Veranstalter zielen auf die affektive, kognitive und psychomotorische Aktivierung ihrer Adressaten (zum Beispiel das „Mitspiel" P. PÖRTNERs).
Pädagogisches Theater *unter* Adressaten ist adressatenzentriert und prozeßorientiert. Die Veranstalter gehen von der Spielfähigkeit und Eigenaktivität ihrer Adressaten aus (zum Beispiel die „szenische Gruppenimprovisation" – NOETZEL 1975).
Pädagogisches Theater *von* Adressaten ist adressatenzentriert und produktorientiert. Die Veranstalter helfen den Adressaten bei einem eigenen Spielprojekt (zum Beispiel BRECHTs „Lehrtheater").

d) Fest und Feier

D. KERBS (1970) hat, inspiriert vom ästhetischen Sensualismus der damals neuen Linken, zwischen „Spiel" und „Ritual" zu unterscheiden versucht. Letzteres wird zum Gegenbegriff für ersteres: seelischer Druck, integrativer Sog, Neutraliisierung von Konflikten auf der einen, seelische Befreiung, intelligente Kritik und Konfliktfähigkeit auf der anderen. Der „Spielraum" hat entsprechend einen emanzipativen, der „Kultraum" einen repressiven Charakter. Das faßt, weil ideologisch verzerrt, in beiden Fällen zu kurz! Daß Spiel per se kritisch und emanzipatorisch sei, ist schlichtes Wunschdenken, wie es eine simple Wahrheit ist, daß das Ritual manipulativ mißbraucht werden kann. Das hat selbst das jugendbewegte Laienspiel erfahren müssen, als es, ohne das zu wollen, aus seinem Geist völkischer Gemeinschaft den nationalsozialistischen Kult inspirierte (VONDUNG 1971).

Differenzierter als KERBS hat das schon der ebenfalls von ihm geschätzte F. SCHILLER (1980, 487 ff.) gesehen, der zwischen Feierlichkeit in gutem und schlechtem Sinne unterschied. Im letzteren Fall maßt sich in der Tat Herrschaft einschüchternde Wichtigkeit an, maskiert sich mit eigentlich lächerlicher „Gravität", weil sie statt Würde nur „Schwulst" hervorbringt. „Majestät hat nur das Heilige." Und vor dieser verbeugt sich der Geist (wohlgemerkt nicht das Rückgrat). Denn angesichts der Grenzen menschlichen Vermögens gegenüber dem „Unfaßbaren" und „Furchtbaren" kann, außer verzweifelter Flucht nach außen oder innen, jene „Erhabenheit" entstehen, deren Ausdruck Würde ist, echte Würde, welche Feierlichkeit durchaus angemessen erscheinen läßt (NOETZEL 1979, 94 ff.). E. FROMM (1978b, 305 ff.) geht davon aus, daß es in der Natur des instinktentlasteten Menschen liegt, sich einen kulturellen Orientierungsrahmen zu schaffen und mit ihm in Übereinstimmung leben zu müssen. Das Ritual hat als „kollektive Kunst" die wichtige Funktion, einem solchen verehrungswürdigen Weltbild durch Feier Ausdruck zu verleihen. FROMM hat dabei durchaus Erscheinungsformen der deutschen Jugendbewegung im Auge. Denn gerade die Jugend benötigt solch schöpferische und „sinnvolle Darstellung bedeutsamer Antworten auf das Leben", um nicht Surrogaten wie Drogen, Sex and Crime, konsumptiver Geselligkeit in jeder Form als Kompensationsmittel und Mittel der Leidensvermeidung ausgeliefert zu sein.

Auch nach D. TRAUTWEIN (1975) brauchen Fest und Feier „wie der Mensch selbst eine Rechtfertigung". Einerseits durch den Exzeß, den lustvoll erlebten Kontrast zum Alltag, andererseits durch kognitive Distanz zu ihm sollten für die beiden verwandten menschlichen Versammlungsformen, die seit je zu Spiel und Theater in Verbindung gebracht wurden, sowohl eine Steigerung des Lebensgefühls als auch eine Erweiterung des Bewußtseins charakteristisch sein. Das Fest — eher eine abwechslungsreiche längere Veranstaltung in offener Gesellschaft, geprägt von Spiel und Improvisation — sollte nicht der Feierlichkeit entbehren. Umgekehrt sollte sich die Feier — eher eine durchdtrukturierte kürzere Veranstaltung in geschlossener Gesellschaft, inszeniert und ritualisiert — um eine gewisse Festlichkeit bemühen.

Die Pädagogik der Spielbegegnung wird gerade auch die existentielle Seite von Ritus und Feier nicht hedonistischer Spielapologie opfern, nur weil Laienspiel und musische Geselligkeit sich affirmativ verirrten und das modische animative Kulturfest romantisierende Realitätsflüchtigkeit wieder einmal hinter dem Schein ästhetischer Progressivität verbergen möchte. Kulturelle Animation zu Fest und Feier muß im Spannungsfeld von Spiel und Ritual, von Lebensfreude und Lebensernst, vonstattengehen (NOETZEL 1980).

Literatur

Becker, B.: Seniorenspiele (Kartei), Wehrheim/Ts. 1976
Behr, K.: Interaktionspädagogik, in: Nündel, E. (Hrsg.): Lexikon zum Deutschunterricht, München 1979, 149 — 158
Bollermann, G. / Zank, P.: Dokumentation von Studien- und Prüfungsordnungen der Hochschulen des Landes Nordrhein-Westfalen für den Studienbereich Sozialwesen, hrsg. von der Studienreformkommission beim Minister für Wissenschaft und Forschun des Landes NW, Bochum 1978
Bollnow, O. F.: Existenzphilosophie und Pädagogik, Stuttgart / Berlin / Köln / Mainz 1959 (3. Aufl. 1965)
Buber, M.: Schriften zur Philosophie, Werke, 1. Bd., München / Heidelberg 1962
Brandes, E.: Methodik der Spielerziehung, LAG Spiel und Amateurtheater NW, Recklinghausen 1978
Brandes, E. / Nickel, H. W. (Hrsg.): Beiträge zu einer Interaktions- und Theaterpädagogik, Berlin 1971
Brumlik, M.: Der symbolische Interaktionismus und seine pädagogische Bedeutung, Frankfurt a. M. 1973
Coburn-Staege, U.: Der Rollenbegriff, Heidelberg 1973
Dahrendorf, R.: Homo sociologicus (1958), Köln / Opladen 1964
Eichler, G.: Spiel und Sport in der Freizeiterziehung: Versuch einer soziologischen Kritik der Spielideologie und der Spielerziehung, in: Walter, H. (Hrsg.): Sozialisationsforschung II, Stuttgart-Bad Cannstatt 1973, 161 — 186
— Spiel und Arbeit. Zur Theorie der Freizeit, Stuttgart-Bad Cannstatt 1979
Flitner, A. Spielen-Lernen, München 1972
— (Hrsg.): Das Kinderspiel, München 1973
Fritz, J.: Interaktionspädagogik, München 1975
Fromm, E.: Psychoanalyse und Ethik, Frankfurt a. M. / Berlin / Wien 1978a
— Der moderne Mensch und seine Zukunft, 9. Aufl. Frankfurt a. M. 1978b
Gerner, B. (Hrsg.): Begegnung, Darmstadt 1969
Giesecke, H.: Einführung in die Pädagogik, 3. Aufl. München 1971
Glaser, H. / Stahl, K. H.: Die Wiedergewinnung des Ästhetischen, München 1974
Goffman, E.: Wir alle spielen Theater, München 1969
— Interaktionsrituale. Über Verhalten in direkter Kommunikation, Frankfurt a. M. 1971
Guardini, R.: Grundlegung der Bildungslehre (1928), Würzburg 1953
Grupe, O.: Bewegung, Spiel und Leistung im Sport, Schorndorf 1982
Gudjons, H.: Praxis der Interaktionserziehung, Bad Heilbrunn (Obb.) 1978
Habermas, J.: Anthropologie, in: Diemer, A. / Frenzel, I. (Hrsg.): Philosophie, Fischer-Lexikon, Frankfurt a. M. 1963, 18 — 35
— Vorbereitende Bemerkungen zu einer Theorie der kommunikativen Kompetenz, in: Habermas, J. / Luhmann, N.: Theorie der Gesellschaft oder Sozialtechnologie — Was leistet die Systemforschung?, Frankfurt a. M. 1971
— Theorie und Praxis, 4. Aufl. Frankfurt a. M. 1972
— Technik und Wissenschaft als „Ideologie", 6. Aufl. Frankfurt a. M. 1973a
— Erkenntnis und Interesse, Frankfurt a. M. 1973b
— Stichworte zur Theorie der Sozialiation (1968), in: Habermas, J.: Kultur und Kritik, 2. Aufl. Frankfurt a. M. 1977, 118 — 194
Haven, H.: Darstellendes Spiel, Düsseldorf 1970
Heckhausen, H.: Entwurf einer Psychologie des Spielens (1964), in: A. Flitner (Hrsg.): Das Kinderspiel, München 1973

Hentig, H. von: Spielraum und Ernstfall, Stuttgart 1969
— Systemzwang und Selbstbestimmung, 3. Aufl. Stuttgart 1970
— Die Wiederherstellung der Politik, Cuernavoca revised, München 1973
Hoppe, H.: Zur Theorie und Methode pädagogischer Spielverwendung, in: Harms, P. A. (Hrsg.): Lehrtheater Lerntheater, Münsterdorf 1978, 95 — 110
Hoppe, H. / Kühl, H. / Noetzel, W.: Spielpädagogik kontrovers, Diskussionsbeiträge zur didaktischen Begründung pädagogischer Spielpraxis, Scheersberger Schriftenreihe Bd. 15, Scheersberg / Flensburg 1979
Huizinga, J.: Homo Ludens, Reinbek b. Hamburg 1956
Ingendahl, W.: Szenische Spiele im Deutschunterricht, Düsseldorf 1981
Kaiser, H.: 47 und 11 Spiele, Köln 1984
Kelber, M.: Die Schwalbacher Spielkartei, in: Flitner, A. (Hrsg.): Das Kinderspiel, München 1973, 241 — 257
Kerbs, D.: Das Ritual und das Spiel — Über eine politische Dimension der ästhetischen Erziehung, in: Ästhetik und Kommunikation 1 (1970), 40 — 47
Kisker, K. F.: Phänomenologie der Intersubjektivität, in: Handbuch der Psychologie, 7. Bd.: Sozialpsychologie, 1. Halbband, hrsg. von C. F. Graumann, Göttingen 1969, 81 — 107
Klafki, W.: Normen und Ziele in der Erziehung, in: Klafki, W., u. a.: Erziehungswissenschaft 2 (Funk-Kolleg), Frankfurt a. M. 1974, 13 — 51
Klaus, G.: Spieltheorie in philosophischer Sicht, Berlin (Ost) 1968
Kleindick, J. W.: Anleitung zum Selbermachen von Spielen, in: Deutsche Jugend 2 (1976), 79 — 85
Klewitz, M. / Nickel, H.-W. (Hrsg.): Kindertheater und Interaktionspädagogik, Stuttgart 1972
Klosterkötter, B.-S.: Spielendes Lernen und Rollenspiel, Rheinstetten 1980
Kochan, B. (Hrsg.): Rollenspiel als Methode sprachlichen und sozialen Lernens, Kronsberg/Ts. 1976
Kossolapow, L.: Musische Erziehung zwischen Kunst und Kreativität, Frankfurt a. M. 1975
Krappmann, L.: Soziologische Dimensionen der Identität, 3. Aufl. Stuttgart 1973
Lempert, W.: Zum Begriff der Emanzipation, in: Neue Sammlung (1973), 62 — 69
Litt, Th.: Der deutsche Geist und das Christentum, Leipzig 1938
Löwith, K.: Das Individuum in der Rolle des Mitmenschen (1928), Darmstadt 1962
Loch, W.: Pädagogische Untersuchungen zum Begriff der Begegnung, Dissertation, Universität Tübingen 1958, zum Teil in: Gerner, B. (Hrsg.): Begegnung, Darmstadt 1969
Lorenzer, A.: Sprachzerstörung und Rekonstruktion, Frankfurt a. M. 1970
Mead, G. H.: Sozialpsychologie, Neuwied 1969
Menze, C.: Der Übergang von der ästhetisch-politischen zur literarisch-musischen Erziehung, in: Vierteljahresschrift für wissenschaftliche Pädagogik 47 (1971), 1 bis 33
Mollenhauer, K.: Erziehung und Emanzipation, 3. Aufl. München 1970
— Theorien zum Erziehungsprozeß, München 1972
Moreno, J. L.: Das Stegreiftheater, Potsdam 1923
— Die Grundlagen der Soziometrie, Köln / Opladen 1967
— Gruppenpsychotherapie und Psychodrama, Stuttgart 1969
Nickel, H.-W.: Rollenspiel-Buch, LAG Spiel und Amateurtheater NW (Hrsg.), Recklinghausen 1972
— Spiel Theater Interaktionspädagogik, LAG Spiel und Amateurtheater NW, Recklinghausen 1976
Nickel, H.-W. / Breckwoldt, B.: Interaktionstraining mit Jugendlichen, Beiheft zu den Filmen 33 2608.1, 2, 3 des Instituts für Film und Bild in Wissenschaft und Unterricht, Grünwald 1975
Noetzel, W.: Spielerziehung, Sprecherziehung, Medienerziehung — Brennpunkte einer Interaktionspädagogik, in: Brandes, E. / Nickel, H.-W. (Hrsg.): Beiträge zu einer Interaktions- und Theaterpädagogik, Berlin 1971a, 51 — 59

- Interaktionspädagogik als Didaktik der Kommunikation, in: Der Spielkreis 22 (1971b), 60 — 62
- Kreativitäts- und Kommunikationsspiele, in: Nickel, H.-W.: Rollenspiel-Buch, LAG Spiel und Amateurtheater NW (Hrsg.), Recklinghausen 1972, 89 — 108; teilweise auch in Ingendahl, W.: Szenische Spiele im Deutschunterricht, Düsseldorf 1981a), 26 — 35
- Interaktionspädagogik im Studium von Sozialpädagogen und Sozialarbeitern, in: Der Spielkreis 23 (1972b), 74 — 76
- Spielen als soziales Lernfeld (1974), in: Szenische Spiele im Deutschunterricht, Düsseldorf 1981, 38 — 49
- Freie und gebundene szenische Improvisation, in: Spiel in der Diskussion, Beiheft zu Der Spielkreis 26 (1975); zum Teil in: Ingendahl, W.: Szenische Spiele im Deutschunterricht, Düsseldorf (1981), 74 — 78
- Ästhetik und Kommunikation, in: Archiv für angewandte Sozialpädagogik 7 (1976), 81 — 102
- Interdisziplinäre Didaktik der Ästhetik und Kommunikation — Begründungszusammenhänge terminologischer Bestimmungen, in: Wrisch, W. (Hrsg.): Der Lernbereich Ästhetik und Kommunikation im Rahmen der Ausbildung von Sozialarbeitern und Sozialpädagogen, Archiv für Angewandte Sozialpädagogik, Sonderdruck, Seevetal 1978
- Friedrich Schillers idealistische Ästhetik und deren heuristische Bedeutung für eine Didaktik Ästhetischer Erziehung im sozial- und freizeitpädagogischen Kontext (unveröffentlichte Diplom-Arbeit), Universität Hamburg 1979
- Kulturelle Animation zwischen Spiel und Ernst, in: Animation 1 (1980), 394 f.
- Freizeittheater und szenische Animation, in: Opaschowski, H. W. (Hrsg.): Methoden der Animation, Praxisbeispiele, Bad Heilbrunn (Obb.) 1981, 64 — 84
- Spielfreude und Spielqualität, in: Animation 4 (1983), 24 — 28

Oerter, R.: Moderne Entwicklungspsychologie, 4. Aufl. Donauwörth 1969
Petzold, H.: Das Psychodrama Morenos als Methode der Humanistischen Psychologie, in: Völkel, U.: Humanistische Psychologie, Weinheim / Basel 1980, 193 — 217
Piaget, J.: Psychologie der Intelligenz, Freiburg i. Br. 1971
Pörtner, P.: Spontanes Theater, Köln 1972
Portmann, A.: Das Spiel als gestaltete Zeit, in: Zeitschrift für Pädagogik 21 (1975), 335 — 340
Preiser, S.: Das Spiel als pädagogisches Medium, in: Condrau, G. (Hrsg.): Transzendenz, Imagination und Kreativität, Die Psychologie des 20. Jahrhunderts, Bd. XV, 356 — 379
Rapp, U.: Handeln und Zuschauen, Darmstadt / Neuwied 1973
Retter, H.: Spielzeug, Handbuch zur Geschichte und Pädagogik der Spielmittel, Weinheim / Basel 1979
Richter, H. E.: Der Gotteskomplex, Reinbek b. Hamburg 1979
Rogers, C. R.: Encounter-Gruppen, 3. Aufl. München 1974
- Die Kraft des Guten, München 1978

Röhrs, H.: Spiel und Sportspiel, Hannover 1981
Sader, M.: Rollentheorie, in: Handbuch der Psychologie, Bd. 7, 1. Halbband, Göttingen 1969, 204 — 231
Scheuerl, H.: Das Spiel (1954), 9. Aufl. Weinheim / Basel 1973
- Zur Begriffsbestimmung von „Spiel" und „Spielen", in: Zeitschrift für Pädagogik 21 (1975), 341 — 349

Schiller, F.: Über Anmut und Würde, in: F. Schiller: Sämtliche Werke, hrsg. von G. Fricke / H. G. Göpfert, 5 Bde., 6. Aufl. 1980, 433 — 488
Schorb, A. O.: Erzogenes Ich — erziehendes Du, Stuttgart 1958
Schottmayer, G. / Christmann, R.: Kinderspielplätze, Berlin / Köln / Mainz 1976
Schulz, W.: Zur Bedeutung des Rollenspiels in Kindergarten und Grundschule, in: Klewitz, M. / Nickel, H.-W. (Hrsg.): Kindertheater und Interaktionspädagogik, Stuttgart 1972, 73 — 76

Simmel, G.: Exkurs über das Problem: Wie ist Gesellschaft möglich?, in: Simmel, G.: Soziologie, 5. Aufl. Berlin 1968
Stankewitz, H.: Szenisches Spiel als Lernsituation, München / Wien / Baltimore 1977
Strauß, A.: Spiegel und Masken, Frankfurt a. M. 1968
Sutton-Smith, B.: Spiel als Mittler des Neuen, in: Flitner, A. (Hrsg.): Das Kinderspiel, München 1973, 32 — 37
— Die Dialektik des Spiels, Schorndorf 1978
Trautwein, D.: Mut zum Fest, München 1975
Ulich, D.: Pädagogische Interaktion, Weinheim / Basel 1976
Ulmann, G.: Kreativ durch Spielen?, in: Kluge, N. (Hrsg.): Spielpädagogik, Bad Heilbrunn (Obb.) 1980
Vondung, K.: Magie und Manipulation, Göttingen 1971
Wekwerth, M.: Theater und Wissenschaft, München 1974
Wrisch, W. (Hrsg.): Der Lernbereich Ästhetik und Kommunikation im Rahmen der Ausbildung von Sozialarbeitern und Sozialpädagogen, Archiv für Angewandte Sozialpädagogik, Sonderdruck, Seevetal 1978

6. Materiale, funktionale und pädagogische Aspekte kommerzieller Gesellschaftsspiele in der Jugendarbeit

Heinz Gibas / Uwe Mölter

> *Und hocken am Tisch und die Geldscheine wandern.*
> *Das Spiel ist ernst. Man ist Kapitalist.*
> *Und schon mal hat die ihre Hand bei dem andern,*
> *mit dem sie nicht verheiratet ist.*
> *Salzstangen, Bier, rote Köpfe und Lachen,*
> *wenn einer ein paar Häuser verkaufen muß.*
> *Die Würfel rollen. Was willst du da machen?*
> *Alles ist Schicksal, Gewinn und Verlust.*
> (Auszug aus: Monopoly von Franz Josef DEGENHARDT)

I. Versuch einer Deutung von kommerziellen Gesellschaftsspielen

In den letzten Jahren haben die kommerziellen Gesellschaftsspiele auf dem deutschen Markt einen Boom wie nie zuvor erlebt. Die Spielehersteller konnten von Jahr zu Jahr immer neue Umsatzrekorde melden. Nach der „Trimm-Dich"-Welle schwappte eine Spiele-Welle auf den deutschen „Freizeitmarkt". Nachdem die Deutschen dem Aufruf, ihren Körper in Wald und Flur zu trimmen, gefolgt waren, waren sie leicht zu überreden, nun auch in der guten Stube und in geselliger Runde ihren Geist und ihr Glück zu „trimmen".

„Die Unterhaltungsindustrie erweitert den Spiele-Markt, die Kulturindustrie probiert neue Show- und Quizformen, Großspiele und Spielsendungen mit stellvertretender Zuschaueraktivität aus, die Werbung integriert Spielveranstaltungen und Spielplanposter ihrem Reklamefundus und verwandelt Kaufhaus und Kaufakt in Spielangebote ..." (BALZER 1974, in: ALBERTS 1974, 263).

Die Spiel-Bewegung drängte sich mit der Zeit auch pädagogischen Institutionen auf. Im Kindergarten und im Hort war „Spiel" ja schon immer zu Hause. Nun tauchte „Spiel" auch verstärkt in der Schule, in der betrieblichen Ausbildung und in der Jugendarbeit auf. Alle möglichen Spielformen, wie Aktionsspiel, Konfliktspiel, Rollenspiel, Planspiel und in bescheidenem Maße auch kommerzielle Gesellschaftsspiele fanden in der Jugendarbeit Anwendung. Im wesentlichen sind es *drei Fragenkomplexe*, die wir zu beantworten versuchen:

1. *Was sind kommerzielle Gesellschaftsspiele?*
2. *Welche Funktion hatten und haben diese Spiele in unserer Gesellschaft?*
3. *Inwieweit lassen sich diese Spiele für die Jugendarbeit nutzen?*

Aus diesen Fragestellungen ergeben sich die Zielsetzungen dieser Untersuchung:

I. Versuch einer Deutung von kommerziellen Gesellschaftsspielen
II. Untersuchungsergebnisse einer Analyse über die materialen, funktionalen und pädagogischen Aspekte kommerzieller Gesellschaftsspiele anhand einer Stichprobe
III. Anregungen und Erläuterungen für den Gebrauch von kommerziellen Gesellschaftsspielen in der Jugendarbeit

1. Der Terminus „Spiel" und sein scheinbarer Gegensatz zum Terminus „Arbeit"

Was ist Spiel? Bis heute haben sich zahlreiche Philosophen, Dichter, Pädagogen und Psychologen mit dem Begriff „Spiel" beschäftigt und eine Vielzahl von Deutungen und Definitionen hervorgebracht. Wir möchten hier einige nennen:

1. Die Kraft-Überschuß-Theorie
   von H. SPENCER (1855)
2. Die Einübungs-Theorie
   von K. GROSS (1899)
3. die Katharsis-Theorie
   von H. CARR (1902)
4. der psychoanalytische Ansatz
   von S. FREUD (1920), weitergeführt und erweitert
   von E. ERIKSON und J. PIAGET
5. die Funktionslust-Theorie
   von K. BÜHLER (1927)
6. der kulturhistorische Ansatz
   von J. HUIZINGA (1957)

Vergleicht man die vielen Definitionsversuche, so findet man folgende Übereinstimmungen. *„Spiel" ist eine lustvolle, spontane Tätigkeit, die ohne praktischen Nutzen (Zweck) um ihrer selbst willen ausgeübt wird.*

„Es spielt sich innerhalb bestimmter Grenzen von Zeit und Raum ab" (HUIZINGA 1957, 17) und unterwirft sich selbst gegebenen Regeln.
„Spiel" ist ein Herauslösen aus dem Alltag, gewährleistet „innere Unendlichkeit" und führt zu einer „So-tun-als-ob-Tätigkeit". Alle Definitionen heben die Freiheit des Spiels hervor. Daraus ergibt sich der wiederholt definierte Gegensatz des „Spiels" zum Begriff „Arbeit", abzulesen etwa aus der Behauptung „Spiel" sei eigenbestimmt (intrinsisch motiviert) und „Arbeit" sei fremdbestimmt (extrinsisch motiviert).

Es gibt aber auch Unterschiede in den obengenannten Theorien, so zum Beispiel bei der Klärung, ob der Ursprung des „Spiels" in einem menschlichen Trieb begründet ist oder durch gesellschaftliche Funktion gesteuert oder beeinflußt wird (vgl. KREUZER 1983: Hdb. der Spielpäd. Bd. 1, 7 ff. u. 229 ff.).

Neben Definitionsversuchen von „Spiel" gibt es auch die Behauptung, „Spiel" sei überhaupt undefinierbar. WITTGENSTEIN (1953) zum Beispiel meint, daß „Spiel" sich überhaupt nicht definieren läßt, und BERLYNE (1969) will sogar den Begriff „Spiel" als brauchbare wissenschaftliche Kategorie ganz abschaffen.

Warum sind die Definitionen von „Spiel" so vielschichtig und verwirrend? PORTELE (1976) nennt drei Gründe dafür:

1. „In den meisten Arbeiten über Spiel wird der historische Charakter des Spiels nicht gesehen, d. h. Tätigkeiten, die Spiel waren, sind es heute nicht mehr.
2. Spiel wird als Restkategorie behandelt oder als Komplementärmenge zu ‚Arbeit', ‚zweckvoller Tätigkeit'. Das führt dazu, daß dieser Rest oder dieses Gegenteil recht heterogene Ereignisse umfaßt.
3. Der Versuch, bestimmte Tätigkeiten oder Verhaltensweisen der Kategorie Spiel zuzuordnen, übersieht, daß die gleiche Tätigkeit einmal Spiel, ein anderes Mal Arbeit oder Reproduktion ist" (LEHMANN / PORTELE 1976, 119).

Bei PORTELE wird deutlich, daß „Spiel" nicht denkbar oder definierbar ist *ohne* Gesellschaft, in der es stattfindet. Für unsere heutigen Definitionen heißt das, daß „Spiel" und „Arbeit" und ihr Verhältnis zueinander ohne eine genaue Analyse unserer augenblicklichen gesellschaftlichen und ökonomischen Systeme nicht ausreichend zu definieren sind.

Dennoch kommt man unseres Erachens dem Begriff „Spiel" nur dann näher, wenn man den scheinbaren Widerspruch von „Spiel" und „Arbeit" aufhebt.

SUTTON-SMITH meint,

„daß die Entgegensetzung von Spiel und Arbeit, an die wir uns in den vergangenen Jahrhunderten gewöhnt haben, das eigentliche Verhältnis von Menschen zur Kultur und vom Menschen zur Natur verfälscht" (1973, 32).

CLAUS u. a. gehen davon aus,

„daß in der Urgesellschaft Spiel, Arbeit und Lernen eine Einheit bildeten. Erst mit der Komplizierung der Produktionsverfahren und der Arbeitsteilung wurden Spiel und Arbeit (und Lernen) getrennt" (CLAUS u. a. 1973, zitiert nach: PORTELE 1976, 116).

Schon E. C. TRAPP sieht einen positiven Zusammenhang zwischen „Spiel" und „Arbeit":

„Die Kinder sind überhaupt so thätig beim Spiel, daß, wer sie beschuldigt, sie spielten aus Faulheit oder Trägheit, ihnen groß Unrecht thut. Das eigentlich faule und träge Kind spielt nicht, so wenig als es arbeitet. Ist ein Kind zum Spiel immer bei der Hand und zur Arbeit zu träge, so liegt das an der Arbeit, nicht am Kinde. Macht ihm die Arbeit so reizend wie das Spiel, und ihr werdet nicht weiter Ursache haben, über seine Faulheit zu klagen" (TRAPP 1787, in: SCHEUERL 1955, 24).

Unsere These, den Gegensatz von „Spiel" und „Arbeit" zu überwinden, gewinnt hinsichtlich der Relation Spiel — Jugendarbeit an Bedeutung. Ein Jugendlicher, der in einer OT (= Häuser der offenen Tür) sein Motorrad repariert oder mit anderen die Wände des Gruppenraumes gestaltet, würde nicht behaupten, daß er arbeitet, obwohl er diese Tätigkeiten, reparieren und anstreichen, auch als Beruf ausüben könnte und es vielleicht sogar tut. Der Rahmen in der OT ist jedoch ein anderer. Hier besteht die Möglichkeit, mit spielerischen Aktionen, die an realen Arbeitstätigkeiten anknüpfen, die Rahmenbedingungen der „Arbeit" nachzuvollziehen und evtl. zu verändern. „Arbeit" und „Spiel" fallen dann zusammen und verändern sich gemeinsam.

„Das Spiel durchbricht die Normen . . .
Es findet andererseits in selbst gesetzten Regeln statt, an die man sich genau hält. Die Befreiung durch Spiel ist also an Regeln gebunden, setzt aber zugleich die Durchbrechung der Regeln voraus" (BECKER 1978, 23, in: SCHULTE 1978).

Ist das *Spiel im Kindesalter* bis heute sehr genau und umfangreich untersucht worden — ganze Spieltheorien bauen sich darauf auf —, so trifft das für das Spiel im Jugend- und Erwachsenenalter nicht zu. Das Spiel äußert sich je nach Entwicklung des Menschen in verschiedenen Formen. Der Mensch besitzt je nach Alter verschiedene Motivationen für sein Spielverhalten.

Das KINDERSPIEL wird heute als Medium der Konfrontation mit und Verarbeitung der Realität, die das Kind umgibt, verstanden. Darüber hinaus schult das Kind während des Spiels seine motorische, kognitive und emotional affektive Entwicklung auf spielerische Art und Weise (vgl. PIAGET 1969; SCHMIDTCHEN / ERB 1976; FLITNER 1973). Im Spiel der Kinder erkennt man, daß „Spiel" und „Arbeit" keine Gegensätze sein müssen. Im Gegenteil; gerade dort ist „der ganze Lebensernst", die Einheit von „Spiel" und „Arbeit" noch enthalten. Kinder sind mit dem gleichen Ernst und der gleichen Konzentration beim Spiel wie die Jugendlichen und die Erwachsenen bei der Arbeit.

Das ERWACHSENENSPIEL besitzt „den Lebensernst" nicht mehr. Für Erwachsene liegt in der Arbeit seit langem nur noch „der Ernst der Verantwortung". Bei der heutigen Form der total fremdbestimmten und entfremdeten Arbeitsbedingungen wird dies überdeutlich. Noch spielen Erwachsene — nur degeneriert das Spiel in ihren Spielformen zur bloßen Beschäftigung, zum Zeitvertreib, zur reinen Unterhaltung, zum Ablenken und zum Fluchtweg aus der Realität. Die Arbeit beansprucht den Erwachsenen so sehr, daß für das „ernste Spiel" keine Zeit und keine Lust mehr bleibt. Dies gilt vor allem für die Bevölkerungsschichten mit niedrigem Berufsstatus. Aufgrund der unterschiedlichen Beanspruchung durch Arbeit haben sich sogar schichtenspezifische Spiele entwickelt (vgl. SCHMITZ-SCHERZER 1974, 78).

Das JUGENDSPIEL möchten wir etwas ausführlicher beschreiben, da es, im Hinblick auf Jugendarbeit, wichtig ist. Das Jugendalter ist, abgesehen von der Sexualreife, entwicklungspsychologisch gesehen ein *Zwischenstadium*. Der Jugendliche ist kein Kind mehr und will erwachsen sein, nur gelingt ihm das nicht. Diese Situation birgt Krisen und Unsicherheit. Gerade in diese Zeit fällt nach der Phasenlehre von ERIKSON die Phase der „Identitäts*findung* contra Identitäts*diffusion*":

„. . . in der Pubertät werden alle Identifizierungen und Sicherungen, auf die man sich verlassen konnte, erneut in Frage gestellt . . . Der wachsende und sich entwickelnde Jugendliche ist nun angesichts der physischen Revolution in ihm in erster Linie damit beschäftigt, seine soziale Rolle zu festigen" (ERICKSON 1966, 106).

Nur allmählich entwickelt sich jetzt aus einer Zusammenfassung und Verarbeitung aller Identifikationen mit anderen Personen eine Ich-Identität.

Die Gefahr dieses Stadiums ist die Identitätsdiffusion. ERIKSON meint damit eine durchlöcherte oder nicht vollständige Identität. Sie tritt auf, wenn an die soziale Rolle des Jugendlichen zu hohe Anforderungen gestellt werden, die er nicht verkraften kann. Die Intoleranz der Jugend ist oft ein äußeres Zeichen der Abwehr „gegen ein Gefühl der Identitätsdiffusion" (ERIKSON 1966).

Ähnlich unsicher wie sein Gesamtverhalten ist auch sein Spielverhalten. Jugendliche „äußern kaum Spielwünsche. Ist freilich ein Kickergerät im Haus, gibt es Beweise genug dafür, daß von genereller Spielunlust keine Rede sein kann, eher schon von Spielunfähigkeit..." (BRENNER 1978, 31).

„Gewisse Spiele und Spielmittel dünken dem Jugendlichen verächtlich als Kinderzeug (wenngleich heimlich manches davon herübergeschmuggelt wird); Erwachsenenspiele dagegen werden zu begehrten Unterhaltungsformen..." (MIESKES 1974, 98).

Um seine Rolle zu festigen oder zu überprüfen, sucht der Jugendliche den spielerischen Wettbewerb, gespielt wird daher vorzugsweise in Gruppen. Das Spiel wird zum Kampfplatz gegen Autoritäten (wenn der Sohn beim Schach gegen den Vater gewinnt oder bei politischen Spielen der Studentenführer TEUFEL und LANGHANS 1968/69) und dient der Selbstbestätigung. Umgekehrt können permanente negative Spielerfahrungen die Identitätsentwicklung stören. Da der Jugendliche danach drängt, den Erwachsenenstatus zu erlangen, übernimmt er auch in modifizierter Form die Werte und Normen der Erwachsenen. Deshalb beginnt das Spiel, wie bei den Erwachsenen, je „erwachsener" die Jugendlichen werden, vom anerkannten Mittel der Realitätsfindung zum Freizeitmittel unter vielen anderen zu degenerieren.

Spezifisches Jugendspiel gab es während der Jugendbewegung um die Jahrhundertwende. Neben den neuen Lebensformen, die die Jugendlichen damals entwickelten (Wanderbewegung, zurück zur Natur), entstanden auch neue Spielformen. Ähnlich dem Kinderspiel, das nach dem zugestandenen Schonraum im Kindesalter (Abschaffung der Kinderarbeit) eine eigene pädagogische Berechtigung erhielt, wurde das Jugendspiel nur möglich durch den Kampf der Jugend um mehr Eigenständigkeit gegenüber den Erwachsenen. Da bei der gesamten Jugendbewegung das ritterlich-höfische, asketische Ideal mit romantischer Couleur vorherrschte, dominierten auch die abhärtenden asketischen Spielformen neben den musischen Spielformen. Es entstanden Geländespiele (Keilereien und Schlachten zwischen Gruppen), Wettkampfspiele (Sportspiele ohne Rekordsucht), Rollen- und Laienspiele (Puppentheater, Possen und Fastnachtsspiele) und Tanzspiele. Obwohl die Art des Spiels als Lebensgestaltung abhängig von einzelnen Jugendgruppen war, zum Beispiel bürgerliche Jugendgruppen contra proletarische Jugendgruppen, wurde dem Spiel ein beherrschendes Moment in der Auseinandersetzung mit der Umwelt zugestanden. STERN prägte dafür sogar den Begriff des „Ernstspiels" (vgl. SCHEUERL 1954).

2. Der Versuch einer Katalogisierung von Spielen

Beim Versuch, die „Spiele des Menschen" zu katalogisieren oder zu klassifizieren, kann man von verschiedenen Gesichtspunkten ausgehen. Da ist einmal der Versuch von K. GROOS (1899), die Spiele nach ihrem Inhalt zu ordnen:

„In seiner ersten Kategorie (als ‚Experimentierspiele' oder ‚allgemeine Funktionsspiele' benannt) sind die sensorischen Spiele (Pfeifen, Trompeten usw.), die motorischen Spiele (Ballspiele, Laufen usw.), die intellektuellen Spiele (Phantasie und Neugierverhalten), die affektiven Spiele oder die Übung des Willens (Spiele, die eine Selbstbeherrschung enthalten, wie zum Beispiel möglichst lange eine schwierige Körperhaltung einnehmen usw.) eingeordnet worden. Eine zweite Kategorie (die speziellen Funktionsspiele) umfaßt die Spiele des Kampfes, der Jagd, der Courtoisie, die sozialen Spiele, die Familienspiele und die Nachahmungsspiele" (PIAGET 1969, 140).

Ein weiterer Gesichtspunkt wäre die Klassifizierung nach der Funktion der Spiele. STERN (1914) unterteilt die Spiele in zwei Klassen, die individuellen und die sozialen Spiele:

„In der ersten Klasse unterscheidet er verschiedene Kategorien nach einer Rangfolge steigender Komplexität: Beherrschung des Körpers (motorische Spiele mit dem eigenen Körper als Instrument), Beherrschung der Dinge (Destruktions- und Konstruktionsspiele) und Rollenspiele (Verwandlung von Personen und Dingen). Die sozialen Spiele umfassen die einfachen Nachahmungsspiele, die Spiele mit Komplementärrollen (Lehrer, Schüler usw.) und die Kampfspiele" (PIAGET 1969, 144).

Noch anders klassifiziert B. SUTTON-SMITH.

Seiner Meinung nach entsprechen seine *vier Spielgruppen* den „klassischen Erkenntnisweisen des Menschen, Erkenntnisspiel — kausale Erkenntnisweise, Nachahmungsspiele — formale Erkenntnisweise, Ausprobieren eigener Fähigkeiten — operationale Erkenntnisweise, Bauen — strukturale Erkenntnisweise" (1973, zitiert nach: PORTELE 1976, 117).

CLAUS u. a. übernehmen die folgende Einleitung:

„Bewegungsspiele dienen der gesunden körperlichen Entwicklung, der Abhärtung und dem Training des Körpers. Lernspiele dienen der intellektuellen (und manuellen) Entwicklung, der Aneignung von Arbeitsqualifikationen und Ideologiespiele dienen der moralischen Entwicklung, der Aneignung sozialer Normen und Tabus" (1973, zitiert nach PORTELE 1076, 117).

Der prominenteste und für uns in seiner Darstellung exakteste Wissenschaftler ist J. PIAGET. Er unterteilt die Spiele in *Übungsspiele, Symbolspiele* und *Regelspiele*. Diese Spieltypen folgen nach PIAGET einander in *vier Phasen* und entsprechen der Entwicklung der „*kognitiven Intelligenz*" (PIAGET).

a) Spieltypen bei PIAGET

Die *Übungsspiele* des Kleinkindes sind meist sensomotorische Spiele (Werfen mit Gegenständen usw.) oder auch Spiele der Übung von praktischer Intelligenz). Übungsspiele treten auch im Jugend- und Erwachsenenalter auf, jedoch selten.
Mit dem 2. Lebensjahr entwickeln sich die *Symbolspiele* und werden etwa bis zum 4./5. Lebensjahr bevorzugt. Der Unterschied zwischen den Übungs- und Symbolspielen besteht darin, daß die reine Übung, die Bestandteil der Symbolspiele ist, in den Hintergrund tritt. Das Spielobjekt oder die Spielhandlung wird in der Phantasie verwandelt. Ein Gegenstand und eine Hand-

lung steht symbolisch für etwas anderes. Auch dieser Spieltyp wird im Jugend- und Erwachsenenalter gespielt.
Wenn die Dominanz der Symbolspiele abnimmt, bilden sich die *Regelspiele* aus. Ihre Bedeutung erreicht im Jugendalter einen ersten Höhepunkt. Im Erwachsenenalter nimmt ihre Komplexität weiter zu. Das Regelspiel entwickelt sich kaum vor dem 7. Lebensjahr. Denn:

„Das Regelspiel ist die spielerische Aktivität des sozialisierten Wesens. Wie das Symbol die einfache Übung ersetzt, sobald das Denken aufgetaucht ist, so ersetzt in der Tat die Regel das Symbol und ordnet sich die Übung ein, sobald gewisse soziale Beziehungen aufgebaut sind..." (PIAGET 1969, 183).

Regelspiele sind je nach Komplexität:

„... sensomotorische Kombinationsspiele (Lauf-, Murmel- oder Ballspiele usw.) oder intellektuelle Kombinationsspiele (Kartenspiele, Schach usw.), und zwar mit einem Wettstreit zwischen Individuen (ohne dies wäre die Regel sinnlos). Sie sind reglementiert entweder durch Normen, die von Generation zu Generation überliefert werden, oder durch im Augenblick getroffene Übereinkommen. Die Regelspiele können aus folgenden drei Quellen stammen:
Entweder aus Gebräuchen Erwachsener, die aus der Gewohnheit gekommen sind (mit magisch-religiösem Ursprung usw.), oder aus sensomotorischen Übungsspielen, die kollektiv geworden sind, oder schließlich aus Symbolspielen, die ebenfalls kollektiv geworden sind, die dabei aber ganz oder teilweise ihren dargestellten Inhalt, d. h. ihre Symbolik, verloren haben" (PIAGET 1965, 185).

b) Folkmodels

Ein weiterer Ansatz, Spiele zu klassifizieren, ist die Verbindung der Spiele mit der *Gesellschaftsform.* Dieser Ansatz geht davon aus, daß sich die Menschen Modelle (Folkmodels) für die wichtigsten Umweltbeziehungen geschaffen haben, und daß Normen und Werte einer Gesellschaft in den Spielen wiederkehren. Vertreter dieser Richtung sind MOORE / ANDERSON. Sie teilen die Spiele folgendermaßen ein:

1. „Mensch und Natur"
   — insofern die Natur nicht zufällig ist
   „puzzles" (*Rätsel*),
2. Mensch und Zufall
   „games of chance" (*Glücksspiele*),
3. der Mensch in seinen interaktionellen Relationen mit seinesgleichen
   „games of strategy" (*Strategiespiele),*
4. der Mensch und die normativen Aspekte des Gruppenlebens
   „aesthetic entitles" (*ästhetische Daseinsspiele*) ..."
   (MOORE / ANDERSON 1969, zitiert nach: PORTELE 1976, 117).

Große Überschneidungen gibt es bei dem anderen Vertreter ROBERTS u. a. (1953). Diese unterteilen in *Strategie-* und *Zufallsspiele* und *Spiele physischer Geschicklichkeit.* Nach einer Studie von ROBERTS u. a. konnte folgendes ausgesagt werden: Es gibt eine Verbindung zwischen physischen Spielen und Umweltfaktoren wie Klima oder Temperatur. Strategiespiele, die überwiegend in Gesellschaften mit komplexer politischer und sozialer Struktur vorkommen, simulieren Krieg und Kampf. Zufallsspiele, die überwiegend in Gesellschaften mit starkem Glauben an Götter und Geister vorkommen, simulieren religiöses Handeln, wie Wahrsagen und einen Glauben an übernatürliches Eingreifen in menschliches Handeln. Es wurden nicht nur signifikante Beziehungen zwischen Spielen und Gesellschafts*formen* gefunden, sondern auch Beziehungen zwischen Spielen und Erziehungs*normen*.

„Spiele, die psychisches Können erforderten, gab es in Gesellschaften, die Leistung und Erfolg als die wichtigsten Ziele der Kinder betonten. Taktikspiele wurden in Gesellschaften gespielt, die Wert auf die Erziehung ihrer Kinder zu Sauberkeit, Gehorsam und Selbständigkeit legten und dabei schwere Strafen als Abschreckungsmittel und Liebe als Belohnung einsetzten. Zufallsspiele kamen in Gesellschaften vor, die verantwortliches und erwachsenes Verhalten bei den Kindern belohnten ..." (ROBERTS u. a., zitiert nach: MILLAR 1973, 200).

Unserer Meinung nach ist es nicht uninteressant, daß für zwei Folkmodels mathematische Systeme entwickelt wurden, für Strategiespiele die Spieltheorie und für Glücksspiele die Wahrscheinlichkeitsrechnung.
Untersuchungen über Folkmodels wurden bisher ausschließlich bei Völkern durchgeführt, die man gemeinhin als „Naturvölker" bezeichnet.
Mit dieser Arbeit wird versucht, Beziehungen zwischen Gesellschaftsnorm und Erziehungsnorm einerseits und Spielen (Gesellschaftsspielen) andererseits in der Bundesrepublik Deutschland aufzuzeigen. Der Folkmodel-Charakter von Spielen wird in unserer stark kommerziell orientierten Gesellschaft besonders deutlich an den zahlreichen kommerziellen Gesellschaftsspielen.

3. Der Begriff des kommerziellen „Gesellschaftsspiels" — ein Versuch der Deutung

Der Begriff „Gesellschaftsspiele" ist vielschichtig. Er wird für verschiedene Spielarten gebraucht. Wir möchten ihn nachfolgend unter spezieller Hervorhebung der kommerziellen Gesellschaftsspiele kurz erläutern.
Eine *erste Form* von Gesellschaftsspielen findet man *im Fernsehen* oder Rundfunk („Spiel ohne Grenzen", „Die Montagsmaler", „17 und 4", „Alles oder Nichts" usw.), in Sportstadien (Fußball-Bundesliga, Leichtathletik-Sportfeste), Theater (Schauspiel- oder Opernaufführungen) usw.
Die Anteilnahme an diesen Spielen erreicht oft (inter)nationale Größenordnungen. Von daher ist die Bezeichnung „Gesellschaftsspiel" gerechtfertigt. Obwohl sich diese Gesellschaftsspiele verschiedener Medien bedienen, haben sie folgende Gemeinsamkeiten:

1. Sie sind an einen bestimmten Ort und an eine bestimmte Zeit gebunden und die Zuschauer oder Zuhörer müssen sich an diesem Ort und zu dieser Zeit versammeln oder die Medien einschalten (die Gesellschaft muß sich nach den Gesellschaftsspielterminen richten).
2. Sie haben starre Regeln, die schwer zu verändern sind (die Gesellschaft muß sich mit der Form der Gesellschaftsspiele abfinden).
3. Sie benötigen ganz bestimmte Hilfsmittel, wie Kostüme, Kameras usw. (die für die Gesellschaft meistens nicht verfügbar sind).

Materiale, funktionale und pädagogische Aspekte 101

4. Es werden nur bestimmte Spieler, meist in Gruppen, zugelassen; sie werden ausgesucht nach Leistung und Prominenz (die Gesellschaft wird beim Spielen meist ausgeschlossen).
5. Die Gesellschaftsspiele sollen unterhaltsam, spannend und schön sein (der Gesellschaft Abwechslung garantieren).
6. Die Zuschauer oder Zuhörer müssen meist für die Anteilnahme an den Gesellschaftsspielen Geld bezahlen oder Massenkommunikationsmittel (Radio oder Fernsehen) besitzen (die Gesellschaft wird sortiert).
7. Die Spieler üben die Spieltätigkeiten meist als Beruf aus, zum Beispiel als Berufsfußballer oder -schauspieler (vor der Gesellschaft bestmögliche Leistungen erbringen).
8. Das Zuschauen und Zuhören ist ein wichtiger Bestandteil dieser Gesellschaftsspiele; ohne Publikum wären sie sinnlos und könnten nicht stattfinden (die Gesellschaft beschränkt sich auf das Rezipieren der Spiele).

Eine *zweite Form* von Gesellschaftsspielen findet man *in Büchern*. Geht man in eine Bücherei oder eine Buchhandlung und fragt nach Büchern über Gesellschaftsspiele, so empfiehlt die Verkäuferin oder Bibliothekarin u. a. folgende Titel:

„Gesellschaftsspiele für jung und alt",
„Gesellschaftsspiele für drinnen und draußen",
„rororo Spielbuch",
„Knobeleien und Denksport" oder
„Spiele der Welt" (vgl. Bibliographie).

Vergleicht man in diesen Büchern die Meinung darüber, was Gesellschaftsspiele sind, so trifft man auf folgende Gemeinsamkeiten:

1. Gesellschaftsspiele sind an einen bestimmten Raum gebunden, wie Zimmer, Straßen und Plätze, Wald und Feld usw. (finden dort statt, wo sich Gesellschaft versammelt hat).
2. Gesellschaftsspiele benötigen zwar Regeln, diese sind aber leicht verständlich und leicht zu verändern (also für jeden Teilnehmer der Gesellschaft nachvollziehbar und anwendbar).
3. Gesellschaftsspiele benötigen bestimmte Gegenstände wie Würfel, Karten, Streichhölzer oder Ball, die aber leicht verfügbar sind (für die Gesellschaft immer erreichbar, bezahlbar und besitzbar).
4. Man spielt Gesellschaftsspiele vorzugsweise in Gruppen und selten alleine (also in Gesellschaft mit anderen).
5. Gesellschaftsspiele sollen Spaß, Freude und Ablenkung bereiten (der Gesellschaft Geselligkeit garantieren).
6. Gesellschaftsspiele können von jedem Alter, Stand und Geschlecht gespielt werden (sie vereinigen also eine Gesellschaft mit heterogenen Teilnehmern und sortieren nicht aus).
7. Gesellschaftsspiele sind meist an bestimmte Anlässe gebunden wie Party, Regentage oder Familienabend (finden also statt, wenn sich Gesellschaften einstellen).

Eine *dritte Form* von Gesellschaftsspielen findet man *in fertigen Spielekartons in Geschäften*. Geht man in ein Spielwarengeschäft und fragt nach Gesellschaftsspielen, so steht man bald vor einem Regal mit vielen bunten, großen und kleinen Spielekartons. Man liest Namen wie „Monopoly", „Oil für uns alle", „Diplomacy", „Bankrott de Luxe", „Spiel des Lebens", „Schach", „Mensch ärgere Dich nicht" usw.
Vergleicht man nun ebenfalls diese Gesellschaftsspiele im Laden, so lassen sich folgende Gemeinsamkeiten feststellen:

1. Ladenspiele werden nur am Tisch gespielt, Ausnahmen sind bestimmte Ausgaben einiger Spiele als Taschen- und Reisespiele (der Gesellschaft wird Raum, Situation und Haltung vorgeschrieben).
2. Ladenspiele haben feste Regeln, ohne die das Spiel seinen Reiz verliert (die Gesellschaft wird reglementiert).
3. Ladenspiele sind von den Gegenständen und Materialien in den Spielekartons weitgehend abhängig (der Gesellschaft werden bestimmte Gegenstände aufgedrängt).
4. Ladenspiele setzen in der Regel zwei, vier oder sechs Spieler voraus (der Gesellschaft wird die Teilnehmeranzahl vorgeschrieben).
5. Die Ladenspiele wollen neben Spaß und Unterhaltung auch bestimmte körperliche und geistige Fähigkeiten üben und lehren (die Gesellschaft soll belehrt werden).
6. Ladenspiele haben ein Mindestalter (die Gesellschaft wird nach Alter sortiert).
7. Ladenspiele vereinigen oft verschiedene Elemente in sich von sogenannten Brett-, Karten- und Würfelspielen (versuchen also, der Gesellschaft sich nicht durch Variation, sondern durch Kombination interessant zu machen).
8. Ladenspiele haben oft bestimmte gesamtgesellschsftsrlevante Rahmenhandlungen, wie Funktion der UNO, Immobilienhandel oder Bundestagswahl (der Spielgesellschaft werden bestimmte Gesellschaftsthemen aufgedrängt).
9. Ladenspiele sind in der vorliegenden Form nur in Fachgeschäften oder Fachabteilungen der Warenhäuser erhältlich und unterliegen in der Herstellung kommerziellen Gesichtspunkten (sie haben Warencharakter, die Gesellschaft muß die Spiele bezahlen).

Man sieht, der Terminus „Gesellschaftsspiel" ist vielschichtig. Die vorgestellten drei Formen von Gesellschaftsspielen haben neben relativen Übereinstimmungen entscheidende Unterschiede.

Da uns speziell die kommerziell hergestellten Gesellschaftsspiele aus den Geschäften interessieren und da gerade in ihrer Kommerzialität der wichtige Unterschied zu anderen Formen von Gesellschaftsspielen besteht, möchten wir sie „kommerzielle Gesellschaftsspiele" (KGS) nennen.

Zusammenfassend kann man aus den oben beschriebenen neun Gemeinsamkeiten von *kommerziellen Gesellschaftsspielen* die folgenden Thesen im Hinblick auf ihre Funktion entwickeln:

1. *KGS* sind in der vorliegenden Form nur in Fachgeschäften oder Fachabteilungen der Warenhäuser erhältlich und unterliegen in der Herstellung kommerziellen Gesichtspunkten.
2. *KGS* haben feste Regeln, ohne die das Spiel seinen Reiz verliert.
3. *KGS* sind von den Gegenständen und Materialien in den Spielekartons weitgehend abhängig.
4. *KGS* setzen in der Regel zwei, vier oder sechs Spieler voraus.
5. *KGS* wollen neben Spaß und Unterhaltung auch bestimmte körperliche und geistige Fähigkeiten üben und lehren.
6. *KGS* verlangen ein Mindestalter.
7. *KGS* vereinigen oft verschiedene Elemente in sich von sogenannten klassischen Brett-, Karten- und Würfelspielen.
8. *KGS* haben oft bestimmte gesamtgesellschaftsrelevante Rahmenbedingungen, wie Funktion der UNO, Immobilienhandel, Bundestagswahl, wirtschaftliche Zusammenhänge.
9. *KGS* werden nur am Tisch gespielt, Ausnahmen sind spezielle Ausgaben einiger Spiele als Taschen- oder Reisespiele.

Gesellschaftsspiele gab es zu jeder Zeit und in jeder Kultur. *Kommerzielle Gesellschaftsspiele haben sich jedoch vor allem in profitorientierten Gesell-*

schaften herausgebildet und sind dort weit verbreitet. Sie sind heute ein Produkt unserer Freizeitindustrie.

4. Über die Struktur und die Ziele der Jugendarbeit

„Die Jugendarbeit ist ein problematischer Bereich und dies in mehrfacher Hinsicht. Es fehlt an einer längeren und konsequenten Geschichte, an der sich Entwicklung und heutige Aufgabenstellung deutlicher ablesen ließen; die Organisationsformen sind vielfältig und unübersichtlich; entsprechendes gilt für die Maßnahmen und Methoden in diesem Bereich; und schließlich gibt es bis heute kaum eine pädagogische Theorie" (BAACKE 1976, 100).

Und trotzdem ist die Jugendarbeit heute eine der wichtigsten Sozialisationsagenturen in unserer Gesellschaft neben der Familie und der schulischen und betrieblichen Ausbildung.

Jugendarbeit ist eigentlich kein offizieller Begriff, jedenfalls taucht er in keinem Gesetzestext, der Jugendrechtsfragen behandelt, auf. In diesen Gesetzen oder Gesetzesteilen (JWG, SGB Allgemeiner Teil, GG Auszug, BGB Auszug, JSchÖG usw.) wird er durch Jugendhilfe, Jugendwohlfahrt und -pflege ersetzt.

„Das, was in der Praxis heute unter Jugendarbeit verstanden wird, hat im Gesetz keinen selbständigen Ort" (GIESECKE 1971).

Eine Definition ist dort auch nicht zu finden. Wir halten die folgende Definition von GIESECKE für gelungen:

„Jugendarbeit bezeichnet diejenigen von der Gesellschaft Jugendlichen und Heranwachsenden angebotenen und im JWG katalogisierten Lern- und Sozialisationshilfen, die außerhalb von Schule und Beruf erfolgen, die Jugendliche unmittelbar, also nicht auf dem Umweg über die Eltern, ansprechen und von ihnen freiwillig wahrgenommen werden" (GIESECKE 1971, 16).
Die zentralen Behörden für alle Maßnahmen, die Jugendliche betreffen, sind lt. JWG die Jugendämter. Diese haben die Aufgabe, unter dem Prinzip der Subsidiarität „... die für die Wohlfahrt der Jugend erforderlichen Einrichtungen und Veranstaltungen anzuregen, zu fördern und ggf. zu schaffen..." ($ 5. 1 JWG 1970).

So vielfältig und unterschiedlich die Interessen der einzelnen Träger der Jugendarbeit an den Jugendlichen sind, so unterschiedlich sind auch die pädagogischen Felder, in denen diese Arbeit stattfindet. Jugendarbeit geschieht

- in den Jugendverbänden von Gewerkschaften, Parteien, Wohlfahrtsverbänden, des Sportbundes, den Kirchen usw.;
- in den Jugendzentren, Häusern der offenen (OT) und teiloffenen (TOT) Tür, den Freizeitstätten und auf betreuten Spielplätzen;
- in den Jugendbildungsstätten, Jugend- und Lehrlingswohnheimen;
- bei Maßnahmen der Stadtranderholung und Ferienbetreuung;
- bei Durchführung internationaler Jugendbegegnungen im Interesse der Völkerverständigung (nach: BAACKE 1976, 110 ff.).

Pädagogen, die in der Jugendarbeit tätig sind, sollten von den Interessen und Bedürfnissen der Jugendlichen ausgehen und dementsprechend die Möglichkeiten des pädagogischen Feldes nutzen. Aktivitäten und Angebote können nur dann erfolgreich sein, wenn die Jugendlichen selbst berücksichtigt werden. Da jedoch häufig viele Jugendliche Autorität und Vorschrift mehr suchen als Selbstverwirklichung und partnerschaftliche Begegnungen, ergeben sich viele Konflikte für den Pädagogen, der Bedürfnisse der Jugendlichen berücksichtigen und sie selbst emanzipieren will.

Der Stellenwert des Spiels neben anderen Angeboten und Aktivitäten in der Jugendarbeit ist in den letzten Jahren gewachsen.
Spiel hat heute in der Jugendarbeit einen festen Platz neben anderen Angeboten wie Sport, Disco-Abenden, den verschiedensten Hobbys, Filmveranstaltungen, Bücherei und Freizeit- und Bildungsmaßnahmen.
Jugendlichen, die gern „schauspielern", werden Rollen- und Theaterspiele angeboten. Für die Beliebtheit von Theaterspielen sprechen die vielen Theatergruppen, die in den Jugendfreizeitstätten und anderswo existieren. Im Rahmen von Tagungen, Freizeiten, Bildungs- und Weiterbildungsmaßnahmen werden heute auch Plan- und Simulationsspiele eingesetzt (vgl. BRENNER 1978; LEHMANN / PORTELE 1976).
Sie haben den großen Vorteil, daß mit dieser Methode die Spieler spielend „Wirklichkeit lernen können". Zwischenmenschliche Konflikte oder Konflikte mit Institutionen sind ebenfalls spielerisch bearbeitbar und darstellbar mit Hilfe von Sozio- und Psychodramen (GOLD u. a. 1973; KRIVOHLHAVY 1974; BRENNER !978).

Das Angebot an kommerziellen Gesellschaftsspielen ist nach unserer Erfahrung innerhalb der Jugendarbeit relativ klein. Die wenigen Spielotheken haben meist nur Standardspiele wie „Schach", „Mühle", „Dame", „Monopoly", „Mensch ärgere Dich nicht", „Malefiz" usw. Immerhin stehen jedoch nach einer empirischen Untersuchung von LÜDTKE / GRAUER (1973, 144), die in Jugendfreizeitheimen durchgeführt wurde, bei den Besuchern die Gesellschaftsspiele neben Heimsport und geselliger Kommunikation, Tanz, Konsum von Massenmedien an dritter Stelle der Aktivitätsnennungen. In der gleichen Untersuchung wurde auch mitgeteilt, daß die Jugendlichen mehr Gesellschaftsspiele für ihre Stätten forderten.

a) Voraussetzungen für eine emanzipatorische Jugendarbeit

Jugendarbeit muß im Gegensatz zu anderen pädagogischen Bereichen (zum Beispiel Schule) andere Konzepte haben und in Strukturierung und Zielen Veränderungen zulassen. Wenn die pädagogische Arbeit mit den Jugendlichen darüber hinaus emanzipatorisch sein soll, sind nach BAACKE acht Voraussetzungen und Bedingungen wichtig:

1. Kein Jugendlicher darf gezwungen werden, die Angebote der Jugendarbeit anzunehmen. Wenn sich heute Jugendliche zwingen lassen, scheint ihnen dieser Zwang immer noch besser als das leere Gefühl, mit sich und seiner freien Zeit nichts anfangen zu können. Dies spricht aber noch lange nicht für den Zwang.
2. In der Jugendarbeit sollte man keine Zeugnisse oder ähnliches ausstellen. Wichtiger als der Nachweis über pflichtgemäße Leistungen sind die in der Gruppe, in der Begegnung, in Gesprächen und Spiel gemachten Erfahrungen, zum Beispiel über Sexualität, Drogenkonsum, Solidarität usw.
3. Die Pädagogen in der Jugendarbeit dürfen kein Verhalten erzwingen, weder erwünschtes fordern, noch unerwünschtes unterbinden. Sie sollten ihr Bemühen darauf abzielen, die Jugendlichen zu verstehen und deren Vorstellungen so wichtig zu nehmen wie die eigenen.

4. Nach BAACKE spielt auch die Altershomogenität der Jugendlichen untereinander, aber auch der geringe Altersunterschied zwischen Jugendlichen und Betreuer eine wichtige Rolle für Konzepte der Jugendarbeit. Natürlich ist zu fragen, ob Altershomogenität ein Faktum ist, ohne daß es keine Jugendarbeit gäbe.
5. Die sozial, emotional und politisch ausgerichtete Jugendarbeit darf sich nicht stur an einen Stoffkanon binden. Sie kann nicht vornehmlich gegenstandsorientiert sein. Wichtiger als Lernprodukte sind Lernprozesse. Voraussetzung dafür sind Flexibilität und Variabilität.
6. Angebote und Aktionen in der Jugendarbeit müssen sich an den Bedürfnissen und Vorstellungen der Jugendlichen orientieren. Dies setzt voraus, daß die Bedürfnisse der Jugendlichen in Erfahrung gebracht werden. Äußern die Jugendlichen keine Interessen, so heißt das nicht, daß sie keine haben. Man muß sie dann anders fragen.
7. In der Jugendarbeit dürfen emotionale und soziale Erfahrungen nicht im verbalen Bereich stecken bleiben. Die Umsetzung von kommunikativen Erfahrungen in experimentelles Handeln ist von größter Wichtigkeit. Im eigenverantwortlichen Handeln werden neue Erfahrungsmöglichkeiten erschlossen.
8. Nach BAACKE soll in der Regel gruppenorientierte Arbeit stattfinden. Er stellt sich diese Gruppen als freie Gesellungen vor und nicht als Zwangsverbände (zum Beispiel Schulklassen). Diese Form bietet zwar Vorteile im sozialen Lernen, man sollte jedoch fragen, ob sich jeder Jugendliche in Gruppen wohlfühlt. Es können Probleme auftauchen, wie Außenseiterproblematik, Schwierigkeiten bei der Identitätsfindung usw.

b) Aufgaben und Ziele einer emanzipatorischen Jugendarbeit

Durch die unter 4. (a) genannten Voraussetzungen für eine emanzipatorische Jugendarbeit lassen sich nun folgende Aufgaben und Ziele formulieren, die in den Bereich der Jugendarbeit fallen. Wir geben hier eine Zusammenfassung von Überlegungen wieder, die sich bei BAACKE finden lassen (1976, 121 ff.):

1. Die Jugendarbeit hat die Aufgabe, dem Jugendlichen zu helfen, sich gegen Institutionen, mit denen er in Kontakt kommt, zu artikulieren oder zu wehren. Der Jugendliche soll das Gefühl haben, daß er in Feldern der Jugendarbeit Schutz findet und allmählich lernt, sozial und emotional erwachsen zu werden.
2. Der Jugendliche soll in der Jugendarbeit in Konkurrenz und Kooperation mit Gleichaltrigen eine Vielzahl von Verhaltensweisen kennenlernen, die ihn befähigen sollen, seine soziale Position zu suchen und eine eigene Identität aufzubauen.
3. In der Jugendarbeit muß der Jugendliche die Möglichkeit haben, Verhaltensweisen nicht nur kennenzulernen, sondern auch auszuprobieren. Die Betreuer sind angehalten, dem Jugendlichen dabei zu helfen. Neben sozialer Förderung müssen auch intellektuelle und handwerkliche Fähigkeiten des Jugendlichen gefördert werden. Es können dadurch berufliche Entscheidungsprozesse ausgelöst werden.
4. In dem sanktionsfreien Raum der Jugendarbeit kann der Jugendliche sicher sein, daß seine Äußerungen und Ansichten und auch Handlungen innerhalb dieses Raumes bewertet werden und nicht hinausgetragen werden zu Institutionen, wie Polizei, Schule, Kirche oder Elternhaus.
5. Ein weiteres Ziel ist, den Jugendlichen Konflikte nicht abzunehmen, sondern von den Beteiligten selbst austragen zu lassen. Betreuer sollen hier nur flankierend eingreifen. Die Jugendlichen sollen erfahren, daß man Konflikte austragen muß, und bekommen Hilfen, wie man Konflikte austrägt.
6. Es ist die Aufgabe der Jugendarbeit, mit kommerziellen Angeboten auf dem Freizeitsektor zu konkurrieren. Die Jugendlichen sollen eine Freizeiterziehung erfahren, um das vielfältige Freizeitangebot in unserer Gesellschaft besser nutzen zu können.

II. Untersuchungsergebnisse einer Analyse über die materialen funktionalen und pädagogischen Aspekte kommerzieller Gesellschaftsspiele anhand einer Stichprobe

- Auswahl und Begründung der Stichprobe

Die Stichprobe besteht aus 54 „kommerziellen Gesellschaftsspielen" (im folgenden *KGS* genannt) von 15 Herstellern, Firmen und Verlagen. Alle *KGS* sind „maschinell produzierte, im Handel erhältliche, materialgebundene" Spielmittel für Kinder, Jugendliche und Erwachsene. Alle *KGS* stammen aus der Spielothek des Fachbereichs Sozialwesen der FH Niederrhein. Die Spielothek wurde 1977 eingerichtet und umfaßt mehr als 200 Spielmittel aller Altersstufen. Für die Stichprobe wurden speziell Spiele für Kinder ausgesondert. Auch Spielekarteien, wie „Schwalmbacher Spielkartei" und „Seniorenspiele-Kartei", Sportartikel, Plüsch- und Stofftiere und Holzfiguren (Marionetten) blieben unberücksichtigt. In der Auswahl an verschiedenen *KGS* ist die Spielothek mit jedem Fachgeschäft und jeder Fachabteilung der großen Warenhäuser vergleichbar. Ob und inwieweit die FH-eigene Spielothek für die Gesamtheit der in der Bundesrepublik Deutschland angebotenen Spielmittel repräsentativ ist, müßte allerdings noch untersucht werden. Weitere Grundlagen der Untersuchung sind Prospekte der Spielehersteller, Zeitungsanzeigen und Kataloge von Spielwarengeschäften, die bei Besuchen in Geschäften und Warenhäusern (1978) gesammelt wurden.

- Die Auswertungsweise

Die Analyse der Stichprobe erfolgte anhand des empirischen Erschließungssystems von KLINKE (1976). Dieses System wurde speziell für die Analyse von Spiel- und Arbeitsmitteln für Kinder im Vorschul- und Grundschulalter entwickelt. Bei der Erschließung des Aufforderungscharakters (A-Charakter) der *KGS* war die Anleitung MIESKEs (1975, 3) maßgebend.

Der praktische Gesamtablauf der Untersuchung war folgender:
Die Analyse der 54 *KGS* wurde in zwei Abschnitte aufgeteilt, die sich ergänzten und deren Ergebnisse tabellarisch zusammengefaßt wurden (vgl. Tab. 1 a/b).
Mit der Methode der aktiv teilnehmenden Beobachtung und mit Hilfe eines Fragebogens von zweimal acht Fragen wurden die Ergebnisse über den komplexen Faktor „A-Charakter" gesammelt.
Acht Personen — zwischen 18 und 25 Jahre alt — hatten die Fragen jeweils bei geöffneter und geschlossener Verpackung der *KGS* zu beantworten.
Im zweiten Abschnitt wurden allein Daten über die *KGS* (wie Herstellungsmaterial, Alterseignung, soziale Streubreite usw.) gesammelt und in Tabelle 1 aufgelistet.

1. Die materialen Aspekte

Als materiale Aspekte gelten:

a) Herstellungsmaterial
b) Haltbarkeit
c) Repräsentanz

d) Ästhetische Merkmale
e) Ökonomische Verhältnisse

a) Das Herstellungsmaterial

Bei der Wahl der Herstellungsmaterialien werden wichtige Vorentscheidungen von den Herstellern getroffen. Andere Aspekte, wie Haltbarkeit, Preis, Verbrauchergruppe, Ästhetik usw., sind von dieser Wahl abhängig. Intentionen der Hersteller und der Gebrauch der *KGS* werden durch die Materialentscheidung beeinflußt. Von den 54 *KGS* waren 53 in Kartons aus Pappmaterial verpackt. Teilweise wurde das Pappmaterial mit buntem Papier, glänzenden Folien oder Leinen überzogen. Die einzige Ausnahme war *KGS* 27, das überhaupt nicht verpackt war. Die Spielfläche von *KGS* 27, eine graphisch ansprechende Holzplatte, ist mit einer Kordel mit einem Jutesack verbunden, in dem sich die Spielsteine befinden. Vom Hersteller wird angeregt, das Spielbrett als „Poster aus Holz" an die Wand zu hängen. Da das Brett sehr groß ist, läßt es sich nur sehr schwer in einem Schrank oder Regal verstauen.
Die Verpackung der *KGS* hat zwei Aufgaben zu erfüllen. Erstens soll sie den Inhalt schützen, das setzt Haltbarkeit und Stabilität voraus, zweitens dient sie Werbezwecken, und zwar nicht nur speziell für ein Spiel einer Firma, sondern, sofern dieses Spiel erfolgreich ist, auch für andere Spiele dieser Firma. Ähnliches gilt auch für einen möglichen Einsatz in der Jugendarbeit. Ein Spiel, das rein äußerlich die Jugendlichen nicht anspricht, wird auch nicht oder nur selten gespielt.
Heute wird die Aufgabe der Verpackung als Werbeträger von den Firmen als wichtiger angesehen als der bloße Schutz, weil die kommerziellen Gesellschaftsspiele als Ware unter dem Zwang stehen, Profit zu erwirtschaften.
Die Inhalte der 54 *KGS* bestanden aus Metall, Papier bzw. Karton, Plastik, Holz und Glas. Die beiden Übersichten (vgl. Übersicht 1 und 2) erläutern die Häufigkeit der Materialien in den *KGS*.

Übersicht 1: Material nach seiner Häufigkeit

Papier bzw. Karton	41mal	= 37 %
Plastik	41mal	= 37 %
Holz	24mal	= 22 %
Metall	3mal	= 3 %
Glas	1mal	= 1 %
	110mal	100 %

Übersicht 2: Materialien und ihr Auftreten in Kombinationen

Papier bzw. Karton / Plastik	20mal
Papier bzw. Karton / Plastik / Holz	11mal
Papier bzw. Karton / Holz	7mal
Plastik	6mal
Holz	3mal
Papier bzw. Karton	2mal
Plastik / Holz / Glas	1mal
Metall / Papier bzw. Karton / Plastik	1mal
Metall / Plastik	1mal
Metall / Holz	1mal
Plastik / Holz	1mal
	54mal

Man kann leicht anhand der Aufstellung erkennen, daß die Materialien Papier bzw. Karton und Plastik mit je 41 Nennungen eindeutig dominieren; dies setzt sich bei den Kombinationen fort.
Der Anteil von Holzelementen (22 %) verringert sich noch, wenn man untersucht, was konkret aus Holz in den einzelnen Spielen ist. In den KGS 1, 6, 15, 21, 41, 45 sind bloß die Würfel aus Holz. Nimmt man die Verpackungen hinzu, dann erkennt man, daß Papier bzw. Karton, egal wie fest und dick dieses Material verarbeitet ist, das am meisten verwendete Material ist zur Herstellung von KGS, gefolgt von Plastikmaterial und weit dahinter Holz.

b) Haltbarkeit

Alle KGS sind für einen längeren Gebrauch bestimmt. Deshalb sollten sie sich auch über einen längeren Zeitraum hinweg halten und sich nicht schnell abnutzen. Die Verpackungen der KGS 6, 9, 28 waren nach mehrmaligem Aus- und Einpacken schon eingerissen und unansehnlich geworden.
Die Spielpläne (oder auch Spielbrett) sind in der Regel aus festem Karton, die Spielkarten sind aus festem, glattem Karton- oder Plastikmaterial und die Spielsteine und -figuren sind aus haltbarem Kunststoff oder Holz gefertigt.
Lobend zu erwähnen sind KGS 37, 38, 39, 40, deren Schachteln sich in einem Schuber befinden. Verpackung und Inhalt machen einen sehr stabilen Eindruck.
Viele Hersteller geben an, daß ihre KGS auch von Kindern gespielt werden können. Wenn dies von der Konzeption des KGS und von der Haltbarkeit und Stabilität des Materials her gerechtfertigt ist, so ist es ein Rätsel, warum die Spielsteine in den KGS 16, 22, 33, 41, 48 so klein sind und bei etwas Unachtsamkeit schnell verlorengehen können. Überhaupt sind die Spielfiguren und -steine häufig so klein, daß auch bei Erwachsenen Spielfiguren und -steine leicht abhanden kommen können. Im großen und ganzen jedoch sind die KGS bezüglich Haltbarkeit positiv zu bewerten.

c) Repräsentanz

Nicht nur die graphische und schriftliche Gestaltung eines Spiels erhöht oder verringert den Anreiz zum Kauf oder zum Spiel (zum Beispiel in der Jugendarbeit) eines KGS. Auch die Größe und Schwere der Verpackung oder das Verhältnis zwischen Größe und Verpackung und dem ausgefüllten Inhalt, also wie sich ein Spiel präsentiert, tragen zum Anreiz eines KGS bei.
Alle KGS, bis auf KGS 27, sind in Kartons der unterschiedlichsten Formate untergebracht. Die Größe der Kartons vom Volumen her erstreckt sich von 1263 cm^3 (KGS 12) bis 9500 cm^3 (KGS 41). Die meisten Spiele haben eine mittlere Größe von 4000 bis 5000 cm^3. Die Wirkung von den Spielpackungen war von Format zu Format verschieden. Kompakte Kartons wie KGS 37, 38, 39, 40, 41, 53, 54 wurden positiver bewertet als schmale, lange Kartons wie KGS 21, 22, 32, 33. Kleinere Verpackungen, wie KGS 2, 9, 11, 12, 18 wurden den großen Verpackungen wie KGS 5, 24, 26, 31, 41 vorgezogen, auch mit dem Argument der besseren Unterbringung. Insgesamt gab es folgendes Ergebnis:

Kleine und handliche Kartons	= 15mal
normale und gute Kartons	= 23mal
zu große Kartons	= 16mal

Nicht immer jedoch war in den großen Kartons auch viel Inhalt und nicht immer waren die großen auch die schweren Kartons. Die KGS 25, 28, 42 wurden als zu groß eingestuft und als leicht empfunden. Deutlicher wird dies, wenn man die Schachtel mit dem mehr oder weniger ausgefüllten Inhalt vergleicht. Obwohl die Spielgegenstände durchweg immer gut und übersichtlich geordnet in dem Karton lagen, war viel „Luft" in den Kartons (vielleicht gerade deshalb). Von 54 KGS wurden 21 Kartons als „Mogelpackungen" eingstuft. Beim Vergleich von Größe und gefülltem Inhalt ergab sich folgendes Ergebnis:

von 15 kleinen Kartons waren 5 Mogelpackungen
von 23 normal großen Kartons waren 6 Mogelpackungen
von 16 zu großen Kartons waren 10 Mogelpackungen

Ein Spiel wie KGS 20 könnte man gut auf die Hälfte der jetzigen Größe verkleinern. Bei unserer Untersuchung haben wir oft festgestellt, daß die hohe Erwartung — durch einen großen Karton ausgelöst — enttäuscht wurde, wenn man den Karton öffnete und die wenigen Spielgegenstände sah (nachzuprüfen bei den Spielen KGS 5, 20, 21, 31, 35, 36).

d) Ästhetische Merkmale

Der ästhetische Geschmack wird durch ansprechende Graphik, durch schöne Farben und Formen angesprochen und beeinflußt. Die Hersteller wissen dies und gestalten ihre Spielpackungen so „sympathisch" wie möglich; je schöner, ansprechender die Verpackung und auch der Inhalt ist, desto sicherer ist der Erfolg auf dem Markt. Dabei darf der Informationsgehalt nicht unter zuviel Werbegraphik leiden.

Bei den untersuchten KGS ist positiv zu bewerten, daß die meisten Hersteller den Inhalt durch realistische Zeichnungen oder Fotografien in mehr oder weniger großen Ausschnitten abgebildet hatten. KGS 5 hatte sogar ein Sichtfenster, durch das man einen Teil des Spielplans sehen konnte. Häufig jedoch sind die Zeichnungen oder Fotos durch schwarz-weiß Kontrast, falsche Perspektive usw. so gestaltet, daß man Größe, Farbe und Material des Inhalts nicht genau bestimmen konnte. Nicht wenige KGS sind graphisch so aufgemacht, daß man nicht erkennen konnte, was sich im Inneren der Kartons verbirgt, wie KGS 6, 22, 28, 36, 52, 53, 54.

Bei der Gestaltung der einzelnen KGS, sowohl der Verpackung als auch des Inhalts, konnte man Parallelen zwischen Spielen derselben Hersteller feststellen. Die graphische und farbliche Aufmachung der Spiele von Herstellern wie „Pelikan" oder „MB" hatten eine eigene Systematik, die immer wiederkehrte und von Spiel zu Spiel variiert wurde.

Von den KGS in unserer Stichprobe wurden zusammenfassend die Verpackungen als „nicht so schön oder ansprechend" empfunden wie die Inhalte. In 23 Fällen wurde der Inhalt ästhetischer empfunden, in 14 Fällen war es umgekehrt und in 17 Fällen blieb die Beurteilung über Inhalt und Verpackung gleich. Vielleicht wußte man um die Verführungskraft einer schönen Verpackung und bewertete sie daher (unbewußt) etwas kritischer, um sich nicht verführen zu lassen.

In der folgenden Aufstellung sieht man deutlich die Bevorzugung des Inhalts:

	billig / abstoßend	geht	ansprechend	sehr schön
Verpackung	18 KGS	15 KGS	16 KGS	5 KGS
Inhalt	7 KGS	23 KGS	16 KGS	8 KGS

Ein anderer Grund könnte die Verwendung von Holz sein.

Auffällig ist, daß bei sieben von acht Spielen, deren Inhalt als sehr schön bezeichnet wurde, die Inhalte hauptsächlich aus Holz bestanden. Vorher wurden die Verpackungen derselben Spiele nicht als sehr schön bezeichnet (außer KGS 5 und 27). Dies unterstützt die Beliebtheit von Holz.

Auffallend ist auch, daß die Spielepackungen, die keine oder nur dürftige Informationen über den Inhalt zuließen, in der Mehrzahl als „billig" oder „geht" bezeichnet wurden. Es muß also bei der Beurteilung der ästhetischen Merkmale das Informationsbedürfnis mit eine Rolle gespielt haben.

e) Ökonomische Merkmale

Das billigste Spiel war KGS 2 mit DM 9,90, das teuerste war KGS 9 mit DM 85,—. Beide Preise wurden als gerechtfertigt bezeichnet, KGS 9 jedoch erst nach längerer Diskus-

sion und nachdem die Spielepackung geöffnet wurde. Vorher wurde es als zu teuer abgelehnt. Dies gilt auch für *KGS* 8 (DM 18,50) und *KGS* 17 (DM 73,90). Alle drei Spiele bestehen übrigens in der Hauptsache aus Holz.
Die meisten Spiele, nämlich 42, haben einen Preis zwischen DM 10,— und DM 40,—.

DM 10,— bis DM 20,—   = 14 Spiele
DM 20,— bis DM 30,—   = 15 Spiele
DM 30,— bis DM 40,—   = 13 Spiele

Sieben *KGS* liegen darüber. Bei vier Spielen waren keine Preisangaben zu erhalten. Betrachtet man die oben beschriebenen Preise, so ist es nicht verwunderlich, daß von 50 *KGS* 37 als zu teuer eingestuft wurden. Aufgrund dieser Preise ist zu fragen, welche OT, welcher Veranstalter von Ferienfreizeiten oder welcher Jugendverband kann derart viele Haushaltsmittel nur zum Kauf für *KGS* bereitstellen? Da ist es doch besser, man baut sich solche Spiele selber.

2. Die funktionalen Aspekte

Als funktionale Aspekte gelten:

a) der pädagogische Typus
b) die soziale Streubreite
c) die Spielanleitung
d) die Altersbestimmung
e) die Werbung
f) der Aufforderungscharakter

a) Pädagogischer Typus

Ausgehend davon, wie sich die *KGS* selbst verstehen und in Anlehnung an die „Folkmodels" lassen sich drei Hauptgruppen definieren:

1. Um die Aufgaben, die das Spiel stellt, lösen zu können, bedarf es spezifischer Denkleistungen: also ein Taktik- oder Strategiespiel.
2. Im Spiel entscheiden Würfel, Kugeln o. ä. über Erfolg und Mißerfolg: also ein Glücksspiel.
3. Die körperliche Geschicklichkeit entscheidet ein Spiel: also eine Geschicklichkeitsspiel.

Nun kommen diese drei Grundtypen in der Regel kombiniert in den *KGS* vor. Deshalb sind die untersuchten 54 *KGS* folgendermaßen eingeteilt:

a) überwiegend Strategiespiel   = 36 KGS
b) überwiegend Glücksspiel   = 16 KGS
c) überwiegend Geschicklichkeitsspiel = 2 KGS

Richtschnur für die Entscheidung, welches *KGS* einer der drei Kategorien zuzuordnen ist, war die Spielanleitung eines jeden Spiels.
Meistens stand schon auf der Verpackung, in welche Kategorie das Spiel gehört, „ein fast ernstes Strategiespiel . . ." (*KGS* 34), „ein Denk- und Taktikspiel" (*KGS* 2), „ein Familienspiel, zu dem man Glück . . . braucht" (*KGS* 26). Daß in der Stichprobe 36 *KGS* von 54 sich als Strategiespiele bezeichnen, verstärkt, in Verbindung mit dem hohen Preis, den Eindruck, daß diese *KGS* primär für eine ökonomisch potente und an abstrakte Denkweisen gewöhnte Gesellschaftsschicht konzipiert ist. Dieser Eindruck wird noch erhärtet durch die jeweiligen Rahmen oder Themen, in denen die Spielideen eingebettet sind:

Spiele mit
neutraler Thematik	= 14 KGS
einer Wirtschaftsthematik	= 9 KGS
Wörtern und Zahlen	= 7 KGS
einer Kriegsthematik	= 6 KGS
politischer Thematik	= 6 KGS
einer Renn- oder Jagdthematik	= 3 KGS
einer Lebenssimulationsthematik	= 2 KGS
einer Interaktionsthematik	= 2 KGS
einer besonderen Thematik	= 5 KGS

Aus der Zusammenstellung geht deutlich hervor, daß *KGS* gesellschaftlich relevante Themen als Rahmenbedingungen beinhalten, für die sich jedoch nur bestimmte Schichten in der Gesellschaft interessieren. Daß jedoch wichtige Problemkreise unserer Gesellschaft in den *KGS* gehäuft auftreten, unterstützt unsere These, daß gesellschaftliche Zusammenhänge durch *KGS* gespiegelt werden.

b) Soziale Streubreite

Gemäß der Bezeichnung „Gesellschafts"-Spiele sollten die meisten *KGS* in Gesellschaft, d. h. mit anderen gespielt werden. In der Regel genügen aber zwei (43mal) oder drei (4mal) Personen, um ein *KGS* zu spielen.
Nur zweimal benötigte man vier Spieler, um ein Spiel sinnvoll zu spielen.
KGS für zwei bis vier Personen gab es 22mal, gefolgt von neun Spielen für zwei Personen und fünf *KGS* für zwei bis sechs Spieler. Sogenannte Einsiedler-Spiele, Spiele für eine Person, gab es nur vier. Scheinbar meinen die Spieleherseller, daß eine Gruppe von zwei bis vier Mitspielern am häufigsten auftritt und am schnellsten zusammenzubringen ist.
In letzter Zeit werden *KGS* sehr häufig als „Familienspiele" auf den Markt gebracht. Das sind Spiele, die von der ganzen Familie, Eltern und Kindern, gespielt werden. In den Prospekten und Katalogen sieht man oft die ganze Familie einträchtig um ein Spielbrett versammelt (Ravensburger '77 und '78 oder MB '77). Eine schöne Vision für die Zukunft, d. h. es gibt keine Generationsprobleme mehr.

c) Spielanleitung

Die Spielanleitung ist für ein *KGS* mit von entscheidender Bedeutung. Ist sie leicht verständlich und kurz, wird ein Interessent leichter motiviert, dieses Spiel zu kaufen oder zu spielen (besonders wichtig in der Jugendarbeit), als wenn er erst eine kleine, schwer verständliche Broschüre durchlesen muß.
Es ist lobenswert von den Herstellern, daß sie öfter dazu übergegangen sind, die Spielregeln ganz oder in Kurzform auf der Verpackung abzudrucken oder durch Bilder zu illustrieren.
Insgesamt wurden 41 Anleitungen als verständlich bis sehr verständlich bewertet. Zehn Anleitungen galten als nicht verständlich. In drei *KGS* war keine Spielanleitung zu finden.
Der Umfang der Spielanleitungen umfaßte je nach Spiel 1 bis 29 Seiten (*KGS* 24), wobei die Formate zwischen DIN A 4 und 5 lagen.
Der Inhalt der Spielanleitungen bezog sich zum größten Teil auf die Erläuterung der Regeln. Darüber hinaus gab es auch taktische Hinweise auf geschichtliche Ereignisse (*KGS* 27) oder wirtschaftliche (*KGS* 31) und politische Hintergründe (*KGS* 28, 35, 34, 52), die mit den Spielen in engem Zusammenhang standen.

d) Altersbestimmung

Die Angaben der Altersbestimmung sind eine wichtige Orientierungshilfe für den Spielinteressenten. Es ist daher von großer Bedeutung, daß diese Angaben eindeutig sind.

Wird ein *KGS* in der Jugendarbeit eingesetzt, so muß die Altersangabe exakt sein, weil sonst bestimmte pädagogische Intentionen von seiten der Betreuer nicht zum Tragen kommen.
Die tatsächliche Altersbestimmung der *KGS* hängt davon ab, inwieweit es dem Spieler gelingt, die im Spiel gestellten Aufgaben selbständig und für sich befriedigend zu lösen. Hierbei kann eine Über- und Unterforderung des Spielers auftreten. Beides trübt die Spielfreude und ruft Ablehnung hervor (dem Spiel gegenüber) oder der Spieler wird passiv (hat keine Lust mehr).
Von 54 *KGS* konnten 31 *KGS* vom Kindesalter an (bis 10 Jahre) gespielt werden. Die restlichen 23 *KGS* waren nur von Jugendlichen (ab 12 Jahre) an aufwärts zu spielen.

e) Werbung

Die Werbung ist ein Phänomen mit einstellungs- und verhaltensverändernder Wirkung. Sie ist heute in unserer Gesellschaft ein ökonomischer und sozialer Faktor, der nicht mehr wegzudenken ist. Die Hersteller von *KGS* bedienen sich heute in der Werbung unterschiedlichster Medien und Mittel. Sie werben in Fernsehspots, Zeitungsannoncen, Schaufensterauslagen und Prospekten, auf Handzetteln, Werbepackungen, Plakaten und Jahrmarktständen. Aufforderungen und Appelle der Hersteller wenden „sich sowohl an den Intellekt als auch an das Gefühl" (KLINKE 1976, 135). Sehr leicht wird beim Lesen der Werbesprüche ein Interesse für ein *KGS* geweckt, das dann beim Spielen in Enttäuschung umschlägt. Daher sollte man sehr stark auf den Sachgehalt der Texte achten, die sich auf den Verpackungen und in Spielanleitungen befinden.
Die werbenden Aufforderungen und Appelle auf den Spielekartons und in den Spieleanleitungen erhielten folgende Bewertungen:

„informativ" und „angenehm" = 29 KGS
„wenig informativ" und „besteht aus Schlagworten" = 11 KGS
„abschreckend" und „unsinnig" = 14 KGS

Man erkennt leicht, daß sich die Spielehersteller bemüht haben, mehr mit Information zu werben als mit Schlagworten und reißerischen Übertreibungen.

f) Aufforderungscharakter

In engem Zusammenhang mit der Werbung steht der Aufforderungscharakter (*A-Charakter*). Die Firmen versuchen, ihre *KGS* durch entsprechende Illustrationen, verlockende Texte, spannende Rahmenhandlungen, formschöne Spielsteine usw. möglichst vorteilhaft, angenehm, sympathisch und interessant erscheinen zu lassen.
Durch Aufforderung in Bild und Text werden Triebe angesprochen, Wünsche ausgelöst, die Kauflust geweckt und zum Spielen angereizt. Die Stärke oder Intensität dieses *A-Charakters* läßt sich anhand einer Skala feststellen:
„Die in Gießen erstellte formale Intensitätsskala des A-Charakters umfaßt die Grade

1: Negativ (ruft Ablehnung hervor)
2: Fehlend (erweckt kein Interesse)
3: Mäßig wirksam (geringes Interesse auslösend)
4: Betont wirksam (stärkeres Interesse auslösend)
5: Übermäßig wirksam (auffallend starkes Interesse auslösend)
6: Zwingend wirksam (das situative Verhalten und Handeln allein bestimmend)

Der A-Charakter ist nicht von vornherein einheitlich, statisch, sondern stellt eine komplexe, von zahlreichen Faktoren abhängige, dynamische Größe dar" (KLINKE 1976, 127).
Es ist abhängig von Ästhetik, Material, Preis, Repräsentanz, von bestimmten Normen und Moden. Der A-Charakter ist bei geschlossener und geöffneter Verpackung untersucht worden.
„Durch den Anblick einer geschlossenen Verpackung werden beim Betrachter bestimmte Assoziationen und Vorstellungen vom Inhalt ausgelöst. Es wird eine gewisse Er-

wartungshaltung geweckt, die sich nach dem Öffnen der Verpackung als übertroffen erweist, bestätigt oder enttäuscht wird" (KLINKE 1976, 128).
Der A-Charakter bei geschlossener Verpackung war bei 23 Spielen intensiver als der Inhalt. Bei 19 Spielen besaß der Inhalt einen stärkeren A-Charakter. In zwölf Fällen blieb er gleich. Die Unterschiede waren teilweise *erheblich*:

KGS 52 von 4,9 auf 1
KGS 51 von 3,4 auf 1,2
KGS 29 von 5   auf 2,9
KGS 15 von 4,7 auf 1
KGS 1 von 4,2 auf 1,8

Umgekehrt traten nicht so große Unterschiede auf:

KGS 2 von 1,5 auf 3,2
KGS 14 von 1,2 auf 3,2
KGS 39 von 1,2 auf 3,5
KGS 43 von 2,5 auf 4,5

Weiter ist festzustellen, daß spontane Äußerungen, positiver oder negativer Art, beim ersten Anblick einer geschlossenen oder geöffneten Verpackung nicht unbedingt Rückschlüsse auf den A-Charakter zulassen. Wenn der erste Eindruck der geschlossenen Verpackung positiv ist, so heißt dies nicht, daß die Verpackung einen intensiven A-Charakter besitzt (*KGS* 19, 25, 32, 48). Dies gilt noch mehr für den Inhalt (*KGS* 3, 4, 12, 19, 28, 34, 35, 36, 38). Die negativen Äußerungen stimmten jedoch weitgehend mit einem schwachen A-Charakter überein.

3. Der pädagogische Aspekt

Zur Ermittlung von Lern- und Übungseffekten soll von der jeweiligen Intention des einzelnen Spiels bzw. Spiele-Herstellers, die sich in den Spielregeln äußert, ausgegangen werden. Bei den 54 *KGS* sind 14 Lern- und Übungseffekte vorgefunden worden, die man dem motorischen, kognitiven und emotional-affektiven Bereich zuordnen kann (vgl. Übersicht 3).

Übersicht 3: Lern- und Übungseffekte

emotional-affektiv	kognitiv	motorisch
ästhetisches Empfinden	Umgang mit Geld / rechnen	Geschicklichkeit
Kreativität	Rechtschreibung / Wortschatz	Ausdauer
Aggression / Konflikt	Kommunikation	
allein gegen andere	Kombinationsgabe / Logik	
Koalition / Kooperation	Entscheidungsförderung	
	Raum- / Zeitorientierung	

Es kann nicht behauptet werden, daß alle Lern- und Übungseffekte vom Hersteller gewollt sind; jedoch kann man sie aus den einzelnen Spielregeln herauslesen. Inwieweit sich die Lern- und Übungseffekte verwirklichen lassen oder ob sogar ganz andere auftauchen, ist erst während einer Spielsituation nachprüfbar.

a) Lern- und Übungseffekte im motorischen Bereich

Die motorischen Effekte der *KGS* im motorischen Bereich sind nicht sehr umfangreich. Im wesentlichen wird die Feinmotorik geübt, insbesondere die „Beherrschung und Koordinierung von Hand- und Fingerbewegungen" (KLINKE 1976, 173).
KGS, die in diesen Bereich fallen, sind *KGS* 9, 8, 17, 33, 34, 38, 50.

b) Lern- und Übungseffekte im kognitiven Bereich

Wie aus der Tabelle 1 a/b ersichtlich, fallen allein sieben Lern- oder Übungseffekte in den kognitiven Bereich. Außerdem kommen insgesamt die kognitiven Effekte fast doppelt so häufig vor wie die emotional-affektiven (176mal zu 97mal). Schwerpunktmäßig soll logisches und taktisches Denken geübt und erlernt werden. Beide Begriffe sind zur Zeit sehr in Mode als positive und progressive Eigenschaften (vgl. Tab. 1, S. 120 f.).
Die Übungs- und Lerneffekte der Spiele zielen aber auch auf die Vorstellungskraft und „auf Fähigkeiten des einfachen und komplexen Assoziierens und Kombinierens" (KLINKE 1976, 174). Da zum richtigen Kombinieren und logischen und taktischen Denken auch eine Übung der Sinneswahrnehmung gehört, geht es auch darum, daß in den Spielen eine Raum- / Zeitorientierung geübt werden soll. Bei den 54 Spielen überwiegt jedoch bei weitem die visuelle Wahrnehmung. Eine Zeitorientierung besteht jedoch nur als Zeitbeschränkung.
Positiv zu bewerten ist, daß in 44 von 54 Spielen die Entscheidungsfähigkeit geschult werden soll. Entscheidungsfähigkeit ist ein wichtiges Mittel zur Ich-Identitätsfindung und Persönlichkeitsbildung (vgl. ERIKSON).
Auch die sogenannten Kulturtechniken, Rechnen – Lesen – Schreiben, sollen geübt werden. Natürlich können dies schon ältere Kinder und Jugendliche, aber es ist auffallend, daß ohne diese Techniken die *KGS* nicht sinnvoll gespielt werden können.
Als negativ könnte man es bewerten, daß in nur 22 Spielen eine Kommunikation zwischen den Spielern stattfinden muß, um das betreffende Spiel spielen zu können. Sprachliche Kommunikation ist für die Sozialbeziehung der Menschen lebenswichtig. Daher ist es verwunderlich, daß eine Sprech- und Sprachförderung nicht häufiger erforderlich ist, zumal es doch *KGS* sind, die mit einer Gruppe gespielt werden müssen.

c) Lern- und Übungseffekte im emotional-affektiven Bereich

In diesem Bereich fällt dreierlei auf.
Erstens: Von allen untersuchten Spielen ist der Spieler in 44 Fällen angehalten, allein gegen die anderen zu spielen. In den restlichen zehn *KGS* sind feste oder lockere Koalitionen in den Regeln vorgesehen. Kooperation zwischen den Spielern ist also weitgehend untersagt (keiner soll den anderen in seine Karten schauen lassen). Es gewinnt nur der Erfolgreiche, der sich durchgesetzt hat – auf Kosten anderer. Hier offenbart sich eine Parallele zur Wirklichkeit. In unserer Gesellschaft herrscht die Ideologie des Individualisten, des Aufsteigers aus eigener Macht, der sich gegen Mitmenschen und widrige Umstände durchsetzt und Erfolg „einheimst". Teamgeist und Solidarität sind Fremdwörter.
Bei dieser Konstellation bleibt es *zweitens* nicht aus, wenn Aggressionen und Konflikte in den *KGS* so häufig vorkommen, insgesamt in 25 Spielen. Besonders in Kriegs- oder Wirtschaftsspielen wird von den Spielern meist eine aggressive Spielhaltung verlangt. Nichts ist gegen einen Lernprozeß im Konfliktlöseverhalten einzuwenden, der durch Spiele geübt wird, ganz im Gegenteil. Aber die Nötigung zum aggressiven Spielverhalten und eine kriegerische Rahmenhandlung, wie in den *KGS* 3, 21, 25, 34, 35, 46 erscheint uns persönlich nicht haltbar.
Drittens jedoch ist es positiv, daß in sieben *KGS* (*KGS* 6, 7, 8, 9, 24, 53, 54) die Kreativität des Spielers und darüber hinaus sein ästhetisches Empfinden angesprochen wird. Dies ist um so erfreulicher, weil sich normalerweise die *KGS* dem Spieler als fertige, unveränderliche Spiele präsentieren. In den obengenannten *KGS* hat der Spieler jedoch die Möglichkeit, als Teil der Spielregel neue Formen des Spiels zu finden.

Materiale, funktionale und pädagogische Aspekte 115

4. Spieleliste der Stichprobe

KGS-Nr.	Titel	Erfinder	Hersteller
1	Viadukt	K. Kasch	Ravensburger, 7980 Ravensburg
2	Superhirn professional	—	Parker 6051 Nieder-Roden
3	Tricolor	V. Siena	F. X. Schmid 8000 München
4	Pagode	V. Siena	F. X. Schmid 8000 München
5	Huckepack	—	Hanje Gmund (Tegernsee)
6	Provopoli	—	Horatio
7	Check	—	Parker 6051 Nieder-Roden
8	Wagemut	—	Parker 6051 Nieder-Roden
9	Pyramystery	P. Hein	H. Glahn 2000 Hamburg
10	Letra-mix	—	Schmidt 8000 München
11	Reversie	—	Ravensburger 7980 Ravensburg
12	Racko	—	Ravensburger 7980 Ravensburg
13	Vier gewinnt	—	Milton Bradley 8510 Fürth (Bayern)
14	Dorado	R. Hoffmann	Berliner Spielkarten 1000 Berlin
15	Das Wirtschaftsspiel	—	G. Krummacher KG 5205 St. Augustin
16	Bankrott de Luxe	—	Schmidt 8000 München
17	Labyrinthspiel	—	Brio
18	Ultra	—	Parker 6051 Nieder-Roden
19	Minister	R. Hoffmann	Pelikan 3000 Hannover
20	Schlaukopf	—	Parker 6051 Nieder-Roden
21	Risiko	A. Lamorisse	Parker 6051 Nieder-Roden
22	Cluedo	—	Parker 6051 Nieder-Roden

KGS--Nr.	Titel	Erfinder	Hersteller
23	Scrabble	—	Spear 8500 Nürnberg
24	Orion	—	Parker 6051 Nieder-Roden
25	Ogallala	R. Hoffmann	Pelikan 3000 Hannover
26	Spiel des Lebens	—	Milton Bradley 8510 Fürth (Bayern)
27	Tower	—	Hanje Gmund (Tegernsee)
28	Das UNO-Spiel	W. Lentz	IWA 7300 Esslingen
29	Egghead	R. Abbott	Ass 7022 Leinfelden
30	Hinterhalt	—	Milton Bradley 8510 Fürth (Bayern)
31	Playboss	H. Riehle	IWA 7300 Esslingen /*heute*: Ravensburger, 7890 Ravensburg
32	Karriere	—	Parker 6051 Nieder-Roden
33	Teufelsdreieck	—	Milton Bradley 8510 Fürth (Bayern)
34	Diplomacy	—	Parker 6051 Nieder-Roden
35	Das Spiel der Nationen	—	Parker 6051 Nieder-Roden
36	Wohnprojekt 88	—	Parker 6051 Nieder-Roden
37	Sahara	—	Pelikan 3000 Hannover
38	Atlantis	M. v. Toth	Pelikan 3000 Hannover
39	Prärie	A. Randolph	Pelikan 3000 Hannover
40	Agent	E. Solomon	Pelikan 3000 Hannover
41	Öl-Magnat	—	Milton Bradley 8510 Fürth (Bayern)
42	Ausgetrickst	—	Parker 6051 Nieder-Roden
43	Schachjagd	A. Randolph	Parker 6051 Nieder-Roden
44	Turnier	A. Randolph	Parker 6051 Nieder-Roden

KGS-Nr.	Titel	Erfinder	Hersteller
45	Die neuen Eroberer	—	Abel Klinger 8510 Fürth (Bayern)
46	Monopoly	—	Parker 6051 Nieder-Roden
47	Die große Auktion	—	Ravensburger 7980 Ravensburg
48	Das Malefiz-Spiel	—	Ravensburger 7980 Ravensburg
49	Zahlenjux	—	Pelikan 3000 Hannover
50	Spring-Royal	—	Schmidt 8000 München
51	Tempo	—	Ass 7022 Leinfelden
52	Die Wahlschlacht	Holzhuber / Gann	Schmidt 8000 München
53	Task	W. Kalff	d v a 7000 Stuttgart
54	Cariso	H. Buggle	d v a 7000 Stuttgart

a) *Fragebogen*

A. *Welchen Gesamteindruck erweckt das Spiel bei Dir auf den ersten Blick (beim Auspacken)?*
B. *Wir wirken Bilder und Zeichnungen (auf Karten, Anleitungen oder Spielplan) auf Dich?*
C. *Wie wirken Werbesprüche, Daten usw. auf der Schachtel (im Inhalt)?*
D. *Wie wirkt die Größe der Schachtel (vergleiche dazu das Verhältnis zum Inhalt)?*
E. *Wie wirkt das Verpackungsmaterial und -art (wie das Material im Inhalt)?*
F. *Ist der Preis 1. zu teuer, 2. gerechtfertigt, 3. zu niedrig (ist die Spielanleitung 1. schwer verständlich, 2. verständlich, 3. sehr verständlich)?*
G. *Welche Erwartung vom Spiel wird durch die Verpackung (durch das Spielmaterial) insgesamt geweckt?*
H. *1. Würdest Du es ablehnen, aufgrund der Verpackung (des Inhalts) das Spiel zu spielen?*
   2. Löst die Verpackung (der Inhalt) kein Interesse aus?
   3. Löst die Verpackung (der Inhalt) geringes Interesse aus?
   4. Löst die Verpackung (der Inhalt) stärkeres Interesse aus?
   5. Löst die Verpackung (der Inhalt) starkes Interesse aus?
   6. Spürst Du einen Zwang, die Verpackung zu berühren und zu öffnen (mit dem Spiel zu spielen)?

Begründe bitte kurz Deine Entscheidung!
Danke für Deine Mühe

PS: Die Fragen und Fragenteile in den Klammern beziehen sich auf die geöffnete Verpackung.

b) **Erläuterungen zur Tabelle 1 a/b (Seite 120 / 121)**

KGS 1 bis 54 = Kennzahlen für die einzelnen Spiele.
Diese Zahlen lassen sich aus der Spieleliste herleiten.

I. Der materiale Aspekt

1. a)   Das Herstellungsmaterial der Verpackung bestand aus Pappe bzw. Karton:
   einfache Pappe bzw. Karton = 1
   mit glattem oder glänzendem Bezug = 2
   mit Leinenüberzug = 3

1. b)   Die Inhalte der Spiele bestanden aus folgenden Materialien:
   Metall = 1
   Papier bzw. Karton = 2
   Plastik (Kunststoff) = 3
   Holz = 4
   Glas = 5

2.   Die Haltbarkeit der Spiele wurde folgendermaßen eingeteilt (s. auch Frage E im Fragebogen):
   schlecht = 1
   gut = 2
   stabil = 3

3. a) und b)   Die Größe (3 a) und das Gewicht (3 b) der Spiele wurden folgendermaßen eingeteilt (s. auch Frage D im Fragebogen):
   klein, handlich = K
   normal, gut = N
   zu groß = G
   leicht = L
   schwer = S

3. c)   Das Verhältnis von Volumen der Schachtel und Menge des Inhalts wurde folgendermaßen bewertet (s. auch Frage D im Fragebogen):
   angemessen = A
   Mogelpackung = M

4. a) und b)   Ästhetische Merkmale der Verpackung (4 a) und des Inhalts (4 b) wurden in vier Stufen bewertet (s. auch Frage B im Fragebogen):
   billig, abstoßend = 1
   geht = 2
   ansprechend = 3
   sehr schön = 4

5. a)   Hier wurde das Verhältnis von dem jeweiligen Spiel und seinem Preis bewertet (s. auch Frage F im Fragebogen):
   zu billig = 3
   gerechtfertigt = 2
   zu teuer = 1

5. b)   Hier steht der absolute Preis eines Spiels in DM aus dem Zeitraum 1977 / 1978.
   Die Preise sind Katalogen und Auszeichnungen entnommen.

II. Der funktionale Aspekt

1. a)   Hier sind die KGS nach den Spielarten der Folkmodels im Sinne von MOORE / ANDERSON eingeteilt:
   überwiegend Strategiespiel = 1
   überwiegend Glücksspiel = 2
   überwiegend Geschicklichkeitsspiel = 3

Materiale, funktionale und pädagogische Aspekte 119

1. b) Die KGS sind nach Rahmenhandlungen und gesellschaftlicher Relevanz dieser Rahmenhandlungen eingeteilt:

Politikspiel	= P
Neutral (keine Rahmenhandlung)	= N
Kriegsspiel	= K
Jagdspiel	= J
Wortspiel	= Wo
Zahlenspiel	= Z
ostasiatischer Rahmen	= O
Lebenssimulationsspiel	= L
Wirtschaftsspiel	= Wi
Afrikanischer Rahmen	= Af
Geschichtsspiel	= G
Astronomiespiel	= As
Psychospiel	= Ps
Rennspiel	= R
Telepathiespiel	= T

1. c) *In dieser Spalte sind die einzelnen Spieleelemente des jeweiligen Spiels aufgelistet:*

Würfel	= 1
Brett	= 2
Spielfiguren	= 3
Karten	= 4
Kugeln	= 5
Füllmaterial	= 6
spielspezifische Spielsteine	= 7
Spielregelanleitung	= 8
Geld	= 9
Schreibblock	= 10

2. *Hier befinden sich die Angaben der Hersteller über die Anzahl der Mitspieler für ein Spiel.*

3. *Die Verständlichkeit der Spielanleitungen wurde wie folgt eingeteilt (s. auch Frage F im Fragebogen):*

schwer verständlich	= 1
verständlich	= 2
leicht verständlich	= 3

4. *Hier befinden sich die Angaben der Hersteller über die Eignung der Spiele ab ein bestimmtes Alter:*

ab 10 Jahre	= 10
ab Jugendalter	= J
ab Kindesalter	= K

5. *Die Wirkung der Werbesprüche usw. auf und in den Spielepackungen wurden wie folgt eingeteilt (s. auch Frage C im Fragebogen):*

abschreckend, unsinnig	= −
wenig informativ, Schlagworte	= o
informativ, angenehm	= +

6. a) und b) *Diese zwei Spalten enthalten die Beurteilung über den ersten Gesamteindruck der Verpackung (6 a) und des Inhalts (6 b) eines jeden Spiels (s. auch Frage A im Fragebogen):*

positiver Eindruck	= +
negativer Eindruck	= −
weder noch	= o

Tabelle 1a: Ergebnisse im Überblick

	I.										II.			III.								
KGS	1a	1b	2	3a	3b	3c	4a	4b	5a	5b	1a	1b	1c	2	3	4	5	6a	6b	6c	6d	1 a bis c
1	3	3,4	3	N	L	A	3	1	1	34,00	1	N	2,6 – 8	2 – 4	2	J	+	+	–	4,2	1,8	4, 9, 10, 14
2	1	3	2	K	L	A	1	3	2	9,90	2	N	2,7	2 – 4	3	10	+	–	o	1,5	3,2	4, 8, 10
3	2	2,3	2	K	L	M	1	3	1	28,50	1	K	2,6 – 8	2,3	2	J	o	+	+	1,5	1,5	3, 5, 9 – 11
4	2	2,3	2	K	L	M	3	3	1	28,50	1	O	2,6 – 8	2 – 4	1	J	o	+	+	1	1,5	3, 8 – 11, 14
5	1	2,4	2	G	S	M	4	4	/	/	2	N	1 – 3,8	2 – 4	3	K	+	+	+	3,8	3,8	1, 3, 4, 10, 11, 14
6	1	2 – 4	1	N	L	A	1	1	1	29,80	1	P	1 – 4, 7, 8	2 – 20	1,5	J	+	o	o	3,8	2	3, 5, 6, 9 – 11, 13
7	2	2,3	3	N	S	A	2	1	1	34,00	1	Wo	2,4,8	2 – 4	2	10	o	–	–	1,5	1	2, 4, 6, 10, 14
8	1	4	2	N	L	M	3	3	1,5	18,50	3	N	1,6 – 8	2 – 4	3	6	–	o	+	2,8	3,8	4, 7, 10, 13
9	1	4	1	K	S	A	3	4	1,5	85,00	1	N	2,5	1	2	J	–	–	+	5,8	6	4, 7, 8 12 – 14
10	1	3 – 5	2	K	L	M	2	2	1	12,90	1	Wo	6 – 8, Becher, Uhr	/	2	K	+	+	o	3,5	2,2	2, 4, 8, 11
11	1	3	2	K	L	A	2	2	1	12,80	2	N	2,6 – 8	2 – 4	2	J	+	–	+	3	2,8	4, 9 – 11
12	1	2,3	3	K	L	A	2	3	1	14,80	2	Z	4,6 – 8	2 – 4	2	10	+	+	o	1,2	1	1, 5, 6
13	1	3	2	N	L	A	1	3	1	24,50	2	Z	2,6,7	2 – 4	3	7	+	–	+	3,2	3,2	1, 4, 9 – 11
14	3	2 – 4	2	N	L	M	1	3	2	32,00	1	Wi	1 – 3, 6 – 8	2 – 6	2	5	–	o	–	1,2	1,5	3, 4, 10, 11
15	1	2 – 4	2	N	L	A	2	2	/	/	1	Wi	1 – 4, 6 – 9	2 – 4	2	12	+	+	+	4,7	3,2	3, 4, 6, 8, 10, 11
16	1	2 – 4	3	N	L	A	2	2	/	/	2	N	1 – 4, 6 – 9	1	2	K	o	+	o	3,5	1	1, 4, 6, 10
17	1	1,4	3	N	S	A	2	4	1,5	73,90	3	N	5, 8, Labyrinth	2 – 4	2	K	o	+	+	4	5,2	4, 7, 11, 12
18	2	2,3	3	K	L	M	1	1	1	14,90	1	T	2,6 – 8	1	2	10	–	+	+	1	1,5	4, 9 – 11, 14
19	1	2 – 4	2	N	L	A	3	3	1	24,80	2	P	1 – 3, 6, 8	2 – 4	2	10	+	+	o	1,8	1,5	1, 4, 10, 11
20	2	2,3	3	G	S	M	3	2	1	22,80	1	N	2, 3, 6, 8	2 – 4	1	8	o	–	o	3,8	2	3, 4, 9 – 11
21	2	2 – 4	3	G	S	M	3	2	1	39,90	1	K	1, 2, 4, 6 – 8	2 – 6	/	10	–	o	o	1	1,2	3, 4, 9 – 11
22	2	1 – 3	3	G	S	M	2	2	1	29,50	1	J	1 – 4, 6 – 8, 10	3 – 6	/	8	–	+	o	2,2	2,2	1, 4, 6, 8, 10, 11
23	3	2 – 4	2	N	S	A	1	3	2	27,00	1	Wo	2, 6 – 8, Beutel, Schiene	2 – 4	2	J	+	o	o	2,5	2,5	2, 4, 8, 11
24	2	2,3	3	G	S	A	3	3	1	46,00	1	As	1, 2, 7, 8	2 – 4	2	K	o	+	+	3,2	4,2	4, 5, 8 – 11, 13, 14
25	1	2	2	G	L	A	4	3	1	19,80	2	K	2, 4, 6, 8	2 – 4	2	5	+	+	o	2,2	2,5	1, 3, 4, 10, 11, 14
26	1	2,3	3	G	S	A	2	3	1	45,00	2	L	2 – 4, 7 – 8, Glücksrad	2 – 8	2	10	+	–	o	3,5	3,2	1, 3, 4, 6, 9, 10
27	/	4	3	N	S	A	4	4	/	/	2	K	1 – 3, 8	2 – 4	3	J	+	+	+	4,5	4,5	1, 3, 5, 8, 10, 11, 14

Tabelle 1b: Ergebnisse im Überblick

	I										II.										III.		
KGS	1a	1b	2	3a	3b	3c	4a	4b	5a	5b	1a	1b	1c	2	3	4	5	6a	6b	6c	6d	1 a bis c	
28	2	2,3	1	G	L	M	4	2	1	69,80	1	P	1 – 4, 6 – 8	4	2	J	–	–	–	1	2	1 3, 5, 6, 10, 11	
29	1	2,3	3	N	L	A	4	2	1	28,00	1	Wo	2, 6, 8, 10, Band	3 – 6	2	12 +	+	+	+	5	2,9	4, 6, 8	
30	1	3	3	N	S	A	2	2	1	18,50	2	N	2, 5	2 – 4	1	7 o	o	o	o	2	1	3, 4, 10, 11	
31	3	2,3	3	N	L	A	3	3	1	69,80	1	Wi	1 – 4, 6 – 9	4 – 9	3	J	+	–	o	1,8	2,8	3, 4, 6, 8, 10, 11	
32	2	2,3	3	G	S	M	3	2	1	32,50	2	L	1 – 4, 6, 8 – 10	2 – 6	2	12 –	–	+	o	2,8	1,2	1, 4, 10	
33	1	2,3	3	G	S	M	1	2	1	45,00	2	Wi	1, 2, 4, 6 – 8, Magnet	2 – 4	2	8 o	o	–	o	1,2	2,8	1, 4, 7, 10, 11	
34	2	2,4	3	G	S	M	1	3	1	33,50	1	K	2, 6 – 8, 10	2 – 7	1	12 –	–	–	+	1,2	1,5	1, 3, 5, 6, 9 – 12	
35	1	2,3	2	G	S	M	1	3	1	33,50	1	P	2 – 4, 6 – 9	2 – 4	2	J	+	+	+	1,5	1	1, 3, 4, 6, 9 – 11	
36	2	2,4	3	G	S	M	2	4	1	34,90	1	Wi	2, 6 – 8	2 – 4	2	10 –	o	–	+	1,2	2	1, 3, 4, 6, 9 – 11, 14	
37	1	3	3	K	S	A	3	2	2	19,80	2	Af	2, 8, Bohnen	2	1	J	o	+	o	4,2	4,2	1, 4, 10	
38	2	2,3	3	K	S	A	3	3	2	19,80	2	G	2, 8, Zirkel	1	3	K	+	o	+	3,8	1,5	4, 8, 12	
39	1	2,4	3	K	S	A	3	4	2	19,80	1	J	2, 3, 6 – 8	2 – 4	2	J	+	o	+	1,2	3,5	4, 9 – 11	
40	1	2,3	3	K	S	A	3	2	2	19,80	1	P	2, 3, 6 – 9, 10	2 – 4	2	J	+	+	+	4,7	4,7	3, 4, 6, 10, 11	
41	1	2 – 4	2	G	S	A	1	2	2	39,90	1	Wi	1 – 4, 7 – 9	2 – 4	2	9 +	+	–	–	1,2	2	3, 6, 9 – 11	
42	1	2,3	2	G	L	A	2	2	1	18,00	1	N	2, 4, 7, 8	2	3	8 –	–	–	–	2,8	2	3, 4, 8, 10, 11	
43	2	2,3	3	N	L	A	2	4	2	14,80	2	K	2, 6 – 8	2 – 4	2,5	8 +	–	–	+	2,5	4,5	3, 4, 10, 11	
44	2	3	3	N	S	A	2	1	1	32,50	1	Wi	1 – 4, 6 – 8	2 – 4	1,5	10 o	–	–	–	1,5	1,5	3, 5, 9 – 11	
45	1	2 – 4	2	K	L	M	1	1	1	15,80	1	Wi	1 – 4, 6 – 9	2 – 4	2	J	o	–	–	1	1	1, 6, 8, 10	
46	1	2 – 4	3	N	S	A	1	2	1	32,50	1	Wi	4, 6, 8, 9, Hammer	2 – 7	2	12 +	+	+	+	2	2	1, 3, 4, 6, 10, 11	
47	2	2 – 4	3	N	S	A	3	4	1	29,80	1	N	1 – 3, 6 – 8	3 – 8	2	6 +	+	+	+	5	5	1, 4, 6, 10, 11	
48	1	2,4	3	N	L	M	2	2	2	14,80	2	Z	2, 6 – 8, Schienen	2 – 6	2	10 +	–	+	–	1,5	2,8	1, 3, 8, 9 – 11	
49	2	2 – 4	3	G	S	A	2	3	2	29,90	1	N	2, 5, 6, 8	2 – 4	2	K	+	+	+	1,2	1,2	1, 4, 8, 10, 11	
50	1	1,3	3	N	S	M	4	3	2	24,00	2	R	2, 3, 4, 8	2 – 6	3	8 +	+	o	+	3,4	2,9	4, 10 – 12, 14	
51	1	2,3	3	N	L	M	1	1	1	25,00	2	P	2, 4, 6 – 8	2,3	1	J	–	–	o	3,4	1,2	1, 4, 9, 10	
52	1	2,4	3	N	L	M	1	2	1	23,25	2	Ps	4, 8, 10	2 – 15	1	10 o	–	–	–	4,9	1	1, 3, 4, 6, 8, 10, 11	
53	2	2	3	K	S	A	3	2	1	32,00	1	Ps	2, 4, 7, 8	3 – 8	2	17 +	+	–	–	2,8	1,5	4, 6, 9, 11, 13	
54	2	2,3	3	K	S	A	3	2	1	32,00										5,2	4,9	3, 5, 6, 8, 13	

6. c) und d) *In diesen zwei Spalten stehen die Bewertungen über die Intensität des A-Charakters von Verpackung (6 c) und Inhalt (6 d) von allen Spielen der Stichprobe* (s. auch die Fragen G und H im Fragebogen):

negativ	= 1
fehlend	= 2
mäßig wirksam	= 3
betont wirksam	= 4
übermäßig wirksam	= 5
zwingend wirksam	= 6

(vgl. KLINKE 1976, 127)

III. Der pädagogische Aspekt

1. a) bis c) *In diesen Spalten stehen die Lern- und Übungseffekte der Spiele im motorischen, kognitiven und emotional-affektiven Bereich. Es lassen sich die folgenden Lern- und Übungseffekte aus den Spielregeln herauslesen* (das heißt natürlich nicht, daß sie auch alle vermittelt werden während der Spielsituation):

Rechnen / Umgang mit Geld	= 1
Rechtschreibung / Wortschatz	= 2
Aggression / Konflikte	= 3
allein gegen andere	= 4
Koalition / Kooperation	= 5
Kommunikation	= 6
Geschicklichkeit	= 7
Kombinationsgabe / Logik	= 8
Taktik / Strategie	= 9
Entscheidungsförderung	= 10
Raum- / Zeitorientierung	= 11
Ausdauer	= 12
Kreativität	= 13
ästhetisches Empfinden	= 14

Zum Schluß dieser Erläuterungen soll noch bemerkt werden, daß alle Einteilungen, wie „stabil", „klein", „handlich", „Mogelpackung" usw., aus den Antworten der Personen stammen, die mit dem Fragebogen befragt worden sind.

Die Kommazahlen in den Spalten I. 5a, II 3, II 6c und II 6d stellen „gemeinsame Nenner" aus allen abgegebenen Antworten dar. Alle anderen Zahlen in anderen Spalten sind keine Kommazahlen, außer Spalte I 5b mit den angegebenen Preisen in DM.

5. Ergebnisdiskussion

- *Kommerzielle Gesellschaftsspiele werden meist in Gruppen gespielt, sind als Gruppenspiele reglementierte, sensomotorische und intellektuelle Kombinationsspiele mit symbolischen Bezügen zur Gesellschaft.*

Sie haben Wettbewerbscharakter, sind materialgebunden, maschinell hergestellt und im Handel erhältlich. Der Zuschauer gehört nicht zum Spiel mit kommerziellen Gesellschaftsspielen.

Auszuschließen ist nach dieser Definition das Sportspiel, weil hier die körperliche Betätigung und Fitneß im Vordergrund stehen und das Zuschauen auch zum Spiel gehören kann (Fußball-Bundesliga); Denksportaufgaben, weil auf sie der Begriff des Spielmittels nicht anwendbar ist und weil sie allein und meist abstrakt gelöst werden; Hobby, weil kein Wettbewerb stattfindet; freies Spiel, weil hier keine Regel erforderlich ist.

- *In den kommerziellen Gesellschaftsspielen wird die Gesellschaft oder Teile von ihr gespiegelt, und zwar meist stabilisierend.*

Auffälligstes Merkmal in den kommerziellen Gesellschaftsspielen für eine Spiegelung sind die Rahmenhandlungen. In den untersuchten Spielen fand sich eine gehäufte Anzahl von Spielthemen aus dem Bereich Politik, Krieg und Wirtschaft, insgesamt 21 kommerzielle Gesellschaftsspiele. Es scheint, als sollen gesellschaftsreale Handlungen mit den Spielen simuliert werden. Dies findet sich manchmal in den Anleitungen:

KGS 35: „Sich gegen mächtige Gegenspieler behaupten, sie zu schwächen und auszuschalten . . ., das ist das oberste Ziel dieses moralisch zynischen, aber – leider – realistischen Spiels."

KGS 52: „Ein Spiel wie die Wirklichkeit im Wahlkampf. Sie können ihr politisches Geschick auf die Probe stellen."

KGS 31: „Playboss ist ein Unternehmensplanspiel, das mit einfachen Mitteln die wesentlichen Situationen simuliert, in denen Unternehmer und Manager ihre Entscheidungen zu treffen haben."

KGS 26: „Das Spiel des Lebens . . . ist ein Spiegelbild des wirklichen Lebens, mit Hochs und Tiefs, mit Erfolgen und Enttäuschungen . . ."

Der Spieler wird in allen kommerziellen Gesellschaftsspielen in Situationen gedrängt, die Wettbewerbscharakter haben, „in denen jeder die gleiche Chance hat. Es gewinnt, wer sich anstrengt, die notwendigen Fähigkeiten und Glück hat, und die Teilnehmer konkurrieren miteinander" (LEHMANN / PORTELE 1976, 128).
Und der Erfolgreiche wird auch noch belohnt:
Er hat beim Würfeln eines „Paschs" oder einer „Sechs" einen Freiwurf, er hat mit mehr Geld oder mehr Armeen auch mehr Macht als der nicht so Erfolgreiche. Hier zeigt sich ein Wesenszug unserer Gesellschaft: „Wer hat, dem wird gegeben, oder Geld kommt zu Geld."

- *Die kommerziellen Gesellschaftsspiele sind leistungsbezogen.*

„Soziale Ungleichheit in unseren Gesellschaften wird durch die Leistungsideologie legitimiert. Unter Leistungsideologie wird der Glaube verstanden, daß soziale Ungleichheiten durch unterschiedliche Leistungen und Leistungsschwierigkeiten zustandekommen, daß aber jeder die Chance hat, solche Leistung oder die Leistungsfähigkeit zu erlangen" (LEHMANN / PORTELE 1976, 126).
So spielt jeder für sich und versucht, seine Leistung, meist auf Kosten des anderen, so hoch wie möglich zu schrauben. Zusammenarbeit ist selten.
Sogar bei sogenannten Psychospielen, wie KGS 53 und 54, die ja eigentlich die Leistungsideologie überwinden sollten, geht es letztlich auch nur darum, besser als andere, und selbst besser als der im Spiel, zu sein.
Hier einige „Kostproben" aus Werbetexten der Deutschen Verlags-Anstalt:
„Cariso gibt Ihnen die Chance, gewagte Begegnungsformen zu erproben, konventionelle Verhaltensmuster zu sprengen."
„Guss macht Sie selbstbewußter und urteilsfähiger gegen sich und andere, selbständiger und selbstsicherer."
„Task lehrt Sie . . . genau beobachten, Tatsachen richtig zu beschreiben."
„Also macht Sie fit im kontrollierbaren Denken, unverwundbar beim Diskutieren."

- *Durch kommerzielle Gesellschaftsspiele werden reale Spannungen und zwischenmenschliche Beziehungen nicht überwunden, im Gegenteil, sie bleiben bestehen und werden sogar ausgenutzt.*

Dadurch, daß sich die Spieler hinter Spielregeln verstecken können, treten Emotionen, meist negativer Art, stärker hervor. Menschen, die sich in der Realität nicht trauen, gegen Autoritäten (zum Beispiel Vater) oder Konkurrenten (zum Beispiel Mitarbeiter) durchzusetzen, lenken ihre ganze aufgestaute Aggression, verborgen durch regel-

bestimmte Handlungen (zum Beispiel Rauswerfen der gegnerischen Figuren), gegen die Mitspieler. Der Kampfcharakter wird verdeckt, ist aber auf der Gefühlsebene real. Dieses Faktum hat schon DEGENHARDT in seinem Lied „Monopoly" eindrucksvoll beschrieben (vgl. das diesem Beitrag vorangestellte Motto).
Verbale Kommunikation spielt in einer solchen Spielsituation eine meist untergeordnete Rolle. Sie ist zweckbestimmt und muß sich den Spielregeln unterordnen.
Die Äußerungen beschränken sich auf die Sätze wie „Du bist dran", „ich möchte ein Haus kaufen", „Du must produzieren".
Echte zwischenmenschliche Kommunikation findet so gut wie nicht statt.
Ein Spieler, der während des Spiels schlecht oder ohne Glück spielt, also seine Leistung nicht erbringt, kann sich seinen Mitspielern nicht mitteilen, weil diese seine Schwäche ausnutzen würden. Sein Mißerfolg isoliert ihn. Fängt er in seiner Verzweiflung an, „falsch" zu spielen und wird dabei erwischt, gerät er noch mehr in die Isolation. Dieser Umstand führt dazu, daß der Anspruch der kommerziellen Gesellschaftsspiele, Geselligkeit und Spaß zu garantieren, leicht ins Gegenteil verkehrt werden kann.

- *Kommerzielle Gesellschaftsspiele sind ein Produkt der Freizeitindustrie, die damit bestimmte Freizeitbedürfnisse weckt.*

Freizeit ist heute in unserer Gesellschaft ein vieldiskutiertes Thema:
„. . . Die Presse berichtet von sogenannten Freizeitproblemen von Arbeitslosen . . .
Die Bundesregierung sieht Freizeitpolitik als Teil einer umfassenden Gesellschaftspolitik . . .
Städte preisen ihren Freizeitwert. Für Konsumprodukte wird unter dem Aspekt Freizeit geworben. Die Industrie bedient sich in zunehmendem Maße des Freizeitmarktes" (SCHMITZ-SCHERZER 1975, 27).
OPASCHOWSKI (1972, 133) und SCHMITZ-SCHERZER (1974, 139) definieren Freizeit „als frei disponible, verhaltensbeliebige Zeit". Diese „Zeit" ist in den letzten Jahrzehnten immer größer geworden, damit auch das Problem, die „freie Zeit" sinnvoll auszufüllen.
Die von der Industrie offerierten Spiele werden heute ausnahmslos in der Freizeit gespielt. Sie gelten als sinnvolle Freizeitbeschäftigungen und haben es zu großer Beliebtheit in unserer Gesellschaft gebracht, wie es die ständig steigenden Umsatzzahlen in über Hundertmillionenhöhe beweisen.

III. Anregungen und Erläuterungen für den Gebrauch von kommerziellen Geselschaftsspielen in der Jugendarbeit

1. Voraussetzungen

Um einige Anregungen für die Arbeit in den pädagogischen Feldern der Jugendarbeit mit diesen Spielen zu geben, stellen sich drei Fragen, die wir nachfolgend erläutern und beantworten möchten.

Zur ersten Frage;
Sollen und können kommerzielle Gesellschaftsspiele überhaupt in den pädagogischen Feldern der Jugendarbeit eingesetzt werden?
Wir möchten dies mit einem „Ja — Aber" beantworten, denn folgende vier Voraussetzungen müssen erfüllt sein:

1. Pädagogen müssen über die einzelnen Spiele genau Bescheid wissen, d. h. sie müssen die in Frage kommenden Spiele schon gespielt und auf ihre Eignung hin geprüft

haben, bevor die Spiele eingesetzt werden. Eignung heißt in diesem Fall auch, daß die kommerziellen Gesellschaftsspiele verändert oder erweitert und daß sie unter Umständen auch gut nachgebaut werden können. Das Nachbauen der Spiele spart Geld und eröffnet neue Möglichkeiten für die Arbeit mit Jugendlichen. Kommerzielle Gesellschaftsspiele sind keine „heiligen Kühe", man kann die fertigen Spiele auch nach eigenen Ideen verändern oder für den persönlichen Zweck nachbauen.
2. Pädagogen müssen sich überlegen, welche Jugendlichen das Angebot mit den kommerziellen Gesellschaftsspielen voraussichtlich annehmen und welche nicht und wie man die ablehnenden Jugendlichen motivieren könnte. Für die Motivierung gilt im allgemeinen der Leitsatz: Unterschichtsjugendliche lassen sich schwieriger zum Spielen mit kommerziellen Gesellschaftsspielen gewinnen als Mittelschichtsjugendliche. Das hängt damit zusammen, daß diese Spiele in der Hauptsache von und für die Mittelschicht entwickelt worden sind.
3. Pädagogen müssen wissen, unter welchen Bedingungen die Spielsituationen ablaufen können. Dazu gehört einmal die äußere Umgebung wie Raum, Zeit, Teilnehmer und zum anderen das Spiel selbst, die Lenkung des Pädagogen und sein Engagement für den Fall, daß er mitspielt. Alle diese genannten Faktoren sind voneinander abhängig. Im Hinblick auf ein bestimmtes pädagogisches Ziel, das auch mit Hilfe eines kommerziellen Gesellschaftsspiels vermittelt werden soll, müssen die obigen Faktoren aufeinander abgestimmt werden.
Soll zum Beispiel Kommunikation gefördert werden, so benötigt man zur optimalen Förderung ein Spiel, in dem die Spieler viel miteinander kommunizieren müssen. Der Pädagoge, der das Spiel anleitet oder sich am Spiel selbst beteiligt, muß dafür sorgen, daß jeder Spieler an der Gruppenkommunikation teilnehmen kann.
Die Teilnehmerzahl sollte im allgemeinen sechs Personen nicht überschreiten, um eine rege Kommunikation zu gewährleisten. Der einzelne Spieler muß natürlich in der Lage sein, zu kommunizieren, ansonsten wäre die Kommunikationsbereitschaft erst auf anderem Wege zu fördern. Die kommerziellen Gesellschaftsspiele setzen zumeist einen bestimmten Grad von kommunikativer Kompetenz voraus. Der Raum muß groß genug sein, um die Spielaktivitäten nicht zu behindern, und ansprechend gestaltet sein. Es muß genügend Zeit vorhanden sein, um die Spiele bis zum Ende durchzuspielen.
4. Die Pädagogen müssen jedes einzelne kommerzielle Gesellschaftsspiel in ihren pädagogischen Gesamtplan eingliedern, d. h. Spiele, die den Zielsetzungen des Gesamtplans widersprechen, dürfen nicht eingesetzt werden.
Entsprechend diesen vier Punkten sollte jedes kommerzielle Gesellschaftsspiel vor Einsatz in der Jugendarbeit überprüft werden.

2. Aufgaben und Ziele

Nun zu der zweiten Frage:
Welche Aufgaben und Ziele können kommerzielle Gesellschaftsspiele unterstützen?

1. Kommerzielle Gesellschaftsspiele sind als Teil des Freizeitangebots in der Jugendarbeit einsetzbar. Die Spiele bieten Unterhaltung und Geselligkeit und sind in der Regel spannend. Außerdem können sie als „Eisbrecher" fungieren. Den Jugendlichen wird durch die Spiele die Kontaktaufnahme erleichtert.
2. Kommerzielle Gesellschaftsspiele bieten während der Spielsituation Möglichkeiten der sozialen Erfahrung an. Die Jugendlichen können im Spiel Verhaltensmuster ausprobieren. Überdies kann der sonst so geschmähte Wettbewerbscharakter der Spiele dazu beitragen, daß die Jugendlichen sich gegenseitig Selbstbestätigung geben.
3. Kommerzielle Gesellschaftsspiele bieten Lernfelder zum Konfliktlöseverhalten an. Dadurch, daß in den Spielen leichte Konflikte herbeigeführt werden, müssen die

Spieler nach Wegen suchen, diese Konflikte zu lösen. Der Freiraum des Spiels gestattet es, mehrere Wege auszuprobieren, ohne daß dies weittragende Konsequenzen für die Spieler hat.

3. Welcher Rahmen?

Die dritte Frage lautet:
In welchem Rahmen lassen sich kommerzielle Gesellschaftsspiele in der Jugendarbeit verwenden?

Unabhängig von den einzelnen Feldern der Jugendarbeit lassen sich für die Gesellschaftsspiele einer Spielothek folgende Einsatzmöglichkeiten denken:

1. Kommerzielle Gesellschaftsspiele der Spielothek werden ähnlich ausgeliehen wie Bücher in einer Bibliothek.
2. Kommerzielle Gesellschaftsspiele werden als freies Angebot neben Heimsport, Disco, Film u. ä. in den jeweiligen Feldern angeboten.
3. Ein Spielclub wird gegründet, dessen Mitglieder hauptsächlich zum Spielen kommen und eventuell ehrenamtlich die Spielothek verwalten können.
4. Bei einer größeren Spielaktion werden auch Gesellschaftsspiele mit einbezogen.
5. Bei Förderung bestimmter Intentionen können auch kommerzielle Gesellschaftsspiele als Teil der Förderung eingesetzt werden.

Wir haben es bewußt vermieden, bestimmte Spiele für den Einsatz in der Jugendarbeit zu empfehlen oder eine Einteilung in gute oder schlechte Spiele vorzunehmen. Denn „gut" und „schlecht" sind viel zu subjektive Attribute und nur selten pädagogische Richtwerte, zumal, wie oben empfohlen, bestimmte Spiele gerade *durch die Veränderungen und Erweiterungen* ihren pädagogischen Wert erhalten und steigern können.

Die Entscheidung, welche Spiele man in der Jugendarbeit einsetzen soll, muß in der Praxis von jedem Betreuerteam jeweils neu diskutiert und festgelegt werden. Dabei können natürlich Bewertungspunkte wie Aufforderungscharakter, ästhetische Merkmale oder Lern- und Übungseffekte (vgl. MIESKES 1975) unter Umständen hilfreich sein.

Jedes Spiel muß sich in der Spielsituation selbst bewähren. Erst in Spielsituationen mit den jeweils ganz unterschiedlichen Faktoren wird sich herausstellen, ob ein kommerzielles Gesellschaftsspiel für die Spieler einen Geselligkeits- und Unterhaltungscharakter und/oder einen Bildungscharakter besitzt.

Auch über die Attraktivität entscheiden erst mehrmalige Spielsituationen. Ein Spiel kann, häufig gespielt, an Attraktivität für eine bestimmte Gruppe gewinnen oder verlieren. Die Relativität der Güte eines kommerziellen Gesellschaftsspiels hängt, außer mit dem Spiel selbst, auch mit den Interessen, Bedürfnissen und dem Spielvermögen der Spieler zusammen. Das wird sich beim Einsatz von diesen Spielen in der Jugendarbeit immer wieder herausstellen.

Auswahlbibliographie

Abt, C.: Ernste Spiele, Köln 1971
Alberts, J., u. a.: Segmente der Unterhaltungsindustrie, Frankfurt (Main) 1974
Allerbeck, K., u. a.: Einführung in die Jugendsoziologie, Heidelberg 1976
Antoinette, H. / Becker, M. und St.: Angst vor dem Spielen, in: Schulte, H. (Hrsg.): Spiele und Vorspiele, Frankfurt/M. 1978
Arbeitsausschuß Gutes Spielzeug e. V. (Hrsg.): 13. Verzeichnis des „Spiel gut" ausgezeichneten Spielzeugs, Ulm 1975
Anguet, R.: Spiele, Sport und Sensationen, Wien 1975
Ausubel, D. P.: Das Jugendalter, Fakten – Probleme – Theorie, München 1968
Baacke, D.: Einführung in die außerschulische Pädagogik, München 1976
Balzer, K. M.: Freizeit-Reform?, in: Alberts, J. u. a.: Segmente der Unterhaltungsindustrie, Frankfurt/M. 1974
Bayerische Akademie der Schönen Künste (Hrsg.): Der Mensch und das Spiel in der verplanten Welt, München 1976
Berlyne, D. E.: Laughter, Humor and Play, in: Lindzey, G. / Aronson, E. (Hrsg.): The Handbook of Social Psychology, Bd. 3, Reading, Mass. 1969, 795 – 852
Berne, E.: Spiele der Erwachsenen, Hamburg 1967
Böhnisch, L. (Hrsg.): Jugendarbeit in der Diskussion, München 1973
Brenner, G.: Die Vernunft des Spielens, in: Deutsche Jugend 1 (1978)
Bühler, K.: Die geistige Entwicklung des Kindes, Jena 1918
Carr, H.: The survical values of play, Colorado 1902
Claus, J., u. a.: Spiel im Vorschulalter, Frankfurt (Main) 1973
– zit. nach: Portele, G.: Arbeit, Spiel, Wettbewerb, in: Lehmann / Portele (Hrsg.): Simulationsspiele in der Erziehung, Weinheim / Basel 1976, 116
– Spiel im Vorschulalter, Frankfurt/M. 1973
Damm, D.: Politische Jugendarbeit, München 1975
Dirx, R.: Gaukler, Kinder, Kluge Köpfe, Hannover 1968
Eigen, M. / Winkler, R.: Das Spiel, München 1975
Elschenbroich, D.: Spielen und Spielzeug, in: Kursbuch 34, Berlin 1973
Erikson, E. H.: Kindheit und Gesellschaft, Stuttgart 1957
– Identität und Lebenszyklus, Frankfurt (Main) 1966
– Jugend und Krise, Stuttgart 1970
– Kinderspiel und politische Phantasie, Frankfurt (Main) 1978
Flitner, A. (Hrsg.): Das Kinderspiel, München 1983
Freud, S.: Jenseits des Lustprinzips, Leipzig 1920
Fritz, J.: Gruppendynamik und Jugendarbeit, München 1973
Frommberger H. (Hrsg.): Lernendes Spiel – Spielendes Lernen, Hannover 1976
Games and Puzzles, London, February / March 1974, June / July 1974, March 1975
Giesecke, H.: Die Jugendarbeit, München 1971
Gizycki, J. / Gorny, A.: Glück im Spiel zu allen Zeiten, Zürich 1970
Glonegger, E.: „Klassische" Gesellschaftsspiele – was versteht man darunter?, in: Spielmittel 4 (1982), 29 – 40
Gold, V., u. a.: Kinder spielen Konflikte, Neuwied 1973
Groos, K.: Die Spiele des Menschen, Jena 1899
Grupp, K. D.: Spielkarten und ihre Geschichte, Leinfelden 1973
Harms, V.: Der Terminus „Spiel" in der Ethnologie, Hamburg 1969
Hassenstein, B.: Verhaltensbiologie des Kindes, München 1973
Heinsohn, G. / Knieper, B. M.: Theorie des Kindergartens und der Spielpädagogik, Frankfurt (Main) 1975
Holzach, M.: Ene, mene muh – Spielen in Deutschland, in: Zeit-Magazin, Nr. 28 vom 1. 7. 1977, Hamburg
Huizinga, J.: Homo ludens, Hamburg 1956

Klinke, W.: Spiel- und Arbeitsmittel im Vor- und Grundschulalter, Wien / München 1976
— Modellentwurf zur Beschreibung, Analyse und Beurteilung von Spiel- und Arbeitsmitteln, in: Kreuzer, K. J. (Hrsg.): Handbuch der Spielpädagogik, Bd. 1, Düsseldorf 1983, 431 — 445
Klippstein, E. / Klippstein, H.: Soziale Erziehung mit kooperativen Spielen, Bad Heilbrunn 1978
Kreuzer, K. J. (Hrsg.): Handbuch der Spielpädagogik, 4 Bde., Düsseldorf 1983/84
Krivohlavy, J.: Zwischenmenschliche Konflikte und experimentelle Spiele, Bern 1974
Kroner, B.: Ist das noch Spielzeug?, in: psychologie heute 12 (1977)
Kujawa, G.: Ursprung und Sinn des Spiels, Köln 1940
Lehmann, J. / Portele, G. (Hrsg.): Simulationsspiele in der Erziehung, Weinheim / Basel 1976
Leonhardt, R. W.: Warum der Ball so schön ist, in: Zeit-Magazin, Nr. 32 vom 2. 6. 1978, Hamburg
Lüdtke, H. / Grauer, G.: Jugend — Freizeit — „Offene Tür", Weinheim / Basel 1973
Mayrhofer, H. / Zacharias, W.: Aktion Spielbus, Weinheim / Basel 1973
Millar, S.: Psychologie des Spiels, Ravensburg 1973
Mies, G. A.: Spielerische Einschübe, in: Archiv für angewandte Sozialpädagogik 2 (1978)
Mieskes, H.: Anleitung zur Analyse und Beurteilung von Spielmitteln, Giessen 1975
— Spielmittel — recht verstanden, richtig gewählt, gut genutzt, Augsburg 1974
— Spielmittel und Spielmittelforschung im Rahmen der Spielpädagogik, in: Kreuzer, K. J. (Hrsg.): Handbuch der Spielpädagogik, Bd. 1, Düsseldorf 1983, 387 — 429
Mölter, U.: Kommerzielle Gesellschaftsspiele in der Jugendarbeit, in: Spielmittel 1 (1983), 47 — 50
Moor, P.: Die Bedeutung des Spiels in der Erziehung, Bern / Stuttgart 1968
Moore, O. K. / Anderson, A. R.: Einige Prinzipien zur Gestaltung von Erziehungsumwelten selbstgesteuerten Lernens (engl. 1969), dt. in: Lehmann / Portele (Hrsg.): Simulationsspiele in der Erziehung, Weinheim / Basel 1976, 29 — 73
Piaget, J.: Nachahmung, Spiel und Traum, Stuttgart 1969
— Das moralische Urteil beim Kinde, Frankfurt (Main) 1976
Portele, J.: Arbeit, Spiel, Wettbewerb, in: Lehmann / Portele (Hrsg.): Simulationsspiele in der Erziehung, Weinheim / Basel 1976, 115 — 133
Retter, H.: Spielzeug, Oberursel/Ts. 1973
Roberts, J. M. u. a.: zit. nach Millar, S.: Psychologie des Spiels, Ravensburg 1973, 200
— Spieltypen und Gesellschaftsformen (engl. 1959), dt. in: Lehmann / Portele (Hrsg.): Simulationsspiele in der Erziehung, Weinheim / Basel 1976, 74 — 83
Sbrzesny, H.: Die Spiele der Ko-Buschleute, München 1976
Scheuerl, H.: Das Spiel, Weinheim / Basel 1954
— (Hrsg.): Theorien des Spiels, Weinheim / Basel 1955
Schiller, F.: Über die ästhetische Erziehung des Menschen, Stuttgart 1977
Schmidtchen, St. / Erb, A.: Analyse des Kinderspiels, Köln 1976
Schmitz-Scherzer, R.: Sozialpsychologie der Freizeit, Stuttgart u. a. 1974
— Freizeit — Gleichheit ..., in: psychologie heute 9 (1975)
— (Hrsg.): Aktuelle Beiträge zur Freizeitforschung, Darmstadt 1977
Schulte, H. (Hrsg.): Spiele und Vorspiele, Frankfurt (Main) 1978
Stern, W. (1914), zit. nach: Piaget, J.: Nachahmung, Spiel und Traum, Stuttgart 1969, 144
Trapp, E. C. (1787), zit. nach: Scheuerl, H. (Hrsg.): Theorien des Spiels, Weinheim / Basel 1955, 24
Umminger, W.: Die wahren Freuden aller Zeiten, Düsseldorf / Wien 1966
Wissenschaftlicher Beirat der „Arbeitsgemeinschaft Spielzeug e. V. (Hrsg.): Spielmittel, Bamberg 1970
Wittgenstein, L.: Philosophische Untersuchungen (dt. und engl), Oxford 1953, 31 ff.
Wocker, K. H.: Spiel mit grenzenlosem Ernst, in: Zeit-Magazin Nr. 29 vom 14. 7. 1978, Hamburg

7. Kooperative Spiele in der Jugendarbeit
Ulrich Baer

I. Exemplarische Spielanalyse

Stellen sie sich die beiden folgenden Szenen vor:

Eine Jugendgruppe feiert, es werden Spiele gemacht, jemand schlägt „Reise nach Jerusalem" vor. Die ganze Gruppe rennt, während Musik läuft, um eine Stuhlreihe herum. Die Musik wird unterbrochen, jeder sucht sich einen Stuhl und setzt sich. Es gibt bei diesem Spiel bekanntlich immer einen Stuhl weniger als Leute drumherumlaufen. Man kommt schon mal halb auf dem Schoß des Nachbarn zu sitzen, das gibt jedesmal ein Kreischen und Lachen ... Wer keinen Sitzplatz erwischt hat, der muß für den ganzen Rest des Spiels zuschauen, was allerdings auch Spaß machen kann. Und so gibt es immer mehr Zuschauer, nach jedem Musikstop scheidet einer aus, bis zuletzt der beste „Drängler" als strahlender Sieger übrigbleibt. Er hat sich im wahrsten Sinne des Wortes am besten von allen „durchgesetzt".

Eine andere Jugendgruppe, auch sie machen eine Fete und spielen.

Das berühmte „Knotenspiel" ist dran: Alle stellen sich zu einem Kreis auf, fassen sich an die Hände und schon geht man aufeinander los. Keiner läßt die Hände seiner Nachbarn los, aber Nachbarn sind es schon längst nicht mehr: durch Drübersteigen und Drunterherkriechen ist der Kreis völlig verknotet. Stöhnen, lachen, rufen — alle sind ein enges, dichtes Knäuel geworden — und fühlen sich pudelwohl. Einer ruft: „Jetzt gehts nicht mehr. Laßt uns entknoten!" Und wie von Zauberhand geführt, entwirrt sich die Gruppe allmählich, einige stehen schon wieder auf der Kreislinie, beim Peter ist noch ein halb verdrehter Arm zu entwirren. Es wird herumprobiert, gute und gut gemeinte Ratschläge werden gegeben. Endlich wird auch die letzte Verknotung aufgelöst, alle stehen wieder — immer noch händehaltend — im Kreis. Die verschwitzten Hände werden losgelassen und spontan klatscht jemand Beifall, in den alle einfallen.

Zwei Jugendgruppen, zwei verschiedene Spiele. Einmal ein traditionelles Wettkampfspiel mit Ausscheiden, das andere Mal ein bald „klassisch" zu nennendes kooperatives Spiel, bei dem alle siegen oder — wenn jemand die Hand losläßt — alle verlieren. Beides sind Regelspiele, das erste war früher sehr verbreitet, das zweite gehört heute zu den bekanntesten Gruppenspielen. Ich habe diese beiden Spiele als Beispiele ausgewählt, weil sie in mancher Hinsicht sehr ähnlich sind: Beide Spiele machen in Gruppen viel Spaß, die Gruppe stellt in beiden Spielen das Hindernis, die Spielaufgabe selbst her (ein Stuhl weniger als Teilnehmer = Mangelsituation ist zu bewältigen; Gruppenknoten = undurchsichtiges System ist zu ordnen), in beiden Spielen macht insbesondere Jugendlichen der unvermeidliche (aber vor anderen mit dem Spiel zu entschuldigende) Körperkontakt viel Spaß

und beide Spiele lassen sich mit fast beliebigen Mitspielerzahlen schnell durchführen. Wirklich beides ideale Spiele, jedenfalls auf den ersten Blick.
Analysieren wir einmal die Unterschiede:
Bei der „Reise nach Jerusalem" scheidet ein Mitspieler nach dem anderen aus, ist lahmgelegt, seine Angst-Lust (das Risiko-Erlebnis in diesem Spiel), einen Stuhl noch zu ergattern, wird abrupt zugunsten der Angst beendet. Die Niederlage des ausscheidenden Spielers ist der vorläufige Sieg aller anderen, die sich durchsetzen (in diesem Spiel: hinsetzen) konnten, bis es auch sie ereilt und schließlich nur der beste Drängler, der körperlich Geschickteste übrigbleibt. Die Spannung, das Interesse, wird bei Mitspielern durch die Frage „Werde ich einen rettenden Stuhl erwischen?" und bei den Zuschauern „Wer bleibt übrig als Sieger?" hervorgerufen. *Das Erfüllen der Spielaufgabe ist nur durch individualistisches, gegen die anderen gerichtetes Verhalten möglich.* Die kurzen körperlichen Beziehungen der Spieler miteinander bestehen aus aggressiven Handlungen, nämlich aus Wegdrängeln oder Wegstoßen. Der Konflikt (zwei Spieler wollen einen Stuhl) wird durch Zufall oder körperliche Gewalt gelöst. Als Sieger wird schließlich derjenige belohnt und bestätigt, der sich am geschicktesten körperlich durchsetzen konnte. Jeder Spieler ist Konkurrent des anderen, ihr Grundverhalten kann „kompetitiv" bezeichnet werden.
Ganz anders beim „Knotenspiel": Der Körperkontakt wird lustvoll erlebt, das Entknoten, *die Spielaufgabe, wird von allen gemeinsam unter gegenseitiger Hilfe und guten Ratschlägen erfüllt.* Einige tragen zum Entwirren dadurch bei, daß sie lösende Verrenkungen ausprobieren, andere machen Vorschläge, weil sie den Knoten überblicken. Jeder trägt seinen Fähigkeiten entsprechend zur Entwirrung der Situation bei. Das Grundverhalten der Spieler ist „kooperativ" zu nennen.
In beiden Spielen legt die *Spielregel* den Spielern eine bestimmte Verhaltensrichtung nahe, damit von ihnen die Spielaufgabe erfüllt werden kann. Wenn wir kooperative Spiele von Konkurrenzspielen unterscheiden, geht es immer nur um die unterschiedliche Spielstruktur, wie sie in der Spielregel angelegt ist. Die Spielregel ist die handlungsanweisende, für alle Spieler verbindliche Norm. Dieses bestimmende Merkmal ist nicht zu verwechseln mit dem konkreten Verhalten einzelner Spieler und auch nicht mit ihrer Spieleinstellung oder ihren Spielgewohnheiten. Auch bei einem kooperativen Spiel können sich die Spieler untereinander möglicherweise sehr konkurrierend verhalten, weil sie vielleicht einen Beziehungskonflikt auszutragen haben. Oder ein scharfes Konkurrenzspiel kann sehr freundlich gespielt werden und vielleicht sogar so, daß es den Beteiligten egal ist, wer letztlich gewinnt, weil ihnen der Spielprozeß wichtiger als das Ergebnis ist. Dies alles hat aber mit der Einteilung in kompetitive und kooperative Spiele nichts zu tun, da diese nach dem von der Spielregel konstituierten Handlungsgrundmuster erfolgt.
Idealtypisch lassen sich alle Spiele, die zu mehreren gespielt werden, in *drei Gruppen* einteilen:

- In *Konkurrenzspielen* versuchen mehrere Spieler individuell ein Hindernis zu überwinden, durch eine vergleichende Bewertung der Spielleistungen wird der Spieler mit der höchstrangigsten Leistung (Erster, Schnellster, usw.) zum Sieger erklärt. Die Spieler können sich gegenseitig die Spielhindernisse erhöhen.
- In *koalitiven Spielen* konkurrieren nicht einzelne Spieler, sondern Gruppen miteinander. Dabei kooperieren die Spieler einer Gruppe (Partei, Mannschaft, zeitweise Spielerkoalition) miteinander, d. h. können sich absprechen, helfen, in ihren Fähigkeiten und Spielchancen ergänzen.
- In *kooperativen Spielen* wird das Spielhindernis nicht durch einen Mitspieler, sondern durch den Zufall (Würfel, Ereigniskarte), durch Materie (zum Beispiel Geländehindernisse) oder durch Defizite der Gruppe selbst (zum Beispiel man kennt sich nicht) hervorgerufen. Das Spielhindernis wird von der Gruppe gemeinsam unter gegenseitiger Hilfeleistung bewältigt. Ein individueller Vergleich wird nicht erwartet.

Diese Einteilung der Spiele gilt für Brettspiele (Gesellschaftsspiele) ebenso wie für Regel-, Kreis- und sonstige Gruppenspiele.

II. Geschichte und aktuelle Situation

Woher kommt eigentlich das aktuelle Interesse an dieser Einteilung, ist man sonst doch gewohnt, die Spiele nach Formen oder Tätigkeiten zu unterscheiden? Die hier vorgenommene Einteilung nach grundlegenden Verhaltensnormen und Interaktionsmustern ist eine höchst spielpädagogische Fragestellung. Denn die Pädagogik fragt nach den Lernprozessen, die sich beim Spiel ereignen können. Und diese lassen sich zunächst am im Spiel gezeigten Verhalten analysieren.

Nachdem zu Beginn der siebziger Jahre durch die Vorschulerziehung eher die kognitiven Lernprozesse im Spiel in der Blickrichtung der Spielforschung und -pädagogik lagen, interessieren heute mehr die emotionalen und sozialen Lernprozesse. Aber nicht nur von der Spielpädagogik, sondern gerade durch die Entwicklung der Spielpraxis wird die Frage nach kooperativen Spielen höchst aktuell: Seit einigen Jahren wird in der außerschulischen Jugendarbeit immer mehr nach den „Spielen ohne Sieger" gefragt. Ohne Zweifel hat dieses verstärkte Interesse an Spielen ohne Konkurrenz mit einem bewußten Werte- bzw. Einstellungswandel bei Jugendlichen zu tun. Die soziale Interaktion in der Gesellschaft wird von der Alternativ- und Friedensbewegung bewußt, von vielen anderen Jugendlichen unbewußt kritisiert. Die Widersprüche zwischen der postulierten Moral und der Verhaltensrealität wird resignierend oder mit dem Willen zur Veränderung registriert. Daraus erwächst der Wunsch, sich solidarisch, kooperativ und ohne Ausgrenzungen miteinander zu verhalten. In vielen Ernst-Situationen in der Schule, bei der Ausbildung, am Arbeitsplatz ist das nicht möglich, unterliegen alle dem auslesenden Konkurrenzprinzip. So richtet sich das Interesse auf den Kultur- und Freizeitsektor, speziell auf die Frage, welche Spiele gespielt werden können. Diese beschriebene Entwicklung hat sich so auch im nordamerikanischen Raum abgespielt, von wo zahlreiche Impulse durch Sammlungen kooperativer Spiele („new games") nach Mitteleuropa herübergekommen sind.

Während von dem kanadischen Spielpädagogen DEACOVE vor allem traditionelle (auch sportliche) Spiele mit kooperativen Spielregeln ausgestattet wurden, schildert ORLICK in ihrem Band die Anwendung kooperativer Gruppenspiele in der Arbeit mit jüngeren Kindern und stellt auch kooperative Spiele anderer Länder vor. 1979 sind die „new games" aus der kalifornischen Alternativ- und Friedensbewegung von FLUEGELMAN / TEMBECK in Deutschland mit unvermutet großem Erfolg erschienen. Obwohl diese Spielesammlung auch viele bekannte kompetitive Spiele enthält, ist ihre große Verbreitung durch die in den zwei Bänden vertretene Spieleinstellung zu erklären. Der Leitsatz für die Spielfeste mit den neuen Spielen lautet: „Spiel fair, spiel intensiv und tue niemandem weh!". Pat FARRINGTON, die Mit-Erfinderin der „new games"-Spielfeste erläutert so ihre spielpädagogische Absicht: „Ich sah die Möglichkeit, Familien, Gruppen und einzelne zu einer Erfahrung zusammenzuführen, die sowohl Gemeinschaftsgefühl entstehen läßt wie dem persönlichen Ausdruck Raum gibt. Im Mittelpunkt sollte die Freude am Spiel, Kooperation und Vertrauen stehen und nicht der Wunsch zu gewinnen." Inzwischen sind in der Bundesrepublik Deutschland viele Spielesammlungen mit überwiegend kooperativen Spielen erschienen (LEUE, BRINKMANN / TRESS) und besonders breitenwirksam war, daß der Deutsche Sportbund die Idee der Spielfeste mit mehreren hundert oder auch tausend Mitspielern aufgegriffen hat und regionale Spielfeste einzelner Sportvereine organisatorisch unterstützt. Ein Anknüpfungspunkt für den Sportbund war dabei die Verwendung neuer bislang unüblicher Spielmaterialien wie Erdbälle und Fallschirme sowie aufgeblasene Riesen-Kunststoff-Sprungkissen für zwei Dutzend Kinder gleichzeitig. Die Faszination dieser Materialien liefert ausreichend Spannung und Risikoerleben, so daß zusätzliche Wettbewerbselemente unnötig sind. Außerdem sind die Materialien so groß, daß sich durch diese Qualität des „Spielhindernisses" scheinbar von allein ein Zusammenspiel mit zahlreichen kooperativen Momenten ergibt. Das zentrale Motiv für die Integration von Spielfesten mit Spielen ohne Wettkampfcharakter war für den Deutschen Sportbund jedoch der Mitgliederschwund in Sportvereinen, die sich nur auf die konventionellen Wettkampf- und Leistungssportangebote beschränken. Auch der Sportbund hat beobachtet, daß der Einstieg in Spiel, Sport und Bewegungsaktivitäten vielen Menschen leichter fällt, wenn Leistungen nicht fremdbewertet werden. Die Furcht vor der Bewertung hindert viele Jugendliche und Erwachsene am Mitspielen, weil sie eine negative Einschätzung ihrer Spielfähigkeiten fürchten. Ein weiterer Grund für Spielhemmungen sind frühere psychisch negativ erlebte „Reinlege-Spiele", bei denen einer „der Dumme" war, und die Schadenfreude über ihn den primären Spielspaß für die Gruppe hervorrief. Das Prinzip der gemeinsamen Spielfreude läßt solche Mechanismen bei kooperativen Spielen nicht zu.
Neben diesen Bewegungsspielen und Spielaktionen für viele Mitspieler sind in den letzten Jahren in Jugendgruppen Kennenlernspiele (zum Beispiel BAER) und Interaktionsspiele (zum Beispiel VOPEL) vermehrt eingesetzt worden. In diesen Spielen sind die sozialen Beziehungen der Gruppen-

mitglieder ein Thema des Spiels. Die Distanz der Teilnehmer wird mit diesen kooperativen Spielen abgebaut und ihre Fähigkeit zur Zusammenarbeit spielerisch verbessert. Kooperativ strukturierte Kennenlernspiele können in Gruppen Hindernisse zu konstruktiver Interaktion abbauen: die Hindernisse bestehen aus drei Elementen: Unsicherheit und Angst vor der Begegnung mit unbekannten Personen, nicht geklärten Rollen und Erwartungen zum Gruppengeschehen, Passivität und Abwarte-Haltung. Durch kooperative Kennenlernspiele kann diesen Hindernissen so begegnet werden, daß die Spiele nicht selbst wieder Ängste aufbauen oder aggressive Konfliktlösungen nahelegen!

Parallel zu dieser Entwicklung bei den Bewegungs- und Gruppenspielen wurden seit Mitte der siebziger Jahre kooperative Brettspiele erfunden und verbreitet: 1975 erschien beim Otto Maier Verlag in Ravensburg das Spieleprogramm „du – ich – wir" in Zusammenarbeit mit dem Psychologischen Institut der Universität Hamburg (R. TAUSCH). Zu diesen Vorschulmaterialien gehört das Helfer-Spiel, das inzwischen zur Standardausstattung der Kindergärten avanciert ist:

Ein Kind gerät in eine auf einer Bildtafel vorgegebene Notsituation und die Mitspieler können ihre Hilfe anbieten. Gemeinsam wird besprochen, wie sinnvoll das Hilfsmittel ist. Gegen das frühe Trainieren von Kulturtechniken wie Schreiben, Lesen und Rechnen zielte dieses Programm auf das soziale Lernen in Gruppen:

„– Förderung von Solidarität und gegenseitiger Hilfsbereitschaft;
– Stärkung des Selbstvertrauens und der Lebenstüchtigkeit, beim Einsatz von Fantasie und Erfahrung zur Lösung schwieriger Situationen;
– Entwicklung der Sprache beim freien Erzählen und Miteinandersprechen" (aus der Spielbeschreibung des Verlages).

Etwa zur gleichen Zeit begann der Herder Verlag Freiburg mit der Herausgabe seiner derzeit neun Spiele umfassenden Serie kooperativer Brettspiele für 4- bis 10jährige Kinder (häufigster Autor: E. KLIPPSTEIN). Diese Spiele haben fiktive, traditionelle Spielthemen, wie aus den Titeln bereits hervorgeht: „Zauberkater", „Zirkus", „Drachenspiel", „Abenteuerinsel". Ihr Spielprinzip ist auch bei fast allen Spielen der Serie gleich: gespielt wird von der Gruppe gemeinsam gegen die Zeit bzw. den Würfel: Fällt statt der „6" auf dem Würfel ein bestimmtes Symbol (zum Beispiel eine Gewitterwolke beim Spiel „Wundergarten"), so muß ein Teil dieses „Spielgegners" gesetzt und die Gruppe muß zusammen früher als der „Gegner" fertig werden. Die Kooperation besteht nur aus dem Verschenken von Spielsteinen oder Würfelpunkten. Der Prozeß der Zusammenarbeit ist so simpel, daß die Spiele von vielen als spannungsarm oder langweilig bezeichnet wurden. Es fehlt ihnen jegliches taktische Element. Bei dem „Spielgegner" handelt es sich stets um Phantasie- oder Natur-Elemente. Entscheidend ist, daß sie nicht durch einen Mitspieler wahrgenommen werden, sondern vom Zufall bestimmt sind. Dadurch ist kein Mitspieler in der Gegner-Rolle, aber die Aktivität des „Gegners" bzw. des Spielhindernisses gestaltet sich sehr einfach und dadurch entsteht nur ein verminderter Spielantrieb. In letzter

Zeit sind — vor allem von alternativen Gruppen und einzelnen Spiele-Erfindern — kooperative Brettspiele für ältere Kinder, Jugendliche und Erwachsene entwickelt worden, die einen erheblich höheren Komplexitätsgrad und damit auch vermehrte Spannungselemente aufweisen. Leider werden diese Spiele nur sehr zögernd von konventionellen Verlagen aufgelegt und sind daher noch keine massenhaft verbreitete Alternative zu den traditionellen Familien-Wettbewerbsspielen.

Zur Förderung von kooperativen Spielmaterialien in der Jugendarbeit und Erwachsenenbildung hat die Akademie Remscheid, ein bundeszentrales Fortbildungsinstitut für die sozial-kulturelle Jugendbildung, ein alljährliches Forum eingerichtet, den „Spielmarkt". Auf ihm stellen Gruppen ihre erfundenen Spiele einem großen Fachpublikum aus Jugend- und Sozialarbeit vor.

Außerdem wurde ein Handlungsforschungsprojekt eingerichtet, das der Entwicklung, Erprobung und Verbreitung kooperativer Brett- und Gruppenspiele in der Jugendarbeit dienen soll. Das Projekt wird mitfinanziert von der Stiftung Jugendmarke und erstreckt sich über die Jahre 1983 und 1984. Nach einer Pilot-Untersuchung von A. KNAPP, die primär der Entwicklung von Erprobungsinstrumenten diente, wurde von einer Gruppe von Spielpädagogen ein „Spiele-Paket" entwickelt. Dieses Paket besteht aus fünf kooperativen Brettspielen für Jugendliche und Erwachsene ab ca. 10 Jahren, da besonders für diese Altersgruppen noch kein ausreichendes Angebot an kooperativen Brettspielen vorliegt. Das Paket enthält ferner die Beschreibung von drei längeren Spielaktionen für Gruppen zwischen 10 und 30 Mitspielern. Neben theoretisch-didaktischem Begleitmaterial enthält das „Spiele-Paket" auch die Remscheider Spielkartei — eine Sammlung von 200 kooperativen Gruppenspielen, gegliedert in 24 thematische Spielketten zum sozialen Lernen. Dieses Paket liegt derzeit 60 verschiedenen Einrichtungen der Jugend- und Erwachsenenbildung im deutschsprachigen Raum zur Erprobung vor. Durch einfach von den Spielgruppen selbst und von Gruppenleitern auszufüllenden Fragebögen und durch narrative Gruppeninterviews erhoffen wir uns Aufschlüsse über die Wirkung der kooperativen Spiele, welche Strukturelemente ihre Attraktivität ausmachen oder welche Elemente Desinteresse bewirken, was an den Spielen und Aktionsvorschlägen zu verbessern ist, wie sie bei verschiedenen Altersgruppen und in Spielsituationen mit unterschiedlicher institutioneller Einbindung und Kontext erfahren werden. Die Erkenntnisse aus diesem Projekt werden durch ihre Publikation in der Fachzeitschrift „GRUPPE & SPIEL" Spieleerfindern und den Mitarbeitern in der Jugend- und Sozialarbeit notwendiges Basiswissen zur Förderung kooperativer Spiele verschaffen. Bislang sind die auch praktisch verwertbaren Informationen über Struktur und Wirkung kooperativer Spiele noch sehr dünn gesät. Über die wichtigsten vorliegenden Erfahrungen und Einsichten soll im folgenden berichtet werden.

III. Die pädagogische Bedeutung von kooperativen Spielen

Lernen geschieht nicht nur in institutionalisierter Lernorganisation, also nicht nur in Kindergarten, Schule und Hochschule. Sozialisationsfelder sind ebenso — und vielleicht sogar wirksamer — die Familie, die Peergroup, die Massenmedien, die Wohnumwelt, die Freizeitangebote. Eine Einflußgröße auf das kindliche Lernen ist das Spiel, die Beschaffenheit von Spielzeug, die Umgangsformen mit Gleichaltrigen und Erwachsenen im Spiel, die Inhalte der Spiele. Spiel ist für Kinder eine vereinfachte Wirklichkeit, in der sie den Umgang mit Sachen und Menschen lernen können. Im Spiel werden Normen (Werte), Denk- und Verhaltensweisen sowie der Umgang mit Emotionen gelernt, verstärkt und in das individuelle Verhaltensrepertoire übernommen durch Identifikation und Imitation. Dabei wird nicht nur Neues gelernt, sondern ständig das Bekannte reproduziert und dabei verstärkt, geübt und differenziert. Das ist alles bekannt und ausführlich in Band 1 dieses Handbuches dargestellt (vgl. VAN DER KOOIJ und HOPPE).

Für die Jugendarbeit gibt es bislang nur wenige empirisch untermauerte Erfahrungen über die Wirkung und Funktion des Spiels. Ich möchte hier davon ausgehen, daß statt der zentralen Lernfunktion des Spiels für Kinder bei Jugendlichen und Erwachsenen wesentlich *drei Funktionen eine bedeutende Rolle spielen*:

- die Erholungsfunktion

Auch wenn das Spiel Konzentration, physische Anstrengung und arbeitsähnliche Tätigkeiten verlangt, so machen es doch einige bedeutsame Unterschiede gegenüber Schulunterricht und Arbeitssituation zu einer entspannenden, attraktiven Freizeitbeschäftigung für Jugendliche und Erwachsene: Das Spiel vermittelt schneller und öfter als Schule und Beruf Erfolgsmeldungen (Selbstbewußtsein vermittelndes Feedback); der Spieler fühlt sich im Gegensatz zu den durch Fremdbestimmung gekennzeichneten Situationen in Schule und am Arbeitsplatz im Spiel Herr der Lage (er überblickt Prozeß und Ziel und beeinflußt aktiv das Geschehen); schließlich ermöglicht das Spiel mehr Abwechslung, Abenteuer, Risikoverhalten und Spannung gegenüber Routine und Langeweile im Unterricht und im Beruf.

- die Bestätigungsfunktion

Beim Spiel reproduzieren Jugendliche und Erwachsene überwiegend Fähigkeiten, die sie bereits gelernt haben, die sie kennen, die sie nicht verunsichern. Fein- oder grobmotorische Geschicklichkeit und strategisches Können werden in den meisten Bewegungs- und Brettspielen benötigt. Fähigkeiten, die beim Spiel in der Freizeit nicht mehr neu gelernt werden, sondern aus dem Leben in Familie, Schule und Beruf bekannt sind und beherrscht werden. Durch diese permanente Bestätigung im Spiel dessen, was man schon kann, ergibt sich ein bedeutender Bestätigungseffekt. Handlungsmuster und Interaktionsstrukturen werden verstärkt und teilweise differenziert.

- die Gesellungsfunktion

Spiele werden im Freizeitbereich von Jugendlichen und Erwachsenen gespielt, um mit anderen zusammen zu sein und aktiv etwas zu unternehmen. Die Zugehörigkeit zu Spielgruppen wird oft damit begründet, daß man mit seinen Freunden zusammen sei.

Zusammenfassend gehe ich also davon aus, daß Spiel für Kinder primär eine Lernfunktion, für Jugendliche und Erwachsene dagegen vorrangig eine Unterhaltungsfunktion besitzt.

Gelernt (von Kindern) oder geübt (von Jugendlichen und Erwachsenen) kann natürlich nur werden, was auch im Spiel vorkommt und abläuft, also Verhaltensweisen und Normen, die das Spiel auch ermöglicht. Die Normen und Interaktionen werden zwar wie eingangs erwähnt durch die Spielsituation, die Zusammensetzung und Beziehungsstruktur der Spielgruppe und dergleichen mitbestimmt, aber nicht zuletzt auch von der Spielregel, dem Spielziel und -inhalt. Bei einem Spiel, das eine kooperative Interaktion fördert, nahelegt und erfordert, wird nur ein Verhalten, das diesem Handlungsmuster entspricht gelernt oder geübt.

Bei einem Spiel, das eine von der Konkurrenz der Spieler geprägte Interaktion fördert, nahelegt oder erfordert, wird eben auch nur kompetitives Handeln gelernt und geübt.

Gegen diese einfache Rechnung wird von einem Kritiker der kooperativen Spiele (FRITZ 1982) eingewandt, daß es entscheidend sei, welchen Rahmen die Spieler ihrer Spielsituation geben. Im Spiel werde die kompetitive Realsituation durch „Kooperation" in ein „gemeinsames" Spiel transformiert. Wenn es den Spielern gelingt, die „kooperativen" Rahmenbedingungen zu schaffen, dann würde auch ein kompetitives Spiel „allen Spaß und Freude bringen". Und FRITZ folgert weiter, daß es für jüngere Kinder schwieriger sei, diese Transformationsleistungen zu erbringen und deshalb für sie kooperative Spiele angemessen seien.

Nun hat FRITZ zweifelsfrei recht, wenn er auf die Bedeutung des sozialen Rahmens und der Einstellung, mit der gespielt wird, hinweist. Dennoch ist und bleibt ein Spiel nicht „bloß Spiel", sondern bildet die Wirklichkeit symbolisch in einer eigenen fiktiven Welt ab. Und da die Spieler sich nicht aus ihrer Realität davonschleichen können, wirkt sich auch ihr Handeln innerhalb der Spielwirklichkeit auf sie aus. Vergleichbar ist das mit der Wirkung von Massenmedien (Spielfilme, Fernsehsendungen, Jugendliteratur): Durch die Identifikation mit fiktiven Personen und deren Handlungsmustern werden Wertvorstellungen vermittelt und Verhaltensweisen bewertet, gelernt und geübt. So harmlos ist die Welt der Konkurrenzspiele nun auch wieder nicht, daß man sie bloß im tugendsamen „Rahmen" zu spielen bräuchte, um keine negativen Auswirkungen befürchten zu müssen.

Zum befriedigenden, gemeinsamen Spielen eines Konkurrenzspiels gehört sicherlich Fairneß, Regeleinhaltung, relative Chancengleichheit. Und dies sind allgemein positiv beurteilte Interaktionsstrukturen und damit auch positiv eingeschätzte Erziehungsziele. Aber zum effektiven Spielen eines Konkurrenzspiels gehören noch weitere, nicht positiv beurteilte Handlungsmotive: individueller Durchsetzungswille, der auch auf Kosten anderer geht (denn der eigene Sieg ist ja nur durch das Verlieren der anderen bei einem Konkurrenzspiel zu erreichen); Behinderung der Handlungschancen der Mitspieler ist zugleich Spielsinn und -ziel. Das Lernen und Üben dieser Inter-

aktionsmuster und Konfliktregelungsformen wird negativ beurteilt, widerspricht es doch allen postulierten Zielen des sozialen Lernens.
Die gravierendsten *Einwände gegen* das überwiegende Spielen von *Konkurrenzspielen* hat ABRESCH in fünf Punkten zusammengefaßt:

a) Konkurrenzspiele verindividualisieren und fördern eine aktive Vereinzelung, weil Mißachtung, Rücksichtslosigkeit und egoistische Durchsetzung von der Spielregel zu der bestimmenden Verhaltensmotivation gemacht wird.
b) Konkurrenzspiele führen zu einem Selbstachtungsverlust, besonders dann, wenn oft verloren wird und sich auch bei nicht spielerischen Konkurrenzsituationen negative Bewertungen ergeben.
c) Konkurrenzspiele führen zu einer Entfremdung von sich selbst, wenn die Hauptgedanken streng auf das Gewinnen gerichtet werden. Die Wahrnehmung der eigenen Befindlichkeit und der sozialen Situation wird von der Aufmerksamkeit auf den Wettkampf überlagert.
d) Konkurrenzspiele sind ungerecht, weil sie permanent Mißerfolgszuweisungen wiederholen und Verlierer ungerechtfertigterweise oft als schulhafte Versager von Gruppen behandelt werden.
e) Konkurrenzspiele gehören zur paramilitärischen Ausbildung, denn sie stabilisieren die Norm, daß es Unterlegene und Überlegene zu geben habe, und sie machen unempfindlich für die Wünsche, Bedürfnisse und Empfindungen der Interaktionspartner. Anzufügen wäre noch, daß Konkurrenzspiele auch an die Interaktionsstruktur unseres Wirtschaftssystems gewöhnen, da die kapitalistische Wirtschaftsordnung grundlegend auf der Wettbewerbsideologie aufgebaut ist, die sich exemplarisch in dem weit verbreiteten Spiel „Monopoly" ungebrochen wiederfindet.

IV. Konsequenzen für den spielpädagogischen Alltag

Kinder und Jugendliche brauchen Spiele, in denen sie sich individuell durchsetzen müssen – nach gemeinsam akzeptierten, fairen Regeln. In zahlreichen realen Interaktionen sind Menschen der Konkurrenzsituation ausgesetzt und müssen das Verhalten in so strukturierten Situationen im Schonraum Spiel lernen. Diese Notwendigkeit rechtfertigt jedoch nicht die derzeitige überwältigende Häufigkeit von Konkurrenzspielen. Von Kindern und Jugendlichen werden oft Konkurrenzspiele selbst vorgeschlagen, weil sie sich davon unbewußt eine Stabilisierung ihres gestörten Selbstwertgefühls versprechen. Konkurrenzspiele sind jedoch das schlechteste Mittel um der sucht-ähnlichen Hoffnung auf Anerkennung, Bestätigung und Akzeptanz nachzugehen, denn selbst wenn der Spieler gewinnt, erlebt er doch nur eine Ersatzbefriedigung.

Kinder und Jugendliche brauchen zugleich und verstärkt Spiele, mit denen sie koalitives Handeln lernen und üben können. Die soziale Wirklichkeit im Produktions-, Dienstleistungs- und Freizeitsektor wird zunehmend von Gruppenleistungen bestimmt. Das Erziehungssystem baut jedoch noch immer überwiegend auf individuell erzeugte, verantwortete und bewertete Einzelleistungen auf. Es ist also gesellschaftlich wünschenswert, wenn Kinder auch im Spiel Gruppenverhalten lernen und üben. Hierfür sind die koalitiven Mannschafts-, Gruppen- und Brettspiele geeignet. Allerdings verschieben diese koalitiven Strukturen das Konkurrenzverhalten von der einzelnen Person nur auf die Gruppe, wenn der Konkurrent ebenfalls eine Gruppe ist. Zu bevorzugen wären auch für das Erlernen von Gruppenfähigkeiten Spiele, bei denen die Gruppe einen nicht menschlichen Gegner besiegen muß.

Kinder und Jugendliche brauchen mehr als bisher Gruppen- und Brettspiele, in denen sie kooperative Normen und kooperatives Verhalten lernen und üben können — und zwar nicht nur als kompensierendes, friedliches Freizeitvergnügen, sondern auch vermehrt in Schul-, Ausbildungs- und Hochschulsituationen. In kooperativen Spielen kann gelernt werden, sich solidarisch, offen, locker, liebe- und rücksichtsvoll zu verhalten, ohne eigene Interessen und Fähigkeiten zu vernachlässigen. Diese Verhaltensgewohnheiten können effektiv nur in einem sozialen Schonraum gelernt werden. Dieser Schonraum ist dadurch gekennzeichnet, daß die Interaktionspartner nicht das Risiko eingehen müssen, blamiert, übervorteilt, psychisch verletzt oder ausgebeutet zu werden!

Konstruktives, prosoziales Verhalten in Gruppen erfordert: sich absprechen können, Ideen anderer anerkennen und berücksichtigen können, eigene Vorstellungen einbringen und mit anderen abwägen können, gegenseitiges Bestätigen, Kritik akzeptabel formulieren können. Das kooperative Spiel bietet spannende, lustvolle und die ganze Gruppe befriedigende Möglichkeiten, prosoziales Verhalten, das Interaktionen zwischen Menschen zu humanen Interaktionen macht, zu lernen, zu üben und zu differenzieren. Die Spieler können dabei die Erfahrung machen, daß das schwierige und nicht einfache oder konfliktscheue kooperative Handeln spannend, abenteuerlich, aufregend und risikoreich sein kann — allerdings stets für die Gruppe gemeinsam.

Daß dies alles von Kindern und Jugendlichen gelernt werden muß, wird von keinem bestritten, der Erziehungsziele aufstellt. Kritisiert wird jedoch zuweilen, wie realistisch dieser Ansatz sei. Die Gesellschaft sei nunmal vom Konkurrenzdenken und -handeln geprägt. Also sei es allenfalls zu vertreten, daß individualistisches Leistungsverhalten und kooperatives Gruppenverhalten gleichermaßen gelernt werden solle. Diese Argumentation kommt allerdings einer pädagogischen Kapitulation vor der aktuellen sozialen Realität gleich. Doch bedeutet pädagogisches Handeln immer auch ein Hineinwirken in die soziale Zukunft. Und ohne die Auswirkungen von Erziehung zu überschätzen, wissen wir doch, daß das Arrangieren der Sozialisationsfelder künftiges Verhalten von Menschen mitbestimmt. Zur Professionalität von Pädagogen gehört, daß sie verantwortlich sind dafür, wie gelernt und was gelernt wird — also auch dafür sensibel gemacht werden müssen, wie und was gespielt wird. Damit wird die Entscheidung, welche Spiele ich als Pädagoge auswähle, einsetze und zu welchen ich animiere, zu einem relevanten strategischen Punkt meiner Berufsausübung.

Allerdings reicht die Prioritätensetzung für kooperative Spiele im pädagogischen Alltag nicht aus. Kooperative Interaktion ist ja zunächst relativ wertneutral, wenn man sich nicht zugleich um die Beantwortung der Frage bemüht, warum, wozu, zu welchem Zweck und Ziel wird da eigentlich kooperiert. Viele Brettspiele sind beispielsweise nicht nur formal-strategische Spielabläufe, sondern sind in Geschichten eingekleidet und thematisieren einen bestimmten Inhalt. Die inhaltliche Bandbreite bei kooperativen Brettspielen reicht derzeit zum Beispiel von „Scotland Yard" (Kritikerpreis „Spiel des Jahres" 1983; Otto Maier Verlag, Ravensburg), bei dem es um eine spannende, kooperative Verbrecherjagd durch London geht, bis zum „Giftmüllspiel" (Institut für ökologische Forschung und Bildung, Münster), in dem ein Lastwagen mit Giftmüllfässern auf den Straßen Europas gefunden werden muß. Die Spannung bei einem kooperativen Spiel wird nicht nur durch den formalen Spielprozeß, sondern auch von der Nähe des Spielinhalts zur Spielergruppe bestimmt.

Es gibt bis jetzt weder genügend inhaltlich interessante und strukturell kooperative Brettspiele noch ausreichend ebensolche Gruppenspiele und Spielaktionen für Jugendliche, obwohl sie gerade in der Jugendarbeit immer stärker gefragt sind, weil sie weltweit veränderten Wertvorstellungen entsprechen. Diese Veränderungen in Spielmotivation und -bewußtsein wird von den traditionellen Spieleherstellern und Spielkartei- und Spielbuchverlagen nicht oder nur minimal registriert und in entsprechende Produkte umgesetzt. Deshalb sind die Pädagogen, die kooperative Spiele in ihren Gruppen machen wollen, auf Selbsthilfe und den alternativen, sogenannten „grauen Markt" angewiesen.

Der Fachbereich „Spielpädagogik" der Akademie Remscheid (Küppelstein 34, 5630 Remscheid) und die Zeitschrift „gruppe & spiel (Verlag Ulrich Baer, Große Brinkgasse 7, 5000 Köln 1) bieten ein Forum und Informationspool für Mitarbeiter in der Jugendarbeit über kooperative Spiele.

Literatur

Abresch, J.: Konkurrenz im Spiel — Spiele ohne Konkurrenz, 2. Aufl. Pohlheim 1981
Abresch, J. / Baer, U. / Büttner, Ch. / Klippstein, E.: Kooperation oder Konkurrenz im Spiel?, in: gruppe & spiel, Heft 2 — 4, Köln 1983
Baer, U.: Kennenlernspiele — Einstiegsmethoden, Remscheid 1978
— Wörterbuch der Spielpädagogik, Basel 1981
Brinkmann, A. / Treeß, U.: Bewegungsspiele, Reinbek 1980
Deacove, J.: Spiele ohne Tränen, Ettlingen 1979
Fluegelmann, A. / Tembeck, S.: new games — die neuen spiele, Soyen 1979
Fritz, J.: Vom Wettbewerbsspiel zum kooperativen Lernspiel?, in: Spielmittel, Heft 2 / 1982
gruppe & spiel, Zeitschrift für Gruppenpädagogik und Soziales Lernen (in jeder Ausgabe ein kooperatives Spiel als Beilage), Köln
Klippstein, E. / Klippstein, H.: Soziale Erziehung mit kooperativen Spielen, Bad Heilbrunn 1978
Leue, G. / Cuypers, J. P.: Comic-Spielebuch, Berlin 1982
Orlick, T.: Kooperative Spiele, Weinheim 1982
Vopel, K.: Interaktionsspiele, Hamburg 1982

8. Ohne Bücher kein Zuhause
Grundlegende Bemerkungen zu einem „Spielplan" des „Literarischen Lebens" im Vorschul- und Grundschulalter nebst einigen Vorschlägen für ein „Buchcurriculum" in Kindergarten, Grundschule und Elternhaus

Guido König

I. Ein Versuch in Annäherungen

1. Aphorismen

Lesen heißt sich der Gefahr aussetzen, einem Einhorn zu begegnen.
Inschrift über dem Lesesaal einer Bibliothek

Bücher sind Brillen, durch welche die Welt betrachtet wird. *Ludwig Feuerbach*

Ich vergesse das meiste, was ich gelesen habe, so wie ich das, was ich gegessen habe, verdaue und ausscheide; ich weiß aber soviel: beides trägt nichtsdestoweniger zur Erhaltung meines Geistes und meines Lebens bei. *Georg Christoph Lichtenberg*

Die große Menge Bücher, die alle Messe herauskommt, ist ein großer Verderb.
Immanuel Kant

Der berufene Leser
Welchen Leser ich wünsche? den unbefangensten, der mich, sich und die Welt vergißt und in dem Buche nur lebt. *Johann Wolfgang Goethe*

Um das Gute zu lesen, ist eine Bedingung, daß man das Schlechte nicht lese: denn das Leben ist kurz, Zeit und Kräfte beschränkt ... Daher ist in Hinsicht auf unsre Lektüre die Kunst nicht zu lesen, höchst wichtig. *Arthur Schopenhauer*

Wer das Nichtstun ebenso wie die Arbeit scheut, findet leicht zum Buch.
Peter Brückner

Eine Regel beim Lesen
Eine Regel beim Lesen ist, die Absicht des Verfassers und den Hauptgedanken auf wenig Worte zu bringen und sich unter dieser Gestalt eigen zu machen.
Wer liest, ist beschäftigt und gewinnt.
Es gibt eine Art von Lektüre, wobei der Geist gar nichts gewinnt und viel mehr verliert. Es ist das Lesen ohne Vergleichung mit seinem eigenen Vorrat und ohne Vereinigung mit seinem Meinungssystem. *Georg Christoph Lichtenberg*

Es gibt weder moralische noch unmoralische Bücher. Bücher sind gut oder schlecht geschrieben, nichts sonst. *Oscar Wilde*

Viel Büchermachens ist kein Ende. *Prediger Salomon.*

Ein Bücherschatz ist wie ein geistiger Baum, der Bestand hat und seine künstlichsten Früchte spendet von Jahr zu Jahr, von Geschlecht zu Geschlecht. *Thomas Carlyle*

Die kalte Buchgelehrsamkeit, die sich mit toten Zeichen ins Gehirn mir drückt.
Gotthold Ephraim Lessing (Nathan der Weise)

Bücher sind immer noch die wohlfeilsten Lehr- und Freudenmeister und der wahre Beistand hienieden für Millionen bessere Menschen. *Demokritos*

Ein Buch, das nicht wert ist, zweimal gelesen zu werden, ist auch nicht wert, daß man es einmal liest. *Demokritos*

Es gibt wirklich sehr viele Menschen, die bloß lesen, damit sie nicht zu denken brauchen.
Georg Christoph Lichtenberg

Das Buch ist da und in ihm der Inbegriff der Weisheit und der Inbegriff der Verführung.
Hugo von Hofmannsthal

Es gibt doch keine größere Erquickung für den Geist als die Lektüre der alten Klassiker: sobald man irgendeinen von ihnen, und wäre es auch nur auf eine halbe Stunde, in die Hand genommen hat, fühlt man alsbald sich erfrischt, erleichtert, gereinigt, gehoben und gestärkt; nicht anders, als hätte man an der frischen Felsenquelle sich gelabt. Liegt dies an den alten Sprachen und ihrer Vollkommenheit? Oder an der Größe der Geister, deren Werke von den Jahrtausenden unversehrt und ungeschwächt bleiben? Vielleicht an beidem zusammen.
Arthur Schopenhauer

Bücherschreiben ist nicht reif; so ist das Lesen eine körperliche Anstrengung.
Ekklesiastes oder Der Prediger

Wer wird nicht einen Klopstock loben?
Doch wird ihn jeder lesen? — Nein.
Wir wollen weniger erhoben
und fleißiger gelesen sein.
Gotthold Ephraim Lessing

Die Bücher und Niederschriften sind bei verschiedenen Denkern Verschiedenes: der eine hat im Buche die Lichter zusammengebracht, die er geschwind aus den Strahlen einer ihm aufleuchtenden Erkenntnis wegzustehlen und heimzutragen wüßte; ein anderer gibt nur die Schatten, die Nachbilder in Grau und Schwarz von dem wieder, was tags zuvor in seiner Seele sich aufbaute.
Friedrich Nietzsche

Lesen ist ein bloßes Surrogat des eigenen Denkens. Man läßt dabei seine Gedanken von einem andern am Gängelbande führen. Zudem tauchen viele Bücher bloß, zu zeigen, wie viele Irrwege es gibt und wie arg man sich verlaufen könnte, wenn man sich von ihnen leiten ließe.
Lesen soll man also nur dann, wenn die Quelle der eignen Gedanken stockt; was auch beim besten Kopfe oft genug der Fall sein wird. Hingegen die eigenen, urkräftigen Gedanken verscheuchen, um ein Buch zur Hand zu nehmen, ist Sünde wider den heiligen Geist. Man gleiche alsdann dem, der aus der freien Natur flieht, um ein Herbarium zu besehen oder um schöne Gegenden im Kupferstiche zu betrachten.
Lesen heißt mit einem fremden Kopfe, statt des eigenen, denken.
Arthur Schopenhauer

2. Definitionen

Buch, das: (ursprünglich) zusammengebundene Täfelchen aus Buchenholz zum Schreiben; (dann) zusammengeheftete oder eingebundene, beschriebene oder bedruckte, oft illustrierte Papierbogen; größeres Druckwerk; ein Satz Spielkarten; Teil eines größeren Schriftwerkes, zum Beispiel der Bibel.

ahd. Buoch, engl. book, urgerm. bokiz; nach dem Holz der Buche so genannte, aus dem die Schreibtafeln zuerst geschnitten wurden.

Haus, das: als Unterkunft oder Arbeitsstätte dienendes Gebäude mittlerer Größe; Heim (Wohnung und Haushalt einer Familie bzw. Wohnstätte für einen bestimmten Personenkreis); die wirtschaftliche Gestaltung und das gesellige Leben einer Familie oder eines Personenkreises; ein Zuhause, ein Haus, ein Heim habend; Geborgenheit.

ahd. hus, engl. house, germ. husa, idg. kuso zu idg. skeu = bedecken, umhüllen.

Teppich, der: geknüpfter oder gewebter Bodenbelag, Möbelbezug oder Wandbehang aus Wolle, Haargarn, Seide oder Kunstfaser, oft reich gemustert, in der Schweiz auch Wolldecke, Tuchhülle.

ahd. tepih, lat. tapete, tappetum = Teppich, Decke, grch. tapes = Teppich, Decke.

Text, der: Zusammenhang der Rede, Wortlaut zum Beispiel eines Vortrags, einer Bühnenrolle oder eines Telegramms; Unterschrift zu Abbildungen, Karten usw.; Worte, Dichtung zu Musikstücken; Bibelstelle als Grundlage einer Predigt.

lat. textus = Gewebe, Geflecht; zu textere = weben, flechten, kunstvoll zusammenfügen.

Spiel, das: zweckfreie Tätigkeit, Beschäftigung aus Freude an ihr selbst oder Zeitvertreib und Kurzweil; unterhaltende Beschäftigung nach bestimmten Regeln; geregelte Beschäftigung um Gelderwerb mit Vermögenseinsatz und vom Zufall abhängigem Gewinn oder Verlust; unterhaltender Wettbewerb; sportlicher Wettkampf, schauspielerische Vorführung; musikalische Darbietung; lebhafte, harmonische Bewegung; leichtsinniges, gefährliches Treiben; mehrere zusammengehörige Gegenstände zum Beispiel Kartenspiel; Maßunterschied zweier zusammengehöriger Maschinenteile oder Werkstoffe = Spielraum.

*ahd. spil, ursprünglich Tanz, daraus Vorführung; vermutlich verwandt mit ‚pflegen'
= sorgen für etwas, sich annehmen, hüten, betreiben, die Gewohnheit haben, einstehen für, sich einsetzen für*

3. Ein Stichwort mit Grafik

Buch (ahd. *buoh*, abgeleitet wohl vom Buchenholz der german. Schrifttafeln), bezeichnet histor. die Zusammenfassung beschriebener Blätter, heute im allg. ein techn. ver-

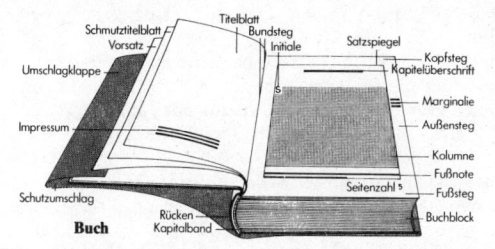

vielfältigtes Schriftwerk. Die Gesch. des B. ist verknüpft mit der Entwicklung der menschl. Kultur; neben dem Bedürfnis, die Überlieferung u. die eigenen Taten schriftl. der Nachwelt zu übermitteln (↗Schrift), steht der Wille, durch das B. auf die Gegenwart zu wirken, bes. seit Erfindung des ↗B.drucks.
Die frühesten Zeugnisse besitzen wir in den *Tontafeln* des babylon. Kulturkreises. Die Erfindung des ↗*Papyros* brachte mit der größeren Transportfähigkeit einen gewaltigen Aufschwung des B.wesens in Form des Rollen- od. Falt-B. (↗Buchrolle). Dieses nur wenig haltbare Papyros-B. wurde im 2. Jh. nC. durch das ↗Pergament ersetzt; da das Material teuer war, wurden oft mehrere Beschriftungen nach vorheriger Entfernung der alten Schrift (↗Palimpsest) vorgenommen. Mit der Einführung des billigen ↗Papiers aus China u. der Erfindung des B.drucks im 15. Jh. nähert sich die Entwicklung des B. seiner heutigen Form, einen letzte Stufe das fotomechan. verkleinerte ↗Mikro-B. ist. — Die durch den B.-druck bewirkte Wandlung des B. vom bibliophilen Einzelstück zum allg. Gebrauchsgut rief die von Kirche und Staat geübte Bücherzensur (↗Index, ↗Zensur) hervor. Hand in Hand mit der techn. Entwicklung des B. ging die künstler. Ausgestaltung (↗B.malerei, ↗B.illustration, ↗B.einband, ↗B.kunst). Im 20. Jh. entstanden die Bemühungen, neben dem gediegenen Normal-B. auch preisniedrige Ausgaben zu schaffen. Bes. die im Rotationsverfahren gedruckten B.er in großen Aufl. suchen dem allg. B.bedürfnis nachzukommen u. setzen so den Typ des billigen ↗Pocketbook auch in Dtl. durch.

Das B. hat in der Förderung wie in der Schädigung für die Menschheit eine gewaltige Bedeutung gewonnen. Es wurde zu einem Hauptmittel der geistigen Auseinandersetzung, beeinflußte die Entwicklung der Sprache u. vermittelte durch Übersetzungen Gedanken u. Ideen einzelner der ganzen Kulturwelt. Durch die fortschreitende Industrialisierung wurde das B. zur Massenware, was seine positive wie negative Wirkkraft steigerte. Verantwortungsbewußte B.beratung u. ↑Rezension haben daher für das gute B. u. im Dienst der Vermittlung echten Bildungsgutes eine große Aufgabe.
Lit.: K. Schottenloher, Das alte B. (²1921); F. Milkan, Schrift u. B., in: Hdb. der Bibliothek-Wiss., Bd. 1 (²1952); Lex. d. ges. B.wesens, Hrsg. K. Löffler u. J. Kirchner, 3 Bde. (194/37); S. Dahl, Gesch. des B. (²1941); W. H. Lange, Das B. im Wandel der Zeiten (²1941); F. Schnabel, Der B.handel u. der geistige Anstieg der abendländ. Völker, in: Der Katholizismus in Dtl. u. der Verlag Herder (1951, auch separat).
(aus: Der Große Brockhaus in 12 Bde., 2. Band 1978, 335).

II. Plädoyer für eine verteidigungswürdige Sache

„Wenn durch irgendeinen Exzeß an Sozialismus oder Barbarei alle Fächer bis auf eines aus unserem Unterricht vertrieben werden sollten, dann müßte das Fach *Literatur* gerettet werden, denn im literarischen Monument sind alle Wissenschaften präsent.
Deshalb kann man sagen, daß die Literatur, zu welchen Schulen sie sich auch rechnet, absolut und kategorisch realistisch ist: *Sie ist die Realität*, das heißt der eigene Lichtschein des Wirklichen.
Indessen, und darin ist sie wahrhaftig *enzyklopädisch*, bringt sie die Kenntnisse zum Kreisen, sie fixiert und fetischisiert keinen einzigen ihrer Bereiche, sie gibt jedem einen indirekten Platz, und dieses Indirekte ist kostbar.
- Einerseits erlaubt sie es, mögliche Wissensbereiche zu bezeichnen — unvermutete, noch nicht erschlossene: die Literatur arbeitet in den Zwischenräumen der Wissenschaften. Sie ist ihnen gegenüber immer in Verzug oder ihnen voraus . . .
 Die Wissenschaft ist grobschlächtig, das Leben ist subtil: um diesen Unterschied auszugleichen, bedürfen wir der Literatur.
- Andererseits ist das von ihr mobilisierte Wissen weder vollständig noch letztgültig; die Literatur sagt niemals, daß sie etwas weiß, sondern daß sie von etwas weiß oder besser: daß sie viel davon weiß — das sie über die Menschen Bescheid weiß.

Was sie von den Menschen kennt, ist das, was man die große Verschwendung der Rede nennen könnte, die sie bearbeiten und von der sie bearbeitet werden,
- sei es, daß die Literatur die Vielfalt der Soziolekte,
- sei es, daß sie von dieser Vielfalt aus, deren Zerrissenheit sie empfindet, sich eine an der Grenze liegende Rede vorzustellen und auszuarbeiten sucht, die deren Nullzustand darstellt.

Weil die Literatur die Rede in Szene setzt, statt sie nur zu benutzen, bringt sie das Wissen in das Räderwerk der endlosen Reflexivität: durch die Schreibweise hindurch reflektiert das Wissen unablässig über das Wissen, entsprechend einem *Diskurs*, der nicht mehr epistemologisch, sondern dramatisch ist" (Roland BARTHES: Leçon / Lektion, 1977).

1. Karikaturen und Cartoons (aus Hans BECK: Eine Lust zu lesen!)

a) Adam und Eva

b) Der Dichter auf der Bühne

c) Buchmetzgerei

d) Ein-Auge liest

e) Großvater und Enkel lesen

f) Frauchen und Hund lesen

g) Die Fessel Buch

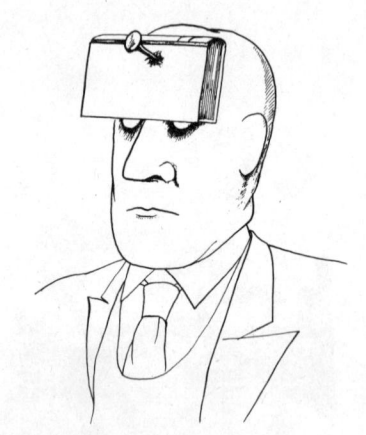

h) Buch vorm Kopf, vernagelt

2. Karikatur: Der Büchernarr von Guiseppe ARCHIMBALDO
   (aus: PARNASS)

3. Grafiken und Gemälde (aus: Franz MASEREEL: Drei Grafiken aus ‚Mein Stundenbuch'; eine Grafik aus ‚Die Sonne')

a) In der Bibliothek
   Am Regal
   (aus: Die Sonne)

b) In der Bibliothek
   Am Lesetisch
   (aus: Stundenbuch)

c) Der Zeitungsleser
   (aus: Die Sonne)

d) Der Buchleser im Garten
   (aus: Die Sonne)

e) Rembrandt: Titus liest (in: Meisterwerke, Abb. 220)

f) Renoir: Gabrielle liest (in: Renoir, 143)

III. Annäherungen

1. Annäherung I

Der Werbespruch ‚Ohne Teppich kein Zuhause', gut plaziert zwischen Leicht-Übersehbarkeit und Gut-in-die-Augen-springend, an den Schaufenstern von Möbelgeschäften und Einrichtungshäusern angebracht, als Blickfang unaufdringlich in der Machart, aber eindringlich in der Botschaft, scheint den Zusammenhang von menschlicher Lebensweise und Wohnkultur in gelungener Weise ineinszusetzen und (wennschon aus kommerziellem Interesse) glücklich zum Ausdruck zu bringen.

Teppiche, ob handgeknüpft, ob stuhlgewebt, sind bei Kulturvölkern aller Zeiten, Zonen und Zungen, sei's in fester Stadtwohnung, sei's in abbrechbarem Nomadenzelt, ein vorzügliches, ein ausgezeichnetes Ausstattungs- und Gebrauchsstück der menschlichen Behausung, des wohnlichen Heims.

Der echte Teppich ist mit einer 4000jährigen Menschheitsgeschichte verknüpft, um nicht zu sagen: er ist, fein oder grob, hineingewebt in die geistig-kulturelle, sittlich-gesellschaftliche Entwicklung des homo sapiens. Überschäumende künstlerische Phantasie und tatkräftige Kunstliebe ließen Muster, Ornamente und Figuren entstehen, die die Teppichkunst vom Knüpfteppich Altägyptens und Südsibiriens über den Orientteppich des 16. und 17. Jahrhunderts bis hin zum Kunststoffteppich der Gegenwart umfaßt und zusammenhält.

Der Teppich als Gewebestück aus Garnen unterschiedlichen Rohstoffs (Jute, Flachs, Hanf, Schafwolle, Baumwolle, Seide und Kunstfaser) ist ein Produkt menschlicher Geistestätigkeit. Er stellt als Kunsthandwerk im besten Sinne Handwerk und Kunst dar. Mit ihm stattet der Mensch sein Haus, sein Heim, seine Wohnung aus praktischer Notwendigkeit und ästhetischem Schmuckbedürfnis aus: Teppich ist etwas, worauf man geht und steht (Bodenbelag!), woran und worauf man sitzt und liegt (Möbelbezug!) und wovor man steht, sitzt und geht (Wandbehang!). Teppiche sind Elemente des Hausbaus, Mittel beim Umgang im Haus und Attribute des Behaustseins. Webstücke gehören zur Textur von Haus und Zuhause.

Teppich als Metapher des Textes, als Metonymie des Buches!

Teppich, ‚ein ganz und gar künstlich Ding', ein künstlerisches Gebilde, Artefakt und Manufaktur in des Wortes wahrster Bedeutung, ist sowohl in seiner materialen Substanz wie in seiner formalen Gestaltung bis auf den heutigen Tag, auch bei hochtechnischer, maschineller Herstellung, von kunsthandwerklich praktischem wie dekorativ-künstlerischem Wert.

Als Signum des Hauses und des Hausherrn, nicht zuletzt der Hausherrin, und Inbegriff von Wohnkultur, die über das Bergende und Schützende der Behausung hinausgeht, läßt sich der Teppich, konkret und metaphorisch, als Kennzeichen und Merkmal der ‚menschlichen' Ausstattung und Ausgestaltung des umbauten Wohnraums verstehen, der die Attribute des Ausdrucks als Essenzen der Innerlichkeit menschlicher Existenz deutlich macht.

Die Analogie (Entsprechung, Ähnlichkeit und Verwandtschaft) des gewirkten Teppichs, der im Faden- oder Flechtwerk noch die ornamentale Schilde-

rung von Alltäglichem und Außergewöhnlichem ins Bild bringt, mag auf Gewebe, Textur, auf das Buch als den Inbegriff von Textsammlung und Textzusammenhang hinüberweisen.
Bücher als Teppiche für das geistige Zuhause des Menschen: *weitere inhaltliche und methodische Differenzierungen, philosophische und literaturpädagogische Reflexeme sowie textdidaktische und buchpraktische Konstrukte werden den realsymbolischen Gehalt der Teppich-Metapher in die Konkretheit des Spielhandelns eines Buchcurriculums hineinführen.*

2. Annäherung II

Nach dem mythischen Bericht der Bibel, des Buches der Bücher, über die Erschaffung der Welt „sprach" Gott die Welt. Das heißt: durch die Kraft seiner „Rede" schuf er die Welt. Als Heim des Menschen ist sie ein gegliedertes Ganzes: Aus der verwirrenden Fülle der Eindrücke, aus dem Chaos, wandelt sich diese in den Kosmos. Kosmos – das ist aus*erlesene*, aus*gewählt*e, geordnete Welt.
Sprachgeschichtlich zeigt sich, daß in „Lesen" tatsächlich das griechische Wort „logos" nachwirkt. „Erzählen" macht wirklich das Wesen der Sprache, der holländischen „taal", aus. „Rechnen" ist die Grundbedeutung der „ratio" (lat.), der Rede, und „ratio" gibt selbst im „Rechen" den Ton an, mit dem und indem das Heu aus der Grasnarbe heraus*gelesen* wird.
Das Wort „Wort" weist über das lateinische „verbum" auf das griechische „sagen" (= eiro) zurück und hängt von daher sogar mit dem Wort „Frieden" zusammen. Es bedeutet nichts anderes, als daß die kriegerische Unordnung in eine befriedete Ordnung überführt werde.
Ebenso interessant und aufschlußreich ist die sprachgeschichtliche Tatsache, daß der „Name" und das „Nennen" auf das griechische „nomos" (= Zeichen) und das Wort „Zeichen" auf lateinisch „dicere" und schließlich auf Dike, die Göttin der gerechten Zuteilung, zuführt. Dieses will geradewegs soviel sagen, daß der Sprache der Auftrag zufällt, alles „Genannte / Benannte" in sein „Recht" zu setzen.
Schließlich bekommt das einzelne Wort nur einen Sinn zugesprochen aus dem Ganzen der Sprache, denn das einzelne Zeichen wird erst sinnvoll auf der Grundlage seiner geordneten Rede, im Zusammenhang eines Textes, im Rahmen eines Buches, sei es als Schriftrolle, sei es als gebundenes Werk.
Aus der Grundgegebenheit der Sprache, daß die heimatliche Welt, das geistige Zuhause dem schöpferischen Akt des redenden / schreibenden Menschen entspringt, auf die Kulturleistung der Schrift und des Buches zu kommen, ist keine sonderlich kühne Schlußfolgerung. Es zeigt aber deutlich den anthropologischen Zusammenhang zu unserem Thema: „Ohne Bücher kein Zuhause", nicht zuletzt in Zeiten des „Unbehausten" und „Unheimlichen".
In einer Gegenwart, die das „Ende der Gutenberg-Galaxis" und den „Anfang der magischen „Kanäle" proklamiert (MacLUHAN), tritt zwar das klassische Buch aus seiner klassischen Form heraus, aber auch in den „Medialisierungen" des Films, Fernsehens, Videostreifens, der Funkbänder und Ton-

kassetten bleibt das Wechselspiel von „Fascinosum" und „Tremendum" vielleicht mächtiger denn je. Ungeachtet von Vorbehalt und Einschränkung bleibt die Feststellung: *Filmstreifen und Tonbänder sind „Bücher"; das alte Medium Buch entläßt seine neuen Medien.*

3. Annäherung III

Alltagsgewöhnliche, „triviale" Zeichenpraxis, sei's in Gebärde und Klang, sei's in Bild und Wort, benutzt erfahrungsgemäß und notwendigerweise die tendenziell eindeutige Inhaltsschablone und das tendenziell eingängige Formschema. Alltagssprache verwendet, so verstanden, „leere" Zeichenformen, Wörter, und „feste" Zeichenverbindungen, Sätze. Sie umfaßt aber als normale, natürliche Zeichensprache auch schon immer eine „künstliche", abnormale Zeichenpraxis. Sie enthält nämlich potentiell und entläßt aktuell die „rhetorische" und die „poetische" Zeichenpraxis und habitualisiert im Wechselverhältnis von Tradition und Innovation das, was allgemein „Rhetorik" und „Poesie" genannt wird.

„Rhetorische" Zeichenpraxis besteht im wesentlichen darin, keine „leeren" Zeichenformen und keine „festen" Zeichenverbindungen zu verwenden. Wirksame rhetorische Zeichenpraxis ist gekennzeichnet durch „vollen" Wortschatz und „beweglichen" Satzbau.

Gute Sachliteratur, Sachbücher in Wort und Bild, informative Bilderbücher, Liederbücher und Lesebücher mit pragmatischen Textformen sind das Ergebnis rhetorischer Zeichenpraxis. „Poetische" Zeichenpraxis stellt darüber hinaus eine rhetorische Zeichenpraxis dar, die die geronnenen Metaphern und erstarrten Metonymien (der trivialen Zeichenpraxis) wieder in Fluß bringt, zu neuen Zeichenbildern und Bildzeichen zusammenfließen läßt und durch Imagination und Symbolik Licht auf einen rätselhaften, geheimnisvollen Grund wirft. Sie schafft aus dunklem Urgrund wieder eine neue Welt, die Welt neu!

Gelungene poetische Zeichenpraxis (= Dichtung) zeichnet sich aus durch einen Zeichengestaltungsprozeß und Sinnstiftungsprogreß, der Realität (= Welthaltigkeiten und Lebenswesentlichkeiten), rettet und birgt in Text, in Literatur, im Buch. Dichtung weist Wirklichkeiten zeichenhaft auf und bringt sie rhythmisch-schwingend, melodisch-klingend und symbolisch-leuchtend zum Aus-druck.

Gute dichterische (ästhetische, fiktionale) Literatur in Wort, Bild und Klang ist das Ergebnis poetischer Zeichenpraxis.

Der feststellbare Schwund menschlicher Substanz führt in Dichtung und durch Dichter zu „Verlustanzeigen", zum Beispiel Gedichten, Geschichten und Theaterstücken, die die fortschreitende defizitäre Entwicklung aufzuweisen, anzuhalten und abzubauen versuchen.

Darin liegt, über die Bedeutung von Informations- und Dokumentationsbüchern hinaus, ihr unschätzbarer, unverzichtbarer Wert, nicht zuletzt zu Zeiten eines sich aufbauenden „produktiven" Bewußtseins in der frühen Kindheit, in den Entwicklungsphasen der Vor- und Grundschule.

4. Annäherung IV

Das Thema „Ohne Bücher kein Zuhause" und seine essayistisch-aphoristische Rhematisierung unter den Kategorien *des Spiels* und *des Spielerischen, des Auf-dem-Spiel-stehens* und *des Verspielens, des Sich-dem-Spiel-hingebens* und *des Spielend- / spielerisch-Erfahrungen-machens* und der Zusammenführung der Thema-Rhema-Elemente in die Struktur der Konzeption, Konstruktion und Konsumtion eines *Buch-Spielcurriculums*, muß aber gerade in einer neuen, veränderten Buchkultur in einen historisch-gesellschaftlichen Begründungszusammenhang eingebunden sein und auf eine pädagogisch-politische Zielperspektivik ausgerichtet werden. Das heißt, es gilt, einen Ableitungszusammenhang zu stiften, der die Fülle von Problemen und Fragestellungen, von Vorgängen und Ereignissen, von Prozessen in Natur und Gesellschaft einer Um- und Neuorientierung zuführt. Dies deshalb, damit ein Lehrgang / Spielplan zur Buchpädagogik und Lesekultur den geregelten Bedürfnissen, zweckbestimmten Erwartungen und sinnproduzierenden Wünschen gerecht wird und die „Wirklichkeiten, in denen wir leben", vor allem für die heranwachsenden kommenden Generationen aufgezeigt und richtungweisend formuliert werden. Die neuen Wirklichkeiten müssen im Sinne einer optimalen Fruchtbarkeit präzis erfaßt und plausibel beschrieben werden. Genau und einleuchtend zu sein, würde dem heutigen Menschen, dem jungen und jüngsten Zeitgenossen, der immer lebensräumlich und lebenszeitlich verfaßt und begrenzt ist, zur größtmöglichen Entfaltung seiner individuellen und sozialen Anlagen führen helfen.

Es gilt deshalb, den „Wandel des Bewußtseins" (KILGA) darzulegen, in dessen Prozeßlage das Kind mehr oder weniger schnell und intensiv hineinwächst.

Diese Neuorientierung geht von einer vertieften Zeiterfahrung aus, sie nimmt die radikale Verzeitlichung, die den Gang der Dinge heute bestimmt, ernst und stellt die Dynamisierung aller Vorgänge und Ereignisse in Natur, Technik und Gesellschaft in Rechnung. Auf diese Weise läßt sich eine Konstanz des Veränderungsgeschehens, eine Stetik des Wandels, ein Ariadne-Faden der Entwicklung herausarbeiten, der ‚übergreifende Ablaufs- und Veränderungszusammenhänge' erfaßt und eine wirklichkeitsgerechte Deutung der geschichtlichen Vorgänge gestattet. Prozeßverlaufsfiguren von einiger Konstanz, kurz: „Prozeßbilder" von der Gegenwart für die Zukunft tauchen auf, die sich als grundlegende Prozesse der Differenzierung, Historisierung, Individualisierung, Rationalisierung und Säkularisierung beschreiben lassen.

In einer schematischen *Dreier-Elementarisierung* und referierenden Typologisierung sähe das so aus:

Verlaufsfigur eins: Individualisierungsprozeß (Fr. MEINECKE)
Verlaufsfigur zwei: Rationalisierungsprozeß (M. WEBER)
Verlaufsfigur drei: Säkularisierung (H. BLUMBERG)

Die Prozeßfigur oder Bilddynamik der *INDIVIDUALISIERUNG* wird bestimmt durch

„Differenzierung, Komplexierung, das aber auch zugleich Desintegrierung, Trennung, Teilung, Vereinzelung, ein Herausgehen aus einer größeren Einheit und Auflösung in immer kleinere getrennte Elemente bedeutet".

Die Wegmarkierung, die den jungen Menschen beispielsweise auf seinem Gang in die Zukunft bestimmt, ist ablesbar am Wandel seiner Sekundärsozialisation: Vorschule / Grundschule / Schule überhaupt wandelt sich von der *Institution* zum *Prozeß*.

Die Entstehung und Erfahrung des modernen Ichs und die damit verbundenen Konsequenzen für das Kind / den Schüler führt in eine zentrale Problematik. Sie löst den einzelnen aus den Kollektiven der Familie, Sippe, Schule, Kirche heraus und bringt ihn in andauernde Auseinandersetzungen mit gesellschaftlichen Gruppierungen. Diese haben Gruppenkonflikte, Egozentrik, Isolation, Kommunikationslosigkeit, aber auch politisch-wirtschaftliche Mitbestimmung, Emanzipation innerhalb der Gruppen und auf allen Ebenen zur Folge.

Die Prozeßfigur der *RATIONALISIERUNG*, symptomatisch am „Wegrationalisieren von Arbeitsplätzen" ablesbar, ist wesentlich gekennzeichnet von Emotionalisierung, die negativ durch Unterdrückung gerade des Gefühlslebens sichtbar wird. Konkret für den einzelnen erscheint sie in der Trennung von Mutter und Neugeborenem bzw. Kleinkind und Vor- und Grundschülern oder in der starken intellektualen Dressur von kleinen und größeren Kindern. Die positive Seite der Sache, nämlich: die Entwicklung des eigenständigen Denkens und Fühlens, wird auf Gedeih und Verderb (meist auf Verderb!) verknüpft mit den Prinzipien der Zweckmäßigkeit und Nützlichkeit. In seiner reinsten Form als wissenschaftlich-naturwissenschaftliches Denken, das sich analytisch, mathematisch, quantitativ und reduktionistisch gebärdet, ist es aber dann nicht fähig und geeignet, die „volle Wirklichkeit" zu erfassen. Denn es verdrängt notwendigerweise das kreativ-laterale, intuitiv-imaginative, das „anschauende" Denken und begünstigt, was es nicht will, „okkulte Explosionen" wie Sekten, „Bewegungen", Hysterien usw.

Diese wiederum gefährden in einer lebensbedrohenden Selbstüberschätzung der Allmacht der Vernunft und Machbarkeit aller Dinge teufelskreisartig nicht nur die materiell definierbaren, sondern auch die ‚natürlichen', ethischen, ästhetischen und religiösen Werte.

Die Prozeßfigur der *SÄKULARISIERUNG*, die eine Lösung des modernen Menschen von magischen und religiösen Weltvorstellungen darstellt, zeigt sich überdeutlich, ja fast bedrohlich in dem Vorgang der „Verweltlichung", der die letzten Sinnbezüge des Menschen betrifft. Der umfassenden und intensiven Wegwendung von übergreifenden Ordnungen geht das überlieferte Transzendenzerleben verlustig. Der Mensch als Herr aller Dinge und letzte Instanz der Verantwortlichkeit für alles, was er denkt, fühlt und will, führt, negativ gekennzeichnet, notwendigerweise zu einem Defizit an Gemütserfahrung und Sinnbedürfnis, das institutionell nicht mehr so einfach wie früher befriedigt werden kann.

Die Situationsanalyse, als Wandel des Bewußtseins beschrieben, vermag mit Hilfe neuer Kategorien neue Maßstäbe aufzustellen, die nicht zuletzt durch das Instrument und Medium Buch (in klassischer und moderner Ausprägung!) für das Kind in Vorschul- und Grundschulalter bedeutsam und wirksam wird.

Die buchpädagogischen Konsequenzen aus der Situationsanalyse der gegenwärtigen ‚Bewußtseinskrise' für ein buchcurriculares Konzept im Hinblick auf junge und jüngste Leser liegen auf der Hand: Buchleser stellen sich im Sinne des Fruchtbarkeitsbegriffes den vielfältigen Problemen moderner Individualisierungs-, Rationalisierungs- und Säkularisierungsprozesse ‚sensibler' als Nichtleser und lösen diese ‚kreativer' als Nichtleser. Denn die kritisch-kreative Lektüre von Büchern bzw. der reflexiv-konstruktive Umgang mit guter Literatur sowohl pragmatischer wie poetischer Texturierung fördert die ‚Widerständigkeit' als positive individualistische Haltung, begünstigt die ‚Nachdenklichkeit' als positiv rationale Denkweise und zeitigt Selbstverantwortlichkeit als positiv säkularisierende Wirkung.

Es geht um ein ‚Neues Lernen', um ein Lernen, das den Spielbegriff von innen an die Sache ‚Umgang mit dem Buch' heranträgt (und nicht von außen, in der paradoxen Zweideutigkeit von ‚Lernspielen'). Von der inneren Dimension der Bewußtseinskrise ausgehend, versucht das frühe wie lebenslange Lernen eine Sinnproduktivität zu betreiben, in der das Bewußtsein Maßstab und Quelle des ‚Sinnes einer Sache' ist. Ein solches literaturcurriculares Lernen versteht sich nicht als „Lernen, das Bewußtsein voraussetzt" (das CARTESianische Konzept, an dem schon die großen ‚vernünftigen' Therapieversuche von MARX, NIETZSCHE und FREUD scheiterten), sondern es setzt radikal auf einen produktiven Prozeß, der Bewußtsein schafft. Es geht um Entstehung und Bildung von Bewußtsein, um elementare Produktivität, um Kreativität des Bewußtseins selber.

„Das pädagogische Problem liegt darin, daß in einem neuen Lernen nicht nur das Produkt, das ist das Bewußtsein, seine Intentionalität und seine Reflexion, sondern die Produktivität selbst herausgefordert, angeregt, betätigt und gebildet werden muß. In der Sprache der Erziehungswissenschaft gesprochen: die Kreativität. Kreativ sein heißt, etwas hervorbringen können. Kreativität ist nicht die Fähigkeit, Lernschritte zu tun, sondern etwas herauszubringen, was sich gerade nicht als folgerichtiges Resultat voraufgehender Aktionen erweist. Kreativität ist auch nicht die Fähigkeit, bessere Mittel für ein vorgegebenes Ziel zu ersinnen, sondern — wenn schon — sich neue Ziele einfallen zu lassen und sie als solche zu realisieren, d. h. sie *wirklich* zu haben. Doch der Begriff der Kreativität wird durch die Kategorien Ziel und Mittel schon deswegen nur unangemessen erfaßt, weil sie Kategorien des rationalen Bewußtseins sind. Kreativität kann sich in Zielfindung und Mittelfindung manifestieren; ihrem Wesen nach besteht sie aber darin, nicht nur Bewußtsein zu haben, sondern Bewußtsein neu zu bilden und kommunikativ zu materialisieren" (KRINGS 1972).

5. Annäherung V

Die Lage, die ohne kassandrische Lamoyanz und ideologische Arroganz zu sehen ist, kann wesentlich gemeistert werden durch das Buch, ohne gleich in den erhöhten oder überhöhenden Anspruch von „Büchern, die die Welt verändern" (CARTER / MUIR) oder „Bücher, die das Jahrhundert bewegten" (G. RÜHLE) zu verfallen, aber auch ohne zu verkennen, daß gerade

diese Bücher die gesamte Buchproduktion, Buchdistribution und Buchkonsumtion der Gegenwart und der nahen Zukunft bestimmen.
Das Kind in Vorschule und Grundschule bzw. der ‚Schüler' in Kindergarten und Elternhaus, als These gegenstandsanalytisch und verfahrensanalytisch vorgetragen, wird allerdings „spielerisch" und „spielend" mit dem Buch umzugehen haben, was gerade nicht heißt in „Lernspielen", die als widersprüchlich formulierte Sache schon ein „Unding" sind und zwangsläufig in eine *buchpädagogische Sackgasse* führen. Das Desaster, daß heute trotz hohen Buchkaufs weniger denn je Bücher gelesen werden, hat meines Erachtens hier seine Ursache und Methodik (die Eskapismus-Eskapaden in den Fernsehkonsum scheinen die ‚Früchte des Zorns' davon in einem weit höheren Maße zu sein als angenommen).
Bücher, *konkret*: Bilderbücher und Vorlesebücher, Spielbücher, Lesebücher, Fibeln und Lernbücher, ‚verfilmte' und ‚vertonte' Bücher, ‚gezeichnete', ‚gemalte' und ‚fotografierte' Bücher enthalten „Anschauungen der Welt", Weltanschauungen und „Bilder vom Menschen", Menschenbilder. Der Umgang mit dem Medium Buch wie auch mit den Materialien des Buchmediums ermöglicht „Expeditionen ins Exorbitante".
Denn: Um die grundlegenden Gedanken zum „Spielplan" eines „Buchcurriculums" auf eine zugleich metaphorische wie metonymische Formel zu bringen:

Büchermacher sind Schriftsteller,
Schriftsteller sind „Schrift-Steller",
Schrift-Steller sind „Zeichensteller",
Zeichensteller sind Weichensteller.

Ganz gleich ob sich Büchermacher mehr zum „rhetorischen" oder „poetischen" Geschäft des „Schreibens" hingezogen fühlen, ob sie mehr Journalisten oder Literaten sind, sie sind „Männer des Wortes", „Hommes des Lettres", ungeachtet der unterschiedlichen Ausdrucksformen in Wortsprache, Tonsprache oder Bildsprache. Es kommt ihnen darauf an, aus den verworrenen Zuständen ihres inneren ‚Bergwerks' und durch die verwirrenden Vorgänge geistiger ‚Erzschmelze" den Innenbedingungen ihrer individuellen Existenz und gesellschaftlichen Situation stellvertretend für die Mit- und Nachgeborenen auf die Spur zu kommen, aus der Tiefe ihres Bewußtseins den Stoff zu gewinnen, aus dem die Träume gemacht sind, die für das menschliche Leben notwendig sind, gegen alles Absterben, Totgehen, gegen jedes Verlieren und Verschwinden. Als Verfasser von „Verlustanzeigen", als Absender von „Flaschenpost" vermelden sie aus dem Schwund existentieller Substanz im einzelnen wie im ganzen und dem „Schiffbruch ringsum", aus dem Untergang heraus Botschaften von ‚glücklichen' Inseln, von Fahrrouten in die richtige Richtung, von rettendem Land hinter Nebelbänken und Meeresriffen.
Ein utopisches Unternehmen zwar, aber „eutopia" heißt nicht nur Nirgendwo, sondern auch ‚schöner' Ort, menschlicher Ort. *Anders ausgedrückt*: Im Zeitalter der Raumfahrt und Entdeckung und Erforschung fernster Planeten betreiben Schriftsteller „Psychonautik'. „Psychonauten" in die Weltinnen-

räume des Gefühls und der Phantasie, des Bildes und der Metapher, der Entsprechungen und Symbole sind sie auf eigene Faust und Kappe dabei, die „Seefahrt", die heute (wie immer) nottut, auf sich zu nehmen und aufs offene Meer zu steuern. Entfremdung und Verdinglichung – die Psyche vor Spaltung und Versteinerung zu retten: durch gestaltete Sprache, durch gestalterische Tätigkeit und Arbeit am Stoff Sprache, die immer auch schon welthaltig ist. Sie tun es in der verzweifelten Anstrengung der Formgebung, die die durchlittene Erfahrung ins gelungene Bild, in die geglückte Sinnbildlichkeit hebt.

Ein Schriftsteller ist (in der kühnsten Ausdeutung des Wortinhalts) ein Mann, der die Schrift ‚stellt'.

Das heißt nun zweierlei:

1. Dieser Mann stellt die „*Schrift*".
   Die Schrift (in jeglicher Zeichenausprägung) besitzt erstens *Form* und birgt zweitens *Sinn;* der Schriftsinn wurde immer schon als ‚heilig' angesehen, man liebte seit je die ‚schöne' Form.
2. Dieser Mann „*stellt*" die Schrift.
   Das Stellen aber besagt erstens, daß Form und Sinn, die sich stets zu entziehen versuchen, listig umstellt, verfolgt und gestellt werden muß. Die Einheit von Form und Sinn müssen beide eingefangen, erlegt werden in des Wortes „jägerischster" Bedeutung.
   Die Schrift aber muß als Geschriebenes, als schriftlich Mitgeteiltes ‚hingestellt', dargestellt werden. Es ist ein ständiges Hin- und Herstellen, Umstellen, aber auch Wegstellen. Man nennt diesen Prozeß des Stellens von Schrift immer schon *Gestaltung*.

Schriftsteller sind Zeichensteller. Der eine arbeitet mit Bildzeichen, betreibt ‚Bildgestaltung' im künstlerischen Bilderbuch oder ‚bildliche' Darstellung im ‚Bilderduden', der andere arbeitet mit ‚Tonzeichen', indem er durch Klanggestaltung E-Musik oder Klangdarstellung U-Musik herstellt, und ein dritter arbeitet mit Wortzeichen, indem er durch Sprachgestaltung poetisch-literarische Texte oder durch Sachdarstellung pragmatisch-journalistische Texte herstellt.

Ungeachtet der unterschiedlichen und verschiedenartigen Ausdrucksweise *schlägt* immer ein bestimmter Inhalt in einer besonderen Form, ein bestimmtes Problem in einer besonderen Gestalt, eine bestimmte Botschaft in einer besonderen Machart ‚*zu Buche*'.

Dadurch werden Zeichensteller zu „Weichenstellern". Sie legen Schienen in die Welt, Gleise ins Unbegangene, Niebetretene. Sie schaffen Vorrichtungen zum Abzweigen eines Schienenstranges bei Eisenbahn- und Straßenbahngleisen. Sie stellen, um die Bildlichkeit voll auszuschöpfen, richtige oder falsche Weichen, nach denen die Benutzer den richtigen oder falschen Lebensweg einschlagen können. Geleise / Gleise, so gesehen, werden unter der Metapher von Fahrbahn und Gehweg zu Bahn, Weg, Ordnungssystem und Lebensgewohnheit.

Der Exkurs in die Sache ‚Spielcurriculum Buch', selbst unter dem Denunziat und Verdikt, im ‚Jargon der Uneigentlichkeit' geführt zu sein, wird notwendig angesichts der ‚unspielerischen' Begründung und Konzeption von ‚Lernspielen' zu Literatur und Buch. Nur aus dem Geiste einer solchen

„ästhetischen Erziehung des Menschen" (SCHILLER) scheint uns eine ‚Ökologie' der Buchkultur und Lesepädagogik möglich.
Aufgabe, Weg und Ziel des „Literarischen Lebens" in den Elementarstufen und Grundbereichen frühkindlicher grundschulischer Entwicklung und Förderung sind weder utopische noch abstrakte Größen und Beziehungen, sie lassen sich „real" und konkret anstiften, verfolgen und erreichen.

6. Annäherung VI

Da es sich im vorschulischen Alter, sei es in Kindergarten oder Elternhaus, und auch im grundschulischen Alter, hier innerhalb des Unterrichts wie außerhalb der Schule, um eine prozessuale Propädeutik des Buches, der Literatur und ihrer Vermittlung handelt, mag es im Sinne eines effektiven und effizienten buchpädagogischen Gesamtkonzepts bzw. Großcurriculums erlaubt sein, auch die Lernzielkomplexe der Institution Schule und dabei vor allem des deutschen Sprach- und Literaturunterrichts in den Blick zu nehmen.

Unter Vernachlässigung von Unterscheidungen wie pragmatischer Literatur (Sachbücher) und poetischer Literatur (Dichtung), unter Ausklammerung von Wertfragen nach hochwertiger und trivialer Literatur kann man in der Lernzielperspektivik von Buch als Zusammenfassung und Zusammenhang von Texten, die den intellektuellen und emotionalen Haushalt des Kindes bestimmen, Grundlegendes sagen.

Ohne auf ausgedehnte oder tiefschürfende curriculare Analysen zu Lernzielproblematik allgemein, d. h. Operationalisierung und Evaluierung von Sollensformulierungen einzugehen – die literarische Spielzielperspektivik hat ihre eigene Problematik (vgl. Stichwort: Spielpädagogische Anmerkungen von K. J. KREUZER, Bd. 1, 16 ff.) – gilt es, Werte und Qualitäten an- und ernstzunehmen, die im Buch als ‚Literaturbehälter' beschlossen liegen und als Kompetenzen beschreibbar sind. Sie können und wollen durch Umgang und Auseinandersetzung mit der Buchkultur und Textrealität erworben werden:

1. Literatur (in Wort und Bild) hebt all jene Erfahrungen der Vergangenheit auf, auf die eine Gesellschaft genauso angewiesen ist wie das einzelne Individuum auf sein persönliches Erinnerungsvermögen.
Das Kind / der Schüler lernt, historisches Bewußtsein zu bewahren und bewußte Geschicklichkeit zu aktivieren.
2. Durch Literatur (in Wort und Bild) wird anschaulich und einsehbar, wie Wertnormen sich bilden, entfalten, wie sie weitergegeben, verändert und abgebaut werden.
Das Kind / der Schüler lernt, eine kritische Distanz gegenüber Vergangenem wie Gegenwärtigen zu gewinnen.
3. Literatur stellt Formen der Fiktion, Negation oder Utopie dar und macht damit Möglichkeiten des Zukünftigen sichtbar und realisierbar.
Das Kind / der Schüler lernt, Spielräume zu eröffnen, in denen freies Denken und Handeln erprobt werden können.
4. Sowohl anspruchsvolle wie auch triviale Literaturformen setzen den anonymen Sachzwängen einer abstrakt und undurchsichtig gewordenen Wirklichkeit sinnlich faßbare und ausgedrückte Welterfahrung entgegen:

Das Kind / der Schüler lernt, seine eigene Leiblichkeit und konkrete Sinnlichkeit zu schätzen und auf die produktive Teilnahme am „Literarischen Leben" vorzubereiten und umzusetzen.

5. Literatur trägt zur Entfaltung des Menschen bei, indem sie über das nur rationale Erfassen der umgebenden Realitäten hinausführt und die Kräfte des Gefühls, der Phantasie und des Träumens aktiviert.
Das Kind / der Schüler lernt, seine Gemüts-, Einbildungs- und Tagtraumkräfte zu wecken, zu fördern und zu festigen.
6. Literatur verhilft zu einer Sprache und zu einem Sprechvermögen, die gegen die Flut verbrauchter sprachlicher Gewohnheitsformen und mechanisierter Denk- und Handlungsschemata angeht.
Das Kind / der Schüler lernt, seiner Sprache eine sinnliche Ausstattung und Ausstrahlung zu erhalten, wiederzugewinnen und zu steigern, die originär und kommunikativ fruchtbar ist.
7. Literatur bildet ein sinnliches Verstehen und anschauliches Denken aus, daß Empfindungsfähigkeit, Bewußtsein und Sprachvermögen sensibilisiert und dadurch das Bedürfnis nach dem Ästhetischen weckt, wie es sich im alltäglichen Lebensritual zeigt und als Kultivierung des individuellen und sozialen Lebens auswirkt.
Das Kind / der Schüler lernt, Welt und Existenz ursprünglich wahrzunehmen und das ‚Schöne' als Anreiz und Bereicherung des Daseins zu empfinden.
8. Literatur in allen Spielarten künstlerisch-poetischer wie journalistisch-rhetorischer Ausprägung, hochwertiger wie minderwertiger Ausformung, stellt einen ‚Luxus' (Teppich-Metapher!) dar, den sich eine Gesellschaft leisten sollte, wenn nicht muß, weil er im Sinne einer menschenwürdigen Lebensgestaltung not-wendig ist.
Das Kind / der Schüler lernt, Kunst und Wissenschaft, Spiel und Leben in den Sinnstiftungsprozeß und Zeichenaktivierungsprozeß einzubinden und so einer persönlichen und gesellschaftlichen Existenz Zweck und Sinn zu verleihen.

Die Sache ‚Buch' so sehen heißt nicht mehr und nicht weniger, als Bücher im Raum und Rahmen eines ‚Spielcurriculums' zu *„Lebensmitteln"* zu erklären, die für den Aufbau der Person und den Ausbau der Gesellschaft unerläßlich notwendig sind.

Diese *Gesamtfunktion* in vier *Teilfunktionen* aufgefaltet, ergibt das Kreisbild von zwei *Kernfunktionen* (in der HORAZischen Form vom „docere / prodesse" und „delectare" der Literatur längst gefaßt), die von zwei *Kranzfunktionen* umfaßt werden. Folgende Auflistung mag das Funktionsspiel des Buchcurriculums verdeutlichen:

Grundfunktion: ‚Lebensmittel' (vitale Funktion)
Notwendig für die Vitalität der vegetativ-physiologischen ‚Sinnlichkeit' und psychisch-intellektuellen ‚Geistigkeit', die die Ich-Werdung / Selbstwerdung als Bewußtseinsprozeß trägt und stützt.
1. *Kernfunktionen*
   a) hedonistische Funktion
      Literatur / Buch als „Genußmittel"
      (personalistisch-individualpsychologischer Aspekt)
   b) kritische Funktion
      Literatur / Buch als „Kampf- / Denkmittel"
      (soziologisch-sozialpsychologischer Aspekt)
2. *Kranzfunktionen*
   a) therapeutische Funktion
      Literatur / Buch als „Heilmittel"
      (pharmazeutisch-kathartischer Aspekt)
   b) didaktische Funktion
      Literatur / Buch als „Lehrmittel"
      (epistemologisch-enzyklopädischer Aspekt)

Natürlich lassen sich die einzelnen Funktionen im Rahmen eines Gesamtcurriculums, das sich integral- und spiraldidaktisch versteht, von der Individuallage des Kindes oder der Schülergruppe her jeweils gewichten und ausrichten.

In einer ‚normalen' gesunden Buchlesesituation wirken sie allemal zusammen und sollten vom Buchleser oder Literaturlehrer, vom Leseerzieher und Textbenutzer immer austariert werden, um von vornherein jede ‚Schräglage' auszuschließen und finalistische Ideologemik zu vermeiden.

7. Annäherung VII

„Mit dem Vorwurf der Irrationalität muß man dort zurückhaltend sein, wo unendliche, unbestimmbar umfangreiche Verfahren ausgeschlossen werden müssen; im Begründungsbereich der Lebenspraxis *kann* das Unzureichende rationaler *sein* als das Insistieren auf einer ‚wissenschaftsförmigen' Prozedur, und es *ist* rationaler als die Kaschierung von schon gefallenen Entscheidungen durch wissenschaftstypisierende Begründung" (BLUMENBERG 1981).

Wer die Charybdis wissenschaftstypisierender Begründungen umschifft zu haben glaubt, sieht sich unvermittelt der Scylla der wissenschaftsförmigen Prozeduren gegenüber. In einem Handbuch aber zur Spielpädagogik ließe sich denken, mag es erlaubt und geboten sein, keine allzupraktischen Vorschläge und Platterdingsanweisungen zu einem prozessualen Buchcurriculum zu machen. Im Rahmen einer literarischen Semiotik bzw. im Raum semiotischer Textpraxis wird man zunächst den Aufforderungscharakter von Buchparadigmen ins Spiel bringen müssen. Die große Klasse der Bücher, die das ‚gezeichnete' Wort, konkret: „Bildtexte", enthalten, wäre zu unterscheiden und zu trennen von den Büchern, die das ‚geschriebene' Bild, konkret: „Worttexte", bieten. Erstere umfassen das *klassische Bilderbuch* mit seiner Ausprägung nach reinen Bilderbüchern und Text-Bilderbüchern, die wiederum nach Bilder-Versebüchern und Bilder-Geschichtenbüchern mit jeweils sachtextlicher Bebilderung und dichtungstextlicher Bebilderung einteilbar sind. Das moderne *Spielbuch* bringt zu dem kontemplativen Moment des klassischen Bilderbuchs den aktivistischen Aspekt zum Tragen und tritt in der ganzen Vielfalt der Medien und Materialien in Erscheinung. Letztere umgreifen die *traditionellen Buchformen* des Verse- oder Gedichtebuches, des Geschichten- oder ‚Märchenbuches' und die Spiel- und Tanzliederbücher sowie die Spieltheaterbücher oder ‚Kasper- / Puppenspielbücher'. Sie nach Anschau-Büchern (ganz allein oder mit anderen zusammen), Vorlese-Büchern (für Kinder, die lesen können oder vorlesende Erwachsene) und Selberlese-Büchern (zum Leselernen oder ‚richtig' Lesen) zu unterscheiden, hießen die Aktivitätsformen und Rezeptionsweisen beschreiben. Auch eine direkte Methodik, die Verfahren und Handhabungen zu konkreten Themen wie „Wir machen / schreiben ein Buch" im Aktionsraum von Kindergarten oder Grundschule anvisieren oder die Anfertigung eines Buchquartetts, die Veranstaltung einer Kinderbuchmesse, die Vorstellung des sogenannten Lieblingsbuches und eine Buchwerbe- oder -umtauschaktion fordern, ist noch nicht als Rezeptologie zu einem Buchcurriculum denunzierbar. Hinweise auf Buchinformationsabende und Leseschulungsnachmittage für Eltern und Erzieher, fahrende Kinderbibliotheken, Vorlesewettbewerbe, Büchereibesichtigungen für Kinder, ‚Dichterlesungen' in Kindergarten und Grundschule und Kinderinterviews zum Leseverhalten bei Lehrern, Erziehern und Schülern bedeuten ein Antupfen von ganzen Paletten, die im Rahmen eines Curriculums des ‚spielenden' Umgangs mit Buch und Literatur zweckmäßig und sinnvoll erscheinen. Sie konkret und differenziert bis in die kleinste pädagogische, didaktische und methodische Verästelungen zu benennen oder gar lernzieltaxonomisch aufzulisten, verbieten sowohl der Geist dieses buchpädagogischen Essays wie auch der Raum eines Handbuchs zur Spielpädagogik.

Die Not zur Tugend zu machen und auf konkrete Einzeldarstellungen mit detaillierter, nuancierter und differenzierter Gegenstands- und Verfahrensanalyse hinzuweisen, bedeutet in diesem Zusammenhang mehr als die List der Darstellung und etwas anderes als die berechtigte Forderung nach Praxisbezug. In den folgenden Werken zu den angeschnittenen Problemkreisen mit ihren lebensbedeutsamen Fragestellungen und Lösungsvorschlägen ist diese pädagogische Arbeit mit didaktischer Phantasie und methodischem Geschick geleistet:

1. *Buch, Partner des Kindes*, Wissenswertes über Bücher für die ersten acht Lebensjahre, Sonderausgabe mit Unterstützung der Deutschen Lesegesellschaft, hrsg. vom österreichischen Bundesministerium für Unterricht und Kunst unter der Redaktion von Waltraud HERTMANN, Walter HEGINGER und Albert RIEDER, erarbeitet von namhaften Lesepädagogen/innen (Otto Maier Verlag, Ravensburg 1979).
2. *Unsere Buchstraße*, Vom Umgang der Kinder mit Büchern. Von Karin und Wulf WALLRABENSTEIN, in: Sprache im Anfangsunterricht 1 (hrsg. von WALLRABENSTEIN, BALHORN, CONRADY, TYMISTER), 131 – 147 (Verlag Urban & Schwarzenberg 1981).
3. *Treffpunkt*. Kleiner Bibliotheksführer für Kinder. Von Melitta BURGER, Lioba BETTEN, Barbara SCHNABL und Gisela WALTMANN (Ellermann Verlag, München 1978).
4. *Kinderliteratur im ersten Schuljahr.* Von Guido KÖNIG, in: Lesewerke und Texte für die Grundschule (hrsg. von Erwin SCHWARZ), 49 – 91 (Verlag Arbeitskreis Grundschule, Frankfurt 1975).
5. *Mutti, was soll ich lesen?* Das Buch in der Erziehung unserer Kinder von Sybil Gräfin SCHÖNFELDT (Otto Maier Verlag, Ravensburg 1971).
6. *ABC der Kinderbücher*. Von Juliane METZGER. Eine immerwährende Bibliothek für Kinder (Verlag Ullstein, Frankfurt 1971).

Es versteht sich, daß diese Aufzählung weder vollständig ist noch ausschließlich gilt. Sie ist, nach Absicht, Inhalt, Methodik und Zielrichtung, paradigmatisch: Sie kann in beispielhafter Besonderheit aufzeigen, welche Erscheinungsformen und Wesensgesetzlichkeiten einem ‚fruchtbaren' Buchcurriculum im angesonnenen Spielverständnis innewohnen. Sie vermag in vorbildlicher Allgemeinheit aufzuweisen, welche schöpferischen Möglichkeiten der Buchleser in frühester Kindheit und der Leseerzieher nach gründlichen Rezeptions- und Produktionsprozessen konkret mit Büchern und Texten aller Art verwirklichen kann. *Die Fülle der grundlegenden Publikationen* zur Buchpädagogik und Leseerziehung, die Vielfalt der speziellen Darstellungen zur Literaturdidaktik und Textmethodik samt der riesigen Menge von Abhandlungen und Handreichungen in Zeitschriften mag in die genannten Paradigmata eingegangen sein und für Praxisrelevanz und Problemrepräsentation stehen (eine kleine Auswahlbibliographie, die weiterführende Literatur erschließbar macht, diente dieser Darstellung und ist am Schluß des Handbuchbeitrags versammelt).

8. Annäherung VIII

Wer sich mit theoretischen Konzepten zur Buchpädagogik und abstrakten Modellen zur Leseerziehung, mit konkreten Einteilungen zur Literatur und praktischen Ausführungen zu einem Bücher- / Text-Curriculums im frühen Kindesalter und in den ersten Schuljahren herumschlägt, steht immer in der buchpädagogischen bzw. textdidaktischen Arena. Er begibt sich so oder so auf den Kampfplatz medienpolitischer Auseinandersetzung. Das heißt und es gilt: Wer ein solches Buchcurriculum, einen ‚Spielplan' solcher Art zum „Literarischen Leben" aufbaut, baut ein anderes Buchcurriculum, ein ‚Literaturspiel' anderer Qualität auf.

Die Tatsache, daß niemand mit dem eigenen Denken anfängt, wenn er in die „Welt des Buches" eindringt, läßt sich unschwer auf buchpädagogische Erkenntnisprozesse anwenden: Bücher, seien sie sachliterarischen oder schöngeistigen Inhalts, seien sie in der klassischen Gutenberg-Manier oder in der modernen Medienform gemacht, sind insgesamt als Initialzündung anzusehen, die möglichst zu unabhängigem Denken und selbständigem Fühlen eines jeden Junglesers und Literaturschülers führen sollten. Dabei ist es meist schon eine beträchtliche Leistung, sich in die Gedanken eines vorgegebenen „Sprachspiels" (= Buch) zu versenken und über Buchinhalt und Textsinn nachzudenken (das freie oder ‚wilde' Denken und Sprechen mag sich anschließen oder an anderen Gegenständen üben!).

Im übrigen wird jeder Buchleser, auch schon der kindliche, früher oder später sowieso durch den fortlaufenden Skandal irritiert, daß die Verfasser und Macher von Büchern seit eh und je mehr beunruhigende Fragen stellen als zuverlässige Antworten auf die jeweiligen Probleme von Individuum und Gesellschaft zu geben.

Ein entscheidender Beitrag zu Bucherziehung und Leseerfahrung in Kindergarten und Elternhaus, Vorschule und Grundschule wäre ohnedies geleistet, wenn auch schon das Kind, der Schüler erstaunt und verwundert darüber ist, wie rasch auch der beste Autor mit seinem Latein am Ende ist, und daß sich der ‚kleine Leser' seinen Vers darauf machen muß, auf welche Weise kritisch-kreatives Bewußtsein mit Hilfe des Buches und am Leitfaden von Büchern geweckt, gefördert und gefestigt wird.

Das Ergebnis wäre ohnehin keine Lebenshilfe, die abrufbare Antworten auf die Ganzheitsprobleme und Sinnfragen des Menschen zu besitzen vorgibt. Im Aufweis von existentiellen und sozialen Grundmöglichkeiten mittels ‚Buchkultur' und ‚Literaturspiel' zeichnen sich wie von selbst Weltorientierung und Existenzerhellung als Horizonte ab.

"Warum noch lesen? Vom notwendigen Überfluß der Bücher" heißt ein Buch, ein schmales, aber gewichtiges Bändchen, unter dem programmatischen Wort „Initiative". Der Essay „Ohne Bücher kein Zuhause", grundlegende Bemerkungen zu einem Buchcurriculum, mag ausklingen mit den Schlußsätzen aus dessen Vorwort (KALTENBRUNNER 1983):
„Lesen oder Nichtlesen? Es verschwände gewiß etwas unendlich Schönes, das zur Urbanität, zum Adel, zur Größe des Menschen gehört, wenn es eines Tages nicht mehr gäbe: den Mann, die Frau, das Kind mit einem Buch, versunken in ein Buch. Nicht von ungefähr haben die Maler Europas von Vermeer van DELFT über REMBRANDT und Frans HALS d. Ä. bis zu RENOIR immer wieder Bilder lesender Menschen geschaffen...
Lesen oder Nichtlesen? Der menschliche Mensch, der homo humanus, ist ein Drittes jenseits von Analphabet und Bibliomane. Es blitzt auf in den Schlußversen des Gedichtes ‚Lebenslauf' von Friedrich HÖLDERLIN:

> Alles prüfe der Mensch, sagen die Himmlischen,
> Daß er, kräftig genährt, danken für Alles lern,
> Und verstehe die Freiheit
> Aufzubrechen, wohin er will."

Literatur

Auböck, I., et al.: Buch, Partner des Kindes, Wissenswertes über Bücher für die ersten acht Lebensjahre, Ravensburg 1981
Barthes, R.: Leçon / Lektion, Antrittsvorlesung im Collège de France, Frankfurt am Main 1980
Baumgärtner, A. Cl.: Lesen — Ein Handbuch. Lesestoffe — Leser und Leseverhalten — Lesewirkungen — Leseerziehung — Lesekultur, Wiesbaden 1973
Beck, H.: Eine Lust zu lesen! Cartoons, Heidelberg 1981
Blumenberg, H.: Wirklichkeiten, in denen wir leben, Stuttgart 1983
Burger, M., et al.: Treffpunkt Bücherei, Kleiner Bibliotheksführer für Kinder, München 1978
Bünning, G.: Lesemotivation — aber wie? Zur Praxis der Buch- und Leseerziehung, Düsseldorf 1981
Carter, J. / Muir, P. H.: Bücher, die die Welt veränderten, Darmstadt 1969
Hentig, H. von: Lernziele im ästherischen Bereich, in: Ästhetische Erziehung und Kommunikation (hrsg. von O. Schwencke), Frankfurt am Main 1972
Kaltenbrunner, G.-Kl. (Hrsg.): Warum noch lesen? (Initiative 53), Freiburg im Breisgau 1983
— (Hrsg.): Noch gibt es Dichter. Außenseiter im Literaturbetrieb (Initiative 31), Freiburg im Breisgau 1979
Kilga, B.: Der Mensch im Bewußtseinswandel, Köln 1981
Knittermeyer, H.: Grundgegebenheiten des menschlichen Daseins, Darmstadt 1963
König, G.: Kinderliteratur im ersten Schuljahr, in: Lesewerke und Texte für die Grundschule (hrsg. von E. Schwartz), Frankfurt am Main 1975
Krings, H.: Neues Lernen. Fragen der Pädagogen und Aufgaben der Bildungspolitiker, München 1972
Metzger, J.: ABC der Kinderbücher. Eine immerwährende Bibliothek für Kinder, Berlin 1971
Müller, U.: Zugang zur Literatur, Freiburg im Breisgau 1978
Riedl, R.: Evolution und Erkenntnis, München 1982
Rühle, G. (Hrsg.): Bücher, die das Jahrhundert bewegten. Zeitanalysen — wiedergelesen, Frankfurt am Main 1980

Rühmkorf, P.: agar agar — zaurzaurim. Zur Naturgeschichte des Reims und der menschlichen Anklangsnerven, Reinbek 1981

Salber, W.: Lesen und Lesen-lassen. Zur Psychologie des Umgangs mit Büchern, Frankfurt am Main 1971

Schönfeldt, S.: Mutti, was soll ich lesen? Das Buch in der Erziehung unserer Kinder, Ravensburg 1971

Wallrabenstein, K. / Wallrabenstein, W.: Unsere Buchstraße. Vom Umgang der Kinder mit Büchern (in: Wallrabenstein, W., et al., Hrsg.: Sprache im Anfangsunterricht 1), München 1981

Wissenschaftliche Kommission Lesen, Leseförderung und Buchpolitik, Eine Expertise, in: Bertelsmann Briefe, Heft 89, Januar 1977

III. Spiel, Kunst, Musik und Tanz

1. Kinetische Objektkunst und Spielobjekte im Kunstunterricht

Peter Heinig

Vorausgesetzt wird in diesem Beitrag, daß *Kunst Bezugsfeld* eines Faches ist, das auch aktuelle Formen und Probleme zum Thema hat und sie — nach didaktischer Begründung und methodischer Erschließung — Schülern durch aktiv-bildnerisches Handeln und reflektierende Analyse zugänglich macht.
Die Wahl fällt auf *Plastik* als Lehrbereich in Form *kinetischer Objektkunst*, die eine erstaunliche Fülle neuer Ausdrucksmöglichkeiten entwickelt hat. *Spielobjekte*, eine Variante der „Kinetik", werden analysiert und an praktischen Beispielen erklärt. These ist, daß sie eine „Schlüsselthematik" darstellen, d. h. sie sind für nahezu alle Lehrbereiche und viele Lernziele des Kunstunterrichts bedeutsam.

I. Zur Charakteristik kinetischer Objekte

Plastik ist heute nur ein Oberbegriff für Bildwerke mit dem Merkmal der Dreidimensionalität; diese reicht vom Relief bis zum vollkörperhaften Gebilde, deren Da-Sein von statuarischer Geschlossenheit bis zu Aufgelöstheit und Hingabe an den Umraum.
Im Bild unserer Städte setzt sich als öffentliche Kunst immer mehr die *bewegliche, bewegte oder bewegbare* Plastik durch: ästhetische Objekte, die sich nicht mehr in Ruhe dem Betrachter darbieten: Da drehen sich Metallschalen, an Säulen montiert, im Wind, geraten blattförmige Elemente, gelenkig an Metallfühlern befestigt, beim geringsten Luftzug in vibrierende, zitternde Bewegung, oder es heben und senken sich plastische Körper kraft elektrisch induzierter Hydraulik, die sich zudem noch mit Wasserspielen und Geräuschen verbinden ... Von solchen Objekten geht der Reiz des Spielerischen und der Überwindung starrer Materie aus; die Bewegung erlaubt, daß „Plastik" gegenüber großdimensionierter Architektur überhaupt noch wahrgenommen wird.

1. Sachanalyse Kinetik

Ursachen, Quellen, Motive für kinetische Objekte sind zumindest

- der Wahrnehmungsreiz, den *bewegte* Dinge für den Menschen haben,
- ein neues Verständnis von Material und vom Künstler.

a) Bewegung: Faszination und Realisation

Bewegung als künstlerische Aufgabe hat eine lange Geschichte (POPPER 1968): angesiedelt zwischen Hoch- und Subkultur, Kunst und Mechanik, zeigt sie sich spätestens in der Renaissance: es sind zum Beispiel Ideen von Automaten und Robotern, erklärbar im Zusammenhang der Kultur- und Geistesgeschichte. Wenn Villard de HONNECOURT um 1245 einen automatischen Adler entwarf, der den Kopf bewegen konnte, wenn die Episteln verlesen wurden, war dies nur möglich, weil die Kirche alle kunstvollen Mechanismen für Feste und Kulte begrüßte. Das Motiv des Glaubens zeigte sich schon in einem technisch höchst komplizierten Spielwerk, der Uhr des Straßburger Doms (1352). Sie hatte nicht nur orientierende Funktion, sondern wurde als unbarmherziger Zeitmesser Gottes empfunden. Heute, auf Jahrmärkten oder Rummelplätzen – man denke an die „Geisterbahnen" – umgibt selbst die wenig perfektionierten Figuren ein Schein des Mysteriösen und Unerklärlichen; alle diese Spielwerke lösen Affekte und Emotionen aus.

Bewegung als künstlerisches Motiv und Ziel zieht sich durch die ersten drei Jahrzehnte unseres Jahrhunderts, bleibt aber zunächst entweder Idee und Projekt oder *Illusion von Bewegung*, jedenfalls in der Malerei und Plastik. Im technischen Manifest der Futuristen heißt es: „Alles bewegt sich, alles rotiert; alles spielt sich mit größter Schnelligkeit ab!" Umberto BOCCIONI (1912) spricht von der Raserei eines Schwungrades und zieht den Rhythmus eines Ventils dem eines Augenlids vor. Bewegung ist recht früh Thema der Malerei, doch bleibt es bei der „Vortäuschung" von Bewegtheit, zum Beispiel in den Tänzerinnen von DEGAS oder bei GAUGUIN und MATISSE, die von den Linienarabesken überzeugt waren, daß sie Betrachter gefühlsmäßig bewegen könnten.

Auch in der Plastik bleibt es zunächst beim Anschein von Bewegung; die Werke selbst sind starr. Genannt seien hier nur die futuristische Skulptur BOCCIONIs „Muskeln in Bewegung" oder DUCHAMP-VILLONs Werk „Das Pferd".

Erst als 1935 DUCHAMP das Rad eines Fahrrades auf einem Sockel befestigte und das drehbare Objekt zum Kunstwerk erklärt, kann man von realer Bewegung sprechen. Weitere Marksteine setzen zwischen 1930 und 1936 MOHOLY-NAGY mit einer Skulptur aus drehbaren, quadratischen Formen oder CALDER, der in seiner surrealistischen Phase zu den bekannten Balance-Objekten fand, den *Mobiles*.

In den zwanziger und dreißiger Jahren liegen theoretische und praktische Ansätze für fast alle Spielarten kinetischer Objekte vor. Dies zeigt sich deutlich in der Entwicklung CALDERs: neben stockähnlichen, schwankenden Elementen, die, vor einer Platte montiert, zufällige Schatteneffekte ergeben, konstruiert er Objekte, in die Riemen- und Radsysteme eingebaut oder deren Elemente austauschbar sind; außer seinen Mobiles erdenkt er Objekte mit Spiralen, die von Motoren in Vibration versetzt werden.

b) Material und Künstlertyp

Die Geschichte zeigt – bis heute –, daß es nächst der Bewegung auch unberührte Naturformen oder ihres Zweckes entfremdete *Artefakte* sind, die einen großen Reiz auf die Wahrnehmung haben: sie fordern dazu auf, gestaltend in sie einzugreifen, und sei es nur dadurch, daß sie isoliert und exponiert werden: ein *Bild* wird gegen chaotische Vielfalt gesetzt, das Aufgelesene wird erlesen. Bemerkenswert an diesem Vorgang ist ferner, daß das Objekt ein Subjekt zur Anteilnahme herausfordert, ein ursprünglicher und kreativer Prozeß, der in der Objektkunst der Gegenwart wieder auflebt, wobei er sich vorwiegend auf Artefakte, künstlich gemachte Dinge, richtet (ready-mades). – Begünstigt wurde die kinetische Objektkunst zweifellos von Technik und Industrie mit der Erfindung synthetischer Stoffe und Verarbeitung zu Halbfertigprodukten.

Es mußte sich aber auch ein *Künstlertyp* entwickeln, für den jedes Material kunstwürdig ist, in dessen Werkstatt mit Polyester und Plexiglas, Leichtmetallen und Spiegelfolien, Spotlights und Quarzlicht experimentiert wird, wo Elektromotoren, Tonbänder, Mikrophone oder Monitore eingesetzt werden.

2. Klassifizierung kinetischer Objekte

Spätestens anläßlich der „4. documenta" (1968) und auf der Ausstellung „Kunst als Spiel, Spiel als Kunst, Kunst zum Spiel" in Recklinghausen (1969) wurden kinerische Objekte in einer Fülle und Variationsbreite bekannt, die jede Klassifizierung erschwert. Jedoch lassen sich grob unterscheiden:

- Mobiles: durch Naturkraft bewegte Objekte;
- Kinetika: durch Mechanik bewegte Objekte;
- Virtuelle Kinetik: durch optische Effekte bewegt erscheinende Objekte;
- Spielobjekte: durch Manipulation veränderbare Objekte.

Nur die zweite Klasse sei knapp erläutert, weil diese das Hauptthema „Spielobjekte" schon erhellen kann: Während die Mobiles bereits ihr variantenreiches Spiel vollführen, wenn sie nur Wind und Luft ausgesetzt sind, verdanken „Kinetika" ihre Bewegung bestimmten Energiequellen wie Elektrizität, Magnetismus, Wärme oder Wasserströmung. Sie benötigen meist Motoren und Übertragungsmechanismen oder elektronisch gesteuerte Apparaturen, die unter Umständen auch Geräusche (Sprache) in Bewegung oder Lichtsignale umsetzen.

Wichtig für die Abgrenzung zur Klasse manipulierbarer Spielobjekte sind das Maß an Aktivität, welches dem Betrachter bleibt, und die Bezüge, die zwischen ihm und dem Objekt entstehen. Er hat keine oder wenig Gelegenheit, die Werke zu steuern oder gar zu verändern; ihm bleibt oft nichts als der Druck auf den Knopf, um das optische und/oder akustische Spielwerk in Gang zu setzen. Charakteristisch ist ferner, daß die Künstler in hohem Maße über technische Kenntnisse verfügen; einige sind mit Elektronik oder Computertechnik vertraut.

3. Spielobjekte: Charakteristik

Spielobjekte – wir können auch von *manipulierbaren Objekten* oder *Variationsspielen* sprechen – haben sich seit der „4. documenta" als ein neuer Typ der Kinetik durchgesetzt. Dort sah man zusammensteckbare Objekte mit einer Lösung, Kugellaufobjekte, Baukästen aus Plexiglaswürfeln, Reliefs aus industriellen Serienprodukten, deren Konstellation sich durch Drehen, Biegen oder Ziehen verändern ließ, variable Modelle phantastischer Architekturen usw. Typische Merkmale von Spielobjekten sind:

a) Manipulierbarkeit und Variabilität

Das Bild ist veränderbar, ohne daß die Grundstruktur aufgegeben wird (vgl. Abb. 1).

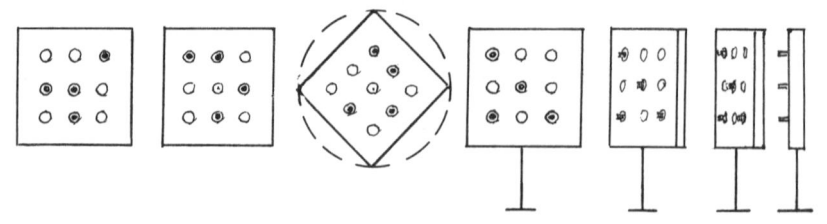

Abbildung 1

Am Beispiel der Abbildung 1 sei dies veranschaulicht: eine quadratische Lochplatte, in die sich Dübelhölzer stecken lassen, zeigt als Grundstruktur ein Neuner-Punkt-Raster mit vier losen Elementen, die beliebig, aber nicht unendlich umgesteckt die Grundfläche akzentuieren. Wird die Platte zusätzlich um den Mittelpunkt drehbar angeordnet, ändert sich die Konstellation der Punktelemente „im Handumdrehen". Die Manipulierbarkeit ließe sich fortgesetzt denken durch eine zwischen zwei Lochplatten montierte Achse, um die sich das Quadrat dreht, so daß es dem Betrachter als Rechteck, schmaler werdend bis zum Profil, erscheint. Die Variationen ließen sich ad infinito erweitern durch Spiegelwände oder Verkörperung zum Würfel.

Die Manipulierbarkeit ist also eng verbunden mit dem Charakteristikum der Variabilität, wobei sich Objekte insofern unterscheiden können, als entweder sehr viele Kompositionen möglich sind oder das Spiel mit den Elementen einen Endzustand als Ziel hat (Puzzle-Spiel).

b) Material-Mechanismen: Montage

Objektkünstler setzen in ihren Variationsobjekten oft Fertigprodukte ein (zum Beispiel Fensterriegel), die schon einen Mechanismus haben. Oft muß dieser aber erst hergestellt werden, um die Elemente verändern zu können. Fast immer sind Rahmen oder Grundplatten nötig, auch dann, wenn die Serienprodukte schon mit einem Mechanismus versehen sind (zum Beispiel Kleiderbügel, Wäscheklammern, Scharniere . . .). Jedenfalls tritt das Problem auf, die Mechanismen technisch sinnvoll und auf das Ganze bezogen zu verwenden. Die *Methode* ist *Montage*, verstanden als Versuch, die Elemente so aufeinander zu beziehen, daß sie zwar ihre Eigenart bewahren, sich aber gegenseitig steigern oder stützen, ohne den ästhetischen Zusammenhang zu verlieren.

c) Das Werk-Betrachter-Verhältnis

Mit Spielobjekten hat sich das Werk-Betrachter-Verhältnis vor Kunstwerken gewandelt. Diese sind nicht mehr „tabu", sie warten geradezu darauf, berührt, variiert oder bewegt zu werden. Am Betrachter liegt es, sie zu beleben, die voliegende Konstellation zu variieren, und oft hat er sogar die Chance, seine Begabung ins Spiel zu bringen und eigene Ideen zu entwickeln. Natürlich findet kein vollkommener Rollentausch zwischen Künstler und Betrachter statt, doch wird dieser als Handelnder, als Mit-Realisierender eingeplant. Spielobjekte bieten kein Schauspiel, sondern laden zum Spiel ein.

Der Betrachter wird nicht zwangsläufig zum Spieler. Erst wenn das Objekt genügend Spielanreiz bietet, greift er verändernd ein. Wovon hängen Spielanreiz und Dauer ab? Die bisherigen Erfahrungen lassen folgende Hypothese zu: Spielanreiz und -dauer wachsen wahrscheinlich in dem Maße, wie Objekte körperhafter werden und mehr als eine Spielfunktion haben (zum Beispiel Stecken und Drehen), dennoch aber überschaubar bleiben. Der Aufforderungscharakter hängt ferner davon ab, ob neben dem Intellekt auch das Gefühl (die Affekte) angesprochen werden und sei dies in Form von Witz, Provokation oder Geheimnis. Insgesamt geht es darum, mit einem begrenzten Zeichen-Repertoire zu einer Variation aufzufordern, die ausgewogen ist zwischen totaler Ordnung und höchster Komplexität.

Das Spielobjekt ist angewiesen auf den Spieltrieb oder -willen eines Betrachters, vorgegebene Strukturen zu verändern. Dies hängt auch von den Materialien ab: naturgewachsen oder künstlich, glatt oder rauh, rund oder eckig; Material löst Sympathie oder Aversion aus.

II. Spielobjekte und Kunstdidaktik

Spielobjekte sind nun systematisch zu erläutern und didaktisch zu begründen (die skizzierten Beispiele stellen Arbeiten von Studenten und Lehrern dar).

1. Spielobjekte: Systematik

Eine Ordnung unter dem Gesichtspunkt von Funktion und Mechanismen erscheint sinnvoll, weil diese weitgehend die Variationsmöglichkeiten bestimmen. Es werden unterschieden: Pendel-, Schub-, Klapp-, Dreh- und Spannobjekte.

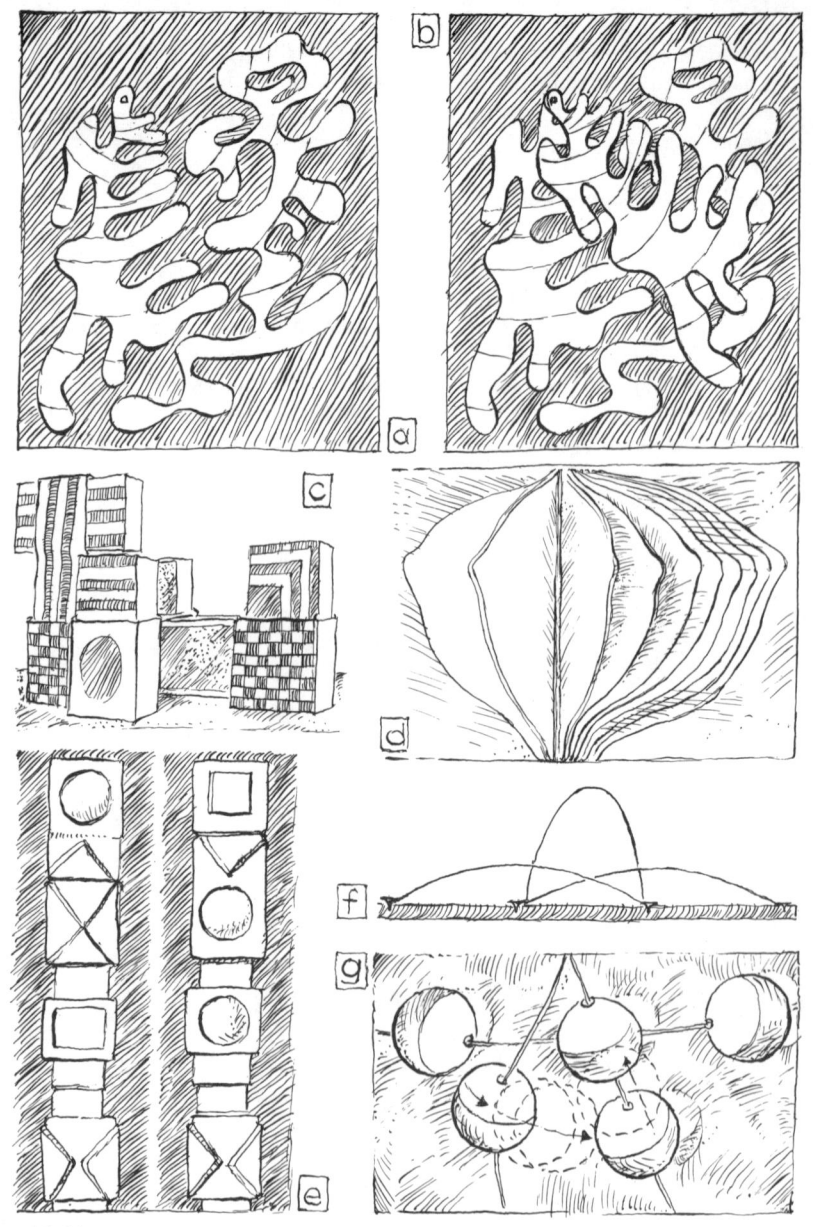

Abbildung 2

a) Pendelobjekte (Beispiel: „Farbpendel", vgl. Abb. 2a, b)

Sie sind gekennzeichnet durch Elemente, die sich in einer Ebene ein- und auspendeln. Die Bewegung läßt sich als regulär — einen Kreisausschnitt beschreibend — bestimmen, die Variation als abstrakt-flächig.
Auf die Grundplatte wurden zwei amorphe, molluskenhafte Gebilde in Plakafarben gemalt (Rot-Orange-Streifen), am Drehpunkt oben links eine Pendelform befestigt, die sich im Ruhezustand mit dem linken Grundmuster deckt. Bewegt, scheint das Pendel die Figur-Grund-Konstellation zu verwischen, es treten Überschneidungen, farbliche Veränderungen und momentane Reliefbildungen auf.

b) Schubobjekte (Beispiel: „Variables Gehäuse", vgl. Abb. 2c)

Sie zeichnen sich aus durch linear bewegbare Elemente, die in Schienen oder Schüben gleiten (einfaches Beispiel: Streichholzschachtel). Die Bewegung verläuft linear, die Variation kann ornamental-flächig und räumlich sein.
Im Beispiel liegen die Variationsmöglichkeiten im Verschieben und Umstecken der Schübe, aber auch im Umstellen des ganzen Gebildes. Der Spielanreiz liegt auch darin, durch Verschieben der Teile ornamentale Formanschlüsse herzustellen.

c) Klappobjekte (Beispiel: „Variable Profile", vgl. Abb. 2d)

Sie sind gekennzeichnet durch rotativ bewegte Elemente, befestigt an Scharniergelenken oder im Rahmen punktuell gelagert. Die Bewegung ist zwischen zwei Ausgangs- und Ruhelagen fixiert.
Die Skizze zeigt zehn gleich profilierte Sperrholzplatten; sie sind um ca. 180° dreh- und schwenkbar und an Scharniergelenken so befestigt, daß sie in jeder Position feststellbar sind. Nächst Reliefbildung durch Schichten, können die gleichförmigen Elemente durch Ausfächerung rhythmisiert werden. Die gegenständliche Anspielung erweitert das rein ästhetische Arrangement.

d) Drehobjekte (vgl. Abb. 2e: „Drehbare Kuben")

Sie haben rotierende, konzentrisch oder exzentrisch bewegte Elemente, die an Drehachsen befestigt sind. Von Ausmaß und Schwere der Teile sowie von der Lagerung hängen — bei gleicher Anstoßenergie — Drehgeschwindigkeit und -dauer ab. Der Aufforderungscharakter von Rotationssystemen ist relativ groß, weil man — je nach Tempo — ständig sich verändernde Farb-Form-Variationen beobachten kann.
Das abgebildete Objekt besteht aus vier Ytong-Blöcken; je vier Seiten sind als Reliefs ausgebildet, die Grundformen (Kreis, Rechteck, Dreieck) variieren. Alle Elemente sind um eine Mittelachse zwischen Ringscheiben drehbar; die Skizze zeigt nur zwei von 256 Variationen. Würde man die Kuben — noch ohne 180°-Kippung — untereinander austauschen, ließen sich 1820 Kombinationen herstellen.

e) Spannobjekte (vgl. Abb. 2f, g: Schema und Detail)

Die Elemente sind biegbar oder lassen sich durch Feder- und Spannmechanismen (Spiralen, Gummibänder . . .) verändern. In der Skizze f handelt es sich um das Schema einer „Konstellationstafel" (Holz) mit einem Nagelraster, in das rechteckige Bleche so eingespannt werden können, daß sich variable Reliefs ergeben (anstelle von Blechen sind auch farbige Karton-Elemente vorstellbar).
Skizze g zeigt das Variations- und Bewegungsprinzip eines *Spiegelobjektes mit Kugeln*: zweifarbige Ping-Pong-Bälle sind auf Gummibänder gezogen, die an einem Holzrahmen mit Spiegelrückwand befestigt sind. Die Kugeln lassen sich verschieben, um die Mittelachse drehen und gegeneinander federn. Hier sind also Spannfunktionen mit Dreh- und Schubmöglichkeiten gekoppelt. Zusätzlichen Spielanreiz vermitteln klickende Geräusche und das Spiegelbild.

So sind weitere *Variationsspiele* möglich, in denen mehrere Funktionen gekoppelt sind, Spiel- und Wahrnehmungsreize durch Spiegelelemente erhöht oder weitere Materialien und Mechanismen – man denke zum Beispiel an Textilien mit Reiß- oder Knopfverschlüssen – verwendet werden. Die Beispiele zur Systematik mögen genügen; sie werden noch ergänzt durch Schülerarbeiten in Teil IV.

2. Ästhetische und soziologische Aspekte

Spielobjekte zeigen beispielhaft einen Teilbereich gegenwärtiger Kunst. Sie antworten kompensatorisch auf ästhetische Bedürfnisse im Sinne einer wenn auch kurzfristigen Entlastung von Zwängen und wecken kritisches Bewußtsein, denn das tradierte (passive) Gegenüber von Werk und Betrachter ist ein anderes. Spielobjekte können urbanen Raum als benutzbare, begehbare, bespielbare Kunst beleben. Großformatig, aus durablem Material, aufgestellt an Treffpunkten (Kinderspielplätzen, Geschäftszentren, Parks . . .) würden sie – gesellschaftsbezogen – entlastend-lustbetonte Funktionen erfüllen.
(Auch ohne weitere Erörterung dürfte damit die *therapeutische* Bedeutung von Spielobjekten einleuchten.)

3. Spieltheoretische Aspekte

Hier ist vor allem das Verhältnis von Spiel und Arbeit interessant: Variationsobjekte müssen, gleich ob vom Künstler oder Schüler hergestellt, gefertigt und gestaltet werden, bevor mit ihnen gespielt werden kann.
Auch wenn sich SCHILLER (WETZEL 1979) auf die griechische Kunst bezieht, bleibt wichtig, daß er im Spiel die Aufhebung des Gegensatzes von Form und Stoff, Formtrieb und sinnlichem Trieb findet. Bei G. BALLY heißt es, Spiel sei eine lustbetonte Handlung, Arbeit darin integriert (SCHEUERL 1969).
J. CHATEAU (SCHEUERL 1969) weist nach, daß selbst in destruktiven Spielen Ordnungsliebe vorkommt und spielende Handlung keinesfalls mit Gesetzlosigkeit oder Unverbindlichkeit gleichzusetzen ist (SCHEUERL 1969). HUIZINGA (1951) schließlich zeigt, daß Spielerisches auch eine bestimmte Qualität des Handelns besitzt: Spiel und Ernst bleiben in der Schwebe.
Übertragen auf unser Thema: bei der Herstellung von Spielobjekten ist der Regelhaftigkeit und dem Ernst der Arbeit zwar viel Gewicht beizumessen; jedoch stellt sich Lustbetontheit im Umgang mit gestaltprovozierenden Materialien ein, und der Werkprozeß hat Raum für den Spieltrieb. Mit anderen Worten: die methodische Kategorie der Arbeit hält der Komponente des Spielens insofern die Waage, als lustbetonte Arbeit schon von Spielerwartungen begleitet wird.

4. Aspekte der Kreativität

Kreativität ist als Leitziel der Kunstpädagogik unbestritten. In einer differenzierten Analyse des Werkprozesses müßte sich zeigen, ob genügend kreative Faktoren angesprochen werden. Hierfür sei das von G. OTTO (1971) vorgestellte Phasenmodell (Initation, Exploration, Objektivierung, Integration) verbunden mit Kriterien kreativen Verhaltens (Sensibilität, Aufnahmebereitschaft, Beweglichkeit . . .), wie sie LÖWENFELD (1960) entwickelt hat, herangezogen.

Vorbereitende Phasen
I   Motivation   — Aufnahmebereitschaft
II   Initiation   — Findigkeit
III   Exploration   — Sensibilität
IV   Destruktion   — Umgestaltungswille

Realisationsphasen
V   Selektion   — Sensibilität, Fähigkeit zur Analyse
VI   Transformation   — Umgestaltungsfähigkeit
VII   Objektivation   — Ästhetische Organisation

Reflexions- und Kommunikationsphasen
VIII   Integration   — Reflexion, Fähigkeit zur Synthese
IX   Kommunikation   — Spielerische Variation
X   Projektion   — Antizipation neuer Lösungen, Beweglichkeit

Die Phasen I und II, in denen die Aufgabe gestellt wird, werden in jedem Falle die *Aufnahmebereitschaft* fordern; für die Exploration (III) — sie beinhaltet die Suche nach geeigneten, vorfabrizierten Materialien oder die Wahl unter bereitgestellten Elementen — sind *Findigkeit* und *Sensibilität* unabdingbar. In Phase IV, einer teils lustbetonten, immer aber gespannten Situation — sie zwingt oft zur Destruktion, zur bewußten Auflösung gegebener Zusammenhänge oder Systeme — wird auf jeden Fall der *Umgestaltungswille* mobilisiert. Mit Beginn der Realisation werden vom Schüler erneut Sensibilität für Materialcharakter, -form und -kombination verlangt und damit auch *analytische Fähigkeiten*; denn er muß unter dem gegebenen Form- und Materialangebot wählen. Phase VI nun, die entscheidende Phase der Transformation, verlangt die *Umgestaltungsfähigkeit*. In der Phase VII (Objektivation) wird die im Prinzip festgelegte Problemlösung beendet: Bedingung ist die Fähigkeit zu *ästhetischer Organisation*. In den Phasen VIII und IX bedeutet Integration, die Lösung zu reflektieren, und sei es, daß zum Beispiel die Wirkung auf ein Publikum abgeschätzt wird. Hierfür sind *Reflexionsvermögen* und *Fähigkeit zur Synthese* Voraussetzung. Phase X schließt den Kreis, hier können neue Lösungen antizipiert werden, für die *Beweglichkeit* im Denken und Handeln notwendig ist.

Sicher ist, daß die Arbeit an Spielobjekten sowohl Intelligenzleistungen des konvergierenden als divergierenden (kreativ-intuitiven) Denkens erfordert, daß sich Reflexion und Produktion verflechten und eine Reihe kreativer Faktoren, vorrangig die *Umgestaltungsfähigkeit*, gefordert oder trainiert werden. Diese hat ihren Grund in der Sensibilität, ihr Ziel in der Variation.

Der Werkprozeß ist also in so hohem Maße auf Kreativität ausgerichtet, daß Spielobjekte als Unterrichtsinhalt zusätzlich begründet sind.

III. Zur Methodik

Nach Aufweis von Dispositionen der Bildsamkeit sollen hier Hinweise zur Unterrichtsorganisation, -planung und -führung genügen.

1. Zu Dispositionen der Bildsamkeit

In Anlehnung an eine Darstellung zur Werkdidaktik (WESSELS 1969) werden Bastelstufe und Werkstufe unterschieden.

a) Die Bastelstufe (5 bis 12 Jahre)

Bei Fünf- bis Siebenjährigen überwiegt noch das spielerische Lernen. Handgeschicklichkeit und Ausdauer sind begrenzt. Gesammelt werden bizarre, wertlose, aber auffällige Dinge, meist Artefakte; Gesamtzusammenhänge werden nach dem Prinzip der Montage hergestellt. Im „Stadium der Bildhaftigkeit" (7 bis 10 Jahre) bahnt sich ein naiver Realismus an, ohne daß realer Gebrauchswert angestrebt wird. Der Schüler neigt zu gegenständlich motivierten Formen, hat aber auch Freude am bildhaften Schmuck. Die Geschicklichkeit im Umgang mit einfachen Werkzeugen wächst.
Bei Zehn- bis Zwölfjährigen bemerkt man — vor allem bei Jungen als sozialisationsspezifische Folge — praktisch-technische Wißbegierde. Erstrebt werden funktionstüchtige Konstruktionen; Spielobjekte sollen vor allem funktionieren, das Ästhetische interessiert wenig.

b) Die Werkstufe (13 bis 20 Jahre)

Der Schüler strebt planmäßige, material- und werkgerechte Herstellung eines Gegenstandes an. Themen müssen nicht unbedingt gegenständlich motiviert sein; das Abstraktions- und Reflexionsvermögen nimmt zu.
Im „Stadium der Fremdbestimmtheit" (13 bis 15 Jahre) ist der Schüler auf Zweckformen aus, er möchte Gebrauchsdinge (Geschenke) herstellen. Für die Arbeit an Spielobjekten ist dies keine problematische Phase, wenn man härtere Materialien anbieten kann, an denen die Heranreifenden ihre physische Kraft erproben können. Kritisch bliebt die Anfälligkeit für Kitsch, und auch jetzt geht die Funktionstüchtigkeit oft noch auf Kosten der ästhetischen Gestaltung.
Im Stadium der „Analyse und Synthese" (16 bis 20 Jahre) wendet sich der Schüler zunehmend den Formen seiner Umwelt zu, und es entwickelt sich eine kunstkritische Haltung. Jetzt ist es möglich, kinetische Objektkunst zu analysieren oder zum Beispiel das Werk-Betrachter-Verhältnis vor variabler Plastik zu diskutieren. Es können auch relativ großformatige Objekte, eventuell in Team- oder Projektarbeit, erarbeitet werden.

Generell wird sich die Lernfähigkeit und -bereitschaft von der pragmatischen und emotionalen auf die kognitive Dimension verlagern; indessen darf bei Aufgabenstellungen die Ansprache der *emotionalen Dimension* auch in höheren Bildungsstufen nie ausgeklammert werden, weil gerade hier oft Hemmungen zu überwinden sind und Aktivitäten erst durch affektiv wirkende Impulse ausgelöst werden.

2. Zur Organisation von Unterricht an Spielobjekten

Unterricht im Sachbereich Spielobjekt erfordert sehr gründliche Planung und Organisation, unabhängig davon, ob eine streng gebundene (problemfixierte) oder für Experimente offene Methode gewählt wird.

a) Zu Material und Werkzeug

Die Materialbeschaffung und -organisation ist ein vorrangiges methodisches Problem. Zwei Ansätze sind zu unterscheiden:

- für ein bestimmtes Spielobjekt, das in der Vorstellung existiert und in einer Ideenskizze festgelegt sein mag, werden nachträglich Materialien, Werkzeuge und Mechanismen gesucht oder hergestellt.
- die Idee entwickelt sich aufgrund vorhandener Materialien und/oder Mechanismen. Diese — vorgefertigt oder -geformt — provozieren also erst Idee und Gestalt.

Für eine *Einführung* in die Thematik hat sich der erste Weg bewährt. Der zweite ist in der Folge zu empfehlen: Zwar wächst damit die Schwierigkeit der Unterrichtsführung (es werden sehr viele unterschiedliche Objekte entwickelt), doch gleichzeitig auch die Chance, kreatives Verhalten zu üben. Praktisch heißt dies, sich genügend Zeit für die Suche nach Materialien zu nehmen. Und was läßt sich in Kaufhäusern (Dekorationsabteilungen), Warenlagern, auf Schrottplätzen, in Kellern und Bodenkammern ... nicht alles entdecken: Styroporverpackungen, Autoscheinwerfer, Spiegel, Kartons, Christbaumkugeln, Metallspäne, Stanzblechabfälle, Silberfolien, Kinderwagengestelle, Regenschirme, Gummibänder, Schachteln, Wäscheklammern ...

Die Schule selbst muß über Grundmaterial und -werkzeug verfügen: zum Beispiel Klebstoffe, Plakafarben, Zeichenkarton, Loch- und Dämmplatten, Drahtscheren, Zangen, wenn möglich auch Styroporsägen, Lötkolben, Bohrmaschinen mit Säge- und Schleifzusätzen.

b) Unterrichtsplanung, Motivation und Unterrichtshilfen

Bewährt hat sich die *Aufgabenreihe* etwa für den Zeitraum eines Quartals. Themen sind so aufeinander zu beziehen, daß im Sinne eines sachgebundenen Transfers das zuvor Gelernte für folgende Aufgaben genutzt werden kann. Da sich der Werkprozeß über längere Zeit hinzieht, ist er so zu gliedern, daß der Schüler den Abschluß jeder Phase als Lernzuwachs empfindet.

Zur Motivation: Sieht man davon ab, daß die Spielerwartungen selbst schon genügend motivieren, so sind zwei Motivationsformen zu unterscheiden:

- Bildnerische Problemstellungen mit der gezielten Frage: Wie kann ich die Probleme dieser Aufgabe lösen?
- Materialanreize mit der offenen Frage: Was kann man daraus herstellen?

Problematisch ist es, Resultate der Lehrervorbereitung zu zeigen oder kinetische Objektkunst zu demonstrieren (Dia): dann muß der Lehrer den Schüler davon überzeugen, daß seine Arbeit eine eigenständige Lösung in den ihm gesetzten Grenzen ist.
Unterrichtshilfen werden sich immer wieder auf technische Schwierigkeiten konzentrieren; jedenfalls sind konstruktive Sachverhalte gründlich zu erörtern und technische Hilfen werden – als Korrektur – den ganzen Werkprozeß begleiten. Nach Möglichkeit sollten technische Probleme an anderen Materialien und Formen als den von der Aufgabe her geforderten erläutert werden. So lassen sich zum Beispiel Schubmechanismen aus Karton am Rechenschieber, Klappmechanismen an Tür- und Fensterscharnieren erklären.

IV. Unterrichtsbeispiele

Die Skizzen (vgl. Abb. 3a bis h) zeigen durchschnittliche Lösungen aus allen Schultypen, geordnet nach Bildungsstufen und Funktionen. Den Beschreibungen liegen Unterrichtsentwürfe oder Gedächtnisprotokolle zugrunde.

1. Schubobjekte (vgl. Abb. 3a, b)

a) Thema: „Roboter" – zwei Doppelstunden – Variation figürlich-körperhaft

Werkmittel: Schachteln (insbeosndere Zündholzschachteln), Silberfolie, Buntpapiere, Klebstoff, Klebeband, Schere
Problemstellung inhaltlich: Abstimmen von Dingzeichen (Kopf, Hand usw.) auf Grundform und -farbe, *technisch:* Beziehen der Formteile mit Folien, Kleben und Verbinden der Elemente mit Scharniergelenken aus Klebeband, *kompositorisch:* Figur so fügen, daß bei Bewegung / Veränderung die Standfestigkeit erhalten bleibt, vorgegebene Elemente auf Größe des Schachtelkörpers beziehen.
Methodische Anmerkungen: Material vom Lehrer weitgehend vorgegeben, Motivation durch Aussicht auf veränderbares Spielzeug und Materialanreize. – Unterrichtsschritte: Zusammenstellen, Größen abstimmen – Bekleben der Elemente – Zusammenfügen mit Klebstoff und -band (bewegliche Scharniere für Kopf und Arme aus gefalzten Klebestreifen) – Körper-Dekor schneiden und kleben – Glasperlen für Schübe („Arme", „Füße") anbringen.
Kommentar: Ein Spielanreiz liegt – nächst der figürlichen Komik – darin, daß sich „Hut", „Hände" und „Füße" herausziehen lassen und daß man in den Schachteln etwas verstecken kann.

b) Variante (vgl. Abb. 3b)

Die Skizze zeigt den Ausschnitt und das Prinzip der Schichtung eines 120 x 90 cm großen *variablen Reliefs* aus Zündholzschachteln (4. Klasse), mit mehr oder weniger herausgezogenen Schüben, rechtwinklig zueinander angeordnet. Der Spielanreiz wird

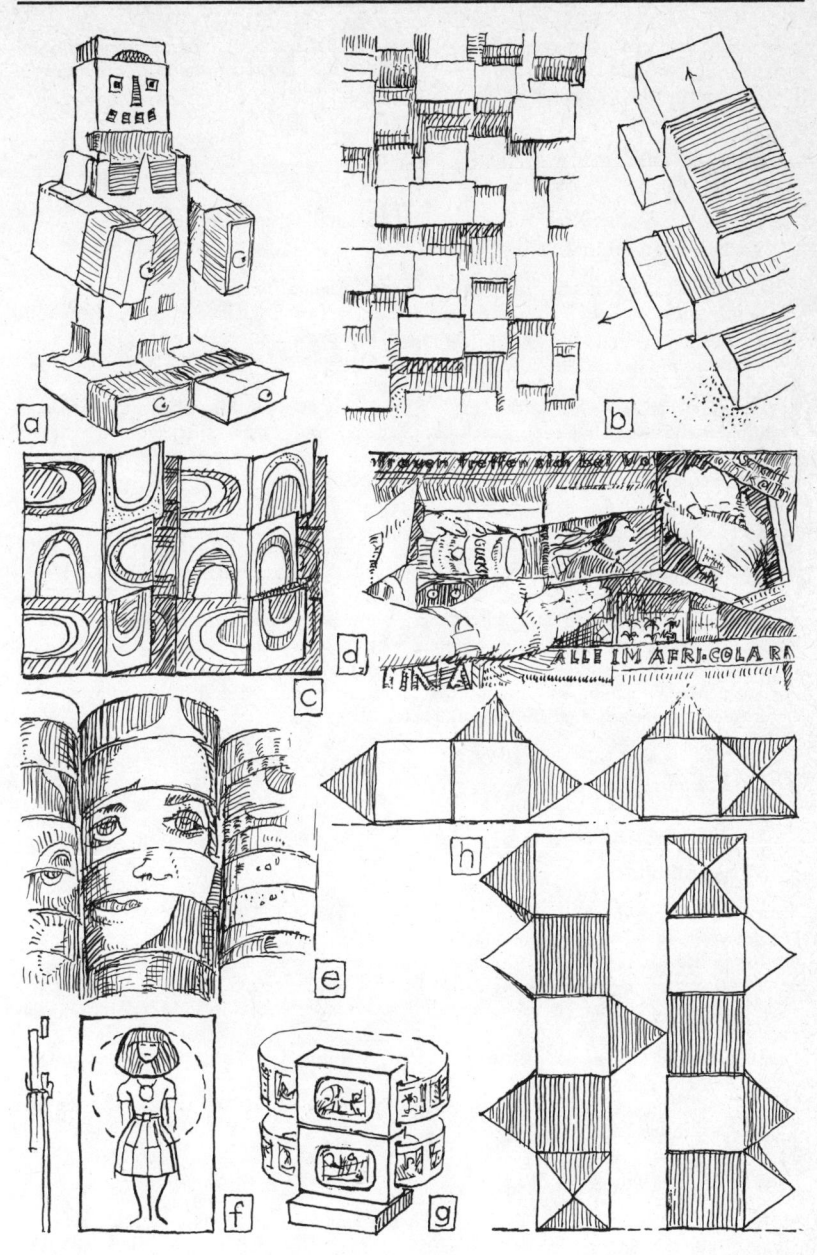

Kinetische Objektkunst und Spielobjekte im Kunstunterricht 179

Abbildung 3

gesteigert durch die farbige Variation: den kühlen Blautönen der Schachtelkörper antworten Rot-Gelb-Farben der Schübe (die „Variable Architektur" entstand in Partnerarbeit, voraus gingen Farbklangübungen).

2. Klappobjekte (vgl. Abb. 3c, d: Ausschnitte)

a) Thema: „Großes Klappbild" (145 x 85 cm) — drei Doppelstunden — Variation abstrakt-flächig

Werkmittel: Zeichenkarton, Buntpapiere, Schere, Klebstoff und -band
Problemstellung technisch: Teilung einer Fläche in zwölf gleiche Rechtecke, Zuschnitt der Klapptafeln mit Spielraum für Scharniere, Zeichnen, Schneiden und Aufkleben der Farbformen, *kompositorisch*: Erfindung und Darstellung von 24 Variationen (jeweils drei- bis vierfarbig) einer ornamentalen Grundform (ohne Zwang zum Formanschluß).
Kommentar: Die Gemeinschaftsarbeit — Skizze e zeigt einen Einzelbeitrag — erfordert Bindungen hinsichtlich Größe, Technik, Material und Form (hier geometrisch: ein gegliedertes halbes Oval). Nur so kann die Vielfalt und Buntheit zu einer Ganzheit erreicht werden.

b) Variante

Skizze 3d zeigt den Ausschnitt einer „Anti-Werbe-Tafel" (6. Klasse), auf der — klappbar — kontrastierende Bilder und Texte montiert sind. Im Augenblick einer Umformierung legen sich die Fotos einer jungen Frau und eine Gewerkschaftsanzeige mit geballter Faust über eine Afri-Cola-Reklame. Weitere unterschiedliche linguistische und ikonische Nachrichten ergeben ein Konglomerat schwer vereinbarer Wirklichkeiten und Assoziationen: Werbung wird fragwürdig durch Verfremdung und Ironisierung infolge Zusammenstoß heterogener Bilder und Texte.

3. Drehobjekte (vgl. Abb. 3e, f, g)

a) Thema: „Zerrbild", Ø 12 cm — 9. / 10. Klasse — zwei Doppelstunden — Variation bildhaft

Werkmittel: Papp röhren, Illustriertenfotos, Zeichenkarton, Klebstoff.
Problemstellung technisch: Ummanteln der Röhren mit Kartonstreifen; exaktes, auf Streifenbreite abgestimmtes Schneiden und Kleben von Illustriertenforos — *inhaltlich und kompensatorisch*: Auswahl von Fotos oder Texten, die beim Verschieben der Ringe um den Zylinder komische, geheimnisvolle oder schockierende Verwandlungen zeigen.
Kommentar: Es können sich surreale Wirkungen durch Koppelung heterogener Inhalte (Mensch — Tier / Tier — Technik . . .) ergeben.
Im übrigen liegt eine Abwandlung jener Phasenbilder (Rollagen) vor, wie sie Jiri KOLAR erfunden hat.

b) Varianten (vgl. Abb. 3f, g)

Skizze f zeigt das Schema einer Drehscheibe mit „Gesichtsfenster". Mit Hilfe der „Wählscheibe" können unterschiedliche Köpfe / Gesichter zur Figur kombiniert werden (Malerei oder Fotocollage).
Skizze g zeigt das Thema „Mini-TV mit zwei Comic-Strip-Programmen". Material: Schachteln und Kartonstreifen.
Erforderlich sind zwei Arbeitsgänge, die Herrichtung und Montage der „Geräte" und Zeichnungen der Szenenfolgen.

4. Variationsobjekt (vgl. Abb. 3h)

Thema: „Variable Pyramidenwürfel", fünf Elemente — 18 x 18 x 36 cm —
13. Klasse — fünf Doppelstunden — Variation geometrisch-räumlich

Werkmittel: Tonpapiere, Klebstoff, Plakatfarben.
Problemstellung technisch: genaues Messen, Schneiden, Kleben — *formal*: Entscheidung für eine reduzierte, aber weitgehend variable Konstellation geometrischer Grundkörper.
Kommentar: Jedes Element zeigt die gleiche Farbfolge Rot / Blau / Grün; ob vertikal oder horizontal komponiert, durch Umstellen und Verschieben entstehen verblüffend viele Kombinationen und Ansichten.

V. Zusammenfassung und Schluß: Spielobjekte als sach- und fachübergreifende Thematik

Gezeigt wurde, daß Spielwerke eine lange Tradition haben, im 20. Jahrhundert *reale Bewegung* in der Kunst gefordert und diese schließlich in vier Spielarten kinetischer Objekte verwirklicht wird: Mobiles, Kinetika, virtuelle Kinetik, Spielobjekte. Diese wurden charakterisiert:

1. *Manipulierbarkeit / Variabilität*: Bewegung als Resultat des Eingreifens durch Betrachter mit dem Problem, den Spielanreiz so zu bemessen, daß die Transformation spielerisch bleibt, nicht zur Arbeit (der Komposition) wird.
2. *Material / Mechanismus / Montage*: Artefakte sind so zu Mechanismen in Beziehung zu setzen, daß nächst Variabilität eine ästhetische Ganzheit entsteht. Werk- und Stilprinzip ist die Montage.
3. das *Werk-Betrachter-Verhältnis*: Kunst ist nicht mehr „unantastbar", an Spielobjekten können und sollen Betrachter aktiv teilhaben. — Spielobjekte wurden systematisch nach Funktionen geordnet und in Skizzen erläutert (Pendel-, Schub-, Klapp-, Dreh- und Spannobjekte).

Nach dieser Sachanalyse erfolgte eine didaktische Begründung: unter *ästhetischen und soziologischen Aspekten* erschien das Thema wichtig, weil Spielobjekte einem Bedürfnis nach Entlastung von Zwängen entgegenkommen und die urbane Umwelt insofern auch beleben, als die den Menschen mit einbeziehen. Ein Rückgriff auf *Spieltheorien* zeigte ein polar gespanntes Verhältnis zwischen Bindung und Freiheit, Arbeit und Spiel. Die Untersuchung des Werkprozesses ergab ein hohes Maß *kreativer* Eigenschaften. Unterrichtsbeispiele schließlich belegten, daß Aufgaben in allen Schultypen und Bildungsstufen gestellt werden können, vorausgesetzt, daß der „Bildsamkeit" des Schülers Rechnung getragen, auf Unterrichtsführung und -organisation (insbesondere Materialfragen) große Sorgfalt verwendet wird.

Schließlich mag deutlich geworden sein, daß sich Spielobjekte hervorragend dafür eignen, die Vielzahl von Lehrbereichen der Kunstpädagogik zu verknüpfen:

- *grafische, malerische und plastisch / räumliche* Probleme sind in einer Aufgabe oft gleichzeitig zu lösen,
- ein sich teils als gestaltendes, teils technisches *Werken* verstehendes Fach findet in den Variationsspielen sowohl technisch-funktionale als auch bildhaft-„sinnenhafte" Aufgaben und Probleme,

- zu einem sich auf *Umwelt und Objekt-Design* konzentrierenden Kunstunterricht können Spielobjekte vermitteln: allein die Forderung, daß sie funktionieren *und* eine gute Gestalt haben sollen, bereitet auf die Begegnung mit großformatiger Objekt-Kunst vor und schult das Urteilsvermögen für Gebrauchsgeräte,
- Spielobbjekte eignen sich als Motive für die *Fotografie*: In Sachfotos können die Phasen der Veränderung demonstriert werden, für die experimentelle Fotografie bieten sich zum Beispiel Spiegelobjekte mit ihren surrealen Effekten an,
- in Spielobjekten findet der Lehrbereich *Film* ein ideales Übungsfeld, zumal sich dessen „Sukzessivgestalt" und das Merkmal der Variabilitöt strukturell entsprechen: Erstens ist der Film für eine adäquate sachliche Demonstration geeignet (die hier versammelten Skizzen sind ein schwacher Behelf), zweitens sind Spielobjekte ein hervorragendes *Motiv*, das nun medientypisch transformiert, d. h. zu neuer künstlerischer Form umgestaltet werden kann,
- für die Vertonung bietet sich eine Verbindung mit dem *Musikunterricht* an: man denke nur an ORFF-Instrumente, die den Rhythmus der Bewegungsabläufe unterstreichen.

Damit ist nun auch die anfängliche These, Spielobjekte seien eine Schlüsselthematik für Kunstunterricht, genügend erhärtet.

Literatur

Burnham, J.: Beyond Modern Sculpture of this Century, New York o. J.
Fraser, A.: Spielzeug, Oldenburg / Hamburg 1966
Gideon-Welcker, C.: Plastik des 20. Jahrhunderts, Stuttgart 1955
Heinig, P.: Spielobjekte im Kunstunterricht, Ravensburg 1973
— Didaktische Grundrisse — Kunstunterricht, 3. Aufl. Bad Heilbrunn 1981
Huizinga, J.: Homo ludens — Versuch einer Bestimmung des Spielelementes der Kultur, 3. Aufl. Basel / Brüssel / Köln / Wien 1951
Löwenfeld, V.: Vom Wesen schöpferischen Gestaltens, Frankfurt a' M. 1960
Otto, G.: Kunst als Prozeß im Unterricht, 2. erw. Aufl. Braunschweig 1971
Popper, F.: Origine and Development of Kinetic Art, London 1968
Rotzler, W.: Objekt und Objektbesessenheit in der Kunst von Dada bis Pop, in: DU, 29. Jahrgang, September 1969
Scheuerl, H. (Hrsg.): Beiträge zur Theorie des Spiels, Kleine Pädagogische Texte, Bd. 23, 8. / 9. Aufl. Weinheim / Berlin / Basel 1969
Wendt, R.: Ready-made — Das Problem und der philosophische Begriff des ästhetischen Verhaltens, dargestellt an Marcel Duchamp, Meisenheim am Glan 1970
Wessels, B.: Didaktische Grundrisse — Die Werkerziehung, 2. Aufl. Bad Heilbrunn 1967
Wetzel, Ch.: Friedrich Schiller, in: Die großen Klassiker — Literatur der Welt in Bildern, Texten, Daten, Salzburg 1979
Katalog der internationalen Ausstellung „Kunst in Bewegung", Stedelijk-Museum, Amsterdam 1961
Katalog des Badischen Kunstvereins — Kinetik und Objekte, Karlsruhe 1965
Katalog der Ruhrfestspiele Recklinghausen „Kunst als Spiel, Spiel als Kunst, Kunst zum Spiel", Recklinghausen 1969

(Zeichnungen / Abbildungen vom Verfasser)

2. Zur Struktur von Aktionen und ihrer Bedeutung in der ästhetischen Erziehung

Peter Schubert

I. Vorbemerkung

Wenn hier im Rahmen von Darlegungen über das Spiel die künstlerische Aktion behandelt wird, so muß dies zwangsläufig mit Vorbehalten geschehen. Der Begriff Aktion ist im Bereich der bildenden Kunst mit unterschiedlichsten Ausdrucksformen besetzt, denen sicher spielerische Elemente anhaften. Es müßte aber doch geklärt werden, inwieweit diese mit theoretischen Grundlegungen des Spiels konvergieren. Dieser Problematik soll aber hier nicht nachgegangen werden. Vielmehr gehen die nachfolgenden Überlegungen von der Tatsache aus, daß es innerhalb schulischer und außerschulischer ästhetischer Erziehung nun einmal vielfältige Äußerungsweisen gibt, die durch *expansives Handeln* gekennzeichnet sind. Sie werden zwar entsprechend der Weiterentwicklung didaktischer Theoriebildungen jeweils unterschiedlich pädagogisch begründet und dabei, oft unreflektiert, mit Spiel in Verbindung gebracht, ihre eigentliche Wurzel liegt aber, wie ich meine, zunächst einmal in der bildenden Kunst unseres Jahrhunderts und ihrer zugrunde gelegten Ästhetik.

Eine solche Anlehnung ästhetischer Erziehung an die Kunst ist allenthalben zu erkennen. Ein Blick in die Fachzeitschriften der Kunsterzieher aus den letzten dreißig Jahren ist immer auch ein Blick in die Kunstgeschichte: was es dort gibt, das taucht auch modifiziert, faßlicher gemacht, in den ästhetischen Objekten von Schülern auf. Dies muß grundsätzlich kein Fehler sein. Wenn es unbestritten ist, daß ästhetische Erziehung zunächst einmal ihre Bezugspunkte im menschlichen Subjekt und der es umgebenden Wirklichkeit hat, und wenn also künstlerische Hervorbringungen primär unter dem Aspekt einer subjekt- und weltbezogenen Funktion gesehen werden, dann besteht allerdings auch kein Grund, der Kunst gegenüber Berührungsängste zu entwickeln. Das Aufzeigen ihres jeweiligen Weltverständnisses und ihres Ausdrucksrepertoires kann doch wohl nur dazu führen, daß sich zugleich die pädagogischen Handlungsmöglichkeiten erweitern. Sicher ist „nichts schon deshalb als Unterrichtseinheit legitimiert, weil es auch von modernen Künstlern gemacht wird" (KERBS 1980, 29), aber genauso wenig sollte bestritten werden, daß es deswegen nicht grundsätzlich ungeeignet erscheint, auf seine instrumentellen Möglichkeiten im Hinblick auf pädagogisch begründetes Handeln befragt zu werden. Dazu ist es notwendig, das Spektrum der bereitliegenden Ausdrucksweisen zu erfassen, aber vor allem nach deren Begründungen zu fragen, weil darin ein spezifisches Verhalten zur Welt reflektiert ist, an dem sich die Transferierbarkeit des Ästhetischen ins Pädagogische bemessen läßt.

Ästhetische Erziehung, von der hier die Rede ist, wird heute als Erziehungsprinzip vorwiegend von Pädagogen gefordert, begründet und mit Inhalten versehen, die aus dem Umfeld der Kunsterziehung stammen. Dennoch ist mit diesem Konzept keineswegs nur eine fachspezifische Variante gegenüber anderen gemeint. Vielmehr ist ästhetische Erziehung auf alle Bereiche der sinnlichen Wahrnehmung gerichtet. Sie versucht, auf den Wegen sinnlicher Wahrnehmung und eigenen Handelns

- Umwelterfahrung zu vermitteln,
- Umweltveränderung zu antizipieren,
- Sozialerfahrung zu ermöglichen,
- soziale Verantwortung zu entwickeln,
- Selbsterfahrung zu ermöglichen,
- Ich-Stabilität zu entwickeln,
- Kulturerfahrung zu ermöglichen,
- eigene (soziale, personale) Ausdrucksformen zu entwickeln.

„Der Begriffsanteil ästhetisch signalisiert die Erweiterung im inhaltlichen Bereich. Ästhetisch verweist auf generelle — nicht nur an Kunst, nicht nur an kulturelle Werte gebundene — Wahrnehmungs-, Realisations- und Interpretationsprozesse" (OTTO 1974, 17 f.).

Es wird deutlich, daß nach diesem Verständnis ästhetische Erziehung nicht die pädagogische Zurichtung eines bestimmten Wissenschaftsgebietes ist, sondern sich geradezu durch das Prinzip der Verfransung von vielfältigen Bezugsfeldern auszeichnet. Unter diesem Aspekt der völligen Offenheit oder Entgrenzung verdienen nun allerdings künstlerische Erscheinungsformen Aufmerksamkeit, die sich die Auflösung spezifischer Gattungsgrenzung geradezu zum Programm gemacht haben. Die Parallele zwischen den Zielsetzungen sogenannter Aktionskünste und ästhetischer Erziehung liegt aber nicht nur in einer innengerichteten Grenzaufhebung, sondern vor allem der angestrebten unmittelbaren Einbindung der Realität und einer unverhüllten Einbringung des Subjekts.

II. Zum Begriff Aktion im Bereich der bildenden Kunst

„*Austieg aus dem Bild*", mit dieser Metapher im Katalog der Ausstellung „Westkunst" (GLOZER 1981, 234) ist anschaulich eine Tendenz erfaßt, die bald nach dem Beginn unseres Jahrhunderts gegen herrschende Auffassungen vom Kunstwerk als abgesonderter Einheit wirksam wurde. Nun ist allerdings eine solche Haltung, die sich das Übergreifen des Kunstwerks in die Lebensrealität zum Ziel gesetzt hat, durchaus auch schon in älterer Kunst angelegt; insbesondere in der Barockkunst, in der nicht nur die künstlerischen Gattungen gewissermaßen *multimedial* ineinandergreifen, sondern wo auch die Trennungslinie zwischen künstlerischer Inszenierung und Außenwelt bzw. Betrachter unscharf gezogen ist. Wenngleich im barocken Gesamtkunstwerk dennoch auch die ästhetische Stimmigkeit, ein formaler innerer Zusammenhang gewahrt bleibt, so kennzeichnet es doch ein offenbar latentes Bedürfnis von Künstlern, das Ergebnis eines Sublimationsvorganges wieder in die Realität einzuholen.

Der entscheidende Schritt in Richtung auf eine tatsächliche und nicht mit den Mitteln der Illusion vorgetäuschte *Grenzverwischung zwischen Kunst und Leben* wird allerdings erst in dem Augenblick getan, wo der Integrationszusammenhang des Kunstwerks, die Einheit aller Werkfaktoren aufgebrochen wird. Dies vollzieht sich in der Weise, daß einerseits der Gegenstand als zentrales Element im Prozeß formalisierender Abstraktion reduziert wird bzw. ganz einer reinen Formstruktur weicht oder andererseits nicht überformtes Material in den Bildzusammenhang montagehaft eingebracht bzw. eigenständig als reine Demonstration von Wirklichkeit unbearbeitet präsentiert wird. Es soll hier nicht näher auf die Gemeinsamkeit dieser beiden Haltungen im Sinne der Verdinglichung des Kunstwerks eingegangen werden, wie sie KANDINSKY in der Analogie von „großer Realistik" und „großer Abstraktion" konstituiert hat. Vielmehr gilt es in unserem Zusammenhang, zwei wichtige Aspekte festzuhalten.

Mit der Reduktion des Gegenstandes geht eine Verfügbarkeit der Bildmittel einher, die es dem Künstler erlaubt, sich ungebunden, spontan in der malerischen Aktion selbst zu artikulieren. Das Ergebnis des Malaktes hat demnach nur *Zeugnischarakter*, es hält gewissermaßen seismographisch die innere Befindlichkeit des Akteurs während eines bestimmten Zeitraums fest. Diese nicht mehr ausschließlich werkorientierte Auffassung prägt bereits den noch am Gegenstand haftenden Expressionismus. Vielmehr natürlich dann Äußerungsformen, in denen sichtbarer Wirklichkeitsbezug ganz ausgeblendet bleibt (Tachismus, Automatismus, lyrische Abstraktion, Action Painting, Expressionismus, Informel).

„Indem der Künstler im schnellen Vollzug einer spielerisch-motorischen Farbaktion seinen Tätigkeitsimpuls entäußert, überantwortet er sich ganz dem kreativen Erguß dieses spontanen Geschehens" (THOMAS 1977, 14).

Parallel zu dieser Einbindung von Leben ins Kunstwerk oder dessen Auflösung zum Leben hin durch spontanes Handeln wird ein anderer Weg zum gleichen Ziel hin beschritten. Mit dem Eindringungen von nur teilweise oder gar nicht mehr bearbeiteten *Trivialmaterial* aus der Umwelt ins Werk vollzieht sich der andere entscheidende Schritt zur unmittelbaren Realität hin, der konsequenterweise sehr rasch zur *Inszenierung von Wirklichkeit selbst* führt.

„Indem sich das Kunstwerk zum ästhetisch unstrukturierten *Ding* reduzierte und damit seinem Habitus nach mit Realität identisch wurde, war es wie die alltäglichen Objekte beliebig räumlich und zeitlich verfügbar" (JUNKER 1971, 32).

Entscheidend in unserem Zusammenhang ist dabei, daß die somit angestrebte Einheit von Kunst und Lebenswirklichkeit nicht nur über die statische Präsentation von Realien vollzogen wurde, sondern konsequenterweise gerade dadurch, daß *Raum und Zeit* als spezifische Kategorien der Wirklichkeit mitbestimmend wurden. Aus der Verbindung von Dinglichkeit mit Raum und Zeit resultieren zwei Ausdrucksformen der Gegenwart: Einerseits sogenannte kinetische Objekte, d. h. Objekte mit tatsächlicher oder scheinbarer Eigenbewegung bzw. die künstlerische Aktion, bei der der Mensch handelnd in zeitlichem Ablauf und unter räumlicher Bezugnahme Material bearbeitet, montiert oder ordnet bzw. sich selbst als „Gegenstand" handelnd einbringt, präsentiert oder inszeniert. Dada-Veranstaltungen, Surrealisten-Aktionen, Happening, Fluxus, Prozeßkunst, Orgien-Mysterien-Theater: mit den Begriffen Mensch, Dingwelt / Material, Raum, Zeit und Bewegung sind die Kriterien genannt, unter denen solche Aktionen mit unterschiedlicher Gewichtung derselben stattfinden.

Zugleich wird allerdings bereits hier die Problematik solcher künstlerischer Expansion deutlich. Die benannten Kriterien sind ja nicht weniger auch solche der Lebenswirklichkeit selbst. Die in dieser Übereinstimmung sichtbar werdende und ja tatsächlich von den Protagonisten aktionistischer Kunstformen gewollte Überlagerung von Kunst und Leben birgt tatsächlich auch die Möglichkeit in sich, daß das in die Aktion Intendierte nicht mehr erkennbar wird, weil diese völlig mit Merkmalen der Realität übereinstimmt. Da, wo Aktionen scheinbar nur das Chaos der Wirklichkeit, Zerstörung, Lärm, Beziehungslosigkeit reproduzieren, laufen sie allerdings Gefahr, nur *Verdoppelung miserabler Wirklichkeit* zu sein.

„Die notwendige These, daß die Kunst ein Faktor in der Veränderung der Welt ist und sein muß, kann leicht in ihr Gegenteil umschlagen, wenn der Abstand zwischen Kunst und radikaler Praxis eingeebnet wird, wenn der Kunst nicht ihr eigener Raum, ihre eigene Dimension der Veränderung gelassen wird" (MARCUSE 1977, 43).

Wenn festzuhalten war, daß im Übergreifen des Kunstwerks in die Lebensrealität dessen ursprünglicher Charakter eines Integrationszusammenhangs aufgegeben wurde, so stellt sich die Frage, wie im Rahmen eines solchen expansiven Ansatzes eine *Sinnvermittlung* stattfinden, ein *Vorschein alternativer Möglichkeiten* menschlicher Existenz sowohl in subjektiver als auch sozialer Hinsicht sichtbar werden kann.

III. Zur Problematik von Aktionsformen im Rahmen ästhetischer Erziehung

Im Hinblick auf die hier interessierende pädagogische Dimension aktionistischer Kunstformen kann eine dort teilweise vollzogene Konsequenz keineswegs nachvollzogen werden: Der totale Übergang aktionistischer ästhetischer Praxis in gesellschaftliche. Es ist hier immer die Frage zu stellen, was im Rahmen gesellschaftlicher Normen pädagogisch *verantwortbar* ist. Wenn zum Beispiel Aktionsformen zur Kenntlichmachung von Problemen der Schulwirklichkeit so angelegt wären, daß der Übergang zur Gewaltanwendung zum Zwecke der Beseitigung von Zwängen schon potentiell miteingeschlossen ist, so müßte eine solche Pädagogik zynisch genannt werden, weil sie Jugendliche außerordentlich schwerwiegenden Folgen ausliefern würde. Genauso wenig vertretbar wären etwa auch aktionistische Umgangsformen zur sinnlichen Erfahrung eigener oder anderer Körperlichkeit, die dann in sexuelle Aktivitäten übergehen. Kaum weniger problematisch sind aber solche Aktionsweisen auch dann, wenn sie bestimmte Grenzen berücksichtigen und damit angedeutete Versprechen nicht einlösen können oder wollen. Die Folge ist Enttäuschung über geweckte, aber nicht erfüllte Wünsche: auch hier also die Verdoppelung von negativer Wirklichkeitserfahrung.

Dies ist das Dilemma, der schwer aufzulösende Widerspruch in einer ästhetischen Erziehung, die auf die konkrete Lebenswirklichkeit hin orientiert ist, aber zwangsläufig aus institutionellen, juristischen, aber auch psychologischen Gründen nicht unmittelbar in ihr wirksam werden kann. Der Ausweg liegt wohl darin, daß pädagogische Aktionsformen als *Symbole* verstanden werden sollten. Sie wären dann Handlungen, in denen sich Realität widerspiegelt, in denen Realität repräsentiert ist, die aber eben gerade nicht mit ihr verwechselt werden können. Symbolisierung bedeutet also auch *Distanzierung* von der Realität. Welche spezifischen Aspekte unter dieser Voraussetzung wirksam werden können, wird noch zu erörtern sein. Dieses Verständnis von Aktion ist nicht deckungsgleich mit den wichtigsten pädagogischen Aktionskonzepten der letzten Jahre, die entweder mehr durch selbstzweckhaftes Handeln (KLETTKE 1970) bzw. durch starken Umweltbezug (KEKS – Kunst Erziehung Kybernetik Soziologie 1970) oder durch das Ziel „politische Sozialisation" (ZIMMER 1971) gekennzeichnet sind. Dazu äußert sich kritisch Helmut G. SCHÜTZ:

„Steuert man politische Ziele an, so sollte man auch unter der entsprechenden Flagge segeln, also nicht unter der künstlerischen. Gibt es überhaupt kein inhaltlich begründbares Ziel, wird also um der Aktion willen agiert, so kommen die gerade eben durch den ‚Kunstunterricht' überwundenen irrationalen Tendenzen der Kunsterziehung wieder zum Zug. Damit bleiben als *dem Bezugsbereich adäquate Formen von Spiel und Aktion* nur diejenigen, welche mit dem Ziel kreativen Agierens und *ästhetischen Strukturierens* (Hervorhebungen P. S.) und Genießens unternommen werden" (SCHÜTZ 1973, 83).

Aktion ist symbolische Tätigkeit, hat aber nicht einfach einen mehr oder minder deutlichen unmittelbaren Verweisungscharakter auf Realität, vielmehr ist sie dadurch gekennzeichnet, daß in ihrer jeweiligen Besonderheit eine andere spezifische oder *allgemeine Bedeutung* miterkennbar wird. Es mag den Anschein haben, daß hierbei ausschließlich an Aktionsformen gedacht ist, die auf Kommunikation nach außen hin angelegt sind. Dieser *Substituierungscharakter* haftet aber wohl auch solchen aktionistischen Formen an, die, ganz nach innen gerichtet, ihren Sinn im augenblicklichen Machen haben.

IV. Ein Beispiel

1. Verlaufsbeschreibung

An dieser Stelle ein Beispiel, in dem sich der außengerichtete kommunikative und innengerichtete Aspekt von Aktion überlagern (vgl. Abb. 1 und 2). Sechs- bis Siebenjährige in einem ersten Schuljahr[1] verändern ihren Klassenraum. Die *Ausgangslage* ist die des üblichen, standardisierten Schulzimmers: Tisch, Stühle, Tafel, Schrank, nackte Wände. Daß Schüler versuchen, solchen „Lernschachteln" ein individuelles Gepräge zu geben, ist allenthalben zu beobachten. Da werden Poster aufgehängt, Selbstgemaltes oder Gezeichnetes kommt hinzu und dazwischen, man weiß nicht von wem, auch schriftliche Selbstdarstellungen. Hier wird in der *ersten Phase* des Unterrichts angeknüpft. Zunächst geht es darum, die Eigentümlichkeiten des Raumes näher zu bestimmen. Zunächst lassen sich optische Erfahrungen beschreiben: der Raum ist nahezu farblos, verschmutzt, er ist ziemlich hell. Anschließend wird die Umgebung taktil erfaßt. Mit geschlossenen Augen ertasten sich die Schüler die Raumbegrenzung: der Raum hat glatte Wände, die in den Ecken hart aufeinanderstoßen, er ist so hoch, daß man nach oben die Begrenzung nicht erreicht. Anschließend wird der Klassenraum mit hellem Packpapier völlig ausgekleidet. Zunächst stehen Pinsel und Dispersionsfarben zur Verfügung. Die Malaktion beginnt.

In der *zweiten Phase* werden in Körperhöhe Gegenstände, Motive, Szenen gemalt – zunächst ohne weitere Absprache. Jeder malt für sich. Aber dies ist weniger einfach als zu erwarten war. Da gibt es Hemmungen vor der großen Fläche, der Umgang mit breiten Pinseln ist so ungewohnt wie die Farbe, deren richtige Konsistenz man erst erproben muß. So ist die Arbeitsweise bei einigen zwar großzügig gelöst, andere arbeiten kleinteilig differenziert, nicht ohne Angst vor der Eigenmächtigkeit der Farbe, die manchmal zu laufen beginnt und mit der man sich selbst schmutzig machen kann. Erste wichtige Erfahrung: es geht nicht ohne gegenseitige Rücksichtnahme, wenn jeder sich angemessen entfalten will. Zweite Erfahrung: wenn dies eine gemeinsame Arbeit werden soll, dann kann man nicht abgegrenzt für sich agieren. Es müssen Verbindungen geschaffen werden. Sie sind meist ornamentaler Art, also gegenstandslose Farbspuren, für die sich vorwiegend die großmotorisch Tätigen interessieren, die mit ihrem eigenen Einzelbeitrag ja auch schon fertig sind. Ende der zweiten Phase: nachdem liegend, kniend, stehend mehr als zwei Stunden gemalt wurde, zeigt sich der untere Wandteil als geschlossenes Farbmuster mit unterschiedlicher Dichte, aus dem sich meist geläufige Einzelmotive mehr oder minder deutlich abheben.

In der *dritten Phase* ist der obere Wandteil dran: Jetzt muß geklettert werden, auf Tische, Stühle und beides übereinander: einer malt, der andere hält den Stuhl. Aber dennoch reichen Siebenjährige nicht bis zur Raumdecke. Lösung: Pinsel an Latten binden, jetzt geht es. Nur: die große Distanz von

---

1. Im Rahmen eines studentischen Praktikums an der Comenius-Schule Koblenz, zusammen mit Dr. Günter LUDIG.

Abbildung 1

Abbildung 2

den Händen bis zum Pinsel erlaubt kaum noch sehr differenziertes Arbeiten, jede Handbewegung wird um mehrfaches vergrößert. Die Lösung ergibt sich ohne weiteres Nachdenken: einfache, meist vertikale Lineaturen und Punkte mit dem positiven Effekt einer zusätzlichen Vereinheitlichung der Wand. Die Beurteilung des Ergebnisses zeigt: der Raum ist optisch verändert, die taktile Erfahrung aber bleibt die gleiche wie am Anfang.
Vierte Phase: Es wird gebaut. An der Rückwand nach oben und in den Raum nach vorn werden Kartons aufgeschichtet und miteinander verklebt (vgl. Abb. 2). Es entstehen turmähnliche Schichtungen, zugleich auch Höhlungen, in denen man sich sogar verstecken kann. Die Bebauungsgrenze nach vorn ist durch die Saalbestuhlung gekennzeichnet, hier soll ja auch anderer Unterricht stattfinden. Das Ergebnis befriedigt zumindest in einer Hinsicht: das dreisimensionale Gebilde ist benutzbar, man kann hineinkriechen, durchkriechen, sich verstecken. Aber: mit der schon vorhandenen Wandmalerei hat es nichts zu tun.
Fünfte Phase: Die Kartonplastik wird bemalt. Zunächst muß weiß grundiert werden, denn auf brauner Grundfarbe steht die bunte Farbe schlecht, sie hat weniger Leuchtkraft und freibleibende Zwischenräume stören in ihrer trüben Farbigkeit die Buntfarbigkeit. Nun sind die Malflächen kleiner, die „Arbeitsräume" stärker voneinander gesondert, gewissermaßen intimer, es wird allgemein differenzierter gearbeitet, feinteiliger, die dicken Pinsel sind nicht so geeignet. Auch hier mehr Ornament, je höher es die Wand hochgeht.
Sechste Phase: Die Aktion greift auf die Fenster über. Dispersionsfarbe ist auf dem Glasgrund nicht gut zu verarbeiten. Farbiges Transparentpapier wird besorgt, wird gerissen und geschnitten in große Gesamtflächen und kleine Teilflächen, Gegenständliches taucht weniger auf. Aufregend ist die kontinuierliche Veränderung des Lichts im Raum mit der zunehmenden Füllung der Glasflächen. Es muß aber im ganzen so hell bleiben, daß im Raum auch noch unterrichtet werden kann — und das geschieht dann tatsächlich auch über eine längere Zeitspanne bis zum Ende des Schuljahres.

2. Ergebnisse

Das Ziel dieser mehrstündigen Aktion war die Veränderung eines Raumes. Die Bedeutung dieser Aufgabe lag aber keineswegs allein in dem fertigen Gesamtgefüge. Vielmehr ist wohl bereits aus der Beschreibung hervorgegangen, daß hier mehrere Erfahrungsmöglichkeiten auch in den Handlungsverlauf eingeschlossen waren.
Subjekterfahrung: Die ästhetische Tätigkeit war eng an *sinnliche Erfahrungen* geknüpft, und zwar nicht nur an *visuelle* (Beobachten, Vergleichen), sondern vor allem aufgrund der Freisetzung der Tätigkeit in den Raum hinein auch *körperliche*. So wird Raum nicht nur in der Anschauung erfahren, sondern durch Tasten (am Anfang) und Bewegung (Kriechen, Hocken, Bücken, Strecken) in bezug zum eigenen Körper in seiner Qualität und relativen Größe erlebt. Es werden konträre motorische Bewegungsvorgänge beim Ma-

len, Bauen und Kleben ausgeführt. Ängstlichkeit gegenüber ungewohnten Vorgängen (wann darf man schon eine Wand bemalen?) und Materialien wird überwunden, vielleicht auch eine Schmutzangst, die bei einigen Kindern zu beobachten war. Die Aktion kann also zur *Steigerung des Selbst-Gefühls* beitragen, sie kann *subjektive Befangenheit lösen* helfen und sie kann einfach *Spaß* im momentanen Ausagieren machen.
Sozialerfahrung: Das Haupterlebnis war sicher, *gemeinsam etwas geschaffen zu haben*, was ein einzelner in diesem Alter nie hätte realisieren können. Eine solche Arbeit ist aber auch nicht denkbar ohne *Rücksichtnahme* auf die Arbeitsweise und die gestalterische Eigenart des anderen, sie macht gemeinsames Überlegen notwendig, da das Gesamtergebnis ja mehr sein soll als die Summe von Einzelleistungen. Die gemeinsame Aktion kann demnach als *ergebnisfördernd, kommunikationsfördernd und toleranzfördern* erlebt werden. Sie kann aber deshalb auch anzeigen, daß gemeinsames Handeln nicht weniger *Genuß* vermitteln kann als die subjektorientierte Handlung.
Umwelterfahrung: Die Veränderung von unmittelbarer Umwelt ist in dem beschriebenen Fall natürlich nur eine vorübergehende. In den Raum kommt im folgenden Schuljahr womöglich eine andere Klasse, die sich natürlich nicht identifizieren wird mit der Arbeit ihrer Vorgänger: die Schüler selbst werden älter und was man heute gemacht hat, erscheint morgen vielleicht schon nicht mehr als adäquater Ausdruck der eigenen Bedürfnisse. Entscheidend ist aber die Erfahrung, *daß Umwelt überhaupt veränderbar erscheint*. Dies setzt allerdings voraus, daß zunächst einmal das Verlangen nach Änderung geweckt wird. Umwelterfahrung meint also hier dreierlei: *Beobachtung von Wirklichkeit*, d. h. sie betrachten und im wörtlichen Sinne begreifen; sie unter Bezug *auf subjektive und soziale Bedürfnisse hin beurteilen*, d. h. sie verbal oder anschaulich in Handlungen oder faktischen Veränderungen *kritisieren* und im Ergebnis eine *Alternative* entwickeln (die nicht immer ein dauerhaft praktikabler Entwurf sein muß, sondern, wie hier, etwas *tendenziell Mögliches* erscheinen läßt).
Sach- / Kulturerfahrung: Die Schüler haben eine Ausdrucksform kennengelernt, die ihnen möglicherweise bisher nicht bekannt war. Nun wird man in einem ersten Schuljahr dies kaum zum Anlaß nehmen, sich mit Aktionsformen anderer Gruppen oder von Künstlern auseinanderzusetzen. Entscheidend ist vielmehr das Schaffen einer grundsätzlichen *Bereitschaft, sich mit Ungewohntem auseinanderzusetzen*. Nicht weniger wichtig ist aber auch, daß hier ein bildnerischer Prozeß (Malen und Bauen) nicht nur im Hinblick auf die *Eigentümlichkeiten der Werkmittel* hin erlebt, sondern daß auch deren *instrumenteller Charakter* im Hinblick auf die schon genannten Erfahrungsaspekte erkennbar wird.

V. Aspekte ästhetischen Verhaltens in Aktionen und ihre Bedeutung

Das beschriebene Beispiel kann Anhaltspunkte liefern für die Beantwortung der Frage, inwieweit auch in aktionistischen Äußerungen Maßnahmen erforderlich und möglich sind, den bereits angesprochenen und meines Erachtens notwendigen symbolischen Charakter herzustellen.

1. Umgestaltung als Bedingung für Symbolisierung

Der Begriff Umgestaltung (OTTO 1974, 358 — 359) meint im ästhetischen Bereich die *Veränderung von Wirklichkeit, von Bezugssystemen, von Bedeutungen und Materialien im bildnerischen Transformations- und Bearbeitungsprozeß.* In unserem konkreten Fall geht es also um die Veränderung eines Raumes: Er verändert sich *formal* (syntaktisch) durch Bauen und Malen: er verändert sich damit auch *semantisch*, als seine übliche Funktion als Schulraum nicht mehr eindeutig ist, er verändert sich *pragmatisch* (kommunikativ), weil er aufgrund des Form- und Bedeutungswandels Denkanstöße liefert. Die Umgestaltung wird deshalb als solche wahrgenommen, als die alte Bedeutung des Raums noch erkennbar bleibt. Diese Dialektik von *Erhalten* und *Verändern* als Bedingung für Erkenntnisgewinn ist aber zweifellos in unserem Beispiel nicht nur auf das fertige Ergebnis beschränkt. Die freie Bewegung im Raum während des verändernden Agierens reibt sich nicht weniger mit den geordneten Umgangsformen üblichen Unterrichts wie die ästhetische Bearbeitung mit der Funktion des Klassenzimmers. Es wird deutlich: die Verschränkung von Veränderung und Gewohntem ist die Bedingung für Erfahrungszugewinn (insofern hat das Spielen auf dem Schulhof nicht die gleiche Qualität wie die uneingeschränkte Bewegung im Klassenraum).

Unser Beispiel zeigt nun allerdings, daß der Umgestaltungsbegriff einer Differenzierung bedarf. Es ist ein Unterschied, ob man, wie bei den zur räumlichen Veränderung notwendigen Pappkartons, die ursprüngliche Bedeutung (hier durch Übermalung) weitgehend unsichtbar macht oder, wie eben schon beschrieben, die ehemalige Funktion noch in der Umgestaltung mitwirken läßt. Im ersten Fall handelt es sich um eine völlige *Verwandlung* (ein Gebrauchsgegenstand wird zum reinen Formelement), im zweiten Fall um eine *Verfremdung*. Diese unterschiedlichen Umgestaltungsformen hängen nun allerdings nicht nur von der Art und Weise der Bearbeitung ab, sondern sind auch verursacht von der *Bedeutungs- und Formprägnanz des Umgangsmaterials*. Das Nebeneinander von Elementen mit unterschiedlichem Realitätsgrad, aber auch die Kombination verschiedener Verfahrensweisen bei der Klassenraumveränderung machen uns zugleich das Grundprinzip deutlich, aus dem heraus sich Aktionsformen und ihre anschaulichen Ergebnisse bilden: die *Montage*.

2. Montage als Umgestaltungspraxis

Das Wesensmerkmal aktionistischer Umgangsformen und Objekterzeugung liegt, wie bereits festgestellt, darin, daß ihnen Werkcharakter im Sinne integraler Einheit abgeht. Dieser *Gestaltverlust* läßt sich näher beschreiben. Zurück zu unserem konkreten Beispiel: Bereits der *Werkvorgang ist uneinheit-*

lich. Es wird gemalt, gebaut, geklebt. Die *Werkmittel sind verschieden*, Farbe, Karton, farbiges Papier, Pinsel, Schere werden verarbeitet oder dienen zur Verarbeitung. Dann: dem gewohnten Raumzusammenhang mit bestimmter optischer und haptischer Qualität werden Elemente mit ganz anderer Qualität eingefügt. Der *Realitätsgrad* der zueinander in Beziehung tretenden Elemente im Raum ist ganz *unterschiedlich*; die im Klassensaal vorhandenen Tische und Stühle gliedern als plastische Elemente in einer funktionsadäquaten Weise natürlich auch den Raum, ihr Realitätsgrad ist aber zweifellos ein anderer, höherer, als der der raumverändernden Kartons, die zudem aus einem *anderen Realitätsbereich* stammen. Nicht zuletzt ist aber die Aktionsweise der Schüler durch das gleiche *Kombinationsprinzip* gekennzeichnet. Die Bewegungsabläufe waren einerseits auf ein Ergebnis hin zielgerichtet, gewissermaßen diszipliniert, andererseits verselbständigte sich aber auch Bewegung als spontane, lustbetonte Aktion. *Es handelt sich also bei Montage um die Vereinigung unterschiedlicher Realitätsbereiche und Realitätsgrade, die in heterogenen und inkohärenten Werkvorgängen, Abläufen, Ausdrucksformen und Materialien realisiert werden.* Der Doppelcharakter des Montageprinzips liegt einerseits im „kalkulierten Bruch" (BÜRGER 1981, 204) hinsichtlich seiner Elemente, andererseits darin, daß in dialektischer Weise sich diese zu einer höheren Bedeutungseinheit ergänzen. Die damit erreichbare Metaphorik und Symbolik ist aber nur möglich dadurch, daß in der montagehaften Vereinigung die Verknüpfungselemente eine Verwandlung oder Verfremdung erfahren haben. Diese Veränderung und Synthese kann bereits durch das Aufeinanderprallen unterschiedlicher Bedeutungsgehalte von Objekten und Vorgängen zustandekommen, es kann aber notwendig sein, daß über das reine Auswählen von Elementen im Hinblick auf einen neuen Bedeutungsgehalt hinaus formale Eingriffe notwendig sind, um diesen anschaulich werden zu lassen. *Verwandlung, Verfremdung und Montage sind also gegenseitige Bedingungen*, aus denen heraus sich Aktionsvorgänge und aktionistisch verursachte Objekte zu realisieren hätten. Darin eingeschlossen sind immer Momente der *Destruktion* und der *Konstruktion*, indem dinglich-materielle und bedeutungshafte Zusammenhänge aufgelöst / zerstört werden, um daraus neue Bedeutungen zu bilden. Die so mögliche Symbolbildung durch Übertragung und Substituierung ist da nicht weniger wirksam, wo Kinder einfach aus Freude am Machen agieren, wie dort, wo Handlungsweisen mit beabsichtigter Wirkung nach außen gerichtet sind. Diese Vorgehensweise hängt natürlich zunächst einmal mit der Fähigkeit des Menschen zusammen,

„neue Erlebnisse als Modifikationen von vorhergegangenen wahrzunehmen und zu assimilieren, und seiner Eigenschaft, in den verschiedensten Phänomenen Parallelen zu sehen und sie untereinander zu vertauschen" (GOMBRICH 1973, 34).

Andererseits ist sie aber auch durch die spezifischen Bedeutungs-, Ausdrucks-, Form- und Gebrauchsaspekte der *Bedingunsfaktoren, Präsentations- und Realisierungsmedien* verursacht.

3. Bedingungsfaktoren, Präsentations-, Realisations- und Dokumentationsmedien

Natürlich stehen entsprechend dem *offenen Charakter von Aktionen Mensch, Dingwelt / Material, Raum, Zeit, Bewegung in einem inneren Zusammenhang.* Sie sollen hier dennoch im Hinblick auf eine deutlichere Klärung ihrer jeweiligen Rolle im Gesamtgeschehen nebeneinander betrachtet werden.

a) Mensch

„Das Individuum ist zu allererst ein Körper, deshalb die Beschäftigung mit dem eigenen Körper, Problematisierung des Selbst" (STIELOW 1980, 129).

Hierin wird natürlich immer die entscheidende Aufgabe zu sehen sein: ästhetische Erziehung hat die Identitätsbildung des Menschen in subjektiver und sozialer Hinsicht zum Ziel. Insofern sind natürlich alle anderen Bedingungsfaktoren immer nur in ihrer Beziehung zum Menschen bedeutsam.

Im *Agieren des Menschen selbst* und im *Umgang mit Gegenständen* wird das *Erlebnis des eigenen Körpers* in den unterschiedlichsten Formen sinnlicher Wahrnehmung ermöglicht. Solche Körpererfahrungen können zunächst einmal *ohne zusätzliche mediale Voraussetzungen* gemacht werden, zum Beispiel

„durch Einschränkung der Funktion von Körperteilen sich des Körpers bewußt werden" (STIELOW 1980, 129),

durch Nachahmung oder Übertreibung der Körpersprache (Mimik, Gestik, Pantomimik). Solche Erfahrungsweisen ermöglichen nicht nur Selbst-Bewußtsein, sie können zum Beispiel auch die Bedeutung der Körpersprache im Umgang mit anderen Menschen klären helfen. Häufiger werden sich aber Aktionen, die primär auf sinnliche Erfahrungen hin angelegt sind, bestimmter *zusätzlicher Erfahrungsmedien* bedienen. *Visuelle, taktile, auditive, gustatorische und olfaktorische Sensitivität* entwickelt sich eben auch in der Realität an unterschiedlichsten Gegenständen. In der Körpersinnlichkeit erlebbar- oder bewußtmachenden Aktion wird durch das Prinzip der *Aussonderung* die Komplexität sinnlicher Wahrnehmungen in Einzelerfahrungen aufgelöst. Visuelle Erfahrungen werden etwa in Lichtinszenierungen gemacht (zum Beispiel Helligkeitsnuancierungen wahrnehmen, die Grenze der Belastbarkeit des Auges durch Licht erfahren) oder Räume ermöglichen, den Körper durch visuelle Distanzerlebnisse zu erfahren; Materialien / Dinge unterschiedlicher Oberflächenbeschaffenheit und Form machen taktile Erfahrungen möglich, zum Beispiel durch Ausschalten visueller Orientierung (welches Material, welcher Gegenstand ist das?); „Hörspiele", in denen Geräusche, Töne, Lärm, Sprache vermengt sind, werden produziert und von anderen über akustische Wahrnehmung wieder aufgelöst; Eß- oder Trinkaktionen ermöglichen gustatorische Erfahrungen; in Zusammenarbeit mit dem Chemielehrer entsteht in der Schule ein olfaktorischer Erlebnisraum. Dies nur als kurzgefaßte Hinweise auf sinnliche, körper-

liche, körperbezogene Selbsterfahrung. Dabei wird sich oft noch als weitergehende Einsicht vermitteln lassen, daß Wahrnehmung häufig *synästhetischen Charakter* hat (dies schlägt sich ja auch in der Sprache nieder: kaltes Licht, scharfer Geruch, rauhe Töne ...).
Sind solche Aktionsformen gewissermaßen *Training von Sinnlichkeit*, so bedarf es natürlich neben dieser mehr perzeptiven Wahrnehmungssensibilisierung einer solchen, die Menschen in die Lage versetzt, *Bedeutungen* aus dem Zusammenhang von Mensch und Gegenständen abzulesen. In dieser Hinsicht können Aktionsformen entwickelt werden, bei denen versucht wird, existentielle Befindlichkeiten von einzelnen Menschen oder Gruppen in Ding / Mensch-Montagen zu veranschaulichen (sich verkleiden, sich verhüllen, sich einschließen, sich schminken, sich maskieren ...).

b) Dingwelt / Material

Die Bedeutung von Dingwelt und von Material im Zusammenhang aktionistischer Vorhaben ist schon angeklungen. Es soll hier angedeutet werden, in welcher Weise deren spezifischer Charakter zum *Antrieb und konstituierenden Faktor* für Aktionen werden kann.
Zunächst soll folgende grundsätzliche Unterscheidung gemacht werden: es gibt *ungeprägte Materialien*, die in ihrer *Form, ihrer Bedeutung und ihrer Funktion* unbestimmt sind (dazu gehören herkömmliche künstlerische Realisationsmedien wie zum Beispiel Ton, Gips, Farbe – sie sind im Hinblick auf Form-, Bedeutungs- und Funktionsschaffung offen); es gibt Dinge, die in ihrer *Form extrem vorgeprägt*, in ihrer *Bedeutung und Funktion zunächst neutral* sind (dies sind sogenannte *körperhafte Optimalgestalten* wie Würfel, Zylinder, Kegel, Pyramide, Kugel – sie besitzen aufgrund ihrer Form einen starken Aufforderungscharakter zu *konstruierender Tätigkeit*, sind aber hinsichtlich ihrer Belegung mit Bedeutung und ihrer Möglichkeit, Bedeutung zu schaffen, sehr offen); es gibt Dinge, die sowohl hinsichtlich ihrer *Form, ihrer Bedeutung* und ihrer *Funktion* stark vorgeprägt sind (dazu gehören solche natürlichen Ursprungs, wie Äste, Steine usw., bzw. solche, die aus menschlicher Tätigkeit hervorgegangen sind: die des alltäglichen Umgangs, die des kulturellen Bereichs, wie Bilder, Plastiken, Denkmäler, und solche, die durch Nutzung eine Veränderung oder gar Zerstörung erfahren haben). Aus dieser Katalogisierung wird bereits der unterschiedliche *Aufforderungscharakter* von Dingen und Materialien klar. Sie können, wenn sie ein hohes Maß an formaler, bedeutungshafter und funktionaler Offenheit besitzen, in unendlich reichhaltiger Weise genutzt werden.

Beispiele
Ton oder Farbe dienen als modellierbare oder flüssige Masse zum Ableiten von Bewegungsenergien; Ton wird geknetet, geschlagen, mit Wasser vermatscht; Farbe kann man mit Fingern und Pinseln vermalen, sie läßt sich spritzen, träufeln, man kann sie – entsprechend verdünnt – verlaufen lassen.

Bei dieser Materialgruppe liegt der Hauptanreiz zum Handeln in den *physikalischen Eigenschaften*. Sie kommen Aktionen entgegen, die in hohem

Maße von Bewegungsimpulsen gelenkt sind. Ihr anschauliches Ergebnis (plastische Gebilde, bemalte Körper oder Flächen) hat *Dokumentcharakter* im Hinblick auf den Vorgang des Machens (es braucht nicht ausdrücklich betont zu werden, daß diese Materialien natürlich auch sehr bewußt als klärende oder strukturierende Mittel eingesetzt werden können – hier geht es zunächst um ihre Primärqualität im Rahmen aktionistischer Vorgehensweise).

Dinge, die als Optimalgestalten bezeichnet wurden, kommen zunächst einmal *bauender Tätigkeit* entgegen. Insofern sind sie geeignet, neue Körperensemble zu bilden, Räume zu schaffen und bereits vorgeprägte Räume (Innenräume / Außenräume) zu verändern oder zu verfremden. Ihre besondere Qualität liegt in der Möglichkeit ständiger Veränderbarkeit im Gesamtzusammenhang und dessen dennoch hoher Stabilität.

Beispiele
Schaumstoffklötze werden zur Veränderung eines Raumes im Hinblick auf verschiedene Raumwirkungen geschichtet (Wände zerteilen den Raum, Höhlungen schaffen Raum im Raum ...); Rohre werden zusammengesteckt zu Türmen, baumähnlichen Gebilden usw.

Darüber hinaus lassen sich in außerordentlich weitgehender Weise auf solche inhaltlich offenen Elemente *Gegenstandsbedeutungen und -funktionen* projizieren.

Beispiele
Ein Schaumstoffklotz wird im Handlungszusammenhang Bank, Lokomotive, Ruderboot; ein Papprohr Baumstamm, Fernrohr, Blasinstrument usw. Formal stark vorgeprägte Elemente kommen also primär in Aktionen zum Tragen, die durch *kalkuliertes, konstruktives Vorgehen*, bzw. solchen, die durch wechselnde *Substituierungsvorgänge* gekennzeichnet sind.

Dinge, die hinsichtlich Bedeutung und Funktion stark vorgeprägt sind, zeichnen sich im Rahmen von Aktionen zunächst einmal dadurch aus, daß sie am unmittelbarsten *realitätsbezogen* sind. Dementsprechend werden sie natürlich auch ihrem ursprünglichen Zweck entsprechend genutzt. So kann zum Beispiel ein Leiterwagen ganz in Übereinstimmung mit seiner üblichen Funktion zum Herumfahren von Gegenständen oder Menschen dienen. Aber ausgehend von dem in ihm auch *vergegenständlichten* Oberbegriff Fortbewegungsmittel kann er durch einfache Benennung oder durch anschauliche Hinzufügung auch jedes andere Fortbewegungsmittel bedeuten. Verallgemeinert heißt das: Jedem gegenständlichen Ding haftet eine *spezifische alltägliche Gebrauchsfunktion* und eine *allgemeinere funktionale Anmutungsqualität* an: d. h. auch bedeutungsmäßig und funktional stark vorgeprägte Dinge sind für *Substituierungsvorgänge* offen, nur nicht im gleichen Umfang wie solche mit bedeutungsmäßiger und funktionaler Unbestimmtheit. Dazu noch ein Beispiel: Ein Schrank ist in einem Handlungszusammenhang zunächst einmal als solcher benutzbar. Er kann aber auch aufgrund seiner anschaulichen Qualitäten des Verbergens, Beschützens oder Absonderns zum Beispiel Höhle, Versteck, Haus, Zimmer, Zelle u. a. bedeuten. So sind gerade Aktionen denkbar, in denen durch dingliche Beifügung oder bestimmte Handlungsweisen ein an sich vorgeprägter Gegenstand einem ständigen Funktions- und Bedeutungswechsel ausgesetzt wird. Die Veränderung von Gegenständen aus dem kulturellen Bereich zeigt darüber hinaus, daß die Verschiebung und Substituierung nicht nur eine im Gegenständlichen selbst bleiben muß. Die Verpackung einer Plastik zum Beispiel kann über das neue Erscheinungsbild hinweg Bedeutungen sehr allgemeiner Art vermitteln: zum Beispiel über Wahrnehmungsweisen oder die gesellschaftliche Bedeutung von Kunst.

c) *Raum, Zeit, Bewegung*

Diese Bedingungsfaktoren und Handlungsbezüge stehen hier zusammen, da sie faktisch immer nur als Einheit erfahren werden. Räume werden erschlossen in zeitlichen Abläufen und das heißt in Bewegungen; Zeit wird erlebt in Bewegungen innerhalb räumlicher Bezüge; Bewegung ist zeitlicher Ablauf im Raum. Damit ist klar: Bewegung ist die Bedingung für die Erfahrung von Raum und Zeit.

„Ebenso wie man in bezug auf die Zeit zwischen der mit Uhren zu messenden abstrakten mathematischen Zeit und der vom lebendigen Menschen konkret erlebten Zeit unterschieden hat, so kann man auch beim Raum zwischen dem abstrakten Raum der Mathematiker und Physiker und dem konkret erlebten menschlichen Raum unterscheiden" (BOLLNOW 1969, 16).

Für den naturwissenschaftlichen Raum und die naturwissenschaftliche Zeit ist kennzeichnend ihre Homogenität, d. h. kein Punkt im Raum, kein Augenblick im zeitlichen Ablauf ist vor einem anderen ausgezeichnet, Raum und Zeit sind vollkommen gleichmäßig und unendlich.

Durch den Menschen, sein Handeln und seine Bewegung unter räumlichen Bedingungen und in Zeiteiteinheiten erscheinen uns in der Alltagspraxis Raum und Zeit als erlebte Ausdehnungen.

Damit ist gemeint, daß beide einen Bezugspunkt haben: den *erlebenden Menschen*. Dies hat zum Beispiel zur Folge, daß Raum und Zeit als *qualitative Einheiten* erscheinen, daß sie *gegliedert* und *unstetig* erlebt werden. Im spontanen Agieren oder im inszenierten Handeln können die Erlebnisqualitäten von Raum und Zeit unmittelbar sinnlich oder auch sehr bewußt erfahren und veranschaulicht werden.

Beispiele
Freie Bewegungsvorgänge werden in Räumen verschiedener Größe durchgeführt (Raum erscheint als Behinderung oder Stimulans); Bewegungsabläufe dienen zur Veranschaulichung von Raumsituationen (entsprechend dem Raumcharakter: zum Beispiel diszipliniert gradlinig, rechtwinklig; gegen den Raumcharakter: ungeordnet); Zeitabläufe werden in bestimmten Raumsituationen und Bewegungsabläufen erlebt (zum Beispiel Vergleich des Zeiterlebnisses in einem geschlossenen dunklen Raum bewegungslos mit dem in einem offenen Raum bei gleichzeitiger Aktion).

Genau wie die Material- und Dingwelt können Räume extrem *bedeutungs- und funktionsfixiert* bzw. relativ *neutral* sein. Entsprechend sind Handlungs- und Umgestaltungsmöglichkeiten mehr oder minder durch Raumsituationen *mitgeprägt* oder *offen*. Wir hätten zu unterscheiden zwischen *funktions- und bedeutungsoffenen geometrischen Räumen* verschiedenster Form, die meist erst für Raumexperimente durch Aussonderung in einem anderen Raum hergestellt werden müssen und *vorgegebenen geprägten Räumen* im privaten, öffentlichen, kulturellen Bereich und in der Natur.

Die Bedeutung eines Raumes wird natürlich nicht nur geprägt durch seine alltägliche Funktion, sondern er kann auch Widerspiegelung gesellschaftlicher Verhältnisse, Erwartungen und Normen, aber auch subjektiver Haltungen sein (vgl. Klassenraum).

Es ist ganz unmöglich, alle denkbaren oder in Dokumenten vorliegenden Handlungsformen und räumlich / körperhaften Realisationen zu beschreiben, die zur Sensibilisierung der *Wahrnehmung von Raum, Zeit und Bewegung* bzw. mittels dieser Handlungsbezüge zur *kritischen Auseinandersetzung mit gegenwärtiger Realität* dienen. Beide Intentionen können sich natürlich auch durchdringen.

Beispiel
Schüler umbauen ein Denkmal mit einer quaderförmigen offenen Lattenkonstruktion. Einerseits wird die andersartige räumliche Struktur der Plastik plötzlich anschaulich, zum anderen kann die Umbauung als Symbol verstanden werden, indem damit etwa die Beziehungslosigkeit des Denkmals zur Lebensrealität veranschaulicht sein könnte.

d) Technische Medien

Es entspricht dem *multimedialen Charakter* von Aktionen, daß neben den herkömmlichen bildnerischen Medien und den der Realität entnommenen Handlungsobjekten und -bezügen auch die *technischen Bildmedien* Foto, Film und Video in Aktionen einbezogen werden können. *Realisations- und Präsentationsmedien* wären sie dann zum Beispiel in der Weise, daß mit ihrem Einsatz medienspezifische Verhaltensweisen provoziert werden.

Beispiel
Sich mit der Filmkamera in einem öffentlichen Raum aufstellen und die Verhaltensweisen von Passanten beobachten bzw. aufzeichnen usw.

Zugleich eignen sich Sofortbild- und Videokamera hervorragend als *Dokumentationsmöglichkeiten*, die es erlauben, auch über solche Aktionsformen zu reflektieren, die nicht auf ein anschauliches Endergebnis hin angelegt sind. Denn dies gilt es festzuhalten: Erfahrungen werden nicht nur im unmittelbaren Handeln, im Anmutungserlebnis vermittelt, sondern Aktionen haben, wie alle Formen ästhetischer Praxis, auch Erkenntnisgewinn durch *Reflexion* zum Ziel. Auch hier gilt das Postulat der *Einheit von Produktion und Reflexion, von Emotionalität und Rationalität* (OTTO 1964).

e) Beziehung der Bedingungsfaktoren, Präsentations-, Realisations- und Dokumentationsmedien untereinander

An dieser Stelle können wir zu unserem Beispiel der Klassenraumveränderung zurückkommen. Hier hat sich gezeigt, daß Selbst-, Sozial-, Material-, Ding-, Raum-, Zeit- und Bewegungserfahrung als Einheit stattfindet. Dies entspricht auch der Feststellung, daß Montage das Grundprinzip aktionistischen Handelns ist. Auf welchen der Aspekte auch immer das Hauptgewicht gelegt wird, alle anderen sind mehr oder minder mitbeteiligt. Es ist aber dabei festzuhalten, daß entsprechend dem Charakter des Montageprinzips diese *Totalität* keine additive ist. Der menschliche Körper, Materialien, Dinge, Räume und Bewegungen gehen zwar mit ihrem spezifischen Charakter in diese Totalität ein und lassen diesen auch noch durchscheinen, sie gehen aber auch in dieser Totalität als Elemente auf und werden in dieser *Doppelrolle* zu konstituierenden Faktoren eines Symbols.

4. Ordnungsprinzipien

Es bleibt festzuhalten, daß ästhetische Aktionen weder hinsichtlich ihres Verlaufs noch eines möglicherweise aus ihm resultierenden anschaulichen Objekts an einer tradierten Vorstellung vom Kunstwerk als einer integralen, statischen Einheit orientiert sind. Ihr *Prinzip ist gerade nicht die Geschlossenheit des Werks*, sondern *Grenzverwischung* von Handlungen und Objekten in die Lebensrealität hinein. Dennoch lassen sich auch hier bestimmte Verhaltenseigentümlichkeiten oder Formmaßnahmen erkennen, die notwendig sind, um den Symbolgehalt erkennbar zu machen. Dabei ist aber grundsätzlich festzuhalten: In Aktionen werden *keine sogenannten Formprinzipien Anlaß oder Untersuchungsgegenstand. Vielmehr werden bestimmte Beziehungen in der Weise mitrealisiert, als sie sich aus den Bedingungen von menschlicher Befindlichkeit, Situation, Ding- und Materialeigentümlichkeit selbst heraus entwickeln.* Deshalb wurden die Bedingungsfaktoren, Präsentations- und Realisationsmedien hier ausführlicher behandelt.
Aktionen folgen also nicht innerästhetischen Formprinzipien, sie werden sie aber hervorbringen. So sind *zum Beispiel Absonderung, Kontrastbildung, Verschleifung, Stilisierung* oder *Übertreibung* als Ordnungsprinzipien also weder Ausgangspunkt noch Ziel. *Sie entstehen vorwiegend im Machen* und sicher auch aus der Erfahrung in herkömmlichen ästhetischen Ausdrucksformen.

VI. Schluß

Aktionen vermitteln eine *Totalität von Erfahrung und Einsichten* durch ästhetisches Handeln wie wohl keine Form bildnerischen Ausdrucks. Sie sind Handlung und sie schließen konkrete Ergebnisse nicht aus. Das heißt, in stärkerem Maße als bei primär ergebnisorientierter ästhetischer Praxis (Malerei, Plastik, Zeichnung) sind sinnliche Erfahrungen nicht eindimensional oder eng begrenzt. Totalität meint konkreter:

- alle Möglichkeiten der Wahrnehmung können in das Handeln eingeschlossen sein. Die Auseinandersetzung mit den Bezugsobjekten vollzieht sich nicht nur visuell (Sehen: Farben, Formen; räumliche Distanz; Mimik, Gestik), sondern auch taktil

(Tasten, Berühren, Umfassen, Streicheln: Körper, räumliche Distanzen; Oberflächenbeschaffenheiten / Stofflichkeit), auditiv (Hören: Worte; Geräusche, Töne), gustatorisch (Schmecken: Essen, Trinken), olfaktorisch (Riechen: Duft, Gestank);
- die Problematisierung grundsätzlich aller menschlicher Erfahrungsbereiche: Ich, Partner, Gruppe, unmittelbar erlebbare und vermittelte Realität, Kultur;
- die Verwendung / Einbeziehung der gesamten gegenständlichen / wahrnehmbaren Angebote der Wirklichkeit als Handlungsmaterial (multimedialer Charakter);
- das Prinzip der Montage, d. h. die Verbindung heterogener / inkohärenter Handlungsweisen, Materialien, Realitätsbereiche, Realitätsgrade;
- Offenheit des Handelns als Prozeß, Geschlossenheit als Inszenierung oder als zielorientiertes Agieren auf ein fertiges Objekt hin;
- die Einheit von Fühlen, Wahrnehmen, Machen und Kommunizieren.

Damit ist natürlich deutlich: Aktionen als Mittel ästhetischer Erziehung sind *keinem spezifischen Kulturbereich zugeordnet*. Es ist also keine eigentümliche Erscheinung von Kunst, Musik, Sport, Tanz oder Theater, sondern entsteht gerade in der gegenseitigen *Durchdringung* dieser Ausdrucksformen. Das legt natürlich *Kooperation* nahe und macht zugleich deutlich, daß aktionistisches Verhalten im Bereich der Schule schon dadurch behindert ist, daß hier Kultur nicht in ihrem ganzen Umfang bzw. auseinanderdividiert repräsentiert ist. Deshalb scheinen bei entsprechender Förderung die Möglichkeiten einer nicht institutionalisierten außerschulischen ästhetischen Erziehung grundsätzlich günstiger zu sein — zumal hier eine Grundbedingung und zugleich Zielsetzung für expansives Handeln immer noch besser erfüllt ist: die Offenheit hinsichtlich der Zeit, des Angebots an Raum, an gegenständlichen bzw. gesellschaftlichen Anlässen, an subjektiven und intersubjektiven Ausdrucksmöglichkeiten.

Literatur

Becker, J. / Vostell, W. (Hrsg.): Happenings, Hamburg 1965
Bollnow, O. F.: Mensch und Raum, Stuttgart 1969
Bürger, P.: Probleme gegenwärtiger Ästhetik, in: Oelmüller, W. (Hrsg.): Kolloquium Kunst und Philosophie 1. Ästhetische Erfahrung, Paderborn 1981, 200 ff.
Claus, J.: Kunst heute, Hamburg 1965
Ehmer, H. K. (Hrsg.): Ästhetische Erziehung und Alltag, Gießen 1979
Finkel, K. / Decker-Voigt, H.-H.: Spiel und Aktion, Düsseldorf 1980
Frommelt, W. / Mayrhofer, H. / Zacharias, W.: Eltern spielen, Kinder lernen, Hamburg 1975
Glozer, L.: Westkunst, Köln 1981
Gombrich, E.: Meditationen über ein Steckenpferd, Wien 1973
Grüneisl, G. / Mayrhofer, H. / Zacharias, W.: Umwelt als Lernraum, Köln 1973
Heer, E. / Heer, W.: Aktionen mit Schülern, Weinheim o. J.
Hentig, H. von: Das Leben mit der Aisthesis, in: Otto, G. (Hrsg.): Texte zur Ästhetischen Erziehung, Braunschweig 1975, 25 f.
Hofmann, W.: Grundlagen der modernen Kunst, Stuttgart 1966
Holz, H. H.: Sinnlichkeit und Rationalität, in: BDK LV-Hessen (Hrsg.): Texte 1, o. O. 1980
Junker, H. D.: Die Reduktion der ästhetischen Struktur. Ein Aspekt der Kunst der Gegenwart, in: Ehmer, H. K. (Hrsg.): Visuelle Kommunikation, Köln 1971, 9 ff.
Jürgens-Kirchhoff, A.: Technik und Tendenz der Montage, Gießen 1978
KEKS-Gruppe: manyfold paedaction, Nürnberg 1970

Kerbs, D.: Zum Begriff der ästhetischen Erziehung, in: Otto, G. (Hrsg.): Texte zur Ästhetischen Erziehung, Braunschweig 1975, 12 ff.
— Wider den Kunstoptimismus, in: Kunst und Unterricht 61 (1980), 29
Klein, F. / Mayrhofer, H. / Popp, M. / Zacharias, W. (Hrsg.): Spielen in der Stadt, München 1972
Klettke, H.: Spiele und Aktionen, Ravensburg 1970
Kultermann, U.: Leben und Kunst, Tübingen 1970
Kunst- und Museumsverein Wuppertal (Hrsg.): Fluxus, Wuppertal 1981
Marcuse, H.: Die Permanenz der Kunst, München / Wien 1977
Mayrhofer, H. / Zacharias, W.: Ästhetische Erziehung, Hamburg 1976
Otto, G.: Kunst als Prozeß im Unterricht, Braunschweig 1964
— Didaktik der Ästhetischen Erziehung, Braunschweig 1974
Rech, P. / Schult, E.: Spiele mit Kunst — Kunst-Spiele, Hamburg 1981
Schilling, J.: Aktionskunst, Luzern / Frankfurt 1978
Schütz, H. G.: Kunstpädagogische Theorie, München 1973
Selle, G.: Kultur der Sinne und ästhetische Erziehung, Köln 1981
Sohm, H. (Hrsg.): happening und fluxus. materialien, Köln 1970
Stielow, R.: Körper — Sinnlichkeit — Sinn — Menschenbild als Strukturelemente zu einer Theorie der ästhetischen Erziehung (Diss.), Marburg 1980
Thomas, K.: Bis heute. Stilgeschichte der bildenden Kunst im 20. Jahrhundert, Köln 1971
— Sachwörterbuch zur Kunst des 20. Jahrhunderts, Köln 1977
Weschenfelder, K. / Zacharias, W.: Handbuch der Museumspädagogik, Düsseldorf 1981
Zimmer, J.: Notizen zum Verhältnis von politischer Sozialisation und aktionistischem Kunstunterricht, in: Kunst und Unterricht 12 (1971), 36 f.

3. Vom Gestalten zum Spiel

Kurt Schreiner

I. Vorbemerkungen

Die Auseinandersetzung und Beschäftigung mit Puppentheater, von dem hier die Rede sein soll, umfaßt im wesentlichen *vier Bereiche*:

- die (technische) Herstellung der Spielfigur,
- die bildnerische Gestaltung zu einer Typenfigur,
- das Entwickeln einer Spielidee und ihre Aufbereitung,
- das Spiel (Spieltechnik und Spielaufführung).

Dieser Beitrag widmet sich aus Gründen, die noch dargelegt werden, primär dem *dritten* Bereich: dem Finden und Aufbereiten eines Spielstoffs. Eine integrierende Behandlung dieses Themas wäre sicher sinnvoller, sie würde aber den Rahmen dieser Darstellung bei weitem sprengen, oder — selbst in verkürzter Form — auf Kosten des eigentlichen Kernanliegens des Puppentheaters, des Spiels, gehen.

Die oben angeführten Bereiche lassen erkennen, wie vielseitig das Medium ist. Daraus folgt, daß sich eine große Anzahl von Aufgaben ableiten läßt, die den Interessen von Kindern und Jugendlichen sehr entgegenkommen. Die Komplexität verlangt eine Bereitschaft zur intensiven und dauerhaften Auseinandersetzung, und sie erfordert die unterschiedlichsten Fähigkeiten und Fertigkeiten. So wirft das Anfertigen der Spielfigur sowohl technische als auch bildnerische Fragen auf; es wird Verständnis im Umgang mit Material und Werkzeug und für gestalterische Probleme gefordert. Bei der Umsetzung einer Spielidee in eine puppengemäße Spielhandlung werden wieder andere Fähigkeiten angesprochen und gefördert.

Erfahrungsgemäß übernehmen in einer Spielgruppe die Teilnehmer Aufgaben, für die sie besonderes Talent aufweisen, so daß die Komplexität des Mediums den unterschiedlichen Begabungen entgegenkommt. Muß aber der Pädagoge, der das Puppenspiel vermitteln will, nicht über das umfangreiche Wissen und die zahlreichen Fertigkeiten verfügen, um dieses Medium als Unterrichtsstoff sinnvoll und effektiv in den Unterricht einzubringen? (Hier scheint einer der Gründe vorzuliegen, warum Puppentheater als Unterrichtsinhalt so selten anzutreffen ist oder sich auf die Herstellung der Figuren beschränkt.) Die Frage läßt sich an Erfahrungen beantworten: Der Pädagoge, der Puppentheater im Unterricht einsetzte, bedurfte irgendwann eines ersten Anstoßes; die Aneignung erfolgte in einem langen, fortwährenden Prozeß. Aber nur wenn ihm dieses Medium Freude machte und Bestätigung brachte, war er bereit, den zusätzlichen Zeit- und Arbeitsaufwand zu akzeptieren und die Möglichkeiten der Aneignung zu nutzen: die umfangreich zur Verfügung stehende Fachliteratur, Aufführungen professioneller Bühnen, Festivals, wie das alljährlich in Bochum stattfindende Festival des Figurentheaters, Fortbildungsveranstaltungen (zum Beispiel der Landesarbeitsgemeinschaften Puppenspiel) u. a.

Der Prozeß der Aneignung sollte immer einhergehen mit Versuchen, das Erlebte, Gelesene oder Mitproduzierte mit einer Spielgruppe (zum Beispiel einer Schulklasse) praktisch anzuwenden. Ratsam ist, einfachen Herstellungstechniken den Vorzug zu geben und mit unkomplizierten, überschaubaren Spielhandlungen oder Szenen zu beginnen. Das Vorhaben kann experimentellen und improvisatorischen Charakter tragen (auf eine Bühne kann zunächst verzichtet werden). Auch für die Profi-Bühne ist jede neue Spielinszenierung und -aufführung ein Experiment und eine Quelle neuer Erkenntnisse, die zu Abänderungen des Spiels führen können.

Eine Unterrichtsreihe, die ausschließlich den Bau der Figuren beinhaltet, läßt das Hauptanliegen des Puppenspiels unberücksichtigt. Grundsätzlich gehört schon das Herstellen der wie auch immer gearteten Spielfigur mit zum Spiel, denn hier wird bereits die Spielbarkeit der Figur erfahren und ausprobiert, so daß es ständig zu improvisiertem Spielen in Form von Kurzszenen kommt.

Da diese zusammenfassende Darstellung nicht auf alle Einzelheiten eingehen kann, sind im Text ergänzende Literaturnachweise eingeflochten. Sie beschränken sich auf Veröffentlichungen, die dem Autor besonders geeignet scheinen, die angeschnittenen Fragen und dort behandelte Thematik zu ergänzen und zu vertiefen.

Eine ausführliche Puppentheater-Bibliografie nach Sachbereichen geordnet, wurde von NOLD (1981) zusammengestellt.

II. Gestaltung: die Typenfigur

Die Akteure des Puppentheaters werden unter dem Sammelbegriff „Spielfigur" zusammengefaßt, denn es ist leicht einzusehen, daß die Bezeichnung „Puppe" auf einige Arten nicht anwendbar ist (zum Beispiel flache Spielträger: Schattenspielfigur, Flachfigur). Die zu wählende Figurenart — angefangen von der kleinen Fingerpuppe bis hin zur Menschenmaskenfigur —, ihre besondere Spielfähigkeit, ist für den Spielstoff und die Spielhandlung von einiger Wichtigkeit; davon wird in einigen der nachfolgenden Aufführungsbeispielen noch die Rede sein. Das Gelingen oder Mißlingen eines Spiels hängt in weit stärkerem Maße jedoch von der überzeugenden Gestaltung der auf ihre Rollen festgelegten Spielfiguren ab. Es liegt im besonderen Wesen der Spielfigur, daß sie einen bestimmten Wesenszug des Menschen an sich verkörpert. Eine Figur, die im Spiel die Rolle des „Vorwitzigen" spielen soll, wird mit äußerlichen Merkmalen versehen (vor allem der

Vom Gestalten zum Spiel

Kopf), die diesen Wesenszug sichtbar machen. Man erhält eine „Typenfigur".

Damit der gemeinte Charakter oder Wesenszug vom Zuschauer sofort erkannt („ablesbar") wird, müssen die Merkmale der allgemeinen Vorstellung entsprechen und deutlich erkennbar sein. Eindeutigkeit verlangt nach Reduzierung, d. h. auf Überflüssiges kann verzichtet werden. Die den Typ signalisierenden Merkmale müssen gleichzeitig stark überzeichnet (übertrieben) werden, so daß prägnante, ausdrucksstarke Figuren entstehen.

Die Art und Weise, wie die Typenfigur geführt werden soll, ist natürlich diesem Wesen angepaßt: Der „Vorwitzige" schleicht, spioniert, „steckt seine Nase in fremde Töpfe" usw. (vgl. Pantomime).

Bei der Entwicklung einer Typenfigur ist Vorbedingung, daß man sich mit der Rolle, die sie darstellen soll, auseinandersetzt und sich über die typischen Erscheinungsformen im Aussehen, in der Gestik und der Bewegung Klarheit verschafft (vgl. Aufführungsbeispiele III. 1 c, 1 e, 1 f, 2 b, 2 d).

Im weitesten Sinne unterscheiden sich Typen des Berufs (sozialer Status, Art der Tätigkeit) und des Charakters (vgl oben). Häufig treffen allerdings berufliche und charakterliche Typisierung zusammen (Kaufmann — habgierig), wobei davon ausgegangen wird, daß die besonderen Lebensumstände des Berufs den Charakter geprägt haben.

Man unterscheidet im Puppentheater zwischen feststehenden und nicht feststehenden Typenfiguren.

Mit feststehenden Typenfiguren ist ein Arsenal von bestimmten, festgelegten Figuren gemeint, mit denen unterschiedliche Stücke gestaltet und bestritten werden. Dazu zählen die Akteure des Kasper- und des Hänneschen-Theaters (Köln), Spejbl und Hurvinek (Prag) sowie die populären Fernsehstars Krümel-Monster oder Ernie und Bert.

Da die Charaktere in jedem neu konzipierten Stück die gleichen bleiben, sind sie leicht verständlich, andererseits werden von ihnen bestimmte Handlungsverläufe erwartet, so daß der Spielstoff relativ eingeengt ist.

Nicht feststehende Typenfiguren wurden auf ein Stück hin entwickelt. Sie sind das Ergebnis der eigenen Auseinandersetzung mit der jeweiligen Rolle der Figur und daher ungleich schöpferischer, aber zugleich schwieriger.

Die Typisierung wird in Sonderfällen sehr eng aufgefaßt:

- Sie erfaßt nur eine Stimmungslage: Der Kasper, der nur lacht — wie sollte er in einem Stück weinen können?
- Sie stellt in naturalistischer Form historische oder lebende Personen dar: Napoleon, ein bestimmter Lehrer an der Schule (vgl. III 1 a).

Oder die Typisierung ist sehr offen:

- Sie läßt wie in der literarischen Gattung Fabel Tiere einen bestimmten Wesenszug verkörpern: Fuchs — fuchsig.
- Sie läßt Veränderungen einer Rolle zu: Eine leere Gesichtsfläche, die lediglich von einer Mädchenfrisur umrahmt ist, signalisiert nur das Mädchen an sich. Im Verlauf der Spielhandlung kann sich das Mädchen von „böse" zu „lieb" oder umgekehrt wandeln, d. h. im Kontext des Geschehens erfahrbar machen.

Diese grundsätzliche Darstellung zum Wesen der Typenfigur war notwendig zum Verständnis der im folgenden Teil beschriebenen Methoden, wie die Spielgruppe zu ihrem Spiel finden kann. Ergänzungen und Darstellungsbeispiele für die Entwicklung von Typenfiguren finden sich bei STEINMANN (1975, 53 ff.), FETTIG (1977), BALMER (1979, 12 ff.), SCHREINER (1980, 19 ff.).

III. Vom Gestalten zum Spiel: zwei Methoden

Bei Durchsicht der deutschsprachigen Puppentheater-Literatur stellt man fest, daß es sich fast ausschließlich um Hobby-, Werk- und Bastelbücher handelt, die zum Bau der unterschiedlichen Figurenarten anleiten. Fragen zum Spiel werden ausgeklammert oder nur gestreift. Bei der Spielgruppe, die nach Buchanleitung ihre Spielfiguren fertiggestellt hat, bleibt eine allgemeine Rat- und Hilflosigkeit darüber bestehen, wie sie nun zum Spiel gelangt.

Ein Grund für das Aussparen der Spielfindung und -gestaltung liegt darin, daß sich keine allgemein gültigen Regeln für das „gute" oder „richtige" Spiel aufstellen lassen. Die Fragen, die jede Spielaufführung aufwirft, sind im gegebenen Fall immer etwas anders zu beantworten. Das liegt zum einen an den unterschiedlichen Voraussetzungen und Zusammensetzungen der Spielgruppen und der Zuschauer. Zum anderen unterscheiden sich häufig die Art des Spielorts, der Spielanlaß oder die Absichten, die die Spielgruppe verfolgt.

Trotz dieser Bedenken läßt sich erfahrbar machen, wie man über das Gestalten der Typenfiguren zum Spiel gelangen kann. Eine Möglichkeit, die sich hier anbietet, ist die Beschreibung von Spielaufführungen, beginnend mit dem Prozeß der Spielfindung. Der Leser muß prüfen, welche Anregungen er auf seine Arbeit übertragen kann. Allerdings läßt der Rahmen dieses Beitrags nur eine beschränkte Anzahl Beschreibungen zu; sie zeigt einen kleinen Ausschnitt dessen, was Puppentheater zu sein vermag.

Da der Erfahrungsschwerpunkt des Autors im Bereich der Sekundarstufe I liegt, wurde die Mehrzahl der Spiele der Unterrichtspraxis dieser Schulstufe entnommen. Der Bereich der Vorschule, das Spiel als Lernmethode oder als therapeutische Maßnahme und das Amateurtheater bleiben hier ausgeklammert.

Es werden *zwei Methoden oder Einstiege* unterschieden, um zu einem Spiel zu finden:

- Es wird von den Typenfiguren ausgegangen; dabei kann ein Figurenensemble bereits existieren oder es wird vorab von der Spielgruppe angefertigt. Mit diesen Figuren wird ein Spiel entwickelt.
- Es wird von einer Spielidee ausgegangen; das kann eine Vorlage sein oder eine selbst ausgedachte Geschichte. Die benötigten Typenfiguren werden den Erfordernissen entsprechend hergestellt.

Welches Vorgehen vorzuziehen ist, hängt von den Erfahrungen und Voraussetzungen der Spielgruppe ab. Die Aufführungsbeispiele sollen auch hierauf eine Antwort geben.

1. Der Weg über die Spielfigur

Der Spielgruppe steht ein vorhandenes oder selbst angefertigtes Figuren-Ensemble zur Verfügung. Sie sucht sich dazu einen Spielstoff, der sich mit den angefertigten Typenfiguren spielen läßt. Dabei wird sie auch die Figurenart in ihre Überlegungen mit einbeziehen müssen, denn Spielstoffe können sich für die eine Figurenart eignen, für die andere nicht.
Feststehende Typenfiguren wie aus dem Ensemble der Kasper-Bühne sollten ausgeklammert bleiben, da sie den schöpferischen Freiraum einengen (vgl. die Bemerkungen zur Typenfigur in Teil II).
Stattdessen sollte der Pädagoge darauf drängen, Typen auf ein Spiel hin zu entwickeln und Typenklischees zu meiden (Hexe, Räuber).
Die Gestaltung einer auf eine bestimmte Rolle hin fixierte Typenfigur ist nicht immer einfach und erfordert ein Verfahren bei der Kopfherstellung, das Korrekturen zuläßt. Mit diesen Schwierigkeiten rät ein mit dem Schul- und Amateurtheater vertrauter Fachmann so umzugehen:

„Versuchen Sie nicht schon am Anfang einen ganz bestimmten Puppentyp zu schaffen, sondern lassen Sie sich von Zufällen anregen und spielen Sie so viele Möglichkeiten durch, wie Ihnen einfallen" (FETTIG 1977, 13).

Abgesehen von dem spielerischen Ansatz, der leichter zu kreativen Ergebnissen führt, wird bei diesem Vorgehen häufig auch die Spielidee gefunden. Dabei sollte allerdings für die Gestaltung ein Rahmen abgesteckt werden: Die auf ein Spiel hin zu entwickelnden Figuren sollten inhaltlich, größenmäßig, im Stil und in der Wahl der Materialien aufeinander abgestimmt sein.

Aufführungsbeispiele
a) *Spielgruppe*: 8. Klasse einer Realschule (13 Jahre) unter Leitung des Autors
   Figurenart: Stockhandpuppen
   Bühne: improvisiert (Moltontuch)
   Ort: Klassenraum

Anläßlich eines Schulfestes waren Stockhandpuppen hergestellt und gespielt worden, die in naturalistischer Darstellung die Lehrer an der Schule verkörperten. Sie lagerten seitdem in einem Klassenschrank. Am Tag vor einer Zeugniskonferenz durften sie hervorgeholt werden, und die Klasse spielte jeweils zu einer kleinen Gruppe das Thema „Zeugniskonferenz". Dabei strebten die Spieler an, typische Gesten und die Sprechweise des gespielten Lehrers stark übertreibend zu spielen. Die Dialoge wurden aus dem Stegreif gesprochen, der Inhalt war durch die aktuelle Situation geprägt. Ohne daß in dieser Richtung von seiten des Lehrers Einfluß genommen wurde, begannen die Schüler zu extemporieren (= Bezüge zum Publikum und der sozialen Umwelt werden eingeflochten), indem einzelne nicht direkt am Spiel beteiligte Schüler „dazwischengenommen" wurden und diese wiederum mit Kommentaren sich zu rechtfertigen suchten. Die Klasse befreite sich in dieser Schulstunde von dem Druck und der Angst vor den Zeugnisnoten. Die Spannung blieb dadurch erhalten, daß die Gruppe, die mit ihrem Spielwitz zu Ende war, von einer neuen Gruppe ersetzt wurde.

b) *Spielgruppe*: 5. Klasse einer Realschule (10 Jahre) unter Leitung des Autors
   Figurenart: Schemenfiguren, 10 bis 15 cm
   Bühne: Leinwand und Tageslichtprojektor (OHP)
   Ort: Klassenraum

Der Klasse wurden zunächst das Konstruktionsprinzip und die Spielfähigkeiten der Schatten- und Schemenspielfigur vorgeführt und erläutert. Die Arbeitsaufgabe bestand darin, in einzelnen Arbeitsschritten eine Schemenfigur unter dem Rahmenthema „Märchen" zu entwickeln.
Die spezifische Wirkung dieser Figurenart beruht darauf, daß die gespielten Figuren für den Zuschauer nicht direkt, sondern als Schatten und Schemen, als „körperlose" Figuren sichtbar sind. Darin liegt ihr magischer Zauber und ihre Faszination; irreale, phantastische, traumhafte und vor allem märchenhafte Geschehen, Stücke oder Szenen sind daher dieser Figurenart am angemessensten.
Aus Astralonfolien und Textilien entstanden Könige, Prinzen, Prinzessinnen, Gespenster und andere Figurenkategorien aus dem Märchen. Das so geschaffene Figurenensemble war ausreichend und lieferte genügend Spielimpulse, um damit Stegreifspiele zu bestreiten.
Dabei erwies es sich als vorteilhaft, daß die Typenfiguren relativ offen waren und nicht ganz bestimmte Gestalten eines Märchens verkörperten.
Bei den Spielaufführungen auf der Arbeitsfläche des OHP (jeweils zwei Spieler) waren die Kinder unbefangen. Ihre Ideen und Impulse schöpften sie aus dem gesamten ihnen zur Verfügung stehenden Märchen-Repertoire.

Literaturnachweise
Schattenspiel: AMTMANN (1966), FUGLSANG (1980), SCHREINER (1980, 131 ff.)

c) *Spielgruppe*: 5. Klasse einer Realschule (10 Jahre) unter Leitung des Autors
   Figurenart: Klappmaulfiguren aus Socken
   Bühne: improvisiert (Tischkante)
   Ort: Klassenraum

Die Schüler erhielten die Arbeitsaufgabe gestellt, aus alten Socken je eine Klappmaulfigur herzustellen. Das für alle verbindliche Rahmenthema lautete: „Ein Mensch aus deiner Umgebung". Musterung, die Wahl und Anordnung der Accessoires sollten auf den gemeinten Typ schließen lassen können (ein Schüler wählte den Typ „Reiche Tante aus Amerika").
Gegenseitiges Helfen und Austauschen der mitgebrachten Dinge wurde von Lehrerseite gefördert. Es zielte darauf ab, daß die Schüler die im Entstehungsprozeß befindlichen Figuren ihrer Mitschüler kennenlernen sollten. Sie fanden dabei aus der Arbeit heraus Kontrasttypen wie Detektiv und Dieb oder Mitglieder einer Familie fanden sich zusammen usw. Die Spielimpulse waren verschiedentlich so stark, daß es bereits im Herstellungsprozeß zu ersten Spielversuchen an der Tischkante (= Ersatz für die Spielleiste) kam.
Vor allem Typenfiguren mit betonter Gegensätzlichkeit provozierten zu Interaktionen. Der Schüler sprach mit seiner Figur seinen Klassenkameraden an und sie entwickelten aus dem Stegreif eine Kurzszene, zu der sich weitere Figuren gesellten.

Für die abschließenden Aufführungen wurden die Schüler aufgefordert, sich in Gruppen zusammenzuschließen und ein grob initiiertes Handlungsschema vorzuführen. Das Thema der Szenen entsprang dabei aus dem Rollenschema der Figuren; so gruppierte sich die Handlung mit der „Reichen Tante aus Amerika" um diese zentrale Figur. Dieses Beispiel macht deutlich, wie aus der Gestaltung heraus die Spielimpulse erwachsen. So können hervorstechende Merkmale den Anlaß für eine Szene ohne Worte ergeben: Zwei Figuren haben die gleiche lange Nase. Sie begegnen sich, gehen weiter, bleiben gleichzeitig stehen, drehen sich um, mustern sich usw.

Bei einer Aufführung von einzelnen Kurzszenen ist wichtig, für die Gruppen die gleiche Zeiteinheit vorher festzulegen. Die Handlung treibt meist rasch zum Höhepunkt hin und danach ist „die Luft heraus". Die Erarbeitung von komplexeren Spielhandlungen würde Kindern dieser Altersstufe die spontane Spielfreude nehmen.

d) *Spielgruppe*: 1. Klasse einer Grundschule (6 Jahre)
   Figurenart: Tiermarionetten
   Bühne: offene Spielweise (Spieler unverdeckt)
   Ort: großer Raum

Die gestellte Arbeitsaufgabe lautete, einfache Tiermarionetten aus Abfallmaterialien (Kartons, Dosen u. a.) zu dem Lied „Ein Vogel wollte Hochzeit machen" herzustellen. Jedes Kind sollte eine Figur und einen Text zu der Aufführung beisteuern. Der Text bestand in einfachen Zweizeilern, die zu dem jeweiligen Tier zu dichten waren („Der Adler, der Adler, der tanzt nun den Schuhplattler . . .").

Zur Aufführung stellten die Kinder sich im Kreis auf, und sie traten allein, als Paar oder als Gruppe hervor, spielten ihre Marionetten und sagen dazu die Strophen. Beim „Fideralala" (Refrain) durften alle Marionetten herumfliegen oder tanzen. Die Texte und Spielimpulse lieferte auch hier die Spielfigur, wenn auch in einer der Altersgruppe angemessenen, sehr einfachen Form. Die Sprache (als Lied) wurde sparsam eingesetzt, ging es doch primär darum, die selbstgebastelten Figuren und das Spiel der Marionetten dem Publikum vorzuführen (Hobbythek 1979).

e) *Spielgruppe*: 8. Klasse einer Realschule (13 Jahre) unter Leitung des Autors
   Figurenart: Stockpuppen
   Bühne: geschlossene (Guckkasten-)Bühne
   Ort: Aula

Die Arbeitsaufgabe bestand in der Herstellung und Gestaltung von Stockpuppen zu dem Rahmenthema „Allerhand Leute auf unserer Straße".

Als Verfahren für die Kopfherstellung wurde ein Montageverfahren nach der Methode von FETTIG (1977) gewählt. Dieses Verfahren erweist sich in der Unterrichtspraxis für die Entwicklung von Typenfiguren als unproblematischer als zum Beispiel die konventionellen Verfahren des Modellierens, da es zu einer prägnanteren Ausdrucksgestaltung hinführt und experimentell vorgegangen werden kann. Dafür müssen allerdings reichlich Materialien vorgesehen werden: Pappkugeln und Pappeier in unterschiedlichen Größen, die nach Bedarf in Teile zerlegt werden. Durch vorläufiges Montieren einzelner Teile auf eine größere Grundform (Kopfform) schälten sich Typen „von der Straße" heraus: eine Marktfrau, ein Eisverkäufer, ein Hausmeister, ein Arbeitsloser, ein ehemaliger Boxer, ein Vertreter, ein Pastor und viele andere in Anzahl der Klassenstärke. Ähnlich dem Beispiel 1 c entstanden auch hier Kontrasttypen und Gruppierungen, von denen erste Spielimpulse ausgingen. Nach Abschluß der Figurenherstellung wurden die bisher gefundenen Spielansätze gesammelt und ergänzt. Ein Text-Team erarbeitete einen erzählenden Text in Reimen („Was so alles tagsüber auf unserer Straße passiert"). Die Aufführung wurde in kurzen Einzelszenen abgewickelt, zu denen ein Erzähler den begleitenden Text vortrug.

Die Aufführung eines geschlossenen, längeren Spielstücks bedarf einer gewissen Erfahrung, erfordert ein hohes Maß an Kooperation der Teilnehmer und benötigt viel Zeitaufwand für die Inszenierung und die Proben; eine Arbeitsgemeinschaft käme dazu in Frage, im Klassenverband ist ein solches Unterfangen schwieriger durchzuführen.

Ein weiterer Vorzug der wenig aufwendigen Kurzszenen ist, daß die Motivation und die Spielfreude noch wach sind. Wird — wie das Beispiel zeigt — auf den Dialog verzichtet, so umgeht man damit geschickt einige Probleme, die bei der Koordination der Sprache mit der Führung der Figuren meist auftreten.

Der Sprecher (Erzähler) hat bei seinem Vortrag das Spiel im Auge, das bedeutet, daß er einen Standort wählt, von wo aus er das Geschehen gut verfolgen kann. Er richtet sich mit seinem Text nach dem Spiel der Figuren und nicht umgekehrt diese nach dem Text. Für die Erzählerfunktion gibt es auch andere Lösungen. In diesem Falle könnten auch zwei als Straßenfeger verkleidete Mitspieler vor der Bühne „kehren" und ihre Kommentare über das Geschehen abgeben. Oder: Zwei Nachbarinnen in ihren Fenstern kommentieren über die „Straße" hinweg u. a. Die menschlichen Darsteller können dabei als Vermittler zwischen der Welt der Puppen und der Zuschauer fungieren; sie können stellvertretend für die Zuschauer einzelne auf der Bühne agierende Figuren in ein Gespräch verwickeln.

Ideen dramaturgischer Art sollten sich aus dem Spiel heraus entwickeln und müssen überzeugend sein.

Literaturnachweise
Stockpuppe: SCHREINER (1980, 109 ff.)
Kopfherstellung aus Pappelementen: FETTIG (1977), SCHREINER (1980, 74 ff.)

f) *Spielgruppe*: Studenten eines Seminars für Puppenspiel im Hochschulbereich Köln 1976 — Leitung: MÜNCH, Arbeitsbeispiel des Autors
Figurenart: Flachfiguren
Bühne: improvisiert (Moltontuch)
Ort: Seminarraum

Die Aufgabe bestand in der Herstellung einer Flachfigur unter dem Rahmenthema „Tiere" und der Inszenierung einer Spielszene.
Jeder der Studenten sollte zunächst an dem selbstgewählten Tierbeispiel das Typische der Gestalt und der Bewegung analysieren. Am Beispiel „Katze"

wurden als hervorstechende Merkmale gefunden: ovaler Kopf, dreieckige Ohren, mandelförmige, schräggestellte Augen, Pupillen quer zur Augenöffnung; Wirkung: stechend, unnahbar.
Der Körper meist zusammengerollt, Pfoten verschwinden, runde Form; Wirkung: Ruhe.
Bewegung: Bei Störungen geht der Kopf ruckartig aus der Ruhelage, verharrt kurz, geht wieder in die alte Lage zurück. Wird die Katze neugierig, rückt der Kopf nach vorn oder nach oben. Wenn sie lauert, duckt sie den Kopf nach unten.
Mit Hilfe dieser Merkmale wurde eine gegliederte Flachfigur entwickelt. Wesentlich für die Bewegungsformen war, daß Körper und Kopf aus separaten Teilen bestanden. Der Körper wurde an einem Haltestab, der Kopf an einem galgenartigen Führungsstab befestigt.
Die Aufgabe bestand nunmehr darin, eine Szene zu finden, in der sich die der Katze eigenen Ausdruckshaltungen ausspielen ließen. Es mußte ein Anlaß gefunden werden, der die Katze verleiten sollte, die für sie typischen Bewegungen auszuführen.
Dieser Anlaß war „natürlich" eine Maus. Die Szene bestand aus der Interaktion der beiden Widersacher, die pantomimisch abgewickelt und mit Geräuschen unterlegt und kommentiert wurde.

Literaturnachweise
Flachfigur: KUROCK (1980, 381 ff.), SCHREINER (1980, 128 ff.)

2. Der Weg über die Spielfabel

Die Spielgruppe denkt sich eine Geschichte aus oder übernimmt eine (meist literarische) Vorlage, zum Beispiel eine gute Bilderbuchgeschichte, die sie unter Berücksichtigung der situativen Voraussetzungen spielen möchte. Die Geschichte kann auch in einer Idee bestehen, aus der sich ein Spielkonzept entwickeln läßt.
Der Handlungsverlauf eines Stückes in seinen Grundzügen wird mit ‚Fabel' bezeichnet (nicht zu verwechseln mit der literarischen Fabel, der lehrhaften Tiererzählung).
Wie bei der ersten Methode (vgl. III. 1) muß auch hier, bevor mit dem Bau der Spielfigur begonnen wird, überlegt werden, ob die Fabel mit der gewählten Figurenart spielbar ist. Falls die Gruppe oder ihr Leiter mit dem Wesen der unterschiedlichen Figurenarten vertraut ist, kann umgekehrt zuerst eine Figurenart bestimmt werden und die Geschichte danach ausgesucht werden, ob sie den spezifischen Spieleigenschaften dieser Figurenart gerecht wird. Für die Wahl der Figurenart können triftige Gründe vorliegen, wie das Alter und die Erfahrungen der Gruppe, die zur Verfügung stehende Zeit, die räumlichen Gegebenheiten oder einfach der Wunsch, diese Figurenart zu bauen.
Steht die Fabel fest, beginnt die Gruppe gemeinsam die benötigten Figuren, Requisiten und – falls erforderlich – Kulissenteile zu bauen. Diese Arbeitsabwicklung bis hin zur Spielaufführung ist ein Prozeß, bei dem die Teil-

nehmer nebenbei auch an der Spielgestaltung weiterarbeiten. Es wäre falsch, das einmal beschlossene Konzept als Dogma aufzufassen; die besten Ideen kommen häufig beim improvisierten Spielen mit den halbfertigen Figuren. Ein Fehler, der immer wieder gemacht wird, besteht darin, die Fabel zu lang oder zu kompliziert anzulegen. C. SCHRÖDER, ein Praktiker der professionellen Bühne, fordert „eine klare Handlung mit wachsendem Konflikt und schneller Lösung. Der Text muß knapp sein . . ." (zitiert nach BALMER 1979, 114).

Damit spricht er ein weiteres Problem an: die Sprache. Die typisierte Spielfigur ‚spricht' in der Spache des Bildes zu den Zuschauern; sie verliert dort an Überzeugungskraft, wo die gesprochene Sprache — als Dialog — Priorität erhält (Ausnahmen bilden speziell für Profibühnen geschriebene Texte und Stegreifinszenierungen). Bei der Umsetzung der Fabel in Puppentheater sollte man daher bemüht sein, Lösungen zu finden, die durch das Bildhafte überzeugen. Anstatt der ohnehin schwierig zu sprechenden Dialoge können die notwendigen Verbalisierungen durch einen begleitenden Kommentar, durch einen Erzähler, über die Schallplatte oder das Tonband u. a. erfolgen.

Aufführungsbeipiele
a) *Spielgruppe*: 5. Klasse einer Realschule (10 Jahre) unter Leitung des Autors
Figurenart: Schemenspielfiguren, 10 bis 15 cm
Bühne: Leinwand und Tageslichtprojektor (OHP)
Ort: Aula

Als (literarische) Vorlage diente das ca. 30 Seiten umfassende Kindermalbuch von Mauricio GATTI: „Im Urwald gibt es viel zu tun". Da die Seiten in sich verhältnismäßig abgeschlossen waren, ließ sich jede Seite als Einzelszene umsetzen. Die Seitenzahl entsprach der Klassenstärke, so daß die gesamte Klasse aktiv an der Inszenierung und am Spiel beteiligt werden konnte. Die Gefahr, daß die vorgegebenen Strichzeichnungen des Buchautors genau kopiert würden, wurde durch die Aufgabenstellung abgeschwächt: Die Aufgabe lautete, die für den Inhalt seiner Seite benötigten Teile (Figuren und Requisiten) als Schemenfiguren aus transparenten Materialien zu bauen. Als Material standen neben Astralonfolien (für das Grundgestell) Textilien mit unterschiedlichen Strukturwirkungen zur Verfügung: Tüll, Gardinen, Spitzen, Netze u. a. Dadurch wurde ein einheitlicher Stil gewahrt.

Bei der Spielaufführung wurden die Teile in der Szenenfolge vor der Leinwand ausgelegt und die Kinder saßen in der gleichen Reihenfolge in der ersten Stuhlreihe, so daß jedes wußte, wann es an der Reihe war. Damit zwischen den Szenen keine zu langen Unterbrechungen entstanden, wurden zwei Tageslichtprojektoren eingesetzt; während die erste Szene spielte, wurde die zweite bereits auf der Arbeitsfläche des Projektors zusammengestellt. War die erste Szene zu Ende, so wurde überblendet, d. h. der zweite Projektor wurde eingeschaltet und danach der erste ausgeschaltet (die gleiche Technik verwendet bekanntlich der Film).

Die Figuren spielten pantomimisch; Ton und Geräusche wurden unterlegt. Dazu wurden zwei Kanäle verwendet: Der Erzähler las über Mikrophon

(Lautsprecheranlage der Aula) die entsprechenden Textteile des Bilderbuchs vor. Die Geräuschkulisse (Urwaldstimmen, Elefantentrompeten, Vogelgezwitscher, Ausrufelaute u. ä.) waren vorher in der Szenenfolge auf Kassette aufgenommen worden und wurden über einen Verstärker übertragen.
Der besondere Reiz der Aufführung lag in den um ein Vielfaches vergrößerten Formen und Strukturen der Textilien, in den Effekten der sich überschneidenden farbigen Folien, mit denen die Arbeitsfläche des Projektors abgedeckt wurde, in der Unbeholfenheit der Figuren- und Spielausführung und in den vielen kleinen Pannen, die bei dieser Altersstufe kaum vermeidbar sind.

Literaturnachweise
vgl. III. 2 b

b) *Spielgruppe*: Studenten eines Seminars für Puppenspiel im Hochschulbereich Köln 1976, Leitung; MÜNCH, Arbeit einer Studentin
Figurenart: Marionetten
Bühne: Marionettenbühne
Ort: mehrere Aufführungen in öffentlichen Einrichtungen

Die Arbeitsaufgabe bestand in der Entwicklung von Spielfabeln als Einzelszenen zu dem Rahmenthema „Zirkus". Als Figurenart wurde der Bau von Marionetten vorgesehen. Da jeder Teilnehmer nach Möglichkeit eine eigene Szene („Zirkusnummer") zuwege bringen sollte, wurden bevorzugt Solo-Marionetten geplant (Figuren, die ein Stück alleine bestreiten können). Stellvertretend wird hier die Fabel vom Auftritt des *Gewichthebers* ‚Emil' dargestellt:

1. Hebeakt
Emil betritt die Zirkus-Arena und beginnt unter Trommelwirbeln das Gewicht (zwei Scheiben) zu stemmen. Führung: Die Arme werden an zwei Drähten mitsamt dem Gewicht hochgezogen, die krummen Beine spreizen sich. Nach dem Stemmakt läßt Emil das Gewicht fallen und setzt sich erschöpft. Der Kopf sinkt auf die Brust. — Ein Mitspieler kommt mit einem Eimer Wasser vor die Bühne, wischt ihm den (unsichtbaren) Schweiß ab und steckt zwei weitere Scheiben auf.

2. Hebeakt
Verlauf ähnlich wie der erste.

3. Hebeakt
Emil versagt bei dem Gewicht mit sechs Scheiben und läßt es aus halber Höhe zu Boden fallen. Führung: Der Kopf sinkt ganz tief auf die Brust. — Mitspieler halten auf der Bühne „Pfui"-Schilder hoch. Die Zuschauer werden animiert; sie johlen und pfeifen.
Ein kleiner Hund trippelt auf die Bühne, schnuppert an Emil und dem Gewicht. Sodann packt er das Gewicht und verläßt die „Arena".
Mitspieler halten „Bravo"-Schilder hoch — die Zuschauer werden animiert, Beifall zu spenden.
Das Hündchen kommt zurück und zieht den „Versager" von der Bühne (Anlehnung an Stierkampfabschluß).

Die beschriebene Fabel bekam natürlich erst im Prozeß der Herstellung ihre letzte Form; zunächst einmal genügte es, eine ungefähre Vorstellung von dem Ablauf der Szene zu gewinnen, um mit der Gestaltung des Gewichthebers zu beginnen.

Dabei mußte zweierlei berücksichtigt werden: Als typisch angesehene Ausdrucksmerkmale der Typenfiguren (des „Kraftprotzes") mußten in die Gestaltung einfließen: dick, kräftig, füllig, stark behaart, kurze krumme Beine, wurstige Hände und Arme. Als Bewegungsabläufe mußten bedacht werden: schwerfällige Bewegungen, breitbeiniger Gang, das auf die Brust Sinken des Kopfes, das Stemmen der Gewichte.
Die einzelnen Auftritte wurden mit Zirkus-Atmosphäre und -musik unterlegt: Trommelwirbel, die Hektik, Ansagen des Direktors (sensationell), Clown-Auftritte u. a. Das Vorbild war der große Zirkus, der Zirkus mit Menschen; diese künstliche, unechte Scheinwelt wird durch die Künstlichkeit des Puppentheaters noch verstärkt. Die ‚Sensationen' konnten noch sensationeller gestaltet werden.

Literaturnachweise
Marionettenbau: BATEK (1980), RAAB (1977), SCHREINER (1980, 113 ff.)

c) *Spielgruppe*: Puppenspiel-Arbeitsgemeinschaft einer 9. Realschulklasse unter Leitung des Autors
Figurenart: Stockhandpuppen und Flachfiguren
Bühne: geschlossene (Guckkasten-)Bühne
Ort: Aula

Anläßlich eines Schulfestes sollte das Thema „Schule" Gegenstand einer Spielaufführung sein.
Um zu spielbaren Fabeln zu gelangen, wurde zunächst einmal das „Problemfeld" Schule erschlossen und strukturiert. An der Tafel wurden drei Kategorien notiert: Personen, Handlungsorte, Konfliktsituationen. Im „brainstorming"-Verfahren wurden umfangreiche Listen der Vorschläge gesammelt.

Handlungsorte	*Personen*	*Konfliktsituationen*
Lehrerzimmer	Direktor	Rauchen
Toilette	Hausmeister	Prügeln
Klassenzimmer	das schwarze Schaf	Durchsagen
Turnhalle	der Angeber	Stören
Schulhof	die Meckerziege	falsches Singen
Aula	der Besserwisser	Lärmen
usw.	usw.	usw.

Der hier nur im Ausschnitt wiedergegebene Katalog diente als Grundlage für Spielideen und zur Entwicklung der Fabeln. Die zahlreichen Spielideen wurden auf ihre Spielbarkeit hin geprüft und ausgewählt, wobei auch eine Rolle spielte, wie sie sich dem Stück „Ein Tag in unserer Schule" zuordnen ließen.
An dieser Stelle ließ sich auch die Überlegung anfügen, in welcher Spieltechnik bzw. Figurenart das Stück realisiert werden sollte. Der Spielleiter unterbreitete den Vorschlag, zwei Figurenarten einzusetzen: Flachfigur und Stockhandpuppe (eine Spielgruppe, die mit verschiedenen Spieltechniken schon Erfahrungen gesammelt hat, wird die Zuordnung von Figurenart und

Spielstück selber leisten). Zu dieser Wahl führten die folgenden Überlegungen.
Um Schüler als Gruppe (Klasse) darzustellen, bot sich die Flachfigur an; sie ist leicht als Gruppenfigur herzustellen, mit der bei gekoppelten Mechanismen alle Einzelfiguren gleiche Bewegungen durchführen können.
Für die Darstellung der Lehrer schien die Stockhandpuppe sowohl für die naturalistische Gestaltung als auch für die Spieltechnik gut geeignet.
Um eine bestimmte Person (hier: den jeweiligen Lehrer) naturalistisch annähernd erkennbar zu gestalten, mußten bei der Kopfherstellung einfache Korrekturmöglichkeiten gegeben sein; das ist bei dem Schnitzverfahren aus Styropor der Fall, bei dem sowohl additiv als auch subtraktiv verfahren wird. Der Kopf wird dabei ungefähr in menschlicher Größenordnung angelegt, was die Erkennbarkeit ebenfalls erleichtert (natürlich werden nur bestimmte, für die Typisierung als notwendig erkannte Merkmale herausgearbeitet). Die Spieltechnik der Stockhandpuppe kommt dem Imitieren der Gestik der Person sehr entgegen: Die freie Hand des Spielers kann die vertrauten Gesten des Lehrers leichter nachspielen (das gilt nicht für in der Figurenführung geübte Spieler, die auch mit anderen Figurenarten diesen Effekt erzielen würden).

Literaturnachweise
Flachfiguren: KUROCK (1980, 381 ff.), SCHREINER (1980, 128 ff.)
Stockhandpuppen und Kopfherstellung aus Styropor: SCHREINER (1980, 109 ff., 66 ff.)
Das Beispiel ist ausführlich beschrieben bei SCHREINER (1980, 211 ff.).

c) *Spielgruppe*: Teilnehmer eines Seminars für Schattenspiel der Landesarbeitsgemeinschaft Puppenspiel e. V. NRW in Königswinter (Rheinland), Leitung: MÜNCH, Arbeitsbeispiel des Autors
Figurenart: Schattenspiel
Bühne: Schattenspielbühne
Ort: Saal

Die Teilnehmer wurden aufgefordert, sich in kleine Gruppen aufzuteilen und zu dem Rahmenthema „Eine phantastische Geschichte" eine Spielidee und eine Spielfabel zu entwickeln. Die technischen Voraussetzungen und die Spielbarkeit der Schattenspielfigur waren vorangestellt worden.
Man sieht auch hier, daß die spezifischen Möglichkeiten des Schattenspiels mit dem Thema in bezug gesetzt wurden; der Impuls „phantastische" sollte dazu animieren, Geschichten zu erfinden, die auf der Ebene des Irrealen liegen oder entsprechende Stimmungen und Atmosphäre vermitteln (vgl. III 1 b).
Als Beispiel soll die ausgedachte Spielfabel „*Der Traum des bösen Max*" dienen.

Max zertritt grundlos und in bösartiger Weise kleine Marienkäfer. In der folgenden Nacht erscheinen ihm im Traum (!) gepenstig (!) anmutende, insektenhafte (!) Tiere, um ihre kleinen Freunde zu rächen. Max versucht voller Angst zu entweichen, was ihm jedoch nicht gelingt. Im dramatischen Höhepunkt erwacht er, und er faßt den Vorsatz, nie wieder einem Marienkäfer etwas zuleide zu tun.

Bei dem Entwurf für die Rolle des Max waren Überlegungen anzustellen bezüglich seines Äußeren, d. h. die Merkmale, die ihn als böse kennzeichnen (hier wäre auch eine „offene" Typisierung möglich gewesen, vgl. II.). Bei der Planung der Konstruktion der Figur mußten alle Bewegungsphasen bedacht werden.
Bei der Gestaltung der Insekten-Tiere konnte die Materialwirkung von Textilien u. a. erfahren und zu phantasievollen Gebilden umgesetzt werden. Requisiten, Licht und Geräusche wurden der Atmosphäre angepaßt.

Literaturnachweise
Schattenspielfigur: vgl. III 2 b
Das Beispiel wird ausführlich beschrieben bei SCHREINER (1980, 168, 185, 196 f.)

IV. Spielstoffe

Bisher wurde vorgeschlagen und an Beispielen gezeigt, wie die Spielgruppe zu ihrem Spiel gelangen kann. Mit welcher Geschichte bzw. welchem Spielstoff sie sich an ihr Publikum wendet, muß auf die gegebene Situation hin entschieden werden; die Beispiele zeigten, welche Überlegungen dabei eine Rolle spielen können. Immer sind sie auf die Spielgruppe, die Zielgruppe (Alter, soziale Bedingungen) und den Spielanlaß zugeschnitten.
RAAB (1978, 35 ff.) hat einen Katalog zusammengestellt, der als „checklist' die Suche nach einer geeigneten Spielidee unterstützen kann.
In ergänzter und veränderter Form wird er unten wiedergegeben.
Dabei kann nach zwei Kategorien unterschieden werden: In grob umrissene Spielideen, die als Einstieg dienen, und in vorhandene Geschichten oder Vorlagen, die entsprechend umgearbeitet werden.

1. Die grob umrissenen Spielideen

Am Anfang ihrer Überlegungen einigt sich die Spielgruppe auf ein bestimmtes Rahmenthema; dieses ergibt sich häufig aus dem Anlaß der Aufführung (vgl. III. 1 a, 2 c) oder dem Wunsch, eine bestimmte Figurenart zu bauen (vgl. III. 1 b, 2 a, 2 d). Oder die Thematik liegt in der unmittelbaren Erfahrungswelt der Spielgruppe (vgl. III. 1 a, 1 b, 1 c, 1 e, 2 c). Um genügend Impulse für die Spielfabel bereitzustellen, kann der Spielleiter (Lehrer) wie im Spielbeispiel III. 2 c die Thematik strukturieren.
In einem Falle wurde als grob umrissene Spielidee bzw. Spielrahmen „Haus" vorgeschlagen. Das Problemfeld wurde als erstes in verschiedene spielrelevante Faktoren aufgeteilt: Handlungsorte des Hauses, Hausbewohner, Hausbesucher, Konflikte, Requisiten, Beginn, Zeitraum und Endszene. Nach Fixierung dieser Kategorien auf Plakatkartons wurden im „brain-storming"-Verfahren jeder Kategorie Vorschläge zugeordnet. Aus dem so vorstrukturierten Material wurden die einzelnen Szenen in Gruppen erarbeitet (Teilnehmer eines Seminars für Stockpuppenspiel der Landesarbeitsgemeinschaft Puppenspiel e. V. NRW in Königswinter (Rheinland), Leitung: MÜNCH).

Beispiele
- *Reine Unterhaltungsspiele*
  Alltag: Schule (vgl. II. 2 c), Haus (s. oben), Straße (vgl. III. 1 e), Spielplatz, Bahnhof, Markt, Zoo, Tiere (vgl. II. 1 f)
  Bühne: Zirkus (vgl. III. 2 b), Kabarett, Tanz, Ballett, Revue;
  fremde Welten: Raumfahrt, Unterwasserwelt, Wildnis, Atlantis, Hawaii, Orient, Place Pigalle;
  lustige Vorkommnisse
- *Lehrspiele*
  Verträglichkeit, Hilfsbereitschaft;
  Rassenfragen, Probleme der Hautfarbe, Minderheitenprobleme, Benachteiligung wegen Krankheit oder Häßlichkeit;
  Eigenwilligkeit;
  Vorsicht, Vorwitz, Besserwisserei;
  Antipathie, Sympathie;
  Schlaumeier, lange Leitung, Emanzipation
- *Zweckspiele*
  Sparen;
  Reinlichkeit, Zähneputzen, Schuhe putzen;
  Unfolgsamkeit, keine Hausaufgaben machen;
  Tierschutz (vgl. III. 2 d);
  Umweltverschmutzung

2. Vorhandene Vorlagen, vorgegebene Inhalte

Anstatt sich eine Geschichte auszudenken, kann die Spielgruppe nach einer Vorlage Ausschau halten, die ihren Vorstellungen bzw. den situativen Voraussetzungen entspricht. Hat sie sich für eine Vorlage entschieden, so muß diese auf die Belange des Puppentheaters übertragen werden, d. h. so aufbereitet werden, daß sie als Puppentheater spielbar ist. So ist die Erzählform des Märchens nicht geeignet, denn in der Spielhandlung sollen Figuren miteinander agieren; sie muß nach dramaturgischen Gesichtspunkten adaptiert werden, damit sie „puppengemäß" wird. Puppengemäß ist zum Beispiel der Bereich des Irrealen, der Phantasie- und Wunschwelt, des Sinnbildes.

„Den Puppen liegt das satirische Genre und die Komödie am besten, besonders in überspitzten und scharfen Formen, einschließlich der Parodie, der Groteske und der Exzentrik. Auch Lyrik ist nicht ausgeschlossen, jedoch häufig mit einem Schuß Ironie versetzt. Selbstverständlich steht dem Puppentheater auch das Märchen nahe, sowohl das komödiantische als auch das heroisch-romantische — natürlich auch das Zaubermärchen und das Volksmärchen; denn die alten Sitten, die im Märchen geschildert werden, erfahren eine poetische Verallgemeinerung" (OBRASZOW 1974, 36).

Das Komische, das Drollige und Groteske spricht in der Sprache des Bildes: der Spielfigur. Die gesprochene Sprache tritt hinter diese pantomimisch-bildhafte Sprache zurück. Auf Dialogstücke sollte man verzichten, sie eignen sich nur für Hand- und Stabpuppen und hier vor allem für das Stegreifspiel.
Wie der Dialog zu umgehen ist, macht das folgende Beispiel deutlich: Bei der Aufführung eines Märchens kann ein Erzähler vor die Bühne treten und den Text des Märchens vorlesen; die Handlung vollzieht sich dazu analog auf der Bühne. Die Erzählung wird durch das Spiel der Figuren illustriert (vgl. Co-

mics). Dabei braucht man sich nicht zu eng an den Text zu halten, noch muß sich die Handlung auf rein pantomimische und choreografische Umsetzung beschränken: Musik, Geräusche, kurze menschliche Artikulation u. a. unterstützen das Geschehen auf der Bühne, vgl. III. 1 e, 1 f, 2. a, 2 b, 2 c, 2 d).

Zur *dramatischen Aufbereitung* gehören Fragen wie diese:

- Sollen kurze Szenen aufgeführt werden, die jeweils eine für sich abgeschlossene Handlung haben?
- Sollen die Szenen in Solo- oder Gruppenauftritten bestehen?
- Läßt sich das Stück besser mit unterschiedlichen Figurenarten realisieren?
- Kann bzw. soll der Zuschauer mit einbezogen werden?
- Soll eine geschlossene Bühne oder eine offene Form bevorzugt werden?
- Wie soll der technische Aufwand beschaffen sein? Auf was kann man verzichten? Welche Möglichkeiten stehen zur Verfügung?

Fragen dieser Art führen über die Fragestellung, wie die Spielgruppe über das Gestalten zu ihrem Spiel finden kann, hinaus.

Beispiele
- *Situationsspiele* (aus einem Geschehen entwickelt)
  Familienkonferenz, Politikerrunde, Lehrerkonferenz (vgl. III 2 a);
  Fernsehkommentar, Zeitungsmeldung;
  Werbung;
  aktuelle Geschehen
- *Literarische Spiele*
  Märchen: Komödiantisch, heroisch-romantisch (zum Beispiel Aladin und die Wunderlampe); Zaubermärchen (vgl. III. 1 b), Volksmärchen; Sagen, Legenden; Abenteuergeschichten, Kinderbuch, Malbuch, Bilderbuch (vgl. III. 2 a);
  Fabeln;
  Lehrstücke;
  Dramen, Erzählungen;
  Gedichte;
  bekannte Gemälde (zum Beispiel von BRUEGHEL)
- *Musikspiele* (Parodie)
  Lieder (Folklore, Volkslied);
  Schlager, Hits, Schnulzen;
  Opern, Musicals;
  Singspiele

Die inhaltlichen und dramaturgischen Möglichkeiten sind damit noch längst nicht alle ausgeschöpft. Dem Leser bleibt es überlassen, die Vorschläge zu ergänzen und zu variieren.

Literatur

Amtmann, P.: Puppen, Schatten, Masken, München 1966
Balmer, U.: Freude am Puppenspiel, Stuttgart 1979
Batek, O.: Marionetten, Ravensburg 1980
Fettig, H. J.: Kleine Bühne – großer Spaß, Stuttgart 1977
Fuglsang, M.: Schatten- und Schemenspiele, Stuttgart 1980
Hobbythek Nr. 51 des NDR, Hamburg 1979
Kurock, W.: Die Flachfigur – Herstellung und Spiel, in: Spiel und Theater 111 (1980)

Nold, W.: Schauplatz der Spielkünste, Frankfurt 1981 (Selbstverlag: Verlag Puppen & Masken, Eppsteiner Straße 22, 6000 Frankfurt am Main)
Obraszow, S.: Was und Wie im Puppentheater, deutsche Fassung von Balk, J., Leipzig 1974
Raab, A.: Medium Marionette, Kaufbeuren 1977 (Selbstverlag: Puppenspielverein Kaufbeuren e. V.)
— Handbuch Schule und Puppenspiel, Kaufbeuren 1978 (Selbstverlag: Puppenspielverein Kaufbeuren e.V.)
Schreiner, K.: Puppen & Theater, Köln 1980
Steinmann, P. K.: Figurenspiel, Berlin 1975 (Selbstverlag: Joachim-Friedrich-Straße 39/40, 1000 Berlin 31)

4. Mediales Spiel
Szenische Darstellung mit mechanischen und opto-akustischen Geräten
Heinrich Lenzen

I. Theoriebezug

Dieser Artikel stellt eine moderne Spielkonzeption vor, in der antike und neuzeitliche, ethnisch-fremdartige und technisch-neuartige Formen darstellenden Spiels zu einer *neuen Gattung* zusammengefaßt werden. Wesentlich ist, daß in allen Formen *Spiel* erkannt werden kann und daß Menschen, die spielen, nicht unmittelbar, sondern mediatisiert mit Spielmitteln, in Erscheinung treten, wahrgenommen werden können: *Mediales Spiel.*

1. Konzeption

Die ältest-fremdartigen Spielmittel sind wohl Masken — in der Antike, in sogenannten Primitivkulturen mit magischem Ritual, aber auch in der europäischen Fastnachtstradition überliefert (vgl. KINDERMANN 1957, 56; BERTHOLD 1968, 1 — 8; LOMMEL 1970; MELCHINGER 1974, 34; SELTMANN 1974, 37).

Als primitiv-kulturell, magisch verwurzelt könnten auch Totem-Figuren in unseren heutigen Hand- und Stabpuppen wiedererkannt werden (vgl. ZULLIGER 1967, 37 — 46; SELTMANN 1974, 61).

Nicht ganz so alt, vielleicht aber aus gleicher Wurzel, gehören Schattenfiguren und Schemen (farbig) ebenfalls zu unseren Medien (vgl. BERTHOLD 1968, 37; SELTMANN 1974, 37 f.). Demgegenüber gehört das jüngste optoakustische Spielmittel, der Videorecord-Apparat, erst unserer Generation, kann aber ebenso ‚repräsentieren' und ‚magische Wirkung' erzielen; unnötig, daran zu erinnern, daß der Vorläufer unserer Filmtechnik „Laterna magica" heißt (vgl. BAIER 1977, 221 — 224).

Das Wesentliche der neuen Spielkonzeption ist, „daß in allen Formen Spiel erkannt werden kann" (s. oben), und das Gemeinsame aller Spielformen ist, „daß Menschen, die es inszenieren, nicht unmittelbar, sondern immer vermittelt, mediatisiert, in Erscheinung treten" (s. oben).

Da Spiel aber nicht einfach und ein für allemal gültig zu erklären ist, muß zunächst versucht werden, die eindrucksvollsten Deutungen vorzustellen, die in unsere Konzeption eingegangen sind.

Noch ‚radikaler', fundamentaler aber ist die Frage nach der Auffassung vom Menschen, einem Menschenbild, in dem Spiel eine menschliche Bedeutung hat, um deretwillen sich auch die pädagogische Reflexion lohnt.

Die anthropologische Frage, wie sie seit mehr als zwei Generationen systematisch gestellt wird (vgl. zum Beispiel SCHELER 1928; PORTMANN 1956; TEILHARD DE CHARDIN 1959; BOLLNOW 1959; GEHLEN 1961), kann sich nicht unabhängig von klassischen Menschen-Bestimmungen Antwort suchen. „Zoon politicon", „animal rationale", „homo sapiens", „homo faber" und „homo ludens" gehören zur abendländischen Tradition (ARISTOTELES zwischen 335 und 323; GRAWE 1974; RITTER 1974).
Hier und jetzt soll im Rahmen der Päd-*Agogik*, als Human- und Sozialwissenschaft, keine allgemeinmenschliche Wesensaussage gemacht werden. In Selbstbescheidung, keine gültige Aussage über *den Menschen* machen zu können (wie sie auf Menschen in Ost und West, Nord und Süd, in sogenannten Hoch- und sogenannten Primitivkulturen zutreffen, identisch sein müßte), in bewußter Beschränkung soll der situationsbezogene Mitmensch so abstrakt wie möglich erfaßt werden. Im Bewußtsein, daß ein wissenschaftlicher Zugriff mit der Konzentration auf das Wesentliche zugleich die Selektion — vielleicht auch wichtiger Merkmale oder Wesenszüge — in Kauf nehmen muß, soll hier der Mitmensch als Techniker und Spieler, der Genosse als fabrizierender Spieler oder der Geselle als spielender Techniker, *„socius faber ludens"* die Bezugsfigur unserer Abstraktionen und Konkretionen sein.
Um ebenso bescheiden von einem Wahrheitsanspruch absoluter Aussagen abzurücken und die notwendige Aspekthaftigkeit, Disziplingebundenheit jeder Erkenntnis zu entfalten, sollen zunächst verschiedene Wissenschaftsdisziplinen über Spiel und und Spielen zu Wort kommen.

2. Geistes- und gesellschaftswissenschaftliche Begründung

a) *Theologie und Philosophie des Spiels*

In theologisch-kosmologischer Deutung läßt Hugo RAHNER seine Reflexionen in Entscheidungsfreiheit ausklingen:

„Natürlich kann man auch alles andere aus ihm (dem Leben; Verf.) machen, eine Pflicht oder einen Krieg oder ein Gefängnis, aber es wird dadurch nicht schöner (RAHNER 1952, 79).

RAHNER entscheidet sich für das Leitbild des spielenden Menschen. Er hat diese Entscheidung vielfältig begründet — aus griechischer Philosophie (vgl. ARISTOTELES, Nik. Ath. X, 6, 1176b; IV, 14, 1128b; II, 7, 1108) als hellenisches Element christlichen Denkens:

„Der Mensch ist . . . vorgebildet im Logos, Gegenstand einer göttlichen Künstlerfreude, und darum eben . . . ist, wie PLATON sagte, das Beste an ihm, ein Spielender zu sein: ein Mensch, der in der Fülle der Betätigungen, die seinem geschaffenen Sein entströmen, leicht, weise, schön und ernst die schöpferische Kraft Gottes nachahmt, soweit es ihm gegeben ist" (RAHNER 1952, 28).

In Verwandtschaft mit göttlicher Schöpferkraft wird das hier gemeinte Spiel des Menschen gedeutet:

„Wenn wir meinen, daß der Spielende Mensch der Mensch der höchsten Kulturentfaltung ist (oder, leider, war), so liegt dem eine Gesamtschau dessen zugrunde, was wir Spiel nennen, die in ihrem ureinfachen und zugleich formgefüllten Reichtum, wie jede Haltung, schwer zu beschreiben ist. Spiel ist uns zunächst einmal eine wesentlich seelisch-leibliche Betätigung des Menschen: der gelungene Ausdruck eines inneren seelischen Könnens mit Hilfe der leiblich sichtbaren Geste, des hörbaren Tons, der betastbaren Materie" (RAHNER 1952, 11).

Hier ist zu erkennen, daß RAHNERs Spielbegriff bis zum Niveau darstellender und bildender Kunst reicht, „soweit es ihm (dem Menschen; Verf.) gegeben ist" (RAHNER 1952, 28). Dabei wird der „Spielende Mensch" im kosmischen Zusammenhang erkannt; Immaterielles wird durch Feste, Klang und materielle Gestalt zum Ausdruck gebracht, so wird Kulturentfaltung verstanden.

Geradezu identisch wirkt die Aussage Johan HUIZINGAs, der Kultur zu verstehen sucht:

„Es handelt sich für mich nicht darum, welchen Platz das Spielen mitten unter den Kulturerscheinungen einnimmt, sondern inwieweit die Kultur selbst Spielcharakter hat" (HUIZINGA 1956, 7).

HUIZINGA weiß, daß Spiel und Spielen auch in anderem Zusammenhang gesehen werden können; er bietet bewußt seinen Aspekt:

„Wer den Blick auf die Funktion des Spiels richtet – nicht wie sie im Tierleben und im Leben des Kindes, sondern in der Kultur sich äußert –, der hat das Recht, den Spielbegriff dort anzupacken, wo die Biologie und Psychologie mit ihm fertig sind. Er findet das Spiel in der Kultur als eine gegebene Größe vor, die vor der Kultur selbst da ist und sie von Anbeginn an bis zu der Phase, die er selbst erlebt, begleitet und durchzieht" (HUIZINGA 1956, 11).

Da in unserem Konzept der Mensch als „socius faber ludens" begriffen wird, wäre es unlogisch, ihn als ‚mit Geräten schaffend' („faber") und ‚spielend' („ludens") noch unter biologischem Aspekt betrachten zu wollen. Als „socius" aber muß über ihn in soziologischer Betrachtung unsere bisherigen Einsichten bereichernde Erkenntnis zu erwarten sein.

b) Soziologie der Spiele

Roger CAILLOIS hat einen unersetzbaren Beitrag zu unserem Konzept geleistet:

„Eine Diskussion, die bestimmt ist, das Wesen und den größten gemeinsamen Nenner aller Spiele herauszufinden, ... und das meist schon recht abgegraste Feld merklich zu erweitern. Insbesondere haben diese Bemerkungen die Absicht, jener Welt des Spiels zwei neue Gebiete hinzuzugewinnen, und zwar das der Wetten und Glücksspiele und das der Mimik und Interpretation" (CAILLOIS 1960, 16).

Damit erhält der Untertitel zu „Les Jeux et les Hommes – Le masque et le vertige" (Maske und Rausch) die gültige Erklärung. „Maske" steht da für eine vielfältige Art von Spielen, der unser Konzept des „Medialen Spiels" einzuordnen ist, abstrahiert als „Mimikry (Verkleidung)", dritte Kolumne in einer Tabelle, die mit „Agon (Wettkampf)" beginnt, „Alea (Chance)" als zweite und „Ilinx (Rausch)" als vierte Kolumne alle Spielformen zu kategorisieren versucht (CAILLOIS 1960, 19, 46, 65). Pädagogisch besonders bedeutsam ist der Hinweis auf die Möglichkeiten der Entartung aller Spielformen:

„Jeder Verfall der Prinzipien des Spiels macht sich in einer Vernachlässigung jener heiklen und zweifelhaften Konventionen bemerkbar. . . . Wenn die Prinzipien des Spiels in der Tat mächtigen Trieben entsprechen (Wettbewerb, Verfolgung der Chance, Verstellung, Rausch), begreift man leicht, daß sie nur unter idealen, festumrissenen Bedingungen, wie sie die Regeln der Spiele in jedem Fall vorschlagen, ein positives und schöpferisches Genüge finden können. Sich selbst überlassen, können diese ursprünglichen Antriebe, die wie alle Triebe maßlos und zerstörerisch sind, nur bei unheilvollen Folgen enden. Die Spiele disziplinieren die Instinkte und zwingen sie zu einer institutionellen Existenz. In dem Augenblick, in dem sie ihnen eine formelle und begrenzte Befriedigung zugestehen, erziehen sie sie, befruchten sie und impfen die Seele gegen ihre Virulenz. Gleichzeitig werden die Triebe durch die Spiele fähig gemacht, die Stile der Kulturen zu bereichern und zu fixieren" (CAILLOIS 1960, 64 f.)

Entartungsgefahr und Bereicherungspotenz lassen sich auch als polare Spannung deuten. Unser Zeitgenosse muß sich beide Pole bewußt machen.

c) *Psychologie des Spielens*

Von den überaus zahlreichen psychologischen Beiträgen zur Theorie des Spiels ist für unser Konzept der „Entwurf einer Psychologie des Spielens" von Heinz HECKHAUSEN der fruchtbarste (1963/64, 225 – 243). Er vermißt eine „Würdigung des Spielens" in der Literatur (HECKHAUSEN 1963/64, 225). Und sein bedeutendster Beitrag (das zweite von „fünf Merkmalen des Spielens") ist „der ‚Aktivierungszirkel', d. h. das Aufsuchen eines Wechsels von Spannung und Lösung, der in vielen Wiederholungen abrollt" (HECKHAUSEN 1963/64, 226); „Aktivierungszirkel" werden durch „Anregungspotentiale", d. h. „Anregungskonstellationen aufgrund von Diskrepanzen" (HECKHAUSEN 1963/64, 232) in Gang gebracht. Das wird logisch und anschaulich einleuchtend dargelegt (HECKHAUSEN 1963/64, 230 – 232). Eindrucksvoll sind die Beziehungen zu hirnphysiologischen Forschungsergebnissen (HECKHAUSEN 1963/64, 233). Diese Darstellungen ‚landen' in pädagogisch, wenn nicht sogar heilpädagogisch relevanten Erkenntnissen: Das Erklärungsmodell bezieht sich auf die Möglichkeit „der zentralen Funktionsaktivierung", deren „Verstärkung bzw. Aufrechterhaltung" oder „Verminderung" durch angemessene Spiele erkennbar wird (vgl. LENZEN 1978, 243). Hier bieten sich also für den Erzieher oder Betreuer – auch wenn er nicht „Spieltherapie" betreibt – Möglichkeiten situativer und persönlich-individueller Arrangements, die dem Kind oder Klienten oder der Gruppe „Diskrepanzen" zeigen oder vormachend zum Erlebnis bringen, die so in eine „Anregungskonstellation" eingehen. Beispiele könnten angefügt werden aus FRÖBELs Spielgabenpraxis (FRÖBEL 1947; KLEIN JÄGER 1978) oder MONTESSORIs Beschäftigungsmaterial in beeinflußter „Umwelt" (vgl. MONTESSORI 1922, 8 – 12, 26 – 63; 1927, 76 ff., 173 – 201, 254 – 289, 315 ff.; 1952, 168 ff.; 1969, 53 ff., 112 – 119, 138 – 153; v. OY 1978) oder aus der Spielwahlfreiheit nach „nicht-direktivem Verfahren" der „Kinderspieltherapie", hier zwar unter besonderer Berücksichtigung des „therapeutische(n) Kontakt(s)" (vgl. AXLINE 1976, 73 ff.).

d) *Heilpädagogik des Spielens*

Vorausgesetzt daß der „socius patiens educandus" (Forschungsthema der Kölner Heilpädagogik) seine Stellung im Kosmos, in der Kultur und in der Gesellschaft (als „Behinderter" oder „Randständiger") nicht bestritten bekommt, müssen die theologisch-philosophischen, die kulturanthropologischen, die soziologischen und psychologischen Untersuchungsergebnisse und Einsichten bzw. Deutungen auch für den ‚zu erziehenden Leidensgenossen', als Behinderten, Gefährdeten, Gebrechlichen (vgl. LENZEN 1969, 78 f.; 1973, 88 f.), gültig sein. Während HECKHAUSEN sich erkennbar von den hirnphysiologischen Forschungsergebnissen in seiner Konzeption gestützt wußte, soll in unserem Spielkonzept ohne physisches Substrat mit Analogien begründet werden, was als „Urphänomen menschlichen Lebens" (vgl. GOETHE 1948, 319; LENZEN 1974, V; RÖHRS 1981) verstanden wird: Im Rahmen kosmischer Vorstellungen bietet das Begriffspaar „Energie": „Entropie" für Zustände von Spannung, Entspannung oder Wirkdrang: Dranglosigkeit im Rahmen der Lebensdeutung die Antinomie Aktivität: Passivität Verstehenshilfen vermittels Dualitäten für alle Seinsformen. Dualitäten scheinen uns im Abendland geeignet zu sein, „Leben" auf welchen Ebenen und in welchen Bezirken auch immer verstehen zu können, besser wohl: vorstellen zu können. Dem entspricht die Metapher von „zwei Polen" und „Polarität" (WELLEK 1950) und das Denken in Gegensätzen als Dialektik.

Im Rahmen kosmischer Vorstellungen tauchen Bilder von Anziehung und Abstoßung, kreisenden oder elliptischen Bewegungen, raum-zeitlichen Rhythmen, Energie und Entropie, Hoch und Tief auf. Im Rahmen der Lebensdeutungen bieten Begriffspaare wie Spannung und Entspannung, Potenz und Akt, Aktivität und Passivität, Verstehenshilfen vermittels Antinomien oder Dualitäten. Polarität (vgl. WELLEK 1950) oder Dialektik begreifen Dualverhältnisse. Der Erkenntnisvorgang wird pädagogisch erklärt als Vertiefung und Besinnung (vgl. HERBART 1922, 1. Bd. 170 ff, 2. Bd. 405). Heilpädagogisch kann man aufeinander beziehen tätiges Leben und empfangendes Leben (MOOR 1960, 236, 253, 280). Der Wechsel und die Folge von Einsatzspannung und Ergebnislösung scheint erfreulich, begehrenswert zu sein. Solche Folgesequenzen sind deutlich zu unterscheiden von stereotypen Bewegungen, die den Zuschauer auch ‚leer', spannungslos anmuten. Beim Behinderten — gleich welcher Art — können wir aber nicht davon ausgehen, daß solche Wechselerfahrungen selbständig, originär gemacht werden können. Wir müssen davon ausgehen, daß Wahrnehmungsstörungen (im Bereich von Sehen, Hören, Tasten u. a. m.), Reaktions- bzw. Kontaktstörungen (im Bereich von Verhalten, Sprechen, Lernen überhaupt), Bewegungsstörungen (im Bereich von Gehen, Greifen, Gleichgewicht u. a. m.), Erziehungs-, Bildungs- und Kommunikationshemmnisse, Behinderungen hervorrufen, wenn nicht früh- bzw. rechtzeitig

durch Mitmenschen, normalerweise Erzieher, Heilerzieher, für ungestörte
Erziehungs- und Bildungsverhältnisse gesorgt wird. Das ist möglich für Menschen mit enormer pädagogischer Allgemeinbildung und maximaler sensibler
Mobilisierung, eine Erfahrung, die von uns als „Konviktion" begriffen wird
(LENZEN 1969, 79 ff.; 1981. 150 − 166). In Konviktion, der idealen
Bildungsbedingung, gewinnt Spielen auch für den Behinderten die hohe
Werthaftigkeit, wie sie von den anfangs referierten Wissenschaftszweigen
expliziert worden ist. Heilpädagogik des Spielens ermöglicht, vermittels
„Konviktion", die Spielformen und -folgen auch für Behinderte als vollwertig zu verstehen.

3. Mediales Spielen

Spielen mit Medien, d. h. mit Spielgeräten bzw. opto-akustischer Apparatur,
muß nun auch alle Bedingungen bzw. Folgen, über die die angezogenen
Wissenschaften handeln, erfüllen und erweisen.
Im folgenden Abschnitt geht es also nur darum, möglichst viele mediale
Formen vorzustellen und die Besonderheiten erkennen bzw. verstehen zu
lassen.
Eine erste grobe Ordnung ist möglich, wie sie für alles darstellendes Spielen
gilt: Es gibt (bzw. man kann unterscheiden) Einzel- und Gruppenspiel. Es
gibt aber auch figürliches Spielen (mit Lebewesenrepräsentanten) und abstraktes (mit geometrischen oder ‚unartikulierten' Repräsentanten); man
kann spielen mit Aussageintention und als Bewegung, Veränderung, Wandlung um ihrer selbst willen; es gibt monomediale und multimediale Spiele;
es gibt Mischformen, in denen Medien zu Requisiten und Requisiten zu vollwertigen Medien werden, von Menschen auf offener Bühne in Szene gesetzt
oder mit Menschen als Partner von verschiedensten Figuren oder hinter
Spielleisten, Kulissen, Wandschirmen oder per elektro-opto-akustischer
Apparatur. Es gibt darüber Veröffentlichungen − ‚Legion' (LENZEN 1974;
„Figurentheater"; „puppenspiel information"). Allein die Zeitschriftenberichte lassen den Beobachter der Szenerie immer wieder überrascht staunen, selbst Spieler seit mehr als fünfzig Jahren und Lehrender sowie Reflektierender seit gut dreißig Jahren, davon fast fünfzig Semester als Lehrerbildner.

II. Praxisbezug

Wenn wir im ersten Teil über Deutungen und Erklärungsmodelle reflektiert
haben, so müssen die Ergebnisse sich auch in praktischen Vorstellungen
wiedererkennen lassen. So müssen wir also potentiell kosmische, kulturanthropologische, gesellschaftliche, psychologische und pädagogisch-heilpädagogische Aspekte oder Akzente aktuell konstatieren können. Immer
aber muß uns der „socius faber ludens", der „Genosse als spielender Techniker" gegenwärtig sein, wenn wir im folgenden die verschiedenen Medien
zum Spielen verwerten.

1. Überblick und vorausgesetzte Einstellung zum Spielen mit Medien

Die Beschreibungen und Interpretationen beziehen sich gleichermaßen auf Einzel- und Gruppenspiel sowie auf Situationen mit und ohne Publikum. Sie sind aber auch auf das sogenannte Mitspiel des Publikums anzuwenden, wie es fast jeder vom Kasperle-Spiel mit Fragen, Antworten und Zwischenrufen kennen könnte. Wie das jugendbewegte Laienspiel (vgl. Literatur zum Laienspiel; zum Beispiel „Begegnungen und Wirkungen", 1956; HAVEN 1970) die ‚Guckkastenbühne' zu ersetzen suchte durch den zentralen Spielraum auf gleicher Ebene und die ‚Auftritte' zum Teil aus den Zuschauerreihen erfolgte, so wird hier die fundamentale Spielerfahrung ohne einhellige Publikumsorientiertheit, nicht als Vorführung, sondern als mediatisierte Selbstwahrnehmung oder sogar Selbsterfahrung angestrebt. Dazu passen auch Fremdhinweise von mitspielenden oder auch-spielenden oder nichtspielenden, zuschauenden Nachbarn.

So können zum Beispiel beim Arrangement des Menschenschattenspiels alle Anwesenden bei persönlichem Impuls ‚Schattenfiguren' werden und sich selbst ‚ausprobieren'; sie können aber auch zuerst oder zwischendurch von beiden Seiten des Schattentuches zusehen, positive Anregungen zurufen oder sich selbst spielend einschalten — bei Anfängern muß der ‚Spielleiter' jede negative Bemerkung zunächst verhindern oder auffangen. So können zum Beispiel Spielwillige, die sofort eine Handpuppe oder eine andere ‚Kaschierung' der Hand oder der Finger ins Spiel bringen, zunächst mit sich selbst in Dialog treten, können aber auch den Nachbarn oder Zuschauer als Personrolle oder als Puppenrolle ansprechen, etwas fragen, sich selbst vorstellen und ein Gespräch beginnen usw.

Spielgehemmte Anwesende können — nach eigener Erfahrung in der Schule oder Jugendgruppe — relativ leicht dazu bewogen werden, Hilfe technischer oder mechanischer Art zu leisten, eine Stockpuppe zu halten oder anzureichen, eine Schemenfigur abzunehmen, den Cassettenrecorder an- oder abzustellen, auf das Zählwerk beim Tonband- oder Videogerät zu achten usw. Ebenso nach eigener Erfahrung spielen solche Helfer nach kurzer Zeit ganz mit.

Als Interventionsgrundsatz kann dann formuliert werden: Medien stehen als Angebot zur Verfügung, Medien sollen motivieren, überhaupt etwas damit zu tun, Medien sollen mobilisieren und mehr und mehr sensibilisieren. Wer einmal ‚spielend in Bewegung gekommen' ist, wer mit einem Medium etwas ‚probiert' hat, kann auf dem Weg sein, Spiel im eigenen Verhaltensrepertoire und im Kosmos, in den Gesellschaften unserer Erde und in Gruppen der Umgebung zu erkennen.

Wer einmal ‚spielend in Bewegung gekommen' ist, der läßt sich auch durch Absehen oder Nachahmen oder auch Anleitung weiter in Bewegung halten. Mit Bewußtsein in Bewegung bleiben, entspricht dem Lernen; Lernen in Aktivierungszirkeln ist in psychologischem Verständnis Spiel. Wer das Erlebnis des Spielens als angenehm, wünschenswert kennt, der akzeptiert bei Spielvorhaben auch Spielregeln, Einordnung in Gruppenvorhaben, Sachbezogenheit und Kollegialität. Wer Spielen mit Medien schön findet, der will auch auf die Medien in optimaler Weise re-agieren: einen deutlich erkennbaren Schatten machen, eine Marionette ausgewogen führen, ein Hörspiel technisch gut aufnehmen und wiedergeben, eine Filmszene gut ‚drehen' oder ‚schneiden'. Daraus erwächst dann die Erfahrung, daß Menschen *sich der Medien bedienen* können und nicht Geräte bedienen müssen — eine extrem wichtige Erfahrung in der heutigen Gesellschaft, die Fabrikarbeitsplätze so einrichtet, daß der Mensch der Maschinenfunktion angepaßt eingesetzt werden kann.

Alle Spielgeräte und Spielapparate sollen Aktivierung bewirken, individuell: zweckfrei, ‚automotiviert', nachgeahmt oder originär Spielbewegung ermöglichen und sozial: medienadäquat und partnerbezogen Redebewegung, Rollen übernehmend und vorwegnehmend, provozieren. So können Ansprechbarkeit und Aussprechbarkeit die Eindrucksfähigkeit, Phantasie und Ausdrucksfähigkeit spielend entfalten zur Darstellungsfähigkeit — zunächst vielleicht nur vor sich selbst, dann aber auch mit und vor Gruppen und erwartungsgemäß vor Publikum. Dafür aber muß mindestens ein erstes Mal, initiativ, das Spielerlebnis zur freudvollen Erfahrung geworden sein.

2. Medienspezifiken

Im Untertitel dieses Artikels sind erklärend „mechanische Geräte" und „opto-akustische Geräte" unterschieden worden. Mechanische Geräte fürs Spielen können alle trag- und hängbaren Gegenstände, sogar Obst und Gemüse (wie im FWU-Film „Gemüsetheater") sein; aber auch Masken, Maskenkostüme, Maskenrequisiten, aber auch Projektionsleinwände (durchscheinend für Schattenspiel und reflektierend für Dia- und Filmprojektion), aber auch alle Mittel der Kaschierung von Händen und Fingern: Strümpfe, Handschuhe, Fäustlinge, Tücher, Kartons, kubische oder zylindrische oder unförmige Pappehüllen, Holzkugeln oder -würfel, bemalt oder nicht. Wirklich *alles*, was auf eine Spielleiste oder in einen Spielraum zu bringen, zu bewegen und ‚repräsentativ dialogfähig' ist, alles kann mechanisches Spielgerät werden. Gemeint sind natürlich auch Hand-, Stab-, Stock- und Tütenpuppen (vgl. LENZEN 1974, 44 — 61), Figuren an Fäden: abstrakt, geometrisch oder menschen- und tierähnlich, Schattenfiguren, Schemen, an Fußstegen von unten oder an Fäden, Drähten und Stäben von oben oder wie bei türkischen Schemen aus dem Schwerpunkt zu führen (vgl. LENZEN 1974, 32 — 43, 62 — 82).

Die Bezeichnung „opto-akustisch" faßt drei Gruppen von Apparaten zusammen:

Optische Apparate, die der Bereitung und dem Spiel dienen, sind Foto- und Filmkameras, Dia- und Overhead- sowie Filmprojektoren für alle gängigen Formate, fürs Schattenspiel, aber auch alle anderen Strahler bis zu selbstgebastelten Röhren- oder Suffittenleuchten in Blechrinnen, aufgeschnittenen Konservendosen usw. (vgl. LENZEN 1974, 101 — 112).

Akustische Apparate sind Cassetten- und Tonbandgeräte, Schallplattenspieler, aber auch Mischpulte für verschiedene Tonträger und Mikrophone ebenso wie Cassetten, Tonbänder, Schallplatten (vgl. LENZEN 1974, 83 — 102).

Opto-akustische Apparate als Gerätebezeichnung sind Ton-Bild-Koffer und Videorecord-Sätze mit Kamera, Mikrophon, Recorder und Monitor. Gerade letztere Appatur ist — wenn sie intakt ist — ‚kinderleicht' zu handhaben (das Wort „bedienen" wird aus Prinzip vermieden; auch wenn man nicht Dienst, Bedienung meint, so hat die sprachliche Verbindung von Apparat und Bedienen einen inhumanen, des Spiels unwürdigen Bedeutungsgehalt).

a) Spielen mit Masken und Kostümrequisiten

Die Grundforderung an Masken, keinesfalls naturgetreu zu sein, kann einerseits Bestätigung für Kreative und Könner sein, andererseits aber auch Ermutigungshilfe für ‚Unbegabte' und Unselbstbewußte. Die primitivste Form — ein ‚Stülpgefäß' aus Tüte, Karton oder Pappkasten, das wie ein zu großer Hut über den Kopf gestülpt und notfalls mit Augenöffnungen fürs nahräumige Sehen befestigt wird.

Ebenso leicht herzustellen ist das runde, ovale oder vieleckige, hoch- oder breitkantig vor dem Gesicht festzubindende Papier- oder Karton- oder Leinen-Gesicht. Augen-, Nasen- und Mundöffnungen können ausgeschnitten, aber auch nur angeschnitten und (ohne Abfall) aufgeklappt zu Lidern, Nasenflügeln und Lippen werden. Malerei muß nicht sein, kann aber per Tafelkreide, Wachsmalstiften, Wasser- und Tubenfarben flüchtig angedeutet oder sorgfältig ausgeführt werden.

Zur Einführung in Maskenspiel genügen solche Voll- und Gesichtsmasken. Damit kann der einzelne Spieler vor dem Spiegel erahnen, erkennen und reflektieren, welchen Bewegungsstil — pantomimisch oder mit Rufen, Schreien oder Sprechen — seine Maske erfordert oder begünstigt: kantige, ausgreifende, evtl. groteske Fortbewegung bzw. Gebärde mit Rumpf, Armen und Beinen oder geschmeidige, feine, schmeichelnde Bewegungen überwiegend mit Kopf, Händen und Fingern. In der Gruppe können mit ‚verwandten' Masken Untergruppen gebildet, Kontraste demonstriert und als Fremd- und Selbstwahrnehmung vor dem Spiegel bewußtgemacht werden. Der Einsatz eines Videorecorders ließe schon eine eingehende Würdigung und Empfehlung zu, wenn der Spielleiter nicht fürchten muß, daß kritische Feststellungen einige Teilnehmer vom weiteren Mitspielen abhalten.

Solches Improvisieren, Herstellen und Probieren sollte erste Etappe vor ‚Inszenierungen' sein. Grundsätzlich sind Spielanfänger am angemessensten per Etüden (vgl. GAILLARD 1947; STANISLAWSKI 1955; MIRBT 1960), Sketche zu aktivieren, ehe sich Spielthemen, vorgegebene Texte bearbeiten lassen. Tiergesichter lassen sich mit Tierlauten (dabei kann man schon Variationen provozieren) ins Spiel bringen, Bewegungen ausprobieren. ‚Flammenbänder' an den Armen und ‚Flammenkronen' aus gelbem und rotem Karton oder Papier auf dem Kopf lassen kleine Gruppen nach Absprache vom ‚Züngeln' und ‚Aufflackern' bis zum ‚wilden Brand' ausufern und evtl. wieder zusammensinken. Wenn Knistern und Knacken nun noch selbst imitiert oder von ‚Zuschauern' produziert werden, ist schon ein wenig Regie nötig. Die ist beim pantomimischen Flammentanz nicht mehr nötig, wenn dieselbe Gruppe ihre Geräusche, menschliche Notschreie oder Feuerwehr-

kommandos vorher auf Band aufgenommen hat und sich nun nach den akustischen Vorgaben mit ihren Gebärden und Bewegungen richten kann. Wiederum aber könnte eine Videorecord-Aufnahme den Ablauf ‚endlos wiederholbar' und der Würdigung zugänglich machen.
Für Maskenspiel nach Textvorlagen — auch selbst geschriebene — können alle Arten von Masken ins Spiel kommen: Vollmasken (über den Kopf), Gesichtsmasken (Haaransatz-Hals-Linie), Halbmasken (Haaransatz-Mund-Linie), ebenso mit allen erdenklichen Materialien von Papier, Pappmaschee über geleimte, gelackte Gewebe bis zu Metallfolien. Je nach benötigter Vokalwirkung: Sprechen, Rufen, Schreien, Sprechchor, Lautmalerei müssen Mundöffnungen und der Abstand vom Mund berücksichtigt werden. Klassisches Vorbild ist in unserem Raum die Attische Tragödie und ihr Chor (vgl. KINDERMANN 1957, 56; MELCHINGER 1974) mit einfach herzustellenden Gewändern aus gefärbtem Nessel und festgelegter Choreographie. Andererseits werden exotische Masken immer mehr bekannt und bieten Anlaß, diesen Bereich intensiver zu erarbeiten (vgl. BIHALJI-MERIN 1979; LOMMEL 1970).

b) *Schattenspiel*

Ganz eigenen Reiz bietet — nicht nur für Kinder — die Wahrnehmung der eigenen Schattenbewegung. Fast niemand denkt bei seiner Wahrnehmung physikalisch; fast jeder sieht seinen Schatten als persönliche Erscheinung. Zum Schattenspiel gehören als Medien eine ‚Leinwand' (meist durchscheinend, bei Menschenschattenspiel möglichst 6 x 2 m, Nähte stören nicht) und eine Lichtquelle (gebündeltes Licht oder diffuses, wie zum Beispiel bei Kerzen oder Holzfeuer).

- Menschenschattenspiel

Fast noch leichter als mit Masken sind spielfähige Gruppen — Kinder und Erwachsene — im Lichtstrahl (Lampe oder Projektor) zu Bewegungsspielen vor der langen Leinwand zu animieren. Eigene Erfahrungen vor der großen Leinwand von 6 x 2 m und zwei koordinierten Overheadprojektoren ergeben, daß fast jeder sich zu einfachem Gehen in der Reihe bewegen läßt. Die ‚Mutigen' lassen sich leicht zu auffälligen und auch grotesken Bewegungen anleiten (vergleichbar dem Anfang unter Masken). Bald probiert jeder eine besondere Art der Fortbewegung, und die Fülle der Formen ‚befruchtet' immer mehr zu ausgelassenem oder diszipliniertem Spiel. Das Arrangement fördert das ungehemmte Probieren: Alle gehen in der Reihe hinter und vor der Leinwand hintereinander her. Vor der Leinwand sehen sie als Zuschauer die gehenden, schleichenden, hüpfenden, purzelnden Schatten und hinter der Leinwand wissen sie dann, was sie genau oder anders machen können. Bei Rolle, Hechtsprung (mit Matte), Handstandgang imponiert die Ausnahmeform von selbst; bei ‚normaleren' Bewegungen kann auf Profilorientierung geachtet werden — dem disziplinierenden Element, das auch für Schattenspiele gebraucht wird.
Als Etüden oder Sketche bieten sich an Sujets wie: beim Friseur, beim Zahnarzt, die Operation, wobei die ‚verrücktesten' Gegenstände aus Bauch oder Kopf des ‚Patienten' geholt werden können, ehe die Wunde mit grotesken ‚Stichen' wieder ‚vernäht' wird. Mediatisiert, nur als Schattenkontur erkennbar, hat kaum ein Spieler Hemmungen, ins Spiel zu gehen, wie beim unmittelbaren szenischen Spiel.

- Figurenschattenspiel

Wenn sich während des großflächigen Menschenschattenspiels, das selbstverständlich auch Tierfiguren imitieren kann, herausstellt, daß einige Bilder oder Szenen sich durch besondere Hand- und Fingerbewegungen auszeichnen, dann ist das der gelungene Übergang zur Feindarstellung und zum Kleinfigurenspiel: Schmetterlinge, Hunde- und Krokodils‚gesichter' kennt wohl jeder aus der Kinderzeit. Figurenschattenspiel kann aber auch als erstes in einem Lichtstrahlenbündel mit zweidimensionalen Figuren vor Leinwandflächen, die auch aus Tischtuchpapier sein können (oben und unten mit einem Holzleistchen oder mit einem Holzrähmchen ‚stabil' gemacht), inszeniert werden. Auf die Kante gestellte Tische dienen in Schulräumen als Bühnen und Kulissen; zwei Kartenständer halten die Leinwand. Wir wollen nicht mit perfekten Bühnen rechnen, um spielen zu können!

Die Figuren können 10 bis 20 cm groß sein — je nach Bewegungsbedürfnis — relativ zur Leinwandfläche. Sie können aus einem Stück als ‚schwarze Vollfigur' sein, in ‚Hals' oder ‚Kopf' auf ein spiralig gebogenes Drahtende gehängt, möglicherweise mit einem beweglichen Arm, ebenfalls durch einen Spiralendraht geführt. Sie können auch aus ‚Körperteilen' bestehen: Kopf — Hals, Hals — Rumpf, Arme (evtl. noch untergliedert), Beine (ebenso). Entweder schlenkern nur die Gliedmaßen entsprechend dem Schwergewicht oder werden mit je einem Führungsdraht und -stäbchen geführt. Kunstvoller werden die Figuren durch Binnendurchbrüche: Augen, Ohren, Mund, Kleiderornamente können durchbrochen werden (mit Lederlochzange, Federmesser, Linolschnittmesser o. ä.). Diese Öffnungen können auch mit farbigem Ölpapier hinterklebt werden.

Für die Führung gilt, daß der Schatten nur dann absolut der Figur entspricht, wenn sie dicht an der Leinwand entlang geführt wird (dafür sind Gesichter im Profil zweckmäßig); Größe und Konturenschärfe verändern sich, wenn die Figur von der Leinwand weg auf die Lichtquelle zu gehalten wird. Wenn auch die 180°-Wendung der Figur im Lichtstrahl bei asiatischen Schemenspielen eine besondere Bedeutung hat, so gilt bei unseren Schattenspielen im allgemeinen, daß Richtungswechsel hinter der Kulisse (außerhalb des Lichtstrahls) vorgenommen werden — die Figur geht hinaus und kommt umgekehrt wieder (vgl. JACOB / KAHLE 1931).

Wie bei allen Spielen gilt für alle Spielanfänger, daß eine Szene schon wirksam ist, wenn sie nur mehrere Sekunden dauert. Einfachheit, „Schwarz-weiß-Zeichnung", auch im übertragenen Sinn, entsprechen dem Stil des Spiels in Bewegung und Sprache. Es können Geschichtchen oder Märchenszenen vorgelesen werden, wozu die Figuren ‚pantomimisch' agieren. Dialoge bzw. Wortwechsel können durch Stillhalten der schweigenden und affekthaftes Bewegen der sprechenden Figuren deutlich dargestellt werden.

Einen anderen Stil eröffnet man, wenn der ‚Lichtstrahl' farbig oder mit einem Dia-Bild schon Thema oder Stimmung verändern soll, schon durch Bildschärfe oder -verschwommenheit. Ebenso können zwischen Projektor und Spielfläche Hände, Finger oder Stoffe gewedelt werden, um verschwommene oder beunruhigende Wirkungen zu erzielen. Solche Praxis läßt keinen Raum zum spielerisch probierenden Intervenieren aus, wodurch das Unternehmen wohl richtig „Projektionsspiel" genannt würde. Es bleibt Spiel; aber über die Erfahrungen mit Licht und Schatten, farbigem Licht und gebrochenem Licht (man kann die ‚NEWTONschen Ringe' erzeugen) kommt man in die Nähe sphärischer, kosmischer Erlebnisse. Ebenso wird dieses Spiel immer reicher, je mehr Teilnehmer kreative Versuche einbringen; es verlangt aber dann auch immer Disziplin, wenn eine Vorführung aus dem Probierstadium herausführen soll.

- Schemenspiel

Am oben erwähnten asiatischen Figurenspiel orientiert, zum Teil mit Originalfiguren aus China, Java, der Türkei gespielt, gibt es auch bei uns das Schemenspiel (vgl. BÜHRMANN 1955, 1963; LENZEN 1974, 73 — 82). Schemen sind farbig durchscheinende Flächenfiguren, an Stäben mit Fäden von oben oder an Spießchen oberhalb des Schwerpunktes zu führen — auch vor flackerndem Lichtschein, Kerzen, Holzfeuer. Eingefärbtes Pergament, durchscheinende Tierhaut, aber auch Zelluloid oder Kunstglas mit Hinterglaslack ergeben zum Teil noch Faszinierenderes als einfaches Schattenspiel. Die Spieltechnik entspricht der mit Schattenfiguren. Am häufigsten stehen, gehen, laufen und gestikulieren die Rollenträger. Sie begegnen sich und führen Dialoge, oft streitig, sie verbergen sich, können sich verwandeln. Märchenhaft sollten die Spielthemen sein; sie können (wie im türkischen Karagöz-Spiel) aber auch grob spaßig sein. Man muß wohl in Typen denken und erleben lernen, wie beim Puppenspiel im allgemeinen auch.

Es gibt professionelles Schementheater, das sich stark am chinesischen orientiert, dem kaum ein Laienspielergebnis gleich kommen kann. Andererseits ist mit Tür-, Tisch- und Wandschirmbühnen und wenigen Figuren schon der typische Lichtspieleffekt mit dem Zauber unwirklichen Spiels oder mit vielen Figuren eine lebendige Szenenvielfalt und Erzählmöglichkeit gegeben, eine Vorstellung verfremdeter Wirklichkeit (vgl. LENZEN 1974, 73 — 82).

Für Schulen oder Bildungseinrichtungen, die normalerweise einen Overhead- oder Arbeitsprojektor haben, besteht die Variationsmöglichkeit des Schatten- und Schemenspiels mit 5 bis 8 cm großen Figürchen, die per Draht oder Fußsteg (am unsichtbarsten aus Zelluloid oder Kunstglas) auf der Arbeitsscheibe bewegt werden. Themen und Spielformen können gewählt werden wie vor der Leinwand. Hier bietet sich eine wirkungsvolle Zutat an: Die Folienrolle, die leicht mit Faserschreibern zur Kulisse bemalt und so vor-und zurückgerollt werden kann, daß die Szene viel mehr Bewegung vermittelt als es sonst möglich wäre. Eigene Erfahrung mit J. P. HEBELs „Wundersamen Spazierritt": Vater, Sohn, Esel und drei Kritikern über einer Folienrolle mit ‚Himmel', ‚Erde', ‚Weg', ‚Brücke', ‚Haus' usw. waren in 90 Minuten hergestellt und einige Male gespielt. So kann man auch weiße Wolken vor blauem Himmel und zugleich Vögel segeln und fliegen lassen; immer wieder faszinierend schwimmen Fische im grünblauen Meer mit Algen und vielen Wasserpflanzen. Die Einfälle sind nach solchen Erfahrungen fast nicht mehr zu realisieren; alle Teilnehmer spielen, nutzen Technik und dienen dem Thema und nehmen Rücksicht auf die Rollen aller Beteiligten — jeder ein socius faber ludens!

- Geometrisches Projektionsspiel

Eine besondere Form, die ihr Vorbild im triadischen Ballett der Bauhausversuche (vgl. Bauhausbuch 1924; 1927) nehmen kann, ist das Spiel mit geometrischen Figurenschatten (nach den „Logischen Blöcken", die in Kindergärten und Grundschulklassen üblich sind). Das Spiel kann per Dia- oder Arbeitsprojektorstrahl (auch mit Farbfolien) auf die weiße oder helle Wand jedes Raums projiziert werden. In dieses Strahlenbündel hinein halten die Spieler — und das können nach eigenen Erfahrungen Kindergartenkinder und Behinderte — ihre Quadrate, Rechtecke, Dreiecke und Kreise — auch in zwei Größen. Aus Quadraten kann man auch Rechtecke und aus Kreisen kann man auch Ovale / Ellipsen durch Wenden entstehen lassen. Auch kleine Kinder können sich ‚kreisend', ‚quadratisch' oder ‚dreieckig' auf der Lichtfarbfläche bewegen — einzeln, gleichzeitig und miteinander konkurrierend oder aggressiv (das Größere kann das Kleinere ‚verschlucken') oder ‚abreagiert' (das Größere kann das Kleinere wieder ans Licht lassen). Eine mitspielende Musikgruppe (ORFF- oder zufällig zusammengekommene Instrumente) kann begleitend, untermalend oder aber kontrastierend oder führend ihren Einfluß hörbar machen — auch hier wird sensible Mobilisierung angeregt und gesteigert: jeder ein socius faber ludens. Immer entspricht die Bewegung mit Dialog (verbal oder musikalisch) oder mit stummen Kontakten den Wesenszügen des Spiels, sei es unter kulturanthropologischen, soziologischen, psychologischen und pädagogisch-heilpädagogischen Aspekten. Hier wird mit Medien — Lichtquellen, genormt oder selbst ‚fabriziert', Leinwänden und Figuren samt Führungsmöglichkeiten — Bewegung erzeugt und genommen und für Rollen angemessen gestaltet.

c) **Figurenspiel**

Wie Schattenfiguren als zweidimensionale Spielmedien eine meist eindimensionale Führung erzwingen und mit diesen begrenzten Möglichkeiten Spieldisziplin erzeugen — im Sinne von Spielregeln, die aus Anstand eingehalten werden —, vermitteln sie Einsicht in das, was „Technik" bedeutet: auf Sachmöglichkeiten und -zwänge zu achten!

● **Hand- und Stabpuppen**

Wie vielfältig — fast ohne Einschränkung — Spielfiguren im Film eingesetzt werden können, demonstriert zur Zeit im Fernsehen die „Muppets-Show". Mehr Spielbeschränkung wird in der „Sesam-Straße" erkennbar. Es kann sicherlich nicht schaden, wenn Puppenspieler sich bei Fernseh-Sendungen Anregungen holen, wenn sie nicht „Primitiv-Kopien" danach versuchen! Eine entscheidende Grenze liegt beim Puppenspiel in der Spielleiste. Andererseits kann man auch ‚offen' spielen: ohne Bühne, nur von den Händen der Spieler auf sich selbst zu oder zum Nachbarn; auf diesen kann man als Person oder als Puppenrolle zuspielen. Als primäre oder fundamentale Spielgebärde hat sich in der eigenen Erfahrung die Zuwendung mit Gruß und Vorstellung („Ich bin . . .") als Namensnennung oder auch Rollencharakterisierung bewährt. Das ist eine ‚geschlossene' Szene, kann aber — bei positiven Reaktionen des Nachbarn — die Eröffnung eines Dialogs sein. Dabei wird deutlich, daß es nicht auf Details oder Feinheit von Gesicht und Gestalt (bis auf den Kasper haben alle Handpuppen ja wohl ‚Röcke' an) ankommt. Andererseits kann jeder „socius faber" sehr viel Sorgfalt auf die Spielfigur verwenden: auf Gesichtszüge, evtl. echtes Haar, prachtvolle Kleidung; bei Stabpuppen auf raffinierte Schulter-, Arm-, Hand- und Fingergelenke bis zur ‚gag-fähigen' Augen-, Mund-, Zunge-, Nase- und Finger- bzw. Zehensteuerung. Dagegen sind farbige Röckchen recht einfach. Gelernt werden muß bei Kasperpuppen das Fingerhalten: entweder Mittelfinger im Kopf, Daumen und Kleinfinger in den Ärmeln oder Zeigefinger im Kopf, Daumen und dritter Finger in den Ärmeln; dabei ist es zu trainieren, die nicht gebrauchten Finger unauffällig unter dem Röckchen zu halten — evtl. zu Beginn mit Gummibändern anwinkeln.

Die Stabpuppe hat zum Teil raffinierte Kraft- und Bewegungsübertragungen unter dem Röckchen arrangiert: Spiralfederteile als ‚Wirbelsäule', Seil- und Drahtzüge gleichzeitig mit Hand- und Ellbogenstäben, Stellhebel am Langstab für Kopfneigungen oder -drehungen usw. Für kleine Kinder und Behinderte sind Puppen auf Stöcken mit einem Handstab im „Unterarm' wohl die praktischste Realisierung: die Figuren behalten die richtige Spielhöhe über der Spielleiste, eine bewegliche Hand genügt meist, etwas Lebendigkeit ins Spiel zu bringen; das Verlebendigen müssen wohl meist die Zuschauer leisten (vgl. „Figurentheater", „Meister des Puppenspiels", „puppenspiel information").

Viele Kinder pflegen ‚aggressive' Bewegungen mit der ganzen Hand, das ist der ganze Puppenkörper, auszuführen. Die geübte Handbewegung ist vom Hohnsteiner Kasper als Pritschenschlag bekannt: beide Ärmchen halten die Pritsche vor dem Körper und auch hier beugt sich der ganze Körper beim Zuschlagen vor und zurück. Damit ist Streit instrumentiert, Aggression gleichsam mediatisiert — eine Spielleistung, die wir bei Kindern hoch einschätzen können. Eine Art der Puppen, die besonders leichtgewichtig, jedoch weniger aktionsfähig ist, ist die Tütenpuppe. Auf einem dünnen Stab sitzt ein Kugelköpfchen, vom ‚Hals' reicht ein geklebtes Röckchen von ca. 15 cm Länge bis an den Rand einer Tüte, die um das Stäbchen auf- und abgeschoben werden kann. Die Tüte ist damit einerseits ‚Versteck' für das Püppchen, andererseits ist der obere Tütenrand so gut wie die Spielleiste beim Kasperspiel. Eigene Erfahrungen stammen aus dem Kinderkrankenhaus, wo die Tütenpuppen, als sehr leichte Spielfiguren, über die Bettgitter hinweg die Kommunikation mit dem Nachbarn förderten (vgl. LENZEN 1974, 53 — 61).

- Fadenfiguren

Grundsätzlich werden Marionetten, wie die Figuren an Fäden traditionell genannt werden, von oben geführt; im Laienspiel oder bei Einzelmeistern — wie Adolf ROSER („Meister des Puppenspiels" H. 1) — aus dem normalen Stand: Figur mit Spieler voll sichtbar oder hinter ca. 1 m hohen Kulissen. Marionettenbühnen haben über der Spielöffnung (Guckkastenbühne) Balken, über denen die Puppenführer liegen, gebeugt aufgelehnt Führungskreuze und Fäden nach Wunsch und Kunst bewegen, um damit die entsprechenden Figurenbewegungen zu erreichen. Dabei werden die Texte manchmal von der Seite in das Spiel gebracht. Das erfordert subtile Zusammenarbeit zwischen Text- und Bewegungsverantwortlichen.

Für den Anfänger ist es am eindrucksvollsten, durch den oder die Fäden ‚Fußbodenstandgefühl' zu entwickeln, die Figuren eben nicht schweben oder schleifen zu lassen. Eine Bereicherung des eigenen Körperschemas ist es sicherlich, wenn der Spieler die Figurenbewegung in der eigenen Körperhaltung entstehen läßt und ‚ganzheitlich' realisiert — sicherlich eine disziplinierende Erfahrung, die äußerlich in sparsamen Gliedmaßengesten der Figuren erkennbar wird.

Dabei sind wir beim Problem der Fadenzahl oder des Führungskreuzes. Ein- bis Fünffadenfiguren sind unbeschwerlich zu führen. Einen Faden braucht man für Kopf oder höchsten Punkt der Figur; zwei Fäden halten Kopf oder Schultern rechts und links. Diese Fäden ermöglichen Vorwärts-, Rückwärts- und Seitwärtsbewegungen; natürlich auch Auf- und Abbewegungen (wenn das Spiel es gebietet). Den meisten Spielanfängern entgeht dabei aus Ungeduld nach vielfältiger Führung die überaus eindrucksvolle Erfahrung der Pendelmechanik (d. h. Trägheit der Masse), die nur durch einen hohen Grad sensibler Mobilisierung Befriedigung vermittelt. Fünf Fäden verteilen sich am zweckmäßigsten paarweise auf Kopf oder Schultern (bei starrem Hals) und Hände sowie ‚Steiß' mit einem Faden, um die Figur zur Neigung zu befähigen. Sieben Fäden können Kopf und Schulter je einzeln beeinflussen bei gleichbleibendem Gesamtkönnen. Neun Fäden bringen mit den Kniefäden die Aufgabe des Laufens ins Spiel — das eröffnet eine der schwierigsten Bewegungen, die sogar von Berufsbühnen, wie der „Augsburger Puppenkiste", nicht ‚menschlich' beherrscht wird. Weitere Komplizierung, wie ein beweglicher Mund (ein Faden durch den Kopf) oder Stock oder Waffe oder Musikinstrument erfordert technische Ergänzungen und zusätzliche Spieltechnik. Wer über neun Fäden ‚hinauswill', begibt sich in technische und spielerische Artistik. Schon das partnerschaftliche Spiel erfordert eine sensible Fadenführung; das Handgeben ist eine zweisame Meisterleistung, Paartanzen noch mehr, die strickende ‚philosophierende' Großmutter oder der Pianist oder Trompeter von A. ROSER („Meister des Puppenspiels" H. 1) sind Meistern vorbehalten oder verlangen bei Nur-Andeutungen von Bewegungen die kreative Phantasie des Publikums (vgl. LENZEN 1974, 32 bis 43).

Was das Spiel mit Figuren an Fäden — und das können ja auch geometrische Kombinationen oder Phantasietiere oder Kombinationen aus Abfallmaterial: Spiralfedern, Lampenbaldachine, Flaschenkapseln, Blechdosen, Maschinenteile u. a. m. sein — an Bildungsmöglichkeiten birgt, ist die sensible Mobilisierung, über mehrere meterlange Fäden Impulse zu maßvollem Verhalten oder zu exzentrischen Ausbrüchen zu geben und wieder aufzufangen in anschaulich glaubhafte Bewegung von Lebewesen. Wie bei den anderen Figurenspielen auch, kann der verbale Spielteil improvisiert, vollendet dialogisiert oder auch ein Vorlesetext oder Tonbandaufnahme sein, zu der dann quasi pantomimisch agiert wird. Man kann aber auch Musik von Platte oder Band abspielen und dazu Bewegungen improvisieren, gleichsam ‚kommen lassen', wozu die Musik den Hörer anregen kann.

d) *Tonbandspiele*

‚Rein akustisch fabrizierte' Impulse aufs Mikrophon werden erst Geräusche, Schälle, Klänge, Melodien, wenn der Hörer seine auditiven Leistungen mit einbringt. Doch haben verschiedene Menschen, die produzieren und konsumieren, auch einen gemeinsamen Eindruck, über den man sich unterhalten kann. Und aus der Unterhaltung über produziertes und konsumiertes Hörmaterial entstehen bei einer Gruppe um ein Tonaufnahmegerät mit Mikrophon versammelter Kinder oder Erwachsener immer wieder neue Vorstellungen, neue Versuche, Schall und Klang aufzunehmen und deuten zu lassen. Diese Wirkung ist bei Kindern, Behinderten und Erwachsenen in vergleichbarer Weise zu erwarten.

• Pures Schall- und Klangspiel

Für einfache Anfänge braucht man nur einen Cassettenrecorder mit eingebautem Mikrophon, wie sie heute fast in jedem Haushalt zu finden sind. Das Gerät auf Tisch oder Schemel vor dem einzelnen oder inmitten der Gruppe nimmt auf, was überhaupt akustisch zu produzieren ist: Klopfen, Klatschen, Fingerschnalzen, Rascheln, Kratzen, Atmen, Hauchen, Hecheln, Keuchen, Zischen, Pfeifen, Zähneklappern, -knirschen, Schmatzen oder was Mund und Hände überhaupt ‚hergeben'. Daran erkennen manche zum erstenmal, daß die Aufnahme-Wiedergabe eine nicht erschöpfbare Welt von Schall und Klang eröffnet (vgl. KNILLI 1961, 26 ff.). Was eigentlich ein volkstümlicher Musikunterricht vermitteln sollte: Die ganze Welt klingt! wird so zur Chance für alle Tonbandspieler.
Kreativität beginnt, wenn die Gruppe anfängt zu vermuten,
a) wie der wiederhörbare Schall oder Klang erzeugt wird,
b) was die Produktion von Schällen und Klängen im Hörer erzeugen kann.
‚Klassische' Beispiele sind das künstlich erzeugte Türenquietschen, der Sturm, der Trab von Pferden, Regenprasseln usw. Die dabei erkennbare Spannung und Lösung sowie die Freude an Verfremdung und Aneignung, an der geistigen Bewegung, lassen die psychologischen Erklärungen für Spielen exemplifizieren. Als Rätselspiele aktivieren solche Versuche Kinder, Behinderte und Erwachsene. Der Tausch der Rollen ‚Produzent' und ‚Konsument' oder Spieler und Publikum wird ganz selbstverständlich. Jeder ein „socius faber ludens".

• Hörspiel

Die Form einer erkennbaren, nachvollziehbaren und interpretierbaren akustischen Handlungsgestalt mit vokalen, verbalen und instrumentalen Mitteln, mit prägnantem Anfang, Verlauf und Schluß wird Hörspiel genannt (vgl. SCHWITZKE 1963, 39; FISCHER 1964, 2, 7 f.; LENZEN 1974, 83 — 92).
Wie Laien in diesem Spielfeld anfangen, ist offen: nach eigener fundamentaler Spielerfahrung ‚gehen' Begrüßung mit Namensnennung oder Charakterisierung der Rolle (wie bei Figurenspiel schon dargestellt) immer; meist auch schließt sich daran schon der Dialog an. Aber, es soll immer wiederholt werden: Eine Szene mit Vorstellung, Begrüßung und Verabschiedung ist eine vollgültige Spielszene, auch wenn sie nur 30 bis 50 Sekunden dauert.
Der Versuch mit chargierenden Stimmen (also Doppelrollen) ist für manchen Teilnehmer sicherlich die erste Gelegenheit überhaupt, mit variierenden Stimm- und Sprechmöglichkeiten seiner selbst konfrontiert zu werden. Oft eine Initiation zur Spielfähigkeit mit dem eigenen Sprechorgan — vermittelt durch das technische Medium. Die gleiche Möglichkeit für einen Menschen mit Sprach- und Sprechfehlern, wenige Sätze durch Versuch, Kritik, Löschung oder Aufnahme so makellos wie noch nie im Leben je einzeln aufs Band zu nehmen und in korrekter Folge und Form immer wieder hören zu können — gleichsam sich selbst in optimaler Form sprechen zu hören: Ein ‚idealer Vorentwurf seiner selbst'!
Durch Versuch, Aufnahme, Kontrolle mit Anerkennung, Ablehnung und dazu folgender Löschung oder Belassung können Kinder unter Anleitung oder Erwachsene in

Eigenregie selbstgestaltete Texte oder Textvorlagen zu Hörszenen, Features (mit kommentierendem Sprechertext) oder Hörspielen erarbeiten. Die Komposition von verbalen, instrumentalen und konkreten Klängen und Geräuschen, die Nähe oder Entfernung zum Mikrophon, Ein- und Ausblenden, Montieren verschiedener Elemente per Mischpult, Hall- und Echo-Effekte: All das bietet auch die Möglichkeit, dem Rundfunkspiel näherzukommen. Dann beginnt ein persönliches und technisches Experimentieren, dessen Wert jeweils an der Reproduktion zu erkennen und festzustellen ist – Spannung, körperliche und geistige Bewegung und die Freiheit von ökonomischen Zwecken lassen psychologische, pädagogische und philosophische Erklärungsmodelle von Spiel erkennen. Soziologisch interessant wird das Tun als repräsentativ für eines der Massenmedien, deren Techniken zu durchschauen eine hohe Bedeutung für Bildung oder Emanzipation hat.

- Ton-Bild-Schau

Intelligente und technisch interessierte Dia-Fotografen unterlegen schon seit Jahrzehnten ihre Dia-Serien aus dem Urlaub oder von Familien- und anderen Feiern mit ausgesuchter Musik oder eigenem Kommentar und Musik. Dieser Weg ist aber auch umgekehrt begehbar: Wenn ein ‚Tonteil' steht, kann man zu Text und Musik passende, d. h. verstärkende, kontrastierende oder verbindende Dias komponieren oder suchen und herstellen. Es geht um die Enscheidung, welchem Medium man die ‚Führung' zuspricht, dann wird zum akustischen Thema optisch komponiert oder zum optischen Thema akustisch komponiert. Die Idee kann aber auch als Quasi-Tonfilm konzipiert sein, wie aus eigener Erfahrung QUENEAUs „Stilübungen" (vgl. LENZEN 1974, 93 bis 102; QUENEAU 1961) oder die oben angegebene Geschichte von J. P. HEBEL, die per Overheadprojektor und Tonband in einer unserer Spielübungen produziert wurde. Die Synchronisierung von Tonbandtext und Diawechsel erfordert ein Impulsgeber-Aggregat am Tonbandgerät und von diesem das Fernbedienungskabel zum Dia-Projektor. Es gehört nur etwas technisches Verständnis dazu, Gebrauchsanleitungen bei Apparaten realisieren zu können. Wer Spielfreude und Einsatz der Technik gerne mag und kann, der ist ein „socius faber ludens".

e) *Filmspiel*

Zum Filmen brauchen viele Zeitgenossen schon keinen ersten Anstoß mehr. In Urlaubsorten, an Ausflugssonntagen und bei besonderen Veranstaltungen in geschlossenen Räumen oder im Freien kann man 8 mm- und – wenn auch seltener – 16 mm-Filmkameras (zum Teil schon mit Mikrophon und leicht transportablem Tonband- oder Cassetten-Gerät) in Aktion sehen. Väter arrangieren ihre Familienangehörigen als Staffage für Landschaften oder als Akteure vor dem gewünschten Ausschnitt. Einer führt mehr oder weniger Laien-Regie und die Kameras (mit mechanischem oder elektrischem Motor) surren in fester Hand oder im Schwenk oder mit Zoomfahrt bzw. noch mit wechselnden Objektiven. Dazu gehören Entscheidungen für Einstellungen, Ausschnitte und Blickwinkel, um später schöne Landschaften, historisch bedeutende Gebäude oder Badestrand oder Skipiste bzw. Loipe mit persönlich bekannten, persönlich arrangierten Laiendarstellern ‚unendlich reproduzierbar' zu machen. Auch dazu kann Musik oder Text kombiniert werden, wobei die Synchronisation – gelungen oder nur ‚gut gemeint' – den Grad filmtechnischer Sorgfalt zu erkennen gibt.

Filmen mit Spiel-Idee, Exposé / Treatment und (‚etwas') Drehbuch verlangt schon spezifischere, fachkundigere Begeisterung und Zucht (vgl. „Filmen in der Schule" 1971; VAN APPELDORN 1970, 343 – 418). Oder viel Geld; denn der 16 mmm-Film kostet noch ca. 50,– DM pro 30 m, wogegen der 8 mm-Film eher zu bezahlen ist. Wenn man berücksichtigt, daß Mammutfilme nur aus einem Zehntel des ‚verdrehten' Materials bestehen können, dann erkennt man, wieviel ungutes Material bei Laien doch gezeigt wird bzw. wie sorgfältig der Amateurfilmer mit dem Zelluloid umgehen müßte. Filme werden unverhältnismäßig selten privat entwickelt; also benötigt man Wochen Zeit, ehe man das Ergebnis in Händen hält. Für Kinder und Behinderte ist das ein Anlaß, die Spannung zu verlieren.

Ebenso wenig Spannung kann vorausgesetzt werden, wenn es darum geht, den ‚Arbeitsstreifen' erst einmal neu zu montieren, ‚schwächere Szenen' herauszuschneiden, Vorspanne herzustellen und zu kleben. Wer also mit entsprechendem filmtechnischen Anspruch als Laie Spielfilme herstellt, der ist schon ein „socius faber"; aber erst, wenn er die Produktion als Spiel geplant und durchgehalten hat, ist er auch ein „socius faber ludens", unser Exponent der Theorie des Medialen Spiels. Der kann man leichter sein, wenn man mit einer Videorecord-Anlage vergleichbare Themen, bei denen im allgemeinen keine Quarzleuchten in ungünstigen Lichtverhältnissen für Filmlichtwerte normaler Filme gebraucht werden, angeht (vgl. LENZEN 1974, 103 bis 112).

f) Videorecord-Spiel

Nach dem noch bedrückenden Anschaffungspreis – zumal für eine steckdosenunabhängige Aufnahmeanlage – ist das Videofilmen weitaus spielaffiner, gut vergleichbar mit der Magnetton-Technik. Der ‚Kameramann', die ‚Kamerafrau', sehen im Kamera-Monitor, wie in der Spiegelreflex-Kamera – nur größer – das ganze Szenenbild. Andere, nicht gerade in einer Rolle spielende Mitakteure können mitbeobachten, Ratschläge geben oder die Kamera auf dem Stativ (das ist dafür die Bedingung) selbst übernehmen. Selbst Kinder – Erfahrungen mit Behinderten bestätigen das – lernen ohne theoretische Reflexion unverhältnismäßig schnell, eine Kamera zu führen. Eine funktionierende Technik-Apparatur ist eben ‚kinderleicht' zu handhaben (eine defekte, und es gab jahrelang doch häufig defekte Anlagen, benötigt den professionellen Spezialisten). Bei Weitwinkeleinstellung geht wenig ganz fehl – auf Kosten der Pointierung von Bildaussagen; und von solchen Erfahrungen aus kann der Interessierte bald mit der Zoom-Technik immer näher am gemeinten Objekt bleiben, auch wenn Fahrten und Schwenke nötig werden.

Wenn man von Montagen, Doppelbelichtungen, Überblendungen und Tricks zunächst absieht, ist die Ausschnittwahl bei diesem – meist opto-akustischen – Spielverfahren auch eine Bildungsmöglichkeit typisch filmischen Sehens. Es ist eine Abstraktions- und Sinngebungsleistung, ein Ganzes in den Blick zu nehmen (man führt ja den Zuschauer den selben Wahrnehmungsweg), dieses Ganze durch einen Ausschnitt, ein Detail zu repräsentieren und dann die Bedeutung des Details oder der Detailveränderung wieder aufs Ganze zu beziehen.

Die dabei erlebte und — wegen der Reproduktionsmöglichkeiten — mitteilbare Spannung eines Prozesses oder eines als Prozeß gefilmten Zustandes entspricht wiederum der psychologischen Erklärung durch Aktivierungszirkel und der pädagogischen Deutung des polaren Verhältnisses.
Die nun jedem zugänglichen Trickmöglichkeiten, an denen sich der frühe Film von 1900 ab entwickelt hat (vgl. SADOUL 1957, 21 — 71; TERVEEN 1959), ermöglichen darüber hinaus eine Einsicht in die Potenzen aktueller Berichterstattung: wunderbare Gestaltungsmöglichkeiten der schnell vermittelten Ereignisse in aller Welt so gut wie zauberische Veränderungsversuche, öffentliche Meinung zu manipulieren, und zwar unter dem Anspruch ‚unmittelbarer Teilhabe' am Weltgeschehen. Sicherlich eines der gefährlichsten Instrumente publizistischer Arbeit, durchschaut ‚im Spiel', dessen Reflexion mehr offenbart als Spiel.

III. Zusammenfassung

Wir haben im ersten Teil über Deutungen und Erklärungsmodelle reflektiert: kosmisch-theologische, kulturanthropologische, soziologische, psychologische und pädagogisch-heilpädagogische. Ebenso wurde als zentrale Bezugsfigur der „socius faber ludens" vorgestellt. Damit sollte ein neues Spielkonzept: „Mediales Spiel", begründet werden.
Der zweite Teil mußte in — fast nicht zu verantwortender — Kurzform elf Medienspielformen vorstellen. Wir konnten jedesmal Spiel, Medienspiel und den socius faber ludens erkennen.
Wir wollen hoffen, daß diese Skizzierung als Anregung zum Spielen und zur Beschäftigung mit dem Thema Spiel dienen kann, daß pädagogische Ziele und daß der Sinn der Spiele nicht verfehlt werden, daß keine unserer Spielformen entartet und daß durch diesen Artikel die Spielphantasie bei den Lesern geweckt und der Spielformenreichtum noch vergrößert werden kann!

Literatur

Appeldorn, W. van: Der dokumentarische Film, Bonn 1970
Aristoteles (Politeia zwischen 335 und 323 v. Chr.): Politik 1253, a, 3
Axline, V. M.: Kinder-Spieltherapie im nicht-direktiven Verfahren, München / Basel 1976
Baier, W.: Geschichte der Fotografie, München 1977
Bauhausbuch Nr. 4, München 1924
— Nr. 7, München 1927
Begegnungen und Wirkungen. Festgabe für Rud. Mirbt zum 60. Geburtstag, Hrsg. H. Kaiser, Kassel 1956
Berthold, M.: Weltgeschichte des Theaters, Stuttgart 1968
Bihalji-Mehring, O.: Masken der Welt, Gütersloh 1970
Bollnow, O. F.: Existenzphilosophie und Pädagogik, Stuttgart 1959
Bührmann, M.: Das farbige Schattenspiel, Bern 1955
— Studien über das chinesische Schattenspiel, Lüdenscheid 1963
Caillois, R.: Die Spiele und die Menschen (Les jeux et les hommes '58), Stuttgart 1960

Das orientalische Schattentheater, 3 Bde., hrsg. von Jacob / Kahle, Stuttgart 1933
Das Spiel – ein Urphänomen des Lebens, hrsg. v. H. Röhrs, Wiesbaden 1981
„Figurentheater" (früher: „Der Puppenspieler" und „Das Puppentheater" ab 1930), Deutsches Institut für Puppenspiel, Bochum
„Filmen in der Schule", hrsg. v. Bundesgremium für Schulphotographie München, Dillingen (1971)
Fischer, E. K.: Das Hörspiel, Form und Funktion, Stuttgart 1964
Fröbels Theorie des Spiels I. Einleitung von E. Blochmann, 2. Aufl. Langensalza 1947
— II. Einleitung von H. Klostermann, 2. Aufl. Langensalza 1947
— III. Einleitung von E. Hoffmann, 2. Aufl. Langensalza 1947
Gaillard, O. F.: Das deutsche Stanislawski-Buch, Berlin 1947
Gehlen, A.: Anthropologische Forschung, Reinbek 1961
Goethe, J. W. v.: Gespräche mit Eckermann 13. 2. 1829 und 18. 2. 1829, Zürich 1948
Grawe, Ch.: Homo Faber; Humo ludens; Homo sapiens; in: Historisches Wörterbuch der Philosophie, hrsg. v. J. Ritter, Bd. 3, Sp. 1173 – 1179, Basel 1974
Haven, H.: Darstellendes Spiel. Funktionen und Formen, Düsseldorf 1970
Heckhausen, H.: Entwurf einer Psychologie des Spielens, in: Psychologische Forschung, Bd. 27, Berlin / Wien 1963/64
Herbart, J. F.: Pädagogische Schriften, hrsg. v. F. Bartholomäi, 1. Bd., 8. Aufl. neu bearb. v. E. v. Sallwürk, Langensalza 1922
— 2. Bd., 7. Aufl. neu bearbeitet v. E. v. Sallwürk, Langensalza 1906
Huizinga, J.: Homo ludens. Vom Ursprung der Kultur im Spiel, Reinbek 1956
Jacob / Kahle (Hrsg.): Das orientalische Schattentheater, 3 Bde., Stuttgart 1933
Kaiser, H. (Hrsg.): Begegnungen und Wirkungen, Kassel 1956
— Darstellendes Spiel, Kassel 1966
Kindermann, H.: Theatergeschichte Europas, Bd. 1, Salzburg 1957
Klein Jäger, W.: Fröbel – Material zur Förderung des entwicklungsgestörten und des behinderten Kindes, Ravensburg 1978
Knilli, F.: Das Hörspiel, Stuttgart 1961
Lenzen, H.: Neue Ansätze einer Methodologie der Heilpädagogik, in: 7. Kongreß. Das schwer erziehbare Kind 1968, Düsseldorf 1969
— Das behinderte Kind aus der Sicht der Heilpädagogik, in: Probleme des behinderten Kindes, hrsg. v. Th. Hellbrügge, München 1973
— (Hrsg.): Mediales Spiel in der Schule. Möglichkeiten darstellenden Spiels mit Spielgeräten und opto-akustischer Apparatur, Neuwied / Berlin 1974
— Mediales Spiel und die Ansprüche moderner Erziehungstheorien, in: Schweizer Erziehungsrundschau / Heilpädagogische Rundschau, 50. Jahrgang, H. 10, Januar 1978
— Konviktion: Sprachwissenschaftliche Reflexion des Zentralbegriffs der Allgemeinen Heilpädagogik, in: Angewandte Sprachwissenschaft, hrsg. v. G. Peuser und St. Winter, Bonn 1981
Lommel, A.: Masken – Gesichter der Menschheit, Zürich 1970
„Meister des Puppenspiels", hrsg. v. Deutschen Institut für Puppenspiel, Bochum (zur Zeit 36 Hefte)
Melchinger, S.: Sophokles, 3. Aufl. Velber 1974
Mirbt, R.: Laienspiel und Laientheater, Kassel 1960
Montessori, M.: Mein Handbuch, Stuttgart 1922
— Selbsttätige Erziehung im frühen Kindesalter, Stuttgart 1927
Moor, P.: Heilpädagogische Psychologie, 1. Bd., 2. Aufl. Bern 1960
— Kinder sind anders, Stuttgart 1952
— Die Entdeckung des Kindes, Freiburg / Basel / Wien 1969
Oy, C. M. v.: Montessori-Material zur Förderung des entwicklungsgestörten und des behinderten Kindes, Ravensburg 1978
Paërl, H.: Schattenspiel und das Spielen mit Silhouetten, (aus dem Holländischen übersetzt von Warmund Graf Preysing), Hugendubel-Verlag, München 1981
Portmann, A.: Zoologie und das neue Bild des Menschen, Reinbek 1956

„puppenspiel information", hrsg. v. Verband deutscher Puppentheater, Altenbrunslar (bisher 47 Hefte)
Queneau, R.: Stilübungen Autobus S, Frankfurt a. M. 1961
Rahner, H.: Der spielende Mensch, Einsiedeln 1952
Ritter, J. (Hrsg.): Historisches Wörterbuch der Philosophie, Basel 1974
Röhrs, H. (Hrsg.): Das Spiel — Ein Urphänomen des Lebens, Wiesbaden 1981
Sadoul, G.: Geschichte der Filmkunst, Wien 1957
Scheler, M.: Die Stellung des Menschen im Kosmos, Bern / München 1928
Scheuerl, H.: Das Spiel. Untersuchungen über sein Wesen, seine pädagogischen Möglichkeiten und Grenzen, Weinheim 1954
Schwitzke, H.: Das Hörspiel. Dramaturgie und Geschichte, Köln / Berlin 1963
Stanislawski, K. S.: Die Arbeit des Schauspielers an der Rolle, Berlin 1955
Teilhard de Chardin, P.: Der Mensch im Kosmos, München 1959
Wellek, A.: Die Polarität im Aufbau des Charakters, Bern 1950
Zulliger, H.: Heilende Kräfte im kindlichen Spiel, Stuttgart 1952

5. Spiele mit Musik
Ulrich Martini

Ein tropfender Wasserhahn soll Musik sein? — Diese Fragestellung brachte uns kürzlich in einem Kurs zur Entdeckung eigener kreativer Fähigkeiten in ein hitziges Streitgespräch, als ich vorschlug, zufällige Alltagsgeräusche durch irgendwelche Maßnahmen in einen musikalischen Zusammenhang zu bringen. Zufällig tropfte im Raum ein Wasserhahn, und ich wies auf das Geräusch und seine Qualitäten hin.
Sicher ist für uns ein Wasserhahn zunächst kein Musikinstrument und aufplatschende Wassertropfen keine Musik. Aber das Spiel mit beiden kann für uns zu einer musikalischen Entdeckung werden, wenn wir bereit sind, die Eigenschaften der Geräusche und ihre Abfolge als musikalische Bausteine wahrzunehmen, zu erkennen und für musikalische Spiele zu nutzen, zum Beispiel so:

Hör doch mal dem Platsch-Geräusch der aufschlagenden Tropfen eine Weile zu und laß dich auf das Zeitmaß, den Takt der fallenden Wassertropfen ein. Dann versuch mal, die fallenden Tropfen pfeifend, summend oder singend zu begleiten und zu umspielen, so daß *deine* Wassermusik entsteht. Erweitere deine Musik durch eine Trommelbegleitung auf deinem Bauch, einem Karton, einer Plastikflasche oder irgendeinem Gegenstand. Hände und Finger sind gute Trommelschlegel. Gib deiner Musik Schwung und Tempo oder Ruhe und Gelassenheit, indem du den Wasserhahn auf- oder zudrehst ... Wenn du einen Kassettenrecorder oder ein Tonbandgerät hast, nimm doch mal deine Musik auf und höre sie dir in aller Ruhe an. Vielleicht regt sie dich an weiterzuspielen, neue Klänge und Klangräume zu entdecken, neue Rhythmen und Bewegungen auszuprobieren, neue Kompositionen zu erfinden, neue Zeichen zum Aufschreiben deiner Musik zu entwerfen, neue Instrumente und akustische Geräte zu bauen ... oder laß dies alles, lies nicht weiter und repariere endlich den tropfenden Wasserhahn!

Das Beispiel soll andeuten, wie weit unser Spielfeld werden kann, wenn wir uns den gesamten akustischen Bereich als Grundlage und Vorratskammer für Spiele mit Musik erschließen. Eine zusätzliche Bereicherung ergibt sich, wenn wir Randgebiete der Musik und Gebiete, in denen sich Musik mit anderen Lebensäußerungen verbindet, in unsere Überlegungen einbeziehen. In diesem Artikel unternehme ich den Versuch, von solchen Randgebieten, von musikalischen Randerscheinungen, von oft exotisch und heiter, ab und zu auch skurril wirkenden Formen her in das Spielen mit Musik einzudringen. Denn diese Randerscheinungen schaffen uns oft durch ihren meist unmittelbar erkennbaren spielerischen Charakter einen leichteren Zugang zum eigenen aktiven Umgang mit Musik als der ernsthafte und zielstrebig ausgerichtete Weg schulischer Lehrpläne.

Die Frage, was Musik ist, mag sich dabei jeder selbst beantworten. Wir sollten uns einfach mal darauf einlassen, daß Geräusche, Töne und Klänge jeder Art etwas mit Musik zu tun haben, nämlich daß sie Bausteine für Musik sind, und daß man mit ihnen spielen und spielend musikalische Abläufe gestalten kann, wie das Wasserhahn-Beispiel zeigt.

Aus den vielen Gesichtspunkten über die Grundzüge und Eigenschaften des Spiels möchte ich für unseren Zusammenhang nur zwei besonders hervorheben: Ein spielerischer Umgang mit irgendetwas hat viel zu tun mit Vergnügen, Neugierde, Experiment, Entdeckung, Abenteuer und Überraschung; er hat auch zu tun mit einer freiwilligen Entscheidung für eine selbstgewählte Aufgabe. Wenn beide Gesichtspunkte zusammentreffen, bewirken sie in mir eine optimale Bereitschaft, meinen inneren Motor in Schwung zu bringen, das heißt, mich für etwas zu interessieren, zu engagieren und konzentriert einzusetzen.

Für unsere Absicht, mit Musik zu spielen, will ich vorab zwei mögliche Wege herausgreifen und verständlich machen, weil sie innerhalb der einzelnen Abschnitte immer wieder angesprochen werden:

a) Musik entsteht auf dem Boden bereits vorhandener Inhalte, Geschichten, Bilder, Vorstellungen oder Ideen. Sie wird vom Charakter dieser Inhalte weitgehend vorbestimmt.
b) Musik entsteht aus dem Umgang mit ihren Bausteinen und Grundformen, aus dem Spiel mit „musikalischen" Mitteln.

Der Sachverhalt wird verständlicher, wenn wir zum Vergleich das Gestalten mit einem anderen Mittel, zum Beispiel mit Ton, heranziehen: ich kann Ton verwenden, um meine Vorstellungen, zum Beispiel einer Blumenvase, zu verwirklichen, und ich kann Ton als Untersuchungs-, Experimentier- und Spielmaterial benutzen und mich von den Qualitäten dieses Materials ohne vorherige Vorstellung und Idee zu Gestaltungsprozessen anregen lassen.

Beim weiteren Bedenken ist der Vorgang des Musikerfindens und Komponierens komplizierter als hier angedeutet. Für unseren Zusammenhang genügt diese Vereinfachung, denn sie hat den Vorzug, daß sie uns direkte Wege zum Spiel mit Musik eröffnet, zum Beispiel indem ich mir ein Gedicht auswähle und versuche, es in Musik umzusetzen, oder indem ich mit Rhythmen, Tonfolgen, Klangfarben und Melodien zu spielen beginne.

Aus Gründen der Übersichtlichkeit habe ich die folgenden Anregungen in mehrere Spielfelder gegliedert. Jedes Spielfeld enthält schwerpunktmäßig Anregungen für den aktiven spielerischen Umgang mit Musik und daneben Anregungen zum Hören von Beispielen anderer. Die einzelnen Spielanregungen beginnen mit einfach strukturierten Spielanlässen, denn ich gehe davon aus, daß jemand, der sich bereits auf der Spielfährte befindet, sich selbst weiterhelfen kann. Er wird auch fähig sein, einfache Spielregeln seinen Bedürfnissen anzupassen und sie entsprechend zu verändern.

I. Spiele mit Klangräumen

Vor einigen Jahren lagerten für den Bau einer Kanalisation in Münsters Norden große Mengen mächtiger Betonrohre neben- und übereinander. Sie bildeten einen interessanten und vielseitigen Spielplatz, wobei die akustischen Eigenschaften der Rohre ein Hauptanziehungspunkt für unsere Kinder und uns waren. Wir spielten Verstecken und suchten uns mit akustischen Signalen, telefonierten kreuz und quer durchs Gelände, hockten uns in die Rohre, sangen und trommelten unsere Musik in den neu entdeckten Klangräumen. Mit Hilfe eines Kassettenrecorders versuchten wir auch, die akustischen Effekte in ein Hörspiel einzubauen.

Mit Studenten haben wir später das Spiel in unterschiedlichen Klangräumen gezielt aufgegriffen und für akustische Untersuchungen genutzt. Wir musizierten im Wald, auf freiem Feld, unter einer Brücke, in einer Sandgrube, in einer leeren Halle und in einem Raum, den wir durch aufgehängte Stoffe akustisch stark dämpften. Unser Ziel war es, durch Veränderung der akustischen Bedingungen unterschiedliche Wirkungen kennenzulernen. Wir nahmen unsere Versuche mit einem Tonbandgerät auf, stellten aber fest, daß sich unsere Aufnahmen wohl zu Kontrollzwecken eigneten, unseren Gesamteindruck aber nur ungenügend wiedergaben. Das direkte Erlebnis, geeignete und unterschiedliche Klangräume ausfindig zu machen und in ihnen zu spielen, blieb der stärkere Eindruck.

Auf einen anderen Weg der Tonveränderung durch unterschiedliche Klangräume brachte uns das Sprechen und Singen in die hohle Hand, in Kartons, Trichter, Röhren und andere Gegenstände. Durch unterschiedlich geformte Geräte läßt sich unsere Stimme stark verfremden: Singen in einen ziemlich geschlossenen Hohlkörper bewirkt eine hohle und gedämpfte Stimme, während sich öffnende Trichter die Stimme „öffnen" und verstärken . . .

Anregungen
- Sammeln und Probieren möglichst unterschiedlicher Stimmenverfremder;
- zu Liedern die Stimme „passend" verfremden, zum Beispiel zu geheimnisvollen Inhalten geheimnisvoll verfremdete Stimmen einsetzen, in Tierliedern für die einzelnen Tiere geeignete Stimmen suchen . . .;
- zu mehreren (mehreren Gruppen) ein Lied singen; jeder (jede Gruppe) singt mit einer anderen Klangfarbe, so daß man die Stimme jedes einzelnen (jeder Gruppe) verfolgen kann. Oder umgekehrt: alle singen durch Röhren oder Schläuche in dasselbe Gefäß, so daß sich die Stimmen im Gefäß mischen . . .;
- Lieder und Musikstücke mit Echowirkung musizieren . . .;
- Kanons für mehrere Klangfarben singen . . .;
- mehrstimmige Musikstücke für unterschiedliche Klangfarben mit Texten oder Klangsilben nach Art der Swingle Singers singen . . .

Hinweise auf besondere Klangräume
- Es gibt in der Natur (vor allem in Bergen und an Waldrändern) und in manchen Orten Stellen, an denen man das Echo seiner Stimme hört, wenn man ruft. Diesen Echoeffekt, bei dem man den Eindruck hat, daß der letzte Teil seiner Worte leiser nachklingt (Was essen die Studenten . . . enten), hat viele Musiker zu Echokompositionen angeregt, zum Beispiel GLUCK in der Oper Orfeo, HUMPERDINCK in Hänsel und Gretel, C. STAMITZ: Symphonie en écho, MOZART: Notturno für 4 Orchester.

- Es gibt sogenannte Flüstergewölbe oder Flüstergalerien. Das sind Gewölbe, die so konstruiert sind, daß Töne oder Worte durch eine besondere Führung der Schallwellen ungewöhnlich weit von der Schallquelle deutlich und klar hörbar sind. Ein berühmtes Beispiel ist die St. Paul's Kathedrale in London.
- Ein deutscher Gelehrter des 17. Jahrhunderts, Athanasius KIRCHER, hat sich in seinen Büchern „Musurgia universalis" (1650) und „Phonurgia nova" (1673) mit besonderen Schallräumen, mit Schallröhren zur Lautübertragung von einem Haus in ein anderes, mit Abhörräumen und anderen Schallraumraffinessen beschäftigt und diese in vielen Zeichnungen veranschaulicht.

II. Spiele mit gefundenen Geräuschen und Tönen

Als *gefunden* bezeichne ich alle Geräusche und Töne, die nicht für musikalische Zwecke entstanden sind, die sich aber für musikalische Abläufe ausnutzen lassen, wie zum Beispiel der tropfende Wasserhahn. Alle Geräusche und Töne können Anlässe für Musikstücke sein, wenn man sie kontrolliert einsetzen kann, das heißt wenn man Anfang und Ende, Dauer, Lautstärke, Geschwindigkeit usw. beeinflussen kann.

Ein wichtiges Hilfsmittel zum Sammeln von Geräuschen und Tönen ist ein Tonbandgerät. Mit einem batteriebetriebenen Gerät lassen sich überall akustische Ereignisse aufnehmen und als Themen für Musikspiele ausschöpfen. Wie wär's zum Beispiel mit einem Küchengeschirr-Boogie, einer Kirchenglocken-Serenade, einem Auto-Choral oder einer Badewannen-Sinfonie?

In der Geschichte der Musik findet man immer wieder Musiker, die das Spiel mit gefundenen Geräuschen und Tönen faszinierte. Viele von ihnen haben versucht, Geräusche und Stimmen mit allerhand Instrumenten nachzuahmen. Mit der Erfindung von Aufnahmegeräten wurde es zusätzlich auch möglich, Geräusche direkt aufzunehmen und in die Musik einzubauen. *Einige Beispiele*:

- Es gibt viele Musikstücke, in denen Naturgeräusche thematisiert werden, wie Wasser, Feuer, Sturm, Regen, Tierstimmen ...
- Der Schweizer Arthur HONEGGER schrieb 1923 seine Komposition *Pacific 231*, in der er eine in Fahrt und wieder zum Stillstand kommende Lokomotive musikalisch darstellt.
- Der Italiener Ottorino RESPIGHI läßt in seiner Komposition *I Pini di Roma* (1924) eine Schallplatte mit Vogelstimmen zum Spiel des Orchesters ablaufen.
- Der Russe Alexander MOSSOLOW erregte 1926 mit seinem naturalistischen Orchesterstück *Eisengießerei* großes Aufsehen.
- Der Russe Sergej PROKOFIEFF schrieb 1928 eine Komposition zum Lobe einer Lokomotive: *Le pas d'acier*.
- Der Italiener Luigi NONO komponierte 1964 ein Stück, in das er den Lärm einer Fabrik einbezog: *La fabbrica illuminata*.
- Für den Franzosen Pierre SCHAEFFER, den Urheber der „musique concrète", bildet die Tonbandaufnahme mit konkreten Geräuschen die Grundlage seiner Kompositionen.
- Der Schweizer Rolf LIEBERMANN hat ein Konzertstück für Büromaschinen komponiert.
- Der amerikanische Komponist John CAGE läßt in seiner Komposition *4'33" Silence* das Publikum nur das hören, was zufällig von draußen her in den Konzertsaal dringt ...

III. Spiele mit Klangmaterial und selbstgebauten Instrumenten

Klingende Materialien sind die Voraussetzungen für den Bau von mechanischen Musikinstrumenten, um die es hier gehen soll.
Daher gehört die Anregung, mit klingenden Materialien zu spielen, an den Anfang des Instrumentenbaues. Klingende Materialien werden dann zu einem Instrument, wenn sie in irgendeiner Weise zu einem spielbaren Organismus zusammengefaßt werden: Einige klingende Hölzer bezeichnen wir noch nicht als Instrument, aber einige nach der Größe oder der Tonhöhe geordnete Hölzer, die auf eine Schnur gereiht oder in einen Rahmen gehängt oder über einen Resonanzkasten gelegt werden, bezeichnen wir als Xylophon.
Der erste spannende Schritt zum Spiel mit Klangmaterial und Instrumenten beginnt beim „Aushorchen", dem Sammeln und Ausprobieren des Ausgangsmaterials. Der nächste Schritt betrifft die Auswahl der geeigneten Materialien. Damit stehe ich gleichzeitig vor der Frage, was ich mit dem Klangmaterial vorhabe. Interessiert mich mehr das Musizieren, dann genügt es, die ausgewählten Materialien in einfacher Weise zu ordnen und spielgerecht zurechtzulegen oder aufzuhängen. Interessiert mich zunächst mehr der Bau von Instrumenten, dann führt der nächste Schritt zum Experimentieren und zum Planen, Entwerfen und Herstellen der Instrumente. Mein Buch „Musikinstrumente – erfinden, bauen, spielen" enthält eine große Anzahl von Hinweisen auf Klangmaterialien und Ideen für Selbstbauinstrumente. Es führt auch anhand mehrerer Beispiele hin zum Spiel mit diesen Instrumenten. Es gibt inzwischen so viele und ausführlich beschriebene Spielvorschläge für Klangmaterialien und Instrumente, die bei ersten und einfachsten Musikspielen beginnen und bis zu schwierigeren Gruppenspielen ausgebaut sind, daß ich nur einige Autoren nenne, mit deren Anregungen jeder Interessierte weiterkommen kann: DECKER-VOIGT (1975), FINKEL (1979), FRIEDEMANN (1973, 1974), FUCHS (1974), KÜNTZEL-HANSEN (1973), LIEBETRAU (1977), MEYER-DENCKMANN (1970), SEIDEL (1976).
Einige persönliche Erinnerungen mögen für den einen oder anderen Leser anregend sein:

Das Telefon aus zwei Streichholzschachteln oder zwei Yoghurtbechern mit dem dazwischengespannten langen Zwirnsfaden als Kabel. — Leute ärgern mit einer langen, an einer Dachrinne befestigten Schnur, die aus einem Versteck heraus an ihrem freien Ende mit einem essiggetränkten oder kollophoniumbestäubten Lappen gerieben wird, so daß Quietsch- und Knarrgeräusche entstehen, die durch die Dachrinne verstärkt werden. — Ein langer vergrabener Schlauch mit Trichter, aus dem irgendwo im Gebüsch versteckt eine Geisterstimme kommt. — Ein Polterabend, für den wir uns aus einem Walzwerk lange dünne Bleche besorgten und ein ungeheures Donnergetöse veranstalteten. — Ein Schwarm Hexen und Teufel, die bei einem Schulspiel große Mengen von Blechdosen zusammenbanden und mit einem wahren Höllenlärm die Treppen einer Freilichtbühne herunterpolterten.

- In Zürich gibt es einen Musikspielplatz für Kinder mit allerlei selbstgebauten Geräten aus Tonnen, Hölzern, Metallteilen, Schläuchen usw.

- Der kanadische Komponist und Musikpädagoge R. Murray SCHAFER hat eine Scheune zu einer klingenden Wunderschaukel ausgebaut. Wenn jemand schaukelt, beginnen sich durch Fäden und Taue verbundene Klangmaterialien überall im Scheunenraum in Bewegung zu setzen und zu klingen.
- Der Musiker Josef Anton RIEDL beschäftigt sich mit Klangmaterialien und hat Musik für Papier (paper music) und für Glas (Glasspiele) komponiert. Er verwendet dafür alle möglichen Sorten eines Materials, bei Glas zum Beispiel Röhren, Scheiben, Gefäße, unterschiedliche Glassorten mit unterschiedlichen Oberflächen usw.
- Die Schweizer Musiktruppe „Pfuri, Gorps und Kniri" begleitet ihren Gesang auf allerhand klingenden Materialien und Fundgegenständen.

IV. Spiele mit Kinderinstrumenten

Gewöhnlich halten Erwachsene Kinderinstrumente für Spielsachen, die für ein bestimmtes Alter ganz gut sein mögen, die aber meist lästigen und unnötigen Lärm von sich geben, die sowieso nicht richtig gestimmt sind, glücklicherweise auch schnell entzwei und vergessen sind.

In einem Seminar „Musizieren mit Kindern" kamen wir durch Zufall auf eine andere Sichtweise, nämlich daß es spannend sein kann, Kinderinstrumente zu sammeln und mit ihnen zu spielen. Ausgangspunkt war ein gemeinsamer Bummel von Kindern und Studenten über den Münsterschen Send (Jahrmarkt), um sich kennenzulernen. Zwei musikalische Sendereignisse führten zu der Idee, gemeinsam Kinderinstrumente zu sammeln und beim nächsten Treffen mitzubringen, um damit zu spielen. Einmal war es ein Vogelstimmenverkäufer, der sehr virtuos mit den kleinen Pappscheiben im Mund umgehen konnte, und dann war es der Besitzer einer Schiffsschaukel, der seine Lautsprechermusik mit einem Metallspiel aus Schraubenschlüsseln begleitete.

Wir bekamen eine Reihe unterschiedlicher Instrumente zusammen und ordneten sie nach Familien. Es ergaben sich zwei Großfamilien: Metallspiele und Vogelstimmen, und einige Einzelinstrumente (Blechtrommel, Panflöte, Brummkreisel, Glockenschnur). Wir begannen unser Musizieren mit elementaren Spielen, um Hinhören und gemeinsames Spielen zu üben. Der Höhepunkt war für die Kinder eine musikalische Geschichte, deren Inhalt sie auf dem Hintergrund der vorhandenen Instrumente selbst erfanden:

Der Kanarienvogel einer Frau ist gestorben. Langsam und traurig geht die Frau durch die Stadt (Blechtrommel und lange tiefe Töne auf der Panflöte). Plötzlich fällt ihr was ein. Sie geht schneller und wird dabei fröhlicher. Sie geht auf eine Vogelhandlung zu, öffnet die Tür (Glöckchen) und steht mitten in einem lauten Vogelgezwitscher (alle Vogelstimmen). Verkäufer und Frau müssen schreien, um sich zu verstehen. Die Frau will einen Kanarienvogel kaufen, der schön singt. Sie kann bei dem Lärm nichts hören und geht mit mehreren Vögeln nacheinander vor die Tür. Jeder Vogel singt verschieden. Schließlich entscheidet sie sich für einen, zahlt (Metallspiel) und geht (eine Vogelstimme, Trommel, Frau summt: Alle Vögel sind schon da . . .). Ein Hund kommt und bellt wütend. Die Frau läßt vor Schreck den Käfig fallen (Metallspiel). Der Käfig öffnet sich (Brummkreisel) und der Vogel fliegt weg (immer leiser Vogelstimme).

In diesem Beispiel brachten die vorhandenen Instrumente die Kinder auf die Geschichte. Auch hier gibt es natürlich andere Wege, in Spiele einzusteigen. Mit Studenten komponierten wir zum Beispiel eine Suite für Miniorchester, die aus dem Spiel mit musikalischen Gegensätzen lebte. Da fast alle Kinderinstrumente klein sind, liegen ihre Tonskalen in den höheren Tonlagen. Durch die fehlende Tiefe und Fülle bekommt daher die Musik Züge einer Karikatur.

Die Palette der kaufbaren Kinderinstrumente ist beachtlich, allerdings muß man sie sich zusammensuchen. Neben vielen schlecht gebauten und störanfälligen Billiginstrumenten findet man immer wieder Stücke, deren Geräusche und Klänge kaum durch andere Instrumente zu ersetzen sind.

Das bekannteste Beispiel eines Musikstückes, in dem echte Kinderinstrumente eingesetzt werden, ist die Leopold Mozart (oder Haydn) zugeschriebene „Kindersinfonie".

V. Spiele mit Musik und Bewegung

Wer kennt das nicht: eine leere Dose vor sich herkicken; an einem Lattenzaun entlangratschen; einen Reifen schieben oder treiben und sich dabei mit mundgemachtem Motorenlärm als Autofahrer fühlen; sein Fahrrad mit einem Bierdeckelmotor zu einer knatternden Rennmaschine frisieren ...

Vielen Menschen bereitet es offensichtlich von Zeit zu Zeit großes Vergnügen, mit Lärm und Bewegung zu spielen, und beim Beobachten von spielenden Kindern habe ich bisweilen den Eindruck, als handele es sich bei der Lust an Lärm und Bewegung um ein menschliches Urbedürfnis.

Als ich im Rahmen offener Theatertage im Münsterschen Stadttheater ein Musikinstrumentarium für Kinder zur Verfügung stellte, untersuchten wir mit Studenten systematisch, welche Instrumente Kinder bevorzugen. Die haushohen Favoriten waren drehbare und bewegliche Instrumente, mit denen die Kinder zu mehreren spielen konnten und die möglichst viel Lärm erzeugten. Das Ergebnis hat uns angeregt, ein Kinderinstrumentarium mit rollenden, drehbaren, schieb- und ziehbaren, schaukelnden und wippenden Instrumenten zu entwickeln.

Die Freude am Zusammenklang von Musik und Bewegung zeigt sich für mich besonders eindrucksvoll in der Art der Afrikaner, ihre Musik mit Bewegungen und Tänzen zu begleiten. Nirdgendwo habe ich die Zusammengehörigkeit von Musik und Bewegung stärker, natürlicher und selbstverständlicher empfunden als in Afrika. Bei uns ist diese Art der Bewegungs- und Kreisspiele im wesentlichen auf das Vorschulalter beschränkt. Es ist feststellbar, daß dieser Bereich in den letzten Jahren in Jugend- und Erwachsenenkreisen und vor allem auch in Krankenhaus- und Rehabilitationseinrichtungen immer größeres Interesse findet (AUSLÄNDER 1977; HESSELBACH 1976; SEIDEL 1976).

Für Erwachsene ist bei uns das Spielfeld, auf dem man sich normalerweise zu Musik bewegt, der *Tanz*. Er hat bei uns viele Abwandlungen erfahren. Die Hauptformen sind der Gesellschaftstanz als gesellschaftliches Kontaktereignis, der Volkstanz als Pflege historischen Brauchtums und das Ballett als darstellende Kunstform. Neben diesen bekannten Spielformen haben verschiedene Leute versucht, die Bereiche Musik und Bewegung in neue Zusammenhänge zu bringen:

- Erinnert sei noch einmal an Murray SCHAFERs Musik-Scheune.
- Edmund KIESELBACH hat auf der Ausstellung „Szene Rhein-Ruhr '72" in Essen riesige Kabelrollen mit Klangmaterialien versehen. Wenn diese vom Publikum in Bewegung gesetzt wurden, begannen sie zu klingen.
- Peter KRAHÉ hat ein Fußbodenklavier und Christian WEISER eine Tonmatte erfunden. Hüpft man auf einzelne Spielfelder, dann entstehen unterschiedliche Töne (Ausstellung „Spielen", Göttingen 1971).
- Voller Ideen und Anregungen für dieses Spielfeld sind die Kompositionen von Mauricio KAGEL, insbesondere *Staatstheater, Acustica, Zwei-Mann-Orchester*.

VI. Spiele mit optischen Anregungen

Bei optischen Vorlagen denken wir normalerweise zuerst an Noten, Gesangbücher und Partituren, denn diese stehen für uns von klein auf mit Musik in engstem Zusammenhang. Notenschriften sind ursprünglich nicht als Anregungen für Musik erfunden worden, sondern um vorhandene Musik nachträglich zu fixieren, sei es um sie wiederholen, weitergeben, konservieren, besser behalten oder verstehen zu können.

Notenschriften (Notationen) können aber auch zu Anregungen für Musik werden, das heißt der (Bild-)Charakter einer Notation kann mich zum Erfinden eines Musikstückes anregen. Dann ist die Notation nicht mehr nur ein Mittel, das zur Fixierung vorhandener, sondern zum Ausgangspunkt neuer Musik eingesetzt wird. Derartige Versuche, den ausführenden Musiker nicht nur als Reproduzenten möglichst genau aufgeschriebener Musikvorstellungen eines Komponisten zu beteiligen, sondern ihn zum aktiven Miterfinder und -gestalter werden zu lassen, finden wir bei mehreren zeitgenössischen Komponisten, zum Beispiel bei KAGEL, LIGETI, LOGOTHETIS, SCHNEBEL . . . (KARKOSCHKA 1966). Anstelle der uns bekannten Notenschrift, die im Laufe der Zeit durch den Wunsch, ein Musikstück möglichst genau zu fixieren, recht festgelegt und kompliziert geworden ist, benutzen diese Komponisten oft bildhafte Zeichen, die viele Interpretationen zulassen. Solche Kompositionen haben wegen ihres aktivierenden Charakters, der auf Spiel und Entdeckung angelegt ist, einen großen Reiz, und es liegt nahe, selbst auf diese Art zu komponieren und zu musizieren.

Eine andere Möglichkeit, mit Musik und Notierung aktiv umzugehen, bietet die Anfertigung von Hörpartituren. Wenn ich Musik höre und mich bestimmte Abläufe, Zusammenhänge oder Teile interessieren, kann ich sie aufzeichnen. Da dies in unserer Notenschrift nur sehr Geübten möglich ist, kann ich versuchen, eine eigene Schreibweise zu entwickeln, mit der ich das, was ich im Gedächtnis behalten will, wiedererkennen kann. Durch häufige Übung habe ich es zu einer schnellen Schreibweise gebracht, die ein Gemisch aus Noten, Bildern und abstrakten Zeichen ist. Sie erinnert an grafische Notationen und an Hörpartituren von Kindern (KÜNTZEL-HANSEN 1971, 1973). Diese spielerische und mir von niemandem vorgeschriebene Art, mit Musik umzugehen, hat mich auf viele Entdeckungen über Bauweisen, Abläufe, Instrumentierungen und andere Eigenheiten von Musikstücken gebracht, und sie ist für mich ein wesentlicher Schritt zum aktiven Umgang mit Musik geworden.

Außer diesen unmittelbar mit der Musik zusammenhängenden Notationsweisen können auch andere optische Mittel, wie Bilder, Zeichen, Linien, Formen und Farben, kurz alles, was ich mit meinen Augen sehen kann, zu musikalischer Gestaltung anregen. Ein bekanntes Beispiel, in dem Gemälde als Anregungen für Musik verwandt wurden, ist MUSSORGSKIs Komposition *Bilder einer Ausstellung*. Die Frage, was die Musikstücke mit den Gemälden zu tun haben, ist nicht eindeutig zu beantworten. Wenn wir zum Beispiel das Bild *Das große Tor von Kiew* nicht kennen, können wir es anhand der Musik auch nicht rekonstruieren. Und wenn wir nicht einmal die Überschrift zu diesem Musikstück kennten, dann ist es sogar aussichtslos, eine Verbindung mit dem Gemälde herzustellen. Worin aber besteht dann die Gemeinsamkeit oder die Verbindung von Bild und Musik? Sie besteht in ähnlichen Strukturen, die in uns ähnliche Empfindungen auslösen. Solche Strukturen können Farbigkeit (düster, strahlend), Bewegungen (ruhig, unruhig), Formen (geschlossen, offen) sein. Der Psychologe und Musikforscher Albert WELLEK hat sich eingehend mit den Fragen der Abhängigkeiten zwischen optischen und akustischen Empfindungen befaßt.

Anregungen
- Laß dich durch unterschiedliche Gemälde zu Musikstücken anregen, zum Beispiel durch ein Abendbild von C. D. FRIEDRICH. Mit welchen musikalischen Mitteln kannst du eine ähnliche Stimmung erzeugen? (vielleicht: dunkle Farben = tiefe Töne, begrenzte Farbskala = begrenzte Tonskala, warme Farben = weiche Töne, ruhig stehende / statische Formen = stehende Akkorde oder lange Töne ohne Auf- und-ab-Bewegungen . . .) Oder versuche es mit einem der bekannten abstrakten Bilder P. MONDRIANs, die durch ihre strenge Aufteilung und durch klare Farbflächen charakterisiert sind. Wie kannst du das strenge schwarze Liniengerüst und die unterschiedlich großen rechteckigen Farbflächen in Musik umsetzen? (vielleicht: ein durchsichtiges Geflecht aus klaren Tönen und Akkorden, in das unterschiedliche Klangflächen / Klangbilder eingebaut werden . . .).
- Such dir selbst anregende Bilder und denke daran, daß auch Mikroaufnahmen, Mikroskopbilder, physikalische und chemische Modelle, Satellitenaufnahmen, technische Zeichnungen, Holzmaserungen, Spuren im Sand, Wolkenbilder usw. Bildvorlagen für deine Musik sein können.
- Zeichne, male oder klebe dir selbst optische Vorlagen.
- Laß dich anregen durch Gangarten von Tieren, durch Flugverhalten verschiedener Vögel, durch Maschinenbewegungen, Kornfelder im Wind, Wasserwellen, sich ständig neu formierende Wolkenbilder . . .
- Baue verschiedene Pendel und musiziere zur Bewegung der Pendel — allein, zu zweit, zu mehreren, in Gruppen . . .

Der bereits erwähnte Musikpädagoge R. Murray SCHAFER hat mit seinen Studenten versucht, aus historischen Bildern die Geräuschskala ihrer Zeit herauszufiltern. Welche Geräusche können wir zum Beispiel aus Bildern Pieter BRUEGHELs, Ludwig RICHTERs oder Adolf MENZELs heraushören? Spiele dieser Art können uns die Augen und Ohren für neue Zusammenhänge öffnen.

- Georges BIZET ließ sich für seine Komposition *Kinderspiele* (Jeux d'enfants, op. 22, 1872) durch Kreisel, Hampelmann, Puppenspiel ... anregen.
- Max REGER komponierte *Vier Tondichtungen nach Arnold BÖCKLINs Gemälde „Toteninsel"*, op. 128.
- Der Italiener Ottorino RESPIGHI ließ sich durch Kirchenfenster, *Vetrate di chiesa*, 1927, und durch Bilder von Sandro BOTTICELLI, *Trittico Botticelliani*, anregen.
- Arnold SCHÖNBERG schrieb ein Orchesterstück *Farben*, op. 16 Nr. 3.
- Der deutsche Komponist Giselher KLEBE schrieb ein Orchesterwerk *Die Zwitschermaschine, Metamorphosen über das Bild von Paul Klee*, op. 7, 1950.

VII. Musik und Formen darstellenden Spiels

Hier geht es um Anregungen, Musik mit Formen darstellenden Spiels zu verbinden. Die bekanntesten Formen sind: Lieder als szenisches Spiel, musikalische Improvisations- und Stegreifspiele, Figuren-, Handpuppen-, Masken- und Schattenspiele, Theaterspiele aller Art, Musicals, Operetten, Opern, Ballett, Spielfilme.

Der eigentliche Reiz von Musikspielen in Verbindung mit Formen darstellenden Spiels liegt in der Möglichkeit der gegenseitigen Beeinflussung und Bereicherung. Die Musik übernimmt ebenso wie die anderen Mittel innerhalb eines Spielablaufes bestimmte Aufgaben. Sie kann Hintergrund und Atmosphäre schaffen, Spannung erzeugen und Höhepunkte vorbereiten, Teile verbinden und Pausen überbrücken. Darstellende Spiele und Musik können sich gegenseitig anregen und steigern bzw. zuschütten und um die beabsichtigte Wirkung bringen, je nachdem wie gezielt und kontrolliert sie eingesetzt werden. Das wichtigste Ziel beim Gestalten eines Spielstückes sollte sein, seinen Gehalt, seine Aussage so klar wie möglich herauszuarbeiten. Alle Mittel und Wege sollten dieses Ziel unterstützen.

Anregungen
- Suche Lieder, die sich allein oder zu mehreren spielen lassen. Was macht ein Lied spielbar? (eine anschauliche Geschichte, ein dramatischer Ablauf, eine Stimmung ...) Mit welchen Mitteln kann ich das Lied wirkungsvoll darstellen? (mit Bewegungen, Pantomime, Masken, Schatten, Kostümen, Requisiten, Kulissen, Instrumenten ...) Welche Kompositionsform eignet sich für das Spiel? (Wechsel zwischen Solisten und Chor, zwischen Sängern und Instrumentalisten, zwischen Musikanten und Spielern ...)

Weitere Anregungen fasse ich unter zwei Gesichtspunkten zusammen:
- Suche und erfinde Spielabläufe, die zu bestimmten Geräuschen, Tonfolgen oder Musikstücken passen (zum Beispiel zum Geräusch eines Rasenmähers entsteht ein Schattenspiel „Im Friseursalon" — zum Can-Can von Offenbach entsteht ein Männerballett — zu einem freien Musikstück entsteht ein Bewegungsspiel — zu den Tönen selbstgebauter Instrumente entsteht ein Figurenspiel mit gerissenen oder geschnittenen farbigen abstrakten Formen ...)
- Suche und erfinde Geräusche, Tonfolgen oder Musikstücke, die zu vorgegebenen Spielabläufen passen und diese in ihrer Wirkung unterstützen (zum Beispiel kann die Spannung eines Krimis durch Geräusche und Musik gesteigert werden — Stimmungen wie heiter, düster, unheimlich ... können durch akustische Untermalung verstärkt werden ...).

Spiele mit Musik

In diesem Bereich gibt es dermaßen viele Anregungen, daß ich mich nur darauf beschränke, Formen zu erwähnen, in denen die Verbindung von Musik und darstellendem Spiel eine besondere Rolle spielt. Das sind alle Formen von Musiktheater wie Singspiel, Oper, Operette und Ballett.

Unter den lebenden Komponisten befaßt sich Mauricio KAGEL in besonderer Weise mit Formen des Musiktheaters. Seine Kompositionen stecken voller Einfälle und Ideen, Musik und Spiel zu verbinden. Ausdrücklich genannt sei in diesem Zusammenhang sein abendfüllendes Stück „Staatstheater".

VIII. Spiele mit elektro-akustischen Geräten

Das letzte Experimentier- und Spielfeld ist dermaßen umfangreich, daß es gerade möglich ist, darauf hinzuweisen und ein paar Anregungen für eigene Untersuchungen anzutippen. Da dieses Gebiet andererseits durch unsere heutigen technischen Möglichkeiten und den Stellenwert, den es innerhalb unserer Musikkultur einnimmt, äußerst attraktiv ist, soll es nicht unerwähnt bleiben.

Zu den *gebräuchlichen elektro-akustischen Geräten* zählen:
- Radio, Plattenspieler, Kassettenrecorder, Tonband mit Mikrophon und elektronische Musikinstrumente wie Stylophon, Variophon, Synthesizer.

Zum Spiel mit Radio, Plattenspieler und Tonbandgeräten verweise ich auf das anregende und leicht verständliche Buch von Günter KLEINEN / Hartmut LÄGEL „Tontechnik, Montagen, Collagen". Die Autoren erklären Aufbau, wesentliche Merkmale und Handhabung der einzelnen Geräte, und was das Buch für unseren Zusammenhang interessant macht, sind die vielen Experimentier- und Spielvorschläge mit diesen Geräten. *Einige Beispiele*:

- *Klanglupe*: Irgendein Geräusch wird mit einer schnellen Geschwindigkeit auf Tonband aufgenommen und mit einer langsameren Geschwindigkeit wieder abgespielt. Dabei wird das Geräusch auseinandergezogen und seine Einzelheiten besser hörbar.
- *Materialaktionen*: Bestimmte Materialien werden mit Hilfe des Tonbandes auf ihre Geräusch- und Klangeigenschaften untersucht (s. RIEDLs Glasspiele und Papiermusik).
- Spiele mit Tonband, Mikrophon, Kontaktmikrophon;
- Tonband-Kompositionen;
- *Musikalisierte Sprache*: Vertonen und Rhythmisieren von Sprache und Gedichten, Lautsprachen erfinden, Sprache durch Tonband verändern wie zum Beispiel Mickey-Mouse-Sprache, Bärensprache . . .;
- Hörspiele, Reportagen . . . anfertigen;
- Collagen zusammenstellen;
- Mit dem Playback-Verfahren komponieren.

Eine reizvolle Möglichkeit, in den Bereich elektronischer Musik und in die damit verbundenen technischen Zusammenhänge einzudringen, bietet das inzwischen vielfältige Angebot elektro-akustischer und elektronischer Experimentierkästen. Schritt für Schritt und in anschaulicher Weise kann man sich das Wissen um Zusammenhänge und damit neue Spielfelder erobern. Denn durch eigenes Experimentieren und Spielen, durch eigene

Erfahrungen entsteht am ehesten das Verständnis und Interesse für ein noch unbekanntes und neues Gebiet.

Literatur

Ausländer, P.: Bewegung und Musik — Sequenzen, Vlotho 1977
— (Hrsg.) Musik — Bewegung — Spiel, Vlotho 1977
Decker-Voigt, H.-H.: Musik als Lebenshilfe, Teil A und B, Lilienthal / Bremen 1975
Finkel, K. (Hrsg.): Handbuch Musik und Sozialpädagogik, Regensburg 1979
Friedemann, L.: Kinder spielen mit Klängen und Tönen, Wolfenbüttel 1971
— Einstiege in neue Klangbereiche durch Gruppenimprovisation, Wien 1973
— gemeinsame Improvisation auf Instrumenten, 2. Aufl. Kassel 1974
Fuchs, P. (Hrsg.): Karlsruher Versuche für den Musikunterricht, Stuttgart 1974
Haselbach, B.: Improvisation, Tanz, Bewegung, Stuttgart 1976
Karkoschka, E.: Das Schriftbild der neuen Musik, Celle 1966
Kircher, A.: Musurgia universalis, Rom 1650; deutscher Auszug von A. Hirsch, Schwäbisch Hall 1662
— Phonurgia nova, 1673, deutsch von A. Cario: Neue Hall- und Thonkunst, Nördlingen 1684
Kleinen, G. / Lägel, H.: Tontechnik, Montagen, Collagen, Mainz 1974
Küntzel-Hansen, M.: Musik mit Kindern, Stuttgart 1973
Liebetrau, G. / Hähner, U.: Musiktherapie in der Heimerziehung, Lilienthal / Bremen 1977
Martini, U.: Musikinstrumente — erfinden, bauen, spielen, Stuttgart 1980
Meyer-Denckmann, G.: Klangexperimente und Gestaltungsversuche im Kindesalter, Wien 1970
Seidel, A.: Musik in der Sozialpädagogik, Wiesbaden 1976

6. Musik als Spiel
Christoph Richter

I. Zum Begriff

Das Fach Musik muß sich vor der geltenden Erziehungstheorie und vor der gesellschaftlich anerkannten Zielsetzung der Erziehung legitimieren, und zwar
1. in der Übereinstimmung seiner Handlungen mit den allgemeinen Lernzielen,
2. in einem spezifischen, durch andere Fächer nicht einzubringenden Betrag zum Selbstverstehen und „Welt"-Verstehen der Schüler durch den Umgang mit Musik,
3. in der Möglichkeit, Alternativen und Veränderungen des Handelns, Verhaltungs und Befindens aufzuzeigen.

Diese Funktion kann der Musikunterricht nicht in der Beschränkung auf fachimmanente Erkenntnisse und Tätigkeiten erfüllen. Es ist vielmehr angezeigt, seine Gegenstände, Fragestellungen und Umgangsweisen in bezug auf Musik an Vorstellungen und Begriffen zu orientieren, welche die erzieherischen Möglichkeiten des Faches im Erkenntnis- und Erfahrungshorizont der genannten drei Aufgaben sichtbar machen – für Lehrer wie für Schüler.

Hierfür bieten sich besondere *anthropologische Sinnbegriffe* wie Sprache (Verstehen), Geschichte, das Verhältnis von ratio und emotio, Religiosität, Spiel u. a. an. Durch einen solchen Ansatz ließe sich ein der Allgemeinerziehung verpflichtetes fachübergreifendes Unterrichtskonzept für den Musikunterricht sinnvoll herstellen, in welchem das Recht und der Anspruch der Sache mit dem Interesse des einzelnen (in seiner gesellschaftlichen Situation und Bindung) integriert und versöhnt werden könnte.

Eine Orientierung des Musikunterrichts am Begriff ‚*Spiel*' hat in diesem Zusammenhang exemplarische Bedeutung, weil sich an ihm theoretisch und praktisch die Verständnis- und Problemfülle des Verhältnisses von Mensch, Welt, Kunst und Musik besonders vielseitig aufzeigen läßt. Unter dem Aspekt des Spiels scheint (oder ist) die Trennung von Subjekt und Objekt aufgehoben:

„Die Seinsweise des Spieles läßt nicht zu, daß sich der Spieler zu dem Spiel wie zu einem Gegenstande verhält ... Alles Spielen ist ein Gespieltwerden ... der Spielende (gelangt) gleichsam zu seiner eigenen Selbstdarstellung" (GADAMER 1965, 97 – 103).

Ein Konzept des Musikunterrichts, das sich am Spielbegriff orientiert, enthält ein *doppeltes Programm*:

- Am Spielbegriff soll aufgezeigt werden, was Musik ist. Es soll verdeutlicht werden, wie Musik als ästhetische Erscheinung (als Kunst) verstanden werden kann, wie sie wirkt, welche Funktion sie als eine Kunst hat und welche Möglichkeiten dem Menschen durch den Umgang mit ihr entstehen.
- An Musik soll gezeigt werden, was Spiel ist (als Lebens- und Weltphänomen), was Spiel für die Lebenspraxis des Menschen und für sein Selbst und Weltverständnis bedeutet. Es soll gezeigt werden, in welcher Weise Spiel erscheint und wie man es beschreiben, deuten, betreiben kann.

Hinter allen Theorien, die Spiel als Funktion der Erholung, der Ergänzung, der Übung, der Abreaktion von Überschußenergien und Aggressionen, der Verhüllung des Sexualtriebes usw. erklären, steht die Frage nach dem Wesen von Spiel. Erst dieser Hintergrund, die philosophische Fragestellung, kann die gedankliche Basis für eine Orientierung des Musikunterrichts am Spielbegriff bieten.

Unter philosophischem Aspekt ist die Beschäftigung mit dem Spiel in vier verschiedenen Weisen Gegenstand des Fragens: Eine phänomenologische Untersuchung beschreibt Spiel aufgrund der *Erfahrung*, die man mit ihm machen kann (HUIZINGA 1938 / 1956; SCHEUERL 1968 u. a.), Spiel ist ferner ein Grundbegriff der Ästhetik (vor allem: SCHILLER 1795 und GADAMER 1965). Spiel ist ein Denkmodell in ontologisch-metaphysischen Denksystemen seit PLATON, in neuerer Zeit bei HARTMANN, HEIDEGGER, JASPERS und FINK. Hier wird mit dem Spielbegriff die Möglichkeit von Sein und Schein, von Realität usw. gedacht. Einen vierten Denkansatz im Zusammenhang mit dem Spielbegriff benutzt die Erkenntnistheorie. Sie fragt nicht nach dem Wesen von Spiel, sondern nach Bedeutung und Funktion des Begriffs in den Denkmöglichkeiten der Philosophie selbst, dient also zur Erkenntniskritik (HEIDEMANN 1968).

Wenn Musik als Spiel gedeutet werden soll — gleichsam als der Versuch einer didaktischen Ästhetik —, muß vor allem nach dem Spielcharakter der Kunst (Musik) und nach der anthropologischen Bedeutung von Spiel gefragt werden. Dem Spielbegriff kommt dabei die Aufgabe zu, zwischen dem *Kunstwerkcharakter der Musik* und den Möglichkeiten einer *Horizontverschmelzung von Subjekt und Objekt* (GADAMER) zu vermitteln. Bei dieser Erörterung stehen die Fragen nach dem *Wesen des Spiels* (ausgehend von phänomenologischen Aussagen), nach dem *Spielcharakter der Kunst* (ausgehend von ästhetischen Spieltheorien) und — dies übergreifend — nach dem *Verhältnis des Spiels zum Sein und zur Wirklichkeit* (ontologische Fragestellung) im Vordergrund. In meiner Schrift „Musik als Spiel" (RICHTER 1975) wird der Spielbegriff aus ontologischer Sicht unter dem Thema Sein und Schein (Wirklichkeit und Möglichkeit) entwickelt, unter Orientierung an Gedanken HARTMANNs, HEIDEGGERs und FINKs. Die Erörterung von Spiel als ästhetischem Begriff folgt dem Kapitel „*Spiel als Leitfaden der ontologischen Explikation*" (GADAMER 1965). Die Beschäftigung mit dem Spielbegriff aus phänomenologischer Sicht lehnt sich an die Explikation des Begriffs bei HUIZINGA, SCHEUERL und HEIDEMANN an.

II. Die didaktische Bedeutung des Spielbegriffs aus der Sicht einer ontologischen Fragestellung

Eine zentrale Frage der Ontologie betrifft das Verhältnis von *Sein und Schein*. Im Anschluß an HEIDEGGER und die Auseinandersetzung mit der Mimesistheorie PLATONs (HEIDEMANN 1968, 3 – 28) bestimmt FINK (1968) Spiel als Schein. Am Begriff des Symbols – in seiner wörtlichen Bedeutung als ein „Bruckstückhaftes" – erläutert er, wie im Spiel das Sein (das „Weltganze") er„scheint". Von dieser spekulativen Vorstellung eines Weltspiels ist das Spiel des Menschen als das Symbol des Weltspiels und als das bruchstückhafte Durchscheinen (Schein als lucet, nicht als videtur!) des Weltganzen im Endlichen abzusetzen: Im „Schein" des Spiels erscheint jeweils die unendliche „Ergänzung" hindurch: In der bedingten Freiheit des Spiels die unbedingte Freiheit, in der eingeschränkten Selbstbestimmung des Spielers.
Die Auffassung vom Spiel als eines symbolischen Scheinens des Ganzen fordert pädagogische Konsequenzen heraus. FINK selbst (FINK 1968, 79 bis 231) bereitet pragmatische Folgerungen seiner Gedanken vor, indem er die Daseinsweise des Menschen unter dem Verständnis eines Spielbegriffs skizziert: Die Freiheit des Menschen liegt in seiner Fähigkeit, die eigene Wirklichkeit zu bestimmen (= Ver-Wirklichung). Gleichzeitig hat diese Entscheidungsfreiheit jedoch auch die Eingeschränktheit des Menschen zur Folge und verursacht sie. Verwirklichen heißt, aus der Fülle der Möglichkeiten eine (oder einige wenige) auszuwählen, den anderen aber zu entsagen.

„Die unaufhaltsame Schrumpfung unserer Möglichkeiten ... wird in ihrer Traurigkeit gemildert – durch das Spiel. Denn im Spiel genießen wir die Möglichkeit, die verlorenen Möglichkeiten wieder einzuholen, ja sogar weit darüber hinaus ins Offene einer nicht festgelegten und nicht gebundenen Existenzweise zu gelangen ... Im menschlichen Spiel ereignet sich eine Ekstase (wörtlich: Heraustreten) des Daseins zur Welt. Spielen ist deswegen immer mehr als nur irgendein binnenweltliches Benehmen, Handeln, In-Aktion-sein des Menschen. Im Spiel ‚transzendiert' der Mensch sich selbst, übersteigt er die Festlegungen, mit denen er sich umgeben und in denen er sich ‚verwirklicht' hat, macht er die unwiderruflichen Entscheidungen seiner Freiheit gleichsam widerrufbar, ... kann er immer von neuem beginnen und die Last seiner Lebensgeschichte abwerfen" (FINK 1968, 231 – siehe aber: MARCUSE 1968, 16).

Solche (spekulative) Bestimmung des Spielbegriffs kann in der Erziehungspraxis als Basis (oder wenigstens als Diskussionsgrundlage) für übergeordnete Erziehungsziele gelten. Mündigkeit und Kritikfähigkeit gegenüber der Welt, so wie sie ist, der notwendige Versuch der Befreiung (MARCUSE 1969) und Chancen der Selbstbestimmung können Schüler am Phänomen des Spiels (aufgezeigt an der Musik) verstehen und versuchsweise verwirklichen.
Das könnte sie dazu befähigen, die Verwirklichungen ihres eigenen Daseins in ihrer Bedingtheit zu erkennen und an Alternativen zu messen. Die Besinnung auf einen ontologischen Spielbegriff kann aufzeigen, daß unsere politischen und gesellschaftlichen Lebensformen, die Weisen und Intentionen von Wissenschaft und Wirtschaft, schließlich der ‚Gebrauch' von Kunst

nur den Rang von Möglichkeiten besitzen, daß dies alles nicht so sein muß, wenn wir unsere Lebensnormen für unabänderliche Realität halten. Ein solcher Versuch der *Befreiung* unter dem Aspekt und im Gebrauch des Spielbegriffs muß sich freilich an solchen Gegenständen und Tätigkeiten orientieren, bei denen das Spiel zum *Ernstfall* wird (v. HENTIG 1969, 372). Spiel als Schonraum, als Abkapselung von der Wirklichkeit usw. kann zu einer solchen Erziehung nicht beitragen. Die Musikpädagogik kennt Bestrebungen und Zeiten, in denen ein affirmativer Spielbegriff nicht nur Kompositionen (Spielmusik), sondern auch die Inhalte und Ziele des Unterrichts bestimmte. Die Orientierung am Spielbegriff ist nur dann pädagogisch sinnvoll, wenn Kunst als Alternative begriffen werden kann. Kunst ist nur dann Spiel (im oben angegebenen Sinne), wenn sie provoziert und eine „wirklichere" Wirklichkeit aufzeigt (DOMIN 1968). Dies scheint möglich, wenn ‚Musik als Spiel' unter dem Anspruch von Kunst betrachtet wird.

„Es gibt kein Kunstwerk, . . . das nicht in seiner Struktur selbst die Worte, Bilder und Musik einer anderen Wirklichkeit, einer anderen Ordnung beschwört, die durch die bestehende abgewiesen wird und die doch im Gedächtnis und in der Hoffnung der Menschen lebendig ist . . . Wo diese Spannung zwischen Affirmation und Negation, zwischen Freude und Leid . . . nicht mehr besteht, wo das Werk die dialektische Einheit dessen, was ist, und dessen, was sein kann, nicht mehr aushält, hat Kunst ihre Wahrheit . . . verloren" (MARCUSE 1973, 110).

III. Anwendung des Spielbegriffs auf die Kunst und didaktische Konsequenzen hieraus

GADAMER nimmt die Ableitung des Kunstbegriffs aus dem Spielbegriff in *drei Schritten* vor:

1. Spielen hat ursprünglich einen medialen Sinn. Es bedarf nicht eines Spielers, sondern der Spieler verhilft dem Spiel lediglich zur Darstellung. Die Seinsweise des Spiels ist eine Selbstdarstellung, sein Wesen das „*Hin und Her*" (97 ff.).
2. Das Spiel des Menschen ist ein Sonderfall und zeichnet sich dadurch aus, daß es etwas spielt. Das menschliche Spiel wird als Verhalten gegen sein sonstiges Verhalten ausdrücklich abgegrenzt (durch Spielplatz, Spielbewegung, Intention usw.). Es ist als eine geschlossene Welt der Welt der Zwecke entgegengesetzt und verfügt über eine eigene Ordnung. Da Spiel *nur* seine eigene Darstellung ist, ist das menschliche Spiel die Selbstdarstellung des spielenden Menschen (103).
3. Der Übergang vom menschlichen Spiel zur Kunst besteht in der Möglichkeit des Darstellens *für jemand*, und zwar in der Weise, daß ein Zuschauer als Gemeinter und Betroffener in die Selbstdarstellung des Spiels einbezogen wird. „*Das Spiel selbst ist das Ganze aus Spielern und Zuschauern*" (105). Das Spiel der Kunst bringt zum Vorschein — für die Spieler wie für die Zuschauer —, was sie sind (oder sein können). Der Zuschauer wird dadurch zum Mitspieler, daß er sich in dem Spiel erkennt. „*In der Darstellung des Spiels kommt heraus, was ist. In ihr wird . . . ans Licht gebracht, was sich sonst ständig verhüllt und entzieht.*" Die Wendung vom Spiel zur Kunst nennt GADAMER „*Verwandlung ins Gebilde*".

Die ontologische Ableitung der Kunst aus dem Spielbegriff bei GADAMER fordert zwei *musikpädagogische Konsequenzen* heraus:

a) Kunst als „Verwandlung ins Gebilde" enthält Werk-Charakter. Das Spiel der Kunst ist „*ein bedeutungshaftes Ganzes, das als dieses wiederholt dargestellt und in seinem Sinn verstanden werden kann*" (111).
b) Den Rang von Kunst erhält das Spiel dadurch, daß der Zuschauer zum Mitspieler wird. Kunst muß also so unterrichtet werden, daß sie zur „Selbstdarstellung" der Schüler wird. Der Schüler muß sich als „spielendes" Objekt-Subjekt verstehen können.

IV. Bestimmung musikdidaktisch verwendbarer Kriterien aus phänomenologischen Überlegungen zum Spielbegriff

Kriterien zur Klassifizierung und intentionalen Bestimmung des Spiels haben viele Autoren nach unterschiedlichen Gesichtspunkten vorgelegt (RICHTER 1975, 62 ff.). Für eine Untersuchung des Spielhaften der Musik eignen sich besonders die *Spielkennzeichen* bei HUIZINGA (Freiheit des Spiels, das Uneigentliche des Spiels, die Spielgeschlossenheit, die Spannung des Spiels), die *Spielmomente* bei SCHEUERL (Moment der Freiheit, der inneren Unendlichkeit, der Scheinhaftigkeit, der Ambivalenz, der Geschlossenheit, der Gegenwärtigkeit) und der Spielkennzeichen bei HEIDEMANN (Erreichbarkeit und Wiederholbarkeit). Einige dieser Kriterien sind:

1. Das Spielkennzeichen der *Geschlossenheit* (durch Spielfeld, -plan, -zeit, -regel ...) betrifft in der Musik die Frage nach dem Werkcharakter. Sie ist nach zwei Seiten zu untersuchen: Einerseits sind die materialhaften und strukturellen Voraussetzungen zu bedenken, die eine Spielgeschlossenheit der Musik, also als relativ selbstbestimmten, „binnenweltlichen" Spielraum und Spielzeit garantieren. Andererseits kann von Geschlossenheit oder Spiel-Erreichbarkeit (HEIDEMANN 1968, 34 ff.) nur die Rede sein, wenn der Hörer als „Mitspieler" diese Geschlossenheit mitvollziehen oder „erfüllen" kann. Diese Geschlossenheit hängt also sowohl von der Qualität des Komponierens als auch von der des Musizierens und Hörens ab.
Die Geschlossenheit des Spiels in der Musik muß im Unterricht also das *Phänomen* und qualifiziertes Musikverhalten betrachtet werden, darüber hinaus aber auch als gesellschaftliches und ästhetisches *Problem*.
Musikalische Erscheinungen, die die Geschlossenheit des Spiels dokumentieren, sind zum Beispiel Kompositionen, denen ein strenges Regelsystem zugrunde liegt. Die Spiel-Geschlossenheit musikalischer Gestalten kann mit Hilfe von Analogiebegriffen wie Spielfeld, Spielzeit, Spielplan, Spielaktionen, Spielfiguren und Spielzügen veranschaulicht werden. Solches Spiel erfüllt sich in Musik, indem der Komponist durch die Befolgung der Regeln Gestalten und Strukturen hervorbringt, indem der Muszierende dieses Spiel nachvollziehend verdeutlicht und indem der Hörer (Analytiker es verstehend-fühlend nach-spielt).
Die Dimension der Spielgeschlossenheit in der Musik läßt sich u. a. an folgenden *musikalischen Formen* aufzeigen:
    a) an Inventionen: als Strukturspiel mit einer „gesetzen", d. h. vorgegebenen Figur (der „inventio");
    b) an Variationen: als einem Spiel auf einem Spielfeld, dessen invariante, festliegende Basis in der Harmoniefolge, in der Formgestalt oder im Melodieverlauf bestehen kann;
    c) an der Sonatenhauptsatzform: als einem Spiel mit Strukturnormen, welche diese Form konstituieren, aber in jedem konkreten Beispiel einmalig ausgeformt sind (Beispiele bei RICHTER 1965).
Von der Seite des Musikverhaltens aus betrachtet, zeigt sich die Geschlossenheit des Spiels in der Konzentration auf die musikalischen Spielvorgänge, im aktiven (hören-

den, analysierenden, musizierenden) Vollzug der Spielregeln und in der „interesselosen" Vergessenheit der außenweltlichen Beziehungen in der Beschäftigung mit Musik, welche als Entlastung und als eine Art Gegenwelt von musikpädagogischer (musiktherapeutischer) Bedeutung sind.

2. Das Spielkennzeichen der *Scheinhaftigkeit* (im Sinne von ‚lucet') und der Ambivalenz bezeichnet das Hin und Her zwischen Ernst und Spiel, Realität und Schein, Wirklichkeit und Möglichkeit. Dieses Hin und Her zeigt sich in der Musik u. a. an der Frage, ob, in welcher Weise, mit welcher Genauigkeit und in welchem Sinne sie Bedeutungen mitteilt, zum Beispiel:
   a) Musik ‚spielt' stets zwischen dem Zustand, ein geschichtlich-biographisches-gesellschaftliches Dokument zu sein (nach ADORNO: eine soziale Tatsache), und dem Bestreben, sich als Gestalt und Wirkung von jenen äußeren Bedingungen zu befreien. Sie eröffnet Chancen, die Dinge und sich (den Hörer) selbst anders, unmittelbar, zu sehen.
   b) Musik lebt („spielt') stets zwischen der Erfüllung eines Musterhaften und der Ausprägung eines Einmaligen: in der ambivalenten Spannung zwischen diesen Polen liegt ihre künstlerische Qualität und das, was sie an neuer „un-erhörter" Wirklichkeit vermittelt (bei jedem Hören) (DOMIN 1968, 126 ff.).

Musik bildet Realität ab, aber zeigt zugleich den Schein einer erweiterten Wirklichkeit — sie spielt zwischen Wirklichkeit und Möglichkeit. Für den Musikunterricht ergibt sich aus diesem Kriterium die Aufgabe, das Hören und Verstehen von Musik als eine Wirklichkeitserfahrung zu lehren, die hinter dem Material, hinter der Struktur, hinter den Mustern und hinter den Außenbedingungen Nuancen zu vernehmen vermag, welche weder durch Sprache noch durch Musiklehre noch durch musiksoziologische Betrachtungen erfahrbar sind.

Das Spiel zwischen Wirklichkeit und Möglichkeit in der Musik läßt sich unter dem Thema ‚Musik als Bedeutungsspiel' fassen. Zum Beispiel an Szenen aus Opern und an dramatischer Instrumentalmusik läßt sich zeigen, daß die innermusikalische Entwicklung von Material und Strukturen außermusikalische „Verhältnisse" abbildet, kommentiert, ironisiert bzw. in nur der Musik möglichen Weise zur Erscheinung bringt. Als Musterbeispiel für dieses musikalische Spiel zwischen Sein und Schein seien die Finale-Szenen aus Mozarts „Die Hochzeit des Figaro" genannt, in denen die Doppelbödigkeit von Rollenspiel der Opernfiguren und von kommentierendem, den Vorgang des Spieles selbst aufdeckendem Spiel — also als „Spiel im Spiel" — in Shakespeares Dramentechnik vorgeführt wird. An vielen Stellen nimmt entweder das begleitende Orchester oder sogar die Gesangmelodik die Rolle des Spielers, der mit dem Spiel (zumeist in ironischer Weise) spielt (RICHTER 1975, 217 ff.).

3. Die Spielkennzeichen der *Freiheit* offenbart sich sowohl an seiner ‚Überflüssigkeit' als auch an seiner Funktionslosigkeit — vom Standpunkt der Realitätszwänge aus betrachtet. „Jederzeit kann das Spiel ausgesetzt werden oder ganz unterbleiben (HUIZINGA 1956, 14; MARCUSE 1968). Die Freiheit des Spiels ist andererseits durch ein Streben nach ewiger Dauer, nach Unendlichkeit gekennzeichnet (SCHEUERL 1968, 76). In der Musik ist die Freiheit des Spiels immer nur näherungsweise zu erreichen. Sie ist auf mehreren Ebenen sichtbar zu machen. Für den Komponisten besteht sie einerseits in der Fähigkeit, die Musterhaftigkeit des Materials, der Formen und der Strukturierungsmöglichkeiten in neuer, einmaliger Weise zu erfüllen bzw. umzudeuten. Andererseits zeigt sie sich am Grad der Unabhängigkeit des Werks von ökonomischen Zwängen, geforderten Normen usw. (Verlagsvorschriften, Hörvorlieben des Publikums ...). Die Spielfreiheit des Komponisten spiegelt sich unmittelbar in der Musik und ist auf der Seite der Rezeption wieder-„holbar", sie erscheint als Freiheit des Hörers. Sie ist durch Analyse, Interpretation und ‚Erleben' zu erfahren.

Besonders im Bereich der Unterhaltungsmusik lassen sich Grenzen und Möglichkeiten der Spielfreiheit erkennen. Genormte Gefühle, Konsumzwang, Hören als Ablenkung oder Verdrängung usw. gefährden die Spielfreiheit der Musik *und* ihrer Benutzer. Im Unterricht können die Einschränkungen der Spielfreiheit sowohl in der Material- und Werksphäre als auch in den Außenbedingungen der Musik aufgezeigt werden. Andererseits müssen die Schüler ihre eigene musikalische Spielfreiheit erfahren: im Hören, Musizieren und Reflektieren (Beispiele: RICHTER 1975, 234 ff.

V. Der Begriff des Spielraums als ästhetische und musikdidaktische Kategorie

Mit Spielraum läßt sich sowohl ein bedeutender Wesenszug von Kunst beschreiben als auch das tätige Verhalten derer, die mit Kunst in irgendeiner Weise umgehen. Der Begriff umfaßt die (Subjekt-Objekt-)Beziehung zwischen Kunst und „Kunstbenutzer": Beide leben von Spielräumen, die ihnen Freiheit gewähren. Ich unterscheide im Bereich von Kunst und Kunstbenutzung Spielräume in *vier Ebenen*:

1. Die erste Ebene, auf der Spielräume das Wesen der Kunst bestimmen, besteht in der Verwandlung und Gestaltung von Erscheinungen und Vorgängen der *Lebenswelt* durch das „Spiel" der Kunst.

Die Erscheinungen und Vorgänge der Lebenswelt lassen ja bereits für das täglich-„normale" Denken und Handeln viele Deutungen und Gestaltungen zu; sie werden plastischer, vieldeutiger und transparenter auf ihre Ursachen, Motive, Wirkungen und auf das hin, was sie über „Welt" aussagen, wenn sie zu Äußerungen der Kunst werden. Zwei Beispiele mag diese Ebene des ästhetischen Spielraums verdeutlichen:

A) Die Welthaltung und Selbsteinschätzung des höfischen barocken Menschen offenbart sich — so sagen wir — u. a. in seiner Musik, besonders deutlich vielleicht in der Pose der französischen Ouvertüre und in der Tanz-Darstellung des Menuetts. Doch französische Ouverture und Menuett spiegeln nicht etwa den höfischen Menschen in der Weise, wie er auch sonst erscheint — in Kleidung, Sprache, Gang oder Denken —, sondern diese Musik „erspielt" andere und eben nicht anders auszudrückende Erscheinungs- und Darstellungsformen dieses Weltgefühls. Die Musik vermehrt durch ihr Spiel die Wirklichkeit, die Wirklichkeit wird reicher und genauer erfahrbar.

B) Ironie und Verstellung spielen in MOZARTs „Figaro" eine bedeutende Rolle. Die musikalischen Möglichkeiten jedoch, mit denen MOZART Ironie herstellt, sind ebenfalls nicht lediglich Übersetzung von Wortwitz in Musikwitz, also gleichsam rückübersetzbar, sondern sie „erspielen" eine neue Qualität von Ironie, eine die nur musikalisch darstellbar ist, und eine, die nur in ihrer musikalischen Gestalt faßbar ist.

Bei den Spielräumen, die Kunst gegenüber den Mustern und Vor-Bildern der Lebenserscheinungen nutzt, um zu Kunst zu werden, ist freilich *zweierlei* zu beachten:

a) Wir erkennen uns und Erscheinungen unserer (und der früheren) Lebenswelt in den Spielräumen der Kunst zwar wieder, aber als eine bisher un-erhörte, nichtgedachte und nicht gesehene Möglichkeit dieser Erscheinungen, als Vermehrung und Erweiterung von Wirklichkeit, als mögliche Alternativen.

b) Die Konstruktionen der Kunst verselbständigen sich bisweilen bei der Ausnutzung und Ausarbeitung jener Spielräume in mehr oder weniger starkem Maße. Sie können — abgesehen davon, daß sie gleichsam neue Möglichkeiten der Wirklichkeit darstellen — zu quasi „absoluten" Spielen mit ihren Anlässen und ihrem Material werden. So ist es möglich, daß eine BACH-Kantate für einen Nicht-Christen zum unmittelbaren, erschütternden Erlebnis einer Klang- und Materialwelt, daß eine einstmals funktional gebundene Musik zur persönlichen Erlebniswelt, zum individuell zeitlosen Trost- oder Freudenanlaß werden kann. Spielraum auf dieser Ebene schafft also sowohl unverwechselbaren Ausdruck von Lebenserscheinungen mit den Möglichkeiten des Materials. Der Spielraum, den Kunst gegenüber der Lebenswelt hat, kann aufzeigen, daß und wie „es" auch anders zugehen kann. Diese Leistung von Kunst könnte man *Offenbarung* nennen. Um diese Leistung sozusagen unter die Menschen (Schüler) zu bringen, ist die künstlerisch gestaltete Darstellung von Musik unabdingbar.

Diese gleichsam objektive, am Werk sichtbare und interpretierbare Dimension von Spielraum in der Kunst wird nämlich nur wirksam, wenn und indem der Begriff des Spielraums auf den Benutzer von Kunst angewandt wird. Hier — im subjektiv-tätigen Bereich — liegen die drei anderen Ebenen des ästhetischen Spielraums:

2. der Spielraum, den der Komponist hat und nutzen muß, um sein Werk aus und auf den (überkommenen und verfügbaren) Mustern zu gestalten, einschließlich der Möglichkeit, neue Muster und Stile zu konstituieren;
3. der Spielraum, den der Interpret hat, um die Werke als lebendige darzustellen, um sie als „seine" Werke zu deuten, um „seinen" Geist (und Körper) ihnen einzuhauchen;
4. der Spielraum, den der Hörer hat, um ein Werk (und was es enthüllt oder erschließt) als eine Möglichkeit zu er-fahren — im Sinne eines Dialogs zwischen dem Werk und dem Hörer (GADAMER 1965, 361; RICHTER 1976).

In diesen Dimensionen von Spielraum läßt sich nun unschwer aufzeigen, wie und daß die verschiedenen ästhetischen Tätigkeiten in einem allgemeinen Sinne bildend wirksam sind. Ich beschränke mich hier auf die Erörterung der beiden zuletzt genannten Spielräume, weil sie für die Frage nach der künstlerischen Ausbildung von Musiklehrern besondere Bedeutung haben. Sowohl der Spielraum des Interpreten — genau bezeichnet ist dies der Spielraum zwischen Werkanspruch, Instrument und Individualität des Spielers — als auch jener des Hörers verlangt das Hin und Her zwischen *drei Polen*:

- den Grundverhaltensweisen der Musik,
- der Spannung zwischen Muster und Ausprägung,
- den Verhaltungsweisen des musizierenden, d. h. des spielenden und hörenden Menschen.

Musizieren in der verwirklichten Spannung dieser drei Pole erst bietet die Gewähr für einen intensiven Umgang mit Musik und erfüllt die Forderung einer ästhetischen Didaktik, nämlich jene Spielräume aufzuzeigen, zu nutzen, zu erfüllen. Erst der aktive Umgang mit den Spielräumen der Musik verdient die Bezeichnung künstlerische Tätigkeit, weil er das Objekt mit dem Subjekt zusammenschließt. Er verlangt jenen Grad von Sensibilität, Sachlichkeit und *Hingabe* an die Grundverhaltensweisen der Musik, an das Werk, an das Instrument, an sich selbst und an die „Mitspieler" (das sind zum Beispiel auch Schüler oder Lehrer), welche Michael ENGELHARD kürzlich als jene Liebe bezeichnet hat, die Freiheit — menschliche wie politische Freiheit — bedeutet; jene Hingabe, die zugleich Ziel und Grundlage politischen Ver-

haltens ist. Politisches Verhalten beginnt dort, wo ich anderen die Chance zu wacherem und intensiverem Leben gebe (ENGELHARD 1979).
Musikalisch gebildet ist erst jener Mensch zu nennen, dem jene Spielräume der Musik zugänglich sind. Die wichtigste Form, derart gebildet zu werden, ist in der Schule das Hören und Verstehen von Musik, da ja ein anspruchsvolles Musizieren, das freilich noch besser wäre, vorläufig und häufig nicht möglich ist. Hörerziehung, die ein Hören und Verstehen jener Spielräume anregt und ständig verfeinert, scheint mir nur dann im primären Bildungsbereich gelingen zu können, wenn die Lehrer in ihrer Ausbildung jene Spielräume in eigener künstlerischer Tätigkeit sich zu erschließen gelernt haben und imstande sind, diese Fähigkeiten dauernd auf einem anspruchsvollen Niveau zu halten. Nur dann nämlich können sie jenes kreative Hören und Musizieren beim Schüler hervorlocken und trainieren, wenn sie die Möglichkeiten hierfür sozusagen am eigenen Leibe, „handgreiflich" erfahren haben und bei jeder Art von Musik in ihrer Unterrichtsvorbereitung sich erarbeiten können.
Von dieser bildungspolitischen Zielsetzung aus erscheint eine intensive und anspruchsvolle künstlerische Ausbildung unabdingbar, und zwar in den vier Tätigkeitsbereichen der Musik — Komponieren / Improvisieren, Instrumentalspiel, Singen und Gruppenleitung verschiedener Art (RICHTER 1980).

VI. Spiel als kulturhistorische und kulturanthropologische Kategorie

Verwendet als Metapher oder Symbol für menschliches Verhalten oder menschliche Befindlichkeit, kann am Spielbegriff der Wandel menschlichen Selbstverständnisses aufgezeigt werden. Im Zusammenhang mit Musikbeispielen verschiedener Epochen bzw. Stile ist dieser Wandel etwa in folgendem Unterrichtsmodell darstellbar:

1. Die Barockzeit faßt die Gottheit — und in Stellvertretung der Gottheit den absoluten Fürsten — als einen Spieler mit den Menschen-Figuren auf (Auffassung von der Barockzeit als dem großen Welttheater, Theater als Abbild und Sinnbild der Welt usw., ALEWYN / SÄLZLE 1959). Dieses Verhältnis von Spieler und Gespieltwerden läßt sich im Bereich der Barockmusik u. a. an der stilisierten Tanzgestik der Suitentänze, an der musikalischen Rhetorik der barocken Oper oder am barocken Themabegriff verdeutlichen.
2. In der Zeit des Rokoko, d. h. in der Endphase der Barockepoche, „spielt" die Gesellschaft sich selbst: sie kleidet sich, treibt Konversation, tanzt, wohnt, musiziert . . ., als ob sie sich selbst unentwegt darstellen wolle. Dies läßt sich in den musikalischen Vokabeln, in den musikalischen Gesten und Affekten der Rokokomelodik, in der Kleingliedrigkeit der galanten Musikformen und in der Gestenhaftigkeit der Musik deutlich nachweisen (s. die frühklassischen Sinfonien MOZARTs, die Musik der Mannheimer usw.).
3. In MOZARTs späten Opern (vor allem im „Figaro", in „Don Giovanni" und in „Cosi fan tutte") läßt sich die nächste Stufe des Spielverhaltens aufzeigen: Der Komponist spielt — zumeist ironisch und jedenfalls von „außen" — mit den musi-

kalischen Verhaltensweisen und mit dem Rollenspiel der Rokokomenschen. Er zeigt auf diese Weise das Menschliche hinter der stilisierten Fassade auf, diese als gespieltes Verhalten entlarvend.
4. An BEETHOVENs späten Werken (besonders deutlich etwa im letzten Streichquartett op 135) kann man schließlich beobachten, daß die Spielhaltung sich nunmehr der musikalischen Formen und Normen selbst annimmt: BEETHOVEN spielt mit dem tradierten Normensystem der Musik.

VII. Musik als Spiel – Spielen mit Musik

1. Seit jeher wird die Tätigkeit des Musizierens als ‚Spielen' bezeichnet (... er ‚spielt' eine MOZART-Sonate ...). In solcher umgangssprachlichen Terminologie verbirgt sich das Spielphänomen des Frei- oder Spielraums für den Reproduzierenden zwischen dem festgelegten Notentext einer Komposition auf der einen Seite und den technischen, motorischen, emotionalen und kognitiven Darstellungsmöglichkeiten auf der anderen Seite. ‚Spiel' als Bezeichnung für die reproduzierende oder improvisierende Darstellung von Musik meint außerdem das Bewegungsspiel mit dem Körper und dem Instrument, das eigenständige Spiel der Töne und Rhythmen und das Spiel zwischen der Vorstellung und der Verwirklichung der Vorlage. Alle diese Vorgänge beim Musizieren verweisen auf die Grundbewegung von Spiel als dem „Hin und Her einer Bewegung ..., die an keinem Ziele festgemacht ist, an dem sie endet ... Die Bewegung, die Spiel ist, hat kein Ziel, in dem sie endet, sondern erneuert sich in beständiger Wiederholung ... Die Spielbewegung als solche ist gleichsam ohne Substrat ... Das Spiel ist Vollzug der Bewegung als solcher" (GADAMER 1965, 99).
2. Spielen mit Musik gilt ferner als (pädagogisches) Mittel des Musiklernens, als Gegenstand und Methode in der Verhaltenstherapie, als gesellige Beschäftigung usw. In Form von Spielen Musik zu produzieren, musikalische Gestalten zu erfinden (Improvisation), Gefühle und/oder Sachverhalte zu äußern oder darzustellen (mit Musik Geschichten erzählen), sich mit musikalischen Mitteln zu unterhalten oder in einer Gruppe gegenseitig mitzuteilen (musikalische Rollenspiele, gruppendynamisch bestimmte Improvisationen) u. a. Weisen des Spielens mit musikalischem Material (Klängen, Instrumenten, Formen) ..., dies alles sind seit jeher erprobte Möglichkeiten einer speziell auf Musik ausgerichteten oder auch einer allgemeinen Erziehung (ORFF, DALCROZE, SCHNEBEL, FRIEDEMANN, MEYER-DENKMANN usw.).
3. Als Spielen kann schließlich auch das „Hin und Her" zwischen Musikverstehen und Musikgestalten bezeichnet werden, welche das *doppelte Ziel* verfolgt:
   a) aus der Analyse und dem Verstehen von Musikwerken musikalische Spielformen zu entwickeln,
   b) aus dem spielenden Umgang mit Materialien und Strukturen Grundlagen für die Analyse und das Verstehen von Musikwerken abzuleiten.

Beide Wege entsprechen sich. *Vier Typen* dieses Zusammenhangs von eigenem Spielen und Musikwerk können unterschieden werden. Da sie für musikpädagogisches Handeln in gleicher Weise Bedeutung haben, seien sie an *Beispielen* verdeutlicht:

a) Aus einem (gegebenen) Motiv sind verschiedene Gestalttypen zu bilden: eine symmetrische (zum Beispiel vierzeilige) Liedgestalt, eine Schlußgestalt (d. h. eine Form, die Musik nachdrücklich abschließt – Coda), eine Überleitungsgestalt (eine Gestalt, die ‚woanders' hinzielt und gleichsam eine Brücke darstellt), schließlich eine dialogische Gestalt (ein Streit zwischen mehreren Stimmen). Als Beispiel für diesen Typ von Musik-Spiel eignet sich das Klavierkonzert KV 503 von MOZART. Die genannten Gestaltmöglichkeiten finden sich (in der hier benutzten Reihenfolge) in den Takten T 52 ff., T 82 ff, T 28 ff., T 228 ff. Eine Werkbetrachtung kann eigene Spiel- oder Gestaltungsversuche auslösen — umgekehrt können Gestaltungsversuche das Werkverstehen motivieren und festigen.

b) Aus einer Komposition sind verschiedene Kompositionsweisen oder -muster durch Hören und/oder Analyse herauszufinden und dann in eigenen Versuchen anzuwenden (oder der umgekehrte Vorgang). Ein geeignetes Stück für ein solches Spiel ist BARTOKs Divertimento für Streichorchester (1938), welches aus vielen kleinen Einzelszenen besteht, die so etwas wie kompositorische ‚Webmuster' darstellen. Viele dieser Muster (Flächenbildung, Umkreisen eines Zentraltons, verschiedene Gleitformen usw.) sind mit einfachen Mitteln nachzuahmen.

c) Eine vorgegebene musikalische Figur (Geste, Motiv) soll in freier, assoziativer Weise abgewandelt werden, so daß ein inhaltlicher Zusammenhang entsteht, der jedoch als eine freie Weiterentwicklung des Gedankens erscheint. Als Vorbild für ein solches musikalisches Assoziationsspiel eignet sich zum Beispiel das zweite Stück aus Anton WEBERNs „Fünf Sätze für Streichquartett" op. 5. Zu Beginn wird eine musikalische Geste — bestehend aus zwei fragend aufwärtsgeführten Intervallen — vorgeführt. Der weitere Verlauf des kurzen Stückes besteht in vielen Versuchen, diese Geste in ebenso kurzen Gesten zu beantworten, wobei es an keiner Stelle zu „endgültiger" Beantwortung kommt und wobei die beantworteten Gesten sich in Nuancen voneinander unterscheiden. Den assoziierenden Versuchen der Beantwortung sind verschiedene Begleitmuster unterlegt. Auch hier kann der Weg von der Analyse zum eigenen Spiel oder umgekehrt beschritten werden.

Literatur

Alewyn, R. / Sälzle, K.: Das große Welttheater. Die Epoche der höfischen Feste, Hamburg 1959
Dahlhaus, C.: Autonomie und Bildungsfunktion, in: Abel-Struth, S. (Hrsg.): Aktualität und Geschichtsbewußtsein in der Musikpädagogik, Mainz 1973
Domin, H.: Wozu Lyrik heute?, München 1968
Engelhard, M.: Musik und Politik, in: Musik und Bildung 11 (1979), 305 — 308
Fink, E.: Spiel als Weltsymbol, Stuttgart 1960
Gadamer, H.-G.: Wahrheit und Methode, 2. Aufl. Tübingen 1965
Günther, U.: Zur Neukonzeption des Musikunterrichts, in: Forschung in der Musikerziehung, H. 5/6, Mainz 1971
Hartmann, N.: Ästhetik, 2. Aufl. Berlin 1966
Heidemann, I.: Der Begriff des Spiels, Berlin 1968
Hentig, H. von: Die Kunst als Ernstfall, in: Spielraum und Ernstfall, Stuttgart 1969
Huizinga, J.: Homo ludens, Versuch einer Bestimmung des Spielelementes in der Kultur, Amsterdam 1938 (als: Vom Ursprung der Kultur im Spiel, Hamburg 1956)
Jaspers, K.: Von der Wahrheit. Philosophische Logik, Bd. 1, 2. Aufl. München 1958
Marcuse, H.: Über die philosophischen Grundlagen des wirtschaftswissenschaftlichen Arbeitsbegriffes, in: Kultur und Gesellschaft 2, 6. Aufl. Frankfurt 1968
— Kunst und Revolution, in: Konterrevolution und Revolte, 2. Aufl. Frankfurt 1973
Richter, Chr.: Musik als Spiel. Orientierung des Musikunterrichts an einem fachübergreifenden Begriff (Schriften zur Musikpädagogik 1), Wolfenbüttel 1975
— Musik als Spiel, in: Gieseler, W. (Hrsg.): Kritische Stichwörter — Musikunterricht, München 1978, 183 — 191
— Bildungspolitische Aspekte der künstlerischen Praxis in der Musiklehrerausbildung, in: Forschung in der Musikerziehung 1980, Mainz 1980, 163 — 171
Scheuerl, H.: Das Spiel, 6. / 8. Aufl. Weinheim 1968
— Beiträge zur Theorie des Spiels, Weinheim 1955

7. Spielen, Tanzen, Musizieren für alle – muß das sein?

Helmut Segler

I. Gegenwärtige Betroffenheit

Spielen, Tanzen und Musizieren gehören zur Kultur oder – wie „man" sagt – zur Freizeitkultur, besser: zur Freizeitbeschäftigung, noch besser: zur sinnvollen Freizeitgestaltung. Wer diese Gestaltung nicht beherrscht – und die Freizeitindustrie setzt voraus, daß nur noch wenige Menschen mit sich selbst umgehen können –, muß angeleitet werden und ihm muß sogar beigebracht werden, welche Aktivitäten sinnvoll sind.

An erster Stelle steht selbstverständlich der Sport, weil er gesund ist, das weiß jeder. Aber Trimmen und Joggen reichen nicht mehr aus, deshalb heißt die neue Masche „Kommunikatives Laufen". Was mag das heißen?

„‚Kommunikatives Laufen' will Körperarbeit in Form des langsamen Dauerlaufs mit hilfreichen Gesprächen verbinden. Regelmäßiges Laufen kann den Dialog mit sich selbst wieder stärker beleben. Körpermeditation ist Gespräch mit sich selbst... Laufen kann das werden, was es für sehr viele Menschen auf der ganzen Welt bereits ist: Physio- und Psychotherapie" (WEBER).

„Kommunikatives Laufen" bedeutet also nicht, während des Laufens sich zu unterhalten, wohl aber sich die Hände zu reichen und sonst vor allem „den Dialog mit sich selbst beleben" oder, wie es in dem zitierten Text an anderer Stelle heißt:

„In der Laufbewegung drückt der Mensch in besonders prägnanter Weise sich selbst aus. Er sendet Signale, die interpretierbar sind und ein Stück Lebensgeschichte widerspiegeln."

Kommunikation gehört längst zu einer der vielen pädagogischen Moden. „Kommunikatives Laufen" dient offensichtlich einer veranstalteten Aggressionskanalisierung oder auch allgemeiner Lebensfreude in einem weltweiten Volkssport, der nicht nur Laufen mit unvernünftigen und übertrieben sportlichen Zielen meint, sondern über die körperliche Gesundheit hinaus eine gleichzeitige Seelenhygiene anpreist. Der therapeutische Ansatz verweist auf die für viele Menschen in der ganzen Welt vorausgesetzten Leiden und angenommenen Zeitkrankheiten und gehört zu dem weitverbreiteten „Pädagogenkitsch", der dadurch entsteht, daß der Pädagoge und seine vielen Ableger sich für gesund, normal harmonisch gebildet und als sogenannte Persönlichkeiten verstehen, die alle anderen glauben in einer Weise erfassen und belehren zu müssen, so daß jedermann ein schlechtes Gewissen über seinen individuellen Zustand und über den Zustand der Welt überhaupt bekommen muß.

Die Freizeitwelle rollt und mit ihr steigern sich die Lobpreisungen der Aktion, der Interaktion und der damit verbundenen seelischen Gesundung. Mit großem Fleiß — d. h. industriell — wird der nicht mehr als eigenständig gedachte Mensch am besten von seiner Kindheit an *um*sorgt und mit entsprechenden Spielmitteln jeglicher Art *ver*sorgt. Was aber ist glaubhaft, welche Maßstäbe sind verläßlich. Der Mitreißeffekt des Simplen und Banalen — seien es in unserem Zusammenhang dümmliche Partner- oder Gruppenspiele mit ständigen Berührungsbefehlen, einfachste Tanzbewegungen mit Discomusik-Rhythmen oder im Können voraussetzungslose pädagogisierte Musizierformen —, alle diese das Gefühlige einseitig anregende Aktivitäten zielen offensichtlich auf vorhandene Existenzängste, die nicht ins Bewußtsein aufsteigen und verarbeitet werden, sondern sich durch permanente Betriebsamkeit verdrängen lassen.

Unsicherheit und Angst sind aber ganz ohne Frage ein spezifisches Problem heutiger Menschen. Überall in der Welt gibt es deswegen Animateure oder zumindest viele ihrer Ausbilder, die als Führer und Gurus von diesem Zustand mehr zu wissen glauben oder zu wissen vorgeben und ihn für ihre Geschäfte nutzen. Sekten wie der Bhagwan-Kult oder sogenannte Selbsterfahrungsgruppen haben mit solchen „musischen" Tätigkeiten, die zum „Ich" führen sollen, gewiß eine Berechtigung, aber meist peinlich wird die Wendung in die Öffentlichkeit und mehr als aufdringlich ist die Quantifizierung des qualitativ womöglich notwendigen Tuns.

„Für alle" ist heutzutage die zentrale Frage auf allen Kommunikationsebenen und nicht nur in unserem engeren Zusammenhang der sogenannten „musischen" Tätigkeiten. Zwar sind alle Menschen gleichwertig, aber sie sind nicht alle gleich. „Alles für alle" zu lernen (COMENIUS) ist unter Pädagogen und Politikern eine bis heute nicht bezweifelte Aussage, und unser Schulsystem — auch das durch Reformen intendierte — betont die Gleichheit einerseits als oft mißverstandene Chancengleichheit (Gesamtschule) oder als selektierte Gleichheit (viergliedriges System), anstatt die individuelle Ungleichheit und entsprechende Konsequenzen zu beachten. Schulen, die wir sicherlich nicht abschaffen können, sollten durchweg als staatliche oder private Angebotsschulen eingerichtet werden, damit individuelle Lernbedürfnisse befriedigt werden können. Ständige Lernbefehle rufen gerade bei Heranwachsenden immerfort Angstzustände hervor, die wiederum den Lernbefehlshabern — von Kultusministern an abwärts — amtliche Identifikationskrücken und eine beamtete Berufsgarantie liefern. Dieser Tatbestand sichert den „Mut zur Erziehung" durch Spiel zum Spiel, durch Tanz zum Tanz, durch Musik zur Musik für alle und bleibt als Grundlage für Kommerz, undurchsichtige Politik und aufdringliche Pädagogik auf fast allen Ebenen fatal.

Zur körperlichen Gesundheit gehört aufgrund und wegen vieler wissenschaftlicher Widersprüche, sich selbständig einen Ernährungsweg zu wählen, der das Wohlbefinden stärkt. Genauso gehört es zur geistigen und seelischen

Hygiene, selbständig und selbstbestimmt zum Beispiel traditionelle gesellschaftliche Spielangebote im weiten Sinne anzunehmen, zu verändern, neue zu suchen und zu erfinden, aber sich nicht geschickten Ver-Führern auszuliefern. Gemeinsam erlebte oder gemachte Musik kann Mut und Hoffnung verbreiten, aber auch den Verstand ausschalten. Viele Spiel-, Tanz- und Musikpädagogen meinen, ohne ihre anerkannten Aktivitäten bliebe der Mensch ein Fragment, und jedes Fachgebiet hält sich wegen des sozialen Prestiges für den Nabel der Welt. Mit bedeutsam klingenden und so richtig ans Herz gehenden Formeln von Kreativität, Freisetzung der Fantasie, notwendiger Bildungsarbeit, Freude, Spaß, Erholung und Vergnügen im Dienste des Humanen läßt sich außer der allgemeinen Fremdbestimmung auch leicht Unmenschlichkeit verschleiern, wenn zum Beispiel Spiel, Musik und Tanz solche Zeremonien verbrämen, die auf ganz andere Ziele ausgerichtet sind.

Diffuse Angst (s. oben) scheint mit zu entstehen durch ungenügend reflektierte und oft vom sozialen Gefüge abgelöste Erscheinungen, die mit sogenanntem Fortschritt verwechselt werden. Aber Fortschritt bedeutet nicht nur eine Verstandesleistung und rein technische Entwicklung, sondern auch eine selbstbewußte Gefühlsbereicherung durch Erweiterung und gleichzeitige Beschränkung von Lebensbedürfnissen. Da die Seite des Gefühls im schulischen Lernen entweder unberücksichtigt bleibt oder später gar lächerlich gemacht wird, ist verständlich, wenn Heranwachsende auf alle gefühligen Aktivitäten hereinfallen, die einseitig den Verstand ausschalten und bewußt oder unbewußt zur Verdummung meist eines Kollektivs eingesetzt werden.

Machen gemeinschaftliches Spielen, Tanzen, Singen und Musizieren also dumm, macht der ständige Sing-Sang zu Spielen oder gemeinsamen Tänzen nicht den einzelnen Menschen „leer zwischen den Ohren"? Nicht unbedingt. Erstaunlich bleibt hingegen, mit welcher Hingebung — manchmal auch aus Höflichkeit gegenüber den Animateuren — die größten Albernheiten auf Anweisung hin praktiziert werden: Ja, die soziale Funktionslosigkeit, d. h. das Fehlen einer Geborgenheit in gesellschaftlichen Traditionen, kann sogar zur beabsichtigten Massenhysterie führen und politischen oder pseudoreligiösen Anreißern gefährliche Macht verleihen. Nicht nur aus Berichten über Sekten oder sogenannten Sommer-Akademien, die mit gemeinsamen Spielen, Tänzen, Liedern, Theaterspielen oder auch Malübungen den Ferienweg zum eigenen „Ich" versprechen, ist der Mechanismus bekannt, wie durch ständige Selbstindiktrination eine totale Kontrolle hergestellt werden kann.

Erziehungsstrategien und pädagogische Traditionen, die inzwischen ihre Opfer in alle Winkel des gesellschaftlichen Lebens verfolgen — zum Beispiel Spielpädagogik, Tanz- und Musikpädagogik, Sozialpädagogik, Verkehrs-, Museums- oder Sexualpädagogik u. a. m — pflegen den Menschen in kognitive, affektive und motorische Komponenten im Sinne von Bestandteilen zu zerlegen und diese durch jeweilige Schulfächer mit kleinen Zeiteinheiten zu verstärken. In der Theorie stellt man sich einen synthetisch wieder zusammensetzbaren Menschen vor: die glückliche und für das Vaterland brauchbare, harmonisch gebildete und „entfaltete" Persönlichkeit. Gerade diese — eine theoretische Fiktion und den Tatsachen längst widersprechend — erliegt Totalitätsansprüchen, da sie sich als „ganzer Mensch" versteht und sich daher „mit Haut und Haaren", aber oft ohne Verstand mit den jeweils deklarierten edlen Menschheitszielen identifiziert.

Das Abendland oder der Weltfriede ist dann meist in Gefahr, so daß die Menschen zu seiner Rettung und zu ihrem Glück gezwungen, erzogen oder verführt werden müssen. Einerseits müssen sie leistungsbezogen und hart arbeiten und andererseits in der arbeitsfreien Zeit ebenfalls beschäftigt werden, damit sie möglichst nicht zur Besinnung kommen. Unter den vielen wirklich Arbeitslosen finden wiederum so manche ihre Arbeit, indem sie sich zu Modeberufen, wie Therapeuten oder Animateure, ausbilden lassen und alle anderen auf ihre Weise beglücken sollen und wollen. Künstlernamen werden oft angenommen oder Exotismen sind unter den Figuren nicht selten anzutreffen (vgl. ZEHLE).

II. Eine Zwischenbemerkung

Wird mit dem gestellten Thema eine überraschende Frage gestellt oder ist sie nicht überraschend notwendig? Sind alle bisherigen Überlegungen nicht etwas hergeholt, um das harmlose Spielen, Tanzen und Musizieren zu denunzieren? Ich meine: nein, weil immer „für alle" hinzuzudenken ist, wodurch das Problem überhaupt erst entsteht. Noch einmal: Spielen im allgemeinen Verständnis ist sicherlich für den Menschen notwendig und gilt als abgesicherte psychologische Aussage. Spielen im besonderen wie Singen, Tanzen oder Musizieren für alle hingegen widerspricht der Vorstellung von der Ungleichheit der Menschen in bezug auf unterschiedliche ästhetische Formungen und Handlungen als vielfältige Ausdrucksmöglichkeiten, die auch individuelle Lebensängste verarbeiten und Gleichgesinnte bestärken können. Das „für alle" ist aber Mißbrauch. Der Mensch wird dann in einer automatisierten Gesellschaft „veranstaltet", pädagogisch erfaßt und therapiert von denen, die ihn dazu zwingen wollen, glücklich zu sein und vielleicht sogar den Sinn des Lebens zu finden.

Auf jeden Fall aber beleben sie ihr Geschäft mit dem Geschäft und — das ist das Komische dabei — oft glauben sie sogar, etwas Gutes zu tun für das soziale Wohlbefinden. Wenn es allerdings nicht gelingt und die Betriebsamkeit in Lächerlichkeit umschlägt, dann setzt das Jammern ein über die schlechte Welt, ein Erkennungszeichen für den ich-schwachen und unbefriedigten typischen Beibringer, der nichts anderes als seinen Job gelernt hat.

Spielen, Tanzen und Musizieren für alle ist ein Beschäftigungs- und Kommunikationsbefehl, der mit versimpelten Gegenständen handelt und allgemeinen Spaß verbreiten soll. „Spaß muß sein!" — welch schrecklicher Befehl. Wir Deutschen kennen doch „Kraft durch Freude" als Volksbeglückung und haben nichts daraus gelernt? Offensichtlich nicht, denn weiterhin wird verhindert, sich als Mensch wahrnehmen zu können und statt dessen in Gemeinschaft zu versinken. Nirgends außer in pädagogischen Traktaten wird verkündet, daß Spielen, Tanzen und Musizieren Freude machen muß und „eine Abrundung menschlichen Daseins darstellt" und daß der Umgang mit Musik „ein existentielles Problem ist, von dessen Lösung das Fortbestehen unserer Gesellschaft als humane Sozialform abhängen kann". So die programmatische Aussage eines musikpädagogischen Verbandes in der „Neuen Musikzeitung", August / September 1983, auf der ersten Seite. Solche salbungsvollen Töne beziehen sich selbstverständlich auf die echte, richtige, gute Musik und gehören zum Gruppenritual musikpädagogischer Verbände, die ihren Mitgliedern die höheren Werte als Bindemittel und zur Identifikation bieten müssen, denn Musiker wissen insgeheim noch von ihrem im Mittelalter verachteten Berufsstand als Gaukler, Bärenführer, Tänzer und Moritatensänger. Keine Gemeinschaft hatten sie mit ihren Kollegen, die als Aufsteiger von der Kirche oder aus der fürstlichen Kammer bezahlt wurden und sozusagen fest angestellt waren. Der pensionsberechtigte „Kammermusiker" ist heute ein begehrter Titel und unterscheidet sich von dem gesellschaftlich weniger angesehenen Orchestermusiker oder von den staatlich nicht geförderten Rock- und Pop-Musikern. Jazz-Musiker hingegen sind inzwischen hochschulfähig.

Die „Fahrenden Leute" lebten früher als Volksbelustiger und gesellschaftliche Außenseiter von der heimlichen Achtung ihrer Zuhörer, für die und vor denen sie auftraten. Zu frechen Liedern durfte der Kehrreim mitgesungen werden, aber nie animierten sie alle Leute, öffentlich alles mitzumachen, sie wären sofort eingesperrt worden. Heutzutage führen „Liedermacher" diese Tradition weiter. Das Kabarett – ursprünglich Cabaret gleich Schenke, Wirtshaus – bringt sein Publikum hingegen zum Lachen, das oft im Halse steckenbleiben kann, auf jeden Fall aber zum Mitdenken. In einem besonderen Licht erscheint – die Zwischenbemerkung abschließend – von ADORNO eine seiner „Reflexionen aus dem beschädigten Leben" in Minima Moralia:

„Noch die mit größtem Aufwand in die Welt gesetzten ... Kulturerzeugnisse wiederholen ... die Gesten des Wirtshausmusikanten, der nach dem Teller auf dem Klavier schielt, während er seinen Gönnern ihre Lieblingsmelodie einpaukt" (1951, 260).

Es ist leicht zu erkennen, wie die gegenwärtigen Animateure als öffentliche Anreger vieler Aktivitäten von der europaweiten Freizeitwelle emporgetragen werden, auf der Höhe zu sehen sind – sie sind up to date – und allgemeines Ansehen gewinnen, zumal sie das womöglich anstrengende Denken vermeiden, Ängste betäuben und Konflikte verschleiern. Auf diese Weise kommen sie den geheimen Wünschen so vieler Menschen entgegen, die Selbstbestimmung nicht rechtzeitig gelernt haben.

Schüler sind in unseren Schulen als staatliche Institutionen nie als selbstverantwortliche Subjekte akzeptiert worden. Wie kann daher erwartet werden, daß Erwachsene – Ausnahmen bestätigen die Regel – unangepaßte Menschen seien. Fremdbestimmung herrscht auch in ästhetischen Lernbereichen, indem zum Beispiel Politik ästhetisiert wird, anstatt die Ästhetik zu politisieren. Zum Glück wird noch immer gegen die Schule gelernt. „Freie Schulen" oder „Lernzentren" gehen neue Wege, wenn sie dürfen. Neuerdings gibt es aber auch interessante Ansätze in üblichen Schulen (vgl. Norbert HILBIG,: „Non-direktive Pädagogik. Trotz Schule lernen", in: betrifft: erziehung H. 9 (1983), 34 ff.).

III. Zum historischen Hintergrund

1. Spielen

In den Gymnasien der Jesuiten wurde das Theaterspiel seit 1570 mit didaktischem Hintergrund und zur Glaubensverbreitung in Anknüpfung an das humanistische Schuldrama gepflegt. Über das nicht professionelle Volkstheater und spätere Laienspiel der Jugendbewegung war die pädagogische Ambition mit moralischem Akzent immer erkennbar. Weibliche Rollen wurden erst nach 1500 auch von Frauen gespielt. Zur Sozialgeschichte des Berufstheaters gehört, daß die Schauspieler/innen zum „fahrenden Volk" mit nicht gerade strenger Beachtung von Sitte und Anstand zählten.
Verständlich ist es, wenn heutige Theaterpädagogik sehr genau auf schulische Bedingungen achtet und wenn die Schulaufsicht bestimmte Vorführungen, zum Beispiel des Grips-Theaters aus Berlin, in öffentlichen Schulen verbietet. Handwerkliches Können steht nicht im Vordergrund wie bei einem gelernten Schauspieler, für den es zur Lehrzeit gehört, etwa laut Theaterjargon „eine Kerze über die Bühne zu tragen" und mindestens den „Kleinen Hey" zu studieren und zu üben. Im übliche Schulspiel wird am komplexen szenischen Spiel die sinnliche und geistige Lust, die nicht für alle zugänglich ist, ebenso verdeckt wie der Spielwitz durch penetranten und alle verfolgenden Erziehungsehrgeiz mit Lernschritten, Lernzielen und schließlich beurteilbaren Theaterwettbewerben oft verloren geht.
Betuliche Aktivitäten von spezialisierten Erwachsenen — bleiben wir bei dem Begriff „Animateur" auch in bezug auf Theaterspiel — zeigen die Denktraditionen auf, in denen sie gefangen bleiben. Schon der Begriff „Theaterpädagogik" verweist darauf, möglichst alle zu erfassen. Außerdem muß unbedingt ein Forschungsgebiet eröffnet werden, damit die Behandlung der Spielenden methodisch und vor allem psychologisch abgesichert werden kann. In Schulen geschieht das durch offizielle Lernzielkataloge, im öffentlichen Freizeitfeld durch auffälliges Wortgeklingel mit Begriffen wie: Kreativitätsförderung — integrative Therapie — Alltagsbewältigung — emotionaler Rückhalt — kollektive Identität — Selbstverwirklichung — Selbstentdeckung u. ä. m. (aus Anzeigen und von Plakaten).
Die Mischung von rationaler Begrifflichkeit mit gefühlsbeladener Semantik entspricht üblicher Technik der Werbung und rechnet mit einem die angepriesenen Verhaltensweisen erwartenden oder auf sie ansprechbaren Publikum. Solche Technik reicht in der Geschichte von der propaganda fidei der Jesuiten bis zur Politpropaganda im Dritten Reich, die die selig-

machende Volksgemeinschaft anpries, in der der einzelne aufblühte oder auch unterging, je nachdem – Dialektik ist immer hilfreich.
Neben der speziellen Theaterpädagogik gibt es selbstverständlich eine übergeordnete allgemeine „Spielpädagogik". Werden aber die realen „Spielhallen" als internationale Erscheinungen anders als nur naserümpfend zur Kenntnis genommen? „Automatische" Entrüstung ist sehr verbreitet, denn die Apparate entziehen sich – wie schön – einer Pädagogisierung. Zufall und Irrationalität gehören zwar zum Wesen des Menschen, aber Glücksautomaten erfüllen offensichtlich keinen kontrollierbaren Lernzweck. Spiele sagen etwas aus über die Menschen und ihre Zeit, also sind nicht Spiele zu kritisieren, sondern die sozialen Bedingungen jeweiliger Lebensformen, wie zum Beispiel die Schulen als „Isolierzellen" (Horst RUMPF) ohne realen Gesellschaftsbezug und nur versessen auf Lernziele, Zensuren und Abschlüsse. Es macht mich überhaupt skeptisch, daß Pädagogen nicht längst laut und öffentlich darüber nachdenken, warum ihnen Kinder und Jugendliche davonrennen möchten, wenn sie nur könnten. „Raus aus der Schule!", sobald das perverse Klingelzeichen die womöglich vorhandene Lern- und Spielbereitschaft endgültig zerstört. Aber ich will nicht den „Folgerungen?" vorgreifen. Zurück zum historischen Hintergrund.
Sicherlich werden an dieser Stelle allgemeine Anmerkungen bekannter Autoren wiederholt, die in anderen Beiträgen des Handbuches bereits ausführlicher behandelt worden sind und immer wieder Deutungen, Erklärungen oder gar Definitionen des Spielens und des Spiels versuchen. Trotzdem einige „Bei-Spiele".

- Fr. G. JÜNGER: „Entstehung (Ursprung) und Anfang (Beginn) des Spiels sind zu unterscheiden ... Nahe liegt, daß der Mensch immer gespielt hat, vor der Steinzeit, in der Steinzeit und heute, daß er also immer spielen wird." Zur Geschichte eines solchen geschichtslosen Prinzips gehört, daß „Spiele ihrem Wesen nach etwas Wiederkehrendes (sind). Sie werden wiederholt. Wiederkehr in der Zeit und Wiederholung im Raume sind ihnen eigentümlich." Aber: „Das Spiel ist weithin profan geworden und hat sich der Bindung an eine umfassende Wiederkehr entzogen. Die Kluft zwischen dem Heiligen und dem Profanen ist tief aufgerissen. Den heiligen Spielen ist die Entheiligung des Spiels gefolgt."
- GIRAUDOUX: „Das Spiel ist die mimisch dargestellte Geschichte der frühesten Epochen der Welt."
- HUIZINGA: „Die Tiere können spielen, also sind sie bereits mehr als mechanische Dinge. Wir spielen und wissen, daß wir spielen, also sind wir mehr als nur vernünftige Wesen, denn das Spiel ist unvernünftig."
- Nach R. CAILLOIS: Spiel ist eine geregelte oder fiktive Betätigung, die die üblichen Gesetze aufhebt und für den Augenblick neue, alleingültige Konventionen erfordert.

Spiel und Leben sind nicht identisch, obwohl immer wieder das Gegenteil zur „Heilung" des Individuums und der Gesellschaft proklamiert wird.
Interessant ist es sicherlich, der Wortgeschichte ein wenig nachzugehen:

„Grundbedeutung von *Spiel* ist ‚Tanz', mit Vorwärts-, Rückwärts- und Seitwärtsschreiten verbunden, das auch zur Umkreisung werden kann. ... ahd. spilari, spiliman ist ‚Schautänzer', spiliwip ‚Tänzerin'. Erst mit der Verbreitung des weltlichen Gesellschaftstanzes wurde der *Spielmann* zum Musikanten und Vortragskünstler, doch bedeutet spilestube noch bei Neidhart v. Reuental ‚Tanzraum'. Die Wortgeschichte entfaltet sich gleichlaufend mit der von *pflegen* (engl. play entspricht unserem *Spiel*):

vielleicht sind beide wurzelverwandt" (Etymologisches Wörterbuch der deutschen Sprache 1963, 726).

An anderer Stelle unter „*Spielraum* zu *spielen* in seiner Nebenbedeutung ‚sich bewegen'..." (aber engl.: to play a game)
Im „Pädagogischen Lexikon" (1961, Sp. 918 f.) heißt es u. a.

„Die deutsche Sprache kennt für das Tun (spielen) wie die tradierbaren Regelgebilde (die Spiele) nur ein einziges Wort, das in seinem Bedeutungsreichtum sehr weit ist. ... Zugrunde liegt jedesmal das Phänomen freier Beweglichkeit innerhalb eines begrenzbaren Raums, meist im Hin und Her eines labilen, daher gefährdeten und überraschungsvollen Bewegungsgleichgewichts. . . . Spielen ist eine Kunst, will gelernt sein und bedarf der Übung; es bedarf aber auch der Muße des Geschehenlassens."

Frühere und gegenwärtige Erfahrungen lehren, wie schnell gemeinschaftliches Spielen ohne Zuschauer mit tradiertem Urteilsvermögen trotz aller pädagogischen Bemühungen zur „Spielerei" wird. Mit dem Ansatz „für alle" werden die Mitspieler leicht zum Spielzeug umgewandelt. Nicht nur eine „Spiel-Zeug-Industrie" wird erzeugt — der sprachliche Zusammenhang von „Zeug" mit „Zucht", „ziehen" und „Erziehung" ist gegeben —, sondern „Spielerei" liegt meist unter dem Niveau des von den Spielern selbst erwarteten Könnens und auch ihrer „Spielgesinnung", die dem reinen „Spieltrieb" und der Triebhaftigkeit des Tuns entgegenwirkt. Zum Spiel gehören außerdem bewußt eingegangenes Abenteuer und erwartete Faszination in bezug auf das Gelingen oder Mißlingen. Warum sollen alle spielen? Warum sollen alle möglichst gemeinsam spielen? Die Fabel von der fleißigen Ameise und der verspielten Grille beweist die alte Einsicht, daß die Menschen nicht gleich sind. Aber im harmlosen Spiel sind die Menschen doch gleich, weil sie gemeinsam spielen? Eben nicht, obwohl jeweilig Mächtige und deren Funktionäre immer zu wissen scheinen, wie sie die erwünschte Gleichmacherei anzustellen haben. Ihre Begründung ist einfach: die in ihrem Dienst stehenden Erzieher haben die ernste Sorge zu haben, daß die Menschen das Spielen verlernt hätten und daß sie durch die einengenden Zivilisationsreize in sich zersplittert und immer unvollkommener würden. Pädagogen — historisch aus der Rolle des asketischen Theologen geschnitten — leben vom polit-pädagogisch intendierten Jammern über die Welt und darüber, daß die Menschen so schwer zu verändern seien; sie müssen daher erfaßt und ständig behandelt werden.

Offenbar bemerkt niemand die Herabwürdigung des Spielens zu einem Mittel zum Töten der Langeweile in der arbeitsfreien Zeit und seine Reduzierung auf Banalitäten zu kindischen Spielchen — bei „fröhlichen" Massenveranstaltungen. Hausbackene Konventionen oder auch die simple Vorhersehbarkeit des Gelingens allgemeiner Spielerei für alle lassen die Spieler nur noch als betriebssame Mitmacher funktionieren, so daß sie die verschleierten Absichten nicht mehr erkennen können, nämlich das ernstnehmen zu sollen, was ihre Animateure moralpädagogisch oder therapeutisch im Dienst welcher Interessen auch immer ernstzunehmen beauftragt sind. Propagiert wird die für alle nur in sehr geringem Maße geforderte Anstrengung, die angeblich von sozialen Spannungen und individuellen Nöten befreit.

Spielen heißt sich geistreich unterhalten oder sich unterhalten lassen. Hat Spielen also vordergründig erzieherische Aufgaben? Nein — diese verweisen lediglich auf die intellektuelle Einsicht in die Bedeutung des Spiels als therapeutisches Mittel und nicht auf die existentielle Lust der Anstrengung und auf das Vergnügen eigengesteuerter Lern- und Lebensbedürfnisse. Diese — wenn man so will — Art Selbsttherapie unterscheidet sich entscheidend von der veranstalteten Außensteuerung. Außerdem beruhen „erzieherische Aufgaben" auf affirmativer, nicht auf kritischer Reflexion, die Distanz schafft.

Die oft angekündigten „Spiele ohne Sieger" — also solche ohne den Einsatz individueller Anstrengung — beachten nicht, trotz der Betonung der sozialen Bedeutung, den eigentlichen sozialen Charakter des Spielens, indem nämlich ein höheres Gemeinsames anerkannt wird in dem Sinne, dem anderen die Chance zu gönnen, in einem Wettstreit des Könnens zu gewinnen. Die höhere menschliche Wertigkeit der Stufe des Gemeinsamen geht unter in einem anonymen Kollektiv, in welchem der Mensch in seiner Eigenheit und in seinem Eigensein nicht geduldet wird.

Mit erzieherischen Aufgaben propagierte Spiele waren und sind nicht weit entfernt von staatlich inszenierten Propagandaspielen und Zeremonien oder als harmlos bezeichneten Spielangeboten „für alle", die mit einseitiger Schlagkraft und gewollter Eindringlichkeit durch ihre Bindung an undurchsichtige Zwecke menschliche Einfältigkeit erzeugen oder diese voraussetzen. Im Dritten Reich — also vor fast fünfzig Jahren — scheint der Höhepunkt manipulativ eingesetzter und auf Massengeschmack ausgerichteter Banalitäten noch lange nicht erreicht worden zu sein. „Spielen für alle" wird immer weniger Aktion mit dem Wunsch nach möglicher Freiheit und immer mehr Re-Aktion und erzeugt daher Abhängigkeiten.

2. Tanzen

„Tanz" und „tanzen" sind als höfische Modewörter des Rittertums um 1200 bekannt und sind entlehnt aus dem altfranzösischen *danse* und *danser* (Etymologisches Wörterbuch, 770). Interessant ist der Zusammenhang mit „Spiel" und „sich bewegen" (s. oben), weshalb „Tanzen" die Grundlage jeder nonverbalen Kommunikation einschließlich der Musik zu sein scheint. Um so auffälliger ist die Tatsache, daß „Tanzpädagogik", „Tanzerziehung" und „Tanztherapie" erst in den sechziger Jahren aufgetreten sind, denn im „Pädagogischen Lexikon" (1961) ist noch nicht einmal das Stichwort „Tanz" vorhanden. Einen selbständigen Tanzlehrerstand und anerkannten Tanzunterricht gibt es nachweislich seit dem 15. Jahrhundert, während im Mittelalter die wandernden Gaukler und Mimen als verachtete Berufstänzer durch Europa zogen und ihre überall aufgesammelten Formen und Formeln mit sich transportierten und verbreiteten. Italien war das Land, in dem mit dem geachteten Tanzlehrer auch eine Tanztheorie gebildet wurde.

„Für die deutschen Verhältnisse im 15. Jahrhundert gibt es kaum ein unmittelbares Zeugnis und vor allem keine theoretische Quelle. Denn das ist die Ausnahmestellung des deutschen Tanzes: unbekümmert um die Wandlungen und Moden der internationalen Welt, die bald von Italien, bald von Spanien oder von Frankreich angegeben wurden, geht es seinen eigenen Weg" (SACHS 1933, 222).

In der Tanzgeschichte gibt es einige Tatsachen, die für unseren Zusammenhang wichtig sind. Einmal ist es der in unterschiedlichen Zeitabständen auftretende Wechsel von großer durch Tanzunterricht erlangten Kunstfertigkeit für die wenigen einer Oberschicht, zu mehr Leichtigkeit und Unbefangenheit des Tanzes und deshalb zu größerer gesellschaftlicher Beteiligung. Zum anderen gibt es immer wieder die Tanzrevolution, in deren Verlauf sich eine Ungezügeltheit des Tanzens durchsetzt oder exotische Einflüsse aus ganz anderen Tanzkulturen wirksam werden. „Tanzen für alle" wird propagiert, wobei tänzerisches Können nicht gerade im Vordergrund steht. Tanzlehrer stellen sich dann die Aufgabe, den Wildwuchs zu beschneiden. Besonders nach dem Zweiten Weltkrieg wurden sogenannte Standardtänze von den Tanzlehrern entwickelt und international im Rahmen eines „Welt-Tanzprogramms" verbreitet. Auf dem Tanzparkett ist durch Unterricht erworbene Geschicklichkeit gefragt, die kurzlebigen Moden unterworfen bleibt.

Sitte und Anstand – Polizeivorschriften bestimmten früher das Erlaubte beim Tanzen, Auswüchse wurden bestraft – sollen jeweils gewahrt bleiben, denn alle gemeinsamen Tänze von Männern und Frauen galten und gelten bis heute überall als ein erotischer Präliminarzustand, der zwar zusammen mit den Tanzbewegungen endet, aber je nach geltenden Normen unterschiedliche Konsequenzen hat. Daher ist es verständlich, wenn in den deutschen allgemeinbildenden Schulen kein offizieller Tanzunterricht stattfindet – geistliche Schulaufsicht hat ihn seit Einführung der Schulpflicht im 17. Jahrhundert verhindert –, während es stundenanteiligen Sport-, Gymnastik- und Musikunterricht mit ausgebildeten Fachlehrern/innen gibt.

„Die christlichen Kirchen haben, zu ihrem Schaden, den Tanz aus dem heiligen Bezirk bis auf geringe Begehungen verbannt" (Fr. G. JÜNGER). Der Tanz ist eine Sache des Teufels, die Musik eine der Engel im Himmel.

Martin LUTHER spricht von den „bösen Fiedlern und Geigern", die in den Gassen zum Tanz aufspielen, und im Gegensatz zu den „Gassenhauern" von der edlen Musica, „die unser Herr Gott in dieses Leben, das doch ein lauter Scheißhaus ist, geschütt hat" (Tischgespräche).

Eine andere „Geschichte" begint am Ende des 18. Jahrhunderts im Zuge der allgemeinen Aufwertung und poetischen Verklärung des „Volkes", wodurch die rechtlosen und bösen Spielleute auf die Ebene guter und edler Volksmusikanten emporgehoben wurden und mit ihnen auch ihre Lieder und Tänze. Nun gab es „Volkslieder" und „Volkstänze", die, gereinigt von anstößigen Texten und Körperbewegungen, zur Erziehung des deutschen Volkes eingesetzt werden konnten.

„Konkret geht es um das was sich zwischen 1760 und 1780 abspielt – in der Zeit, in der zum erstenmal Begriffe wie Volkspoesie, Volksdichtung, Volkslied, Volkssage auftauchen. Nicht immer läßt sich Wortgeschichte unmittelbar als Sachgeschichte interpretieren; aber dieses massive Aufkommen neuer Begriffe stützt doch die Vermutung, daß damals nicht nur Altes wiederentdeckt, sondern Neues geschaffen wurde, daß nicht etwa die namenlose Vielfalt der mündlichen Überlieferung lediglich benannt, sondern daß sie auf eine andere Ebene transportiert und damit verwandelt wurde" (BAUSINGER 1968, 10).

Dieser gesellschaftspolitisch und pädagogisch raffinierte Schachzug der damaligen Führungsschicht ist lange genug verschwiegen worden.
In der Zeit des deutschen Nationalismus, vor allem vor und nach dem Ersten Weltkrieg, griff die deutsche Jugendbewegung außer dem selbstverständlich gewordenen „echten" Volkslied auch den in volkskundlichen Sammlungen schlummernden Volkstanz auf. Seine Pflege im Wandervogel, in der deutschen Singbewegung, Jugendmusikbewegung und entstehenden Volkstanzbewegung erreichte endlich während des Dritten Reiches einen staatlich geförderten und ideologisch fundierten Höhepunkt. Das deutsche Volk sollte in seiner Gesamtheit nicht nur artgemäß singen, sondern auch artgemäß tanzen und marschieren.
Über diese „Entartung", an der ich als Musikstudent leider nicht unbeteiligt geblieben bin, gab es keinerlei Aufklärung von seiten unserer Lehrer, so daß die persönliche Erfahrung erst in den Nachkriegsjahren endlich verarbeitet werden konnte. Meine kritischen Reflexionen sind daher weder herbeigeredet noch bodenlos oder gar skandalös, wie manche Verbandsfunktionäre bis heute glauben meinen zu müssen.
Während der Zeit der deutschen Volkstanzpflege wurde der Begriff „Folklore" nicht akzeptiert, obwohl seine Herkunft bereits 1846 in England nachweisbar ist. Dazu sagt BAUSINGER (1968):

„In weniger als einem Jahr war das Wort zu einem gängigen Begriff geworden. Das Wort hat aber nicht nur diesen zeitlichen, sondern auch einen räumlichen Rekord aufzuweisen: im Verlauf weniger Jahre oder doch Jahrzehnte fand es Eingang in den verschiedenen Sprachen und Sprachbereichen, was vielleicht gerade deshalb möglich war, weil es sich um ein künstlich geschaffenes Wort handelte. ... Im Englischen bezeichnet folk das Volk, die Leute — mit einem gewissen sozialen Akzent auf den wenig gebildeten Schichten, aber im Gegensatz zu people und erst recht zum deutschen Wort Volk ohne nationalen Gehalt; lore ist das Wissen, die Erfahrung, die Lehre, die Überlieferung. ...
In Deutschland ist der Begriff nicht heimisch geworden; es stellt eine Insel dar, in welcher das Wort zumindest in seiner vollen Bedeutung kaum verwendet wird. Dabei spielt die wichtigste Rolle eine prinzipielle, teilweise geradezu ideologische Abwehr. ... Die Chance, ein wenig von der Mehrdeutigkeit des Volksbegriffs abzurücken, wurde nicht wahrgenommen" (BAUSINGER 1968, 38 f.).

Inzwischen ist längst von Folklorismus und internationalem Folklorerummel zu sprechen. Dieser Trend weist auf die restlose Kommerzialisierung, Versimpelung der Gegenstände und ihrer psychischen Hintergründe und damit auf den Mißbrauch vielleicht noch hier und da vorhandener Überlieferungen. Es gibt sogar staatlich in Auftrag gegebene Folkloreproduktion. Viele der Tänze sind zwar nachmachbar, aber nicht nachahmbar.
Tanzerzieher — vor allem Tanzerzieherinnen —, Tanztherapeuten und Animateure auch in diesem Sektor der Massenunterhaltungen nutzen neben unschuldigen Ringelreihen die Unmengen an Verlagsproduktionen mit Tanz-

beschreibungen, Tanzanleitungen und Tanzmusiken auf Kassetten oder Langspielplatten, Tänze „für alle" — kleine und große, junge und alte Leute —,

wie zum Beispiel
- Tänze für kleine Kinder ab 4 Jahren,
- internationale Volkstänze,
- Kinder- und Jugendtänze,
- Seniorentänze.

Hinzu kommt eine Begriffsverwirrung unter den Pädagogen — nicht gemeint sind freiberufliche Tanzlehrer —, die entweder „Tanzerziehung", „Rhythmische Erziehung", „Rhythmisch-musikalische Erziehung", „Bewegungserziehung" oder „Tänzerisch-musikalische Erziehung" in ihrem Programm haben und Heranwachsende sowie Erwachsene offensichtlich zu harmonisch gebildeten, konfliktfreien, angepaßten Gesellschaftstierchen erziehen — sprich präparieren — möchten. Viele der „pädagogischen Anliegen" — vom „pädagogisch wertvollen Spielzeug" bis zu lebenslanger „Spiel-, Tanz- und Musikerziehung" — sind nichts weiter als Erbschäden aus der Zeit des Absolutismus. Die Tätigkeiten der Animateure hingegen scheinen darauf hinzuweisen, daß sie selbst als Personen gerne so strukturiert wären, wie sie es von ihren Kunden als Ergebnis der „Behandlung" erwarten. Eines ihrer Motive ist sicherlich außer dem handfesten Geschäft vielleicht der unbewußt gesuchte Ausgleich eigener Unvollkommenheit. Ausschlaggebend werden aber entweder individuelles Machtstreben sein oder die philantropische Neigung, die Welt verbessern zu wollen. Beim Tanz ist der „ganze Mensch" im Spiel, er kann „sich einbringen" — wie die Formel heißt — und kann in und durch die Gesellschaft „erlöst" werden.

3. Musizieren

Die Bewegung und das Sichbewegen als Kategorien des Spiels treffen nicht nur äußerlich auf die Musik und das Musik-Machen zu — Instrumente werden als Spielzeuge gespielt —, sondern auch das innere Bewegtsein oder Bewegtwerden sind als musikalische Verhaltensweisen in unserem Kulturkreis nicht erst seit dem frühen Christentum geläufig. Das Musik-Machen ist wie das Musik-Hören eine Form des Erfassens von Musik, es ist zumindest in einem Kreis von Kennern immer aktiver Mitvollzug.
Die Musik wie der Tanz sind zwei verschiedene Aspekte eines künstlerischen Prinzips, nämlich als Bewegungskunst, das eine Mal ins Akustische, das andere Mal ins Optische projiziert. Beide Künste sind ohne psychische Beteiligung nicht denkbar. Während aber in anderen Kulturen — zum Beispiel in Afrika — Musik und Tanz zusammen nur eine Kunst bilden, die den gleichen musikalischen und tänzerischen Gesetzen gehorcht — „Es ist ein Gebiet mit dem vollkommenen polyzentrischen Tanzen und der vollkommen polymetrischen Musik" (Dauer) —, wurde in Europa eine Trennung vollzogen. Bekannt ist nur noch der gegenseitige Wirkungszusammenhang, und erst sehr

spät wurde phänomenologisch der „musikalische Bewegungsbegriff" entwickelt (E. HUSSERL / M. SCHELER).

„Die Urform musikalischer Willensregung . . . sind . . . Spannungen, die nach Auslösung in Bewegung drängen; alles musikalische Geschehen beruht in Bewegungsvorgängen und ihrer inneren Dynamik" (KURTH).

Um den historischen Hintergrund bis hin zur „Idee der autonomen Musik" (DAHLHAUS) etwas auszuleuchten, bedarf es eines Exkurses. So war in dem Abschnitt über „Tanzen" bereits davon die Rede, daß die christlichen Kirchen „gute" und „böse" Musik unterschieden haben und daß die Verteufelung des Tanzes bis heute wirksam ist. Schon PLATON (um 400 v. Chr.) hat auf die edle Musik hingewiesen, „weil Zeitmaß und Wohlklang am meisten in das Innere der Seele eindringen . . . und also auch wohlanständig machen" (Quellentexte der Musikpädagogik, 11).

800 Jahre später unterscheidet auch AUGUSTIN (um 400 n. Chr.) in seiner Schrift „De musica" die musica als freie, durch Zahlenverhältnisse definierte Disziplin, die abzugrenzen ist von der Praxis der weltlichen Musikanten, welche die eigentliche *musica* bloß anwenden. Immer muß eine Ethoslehre mitgedacht werden: Musik ist eine freie Disziplin, ist *scientia* und *ars* als auf der Zahlenlehre basierendes Wissen im Gegensatz zu den durch Nachahmung und Übertragung von Erfahrungen erworbenen praktischen Fertigkeiten.

„All dies zielt auf eine Entsinnlichung der Musik ab, auf die Loslösung des Gesangs von der körperlichen Bewegung, zum Teil auch von den Instrumenten und tendenziell ganz gewiß auch vom ekstatischen Tanz. Wir haben es hier also nicht nur mit einer Entsinnlichung der Musik zu tun, sondern auch mit einer ‚Entkörperlichung', für die wir keine historische Parallele kennen" (BLAUKOPF 1982, 210).

Leicht zurückzuverfolgen läßt sich in unserem Kulturbereich, wie analog zur Musik aus dem „schlechten" Verkehrslatein das „schöne" Latein wird, und so eine tote Sprache zum Bildungsgut gemacht wird.

Die Tradition der Ethos-Lehre reicht von der Antike (PLATON) bis in die Gegenwart: Es ist gewiß, „. . . daß durch gute ‚richtige' Musik im Menschen Gutes und Rechtes geweckt und gestärkt werden kann, daß aber schlechte Musik das Gegenteil nach sich zieht" (Wegweiser für Lehrerfortbildung, Kiel 1963). Das „Schöne, Gute, Wahre" wird noch heute in Regierungserklärungen bundesdeutscher Provinzen verkündet. Auch die immer noch praktizierte Trennung von E- und U-Musik hat nicht nur einen ökonomischen Hintergrund.

Bei AUGUSTIN stehen über der Rangordnung der Elemente und über der Kraft der Lebensbewegung „die rationalen und geistig erfaßten *numeri* der heiligen Engel" (EDELSTEIN 1929, 118). Und Martin LUTHER, der außer PLATON auch seinen AUGUSTIN studiert hat, kann dann dichten:

„Wer sich die Musik erkiest,
hat ein himmlisch Gut gewonnen.
Denn ihr erster Ursprung ist
von dem Himmel hergekommen.

Weil die lieben Engelein
selber Musikanten sein.

Wenn einst in der letzten Zeit
alle Ding wie Rauch vergehen,
bleibet in der Ewigkeit
doch die Musik noch bestehen.
weil die lieben Engelein ..."
(mehrfach vertont und in Liederbüchern bis heute abgedruckt)

Musik kommt also vom Himmel als ein *donum Dei*, als *ars divina*, die *ad res divinas* heranführt, nur: die *res divinae* haben im Lauf der Geschichte ihre allgemeine Gültigkeit verloren, haben sich in Wissenschaft, Ethik und Ästhetik aufgespalten und sind zu säkularisierten Gestalten der Sinnfragen geworden. Vielfältige Theorien und Heilslehren breiten sich aus und werden als „Grunderfahrungen" ausgegeben, die sich für den Nabel der Welt halten, seien es meditatives Gehen, kommunikatives Laufen oder pädagogisiertes Spielen, Tanzen, Musizieren.

Sind die gegenwärtigen Meditationsanleitungen durch Musik mit oft indischen Akzenten oder gar durch die Rockmusik und entsprechende Tanzbewegungen erwartete „Sprengungen der Ich-Identität, die Ekstasis, das Heraustreten des Individuums aus sich selbst und seiner körperlichen Begrenzung" — wie zum Beispiel in afrikanischer Kultur (GÜNTHER 1969, 62) — nicht eng verwandt mit der alten gelernten Sehnsucht nach dem von süßen Englein bevölkerten Himmel?

IV. Wird von einem neuen „Himmel" geträumt?

Es gibt hingegen auch in unserem Land durchaus noch „Geborgenheiten" bei öffentlichen Volksfesten — ob Schützenfeste oder Karnevalssitten —, die mit ihren Volksmusiken und Volkstänzen in der Funktion sozialer Ventile wirksam sind. Auch bei solchen Gelegenheiten — es müssen für Heranwachsende nicht die Beatles- oder Rolling Stones-Nachfolger sein — sind Bilder der Verzückung, der Hingabe oder totalen Selbstvergessenheit zu beobachten, aber diese Verhaltensweisen bleiben in dem höheren Gemeinsamen einer Spielgesinnung und im Sicherheit verleihenden sozialen Kontext aufgehoben (s. oben). Zwar werden in solchen Situationen musikalische Ansprüche im Sinne musikalischer „Bildung" sicherlich nicht befriedigt, aber es sollte zum „Gebildetsein" die Einsicht gehören, daß eine Sache — hier die funktionale Musik, wie sie auch immer erklingt — für bestimmte Menschen und zu bestimmten Zeiten durchaus Sinn und Bedeutung hat.

Kehren wir noch einmal zurück zur Musikgeschichte: Der Begriff „Musizieren" erscheint erstmals auf Altarbildern im 15. Jahrhundert (J. v. EYCK, H. MEMLING), wenn „Musizierende Engel" singend und mit den zu der Zeit gebräuchlichen Instrumenten gemalt werden. Es ist anzunehmen, daß auch M. LUTHER den Terminus gebraucht hat, der uns über EICHENDORFF („Mich brennt's an meinen Reiseschuhen", letzter Vers) und die Romantik erst sehr viel später in einem neuen "Anklangszusammenhang" wieder begegnen wird. Neben dem Musik-Machen sei das Musik-Hören — so hieß es — zumindest in einem Kreis von Kennern immer auch aktiver Mitvollzug. Wenn also Kenner als gebildete Leute sich in engste Zirkel zurückziehen (musica reservata) oder um 1600 auch "Neue Musik" — nuove musiche der Camerata — diskutieren und entwerfen, dann setzen sie sich ab von einem versammelten Publikum, das nicht unbedingt aus rein musikalischen Interessen der dargebotenen Musik zuhören will. Gleichzeitig sollen aber die weniger Gebildeten "emporgezogen" — später "erzogen" — werden und schließlich die angebotene Musik konsumieren im Sinne von genießen. Es gehört dann zum "guten Ton", der Musik im Opernhaus oder im Konzertsaal zuzuhören und "guten Geschmack" zu demonstrieren. Eine gesellschaftliche Trennung zwischen den Musik-Machern, den professionellen Instrumentalisten, Sängerinnen und Sängern und sich zur Schau stellenden Musik-Hörern bahnt sich an.

Zeit und Ort solcher Trennungsvorgänge lassen sich mit Eröffnung des ersten Opernhauses in Venedig im Jahre 1637 ziemlich genau bestimmen, indem Musik in der wirkungsvollen und nicht mehr wegzudenkenden Liaison des Akustischen und Visuellen als leicht eingängliche Ware verkäuflich wird. Der musikalischen Qualität, die sich aus kleinsten und kleinen Gliedern sowohl melodisch als auch rhythmisch aufbaut (DESCARTES), Sprache verständlich deklamiert und attraktive Leistungen auf Bühne oder Podium zustandebringt, entspricht vorerst noch ein relativ kleines, gesellschaftlich exklusives Publikum und ein "aktives Hören der Musik, wie es vorher unbekannt war" (BESSELER 1959, 38). Aufgrund detaillierter musikalischer Analysen wird dann vom "synthetischen Hören" im 18. Jahrhundert und vom "passiven Hören" bei den Romantikern ohne Berücksichtigung des sozialen Kontextes gesprochen (BESSELER 1959, 43 — 61).

Während zum Beispiel in Italien öffentliche musikalische Darbietungen oft auch als Ornament für ganz andere Formen der Unterhaltung dienen, geht es in Deutschland insgesamt noch gesitteter zu. Aber auch hier versammeln sich im 17. Jahrhundert bereits studentische Liebhabergruppen und gründen ein Collegium-Musicum, wie später im 18. Jahrhundert — zur Zeit TELEMANNs und BACHs — ebenfalls Musikliebhaber zusammen mit Kantoren und Hofmusikern in solchen Collegia "zeitgenössische Musik" machen. Die Geselligkeit Gleichgesinnter beiderlei Geschlechts stand im Vordergrund: "Neben dem Genuß musikalischer Erlebnisse verschafften sie sich gesellige Unterhaltung. Während der Konzerte wurde ‚Toback genossen', getafelt, getanzt, geplaudert" (Musik aktuell, Kassel 1971, 197 f.). Zwar ist die musikalische Betätigung von uns aus gesehen als "gemeinsames Musizieren" zu bezeichnen, der Terminus selbst aber wurde zu dieser Zeit nicht verwendet. Gegenüber der Heiligkeit der Engel wäre diese Form der Geselligkeit auch nicht angemessen gewesen (s. Abb. Musik aktuell 5/1974, 198).

Zu Beginn des 19. Jahrhunderts reisten erstmals vier Instrumentalisten als Streichquartett durch Europa und gaben Quartett-Konzerte und "Quartett-

Unterhaltungen" (Musik aktuell 5/1974, 199 f.). Im Laufe dieses Jahrhunderts „bildeten sich Musikervereine und Musikgesellschaften, die mit den Künstlern damals noch direkt verhandelten. Sodann entstanden Konzertdirektionen, deren Aufgabe es seither ist, das Veranstaltungsprogramm für eine Stadt zu planen. Heutzutage verhandeln die Konzertdirektionen mit Konzertagenturen, die nach Art des Großhandels Künstler an die Konzertveranstalter vermitteln. Der Künstler nennt sein Repertoire, die Konzertagentur liefert Ort und Termine ... Nur noch Marken — Solisten, Programme, Dirigenten — werden gehandelt. „Und jetzt: Schallplattenproduktion, Rundfunk, Fernsehen und Konzertwesen bestätigen sich oft gegenseitig und bestimmen durch ihre Auswahl weitgehend den Markt" (Musik aktuell 5/1974, 200 f.). Ein noch unbewußtes Unbehagen breitet sich aus. Das Jahr 1985 soll zum „Jahr der Musik" erklärt werden. Rette sich wer kann!

Wir sehen, wie die sozialen, psychischen, ökonomischen und politischen Dimensionen des Kulturphänomens Musik die historischen und philantropischen Betrachtungsweisen ergänzen. „Bewußtseinserhellung" (A. WEBER) und „Entzauberung der Welt" (M. WEBER) bilden längst ein Gegengewicht zur ästhetischen Verklärung der Welt ohne „heilige" Engel, aber mit „heilem" Volk und „heiler" Kindheit, ohne „Heiland", aber mit offenem oder geheimem „Heil Hitler!" In diesem „Anklangszusammenhang" taucht auch wieder der Terminus „Musizieren" bei der Jugendmusikbewegung auf, die sich bewußt von bestimmten Erscheinungsformen des Bildungsbürgertums absetzen will. Gegenwärtig ist „Musizieren" inflationär geworden: durch „Laienmusizieren", „schulisches Musizieren" und „Jugend musiziert", außerdem durch eine allgemeiner Aufklärung gegenläufige Musikpädagogik und ... Schließlich wird mit „Musizieren für alle" der totalitäre Anspruch als Relikt einer Reichsjugendführung im Dritten Reich in diesem politischen Sinne völlig sinnleer — aber immerhin noch mit Können, Leistung und Wettbewerb verbunden — nun mit neuem Sinn aufgepumpt:

„Es geht um die Befreiung der menschlichen Persönlichkeit in der Gesellschaft" (BAHRO), für die bereits viele Formen von Therapie und Meditation vorliegen, wie zum Beispiel Mahayana- und Vajrayanabuddhismus, oder für Ohr-Menschen besonders geeignet Nada Yoga (vgl. KONCHOK 1980).

Musikalische Improvisationsregeln für die Praxis lauten etwa so: Jeder spielt, auf was für Klanggeräten auch immer, was er will, wie er will, so lange er will. Es ist dabei völlig unerheblich, ob ein Teilnehmer musikalisch oder spieltechnisch vorgebildet ist oder nicht. Das „Stück" ist zu Ende, wenn der letzte Mitspieler aufgehört hat zu spielen. Jedem Spieler wird — durch Abzählen oder Losen — ein Beobachter zugeordnet. Nach der Improvisaion berichten zunächst die Spieler, dann die Beobachter, was sie erlebt bzw. beobachtet haben (s. „Kommunikatives Laufen"). In einem zweiten Durchgang tauschen Spieler und Beobachter die Rollen (nach einem Skript anläßlich des bundesweiten Pädagogen-Friedenskongresses in Köln, September 1983). Ob die Teilnehmer nicht die Raffinesse durchschauen, mit der sie — angeblich durch Selbstfindung — sich anderen Mächten ausliefern? Ausgespuckter Seelenbrei in der Gruppe ist nicht nur peinlich, sondern in der Form der öffentlichen Selbstbezichtigung ein bekanntes „Heilmittel" totaler Menschenführung und Menschenverachtung.

Mag jeder wer will mit solcher Praxis selig werden und von einem neuen Gesellschaftshimmel träumen, solange er als Pädagoge, Therapeut oder Animateur nicht den Anspruch erhebt, die absolute Wahrheit gefunden zu haben.

Folgerungen?

Sehr gemischte Gefühle und ein betroffener Verstand leiten mich beim Niederschreiben dieser Abhandlung über angeblich so „brandaktuelle" Fragen einer Spieltheorie, Spieltherapie und Spielpraxis, die letzlich in eine fragwürdige Erziehungsstrategie münden — meine ich. Ich will daher versuchen, durch provozierende Fragen und Antworten die Bewegung auf unsicheren Wegen zu verstärken und mich einigen subversiven Gedankenspielen hinzugeben, die auf keinen Fall „für alle" gültig sein sollen und auf mehr Ahnung als auf genauem Wissen beruhen. Vielleicht ergeben sich weitere Fragestellungen, denn solange gefragt wird, steht der Verstand nicht still.

1. *Tun wir nicht so, als ob die wissenschaftlichen Studien einer allgemeinen Spielpädagogik abgeschlossen seien?*
   - Wir wissen, daß wissenschaftlich ermittelte Tatsachen zwar relevant sein können für soziale oder pädagogische Entscheidungen, aber sie bestimmen diese letztlich nicht. Die Kontexte jeweiliger Religion, Ideologie oder Gesellschaftspolitik sind stärker als wissenschaftliche Grundlagen und experimentell ermittelte Tatsachen, weshalb die jeweiligen Kontexte wegen allgemeiner Wissenschaftsgläubigkeit in diesem Sinne verbrämt werden.
2. *Lähmt die Unsicherheit in den Zielen nicht die erzieherische Aktivität und macht die Pädagogen unsicher?*
   - Wenn Erziehung verstanden wird als Einführung in eine gegebene Wertewelt, dann ist sie pure Indoktrination, und verschiedene Wertewelten prallen feindlich aufeinander. Kriege brechen nicht aus, sondern werden von Mächten vorbereitet und „veranstaltet". Gerade durch eine angebliche Sicherheit in den Zielvorstellungen werden Heranwachsende an festgelegte Ziele angepaßt und lernen die entsprechenden menschlichen Verhaltensmuster.
3. *Wird mit Schlagworten wie „Persönlichkeitsentfaltung", „Kreativitätsförderung" oder Förderung der angeblich anthropologisch und pädagogisch bedeutsamen Fähigkeiten überhaupt eine Sicherheit in den Werten nicht nur vorgegaukelt, d. h. die Prediger wissen, daß sie so tun „als ob"?*
   - Die Selbststeuerung des Menschen und seine immer begrenzte Befreiung von mehr oder weniger notwendigen Zwängen des Zusammenlebens wird verneint. Damit ist an die Stelle einer „Suche nach Wahrheit" die bereits gesicherte Wahrheit getreten mit dem impliziten Lernbefehl zur Entwicklung der Persönlichkeit: „Spaß und Freude für alle!"
4. *Ist aber dann zum Beispiel die Musik nicht ersetzbar durch andere Medien wie Bildende Kunst, Sport, Tanz oder Spiel überhaupt?*
   - Da ein solcher Austausch zu befürchten ist und das Sozialprestige der Musiker sinken würde, gibt es für sie zwei Wege mit gespielter Sicherheit zu betreten: entweder anspruchsvolle musikalisch-technische Ausbildung in speziellen Musikschulen ohne jede gesellschaftsbezogene Aufklärung (s. oben), oder pädagogische Betulichkeit und Autoritätsgläubigkeit, um das Kind kindgemäß und den

Schüler schülergemäß mit einer grundlegenden Musikerziehung möglichst lange in ihrem jeweiligen Status zu erhalten.
5. *Was aber ist grundlegende Musikerziehung?*
   - Gegenwärtig wird sie hauptsächlich verstanden als Selbstmusizieren, Gemeinschaftsmusizieren und Improvisation, also ständige Selbstverwirklichung durch eine Vielfalt zu entfaltender Aktionsmöglichkeiten. Der Pädagoge — später der Animateur — hält sich für unersetzbar, der weiß was was „richtig" ist, der die Methoden des Beibringens kennt, diese von anderen wiederum gelernt hat oder — modisch gesprochen — von der Erforschung des Musiklernens endlich erfahren möchte, was er zu tun hat.
6. *Wie wird öffentlich für Musik geworben?*
   - In dem Prospekt einer großstädtischen Musikalienhandlung steht zu lesen: „Wie steigern Sie Musik? So könnte man die Steigerungsform der Musik definieren:
   gut: Musik hören
   besser: selbst musizieren
   am besten: gemeinsam musizieren.
   So schön es ist, Musik zu hören, so kann man diesen, im wesentlichen passiven, Musikgenuß nicht vergleichen mit der zugleich aufregenden und beruhigenden, zutiefst befriedigenden Freude, die das eigene Musizieren schenkt. . . . Ihr LUXOR-Musikhaus hat es sich zur Aufgabe gemacht, Ihnen diese tiefe Freude am Musizieren zu vermitteln, . . ." (Luxor Musik Mosaik).
7. *Wie werden Tatsachen verschleiert, über die ein ganzes Volk im Unklaren bleibt?*
   - Ein Beispiel: Das gemütvolle deutsche Weihnachtslied „O Tannenbaum", das „zutiefst" deutsche Innigkeit ausdrückt, gehört dem Melodietypus nach zur sehr erotisch getanzten Sarabande und war dem ursprünglichen Text nach ein studentisches Liebeslied. Ein Lehrer hat im Jahr 1824 „die Liebe aus dem Lied entfernt" und seine Textfassung durch offizielle Liederbücher verbreitet. Veränderungen entstehen also nicht etwa durch lebendige Überlieferung, sondern werden hergestellt und verschwiegen (Liedermagazin, Kassel 5/1980), 215 f.).
8. *Macht Singen, Musizieren, Tanzen und Spielen „für alle" nicht letztlich dumm?*
   - Wer spielen will, kann spielen,
   wer tanzen will, soll tanzen,
   wer musizieren will, mag musizieren.
   „Let people sing!" heißt es, aber niemand sollte zum Spielen oder zur Bewegung welcher Art auch immer gezwungen werden, auch dann nicht, wenn eine patriotische Zeremonie oder irgendein Ritual es verlangt oder wenn gar ein Animateur dazu auffordert. „Singt alle mit!", „Spiel mit" oder „Tanz mit" gibt es selbstverständlich als gut verkäufliche Buchtitel.
9. *Muß eine starre Einteilung des individuellen Tageslaufs in Arbeitszeit und Freizeit als Überbleisel der beginnenden Industrialisierung beibehalten werden?*
   - Erzwungene Freizeit oder gar Arbeitslosigkeit machen meist lustlos und führen zu Pausen, die als „leere Löcher" empfunden werden. Auch die in der politischen Diskussion stehende Verkürzung der Arbeitszeit regelt wiederum nur den Tageslauf der Erwachsenen, so wie der 45-Minuten-Takt der Unterrichtszeit die Heranwachsenden reglementiert, d. h. unter behördliche Aufsicht stellt. Der Ausbruch in organisierte Freiheitszonen mit fragwürdigen Massenbetätigungen ist daher oft die Folge, denn in unseren Schulen sind Verhaltensweisen in Freiräumen ohne Pädagogisierungen nicht trainiert worden. Gäbe es keine starre Arbeitszeit, dann gäbe es nicht nur genug Beschäftigungschancen (vgl. Die Zeit Nr. 37/1983, 25 ff.) und mehr Lebenslust, vielleicht würde sogar eine andere Freizeitkultur mit mehr und vor allem individuellen Gestaltungsmöglichkeiten entstehen. Selbst Zeit und Umfang des Schulbesuchs könnte freigestellt werden, so daß selbstbestimmte Lernverfahren entwickelt und individuell gesteuerte Freizeitwünsche entstehen würden. Die Spielkultur kann sich ändern. Immer weniger Gurus und Animateure werden benötigt. Auf vie-

len privaten Spielwiesen machen dann die zufriedener gewordenen Menschen nicht mehr ihr „Ich" zum ständigen Thema, sondern jeder einzelne ist zusammen mit selbstgewählten Mitspielern ein *homo ludens*, ein spielender Mensch.
10. *Wenn perfekte medizinische Versorgung bekanntlich mehr Kranke als Gesunde schafft, was bewirkt dann eine immer mehr sich ausbreitende Intensivpädagogik, die ausgerechnet auch noch den spielenden, tanzenden, musizierenden Menschen erfaßt?*
   - Ohne große Untersuchung kann gesagt werden, daß sicherlich mehr Dumme als Aufgeklärte heranwachsen werden, auf jeden Fall aber mehr Hilflose, die „lebenslang auf professionelle pädagogische Versorgung angewiesen (sind)" (vgl. Wilfried MEYER: Vor einer Privatisierung des Lernens?, Zeitschrift für Sozialökonomie 55/1982, 6 ff.). Die von ILLICH beschriebene Entmündigung durch Experten schreitet voran, wenn nicht endlich die mit Privilegien ausgestatteten Profis und Seelenapostel vielfältiger Art entmachtet werden, welche „alle" zum Konsum ihrer Dienstleistung auf den öffentlichen Spielplätzen, bei Kursen und Kongressen oder wo auch immer überreden wollen und — wie in den Schulen — sogar zwingen können.

Muß die gegenwärtige Betroffenheit und ein Beschreibungsversuch der historischen Hintergründe nicht gesellschaftspolitische Folgen haben? Sicherlich wäre zum Beispiel ein anderer Lebensrhythmus mit flexibler Arbeitszeit und damit neuartiger Freizeitaufteilung mit gleichzeitig wechselnden Freizeitinhalten und überhaupt mehr Muße eine postindustrielle Notwendigkeit, aber mich beschäftigen vielmehr einfache und praktische Fragen, wie zum Beispiel: Warum geht bei dem Schlagwort vom „spielerischen Lernen" der spielerische Charakter des Spiels verloren? Zum Spiel gehören Spielpartner und nicht — wie schon Grundschulkinder feststellen — Lehrer und Lehrerinnen, die nur darauf achten, was Kinder nicht können und was sie nicht tun dürfen. Warum dürfen Kinder nicht ständige „Warum" in ihren Augen und auf den Lippen formen? Warum erhalten sie so oft die Antwort: „Frag nicht so dumm, das ist so!" Warum ist es so wie es ist? Schließlich: Warum muß das sein — Spielen, Tanzen, Musizieren für alle?

Literatur

Adorno, W.: Minima Moralia, Frankfurt am Main 1951, Kap. 125
Bausinger, H.: Formen der „Volkspoesie", Berlin 1968
Besseler, H.: Das musikalische Hören der Neuzeit, Berlin 1959
Blaukopf, K.: Musik im Wandel der Gesellschaft, München / Zürich 1982
Breckoff, W., u. a.: Musik aktuell. Informationen, Dokumente, Aufgaben. Ein Musikbuch für die Sekundar- und Studienstufe, 1/1971, 5/1975, Kassel
Edelstein, H.: Die Musikanschauung Augustins nach seiner Schrift „De musica", Diss. Bonn 1929
Günther, U.: Grundphänomene und Grundbegriffe des afrikanischen und afro-amerikanischen Tanzes, Graz 1969
Heise, W., u. a. (Hrsg.): Quellentexte Musikpädagogik, Regensburg 1973
Konchok, D.: Marxismus und Meditation, München 1980
Meyer, W.: Wollt Ihr die totale Schule?, Baden-Baden 1984

Weber, A.: Europäisches Pädagogisches Symposion, Klagenfurt 1983, Kursbeschreibung „kommunikatives Laufen"

Zehle, S.: Alles kreist ums eigene Ich. Deutsche Gruppen in der Toskana zwischen Malkurs und Psychotrip, in: Die Zeit Nr. 36/1983

8. Der Tanz als Spiel und das Tanzspiel

Karl Josef Kreuzer / Renate Maiwald

Der tanzende Mensch ist und bleibt das Urbild des homo ludens
und
der spielende Mensch findet sich durch Tanz in seiner schönsten Tätigkeit
wiedergegeben
(NATTKÄMPER 1970, 199).

Vorbemerkung

Zum Themenbereich „Tanz" und zum *Phänomen des Tanzes* liegt ein umfangreiches Spektrum literarischer Aussagen vor, von denen jedoch in unserem Zusammenhang nur ein Teil Relevanz besitzt. Wenn sich Autoren mit dem Thema Tanz beschäftigen, so tun sie das in aller Regel unter einem ganz bestimmten Aspekt und es wird die philosophische, theologische, ethnologische oder anthropologische Bedeutung des Tanzes hervorgehoben oder aber man versucht, zum Beispiel in autobiografischem Rückblick, „die Sprache des Tanzes" (WIGMAN 1977; DUNCAN 1977) aus der individuellen Empfindung heraus darzustellen.
Greifen wir die Aussagen der Tänzerin Isadora DUNCAN (1878 — 1927) heraus, so steht im Vordergrund *die Befreiung einer inneren Regung* am Beginn der Tanzkunst. Deshalb suchte sie vor allem nach dem Sitz eines inneren Ausdrucks „von dem aus die seelischen Erlebnisse sich dem Körper mitteilen und ihm lebendige Erleuchtung verleihen sollen. Erst viele Monate später", so schreibt sie weiter,

„als ich gelernt hatte, mich zu konzentrieren, fand ich, daß die Schwingungen der Musik mir wie aus einer Lichtquelle zuströmten und sich in mir als innere Vision, als Reflex der Seele, widerspiegelten, wodurch ich befähigt war, sie tanzend zum Ausdruck zu bringen" (DUNCAN 1977, 7).

In diesem mystisch klingenden Bekenntnis erkennen wir, als für den Tänzer wesentlich, das Ergriffensein bis hin zur Trance.
Gerade in den Aussagen, die wir nach der Jahrhundertwende etwa zwischen 1900 und 1930 antreffen, stoßen wir immer wieder in den expressionistischen Formulierungen überdeutlich auf Wesensmerkmale des Tanzes, wie sie sich einerseits als *Erlebnis des Tänzers* widerspiegeln, auf der anderen Seite aber auch vom Betrachter her erkennbar werden. Das kulminiert in einem Zitat von Mary WIGMAN:

„Der Tanz ist eine lebendige Sprache, die vom Menschen gesprochen wird und vom Menschen kündet — eine künstlerische Aussage, die sich über den Boden der Realität emporschwingt, um auf einer übergeordneten Ebene in Bildern und Gleichnissen von dem zu sprechen, was den Menschen innerlich bewegt und zur Mitteilung drängt. Vielleicht ist der Tanz sogar in ganz besonderem Maße auf eine direkte und umweglose Mitteilung angewiesen. Denn: sein Träger und Vermittler ist der Mensch selbst, und sein Ausdrucksinstrument ist der menschliche Körper, dessen natürliche Bewegung das Material des Tanzes bildet. Darum ist die tänzerische Aussage auch so ausschließlich an den Menschen und seine körperliche Bewegungsfähigkeit gebunden. Dort, wo sie aufhört, sind auch dem Tanz die Grenzen seiner Gestaltungs- und Darstellungsmöglichkeiten gesetzt" (WIGMAN 1977, 207).

Auch wenn es sich hierbei um eine Darstellung handelt, die professionell zu verstehen ist, so kann sie doch zur Erhellung des pädagogischen Kontextes von Tanz beitragen. Sie vermittelt deutlich ein Bild von der Anforderung an den Tanzenden, beschreibt die wesentlichen Konstitutiva, die dann konstruktiv die tänzerische Aussage vermitteln. Aber eben nicht nur, wie bei WIGMAN erkennbar, vom Tanzenden her, sondern ebenso vom Betrachter aus. Das, was jemand von einem Tanz versteht, was er beim Anblick eines Tänzers fühlt, hängt nicht nur von der Darstellungsform des Tänzers ab, sondern auch von der Wahrnehmungsfähigkeit und Empfänglichkeit des Zuschauers. Obwohl man in vielen Fällen, pädagogisch gesehen, der Stimulationskraft des vollendeten Tanzes getrost vertrauen darf. Vor allem sind im allgemeinen für Kinder und Jugendliche die allgemeingültigen Elemente des Tanzes *der Zeit, der Kraft, des Raumes* intuitiv erfahrbar.

Was hier relativ überhöht ausgedrückt wurde, finden wir selbst noch beim trivialsten Tanzvergnügen oder beim rhythmischen Gewoge von vielen hundert Leibern auf engster Tanzfläche zu überlauter Discomusik. Vielleicht reduziert sich dabei die Erlebnisfülle, wird die Ausdrucksmöglichkeit beschränkt, die kunstvolle und künstlerische Darstellung zur Degeneration, was bleibt sind die wesentlichen und dem Tanz in jeder Form innewohnenden potentiellen Erlebnis- und Ausdrucksmöglichkeiten. Die Gestaltung mit dem Körper mag unterschiedliche Qualitäten besitzen, aber dennoch findet grundsätzlich Gestaltung statt, bleibt die rhythmische Bewegung ein hervorstechendes Grundmerkmal, kommt es für den Tänzer zu einem anderen Lebens- und Selbstgefühl, und er erhält Möglichkeiten zu einer Selbstdarstellung, wie sie im Alltagsleben ansonsten nicht möglich sind.

I. Die Begriffsfülle von Tanz und der historische Kontext

Bereits in unserer Vorbemerkung wurde deutlich, daß der Tanz offensichtlich zum anthropologischen Grundbestand menschlicher Existenz gehört. Seit Urbeginn hat der Mensch tanzend sein Leben gestaltet und tanzend zum Ausdruck gebracht, wie er leben möchte und tanzend versucht er auch, sein Diesseits zu transzendieren. Tanz ist Rausch und Ekstase, aber auch Ordnung und Form, Bewegung und Rhythmus, Anmut und Schönheit. Im Tanz vollziehen sich Spannung und Lösung, Bedrohung und Sicherheit, Vorausnahme und Erprobung, Selbst- und Welterfahrung. Abstrakt betrachtet, handelt es sich beim Tanz um ein Urphänomen, konkreter betrachtet wird er außerordentlich vielgestaltig, bietet unterschiedliche Anlässe und Gestaltungsformen. Wir finden, daß der Tanz als

„Triebbewegung und als Kunst, als Zauberhandlung und als Gesellschaftsvergnügen, durch alle Räume und Zeiten, von der Südsee bis Europa, den Tieren und der Steinzeit, bis ins 20. Jahrhundert" (SACHS 1976, VI)

seine Bedeutung besitzt. Ursprünglich war der Tanz gleichbedeutend mit allen wichtigen Bereichen des Lebens — der Liebe, der Arbeit, des Kultes. Der Mensch ertanzte sich „Beute, Liebe, Gemeinschaft mit dem Göttlichen" (LEEUW 1957, zitiert nach: SEQUEIRA 1978, 31). Der Mensch, noch gefangen in den Lebensrhythmen von Atem und Herzschlag, von Tagesrhythmus und kosmischem Rhythmus, konnte sich nicht anders als rhythmisch ausdrücken. Die Grenzlinie zwischen Wirklichkeit und Symbol war häufig fließend, suchte er doch durch die Maske oder die Bemalung die magische Kraft eines anderen Wesens (zum Beispiel eines Tieres oder einer Gottheit) in sich einzupflanzen.

„Er erkennt im Übersinnlichen eine reale Kraft und hat das Bedürfnis, sich mit dieser zu identifizieren" (SORELL 1969, 15).

GÜNTHER / SCHÄFER sehen den Tanz als ursprünglichen Ausdruck einer höchsten geistig-seelischen Sehnsucht des Menschen (vgl. GÜNTHER / SCHÄFER 1959). Auf diesem Hintergrund ist es leicht verständlich, wenn in der Überlieferung vieler Völker behauptet wird, daß ihnen der Tanz von den Göttern übergeben wurde. Tänze bekamen sehr rasch bestimmte Inhalte und ihren vorgeschriebenen Platz in der Stammesgemeinschaft: *es gab Liebestänze, Begräbnis- und Grabtänze, Jagdtänze, Tiertänze, Kriegs- und Waffentänze, Tänze als Heilmittel und als Krankheit, Tänze der Medizinmänner, Zauberer, Hexen, Gaukler und Akrobaten.* Hinzu gesellten sich die beschwörenden Anrufungen um Sonne, Regen, Fruchtbarkeit, Schutz und Vergebung, die immer von tänzerischen Bewegungen begleitet waren. Die ursprüngliche Einheit von Tanz und Musik kann wissenschaftlich nicht als gesichert angesehen werden (vgl. SACHS 1976, 123). Wahrscheinlicher ist es, daß erst eine allmähliche Annäherung zwischen Tanz und rhythmischem Gerät (Schallgerät) entstand. Die Laute des Fußstampfens, der Hölzer, der Klappern, der Trommeln begleiten die Tanzbewegungen. Andererseits sieht SACHS jeden Gesang ursprünglich als zum Tanz bestimmt an (SACHS 1976, 127 f.). Bereits sehr früh, so dürfen wir heute glauben, bildeten sich die elementaren Bewegungsformen — hüpfen, gehen, springen, stampfen, sich wiegen — heraus, aber es gesellten sich auch andere Ausdrucksmittel, wie die Pantomime oder das Kostüm oder die Bemalung und der Schmuck (als symbolische Möglichkeiten) hinzu. Noch heute finden wir in vielen Tänzen den Grundbestand charakteristischer Merkmale der frühen Tanzformen erhalten, in denen sich aus Linie, Spirale oder Schlange kunstvolle Raumbilder entwickeln (vgl. GÜNTHER / SCHÄFER 1959). Nicht in jedem Fall werden die Tanzenden heute den tieferen Sinn ihrer Tänze noch kennen oder er-

kennen, beim „Tanz um den Maibaum" (als dem Baum des Lebens) oder bei den verschiedenen Ostertänzen, wo mit viel Lärm oder Masken die bösen Geister vertrieben werden sollen, ist häufig noch der Vollzug dominant.
Selbst in der Kunstform finden wir solche ursprünglichen Motive — wie im Ballett les sacre du printemps (das Frühlingsopfer) — wieder. Bereits in früher Zeit, so in Ägypten und Griechenland, besaß der Tanz seine Bedeutung für die Geselligkeit, bestimmend blieb aber lang das Religiöse. Deshalb war im Hinblick auf die zentrale Bedeutung, die der Tanz heute für die Geselligkeit und das Vergnügen besitzt, der Übergang von der sakralen zur profanen Bestimmung entscheidend. Zwar ist auch heute der Tanz aus den religiösen Bereichen nicht verbannt (so gibt es in Sevilla den religiösen Tanz auf der Straße — vgl. auch LIECHTENHAN 1983), aber insgesamt betrachtet besitzen die Formen des Gesellschafts- und Kunsttanzes Vorrang. Man könnte sagen, daß sich das Volk die Tänze zurückerobert hat, denn es waren zunächst die Bauerntänze, die einen Gesellschaftstanz begründeten, der zum Vorbild vieler höfischer Tänze wurde.

Den Begriff Volkstanz im eigentlichen Sinne des Wortes finden wir erst im 18. Jahrhundert, und er diente dann vor allem dazu, diesen Tanz von den Tänzen der höheren Schicht abzuheben. Im Grunde gab es diese Abgrenzung jedoch bereits im 15. Jahrhundert, denn schon hier konnte man den höfischen *Paartanz* vom *ländlichen Reigen* (Volkstanz) gattungsmäßig unterscheiden. Folgende Wesensmerkmale unterscheiden nach SORELL (1969, 45) den Volkstanz vom Paartanz:

Volkstanz	*Paartanz* (Theatertanz)
improvisiert (lustig, lebhaft)	einstudiert (ausdrucksvoll, verhalten)
Reigen (ringförmig)	Tanz in Figuren
Massenbeteiligung	Paartanz (auch Solos)
ausgelassene Freude	höfisch verfeinertes Vergnügen
begleitender Gesang der Teilnehmer	Instrumentalbegleitung

Es zeigt sich, daß in der historischen Gewachsenheit aus den Urfomen des zumeist kultischen Tanzes zwei Prototypen des gesellschaftlichen Tanzes hervorgingen, die sich zu einer unübersehbaren Fülle verzweigt haben, deren Abgrenzung heute kaum mehr möglich erscheint. Deshalb haben wir uns immer mehr daran gewöhnt, zwischen den Gesellschaftstänzen und einer Kunstform des Tanzes (vor allem dem Ballett) zu unterscheiden. Volkstänze leben bei uns fast ausschließlich in einer reaktivierten Tradition weiter. Was durchgängig blieb, ist vielleicht eine wie auch immer motivierte oder stimulierte innere Bewegtheit der Tänzer, und noch im trivialsten Tanz wird ein wenig von dem sichtbar werden, was das Innere eines Menschen ausmacht oder ausmachen soll. Im Zusammenhang mit dem Begriff des Tanzes stoßen wir heute auf eine heterogene Begriffsfülle. Man spricht vom

- Volkstanz (oder auch Folkloretanz)
- Gesellschaftstanz
- Turniertanz
- Kindertanz

- Steptanz
- Bauchtanz
- Discotanz
- Modetanz (Beat-, Pop-, Soul-, Break-)
- Jazztanz
- Africandance
- Ausdruckstanz
- alternativem Tanz
- elementarem Tanz

und vom Ballett oder sogar vom Psychotanz.

Die Komplexität der Erscheinungsformen und Wirkungsweisen des Tanzes ist nicht erst ein Produkt unserer Tage, sondern bereits im 17. Jahrhundert mit der zunehmenden Ausgestaltung der Hoftänze entstanden. Vor allem die wechselseitige Übernahme von Tänzen anderer Länder brachte eine Bereicherung des Tänzerepertoires mit sich. In Deutschland wurden zum Beispiel vor allem Tänze aus England, Italien, Spanien, Griechenland und Frankreich übernommen. Man denke zum Beispiel an Tänze wie die Quadrille, die Anglaise, den Kontratanz, die Bourrée, die Courante, das Menuett oder die Sarabande. Hinzu gesellten sich spielerische Formen, wie sie mit den Figuren der Volkstänze (Stern, Laube, Platzwechsel) vorgegeben waren und in denen sich die uralten Motive des Suchens und Findens, des Trennens und Vereinigens widerspiegeln (vgl. GÜNTHER / SCHÄFER 1959, 131).

Im allgemeinen spricht der Tanz den ganzen Menschen an, er kann jedoch auch schwerpunktmäßig Sonderfunktionen zugesprochen bekommen, sein Nützlichkeitscharakter tritt dann nicht selten in den Vordergrund und er wird zum Erziehungsmittel, zur Therapieform oder zum Konditionstraining.

Hinsichtlich des Gesellschaftstanzes bürgerten sich feste Formen ein, von denen mittlerweile zehn Tänze als klassisch gelten können und bei denen „Tanzschritte sowie Kombinationen festliegen, Haltung und Rollen normiert sind (es tanzen immer Paare, wobei stets der Herr die Dame führt) und die Musik von Berufsmusikern ‚eindeutig' (Grundtempo, Rhythmus) gespielt wird" (FRITSCH / DIETRICH 1981, 73). Durchbrochen wurden diese Formalisierungstendenzen vor allem durch amerikanische Bewegungselemente, wie sie zum Beispiel in Tänzen wie Ragtime, Boston oder Charleston und nach dem Zweiten Weltkrieg im Rock'n Roll oder Beat enthalten sind. Vor allem mit dem Beat wurde die Paargebundenheit aufgehoben: „Alles am Körper konnte und sollte bewegt werden, swingen, schütteln, zucken, wiegen" (FRITSCH / DIETRICH 1981, 75). Im Discotanz der John Travolta-Generation finden wir den Einzeltanz extremisiert; die Sozialbeziehung von zwei Partnern oder einer Gemeinschaft wird zugunsten einer totalen Selbstdarstellung, Exzentrik oder eines Sich-Versenkens und Einwiegens bis hin zum Rausch ersetzt. Die Antwort hierauf als Rückkehr zu einer stärker partnerorientierten Tanzweise läßt nicht auf sich warten und ist bereits in den ersten Veranstaltungen erkennbar.

Das Ballett hat sich seit langem zu einer Form der darstellenden Kunst verselbständigt, die ihre Basis in grundlegenden Fußpositionen hat und eine spezifische Bewegungstechnik erfordert.

II. Zur Begriffsbestimmung des Tanzes

Im allgemeinen ist für den Tanz, neben der rhythmisch geregelten Bewegung, auch die Darstellung einer Vorstellung charakteristisch, die nicht selten auf eine bestimmte Aussage zielt. Mit dem *Tanz als einem Medium* soll häufig eben auch etwas mitgeteilt oder vermittelt werden.

Bei vielen Völkern wird das Wort *tanzen* in einem umfassenden Sinn benutzt. Die Griechen bezeichneten mit dem Wort orcheisthaei rhythmische Bewegungen mit Händen, Füßen, Augen, Kopf, im Grunde also mit dem ganzen Körper. Am weitesten gefaßt erscheint uns der Begriff Tanz in Indien, wo er nicht nur als Bewegungsmittel angesehen wird, sondern eine Verbindung zum Drama oder zur pantomimischen Darstellung zuläßt (vgl. SEQUEIRA 1978, 17). Es zeigt sich, wie beim Begriff Spiel, daß es immer um eine weitgefaßte oder eng begrenzte Definition geht. Als relativ eng ist der deutsche Sprachgebrauch anzusehen, er bezieht sich durchweg auf eine Bewegungsart, die ein Hüpfen, Springen oder Schreiten meint, wobei dies in einer Raum- oder Kreisform oder in einer Reihe geschieht. Tanzen meint dabei ein vergnügliches Tun, ein fröhliches Sein. Das hat sich bis heute nicht durchgängig erhalten, auch wenn es für die meisten Gesellschaftstänze noch Gültigkeit besitzen dürfte.

BÜLOW (1969, 114) meint: „Als generellste Beschreibung kann die des Tanzes als einer geschlossenen, fortlaufenden Bewegung gelten, die sich durch eine gewisse rhythmische Gebundenheit auszeichnet. Der Rhythmus gestaltet erst den sonst nicht als tänzerisch ausgewiesenen Bewegungsstoff."

Die benannten Stichworte heißen *Bewegung* und *Rhythmus* und bei fast allen Definitionen ist erkennbar, daß diese in der einen oder anderen Form, in einem stärkeren Miteinander oder Gegeneinander, eine Definitionsbasis bilden. Da eine rhythmische Bewegung nicht einfach von selbst zustande kommt, sondern nach bestimmten, von außen, meistens durch Musik, gegebenen Impulsen, ist der Hinweis von BÖHME (1967, 1) wichtig, der meint, daß es sich beim Tanz um einen „durch Takt geregelte(n) Ausbruch der Lebensfreude" handelt. Sind Sachverhalte wie die Bewegung oder der Rhythmus als weitgehend überprüfbar anzusehen, so sind die von vielen Autoren hervorgehobenen „inneren Werte oder Erlebnisse" nicht immer als abgesichert oder nachvollziehbar zu kennzeichnen, sie stellen vielmehr Konstruktionen dar, die ihren Ursprung nicht selten in subjektiven Gefühlen haben dürften. So schreibt zum Beispiel SACHS (1976, 1)

„. . . im Tanz verfließen die Grenzen von Leib und Seele, von zweckfreier Gefühlsäußerung und zweckhafter Haltung, von Gesellschaftlichkeit und Persönlichkeitsentfaltung, von Spiel, Kult, Kampf und Schaustellung . . ."

Ob Tanzen eine erlernbare Tätigkeit ist oder eine „eingeborene Bewegungsdisposition" (vgl. GÜNTHER 1962), kann dahingestellt werden. Wichtiger scheint es zu sein, daß Tanzen bestimmte physische Voraussetzungen, wie zum Beispiel die Körperbeweglichkeit, hat und eine Störung im Koordinationssystem, aus welchen Gründen auch immer, würde der tänzerischen Bewegung zwangsläufig den Fluß nehmen, weil sie nicht längerfristig rhythmisch werden *kann*. GÜNTHER ist aber wohl zuzustimmen, wenn sie, im Zusammenhang mit ihrer Einführung des Begriffes „Körpersprache", auch einen persönlichen Bewegungscharakter hervorhebt. Wir halten es zwar für richtig, daß bestimmte Konstitutiva Voraussetzung für das *Tanzvermögen* sind, daneben aber die Gestaltung der Umwelt, der Umgang mit rhythmischem Gerät, mit entsprechenden Spielen und Instrumenten wesentliche Faktoren für die Fähigkeit sind, rhythmische Bewegungen zu vollziehen. Dabei ist es noch nicht ausgemacht, ob diese frei und individuell vollzogen werden können oder nach statisch vorgegebenen Mustern. Positive Auswirkungen haben nach GÜNTHER rhythmisch dynamische Wiederholungsspiele mit der Nachahmung und Neufindung von Bewegungen und auch schon strukturlose Gliederspiele (GÜNTHER 1962, 27).

Jede rhythmische Bewegung, die den Tanz ausmacht, ist an räumliche Qualitäten gebunden. Es handelt sich vor allem um eine Raumausnutzung und um eine Gestaltung im Raum. Der Tänzer schafft sich Raum. Dabei entfällt der Bezug zur Entfernung. „Der Tänzer tanzt nicht, um von einem Punkt des Raumes zu einem anderen zu gelangen" (KRAMER-LAUFF 1978, 49), sondern der Tanzraum erfährt seine Gestaltung durch beliebige Figurationen der Tänzer (vgl. STRAUSS 1960). Das geschieht nicht unabhängig von den anderen Tänzern oder Tanzpaaren.

Analysiert man die vorliegende Literatur, so läßt sich der Tanz durch folgende Merkmale kennzeichnen:

- die rhythmisch geformte Bewegung
- die Begrenzung der Bewegung auf bestimmte Körperteile (zum Beispiel die Beine)
- den Anteil an Zeit und Raum
- die Wiederholbarkeit
- die Regelhaftigkeit
- die Musikbegleitung
- den Anteil von Freude, Spaß, Vergnügen.

Überschneidungen, Gleichzeitigkeiten, Variationen im einzelnen sind hierbei, insgesamt betrachtet und auch auf den einzelnen Sachverhalt bezogen, die Regel.

III. Zum Verhältnis von Spiel und Tanz

Spiel und Tanz stehen wechselseitig in einem engen Verhältnis zueinander. Das äußert sich schon in der Wortstammbedeutung. Der Stamm „spil", auf das Westgermanische begrenzt (also das Mittelhochdeutsche und das Althochdeutsche), hat vor allem die Bedeutung von „Tanz" (vgl. PAUL / GÖTZE / MITZKA 1955). Auch das Angelsächsische und das Frühmittelhochdeutsche halten diese Bedeutung fest. Parallelen ergeben sich vielfältig, so zum Beispiel zum niederländischen „spel" als auch zum altslawischen ‚plesati" (tanzen) (KLUGE / MITZKA 1967). Die vorrangige Bedeutung ist die von Zeitvertreib, Scherz, Unterhaltung, Vergnügen. Althochdeutsch erscheint uns zuerst ‚spiliman", was soviel wie „Schautänzer" bedeutet, und mittelhochdeutsch begegnen wir dem Wort „spilestube", was „Tanzraum" heißt, und „spiliwib" ist dann die Tänzerin. Es ist jedoch bezeichnend, daß im Tanzraum die spielerischen Elemente ihre Gültigkeit behielten. Tanzen, so muß man sich vorstellen, hatte ursprünglich nichts Statisches, nichts von totaler Festgelegtheit, zwar eine Regelhaftigkeit von Schrittfolgen, ein Gebundensein an Vorwärts-, Rückwärts- und Seitwärtsschritten oder Umkreisungen, aber all das geschah spielerisch, lustig. Man sprang und hüpfte, hatte Vergnügen und Freude. Immer mehr wandelte sich aber zum Beispiel die Bedeutung von Spielmann hin zum Musikanten, der aufspielt, oder der Begriff wurde im Sinne von „Vortragskünstler" gebraucht.

Häufig haben Autoren auf die Nähe zwischen Spiel und Tanz hingewiesen (vgl. HUIZINGA 1956; RAHNER 1952; MUCHOW 1958). Allerdings ist auch eine gewisse Verselbständigung des Tanzes nicht zu übersehen, wenngleich spielerische Elemente in jeder Art des Tanzes gegenwärtig bleiben. Vielleicht hat es HUIZINGA immer noch am treffendsten ausgedrückt, wenn er schreibt:

„Das Verhältnis von Spiel zu Tanz ist nicht, daß jener etwas von Spiel an sich hätte, sondern daß er einen Teil des Spiels bildet; es ist ein Verhältnis von Identität im Wesen" (HUIZINGA 1956, 159).

Dennoch erkennen wir heute ein spannungsvolles Verhältnis zwischen Spiel und Tanz, vor allem dann, wenn es heißt, daß die Vorlage für einen Tanz eine Vorschrift ist, die den Aufbau und die Durchführung betrifft.

„Sie enthält die Regel, nach denen sich der Tänzer zu bewegen hat, sie beschreibt ihm die Schrittfolge vor, ob er sich im Dreierschritt, im Zweier- oder Viererschritt bewegen muß" (NATTKÄMPER 1970, 223).

Damit wäre nur ein Teil von Spielen betroffen und auf eine Stufe zu setzen, vor allem die unmittelbaren Regelspiele, wie zum Beispiel die Hinkelspiele oder Brettspiele. Es geht darum, ob man von einer ganz bestimmten festgelegten Figuration *absolut* nicht abweichen darf und es kein Ausbrechen gibt. Das ist bei vielen Spielen anders, und dort, wo man sich tänzerisch so verhält, sind wir eher geneigt, von einem Spielen als von einem Tanzen zu sprechen. Man denke zum Beispiel an sich im Kreise drehende Kinder, die über eine Wiese tollen, oder an Jugendliche, die sich rhythmisch und wechselseitig auf die Oberarme schlagen oder ihre Handflächen aneinanderlegen. Obwohl hier Grundfigurationen des Tanzes vorliegen, sehen wir solche Handlungen eher als Spiel an.

Die spielerische Leichtigkeit, die wir an vielen Tänzen zu bewundern geneigt sind, verbirgt in den meisten Fällen die Anstrengungen, die zur Beherrschung der Technik führten und die ein Können bereitstellen, welches die Arbeit nicht mehr erkennen läßt. Erst die reduktionistische Unterwerfung führt in vielen Fällen zum glanzvollen Spiel, besonders dort, wo es sich um Aufführungen handelt. Das gilt erst recht für den Tanz. In der deutlichsten Ausprägung finden wir das beim Ballett. Aber auch beim Eistanz gibt uns der Unterschied zwischen Pflichttanz und Kür Hinweise auf das fundamentale Spannungsverhältnis zwischen unbedingter Regelbindung und der Ausgestaltung kreativer Freiräume.

Das Kriterium Echtheit, obwohl schwer überprüfbar, wird immer wieder herangezogen, wenn es darum geht, Spiel oder Tanz zu charakterisieren. SCHMOLKE hat darauf verwiesen, daß in diesem Zusammenhang im Sprachgebrauch bildhafte Wendungen üblich sind: „Der Spieler geht auf, er vergißt sich im Spiel, er gibt sich hin an das Spiel; der Tänzer tanzt mit müheloser Leichtigkeit, er ist gehoben, er wird spürbar verwandelt, er gibt sich hin an den Tanz" (SCHMOLKE 1971, 127). Noch mehr als beim Spiel erfahren wir beim Tanz etwas von der Ambivalenz, die zwischen Tragen und Ertragen, Dulden und Erdulden, sich Binden und Entbinden auftut. In einem gewissen Maße verlangt der Tanz vom Tänzer, selbst noch in der freiesten Form, eine gewisse Disziplin. Aber es handelt sich, zum Beispiel bei den Tänzen der Kinder, nicht um eine oktroyierte Disziplin, sondern um Selbstdisziplin. Man hält diese oder jene Bewegung ein, um sich tanzend zu bewegen und um damit für sich selbst, und unter Umständen für andere, ein schönes Erlebnis herbeizuführen.

Das Spielerische im Tanz ist nicht nur abhängig von der Kondition und Ausstattung der Tänzer, ihrer Beherrschung der Regeln und ihren Bewegungsdispositionen, sondern auch von der Art der Tanzvorlage, ob sie offen oder geschlossen ist, hängt es ab, inwieweit die Tänzer das Geschehen als spielerisch erleben bzw. die Zuschauer es als Spiel ansehen können. In welcher Art sich Spiel und Tanz zueinander verhalten, ist nicht zuletzt auch vom Tanzanlaß her bestimmt. Im einzelnen können wir folgende Tanzanlässe unterscheiden:

- das Fest und die Feier,
- die Verbesserung von Technik und Kondition,
- die Körper- und Bewegungsschulung,
- die künstlerische Darstellung,
- die Freizeitbeschäftigung,
- die gesellschaftliche Veranstaltung.

Bei allem gilt, daß eine Tanzidee gestaltend, nachgestaltend oder improvisierend dargestellt wird,
Wir begegnen dem Tanz als

- *Darstellungsspiel* (sich selbst, andere und anderes darstellend)
- *Handlungsspiel* (tänzerisches Handlungsspiel mit bestimmten Inhalten und Intentionen)
- *Kommunikationsspiel / Interaktionsspiel* (Kontaktaufnahme, Erfahrung von Rolle und Distanz, soziale Begegnung usw.)
- *Lernspiel* (Erlernen bestimmter Bewegungen, Kennenlernen bestimmter Tanzspiele usw.)

NATTKÄMPER meint im Anschluß an HUIZINGA, der den Tanz ja als reines Spiel kennzeichnete:

„Tanz ist das kunstvollste Bewegungsspiel das wir kennen, der Tänzer der subtilste unter allen Spielern" (NATTKÄMPER 1970, 218).

Auch wenn diese Formulierung ein wenig idealisierend klingt, so gibt sie doch einen Grundzug wieder, der den meisten Tänzen innewohnt, vor allem wenn man ihnen zuschaut. So wie der Tanz für den Tänzer in der rhythmischen Bewegungsdimension Anlaß zur Selbstdarstellung und Schaustellung ist, sieht ihn der Betrachter, selbst bei einem normalen Tanzvergnügen, als „Schau"-Spiel. Es gibt kaum einen Tanz ohne Zuschauer. Die Menschen, die zu einer Tanzveranstaltung gehen, sind zwar grundsätzlich zum Tanzen „aufgelegt", werden aber in den seltensten Fällen alle zur gleichen Zeit tanzen. Ihre auf die Bewegungen der einzelnen Tanzenden gerichteten Blicke deuten auch hier auf eine Schaustellung.

Wir erkennen, daß Spiele in Tänzen ein integrierter Bestandteil sein können, daß ein Tanz sich als Spiel ausgestaltet und daß in Spielen Tänze ein besonderes Element darstellen. Typische Beispiele für Tänze, die stark vom Spielerischen geprägt sind, sehen wir zum Beispiel im Letkiss, in La Bambola, in La Bostella oder dem Ententanz. Hierbei treten neben den Tanzbewegungen Figurationen hervor, die das Spielen der Tanzenden unterstreichen.

Viele Spiele leben in starkem Maße von ihrer tänzerischen Ausgestaltung, viele Tänze bekommen durch ihren Spielcharakter ein eigenständiges Gewicht. Insgesamt betrachtet, ergeben sich neben vielen Kongruenzen und Parallelitäten wichtige wechselseitige Ergänzungen, die auch pädagogisch nutzbar zu machen sind.

IV. Tanzspiele und ihre pädagogische Bedeutung

Betrachtet man die vorliegende Literatur zum Themenbereich des Tanzspiels, so erkennt man vor allem drei wesentliche Hervorhebungen: *Der didaktische Aspekt, der improvisatorische Aspekt und der darstellende Aspekt stehen im Vordergrund.*

Auf der einen Seite werden Spiele und spielerische Aktionen dazu benutzt, um auf bestimmte, dem Tanzen dienliche Fertigkeiten hinzuarbeiten, auf der anderen Seite sollen Tänze oder tänzerische Aufführungen vorbereitet werden. Daneben gibt es das Tanzspiel in der Form der freien Improvisation, wo vor allem das Situativ-spannungsvolle des Dreiklangs „Spiel – Tanz – Musik" erlebt werden soll. Die Einheit dieses Dreiklangs gilt, solange *dieses* Tanzspiel dauert. Es ist mit der gleichen Gruppe unwiederholbar. Sowohl aus dem Zusammenhang von Spiel und Theater als auch aus dem von Spiel und Sport ergibt sich das Tanzspiel häufig aus dem Bewegungsspiel heraus. Sieht man von den Tanzspielen einmal ab, bei denen sich Spiele aus dem Tanz entwickeln oder aber Tanzen zum integrierten Bestandteil des Spiels gehört, so handelt es sich beim Tanzspiel um eine Aufführung.

Die größte spielerische und tänzerische Unmittelbarkeit ergibt sich bei bestimmten Formen der freien Improvisation. Reglementierungen sind hier ebenso unangebracht wie eine starke pädagogische Überfrachtung. Zusammengefaßt ergibt sich:

„Das spielerische Moment kommt beim freien Improvisieren zum Ausdruck, beim Spiel mit der Bewegung und im Raum, indem sich diese Bewegung verschiedenartig ergibt: vorwärts, rückwärts, seitwärts, nach oben und unten, in ausladend-schwingender oder kantig-eckiger Form, in schneller, langsamer oder abgebremster Abfolge, im Wechsel oder Fluß mit der Musik oder gegen sie. Auch das spielerische Erfinden verschiedenartiger Bewegungsmöglichkeiten, ohne Zwang zu einem Endergebnis (. . .). Die Orientierung am Prozeß, am Erleben und Geschehen in der Situation selbst ist wichtig" (BRUNNER 1978, 22 f.).

Insgesamt betrachtet, erscheint die Improvisaion in aller Regel als ein Mittel, mit dem man, didaktisch gesehen, in einem gewissen Maße unmittelbar zum Tanzen gelangen kann (das wäre besonders im Elementar- und Primarbereich von Bedeutung), ohne das vorweg eine Technikschulung stattgefunden hat.

Bei FISCHER-MÜNSTERMANN finden wir eine unterrichtsrelevante Aspektuierung der tänzerischen Bewegungsimprovisation, die sehr hilfreich vier Ebenen benennt:

- die Einzelimprovisation,
- das Spiel mit Medien als Partner,
- die Partnerimprovision und
- die Improvisationsaufgaben in Klein- und Großgruppen.

Sowohl für die inhaltliche und situative Ausgestaltung als auch für die Organisationsform bietet diese Untergliederung ein einsichtiges Konzept, bei dem Erproben und Erfahren unmittelbar aufeinander verwiesen bleiben. Als Beispiel für das Experimentieren mit Medien führt sie das freie Spiel mit dem Luftballon an, wobei schrittweise zum Beispiel die Aufwärtsimpulse, nach Musik rhythmisiert, vollzogen werden sollen. Einzel-, Partner- und Gruppenspiel wechseln einander ab, der Ballon wird zum imagininären Ballon, Geräusche werden in Bewegungen umgesetzt (FISCHER-MÜNSTERMANN 1977, 99 ff.).

Als stark auf den Improvisationsaspekt abgehoben, erkennen wir auch die folgende Aussage:

„Für (diese) improvisierte(n) Tänze, deren gelungene Formen festgehalten werden können und den Vorrat an jugendgemäßen Tänzen bereichern, möchte ich die Bezeichnung ‚Tanzspiel' vorschlagen . . . (es) könnte die aus dem Bewegungsempfinden unserer Zeit neugeschaffenen Tänze gut gegen die überlieferten Tanzformen früherer Zeiten abgrenzen. Es weist durch den Bestandteil ‚Spiel' auch auf die Bescheidenheit hin, mit der solche Neuschöpfungen betrachtet werden müssen; es sind keine Kunstwerke, sondern Spiele in dem Material Bewegung, die zweifellos so wie die Stimme eine der ältesten und allgemeinst zugänglichen Stoffe künstlerischer Betätigung ist. Die Tanzspiele entstehen in gemeinsamer Arbeit, wobei die Anregung und Führung bald mehr beim Lehrer, bald mehr bei den Schülern liegen wird" (STREICHER 1971, 164).

Deutlicher auf den Darstellungscharakter verweist GRAUERHOLZ, der unter Tanzspielen auch größere Tanzszenen mit Darstellungscharakter versteht und diese auch im Sinne von tänzerischen Handlungsspielen deutet. Diese kommen durch eine Synthese „zwischen der weiterführenden angewandten Gymnastik" und einer tänzerischen Aussage zustande" (GRAUERHOLZ 1974, 22). Im Grundzug erscheint bei ihm mit den Unterscheidungen von

„tänzerischem Fabulierspiel", „dialoghaltigen, weitgespannten tänzerischen Spielhandlungen", „Kurztanzspiel" und „dramatischen Aktionsspielen" die von uns benannte Unterscheidung zwischen einem *Tanz als Spiel* oder aber einem *Spiel als tanzimmanentem Bestandteil*. Ein weiteres Zitat bringt den Handlungsaspekt in den Vordergrund. Das Wort Tanzspiel erscheint jetzt im Sinne des „getanzten Spiels", d. h. als Spielgeschehnis oder als eine Handlung, die in tänzerische Form gekleidet ist und aus „musikalischen, bewegungsrhythmischen und spieleigenen Elementen erwächst" (LUTZ 1957, 122).

Verwiesen sei noch auf HAVEN, der das Tanzspiel aus dem Bewegungsspiel hervorgehen läßt. Dabei gilt dann, daß „in (der) Abstimmung auf die vom Instrument stimulierte Ordnung (. . .) die eigentliche Leistung des Bewegungs- und des daraus hervorgehenden Tanzspiels" besteht (HAVEN 1970, 166). Hier ist ganz deutlich das Tanzspiel als ein „Spiel mit tänzerischen Mitteln" gekennzeichnet.

Pädagogisch gesehen, läßt sich der Tanz in verschiedene Spiele integrieren und verschiedene Spiele lassen sich in Tänze integrieren, aber wir können auch zu großen tänzerischen Aufführungen gelangen, die ihrerseits wieder ein „Schau"-spiel darstellen. Vom letzteren ist es kein weiter Weg zum Begriff des Musiktheaters und des Tanztheaters. Denkt man an die sinnfälligen Gelegenheiten, bei denen Tanzen in pädagogischen Praxisfeldern eine Bedeutung besitzt, so müssen wir neben der bereits erfolgten Unterscheidung von Anlässen, die möglichst aus dem Horizont der betroffenen Kinder und Jugendlichen erwachsen müssen, nach den Zielbestimmungen differenzieren. Es ist ein Unterschied, ob ich als Pädagoge darauf aus bin, die tänzerische Bewegungsfähigkeit zu entwickeln, oder ob ich zu einer Aufführung auch etwas Tänzerisches beitragen lassen möchte oder aber eine erste Unterweisung im Gesellschaftstanz anstrebe. Gleichermaßen ist es von Bedeutung, ob ich an die tänzerischen Möglichkeiten des einzelnen oder der Gruppe denke, ob ich eine Klassenfete im Auge habe, einen Gruppenabend oder eine folkloristische Aufführung. Fest steht, daß Tanz und Spiel sowohl das individuelle Vergnügen erhöhen können als auch eine Bereicherung des Gruppenerlebens oder des Schullebens ergeben. Denkt man daran, wie stupide und gestaltungsarm viele Zusammenkünfte oder Feiern von Kindern und Jugendlichen ablaufen, so ist eine Aktivierung der mit den Tanzspielen gegebenen Möglichkeiten als pädagogisch äußerst sinnvoll anzusehen. Ob es sich bei einer Schulabschlußfeier darum handelt, daß in discoähnlicher Manier getanzt wird oder dabei „Tanzspiele" wie „der Besentanz", „der alte Hut" oder „das klassische Liebespaar" die Tanzfläche füllen oder räumen, Tanzspiele geben Kindern und Jugendlichen eine Möglichkeit, zu einem verbesserten, weil durchgestalteten Ausdruck. In vielen Schulen und Gruppen bieten Volkstänze und ihre vielgestaltigen Abläufe ein reiches Anregungsmilieu und Reservoire für freudiges Erleben und eine begeisternde „Show". Es ist eine alte Erfahrung von Pädagogen jedweder Provenienz, die sich mit dem Tanzspiel beschäftigt haben, daß Jugendliche sehr leicht auch zu scheinbar komplizierten Bewegungsabläufen und Schrittfolgen zu animieren sind, wenn sie erst einmal zwei oder drei einfache Unterscheidungen kennen-

gelernt haben und ein Geführ dafür entwickelten, wie man sich schwingend, drehend, wiegend nach Musik bewegen kann.
Gerade das Erfahren der Einheitlichkeit von musikalischem Rhythmus und Bewegungsablauf, und das gilt auch für das Klatschen, Stampfen oder Rascheln mit verschiedenen Materialien, schafft Sicherheit und führt zum Zutrauen, neue tänzerische Bewegungsabläufe zu erlernen oder kreativ zu erkunden.
Es ist für viele Jugendliche nicht selten eine erstaunliche Erfahrung, wenn sie zum ersten Mal bemerken, daß die tänzerischen Bewegungen, die sie ausführen, mit der Musik im Einklang stehen. Ein doppeltes Erlebnis bedeutet es, wenn die Jugendlichen dann noch selbst die Beziehungsstiftung zwischen einem eigenen Bewegungsablauf und Musik herzustellen gelernt haben.
Spaß und Freude erhöhen sich.
Für Jugendgruppen, in Vereinen, Verbänden, kirchlichen Gemeinden stellt sich der Umgang mit Tanzspielen relativ unproblematisch dar. Entweder handelt es sich in diesen Bereichen um die Ausgestaltung eines einzelnen Gruppenabends, um die Veranstaltung eines „Tanz-Lehrgangs" in den Gesellschaftstänzen, um die Aufführung eines Tanzspiels oder die Pflege von Volksgut und Brauchtum (Volkstänze).
Auch pädagogische Institutionen, wie zum Beispiel Heime der verschiedensten Art, eröffnen Möglichkeiten zu einem freien Umgang mit Tanzspielen.
Ganz anders verhält es sich mit dem Bereich Schule. Es wurde gelegentlich gefordert, das Tanzen zu einem Schulfach zu machen. Wir haben hier die gleichen Bedenken, die bereits hinsichtlich des Spiels geäußert wurden (vgl. die Einleitungen zu Bd. 1 und 2 dieses Handbuches und KREUZER 1981). Die Schule ist keine Tanzschule. In den meisten Fällen dürfte auch der Lehrer kein professioneller Tanzlehrer sein. Das bedeutet jedoch nicht, daß Tanzspiele aus dem Bereich der Schule ausgegliedert bleiben müssen. Wir betrachten sie vielmehr als einen integrierten Bestandteil des Schullebens und ebenso als Prinzip, besonders in den Fächern Deutsch (Theater!), Sport, Musik und Kunst. Gegen Tanzen als Schulfach haben wir Bedenken.
Eine Verkürzung auf rein dienende Funktionen des Tanzspiels halten wir für ebensowenig ratsam wie eine totale Didaktisierung. Vor allem als reines Vehikel zum Transport von Lerninhalten sehen wir das Tanzspiel als denkbar ungeeignet an. Sowohl Improvisationen als auch Darstellungen und Funktionen in den einfachen Tänzen bei einer Klassenfete sind nutzbar und sollten auch genutzt werden. Wenn Schule nicht nur ein Lernort, sondern auch ein Lebensort sein soll, an dem sich Menschen begegnen und miteinander wohlfühlen, müssen Tänze als ein anthropologisches Medium Bestandteil von Schulleben und, in Auswahl, des Unterrichts sein. Spaß, Vergnügen, Freude, ausgelassene Heiterkeit, aber auch Rausch und Ekstase, Selbstdisziplin und Anstrengungsbereitschaft sind gerade mit Tanzspielen unmittelbar verbunden. Bei den größeren Tanzspielen ist das Werkerlebnis allenfalls noch vergleichbar mit einer musikalischen Aufführung, denn der Grad pflichtgetreuer Regelbindung im voraufgehenden Prozeß ist hier besonders ausgeprägt. Beim Tanzen können Ausfälle, wie sie zum Beispiel

beim Theaterspielen durch ein Textvergessen entstehen, nicht durch soufflieren ausgeglichen werden. Der Tänzer, der erst einmal tanzt, kann nicht mehr stehenbleiben. Im Notfall müßte er zur Improvisation greifen. Da beim Tanzen und auch bei den Tänzen, die einen hohen choreographischen Aufwand erfordern, zu jedem Zeitpunkt ein unmittelbares rhythmisches Bewegungsgefühl erzeugt wird, werden die Formungen von außen weniger ausgeprägt empfunden als in vielen anderen Fällen darstellerischen Spiels und dabei stattfindender Regie.

Der Bewegungsdrang kann bei allen Jugendlichen als ausgeprägt vorhanden betrachtet werden. Deshalb muß es für den Pädagogen darum gehen, diesem Bewegungsdrang Raum zu geben. Das Tanzspiel ist dazu eine hervorragende Möglichkeit. Auch die Fähigkeit zur rhythmischen Bewegung ist für Kinder und Jugendliche in großem Maße selbstverständlich, noch nicht verkümmert, aber förderungsbedürftig. Als pädagogisch bedeutsam kommt hinzu, daß beim Tanzspiel die Aufführung den Akteuren ein Höchstmaß an Einsicht in den Dreiklang Tanz – Spiel – Musik mit sich bringt und darüber hinaus sehr körpernah der Zusammenklang von rhythmischer Bewegung und Sprache empfindbar wird. Das gilt vor allem dann, wenn sich, wie in vielen Fällen, das Tanzspiel mit einem *Singspiel* verbindet.

Wenn wir hinsichtlich des Spiels gelegentlich auf die irrige Auffassung stoßen, daß Spielen nur ein Tun der Kinder sei, so begegnen wir im Hinblick auf das Tanzen häufig gerade der entgegengesetzten Meinung. Das wir auch diese für abwegig halten, geht aus dem bisher Gesagten deutlich hervor. Tanzen ist keineswegs ausschließlich ein Erwachsenentun. Im Gegenteil, gerade Kinder sind für die tänzerischen Gestaltungsmöglichkeiten besonders offen.

Wie weit sich das inhaltliche Spektrum pädagogisch entfalten läßt, kann man am Beispiel von Irene JÜRGENS „Tanz in Schule und Gruppe" (1982) oder dem „Tanz chuchi", einem Zytglogge-Werkbuch (1981), ablesen. Die aspektologische Fülle im Zusammenhang einer polyästhetischen Erziehung, einer improvisationspädagogischen Aktion und Technik, die sich ihrerseits mit Musikpädagogik, Klangimprovisation, Sprechpädagogik, dramatischer Improvisation, Bewegungsimprovisation verbindet, konnte man bereits 1970 anschaulich vorgeführt sehen (ROSCHER 1970). Als Beispiel für die Verbindung von Gymnastik und Tanzunterricht und die mit ihnen gegebene Breite zwischen Tanzerleben und individueller Erlebnisbereicherung, aber auch Körpererfahrung, kann man exemplarisch in einer Aufsatzsammlung nachlesen, die Hans-Gert ARTUS herausgegeben hat (1983).

Ob es sich beim Tanzen nur um einen Ausgleich zu den leistungsorientierten Fächern handelt oder aber vielmehr um eine Leistung ganz eigener Art, soll hier nicht weiter erörtert werden. Bedenken sollte man jedoch, daß dort, wo eine Erziehung des ganzen Menschen im Vordergrund des Interesses steht, auch auf das Tanzen und die Tanzspiele nicht verzichtet werden kann. Das gilt gerade in einer Zeit, die stark von einem Leistungsbegriff dominiert wird, der entweder rein inellektuell, materialistisch oder ökonomisch spezialisiert erscheint.

In welchem Maße diese Aussage richtig ist, kann man auch erkennen, wenn man sieht, wie sich in Tänzen eine Bewältigung unterschiedlichster Außeneinwirkung auf das Individuum dokumentiert. Letztere Beispiele dafür sind die Discotänze unter Laser-Lichteinwirkung, an denen Jugendliche viel Gefallen finden, wenn sie die „Zerhacker-Wirkung", die Bewegungshypertrophie in Gegenübertanzenden miterleben. Augenfälliger noch ist bei Break-Dance oder beim Roboter-Dance, daß der Mensch mit diesem spezifischen Bewegungsablauf (der gerade bei den letztgenannten sehr stark spielerische Züge trägt) eine Antwort und Verarbeitung von Sachverhalten sucht, mit denen er sich noch nicht ausreichend auseinandersetzen konnte (und in nicht seltenen Fällen sich intellektuell niemals auseinandersetzen können wird). Konkret handelt es sich nach unserer Auffassung beim Break- oder Roboter-Dance nicht zuletzt um eine Antwort auf die zunehmende Automatisierung, Computerisierung und die expandierende Videowelt. Pädagogisch könnten Tänze also ein Terrain bilden, das zur Aufarbeitung zivilisatorischer „Emotionsüberforderungen" beiträgt. Wie leicht lassen sich daraus Tanzspiele machen (Roboter, Spieluhr, Zeitlupenbewegung), die gleichzeitig eine Alternative zu einer inaktiven Konsumtion sind.

Literatur

Artus, H.-G. (Hrsg.): Grundlagen zur Theorie und Praxis von Gymnastik- und Tanzunterricht, Hamburg 1983
Böhme, F. M.: Geschichte des Tanzes in Deutschland, Hildesheim / Wiesbaden 1967
Brunner, I.: Jazztanz, Hamburg 1978
Bülow, I. v.: Der Tanz im Drama. Untersuchungen zu W. B. Yeats' dramatischer Theorie und Praxis, Bonn 1969
Duncan, I.: Zurück zur Natur, in: Wolgina, L. / Pietzsch, U. (Hrsg.): Die Welt des Tanzes in Selbstzeugnissen, Berlin 1977
Fischer-Münstermann, U.: Die Improvisation als Ansatz entdeckenden Lernens, in: Turnen und Sport, H. 5, Juni 1977
Fritsch, U. / Dietrich, K.: Europäisches und afrikanisches Tanzen — Durchdringung unterschiedlicher Bewegungskulturen?, in: Nitschke / Wieland (Hrsg.): Die Faszination und Wirkung außereuropäischer Tanz- und Sportarten, Hamburg 1981
Götze, A. / Mitzka, W.: Trübners Deutsches Wörterbuch, begr. v. A. Götze, hrsg. von W. Mitzke, 6. Bd., Berlin 1953 (1939)
Grauerholz, H.: Das tänzerische Handlungsspiel zwischen Versuch und Wirklichkeit, in: Turnen und Sport, H. 1, Januar 1974
Günther, D.: Der Tanz als Bewegungsphänomen, Hamburg 1962
Günther, H. / Schäfer, H.: Vom Schamanentanz zur Rumba. Die Kulturgeschichte des Gesellschaftstanzes, Stuttgart 1959
Haselbach, B.: Improvisation — Tanz — Bewegung, Stuttgart 1976
— Tanz als ästhetische Erziehung, in: Die Menschliche Bewegung, Schorndorf 1976
Haven, H.: Darstellendes Spiel, Düsseldorf 1970
Hoerburger, F. / Segler, H. (Hrsg.): Klare, Klare, Seide, Kassel / Basel 1977
Huizinga, J.: Homo ludens. Vom Ursprung der Kultur im Spiel, Hamburg 1956
Jürgens, I.: Tanz in Schule und Gruppe, Baltmannsweiler 1982
Kluge, F.: Etymologisches Wörterbuch der deutschen Sprache, bearb. von W. Mitzka, 20. Aufl. Berlin 1967
Kramer-Lauff, D.: Tanzdidaktik, Schorndorf 1978

Kreuzer, K. J.: Spiele, Feste, Feiern in der Schule, in: Twellmann, W. (Hrsg.): Handbuch Schule und Unterricht, Bd. 4.1, Düsseldorf 1981
Leeuw, G. v. d.: Vom Heiligen in der Kunst, München 1957
Liechtenhan, R.: Vom Tanz zum Ballett, Stuttgart / Zürich 1983
Lutz, E. J.: Das Schulspiel, München 1957
Muchow, H.-H.: Der Tanz in der Sicht des Psychologen und Erziehers, in: Heyer, F. (Hrsg.): Der Tanz in der modernen Gesellschaft, Hamburg 1958
Nattkämper, H.: Einführung in die Morphologie der Leibeserziehung, dargestellt am Menschen in der Bewegung, Wuppertal / Kastellaun / Düsseldorf 1970
Paul, H.: Deutsches Wörterbuch, neu bearb, v. W. Betz, 5. Aufl. Tübingen 1966
Rahner, H.: Der spielende Mensch, Einsiedeln 1952
Roscher, W.: Ästhetische Erziehung, Improvisation, Musiktheater, Hannover 1970
Sachs, C.: Eine Weltgeschichte des Tanzes, Hildesheim / New York 1976
Schmolke, A.: Volkstanz – ein Mittel tänzerischer Erziehung, in: Bünner, G. / Röthig, P. (Hrsg.): Grundlagen und Methoden rhythmischer Erziehung, Stuttgart 1971
Schmolke, A. / Tiedt, W.: Rhythmik / Tanz in der Primarstufe, Wolfenbüttel / Zürich 1978
Sequeira, A. R.: Klassische indische Tanzkunst und christliche Verkündigung, Freiburg 1978
Sorell, W.: Knaurs Buch vom Tanz, München / Zürich 1969
– Tanzen – Bewegen – Darstellen – Sportpädagogik, Zeitschrift f. Sport-, Spiel- und Bewegungserziehung, Heft 3/1983
Straus, E.: Formen des Räumlichen. Ihre Bedeutung für die Motorik und die Wahrnehmung, in: Psychologie der menschlichen Welt, Berlin / Göttingen / Heidelberg 1960
Streicher, M.: Das tänzerische Bewegungsspiel, in: Natürliches Turnen, Wien 1971
Wigmann, M.: Die Sprache des Tanzes, in: Wolgina, L. / Pietzsch, U. (Hrsg.): Die Welt des Tanzes in Selbstzeugnissen, Berlin 1977
Zentralstelle für Lehrerfortbildung (Hrsg.): Tanz chuchi, Bern 1981
Zytglogge Werkbuch s. Zentralstelle für Lehrerfortbildung

9. Das Spiel mit der Bambusflöte

Nobuhisa Hanada / Heyo Hamer

I. Die japanische Bambusflöte

Wie so viele Kulturgegenstände ist auch die Bambusflöte über China nach Japan gekommen als „a musical instrument for Buddhist service" (JOYA 1971, 551). KURIHARA (1975, 21) vermutet, daß die Bambusflöte damals schon als Shakuhachi bezeichnet worden ist und diese Bezeichnung aus China mit nach Japan gebracht hat. Die Bezeichnung leitet sich vom Längenmaß der Flöte her. In Japan beträgt ein Shaku ungefähr 33 cm. Hachi bedeutet acht und meint hier 8 Sun (1 Sun = ungefähr 3,3 cm). Die Länge der Bambusflöte beträgt demnach in Japan ungefähr 60 cm. Aber dieses Längenmaß ist früher nicht streng eingehalten worden. So berichtet KURIHARA (1975, 45), daß es nach der Einführung der Bambusflöte in Japan im 8. Jahrhundert auch Flöten gegeben hat, die zum Beispiel ein Shaku und 5 Sun oder gar ein Shaku und 2 Sun lang gewesen sind. Solche unterschiedlich langen und über tausend Jahre alten Bambusflöten finden wir heute ausgestellt im Shosoin-Museum des Todaiji-Tempel (KURIHARA 1975, 44). Im Laufe der Jahrhunderte setzte sich jedoch mehr und mehr eine einheitliche Größe der Bambusflöte von ungefähr 60 cm durch, so daß sie heute noch mit Recht den Namen Shakuhachi-Flöte trägt.
Um zu erfahren, wie eine Bambusflöte hergestellt wird, folgen wir dem Meister in den Bambushain. Dort prüft er mit kundiger Hand heute wie eh und je die vierjährigen, gleichmäßig gewachsenen Madake-Bambusstämme. Denn er weiß genau, daß im vierten Jahr der Stamm am stärksten ist. Deshalb werden für die Bambusflöten, wie übrigens auch für das traditionelle Stockfechten (Shinai) und Bogenschießen (Kyudo), am liebsten vierjährige Stämme verarbeitet. Es ist notwendig, diese vierjährigen Stämme genau zu prüfen, da sie je nach ihrem Standort und ihren natürlichen Wachstumsbedingungen (Sonne, Nebel, Feuchtigkeit, Bodenbeschaffenheit) unterschiedlich fest sind.
Durch Schütteln des Stammes und Messen der Abstände zwischen den einzelnen Knoten bestimmt der Meister die Güte eines jeden Stammes. Dabei hat natürlich jeder Meister sein eigenes Augenmaß. Nur der Stamm kommt für eine Bambusflöte in Frage, der vermuten läßt, daß er auch unter der Erdoberfläche (etwa 50 cm) gleichmäßig gewachsen ist.
Hat der Meister den richtigen Madake (ma = richtig, dake = Bambus-)Stamm gefunden, so gräbt er ihn aus und schneidet von dem 5 bis 10 m langen

Stamm die untersten 1,50 m ab. Diesen Stumpf nimmt er mit nach Hause, wo er zunächst über einem offenen Feuer sehr behutsam „geröstet" wird. Danach wird er für etwa zehn bis vierzehn Tage unter dem Dach im Freien so aufgehängt, daß die Wintersonne ihn erwärmt. In dieser Zeit wird der Bambusstumpf ganz weiß. Damit ist der Stumpf fertig und kann im Hause aufbewahrt werden, bis der Meister Zeit hat, ihm seine endgültige Form als Flöte zu geben.

Wenn nun der Zeitpunkt gekommen ist, daß der Meister aus dem Stumpf eine Flöte anfertigen will, so überlegt er zunächst ganz genau, wo die fünf Löcher später am besten eingebohrt werden. Hat er dies nach genauen Messungen entschieden, so wird entsprechend den auf Abbildung 1 angegebenen Maßen aus dem Stumpf eine rd. 60 cm lange Shakuhachi-Flöte so herausgeschnitten, daß der oberste Knoten das Mundstück bildet. Damit ist der Rohbau der Flöte hergestellt. Mit Hilfe eines Eisenstabes geht der Meister nun daran, die Knoten in dem Flötenrohr durchzustoßen und soweit wie möglich zu beseitigen. Je besser ihm dies gelingt, je mehr Hohlraum er in der Flöte schafft, um so größer ist das Volumen der Flöte und ihre Tonhöhe. Schließlich wird das Rohr von innen mit einem Polier- oder Schleifpulver bearbeitet, damit die Innenwand ganz glatt wird. Je besser die Innenwand bearbeitet ist, um so leichter läßt sich die Flöte später spielen. Der oberste Knoten, der das Mundstück bildet, wird schräg angeschnitten und bekommt einen kunstvollen Einsatz aus Horn. Die Anordnung der fünf Löcher, die dann gebohrt werden, zeigt die Abbildung 1.

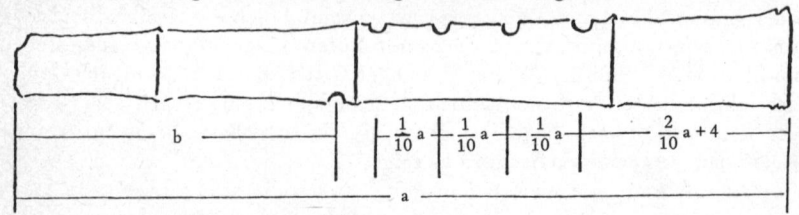

Abbildung 1: Ausmaß einer Bambusflöte (Shakuchachi)

Seit dem 14. Jahrhundert gibt es in Japan zwei Arten von Bambusflöten:

a) Die oben beschriebene Shakuchachi-Flöte als Musikinstrument, die mit dem Koto (japanisches Zupfinstrument) und dem Shamisen (japanische Art von Gitarre mit drei Saiten) (JOYA 1971, 552) sehr oft zusammen gespielt wird;
b) die aus der Shakuhachi-Flöte entwickelte Zen-Flöte, die dem Zen-Buddhisten als Übungsmittel auf dem Wege zur Erleuchtung dient.

II. Die Zen-Flöte

Es sind vor allem folgende drei Punkte, in denen sich die Zen-Flöte als Instrument wesentlich von der Shakuhachi-Flöte als Musikinstrument unterscheidet. Da ist zunächst die Länge der Flöte. Diese ist nicht auf das Maß der Shakuhachi-Flöte (ungefähr 60 cm) begrenzt. Sie richtet sich vielmehr nach dem Durchmesser des Bambusstammes und der Anordnung der Löcher. Ein anderes Merkmal ist das Mundstück. Bei der Herstellung der Zen-Flöte wird meistens im Mundstück kein Einsatz aus Horn verwendet. Schließlich unterscheiden sich beide Arten von Bambus-Flöte in der Bearbeitung des Hohlraumes der Flöte. Bei der Zen-Flöte sind die Zwischenwände der Knoten im Hohlraum nicht vollständig beseitigt. Auch ist der Hohlraum nicht mit Schleif- oder Polierpulver geglättet worden. Dadurch kann der Atem des Flötenspielers nicht ungehindert durch die Flöte hindurchströmen. Vielmehr wird er in der Flöte aufgehalten und muß sich durch vier oder fünf „Kammern" bzw. „Hohlräume" hindurcharbeiten, die durch die Knoten abgeteilt sind. Der Zen-Flötenspieler kann dadurch keine einfachen Melodien spielen. Während man das Musikinstrument ziemlich leicht blasen kann, ist die Zen-Flöte nur sehr schwer zu spielen. Bei ihr geht der Atem nur schwer hindurch. Er staut sich an jedem Knoten und drückt den nachkommenden Atem zurück. Wie stark der Spieler auch blasen mag, der Atem bleibt nur in der Nähe des Mundstücks stark. Er durchströmt niemals gleichmäßig stark das Ganze des Instruments. Folglich ertönt auch nicht der ganze Bambus. Nur wenn man am Mundstück ganz natürlich und ruhig atmet, wird der Atem zum Ton des Bambus.

Jeder Mensch atmet von seiner Geburts bis zu seinem Tode. Im Zen-Buddhismus lernt er, den Atem zu ordnen. Denn um das Herz still werden zu lassen, muß man vor allem den Atem ordnen. Indem der Atem und danach auch das Herz still werden, kommt der Bambus zu seinem Ton. Der Spieler hört dem Ton des Bambus zu. Wenn der Ton desselben so natürlich klingt wie der Wind, wird das Herz des Spielers dem Ton des ruhigen Atems entsprechend zum Nichts-Herz. Auf diese Weise vereinigen sich Flöte und Spieler. Es gibt im Herzen des Spielers keine Absicht, die Flöte ertönen zu lassen. Manchmal weicht der Atem von dem Mundstück ab. Dann gibt der Bambus keinen rechten Ton. Man hört nur den Wind heulen. Aber wenn man mit dem Nichts-Herzen bläst, ist dieses Heulen des Windes auch ein echter Ton des Bambus. Das Nichts-Herz erscheint als der Wind. Jener Ton dagegen, der mit der Absicht hervorgebracht wird, die Flöte gut zu spielen, ist nicht der Ton des Nichts-Herzens, wie schön er auch zu klingen scheint. Man sagt deshalb: „Blase den Bambus, ohne zu blasen!"

Wenn der Mensch sich mit dem Bambus vereinigt, gibt es keinen Unterschied zwischen einem geschickten und ungeschickten Spielen. Jeder Ton ist Ton des Buddha. Ebensogut wie ein Baby ganz natürlich atmen kann oder wie ein Mensch im Tiefschlaf natürlich atmen kann, genausogut kann er, wenn er natürlich atmet, die Bambusflöte als Zen-Flöte spielen. Ein geschickter Bläser ist derjenige, der alle technische Geschicklichkeit aufgegeben hat. Ein ungeschickter Bläser ist derjenige, der geschickt blasen will. So ist die Bambusflöte im Zen, für die es keine Noten gibt, nicht nur ein Instrument, mit dem man das richtige Atmen übt, sondern auch ein Instrument, mit dem man zur Erleuchtung kommt.

Wie kann man nun zu einer solchen Erleuchtung auf dem Wege der Zen-Flöte kommen? Allgemein gilt, daß im Zen-Buddhismus ein religiöses Befreiungserlebnis erfahren wird (HAMER 1982, 25). Man muß von einzelnen Vorstellungen, die sich im Bewußtsein festgesetzt haben, frei werden. Dies ist sehr schwierig, weil das Herz gewohnt ist, sich an Vorstellungen zu hängen. Meistens ist es so, daß eine Vorstellung für eine Weile im Bewußtsein bleibt. Wenn man zum Beispiel in vollkommener Dunkelheit sitzt, sieht man gar nichts. Trotzdem stellt man sich etwas vor, was aus dem Herzen kommt. Man ist sogar von dieser eigenen Vorstellung abhängig, und das Herz ist unruhig. Hier kann das Spielen auf der Zen-Flöte helfen. Denn das Blasen der Bambusflöte ist eine Art Übung, das Herz von jeglicher Vorstellung unabhängig zu machen und ganz still werden zu lassen.

Aus dieser umfassenden Stille, aus diesem unendlich tiefen Leerraum des Bewußtseins vermag der Spieler zu einer Art höheren Erkenntnis vorzudringen, das japanisch als Satori (Erleuchtung) bezeichnet wird (GUNDERT 1943, 101).

III. Unterwegs mit der Bambusflöte

Wer sich heute entscheidet, mit der Bambusflöte als Pilger auf die Straße zu gehen, der nimmt außer der Flöte nur einen kleinen Holzkasten (Gebako) mit. Er trägt diesen vor dem Bauch an einem Gurt, den er über den Nacken gestülpt hat. Außerdem trägt er eine Stola (Kesa), an der jedermann erkennen kann, daß hier ein Buddhist um seines Glaubens willen unterwegs ist.

Abbildung 2: Komuso: Ganz leerer (Komu) Mönch (so) auf der Wanderschaft (nach: KURIHARA 1975, I)

Wie Abbildung 2 zeigt, trägt der Flötenspieler einen Korb (Tengai) über dem Kopf, so daß der Kopf nicht sichtbar ist. Im Korb sind mehrere Ritzen eingelassen, die dem Flötenspieler erlauben, hindurchzuschauen und zu sehen, ohne gesehen zu werden. Solange der Flötenspieler auf der Straße unterwegs ist, trägt er den Korb und bleibt somit anonym. Lediglich die schwarzen japanischen Schriftzeichen auf dem hellen Kasten verraten dem Vorbeigehenden, woher der Flötenspieler kommt. Auf der Stirnseite des Kastens lesen wir: „Myoan" (hell — dunkel). Das weist auf die Relativität des Lebens als eine Botschaft Buddhas hin. Auf den Seitenflächen des Kasten steht geschrieben einerseits: „Itchoken, Chikuzen Hakata" (Tempel — Haus des Itcho, Fukuoka — Bezirk, Stadtteil — Hakata).

Auf der anderen Seite des Kastens steht das Datum, das für den Flötenspieler gilt. Dieses Datum ist sehr wichtig, weil es den Tag festhält, an dem der Meister dem Flötenspieler erlaubt hat, die Übung als Bettler öffentlich mit dem Kasten durchzuführen. Ja, der Spieler hat sogar eine vom Meister unterzeichnete „Spielerlaubnis" (Honsoku) ausgehändigt bekommen und trägt sie stets bei sich. Zugleich mit seiner Erlaubnis hat der Meister dem Flötenspieler an jenem Tag den Kasten zusammen mit der Stola und dem „Korbhut" (Sangu) übergeben. Ein weißes Pilgergewand und das nötige Schuhwerk besorgt sich jeder Flötenspieler selber.

Würden wir auf der Straße einem Flötenspieler begegnen und ihm die Frage stellen, wie lange er im Tempel geübt hat, bevor er alleine auf die Straße durfte, so würde er uns verlegen anschauen. Abgesehen davon, daß er während seines Bettelganges, solange er den Korbhut trägt, kein Wort sprechen darf, würde er uns nicht antworten können. Denn eine feste Vorbereitungszeit gibt es nicht. Bei wem immer der Meister den Eindruck gewonnen hat, daß er ein Durchbruchserlebnis im Sinne des Zen gehabt hat, den sendet er auf die Straße. Dort mag er im Zirkel des Sanrinkujaku (Zirkel der drei Beziehungen zwischen Spieler, Geber einer milden Gabe und Gabe) weitere vertiefte Erfahrungen auf dem Zen-Weg mit der Bambusflöte machen.

Was geschieht nun, wenn der Flötenspieler als Pilger auf der Straße seine Bambusflöte spielt? Dort, wo er vor der Haustür spielt, öffnet sich die Türe und es wird ihm während des Spielens und danach ein Päckchen Reis oder Geld auf den entgegengestreckten gespreizten Fächer gelegt. Als Zeichen der Dankbarkeit hebt er die Gabe auf dem Fächer in Brusthöhe und läßt sie in den stets offenen Kasten fallen. Der Geber der Gabe bleibt bis zum Ende des Flötenspiels im Türrahmen stehen, wendet sich dann ohne die sonst übliche Verneigung ab und kehrts ins Haus zurück. Der Flötenspieler geht schweigend zur nächsten Haustür, wo er erneut aus dem Schweigen heraus seine Bambusflöte ertönen läßt.

Er lenkt die Aufmerksamkeit der Bewohner auf die Stille, „die vorher da war und die nachher, nach diesem kurzen akustischen Intermezzo, weiterwirkt. Die nur durch diese hörbare Unterbrechung bewußt gewordene Stille mündet nun geradezu unhörbar — aber unüberhörbar hörbar — in das große Schweigen der Natur: Aus der Stille des Mikrokosmos weiter in die das Makrokosmos. Dieser Bewußtseinszustand führt letztlich auf einen Weg, an dessen Ende die große „Leere", das „Leerwerden" des Buddhismus steht" (DOMBRADY 1982, 15).

Das ist der ständige Rhythmus des Flötenspielers auf dem Zen-Weg: Schweigen — Flötespielen — Schweigen. Schweigend zieht er morgens aus, schweigend kehrt er abends nach Hause zurück oder übernachtet er in einem einfachen Gasthof. Solange er den Korn auf dem Kopf trägt ist er gehalten, zu schweigen. Begegnet er zufällig einem anderen Flötenspieler unterwegs, so ist kein Wort und keine Geste erlaubt. Nur auf der Flöte wird ein jeder sich durch ein kurzes Tempelsignal zu erkennen geben.

Kann man sagen, daß der Flötenspieler nur für sich spielt? Ist sein Weg als Pilger ausschließlich als zusätzliche Konzentrationsübung im eigenen Interesse zu verstehen? Oder verfolgt er auch missionarische Ziele? Allgemein gilt, daß das Ziel des Spielens mit der Zen-Flöte das „absichtslose Spielen" (RINZAI) ist, bei dem der Spieler weder an sich noch an sein Gegenüber, erst recht nicht an die Gabe, die er empfangen wird, denkt. Ziel ist höchstens noch, den Mitmenschen daran zu erinnern, daß das eigentliche Sein des Menschen der Buddha im Menschen ist und der Ton der Flöte diese Buddha-Natur im Mitmenschen erwecken möchte. Wo diese Natur im Menschen erwacht, wird die Gabe, die der Bettler empfängt, zur Gabe von Buddha. Für den, der gibt, stellt die Gabe eine Möglichkeit dar, seine Unabhängigkeit von den Dingen dieser Welt zu beweisen und damit ein Zeugnis für Buddha abzulegen auf dem Weg zum „Leerwerden".

In diesem Zusammenhang spielt der „Genuß des wahren Weges" oder des Tao eine besondere Rolle. Zuhören, wie der Spieler auf der Zen-Flöte spielt, bedeutet mehr als nur dem anderen zuzuhören. Es muß so sein, daß das Zuhören zugleich ein Schaffen ist. Denn der Ton der Bambusflöte aus dem Nichts-Herzen ist darauf aus, das Herz des Zuhörers zu vernichten. Wenn man dem Ton des Nichts-Herzens zuhört, fühlt man sich selbst und die ganze Welt als nichtig, und zwar genießt das vernichtete Herz den vernichtenden Ton. Der Bettler mit der Zen-Flöte geht somit von Haus zu Haus, um einerseits das eigene Herz und zum anderen die Herzen der Mitmenschen zum Nichts-Herzen zu machen. Wenn das bettelnde Subjekt ebenso wie das Almosen gebende Subjekt und das Almosen selbst nichts und leer sind, dann kann man sagen, den wahren Ton genossen zu haben.

Der Weg der Bambusflöte ist somit nicht nur die Fortsetzung eigener zenbuddhistischer Übung, sondern kann durchaus auch als ein Weg missionarischer Aktivität verstanden werden. Eine solche Aktivität aber widerlegt die Behauptung, im Buddhismus gäbe es keine Mission. Christliche Beobachter mögen fragen, ob es sich hier, wo nicht das Wort im Mittelpunkt steht, sondern das Schweigen und der vernichtende Ton der Flöte, nicht eher um eine „Metamission" handelt oder die Vermittlung eines ästhetischen Gefühls. Aber kann man, wenn man das Schweigen mißversteht im Sinne von „Nichts-Sagen" oder „Verschweigen", wo es doch um ein ‚Sichnicht-hören-lassen' geht, um auf einer höheren Stufe etwas um so deutlicher hörbar zu machen, dem Bekennen dieser Flötenspieler und mit ihnen dem Buddhismus überhaupt gerecht werden, der im Nichirin-Buddhismus auch die Wort-Mission kennt und bis heute praktiziert (KOHLER 1962, 183)?

IV. Die Gruppe der Flötenspieler

Flötenspieler, die die Bambusflöte als Zen-Flöte benutzen, gehören einer Richtung des Buddhismus an, die sich nach dem Namen des berühmten Zen-Meisters FUKE, der im 9. Jahrhundert in China gelebt hat, Fuke-Shu (Fuke-Sekte) nennt. Es gibt drei Gruppen dieser Sekte, und zwar in Tokyo (ungefähr fünfzig Personen), Kyoto (ebenfalls ungefähr fünfzig Personen) und Fukuoka (ungefähr zwanzig Personen). In früherer Zeit (Edo-Periode) war diese Sekte zentral organisiert. Sie hatte ihr Zentrum in Kyoto (Myoanji-Tempel) und Tokyo. Entstanden ist diese Sekte um 1600 nach dem Kriege zwischen TOYOTOMI und TOKUGAWA. Letzterer hat sie gegründet mit dem Ziel, die Ronin (herrenlos gewordene Samurai; vgl. SHIMMI 1939, 116) wirtschaftlich zu retten und einen neuen Krieg unmöglich zu machen.
Um sein Hilfswerk für die Ronin nicht zu gefährden, wurde das nicht-religiöse Spiel der Shakuhachi-Flöte als Musikinstrument über Nacht untersagt. Damit gab es für diese ehemaligen Samurai keine Konkurrenz, wobei fragwürdig bleibt, ob dies nicht kulturell gesehen ein grober Fehler war (NAKATSUKA 1979, 70). Durch diese Maßnahme konnten jedoch Samurai-Geist und zen-buddhistische Praxis auf dem Weg der Flöte sich engstens miteinander verbinden, wie dies außerhalb der Fuke-Sekte auch sonst der Fall war (HAMER 1982, 22).
Der neue Herrscher TOKUGAWA Ieyasu verstand es sehr gut, die neue Fuke-Sekte seinen politischen Zielen unterzuordnen. Die in dieser Sekte zusammengeschlossenen herrenlosen Samurai-Ritter erhielten polizeiliche Vollmachten. Unerkannt und zugleich jeden Mitbürger erkennend, streiften sie mit dem Korb über dem Kopf und der Flöte in der Hand durchs Land und durften im Namen des SHOGUN Spitzbuben festnehmen. Dies war ihnen um so leichter möglich, als sie als Samurai das Recht hatten, ein Schwert zu tragen (vgl. Abb. 2).
Die Fuke-Sekte kam durch diese politische Nebenaufgabe sehr bald in Verruf, mehr polizeilicher Arm des Herrschers als getreue Jüngerschar Buddhas auf dem Zen-Weg mit der Bambus-Flöte zu sein. Die Mischung von Religion und Politik bekam der Fuke-Sekte auf die Dauer sehr schlecht. Das religiöse Element wurde immer mehr unterdrückt, so daß zum Beispiel Kaufleute sich später in die Sekte einkauften, um im Tempel öffentlich die Bambus-Flöte üben und polizeiliche Vollmacht genießen zu können. Soe korrumpierte diese Sekte immer mehr bis zum Jahre der MEIJI-Reform. Im Jahre 1868 wurde sie rigoros verboten und das Spielen der Shakuhachi-Flöte als Musikinstrument wieder uneingeschränkt zugelassen.
Damit begann eine Zeit, in der die Gruppe der Flötenspieler, sofern sie in der Fuke-Sekte organisiert war, verboten war. Einzelnen Spielern blieb es natürlich unbenommen, auf dem Weg der Bambus-Flöte Zen-Übungen nachzugehen. Es stand ihnen frei, hierbei an die Tradition des „Komuso" (vgl. Abb. 2) anzuknüpfen, die als Samurai-Angehörige auch im Bettlergewand wegen ihrer hohen Bildung eine erhebliche Hochachtung im Volke genossen. Er konnte sich ebenfalls als Komoso (vgl. Abb. 3) fühlen, als einfacher

Abbildung 3: Komoso: Mönch (so) mit Strohmatte (Komo) als Zeichen der Wanderschaft (nach: KURIHARA 1975, 89)

Bettler ohne besondere Bildung der aus religiösen Gründen „ausgestiegen" ist, wie es ihn vor allem vor 1338 (Beginn der Ashikaga-Zeit) häufig gegeben hat. Erst die neue „Friedensverfassung von 1946", die eine Trennung von Staat und Religion vorschrieb und die Freiheit der Religionsausübung garantierte, machte ein Wiederaufleben der Fuke-Sekte möglich. Heute gibt es zwei verschiedene Formen der Organisation der Zen-Flötenspieler, die nachfolgend kurz charakterisiert werden sollen.

1. **Die an einen Tempel gebundene Gruppe der Flötenspieler in Fukuoka**

Im Mittelpunkt dieser Gruppe, die bewußt die alten Traditionen der Fuke-Sekte pflegt, sofern sie religiös begründet sind, stehen
- der Saikoji-Tempel als Übungshalle und Versammlungsort (Itchoken) sowie
- ein Priester als Übungsleiter (Kanshu) und Meister (Osho).

Übungen finden jeden Tag statt, ohne daß festgesetzte Gruppenübungen abgehalten werden. Die Binnenstruktur der Gruppe ist außerordentlich lose. Es kennt noch lange nicht jeder jeden bei etwa zwanzig Mitgliedern. Eine Kerngruppe von fünf bis sechs Mitgliedern trifft sich regelmäßig einmal wöchentlich zur Übung und Beratung.

Der Tempel und der Übungsleiter werden durch Spenden und Beiträge unterhalten. Für eine Leitung von Trauerfeiern und Totengedächtnisfeiern (O-Bon) oder für Konzentrationsübungen von Betriebsgruppen bekommt der Übungsleiter und Meister Gebühren. Beim Spielen der Flöte erhält die Kerngruppe bei Trauerfällen Zuwendungen, die dem Tempel oder seinem Priester zukommen. Einen Mitgliedsbeitrag gibt es nicht. Mitglied wird man durch das freiwillige Spielen der Bambus-Flöte unter dem Meister. Solange man sich zur Fuke-Sekte gehörig fühlt, besucht man die Übungshalle und nimmt an den Versammlungen der Kerngruppe teil. Zweimal im Jahr findet eine „Generalversammlung" statt. Dann spielt jedes Mitglied vor dem Tempelaltar (Butsudan), nimmt anschließend am gemeinsamen Essen teil und pflegt in der Unterhaltung die Gemeinschaft. Das Spielen der Bambus-Flöte im Tempel Itchoken ist nach japanischem Recht als Mukei-bunkazai (geistiger Kulturschatz) anerkannt und wird vom Staat mit geringen finanziellen Mitteln gefördert. Das heißt, die Fuke-Sekte als solche hat rechtlich keine Organisationsform. Sie ist durch personale und lokale Bindungen „organisiert". Dadurch, daß der Itchoken-Tempel (oder Saikojin) ein Neben-Tempel des berühmten Shofukujin ist, der als eine religiöse Rechtsperson (Shukyohojin) im Sinne des japanischen Vereinsrechtes anerkannt ist, hat der Priester dort seine rechtliche Heimat.

2. Die ohne Bindung an einen Zen-Tempel organisierte Gruppe von Flötenspielern

Zu dieser Kategorie zählen die beiden Gruppen in Kyoto und Tokyo. Beide Gruppen leben vollkommen informell in Bindung an je einen Meister der Bambus-Flöte, der im Sinne einer buddhistischen Hausschule (Iemoto) eine eigene Bambusflötenschule hauptberuflich betreibt. Wie in Deutschland ein Musiklehrer privat Klavierunterricht erteilt, so wird auch in dieser Bambusflötenschule gegen Gebühren ausschließlich Einzelunterricht im Flötenspiel erteilt. Die Schüler besuchen den Lehrer meist zweimal wöchentlich. Sie haben untereinander keinerlei Bindung außer der gemeinsamen Bindung zum Lehrer. Einzelne Schüler sind mit der Zeit in der Lage, selber nebenberuflich Einzelunterricht zu erteilen. So wächst die Schar derer, die das Spielen auf der Bambusflöte als Zen-Flöte lernen und ausüben, unmerklich. Ebensowenig wie es eine Binnenstruktur einer Gruppe gibt, läßt sich eine organisatorische Verbindung zwischen der Gruppe in Tokyo und Kyoto oder zwischen diesen beiden Gruppen und der Tempelgruppe in Fukuoka erkennen. Was alle drei Gruppen verbindet, ist das Bemühen um einen alternativen Weg zur verzehrenden Hektik im Alltag einer einseitigen technischen Industriewelt, die den Menschen total fordert. Sie überfordert ihn immer dann und solange, wie sein Herz nicht zur Ruhe kommt und nicht mehr aus jener Stille heraus atmen kann, die zum Wesen aller Dinge führt.

Literatur

Dombrady, D.: Über das Schweigen in der japanischen Kultur (hektographiertes Vortragsmanuskript, 16 Seiten), 1982
Gundert, W.: Japanische Religionsgeschichte, Stuttgart 1943
Hamer, H.: Befreiung in zen-buddhistischer Tradition, in: Beiträge pädagogischer Arbeit, hrsg. v. GEE in Baden, 25 (1982), H. 3 und 4, 19 – 31

Hanada, N.: Fukeshu ni okeru ichion jobutsu (Durch einen Ton Buddha werden in der Fuke-Sekte), in: Theoria (Jahresschrift der Abt. für Allgemeine Bildung der Kyushu Universität) 1982, 1 — 53
Joya, M.: Things Japanese, Tokyo 1971
Kohler, W.: Die Lotus-Lehre und die modernen Religionen in Japan, Zürich 1962
Kurihara, K.: Shakuhachi shiko (Persönliche Gedanken über die Geschichte der Shakuhachi-Flöte), Tokyo 1975
Nakatsuka, Ch.: Kinkoryu shakuhachi shikan (Übersicht über die Geschichte der Kinko-Shakuhachi-Schule), Tokyo 1979
Shimmi, K.: Die Geschichte der Bukeherrschaft in Japan, Basel 1939

# IV. Spiel und Theater

1. Theaterspielen als pädagogischer Erfahrungsraum

Hans Hoppe

Die Betrachtung und Untersuchung des Theaters unter wirkungsästhetischen Fragestellungen kann auf eine lange Tradition zurückblicken. Es mag am besonderen Öffentlichkeitscharakter der Veranstaltungsform Theater sowie am spezifisch menschlichen Ausdrucks- und Darstellungspotential dieser „menschlichsten, allgemeinsten aller Künste" (BRECHT 1973, I, 433) liegen, daß seit ARISTOTELES die Frage nach den möglichen und wünschenswerten Wirkungen theatralischer Darstellungen auf die Zuschauer immer wieder diskutiert und je nach ästhetischem, ethisch-moralischem, weltanschaulichem, politischem oder auch pädagogischem Standort unterschiedlich beantwortet wurde.

Gleichgültig, ob das Theater dabei einmal als „die Schule der moralischen Welt" (LESSING 1973, 239), als „eine Schule der praktischen Weisheit, ein Wegweiser durch das bürgerliche Leben" (SCHILLER 1962, 95) oder als eine Lehr- und Publikationsstätte begriffen wurde, in der man sich in vergnüglicher Weise damit befaßt, „die praktikablen Abbildungen der Gesellschaft (zu machen), die dazu imstande sind, sie zu beeinflussen" (BRECHT 1973, II, 672) — neben seiner Unterhaltungsfunktion wurde immer wieder auch sein besonderer Lehrwert und seine erzieherische Funktion für die Zuschauer hervorgehoben.

Die Frage hingegen, mit der wir uns hier zu befassen haben, nämlich ob und inwieweit das Theaterspielen auch für die Spielenden selbst einen spezifischen Lern- und Erziehungswert hat und worin im einzelnen sein pädagogischer Nutzwert liegen kann, hat die theater- und literaturwissenschaftliche Forschung bis in die Gegenwart nicht beschäftigt, wenn man einmal von der 1971 einsetzenden Diskussion über BRECHTs Lehrstücktheorie (STEINWEG 1971) absieht. Auch die Pädagogik hat sich, zumindest bis gegen Ende der sechziger Jahre, genauer bis zu der 1969 aufkommenden Diskussion über ein neues Kindertheater (SCHEDLER 1971), mit dieser Frage höchstens am Rande befaßt. Sie ist dabei aufgrund ihrer vorwiegend ganzheitlich-bildungstheoretischen Orientierung (BULL 1971) meist über allgemeine Feststellungen und globale Einschätzungen nicht hinaus gekommen. Systematische Untersuchungen darüber jedenfalls, ob, warum und in welchen Bereichen das Theaterspielen Lern- und Erziehungsfunktionen erfüllen kann und welche Faktoren im einzelnen dafür verantwortlich sind, sucht man in der pädagogischen Spielforschung (vgl. SCHEUERL 1979) vergeblich.

„Wir wissen so gut wie nichts darüber, was zum Beispiel durch szenisches Spielen — zumal unter schulischen Bedingungen — tatsächlich gelernt werden kann! Zumindest die Forschung in der Bundesrepublik Deutschland hat sich um solche Erkenntnisse bisher — soweit ich sehe — nicht in einem Maße bemüht, wie es der Dringlichkeit der Fragen entspräche" (KOCHAN 1976, 17).

Diese im Jahre 1976 getroffene Einschätzung der Forschungslage ist auch zum gegenwärtigen Zeitpunkt, also rund acht Jahre später, noch keineswegs überholt, wenn sie auch durch einige neuere Untersuchungsansätze auf diesem Gebiet (STANKEWITZ 1977; Mc GREGOR / TATE / ROBINSON 1978; STEINWEG 1978) eine gewisse Einschränkung erfährt.

Diesem Sachverhalt versuchen die folgenden Ausführungen zur Frage des Erziehungs- und Lernwertes des Theaterspielens Rechnung zu tragen. Neben der Darstellung diesbezüglich vorliegender Einschätzungen, Ansichten und Erklärungsansätze wird zugleich der Versuch unternommen, einen theoretischen Bezugsrahmen zu erstellen, durch den sowohl Ansätze zur Begründung als auch Anhaltspunkte zur Beurteilung der pädagogischen Relevanz konkreter Theaterspielvorgänge erschlossen werden. Im ersten Abschnitt wird eine nähere Bestimmung der Handlungs- und Erfahrungsbereiche vorgenommen, die für Theaterspielen kennzeichnend sind. In Form eines mehr exemplarischen historischen Überblicks soll dann kurz skizziert werden, welche pädagogische Bedeutung und welcher Lernwert dem Theaterspielen in der Vergangenheit und bis hin zur spielpädagogischen Neuorientierung im Zusammenhang mit der Kindertheater-Diskussion am Anfang der siebziger Jahre zuerkannt wurden. Die daran anschließenden Ausführungen zur theoretischen Begründung des Theaterspielens als Lernform werden ergänzt und konkretisiert durch eine zusammenfassende Darstellung von Lerndimensionen und -bedingungen, die für theatralisches Lernen als konstitutiv anzusehen sind.

I. Handlungs- und Erfahrungsbereiche des Theaterspielens

Im Begriff des *Theater*spielens, ebenso wie in dem des *Schau*spielens oder des *Vor*spielens, erfährt die besondere Formbestimmtheit der durch ihn bezeichneten Tätigkeiten ihren deutlichen sprachlichen Ausdruck. Theaterspielen kann nicht einfach mit Spielen gleichgesetzt werden, selbst wenn es im alltäglichen Sprachgebrauch häufig geschieht; nicht zuletzt wohl auch deshalb, weil theatralische Darstellungsvorgänge in der Tat gewisse strukturelle Gemeinsamkeiten mit Handlungsvollzügen aufweisen, die — wie etwa in der Form des spontanen Rollenspiels — im engeren Sinne als spezifisch spielerische Betätigungen bezeichnet werden können. Letztere sind unter anderem wesentlich dadurch gekennzeichnet, daß sie vom Spielsubjekt um ihrer selbst und um des mit ihrem Vollzug unmittelbar verbundenen Lustgewinns willen ausgeübt werden, d. h. daß das dabei vom Spielsubjekt verfolgte Ziel ausschließlich oder zumindest primär im Vollzug der jeweiligen Tätigkeit selbst liegt. Im Unterschied dazu besteht das Ziel jeglichen Theaterspielens — wie auch anderer schöpferischer und speziell ästhetisch-kommunikativer Betätigungen — in der sinnlich-anschaulichen Hervorbringung materieller und/oder ideeller Produkte, die als objektiv gegebene Resultate der produktiven Betätigung des Menschen grundsätzlich auch von anderen Menschen und nicht nur vom tätigen Subjekt allein wahrgenommen, genutzt und verwertet werden können. Ob es sich nun bei der „Erarbeitung" oder Aufführung theatralischer Vorspiel- oder Schauspielproduktionen für die daran Beteiligten im Einzelfall *auch* oder *noch* um Spieltätigkeit im engeren Sinne handelt, hängt letztlich von den Zielen und Einstellungen ab, die der einzelne jeweils mit dem konkreten Vollzug seiner theatralischen Betätigung verbindet (HOPPE / KÜHL / NOETZEL 1979, 28 f. und 42 f.). Die genauere Bestimmung der Handlungs- und Erfahrungsbereiche des Theaterspielens ist daher weniger vom Begriff des Spiels als vielmehr vom Begriff des Theaters her zu leisten.

Unabhängig davon, ob man das Theater als eine besondere Kunstform neben Literatur, Bildender Kunst, Musik oder als eine Form ästhetisch vermittelter gesellschaftlicher Kommunikation begreift, ließe sich die spezifisch theatralische Situation in verkürzter Form wie folgt beschreiben: „A verkörpert den B, während C zusieht" (BENTLEY 1967, 149). Als Verständnishilfe mag BENTLEYs Definition nützlich sein. Doch auf das Phänomen Theater insgesamt bezogen, also unter Einschluß beispielsweise des Figuren- und Puppentheaters, oder auch nur im Hinblick auf das epische Theater BRECHTs greift sie in ihrer Vereinfachung zu kurz. Ohne also von vornherein bestimmte historische Erscheinungsformen von Theater aus unserer Definition auszuschließen, wäre das Theater in seinem praktischen Vollzug als Theaterspielen im wesentlichen dadurch zu kennzeichnen, daß in einem raumzeitlich begrenzten Rahmen Menschen als Produzenten und als Rezipienten durch die gleichzeitige „demonstrative Produktion und Rezeption von Als-ob-Handlungen" (PAUL 1971, 66) menschlicher und/oder figürlich-gegenständlicher Handlungsträger wechselseitig aufeinander bezogen sind. Dabei ist zu betonen, daß die Bestimmung des zentralen theatralischen Vorgangs bzw. des Theaterspielens als Einheit von demonstrativer Produktion und gleichzeitiger Rezeption von Als-ob-Handlungen nicht nur für den Moment der öffentlichen Theateraufführung gilt, sondern daß sie auch für alle darstellerischen Spielvorgänge zutrifft, die sich innerhalb einer Gruppe oder auch im Rahmen der Probenarbeit im Hinblick auf eine Aufführung ereignen. Unter Theaterspielen im engeren Sinne wäre demnach der Teil der theatralischen Betätigung zu verstehen, der als demonstrative Produktionstätigkeit konstituierender Bestandteil eines jeden Theatervorgangs ist. Unter Theaterspielen im weiteren Sinne oder — um eine begriffliche Abgrenzung zum Theaterspielen im engeren Sinne vorzunehmen — unter Theatermachen oder Theaterarbeit wären darüber hinaus alle Arten von Aktivitäten und Betätigungen zu subsumieren, die sich im Zusammenhang mit der Planung, Erarbeitung und veranstaltungsmäßigen Durchführung solcher demonstrativen Produktionsvorgänge ergeben können.

Theatermachen oder Theaterarbeit meint also zugleich Theaterspielen im engeren Sinne und all das, was sonst noch im einzelnen damit verbunden ist oder sein kann: also die Entwicklung von Spielideen, die Abklärung von Darstellungsintentionen, die Auswahl und Erarbeitung von Spielvorlagen, die Textherstellung und -bearbeitung, die Umsetzung von Textvorgaben und Inszenierungsvorstellungen in szenische Handlungen und Verhaltensweisen der darzustellenden Rollen und Figuren, die erkenntnis-, vorstellungs- und handlungsmäßige Aneignung der darzustellenden Wirklichkeitssachverhalte, die kritische Beurteilung und zielgerichtete Korrektur des Dargestellten, die praktische Organisation und die kritische Reflexion der verschiedenen Phasen des theatralischen Produktionsprozesses etc.

Obschon die Theaterarbeit sich demnach in sehr vielfältiger und — je nach Produktionsbedingungen, Arbeitsmethode, ästhetischer Orientierung oder Wirkungsabsicht — auch in sehr unterschiedlicher Weise vollziehen kann, lassen sich doch einige charakteristische Handlungs- und Erfahrungsbereiche benennen, die generell im Rahmen von Theaterarbeit und unabhängig von ihrer jeweiligen Form gegeben sind:

- Alle Beteiligten sind als Aktiv-Mitwirkende in den gemeinsamen Arbeitsprozeß einbezogen und, ungeachtet ihrer jeweiligen Funktion und Aufgabe, für die Erreichung des angestrebten Arbeitsergebnisses erforderlich.
- Im Rahmen des Arbeitsprozesses ergeben sich auf der realen sozialen Ebene vielfältige Interaktionsanforderungen und -möglichkeiten für alle Beteiligten. Auf der Ebene des Theaterspielens, der demonstrativen Produktion und Rezeption von Als-ob-Handlungen, erfolgen sowohl fiktive und reale soziale Interaktionen zwischen den Akteuren als auch symbolisch vermittelte reale Interaktionen zwischen Akteuren und Zuschauern.
- Im theatralischen Arbeitsprozeß steht die praktische und theoretische Auseinandersetzung mit Ausdrucks-, Wahrnehmungs-, Darstellungs- und Gestaltungsfragen im Mittelpunkt. Eine angemessene Behandlung dieser Fragen ist nicht möglich ohne ständige reflektierende und kritische Bezugnahme auf die jeweils angesprochenen individuellen, sozialen oder politischen Gegebenheiten der darzustellenden wie der eigenen Wirklichkeit.

Welche Handlungs- und Erfahrungsbereiche das Theaterspielen bzw. die Theaterarbeit darüber hinaus im konkreten Fall allen Beteiligten gemeinsam oder auch nur dem einzelnen Mitwirkenden eröffnet, hängt außer von den subjektiven Voraussetzungen der Beteiligten, ihren Kenntnissen, Interessen, Leistungsfähigkeiten und Handlungsbereitschaften vor allem — wie bereits angedeutet — von der jeweiligen theatralischen Produktionsweise ab. Diese wird durch Faktoren wie Spielthema, Darstellungsintention, Theaterform, Darstellungsweise, Rollen- und Aufgabenverteilung, Arbeitsmethode etc. bestimmt.

II. Theaterspielen und Pädagogik im historischen Überblick

Ein Blick in die deutsche Literatur- und Theatergeschichte zeigt, daß sich einschlägige Beispiele für die gezielte pädagogische Inanspruchnahme des Theaterspielens schon vom 16. Jahrhundert an nachweisen lassen.

Im lateinischen Schuldrama des 16. und 17. Jahrhunderts, als dessen bedeutendste Ausprägung das Straßburger Akademietheater angesehen wird, steht neben der moralisch-erzieherischen Wirkungsabsicht gegenüber dem Publikum die praktisch-erzieherische Einwirkung auf die Spieler im Vordergrund. NEWALD (1960, 94) gibt als Zweck der Straßburger Schultheater-Aufführungen an:

„Übung in der Anwendung der lateinischen Sprache, Stärkung des Gedächtnisses, Wiederholung des biblischen und geschichtlichen Lehrstoffes, lehrhafte Vorführung der Belohnung guter und Bestrafung schlechter Taten."

Als weitere Ziele kommen nach HAVEN (1970, 32) hinzu: die Übung in der Kunst der Rede und die Gewöhnung an freies und ungezwungenes Auftreten vor größerer Menschenmenge. Die letztgenannten Aspekte erlangten dann im Jesuitentheater des 17. Jahrhunderts noch stärkeres Gewicht. Hervorgehoben wurde die rhetorisch-erzieherische Bedeutung des Theaterspielens, durch das die Spieler nunmehr vorrangig „zur Gesellschaft und zum höfischen Umgang erzogen" (HAVEN 1970, 32) werden sollten.

Im 18. Jahrhunder schafft sich die aufklärerische Pädagogik über die Lesedramen des Christian Felix WEISSE einen dem Denken der Zeit gemäßen Zugang zum Theaterspielen. In WEISSEs Lesedramen, in denen vor allem Probleme behandelt wurden, mit denen die Spieler, insbesondere Kinder, täglich zu tun hatten, ging es

„nicht mehr um die Produktion von Kunstwerten oder um Repräsentation, sondern um die Einübung in gesellschaftliche Verhaltensnormen" (SCHEDLER 1972, 23).

Entsprechend der aufklärerischen Überzeugung, daß nur gelernt werden kann und soll, was dem Menschen durch unmittelbare eigene Erfahrung zugänglich gemacht werden kann, sollte das von allem ausstattungsmäßigen und deklamatorischen „Ballast" befreite dramatische Leserollenspiel dazu dienen, den Kindern über die eigene Handlungserfahrung grundlegende Kenntnisse und Fähigkeiten sozialen Rollenverhaltens zu vermitteln. Die Nähe dieser didaktischen Theaterspiel-Konzeption vor allem zu den interaktionspädagogisch ausgerichteten Interpretationen des Theater- und Rollenspiels der frühen siebziger Jahre ist unübersehbar (KLEWITZ / NICKEL 1972).

Im Zusammenhang mit der bürgerlichen Jugendbewegung im ersten Drittel dieses Jahrhunderts erfuhr das Theaterspielen von Laien einen neuen Aufschwung (SCHULTZE 1960). Seitens des 1919 gegründeten Bühnenvolksbundes, des einflußreichsten Laienspielverbandes der zwanziger Jahre, wurde das Theaterspielen von Laien ganz allgemein als Erziehungsfaktor sowohl für die Spieler als auch für die Zuschauer angesehen, wobei Volk, Vaterland, Freiheit und Gottesliebe die immer wiederkehrenden Spielinhalte bildeten (SCHRIEGEL / TAMOSCHUS 1978, 25 ff.). Neben der Erziehung zur Gemeinschaft sah man für die Spieler die erzieherische Funktion des Theaterspielens insbesondere darin, daß — bei weitgehender wesens- und überzeugungsmäßiger Übereinstimmung von Spieler und Figur — der Spieler über sein nachahmendes Handeln langsam „in Geist und Haltung seiner Vorbilder" (WOLFERSDORF 1962, 76) hineinwachsen würde. Körpererziehung und körperliche Lockerung als Ausdruck innerer Entspanntheit versprach man sich vom Theaterspielen ebenso wie einen Zuwachs an Selbsterkenntnis; das Theaterspielen sollte den Spielern dazu verhelfen, sich über ihre Charakterzüge und ihre Gebärdensprache Klarheit zu verschaffen (WOLFERSDORF 1962, 76).

Wie schon in der Laienspielpraxis der Jugendbewegung der gemeinschaftsbildenden Funktion des Theaterspielens besondere Bedeutung beigemessen wurde, so gilt auch für das Schulspiel und das sogenannte Volksspiel der nationalsozialistischen Zeit, daß es keine eigentlich künstlerischen Aufgaben hat, sondern gemeinschaftsbildende. Von daher wird die Arbeit beim Einüben des Schul- und Volksspiels im Grunde für wichtiger gehalten als die Aufführung selber.

Denn „beim Volksspiel sind die Proben selbstzweckhafte Gemeinschaftsarbeit. . . . Man kann im Volksspiel gar nicht genug proben; denn während der Proben sind die Spieler ohne Rücksicht auf Äußerlichkeiten und äußerliche Wirkungen in gemeinschaftlicher Selbsterziehungsarbeit ganz unter sich. Sie müssen dabei von einem Spielleiter geführt werden, der die Fähigkeit hat, . . . von Probe zu Probe alle Anwesenden immer wieder für das Gemeinschaftliche und das große Ganze zu begeistern" (ohne Verf.: Volksspiel 1936, 95).

Nach 1945 wurden in der Bundesrepublik Deutschland im Zusammenhang mit der praktischen Wiederbelebung des Laienspielgedankens der bürgerlichen Jugendbewegung zugleich Versuche unternommen, das Theaterspielen in der Form des Schulspiels oder des darstellenden Spiels verstärkt auch im schulischen Bereich zu verankern. In den Arbeiten von LUTZ (1957), AMTMANN (1968) und HAVEN (1970) finden sich Ansätze, die pädagogische und unterrichtliche Bedeutung des Theaterspielens für die Schule theoretisch zu begründen. Die den Ansätzen von LUTZ und AMTMANN zugrunde liegenden pädagogischen Leitgedanken wie auch die im einzelnen von ihnen getroffenen pädagogischen Funktionsbestimmungen des Theaterspielens weisen zum Teil noch eine große Nähe zu traditionellen Anschauungen der Laienspielbewegung der zwanziger Jahre auf. So geht es LUTZ zum Beispiel beim schulischen Theaterspielen

„nicht um Schulung spezieller Fähigkeiten und nicht um künstlerischen Ehrgeiz, sondern um Bildung als individuelle Entfaltung (Persönlichkeitsbildung) und Gemeinschaftsfindung (soziale Bildung)" (KOCHAN 1076, 12).

Für AMTMANN steht das Theaterspielen in der Schule

„wie alles Tun und Lassen in der Schule im Dienste der schulischen Aufgabe" (1968, 24), und diese besteht darin, „den jungen Menschen zu bilden, d. h. ihm zu helfen, sein in ihm grundgelegtes Menschenbild zu verwirklichen. Diese Aufgabe muß ihr Hochziel darin sehen, den jungen Menschen zu befähigen, ‚die Ursehnsucht des Menschen nach der ungehinderten, freien, beschwingten Harmonie zwischen Seele und Leib' zu erfüllen . . . Das kind- und jugendgemäße Übungsfeld für die Entwicklung dieser menschlichen Grundharmonie ist das Spiel" (1968, 19 f.), und zwar insbesondere „das Spiel, das den Menschen in seinem ‚Mensch-Sein' ins Spiel bringt: das darstellende Spiel – gemeinhin Schulspiel genannt" (1968, 22).

Unter dieser allgemeinen Aufgabenstellung werden dem Schulspiel drei Anwendungsbereiche zugeschrieben, und zwar als Theaterspielen in pädagogischer, in didaktischer und in kunsterzieherischer Anwendung. In pädagogischer Anwendung soll das Theaterspielen dem jungen Menschen Selbsterfahrung und Selbsterkenntnis ermöglichen:

„Im Spiel als kind- und jugendgemäße Daseinserprobung spielt der Heranwachsende seine Möglichkeiten durch, um sich selbst und seine Welt in den Griff zu bekommen (1968, 25)."

In didaktischer Anwendung soll das Theaterspielen als Methode zur Erreichung unterrichtlicher Zielsetzungen dienen. Im Gegensatz zum sonst geübten Verzicht auf jegliche Begründung seiner Annahmen sieht AMTMANN den Wert des Theaterspielens als Lernmethode dadurch gegeben,

„daß darstellendes Spiel immer den ganzen Menschen in seinem Denken, Fühlen und Handeln fordert" und daß „im allgemeinen bleibendere Eindrücke und tiefergehende Wirkungen zu erwarten" sind, wenn „die Auseinandersetzung mit einer unterrichtlichen Situation nicht nur mit dem Verstand, sondern auch mit den Empfindungskräften und der ganzen Körperlichkeit des jungen Menschen gesucht und vollzogen wird" (1968, 25).

In kunsterzieherischer Anwendung besteht nach AMTMANN der Lern- und Erziehungswert des darstellenden Spielens in zweifacher Hinsicht, nämlich einmal darin, daß die Spieler durch ihre eigene darstellerische Betätigung künstlerische Fähigkeiten ausbilden, und zum anderen darin, daß sie es dabei mit dem Kunstwerk als dem Inhalt ihrer darstellerischen Betätigung zu tun haben, und:

„Dem Kunstwerk als höchste menschliche Seinsäußerung ist zu allen Zeiten bildender Wert zugesprochen worden" (1968, 25).

Mit seinem 1970 erschienenen Buch „Darstellendes Spiel" versucht HAVEN, einen Beitrag zu einer didaktischen Grundlegung des darstellenden Spiels zu leisten. Er setzt damit einer pädagogischen Betrachtungsweise ein Ende, die in der Vergangenheit — wie auch am Beispiel AMTMANNs deutlich wird — bei der Bestimmung der pädagogischen Bedeutung, des Lehr- und Lernwerts des darstellenden Spiels meist über die Mitteilung von Erlebniswerten (HAVEN 1970, 10) oder über bildungsphilosophisch orientierte allgemeine Wertzuschreibungen nicht hinausgelangt war. Indem er nicht nur zusammenfaßt, präzisiert und systematisiert, was in der einschlägigen deutschen Literatur bis dahin zu diesem Thema zu finden ist, sondern auch Entwicklungen berücksichtigt, die sich seit den dreißiger Jahren in den angelsächsischen Ländern im Bereich der „Creative Dramatics" (WARD 1930) vollzogen haben, kommt er zum Teil zu Einschätzungen der pädagogischen Bedeutung einzelner theatralischer Spielformen, wie sie dann erst viel später im Gefolge der etwa gleichzeitig einsetzenden Kindertheater-Diskussion wieder auftauchen.

Ähnlich wie AMTMANN hält auch HAVEN das darstellende Spiel für die Schule in dreifacher Hinsicht für relevant:

„Es dient als Unterrichts- und Bildungs*prinzip* der pädagogischen Aufgabe der Schule; es hilft als Unterrichts- und Bildungs*mittel* der methodischen Schularbeit; es bahnt als Unterrichts- und Bildungs*gegenstand* den Weg zum dramatischen Kunstwerk. Seiner besonderen Natur gemäß entwickelt es dabei in allen drei Anwendungsbereichen die schöpferischen Gestaltungskräfte des *einzelnen*, bindet durch seinen Verpflichtungs- und Erlebnischarakter die einzelnen zur *Gruppe* und erschließt in fortgeschrittenem Zustand durch seine Inhalte ein tieferes *Welt*verständnis" (1970, 11).

Den pädagogischen Nutzwert des Theaterspielens für die individuelle Entfaltung sieht HAVEN darin, daß über die Auseinandersetzung mit dem darzustellenden Stück und der einzelnen Rolle eine „Bestimmung und Klärung der körperlichen, emotionalen und intellektuellen Kräfte" (1970, 187) des Spielers erfolgt: Mimik, Gestik, Körperhaltung, -ausdruck und -bewegung sind den Rollenanforderungen entsprechend einzusetzen; im emotionalen Bereich sind Einfühlung, gefühlsmäßige Hingabe und innere Erlebnisfähigkeit gefordert, und nur die intellektuelle Durchdringung und Erfassung der darzustellenden Sachverhalte und Vorgänge ermöglicht deren angemessene szenische Umsetzung.

„Die Ganzheit der physischen, emotionalen und intellektuellen Vorgänge im Spiel, die hier deutlich wird, verhilft dem Individuum sowohl zur charakterlichen wie zur schöpferischen Entwicklung" (1970, 189).

Im Hinblick auf den sozialerzieherischen Wert des Theaterspielens meint HAVEN,

da das „Spielen identisch mit sozialem Bezug ist, . . . führt es von selbst zum Mitmenschen. Das Miteinander hat sich in der Planung, Verwirklichung und Bewertung des Spiels zu bewähren" (1970, 190).

Dabei sind Einordnung, Dienstbereitschaft, Abstimmung und Rücksichtnahme auf den Partner erforderlich.

„Durch Zuhören, Aufeinandereingehen, Mitempfinden wird Toleranz eingeübt" und mit der „Gewinnung des Hörerbezuges", dem „Demonstrieren für einen Zuschauerkreis" wird seiner Ansicht nach zugleich eine Haltung eingeübt, die „wesentlich notwendig für das Verhalten in der Gesellschaft" ist (1970, 190 f.).

Dem Theaterspielen wird der Rang einer „Propädeutik für die politische Bildung" zuerkannt:

„Gruppenspiel ist Einübung in die Demokratie, nicht weil ein politisches Thema Spielgegenstand ist, sondern weil Spiel praktische Politik ist" (1970, 191 f.).

Als ein weiterer Nutzwert des Theaterspielens wird schließlich noch dessen Funktion als Mittel der „Erfahrung von Welt", der Bewußtseinsbildung und der Daseinsbewältigung angegeben:

„Es werden ihm (dem Spieler) in den Rollenschicksalen Verhaltensweisen bekannt, die ihm die reale Bewältigung seiner Lebensrolle ermöglichen helfen" (1970, 192).

Neben den angeführten erzieherischen und bildenden Funktionen des Theaterspielens hebt HAVEN auch ausdrücklich dessen vielfältige Verwendbarkeit als fächerbezogenes Lehr- und Lernmittel hervor:

„So versteht es sich vom Wesen des darstellenden Spiels her von selbst, daß es in solchen Fächern genutzt werden kann, die die im Spiel vorhandenen Elemente des Wortes und der Bewegung besitzen (Gesamtunterricht, Sprach- und Literaturunterricht; Musik, Leibeserziehung, Kunst und textiles Gestalten) oder die wie die Spielrollen Fragen nach Sinn und Schicksal des menschlichen Lebens aufwerfen (Religion, Geschichte, politische Bildung und Einführung in die Arbeitswelt)" (1970, 199).

Zum Abschluß unseres kurzen historischen Überblicks ist noch auf zwei weitere Ansäze einer pädagogischen Interpetation des Theaterspielens einzugehen, die ihrer Entstehungszeit nach zwar weit früher anzusiedeln sind, deren Rezeption und deren Auswirkung auf die pädagogische Praxis und Theoriebildung sich jedoch erst Ende der sechziger, Anfang der siebziger Jahre vollzogen. Es handelt sich zum einen um das 1928 von Walter BENJAMIN verfaßte und 1969 erstmals veröffentlichte „Programm eines proletarischen Kindertheaters". Im zweiten Fall handelt es sich um fragmentarische Äußerungen BRECHTs aus den dreißiger Jahren zu einer pädagogischen Theorie des Lehrstückes, die ab 1971 mit den Arbeiten STEINWEGs zur Neuinterpretation dieses Stücktypus den Anstoß für eine umfangreiche theoretische Diskussion (STEINWEG 1971, 1972, 1976; BERENBERG-GOSSLER u. a. 1974) wie auch für vereinzelte praktische Erprobungen dieses pädagogischen Theatermodells (STEINWEG 1978) gaben.

Im Kontext unserer Fragestellung kann auf die historischen Entstehungsbedingungen und -zusammenhänge des von BENJAMIN verfaßten Programms nicht näher eingegangen werden. Ebensowenig kann im einzelnen auf die konkrete gesellschaftlich-politische und kulturelle Situation in der Bundesrepublik Deutschland und speziell in West-Berlin eingegangen werden, wie sie sich 1969/70 unter dem Einfluß und im Gefolge der antiautoritären Studentenbewegung darstellte und aus der heraus zu einem gewiß nicht unbeträchtlichen Teil die weithin geradezu euphorische Rezeption der BENJAMINschen Thesen zu erklären ist. Durch sie wurde — wie SCHEDLER schreibt — „die kopernikanische Wende des neuen westdeutschen Kindertheaters" (1972, 254) und damit zugleich die neuere spielpädagogische Diskussion insgesamt eingeleitet.

Stattdessen sollen hier nur die für unsere Frage relevanten Punkte des BENJAMINschen Programms festgehalten werden. Ausgehend von der Frage, wie und mit welchen Instrumenten es im Rahmen einer klassenbewußten Erziehung proletarischer Kinder zwischen vier und vierzehn Jahren zu erreichen ist, daß diese in späteren Jahren auch wirklich nach dem kommunistischen Parteiprogramm handeln, kommt BENJAMIN zu folgenden Ergebnissen:

„Die Erziehung des Kindes erfordert: *es muß sein ganzes Leben ergriffen werden*. Die proletarische Erziehung erfordert: *es muß in einem begrenzten Gebiet erzogen werden* . . . Weil nun das ganze Leben in seiner unabsehbaren Fülle gerahmt und als Gebiet einzig und allein auf dem Theater erscheint, darum ist das proletarische Kindertheater für das proletarische Kind der dialektisch bestimmte Ort der Erziehung" (BENJAMIN 1979, 80).

Unter einem solchen Kindertheater versteht BENJAMIN in erster Linie die selbständige spielerische und darstellerische Tätigkeit der Kinder, ihre angespannte kollektive Betätigung im Prozeß der theatralischen Ausdrucksgestaltung. Diese vollzieht sich „als Anfertigung von Requisiten, Malerei, Rezitation, Musik, Tanz, Improvisation" (1979, 83) in verschiedenen Sektionen. Darin können Inhalte und Symbole des proletarischen Klassenkampfes zwar spielweise ihren Platz finden, jedoch dürfen sie nicht die förmliche Herrschaft über die ureigenen Anliegen der Kinder antreten. Der kollektive und wesentlich von den Kindern selbst bestimmte und getragene Produktionsprozeß, als dessen zentrales Arbeits- und Gestaltungsprinzip die Improvisation angegeben wird, wird – im Sinne von Selbsterziehung – als der eigentliche Erziehungsfaktor dieses Kindertheaters angesehen:

„Die Spannungen der kollektiven Arbeit sind die Erzieher" (1979, 81). Aufführungen kommen hier nur „nebenbei, man könnte sagen: aus Versehen, zustande" (1979, 81).

Eine besondere erzieherische Bedeutung für die Spieler wird ihnen nicht zuerkannt. Sie werden vielmehr als „schöpferische Pausen im Erziehungswerk" angesehen, in denen über die

„radikale Entbindung" des kindlichen Spiels die Spannungen der kollektiven Arbeit ihre vorübergehende Lösung finden (1979, 84 f.).

Eine ähnliche, pädagogisch begründete Akzentverlagerung in der Funktionsbestimmung des Theaterspielens findet sich auch in BRECHTs theoretischen Äußerungen zum Lehrstück. Wie in BENJAMINs Kindertheaterkonzept ist das primäre Ziel der Theaterarbeit mit Lehrstücken nicht deren Aufführung für ein fremdes Publikum, sondern die auf das Stück und dessen gesellschaftliche Problematik bezogene darstellerische, rezeptive und reflexive Selbstbetätigung des Spielerkollektivs zum Zwecke gemeinsamer Selbstverständigung und Selbsterziehung.

„Das Lehrstück lehrt dadurch, daß es gespielt, nicht dadurch, daß es gesehen wird. Prinzipiell ist für das Lehrstück kein Zuschauer nötig, jedoch kann er natürlich verwertet werden" (BRECHT 1973, III, 1024).

Ausgehend von der Einschätzung, daß es für Staat und Gesellschaft schädlich sei, wenn in politischen Fragen kritisches Denken und praktisches Handeln als voneinander getrennte Tätigkeits- und Aufgabenbereiche angesehen und daher isoliert voneinander von verschiedenen Personengruppen wahrgenommen werden, macht BRECHT den Vorschlag,

„die jungen Leute durch Theaterspielen zu erziehen, das heißt, sie zugleich zu Tätigen und Betrachtenden zu machen". Denn: „Indem die jungen Leute im Spiele Taten vollbringen, die ihrer eigenen Betrachtung unterworfen sind, werden sie für den Staat erzogen" (BRECHT 1973, III, 1023).

Demnach hat das Theaterspielen in der Form der kollektiven Arbeit mit Lehrstücken zum einen die pädagogisch-politische Funktion eines Erfahrungs- und Übungsfeldes für die Ausbildung einer politischen Handlungskompetenz, in der die Fähigkeiten zum kritischen Begreifen und zum tätigen Eingreifen in dialektischer Einheit miteinander verbunden sind. BRECHTs Aussagen darüber, welche weiteren Lerneffekte sich im Rahmen der Lehrstückarbeit ergeben können und auf welche Art und Weise sie im einzelnen zustandekommen, beschränken sich auf wenige, relativ allgemein gehaltene und keineswegs eindeutige Hinweise. Bezüglich der Erwartung, die dem Lehrstück zugrunde liegt, heißt es in dem bereits zitierten Text „Zur Theorie des Lehrstücks":

„daß der Spielende durch die Durchführung bestimmter Handlungsweisen, Einnahme bestimmter Haltungen, Wiedergabe bestimmter Reden und so weiter gesellschaftlich beeinflußt werden kann. Die Nachahmung hochqualifizierter Muster spielt dabei eine große Rolle, ebenso die Kritik, die an solchen Mustern durch ein überlegtes Andersspielen ausgeübt wird" (BRECHT 1973, III, 1024).

Abgesehen davon, daß die Spielenden durch die kritische Betrachtung der von ihnen nachgespielten bzw. überlegt andersgespielten Muster von Handlungsweisen, Haltungen und Reden handlungsrelevante Erkenntnisse gesellschaftlicher Zusammenhänge erlangen können, ist hier davon die Rede, daß sie auch durch ihre darstellerische Betätigung selbst gesellschaftlich beeinflußt werden können. Worin diese Beeinflussung konkret besteht und welche Lernprinzipien dabei zum Tragen kommen, wird weder von BRECHT an dieser oder an anderer Stelle ausgeführt, noch im Rahmen der bisherigen Lehrstück-Diskussion eindeutig geklärt. Es bleibt also offen, ob dabei eher, etwa im Sinne DEWEYs, an die Ausbildung bestimmter gesellschaftlich nützlicher Verhaltensformen zu denken ist, die sich aufgrund vorausgegangener eigener Handlungserfahrungen im Bereich der darstellerischen Betätigung ergeben, oder ob dabei eher an die erfahrungs- und einsichtsmäßige Aneignung von Denkweisen und gefühlsmäßigen Einstellungen zu denken ist, die ursächlich mit bestimmten Haltungen und Gesten verbunden sind und die durch deren handlungsmäßige Hervorbringung durch die Spielenden, entsprechend der ausdruckspsychologischen Annahme von den psycho-physischen Wechselwirkungen, erschlossen werden (STEINWEG 1976, 440 f.).

Die im Vorangehenden dokumentierten Ansichten über den Erziehungs- und Lernwert des Theaterspielens lassen sich wie folgt zusammenfassen: Trotz unterschiedlicher Ausgangspunkte, Blickrichtungen und Reichweite stimmen sie insgesamt darin überein, daß durch das Theaterspielen überhaupt etwas gelernt, angeeignet, ausgebildet werden kann. Im einzelnen wird *angenommen*, daß durch das Theaterspielen

- sprachliche Fertigkeiten und rhetorische Fähigkeiten geübt und ausgebildet werden,
- körperliche Lockerung, Körperbeherrschung, Entwicklung der körperlichen Bewegungs- und Ausdrucksfähigkeit gefördert werden,
- Gedächtnis und Erinnerungsvermögen geschult werden,
- Kenntnisse und Wissen im Hinblick auf die dargestellten Sachverhalte erworben werden,
- die Fähigkeit entwickelt wird, vor größeren Menschenmengen aufzutreten,
- Kenntnisse und Fähigkeiten sozialen Rollenverhaltens erworben und Denkweisen und Haltungen der als Vorbilder fungierenden Rollenfiguren angeeignet werden,
- Selbsterfahrung und Selbsterkenntnis hinsichtlich der eigenen körperlichen, emotionalen und intellektuellen Kräfte, Fähigkeiten und Eigenarten ermöglicht werden,
- eine individuelle Entfaltung und Bildung der Persönlichkeit erfolgt und die Entwicklung einer Harmonie zwischen Seele und Leib gefördert wird,

- Welterfahrung, Weltverständnis und Wirklichkeitserkenntnis ermöglicht werden,
- die Erziehung zur Gemeinschaft, zur Gruppe, zur Gesellschaft und die Ausbildung von Gemeinschaftssinn gefördert werden,
- kollektive Selbstverständigungs- und Selbsterziehungsprozesse ermöglicht werden,
- gesellschaftliche Handlungsfähigkeit auf der Grundlage der dialektischen Verbindung von Denken und Handeln entwickelt wird.
- ästhetische und künstlerische Fähigkeiten und überhaupt schöpferische Gestaltungskräfte ausgebildet werden.

Die kataloggartige Aufzählung all der Kenntnisse, Fähigkeiten und Fertigkeiten, deren Aneignung durch das Theaterspielen offenbar ermöglicht und gefördert werden kann, mag das Theaterspielen geradezu als ein pädagogisches Universalmedium, wenn nicht gar als *das* pädagogische Medium schlechthin erscheinen lassen. Doch muß unter Hinweis auf unsere obigen Ausführungen betont werden, daß es sich bei diesen pädagogischen Funktionsbestimmungen des Theaterspielens fast ausnahmslos um *Annahmen* und *Vermutungen* handelt, für die im einzelnen – obschon einige von ihnen unmittelbar einleuchtend erscheinen mögen – weder sichere empirische Belege noch ausreichende lerntheoretische Begründungen vorliegen. Zudem wird der Erkenntniswert und damit die Gültigkeit einzelner Annahmen schon dadurch in Frage gestellt, daß in ihnen ganz global vom Theaterspielen die Rede ist, ohne dabei im einzelnen etwa nach Theaterformen, Spielweisen, Rollen- und Aufgabenverteilung, Sozialformen oder Phasen des theatralischen Produktionsprozesses zu differenzieren, die als wesentliche Bedingungsfaktoren theatralischen Lernens anzusehen sind. Um die Stichhaltigkeit und allgemeine Gültigkeit auch der als plausibel erscheinenden obigen Annahmen beurteilen zu können, bedürfte es entsprechender empirischer Befunde sicherlich ebenso nötig wie lern- und theatertheoretisch fundierter Beurteilungskriterien. Diese – oder zumindest erste Ansätze dazu – in einem theoretischen Begründungszusammenhang zu entwickeln, sollen die folgenden Ausführungen dienen.

III. Zur theoretischen Begründung des Theaterspielens als Lernform

Entsprechend der in diesem Abschnitt verfolgten Absicht, wäre die allgemeine Frage nach der pädagogischen Relevanz des Theaterspielens hier zuzuspitzen auf die Frage danach, was warum und unter welchen Voraussetzungen durch Theaterspielen gelernt werden kann.
Es ist nicht zu bestreiten, daß die an irgendeiner Form von Theaterarbeit unmittelbar Beteiligten dabei handelnd tätig sind und daß sie infolgedessen auch bestimmte Erfahrungen machen. Derartige Erfahrungen sind jedoch nicht ohne weiteres mit Lernen gleichzusetzen. Die ausgeübten Tätigkeiten können auch bloße Wiederholungen bereits vorher ausgeübter Tätigkeiten und somit ohne nennenswerten Erfahrungszuwachs sein. Selbst neue Erfahrungen müssen nicht zwangsläufig bedeuten, daß damit zugleich auch

etwas gelernt wird. Von Lernen wäre, gemäß allgemeiner lerntheoretischer Übereinkunft, eben erst dann zu sprechen, wenn sich beim Menschen auf der Grundlage von Erfahrungen (und deren Verarbeitung) relativ dauerhafte Veränderungen des Verhaltens bzw. des Verhaltenspotentials ergeben.
Bei der Theaterarbeit und beim Theaterspielen im engeren Sinne handelt es sich um Formen der praktischen Lebenstätigkeit des Menschen. Wie in anderen Formen praktischer Lebenstätigkeit, können prinzipiell auch im Rahmen der Theaterarbeit vorhandene Fähigkeiten, Fertigkeiten und Kenntnisse der Beteiligten durch deren praktische Aktivierung geübt und gefestigt werden. Je nach den Erfordernissen und Anforderungen, die sich in den einzelnen Phasen des theatralischen Produktionsprozesses ergeben, können sie darüber hinaus aufgrund einschlägiger neuer Erfahrungen und deren Verarbeitung differenziert, erweitert, verändert werden. Durch die Theaterarbeit und das Theaterspielen können generell all die ästhetischen, theatralischen, sozialen, politischen Kenntnisse und Handlungskompetenzen sowie all die körperlichen, emotionalen und intellektuellen Fähigkeiten und Dispositionen gefestigt, ausgebildet und neu erworben werden, die zur angemessenen Durchführung und Erfüllung der im einzelnen anfallenden und übernommenen Planungs-, Organisations-, Inszenierungs- und Darstellungsaufgaben erforderlich oder zumindest förderlich sind. Deutlich wird damit, daß es neben den subjektiven Lernvoraussetzungen der Beteiligten wesentlich von der konkreten inhaltlichen Bestimmtheit der theatralischen Produktionstätigkeit abhängt, und zwar sowohl auf der realen sozialen Ebene als auch auf der Ebene der Darstellung, welche Kenntnisse, Kräfte und Vermögen im einzelnen und beim einzelnen gefordert, gefördert und neu angeeignet werden. Die konkreten Bedingungen, unter denen sich für den einzelnen Mitwirkenden seine eigene Beteiligung in den verschiedenen Phasen des theatralischen Produktionsprozesses vollzieht, entscheiden letztlich darüber, welche der Handlungs- und Erfahrungsbereiche, die generell im Rahmen der betreffenden Theaterproduktion gegeben sind, ihm persönlich auch zugänglich und so für ihn zu möglichen Lernbereichen werden.
Im Unterschied zu den Einsichten und Erkenntnissen, die von den Beteiligten über die Auseinandersetzung mit den Darstellungsinhalten in bezug auf die darzustellende und die eigene Wirklichkeit erworben werden, im Unterschied auch zu den Lernerfahrungen, die sich auf der Ebene der realen sozialen Beziehungen und Arbeitsvorgänge ergeben, handelt es sich bei den Fähigkeiten und Dispositionen, die auf der Ebene des darstellenden Rollenspiels angeeignet werden,

„in erster Linie um spielspezifische Leistungsfähigkeiten und -bereitschaften, die eben im Rahmen des jeweiligen Spiels oder auch im Rahmen gleichartiger Spiele unmittelbar wirksam werden können, die aber keineswegs generell und quasi automatisch auch auf alle möglichen anderen Lebens- und Tätigkeitsbereiche übertragen und in ihnen wirksam werden können" (HOPPE 1978, 101).

Dazu im Widerspruch stehenden Annahmen, wie sie nicht nur in den angeführten historischen Zeugnissen, sondern auch in der Gegenwart bei manchen interaktionspädagogisch orientierten Spielpädagogen anzutreffen sind, wäre mit SCHEUERL entgegenzuhalten:

„Es wäre zu optimistisch gedacht, wollte man einfach darauf vertrauen, daß sich im Spiel schon ‚von selbst' für alle Lebensbereiche eine ‚instinktive Selbstausbildung' vollziehe" (1979, 185).

Die Übertragbarkeit der über den Vollzug des darstellenden Spiels angeeigneten Fähigkeiten und Verhaltensdispositionen in die Lebensrealität der Spieler wird um so geringer sein, je weniger die sekundär entfaltete Wirklichkeit der Als-ob-Handlungen und die primäre existentielle Realität der Spieler übereinstimmen oder unmittelbar miteinander vereinbar sind. Hinzu kommt, daß die Wahrscheinlichkeit eines solchen Transfers um so geringer ist, je mehr bei den Spielern die Vorstellung herrscht, daß ihre darstellerische Betätigung eben *nur* Spiel sei, nur fiktives Als-ob in einer abgehobenen Scheinwelt, fern des eigenen „wirklichen" Lebens, und je stärker bei ihnen zugleich der Wunsch ausgeprägt ist, ihre theatralische Betätigung eben gerade auch wegen deren Andersartigkeit, wegen deren Unterschied zu ihren sonstigen nicht-spielerischen Verrichtungen zu betreiben. Dennoch können die Spielenden bei ihrem darstellerischen Rollenspielen und Als-ob-Handeln nicht nur das Theaterspielen lernen. Es können dabei in der Tat auch solche Lernerfahrungen gemacht werden, die in die primäre Lebenswirklichkeit der Spielenden eingebracht und für deren Bewältigung nutzbar gemacht werden können. Voraussetzung dafür ist aber — wie bereits angedeutet —, daß zwischen der sekundär entfalteten Spielrealität und der primären existentiellen Realität der Spielsubjekte entweder objektiv oder zumindest für das handelnde Subjekt selbst ein relativ hohes Maß an äußerer und innerer Entsprechung und unmittelbarer Vereinbarkeit gegeben ist. Es hängt also wesentlich vom Grad der strukturellen, inhaltlichen und formalen Übereinstimmung und Vereinbarkeit der Spielbedingungen und -anforderungen mit den primären Lebensbedingungen und -anforderungen der Spielsubjekte ab, ob und in welchem Umfang die im Vollzug des theatralischen Als-ob-Handelns ausgebildeten Fähigkeiten und Dispositionen in primäre Lebenssituationen und -vollzüge eingebracht werden können.

Die bisherigen Ausführungen bezogen sich schwerpunktmäßig auf funktionale Lernprozesse, die durch Theaterspielen ermöglicht werden. Doch der Aufweis funktionaler Lernmöglichkeiten impliziert zugleich die Möglichkeit ihrer Nutzung im Rahmen intentionaler, d. h. zielgerichtet organisierter pädagogischer Lernprozesse. Das gilt insbesondere für die vielfältige zielgerichtete Verwendbarkeit des Theaterspielens als eines Mittels und einer Methode der Darstellung, Erkundung und Erkenntnis menschlicher Wirklichkeit in ihren verschiedenen historischen, gesellschaftlichen, politischen oder zwischenmenschlichen Erscheinungsformen. Alle menschlichen Lebensäußerungen und alle Wirklichkeitserscheinungen können — sofern sie sich in der formalen Dimension der Aktion und Interaktion menschlicher und figürlich-gegenständlicher Aktionsträger darstellen lassen — über die Erarbeitung ihrer theatralischen Darstellung zum Gegenstand der Untersuchung, der Erkenntnis und des Lernens werden. Dabei erscheinen Mängel und Ungenauigkeiten in der Vorstellung, Erfassung oder Erkenntnis einer Situation oder eines Sachverhalts in sinnlich-anschaulicher Form als Mängel und Ungenauigkeiten in deren Darstellung. Und die Absicht, die Darstellung zu vervollkommnen und zu präzisieren, führt zugleich zu präziseren und differenzierteren Vorstellungen und Erkenntnissen über die dargestellten Sachverhalte (BULL 1971, 22 und 24).

Hinsichtlich der Lernprinzipien und der Lernarten, nach denen und über die sich das Lernen in den verschiedenen Phasen und Handlungsbereichen der Theaterarbeit vollzieht, wäre noch einmal zu betonen, daß es sich beim theatralischen Lernen wie bei allen menschlichen Lernvorgängen um primäre Lebensvorgänge handelt, in denen relativ überdauernde Veränderungen im Wahrnehmungs- und Verhaltenspotential des Menschen durch vorausgehende Erfahrungen bewirkt werden. Die von lerntheoretischer Seite für menschliches Lernen als grundlegend angesehenen Lernprinzipien gelten daher generell auch für theatralische Lernprozesse. Deren Unterschied zu anderen Lernvorgängen besteht einerseits in den spezifischen Erfahrungsinhalten und andererseits in der besonderen Qualität und Quantität der Erfahrungen, die durch Theaterspielen und Theaterarbeit vermittelt werden. Das Zusammenwirken mehrerer Lernarten, wie zum Beispiel das Lernen durch eigenes praktisches (explorierendes und experimentierendes) Handeln, durch Versuch und Irrtum, durch Übung, durch Imitation, durch Einsicht, durch Interaktion, durch Erfolg und Mißerfolg, ist für das Theaterspielen als Lernform kennzeichnend.

IV. Dimensionen und Bedingungsfaktoren theatralischen Lernens

Die einzelnen Dimensionen theatralischen Lernens sind schon wiederholt angesprochen worden. Es wurde darauf hingewiesen, daß je nach Faktorenkomplexion im theatralischen Produktionsprozeß qualitativ und quantitativ unterschiedliche Lernerfahrungen im Bereich des ästhetischen und speziell des theaterbezogenen Lernens ebenso wie im Bereich des sozialen, des affektiven, des kognitiven und des „körperlichen" Lernens ermöglicht werden. Mit den vorangehenden Ausführungen zur theoretischen Begründung des Theaterspielens als Lernform wurden allgemeine Rahmenbedingungen für theatralische Lernprozesse aufgewiesen. In Konkretisierung dessen sollen hier zusammenfassend noch einmal wesentliche Dimensionen theatralischen Lernens vergegenwärtigt werden, wie sie sich in der Form theaterbezogener ästhetischer Lernprozesse einerseits und realitätsbezogener sozialer und politischer Lernprozesse andererseits darstellen. Dabei soll zugleich darauf eingegangen werden, welche formalen, organisatorischen und sozialen Produktionsbedingungen im einzelnen vorliegen müssen, damit derartige Lernprozesse überhaupt, von allen oder doch von einzelnen Mitwirkenden vollzogen werden können. Denn daß unter den konkret gegebenen objektiven Bedingungen eines bestimmten theatralischen Produktionsvorgangs möglicherweise nicht alles oder nicht immer oder nicht von jedem Mitwirkenden auch gelernt wird, was grundsätzlich im Rahmen von Theaterarbeit gelernt werden kann, wurde bereits mehrfach betont.

Als objektive Bedingungsfaktoren für die Art und den Umfang der Lernerfahrungen, die in der konkreten Theaterarbeit von den daran Beteiligten zu machen sind, wären zu nennen: die Art des Zustandekommens der Theaterspiel-Idee und die Art der Zusammenstellung der Theaterarbeitsgruppe, die Art der Auswahl und der Erarbeitung der Spielvorlage, die Form der Spielvorlage, das Darstellungsthema und die Darstellungsintention, die Darstellungsformen und die Spielweise, die Rollen- und Aufgabenverteilung, die Wahrnehmung von Führungs- und Leitungsfunktionen, der Arbeitsstil und das Arbeitsklima, die Sozial- und Verkehrsformen der Mitwirkenden, der institutionelle, situative und zeitliche Rahmen der Arbeit, die Formen und der Ablauf öffentlicher Vorstellungen der Arbeitsergebnisse, die Art der Publikums-, Presse- und Öffentlichkeitsreaktion.

Unter Berücksichtigung der angeführten Bedingungsfaktoren wären für den Bereich des theaterbezogenen ästhetischen Lernens insbesondere die folgenden Erfahrungs- und Lernmöglichkeiten festzuhalten:

- Von den aktiv am Darstellungsvorgang Beteiligten können neben allgemeinen Spielfähigkeiten spezielle Darstellungsfähigkeiten auf dem Gebiet der jeweils praktizierten Spielweise, also zum Beispiel der naturalistischen, epischen, improvisatorischen Spielweise, erworben werden. Dabei kann – wie beim Spielen überhaupt oder auch bei anderen lustbesetzten Betätigungen – die Freude am Theaterspielen zugleich als „unspezifische Verstärkung des *gesamten* geäußerten Verhaltens" (HARTUNG 1977, 39) wirksam werden.
- Je nach ihrer Stellung, Rolle und Funktion im theatralischen Produktionsprozeß können die handelnd und betrachtend daran Beteiligten sowohl praktische als auch theoretische Kompetenzen und Kenntnisse im und für den Umgang mit dem Medium Theater erwerben. Es können Fähigkeiten und Kenntnisse im und für den Umgang mit Stimme, Sprache und Körper, als den Hauptausdrucksmitteln des Theaters, ebenso wie mit Licht-, Ton- und Raumgestaltung und praktischer Organisation theatralischer Veranstaltungen erworben werden (MC GREGOR / TATE / ROBINSON 1978, 24 und 40).

An Kompetenzen und Qualifikationen, die nicht nur auf dem Sektor der theatralischen Betätigung genutzt werden können, sondern die als verallgemeinertes Verhaltenspotential – zumindest in struktur- und bedingungsgleichen Anwendungssituationen – auch im Bereich des realen sozialen Handelns wirksam werden können, können über die eigene darstellerische Betätigung ausgebildet werden:

- die Fähigkeit, sich zu erinnern und Reden und Handlungssequenzen zu wiederholen;
- im improvisatorischen Spiel mehr als bei der szenischen Umsetzung von Textvorlagen: allgemeine Ausdrucks-, Wahrnehmungs-, Sprech- und Kommunikationsfähigkeiten;
- speziell im improvisatorischen Spiel und bei der kollektiven Text- und Stückerarbeitung: Fähigkeiten und Bereitschaften zum Selbstausdruck, zur sprachlichen und darstellerischen Darlegung und Gestaltung von Vorstellungen, Gedanken und Gefühlen;

- in allen Darstellungsformen, wenn auch mit graduellen Unterschieden je nach dem Anteil der erforderlichen Eigenleistung bzw. der direkten Regievorgaben durch einen alleinverantwortlichen Spielleiter: die Fähigkeit zur differenzierten Vorstellung, Erkenntnis und Nachahmung des Verhaltens anderer Personen sowie, speziell im improvisatorischen Spiel: die Fähigkeit zur Einfühlung in und zum angemessenen Eingehen und Reagieren auf das Verhalten und die Äußerungen der Mitspieler, d. h. — zumindest in bezug auf letzteres — die Fähigkeit zur Empathie (STANKEWITZ 1977, 33);
- in allen Formen der Darstellung von Menschen durch Menschen: die Fähigkeit, sich von seiner eigenen Sozialrolle durch Übernahme einer Spielrolle zu distanzieren, was eventuell als eine Vorstufe der Fähigkeit zur Rollendistanz und als ein Beitrag zur Entwicklung einer solchen Verhaltensqualifikation interpretiert werden kann (STANKEWITZ 1977, 33);
- durch Zuhören und Zuschauen bei den Darstellungen anderer Gruppenmitglieder, und zwar sowohl bei den Darstellern als auch bei den nicht darstellend Beteiligten: die Konzentrations- und Diskriminationsfähigkeit, die Erkenntnis der Bedeutung und Effektivität von Körpersprache als Kommunikationsmittel und eventuell auch die Bereitschaft zu deren bewußtem Einsatz (MC GREGOR / TATE / ROBINSON 1978, 32 f. und 40).

Für den Erwerb von Kenntnissen, Fähigkeiten und Dispositionen, durch die die Handlungskompetenz des einzelnen im Bereich seines realen sozialen und politischen Verhaltens und Handelns erweitert wird, bieten sich im Rahmen theaterpraktischer Arbeit die folgenden Erfahrungs- und Lernmöglichkeiten:

- Darsteller und sonstige Mitwirkende eignen sich insbesondere bei kollektiver Erarbeitung von Spielvorlage und Aufführung über die diskursive und darstellerische Auseinandersetzung mit ihrem Darstellungsgegenstand eine Vielzahl darauf bezogener und damit zusammenhängender Informationen, Kenntnisse, Einsichten und Erkenntnisse an.
- Auch in Fällen, wo mit der Theaterarbeit von den Beteiligten keine bewußte Selbsterfahrungs-, Selbstverständigungs- oder Selbsterziehungsabsicht verbunden wird, kann die darstellerische Realisierung und Erprobung der unterschiedlichsten Rollen, Haltungen und Verhaltensweisen zugleich als ein Medium der Erkundung, Erkenntnis und Veränderung der eigenen sozialen Beziehungen und Verhaltensweisen wirksam werden.
- Darzustellende Figuren können für die Darsteller als Modelle fungieren. Sofern das Verhaltensrepertoire des Darstellers nicht allzusehr vom Verhalten der darzustellenden und von ihm positiv besetzten Figur abweicht, ist aufgrund der besonderen Erlebnisnähe zum Modell — denn der Spieler wird ja in seiner Rollendarstellung selbst als diese Modellperson tätig — die Wahrscheinlichkeit einer Übernahme des Modellverhaltens als relativ hoch anzusetzen (HARTUNG 1977, 31).
- Durch das Ausprobieren, die erprobende Übernahme und die demonstrative Darstellung und Verkörperung von Denkweisen, Haltungen und Verhaltensweisen kann der Spieler — außer ihrer möglichen unbewußten oder kritischen Aneignung — einen Zuwachs an Selbstvertrauen erwerben hinsichtlich seiner Fähigkeit zur Formulierung und Mitteilung von Gedanken, Vorstellungen und eigenen Ansichten gegenüber einzelnen Personen oder Personengruppen (DAUBLEBSKY 1973, 172).
- Insbesondere im Rahmen selbsterarbeiteter und improvisatorischer Darstellungen können die Spieler Fähigkeiten des rollen- und situationsgemäßen Sprachgebrauchs entwickeln und Fähigkeiten im Gebrauch unterschiedlicher sozialer Sprachregister ausbilden (MC GREGOR / TATE / ROBINSON 1978, 33; WAGNER 1979, 227).
- Alle Beteiligten können vor allem im Rahmen kollektiv organisierter Arbeitsprozesse Fähigkeiten auf dem Gebiet der Kommunikation, der Kooperation, des Problem-

lösens und der Entscheidungsfindung in der Gruppe erwerben (COUTELLIER 1978, 209).

Schließlich wäre noch auf einige pädagogisch relevante Wirkungen hinzuweisen, die sich ausschließlich durch den Vollzug der öffentlichen Aufführung bzw. durch den unmittelbaren Handlungsbezug auf sie ergeben können. Der öffentlichen Aufführung als Ziel des theatralischen Produktionsprozesses kann — solange sie nicht in Gestalt von überhöhten Leistungsanforderungen, zunehmendem Termindruck und unzumutbaren Arbeitsbelastungen zum alles beherrschenden Produktionszwang ausartet — eine allgemeine handlungsmotivierende Funktion zugeschrieben werden, durch die zugleich einige der durch Theaterarbeit zu realisierenden Lernerfahrungen intensiviert bzw. überhaupt erst ermöglicht werden. Weil man vom Publikum nicht mißverstanden werden will, zumal wenn den Spielern der Gegenstand ihrer Darstellung und die Übermittlung der in ihr enthaltenen „Botschaft" besonders am Herzen liegen, werden Präzisierung und Differenzierung der Darstellung und des Begriffs wechselseitig gefordert und gefördert (STANKEWITZ 1977, 155). Außer dem Vergnügen der an der Theaterarbeit Beteiligten, andere an ihrer Darstellungsarbeit, an den Ergebnissen ihrer produktiven Betätigung teilhaben zu lassen, und außer dem Vergnügen und der Befriedigung, anderen Menschen, der eigenen Bezugsgruppe, die von einem selbst für wichtig und richtig gehaltenen Gefühle, Ansichten und Vorstellungen vermittels theatralischer Darstellungen anschaulich vermitteln zu können (MC GREGOR / TATE / ROBINSON 1978, 40 f.), wären als weitere mögliche Lerneffekte von Theateraufführungen und deren direkter Vorbereitung zu nennen (BINGER 1978, 98 f.; DAUBLEBSKY 1973, 177):

- daß die Aufführungsvorbereitung vor allem die Teamarbeitsfähigkeit sowie die Planungs- und Organisationsfähigkeiten aller Beteiligten fördern kann,
- daß durch die Begegnung mit dem Publikum und insbesondere durch positive Publikumsreaktionen ganz allgemein das Selbstvertrauen und das Selbstwertgefühl der Spieler gestärkt werden können,
- daß durch eine erfolgreiche Aufführung die Motivation für weitere Theaterarbeit und auch für andere, vor Publikum durchzuführende Aktivitäten erhöht werden kann und
- daß der erfolgreichen Aufführung, wie diesbezügliche Erfahrungsberichte belegen, insbesondere eine gruppenfestigende Funktion zukommen kann durch das mit ihr verbundene „große Gefühl einer gemeinsamen Handlungs- und Ereigniserfahrung" (MC GREGOR / TATE / ROBINSON 1978, 42).

V. Schlußbemerkung

Wollte man angesichts der hier aufgewiesenen Möglichkeiten, Dimensionen und Bedingungen des Lernens durch Theaterspielen eine Empfehlung für dessen gezielte pädagogische Förderung und eventuell auch für dessen curriculare Verwendung geben — sei es nun im schulischen, vor- oder außerschulischen Bereich —, so könnte der Vorschlag nur lauten, Theaterarbeit vorrangig in Projektform zu realisieren und entsprechend den Prinzipien der Projektmethode zu organisieren.

Theaterarbeit, und zwar unabhängig von ihrer jeweiligen Realisationsform, enthält an sich schon eine Reihe von Merkmalen, die auch die pädagogisch orientierte Projektarbeit kennzeichnen.

Wie bei Projekten handelt es sich auch bei der Theaterarbeit in der Regel um „Planung und Durchführung gemeinsamer, größerer Vorhaben", um „Selbsttätigkeit der Lernenden, zum Beispiel ästhetische Aktivität, gegenständliche Tätigkeit", um „arbeitsteiliges Vorgehen entsprechend Kompetenzen", bei „dem Lernen, Erfahren, Handeln ohne Trennung" in voneinander isolierte und institutionalisierte Tätigkeitsbereiche erfolgen und bei dem es insgesamt um die „Herstellung von Produkten und Situationen als Ergebnis von Lernprozessen, als sinnlich wahrnehmbare und überprüfbare Ergebnisse gemeinsamer Arbeit" (MAYRHOFER / ZACHARIAS 1977, 96) geht.

Um aber auch im Rahmen von Theaterarbeit das ganze Erfahrungs- und Lernpotential auszuschöpfen, daß die Projektmethode als spezifisch teilnehmerorientierte Arbeitsform bieten kann, müßten zusätzlich noch einige zentrale Projektkriterien (vgl. MAYRHOFER / ZACHARIAS 1977, 97) erfüllt sein: Neben dem Freiwilligkeitscharakter und der Bedürfnisbezogenheit sollten für die Theaterarbeit in Projektform generell auch deren inhaltliche Bezogenheit auf die Lebenssituationen der Teilnehmer sowie die selbstbestimmte Organisation und kollektive Realisation der mit ihr verbundenen Arbeits- und Lernprozesse durch alle Beteiligten gewährleistet sein. Damit soll also keineswegs eine möglicherweise vorhandene Pädagogenkompetenz ausgeschlossen werden. Dies ist — zumal in der Theaterarbeit mit Kindern und Schülern, aber auch mit anderen Personengruppen ohne Theaterspielerfahrung — meist unentbehrlich. Es sollte eben nur dafür gesorgt sein, daß sie sich nicht — um mit Paulo FREIRE (1971) zu sprechen — nach dem „Bankierskonzept" in „depositärer", sondern daß sie sich ausschließlich in „dialogischer" Form in den gemeinsamen theatralischen Produktionsprozeß einbringt.

Literatur

Amtmann, P.: Das Schulspiel. Zielsetzung und Verwirklichung, München 1968
Benjamin, W.: Programm eines proletarischen Kindertheaters, in: Benjamin, W.: Über Kinder, Jugend und Erziehung, Frankfurt / M. 1969, 5. Auflage 1979
Bentley, E.: Das lebendige Drama, Velber 1967
Berenberg-Gossler, H. / Müller, H.-H. / Stosch, J.: Das Lehrstück — Rekonstruktion einer Theorie oder Fortsetzung eines Lernprozesses?, in: Dyck, J. u. a.: Brechtdiskussion, Kronberg / T. 1974, 121 — 171
Binger, L.: Kindertheater zwischen Erziehung und Kunst, in: Dokumentation Projekt '77 ASSITEJ, Sondernummer Grimm & Grips, März 1978, 97 — 108
Brecht, B.: Schriften zum Theater I, Gesammelte Werke in 20 Bänden, Bd. 15, Frankfurt / M. 1973
— Schriften zum Theater II, Gesammelte Werke in 20 Bänden, Bd. 16, Frankfurt / M. 1973
— Schriften zum Theater III, Gesammelte Werke in 20 Bänden, Bd. 17, Frankfurt / M. 1973
Bull, R.: Lerneffektives Spiel im Unterricht, Kiel 1971
Coutellier, F.: Der Schüler als Produzent, in: Harms, P. A. (Hrsg.): Lehrtheater Lerntheater. Analysen, Kriterien, Beispiele, Münsterdorf 1978, 197 — 211

Daublebsky, B.: Spielen in der Schule. Vorschläge und Begründungen für ein Spielcurriculum, Stuttgart 1973
Freire, P.: Pädagogik der Unterdrückten, Stuttgart 1971
Hartung, J.: Verhaltensänderung durch Rollenspiel, Düsseldorf 1977
Haven, H.: Darstellendes Spiel, Düsseldorf 1970
Hoppe, H.: Zur Theorie und Methode pädagogischer Spielverwendung, in: Harms, P. A. (Hrsg.): Lehrtheater Lerntheater. Analysen, Kriterien, Beispiele, Münsterdorf 1978, 95 – 100
Hoppe, H. / Kühl, H. / Noetzel, W.: Spielpädagogik kontrovers. Diskussionsbeiträge zur didaktischen Begründung pädagogischer Spielpraxis, Scheersberg / Flensburg 1979
Ingendahl, W.: Szenische Spiele im Deutschunterricht, Düsseldorf 1981
Klewitz, M. / Nickel, H. W.: Kindertheater und Interaktionspädagogik, Stuttgart 1972
Kochan, B.: Szenisches Spielen, in: Praxis Deutsch 20 (1976), 10 – 18
Lessing, G. E.: Hamburgische Dramaturgie, Werke, Bd. 4, Darmstadt 1973
Lutz, E. J.: Das Schulspiel. Die Praxis des darstellenden Spiels in den Volks- und höheren Schulen auf entwicklungspsychologischer und pädagogischer Grundlage, München 1957
Maley, A. / Duff, A.: Szenisches Spiel und freies Sprechen im Fremdsprachenunterricht, München 1981
Mayrhofer, H. / Zacharias, W.: Projektbuch ästhetisches Lernen, Reinbek 1977
Mc Gregor, L. / Tate, M. / Robinson, K.: Learning through drama, 2. Aufl. London 1978
Newald, R.: Vom Späthumanismus zur Empfindsamkeit, in: Boor, H. de / Newald, R.: Geschichte der deutschen Literatur, Bd. 5, 3. Aufl. München 1960
Ohne Verfasser: Volksspiel und Feier, München / Hamburg / Berlin 1936
Paul, A.: Theaterwissenschaft als Lehre vom theatralischen Handeln, in: Kölner Zeitschrift für Soziologie und Sozialpsychologie 1 (1971), 55 – 77
Schedler, M.: Thesen zum Theater für sehr junge Zuschauer – neu durchgesehen, in: Kindertheater. Protokolle der Kindertheatertagung in Marl vom 16. bis 18. Oktober 1970, Marl 1971, 44 – 60
– Kindertheater. Geschichte, Modelle, Projekte, Frankfurt / M. 1972
Scheller, I.: Das szenische Spiel im Unterricht, in: Beck, J. / Boehncke, H.: Jahrbuch für Lehrer 6, Reinbek 1981, 184 – 194
Scheuerl, H.: Das Spiel. Untersuchungen über sein Wesen, seine pädagogischen Möglichkeiten und Grenzen, Weinheim / Basel 1979
Schiller, F.: Was kann eine gute stehende Schaubühne eigentlich wirken?, Schillers Werke, Nationalausgabe, Bd. 20, Weimar 1962
Schriegel, S. / Tamoschus, A.: Jugendtheater als Medium politisch-pädagogischer Praxis, Frankfurt / M. 1978
Schultze, H.: Deutsches Jugendtheater, seine Entwicklung vom deutschsprachigen Schultheater des 16. Jahrhunderts bis zu den deutschen Jugendspielbestrebungen der jüngsten Gegenwart, Emsdetten 1960
Stankewitz, W.: Szenisches Spiel als Lernsituation, München / Wien / Baltimore 1977
Steinweg, R.: Das Lehrstück – ein Modell des sozialistischen Theaters, Brechts Lehrstücktheorie, in: Alternative 78 / 79 (1971), 102 – 116
– Das Lehrstück. Brechts Theorie einer politisch-ästhetischen Erziehung, Stuttgart 1972
– (Hrsg.): Brechts Modell der Lehrstücke. Zeugnisse, Diskussion, Erfahrungen, Frankfurt / M. 1976
– (Hrsg.): Auf Anregung Bertolt Brechts: Lehrstücke mit Schülern, Arbeitern, Theaterleuten, Frankfurt / M. 1978
Thielicke, B.: Das Lerntheater. Modell eines pädagogischen Theaters im Strafvollzug, Stuttgart 1981
Ward, W.: Creative Dramatics, New York 1930
Wolfersdorf, D.: Stilformen des Laienspiels. Eine historisch-kritische Dramaturgie, Braunschweig 1962

2. Theater mit Kindern – Theater für Kinder

Hans-Wolfgang Nickel

I. Die aktuelle Situation: Berliner Aufführungen im Dezember 1983

1. Die Theater-AG einer Grundschule

Schüler der 5. und 6. Klasse sind seit August 1983 zusammen; sie arbeiten wöchentlich zwei Stunden; die Gruppe hat 15 feste Mitglieder (viel mehr wollten mitmachen!); für ein Jahr haben sie sich festgelegt in ihrer Wahl.
Zuerst machen sie Spiele und Übungen; sie sammeln, wovor sie Angst haben. Die erhöhte Sensibilität der Kinder registriert tiefere Ängste: nicht die vor dem dunklen Keller, vor Polizisten oder Gespenstern, sondern vor Lieblosigkeit und oberflächlicher Kommunikation, vor der belastenden Atmosphäre von Streit. Aus diesen Überlegungen entwickelt sich das Thema ihres Stücks.
Ursprünglich soll es ein Schattenspiel werden, aber das geht technisch nicht so schnell: die Scheinwerfer sind noch nicht da, die große Leinwand hat längere Lieferfristen; schon nähert sich die Jahresabschlußfeier, die an der Schule in zwei Abenden organisiert wird: jüngere und ältere Klassen, mit Liedern, Szenen, Tänzen, Gedichten, Instrumentalmusik; acht Programmpunkte am ersten Abend, 18 am zweiten, dazu Bazar, Ausstellungen, Getränke- und Imbißstände. Die Schultheatergruppe jedenfalls soll mitmachen.
Also wird im November die Arbeit umgestellt in Richtung Theater / Schwarzes Theater. Entwickelt wird die Geschichte von den „Königskindern": Prinz und Prinzessin, zunächst märchenhaft strahlend und weiß, ein Illustriertenliebespaar mit alltäglichen Sorgen – mit den Schularbeiten zum Beispiel, mit den Eltern, mit ihren eigenen Konflikten. Sie streiten sich – und die Zauberin will sie erst wieder erlösen, wenn sie einen anderen Streit im Schattenreich geschlichtet haben. Sie erfüllen die Aufgabe ohne besondere Anstrengung: ein ‚typisches' verzanktes Kleinbürgerehepaar wird wieder einig, weil es sich von den Königskindern angegriffen fühlt.
Zuschauer bei der Weihnachtsfeier sind Eltern, Lehrer, Mitschüler, einzelne Gäste; das Märchen schafft die Distanz und den optisch-spielerischen Reiz, der die Probleme anschaulich, ja vergnüglich macht; die (realen!) Erlebnisse, Ängste und Erfahrungen der Kinder kommen verkleidet auch zu den Eltern. Das Publikum ist gespannt, erfreut, auch nachdenklich gemacht. Das Friedensstück, die Einigkeit als doppeltes Märchen zeigt (denn auch im Märchen ist sie nur im Schattenreich durch Zauber zu erringen) kommt an; die Gruppe hat „Erfolg". Sie hat gelernt (technisch und spielerisch: Effekte und Dialog, Spannung und Stückaufbau; inhaltlich und sozial: durch das Thema ‚Konflikte' und die gemeinsame Arbeit); sie konnte den eigenen Entwurf in der Improvisation des Augenblicks mit Licht, Requisit und Kostüm zur Wirkung bringen. Aber sie hat auch gelernt: die Aufführung ist noch ungenau und ungefähr; sie kann präziser werden und an Intensität gewinnen. Sie will also weiter an der Skizze arbeiten und sie dann noch einmal vorstellen (Alfred-Adler-Grundschule; Lehrer Ulrich-Dieter STAPS).

2. Schüler machen Theater zusammen mit Professionellen

Bei der Alfred-Adler-Grundschule wurde im Musiksaal gespielt; es gab etwa 300 Zuschauer; die Stimmen der Kinder drangen, wenn auch mit Mühe, bis in die letzte Reihe.

Das *Piccolo Teatro Berolino* zeigt sein erstes Stück im HEBBEL-Theater, einem alten Berliner Theaterbau (Ränge, großer Vorhang, 1000 Sitzplätze, Lautsprecher). „Unter der Schirmherrschaft des Regierenden Bürgermeisters von Berlin mit Unterstützung der Ausländerbeauftragten des Senats und des Senators für kulturelle Angelegenheiten" hat es 120 Kinder zusammengeholt: aus sechs verschiedenen Grundschulen, einer Ballettschule, den Nachmittagsschulen des slowenischen Ergänzungsunterrichts, der griechischen Nachmittagsschule, der türkischen Kindermusikgruppe, der persischen Kindertanzgruppe, einem griechischen und einem jugoslawischen Freizeitheim. Dazu kommen, unterstützt vom Verein zur Förderung iranischer Kunst und Kultur und der Arbeitsinitiative zur Integration ausländischer Kunst und Kultur in Berlin, einige Schauspieler, zwei türkische Tanzgruppen, türkische Musiker.

Gezeigt werden hörenswerte Musiker und sehenswerte Tänzer, bunte Kostüme, ein schrecklicher (und sinnloser) Drache, schwache Schauspieler: Amateure oder ungeführte, ungeforderte Professionelle; eine Schar immer wieder auch munterer Kinder; ein Märchenerzähler, der den bunten Reigen zu einem Stück machen sollte (es geht um eine Begegnung zwischen Berlin-Kreuzberg und türkischer Märchenwelt; als Grundidee durchaus brauchbar!): aber der Erzähler kann nicht erzählen; er liest, unanschaulich, verzerrt durch das Mikrophon, vielfach gestört durch die Regieeinfälle und das ungekonnte Mitspiel, zu dem die Zuschauerkinder aufgefordert werden (einige von ihnen dürfen eine Zeitlang mit auf der Bühne sitzen!). Für die zuschauenden Kinder ist es ein unverständlicher bunter Reigen, ein immer wieder langweiliger Augen- und Ohrenschmaus, eine vor allem durch Quantität imponierende Reizmischung, die weder in einzelnen Bildern noch insgesamt einen Sinn ergibt. So also, das lernen die kleinen Zuschauer, ist großes Theater.

Sicherlich ist die Aufführung eine organisatorische Leistung; sicherlich gab es für die Mitspieler in der gemeinsamen Arbeit viele gute und direkte Begegnungen; aber es war eben doch: Regietheater mit Hauptrollen und Nebenrollen, mit Statisten und Stars (auch unter den Kindern: bei der Applausordnung war das deutlich zu merken), mit zehn langen Aufführungen unter professionellen Bedingungen.

Was hätten Kinder allein in zehn Spielstunden lernen können, wenn man ihnen ermöglicht hätte, selbständig aus sich heraus etwas zu gestalten; wie nötig wäre ein solches Lernen gerade in gemischten Gruppen! (vgl. dazu BRAUNECK).

3. Kindertheater im Großen Haus

5 DM mußten Kinder beim Piccolo Teatro Berolino im HEBBEL-Theater bezahlen, 9 DM die Erwachsenen. Im *Theater des Westens* kosten die Karten zwischen 6 und 38 DM für Erwachsene, Kinder zahlen zwischen 3 und 19 DM. Dafür gibt es einen Rang mehr und insgesamt 1500 Zuschauerplätze. Sonst spielt man Fair Lady, Frau Luna oder die lustige Witwe; als Weihnachtsmärchen gibt es (nach dem Tapferen Schneiderlein, Schneewittchen und dem Gestiefelten Kater in den Vorjahren) jetzt *Pinocchio* mit 21 Schauspielern, Kindern des Berliner Kinderchores GROPIUS-Lerchen, Chor, Ballett und Orchester vom Theater des Westens. Die Kinder freuen sich an der Frechheit des hölzernen Bengels; sie sind begierig, sich zu vergnügen und mitzumachen; sie warten gespannt auf das, was sie schon kennen, sind aber dann eher enttäuscht. Die epische Abenteuerreihung wird schnell langweilig, das große Haus verhindert die wenigen Momente echter Kontaktaufnahme; die Schwierigkeiten der Akustik führen bald dazu, daß nur für die genauen Kenner von COLLODIs Geschichte der Zusammenhang gewahrt bleibt. Die Inhalte des genau 100 Jahre alten Buches sind meist unerheblich, manchmal erschreckend altmodisch: Pinocchio wandert durch die Welt, lernt durch Erfahrung; aber es ist die Welt von gestern, in der die Fleißigen belohnt werden,

in der Arbeitsethos wichtig ist. Selbst eine positiv gestimmte Kritikerin räumt ein: „Das Vergnügen wäre vollkommen, wenn der Chor nicht mit läppischem Singsang, das Ballett nicht mit kokettem Gehüpfe die Aufführung längten. Das ist teurer Schnickschnack, der für Kinder so geeignet ist wie Partygeschwätz" (ELK, in: Theater-Rundschau, Januar 1984).
Gelernt haben die Zuschau-Kinder: Theater ist groß und prächtig, teuer und opulent, unverständlich und altmodisch; es zeigt bekannte Figuren und ist etwas für die großen Feste.

4. Fantasie als Flucht und als Werkzeug

Volker LUDWIG hat im *Grips-Theater* ein älteres Stück („Nashörner schießen nicht", Uraufführung am 6. 10. 1974) grundlegend neu bearbeitet. Jetzt heißt es „*Der Spinner*". Der elfjährige Wolfgang HANNEMANN langweilt sich in der präzise gezeigten Gegenwart von 1983; er spinnt sich ein in eigene Geschichten, aus Comics, Reiseprospekten, Fernsehglitzer zusammengerührt. Aus dieser Flucht und Verweigerung findet er im Stück zurück; der Kontakt mit der Welt der Werbung und dem erträumten Starruhm macht deutlich, wie wenig sie bedeuten. Grips gestaltet also die Rückkehr in die echten Abenteuer der Wirklichkeit: in das Abenteuer der Begegnung mit anderen Menschen zum Beispiel oder mit den Problemen der Dritten Welt; dabei wird nicht verzichtet auf die Kraft der Fantasie.
In einer eindrucksvollen Kontrastrolle wird der videosüchtige Klassenkamerad gezeigt. Auch hier gestaltet Grips also unmittelbare Gegenwart in einem beinahe schon verzweifelten Kampf mit dem Goliath, um die echte, direkte Kommunikation an die Stelle von Surrogaten zu setzen, wie sie von den „großen Geldeinsackern, Fernseh-, Video-, Werbemackern" (so im zentralen Song des Stückes) verbreitet werden.
Auch in den *Kammerspielen* geht es um die Welt der Fantasie. Sie bringen Michael ENDEs Roman „*Die unendliche Geschichte*" auf die Bühne, eine wahrlich lange und zähe Geschichte. Mindestens 13 Episoden werden schon vor der Pause gezeigt; nachher sind es noch einmal neun oder mehr, als sich der lesende „Spinner" zwischen seine Buchfiguren mischt. Sie sind unterschieden nur durch bedeutungsvoll klingende Namen und seltsame, fantasie-volle Kostüme, aber so gut wie nicht durch Tätigkeit, Funktion, Gedanken: sie raunen geheimnisvoll Gutes oder fauchen (wenn es Frauen sind) bzw. brüllen (so Männer) Böses. In diesen Geschlechtsstereotypen liegt auch der ideologische Mindersinn des Stückes — und er ist verderblicher als der nebulös-ernsthafte Nonsens der „Aussagen": Männer tun heldenhaft schwierige Taten, Frauen schweben weiß als freundliche Glücksbringer oder Sehnsuchtsbilder — oder geifern dämonisch, rothaarig, finster und falsch. Optisch und akustisch wird mit Sex appeal gearbeitet; im Stück aber gibt es nur keusche Sehnsucht und treue Freundschaft.
Das Publikum ist teils gelangweilt, teils enttäuscht (die Buchkenner; viele Erwachsene schauen zu!), einige sind ironisch spöttelnd; zum Schluß gibt es starken Beifall: so ist Theater — schwer, bunt, geheimnisvoll-bedeutend, voll dampfender, unverständlicher, theaterhaft-unechter Emotionen.
Die *Kammerspiele* (sie machen immerhin seit 1966 kontinuierlich Kindertheater und haben eine Fülle von bekannten epischen Titeln auf die Bühne gebracht) brauchen 13 Schauspieler für ihre aufwendige Produktion; im freien Verkauf müssen 13,50 DM bis 19,50 DM pro Platz bezahlt werden; zumal kleinere Kinder haben auf die Guckkastenbühne keine ungehinderte Sicht. — *Grips* kommt mit sechs Spielern und zwei Musikern aus; im Kindertheater zahlen Kinder, Schüler, Lehrlinge 6,— DM, Studenten 8,— DM, Erwachsene 10,— DM; das Arenatheater mit stark ansteigenden Zuschauerreihen erlaubt von allen Plätzen freie Sicht — und alle sitzen in unmittelbarer Nähe der Bühne! Auch von der Bühnenform her also steht klare Einsicht gegen fernes, gestörtes Bild.

5. Kindertheaterautoren und die Frage nach dem Märchen. Ein Interview mit Volker LUDWIG

„Unsere größte Sorge schon seit längerer Zeit ist der Mangel an Autoren, die sich für Kindertheater interessieren. Es gibt sie nicht! Wohl gibt es Autoren für Jugendtheater. Im Kindertheater aber finden wir nur nachgemachte Romane, GRIMMs Märchen wieder doppelt so viel wie früher, Bearbeitungen von klassischen Kindertexten oder von Fernseherfolgen. Aber es gibt keine guten orginalen Stücke. Autoren, die früher für uns geschrieben haben, erklären: Uns reicht's, wir wollen etwas für Erwachsene machen. Und wir wissen nicht, wer uns noch etwas schreiben soll."
Frage: Euer Stück „Friede Freude Pustekuchen" hatte stark märchenhafte Züge. Ist das die Wende auch im Grips-Theater?
„Wir haben Märchen nie total abgelehnt. Jedes Stück hat für uns einen bestimmten Zweck. Nach diesem Zweck richten sich die Mittel. Auch bei „Wasser im Eimer" gab es Märchenhaftes, benutzten wir Parabeln, weil wir etwas klar machen wollten, was man nicht sehen kann.
Bei „Dicke Luft" fragten die Kinder dann, was man machen kann; das haben wir wieder realistisch gezeigt. Es geht also immer um das, was man erreichen will. Wir lesen unseren eigenen Kindern ja auch Märchen vor; ich weiß aber nicht, was diese epischen Kurztexte auf der Bühne sollen; das konnte mir auch bisher nie jemand erklären. Bei „Friede Freude Pustekuchen" sollte etwas Allgemeines gezeigt werden: Streit und Auswirkungen von Streit. Deshalb war die Form legitim. Wenn wieder ein entsprechendes Thema kommt, werden wir wieder so verfahren. Freilich wurde „Friede Freude Pustekuchen" nicht so oft gespielt. Die Kinder waren zwar begeistert, aber die dogmatischen 68er Lehrer lehnten das Stück ab; sie sind ja dogmatischer als wir" (Interview des Autors mit Volker LUDWIG im Januar 1984).

6. Weitere Berliner Gruppen und eine Zwischenbilanz

Die *Rote Grütze* macht eine Gastspielreise durch die Bundesrepublik Deutschland; sie zeigt ihr Kinderstück „Darüber spricht man nicht" (Uraufführung 1973). Zum ersten Mal nach langen Jahren der Ruhe gibt es wieder Schwierigkeiten. Elternverbände protestieren, machen Pressekonferenzen, kontrollieren in der Vorstellung mit Papier und Bleistift die „Ausdrücke". Beim 5. Kinder- und Jugendfestival in Northeim (November 1984) ‚besucht' eine städtische Kommission die Aufführung; dabei geschieht es überhaupt zum ersten Mal, daß Erwachsene während der Vorstellung stören, ja sie „zum Schutz der Kinder" abzubrechen versuchen. —
Und sonst? Der Berliner Senator für Schulwesen gibt Zuschüsse über das „Theater der Schulen" für Klassenbesuche; Kinder müssen dann nur noch 4,40 DM pro Aufführung bezahlen, „Pinocchio" und die „Unendliche Geschichte" kosten 5,80 DM. Über die Jugendämter gibt es ähnliche Gutscheine für Kindergruppen. Seit drei bis vier Jahren hat sich eine Reihe guter neuer Puppentheater gebildet; das *„Literarische Figurentheater"* von P. K. STEINMANN spielt mit gewohnter Kraft und Prägnanz; die *Birne* macht nur mehr Fernseharbeiten (Ratz und Rübe in der Rappelkiste); dafür hat das *Klecks Kindertheater mit Puppen* die Mitspielform insbesondere für jüngere Kinder aufgegriffen und qualitätvoll weiterentwickelt; seit drei bis vier Jahren gibt es überdies eine Reihe von guten, neuen Puppentheatern (vgl. STEINMANN im vorliegenden Handbuch). Auch mehr als ein halbes Dutzend neuer Kindertheatergruppen gibt es, die meisten in Richtung Spaß, Clownerie, Zirkus, Mitspiel; zeitweilig trat im *Tempodrom-Zirkus* ein Kinderzirkus auf (ebenfalls zum Mitspielen). Neu hinzugekommen ist ein Zaubertheater mit regelmäßigen Aufführungen für Kinder. Die *Spielwerkstatt Berlin* entwickelt weiter Programme für die Schule; der beendete Modellversuch „Künstler und Schüler" versucht, als *Karawane* weiterzuarbeiten (Anfang 1984 mit einem Ausländerprogramm).

Kaum eine dieser Gruppen erhält direkte Subventionen; die große Ausnahme ist *Grips* (auch von der CDU/F.D.P.-Koalition wurden für 1984 1,1 Millionen DM zugestanden); andererseits gibt es auch kaum eine Gruppe, die nicht in irgendeiner Form öffentlich unterstützt wird.

Fazit: Die Kindertheaterszene ist lebendig, kreativ, aber auch konfus; sie hat beileibe weder inhaltliche noch finanzielle, weder organisatorische noch stilistische Sicherheit; es gibt Pädagogisches und Schlimmes, gut Gemeintes und wenig präzise Gekonntes; es gibt in einem Teil der Szene intensive Beziehungen zwischen dem Theater *für* Kinder und den Spielversuchen *von* Kindern (so wie schon in den frühen siebziger Jahren zwischen *Grips* und dem *Kindertheater Märkisches Viertel*). Es gibt viel Flucht aus der Wirklichkeit und wenig harte, klare Arbeit an der Realität; es gibt viele junge Leute, die im Bereich des Kindertheaters ihre persönliche Freiheit und Selbstentfaltung suchen (aber dabei nicht die Kinder ausnutzen); es gibt bei den Kindern eine ungebrochene Theaterschau- und Mitmachfreude (die bei sozialen Randexistenzen allerdings schon verschüttet sein kann!); fast alle sind begierig, zu spielen und selber „Theater zu machen".

Inhaltlich ist das realistische Kindertheater in der Grips-Nachfolge nicht mehr so unbestritten wie in den siebziger Jahren; insbesondere die kommerziellen oder halbkommerziellen Unternehmen setzen wieder auf das Märchen, auf Ausstattung ohne Inhalt, auf bekannte Titel und nicht auf drängende Probleme; sie liefern fast ohne schlechtes Gewissen die große Massenabfütterung, die immer wieder ihr Publikum findet, das schamlos weiter mit Glanz und Glitzer betrogen wird.

II. Zur Klärung der Begrifflichkeit

Der Begriff ‚Kindertheater' bezeichnet im engeren Sinne ein (professionelles) Theater *für* Kinder; Kinder sind in diesem Theater vor allem Zuschauer; zuweilen reden sie mit (oft im Puppentheater); bei der Sonderform des Mitspiels können sie auch mitspielen.

Kindertheater in diesem Sinne kann primär pädagogisch, künstlerisch oder finanziell interessiert sein. Soweit es sich selbst als pädagogisches Kindertheater versteht (engl. theatre in education), sieht es sich als einen Teilbereich einer umfassenden Spiel-, Theater-, Interaktionserziehung; die Theateraufführung für Kinder ist also nur ein Teil im Gesamtzusammenhang von Vor- und Nachbereitung und eigenen Spielversuchen der Kinder; sie ist verbunden mit offenen Lernprozessen und weiterführenden Vorhaben.

Drei verwandte Erscheinungen werden in einem weiteren Sinne ebenfalls mit der Bezeichnung ‚Kindertheater' belegt.
1. Spontanes ‚So-tun-als-ob', das Kinder im Alter von zwei oder drei Jahren als Ausdrucksmöglichkeit entdecken (genauer als *Spiel* oder *Rollenspiel* zu bezeichnen).
2. Didaktisch angeleitete Ausdrucksspiele von Kindern (engl. creative drama; frz. / ital. animation / animazione), die weitgehend innerhalb der Gruppe bleiben (hier sollte man besser von Spielstunden, Spielgruppen, *Kinderspielclubs* oder ähnlichem sprechen und nicht von Kindertheater).

3. Theater *von* Kindern, das sich entweder prozeßhaft aus Rollenspielversuchen entwickelt hat oder produktorientiert angezielt wurde; es wird für Zuschauer veranstaltet oder hat zumindest Zuschauer; es kann von Kindern aus eigenem Antrieb entwickelt werden oder von Theaterpädagogen (Regisseuren) erarbeitet oder inszeniert werden.
Dabei meint der Begriff ‚Kindertheater' in diesem Zusammenhang oft alle Nichterwachsenen; bei genauerer Bestimmung wird wie in dieser Arbeit Kinder- und Jugendtheater unterschieden.

Für den Spielpädagogen sind in allen oben aufgeführten Formen die Verhaltensweisen des Kindes besonders wichtig; darüber hinaus sind die institutionellen Bindungen zu beachten. Sie wurden schon zu Beginn der neueren Kindertheaterdiskussion in grafische Darstellungen gebracht, die bis heute ihre Übersichtlichkeit behalten haben. Das erste Schema (vgl. Abb. 1) stammt von Valerie GRAY; es wurde 1971 veröffentlicht.

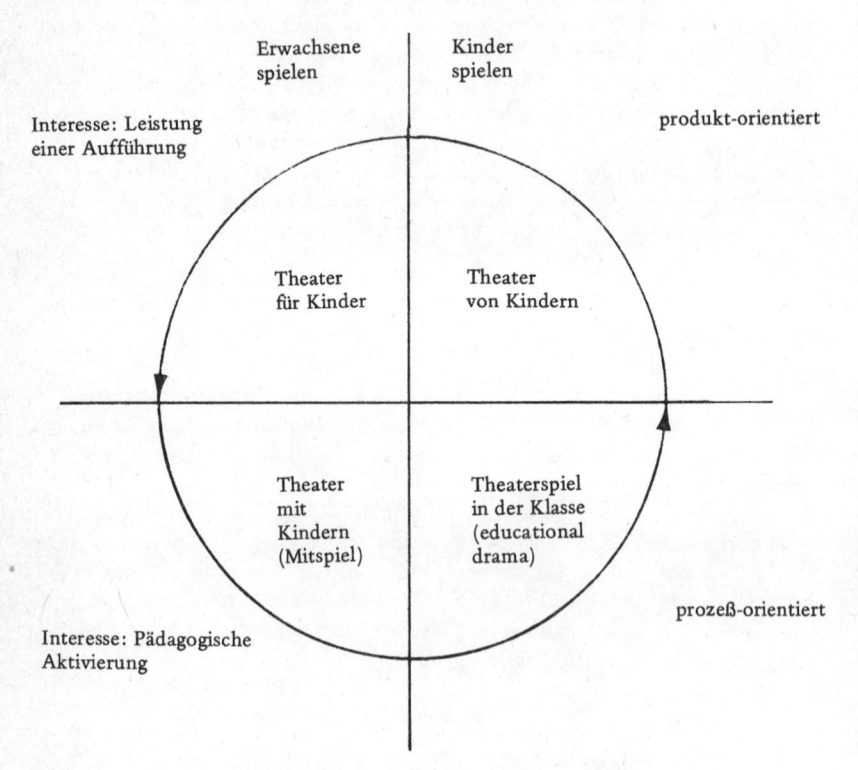

```
                    Erwachsene    |    Kinder
                    spielen       |    spielen
                                  |
Interesse: Leistung                              produkt-orientiert
einer Aufführung
                        Theater   |   Theater
                        für Kinder|   von Kindern
           ───────────────────────┼───────────────────────
                        Theater   |   Theaterspiel
                        mit       |   in der Klasse
                        Kindern   |   (educational
                        (Mitspiel)|   drama)
                                  |
                                                 prozeß-orientiert
Interesse: Pädagogische
Aktivierung
```

Abbildung 1: Institutionelle Bindungen (nach GRAY 1971)

Das zweite Schema (vgl. Abb. 2) wurde von mir im Zusammenhang mit der Berliner Kindertheatertagung von 1971 entwickelt.

Vorführtheater durch Erwachsene		Das Kind ← beobachtet
	Vorführtheater von Kindern	← spielt für andere
Mitspiel		← spielt mit
	didaktisch angeleitete Rollen- und Interaktionsspiele	← spielt didaktisch angeleitet
Selbstgewählte Rollen- und Interaktionsspiele (in fiktiven Situationen)		← spielt
Rollenhandeln und Interaktionen (auf der realen Handlungsebene)		← handelt

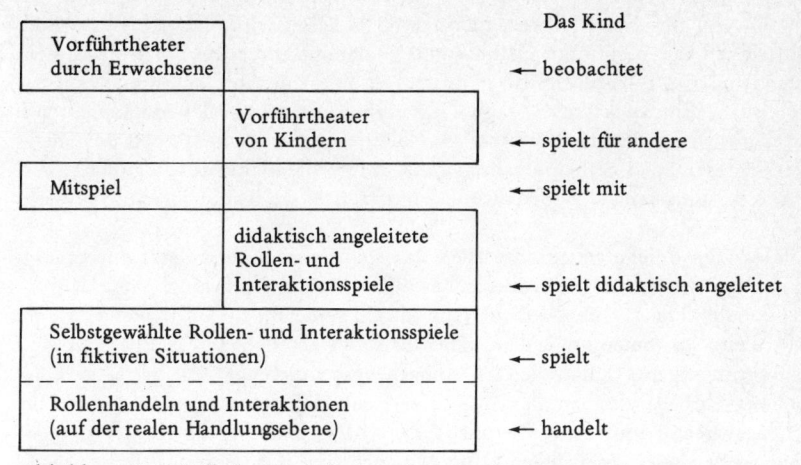

Abbildung 2: Kindliche Verhaltensweisen (nach: NICKEL 1971)

„Das Schema betont in der Senkrechten die Distanz zwischen dem realen Handlungsraum des Kindes, der die Aufforderung zu Reaktionen vermittelt und Möglichkeiten zur Verwirklichung anbietet, und dem Verhalten des Kindes im *Schau-Theater*, wo es in einen fiktiven Handlungsablauf versetzt und mit einem fertigen Produkt konfrontiert wird, das als aktive Rollengestaltung wenig mehr als das Beobachten gestattet. Immerhin darf nicht übersehen werden, daß diese Verhaltensweise auch für die Auseinandersetzung mit der Wirklichkeit vonnöten ist: das Kind muß Signale und Symbole aufnehmen und deuten; dieser kognitive und emotionale Vorgang ist notwendige Voraussetzung für jede Interaktion und auch die Grundlage jedes Lernens am Modell. Versteht sich das Vorführ-Theater als eine ‚Schule des Sehens', so kann es durchaus eine wichtige Funktion übernehmen." So 1972 in dem Sammelband ‚Kindertheater und Interaktionspädagogik', der die neue Diskussion zum ersten Mal gesammelt veröffentlichte; ihm sind auch die beiden Grafiken entnommen (KLEWITZ / NICKEL 1972, 124 f.).

Auch heute noch erscheinen mir Aufnahme, Verknüpfung und Verarbeitung von Signalen und Symbolen als die eigentlichen Tätigkeiten des Kindes im Theater; gutes Theater zeichnet sich also aus durch die Qualität seiner Bilder und Zeichen und den Bezug dieser Bilder zum Kind.

Die Verhaltensweisen des Kindes lassen sich genauer ausführen (vgl. Abb. 2): im *Theater von Kindern* spielt es für andere, es zeigt also etwas; aber die Qualität seines Zeigens ist ihm häufig unwichtig oder wird von ihm selber übersehen. Im *Mitspiel* beobachtet es und spielt es mit; manchmal darf es nur rufen oder winken; in guten Mitspielstücken wird es in umfassende Prozesse mindestens zum Teil aktiv handelnd verwickelt. Im *Rollenspiel* spielt es unter didaktischer Anleitung; oft wird es die Anleitung vergessen und sich ganz dem Spiel hingeben; aber es spielt auch dem Lehrer zu Gefallen. Auch in den *selbstbestimmten Spielen* spielt es und zeigt es sich; es zeigt sein Spielen; es spielt auch ‚Theater' (so wie es Kaufmann spielt oder Schule); es kann sein, daß es spielen muß, wie die große Schwester oder der stärkere Nachbarsjunge es verlangen. In der *Realität* schließlich handelt es, obwohl ihm die Qualität seines Handelns als Handeln nicht bewußt ist und von ihm häufig von der Spieltätigkeit nicht unterschieden wird. Es spielt also und entwickelt dabei spontan Gefühle und Gedanken, holt frei die Welt an sich heran; oder es re-kapituliert, re-konstruiert, es wiederholt Verabredetes, Eingelerntes, Eindrucksvolles — sich zwanghaft und ängstlich daran haltend oder sich frei und offen er-innernd. Halten wir also für die Arbeit des Spielleiters fest: Spielformen erfahren ganz unterschiedliche Ausprägungen; nur intensive und genaue Beobachtung kann feststellen, was ‚eigentlich' gespielt wird.

Dieses vom Spieler bestimmte Herz des Spiels wird nicht zuletzt mitbedingt durch die *Institution*, die die je besondere Spielform ermöglicht: das professionelle Theater im Großen Haus (durch seine Pracht erdrückend, durch die Weite imponierend wie im Theater des Westens), das kindgerecht eingerichtete eigene Haus (wie das Arenatheater von Grips), die vertraute Umgebung des Kindes, in der die aufsuchenden Theater spielen (wie viele Figurentheater und Freie Gruppen); dort ist es leichter, die Kinder zu eigenen Äußerungen zu bringen, zum Mitspiel, zur ungeniert, kritischen Aufnahme, aber es ist schwieriger für die Gruppen, unter ständig wechselnden Bedingungen und ohne geeigneten Apparat jeweils zu ihrem Spiel zu finden.

Zusammengeschlossen sind die professionellen und halbprofessionellen Kindertheater in der Assitej (vgl. Handbuch der Spielpädagogik). Kinderaufführungen werden aber auch angeboten von Privattheatern, Städtischen und Staatlichen Bühnen; zum Teil sind sie verbunden mit ausführlichen theaterpädagogischen Programmen (vgl. DÖRGER / NICKEL 1983); einzelne Theater haben schon eigene Theaterpädagogen angestellt.
Zu nennen ist aber auch eine Fülle von Jugendlichen- und Erwachsenengruppen, organisiert zum Teil in den Landesarbeitsgemeinschaften, die als Amateure teilweise oder nur für Kinder spielen (vgl. WALTER, in: NICKEL / NICKEL 1974 bzw. Handbuch der Spielpädagogik, Bd. 2, 448).
Zu beachten ist, daß Kindertheater nicht auf die Form Sprechtheater beschränkt ist. Zu nennen sind (neben Film, Fernsehen, anderen technischen Medien) die *Figurentheater*: sie bringen für fast alle Kinder die Erstbegegnung mit dramatischer Kunst; zusammengeschlossen sind die wichtigsten Bühnen im Verband Deutscher Puppentheater e. V. (vgl. STEINMANN). Aber auch andere Formen sind zumindest sporadisch zu finden: Musical, Oper (ein eigenes Opernhaus für Kinder gründete N. SAZ 1965 in Moskau), Zaubertheater, Kinderpantomime, Kinderzirkus, Tanztheater (Scapino in Holland wurde schon 1945 gegründet), Sonderprogramme für behinderte Kinder (in England etwa durch LUDUS).
Das *Theater von Kindern* ist in unseren Beispielen bisher nur durch eine Schultheatergruppe vertreten und eine Mischform (Piccola Teatro Berolino). Schulgruppen machen auch zahlenmäßig die meisten Aufführungen von Kindern; dazu kommen Sportvereine, Kirchengemeinden, manchmal Jugendheime, neuerdings auch Jugendkunstschulen und unterschiedliche Privatinitiativen; darunter sind ab und an Kindertheater von gleichsam „professionellem" Zuschnitt (vgl. etwa das *Kindertheater LANG* in Basel, NICKEL 1977; manche Pioniertheater in der DDR).
Aus vor allem sozialreformerisch-politischen Gründen bildete sich in den 68er Jahren eine Reihe von „Kindertheatern"; feste Spielgruppen mit gelegentlichen Aufführungen insbesondere in sozialen Brennpunkten (Kinderspielclub Johannisplatz, vgl. HEILMEYER / FRÖHLICH; Kindertheater Märkisches Viertel, vgl. EBERT / PARIS; Kindertheater BORNHEIM, vgl. NICKEL / NICKEL 1974; auch der Versuch der Freien Universität „Theaterspiel mit Arbeiterkindern" gehört hierher, vgl. PAUL, in: KLEWITZ / NICKEL 1972). Wenn auch der Begriff Kindertheater in diesem Zusammenhang eher irreführend ist, weil das Theater in ihm nur *ein* Mittel der Sozialisations-

hilfe darstellt, so sollte doch die soziale Notwendigkeit solcher Unternehmungen unbestritten sein.

III. Historischer Abriß

In der Geschichte des Kindertheaters (hier verstanden als Theater *von* Kindern und Theater *für* Kinder) stehen unterschiedliche Formen mit unterschiedlichem Gewicht im Vordergrund. Dabei ist festzuhalten, daß in der Theatergeschichte insgesamt der öffentlich, privat und/oder von den Zuschauern bezahlte professionelle Schauspieler nur zeitweilig auftritt und nur selten dominiert. Daneben gibt es immer den Laien (Dilettanten, Amateur) in mannigfacher Verbindung und vielerlei Übergängen zum Berufsschauspieler.

Kinder und Jugendliche sind bis ins 19. Jahrhundert hinein selbstverständliche Mitdarsteller und Mitzuschauer; nur selten werden sie von besonderen, häufig kultisch bedingten Formen ausgeschlossen (das gilt eher für Mädchen als für Knaben), entwickeln und übernehmen aber auch eigene Formen.

Im völkerkundlich erschließbaren, vorliterarischen „*Urtheater* hat jeder das Recht, mimische Spiele darzustellen: Männer und Frauen, Burschen und Mädchen dürfen mitspielen" (EBERLE, 13). Doch ordnen die Alten schon „Übungsspiele an und lassen die Jungen solange probieren, bis sie das mimische Handwerk beherrschen" (EBERLE, 514). Erst mit geschlechtlicher, sozialer, altersmäßiger Differenzierung treten Sonderformen auf; vor allem mit der Jugend- und Knabenweihe sind viele, ebenfalls kaum schriftlich fixierte Formen eines Theaters für und von Nichterwachsenen verbunden.

„In seiner funktionalen Bindung, in der brauchmäßigen Gestaltung, in dem Getragenwerden durch überlieferungsgebundene Laien als Spieler" erscheint das nachmittelalterliche, deutschsprachige *Volksschauspiel*, d. h. Aufführungswesen und Textschatz der Dorf- und Marktbevölkerung, „als die Fortsetzung nicht nur des mittelalterlichen, sondern auch jedes vormittelalterlichen und vorchristlichen Aufführungswesens, und mag dieses noch so hypothetisch sein" (SCHMIDT, 12).

Zwar „wird man das Gesamtvolk als die tragende Gemeinschaft im allgemeinen ansprechen müssen", doch sind die ausübenden Gemeinschaften häufig besondere Gruppen: Burschenschaften (häufig im Stubenspiel, Weihnachtsspiel, vielfach Stoffe des frühen Schuldramas aufnehmend), Kinder (verstärkt in Grenz- und Außengebieten), im Umzugsspiel, etwa beim Sternsingen (häufig Beteiligung von Schülern, verbunden mit Heischebräuchen), Frauen (die öfter ausgeschlossen werden). „Die führende Rolle von Älteren, welche diese Burschenschaften wieder leiten, anlernten, darf auch nicht übersehen werden" (SCHMIDT, 32).

Im Rahmen der kirchlichen Liturgie entwickelt das Mittelalter eigenständig *geistliche Spiele*, die zunächst von Priestern und Klosterschülern in der Kirche gespielt werden. In der Folgezeit übernehmen Schüler besondere Funktionen bei den wiederholt wegen ihres sittenverrohenden, blasphemischen

Charakters verbotenen Narrenfesten, in den Aufzügen und der nachahmenden oder parodierenden Liturgie des Knabenbischof (ABBAS SCHOLASTICUS, 911 in St. Gallen; 1307 in Worms, bis 1460 in Wien), manchmal in Passionsspielen (so bei dem Lateinschullehrer Benedikt DEBS in Bozen 1485 bis 1515). Manchmal wird ihre Mitwirkung gerügt (so in Wien 1431/32); in England entwickeln sie sich zu einer eigenen Professionalität.

Diese „englischen Kindertruppen — die berühmtesten sind die Pauls-Boys und die Children of the Chapel — bestanden nur aus Knaben, und zwar aus den stimmbegabten Chorknaben. Sie hatten ihren Ursprung im kirchlichen Kindertheater (Knabenbischofsfest, im 15. Jahrhundert Aufführungen von Mysterien und Mirakelspielen von Chorknaben) und im Schultheater. In den achtziger Jahren des 16. Jahrhunderts lösen sie sich ganz von Kirche, Schule und Hof und werden selbständige Berufstruppen mit stehenden Theatern in London, die den Erwachsenentruppen dank ihrer Bildung und ihres hochstehenden Repertoires Konkurrenz zu machen vermögen ... Sie waren außerdem wichtig als Vorschule vor allem für die Darsteller weiblicher Rollen" (DIEKE, 9).

Das *Schuldrama* beginnt als Humanistendrama mit der TERENZ-Renaissance 1433. Geschrieben und inszeniert wird es von Geistlichen und Lehrern, gespielt zunächst von Studenten, dann auch von Schülern. LUTHER empfiehlt es in den Tischreden:

„Comödien zu spielen soll man um der Knaben in der Schule willen nicht wehren ... erstlich daß sie sich üben in der lateinischen Sprache, zum andern, daß ... ein Iglicher seines Amtes und Standes erinnert und vermahnet werde ... welchs denn sehr nütz und wol zu wissen ist."

Gestützt und erweitert werden die theatralen Aktivitäten des protestantischen Schul- wie die des katholischen Ordensdramas durch die Praxis der Rhetorik; ohne Übertreibung läßt sich von einem umfassenden *Spielcurriculum* sprechen. Die Ziele sind primär pädagogisch (gesellschaftliches Auftreten, sprachliche Schulung, Einübung in die ethische Praxis des Christentums und des Humanismus), dann auch propagandistisch (Reformation, Gegenreformation).

Eine Nachblüte erlebt das Schuldrama bei Christian WEISE, der seit 1678 als Rektor in Zittau über 50 Stücke für die Schulbühne schreibt und aufführt, um zur „politischen", d. h. weltmännischen Lebensform zu erziehen, und dabei genaues Augenmerk auf die Altersgerechtheit der Spielrollen richtet. So hat der Narr in „Masaniello" nach seiner Heirat einen Schwarm kleiner Narren um sich, in denen sich die jüngsten Schüler austoben können. — Eine Sonderstellung nimmt Johann Amos COMENIUS ein; er faßte das gesamte Wissen seiner Zeit in einem achtteiligen Theaterstück „Schola ludus seu encyclopaedia viva" zusammen; der erste Akt war für die jüngsten Schüler gedacht; jedes Jahrespensum ergab einen weiteren Akt (1657, wahrscheinlich niemals aufgeführt).

Das Schuldrama wird durch den Erfolg der englischen Komödianten und Verbote (so 1718 in Preußen) zurückgedrängt; doch gibt es während des ganzen 18. Jahrhunderts eine fortwährende Diskussion um Schaden und Nutzen schulischen Theaters. HAMANNs „Fünf Hirtenbriefe" (1762) und GOETHEs umfassender Entwurf in „Wilhelm Meisters theatralischer Sendung" (1776 — 1786) gehören in diesen Zusammenhang.

In der Folgezeit zieht sich das Schuldrama zurück in den häuslichen Kreis der *Liebhaber- und Familienbühnen.* Getragen wird es von den deutschen Familien-, schließlich Kinderzeitschriften (ab Mitte des 18. Jahrhunderts nach englischem Vorbild; die beliebteste war der „Kinderfreund" von Christian Felix WEISSE, 1775 — 1782). Die moralisierend-nüchternen Stückchen sind dramatische Beweisführungen von Vernünftigkeit und Nützlichkeit in alltäglichen Szenen oder, wie bei J. H. CAMPE, dramatisierte Lehrunterhaltungen. Sie werden, entsprechend dem Gesellschaftstheater der Erwachsenen, häufig nur mit verteilten Rollen gelesen, aber auch in der Familie oder für eine beschränkte Öffentlichkeit szenisch produziert.

Immer wieder aber griff man auch darüber hinaus und realisierte Stücke des professionellen Theaters mit Kindern (Gertraude DIEKE hat einige dieser Liebhaberaufführungen zusammengestellt, 191 ff.), schreibt Geburtstagsstücke und Festspiele für Kinder (eines der bekanntesten das „Neu erfundene Freuden Spiel genandt Friedens Sieg", Justus Georgius SCHOTTELIUS, Braunschweig 1642, 1648 in Wolfenbüttel gedruckt; vergl. DIEKE, 7), läßt Kinder öffentlich tanzen (so 1668 in Nürnberg 60 Knaben im Alter von 4 bis 12 Jahren mit künstlichen Pferden; DIEKE, 7).

Aber auch im professionellen Theater der Wandertruppen und stehenden Theater des 17. bis 19. Jahrhunderts sind die (Schauspieler-)Kinder selbstverständliche Mitspieler. Sie übernehmen Kinderrollen vorwiegend in rührenden Familienszenen (etwa KOTZEBUEs „Hussiten vor Naumburg"), Statistenrollen vor allem in der Oper (zu der aber häufig auch Soldaten abkommandiert werden), sie spielen Zwerge, „Genien, Traumgestalten usw., oder man ließ sie im Hintergrund der Bühne agieren, um eine größere Raumtiefe vorzutäuschen" (DIEKE, 1). Marionettenspieler hatten Kinder in ihrem Dienst; Pariser Jahrmarktskomödianten spielten mit Puppen und Kindern, weil sie nur so das Privileg von Opéra und Comédie Française / comédie Italienne umgehen konnten, die als einzige Schauspiele und Opern aufführen durften.

„So ließ der Jahrmarktsspieler RAISIN 1662 in Paris seine vier Kinder mit großem Erfolg kleine Stücke spielen. Nach seinem Tode 1664 wurde die Truppe von seiner Witwe weitergeführt und erfreute sich außerordentlich großen Zulaufs vor allem durch das Aufsehen erregende Spiel des jungen, elfjährigen Baron, der damals der Truppe angehörte. 1677 ließ ein Marktspieler mitten in Paris und außerhalb der Marktzeiten Kinder unter dem Namen Bamboches (wie man sonst die Marionetten nannte) spielen" (DIEKE, 8). Auch von anderen theatralischen Wunderkindern wird berichtet (DIEKE, 5 ff.).

Aber nur um 1800 kommt es zu einer besonderen *„Mode des Kindertheaters,* d. h. eines Theaters, in dem Kinderdarsteller für Erwachsene spielen, ... eine typische Zeiterscheinung des Rokoko, der Aufklärung und ihrer Nachklänge. Sie umfaßt einen Zeitraum von rund achtzig Jahren, von 1740 bis 1820, vom Auftreten NICOLINIs bis zum Verbot des HORSCHELTschen Kinderballetts" (DIEKE, 1).

Zwei Gründe nennt G. DIEKE für diese Modeerscheinung: der erste „war die spielerische Dekadenz der Zeit, die Freude der Menschen am Niedlichen, Kleinen, Puppenhaften, aber auch am Graziös-pikanten, Frivolen, ja Abnormen. Der Geist dieses „siècle des petitesses", wie VOLTAIRE es nannte, drängte alle Kunst gleichsam

ins Kleinformat" (2). „Die zweite Wurzel (war) das aufklärerische Schlagwort ‚Theaterpflanzschulen', das nun oft den Prinzipalen willkommenen Deckmantel für ihre Finanzspekulationen bot" (DIEKE, 5). Nur zum Teil waren sie also an Ausbildung interessiert oder durch die Qualität ihrer Ausbildung bedeutend; meist lockte der Gewinn, die „kleinen Affen" (LESSING) zur Schau zu stellen, sie in possierlicher Verkleinerung Opern, Ballette und Schauspiele des Erwachsenentheaters, häufig als Pantomimen, spielen zu lassen. Nach 1740 begann die Truppe NICOLINI; dann kamen SEBASTIANI, MOSER, KREBS, nach 1760 Felix BERNER. Diese Truppen hatten solchen Erfolg, daß auch die Erwachsenentruppen ‚ihre' Kinder in reinen Kindervorstellungen auftreten ließen (DIEKE, 142). 1815 bis 1821 hat das Kinderballett unter HORSCHELT im Theater in Wien große Erfolge; nach einem Sittenskandal wird die Truppe aufgelöst.
Um die Mitte des 19. Jahrhunderts werden dann Kindertruppen noch einmal wichtig; sie spielen die ersten GÖRNER-Stücke (1854), tanzen im Kinderballett der Kathi LANNER (Hamburg 1863), machen Aufführungen in Wien (1855 und ab 1862); aus diesen drei Ansätzen entwickelt sich das *Weihnachtsmärchen* (vgl. TORNAU).

Zunächst aber müssen wir uns kurz dem *Kind als Zuschauer* zuwenden. Bis ins 19. Jahrhundert hinein war es, vor allem wenn männlichen Geschlechts, als Theaterbesucher unangefochten zugelassen. So hatte etwa 1759 während der französischen Besetzung der zehnjährige GOETHE von seinem „Großvater ein Freibillett erhalten, dessen ich mich, mit Widerwillen meines Vaters, unter dem Beistand meiner Mutter, täglich bediente" (Dichtung und Wahrheit, 3. Buch). Erst August Wilhelm IFFLAND (ab 1796 Direktor des Berliner Nationaltheaters, ab 1811 Generaldirektor der königlichen Schauspiele) schließt die noch nicht Sechsjährigen aus; auf Breslauer Theaterzetteln wird Kindern unter vier der Theaterbesuch verweigert. Erst im 19. Jahrhundert also stellt sich, zum Teil über Verbote, das uns bekannte Erwachsenentheater her, parallel mit der Ausbildung einer eigenen Kinderwelt, mit der Abtrennung dieser Kinderwelt von den Geschäften der Erwachsenen, mit der fortschreitenden Verschiebung der Aufführung vom Tag bzw. Nachmittag auf den Abend.
Im Gegenzug werden dafür *eigene Vorstellungen für Kinder* und Jugendliche eingerichtet, besondere Organisationsformen für den Besuch von Nichterwachsenen werden entwickelt, ein eigenständiges Kinder- und Jugendtheater entsteht. Erst in jüngster Zeit finden auch umgekehrt Erwachsenenveranstaltungen wieder stärkere Beteiligung von Kindern.
Die Entwicklung beginnt mit GÖRNER (1806 – 1884). Zunächst schreibt er von Kindern gespielte Kinderkomödien in der WEISSE-Nachfolge (1854), verbindet dann Barocktraditionen des fantastischen und zauberischen Theaters in den verbürgerlichten Formen der Pariser Féerie und des Wiener Zauberspiels von STRANITZKY bis RAIMUND mit der Handlungsführung bekannter Volksmärchen und schafft dabei unter Aufnahme mancherlei Elemente aus Oper (Zauberflöte) und Ballett (Ausstattungsballett) den Typ des (von ihm nicht so genannten!) *Weihnachtsmärchens*, das bis in die Gegenwart hinein die Pflichtübung etablierter Theater bleibt: Aufführung in der Weihnachtszeit, große Ausstattung, Märcheninhalt, Bezug auf Weihnachten zumindest im Schlußbild (Apotheose), erste Regieaufgabe für Anfänger. Zunächst wird der vorweihnachtliche Kassenschlager von primär geschäftlich interessierten Privattheatern, ab 1880 auch von Staatstheatern aufgenommen.

Bewußtere Bühnen weichen auf Märchenlesungen aus: Berlin 1901, Düsseldorf 1905, auch der HEBBELverein in Heidelberg unter Ernst Leopold STAHL. Dieser veranlaßt E. A. HERRMANN zur Dramatisierung des Rotkäppchen: „das Märchen als Märchen ohne Nebenzweck" (Uraufführung 1905). Intensiv bemüht sich das Schauspielhaus Düsseldorf bis in die zwanziger Jahre unter DUMONT-LINDEMANN um eine Hebung des Weihnachtsmärchens von Text und Bühne her. Neben HERRMANN schreiben Karl RÖTTGER, Karl von FELNER; im Zusammenhang mit der Jugendbewegung werden alte Voksschauspiele erneuert. Dazu kommen DEHMELs Versuch einer kindertümlichen sprachlichen Erneuerung (Fitzebutze 1907, Buchausgabe 1906) und die anhaltenden Erfolge von Peter Pan (engl. 1904, deutsche Erstaufführung Mainz 1905) und Peterchens Mondfahrt (BASSEWITZ, Leipzig 1912), die bis heute für ein „Kinderreich an sich" stehen.

In der Weimarer Zeit macht der Schulbühnenausschuß des Hamburger Lehrervereins noch einmal Front gegen das Weihnachtsmärchen; die Diskussionen werden vor allem in der Hamburger Lehrerzeitung geführt; sie sind jedoch ohne Wirkung: Kindertheater (und Jugendtheater) bleiben auf Märchen (und auf Klassiker) fixiert.

Die *Klassiker* waren insbesondere nach 1870/71 als eine nationale Aufgabe erkannt worden; Schüler sollten an die höhere Kultur herangeführt werden; das traf zunächst Gymnasiasten, später auch die Abschlußklassen von Volksschulen, denen (häufig kostenlos) der Tell vorgespielt wurde. Nach 1918 wird die Tradition dieser Vorstellungen fortgesetzt; doch ist dann häufiger von Störungen durch die Schüler die Rede.

Erst um 1930 zeigen sich in der *Weimarer Republik* wirklich neue und erfolgreiche Ansätze (BRECHTs Jasager, KÄSTNERs im Auftrag des Theaters erfolgte Umarbeitung von Emil und die Detektive, Wir bauen eine neue Stadt von HINDEMITH 1931, Pünktchen und Anton 1932 in Berlin, Robinson soll nicht sterben von Friedrich FORSTER in Leipzig 1932, Eisenbahnspiele und Tadel der Unzuverlässigkeit von DESSAU 1932). Diese Ansätze zur Erweiterung von Thema, Inhalt, Stil, sozialer Bezugsgruppe her werden 1933 abgeschnitten. Das Kinderthater bleibt mit dem Weihnachtsmärchen Appendix des klassischen Erwachsenentheaters. Noch 1955 formuliert H. TORNAU in ihrer Dissertation:

„Im großen und ganzen muß man doch sämtliche Reformversuche am Weihnachtsmärchen als gescheitert betrachten" (384).

Neben dem Theater für Kinder aber gab es weiterhin das *Theater von Kindern*. Es rückte im Verlauf des 18. und 19. Jahrhunderts als Schultheater mehr und mehr aus dem Zentrum öffentlichen Interesses in eine Randstellung.

Ursache sind weniger die Verbote — etwa 1718 durch Friedrich Wilhelm I. in Preußen, der als Grund angab, die Stücke „vereitelten" die Gemüter und verursachten Unkosten; 1786 durch Maria Theresia in Wien; 1773 Aufhebung des Jesuitenordens — als das sich ausbreitende Berufstheater, das höhere und speziellere Ansprüche erfüllte. Schultheater blieb jedoch üblich, verstand sich aber nicht mehr als Kunst, öffentliche Unterhaltung, Propaganda des Glaubens, sondern eher als pädagogisches Unternehmen, in das immer wieder auch Kinder mit einbezogen wurden. Es galt jedenfalls nirgends als außergewöhnlich, wenn Knaben, seltener Mädchen, noch seltener gemischte Gruppen ab und an in der Schule Theater spielten oder zumindest Deklamationen aufführten (zum Sedanstag, Kaisers Geburtstag, Schulfest). Immer auch gab es Spielversuche im Rahmen des Unterrichts, die zwar ihren didaktischen Zusammenhang mit dem Fach Rhetorik verlieren, als Praxis aber erhalten bleiben und sich jeweils erneuern. Überdies hatten die Schulen mancherlei Verbindungen mit dem Dilettantentheater, den Theatervereinen, der kleinstädtischen Geselligkeit. So traf der Neubeginn des Laienspiels im 20. Jahrhundert nicht auf ein völliges Vakuum.

Der Neubeginn erhält Impulse durch die Bewegung vom Kinde aus, durch die Entdeckung des kindlichen Genius, durch Kunsterziehungs- und Reformpädagogik, von Landschulheimen (insbesondere von Martin LUSERKE) und vor allem durch das mit der *Jugendbewegung* verbundene *Laienspiel*; diese neuen Bestrebungen finden auch Eingang in die Lehrpläne (vor allem in Preußen seit 1924). Laienspiel wird in drei Formen für Kinder wichtig: Jugendliche und junge Erwachsene spielen Märchen für Kinder (so zeitweilig etwa MIRBT in München, vgl. Alwin MÜLLER); Kinder arbeiten mit in Spielgruppen (das geschieht generationsübergreifend vor allem im Alpenraum, wo alte Traditionen des Volksschauspiels weitergegeben werden); eine neue Spielkultur für Kinder entsteht mit neuen Texten, Zeitschriften, Autoren, Spielformen (der Reigen und das Spiel aus dem Halbkreis; vgl. das Angebot der Laienspielverlage und COLBERG: „Mein Weg ins Schulspiel").

Diese Laienspielbewegung wird in der *NS-Zeit* abgeschnitten oder umgeleitet (auf Ernte-, Sonnwend-, Führergeburtstagsfeiern u. ä.; eine eigene NS-Literatur entwickelt sich nicht; Versuche mit dem Thingspiel scheitern sehr bald); sie wird nach 1945 (zunächst unverändert) wieder aufgegriffen: Laienspiel heißt in manchen Gruppierungen bis heute noch jede spielerische Betätigung von Nichtprofessionellen.

Die Laienspielbewegung ist aber nicht auf Deutschland beschränkt; ähnliche, wenn auch ideologisch nicht so entschieden formulierte Bestrebungen sind weit verbreitet; sie werden in anderen Ländern nicht unterbrochen oder zerstört, sondern bleiben als Tradition auch durch den Zweiten Weltkrieg hindurch erhalten. Das trifft insbesondere zu für den angloamerikanischen Raum, wo das *educational drama* nicht nur praktisch betrieben, sondern auch theoretisch fundiert wird.

„Das ‚creative drama', auch ‚creative dramatics' oder ‚informal drama' genannt, kommt aus der Pädagogik. Man bezeichnet damit eine Improvisationstechnik, bei der Kinder Szenen und Erlebnisse aus ihrer Umwelt oder gegebene Geschichten durchspielen, und zwar entweder selbst oder mit Puppen. Es geht dabei nicht um die Aufführung eines fertigen Stücks, sondern um die Art und Weise seiner Herstellung, also um den Gruppenprozeß und die psychischen Erfahrungen des einzelnen in der Kunstsituation. Die Improviation hat zum Ziel, die Kreativität der Kinder zu steigern und zu ermuntern, und das nicht nur im Ästhetischen, sondern auch im Sozialen: sie sollen Lust an der Lösung von Konflikten bekommen und die Veränderung (scheinbar) festgefügter Verhältnisse als vergnüglich empfinden. Was das ‚creative drama' anstrebt, läßt sich wie folgt zusammenfassen: Kreativität (zunächst im Kunstsektor, aber auch im Bereich sozialer Phantasie), Sensibilisierung (Schulung des Tast-, Gesichts- und Gehörsinnes über den Alltagsbereich hinaus), Schulung der spontanen Verwandlungsfähigkeit (der sogenannten Transformationen), Flexibilität (das ständige Anpassen an sich schnell verändernde Gegebenheiten), Originalität (das Individuum entdeckt sich selbst und setzt sich in der Gruppe durch), der therapeutische Effekt (emotionales Gleichgewicht), Kooperation (Gruppenarbeit), der körperliche Effekt (Körpertraining, Erweiterung der Möglichkeiten des Körpers).

Winifred WARD, die erst Lehrerin war, bevor sie sich mit ‚Creative daramtics' zu beschäftigen begann, gilt heute als deren bedeutendste Vertreterin. Sie arbeitete zunächst an verschiedenen Grundschulen (seit 1918), bis sie ein eigenes Theater gründete. Neu an ihrer Arbeit war die Tendenz, das ‚Creative drama' als eine Art Vorschule des Theaters für Kinder zu benutzen — eine Tendenz, die sich noch heute im amerikanischen Kindertheater nachweisen läßt. 1930 erschien ihr Buch ‚Creative Dramatics', nach dem die ganze Richtung ihren Namen erhielt. Die Experimentalschulen DEWEYs und WIRTs nahmen die Methode auf und entwickelten sie weiter. So läßt sich auch der große Einfluß des Theaters auf die Erziehung erklären, der bis heute die amerikanische Kinder- und Jugendtheaterlandschaft kennzeichnet. ‚Creative dramatics' können heute an insgesamt 298 Universitäten und Colleges studiert werden" (Jens HEILMEYER, in: SCHEDLER 1973, 181 f.).

Ich habe diesen Text von 1973 auch deshalb so ausführlich zitiert, weil er die Legende widerlegt, das Rollenspiel sei nach dem Sputnik-Schock in Amerika erfunden worden und habe sich von daher verbreitet; richtig ist höchstens, daß es von den Sozialwissenschaften neu beachtet und in ihrem Gefolge boomartig aufgebauscht und verbraucht wurde — gleichzeitig mit der soziologischen Rollentheorie, die überdies vielfach mit dem Rollenspiel vermengt, ja verwechselt wurde. Der Vorgang wiederholte sich in Deutschland (nach DAHRENDORF und anderen) und führte so weit, daß Frigga HAUGs kluges Buch das Rollenspiel in abstracto theoretisch kritisiert, ohne überhaupt auf Spielformen und Spieltraditionen einzugehen; neuerdings wird sogar die Vokabel ‚Rollenspiel' eilfertig wieder zurückgezogen. — Wir halten demgegenüber fest:

Nach 1945 wird in Deutschland, insbesondere der späteren Bundesrepublik Deutschland, die Tradition der Jugendbewegung wieder aufgenommen, darunter das Stegreifspiel (= Rollenspiel); HEINEN, auch MIRBT, GENTGES u. a. entfalten einen Großteil ihrer Wirkung erst jetzt.

Die sich im Gegensatz zu diesem musisch bestimmten traditionellen Spiel verstehende, gleichwohl nicht fundamental davon unterschiedene *neue Spielpädagogik* zeichnet sich aus durch größere Nähe zu den Sozialwissenschaften, Abbau der ideologischen Fixierung (die zum Teil durch eine andere Fixierung ersetzt wird), kritischere und deutlichere, gesellschaftliche Akzentuierung. Nicht zuletzt unter dem Einfluß von Gruppen wie dem Kindertheater Märkisches Viertel (vgl. EBERT / PARIS; LOSCHÜTZ) und professionellen Theatern *für* Kinder wie dem Grips-Theater nimmt sie Traditionen der Arbeiterbewegung aus der Weimarer Republik (HOERNLE, LACIS, BENJAMIN, BRECHT) bereitwillig auf. Sie öffnet sich auch international (Einflüsse vor allem aus Holland, England, den nordischen Ländern und den Vereinigten Staaten) und integriert schließlich Körperspiele, Interaktionsspiele, Rollenspiele, Theater und Theaterverfahren zu einer breitgefächerten Praxis mit bemerkenswerten theoretischen Ansätzen, wie sie sich nicht zuletzt in diesem Handbuch dokumentieren. Die Veränderung erfaßt auch die ursprünglich klar an der Laienspieltradition anknüpfenden Landes- und Bundesarbeitsgemeinschaften und führt schließlich zur Gründung des Bundesverbandes Spiel, Theater, Animation.

Die neue Spielpädagogik (genauer zu bezeichnen als Spiel-, Theater-, Interaktionspädagogik, vgl. Nickel 1976) grenzt sich auch nicht mehr ideologisch starr ab gegen das professionelle Theater (wie es die Laienspielbewegung tat), sondern arbeitet in enger Verflechtung mit dem Theater der Freien Gruppen und dem Kindertheater (vgl. den Modellversuch, die Mitarbeit von Pädagogen im Kindertheater, die Einrichtung des Theaterpädagogen an professionellen Theatern; auch dies entspricht der internationalen Entwicklung).

Das *neue Kindertheater* wird zuerst deutlich in der UdSSR gleich nach der Revolution. Schon 1918 wird es von LUNATSCHARSKI umfassend entworfen (Theaterspiel als Unterrichtsmethode; Schultheater als Einführung in Bühnenkunst und Bühnenhandwerk; professionelle Theater nur für Kinder und Jugendliche; Stücke für junge Besucher und Kurse zur Geschichte und Theorie des Theaters an allen Bühnen; vgl. HOFFMANN 1978, 7) und von Natalia SAZ für das Kindertheater in aufopfernder Arbeit realisiert: Ihr Theater wird als „Zentrales Theater für Kinder" vom Staat ausgebaut und stark unterstützt, von STALIN in den dreißiger Jahren mehr und mehr auch reglementiert.

Nach 1945 wird das sowjetische Modell von den Volksdemokratien als Muster übernommen. „In allen sozialistischen Ländern haben diese Theater eigene Spielstätten, feste Ensembles und ein (nahezu identisches!, Hans-Wolfgang NICKEL) Repertoire für drei Altersgruppen. Ihre pädagogischen Abteilungen organisieren die enge Zusammenarbeit mit Kindern, Lehrern und Eltern. Sie beraten die Künstler im Probenprozeß und studieren die Wirkung einer Vorstellung auf das junge Publikum. Der Staat subventioniert die Kinder- und Jugendtheater, die ihre vornehmste Aufgabe darin sehen, Kindern und Jugendlichen künstlerische Erlebnisse zu vermitteln, die ihre Erfahrung, ihr Wissen und ihre Phantasie bereichern" (HOFFMANN, 9).
In den übrigen europäischen Ländern und der USA sind es nach dem Ersten Weltkrieg eher Einzelinitiativen, die ein neues Kindertheater versuchen. Die DDR übernimmt 1946 das sowjetische Vorbild (zunächst Leipzig, dann Dresden, Berlin, Halle). In der späteren Bundesrepublik Deutschland veröffentlicht zuerst Erich KÄSTNER eine Zukunftsphantasie: „In jeder größeren Stadt müßte es in absehbarer Zeit ein ‚ständiges Kindertheater' geben. Ein Gebäude, das allen Kindern der jeweiligen Stadt gehört..." (in: Die Neue Zeitung 84 (1946); vgl. SCHEDLER 1973, 240). Ein erster Versuch in München (durch C. M. WEINRICH) aber scheitert. Erst den Städtischen Bühnen Nürnberg (seit 1948) und Dortmund (seit 1953) gelingt die Einrichtung eines ständigen Theaters der Jugend; das erste Kindertheater mit eigenem Ensemble ist die „Münchner Märchenbühne" (1953), sie wurde später zum „Theater der Jugend" München.

Eine grundlegende Veränderung des bundesdeutschen Kindertheaters wird 1966 von den Autoren des „Kindertheaters im Reichskabarett", aus dem später das *Grips-Theater* wird, begonnen. Dieses Theater hat bis heute für den deutschen Sprachraum seine Werkstatt-, Anregungs- und Vorreiterfunktion behalten. In die weitere Öffentlichkeit dringen ihre Ideen durch Gastspiele und Übersetzungen, durch neue Ensemblegründungen von ehemaligen Grips-Leuten, aber auch durch M. SCHEDLERs in der Zeitschrift „Theater heute" (1969) publizierte „Sieben Thesen zum Theater für sehr junge Zuschauer" und durch SCHEDLERs spätere Bücher, durch die Kindertheatertagung in Marl (1970), durch Kindertheaterfestival und Fachtagung der Akademie der Künste in Berlin (1971), die das Kindertheater mit ähnlichen Bestrebungen in der Spielpädagogik, also mit dem Theater *von* Kindern verbindet (vgl. den Tagungsbericht bei KLEWITZ / NICKEL 1972). Ab 1970 zeigen sich auch deutlichere Auswirkungen auf das Kindertheater an den etablierten und öffentlich subventionierten Erwachsenentheatern; eine Denkschrift des Deutschen Bühnenvereins empfiehlt, dem Kindertheater mehr Aufmerksamkeit zu schenken (1971). Viel an dieser neuen Aufmerksamkeit bleibt allerdings deklamatorisch; das wird spätestens deutlich, wenn finanzielle Einschränkungen zu allererst zu Kürzungen und Streichungen im Bereich des Kindertheaters führen.

„Grips" ist Witz mit Köpfchen; das Kürzel spiegelt die Prägnanz der alten Kabarett-Zeit, die bis heute in der präzisen Knappheit aller Texte lebendig geblieben ist. „Übers Lachen" heißt das erste Kapitel im Grips-Buch („Geschichte und Geschichten, Erfahrungen und Gespräche aus einem Kinder- und Jugendtheater", herausgegeben von dem Dramaturgen Wolfgang KOLNEDER und dem Leiter, Gründer und Hauptautor Volker LUDWIG). „Institut für Lebensmut" könnte das Theater heißen (in Wirklichkeit heißt so eine neue Kabarettgruppe aus Grips-Schauspielern, die seit zwei Jahren neben dem Kindertheater spielt); „Spiel- und Fantasieschule" könnte über jedem Grips-Stück stehen. Über ein Kreativitätstraining hinaus aber geben die Inhalte soziologisch genau gearbeitete Auskunft über Probleme der Realität (zunächst der kindlichen, dann mehr und mehr auch der erwachsenen), damit aber Hilfe für die Realität. Diese Hilfe ist (Grips!) vor allem kognitiv-aufklärend; Witz und Emotionen wirken als Verstehenshilfen; sie führt aber auch pragmatisch neue, mögliche Handlungsweisen im Exempel vor (oft tritt das Miteinanderspielen an die Stelle von unfruchtbarem Streit). Immer wieder sind Kinder die Haupthandlungsträger, vielfach Mädchen; sie stehen in Kontakt mit zunächst typisierten, später immer realistischer herausgearbeiteten Erwachsenen. Bewußt eingebaut werden nichttypische, utopische Züge, die gefördert werden sollen; Vorbildfiguren sollen Gleichgesinnte bestätigen und bestärken: Sympathie und Liebe (Verstehen, Solidarität) als Motor, Lachen als Transportmittel, Lieder als Bündelung neuer Ansichten.
Von den bisher 29 eigentlichen Grips-Stücken (darunter vier Jugendstücke), alle bis auf eines Uraufführungen, an denen vielfach Volker LUDWIG beteiligt war, gab es bis Ende 1983 fast 500 Nachinszenierungen in 29 Sprachen; darunter mit Ausnahme Jugoslawiens keine Ostblockinszenierungen. Erst in diesem Jahr sollen sechs Grips-Stücke bei Henschel (Berlin-Ost) erscheinen: als Buch.

Grips hat nicht nur bei Kindern Erfolg gehabt; über Jugendstücke hinaus wurde es durch seine Qualität mehr und mehr auch für Erwachsene (nicht nur Eltern und Pädagogen!) interessant, so daß es zurückführt zu einer neuen Form von Familientheater (Volkstheater?), wie es auf dem Schweizer Kindertheatertreffen 1982 als Forderung und Untersuchungsgegenstand formuliert wurde und wie es in umfassender Weise am Theaterhof Prießenthal praktiziert wird, wo die Schauspielerkinder als selbstverständliche Mitglieder der Lebens-, Spiel- und Arbeitsgemeinschaft nicht nur Programmhefte verkaufen, sondern auch Rollen für sich entwerfen und in das Erwachsenenstück integriert werden (Heldensöhne in den „Nibelungen", Prinz, Jäger und Schneewittchen in den „Schiltbürgern") — Kinderspiel und Erwachsenentheater ausnahmsweise in einer neuen Einheit.

IV. Stücktypen des gegenwärtigen Theaters für Kinder

Das gegenwärtige Kindertheater läßt sich nach den vorherrschenden Verhaltensweisen des *Zuschauers* unterteilen; auf dieser Unterscheidung beruhte das Schema auf S. 339. Auch eine Kategorisierung nach den vorherrschenden Mitteln der Macher kam schon zur Sprache (Theater des Schauspielers, Figurentheater, vgl. STEINMANN).
Nützlich können *ideologiekritische Gliederungen* sein (pädagogisch / nicht pädagogisch; emanzipatorisch / nicht emanzipatorisch). Doch dürfen die

Intentionen der Macher nicht mit den tatsächlichen Wirkungen verwechselt werden; auch wäre zu unterscheiden zwischen primär kommerziellen und primär künstlerischen Interessen, wobei wiederum zu fragen ist, ob sich der Begriff ‚Kunst' in diesem Zusammenhang vom amerikanischen Musical, von der deutschen Märchenkultur, vom klassischen Theater oder wo sonst herschreibt).

Eine Gliederung der Inhalte nach *realistisch / märchenhaft* scheint demgegenüber zwar zur Analyse, nicht aber als Kategorisierung brauchbar (vgl. das Interview mit V. LUDWIG, 336).

Sicherer sind *soziologische Zielgruppenunterscheidungen*: schichtenspezifisch (proletarisch zum Beispiel eher zurückgehend auf Asja LACIS, BENJAMIN, HOERNLE), bezugsgruppenspezifisch („Stärker als Superman", Behinderte; „Heile, heile Segen", Kranke; „Ein Fest bei Papadakis", Türken und Griechen; alle Beispiele vom Grips-Theater; vgl. auch die Zusammenstellung von BRAUNECK), geschlechtsspezifisch (Heidi, Pippi Langstrumpf, Tom Sawyer usw., aber auch „Mensch Mädchen" von Grips), altersspezifisch (verhältnismäßige streng und einheitlich nach Altersgruppen unterteilt ist das sowjetische und das ihm ähnliche volksdemokratische Kindertheater; Grips macht sehr deutliche, aber auch sehr variable Unterschiede; andere tendieren seit einiger Zeit wieder zu einer Aufhebung der Altersgruppen hin zu einem neuen „Familien"- oder „Volkstheater", so seit längerem schon die Spilkitscht aus Basel. Beim 3. Schweizer Kindertheaterfestival 1982 in Bremgarten hieß das Thema „Theater für alle").

Im Lexikon der Kinder- und Jugendliteratur, Schlagwort Kindertheater, habe ich eine eher empirische Einteilung vorgenommen, die *nicht* nach einheitlichem Kategorienraster vorgeht, sondern die vorhandenen Stücke in zusammengehörige Felder faßt. So entstanden Typisierungen wie *Aufklärungstheater* (es will Einblick geben in gesellschaftliche Verhältnisse; klassischer Vertreter ist Grips), *Aufregungstheater* (es will Spaß und Bewegung; ist nahe bei Zirkus, Revue, Straßentheater); *Bildertheater* (es gestaltet szenische Bilder mit Projektions- und Identifikationsmöglichkeiten für den Zuschauer), *Titeltheater* (es setzt ohne besondere Ambitionen auf den Bekanntheitsgrad des Titels), *Mitspiel* (entweder eher als Spaß und Unterhaltung oder didaktisch genau durchgeplant wie in den englischen theatre-in-education-Programmen und bei den Mini- / Monodramen; vgl. DÖRGER), *Kinderautorenstück* (hier stammt der Grundentwurf von Kindern, er wird aber von professionellen Darstellern umgesetzt). Zusätzlich zu nennen wäre in dieser Reihe das *absurde Kinderstück*, wie es insbesondere von einigen französischen Gruppen gepflegt wird (s. unten).

Fruchtbar ist sicherlich auch eine Einteilung nach den vorherrschenden *Kommunikationsstrukturen* zwischen den Signalen der Bühne und den Zuschauern; hier könnte der Ansatz von WATZLAWICK und seine Unterscheidung von digital und analog hilfreich sein (ich greife hier eine Anregung von DÖRGER, unv. Ms., auf). *Digital* sind bei dieser Betrachtungsweise sowohl der Grundduktus der Grips-Stücke (Gegenwart wird präzise und kontrollierbar benannt und gezeigt; hier liegt die wichtige Kontrollmöglichkeit des zuschauenden Kindes; gezeigt werden aber auch unterschiedliche, darunter ungewöhnliche Umgehensweisen mit diesen „Gegenständen") wie das übliche Märchentheater (es benennt genau so präzise gängige Märchenfiguren, -requisiten und -handlungsweisen, die allerdings vom Kind nicht mehr kontrollier- und überprüfbar sind, sondern höchstens wiedererkannt werden können; oder es erfindet neue Fantastereien, die für sich stehen, also Kontrollen erst recht nicht gestatten, aber auch nicht auf Erfahrungen des Kindes zu beziehen sind bzw. bei solchen Bezügen in die Irre führen). Genau dieser Bezug aber ist möglich in Stücken mit vorherrschend *analoger Darstellungsstruktur*. Dazu gehören vielfach Figurentheater (die Figur an sich legt Analogien nahe) und insbesondere neuere Versuche des französischen Kindertheaters mit „absurden" Kinderstücken (jüngere Produktionen von La pomme verte; Compagnie de la Grenette, Lyon; Bobibibifax, Elzevir-Marionetten, Spilkischt, Momo in der Schweiz; früher schon das polnische Kindertheater von Jan DORMAN, vgl. SCHEDLER 1973). Diese Theater arbeiten insbesondere über Anmutungen, sie geben dem Kind Traum- und Spielmaterial; dabei entzieht sich die kindliche Rezeption häufig der überprüfenden Analyse durch Erwachsene. Nur durch geduldige Beobachtung und Vergleiche könnte über die Wirkung dieser Theaterform mehr und genaueres erfahren werden. Unbezweifelbar aber ist ihre Faszination, die keine Reizüberflutung erkennen läßt.

Die *Grenzen des Kindertheaters* scheinen mir da erreicht, wo die Welt oder ein Ausschnitt von Welt letztlich als heillos dargestellt wird. Kindertheater mag also Bosheit zeigen, wenn es auch Möglichkeiten zeigt, mit der Bosheit umzugehen — wenn der Bühnenheld nicht zerbrochen wird, sondern sein „Durchkommen" findet. Im Kindertheater, meine ich, sollten keine „wichtigen oder beliebten Personen sterben; hier besteht immer die Gefahr, Trennungsängste zu mobilisieren, die für einzelne Kinder nicht mehr zu bearbeiten sind. Von Erwachsenen läßt sich da mehr verlangen . . . (Also) nicht heile Welt als Ersatz, sondern bedachtsam ausgewählte Ausschnitte aus der Welt, die gemischte Fakten zeigen: mit deutlich erkennbaren positiven Bestandteilen.
Verderblich ist also der Kinder-Boulevard (überzuckerte Inhalte, nur damit sie „ankommen"); verderblich sind genauso rücksichtslose Stücke (ohne Rücksicht auf den Adressaten); die Kontrollfunktionen des Pädagogen sind die des „angewandten Futurologen": er muß die Auswirkungen von Erfahrungen sowohl vor dem Kind wie vor der Gesellschaft verantworten können" (NICKEL, in: Ein anderes Theater, 24 f.).

V. Zur Didaktik des Theaters für Kinder

1. Der Weg zum Kinderstück

Üblich ist noch immer die Dramatisierung gängiger Titel; sie werden vom neueren Kinderbuch, von Fernseherfolgen oder aus der klassischen Kinderliteratur übernommen und handlich zurechtgemacht; Märchen werden meist verlängert und mit „reizenden" Zutaten aufgefüllt. Zwar sind die ganz großen Unsäglichkeiten von der Kinderbühne weitgehend verschwunden („Hier kann nach Belieben der Weihnachtsmann auftreten" oder „Das Stück kann auch ohne Balletteinlage gespielt werden"); wirklich gute Texte aber sind bei diesen Dramatisierungen bisher noch kaum entstanden.
Selten sind auch Autoren, die ohne Kontakt mit einem bestimmten Theater aus der eigenen Erinnerung Stücke für Kinder schreiben; noch seltener sind

positive Ergebnisse solcher Einzelarbeit. Für ein Kinderstück reicht ein Schreibtisch als Arbeitsgrundlage kaum aus.

So antwortete Heinrich HANNOVER auf SCHEDLERs Frage: „Warum schreiben Sie eigentlich kein Kinderstück?" „Es ist noch gar nicht raus, ob ich nicht einmal ein Kinderstück schreibe. Bisher habe ich nur Kindergeschichten veröffentlicht, die im Familienkreis entstanden sind und ursprünglich gar nicht zur Veröffentlichung gedacht waren. Natürlich habe ich, als meine Kinder noch klein waren, auch eine Unmenge von Kasperlestücken improvisiert, von denen ich aber keines aufgeschrieben habe. Immerhin hat das vielleicht dazu beigetragen, daß meine Kinder selbst sich einige Stücke ausgedacht haben, die sie der Familie und Freunden vorspielten. Sie sehen also, daß eine Beziehung zum Kinderstück durchaus da ist, aber ich bin nicht der Mann, der sich hinsetzt und so ein Stück am Schreibtisch ausarbeitet. Das ist der Grund, weshalb bisher noch kein Kinderstück von mir aufgeschrieben worden ist" (SCHEDLER 1973, 250).

Auch das *Kinderautorenstück* hat bisher wenig befriedigende Ergebnisse hervorgebracht; bei dieser Form stammen die Entwürfe oder Grundideen, Handlungsführung, Bühnenbilder von Kindern und werden dann von Erwachsenen umgesetzt. Catherine DASTÉ hat in Frankreich in ihren frühen Jahren so gearbeitet, auch das Teatro Stabile in Turin (vgl. SCHEDLER 1973; JENGER / VOLUZAN / DASTÉ). Konrad WÜNSCHE hat deutlich gemacht, warum eine solche Verfahrensweise nicht notwendig zu guten Stücken führt.

„Ich bin in den letzten Jahren schon mehrmals darauf angesprochen worden (warum ich eigentlich kein Kinderstück schreibe). Theater und Kulturbehörden dachten, der WÜNSCHE ist Lehrer und Theaterautor, da muß sich doch ein Projekt machen lassen. Ein Vorschlag lautete: „Schreiben Sie bitte mit ihren Schulkindern zusammen ein Stück für uns." Da zeigte es sich, welche falschen Vorstellungen von kindlicher Kreativität die Leute hatten. Warum sich und anderen mit den unbewältigten Fernseheindrücken der Kinder etwas vormachen? Ich sagte ab" (SCHEDLER 1973, 251).

Beispielhaft wurde die Erarbeitung neuer Stücke im *Grips-Theater*; Wolfgang KOLNEDER hat sie idealtypisch als ein Ablaufdiagramm dargestellt (vgl. KOLNEDER / LUDWIG / WAGENBACH 1979, 132). Wichtig für die Grips-Methode ist das Ansetzen bei einem aktuellen (politisch-pädagogischen) Problem, bei einer Grundidee oder bei „Anregungen, die in Diskussionen mit Schulklassen gegeben wurden". Dann vertiefen Autoren und Schauspieler ihre Problemkenntnisse mit Mitteln der Feldforschung. Auch beim Schreib- und Probenprozeß sind immer wieder Vertreter des Zielpublikums beteiligt; meist wird nach der Uraufführung noch weitergearbeitet. Auch die weitere Beschäftigung des Publikums mit den angeschnittenen Themen wird durch Nachbereitungsmaterialien stimuliert.

Während beim Grips-Theater die Funktionen von Schauspieler, Regisseur, Autor deutlich getrennt sind (bzw. zunehmend getrennt wurden), arbeiten andere Gruppen wie zum Beispiel die Rote Grütze gemeinsam unter weitgehender Aufhebung der Arbeitsteiligkeit. Der ständige Bezug zum Publikum (wie zu den eigenen Erfahrungen) schon im Entstehungsprozeß ist auch bei der kollektiven Stückentwicklung die Idealvorstellung; er hat bisher zu den besten Ergebnissen geführt.
Pädagogisches Theater begreift sich also vor allem als einen Rückkoppelungsprozeß, bei dem das Publikum als echter Partner (und nicht nur in der Aufführung!) mitwirkt. Das

wird deutlicher noch bei Puppentheatern, die erst im Laufe einer Aufführungsserie aus den Reaktionen der Kinder zu einer endgültigen Form finden (die immer noch variabel bleibt — je nach den Gegebenheiten der jeweiligen Aufführung), und beim Mitspiel, das noch während der Aufführung offene Beteiligungsmöglichkeiten bereithält. Sie können bis zur völligen Offenheit dem Kind gegenüber gesteigert werden wie beim „Ausdenkspiel" oder dem „Autorenspiel" der Berliner Spielwerkstatt (DÖRGER 1984) oder in den Programmen der englischen Gruppe „Word and action". Sie lassen durch eine ausgefeilte und langjährig erprobte Fragetechnik bzw. durch assoziatives „Zusammenspinnen" vom Publikum direkt Stücke entwerfen, die dann von den Spielern sofort umgesetzt werden; bei der Spielwerkstatt eher mit pädagogischen Überlegungen gestaltet, bei Word and action möglichst unverfälscht und unter starker Einbeziehung des Publikums als Mitspieler; hier ist der Schritt zu den eigenen Gestaltungen des Kindes in der Spielstunde mit einem Spielpädagogen nicht mehr groß, damit aber der Übergang in eine andere Form von „Kindertheater".

In allen zuletzt genannten Formen jedenfalls ist ein echter Feed-back-Prozeß erreicht, der das Kind mit einschließt; der ihm antworten und mittun gestattet; der aus den Antworten des Kindes lernt; der also Theater als ein Kommunikationsangebot versteht und nicht als eine optische oder sprachliche „künstlerische" Berieselung, die Sender und Empfänger genau zu unterscheiden weiß und hierarchisch voneinander trennt.

Es ist zu erwarten, daß der Anreiz zum Selbertun um so größer ist, je enger die Bilder der Bühne im Zusammenhang stehen mit dem eigenen Leben und dem eigenen Spiel des Kindes, wie auch umgekehrt die Sprache des Theaters um so genauer entziffert wird, je kräftiger das Kind sich in seinem Leben und in seinem Spiel ausdrücken darf.

2. Die Nachbereitung des Kinderstücks

Gutes wie schlechtes Kindertheater braucht grundsätzlich Vor- und Nachbereitung — wenn auch nicht obligatorisch zu jedem einzelnen Theaterbesuch.

Die Beschäftigung mit dem Theater kann sich auf seine Form beziehen, sie kann einzelne Darstellungsmittel herausgreifen, sie kann Inhalt(e), Themen, Probleme, Situationen, Personen bis hin zu einzelnen Sätzen behandeln.

Sie kann selber wieder mit spielerisch-kreativen Mitteln arbeiten, mit Darstellung, Sprache, Musik, Bild; sie kann eher kognitiv-verbal beschreibend oder analysierend vorgehen.

Anregungen geben oftmals Nachbereitungsmaterialien, wie sie vom Grips-Theater entwickelt wurden; sie enthalten Informationen und Spielvorschläge.

Dabei sollte möglichst wenig nach-gemacht werden: also nicht nacherzählen, nachspielen, nachmalen; keine bereits gegebenen Informationen nachträglich ordnen, nicht Auftritte nachstellen, Höhepunkte kopieren, Kernsätze wiederholen. Sondern spielen in die Freiräume des Stücks hinein: Vorgeschichten spielen (wie haben die beiden Freunde sich kennengelernt?), Zwischengeschichten, die im Stück übersprungen wurden (wie haben die Eltern reagiert, als die Kinder ihre Abenteuer erzählten?), Fortsetzungsgeschichten (was geschieht mit den Personen, nachdem der Vorhang gefallen ist?), Parallelgeschichten (wie würde ein von uns erfundenes Mädchen, wie würden wir in den Situationen des Stückes handeln?) — von hier aus ist es nicht weit zum Verfahren des Lehrstücks: zum Jasager einen Neinsager entwickeln).

Ein solches kreatives Umgehen (das durchaus auch verbal-kognitiv erfolgen kann! — wie auch umgekehrt sich nicht jedes „Spielen" kreativ nennen darf) erlaubt nicht nur eine indirekte Kontrolle, ob die Kinder das Stück überhaupt verstanden haben; viel wichtiger ist, daß erst beim selbständigen (d. h. offenen, d. h. kreativen) Weiterdenken und Weiterspielen des vorgegebenen Stückes die eigenen Vorstellungen des Kindes zur Sprache und zum Spiel kommen, der Lehrer also auch erst dann echte Kommunikation mit seinen Schülern aufnehmen kann und sie zu eigenem Ausdruck und eigener Gestaltung befähigt.

VI. Zur Entwicklungsgeschichte des Theaters von Kindern

Es ist sicher und auch historisch vielfach belegt, daß Kinder im Alter von zwei bis drei Jahren spontan von sich aus Möglichkeiten des Spiels „als ob" finden, daß also das Rollenspiel bis hin zu den Verfahrensweisen des Psychodramas immer wieder neu geschaffen wird. Es ist plausibel, daß jedes Kind, sofern es nicht negativ sanktioniert oder sonstwie behindert wird, sein Tunals-ob auch anderen zeigt, also von sich aus auch das Theater neu entwickelt: in dem einfachen Sich-zeigen-als-ein-anderer, in fiktiven Situationen, mit fiktiven Gegenständen. Sicherlich ist eine solche kindliche Tätigkeit nicht als ein voll bewußtes Theater und schon gar nicht als Kunst im eigentlichen Sinne anzusprechen; sie dürfte erst mit und durch die Pubertät in der Erfahrung der Relativität des eigenen Ich möglich werden. Auch sind schon die frühen kindlichen Vor-spiele mit kulturellen Einflüssen vielfach überlagert: dann spielt das Kind „Theater" wie es Arzt oder Tankstelle spielt und kann dabei durchaus den eigentlichen Moment des „Zeigens" aussparen, dafür aber Eintrittskarten, Platzanweisung, Plakate, Erfrischungspause und ähnliche Nebensächlichkeiten in aller Ausführlichkeit wiederholen.

Trotzdem meine ich, daß Theater im eigentlichen Sinn zumindest eine anthropologische Konstante darstellt und daß sich allgemeine Entwicklungsstufen des dramatischen Spiels feststellen lassen, die sicherlich kulturell, aber auch reifungsmäßig bedingt sind, und die in einer deutlichen Parallelität zur allgemeinen Theatergeschichte verlaufen, so daß also auch hier die individuelle Entwicklung der Ontogenese der phylogenetischen allgemeinen Kulturentwicklung zu entsprechen scheint. Auf einen solchen Zusammenhang deuten zumindest einige Versuche hin, die ich mit Stegreifspielen zu „Hans im Glück" vom Schulkindergarten über 1., 3., 5. usw. Klasse bis zu Studenten durchführte (NICKEL 1968); eine Überprüfung wäre dringend zu wünschen.

Die Ergebnisse lassen sich durch *völkerkundliches Material* stützen. Standardwerk für das Theater ist hier immer noch EBERLEs „Cenalora". Das Buch ist bereits 1954 erschienen; es wurde in den Jahren 1944 bis 1952 erarbeitet, beruht also auf älteren Reiseberichten. Auch hier wäre also eine Überprüfung mit neuerem ethnologischen Material und mit neueren Ansätzen einer vergleichenden und historischen Verhaltensforschung wichtig.

Das umfangreiche Material EBERLEs läßt jedoch jetzt schon entscheidende Schlüsse zu. So zitiert er ausführlich SCHEBESTAs Bericht von einem kindlichen Schimpansenjagd- und Elefantenjagdspiel:
„Der *Schimpanse* aus der Schar ahmte in Gang und Ruf den Menschenaffen nach und schüttelte mit der Rechten einen wuchtigen Zweig, hieb damit auf seine Verfolger ein,

um sich ihrer zu erwehren, wobei er laut kreischte. Die Jäger aber ließen nicht locker, sondern hetzten immer weiter, bis es ihnen gelang, den Schimpansen zur Strecke zu bringen. Sie warfen ihn zu Boden, wo er sich prustend und zähnefletschend hin und her wälzte. Schließlich war er überwunden und damit gefesselt. Zum Zeichen der Freude blies man die Jagdpfeife und markierte das Durchschneiden der Kehle."
„Ähnlich wird von den Buben auch *Elefantenjagd* gespielt. Ein Knabe, der auf der linken Schulter ein Blätterbündel und in der Rechten einen Zweig (Andeutung des Rüssels?, O. E.) trägt, stellt den Elefanten dar, den die Spielkameraden, mit zugespitzten Stöcken, die als Speere dienen, verfolgen, mit diesen das Blätterbündel zu durchbohren versuchen, um so den Elefanten zu Fall zu bringen. Dieser aber setzt sich zur Wehr, greift schnaubend die Verfolger an und haut nach Herzenslust mit der Rute oder dem Zweig, den er in Händen trägt, auf sie ein. Die Jagdspiele gehen oft so weit, daß sich die Knaben gegenseitig mit Holzpfeilen beschießen . . ." (EBERLE, 1954, 49).
Wir müssen hier EBERLEs These, daß Kinderspiel schon auf dieser Kulturstufe ursprüngliches Theater der Großen nachahmt und bewahrt, nicht diskutieren. Festzuhalten ist lediglich, daß es Beispiele für dramatisches, szenisches, darstellendes Spiel (ohne Zuschauer) wie für Theater (mit Zuschauern) schon in diesen urtümlichen Kulturen gibt.
In der systematischen Zusammenfassung seines völkerkundlichen Materials, „Grundbegriffe des Theaters" (1954, 491 ff.) unterscheidet EBERLE präzise zwischen „*Kinderspiel und Theater*": „Der Nachahmungstrieb ist ein Urtrieb der Menschheit. Bei Kindern ist er besonders stark. Was sie sehen und hören, ahmen sie in ihren kindlichen Spielen unverzüglich nach: ein Trieb, der die Erwachsenen um so stärker beherrscht, je näher sie ursprünglichen Lebensbedingungen stehen. Kinder spielen Vater und Mutter, Pflanze und Tier, Sammeln und Jagen, Werkzeugherstellen und Hüttenbauen. Daß die Kinder wie traumverloren Rollen darstellen, die Rolle der Mutter, die Rolle des Jägers, die Rolle des Tiers, ist unzweifelhaft. Ist ihr Spiel darum, da wir doch die Rolle als Kennzeichen des Theaters werten, auch als Theater zu betrachten? Nein. Denn zum Wesen des Theaters gehört es außerdem, daß Rollenspiele von der Gemeinschaft der zum Theatererlebnis besonders erschienenen Zuschauer oder Zuhörer aufgeführt werden, nicht nur von zufälligen Zuschauern wie den Eltern und Geschwistern, die das kindliche Spiel überwachen. Die isolierte Verwendung eines einzigen, für das Theatererlebnis noch so notwendigen Spielmittels, der Mimik, des Tanzes, der Handlung, der Musik, der Nachahmung alltäglicher Ereignisse also genügt nicht, um Theater zu schaffen" (EBERLE 1954, 500).
Unabhängig von dieser präzisen, voll zu akzeptierenden Unterscheidung bleibt EBERLEs Feststellung, daß Kinder an den Theaterformen der Großen beteiligt sein können. Er hebt sogar als „wesentliche Besonderheit dieser Urkulturspiele" hervor, „daß Männer und Frauen, Jugendliche und Alte gleichen Anteil am Spiel haben" (EBERLE 1954, 508). Scheidungen in einzelne Alters-, Geschlechts- oder Ranggruppen treten erst später auf (vgl. oben, S. 341). Damit aber sind auch die „Theaterschulen der Urzeit" notwendig. „Die Theaterschule ist so alt wie das Theater. Der Besuch des Theaterunterrichts ist in den Urkulturen für alle Stammesmitglieder obligatorisch. Die Jugend wird während der Jugendweihe mit allen „Fächern" der Theaterkunst vertraut gemacht" (EBERLE 1954, 534). „Die Elten zeigen den Jungen, wie man mimt, wie man die Tiere und die Geier kunstgerecht darstellt. Sie ordnen Übungsspiele an und lassen die Jungen solange probieren, bis sie das mimische Handwerk beherrschen" (EBERLE 1954, 514). Ja, es gibt schon die „Darstellung von Sittenlehren zum Zweck des Unterrichts". „Die Schulspiele bedienen sich der Rolle und der mimischen Darstellung als besonders eindrücklicher Anschauungsmittel. Geschildert wird den jungen Leuten oft nicht, was sie tun, sondern was sie meiden müssen. Das gibt ein Schultheater besonderer Art" (EBERLE 1954, 539).

Halten wir mit EBERLE fest: „In den einfachen Verhältnissen der Urkulturen darf jedermann allen Aufführungen beiwohnen und in allen Aufführungen mitspielen. Mann und Frau, jung und alt haben gleiche Rechte.

Das Theater ist vom Zuschauer und vom Schauspieler aus gesehen ein Werk der Gesamtheit, von dem niemand ausgeschlossen ist" (514).

Und: „Im Urtheater sind Darsteller und Zuschauer eins. Im frühesten Urtheater drängt sich zum Spiel — wie zum Tanz — die Gesamtheit der Horde, einer Gruppe oder des Stammes. Wenn sie sich im Licht des nächtlichen Holzhaufenfeuers versammeln, hat jeder jederzeit die Möglichkeit, aus dem Kreis der Zuschauer aufs Spielfeld der Darsteller hinüberzuwechseln" (518).

Theater gehört also, das sollte zweifelsfrei feststehen, in die menschliche Urkultur. Darüber hinaus kann die *Tierverhaltensforschung* belegen, daß zumindest Vorformen schon bei den Primaten auftreten, Theater also von der Anthropologie auf die Biologie verweist.

„Gegen Mittag fielen die ersten Tropfen. Die Schimpansen kletterten aus dem Baum und trotteten, einer nach dem andern, den steilen, grasbewachsenen Hang zum Kamm hinauf... Dann schoß er wie ein Pfeil den Hang hinunter und auf den Baum zu, von dem er eben erst herabgeklettert war... Fast im gleichen Augenblick rasten zwei andere Männchen hinter ihm her... Als die letzten beiden Männchen ihre Rufe ausstießen und losrasten, kletterte der Schimpanse, der als erster gestartet war, von seinem Baum und trottete wieder den Hang hinauf. Die andern, die genau wie er unten am Hang in Bäume geklettert waren, folgten seinem Beispiel. Und als sie den Kamm erreicht hatten, begann das Ganze mit gleicher Heftigkeit noch einmal.
Die Weibchen und Jungtiere waren, als das Schauspiel begann, auf ein paar Bäume am oberen Teil des Hangs gestiegen, um von dort aus die Ereignisse zu verfolgen. Während die Männchen den Berg hinunterbrausten und wieder hinaufmarschierten, zuckten grelle Blitze vor dem bleiernen Himmel auf, und das Krachen des Donners schien selbst die Berge erzittern zu lassen...
Zwanzig Minuten nachdem das Schauspiel begonnen hatte, stiegen die Männchen zum letzten Mal den Hang hinauf. Weibchen und Jungtiere kletterten aus ihren Bäumen, und die ganze Gruppe zog davon. Eines der Männchen blieb, die Hand auf einen Baumstamm gestützt, für einen Augenblick stehen und sah zurück — der Schauspieler, der seinen letzten Vorhang genoß... Ich ahnte damals nicht, daß ich das Schauspiel, das sich an diesem Tag vor meinen Augen abgespielt hatte, in den folgenden zehn Jahren nur noch zweimal erleben sollte! Nicht selten zwar reagieren Schimpansenmännchen auf den Beginn eines starken Regens mit einem Regentanz, doch ist ein solcher Tanz für gewöhnlich die Sache eines einzelnen Tieres. Aber ich brauche nur meine Augen zu schließen, um das erregende Spektakel jenes Tages wieder in allen Einzelheiten vor mir zu sehen" (LAWICK-GOODALL, 48).

Erfahrungen dieser Art sind noch kaum für eine umfassende Wissenschaft vom Spiel, geschweige denn für die Spielpädagogik nutzbar gemacht. Sie müßten kritisch reflektiert und von bloßen Theatermetaphern befreit werden; sie müßten zusammengedacht werden mit einer historischen Psychologie (vgl. VAN DEN BERG) und empirischem Material zur Geschichte der Kindheit (vgl. ARIES und neuere Arbeiten); sie müßten bezogen werden auf soziologische Querschnittuntersuchungen und psychologische Individualanalysen der Gegenwart; erst dann ließe sich genauer von Spiel- und Theatersozialisation wie Spiel- und Theaterentwicklung sprechen (vgl. NICKEL, in: KRAUSE / DRINGENBERG).

VII. Zur Didaktik des Theaters von Kindern

In der *Spielaltertheorie* des Laienspiels (vgl. Handbuch der Spielpädagogik Bd. 2, 443) gab es, entsprechend der strengen Phasenlehre der Entwicklungspsychologie, genaue Vorstellungen von einem natürlichen Ablauf der Spielformen. Die Kleinen beginnen mit dem Kreis oder Reigen (die geschlossene, nur auf die Gruppe bezogene Form); sie öffnen sich zum Halbkreis, agieren noch immer als Gruppe, aus der Einzelspieler nur zeitweilig hervortreten, Publikum wird schon zur Kenntnis genommen; erst allmählich löst sich die Form zum Theater (vgl. insbesondere HEINEN und seine Zeitschrift „Der bunte Wagen").
Heute läßt sich diese Abfolge als zeittypisch-historisch erkennen; gegenwärtiges Kinderspiel neigt eher zum fröhlichen oder wilden Durcheinander. Grundsätzlich aber läßt sich im Einklang mit früheren Erfahrungen festhalten: Kinder machen *nicht Theater*; sie zeigen ihr *Spielen*, oder noch eher: sie lassen andere bei ihrem Spielen zuschauen oder mitmachen. Soweit wir unter Theater die bewußte Kommunikation mit dem Publikum in der Fiktion des Als-ob verstehen, läßt sich in diesem Sinne nicht von einem „Theater" von Kindern sprechen. Das zeigen auch so gelungene Aufführungen wie der „Kletterbaum" (vgl. STANKEWITZ 1975, 136; vgl. auch Handbuch der Spielpädagogik Bd. 2, 443 ff.): die Kinder machten direkte Mitteilungen über etwas, das sie selber betraf; sie agierten in dem Gefühl: das erzählen wir euch, das müßt ihr wissen! In diesem Sinne nahmen sie auch Kommunikation mit ihrem Publikum auf, konnten sie während der Aufführung (im Mitspielteil) und nachher gleichberechtigt auch mit den erwachsenen Zuschauern diskutieren. Sie spielten, sprachen, erzählten so, wie sie der Mutter zu Hause ihre Erlebnisse mitteilen (über Unterschiede und Verwandtschaft von Kinderspiel und BRECHTs Straßenszene müßte noch einmal gesondert gehandelt werden!). Erst Pubertät und kritische Trennung von der eigenen Person also ermöglichen bewußtes Theater.
Aus dieser Grundannahme heraus läßt sich die *Didaktik* des Theaters von Kindern entwickeln. Es muß die Freiheit des Spiels behalten; weder Proben noch Aufführungen dürfen zur Arbeit werden, zu ernsthafter Last und echter Verantwortung. Proben dürfen also nicht zu ständiger Wiederholung verkommen; sie müssen immer wieder einmalige, von daher frische Begegnungen gestatten — auch mit Situationen, die „geübt" werden müssen. Der Spielleiter muß sie also umdefinieren, damit sie nicht erstarren: Räuber machen neugierig Beutesäcke auf; Kinder machen neugierig Geburtstagspakete auf, stöbern in alten Kisten auf dem Speicher herum; neugierig untersucht die Maus die Vorräte des Hamsters ... Proben wie Aufführungen behalten ihre Spontaneität durch wechselnde Besetzungen: die Spieler werden immer wieder in neue Situationen gestellt, sie können nicht auf alte Antworten zurückgreifen, die Veränderung führt zu frischem, ursprünglichem Spiel.
Hilfen gibt der Spielleiter durch chorisch-gruppenhaftes Spiel; es gibt keine oder nur selten Solisten für kurze Zeit, es gibt keinen Drill von Einzelleistungen, Solisten werden

wie im Psychodrama durch zumindest einen Mitspieler verstärkt. Die Darstellungsmittel werden reduziert: vielfach läßt sich auf Sprache verzichten oder der Lehrer liest von der Seite aus vor bzw. kommentiert erzählend; müssen Kinder verständlich sprechen, so läßt sich häufig die Aktion zurücknehmen. Stimmen sollten nicht forciert werden; tödlich ist meist der Ratschlag: „Sprecht lauter, damit die Zuschauer euch verstehen!" Dann sollte man lieber die Situation verändern, damit die Kinder aus ihr heraus lauter werden (es tobt ein Sturm); sie werden laut in der Illusion ihres Spiels, nicht weil sie verständliches Theater machen wollen für Zuschauer!

Hilfen kommen durch Musik, durch Beleuchtung und Beleuchtungswechsel, durch Masken und Figuren; auch durch Kostüme (so sie nicht zum Selbstzweck werden und das Kind erdrücken, so daß es zum Beispiel nur noch niedlich ist und „wirkt") und Requisiten (die echt sind und damit echte Handlungen provozieren. Echt in diesem Sinne ist auch das Steckenpferd: es fordert Reitbewegungen!).

Besondere Schwierigkeiten auch für erwachsene Spieler macht das richtige Timing einer Szene: wie lang darf sie werden? wann ist die Spannung zu verstärken? wie schnell oder wie langsam muß sich der Stimmungsumschwung vollziehen? Hier kann der Lehrer als geheimer Spielleiter-Regisseur helfen: von der Beleuchtungsanlage her und vom Tonband blendet er langsam oder scharf Veränderungen ein, signalisiert den Schülern Szenenwechsel, Stilwechsel, Stimmungswechsel; er gibt sie faktisch (weil Musik und Licht ja auch die Zuschauer erreichen), er gibt sie aber auch vermittelt über vorherige Vereinbarungen mit den Spielern: wenn das Licht dunkler wird, dann werdet ihr langsam immer müder und müder und schlaft schließlich ein. Erst wenn der Hahn kräht, werdet ihr wieder munter. Den Zeitpunkt für diesen Szenenwechsel bestimmt der Lehrer über seine Signale; er beobachtet die Zuschauer, registriert die Spannung, steuert die Kommunikation zwischen Bühne und Saal, er macht Theater; die Kinder spielen.

Besonders günstig ist es, wenn der Lehrer wie in der Rhythmik die insgeheim leitende, offensichtlich stützende Musik nicht vom Tonband abruft, sondern mit Trommeln und Schlagwerk, eventuell auch mit anderen Instrumenten selber improvisiert. Dann läßt sich die freie Spontaneität der Spieler besonders gut bewahren und mit den Forderungen von Publikum und Aufführung verbinden.

Literatur

Ariès, Ph.: Geschichte der Kindheit, München 1975
Bauer, K. W.: Emanzipatorisches Kindertheater, München 1980
Baur, E.: Theater für Kinder, Stuttgart 1970
Brauneck, M.: Ausländertheater in der BRD und in West-Berlin, Universität Hamburg 1983
Colberg, E.: Mein Weg ins Schulspiel, Weinheim 1959
Deutscher Bühnenverein (Hrsg.): Studie zum Kinder und Jugendtheater, Köln 1971 (vgl.: Theater und Schule, Köln 1979)
Dieke, G.: Die Blütezeit des Kindertheaters, Emsdetten 1934
Dörger, D.: Mini-Monodramen, Wilhelmshaven 1984
Dörger, D. / Nickel, H. W.: Theaterpädagogik. Ergebnisse einer Umfrage, Ms. HdK Berlin, 1983
Dringenberg, R. / Krause, S.: Jugendtheater — Theater für alle, Braunschweig 1983
Eberle, O.: Cenalora. Leben, Glaube, Tanz und Theater der Urvölker, Olten 1954
Ebert, H. / Paris, V.: Warum ist bei Schulzes Krach? Kindertheater Märkisches Viertel / Rollenspiel / Politisches Lernen, 2. Bde., Berlin 1976
Handbuch des Kinder- und Jugendtheaters in der BRD, hrsg. von der Assitej, Duisburg 1980; Zweites Handbuch, Duisburg 1981
Heilmeyer, J. / Fröhlich, P.: Zielgruppenarbeit mit Kindern, Modell Kinderspielclub, Köln 1974

Hoffmann, Ch.: Theater für junge Zuschauer. Sowjetische Erfahrungen, Sozialistische deutsche Traditionen, Geschichte in der DDR, Berlin 1976
— (Hrsg.): Kinder- und Jugendtheater der Welt, Berlin 1978
Jahnke, M.: Von der Komödie für Kinder zum Weihnachtsmärchen, Meisenheim 1977
Jenger, Y. / Voluzan, J. / Dasté, C.: L'enfant, le théâtre, l'ecole, Paris 1975
Klewitz, M. / Nickel, H. W.: Kindertheater und Interaktionspädagogik, Stuttgart 1972
Kolneder, W. / Ludwig, V. / Wagenbach, K.: Das Grips Theater, Berlin 1979
Laturell, V.: Theater und Jugend in München, München 1970
Lawick-Goodall, J. van: Wilde Schimpansen, Reinbek 1971
Loschütz, G.: Sofern die Verhältnisse es zulassen. Drei Rollenspiele, Frankfurt 1972
Maecker, G.: Theoretische Grundlagen zur Dramaturgie eines emanzipatorischen Kindertheaters, Frankfurt 1981
Müller, A.: Als München leuchtete. Der Jugendring und der Spielkreis Mirbt 1920 bis 1925, Recklinghausen (LAG Nordrhein-Westfalen) 1973
Nickel, H.-W.: Stegreifspielversuche mit ‚Hans im Glück', in: junge gemeinde 6/7 (1968)
— Spiel-, Theater-, Interaktionspädagogik, Recklinghausen (LAG Nordrhein-Westfalen) 1976
— Zur Partnerverantwortung des Kindertheaters, in: Ein anderes Theater, hrsg. von Fröhlich, Pea, München o. J.
— (Hrsg.): Organisationsformen des Kinder- und Jugendtheaters, Materialsammlung 8, Berlin 1977
— Birne, Brüder-Grimm-Preis, Rainer Hachfeld, Grips Theater, Kindertheater, Volker Ludwig, Rudolf Mirbt, Puppenspiel — Puppentheater, Rote Grütze, Natalia Saz, Schulspiel, Schultheater, in: Lexikon der Kinder- und Jugendliteratur, Weinheim 1975 ff.
Nickel, H.-W. / Nickel, R.: Spiel mit Kindern / Theater mit Kindern, Stuttgart 1974
Saz, N.: Kinder im Theater, Berlin 1966
Sbrzesny, H.: Die Spiele der !Ko-Buschleute, München / Zürich 1976
Schedler, M.: Kindertheater. Geschichte, Modelle, Projekte, Frankfurt 1972
— Mannomann! 6mal exemplarisches Kindertheater, Köln 1973
Schmidt, L.: Das deutsche Volksschauspiel, Berlin 1962
Stankewitz, W.: Rollenspiel und Schultheater, in: Tymister, H.-J. (Hrsg.): Projektorientierter Deutschunterricht, Düsseldorf 1975
Stöckel, W. G.: Kinder- und Jugendtheater in Frankreich, 1977
Tornau, H.: Entstehung und Entwicklung des Weihnachtsmärchens auf der deutschen Bühne, (Dissertation) Köln 1955
Van den Berg, J. H.: Metabletica. Über die Wandlung des Menschen. Grundlagen einer historischen Psychologie, Göttingen 1960

3. Didaktik des Theaterspielens mit Kindern und Jugendlichen
Winfried Stankewitz

I. Das Problem

Eine Didaktik enthält im allgemeinen Angaben über *drei Bereiche:*

- den Lerngegenstand,
- damit verbundene Zielvorstellungen,
- Vorschläge für den Weg, auf dem das Ziel (die Ziele) erreicht werden können.

Eventuell werden noch Angaben über Ziele, die bei der Beschäftigung mit dem Lerngegenstand außerdem noch — quasi nebenbei — erreicht werden können, gemacht.
Im allgemeinen ist das Lernziel mit der Beherrschung des Lerngegenstandes untrennbar verknüpft: man lernt zum Beispiel ein Musikinstrument, um gut musizieren zu können.
Eine Didaktik hat hier zu begründen, warum Musizieren für den Menschen unseres Kulturkreises wichtig sein kann, und auch welcher Art Musik bei bestimmten Voraussetzungen (Begabung, kultureller, sozialer Hintergrund, Geschmack, Interesse) angestrebt werden sollte; und dann wird sie sehr schnell zu Angaben kommen, wie der Unterricht aufgebaut werden sollte, um möglichst schnell und möglichst gut zu musizieren.
Vielleicht wird sie noch das *gemeinsame* Musizieren als zusätzliche Wertvorstellung propagieren: die Musizierenden kommen sich auch menschlich näher, weil man die gleichen Dinge schön findet, sich gemeinsam um sie bemüht, oder weil man gemeinsam Erfolge hat oder weil man es lernt, musikalisch aufeinander einzugehen usw. Solche Gegebenheiten können bei einer Didaktik mit herangezogen werden als zusätzliche Werte des Musizierens, aber es ist immer klar: es bezieht sich alles auf Musik. Wenn man nicht Musizieren lernt, stellen sich diese Werte auch nicht ein, wenn das gemeinsame Musizieren nicht reichhaltigere Musik ergibt (und damit auch größere Erfolge nach sich zieht) wird man es kaum tun. Ziel ist immer: schön, interessant zu musizieren.
Beim Theaterspielen scheint dies anders. Das Ziel, gut Theater zu spielen taucht hier bei didaktischen Begründungen allenfalls am Rande auf.
Im allgemeinen dominieren andere Ziele:

- sinnliches Erfassen dramatischer Literatur
- „ganzheitliches" Erleben wichtiger Inhalte
- Simulation und Veränderung menschlicher Verhaltensweisen.

Dies sind alles Ziele, die bei kompetenter Didaktik des Theaterspielens auch notiert werden.

Dennoch überläßt man sie nicht einem Lernbereich Theater, gelehrt von professionell ausgebildeten Theaterpädagogen. Man wittert Gefahren wie Eitelkeit, weil Theaterleute einem Publikum zu gefallen suchen, menschliche Unzuverlässigkeit, weil sie glaubhaft in andere Personen zu schlüpfen suchen, Realitätsflucht, weil sie nicht nur soziale Realität simulieren sondern souverän mit ihr spielen usw.

Während also bei jedem anderen Lerngegenstand die Meisterschaft ein würdiges Ziel ist (das zwar von den meisten nicht erreicht wird, auch gar nicht erreicht werden muß, um den Gegenstand pädagogisch zu legitimieren, das aber immer in Fortsetzung des begonnen Weges angestrebt werden kann), wird Theaterspielen nur selten auf die Meisterschaft des professionellen Bühnenkünstlers bezogen.

Wieweit dabei die Bühnenkünstler selbst mitgewirkt haben, etwa aus Furcht vor zu viel Nachwuchs oder aus Enttäuschung über den Stand des öffentlichen Theaters und seine gesellschaftspolitische Wirkungslosigkeit, oder wieweit die Tradition des pädagogischen Theaters hierfür verantwortlich ist – zum Beispiel wurde das Laienspiel der Jugendbewegung ausgesprochen gegen das professionelle Theater definiert – soll hier nicht weiter untersucht werden.

Vielmehr soll das Medium genauer beschrieben werden, um daraus die didaktischen Möglichkeiten abzuleiten. Dies ist nicht völlig unabhängig von der Zielvorstellung, welches Theater denn angestrebt werden soll, zu leisten. Mindestens in den Beispielen wird das Ziel immer durchscheinen, aber auch in der Gewichtung der einzelnen Elemente.

Wer vom bürgerlichen Literaturtheater ausgeht, wird möglicherweise andere Spielelemente hervorkehren als wer von Pantomime, tänzerisch-expressivem Theater ausgeht usw.

Dennoch soll zunächst versucht werden, die Elemente so zu beschreiben, daß sie für alle Zielvorstellungen zutreffen.

II. Was sind die wesentlichen Elemente des Theaterspielens?

Die kürzeste Formulierung hat hierfür Eric BENTLEY (1967, 149 f.) gefunden: „A spielt die Rolle B, während C zusieht." Zwar wird sich herausstellen, daß diese Formel für unseren Zweck noch nicht hinreicht – es ist nicht A allein, der spielt, sondern meist eine Gruppe, A muß auch nicht unbedingt eine fremde Rolle spielen, er kann auch sich selbst spielen, auch der Begriff Rolle ist nicht mehr sehr hilfreich, weil die Soziologen damit etwas anderes bezeichnen als die Theaterleute und schließlich können Zuschauer auch mitspielen – dennoch ist BENTLEYs Formel zunächst einmal als Systematik brauchbar, denn sie bezeichnet die Hauptelemente Spiel – Spieler – Spielfigur (Rolle) – Zuschauer.

1. Das Spielelement

Bei keinem künstlerischen Medium wird so oft auf den Spielcharakter hingewiesen wie beim Theater. Niemand käme auf die Idee, vom Ansatz der Spielpädagogik her eine Didaktik des Malens, des Musizierens, des Schreibens zu entwickeln. Eine Didaktik des Theaterspielens aber löst allemal zunächst eine Erörterung über das Spielphänomen aus und umgekehrt bezieht allgemeine Spielpädagogik immer auch Theaterspiel ein. Das beginnt schon mit dem Namen: Der Lernbereich heißt nicht Theater- — in Analogie zu Kunst, Literatur, Musik —, sondern Laienspiel, Schulspiel, darstellendes Spiel, Rollenspiel, szenisches Spiel und — im vorliegenden Fall — Theaterspielen. Auch die Berufsbezeichnung des professionellen Theatermachers ist eine Verbindung mit Spiel: Schauspieler, Spielleiter, im Gegensatz zu Musiker, Maler, Schriftsteller (Autor, Dichter) usw.
Schließlich begründet Eugen FINK in einer philosophischen Schrift Spiel als würdigen Gegenstand der Philosophie in hohem Maße mit der Fähigkeit des Theaterspielens, Welt zu erfassen und auf spezifische Weise zu deuten (1960, 18 ff.).
Diese enge Verzahnung weist für die Didaktik des Theaterspielens Gefahren auf: erscheint Theaterspielen nur als ein Aspekt der Spielpädagogik unter vielen, wird man dem Theaterspielen nicht den notwendigen Raum zukommen lassen, der, wie bei jedem ästhetischen Verfahren, Voraussetzung für differenzierte Ergebnisse ist. Das mag dazu führen, vorschnell andere Medien zur Hilfe zu holen, wenn man einen würdigen ästhetischen Gegenstand bestimmen will, etwa Musik im Tanztheater oder Literatur, durch die das Theater angeblich aus den Sphären niederen Jahrmarkttreibens erst zu einer Kunstform sich entwickelt habe. Im theaterpädagogischen Bereich hat diese Auffassung Tradition: das gymnasiale Schultheater zum Beispiel wird immer noch weitgehend von der Auseinandersetzung mit dramatischer Literatur begründet und bezeichnenderweise war es auch ein Gymnasiallehrer, der in seinem Buch „Also spielen wir wieder Theater" (1960) die Abkehr vom Laienspiel, also vom autonomen Theaterspielen, und Hinwendung zum Literaturtheater propagierte, weil nur die gute Literatur ein würdiger Gegenstand der Beschäftigung sei. Dennoch will ich die enge Verzahnung von Spielpädagogik und Theaterspielen annehmen, weil sie der Didaktik des Theaterspielens entscheidende Impulse geben kann.
Was Spiel ist, wird in diesem Buch an anderer Stelle differenziert herausgearbeitet. Ich will mir daher nur einige Merkmale herausgreifen, die ich für eine Theaterdidaktik besonders fruchtbar finde. Ich verweise hauptsächlich auf das Moment relativer Freiheit, mit dem die Spieler zu Werke gehen können, oder besser gesagt, dem Spannungsverhältnis von Freiheit, sich den Impulsen des Augenblicks zu überlassen, und der Notwendigkeit, Realitäten außerhalb der Spielsphäre zu beachten. Wer sich dem Spiel hingibt, der ist nur bedingt verantwortlich für die Entwicklung der gespielten Inhalte, und die Verantwortung für das Spielverhalten ist eine teilweise andere als die Verantwortung für Verhalten in der Realität. Destruktive chaotische Im-

pulse können hier ebenso zugelassen werden wie Überlegenheitsphantasien, Traumbilder, Märchenphantasien oder auch Clownerien. Es gibt nur *eine* unabdingbare Verantwortung: den Fortgang des Spiels zu sichern.
Um die Spielsphäre zu schützen, gibt es Spielregeln, vor allem die Ausgrenzung des Spiels aus der Alltagsrealität.
Erst innerhalb des ausgegrenzten Spielraumes kann die Bewußtseinskontrolle gelockert werden, können Tabus, gesellschaftliche Regeln außer Kraft gesetzt werden, können unterbewußte Intentionen zugelassen werden. Hierin liegt die Chance, etwas herauszubringen, was man bisher nicht kannte, sich so zu geben, wie man sich bisher nicht traute, Fähigkeiten bloßzulegen, die bisher unterdrückt waren, Lösungen zu wagen, die bisher verstellt waren. Aber es liegen in der spielerischen Phantasie auch Gefahren: die Gefahr, daß man die Alltagsrealität verliert, daß man sich in Phantasiebereiche flüchtet und die notwendige Bewältigung – vielleicht Veränderung der sozialen Realität – nicht leistet. Entscheidend ist, ob man Phantasie und Alltagsrealität in ein Spannungsverhältnis zueinander setzen kann oder ob man das eine jeweils zugunsten des anderen verdrängt.
Dies entscheidet sich nicht im Augenblick des freien Spielens, im Augenblick der Improvisation, sondern erst wenn man die Spiele reflektiert und eventuell gestaltet, verdichtet, um sie vorzuführen. Auch Märchenbilder kann man benutzen, um die eigene Realität zu erhellen, und umgekehrt können auch scheinbar realistische Spiele über soziale Realität so sehr von vorgefaßten Denkschablonen geprägt sein, daß sie die Realität eher verstellen.
Die spielerische Improvisation ist als die Quelle jedes Theaterspielens anzusehen, hier erfahren die Spieler den Spaß, der entsteht, wenn Phantasie freigesetzt wird, her erleben sie die spezifischen Möglichkeiten des Spiels, lernen sich selbst und die Mitspieler in ihren Wünschen und Träumen, Zielen und Fähigkeiten auf neue Art kennen, hier übernehmen sie Verantwortung für einen spiellogischen Aufbau, hier setzen sie sich in Beziehung zu den Spielfiguren.
Theaterimprovisation ist auch dann Grundvoraussetzung, wenn man eigentlich auf das Literaturtheater abzielt.
Der maßgebliche Schauspieltheoretiker STANISLAWSKI (Berlin 1961) hat die Kunst des Erlebens durch Improvisation für das Literaturtheater schlüssig begründet, die Schauspielausbildung folgt ihm noch heute darin.
Wer auf spielerische Improvisation verzichtet, wird nicht Theater spielen lernen. (Gleiches gilt nicht für Musiker, die durchaus gute Instrumentalisten werden können, wenn sie nicht improvisieren.) Die Langeweile vieler Schultheateraufführungen liegt meist darin, daß die Schüler nicht spielen gelernt haben, nicht gelernt haben, sich selbst mit ihren Impulsen einzubringen.

2. Interaktion als Realitätsbezug

Eine Rolle spielen – genauer: soziale Verhaltensweisen im Spiel nachahmen – ist das Theaterelement, von dem die meisten Lernzielbestimmungen ausgehen. Das, was man imitiert, muß man auch ausführen können, also eignet man sich zusätzliche Fähigkeiten an, und indem man es auf die gleiche Art ausführt, wird man es auch innerlich nachvollziehen können.

Man kann den Vorgang auch umgekehrt formulieren: indem man sich in eine Figur hineinversetzt, wird man auch ihre Verhaltensweisen ausführen und verstehen lernen.

Beide Wege, der von der Einfühlung zu den Verhaltensweisen und der von der Nachahmung äußerer Verhaltensweisen zum inneren Verständnis einer Person, sind gangbar, beide ergänzen sich, beide führen zu einem vertieften Verständnis der Spielfigur. Die Auseinandersetzung mit einer fremden Figur über die Identifikation mit ihr ist gleichzeitig eine Auseinandersetzung mit sich selbst: indem man andere beobachtet, setzt man sie zu sich selbst in Beziehung, indem man Verhaltensweisen nachhamt, spürt man bei sich selbst ähnliche Verhaltensweisen und die damit verbundenen Empfindungen auf. Das erweitert die eigenen Verhaltensweisen, die eigene Erlebnisfähigkeit.

a) Alltagstätigkeiten

Die Nachahmung bezieht sich grundsätzlich auf alle menschlichen Verhaltensweisen. Kommunikationswissenschaftler beschreiben meist nur die kommunikativen Verhaltensweisen, wie Körpersprache (Mimik, Gestik, Distanz, Bewegung im Raum, evtl. Aussehen einschließlich Kleidung), Lautgestaltung (Betonung, Satzmelodie, Klangfarbe der Stimme) und Wortsprache. Das greift zu kurz, denn zur glaubhaften Darstellung wie zum „innigen" Verständnis einer Person ist es notwendig, alle Handlungen, also besonders die Arbeitsverrichtungen, einzubeziehen. Ob jemand Maurer ist oder am Schreibtisch sitzt, ist für seine Empfindungen, Einstellungen, Haltungen von eminenter Bedeutung.

Mit Recht verlangen Zuschauer im Arbeitertheater oder die Spieler im Lehrlingstheater von sich selbst, daß die Arbeitsvorgänge präzise und glaubhaft ausgeführt werden.

So lobten die Arbeiter in einer Diskussion nach einer Aufführung der Schaubühne am Hallischen Ufer, daß die Schauspieler fachgerecht mauern konnten.

Alle Tätigkeiten des Menschen können jedoch zusätzlich eine Darstellungskomponente erhalten, auch wenn ihr eigentlicher Sinn ein anderer ist. GOFFMAN hat in seinem Buch „Wir alle spielen Theater" (1959) darauf hingewiesen und in vielen überzeugenden Bildern belegt. Der Maurer wird seine Kelle besonders schwungvoll handhaben, wenn er Zuschauern imponieren will. Ein Spieler, der einen solchen Maurer nachahmen will, hat also die Aufgabe, sowohl die Handlungskomponente – den Bau der Mauer – als auch die Darstellungskomponente – den besonderen Schwung – zu erfassen. Wieviel von der Handlungskomponente bei der Darstellung vor Publikum übrigbleibt, hängt vom Darstellungsstil ab. In einer realistischen Spielweise wird man so tun als führe man die Handlungen real aus, mindestens muß das Handeln glaubhaft gemacht werden. In der Pantomime ohne Requisiten dagegen kommt es nur auf die Darstellungskomponente einer

Handlung an, aber auch diese gelingt nicht glaubhaft, wenn man die reale Handlung nicht genau beobachtet, nicht präzise mit seinem eigenen Körper erfaßt hat und wenn man nicht Haltungen (äußere und innere sowie damit verbundene Empfindungen) nachvollziehen kann. Diese „Kunst des Erlebens" (STANISLAWSKI), die die Voraussetzung jeder kompetenten Darstellung ist, ist also gleichzeitig die Voraussetzung für den pädagogischen Erfolg.
Der Rollenspielmethodik geht es um das gleiche wie der Theaterdidaktik, Verhaltensweisen anderer Menschen intensiv und genau zu erfassen. Die Theaterdidaktik hat hierzu, dank STANISLAWSKI, die intensivere und genauere Methode.

b) Alltagskommunikation

Erst nachdem Nachahmung von Handlungen aller Art — insbesondere aber Berufstätigkeiten, die die innere Haltung des Menschen besonders prägen — als Grundlage des Theaterspielens akzeptiert sind, ist es legitim, sich den einzelnen Kommunikationsarten zuzuwenden, die beim Theaterspielen benutzt werden, „gesendet und empfangen" werden, wie es die Kommunikationswissenschaft ausdrückt.
Danach kommuniziert man beim Theater wie in der Alltagskommunikation auf „drei Kanälen" — dem visuellen Kanal der Körpersprache (Mimik, Gestik, Distanz, Bewegung im Raum, aber auch Aussehen), den auditiven Kanälen Lautgebung und Wortinhalt.
In unserer Kultur, in der die Wortsprache lange Zeit dominierte, hatte man sich daran gewöhnt, die nichtverbalen Komponenten den verbalen unterzuordnen. Entscheidend war, *was* gesagt wurde; *wie* es gesagt wurde, als Teil welcher Handlung, blieb sekundär.
Das hing weitgehend damit zusammen, daß Wortinhalte qua Schrift überliefert werden konnten, andere Kommunikationselemente aber nur vage. Dieser Zustand hat sich jetzt durch Film, Fernsehen aber auch Illustrierte und Comics entscheidend verändert, ohne daß sich allerdings das Bewußtsein für das, was Kultur ist und was Alltagskommunikation ausmacht, in der Pädagogik gleichermaßen verändert hätte. Kommunikationsunterricht geht — ebenso wie Theater — in den Schulen immer noch von — germanistisch geschulten — Deutschlehrern aus und die sind in Fragen komplexer Kommunikation hilflos. Geht man von den Belangen der Alltagskommunikation wie von denen des Theaters aus, dann sind die nichtverbalen Kommunikationsweisen mindestens gleichrangig. Menschliches Verhalten äußert sich primär durch Bewegungen. Worte können hinzukommen, müssen es aber nicht. Man kann sich zwar — wie Kommunikationswissenschaftler sagen — nicht nicht-verhalten, man braucht aber nicht zu sprechen. Als Kommunikation wahrgenommen wird schon das Verhalten.
Für Beziehungsfragen sind nichtverbale Kommunikationsweisen — wie WATZLAWICK feststellt (1969) — wichtiger als die Wortsprache. Bewußter Körperausdruck ist mit Handlungen ohne kommunikative Absicht eng verknüpft, so eng, daß man sie oft nicht auseinanderhalten kann. Ob eine Bewegung nur wegen einer Arbeitsverrichtung geschieht oder ob man mit

ihr etwas „sagen" will, ist oft nicht eindeutig zu entscheiden. Nicht einmal die handelnde Person kann dies immer eindeutig sagen, denn oft geben sich unbewußte Regungen in Bewegungen zu erkennen, ohne daß die Person dies will. Ob der Kochdeckel knallt, weil die Köchin es eilig hat oder sich die Finger verbrannt hat oder ob dies aus Ärger geschieht, den sie loswerden will und/oder ihrem Partner zeigen will, ist selten genau auszumachen.
Das Theater hat sich aber mit diesem Zwischenbereich zu befassen. Er ist so umfangreich und interessant, daß es durchaus reine Bewegungstheater gibt (zum Beispiel Pantomime).
Dagegen gibt es kein reines Worttheater (selbst Hörspiel – wenn man es denn noch Theater nennen will – geht von handelnden Personen aus, simuliert Bewegungen im Raum). Und bezeichnenderweise heißt der Bühnenkünstler immer noch Schauspieler und nicht Sprechspieler, d. h. das was geschaut wird ist dominierend. Die Bedeutung von Bewegungen und Körperhaltungen für menschliches Verhalten ist jedoch noch tiefer anzusetzen. Der Verhaltensphysiologe Moshe FELDENKRAIS (Der aufrechte Gang, 1968) geht davon aus, daß innere Haltungen und äußere Haltung so eng miteinander verbunden sind, daß man das eine nicht ohne das andere ändern kann, und weil der Körper der inneren Haltung Stütze ist, muß man verfestigten Haltungen erst diese Stütze nehmen, ehe man sie verändern kann; d. h. man muß dem Menschen neue Bewegungsmöglichkeiten, neue Haltungsmöglichkeiten rein körperlich anbieten, damit sich die inneren ändern können. Von ähnlichen Gedankengängen gehen auch andere Therapierichtungen wie Gestalttherapie und auch Psychodrama ebenso aus wie Bewegungslehren des Theaters, zum Beispiel die des Tanzpädagogen LABAN, die allmählich Eingang auch in das Kindertheater und in allgemeine Workshop-Programme bei Amateurtheatergruppen gefunden hat, aber auch traditionellere Bewegungslehren der Schauspielschulen. Wenn Agnes SCHOCH in ihrem Buch „Grundlagen der Schauspielkunst" (1965, 7) schreibt:

„Innere Bewegung setzt sich in eine ihr analoge äußere um, aber auch umgekehrt produzieren körperliche Bewegungsvorgänge die ihnen adäquate seelische Lage",

dann ist hier der gleiche Vorgang angesprochen, wie er in der – heute von Pädagogen verpönten – Vorgehensweise von Regisseuren zum Ausdruck kommt: „Ich mach dir's vor, nimm es mal einfach ab!" Sie wissen, daß es beim Erfassen seelischer Vorgänge nicht nur den Weg von innen nach außen gibt, sondern ebenso den Weg von außen nach innen. Jede Didaktik des Theaterspielens hat bei der Bewegung anzusetzen.
Auf dem Schnittpunkt zwischen Bewegung und Sprechen (Lautgestalt) ist das Atmen angesiedelt. Atmung ist einerseits Körperbewegung und eigenständiges Ausdrucksmittel, wie auch der Vorgang, der jede Aufnahme von Gefühlsregungen begleitet, wie schließlich der Beginn jedes sprecherischen Ausdrucks. Diese Funktionen sind integriert zu sehen.
Die Redewendungen: „Er hielt vor Schreck seinen Atem an", „Der Atem stockte" oder „Sie atmete ruhig und beherrscht" deutet darauf hin, daß die

Aufnahme von Gefühlen mit dem Einatmen konform geht und daß der gleiche Vorgang auch als Ausdrucksmittel aufgefaßt wird.
Die schauspielerische Faustregel: „Erlebe ein neues Gefühl durch ein neues Einatmen!", kurz: „Atme des Gefühl ein!", unterstreicht diese Identität ebenso wie die indische Auffassung, daß die Seele des Menschen im Zwerchfell lokalisiert sei (dem Zentrum der Atemsteuerung), woraus die enge Verbindung von Meditation und Atemübungen resultiert. Von daher ist es verständlich, daß Atemübungen auch der Beginn jeder Sprechausbildung sind: die Art der Lautgebung hat den seelischen Ausdruck des Sprechers zu transportieren. Sie wird vom Atem gesteuert, seelischer Ausdruck gelangt vom Atem ausgehend über den Stimmausdruck nach außen.
Viel Vordergründigeres verdient jedoch gleiche Beachtung: die Atemführung ist dafür veranwortlich, daß der Ton nach außen gelangt, daß er „trägt", daß er zum Empfänger „gezielt" werden kann, daß Sprechen sinnvoll gegliedert ist usw. Atemübungen sind daher Teil jedes kompetenten Körpertrainings wie jeder kompetenten Sprecherziehung.
Es gibt noch weitere Verbindungen zwischen Körpererziehung und Sprecherziehung: unverkrampfte „freie" Sprache ist nur bei unverkrampfter Körperhaltung und Lockerheit der „Sprechwerkzeuge" (Lippe, Zunge, Kinn), deutliche Sprache nur bei genauer Artikulation, also wieder durch Training der Sprechwerkzeuge, Steigerung des Tonumfangs und -volumens nur bei Schulung der Stimmbänder, die wiederum nur bei unverkrampfter Körperhaltung erfolgen sollte, möglich.
Und noch eine letzte Verbindung zwischen Körperbewegung und -haltung einerseits und Sprache andererseits (die möglicherweise den einseitig Wortgebildeten am problematischsten ist) sei genannt: Die Art der Haltung und Bewegung ist auch für das verantwortlich, *was* gesagt wird, denn wenn es richtig ist, daß die äußere Haltung sich auf die innere Haltung, die äußere Bewegung sich auf die innere Regung auswirken, dann muß sich Haltung und Bewegung auch auf das auswirken, was ein Mensch in einer bestimmten Situation sagt. Psychodrama macht sich zum Beispiel diese Funktion zunutze, indem es einen ängstlichen Spieler auf einen Tisch stellt in der durch Erfahrung oft belegten Hoffnung, daß diese Erhöhung ihn mutiger macht, ihn andere Dinge sagen läßt als bei „niedriger Stellung". Der erhöhte Thron. die erhöhte Kanzel sind gesellschaftlicher Ausdruck für dieses Phänomen, der sicherstellen soll, daß das Wort des Redners größeres Gewicht erhält, der aber auch den „niedrig gestellten" davon abhalten soll, selbst das Wort zu ergreifen, oder selbstbewußt zu reden. Allerdings soll auch hier nicht der Eindruck aufkommen, als sei der Weg vom Körper zum Geist bzw. zum Gefühl eine Einbahnstraße. Natürlich kann man immer auch vom Wort, von der sprachlichen Vorstellung, von der Dichtung ausgehen, natürlich folgt der Körper auch der Wortvorstellung. Für das Theaterspielen wie für das Erfahren neuer Verhaltensweisen ist dies jedoch der schwerere Weg, der meist erst begehbar wird, wenn die Bahn in der anderen Richtung geebnet ist.

Zur Wortgestaltung:

In unserer bürgerlichen Theaterkultur hat sich eine seltsame Arbeitsteilung herausgebildet: für die nichtverbale Kommunikationsweise sind die Theaterleute zuständig, für den Wortinhalt die Autoren.

Bei einem aus der Improvisation entstehenden Theater ist dies anders, wie Beispiele aus dem Beginn unseres Jahrhunderts — etwa Laienspiel und Stegreiftheater MORENOs —, aber auch vorbürgerliche Theatertradition zeigt: Commedia dell'arte in Italien, die fahrenden Komödianten in Deutschland hatten eine Improvisationskultur entwickelt, die durchaus nicht nur durch die angebliche Überlegenheit des Theaters der Dichter und Denker von selbst verschwand, wie man uns in der Theatergeschichte glauben machen wollte, sondern zum Teil gewaltsam unterdrückt wurde, weil der sich auf jede neue Lage einstellende Wortwitz der Komödianten den Herrschenden zu gefährlich wurde (siehe P. MÖBIUS 1982). Die Improvisationskultur wurde noch im „Untergrundtheater", im Hanswurst STRANITZKYs und im Kaspertheater fortgeführt und degenerierte dann zum Rettungsmanöver im Text steckenbleibender Schauspieler — unter Theaterleuten mit leuchtenden Augen immer wieder erzählt, weil sie instinktiv spüren, daß hier die Quellen ihrer autonomen Kunst liegen, aber nicht mehr öffentlich wirksam (denn wenn das Publikum die Improvisation merkt, ist sie verfehlt). Wirksam wurde Improvisation erst wieder durch das aus dem Rollenspielen entwickelte Kinder- und Jugendtheater, dem es darum ging, bei den sozialen Verhaltensweisen der Leute, vor denen man spielen wollte, anzuknüpfen. Also konnten die Schauspieler nicht von der Literatur ausgehen (es gab sie nicht), sondern mußten das Verhalten — auch das Wortverhalten — neu studieren.

Heute ist die Entwicklung einer Inszenierung aus der Improvisation ebenso wie das kollektive Schreiben von Stücken durch die Schauspieler Bestandteil aller „freien Theatergruppen" (frei nicht nur von der Institution, sondern auch oft frei vom Autor).

Die Theaterleute sind wieder für das gesamte „Sprachspiel" (WITTGENSTEIN), für das Gesamt der Handlungen und der aus ihnen entspringenden Sprache zuständig.

3. Zu den Spielern

Bisher erschien es so, als sei nur die gespielte Figur das wichtige, als verschwände der Spieler hinter der Spielfigur. In Wirklichkeit sind beim Theaterspielen aber immer beide sichtbar: Spieler (A) und Rolle (B). Nie kommt es nur auf die dargestellte Rolle an, immer auch darauf, wie macht gerade Spieler A dies, wie sieht er dabei aus, wie verändert er sich usw. Das Interesse am Spieler bleibt immer auch vorhanden, neben dem Interesse am dargestellten.

Das trifft für das pädagogische oder therapeutische Rollenspiel genauso zu wie für das Theater. Selbst bei der Theaterform, deren Ideal das bedingungslose Aufgehen des Schauspielers in die Rolle ist (stärkster Ausdruck dieses Ideals: „Sie spielte nicht das Gretchen, sie war es." — eine Spielweise, wie sie heute im Film fast ausschließlich erwartet wird) interessiert nicht nur die Spielfigur, sondern auch der Darsteller.

Zahlreiche Theaterformen beziehen ihre Wirkung bewußt von dieser „Verdoppelung" des Schauspielers, manche setzen sogar einseitig auf die Gegenwart des Spielers und vernachlässigen den Aspekt des von im dargestellten.

Dietmar ROHBERG beschreibt in seinem Buch „Theater muß wie Fußball sein" (1981, 49 f.) ein derartiges „Darstellertheater":

Die Orgler – drei Personen – kommen auf die Bühne . . ., stehen unschlüssig rum, kramen bedächtig Geige, Trommel und Ziehharmonika aus und legen sie an der Rückwand bereit nebst einigen Requisiten und Kostümen . . . Sie bauen Notenständer auf, ganz vorsichtig, als hätten sie damit schon die schlimmsten Erfahrungen gemacht, und stehen sich trotzdem im Weg. Es fallen Requisiten um, aber schließlich schaffen sie es. Dann besprechen sie sich über die Reihenfolge ihres Programms, alles auf offener Bühne, aber hinter vorgehaltener Hand, und dabei wühlen sie in Packen beschriebenen Papiers herum. Es sind inzwischen gut 15 Minuten vergangen und dann soll es losgehen, aber – Herrgottnochmal – wo ist jetzt bloß wieder die Geige. Das Publikum explodiert schier vor Lachen bei jedem Schritt, den die drei machen . . . Ein Zuschauer weiß schließlich, wo die Orgler ihre Geige versteckt haben und ruft es hoch unter grölendem Gelächter des Publikums. . . .
Ich war lange im Zweifel, ob das, was sich da an Szenen und Liedern auf der Bühne abspielt, an Durcheinander, Mißverständnissen und Pannen, nicht doch genial inszeniert ist à la „Orchesterprobe" von Karl VALENTIN, weil ich einfach nicht glauben wollte, daß man so auf die Bühne gehen kann. Aber nachdem das halbe Programm auf diese Weise mit stillem verzweifeltem Suchen verstrichen war, . . ., da wußte ich, die sind wirklich so schusselig, das sind naturwüchsige Komiker, die deshalb so komisch sind, weil sie eigentlich gar nicht komisch sein wollen. . . .
Was aber noch gesagt werden muß: Die Orgler sind keine Nonsensbrüder oder Blödelottos. Was an Liedern und szenischen Einfällen kommt, wenn es kommt, ist witzig, scharf und wird kraftvoll engagiert vorgetragen.

BRECHT spielt bewußt auf beiden Ebenen. Sein episches Theater, sein Verfremdungseffekt, beruht darauf, daß er den Spieler nicht wegmogelt, sondern bewußt einsetzt: der als Person auszumachende Spieler spielt die Rolle sichtbar vor, nimmt zu ihr Stellung, zeigt, daß er eine Rolle nur spielt. Aber dieses „nur" spielen ist nicht von geringerer Spielintensität als beim „Einführungstheater" STANISLAWSKIs. Auch BRECHT verlangte von seinen Schauspielern, daß sie sich in einer Probenphase die Rolle völlig anverwandelten, daß sie deren Verhaltensweise wirklich empfanden, begriffen, durchschauten (siehe B. B. STANISLWASKI-Studien 1967). Erst danach sollten sie den persönlichen Kommentar erarbeiten, sollten sie in Distanz zur Rolle treten.
Dieses Probenverfahren gilt meines Erachtens auch für die Lernstückarbeit. Wenn BRECHT schreibt:

„Die Spieler sollten sich an der Spielweise der ersten Schauspieler ihrer Zeit orientieren", dann bedeutet dies, wie ich meine, sie müssen den gleichen Weg der intensiven Auseinandersetzung mit der Rolle zur Einfühlung in deren Verhaltensweise gehen, wie die Schauspieler auch, ehe sie sich eine Distanz dazu erarbeiten. Dies ist ein sehr viel differenzierterer Weg als die rasche Übernahme von Verhaltensweisen im Rollenspiel, meint aber dasselbe: Verhaltenweisen sinnlich erfahren und – wenn nötig – nach deren genauer Kenntnis und Erfahrung – gemeinsam und eigenverantwortlich ändern.
Mit der größten Intensität der Arbeit dürfte sich auch der (pädagogische) Erfolg wesentlich steigern. Die differenzierte Auseinandersetzung mit einer Rolle, die genaue Nachahmung von Verhaltensweisen, ist der ungefähren, stets zum Klischee neigenden flüchtigen Rollenübernahme im Rollenspiel überlegen, die Veröffentlichung der eigenen Lösung führt nach allen sozialwissenschaftlichen Erkenntnissen dazu, daß sie dauerhafter ist als nur spielerische Alternative in der Spielgruppe.
Außerdem führt die geplante Veröffentlichung – also Aufführung – dazu, daß die Spieler sich genauer überlegen, was denn ihre Haltung wirklich ist, denn sie werden

ja darauf festgelegt, wenn auch nicht unbedingt als einzelne, so doch mindestens als Kollektiv. Auch motiviert die geplante Aufführung genauer darzustellen, man will ja „gut ankommen", also gefallen und man will ja nicht mißverstanden werden. Also muß man sorgfältig arbeiten.

Vermutlich aus diesen Gründen hat BRECHT auch seine Lehrstückinszenierungen immer bis zur Aufführung gebracht, auch wenn er sich äußerte, daß er das Publikum eigentlich nicht brauche, wohl aber verwenden könne (1967, Bd. 17, 1025).

Mindestens als Motivation zum guten genauen Arbeiten konnte er es gebrauchen. (Das er es auch anders verwendet hat, etwa als Chor in der „Maßnahme", soll hier nicht weiter erörtert werden.)

4. Gruppenkommunikation mit dem Publikum

Spätestens hier, beim Bezug des Theaterspielens auf das Publikum, muß die Formel von BENTHLEY — A spielt die Rolle des B während C zusieht — erweitert werden. Es ist ja nicht A allein, der B spielt, sondern es ist eine Gruppe, die ein Ensemble von Rollen spielt. Gezeigt wird nicht die Verhaltensweise eines einzelnen, sondern wie die verschiedenen Verhaltensweisen einander bedingen. Dieses Ensemble von Verhaltensweisen ist etwas anderes und mehr als die Summe der einzelnen Verhaltensweisen. Die Haltung der einzelnen können relativiert oder verstärkt werden, wahrgenommen wird ein Ganzes, ebenso wie man bei einem Netz auch nicht mehr die einzelnen Fäden beachtet, sondern das Gesamt der Form und der Funktion des Netzes. Damit sind die einzelnen Fäden nicht verschwunden, jeder kann seine eigene Farbe behalten, jeder dient mit seiner gesamten Kraft, aber vorherrschend ist eben das Gesamtergebnis und nicht das Einzelergebnis. Dies ist ein wesentliches Moment, warum das Theaterspiel vor Publikum eine Bedeutung hat, die über die Bedeutung des Theaterspielens ohne Publikum weit hinausgeht.

Im pädagogischen Bereich ist dies umstritten. Für viele Spiel- und Theaterpädagogen ist das Spiel vor Publikum entbehrlich oder gar schädlich oder mindestens ablenkend vom eigentlichen Lernen, das „im Prozeß" der Auseinandersetzung mit Rollen und Spielinhalten, in deren Erfindung von Szenen und Lösungen für Probleme gesehen wird.

Es wäre ein Unding, diese Bedeutung zu leugnen oder zu mindern, schließlich habe ich ja die „Kunst des Erlebens", die STANISLAWSKI für den Prozeß der Schauspieler für so zentral hielt, daß er sich bei seiner Schauspieltheorie nur mit ihr beschäftigt hat, in den Mittelpunkt auch meiner Überlegungen über das Kommunikationssystem Theater gestellt. Nur meine ich, daß durch Verzicht auf die Aufführung fast nichts gewonnen und viel verloren wird. Die Hauptargumente gegen eine Aufführung lauten: wesentliche Erkenntnisprozesse werden vorzeitig abgeschnitten, intensives Erproben vieler Lösungsmöglichkeiten wird frühzeitig beendet, intensives Eingehen auf die besonderen Bedürfnisse und Intentionen der einzelnen werde zurückgestellt zugunsten des gemeinsamen Erfolges. Auch werde die Gefahr größer, daß der Spielleiter seine Intentionen durchsetze, weil er ja am meisten mit Erfolg und Mißerfolg identifiziert werde. Diese Argumente sind nicht einfach beiseite zu wischen, es gilt vielmehr, sie als Gefährdung zu sehen und sich darauf

einzustellen, denn meines Erachtens greifen diese Argumente zu kurz, wenn sie nicht nur als mögliche Gefahren gesehen werden, sondern zum grundsätzlichen Verzicht auf die Aufführung führen.
Hierzu einige Thesen:

1. Bei einer kompetenten Spielleitung werden durch die intendierte Aufführung die wesentlichen pädagogischen Zielsetzungen nicht behindert sondern gefördert.
2. Die Aufführung führt über das individuelle Lernen hinaus zu einem kollektiven Lernen.
3. Die gesellschaftliche Entwicklung verlangt eine aktive Teilhabe aller Bevölkerungsgruppen an der öffentlichen Kultur; Theaterspielen kann dazu einen wesentlichen Beitrag liefern.

Zur 1. These
Wesentliche pädagogische Ziele einer „prozeßorientierten" Didaktik werden durch die Aufführung gefördert.
Daß das Erleben einer Rollenfigur intensiver, differenzierter, genauer geschehen kann, wenn man eine Aufführung anstrebt, wurde schon erörtert. Der Prozeß der Aneignung fremder Verhaltensweisen ist — bedenkt man die hier angesprochenen Ebenen — (Berufs-)Handlungen, mit ihrer sie begleitenden kommunikativen, selbstdarstellerischen Komponente, den kommunikativen Verhaltensweisen (Körpersprache, Lautgestaltung, Wortverhalten) und den jeweils dahinterstehenden psychischen Verhaltensweisen — so komplex und also so mühevoll, daß man sich leicht vorschnell zufriedengibt, sich mit dem Ungefähren begnügt.
Was soll einen auch dazu motivieren, sich der Mühsal der Detailarbeit auszusetzen? Erkenntnisdrang allein genügt hier selten. Auch bei motiviertesten Forschern ist Erkenntnisdrang nur eine Komponente ihres Forschens, die andere ist immer auch: Anerkennung für ihre Leistung zu finden. So ist es auch beim darstellenden Spiel. Der Wunsch, gut anzukommen bzw. die „Theateraussage" wirksam und verständlich zu machen, kann die Spieler durchaus zu ernsthafteren Anstrengungen motivieren als die viel unverbindlicheren Spielstunden. Lediglich großer Leidensdruck bei psychischer Krankheit kann — etwa im Psychodrama — dazu führen, daß man intensiv am präzisen Erfassen eines bestimmten Erlebnisvorganges arbeitet, aber selbst hier kommt der Therapie die Darstellungslust zugute, denn ohne sie würde der Patient sicherlich eine andere Therapieart wählen.
Bisher dürfte gelten: die Methoden des Psychodramas — die in der Regel nicht in die Hand von Theaterspielleitern gehören — und die STANISLWASKI-Methode für genaues Erleben einer fremden Rolle, sind in Intensität und Präzision den Rollenspielmethoden, die das gleiche anstreben, überlegen.
Ihre Absicht wird durch sauberes Theaterproben besser erfüllt als durch ihre eigenen Methoden. Dazu gehört auch die Offenheit, mit der eigene Intentionen, Gefühle, Wünsche ins Spiel gebracht werden: je offener sie bei der Auseinandersetzung mit einer Rolle zu Tage treten, desto lebendiger, ehrlicher, interessanter wird die Darstellung. Insbesondere bei Darstellungsweisen, in denen die lebendige Gegenwart der Spieler bewußt sichtbar gemacht wird (ich habe diese Wirkung beim Stichwort „Verdoppelung"

erwähnt), wird eine persönliche Stellungnahme, das Einbringen eigener Intentionen geradezu gefordert.
Ein kompetenter Spielleiter wird auch bei Theaterproben nicht auf die Möglichkeit verzichten, die das Erproben verschiedener Rollenauffassungen der unterschiedlichen Spieler bietet: die Rolle wird reicher, und gleichzeitig lernen sich die Spieler untereinander besser verstehen. Schwieriger ist schon, der Gefahr zu begegnen, daß der Spielleiter um einer guten Aufführung willen die Intentionen oder Bedürfnisse der Gruppe hintanstellt und auf äußerliche Effekte abzielt. Er kann dies leicht tun, weil er mit seiner Fachkompetenz viele Einwände überspielen kann und da die Zeit immer zu kurz ist, wird irgend etwas auf der Strecke bleiben, weil die Aufführung gelingen soll. Allerdings dürfte dies dadurch aufgewogen werden, daß nach aller Erfahrung die Spieler sich so lange als nötig gar nicht mit einem Thema beschäftigen wollen, wenn keine Aufführung ansteht. Die Faszination, die ein Thema auslöst, ist meist zu Ende, ehe man seine Möglichkeiten ausgeschöpft hat. Die Aufführung läßt da eher eine intensivere Erprobung vieler Varianten erwarten als Spielprozesse ohne Aufführung. Außerdem muß eine Theatergruppe auch nicht in jedem Fall aufführen. Es ist durchaus denkbar, erst einmal eine Reihe von Themen zu improvisieren, ehe man sich entschließt, eines bis zur Aufführung weiterzuverfolgen.
Vermutlich ist ein anderer Weg: erst einmal bis zu einer – vielleicht weniger anspruchsvollen – Aufführung zu gehen und dann zahlreiche Spielsequenzen ohne Aufführung anzuschließen, ehe man dann wieder eine – jetzt sorgfältigere – Aufführung anstrebt, der bessere, denn nach aller Erfahrung hat das Erlebnis einer Aufführung eine gruppenbildende Kraft, die von Spielprojekten ohne „Außenbezug" nicht ausgeht. Theatergruppen bleiben länger zusammen als reine Spielgruppen. Schließlich aber – und das scheint mir das entscheidende Argument zu sein – verlagert sich bei einer Arbeit im Hinblick auf eine Aufführung die Aufmerksamkeit stärker vom individuellen Spiel auf das Gruppenspiel, vom individuellen Kommunikationsbeitrag auf das gesamte Gefüge der Gruppenkommunikation, von den einzelnen Intentionen hin zu den Intentionen eines Kollektivs, ohne daß dabei die einzelnen Beiträge verschwinden, nebensächlich werden. Gerade diese Notwendigkeit, Verantwortung für ein gemeinsames Kommunikationsgefüge zu übernehmen, führt zu Erkenntnissen über eigene Verhaltensweisen, die sonst viel weniger differenziert erlebt würden: die Notwendigkeit, bewußt die Geste, den Tonfall der Partner aufzunehmen, lehrt die Spieler, wie sie sonst unbewußt von derartigen Prozessen beeinflußt werden, die kollektive Kommunikationsabsicht macht die individuelle Verhaltensweise in Gruppenprozessen anschaulich.

Zur 2. These
Die Aufführung führt verschiedene Kompetenzen zu einem Gesamtwerk zusammen
Unsere Kultur ist seit der Renaissance in entscheidendem Maße von individuellen Fähigkeiten geprägt, und mindestens seit der Aufklärung ist

das autonome Individuum, der eigenverantwortliche mündige Bürger auch Leitbild der Pädagogik. Hinter dieses Leitbild darf man heute auch nicht zurückfallen, aber gleichzeitig muß man sehen, daß es zur verantwortlichen Bewältigung unserer Welt nicht mehr ausreicht. Niemand kann mehr die Gesamtheit des Wissens in sich aufnehmen, niemand kann mehr ausreichend „allgemeingebildet" sein, „das Gesamt der Bildung ist nur noch kollektiv darstellbar" (Eugen FINK 1959).
Ebenso richtet der einzelne mit seiner individuellen Kompetenz nirgendwo mehr etwas aus. Überall wo wirkliche Entscheidungen fallen, sei es in der Politik, in der Wirtschaft, in der Wissenschaft oder in den Systemen der Massenkommunikation, geschieht dies durch Organisation der unterschiedlichen Kompetenzen in einem Team. Selbst der geniale Fachmann tritt in den Schatten dessen, der die Entscheidungsprozesse im Team organisiert.
Auf diese Entwicklung hat unser Bildungssystem bisher nur unzureichend reagiert. Zwar hat es akzeptiert, daß individuelle Allgemeinbildung nicht mehr möglich ist und Spezialisierungen zugelassen. Die notwendige Ergänzung dazu: das Organisieren von Teams, die ihre Kompetenzen eigenverantwortlich so zusammenführen, daß gemeinsame Verantwortung möglich wird, hat sie versäumt. Die Folge davon ist, daß die Spezialisten einem System, das sie nicht mehr durchschauen, immer hilfloser ausgesetzt sind, daß also verantwortliches Handeln immer mehr abnimmt.
Nimmt man den Gedanken der politischen, wirtschaftlichen, kulturellen Verantwortung der Bürger noch ernst, dann muß man – analog zur individuellen Verantwortung im bürgerlichen, industriellen Zeitalter – allmählich zur Verantwortlichkeit kompetenter, überschaubarer Gruppen kommen.
Theaterprojekte sind eine von nicht sehr vielen im Bildungsbereich darstellbaren Möglichkeiten dazu. Hier werden nicht nur die für die eigenen Erfahrungen kompetenten Spieler versammelt, die sie zu kollektiven Erfahrungen vereinen können, hier werden auch noch sehr unterschiedliche Fähigkeiten sowohl in anderen künstlerischen Medien (Musizieren, Malen, Filmen, Fotografieren etc.) als auch technisch-physikalische Fähigkeiten (Bühnen, Beleuchtungstechnik, Technik in elektronischen Medien) benötigt. Theater ist somit in der Lage, die beiden entscheidenden „Kulturen", die geisteswissenschaftliche und die naturwissenschaftliche, in einer Aufgabe zu vereinen, eine fast einmalige Chance für unser Bildungssystem.

Zur 3. These
Die aktive Teilhabe aller Bevölkerungsgruppen am kulturellen Leben
Theater war schon immer das Medium, mit dem sich Menschen über gesellschaftliche Verhaltensweisen umfassend verständigen konnten, weil sie ohne Übersetzung in ein anderes Medium (etwa Literatur) gezeigt werden konnten. (Heute ist der Film als zusätzliche Möglichkeit hinzugekommen, aber das kann hier nicht weiter diskutiert werden.)
In Zeiten, da es keine allgemeinverbindlichen Kulturvorstellungen mehr gibt, da immer mehr Kulturgruppen mit unterschiedlichen Vorstellungen nebeneinander leben, kann Theater in hohem Maße zur Verständigung der

verschiedenen Kulturgruppen beitragen. Es kann einmal innerhalb der Gruppen zur Verständigung über die gemeinsame Gültigkeit von Verhaltensweisen, Zielen, Träumen beitragen, und es kann zum anderen einen Austausch zwischen den Gruppen befördern. Im Zweiten Fall hängt der Erfolg allerdings von der Attraktivität des Theaters ab.
Man geht ja kaum zur Aufführung einer fremden Gruppe, weil man etwas über deren Lebensweise erfahren will, sondern in erster Linie, weil man sich ein Vergnügen erwartet. Eine Gruppe, die einer anderen im Theater etwas über sich, die eigene Kultur, die eigenen Ziele und Träume, die eigenen Erfahrungen und Bedrängnisse mitteilen möchte, muß also zweierlei tun: sie muß das eigene Anliegen präzise und verständlich darstellen und sie muß es attraktiv zeigen. Spätestens an dieser Stelle muß der Spielgedanke noch einmal aufgegriffen werden.
Diente Spiel am Anfang dazu, den Freiraum für Phantasie, für Entdeckung neuer Möglichkeiten, die dem Bewußtsein vielleicht noch nicht zugänglich sind, den Freiraum für Erprobung neuer Verhaltensweisen zu sichern, so muß es an dieser Stelle als Teil der theatralischen Rhetorik begründet werden. In einer lustvollen Theateraufführung läßt man sich als Publikum schon einmal spielerisch auf Gedanken, Verhaltensweine, Träume ein, die man beim direkten Appell von sich abweisen würde. Wenn es „nur" Spiel ist, kann man ja innerlich mitspielen, ohne gleich alles akzeptieren oder bewußt ablehnen zu müssen. Von einem etwas anderen Gedankengang her begründet Dario FO, warum in seinem Theater so viel zu lachen ist, auch wenn das Dargestellte tragisch ist: Lachen hilft nicht nur, einen übermächtigen Gegner vom Sockel zu holen, Lachen schafft auch die notwendige Distanz zum eigenen Leidensdruck, so daß man etwas vom Persönlichen absehen und das Typische der Situation erfassen kann. Das wiederum bringt das Publikum auch dazu, über das Persönliche hinaus das sie Betreffende zu sehen und dieses Wiedererkennen mit befreiendem Gelächter zu sehen. Weniger betroffenes Publikum wird dann wenigstens Sympathie mit jenen bekommen, die gleichzeitig ihre Betroffenheit als auch eine heitere Distanz dazu vortragen. Ein derartiges Theater, das sowohl die eigene Betroffenheit der Spieler einbringt als auch die große Leistung der spielerischen Freiheit wird beide Aufgaben erfüllen können: die Selbstverständigung, Selbstbestätigung innerhalb der Zielgruppe und die Verständigung nach außen. Ohne diese spielerische Distanz kann meist nur das erste gelingen: die Selbstbestätigung. Auch diese hat schon einen Wert, sie festigt nicht nur Anerkennung und Selbstvertrauen, sondern sie führt über die Spielgruppe hinaus zu einem viel weitergehenden Selbstverständnis, zu gemeinsamer Plattform des Erlebens, Fühlens und Denkens. Dies gelingt oft auch ohne sehr differenzierende deutliche Darstellung. Andeutungen, überzeugtes Verkünden allgemeiner Schlagworte reicht hier ebenso wie improvisierte Darbietung einzelner noch unfertiger Szenen. Außenstehenden ist es da oft unverständlich, wie in einem dilettantisch zusammengezimmerten Spektakel, in klischeebeladenen Rollenspielen Gleichgesinnte wie auf einer Gefühlswoge schwimmen. Chancen und Gefahren dieser Spiele liegen auf

der Hand: die insbesondere für Jugendliche notwendige Selbstbestätigung wetteifert mit der Gefahr der Bestärkung im Klischee, das sich die Notwendigkeit genauen Nachdenkens erspart.
Zum Glück erweist es sich in zunehmendem Maße, daß Gruppen, die so (nicht) arbeiten, kein Publikum außerhalb ihrer eigenen Umgebung mehr finden. Und so kommen sie von sich aus immer stärker darauf, daß sie das Theaterhandwerk lernen müssen, wenn sie wirksames Theater spielen wollen, was ja heißt, andere von den eigenen Intentionen zu überzeugen. Nur so kann Theater die zweite Funktion erfüllen: die eigenen Kulturvorstellungen einzubringen in die öffentlich beachtete Kultur. Nur so wird aus der sozialpädagogischen Aufgabe des Theaters eine politische Aufgabe.
Wolfgang ROSCHER hat diese Notwendigkeit schon 1970 formuliert: er begründete, daß nach der politischen Selbstbestimmung und der wirtschaftlichen Mitbestimmung in unserer Demokratie auch die „kulturelle Teilhabe", also die aktive Mitwirkung an der öffentlichen Kultur erreicht werden müsse.

III. Das ästhetische Bezugsfeld – Theater der freien Gruppen und seine Folgen für die Theaterpädagogik

Allerdings hat ROSCHER seinerzeit eine Dimension noch nicht sehen können, die heute immer deutlicher wird: die eigentlich wichtige, weil der gesellschaftlichen Entwicklung entsprechende Kultur, ist nicht mehr die in unseren Kulturpalästen hochsubventionierte Kultur, sondern jene vielfach noch als Subkultur verfemte Arbeit freier Gruppen, die sich bestimmten gesellschaftlichen Gruppen verpflichtet fühlen.
So vielfältig deren Ansätze und Spielvorstellungen auch sind, haben sie doch zahlreiche Gemeinsamkeiten, die ein neues Kulturverständnis ausdrücken:

1. Sie arbeiten nicht im Elfenbeinturm der reinen Kunstausübung, sondern aus einer bestimmten sozialen Realität heraus, die sie sehr genau kennen, sei es, daß sie ihr teilweise noch beruflich angehören, sei es, daß sie mit bestimmten Gruppen lange arbeiten und deren Verhaltensweisen und Intentionen genau erfahren.
2. Sie begreifen sich als professionelle Künstler, die ihr Metier und ihre Kreativität zur Verfügung stellen. Zur Verfügung stellen kann heißen, daß sie aus genauer Kenntnis der Kultur einer bestimmten Gruppe (zum Beispiel, weil sie in dieser Gruppe leben) diese mit ihren Theatermitteln formulieren und in der Öffentlichkeit zeigen, oder, daß sie eine Weile als Theaterlehrer auftreten, um die Gruppe in die Lage zu versetzen, im Spiel ihre eigene Lage zu erkennen und theatralisch auszudrücken. Der Gewinn liegt auf beiden Seiten: für die Künstler in einem Zuwachs an Kenntnis menschlicher Verhaltensweisen, die ja gleichzeitig ihr künstlerisches Material sind (Theater heißt Spiel mit Verhaltensweisen vor Publikum), für die Amateure in einem Zuwachs an Ausdrucksmitteln. Diese „pädagogische" Theaterarbeit kann lange dauern, denn zum einen braucht die Bewußtwerdung über die eigene Lage viel Zeit, zum anderen müssen die spezifischen Ausdrucksmittel für solche Arbeit mühsam neu entdeckt werden. Dies ist die
3. Gemeinsamkeit: die geläufigen Schauspielmittel des Literaturtheaters sind zwar nicht unbrauchbar, denn Einfühlung in eine andere Person ist sicherlich ein not-

wendiges Mittel, sie reichen aber nicht aus. Man knüpft so an Spiel- und Theaterformen des vorbürgerlichen Theaters an wie Improvisationstheater, Volkstheater; der Hanswurst erhebt sich aus der Asche, die nach der Verbrennung durch GOTTSCHED in alle Winde verstreut war, Clownstheater, Pantomime werden ebenso erprobt wie die Vereinstheatertradition, die sich in einigen Dörfern noch gehalten hat, oder Formen des Arbeitertheaters, insbesondere BRECHTs Lehrstückverfahren, oder auch die Riesenfeste, die wie im Mittelalter oder im Jesuitentheater tausende von Darstellern vereint.

Diese Vielfalt der Theaterformen wurde möglich durch die Befreiung von der Literatur. Wenn nicht mehr nur das eine Ausdrucksmittel Sprache / Literatur dominiert, wenn man souverän mit allen Mitteln spielen kann, wenn jedes Mittel zum Ausgangspunkt spielerischer Veränderungen werden darf, wird das Medium Theater sich naturnotwendig verändern. Wie ein Theater aussieht, das ganz vom Darsteller, von seiner lebendigen Gegenwart im Augenblick des Spielens lebt, wurde schon am Beispiel der drei Orgler gezeigt. Für den Ausgang von der Körperbewegung ist die Pantomime, die heute wieder auf großes Interesse stößt, nur ein Beispiel, Clownstheater ein anderes, die magischen Bewegungsfeste des „Bred and Puppet"-Theaters ein weiteres. Mitspieltheater, wie sie allerorten nicht nur im Kindertheater entstehen (erwähnt werden muß hier insbesondere der Modellversuch „Künstler und Schüler" wie das HOFFMANs Comic Teater, das in Unna mit einem riesigen Straßenfest an die Stadtfeste des Mittelalters anknüpfte), gehen in erster Linie vom Element des spontanen Spiels im Theater aus.

4. In der Entwicklung neuer ästhetischer Praxis gehört auch die größere Verantwortlichkeit der Gruppen für die Inhalte ihrer Spiele. Hierauf beruht auch ein Großteil der Wirkung: die Zuschauer wissen, daß die Spieler nicht „nur" etwas vorspielen, sondern auch, daß sie sich mit diesem Spiel politisch stellen, ihre Überzeugung wiedergeben und nicht ihre Kunst fremden Überzeugungen zur Verfügung stellen. Auch hierfür werden Mittel (wieder) entdeckt.

Wenn die Spieler der „Roten Grütze" bei ihren Stücken um sexuelle Aufklärung und Erfahrung mit erster Liebe das Rollenspiel durchbrechen und direkt erzählen, welche Schwierigkeiten sie selbst auf diesem Gebiet gehabt haben, dann wird ihr Theaterstück durch dieses Stilmittel glaubwürdiger, als wenn sie nur in den Spielrollen geblieben wären. BRECHTs Verfremdungseffekt gehört hierher: der Kommentar des Darstellers interessiert nur, wenn er wirklich selbständig einen abzugeben hat. Als Theatergag der vom Autor vorgeschrieben ist, wird er langweilig. Das Wagnis eines Improvisationstheaters vor Publikum gehört genauso hierher. Wenn die Zuschauer merken: das Spiel kann auch schiefgehen, den Spielern fällt vielleicht auch nichts mehr ein, dann entsteht Theaterspannung schon aus diesem Moment des ungewissen Ausgangs — wie beim Fußball. Hierauf bezieht sich auch der Titel von Dietmar ROHRBERG „Theater muß wie Fußball sein".

IV. Einige didaktische Folgerungen

Für eine Didaktik des Theaterspielens mit Kindern und Jugendlichen bedeuten die vorliegenden Ergebnisse als Hauptelemente des Theaterspielens:
- Spiel einer Gruppe,
- mit Verhaltensweisen,
- vor und mit Publikum.

Von diesen Elementen sind am wichtigsten:
Spiel — weil hier der Freiraum für die Entdeckung neuer Welten und der Spaß für Spieler und Zuschauer gesichert wird; Bewegung, weil es kein Verhalten und kein Theater ohne Bewegung gibt (und auch, weil man in unserem Erziehungssystem deren Bedeutung zugunsten der Wortbedeutung negiert, ihr nirgendwo den Stellenwert einräumt, den sie doch für das Zusammenleben hat). Die Bedeutung des Wortes — die ich keineswegs gering schätze — sehe ich weniger in der (Theater-)Literatur, die als Stückvorlage das gesamte Theaterspiel dominiert, als in der eigenen Erfindung, der eigenen Nachgestaltung von Sprachverhalten und in der Reflexion über die Spiele, auch wenn ich das Literaturtheater nicht eleminieren will, es behält sicherlich seinen Stellenwert: ein Stück kann zum Beispiel die Haltung der Spielgruppe besser, genauer ausdrücken, als sie es selbst vermag und auch die persönliche Auseinandersetzung mit fremden Werten, Verhaltensweisen der Autoren ist wichtig, aber das Darstellen eigener Verhaltensweisen, Wünsche, Träume, Lösungsvorschläge, Sorgen und Nöte ist mir vordringlich. Ein solches Theater, das den Kindern und Jugendlichen entspricht, das ihre Intentionen ernst nimmt, das neugierig auf ihre schon vorhandene Kultur macht, findet sich nicht im gewohnten Literaturtheater der subventionierten Bühnen, sondern es findet sich — in ästhetisch verantwortlicher Ausformung — in den freien Gruppen.
Ein ästhetischer Anspruch ist notwendig, weil er erst den Spaß und die Genauigkeit der Aussage garantiert. Allerdings muß in diese Ästhetik die lebendige Gegenwart der Spieler als Menschen hier und jetzt (und nicht nur als Rollenfiguren) einbezogen sein. Auch hierfür gibt es Beispiele fast nur im freien Theater.
Ich beginne also die Theaterarbeit — wenn die Gruppe dies mitmacht — mit einer Seuqenz von Spielen. Hierbei bevorzuge ich Spiele, die mir einen Effekt für das Theaterspielen zu haben scheinen, oder ich funktioniere bekannte Spiele um, zum Beispiel „mein rechter Platz ist leer, ich wünsche mir XY her", wird immer so gespielt, daß XY als ein Tier, oder in einer anderen Rolle, mindestens aber mit einer ungewöhnlichen Bewegung kommt. Ich beginne — wenn Training bei der Gruppe durchzusetzen ist — sie also nicht sofort ein Stück hernehmen und inszenieren will — mit Körpertraining, das zu eigenen nichtsprachlichen Szenen führt. Dieses Training muß bei dem einsetzen, was die Spielgruppe kennt. Man kann bei Lehrlingen meist nicht mit sensiblen Ausdrucksübungen beginnen, sondern eher mit ihren Berufstätigkeiten und mit sportlichen, insbesondere kämpferischen Bewegungen, bei Mädchen oft mit Tanz. Aber das ist kein Dogma. Zwar sind Jungen selten für Tanz zu begeistern — mit Ausnahme von Türkenjungen —, Mädchen mögen aber durchaus Kampfbewegungen, die besonders aus asiatischen Selbstverteidigungssportarten herkommen, wie Tai Chi, Karate, Judo, die überhaupt für Theater sehr brauchbar sind: sie lehren, sensibel auf die Bewegungen des anderen (des Gegners) einzugehen, verbinden ökonomische Bewegungsabläufe mit richtigem, mit harmonischem Atmen, helfen, den Willen auf bestimmten Punkte zu konzentrieren, befördern

Bewußtheit über Bewegungsabläufe, alles Fähigkeiten, die zum Theaterspielen gebraucht werden. Ein systematischer Aufbau von Übungen aus allen Bereichen des Theaterspielens: Bewegung, Atmung, Lautung, Sprache ist bei Betty LOWNDES zu finden: erstes Theaterspielen mit Kindern (1971).
Dieses Buch löst allerdings noch nicht die Frage der Zielvorstellungen. Kinder und Jugendliche gehen in ihrer Theatervorstellung stark vom Fernsehen aus. Etwas anderes kennen sie ja nicht. Soll nun die Spielweise nicht nur vom Spielleiter bestimmt werden (was ich für einen weniger günstigen Weg halte, weil es die Abhängigkeit vom Spielleiter bestärkt), muß man mit der Spielgruppe so oft es sich machen läßt zu verschiedenen freien Gruppen gehen. Nur so ist eine Palette von Spielstilen zu erfahren, nur so sind Maßstäbe für das eigene Tun zu erreichen.
Wie schnell eine Gruppe etwas zum Aufführen vorbereiten sollte („möglichst schnell, damit der Zusammenhalt gefestigt werde und damit die Gruppe erfährt, wie etwas wirkt" — „möglichst spät, damit sie ihre gemeinsamen Intentionen erst einmal finden kann und die elementaren Theatermittel lernt!") und wie sich nach den Anfangsimpulsen Spiele zum kennenlernen, Training von Theatermitteln, Beispiele fremder Aufführungen zum Erfahren von vielen ästhetischen Möglichkeiten eine Gruppe entwickelt, das kann man sicherlich in keiner Systematik mehr darlegen. Der Spielleiter muß ein Repertoire von Schauspieltechniken zur Verfügung haben, das viele Bereiche des Theaterspielens umfaßt, damit er sich auf die jeweiligen Intentionen der Gruppe einstellen kann. Ein derartiges „offenes Curriculum" setzt meines Erachtens voraus, daß der Spielleiter selbst künstlerisch tätig bleibt, damit er immer neue Ausdrucksmöglichkeiten erprobt und daß er nicht einseitig nur mit Kindern und Jugendlichen arbeitet, damit er sich seine Neugierde auf die Kultur der jeweiligen Gruppe, mit der er Theater spielt, erhält. Kultur der jeweiligen Gruppe, das ist das Gesamt der Verhaltensweisen, Ängste, Erlebnisse, Wünsche, Träume. Kultur ist also zunächst einmal das, was eine Gruppe schon mitbringt und erst in zweiter Linie das, was ihr — ausgehend von ihren eigenen Intentionen — vermittelt wird.

Literatur

Bentley, E.: Das lebendige drama. Eine elementare Dramaturgie, Velber bei Hannover 1967
Brecht, B.: Gesammelte Werke, Frankfurt / Main 1967
Feldenkrais, M.: Der aufrechte Gang, Frankfurt / Main 1968
Fink, E.: Zur Bildungstheorie der technischen Bildung (1959), zit. nach: Die deutsche Schule Nr. 2, 3. Aufl. Hannover 1963
— Spiel als Weltsymbol, Stuttgart 1960
Fischer, A.: Also spielen wir wieder Theater, Itzehoe 1960
Goffman, E.: The Presentation of Self in Everyday Life, New York 1959. deutsch: Wir alle spielen Theater, München 1969
Lowndes, B.: Erstes Theaterspielen mit Kindern, Ravensburg 1979

Möbius, P.: Schalk Terrä und die „Teutschen Kommödianten" oder: Das Theater der „Gemeinen", in: Möbius / Stankewitz: Spiel — Theater — Animation, hrsg. von: Hochschule der Künste, Berlin 1982
Rohberg, D.: Theater muß wie Fußball sein, Berlin 1981
Stanislawski, K. S.: Die Arbeit des Schauspielers an sich selbst. Tagebuch eines Schülers, Teil 1: Die Arbeit an sich selbst im schöpferischen Prozeß des Erlebens, Berlin 1961
Watzlawick, P. / Beavin, J. H. / Jackson, D.: Menschliche Kommunikation. Formen, Störungen, Paradoxien, New York 1967

4. Spielraum Bühne
Ute Kessler / Barbara Oertel-Burduli

Alle, die sich mit Kindern beschäftigen, machen bei vielen Unterschieden eine gemeinsame Erfahrung: der Spieltrieb ist zwar vorhanden, aber in der Praxis auf wenige Ausdrucksformen reduziert. Oft wird er sogar verdrängt durch den Konsum vorgefertigter Spielhandlungen (Fernsehen) oder durch technische Spiele (Computer), die entweder nur den Intellekt fordern oder der nonverbalen, unkörperlichen Abreaktion einfacher Gefühlsstrukturen dienen.

Ein Großteil des kommerziellen Spielzeuges ist zudem so stark auf Perfektion ausgerichtet, daß den Kindern damit keine Möglichkeit mehr bleibt, zu ergänzen, zu assoziieren – also zu spielen.

Außerdem sollte man sich klarmachen, daß das große und breite Angebot von Sportarten – bei aller positiven Bedeutung von Sport für das Kind – auch eine Kompensation für kreatives Spielen darstellt.

Hinzu kommt, daß in Schule und Elternhaus der vordergründige Nützlichkeitsaspekt häufig so stark betont wird, daß einerseits schöpferische Fächer vernachlässigt, andererseits bei den Kindern in erster Linie Dinge gefördert werden, die diesen Nützlichkeitsaspekt erfüllen.

Ein letzter schwerwiegender Punkt ist, daß die Personen der Umwelt des Kindes – Eltern und Lehrer – oft selber nicht in der Lage sind, zündende Spielimpulse zu setzen. Woher sollen es dann die Kinder können? Spielen muß angeregt und geübt werden – wie das ABC in der Schule.

All diesen Tendenzen versuchen wir mit unserem Theater für Kinder entgegenzuwirken. Unsere Zielsetzung dabei ist: Phantasie anzuregen und Lust am Spielen zu wecken. Gelingt uns das in einer Aufführung, hieße es auf halbem Wege stehenzubleiben, würden wir die Kinder mit der angeregten Phantasie und der geweckten Lust am Spielen allein lassen. Deshalb laden wir sie seit sieben Jahren stückunabhängig auf einen ganz besonderen Spielplatz mit ganz besonderem Spielzeug ein: auf die Bühne mit ihren Theatermitteln. Diese Mittel sind Körpersprache, Mimik, Gestik, verbale Phantasie sowie der Umgang mit einfachsten Gegenständen.

Diese Einladung gilt aber nicht nur Kindern, sondern auch ihren Eltern und Lehrern. Kinder brauchen zum Spielen Partner, die ihnen helfen, die bei uns geübten Spielweisen fortzusetzen, d. h. sie in ihre Freizeitgestaltung zu integrieren. Da Erwachsene beim Spielen aber ähnliche Schwierigkeiten wie Kinder haben, sind diese gemeinsamen Spielaktionen für sie eine Gelegenheit, ihre Spielfähigkeit zu trainieren. Darüber hinaus lernen sie am Beispiel der Theateranimatoren, was zur Spielimpulsgabe notwendig ist. Das setzt sie in die Lage, bei späteren Spielen mit den Kindern diese Aufgabe zu übernehmen.

I. Spielraum Bühne und Theatermittel als Angebot für Improvisation und Spiel mit Kindern und Erwachsenen

Beginnen wir unter diesem Aspekt mit einem Spielverlauf, in dem unter dem Thema „Spielerischer Umgang mit Märchen" den Kindern und ihren Eltern oder Lehrern Spielmöglichkeiten angeboten werden, die sie in kurzen Übungen und Improvisationen ausprobieren und dann zu Hause oder in der Schule fortführen können.
Der Einstieg ins Spiel beginnt auf leerer Bühne, da sich Kinder und Erwachsene im Verlauf des gemeinsamen Spielens die Bühne selber „erobern" sollen. Um allen Beteiligten die erste, immer vorhandene Scheu zu nehmen und um sich kennenzulernen, beginnen wir mit einer Übung, die so aussehen kann: Alle Beteiligten bilden einen Kreis. Jeder hockt sich – ohne den anderen zu berühren – auf den Boden, schließt die Augen und stellt sich vor, er ist eine Pflanze noch unter dem Erdboden. Der Spielleiter beginnt mit der Vorgabe der verschiedenen Situationen: Es ist dunkle Nacht, alles schläft ...
Dann wird es langsam hell, die Sonne geht auf, und mit dem Aufgehen der Sonne durchbricht jede Pflanze vorsichtig den Erdboden. Die Arme und Hände über dem Kopf gefaltet, die Augen noch geschlossen, gehen alle mit dem Körper ganz langsam in die Höhe, bis sie stehen. Und vorsichtig öffnen sich die Hände, die Arme, die Augen – das Gesicht streckt sich der Sonne entgegen, die Blüte hat sich geöffnet. Alle machen jetzt ein sanftes Windgeräusch, und jede Pflanze wiegt sich im Wind. Dann senken sich langsam die Arme, bis sie den anderen berühren. Alle geben sich die Hände, und wir schließen „Freundschaft" miteinander.
Bei dieser Übung müssen sich die Kinder und Erwachsenen zunächst ganz auf sich und ihren Körper konzentrieren. Dann nehmen sie ihr imaginiertes Umfeld (Sonne, Wiese) auf, d. h. sie müssen zeigen, daß sie Sonne und Wind in ihrem Gesicht spüren, daß Spannung in ihrem Körper ist (aufgeblüht). Dann kommt die eigene Stimme dazu, die einmal nicht spricht, sondern Wind „macht". Und schließlich – in der Berührung des anderen die Erfahrung: ich bin nicht allein, ich bin Teil eines Ganzen; die Steigerung also vom „ganz klein sein" zum großen, den ganzen Raum füllenden Kreis.
Der Kreis öffnet sich wieder, und die Übung ist beendet.
Alle setzen sich. Der Spielleiter beginnt ein Märchen zu erzählen, zum Beispiel die „Spiegelgeschichte", den Anfang der „Schneekönigin" von Hans Christian ANDERSEN, das er mit der Frage an die Kinder abschließt: was passiert, wenn uns jetzt eine der kleinen Glasscherben treffen würde?
Alle denken sich gemeinsam verschiedene Geschichten aus, die den Alltag der Kinder betreffen, zum Beispiel:

Spielraum Bühne 383

1. Wir sitzen oder stehen dichtgedrängt in der Straßenbahn. Plötzlich bekommt einer von uns einen dieser Splitter ins Auge und reagiert wie die Menschen in ANDERSENs Märchen...
2. Im Klassenzimmer: zwei Schüler bekommen den Splitter ins Auge. Wie reagieren sie, und wie reagieren die anderen auf sie?
3. Vater hat Geburtstag, die ganze Verwandtschaft, Freunde und Bekannte sitzen am Tisch und feiern. Einer hält eine große Rede auf das Geburtstagskind. – Da geht plötzlich das Fenster durch Sturm auf, und allen fliegt ein Splitter ins Auge. Was passiert?

Abbildung 1: Erwachsene und Kinder bei Märchenimprovisationen

Die Geschichten werden spontan miteinander gespielt. Dabei ist zu beachten, daß die Kinder nach und nach angeleitet werden, den Raum zu nutzen, daß sie sprachlich zu verstehen sind, den anderen ausreden lassen, auch ihren Körper und nicht nur ihre Sprache mit einbringen, daß ihr Spiel nicht in Geschrei und Gerangel, in Stärkebeweis und Aggression umkippt. Die Kinder sollen erkennen lernen, daß ihr Spiel ihnen und den Zuschauenden immer etwas erzählen muß. Aus diesem Grund sollte jede Improvisation bei den Zuschauenden in ihrer Wirkung abgefragt und dann noch einmal verändert (verbessert) wiederholt werden.
Wichtig auch, daß nach einer aktiven Phase eine ruhige folgt, und deshalb setzen sich alle nach dieser Übung wieder in den Kreis. Jeder macht die Augen zu und denkt an etwas Schönes. Der Spielleiter tippt eines der Kinder an, das noch mit geschlossenen Augen sagen soll, was es Schönes gedacht hat. Dann öffnet es die Augen, und der Splitter, der zu Streit und

Ärger geführt hatte, ist verschwunden. Auch die anderen sagen jetzt, was sie sich Schönes ausgedacht haben, und auch bei ihnen verschwindet damit der Splitter.
Im nächsten Schritt dieses Spielangebotes denken sich alle Kinder zu den gespielten Szenen, die alle im Streit endeten, einen guten Schluß aus. Eine der „guten" Geschichten wird improvisiert, die anderen können Eltern und Kinder zuhause spielen.
Als Abschluß wiederholen alle die Anfangsübung, nur in umgekehrter Reihenfolge mit dem Kreis beginnend, aus dem sich jeder löst, indem er Arme und Hände langsam wieder über dem Kopf faltet, die Augen schließt und langsam wieder in Hockstellung geht.
Da dieses Spielangebot — mit Ausnahme der Anfangsübung — hauptsächlich auf verbale Ausdrucksmöglichkeiten zielt, sollte sich ein zweiter Spielverlauf anschließen, der den Kindern Möglichkeiten ihrer Körpersprache eröffnet.
Wir wählen dazu das Thema „Traum" und bleiben im Rahmen des ANDERSEN-Märchens. Der Spielleiter erzählt das Kapitel „Prinz und Prinzessin", deren liebste Beschäftigung das Träumen ist. Die Kinder erzählen eigene Träume oder denken sich neue aus. Dabei zeigt sich auch hier, daß die Phantasie der Kinder von technischen Bildern wie Flug durch den Weltraum, Roboter etc. geprägt ist und kaum eigenschöpferische Vorstellungen entstehen.
In einer ersten Traumübung bilden alle eine lange Kette, jeder legt die Hände auf die Schultern seines Vordermannes. Wir haben uns in einen Zug verwandelt, der durch den Weltraum fährt und alles kann. Der Spielleiter führt ihn an, und alle anderen wiederholen seine Bewegungen: der Zug beginnt ganz langsam mit großen Schritten und wird dann immer schneller, er fährt wellenförmig auf und ab, dann in Schlangenlinien über die ganze Bühne, dann im Kreis, bildet eine Acht, kippt in einer Kurve nach links, dann nach rechts . . .
Diese Übung wird nur dann funktionieren, wenn es den Beteiligten gelingt, genau das nachzuahmen, was der Vordermann begonnen hat. Das heißt, sie erfordert sehr viel Konzentration und Bereitschaft, sich auf den anderen einzustellen.
In einer zweiten Übung spielen wir „Wald", der aus verzauberten Bäumen besteht. Zuerst verteilen sich die Kinder über die ganze Bühne. Jedes Kind wird jetzt zu einem Baum oder einem Strauch, der fest im Erdboden verwurzelt ist — niemand darf sich mehr vom Fleck bewegen. Alle Konzentration gilt dem Körper, der zum Stamm wird, den Armen, die zu Ästen, den Händen, die zu Zweigen werden. Jedes Kind findet für sich seine „Baumstellung". Die Erwachsenen machen dazu Windgeräusche, und die Bäume bewegen sich im Wind. Der Wind wird stärker, steigert sich zum Sturm, und die Bewegungen der Bäume werden größer und schneller. Bei einem großen Baum bewegt sich nur der Oberkörper hin und her, die Arme bleiben — als Krone — geschlossen. Bei einem Strauch bewegen sich auch die Arme auf und ab, der Kopf geht mit, aber immer bleiben die Füße fest an derselben

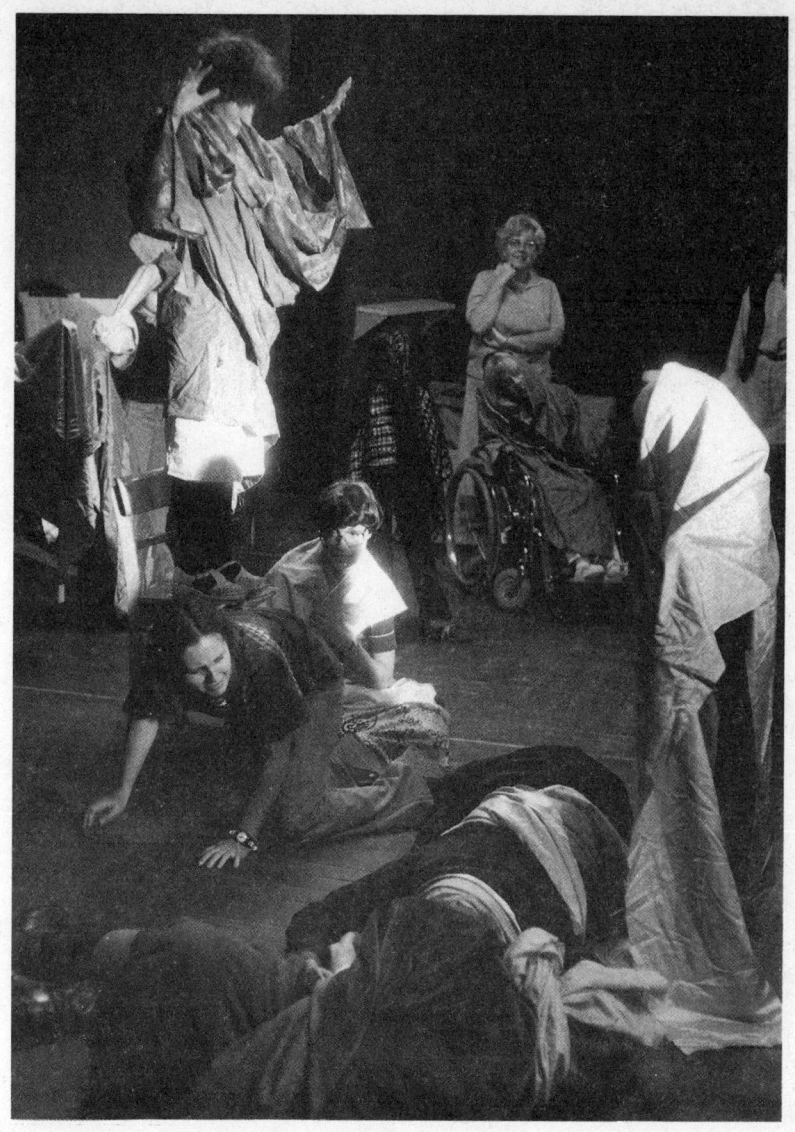

Abbildung 2: Erwachsene und Kinder bei Märchenimprovisationen

Stelle — die Kinder müssen ihre Balance halten, was nicht immer einfach ist.
Dann wird ausgetauscht, die Erwachsenen spielen Bäume, und die Kinder machen die Windgeräusche — und jeder kann beim Zuschauen etwas vom anderen lernen.
Als letzte und schwerste Übung stellen wir uns vor, wir sind Marionetten. Zunächst beschreiben alle gemeinsam die Bewegungen von Marionetten: eckig, ruckartig, abgewinkelt, exakt geführte Bewegungen, steife Beine, unbewegliche Hände, genau unterteilte Kopfbewegungen . . . Dann werden, nach dem Kommando des Spielleiters, einzelne dieser Bewegungen geübt, beginnend zum Beispiel mit dem Kopf: exaktes Drehen nach rechts über vorn nach links, ruckartiges Nicken, Schließen und Öffnen der Augen; Heben und Senken des rechten abgewinkelten Armes, dann des linken, dann beider Arme; dann Gehen mit steifen Beinen. Dann versuchen wir nach und nach, die geübten Einzelbewegungen miteinander zu verbinden: Gehen mit steifen Beinen und Bewegen der abgewinkelten Arme und ruckartiges Nicken mit dem Kopf.
Ab jetzt richten sich die Übungen nach dem Vermögen und der Fähigkeit der Kinder, sich zu konzentrieren und immer noch mit Lust bei der Sache zu sein.
Diese Übungen aus kombinierten Bewegungsabläufen können auch paarweise zwischen einem Erwachsenen und einem Kind gemacht werden, indem wir jetzt wie bei richtigen Marionetten mit Fäden arbeiten. Ein Erwachsener bindet an den Beinen oder Armen oder um den Kopf eines Kindes Fäden fest und führt seine „Marionette". Dann wird ausgetauscht.
Als Abschluß dieses Spielangebotes bilden wir verschiedene Gruppen aus maximal vier bis fünf Personen. Jede Gruppe denkt sich einen Traum aus, in dem alle bisher geübten Mittel verwendet werden, und führt ihn nach einer kurzen Vorbereitungszeit den anderen vor, die raten müssen, was sie gesehen haben.
Weitere Angebote zum Thema „Traum", den wir bisher ohne Worte gespielt haben, könnten im sprachlichen Bereich zum Beispiel sein: ganz langsam oder ganz schnell sprechen, oder hoch und tief, oder leise und laut, oder stumm sprechen oder eine neue Sprache ausdenken oder nur in Konsonanten sprechen . . . Im Bereich des „Schneekönigin"-Märchens könnte man fortfahren und die Kinder Gegenstände und Stoffe mitbringen lassen für das Reich der Schneekönigin — aber nur Dinge, die zuhause vorhanden sind. Mit Hilfe dieser Sachen verkleiden sich alle Beteiligten und improvisieren Geschichten aus dem Reich der Schneekönigin.

II. Theatermittel und -übungen für Lehrer als Handwerkszeug zum Inszenieren

Bei Gesprächen mit Lehrern, die eine Theater-AG leiten oder aufbauen möchten, tauchen immer wieder Fragen nach Darstellungs- und Inszenie-

rungsmitteln und Motivationen auf, Schüler über einen längeren Zeitraum hinweg bei der Sache zu halten. Als Antwort auf diese Fragen stellten wir folgenden Übungskatalog auf, der bereits mit Erfolg in Lehrerfortbildungskursen von uns ausprobiert wurde.
Zum Einstieg und Sichtbarmachen der Vielfalt verbaler und körperlicher Gefühlshaltungen beginnen wir mit folgender Übung: Es werden an jeden Teilnehmer Zettel verteilt mit einer Gefühlshaltung positiver oder negativer Art wie nervös, fröhlich, verzweifelt, hysterisch, neugierig, glücklich etc. Alle behalten die gezogene Haltung für sich.
Einer der im Kreis sitzenden Beteiligten beginnt, das von uns bewußt als Kontrast gewählte HEINE-Zitat „Ich weiß nicht, was soll es bedeuten, daß ich so traurig bin" in seiner Gefühlshaltung zu sagen. Die anderen müssen seine Haltung erraten. Dann kommt der nächste, bis alle den Satz gesagt haben. Bereits bei dieser Übung gilt es schon, Unterschiede im Ausdruck verwandter Haltungen wie ängstlich, traurig, verzweifelt zu finden und zu raten und die Schwierigkeiten solcher Differenzierungen zu begreifen.
Bei der zweiten Übung werden die Zettel untereinander ausgetauscht, und es gilt jetzt, die gezogene Gefühlshaltung in folgender, nonverbaler Situation auszuprobieren:
In einem dunklen, großen und menschenleeren Park begegnen sich plötzlich zwei Menschen – in der von ihnen gezogenen Gefühlshaltung, die sie hier nur mit dem Körper zum Ausdruck bringen dürfen.
Als letzte Übung zu Gefühlshaltungen müssen nun körperlicher und verbaler Ausdruck in folgender Situation kombiniert werden:
Ein Tabakladen, den ein Kunde mit dem Satz betritt: „Ich möchte eine Schachtel Zigaretten, bitte" und dem der Verkäufer mit der Frage antwortet: „Welche Sorte, bitte?" – jeweils in der gezogenen Gefühlshaltung.
Bereits diese beiden Sätze ergaben teilweise durch die Kombination verschiedenster Gefühlshaltungen spannende Situationen, die sich in der Phantasie der Zuschauenden zu ganzen Szenen ausweiteten.
Der zweite Übungskomplex gilt der Findung spezifischer Charakteristika von vornherein festgelegter Persönlichkeiten.
Der Liedvers

„Alle meine Entchen
schwimmen in der See.
Köpfchen in das Wasser,
Schwänzchen in die Höh"

sollte in der Ansprache oder Rede folgender Personen untergebracht werden:

1. einer Fernsehansagerin, wobei jede Zeile des Verses die Ansage einer Sendung sein soll,
2. eines Nachrichtensprechers als Teil seiner Nachrichten,
3. eines Kompaniechefs, der seiner Truppe auf dem Kasernenhof den Tagesbefehl erteilt,
4. eines Parteiversammlungsredners und
5. eines Popstars.

Die bei diesen Improvisationen von den Beteiligten gefundenen Charakteristika waren verblüffend und genau und ergaben in der absurden Kombination des „Entchen"-Verses und aktueller Bezüge eine ganz spezielle Komik.
Einem letzten Komplex zur Charakterisierung verschiedener Theaterformen gilt die folgende Improvisation:
Ausgangssituation ist der Frühstückstisch einer fünfköpfigen Familie mit fünf äußeren Ereignissen zur Auswahl:

1. Der Postbote bringt dem Vater einen Brief, der seine Kündigung enthält.
2. Der Postbote bringt dem Sohn einen Brief mit der Ablehnung eines Lehr- oder Studienplatzes.
3. Die Tochter eröffnet der Familie, daß sie schwanger ist.
4. Die Mutter eröffnet der Familie, daß sie die Nase voll hat und sich scheiden lassen will.
5. Bei der morgendlichen Zeitungslektüre entdeckt der Vater, daß er sechs Richtige im Lotto hat. Ein Familienmitglied, das die Aufgabe hatte, den Lottoschein abzugeben, muß gestehen, daß es die Abgabe diesmal vergessen hat.

Es werden fünf Gruppen gebildet, die alle einen Zettel ziehen mit der Bezeichnung Komödie, Krimi, Schnulze, Stück mit tragischem Ausgang *oder* offene Form wie Revue oder Kabarett mit Sprecher. Der gezogenen Form entsprechend werden nun von jeder Gruppe eine, mehrere oder alle der vorgegebenen Situationen ausgewählt. Nach einer Vorbereitungszeit von etwa zwanzig Minuten führen alle Gruppen nacheinander ihre Improvisationen vor.
Auch bei dieser Übung war es erstaunlich zu beobachten, wie gut die Beteiligten – ohne vorherige Aussprache – in der Lage waren, die genannten Theaterformen in der Improvisation zu charakterisieren.
Entscheidend bei allen Übungen und darüber hinaus für die Arbeit mit Schülern ist immer eine sehr genaue Vorgabe und Besprechung von Themen und Situationen. Wichtig auch das gemeinsame Beurteilen von Improvisationen, und zwar nicht im Sinne von gut oder schlecht, sondern im Versuch einer genauen Beschreibung der Eindrücke und Emotionen, die eine Improvisation beim Spielenden wie beim Zuschauenden hervorruft. Es sollte immer darum gehen, wie genau der Spieler eine Situation, eine Gefühlshaltung zum Ausdruck bringen kann. Je genauer und intensiver er sich während einer Improvisation oder später während der Proben in eine Situation hinein denkt, um so deutlicher wird sie für den Zuschauer erkennbar sein. Was immer helfen wird, ist die Erinnerung an selbst erlebte Situationen, die der zu spielenden Gefühlshaltung entsprechen oder zumindest ähneln. Es fällt leichter, einen schüchternen Menschen zu spielen, wenn sich der Spieler an die eigene Schüchternheit erinnert. Auch beim professionellen Schauspieler fließen immer eigene Erfahrungen und Erlebnisse in die Rollengestaltung ein.
Weiter kommt ein Lehrer mit seinen Schülern zu einer genaueren Situationsanalyse, wenn er die Schüler einmal den sogenannten „Untertext" mitsprechen läßt, jene Gedanken, die man auch in der Realität parallel zu

dem, was man sagt, denkt, aber nicht ausspricht. So ein Untertext kann in die Körperhaltung eingehen, die dadurch in Gegensatz zur verbalen Aussage gerät und somit große Spannung erzeugen kann.
Jeder Lehrer sollte seinen Schülern von Anfang an Mut machen, auf dem Hintergrund genauer Text- und Situationsanalyse (jede Rolle hat eine Vor- und eine Nachgeschichte) einen Text bewußt, d. h. mit den notwendigen Pausen und Hervorhebungen, zu sprechen und ihn nicht herunterzuleiern in der Angst, etwas zu vergessen.
Mit einer bewußt gemachten verbalen Gefühlshaltung sollte gleichzeitig auch immer eine körperliche korrespondieren (oder auch bewußt im Gegensatz stehen). So muß eine verbale Drohgebärde sich auch in einer körperlichen Drohhaltung widerspiegeln. Ein Spieler kann nur schwer beim Zuschauer Spannung erzeugen, wenn sein eigener Körper und seine Stimme ohne Spannung sind.
Entscheidend ist auch, daß genau festgelegt wird, wie der eine Partner auf den anderen reagiert. Spielen heißt miteinander umgehen, aufeinander reagieren, und zwar immer für Spieler und Zuschauer nachvollziehbar. Das bedeutet nicht nur, den anderen ausreden zu lassen — es sei denn, man wendet es bewußt als Mittel an, jemandem ins Wort zu fallen —, sondern auch sehr genau aufzunehmen, was der andere gesagt und wie er reagiert hat. Das wiederum bedeutet, Aktion und Reaktion genau abzusetzen, auch räumlich zum Beispiel.
Theaterspielende Schüler haben verständlicherweise häufig den Hang, zu dicht zusammenzustehen und damit sehr viel an Spannung und Interesse von seiten des Zuschauers zu verschenken. Wie soll Spannung erzeugt werden, wenn sich alle in einem Haufen zusammendrängen, in dem keine Einzelreaktionen mehr zu erkennen sind. Es gehört viel Mut dazu, zwei Personen in eine große räumliche Distanz zu bringen und es trotzdem zwischen beiden knistern zu lassen. Und es gehört auch zum Theaterspielen, einmal eine Geste, eine Haltung, ein Wort im Raum stehen und wirken zu lassen und erst dann fortzufahren.
Um diese Fähigkeiten zu trainieren, seien als Abschluß noch einige Übungen erwähnt, die wir den Lehrern in unseren Fortbildungskursen als szenische Vor- und Nachbereitungsübungen angeboten haben, die aber genauso gut als Vorübungen im Rahmen einer Inszenierung mit Schülern angewandt werden können. Die Übungen nehmen jeweils konkret Bezug auf die Probleme des Stückes und sollten spontan und ohne vorherige Absprachen erfolgen.
In unserem Fall ging es um das Jugendstück „Antigone — wer ist das?" von Peter HEUSCH, einer sehr freien Adaption des antiken Stoffes, in der Anna, ein junges Mädchen, Selbstmord begeht, weil ihr Vater nicht bereit ist, eine einmal getroffene Entscheidung — die Anzeige seines jüngsten Sohnes — rückgängig zu machen.

Alle Beteiligten sitzen im Halbkreis und beginnen mit der *ersten Übung*.
Dem Stückeindruck entsprechend, geht einer aus der Gruppe spontan in die Mitte mit dem Satz „Ich bin der Vater" und bleibt in dessen Körperhaltung und mit einer bestimmten Gebärde stehen. Weitere Beteiligte stellen sich nacheinander dazu als die von

ihnen gewählte Figur — bis das Familienbild vollständig ist. Wir haben jetzt ein lebendes Bild, das durch Haltung, Blicke, räumliche Distanz oder Nähe bereits etwas über Strukturen innerhalb dieser Familie aussagt. Zur Vertiefung dieser Strukturen bleibt jeder in seiner Position und gibt als Figur ein kurzes Statement ab.

Zweite Übung: Jemand geht mit dem Satz „Niemand nimmt mich ernst" in die Mitte — die anderen sollen spontan auf ihn zugehen und durch Sprache oder Haltung auf ihn und seine Aussage reagieren. Dabei entstehen häufig ganz überraschende Situationen, teilweise sogar eine ganze Szene. Außerdem gibt diese Übung Schülern die Gelegenheit, soziales Verhalten zu trainieren bzw. das eigene zu überprüfen.

Dritte Übung: Eine besonders dramatische Szene des Stückes wird als lebendes Bild nachgestellt. Wer will, kann diesem Bild eine andere Aussage geben, indem er eine einzige Veränderung (in der Position, im Drehen des Kopfes . . .) im Bild vornimmt. Wichtig dabei ist, daß diese Übung ohne Worte läuft.

Vierte Übung: Unter dem Titel „Ungehörte Hilferufe" improvisieren verschiedene Gruppen nach vorheriger etwa zwanzigminütiger Vorbereitung kleine, in sich abgeschlossene Szenen, in die sie das zuvor Geübte einbringen.

Ein kleiner Exkurs in Sachen Vor- und Nachbereitung von Theaterbesuchen mit Schülern:

1. Das Lesen eines Theaterstückes im Unterricht findet meistens unter rein literarischen Aspekten statt, die gerade bei klassischen Stücken das Interesse der Schüler nicht immer fördern. Darum unser Vorschlag an die Lehrer, den Spielraum Bühne auch während des Unterrichts zu nutzen, und sei es nur auf dem Papier.
So ließe sich ein Klassiker auch einmal unter dem Aspekt der Aktualisierung (nicht Modernisierung) lesen. Das heißt, es gälte die Punkte herauszuheben, die einen direkten Bezug zu unserer heutigen Zeit haben. Wie sähen zum Beispiel unter diesem Aspekt Bühnenbild und Kostüme aus? Die Schüler sollten Bühnenbild- und Kostümentwürfe sowie genaue Personen- und Situationsanalysen anfertigen — eine Inszenierung auf dem Papier. Und vor allem sollten sie immer wieder einzelne Szenen laut miteinander lesen, vielleicht sogar spielen, um ein Gefühl für die ungewohnte Sprache zu bekommen. Auch Schauspieler lesen auf ihrer ersten Probe das Stück laut mit verteilten Rollen.
Stückbesprechungen unter den oben vorgeschlagenen Aspekten setzen, wie unsere Erfahrung gezeigt hat, häufig eine Flut von phantasievollen und durchaus realisierbaren Einfällen bei den Schülern in Gang. Und sie haben beim nachfolgenden Theaterbesuch das nicht zu unterschätzende Vergnügen, ihre Ideen mit der Umsetzung durch das professionelle Theater zu vergleichen.
2. Die bereits erwähnte szenische Vor- und Nachbereitung empfiehlt sich besonders bei Stücken, die vor dem Theaterbesuch nicht gelesen oder besprochen werden können. Sie dient einer aktiven Aufbereitung und Verarbeitung der gesehenen Aufführung.

III. „Eine Aufführung entsteht"

Nach den bisher beschriebenen Angeboten an Theatermitteln für gemeinsames Spiel zwischen Kindern und Erwachsenen und den Übungen für Lehrer als Handwerkszeug für Inszenierungen, möchten wir als letztes einige unserer Erfahrungen aus dem Entstehensbereich einer Aufführung beschreiben.

Unsere Erfahrungen basieren zum einen auf zwei mit Kindern und Erwachsenen in Zusammenarbeit mit der Volkshochschule der Stadt Düsseldorf durchgeführten Kursen, von denen der eine sich über ein Jahr erstreckte. Zum

anderen basieren sie auf den ersten, 1982 in Düsseldorf veranstalteten Schultheatertagen.
Unter dem Titel „Eine Aufführung entsteht — Fazz und Zwoo" arbeiteten wir mit einer Gruppe von acht- bis zwölfjährigen Kindern und ihren Eltern über mehrere Monate zusammen.
Wir gingen aus von dem Stück „Fazz und Zwoo" des Engländers Ken CAMPBELL, das in einer turbulenten Szenenfolge die Abenteuer des genialen Erfinders und Detektivs Fazz und seines liebenswerten, wenn auch etwas dümmlichen Assistenten Zwoo schildert. Der Gruppe wurde ausführlich der Stückinhalt erzählt und schriftlich zum Nachlesen ausgehändigt.
Dann wurden zwei Arbeitsteams gebildet — ein Regieteam mit Schauspielern, Regisseur und Regie-Assistenten und ein Ausstattungsteam mit Bühnen- und Kostümbildner und Assistenten. Im Verlauf der Zusammenarbeit wurde die Teilung in diese beiden Teams wieder aufgehoben, da wir so phantasiebegabte Kinder in der Gruppe hatten, die unbedingt bei allen Arbeiten beteiligt sein wollten.
Zwei von uns ausgewählte Szenen aus dem Stück sowie eine von allen erfundene Szene, in der die Geschichte von Fazz und Zwoo weitergesponnen wurde, wurden mit Bühnenbild und Kostümen erarbeitet. Dabei galt es auch, eigene Dialoge zu finden, da die Kinder die jeweilige Szene ja nur inhaltlich kennengelernt hatten. Zur Findung der Dialoge ließen wir die Kinder die jeweilige Szene improvisieren und schrieben ihre dabei spontan entstandenen Dialoge mit, die wir dann später zu einer ganzen Szene vervollständigten.
Kinder und Jugendliche sind, wie unsere Erfahrungen zeigen, häufig in der Lage, spontan so gute Dialoge zu improvisieren, daß man sie praktisch Wort für Wort übernehmen kann. Die größere Schwierigkeit besteht für sie darin, eine Improvisation „auf den Punkt", zu einem richtigen Abschluß zu bringen.
Als Beispiel für die einmal geweckte Phantasie der Kinder zitieren wir ihre Ideen zu dem gemeinsam gefundenen Bühnenbild.
In der Vorstellung der Kinder sollte das Büro von Fazz und Zwoo so aussehen:
„Zwei Badewannen mit Kissen gefüllt, in denen unsere beiden Detektive schlafen. Wenn man die Badewannen umdreht, kann man sie als Tisch benutzen, auf dem auch gleichzeitig alles notwendige Geschirr festgeklebt ist.
Eine Toilette und ein Waschbecken mit Wasser, das selbständig wäscht.
Regale mit Trickbüchern.
Auf dem Boden ist überall Papier verstreut, der Papierkorb läuft über. Spinnweben. Als Teppich alte Socken und Hemden von Fazz und Zwoo.
Überall liegen große und kleine Lupen herum.
Es gibt neunundzwanzig Telefone. Auf den Telefonschnüren hängen Socken und Wäsche und Aktenordner zum Trocknen.
Außerdem steht in dem Büro ein Spezialschränkchen mit eingebauter Küche, die nur immer qualmt und dampft.

Der Kühlschrank ist voller Bananen und der Boden voller Bananenschalen (Fazz sollte nicht rauchen, sondern „bananeln").
Weiter gibt es eine Standuhr, die schlägt, wann sie will, und – eine Spezialschreibmaschine, aus der beim Schreiben Wasser, Sahne oder Seifenblasen kommen; und aus der bei jedem Druck automatisch ein Bleistift hochfährt, der den Buchstaben schreibt, den man braucht.
Und da ist noch ein altes Radio, das Zwoo nachts anstellt und das nur einen Ton von sich gibt, der Fazz aus seinen schönsten Träumen reißt."
Diese Einfälle der Kinder, die nicht nur Sehnsüchte nach einer nicht so gleichförmig geordneten Umwelt widerspiegelten, sondern auch sehr genau die komische Genialität des Erfinderpaares zum Ausdruck brachten, beeindruckten den Ausstatter der parallel zu diesem Kursus probierten Inszenierung des Kindertheaters so sehr, daß er – mit der Erlaubnis der Kinder natürlich – einige ihrer Ideen für sein Bühnenbild und die Kostüme übernahm, zum Beispiel die Wanne als Bett und Frühstückstisch. Für die Kinder ein besonderer Erfolg, der mit großer Freude aufgenommen wurde.
In unserem zweiten, über ein Jahr dauernden Kursus unter dem Titel „Wir erfinden ein Stück" verfuhren wir ähnlich, nur daß diesmal kein Stück vorgegeben wurde und wir große Altersunterschiede bei den Kindern hatten. Das jüngste Kind war vier, das älteste zwölf Jahre alt.
Zunächst einmal fragten wir alle Beteiligten, wie das Thema des Stückes, das wir gemeinsam erfinden wollten, aussehen könnte.
Die vorgeschlagenen Wünsche reichten vom Thema Schule / Elternhaus über Phantasiethemen wie der Besuch von außerirdischen Wesen auf der Erde und dem Traum, fliegen zu können, bis zu dem Wunsch, einen richtigen Krimi zu spielen. Am häufigsten jedoch trat bei den Kindern in allen Variationen das Thema auf, einmal „verkehrte Schule" zu spielen; das Gegenteil von dem zu machen, was der Lehrer sagt; einmal das tun zu dürfen, was man sonst nicht tun darf; einmal einen Lehrer zu spielen, wie Kinder ihn gern hätten; einmal Schüler als Lehrer zu sehen und umgekehrt.
Dieser Punkt wurde von uns beim Entstehen des Stückes insofern berücksichtigt, als die wichtige Rolle des Lehrers von einem Jungen und nicht von einem Erwachsenen gespielt wurde und die Klasse aus Kindern und Erwachsenen bestand – für die Gruppe während der Probenzeit ein entscheidendes Erlebnis, einmal gleichberechtigt zu sein unter dem Vorzeichen, eine Aufführung des von allen erfundenen Stückes zustandezubringen. Dann wurde jeder einzelne nach seiner Wunschrolle gefragt. Das reichte dann vom Dinosaurier über die Hexe Feukeutut zum Ritter Kunibert und zum Burgfräulein Amalie, zum Fräulein Süßlich, einer grüngesichtigen, grünhaarigen und grüngewandeten Dame, zum kleinen und großen Fisch, zum Hund ... bis hin zu Karl-Otto, dem Jungen mit der großen Phantasie, die er nirgendwo ausleben durfte ...
Dann begannen wir mit Improvisationen, in denen die Wunschrollen beliebig miteinander kombiniert wurden. Die dabei entstehenden Dialoge und Situationen nahmen wir auf Band auf. Nach und nach zeigte sich, daß wir ein

Stück erfinden mußten mit einer realistischen und einer Phantasiehandlung, wenn wir den Bedürfnissen aller Kinder entsprechen wollten.
So entstand allmählich unsere realistische Rahmenhandlung mit Karl-Otto als Hauptfigur:
Zu Hause ein braver, unauffälliger Junge, treibt Karl-Otto in der Schule seine Lehrer zur Verzweiflung. Eines Tages wird es seinem Klassenlehrer zu bunt, und er will den Jungen in die Parallelklasse versetzen lassen. Durch eine List – wegen eines angeblichen Wasserrohrbruchs geht die übrige Klasse wieder nach Haus – gelingt es Karl-Otto, seinen Lehrer allein zu sprechen und ihn von seinem Vorhaben abzubringen. Dummerweise jedoch will der Lehrer zu diesem Zeitpunkt einen Aufsatz schreiben lassen, was nun nicht mehr möglich ist, da die übrigen Schüler fehlen. So schlägt ihm Karl-Otto vor, den Aufsatz für die ganze Klasse zu schreiben. Der Lehrer ist einverstanden und gibt ihm ein Thema, bei dem der Junge endlich einmal nach Herzenslust „spinnen" und phantasieren darf: „Gespenster wie du und ich" – später auch der Titel des ganzen Stückes.

Abbildung 3: In der Klasse. Schüler und Lehrer

An diesem Punkt – während des Aufsatzschreibens – setzte dann die Phantasiehandlung ein, in die alle Beteiligten ihre Wunschrollen einbringen konnten. Das heißt, der Aufsatz, den Karl-Otto schrieb, wurde für die Zuschauer auf der Bühne sichtbar.
Die Rahmenhandlung setzte wieder ein, wenn Karl-Otto seinen Aufsatz beendet hatte: er bekommt den Aufsatz mit der Note 5 zurück, weil dieser inhaltlich zwar gut, aber voller Rechtschreibfehler ist. Die Klasse ist empört, und Karl-Otto, tief beschämt, wirft seinen Aufsatz in den Papierkorb. Dort findet ihn die Putzfrau, die ihn zu lesen beginnt und so begeistert ist,

daß sie ihn zu einem Verleger, bei dem sie ebenfalls putzt, mitnimmt. Auch der Verleger ist begeistert und will den Text veröffentlichen. Ende gut — alles gut: Diese Nachricht versöhnt alle. Karl-Otto verspricht, seine Rechtschreibung zu verbessern, kann aber zugleich auch allen beweisen, daß Phantasie zu besitzen nicht nur Spinnerei bedeutet, sondern daß man es mit Phantasie zu etwas bringen kann.

Abbildung 4: Der Dinosaurier macht Fräulein Süßlich, der grünen Dame, und ihrem Hund seine Aufwartung

Nach den Improvisationen und Vorschlägen der Gruppe wurde das Stück dann von der Spielleiterin zusammengebaut und geschrieben, und wir konnten mit den Proben beginnen, wobei jeder — Kinder wie Erwachsene — seine Wunschrolle auch selber spielte. Ebenso waren alle beim Entwerfen und Bemalen der Dekoration beteiligt.

Während der Probenzeit war es eine der entscheidensten und auch härtesten Erfahrungen, besonders für die Kinder, daß Theaterspielen nicht nur Lust und Freude macht, sondern auch Disziplin, viel Einsatz, Rücksichtnahme auf andere, manchmal auch Verzicht auf Freizeit bedeutete. Immer aber blieb die Freude am Spielen und die Erwartung, endlich vor Publikum spielen zu können, groß genug. Es war für die Kinder auch entscheidend zu begreifen, daß sie von der Spielleiterin, die das Stück inszenierte, genauso wichtig genommen und hart angefaßt wurden wie professionelle Schauspieler. Und es war am Ende ein großes Erlebnis, den Erfolg nach der Aufführung entgegennehmen zu können — ein Erlebnis, an dem alle teilhatten, sogar die Väter, die, damit alles reibungslos funktionierte, die Umbauten übernommen hatten.

Ähnlich positive Erfahrungen vom Einsatz und von der Kreativität von Kindern, Jugendlichen und Lehrern machten wir bei den I. Schultheatertagen 1982 in Düsseldorf — einer Gemeinschaftsveranstaltung des Düsseldorfer Schauspielhauses und des Schulamtes für die Stadt Düsseldorf.

Abbildung 5: Die beteiligten Schülergruppen malen sich ihr Programmheft auf die Mauer des Theatervorplatzes

Unter dem Thema „Träume" zeigten 35 Schülergruppen im Alter von 6 bis 20 Jahren in Szenen, Stücken, durch Pantomime und Tanz ihre Wünsche, Sehnsüchte, Ängste, Hoffnungen — ihre Träume. Ihre überwiegend selbstgeschriebenen Stücke spiegelten die Sehnsucht nach Frieden, nach einer guten Welt; zeigten Angst vor Aggression und Streit und eine klare Sicht unserer heutigen Situation; und waren auch Alpträume der Welt von morgen.

Abbildung 6: „Aus der Geschichte lernen" — Ein junges Mädchen träumt von einem Gespräch zwischen Persönlichkeiten verschiedener Epochen über Frieden und Krieg
(8. Schuljahr des Heinrich-Heine-Gymnasiums, Mettmann)

Ermutigend für Lehrer, den „Spielraum Bühne" auch für sich und ihre Schüler zu nutzen, sollte die Tatsache sein, daß zum ersten bei diesen Schultheatertagen unter einfachsten räumlichen Bedingungen und überwiegend nur mit eigenen, den Gruppen zur Verfügung stehenden Mitteln sehr gute Aufführungen zustande kamen — ohne Unterstützung durch das Theater; daß zum zweiten viele der beteiligten Gruppen auch ohne vorherige Erfahrung den Mut fanden, zum vorgegebenen Thema „Träume" sich selber ein Stück zu schreiben (die Theatergruppe einer der beteiligten Hauptschulen las u. a. extra den „Michael Kramer" von Gerhart HAUPTMANN, um etwas über Dialogführung zu lernen); und daß zum dritten alle Gruppen einstimmig erklärten, wieviel an positiver Erfahrung ihnen das Theaterspielen — für den einzelnen wie für die Gruppe — gebracht hatte.

(Die Fotos wurden freundlicherweise von Lore BERMBACH, Düsseldorf, zur Verfügung gestellt.)

5. Ausdrucksmöglichkeiten, Identifikationen und pädagogische Erfahrungen beim Theaterspielen

Jakob Jenisch

I. Das Tausendfüßler-Problem oder der nicht überbrückbare Abgrund

Theaterspielen ist ein sinnhafter Vorgang, der aus den Gefühlen, dem Geist, den Körpern, den Stimmen der Spieler entsteht, mit dem Raum, mit der Zeit, mit der Bewegung zu tun hat. Aus diesen zusammenwirkenden Möglichkeiten und Gegebenheiten formt sich ein Geschehen, das als Text, als Idee vorgegeben war oder spontan entsteht.

Ein Handbuch über Spielpädagogik ist eine Sammlung von wissenschaftlichen Abhandlungen über das Phänomen Spiel. Jeder Beitrag wird von einem Spezialisten geschrieben und behandelt eine der Möglichkeiten des Phänomens Spiel. So entstehen vielfache Analysen und Beschreibungen. Nuanciert und differenziert kristallisieren sich Grundsätze heraus, auf denen sich ein spielpädagogisches Theoriegebäude aufbaut. Aber der Vorgang Spiel – in welcher Form auch immer – verblaßt, verschwindet hinter den Worten, Gedanken und Theorien.

Ich sehe einen nicht überbrückbaren Abgrund zwischen dem sinnhaften Vorgang des Theaterspielens und der Wissenschaftlichkeit eines Handbuches. Theaterspielen kann ich erleben, mitmachen als Spieler, als Zuschauer. Aber ich kann Theaterspielen nicht wissenschaftlich analysieren. Verpflichtet, für dieses Handbuch einen Beitrag zu liefern, kann ich nur *beschreiben*, was ich als Schauspieler, als Regisseur, als Theaterpädagoge erlebt habe: In den Augenblicken des Probierens, der Aufführungen im Berufstheater, während der Unterrichtsstunden an einer staatlichen Schauspielschule, in Seminarveranstaltungen mit Studenten einer wissenschaftlichen Hochschule, in Kursen mit Laiendarstellern, Amateur-Theatergruppen, Kindergruppen und ihren Betreuern, in Schulklassen und Freizeitveranstaltungen.

Ich versuche, in diesen Beschreibungen die Einmaligkeit dieser Spielprozesse einzufangen und für den Leser vielleicht nacherlebbar zu machen. Ich bezweifle, ob eine *Analyse*, die über diese Beschreibungen hinausgeht, die vielschichtigen, synchron ablaufenden Prozesse beim Theaterspielen erklären oder verdeutlichen kann.

Ich zweifle auch an dem verbindlichen Wert der *Reflexionen*, die ich im folgenden Text zwischen die Beschreibungen einfüge. Alle zusätzlichen Worte und Sätze wollen etwas einzelnes festhalten und verallgemeinern, was als theatralischer, spielerischer Vorgang nur an *einem* bestimmten Ort, in *einer* begrenzten Zeitspanne, in vielen gleichzeitig ablaufenden Prozessen stattfand. Es ist das ‚Tausendfüßler-Problem':

Ich kann mit einem wißbegierigen Tausendfüßler den Bewegungsablauf seiner tausend Füße analysieren. Wir können zusammen feststellen, daß der 346. Fuß *vor* dem 345. Fuß, aber *gleichzeitig* mit dem 344. Fuß aufgesetzt wird. Die ebenso wichtigen 997 anderen Füße, die auch an der Bewegung des Tausendfüßlers mitwirken, verlieren wir aber aus den Augen. Außerdem muß ich damit rechnen, daß der Tausendfüßler nach dieser Dreifuß-Analyse nicht mehr laufen kann. Auf das Theaterspielen übertragen heißt das: Der analysierende Spieler / Darsteller kann nicht mehr spielen.

Wenn die ‚Ausdrucksmöglichkeiten des Theaterspielens' beschrieben werden, muß ich dem Prinzip der ‚Black-box-Methode' folgen:

Ich kann relativ genau beschreiben, welche Reize, Impulse, Spielregeln oder Informationen ich als ‚Input' einem Spieler oder einer kooperationsfähigen Spielgruppe eingebe. Wie dieses ‚Input' dann zum Spiel wird, ist abhängig vom inneren Aufbau dieser Personen oder der Gruppe von Einzelwesen in ihrer Aktions-Solidarität. Diese Gegebenheiten ändern sich immer wieder und sind nie gleich. So ist auch das jeweilige Ausgangsergebnis, der ‚Output', immer wieder neu und überraschend. Den jeweiligen ‚Input' kann ich nur an konkreten, aber stets unterschiedlichen Situationen beschreiben. Aber schon diese Beschreibung ist der Beginn einer Mumifizierung des lebendigen Theaterspielens.

Ich weiß mich mit diesem unüberwindbaren Widerspruch zwischen Theaterspielen und Wissenschaft(-lichkeit) in bester Gesellschaft. Es gibt keine umfassende Darstellung des Theaterspielens und seiner zusammenwirkenden Kräfte.
Die Theaterpraktiker TAIROW (1964), MEYERHOLD (1967, 1979), Max REINHARDT (1963), Helmut SCHWARZ (1973), GEBHART (1948) und Peter BROOK (1969) haben es versucht.
Bertolt BRECHT (1970) spricht in seiner Werkausgabe (1967) oft von den Theatermachern und der Theaterarbeit (1967).
BRECHT distanziert sich von dem russischen Theaterpädagogen K. S. STANISLAWSKI in seinen STANISLAWSKI-Studien (1967, Bd. 16). Dieser hat dreißig Jahre an der Vervollkommnung seiner Methode gearbeitet (STANISLAWSKI 1952, 1958, 1961, 1963, 1975; RELLSTAB 1976). Sie wurde nur zusammenhanglos und zerstückelt veröffentlicht (JENISCH, in: STRASBERG 1979). Der amerikanische Theaterpraktiker Lee STRASBERG (1979) verfeinerte die STANISLAWSKI-Methode.
Alle haben wichtige, auch widersprüchliche *Teilaspekte* des Darstellers, des Theaterspielens behandelt. Ihre Ausgangspunkte sind unterschiedlich:
Das bürgerlich-repräsentative Theater, die Entwicklung des schöpferischen Darstellers, die Bühne als magischer Raum oder politisches Forum. Sie geben uns Blinklichter in unsere Black-box ‚Darsteller' und ‚Theaterspielen', erläutern vielleicht fünfzig Füße des Tausendfüßler-Problems.
Auch in wissenschaftlichen Werken sind Blinklichter zu finden, selbst wenn sie in einem ganz anderen Zusammenhang stehen. Manche Textstellen ermöglichen Assoziationen zu den Erscheinungen, Zuständen und Prozessen, die uns hier beschäftigen.

Weil ich für ein wissenschaftliches Handbuch schreibe, füge ich Zitate von Theaterpraktikern und Wissenschaftlern jeweils zwischen die Verlaufsbeschreibungen der Spielvorgänge ein. Dem Leser ist es dann überlassen, ob er und wie er sie benutzt — als eine Bestätigung des Widerspruches zwischen Spiel und Wissenschaft(-lichkeit) oder als mögliche, für ihn gangbare Brücke über einen klaffenden Abgrund.

Zitat
Wer nicht als Mann der Wissenschaft von der Theorie berichten kann, wie sie über einer vorhandenen Praxis errichtet wird, und wer in seiner künstlerischen Praxis die eine Praxis nach sich ziehende Theorie, sei es als kunstideologisches Manifest, sei es als Arbeitshypothese nicht oder nur unzureichend aus eigener Erfahrung kennt, wird sich darauf beschränken müssen, nicht von Theorie als einem System zu sprechen, sondern von Theorie als Theoretischem, das einzelne Punkte der Praxis weder gleichmäßig noch systematisch berührt.   JANDL (1976)

II. Spielerische Empathie

Ich traf Marita (12 Jahre) in einer Spielgruppe, die sich wöchentlich einmal in einem Jugendheim zu darstellerischen Spielen und Übungen traf. Marita stellt sich — ohne es ihrer Partnerin oder mir zu sagen — einen Skiläufer vor, der beim Slalomlauf stürzte und deswegen an seinem linken Fuß einen Gehgips trägt. Mit diesem *Leitbild* oder Leitgefühl beginnt sie, durch den Raum zu humpeln. Ich frage sie, wo es ihr denn besonders weh tut. Mit schmerzverzerrtem Gesicht zeigt sie es mir, redet aber nicht darüber (so ist die Spielregel). Dabei findet sie für sich heraus, daß sie den Fuß im Gehgips nicht abrollen kann, wohl aber das Knie bewegen kann. Dann beginnt laut Spielregel die Partnerin die hinkende Marita zu imitieren: zu zweit humpeln sie — ohne zu sprechen — durch den Raum. Marita verstärkt den Eindruck auf ihre Partnerin, indem sie ihren fiktiven körperlichen Schmerz durch ein Stöhnen verstärkt: aber immer nur dann, wenn sie mit dem linken Fuß den Boden berührt. Ihre Partnerin nimmt dieses Stöhnen auf. Ihre Körper und Lautungen rhythmisieren sich und verstärken sich dadurch gegenseitig. Die Gemeinsamkeit macht ihnen soviel Spaß, daß sie das Humpeln vergessen. Sie hören lachend auf, und Marita fragt ihre Partnerin, ob sie die Figur erraten kann. Über einen Kriegsveteran mit Holzbein, über eine Oma mit Hexenschuß tastet sich die Partnerin mit Maritas Hilfe lachend und prustend an die Lösung — „Skiläufer mit Gehgips" — heran. Dann fantasieren sie gemeinsam weiter und probieren ihre Fantasien gleich aus: Wenn der Skiläufer im Gehgips essen gehen will, nimmt er einen Skistock mit. Jetzt werden sie sehr genau: Sie fahren mit der Hand durch eine Schlaufe, packen also einen Skistock, nicht die Krücke eines Spazierstockes.

1. Reflexion: Der Regelkreis „von innen nach außen"

Durch das zielgerichtete Handeln Maritas, entstanden aus dem Leitbild „ich will ein solcher Skiläufer sein", entsteht der äußere und innere Zustand der

der Figur. Der Skiläufer will möglichst schmerzlos gehen. Marita und er bewegen sich also vorsichtig. Es ist nicht mehr Maritas persönliche Gangart, sie bildet sich in ihrem Vorstellungsvermögen etwas ein, was sie nicht hat, nicht ist. Sie konkretisiert diese Fiktion, diese Imagination in einer Körperlichkeit, die ihrer normalen gewohnten persönlichen Bewegungsart nicht entspricht. Marita will aber auch, daß ihre Gangart als Charakteristikum eines Skiläufers erkannt wird. Sie stellt etwas dar im Hinblick auf einen Betrachter. Sie möchte erkannt sein. Ihre Gangart muß deswegen deutlich, deutbar sein, die Zeichen müssen klar geformt werden. Weil sie weiß, wo der Schmerz sitzt, wird der Fuß nicht abgerollt. Aus der Imagination entsteht ein Mosaik von zusammenpassenden, sich logisch ergänzenden Einzelteilen. Aus der Fülle der Einzelheiten wird ein zutreffendes Gesamtbild, das wiederum die Imagination, die Vorstellung dynamisiert und verstärkt. Das Stöhnen entsteht als emotionaler Ausdruck des fiktiven Schmerzes. Aus der Vorstellung „Gipsbein" entsteht der Handlungsimpuls „Humpeln". In dem humpelnden Körper Maritas konkretisiert sich der Schmerz im Fuß. Aus dem Schmerzpunkt entwickelt sich ihr Schmerzgefühl. Der Regelkreis ist geschlossen: Von innen (Vorstellung „Gipsbein") geht es nach außen („Humpeln"), von außen (fixierter Schmerzpunkt) geht es wieder nach innen. Das so intensivierte Schmerzgefühl dringt als schmerzliches Stöhnen wieder nach außen. Diese geformte, gleichzeitig emotionalisierte Darstellung erreicht und beeinflußt die innerlich und äußerlich beteiligte Partnerin, die zusammen mit Marita durch den Raum humpelt.

2. Reflexion: Der Regelkreis „von außen nach innen"

Im Gegensatz zu Marita setzt ihr „Regelkreis" außen an. Anfangs imitiert sie Maritas Bewegung noch ohne innere Beteiligung. Sie koordiniert ihre Bewegungen durch genaue, teilnehmende, einfühlsame Beobachtung (Empathie). Sie überprüft diese Beobachtung im Tun. Im ausprobierenden Handeln, behutsam angelehnt an die humpelnde Marita, entwickelt sie die Intensität ihres Schmerzgefühls. Nun ist es nicht mehr die Imitation eines äußeren Vorgangs, sondern durch Empathie und Handeln ein wachsendes eigenes Schmerzgefühl. Die Partnerin fühlt sich, ohne daß sie es schon weiß, wie Marita, wie ein humpelnder Skiläufer. Das Rätsel ist — vorerst emotional — gelöst. Die Freude über die Lösung läßt die gemeinsame Fantasietätigkeit in Körper und Gefühl in ein Lachen der Darsteller übergehen. Der eingebildete Schmerz verliert sich. Dann erst — in Frage und Antwort — finden sie die Lösung des pantomimischen Spieles und machen, weil es ihnen Spaß brachte, im Spiel noch weiter: Sie überlegen, wie der Skistock angefaßt werden muß oder wie der Gipsbein-Skiläufer auf dem Hotelparkett anders gehen wird als im Pulverschnee.

3. Zitate

a) Das Gefühl der Unsicherheit ist es, daß den Neurotiker zum stärkeren Anschluß an *Fiktionen, Leitlinien*, Ideale, Prinzipien zwingt. Auch dem Gesunden schweben diese Leitlinien vor. Aber sie sind ihm ein modus dicendi, ein Kunstgriff, um das Oben von Unten, das Links von Rechts, das Recht vom Unrecht zu unterscheiden, und es mangelt ihm nicht die Unbefangenheit, im Falle des Entschlusses sich von diesen abstrakten Fiktionen zu befreien und die Rechnung mit dem Realen zu machen ... ADLER (1969, 72)

b) ... Der Rolleninhaber muß in der Lage sein zu prüfen, welche Formen des Verhaltens sich angesichts der jeweiligen Interaktionsbedingungen noch mit gängigen Interpretationsmustern vereinbaren lassen. Diese Fähigkeiten bezeichnen die Psychologen als „Empathie". Das eine Rolle übernehmende Individuum muß sodann seine besondere Rolleninterpretation im Rahmen eines gemeinsamen Symbolverständnisses für jede Interaktionssituation angemessen darstellen können. Diese Fähigkeit meint J. HABERMAS, wenn er von „kommunikativer Kompetenz" spricht. KLEWITZ-NICKEL (1972, 42)

c) Empathie oder Einfühlungskraft ist diejenige Modalität, durch welche wir psychische Fakten über andere Menschen erfahren und die uns, wenn andere sagen, was sie denken und fühlen, vorzustellen erlaubt, was sie innerlich erleben, obwohl das der direkten Beobachtung nicht zugänglich ist. KOHUT, in: LEUTZ (1974, 60)

d) Die Einfühlung oder Empathie wurde vor MORENO von LIPPS als ein „Eindringen in die private emotionale Welt eines Individuums oder in die ästhetische Struktur eines Objektes" definiert. Bei diesem Eindringen handelt es sich nicht um einen unmittelbaren aktiven Vorgang. Voraussetzung der Einfühlung ist vielmehr ein „Sich-selbst-zurücknehmen-können" im Sinne der Unvoreingenommenheit gegenüber den von einem anderen Individuum ausgehenden Informationen. Je totaler die Wahrnehmung, desto größer die Einfühlung, zumindest als Orientierung. Trotzdem ist Einfühlung auch ein aktives „Eindringen eines Menschen in die private emotionale Welt eines anderen", nämlich wenn er imaginativ sich in den anderen und dessen jeweilige Lebensumstände hineinversetzt, das heißt fühlend des anderen Rolle annimmt. LEUTZ (1978, 16)

e) ... Darum nennen wir das, womit wir auf der Bühne im wesentlichen zu tun haben, die fantastische Realität oder Imagination. Von der Imagination glauben wir doch, daß sie da ist, auch wenn sie nicht real ist, zum Beispiel gehe ich auf der Straße und sehe meinen Freund. Ich gehe auf ihn zu und frage: „Nanu, was machst Du denn hier?" Dann merke ich meinen Irrtum und sage: „Entschuldigen Sie, ich dachte, Sie wären jemand anders!" In dem Moment aber, in dem ich in dem Fremden meinen Freund erkannt (imaginiert) habe, habe ich nicht daran gedacht, daß es ein Fremder war. Ich habe den Freund als real genommen. Deswegen bin ich auf ihn zugegangen. Imagination ist also für den Augenblick etwas sehr Reales ... STRASBERG (1979, 35)

f) Die imaginatio ist eine aktive Hervorrufung von (inneren) Bildern, secundum naturam, eine eigentliche Denk- und Vorstellungsleistung, die nicht plan- und bodenlos ins Blaue hinausphantasiert, also nicht mit ihren Gegenständen spielt, sondern die inneren Gegebenheiten in der naturgetreulich nachgebildeten Vorstellung zu fassen sucht. JUNG (1950, 234)

g) Denken und Tun, Tun und Denken, das ist die Summe aller Weisheit, von jeher anerkannt, von jeher geübt, nicht eingesehen von einem jeden. Beides muß wie Aus- und Einatmen sich im Leben ewig fort hin und wider bewegen; wie Frage und Antwort sollte ein ohne das andere nicht stattfinden. Wer sich zum Gesetz macht, was einem jeden Neugeborenen der Genius des Menschenverstandes heimlich ins Ohr flüstert, das Tun am Denken, das Denken am Tun zu prüfen, der kann nicht irren, und irrt er, so wird er sich bald auf den rechten Weg zurückfinden.
GOETHE (1958, Bd. 8, 263)

III. Das Tuchspiel – Ein existentieller Rapport

Fünfzehn Studenten sitzen im Kreis am Boden.
Seit 24 Stunden bin ich mit ihnen in einer Jugendherberge, fern von der Universität, von Seminaren, Fachprüfungen und Referaten. Als wir gestern abend hier eintrafen, waren wir uns relativ fremd. Durch Kennenlern-Spiele, durch Sensibilisierungs-Übungen sind wir uns näher gekommen. Der Wunsch nach „Darstellendem Spiel" war in der Gruppe aufgekommen, als sich die Spielfreude vor allem in vorbereitenden Übungen zum darstellenden Spiel zeigte. Mein eigentliches Ziel für diese Block-Veranstaltung war, die Spielfähigkeit künftiger Sozialarbeiter und Lehrer zu aktivieren und zu stabilisieren. In solchen Veranstaltungen entscheidet aber immer die Gruppe, in welche Richtung sich ein solches Spielseminar inhaltlich entwickelt. Nicht aus den Standardwerken der Spielpädagogik, sondern nur über das Erleben der eigenen Spielmächtigkeit erreiche ich das Fernziel „Spielleiter". Ein grundsätzliches Spielleiterverhalten ist nur durch Selbsterfahrung als Spieler zwischen Mitspielern erlernbar.
Wir spüren, daß wir uns emotional offen begegnen können. Wir haben nicht so sehr darüber geredet, sondern wir haben vor allem in einem spielerischen Miteinander diese emotionale Offenheit erlebt. Wir wollen nicht von uns reden, sondern mit uns spielen. In zwei Anläufen haben wir die Spielregeln des „Tuchspiels" kennengelernt und ausprobiert. Jeder von uns hat ein Tuch vor sich liegen, groß oder klein, farbig, aus Seide, Leinen, Wolle oder anderen Materialien. Jeder, der einen Einfall hat, jeder, den eine Vorstellung reizt, nimmt sich das Tuch, das vor ihm liegt, oder das eines anderen Spielers, setzt, stellt oder legt sich in die Kreismitte und definiert sich als Gegenstand, als Tier, als Pflanze, als Baum.

Einer beginnt. Er breitet ein großes weißes Laken aus, hockt sich daneben, sagt: „Ich bin eine große Eisscholle."
Schweigen. Wir warten. Ich blicke im Kreis umher. Die meisten sehen auf die Falten des Lakens, machen noch leise ironische Bemerkungen: Einzelne Gruppenmitglieder sind für eine gemeinsame Vorstellung noch nicht bereit. Der Initiator spürt es, streicht die Falten glatt, sagt: „Nichts als eine glitzernde Fläche." Langsam geht ein anderer Student an den Rand der Eisscholle, nimmt auf dem Weg ein dunkles Samttuch auf, reckt die Arme hoch und strafft so den Samt zwischen den ausgebreiteten Armen: „Ich bin die Polarnacht." Kurze Pause. Eine Studentin geht über die Eisscholle, dann um die Polarnacht, bewegt ihr kleines blaues Handtuch: „Ich bin der Eiswind, der vom Nordpol kommt." Ein Lachen beginnt, als sie das Windgeräusch pfeifend nachahmt. Es bricht ab, als sich einer mit gekreuzten Beinen mitten auf die Eisscholle setzt und sich definiert: „Ich sitze in meinem Iglu und denke nach." Er faßt sein zusammengedrehtes Tuch wie eine Kette (später stellen wir fest, daß viele die Assoziation eines Rosenkranzes hatten). Sein Freund, der im Kreis neben ihm saß, kniet sich hinter ihn, berührt mit seinem zusammengefalteten Tuch vorsichtig seinen Kopf, sagt leise: „Ich bin der Zweifel in Dir." Spontan tritt ein anderer dazu, deckt das Tuch des Zweifels mit seinem Tuch zu: „Ich bin die Gewißheit, die in Dir mit dem Zweifel ringt." Der Denker schließt die Augen. Die Studenten, die sich als Eisscholle, Polarnacht, Eiswind definierten, sind in den Sitzkreis zurückgekommen, sind dadurch wieder Zuschauer. Der Kreis wird unruhig. Einer steht abrupt auf, klemmt sein Tuch unter den sitzenden Denker:

„Ich bin die Kälte, die an Deinem Hintern hochkriecht." Eine Studentin akzeptiert die beginnende Störung nicht, nimmt eine Wolldecke, legt sie um den Denker: „Ich bin das Eisbärfell, das Dich wärmt." Der Kälte-Student zieht sich zurück, nur der Zweifel und die Gewißheit stehen noch rechts und links vom Denker. Ihre verschränkten Hände bewegen sich hin und her. Sie wissen nicht, wie es weitergehen soll. Einer von ihnen definiert noch einmal: „Die Gewißheit ringt immer noch mit dem Zweifel."

Als Spielleiter merke ich, daß das Spiel sich nicht weiterentwickelt; ich nehme ein großes Tuch, kauere mich im Spielkreis gegenüber dem Denker zusammen, zieht das Tuch über mich:

„Ich bin das Problem, über das Du nachdenkst." Zum ersten Mal antwortet der Denker: „Du bist kein Problem, Du bist eine Tatsache, Du bist Gott." Der Student, der den Zweifel ins Spiel brachte, kommt auf mich, das Problem, zu, breitet sein Tuch wie einen Vorhang aus, verdeckt mich so für den Denker, sagt: „Dich gibt es ja gar nicht." Der Spielkreis ist völlig still. Das Problem steht vor ihnen.

Ich rutsche in den Sitzkreis zurück, bin wieder teilnehmender Zuschauer wie jeder andere Beteiligte, stets bereit, in das Spiel hinauszugehen, es mitzugestalten. Nach den Spielregeln können wir einem Spieler Gefühle und Gedanken für seine Figur anbieten. Wir alle sind aber mitverantwortlich für die Logik, die sich in der Fabel des Spiels entwickelt. Einige aktivieren sich nicht, sind aber konzentriert dabei, andere langweilen sich auch, finden gerade dieses Spiel peinlich, zwei verlassen später leise den Raum.
In den nächsten Minuten des Spieles folgen keine neuen Eingaben mehr, keine neuen Gedanken oder Situationen aus dem Kreise. Die Szene ist gesättigt, ist thematisch konzentriert. Die Spieler sind im Spannungsfeld einer gegenseitigen Abhängigkeit trotz grundverschiedener Einstellungen zum Thema „Gott, Glauben". Später lassen die Bewegungen, die konzentrierten Spannungen in ihren Körpern nach, bisher wachgehalten durch die verschieden gehandhabten Tücher. Mit knappen, aber bewußt geformten Worten entwickelt sich zwischen dem Denker, seinem Zweifel, seiner Gewißheit ein Gespräch über Gott. Die Gruppe wird unruhig: In dieser Vertiefung interessiert sie das Problem nicht mehr. Entschlossen setzt sich einer außerhalb des Spielkreises an einen Tisch, definiert einen Stammtisch in Iserlohn, an dem Klassenkameraden des ‚Fritz im Iglu' sitzen. Sofort setzen sich andere dazu und unterhalten sich, wie er vor zwei Jahren ‚ausstieg' und in die Antarktis fuhr. Die Gruppe auf der Eisscholle versucht, nochmals die Zuschauer auf sich zu konzentrieren.
Doch der Zuschauerkreis entscheidet anders: Ein Student schwingt sein Tuch mit weitausladenden Bewegungen über den Denker:

„Ich bin Dein plötzlicher Wunsch, wieder nach Iserlohn zu gehen, aus dem kalten Iglu an den warmen Ofen im ‚Schwarzen Grund', wo Deine ehemaligen Klassenkameraden Stammtisch halten." Der Denker ist irritiert, weiß nicht weiter. Ihm wird geholfen: Eine Studentin setzt sich breitarmig, breitbeinig hin: „Ich bin der warme Ofen." Zwei Studenten heben den Denker auf: „Wir sind Deine Fähigkeit, nach so langer Meditation fliegen zu können." Der Denker wird feierlich im Kreis herumgetragen, dann auf den Ofen in Iserlohn gesetzt. Der Ofen umarmt ihn, Lachen und Klatschen beendet das Tuchspiel.

In den folgenden Gesprächen wird primär das *Thema* des Spieles behandelt, der Spielvorgang, die Möglichkeiten der Spielregeln sind nicht mehr wichtig. Wenn wir von einzelnen Spielphasen, einzelnen Figuren sprechen, dann nur weil die Sinnfälligkeit der Spielhandlung uns bei dem abstrakten Thema hilft.

1. Reflexion

Hier spielt eine Gruppe von spielmächtigen Studenten mit sich selbst. Allegorisch und symbolisch drücken sie in dieser Form des Theaterspielens aus, was sonst nur in persönlichen vertrauten Gesprächen unter Freunden geäußert wird. Nicht so sehr aus einem Leidensdruck, sondern in einem spielerischen Engagement haben sie im Spiel ihr Problem versinnbildlicht. Das Problem wird für alle miterlebbar, weil die Spielregeln Teilnahme oder Distanz gestatten, Freiheit geben, Schutz gewähren und Disziplin fordern: Jeder begibt sich in das Spiel, den Spielkreis hinein, wenn er sich selbst dazu entscheidet: Er handelt selbstbestimmt. Er kann anbieten oder annehmen, ein Angebot umfunktionieren, kann ein Thema vertiefen oder auch in eine andere Ebene verlagern. Seine Änderung wird aber von den Beteiligten im Spiel überprüft, in einer logischen Spielrealität erprobt. Jeder erlebt, wie sein Vorschlag abgelehnt oder umfunktioniert wird. Er lernt im Spiel die möglichen Gefühle und Handlungen seiner Mitspieler zu antizipieren. Fehlt ihm noch der Mut zum vollen spielerischen Einsatz, beteiligt er sich nur für einen Moment als Gegenstand (Eisbärfell), als neues Gefühl an der Spielfabel. So ist er nur als Objekt, als erregender Umstand dabei, wenn er die Auseinandersetzung im Dialog, in der Handlung noch scheut. Im gemeinsamen Spiel bestimmt er selbst die Qualität und Quantität seines Handelns. In jeder Form seiner Beteiligung ist er erlebender Mitgestalter einer gemeinsamen Verantwortlichkeit, einer Aktions-Solidarität. Auch der Spielleiter greift – vor allem in Einübungsphasen – spielerisch helfend ein.

2. Erfahrungen

In einer spielfähigen Gruppe laufen die Phasen des Tuchspieles fast gesetzmäßig ab: Anfangs bevorzugen alle Mitspieler Lebloses: einen Stein, einen Baum, einen Fels. Dann kommen Tiere hinzu, hinter denen die Spieler noch ihre eigene Person – auch in der Körperlichkeit – verstecken. Bis die gesättigte szenische Situation zwangsläufig einen Qualitätssprung fordert: Ein erster Spieler wagt den Mutsprung zum Protagonisten und konkretisiert eine menschliche Figur, anfangs oft schablonenhaft typisiert: Wilddieb, Neckermann-Tourist, Teenager, altes Mütterchen. Solche Spielphasen breche ich früher oder später – je nach Gruppe und Durchschnittsalter – ab. In möglichst kurzer Reflexionsphase machen wir uns die aufkommenden Klischees bewußt, fangen neu an und versuchen, diese Oberflächlichkeit zu vermeiden. Oft ändern sich dann die Problemfelder: Von Landschaftsidyllen und Südseeabenteuern, deren Herkunft aus Film und Fernsehen bald erkannt

wird, verlagert sich das Spiel in soziale Bereiche, wie Schulsituationen, Arbeitsalltag, Ehekonflikte. Oft überstürzen sich dann die Einfälle, so daß keine Zeit im Spiel bleibt, den einzelnen Einfall voll zu nutzen und seine vielfältigen Möglichkeiten auszuprobieren. Ich helfe als Spielleiter in solchen Situationen mit der jederzeit aufhebbaren Spielregel: „Keine Angebote mehr!" Das irritiert die Gruppe momentan, andererseits begreifen die Spieler schnell, daß sie jetzt für ihre Figuren Spielraum und Spielzeit erhalten. Durch das Angebot konfliktträchtiger Situationen beginnt der Seiltanz zwischen Selbstbestimmung und Fremdbestimmung, der faszinierende Reiz dieses Tuchspieles. Ich habe zwar meinen Einfall als Figur in das Spiel hineingegeben („Ich bin ein Rentner, der sich in diesem Frühjahr zum ersten Mal wieder in die Sonne auf die Parkbank setzt"). Ein Mitspieler bestimmt dann meine (Rentner-)Figur weiter (er tritt hinter mich, bindet sein Tuch fest um meine Knie: „Ich bin der Rheumatismus in Deinem Knie, der Dich hindert, aufzustehen"). Wie ich mich nun mit dieser Fremdbestimmung körperlich und emotional handelnd auseinandersetze, ist meiner Fantasie überlassen (ich kann wehleidig darüber klagen oder trotz des Schmerzes, an den mich das Tuch um meine Knie stets erinnert, vorsichtig aufstehen, um einem Mädchen nachzugehen). Von jugendlichen Spielern werden den Figuren besonders gerne negative Gefühle und Verhaltensweisen angelastet. Was ihnen sonst verboten ist und in der gesellschaftlichen Realität Sanktionen nach sich ziehen würde, können sie so ausspielen. Psychologisch gesehen ist jeder Spieler trotz der Fremdbestimmung entlastet, noch nicht oder nicht mehr voll verantwortlich. Denn nicht ich (als Rollenträger) bin auf diesen verwerflichen Einfall gekommen, sondern der andere Spieler, der es meiner Figur eingibt. Der andere Spieler wiederum hat zwar den sonst verbotenen Einfall, muß aber nicht die möglichen Folgen dieses Einfalls selbst spielen. Da alle Beteiligten aber daran interessiert sind weiterzuspielen, werden sie gemeinsam bemüht sein, die Konflikte nicht nur aufzubauen, sondern auch spielerisch zu lösen.
Ein Student spielt einen schiffbrüchigen Matrosen, der sich auf eine Insel rettet, dort die Häuptlingstochter am Strande trifft. Die Häuptlingstochter pflegt den Erschöpften. Ein dritter Spieler gibt ihm ein: „Ich bin Dein Wunsch, mit der Häuptlingstochter zu schlafen." Die Studentin, die sich zum ersten Mal ins Spiel hineingewagt hatte, beginnt zu lachen, zögert, sucht eine Möglichkeit, aus dem Spiel auszusteigen. Sie bekommt Hilfe: Ein Spieler nimmt ein kleines rotes Handtuch, legt es ihr zwischen die Beine: „Ich bin der natürliche Umstand, der das verhindert!" Sie bekommt noch mehr Hilfe: Ein anderer Spieler geht quer durch den Spielkreis, schwingt mit großen Bewegungen sein Tuch, hilft uns allen mit der Spielregel des Zeitsprunges: „Drei Jahre später. Der Matrose schnitzt seiner kleinen Tochter ein Boot, die Mutter näht ihr ein Segel dafür."

3. Zitate

a) Erst wenn persönliche Erfahrungen, Anliegen, Wünsche, Strebungen, Emotionen ins Spiel eingebracht werden, wird das Spiel ernst: Erst wenn etwas für die Spieler auf dem Spiel steht, das sie selbst, auch in ihrem Leben, betrifft, über das Spiel hinaus Gültigkeit hat, erst dann wird das Spiel spannend und lebendig, dann ist es kein bloßes unverbindliches Spiel mehr, dann ist es sinnvoll für alle Beteiligten. Dieser ‚existentielle Rapport des Darstellers zum Dargestellten' ist eine Grundbedingung des gesamten modernen Stegreiftheaters. PÖRTNER (1972, 48)

b) Die Idee des reinen Theaters fordert die einmalige Zeit, den einmaligen Raum, die einmalige Einheit, den Schöpfer. An die Stelle der alten Dreiteilung tritt unsere Einheit. Es gibt keine Dichter, Schauspieler, Zuschauer mehr . . . Unser Theater ist die Einheit des Seins und Scheinens. Wir spielen das Theater des Augenblicks, der identischen Zeit, comedie immediate, den Scheinwerfer unseres gegenwärtigen Geistes. MORENO (1970, IV)

c) Die Aneignung der Rolle durch den Schauspieler verläuft zentripetal. Es ist genau der umgekehrte Prozeß wie beim Bildhauer und Maler: Diese haben den Stoff außer sich, im Raum, der Geist tritt aus ihnen heraus in das Material — der Schauspieler hat den Geist außer sich im Raum, dieser tritt in ihn hinein, in das Material. . . . Der Spielmächtige ist zentrifugal. Der Geist, die Rolle ist nicht wie beim Schauspieler in einem Buch, das Material nicht wie beim Maler oder Bildhauer draußen, sondern ein Teil von ihm. MORENO (1970, 27)

d) Ich finde diese Übung, sagte der Unbekannte, unter Schauspielern, ja in Gesellschaft von Freunden und Bekannten sehr nützlich. Es ist die beste Art, die Menschen aus sich heraus- und durch einen Umweg wieder in sich hineinzuführen.
GOETHE (1958, Bd. 7, 119)

e) Theater und Therapie sind eng verbunden. Aber auch hier gibt es viele Stufen. Es wird ein Theater geben, das reine Therapie ist, und dann wird es ein Theater geben, das frei ist von therapeutischen Zielen, und weiter wird es viele Zwischenglieder geben. MORENO (1970, IX)

f) Es ist zu vermuten, daß durch die Definition einer Situation als Spiel, Angst abgebaut wird, Angst vor ernsten Konsequenzen. Unsicherheit wird abgebaut, weil Selbstgefährdung nicht möglich ist. Die Folgen der Spielhandlung hat man nicht selbst zu tragen, sondern der Rollenträger, der Spieler. Das ist nicht unbedingt man selbst, sondern jemand, von dem man sich distanzieren kann, jemand, der für die Tat verantwortlich ist, weil die Rolle es vorschreibt. PORTELE (1975, 208)

IV. Don Carlos und sein Darsteller — ein undiszipliniertes Identifikationsobjekt

Kurz nach dem Kriege spiele ich im SCHILLERschen Don Carlos einen Granden im Gefolge des Königs Philipp. Wir stehen auf einer Behelfsbühne. Die Bühnenpodeste sind dicht bis an die erste Stuhlreihe vorgebaut. Im 5. Akt 4. Auftritt liegt deshalb der ermordete Posa für die Zuschauer in der ersten Reihe fast greifbar nah. Carlos hat sich verzweifelt über ihn geworfen. König Philipp ist aufgetreten und kündigt seinem Sohn die Freiheit an. Carlos sieht ihn an, geht auf ihn zu, zögert dann:

„Dein Geruch ist Mord. Ich kann Dich nicht umarmen." Er wendet sich an uns, das Gefolge des Königs, seines Vaters: „Nein, steht nicht so betroffen da . . ." Wieder bricht er über dem ermordeten Freund zusammen.

In der ersten Reihe, dicht vor Carlos und Posa, sitzt eine ungefähr sechzehnjährige Schülerin, gepackt von diesem Augenblick. Sie wird unruhig, deckt in einer spontanen Geste des Mitfühlens ihren Mund mit beiden Händen zu. Don Carlos, ein nervöser, zur Hysterie neigender Schauspieler, mißdeutet diese Bewegung, glaubt, sie unterdrückt ein backfischhaftes Kichern über seinen exaltierten Carlos. Er ist in seiner Eitelkeit so verletzt, daß er die schauspielerische Kontrolle über sich verliert und mit dem Satz: „Mord ist jetzt die Losung. Der Menschheit Bande sind entzwei" seinen Degen auf die hingerissene Zuschauerin wirft. Der Degen schlägt flach auf ihre Oberschenkel, federt hoch, fällt auf den Boden. Vor Entsetzen über das Verhalten seines Kollegen bleibt dem König Philipp der Text weg. In der Totenstille hören wir auf der Bühne das nur gehauchte, aber bewundernde „ooooh" der Schülerin. Sie ist also nicht verletzt. Wir spielen weiter. In den Umbaupausen machen wir dem Carlos-Darsteller Vorwürfe. Er schämt sich und bestraft sich selbst (oder die Zuschauer?): Zum Schlußbeifall erscheint er nicht, kommt aber auch nicht zum Abschminken in die gemeinsame Garderobe, sondern bleibt auf der Bühne. Ich gehe zu ihm. Da sehe ich, wie die Schülerin aus dem Zuschauerraum über die Rampe der Behelfsbühne kommt, um dem Carlos seinen Degen zurückzubringen. Aus ihren wenigen, immer noch befangenen Worten geht hervor, daß sie die hysterische Undiszipliniertheit des Carlos-Darstellers nicht erkannt hat. Sie erkundigt sich vielmehr, ob es für ihn zuviel gewesen wäre, sich nach dieser Anstrengung beim Schlußbeifall zu verbeugen. Nach wie vor sieht sie in seinem schauspielerischen Fehlverhalten den berechtigten jähzornigen Affekt eines Menschen. Für sie ist und war er Carlos, ein aufbegehrender Königssohn. Die Worte, mit denen der Schauspieler sich bei ihr zu entschuldigen sucht, erreichen sie nicht, drohen vielmehr, ihr etwas zu nehmen, zu zerstören.

1. Reflexion: Identifikation zwischen Bühnenfigur und Zuschauer

Sie hat sich sowohl mit dem Schmerz des Königssohnes um seinen ermordeten Freund identifiziert als auch mit dem Protest gegen die Allmacht des Vaters, der seinem Sohn alles zerstört. Ihre identifizierende Bewunderung gilt dem affektgeladenen Carlos. Sie fühlt so stark mit ihm, daß sie die hysterische Eitelkeit des Schauspielers nicht wahrnehmen kann. Don Carlos ist für sie ein Modell, das ihre eigenen uneingestandenen Wünsche und ihre nicht ausgelebten Emotionen stellvertretend durchlebt.
Zwei ganz verschiedene psychologische Vorgänge prallen im Augenblick des Degenwurfs aufeinander. Die Schülerin, eingehüllt in das emotionale Erlebnis einer Theatervorstellung, sieht unbewußt sich selbst im aufbegehrenden Carlos. Weil sie innerlich betroffen war, schmerzt sie der Degen nicht: Der Degen trifft nicht eine Zuschauerin, sondern schließt sie in die Tat, in das Handeln ihres Identifikationsobjektes ein.
Der Darsteller erreicht seine hinreißende „Wirkung" auf die Zuschauerin — niemand im Publikum war über diesen Schauspieler empört! — dadurch, daß auch er im Innersten getroffen ist. Nur ist das ein ganz anderes Getroffen-Sein: Er handelt nicht in der konkretisierten Imagination des Schmerzes, der Verzweiflung des Carlos, sondern aus dem überhandnehmen-

den Bewußtsein des Schauspielers, der unsicher wird, weil er glaubt, daß ein Backfisch über ihn als Carlos lacht. Er ist in seiner schauspielerischen Eitelkeit gekränkt. Dieser Kränkung gibt er einen undisziplinierten Ausdruck. Er *projiziert* sein augenblickliches, ganz persönliches Gefühl in die Rolle. Aus verletzter Eitelkeit eines Schauspielers wird für eine Zuschauerin die rasende Trauer des SCHILLERschen Don Carlos.

2. Reflexion: Identifikation oder Projektion des Schauspielers mit seiner Rolle

Es gibt nicht nur eine Identifikation des Zuschauers mit dem Bühnengeschehen, sondern auch die Identifikation des Darstellers mit seiner Rollenfigur. Ich glaube aber, daß in vielen Fällen nicht so sehr eine *Identifikation*, sondern eine *Projektion* stattfindet. Auch wenn Schauspieler ihre Wunschrolle spielen, handelt es sich meiner Meinung nach um eine Projektion, die berufsspezifisch ist.

a) Meine Projektion „Beckmann"

Nach vier Jahren Kriegsdienst probte ich meine Wunschrolle, den Beckmann aus Wolfgang BORCHERTs „Draußen vor der Tür", den Heimkehrer, der mit seiner Verantwortung nicht fertigwird. Ich war glücklich, als unverwundeter Heimkehrer früher als andere Schauspieler, die noch in der Kriegsgefangenschaft waren, auf der Bühne zu stehen und diese Wunschrolle meiner Generation zu spielen. Alles das, was ich als Wehrmachtsangehöriger aus reinem Selbsterhaltungstrieb vier Jahre lang nicht sagen, kaum denken durfte, konnte ich jetzt loswerden, in den Szenen des Stückes erleben. Ich suchte und fand Entsprechungen in meinem eigenen Inneren. Aber ich wurde nicht die Figur, ich übernahm nicht unreflektiert Eigenschaften, psychische Inhalte des Beckmanns, sondern stattete ihn mit meinen eigenen Erfahrungen und Konflikten aus, soweit es der Text erlaubte. Im „Beckmann" setzte ich mich mit mir selbst als dem Heimkehrer auseinander.

b) Projektionsrollen

Als Lehrer einer Schauspielschule erlebte ich andere Beispiele für diese projizierende Identifikation: Schauspiel-Studenten setzen sich während ihrer Ausbildung in der Wahl ihrer Rollen immer wieder mit ganz bestimmten Themenkreisen auseinander; zum Beispiel mit Mädchen oder Frauen, die gegen ihre Umwelt protestieren und einen Absolutheitsanspruch erheben: die Antigone-Figur, Jeanette aus ANOUILHs „Romeo und Jeanette", die junge Frau aus Tankred DORSTs „Schmährede", die Elektra aus SARTREs „Fliegen"; Oder aber mit hilflosen oder mißverstandenen Außenseitern: Arthur Wibeau aus „Die neuen Leiden des jungen W." von PLENZDORF, Moritz aus WEDEKINDs „Frühlingserwachen", dem Rekrut Pip aus WESKERs „Bratkartoffeln inbegriffen".

Gleiche Tendenzen stelle ich auch bei Amateuren fest, selbst wenn sie nicht zu literarisch vorgeprägten Figuren, sondern zu Typisierungen und

Idolen greifen, die ihnen durch Mode-Trends in Zeitschriften und Filmen vorgestanzt werden. Schauspielschüler und Amateure suchen in ihren Rollen ihre eigene Identität. Sie sind durch wechselnde positive oder negative Einschätzungen ihrer Umwelt, widerspruchsvolle Wertmaßstäbe ihrer verschiedenen Bezugsgruppen verunsichert. Sie weichen deshalb aus in die Welt des ‚Als-ob', in das Spielgeschehen, das im Ablauf straffrei, sanktionsfrei ist. Aber so schaffen sie sich auch eine augenblickliche Befindlichkeit, in der sie Stellung beziehen können, eine positive oder negative Einstellung mit allen Konsequenzen durchhalten können, ohne Strafe oder Mißachtung erleben zu müssen.

In die literarisch vorgeprägten oder selbstentwickelten Rollenfigur projizieren sie das Leitbild ‚So möchte ich gerne sein' oder ‚So möchte ich nie werden'. In der Spielfabel konkretisieren sie ihre Fehler oder Wünsche, ihre positiven oder negativen Gefühle. Sie finden bei dieser Abrechnung mit der Gegenwart und Vergangenheit, in diesem Entwurf auf eine Zukunft hin Resonanz und Anerkennung bei den Zuschauern, die zuhören, mitfühlen, applaudieren.

Diese emotionalen und psychischen Prozesse finden nicht in der abgeschirmten Umwelt einer Therapeuten- oder Analytiker-Praxis, nicht in der Ruhe eines Arbeitszimmers statt. Im Theater werden sie laut Vorstellungs- und Probenplan termingerecht gefordert, sie sind herzustellen und zu durchleiden – pünktlich ab 20.00 Uhr abends oder 10.30 Uhr morgens. Amateure haben es leichter: Sie entscheiden sich an ihren freien Abenden in den Jugendzentren, wie weit sie gehen wollen. Wenn im Theater die Probe vorüber ist oder der Schlußvorhang fällt, wird kaum mehr darüber gesprochen oder reflektiert, wird nicht ‚nachbehandelt'. Eine Spielgruppe hingegen ist glücklich zu schützen, wenn sie für diese wichtigen Phasen der Spielgruppenarbeit ein kompetentes Gruppenmitglied hat. Denn dieses komplizierte System von psychischen Verschiebungen zwischen Rollenfigur und Rollenträger spielt sich innerhalb einer Person ab, die gleichzeitig Material, Schöpfer und Kunstwerk / Produkt ist. Der Prozeß zwischen dem Rollenträger und seiner Rollenfigur ist intrapersonal. Auf eine Kurzformel gebracht: In einem faszinierenden Teufelskreis identifiziert sich der Darsteller in seinen Projektionsrollen mit sich selbst.

3. Zitate

a) Das, was man bei anderen in Identifikation und Projektion trennen kann, muß man beim Schauspieler als zwei Arten von Identifikation betrachten. Diese möchte ich dann die passive (die Rollenfigur primär) und die aktive (die eigene Persönlichkeit primär) Identifikation nennen. LOGGEM (1956)

b) Eine völlige Identifikation findet in unserer Gesellschaft selten statt. Vielleicht nur in sehr tiefen ekstatischen Zuständen, bei Geisteskranken, die sich mit Gottes- oder Machtfiguren identifizieren, oder bei Kindern. Wir müssen daher annehmen, daß beim Schauspieler immer ein Bewußtseinsrest der ursprünglichen Persönlichkeit übrigbleibt. LOGGEM (1956)

c) Das Kind introjiziert etwas von der Person des Angstobjektes und verarbeitet auf diese Weise ein eben vorgefallenes Angsterlebnis. Das Mittel der Identifizierung oder

Introjektion tritt dabei mit einer zweiten wichtigen Methode in Verbindung. Mit der Darstellung des Angreifers, der Übernahme seiner Attribute oder seiner Aggression verwandelt das Kind sich gleichzeitig aus dem Bedrohten in den Bedroher ...
Anna FREUD (o. J., 88)

d) Die Bemühung des Schauspielers, sich bis zur Austilgung seiner eigenen Person in die Stückfigur zu verwandeln, theoretisch und mit Exerzitien, unterbaut zuletzt von STANISLAWSKI, dient dazu, die Identifizierung des Zuschauers mit dieser Figur oder Identifizierung mit der Gegenfigur möglichst restlos herbeizuführen. Selbstverständlich weiß auch STANISLAWSKI, daß von zivilisiertem Theater erst gesprochen werden kann, wenn die Identifizierung nicht restlos ist. ...
Auch eine Spielweise, welche die Identifizierung des Zuschauers mit dem Schauspieler nicht anstrebt (und welche wir eine ‚epische' nennen), ist ihrerseits nicht interessiert an der *völligen* Ausschließung der Identifizierung.
BRECHT (1967, Bd. 15, 386)

e) Bei nicht entfremdeter Aktivität erlebe ich mich als handelndes Subjekt. Nicht entfremdete Aktivität ist ein Prozeß des Gebärens und Hervorbringens, wobei die Beziehung zu meinem Produkt aufrechterhalten bleibt. Dies impliziert auch, daß meine Aktivität eine Manifestation meiner Kräfte und Fähigkeiten ist, daß ich eins bin mit meiner Aktivität. Diese nicht entfremdete Aktivität bezeichne ich als produktive Aktivität.
FROMM (1977, 91)

f) Identifizierung, projektive: Von Melanie KLEIN eingeführter Ausdruck zur Bezeichnung eines Mechanismus, der sich in Phantasien äußert, in denen das Subjekt sein Selbst (his self) ganz oder teilweise ins Innere des Objekts einführt, um ihm zu schaden, es zu besitzen und zu kontrollieren.
LAPLANCHE-PONTALIS (1972, 226)

V. Das Bilderspiel oder Innerer Monolog und Offener Dialog

Ich biete einer Spielgruppe viele Fotos an, gesammelt aus Illustrierten, Fotozeitschriften, Bildreportagen. Sie liegen auf Tischen, sind mit Tesa-Film an die Wand geheftet. Auf allen Bildern sind zwei Menschen in einer statischen Haltung, in einer erkennbaren kommunikativen Situation, vor einem erkennbaren Hintergrund.
Anna und Hilde, Referendarinnen eines Lehrerfortbildungskurses, wählen das Bild eines jungen Paares; Der bärtige Mann, Mitte zwanzig, in T-Shirt und Bluejeans, bügelt sehr konzentriert auf einem Bügelbrett. Die gleichaltrige Frau in einem Kleid, umgeben von aufgeschlagenen Büchern, schreibt am Tisch. Auf dem Tisch steht eine kleine Vase mit Blumen. Sie blickt gerade von ihrer Arbeit zu ihrem bügelnden Partner auf. Das Mobiliar des Zimmers scheint vom Sperrmüll zusammengesucht. Ein kleines Bücherbord, angepinnte Notizzettel, ein Poster mit einer südländischen ‚Traum'-Landschaft sind links hinter ihnen an der Wand.
Referendarin Anna bleibt spontan vor diesem Bild stehen. Ihre Kollegin Hilde ist wie die anderen Mitglieder der Spielgruppe anfangs unschlüssig. Sie wandert also von Bild zu Bild. Dann stellt sie sich zu Anna. Beide haben sich auf diesem Fortbildungskurs kennengelernt, viel miteinander gespielt und geredet. Die Spielregel verlangt, daß jeweils zwei Spieler sich auf ihr gemeinsames Bild einigen, dann (als erste Phase) ausführlich über das Bild

ihrer Wahl reden: Über die Personen, ihre Kleidung, ihre Haltung, ihre Tätigkeit, die positive oder negative Form ihrer Kommunikation, die Umwelt der Figuren. Plötzlich werden die Details interessant: Bügelt er ihre Bluse oder sein Hemd, macht er es gerne? Warum unterbricht sie ihre Arbeit und er nicht? Warum sieht sie ihn an? Wie spät ist es? Ist es ein Arbeitstag, ein Feiertag? Sind sie verheiratet? Wie lange? Leben sie unverheiratet zusammen?

Das gemeinsame Fundament der beiden Rollenbiographien wird durch die Beantwortung der W-Fragen festgelegt (1961, 80; RELLSTAB 1976, 34): wer, wo, wann, wie, warum, woher? Nach diesen Fragen konkretisieren die Referendarinnen Anna und Hilde die Situation auf ihrem Bild: Fred, 28 Jahre, Industriekaufmann in sicherer Position, passiver Typ, lebt mit Sigrid, 25 Jahrem Büroangestellte, seit einem Jahr in einer gemeinsamen Wohnung zusammen. Vor einem Jahr hatte Fred einen selbstverschuldeten Autounfall. Sie zahlen noch dafür, können sich deswegen nur notdürftig einrichten (Sperrmüll-Möbel). Sie leidet darunter (Blumenvase), er legt aufgrund seiner Herkunft keinen Wert auf Wohnkultur. Sigrid hat einen Fernkursus für Buchhaltung belegt, weil sie gemeinsam ein Reisebüro aufmachen wollen (Poster, Bücher, ihr Abendstudium).

In der zweiten Phase des Bilderspiels einigen sie sich, wer welche Figur spielen wird: Anna spielt den Fred, Hilde die Sigrid. Sie bauen sich — genau dem Bild entsprechend — die Andeutung eines Arbeitstisches, eines Bügelbrettes hin und nehmen spiegelverkehrt zu dem Bild genau die gleichen Haltungen wie Fred und Sigrid ein, reden sich auch von diesem Moment an nur noch mit ihren Rollennamen an. Nachdem sie ca. 30 Sekunden und länger in diesen Haltungen unbeweglich verharren, beginnt als dritte Phase der innere Monolog. Ohne ihre Haltung zu verändern, spricht Anna in der ‚Ich-Form' als Fred halblaut, aber so, daß Hilde-Sigrid sie noch verstehen kann: Was Fred über sich selbst denkt, wie er sich im Hier und Jetzt der Situation am Bügelbrett fühlt, wie seine Gefühle über Sigrid sind, wenn er sie so ansieht, wie er zu ihrem Fortbildungskurs steht. Anschließend macht Sigrid das gleiche.

Die Spielregel verlangt, dem anderen bewegungslos, ohne Zeichen von Mißbilligung oder Anerkennung über das Gesagte zuzuhören. Gelingt den Darstellerinnen die körperliche und emotionale Konzentration, dauern diese inneren Monologen oft zehn bis fünfzehn Minuten.

Die vierte Phase des offenen Dialoges entwickelt sich fast übergangslos aus dem inneren Monolog.

Sie sprechen jetzt in der realen Situation: Sigrid spricht Fred an. Fred antwortet ihr. Die Spielregel fordert, daß Gänge oder große Bewegungen möglichst sparsam eingesetzt werden. Da Sigrid und Fred durch ihre inneren Monologe die Befindlichkeit des Partners kennen, mögliche Probleme ihnen als Rollenträger und Rollenfiguren bekannt sind, ist jedes Wort dieses offenen Dialoges gesättigt und gefüllt von Gedanken der inneren Monologe. Anna und Hilde entwickeln einen lang unterdrückten, schwelenden Konflikt zwischen Sigrid und Fred. Fred ist mutlos, glaubt nicht mehr an die

Möglichkeit einer gemeinsamen Arbeit in ihrem Reisebüro, wagte aber bisher nicht, darüber offen zu sprechen. Sie wirft ihm Desinteresse vor. Plötzlich wird ihre Partnerschaft fraglich. Sie beginnen sich zu streiten, weil der Fernseher immer noch nicht abgeholt ist. Er hätte gerne das Länderspiel heute abend gesehen. Aber sie können die Reparatur des Fernsehers nicht bezahlen, weil sie wieder soviele Fachbücher gekauft hat. Wütend verläßt Fred die Wohnung. Sie befürchtet, daß er zu Ilse, seiner früheren Freundin, läuft. Aber sie unterdrückt ihre Tränen und arbeitet verbissen an dem Kapitel der doppelten Buchführung weiter. So endet ihr Bilderspiel: Die Spielregel schreibt vor, daß eine in den Vorphasen entwickelte Situation im offenen Dialog ausgehandelt wird, bis das Problem, der Konflikt, gelöst ist oder eine neue Beziehungsqualität erreicht. Freds Abgang ist die neue Qualität.

1. Reflexion

Das Detektivspiel der ‚Spurensicherung' in der ersten Phase ist ein kognitiver, analytischer Prozeß. Gleichzeitig erlebt jeder Spieler, wie der Partner das Bild beurteilt, welche Details ihm wichtig sind. In der gemeinsamen Bildbetrachtung lernen sich die Spieler gegenseitig auf der Rollenträger-Ebene kennen.

In der zweiten und dritten Phase (fixierte Haltung / Innerer Monolog) wächst aus diesen Informationen der gemeinsamen Bildanalyse in einem kreativen Akt der Gefühls- und Erlebnisraum der Figuren. Das persönliche Engagement des Rollenträgers für seine Rollenfigur beginnt. Jeder konkretisiert in den gefühlvollen, halblauten Worten die Imagination seiner Rollenfigur. Durch den methodischen Kunstgriff, als Rollenfigur in der Ich-Form zu sprechen, wird die Einfühlung, die projektive Identifikation verstärkt. So spricht zum Beispiel Anna als Fred:

„Ich hab ja keinen Platz mehr für die Bügelwäsche auf dem Tisch . . ., bloß weil Sigrid unbedingt die blöde Vase da vor sich haben will. Also kauf ich ihr keine Blumen mehr, ist ja viel zu teuer . . ."

Mit solchen halblaut gesprochenen Worten tastet sich die Rollenträgerin Anna in die emotionale Lage ihrer Figur Fred vor. Ihr emotionales Gedächtnis setzt ein. Persönliche Erfahrungen aus verschiedenen Lebensphasen fließen in die Rollenfigur zusammen, Assoziationen an eigene Konflikte tauchen auf, werden nicht gedacht, sondern wiedererlebt. Erlebnisse aus der eigenen Studentenbude, aus den Partnerschaften reaktivieren sich, das eigene Fernweh, Probleme des eigenen Berufsweges – alles das wird übertragen in den Industriekaufmann Fred, in die zukünftige Buchhalterin Sigrid. Die fixierte körperliche Haltung unterstützt den Regelkreis ‚Von außen nach innen, von innen nach außen' (vgl. II), auch wenn er hier eingeschränkt ist. Die Spielregel bindet das körperliche Ausagieren an die statische Bildvorlage. Fred darf nur bügeln, Sigrid nur zu ihm aufsehen. Durch diese Einschränkung dringen die Darsteller aber wie mit einem Schlagbohrer in immer tiefere Schichten dieser fixierten Situation, erleben

oft eine Sturzflut von eigenen Erlebnissen, die sich durch diese Haltung ins Bewußtsein drängen.
Das Erstaunen der Darsteller ist groß, wie sich ihre Figuren in dem offenen Dialog selbständig machen, wie überraschend die Szene sich entwickelt — trotz der gegenseitigen Information in der Phase des inneren Monologs.
Das Erstaunen schlägt sich in der Reflexionsphase nieder, die nach dem Spiel in den Kleingruppen und im Plenum unbedingt einzuhalten ist. Viele sprechen nur über weitere Möglichkeiten ihrer Figuren, andere nur über sich selbst, ihre eigenen Erfahrungen in ähnlichen Situationen.
Mit dem Bilderspiel kann auch die Schallmauer in manchen Spielgruppen durchbrochen werden, sich zum ersten Mal als ungeübter Darsteller Zuschauern zu stellen. Die Darsteller haben durch die Bild-Analyse in der ersten Phase und durch die inneren Monologe ein umfangreiches Gefühls- und Gedankenmaterial zur Verfügung, die Leitbilder und Leitgefühle ihrer Figuren sind entwickelt. Diese konkreten Situationen ihrer Rollenfiguren sind ein schützender Sicherheitsraum für die Rollenträger. Die Zuschauer haben gleiche Findungsprozesse bei ihren Rollenfiguren erlebt, sind „Zuschauspieler". Mit der Wiederholung eines offenen Dialoges vor dem Plenum einer Spielgruppe erleben die Spieler auch, wodurch eine improvisierte Szene wiederholbar wird: Die Gefühlsprozesse, die Fabelentwicklung, die Themenschwerpunkte wiederholen sich, auch einzelne Kernsätze, nicht so sehr die gleiche Wortfolge, die Gestik, das äußere Handeln auf dem Spielort.
Der Erlebnisraum der Figuren ist vertraut. Dadurch wird es den Spielern leichter, den spontanen Einfällen innerhalb dieses Erlebnisraumes zu folgen. Sie interagieren als Rollenfiguren, fallen nicht zurück in die Rollenträger, die sich, bevor sie spielen, an den gelernten Text erinnern.

2. Pädagogische Erfahrung

Der russische Schauspieler, Regisseur, Intendant und Theaterpädagoge Konstantin Sergejewitsch STANISLAWSKI (1863 — 1930) baut seine nach ihm benannte Methode der Schauspieler-Ausbildung (STANISLAWSKI 1952, 1958, 1961, 1963, 1975; RELLSTAB 1976) auf der völligen Identifikation des Darstellers mit seiner Rolle auf. In meiner Arbeit mit Amateuren greife ich auf diese Basis der STANISLAWSKI-Methode zurück und erlebe dabei, daß Amateure damit unvoreingenommener arbeiten können als Schauspielschüler. Schauspielschüler denken (zu) früh an ihre Wirkung auf den Zuschauer, lassen sich zu wenig Zeit für ‚die Arbeit an sich selbst im künstlerischen Prozeß des Erlebens'. So heißt auch der erste Band des theaterpädagogischen Werkes STANISLAWSKIs (1961). STANISLAWSKI verlangt bei jeder Rollenarbeit, daß der Darsteller von sich selbst ausgeht: Wie würde ich handeln, wenn ich Othello wäre? Mit diesem ‚magischen Wenn' (RELLSTAB 1976, 24; STANISLAWSKI 1961, 53) beginnt jede Arbeit. Der Trend der neuen Innerlichkeit in den letzten Jahren begünstigt und verstärkt diesen pädagogischen Ansatz (Theaterpädagogik 1980).

Das Bilderspiel, das es in anderen Formen auch bei FIGGE (1975), Spiel-Pädagogik (1980), DAUBLEBSKY (1974, 43), HUBERICH (1979, 49) gibt, benutze ich als Einstiegs-Spiel, um diese Erfahrungen für eine weitere Arbeit mit darstellendem Spiel bewußt zu machen. Die Teilnehmer erleben, wie individuelle Erlebnisse, gespeichert im emotionalen Gedächtnis (STRASBERG 1979), Mosaiksteine werden, die assoziativ zusammengesetzt das äußere Bild eines anderen Menschen (die fotografische Vorlage) mit Leben erfüllen können. So hat dieser andere viel mit dem Rollenträger zu tun, kann deswegen mit persönlicher Anteilnahme gespielt werden. Die Gegenposition zur Anteilnahme, zur Identifikation des Darstellers mit seiner Rollenfigur nimmt Bertolt BRECHT ein. Er fordert den Darsteller auf, dem Publikum mit innerer Distanz Verhaltensweisen seiner Rollenfigur bewußt zu machen. Dadurch werden für Darsteller und Zuschauer nicht die Emotionen dieser Figur wichtig, sondern ihre gesellschaftliche Stellung, ihr sozialer Gestus. Er verdeutlicht diese Forderung im Beispiel eines Verkehrsunfalls (BRECHT 1970, 48). Er ist allerdings Theaterpraktiker genug, um zu wissen, daß auch ein gesellschaftlich parteiischer Schauspieler in der Probenarbeit mit seinen Gefühlen arbeiten muß (BRECHT 1967, Bd, 16, 901).

VI. Zitate

1. So wie in ihrem optischen Gedächtnis ein längst vergessener Gegenstand, eine Landschaft oder die Gestalt eines Menschen vor ihrem inneren Auge aufersteht, genau so leben im emotionalen Gedächtnis die früher durchlebten Empfindungen wieder auf. Man glaubt, man hätte sie ganz vergessen, doch da kommt eine Andeutung, ein Gedanke, ein vertrautes Bild — und die Empfindungen bemächtigen sich unser wieder, zuweilen ebenso stark wie beim erstenmal, zuweilen schwächer, zuweilen stärker, die gleichen oder ein wenig veränderte Empfindung.   STANISLAWSKI 1961, 92)

2. Was immer sie auch erträumen mögen, was immer sie in Wirklichkeit oder in der Phantasie durchleben, sie bleiben immer sie selbst. Verlieren sie niemals sich selbst auf der Bühne, handeln sie immer aus ihrer Person heraus als Mensch und als Schauspieler. Man kann sich selbst nicht entgehen. Wenn man sich von seinem Ich lossagt, verliert man den Boden unter den Füßen, und das ist das Allerfurchtbarste. Im selben Augenblick, wo man sich selbst verloren hat, hört auf der Bühne sofort das Erleben auf und die theatralische Übertreibung fängt an. Darum: Wie oft sie auch spielen mögen, was immer sie darstellen, sie werden immer, ohne jede Ausnahme, ihr eigenes Gefühl gebrauchen müssen.   STANISLAWSKI (1961, 202)

3. Das emotionale Gedächtnis ist ein Teil des affektiven Gedächtnisses. Im affektiven Gedächtnis vereinigen sich Emotion und sinnliche Wahrnehmung — Wahnehmung durch die Sinne. Durch die Sinne empfinden wir. Damit eine Empfindung zur Emotion werden kann, muß sie eine gewisse Intensität erreichen. Quantität schlägt also in eine Veränderung der Qualität um, vergleichbar mit Wasser, das man immer mehr, immer intensiver erhitzt und das dann zu Dampf wird.
STRASBERG (1979, 66)

4. Die Lebenserfahrung des Schauspielers ist „die Quelle des Schaffens". Der Schauspieler hat also seine eigenen Erfahrungen, seine Kenntnisse des Lebens heranzuziehen und in sich zum Leben zu erwecken . . . Der Mensch nimmt Lebenswirklichkeit durch seine fünf Sinne auf. Prägungen davon bewahrt er in seinem Gedächtnis. Zugleich mit den bildhaften Erinnerungen und den Hör-Erinnerungen

wird der sich erinnernde Schauspieler von den ihn wieder ergreifenden Gefühlen bewegt, die von den Bildern gleichsam wieder losgelöst und zum Leben entfacht werden. RELLSTAB (1976, 36)
5. Ihre eigenen Erlebnisse, aus der Wirklichkeit übernommen und in die Rolle übertragen, schaffen erst das Leben der Rolle auf der Bühne.
STANISLAWSKI (1961, 189)
6. Die Bedeutung der bewußten, wiederherstellbaren Erinnerungen unseres emotionalen Gedächtnisses soll man nicht verkleinern. Im Gegenteil, sie sollen sie lieben, denn nur durch sie können sie bis zu einem gewissen Grade auf die Inspiration einwirken. Wir wollen uns auf das Grundprinzip unserer Kunst besinnen: ‚Das Unbewußte durch das Bewußte.' STANISLAWSKI (1961, 201)
7. H.: STANISLAWSKI spricht davon, daß man sich ganz konkrete Vorstellungen für die Darstellungen von Gefühlen verschaffen muß und dazu die Phantasie einschalten soll. Und das ganz privat. Aber Sie sind ja gegen Einfühlung.
B.: Ich? Nein. Ich bin dafür, in einer bestimmten Phase der Proben. Es muß nur dann noch etwas dazukommen, nämlich die Einstellung zur Figur, in die ihr euch einfühlt, die gesellschaftliche Einschätzung. BRECHT (1967, Bd. 16, 853)
8. Von sich ausgehen bedeutet nicht, sich selbst zu spielen und die vom Verfasser gemeinte Gestalt zu ignorieren. Von sich ausgehen bedeutet, von seinen natürlichen Möglichkeiten ausgehend, zur Gestalt zu gelangen, aber nicht die Gestalt an sich heranzureißen. „Von sich ausgehen und recht weit gehen", sagt KREDOW (Regisseur und Schauspieler, Nachfolger von STANISLAWSKI am Künstlertheater in Moskau). STANISLAWSKI stellt die Schaffung der Bühnengestalt als einen folgerichtigen organischen Vorgang bis zur Inbesitznahme der Handlungslogik der darzustellenden Person vor. Wobei die Inbesitznahme der Handlungslogik der darzustellenden Person nicht durch Lossagung des Schauspielers von seiner organisch natürlichen Wesensart erreicht wird, sondern auf dem Wege der allmählichen Annäherung seiner schöpferischen Individualität an die Rolle bis zu ihrem vollkommenen Ineinanderfließen. STANISLAWSKI u. a. (1952, 64)
9. Jetzt in ihrer Eigenschaft als handelnde Person in dem gedachten Leben, können sie sich selbst nicht mehr sehen, sondern sie sehen das, was sie umgibt, und reagieren innerlich auf alles, was um sie herum vorgeht, als nehmen sie wirklich an diesem Leben teil. In solchen Augenblicken ihres aktiven Phantasierens entsteht in ihnen der Zustand, den wir mit ‚Ich bin' bezeichnen wollen.
STANISLAWSKI (1961, 75)

Literatur

Achtnich, E. / Opdenhoff, H.: Rollenspielkarten, 2. Aufl. Gelnhausen / Freiburg 1975
Adler, A.: Über den nervösen Charakter, 2. Aufl. Darmstadt 1969
Brecht, B.: Gesammelte Werke in 20 Bänden (Werkausgabe), 1967
– Über den Beruf des Schauspielers, Frankfurt 1970
Brook, P.: Der leere Raum, Hamburg 1969
Daublebsky, B.: Spielen in der Schule, Stuttgart 1974
Figge, P. A. W.: Lernen durch Spielen, Heidelberg 1975
Freud, A.: Das Ich und die Abwehrmechanismen, München o. J.
Fromm, E.: Haben oder Sein, Stuttgart 1977
Gebhart, H.: Über die Kunst des Schauspielers, Gespräche mit Otto Falckenberg, München 1948
Goethes Werke: Hamburger Ausgabe in 14 Bänden, 4. Aufl. Hamburg 1958
Huberich, P. / Huberich, U.: Spiele für die Gruppe, Heidelberg 1979
Jandel, E.: Die schöne Kunst des Schreibens, Darmstadt / Neuwied 1976

Jenisch, J.: Die zerstückelte Methode. Ein Überblick über die deutschsprachigen Stanislawski-Texte, in: Strasberg, L.: Schauspieler-Seminar, Bochum 1979
Jung, C. G.: Psychologie und Alchemie, Zürich 1950
Klewitz, M. / Nickel, H.-W.: Kindertheater und Interaktionspädagogik, Stuttgart 1972
Laplanche, J. / Pontalis, J.-B.: Das Vokabular der Psychoanalyse, Frankfurt 1972
Leutz, G.: Psychodrama. Theorie und Praxis, Berlin / Heidelberg / New York 1974
Loggem, M. v.: Zur Psychologie des Schauspielers, in: Akzente 3 (1956), 508 – 518
Meyerhold, W.: Schriften, Berlin 1979
Meyerhold, W. E. / Tairow, A. I. / Wachtangow, J. B.: Theateroktober. Beiträge zur Entwicklung des sowjetischen Theaters, Leipzig 1967
Moreno, J. L.: Das Stegreiftheater, 2. Aufl. Beacon N. Y. 1970
Portele, G.: Überlegungen zur Verwendung von Spielen, in: Gruppendynamik 3 (1975)
Reinhardt, M.: Ausgewählte Briefe, Reden, Schriften, Wien 1963
Rellstab, F.: Stanislawski-Buch, Wädenswil 1976
Schwarz, H.: Max Reinhardt und das Wiener Seminar, Wien 1973
Spiel-päd. Arbeitsblätter zur Spielpädagogik und Kulturarbeit, hrsg. v. Ulrich Baer, 10 (November / Dezember), Köln 1980
Stanislawski, K. S.: Theater, Regie und Schauspieler, Hamburg 1958
– Die Arbeit des Schauspielers an sich selbst, Teil I, Berlin 1981
– Die Arbeit des Schauspielers an sich selbst, Teil II, Berlin 1981
– Die Arbeit des Schauspielers an der Rolle, Berlin 1981
– Briefe 1886 – 1938, Berlin 1975
Stanislawski, K. S., u. a.: Der schauspielerische Weg zur Rolle, Berlin 1952
Strasberg, L.: Schauspieler-Seminar, Redaktion Jakob Jenisch, Bochum 1979
Tairow, A.: Das entfesselte Theater, Köln 1964
Theaterarbeit: 6 Aufführungen des Berliner Ensembles, Hrsg.: Berliner Ensemble Helene Weigel, 3. erw. Aufl. Berlin 1967
Theaterpädagogik: Beiträge zur Praxis und Theorie der Theater-Ausbildung, Hochschule der Künste, Berlin 1980

6. Figurentheater als Kinder- und Jugendtheater

Peter-Klaus Steinmann

I. Figurenspiel

Figurenspiel, Puppentheater, Kasperltheater, Marionettentheater, alle Begriffe meinen das Spiel mit Theaterpuppen.
Das Leben der Theaterpuppen ist eine Synthese aus bildnerischer Gestaltung und emotionalem Schauspiel.
Das Spiel mit Theaterpuppen ähnelt dem Maskenspiel, denn der Animator, der Spieler, der Beleber, der Wille und der Verstand verlassen den eigenen Körper und schlüpfen in eine andere Hülle oder sie verstecken sich in einer neuen Körperlichkeit, verwandeln sich.
Der menschliche Schauspieler macht ähnliches, nur leugnet er selten seine Körperlichkeit.
Der Reiz dieses gänzlichen Veränderns, die Möglichkeit, sich auch in mehreren Körperlichkeiten, also mehreren Puppen zu manifestieren, ja sogar mit sich selbst zu dialogisieren, ist ein Teil des Reizes für Macher und Zuschauer beim Figurentheater.
Bis etwa 1945 dachte man bei Theaterpuppen in drei Kategorien: Marionetten (von oben fadengeführte Puppen), Kasperltheater (von unten mit der Hand geführte Puppen), Schattenspiel (von hinten geführte Puppen).
Seit dieser Zeit aber setzte eine stürmische Entwicklung auf diesem Gebiet ein und die Vielfalt von über 65 Techniken (STEINMANN 1980) wurde in die Überbegriffe Figurenspiel oder Figurentheater gekleidet.
Bis zu Beginn der dreißiger Jahre hatte das Puppentheater, und hier im besonderen das Marionettenspiel, eine soziale Funktion. In einer Umwelt mit wenig Unterhaltungsmedien, die zumeist den begüterten und gebildeten Ständen vorbehalten waren, hatte in den Städten das Marionettenspiel die Funktion des Dienstmädchentheaters. Auf dem Lande reiste eine Marionettentruppe in ihrem Leben oft nur 30 km im Umkreis, um zum Beispiel zusammen mit dem jeweiligen Gesangverein das „Weiße Rössel" oder anderes aufzuführen. Die Puppe wurde als Ersatz für den Menschen begriffen. Ein Fundus von Körpern, Köpfen, Perücken und Kostümen ermöglichte die jeweils erwünschte „Menschwerdung".
Mit dem Aufkommen der Medien Film, Radio, Fernsehen fiel das herkömmliche Publikum aus und die Puppe war gezwungen, sich als künstlerisches Medium, als Werkzeug der Interpretation und nicht mehr als Abbildung zu profilieren. So setze eine breite Entwicklung des interpretatorischen Thea-

ters mit Puppen, Objekten und Mischformen zwischen Mensch und Puppe ein.
Nach einem großen Interessenniedergang des erwachsenen Zuschauers am Puppenspiel bis etwa 1970, beginnt nun eine langsam stetig wachsende Hinwendung der Erwachsenen zum Abendspiel mit Puppen, ja sogar zur Rezeption märchenhafter Themen.
Die Notwendigkeit, totales Theater zu sehen, die Möglichkeit der Puppe, dies zu ermöglichen, konsequent Rolle zu sein, hat das Kind zum potentiellen Zuschauer gemacht. Puppentheater konnte sich beim Kind immer gegen die elektronischen Medien behaupten. Am Kind hat das Puppentheater überlebt, ihm ist es Notwendigkeit geblieben und so existiert heute eine aktuelle lebendige Puppentheaterszene. In Deutschland sind zur Zeit rd. 150 mobile Berufspuppenbühnen tätig. Eine große Amateurszene, von der kontinuierlich in eigenen Theatern arbeitenden Truppe bis zum Zufallsspieler, erweitert das Spektrum der Ausübenden.
Die UNIMA (Union internationale de la marionette) ist die weltumspannende Organisation der Puppenspieler und der Interessierten. Daneben gibt es die Organisation der Berufspuppenspieler und regionale Arbeitsgemeinschaften und Vereine, die Seminare für Anfänger und Fortgeschrittene anbieten. 34 feste ortsgebundene Theater arbeiten mit festem Spielplan als Repertoiretheater.
In Deutschland finden im Durchschnitt 10 bis 15 Puppenspieltage und -festwochen mit nationaler und internationaler Besetzung statt.
Eine regelmäßig erscheinende Fachzeitschrift (Information) und zwei unregelmäßig erscheinende Zeitschriften führen die Fachdiskussion, und die Rundbriefe der Vereine übermitteln nationale und internationale Daten von Treffen und Festwochen.
Ein Spezialverlag und -vertrieb hält alle aktuelle Literatur zum Thema Figurenspiel bereit.

II. Die Wirkungen der Figur

Die Figur, die Puppe, das bewegte Objekt, sind Materialien ohne Eigenbewegung.
Jede Bewegung wird durch den Willen von außen initiiert. Der Reiz und die Möglichkeit eines Theaters der Materie liegt in der Mittelbarkeit der Emotionsübermittlung. Jede Bewegung, jede Emotion der Figur ist immer nur die Darstellung dieser Regung.
Es handelt sich immer um eine Übersetzung der menschlichen Gefühle, um eine Sichtbarmachung. Diese Sichtbarmachung ist total, denn die optische Form ist absolut Rolle, der keine physisch vorgegebene Körperlichkeit im Wege steht. Das bedingt einen ständigen Bezug der Bewegungen und Emotionen der Figur zum Menschen.
Beispiel: Zu einer Musik bewegen sich ein Dreieck, ein Rechteck und ein Punkt. — Bleibt die Bewegung unverbindlich, irgendwie nur optisch, erlischt

das Interesse. — Berührt die Spitze des Dreiecks den Punkt und der Punkt entfernt sich unangenehm gestochen, fühlt man mit, empfindet Schmerz und vollzieht die Bewegung des Punktes nach. —
Die Figur löst in dem Betrachter Wiedererkennen aus. Nur dem Zuschauer Bekanntes in Gefühl und Gedanken kann man zeigen, da er sonst ohne Wiederkennen bleibt und nichts versteht. Jeder Zuschauer ist voller Gefühle und Gedanken, die ihm nicht bewußt sind. Diese Bewußtwerdung kann das Theater leisten. Anders ausgedrückt: Der Zuschauer ist die Glocke, das Theater muß diese Glocke zum Klingen bringen, aber die Glocke verfügt nur über die ihr innewohnenden Töne.
Diese Stellvertreterfunktion der Figur, das Vereinigen bekannter Verhaltensweisen und frei verfügbarer optischer Merkmale, ermöglicht diese Form des darstellenden Theaters, das oft fälschlich als magisch bezeichnet wurde.
Da die Figur Reflektor der eigenen Erfahrungen ist, entsteht im Zuschauer ein sehr nachhaltiges Erlebnis.
Daher erklärt sich die starke Wirkung des Figurentheaterspiels auf Kinder.
Kinder rezipieren ganzheitlich. Diese Rezeption kommt der Figur entgegen. Sie ist Rolle total und nicht der Mensch, der Onkel, der den König, den Esel spielt.
Zudem benötigen Kinder genaue Spielregeln. Je genauer die Spielregel, um so intensiver das Spiel. Die Spielregel des Figurentheaters ist klar. Jedes Kind ab 5 Jahren weiß, die Figuren werden von Menschen bewegt. Weil aber die Spielregel so klar ist, kann sich der junge Zuschauer auf das Spiel einlassen. Äußerungen wie: „Geh' weg, geh' weg, du bist ja nur aus Stoff" belegen die Situation zwischen Spielregel und Akzeptanz.
Figur ist also immer Rolle, aber unwandelbar nur diese. Das ist ihr Wirkungsvorteil und ihre Begrenzung. Diese Begrenzung läßt sich durch verschiedene Puppen der gleichen Rolle aufheben, ja sogar zur Multiwirkung potenzieren.
Die Wirkungserweiterung ist durch den interpretatorischen Einsatz der Figurentechniken und der Bedeutungsgrößen möglich.
Jede Führungstechnik hat einen Bewegungsduktus, der diese Technik in sich begrenzt, aber im Kontrapunkt zu anderen Techniken maximiert. Zum Beispiel eine bewegliche, rasche Handpuppe, neben den großen, ausladend theatralischen Gesten einer Stabfigur, kann in ihrer Bewegungsspannung der Ausgangspunkt für eine Szene sein. Jede Figur kann aber entsprechend ihrer Bedeutung ein überzogenes oder unterzogenes Größenverhältnis zum Partner haben, zum Beispiel ein großer Chef und ein kleiner Vorarbeiter, im nächsten Bild ein großer Vorarbeiter und ein kleiner Hilfsarbeiter. Setzt man diese interpretatorischen Eigenschaften in ein klärendes Verhältnis zum Inhalt des Darzustellenden, entsteht ein großartiges Theater, dem zum Beispiel im Gegensatz die Menschlichkeit des Schauspielers, die Bindung an seine Figur und seinen Bewegungsduktus nicht im Wege steht.
Mit der Puppe kann ein kleiner dünner Spieler einen dicken Riesen und eine korpulente Frau die zarte tanzende Elfe spielen.

Diese gegensätzlichen Spannungen, gepaart mit der technischen Beschränkung und ihrer multiplen Erweiterbarkeit und der Notwendigkeit, die Erfahrungen des Rezipierten zu mobilisieren, sind das Geheimnis des Figurenspiels.

Figurenspiel multipliziert aber auch den Macher. Er kann beliebig viele Figuren spielen, ihnen Person und Bewegung geben.

Das eröffnet diesem Medium die kleine Form des Tisch- und Fingertheaters ebenso wie die Beherrschung der raumgreifenden großen Bühne mit Ensembles von vierzig bis fünfzig Personen.

III. Figurentheater für das Kind

Das vorher Gesagte beinhaltet die ständige aktive Mitarbeit des Erlebenden auch vor der Bühne, so daß sich die Frage nach der Passivität nicht stellt. Der von Figuren Angesprochene ist über sein Mitdenken, seine Aktivierung der eigenen Erfahrung immer Mitspieler.

Bliebe eine Qualifizierung der Aktivitäten vor und mit dem Kind.

Eine Berufspuppenbühne wird in die Schule eingeladen. Aus dem Repertoire der Bühne wird ein Titel ausgewählt. Selten wird der Stoff ganz und gar in den Lehrplan passen, da verschiedene Altersstufen an der Vorstellung teilnehmen und die Lehrpläne verschiedener Schulen zeitlich versetzt ablaufen, so daß eine externe Bühne sich nicht auf die augenblickliche Lage der jeweiligen Schule einstellen kann.

Die Wahl des Stückes wird sich nach dem Alter der Zuschauer, der Jahreszeit und den Wünschen des Lehrkörpers richten.

Eine Aufführung ist eine Durchbrechung des Schulalltags, die speziell bei langen Zeiträumen zwischen den Ferien notwendig ist. Es sind gemeinsame Erlebnisse eines großen Teils der Schüler einer Schule, die gemeinsame Schulhofspiele (Nachvollziehen) und Gespräche zur Folge haben. Theateraufführungen sind wie Klassenfahrten gemeinschaftsbildende Erlebnisse im Klassenverband. Eine Vorbereitung des Stoffs hat nur als Umgebungsinformation einen Sinn (zum Beispiel bei einem Tierspiel Unterrichtseinheiten über das Verhalten der Tiere ganz allgemein).

Eine gezielte Vorbereitung ist nur möglich, wenn dem Lehrer die Inszenierung bekannt ist.

Besser ist die Nachbereitung. Alle haben das Spiel gesehen, können es als Ausgangspunkt für inhaltliche Anknüpfungen nehmen.

Das Spiel selbst zum Unterrichtsstoff zu machen (Aufsätze, Analysen etc.) ist nicht zu empfehlen, da damit Theatererlebnisse, emotional und lustvoll genossen, mit dem Odium nachträglichen Zwanges belegt werden. Solche Erfahrungen wirken negativ bis ins kommende Leben hinein. Soll Theater eine Anstoßfunktion haben, die Möglichkeit zum „Aha-Effekt", sollte man nicht über diesen Effekt oder gar über die auslösende Form sprechen, sondern an den Effekt anknüpfen.

Das „Aha-Erlebnis" ist lustvoll und also ist auch ein Anknüpfen daran lustvoll, denn es werden ja noch mehr Erkenntnisse möglich.
Die Aufführung einer professionellen Bühne kann auch Beispielfunktion für die eigene Arbeit mit der Figur haben. Figurenspiel in Deutschland ist zudem das erschwinglichste, mobilste und perfekteste Kindertheater, das sich eine Schulgemeinschaft ins eigene Haus holen kann.
Schwierig ist die Auswahl aus dem Angebot der Bühnen. Ausgangspunkt sollte immer der Wille zur Vielfalt sein. Erst der Vergleich zwischen den Leistungen bringt Urteile und Einschätzungen. Ein schlechtes Spiel beschädigt die Kinder nicht unverantwortlich, wie ein gutes Spiel nicht alle Fehlentwicklungen behebt.
Zwei- bis dreimal im Jahr wechselnde Bühnen verschiedener Qualität bilden bei gemeinsamer Nacharbeit das Bewußtsein der Kinder mehr als die wiederholte gleichbleibende Qualität.
Die sachliche und ökonomische Organisation der Vorstellung wird von einem Verantwortlichen in der Schule übernommen. Aufführungen professioneller Bühnen sind zumeist auf ein Publikum ab 100 Personen ausgerichtet. Der Aufführungsort sollte verdunkelt sein, da eine Konzentration auf das Spielgeschehen die Wirkung verbessert.
Die Schüler sollten auf Stühlen sitzen, da eine entspannte Sitzweise der Konzentration entgegenkommt. Die Räume sollten nicht zu groß sein, denn ein leerer Raum (zum Beispiel Turnhalle) wirkt atmosphäretötend. Atmosphäre ist aber ein wesentlicher Teil des Theaters.
Eine Vorstellung sollten immer die aufeinanderfolgenden Jahrgänge besuchen.
Die ältesten Zuschauer sollten vorne sitzen, denn sie haben die längste Geduld und reagieren im Zusammenspiel mit der Bühne am gescheitesten. Die Jüngeren haben auf alle Fälle ihren Spaß. Reißt ihnen mal der Faden, stören sie hinten nicht die mit größerem Aufnahmevermögen ausgestatteten Größeren.
Die Berufsbühnen geben über die Sichtverhältnisse Auskunft. In den seltensten Fällen müssen die Kinder nach Größe gestaffeltsitzen, da die meisten Bühnen über Sichthöhe spielen.
Theater hat Voraussetzungen wie das Fotografieren oder ähnliches. Beachtet man diese Voraussetzungen (Verdunkelung, Bestuhlung, Raumgröße), ist eine Maximierung der Leistung der Bühne möglich.
Jeder Mensch, aber besonders das Kind, lernt durch Nachahmung, die eine Aufnahme von Geschehen und Inhalt zur Voraussetzung hat.
Detailliertes Leben findet das Kind ständig in seiner Umgebung, aber überschaubare Lebensabschnitte, Handlungszusammenhänge findet es nur in Geschichten, Märchen und in Theaterspielen. Deshalb sollte Figurentheater für Kinder unverzichtbar sein, denn hier kann es außerdem im Gegensatz zum Fernsehen noch in das Geschehen eingreifen.
In ein anderes Leben hineinsehen, für ein anderes Leben bangen, ist so wichtig wie die Mitgestaltung einer Handlung. Vorspiel und Mitspiel sind zwei Seiten einer wichtigen Entwicklungshilfe für das Kind.

IV. Figurentheater mit dem Kind

Wenn das Kind selbst Theater spielt, stehen andere Kriterien im Vordergrund.
Das Theaterspiel ist Mittel zum Zweck und richtet sich ausschließlich nach den Notwendigkeiten für die Entwicklung des Kindes.
Drei große Blöcke wären zu unterscheiden:

- Das Schulspiel, das die Zielsetzung in sich selbst trägt.
- Das Unterrichtsspiel, das eine didaktische Hilfe ist, ist Teil einer Methode.
- Die Therapie, die die Aus- und Ablösung von bedrängenden Erlebnissen, von hindernden Erfahrungen beinhaltet.

Das Schulspiel ist am effektivsten im fachübergreifenden Unterricht. Der Klassenlehrer kann offen oder verdeckt die Vorarbeiten zu einem Spiel in allen Fächern anlaufen lassen. *Beispiel:*

1. Schreibe Dialoge zwischen einem Gemüsehändler und einer Kundin.
2. Erfinde die Geschichte von der Reise einer Tomate vom Ursprungsland zum Gemüsehändler.
3. Wir zeichnen einen Gemüseladen
4. Wir zeichnen Kundinnen eines Markstandes.
5. Wir bauen eine Stockpuppe.
6. Benutze den Overheadprojektor und lasse die Römer durch die rheinische Tiefebene ziehen.
7. Zeige pantomimisch den Verkauf einer Uhr.

usw.

In dieser Aufgabenstellung kann man im Laufe eines Jahres die Probleme einer Aufführung umrunden. Bei dieser Methode ist auch der Sinn des Lernens als Voraussetzung für eine Anwendung in der Praxis (hier im Puppenspiel) durchschaubar. Ziel bleibt aber eine Aufführung vor anderen Menschen mit der Notwendigkeit, auch das Spielhandwerk zu erlenen. Das setzt einen informierten Lehrer voraus. Diese Aufführung wird vor allem Zuschauer interessieren, die sich in derselben Lage wie die Aufführenden fühlen. Also Kinder der gleichen Altersstufe. Fremden Zuschauern werden meistens Fehler wie mangelhafte Lautstärke, mangelnde Handwerklichkeit in den Wirkungsvoraussetzungen und ähnliche Mängel den Zugang zur Aufführung erschweren.
Das Unterrichtsspiel ist ein internes Spiel, nur bestimmt für den Rahmen der bekannten Gruppe, der Klasse. Das Unterrichtsspiel hilft mit der Puppe dem Gehemmten zu einem besseren Ausdruck, dem Lehrer zu einem farbigen repitierenden Unterricht, zum Beispiel:
Da ist eine Figur, die jene Fehler macht, die die Kinder mit ihrem Wissen stets verbessern, oder zwei Figuren rechnen eine Aufgabe, verstricken sich immer stärker in den Fehler, den nun die Kinder lösen.
Drei Kinder haben Probleme in der Klasse, sie erhalten eine Improvisationsaufgabe mit Puppen, sie müssen nun gemeinsam eine Aufgabe lösen, müssen kooperieren, können in Zusammenarbeit aufeinander eingehen.

Immer steht das zu vermittelnde Thema im Vordergrund, nie die Handwerklichkeit des Puppenspiels.
Die Figur also als Hilfsmittel für den Unterricht.
Die Puppe in der Therapie ist nur bezogen auf die Person des Therapierten. Nicht das Handwerk des Spiels ist entscheidend, sondern die Stellvertreterposition der Puppe. Da werden geliebte und gehaßte Personen in die Puppen projiziert, Situationen nachgespielt, in gewünschter Weise zu Ende gespielt.
Oft wird diese therapeutische Stellvertreterposition der Puppe in der Hand des Therapierten verwechselt mit dem Spiel vor Kindern oder therapiebedürftigen Personen.
Könige, Teufel und Krokodile sind auf der Bühne ausgefüllt mit dem Leben des Spielers. Der Spieler hat die Puppen für seine Identifikation beansprucht und der Zuschauer folgt ihm.
Damit schaut der zu Therapierende in die Probleme des anderen.
Bei gesunden Personen gibt es ganze Problembereiche, die wiederkehren und also zu generalisieren sind. Bei einem Therapiebedürftigen sind die Probleme ganz speziell. Diese Probleme wird ein anderer als der Patient nur selten treffen. Ein Spieler muß zur Vermittlung gestalten. Damit werden die Puppen zur Realität. Die Puppe in der Hand des Patienten ist aber Stellvertreter, Projektionshilfsmittel.
Alte Klischeefiguren wie König, Teufel und Krokodil können in der Hand des Therapierten durchaus eine lösende Funktion haben. Das Klischeebild hilft, ein eigenes bedrückendes Bild zu lösen.
Klischeefiguren, von einem fremden Spieler gezeigt, erhellen nur dessen mangelnde Durchringung von Rolle und Theater. In seltenen Fällen wird ein Therapeut in der genauen Kenntnis seines Patienten nur für diesen gezielt mit Puppen über dessen Traumata spielen können.
Ein gefährliches Unterfangen, da das Erlebnis wegen der Reflexionswirkung der Puppe, sehr tief gehen kann und auch sehr schief gehen kann. Die Puppe in der Hand des Patienten ist da sicher besser.
Die Herstellung eines Puppenspiels, eben mal für ein Fest, ist nicht geeignet, da eine Reihe von Handwerklichkeiten wie Sprechen, Puppenhaltung, Spielhöhe etc. wirkungsnotwendig sind.
Für diesen Fall ist die Bebilderung einer Erzählung, einer Moritat, mit Flachfiguren oder Stockpuppen besser, da das erzählte Bild die darstellenden Spieler führt, sie an ihre Aufgaben erinnert und es möglich macht, eine ganze Klasse zu beteiligen.

V. Spieltechniken

Der Einsatz verschiedener Spieltechniken hängt vom Alter der Schüler, der vorhandenen Zeit und dem erreichten Material ab.
Immer wieder wird die Handpuppe (Kasperpuppe), die wie ein Handschuh auf der Hand des Spielers sitzt, als einfachste Technik beschrieben. Das ist

Abbildung 1: Handpuppen
Colombine und Narr aus EICHENDORFFs „Das Incognito"

Abbildung 2: Bodenfiguren
Tekel und Tokel aus „Die große rote Teekanne", ein Spiel mit Objekten und Figuren (Figuren: P. K. STEINMANN)

Figurentheater als Kinder- und Jugendtheater 425

Abbildung 3: Opa (Stockhandpuppe) und Bibi (Marotte) aus „Opa Hickewak und das Monster" (Figuren: Till de KOCK nach Entwürfen von P. K. STEINMANN)

Abbildung 4: Prinzessin (Marotte) aus „Der Schatten" nach H. C. ANDERSEN (Figur: P. K. STEINMANN, Kostüm: Benita STEINMANN)

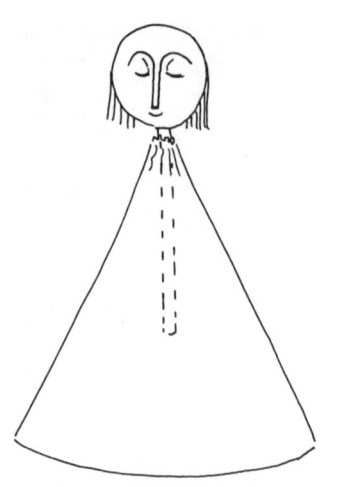

Zeichnung 1: Stockpuppe (von unten geführt)
Der Kopf ist auf einem Stock befestigt. An dem Stock ist ein Stück Stoff in seinem Mittelpunkt befestigt.

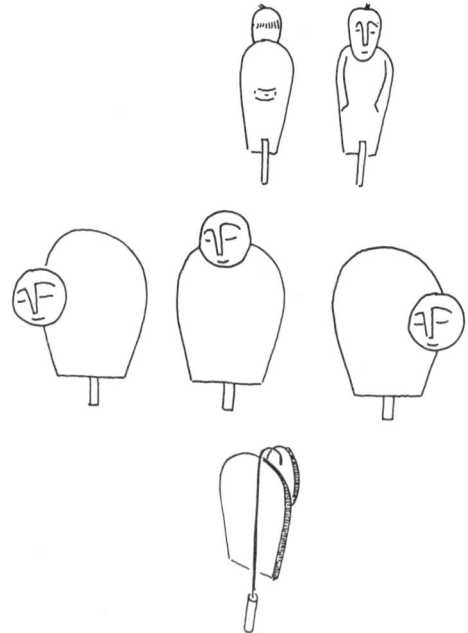

Zeichnung 2: Flachfigur (von unten geführt)
Einteilig Vorder- und Rückseite — wäre auch im Profil möglich
Zweiteilige Figur. Der Kopf ist frei um den Körper führbar.

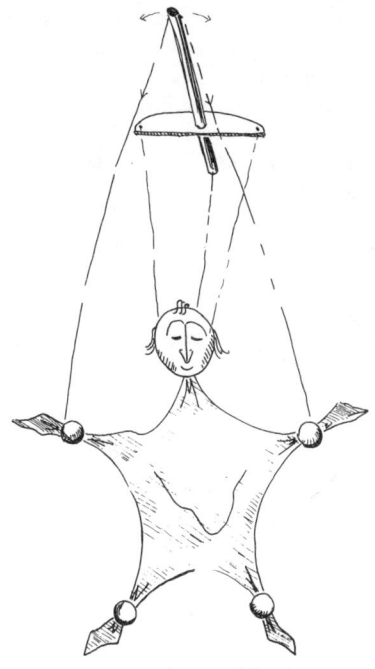

Zeichnung 3: Tuchmarionette (von oben geführt)
Der Kopf ist an drei Punkten aufgehängt. Der Körper wird aus einem Tuch gebildet. Die „Hände" sind an einem durchlaufenden Faden befestigt. (BERNHARD, B., Bau- und Spielanleitung für die ROSERsche Tücherpuppe)

Zeichnung 4: Kopfstockpuppe (von oben geführt)
Ein Stock führt von oben durch den Kopf in den Körper. Die Arme sind schlenkernd befestigt.

nicht wahr. Neben der Marionette ist sie in Haltung und logischem Gebrauch die am schwersten erlernbare Figurenart.
Die Handpuppe ist wegen ihres direkten Zugriffs nur für die Therapie besonders geeignet und sollte sonst dem Profi vorbehalten bleiben.
In der Gruppe der von unten geführten Figuren ist die Stockpuppe (vgl. Zeichnung 1) die geeignetste Figur für die Hand des Kindes. Ein Kopf, ein Stock, ein quadratischer Stoff als Kleid. Diesen Typ kann man in Größe herstellen für Umzüge und in kleinem Format für die Arbeit in der Klasse. In der einfachsten Form wird der Kopf aus einer Styroporkugel gebildet.
Damit ist dann alles spielbar.
Eine weitere leicht erlernbare und herstellbare Form ist die einteilige oder gegliederte Flachfigur (vgl. Zeichnung 2). Die Stockpuppe und die Flachfigur bieten so viele Möglichkeiten, daß damit alle Wünsche zu erfüllen sind.
Ergänzend sei auf die Tüchermarionette (vgl. Zeichnung 3) (H. BERNHARD 1978) hingewiesen. Eine einfache Form der Figur am Faden mit großen spielerischen und vor allem für die Musikerziehung nützlichen tänzerischen Fähigkeiten.
Als zweite von oben geführte Figur ist die Kopfstockpuppe (vgl. Zeichnung 4) (STEINMANN 1980, 66/67) ideal mit ihrem direkten Zugriff auf die Figur mittels des Stabes im Kopf. In beiden Fällen können die Spieler zwischen den Figuren stehen und ein raumgreifendes Spiel ist möglich.
Der Bau aufwendiger Bühnen ist im Schulbereich meist überflüssig.
Links und rechts der Spielfläche, des Spielplatzes sitzen die Spieler mit ihren Puppen, dem Spiel zugewandt. Von dort treten sie auf und von dorthin gehen sie ab.
Bei Figuren, die von unten geführt werden, ist manchmal eine Spielleiste (eine Leiste in Höhe des größten Spielers, an der vorne eine Stoffabdeckung befestigt ist) nützlich. Je einfacher der Bühnenaufwand, je größer die Beachtung des Spiels von seiten der Spieler und der Zuschauer. Bühnenmaterial sollte sich nur anschaffen, wer schon langjährig als Schulbühne arbeitet.

VI. Spielthemen

Der schlechteste Weg zu einem Spiel ist ein vorgefaßter Text.
Um ihn zu interpretieren, benötigt man Erfahrungen in dramaturgischer Arbeit (Text auf die Gruppe zuarbeiten), die Fähigkeit fremde Texte sinngemäß weiterzureichen und trotzdem so locker zu sein, als wäre dies ein spontaner Einfall (nichts ist schlimmer als Dialoge, die aufgesagtwerden).
Der beste weil kreativste Weg ist die Verabredung eines Handlungsablaufes und die Festlegung jener Texte, die für den Fortgang der Handlung unerläßlich sind. Alles andere wird im Moment neu formuliert. Das bringt Spontaneität, zwingt in Dialogen einander zuzuhören, erspart peinliches Warten auf Stichworte, fördert den Wortschatz usw. Diese Methode bedingt auch eine genaue Auseinandersetzung mit den auftretenden Figuren und

ihren Soziogrammen (Vergangenheit und Zukunftserwartung der Rollen). Das zwingt hinzusehen, sich in andere Personen hineinzuversetzen, Verständnis für andere Lebensumstände aufzubringen. Mit dieser Methode lassen sich ebenso geschichtliche Zustände und Abläufe spielen (wie haben sie damals gelebt, was haben sie wohl gefühlt usw.) wie aktuelle Probleme in Familie und Schule.

Die Themen sollten dem jeweiligen Alter und Umweltverständnis angepaßt sein, denn die Spieler müssen selbst Bilder entwickeln können, um dann Bilder weiterzureichen. Eine kleine knappe Geschichte, gut gespielt, ist besser als ein langes unverdautes Epos. Das Thema sollte so angelegt sein, daß über den ganzen Prozeß alle Beteiligten mitarbeiten können.

Lange profimäßige Einzelproben langweilen die übrigen, überfordern den einen.

Achtung! Von einem bestimmten Punkt an wird Theater immer fachliche Arbeit, was dem Interesse von einmaligen Gruppen fast immer entgegensteht.

Darum sind für kurzfristige Projekte einfache, wirkungsvolle Themen, von einem Rapsoden gelesen und von der Gruppe bebildert, günstiger. Das über lange Zeit im fachübergreifenden Unterricht vorbereitete Spiel einer festen Klassengemeinschaft ist die Alternative dazu.

VII. Schattenspiel

Das Schattenspiel (PAERL 1979; FUGLSANG 1980) neigt dem epischen Theater zu. Eine Erzählung wird von den Schattenfiguren bebildert. Der Einsatz von Projektoren und Overheadtechnik ist möglich.

Die Figuren sind einfach herzustellen und durch die Entfernung von der Lichtquelle in der Größe zu variieren. Verschiedene durchsichtige Materialien sind einsetzbar und fordern zum Experimentieren heraus.

Eine Aufgabe für eine Klasse, die zugleich künstlerische wie technische Begabungen fördern möchte.

VIII. Figurenspiel in der Sekundarstufe II

Hier ist das Figurenspiel weitaus breiter anzusetzen.

1. In der literarischen Erziehung führt die Figur über das bloße Lesen des Textes hinaus in den Bereich des Spiels und des Verständnisses von Rolle und Dialog.
Teile eines klassischen Textes mit flachen oder plastischen Figuren nachvollzogen, führt über das bloße Textergründen zum Erfassen des Umfeldes der Rollen in Bewegung, Verhalten und deren Verankerung im Geist der Zeit.
Als nächster Schritt wäre das Transponieren der Szene in unsere Zeit denkbar. Hier zwingt die Notwendigkeit der Figurengestaltung zur Auseinandersetzung mit den Veränderungen von Kleidung, Umgangsformen und Denkweisen.
2. In plastischer Hinsicht kann die Gestaltung der Köpfe in verschiedenen Materialien erfolgen (Materialerkundung). In dieser Altersgruppe wäre auch der Bau einer

Marionette zu versuchen. Erfahrungen mit Gelenken, Hebeln, Pendeln und Zügen können gemacht werden.
3. Stabfiguren mit ihrer direkten Animation und ihrer feierlichen Bewegung eignen sich hervorragend im gymnasialen Bereich. Parodien bekannter und geliebter Geschichten bieten sich an.
4. Technische Experimente, wie Rauch, polarisiertes Licht, farbiges Licht u. ä., bieten starke Interessenpunkte.
5. Die Gestaltung von Plakaten für die Aufführung, vom Entwurf bis zum Druck (Kopie, Linoldruck, Siebdruck).
6. Kalkulation von Materialbedarf und Kosten. Die Buchführung und die Gegenüberstellung von Kalkulation und faktischen Kosten.
7. Die Gründung einer mehrjährigen Arbeitsgemeinschaft.
Langfristige Beschäftigung mit den Puppen und ihrem Theater wirken erfahrungsgemäß weit ins kommende Leben nach.

IX. Figurenspiel: eine Herausforderung

Die vielfältigen Möglichkeiten, die Figur gezielt in Pädagogik und Therapie einzusetzen, ist ihre Gefahr und ihr Herausforderung. Wie in der Malerei und der Schriftstellerei bleibt auch im Figurenspiel das Medium lebendig durch die Vielfalt der Anwendung, das Wechselspiel zwischen Dilettantismus und Kunst, das liebende Interesse und die handwerkliche Ausübung.

Voraussetzung zur Nutzung der Figuren in der Pädagogik ist die genaue Kenntnis des Metiers durch den Lehrenden.

Am besten versichert man sich eines Profis, der die Arbeit berät und handwerkliche Hinweise beisteuert.

X. Figurenspiel und die verschiedenen Altersgruppen

Kinder bis zu 7 Jahren mit ganzheitlicher Rezeption sind eher Zuschauer als Spieler. Etwa vom 8. Lebensjahr an schwanken die Möglichkeiten zwischen machen und schauen. Die Voraussetzung für das eigene Gestalten ist die Fähigkeit zur Analyse, und die beginnt erst so um das 10. Lebensjahr, wenn die Zeit der ganzheitlichen Rezeption der Umwelt der differenzierten Betrachtung weicht.

Ab etwa 10 Jahren wird alles bisher Geliebte als kindisch abgestoßen. Jetzt ist das Selbst-Machen, das Sich-Erproben sehr geliebt. Das ist ein gutes Alter, Gruppen zu einem Spielerteam zusammenzustellen.

Diese Phase hält sich bis kurz vor das Abitur. Danach beginnen gezielte berufliche Interessen und es wächst die Bereitschaft, wieder als Zuschauer die Vorstellungen zu besuchen.

Figurenspiel kann eine der Unterrichtshilfen für die pädagogische Arbeit sein.

Figurenspiel setzt, wie jedes andere Medium, seine genaue Kenntnis voraus, wenn es pädagogisch nutzbar sein soll. Figurenspiel sollte aber, vom Fachmann vorgetragen, in keiner Schule als ein dem Kind adäquates Theatererlebnis fehlen.

Literatur

Arndt, F.: Das Handpuppenspiel, Kassel 1965
— Puppenspiel für kleine Gäste, München 1975
— Puppenspiel ganz einfach, Frankfurt 1980
Batek, O.: Marionetten, Ravensburg 1980
Bernhard, H.: Bau- und Spielanleitung für die Rosersche Tücherpuppe, Stuttgart 1978
Fettig, H.: Kleine Bühne großer Spaß, Stuttgart 1977
Fuglsang, M.: Schatten- und Schemenspiel, Stuttgart 1980
Kieselstien, D.: Figuren aus Karton, Frankfurt 1979
Kontakt 4 — Materialien zur Lehrerbildung, Stuttgart 1975
Nold, W.: Museumstheater mit Kindern, Frankfurt 1980
Paerl, H.: Schattenspiel, München 1981
Perlicko Perlacko — Fachblätter für Puppenspiel (unregelmäßig)
Puppenspiel Information (2 mal jährlich)
Seltmann, F. / Gamper, W.: Stabpuppenspiel auf Java, Zürich 1980
Steinmann, P. K.: Theaterpuppen, Handbuch, Frankfurt 1980
— Reflexionen, Frankfurt 1982

7. Vom Märchenspiel zum Kindermitspieltheater

Michael Behr

Es gibt sie noch immer, die Märchenvorstellung, mit der sich viele Bühnen alljährlich zur Weihnachtszeit ausverkaufte Häuser schaffen. Dennoch: sucht man nach der auffallendsten Veränderung, die die deutsche Theaterlandschaft in den siebziger Jahren erfuhr, so wird man allenthalben neue Formen eines Theaters für Kinder als bislang verkümmertes Genre und als oft eigenständige neue Organisationssparte finden. Wo früher Rotkäpchen und der Räuber Hotzenplotz elterliche Geduld und Portemonnaies zur Verbesserung stadttheaterlicher Statistiken strapazierten, stehen heute Produktionen, die das Kindertheater in bestem Sinne pädagogisiert haben und die den bürgerlichen Bildungsproporz mit einem kecken und zunächst ungewöhnlichen Anhängsel versehen.

Die Schrittmacherdienste dieses Prozesses leisteten nicht die öffentlichen Theater, sondern freie Gruppen – um gleich den wichtigsten Namen zu nennen, maßgeblich das Berliner Grips-Theater, das bereits 1966 mit noch eher traditioneller Arbeit begann und das wenig später sich selbst korrigierend, alle illusionistischen und bloß harmlos-vergnüglichen Stücke über Bord warf. Doch diese Umstände verwundern eigentlich weniger als die Stellen, an denen sich mit Beginn der siebziger Jahre ein allgemeines Bewußtsein für ein neues Kindertheater zu bilden begann. Dem Beispiel der immer zahlreicher werdenden freien Gruppen folgten nicht etwa die Generalintendanten der öffentlichen Theater. Sie sind selten bereit, auch nur eine Mark vom Budget des Erwachsenentheaters abzuzweigen, mit dem doch einzig künstlerischer Lorbeer zu erringen ist; die Argumente von (Spiel-) Pädagogen und einzelnen engagierten Künstlern beachten heute tatsächlich eher kommunale Kulturpolitiker, die separate Etats bereitstellen und so spezialisierte Teams ermöglichen.

I. Märchentheater

Konventionelle Märchendramatisierungen, so heftig sie heute auch kritisiert werden, gründen auf einer vergleichsweise langen Tradition. Sie entspringen der zweiten Hälfte des 19. Jahrhunderts. Vor allem in der Anfangsphase besetzte man die Rollen oft mit Kindern. Die Ausstattung wurde reich und prunkvoll gestaltet; als Zielgruppe galt die bürgerliche Familie, also Kinder *und* Erwachsene, und der Zweck war ausschließlich kommerziell. Erfinder

der Form und der mit Abstand produktivste Autor war Karl Gustav GÖRNER, ein theatralischer Hans-Dampf-in-allen-Gassen, der alles auf die Bühne brachte, was eben theaterwirksam war. In den neunziger Jahren dieses Jahrhunderts übernahmen auch immer mehr Staatstheater die Gattung, wenn auch zunehmend die beliebigen Verfremdungen, ja Verballhornungen der Märchenvorlagen angegriffen wurden (vgl. JAHNKE 1977). Ein heute noch zu besichtigendes Relikt aus dieser Zeit stellt die, musikgeschichtlich durchaus bedeutende Märchenoper „Hänsel und Gretel" von Engelbert HUMPERDINCK dar, die allweihnachtlich auf den Spielplänen der Opernhäuser zu finden ist (HUMPERDINCK 1952).
Zur Konzipierung von eigentlichen Kindervorstellungen als minderwertiges Kunstereignis, zu dem zum Beispiel Pressekritiker gar nicht erst eingeladen wurden, kam es erst Anfang unseres Jahrhunderts. Das Märchentheater hielt sich nicht nur, es wurde durch sogenannte Traum-Abenteuer-Spiele „bereichert" (zum Beispiel VON BASSEWITZ-HOHENLUCKOW: Peterchens Mondfahrt), die als ein Ableger falsch verstandener Reformpädagogik eine kindertümliche Gegenwelt mit unmotivierten Kinderhassern, Zauberblumen, Wundertieren und Sträuchern, auf denen Spelzeug wächst, vorgaukeln. Auch das Nachkriegs-Märchentheater knüpft mit seinen dramaturgischen Elementen nahtlos an diese Formen an. Die Wirklichkeit bleibt vor den Theaterportalen zurück, auf der Bühne wird eine verschärfte Kinderwelt mit den abgenutzten Gags des Erwachsenentheaters geboten (vgl. SCHEDLER 1977, 72 — 126).
Traditionelle Märchenvorstellungen gelten denn auch seit Anfang der siebziger Jahre vor allem unter linken Pädagogen und Theaterleuten als völlig indiskutabel (vgl. SCHEDLER 1969). Die Ablehnung wird von ungewöhnlich rigorosen und emotionalen Untertönen bestimmt. Die Ursachen und Folgen dieses Märchenspiel-Exodus werden freilich deutlicher, wenn man die Gründe wahrnimmt, die *für* solche Inszenierungen sprachen.
Das sind zunächst handfest kommerzielle und theaterpraktische: wer vom Ensemble gerade frei ist, wird in die Märchenproduktion gesteckt, die, auch ansonsten unaufwendig inszeniert, gleichwohl volle Häuser bringt und damit die Besucherstatistik verbessert, auf die kein Intendant als künstlerischen Qualitätsnachweise verzichten kann.
So banal dies ist, spielt es doch eine mindestens ebenso große Rolle wie die eigentlich inhaltlichen Aspekte, die für eine kindliche Märchenrezeption sprechen. Aus tiefenpsychologischer Sicht besteht kein Zweifel daran, daß Märchen Kindern bei der inneren Bewältigung von existentiellen Problemen helfen. Das Märchen bietet Symbole für psychische Spannungen, es faßt unbewußte Ängste in Bilder, die für Kinder annehmbar sind und ihnen erlauben, damit zu leben und umzugehen. Geschwisterrivalitäten, Bindung bzw. Lösung von den Eltern, Geburt, Liebe, Altern und Tod werden in Märchen ganz pointiert in eine Symbolhandlung geformt, die dem Kind ermöglicht, darüber zu phantasieren und seine unbewußten Wünsche und Sorgen zu bearbeiten. Geschieht dies nicht, lernt der werdende Mensch die beängstigende, dunkle Seite seines Seins nicht zu erkennen und zu

akzeptieren, so muß er diesen Teil seines Fühlens später immer heftiger verdrängen. Er bindet dann immer größere psychische Energien und wird in der Entfaltung seiner Persönlichkeit behindert. Märchen sprechen menschliche Grundfragen und Nöte ohne Umschweife an und vermitteln zugleich Zuversicht und Lösungsmöglichkeiten. Sie helfen Kindern und Erwachsenen, Mut zu fassen und einen Sinn in ihrem Sein zu erkennen (BETTELHEIM 1977; FROMM 1957).

Diese Überlegungen dürfen gleichwohl nicht vergessen machen, daß das Märchen nicht ein therapeutisches oder pädagogisches Vehikel sondern ein ästhetisches, künstlerisches Phänomen darstellt. Der Kinderpsychologe Bruno BETTELHEIM sagt:

„Die Verzauberung, die wir erleben, wenn wir es uns gestatten, auf ein Märchen zu reagieren, entstammt nicht seiner psychologischen Bedeutung (obwohl diese auch dazu beiträgt), sondern seinen literarischen Qualitäten — wir erleben das Märchen als Kunstwerk. Seine psychologische Wirkung auf das Kind könnte es nicht ausüben, wenn es nicht in erster Linie ein Kunstwerk wäre" (BETTELHEIM 1977, 19).

BETTELHEIM weist darauf hin, daß es sich beim Märchen um diejenige Kunstform handelt, die das Kind am ehesten in seinem ganzen Sinn erfassen kann. Es erlaubt Verständnisweisen und Projektionen, die jedes Kind entsprechend seiner individuellen Entwicklungsstufe findet. Es deutet ihm die Wirklichkeit so in einer sinngebenden, Leid nicht verdrängenden sondern bewältigenden Art, wie es seiner momentanen Gefühlskonstellation entgegenkommt.

Berücksichtigt man nun auch die Wesensverwandtschaft des Märchens zu religiösen Stoffen und Überlieferungen, dann kann es eigentlich nicht mehr gar so erstaunen, daß eine Märcheninszenierung zur Weihnachtszeit an den Theatern so lange die Regel war. Es handelt sich immerhin um literarische Vorlagen eines dramatischen Ganzen mit starken, phantasieanregenden Bildern. Und solche Vorlagen geben für klassische Theaterarbeit halt schon immer viel her.

Doch gerade jenes assoziations- und phantasiefördende Wesen führte in der Märcheninszenierung zu einem unbefriedigenden Doppeleffekt. Zweifellos wurde die Phantasie der Theater*macher* angeregt, und diese produzierten dann — mehr oder weniger geschickte — bildliche Festlegungen, die sie dem kindlichen Publikum schließlich als *das* Märchen vorstellten. Solches steht aber genau seiner für Kinder entscheidenden Funktion entgegen. Bilder — und seien es nur Illustrationen in Märchenbüchern — behindern das freie Gedankenspiel eines jeden Rezipienten. Das nicht vorformende Anklingenlassen unbestimmter urtypischer Vorgänge gewinnt ja seine faszinierenden Wirkungen gerade dadurch, daß sich Erfahrungen und Gefühle individuell mit ihnen verbinden können. Die Festlegungen, die die Theaterbühne mit jenen traditionellen Märcheninszenierungen schuf, verhinderten solches geradezu. Sie raubten dem Märchenrezipienten jene ganz persönliche Ebene des Vorstellens und Durchlebens, sie degradierten den Märchenstoff zum ausschließlichen Bühnenspektakel. Es handelte sich so nurmehr um eine künstlerische Bearbeitung durch einen Autor oder Regisseur, mit der man sich ausschließlich ästhetisch, nicht aber psychologisch auseinandersetzen kann.

II. Gestaltpsychologie und Theaterästhetik

Dem ästhetischen Erleben einer solchen geschlossenen theatralischen Handlung und den dabei ablaufenden emotionalen Vorgängen liegen qualitativ andere Rezeptionsformen zugrunde als etwa dem üblichen Aufnehmen und Begreifen von gewöhnlichen Vorgängen. Um dieses Phänomen zu beschreiben, verwandte der Gestalt- und Musikpsychologe Albert WELLEK (1963, 249 ff.) schon 1963 den Begriff „*struktureller Rahmen*", den er als psychischen Mechanismus annimmt, der die Rezeption eines Kunstwerkes gegen die normale Wirklichkeit abschirmt. Die aus ihm hervorgehenden Gefühle, WELLEK nennt sie „Kunstgefühle", befinden sich in der menschlichen Psyche strukturell an einem ganz anderen Ort als die „Alltagsgefühle", Vor allem jener Rahmen zeichnet dafür verantwortlich, daß „Kunstgefühle" gegen die „Ausfallstore" von Handlung und Ausdruck blockiert sind. Ästhetisches Erleben vollzieht sich durch den besonderen Gestaltungszusammenhang der Inhalte in einer ganz anderen Schicht als das Alltagserleben. Ja, jenes „interesselose Wohlgefallen" macht, so WELLEK, ästhetisches Erleben überhaupt erst zu diesem. Der eigentliche Kunstgenuß besteht, etwa beim Erleben einer Tragödie, im „spannungsvollen Zueinander" gehobener Gefühle (die eben aus der Tatsache herrühren, daß es sich um einen Kunstgenuß handelt) und düsterer, schmerzlicher Gefühle, die eigentlich dem Inhalt des Dargebotenen entsprechen.
Kinder haben seit jeher Probleme mit diesem „Rahmen". WELLEK selbst führt als Beispiel das Kind an, daß in der Märchenvorstellung ständig dazwischenruft oder gar die Bühne stürmt, weil es ein derartiges gerahmtes Kunsterleben ob seiner psychischen Entwicklung nicht aktualisieren kann. Wenn WELLEK solches nun als individuelles Defizit der Fähigkeiten des ästhetischen Aufnehmens ansieht, basiert dies auf einer ohne eigentliche Reflexion vorgenommenen Anschauung von einem Kunstwerk als etwas, das ein klares Gestaltganzes im Sinne der Ganzheitspsychologie darstellt. Nicht betont ganzheitliche Darstellungs- und Erlebnisweisen sind für ihn so von vornherein uninteressant. Etwaige hier liegende Möglichkeiten untersucht er nicht. Doch dabei wird es WELLEK indes weniger um das Festschreiben eines Kunstverständnisses gegangen sein, als um jene in der Tat zu beobachtende und zunächst verwunderliche Folgenlosigkeit einer künstlerischen Darbietung für das menschliche Fühlen und Handeln.
Den kindlichen Anlagen zur Theaterrezeption, so können wir zusammenfassend feststellen, ist eine Märchenrepräsentation auf der Bühne in der Tat dann unangemessen, wenn sie sich ganzheitlich-geschlossen und mit bildlichen Festlegungen anstelle von offenen, symbolhaften Andeutungen präsentiert. Vorgabe aller Details behindert die Phantasie der Betrachter,

Die Kinder können den Inhalt nicht auf sich beziehen. Er tritt ihnen als ganzheitliche, fertige Handlung gegenüber, als „Story", die wenig mit ihnen selbst zu tun hat. Eine solche Darstellung widerspricht sowohl dem Wesen des Märchenstoffes als auch dem Entwicklungsstand kindlicher Wahrnehmungsfähigkeit (vgl. auch: BAUER 1980, 128; RICHTER / MERKEL 1974).
So stellt sich nunmehr zwangsläufig die Frage, wie, um in WELLEKs griffigem Bild zu bleiben, jener „strukturelle Rahmen" aufgebrochen werden kann. Diesem Problem hat sich im Grunde in diesem Jahrhundert niemand so konsequent gestellt wie Bertolt BRECHT. Die meisten seiner dramaturgischen Prinzipien zielen gerade auf das Überwinden jenes Rahmens, so der Verfremdungseffekt, der an sich als normal empfundene Vorgänge (etwa Herrschaftsbeziehungen zwischen Menschen) mittels dramaturgischer Eingriffe als ungewöhnlich oder unnatürlich erscheinen läßt, so der epische Charakter der Darbietung oder die Unterbrechung der Handlung durch Songs (BRECHT 1967). BRECHT schrieb kein Kindertheater in heutigem Sinn, nur einige für Schulaufführungen konzipierte Stücke, die noch nie viel Beachtung fanden. Die Macher des neuen Kindertheaters berufen sich denn auch kaum auf ihn, obwohl sich viele ihrer Formen als modifizierte Übernahmen jener älteren Prinzipien erweisen. Sie wollen sicherlich nicht die BRECHTsche Lehre verwirklichen, doch bedienen sich ihre Stücke oft epischer Momente, problematisieren und analysieren menschliche Sozialbeziehungen, verwenden Songs und suchen die direkte Verbindung zum Mitdenken und Mitlernen des Zuschauers (vgl. PAUL 1979).

III. Inhaltliche Neuorientierung

Neben der Übernahme BRECHTscher Formelemente konzentrierte man sich bei der boomartigen Ausweitung und Neukonzipierung des Kindertheaters vor allem auch auf inhaltliche Aspekte. Denn abgesehen von der vorgestellten psychologischen Argumentation, die gegen die Beibehaltung der üblichen Märchenspielform sprach, spielten zu Beginn der siebziger Jahre vor allem soziologische Faktoren eine Rolle. Der gesellschaftspolitische Umschwung dieser Zeit ging im Bereich der Pädagogik mit der antiautoritären Bewegung einher. Die Vehemenz der Forderungen für ein neues Verhältnis und Verhalten gegenüber Kindern schlug sich für das Kindertheater unmittelbar und ohne ausladende Theoriediskussion zum einen in einer Pädagogisierung und zum zweiten in einer Konzentration auf realistische Stoffe nieder. Das war auch ganz folgerichtig, hatte doch die Neuorientierung dieser Jahre wesentlich ein viel direkteres und wirklichkeitsnäheres Verständnis von kindlichen Bedürfnissen und Problemen zum Inhalt. Was lag also näher, diesen zu begegnen, indem an Alltagserfahrungen der jungen Adressaten angeknüpft und diese thematisiert wurden. Da ferner diese Ansätze unter dem Anspruch antraten, ein freieres und demokratischeres gesellschaftliches Sein zu begünstigen, wurde oft die gesellschaftliche Bedingtheit all jener Bedürfnisse und Probleme angesprochen und in pädagogischem Sinn zu vermitteln versucht. Wie alle anderen pädagogischen Praxisfelder sollte auch das Kindertheater dazu beitragen, sowohl Kinder in ihrer individuellen emotionalen und sozialen Entwicklung zu fördern als auch ein Bewußtsein von deren gesellschaftlicher Bedingtheit zu vermitteln. In diesem Sinn soll langfristig die Fähigkeit und der Willen zu sozialem Engagement hervorgerufen werden (Grips 1974; KOLNEDER / LUDWIG / WAGENBACH 1979).

Einen „strukturellen Rahmen", der Gefühle als „Kunstgefühle" von Ausdruck und Handlung absorbiert, kann ein solches Theater freilich nicht gebrauchen. Die konkrete Inhaltlichkeit der Stücke und ihre realitätsbezogene Spielweise bemühen sich denn auch so wenig darum, daß, verglichen mit den illusionistischen Spektakeln herkömmlicher Art, die Grips-Produktionen wie eine neue Theaterform wirkten. Dieser Umbruch wurde auf breiterer Ebene vor allem im Jahre 1970 auf der Kindertheatertagung in Marl evident (vgl. Stadt Marl 1971). Die erstmals erschienen Vertreter des neuen Kindertheaters leisteten dort und auf den jährlichen Folgetreffen in Bad Segeberg eine Überzeugungsarbeit, die sich sowohl auf die Spielpläne der öffentlichen Theater auswirkte als auch die Art der Stücke sich zunehmende differenzieren ließ. Thematisiert werden Schulfragen (Doof bleibt Doof), Gastarbeiterprobleme (Ein Fest bei Papadakis, Grips 1971), Sexualität (Darüber spricht man nicht, Rote Grütze 1980). Selbst Märchen werden heute wieder inszeniert, allerdings in anderer Form und mit anderem Hintergrund. So orientieren sich neuere Stücke, insbesondere die von Friedrich Karl WÄCHTER, an einem Märchenverständnis, das deren psychoanalytische Deutung als Bilder urtypischer seelischer Zustände und menschlicher Grundsituationen vernachlässigt. Hier werden viele Märchenstoffe, historisch begründet, als volkstümliche Geschichten verstanden, die früher in unterdrückten und verarmten Bevölkerungskreisen erdacht wurden, um Trost und Hoffnung zu spenden. Ein Held aus ihrer Mitte (Handwerker, Bauer) erfährt, wie anders als durch ein Wunder, die Befreiung von seinen Nöten. In sehr vielen Märchen sind auch heute noch soziale Komponenten zu erkennen mit durchaus realen Lebens- und Arbeitsbedingungen einer früheren gesellschaftlichen Unterschicht (RICHTER / MERKEL 1974; MERKEL 1977; MERKEL 1978; WÄCHTER 1977).

IV. Der formale Umbruch

Sämtliche dieser neuen Theaterformen traten und treten größtenteils noch heute mit dem unbedingten Anspruch einer pädagogischen Funktion an. Die Kinder müssen — koste es was es wolle — durch die Vorstellung etwas gelernt haben. Mehr oder weniger war dabei den Kindertheatermachern stets die hinderliche Wirkung jenes „strukturellen Rahmens" bewußt, der jede Theaterdarbietung umgibt und den die neuen Stücke

durch wirklichkeitsnahe Inhalte und BRECHTsche Formelemente zwar reduziert aber eben nicht verloren haben.
Der Konflikt zwischen diesem Bewußtsein und den pädagogischen Ansprüchen führte dann mit Beginn der siebziger Jahre zu der Idee, Nachbereitungsmaterialien zu den Stücken zu erstellen. Den Lehrern, die die Aufführungen mit ihren Schulklassen besuchten, wurden Informationen und Anregungen gegeben, wie sie den erlebten Inhalt des Stückes zu tatsächlichen Lernerfolgen oder gar Bewußtseinsveränderungen vertiefen können. Hier finden sich zum Teil sehr qualifizierte Ausarbeitungen, die Vorschläge für Unterrichtsstunden oder ganze Unterrichtsreihen enthalten und dazu die verschiedensten Unterrichtsformen und insbesondere die Verwendung von Rollenspielen nahelegen.
Eine wirkliche Lösung dieses „Rahmen"-Problems fand aber schließlich auf einer anderen Ebene statt. Die beschriebene Entwicklung des Kindertheaters verlief parallel zu dem Aufschwung, den die Spielpädagogik seit den Jahren 1969/70 nahm. Ebenso wie nunmehr immer neue Funktionen und pädagogische Möglichkeiten des Spiels gesehen wurden, gewann die Rollentheorie und die mit ihr zusammenhängenden pädagogischen Aspekte zunehmend Beachtung. So war es vor allem das Rollenspiel, das seit dem zuweilen als pädagogisches Allheilmittel in allen möglichen Bereichen Erfolge versprach. Die Vorzüge dieser Methode werden an anderer Stelle in diesem Handbuch beschrieben. In unserem Zusammenhang interessiert vor allem die Parallelität, mit der jene pädagogischen Ansätze ca. ab 1970 hierzulande an Boden gewannen und sich gegenseitig befruchteten. Es erscheint fast zwangsläufig, daß die Verbindung von Elementen des Rollenspiels und des Kindertheaters das neue Genre um eine weitere, vorerst letzte bedeutende Variante bereicherten.
In einem Kindermitspieltheaterstück, daß diesen Namen wirklich verdient, übernimmt das Publikum weit mehr als bloße Statistenrollen, die auf den eigentlichen Gang der Handlung ohne Einfluß und Bedeutung bleiben. Die Kinder werden mit ihren Gefühlen und Handlungsimpulsen vielmehr ganz ernst genommen und voll in das Geschehen einbezogen. Am realen Erleben ihrer emotionalen Zustände und der Konsequenzen ihres Handelns gewinnen die Kinder unmittelbar und ohne das Erfordernis eines Transfers Erfahrungen an Lebenssituationen ihres Alltagsbereiches. Hierzu ein Beispiel. Das erste Mitspielstück, mit dem es gelang, diese Prinzipien zu verwirklichen, wurde im Jahre 1973 bekannt. „Philipp Lämmerzahl" ist das Erstlingswerk des „Birne-Theaters" in Berlin. Diese freie Theatergruppe konzentriert sich seitdem auf das Erarbeiten und kontinuierliche Aufführen entsprechender Stücke.
„Philipp Lämmerzahl' erzählt die Geschichte eines Neulings, der zum ersten Mal in eine Gruppe kommt. Schon durch das Thema ist gegeben, daß die Kinder mitspielen können, und zwar in einer ganz *bestimmten Rolle*: sie sind die Gruppe. Damit die Prozesse: wie reagiert eine Gruppe auf einen Neuen, so präzise wie möglich ausgespielt werden können, arbeitet dieses Stück mit real existierenden Kindergruppen (Vorschule, Kindergarten. 1. Schulklasse) mit bis maximal 60 Kindern. Das Kind Philipp ist eine Puppe, die sich eine Spielerin vor den Bauch hängt und der in der Größe den

Kindern entspricht. Die Puppe wird als Puppe vorgestellt, dann in ihre soziale Situation eingeführt: Philipps Mutter bringt ihn in die Vorschule. Wenn sie zur Tür raus sind, wird die nächste Situation mit den Kindern entwickelt: Vorschulgruppen. Man einigt sich darauf, daß alle Kinder die Gruppe bilden, ein Schauspieler spielt den Lehrer. In einem Gespräch wird die Situation eines Neuen angesprochen, man beschließt eine Abmachung: zu Philipp ganz nett zu sein und ihn auf keinen Fall zu hauen. Wenn Philipp dann reinkommt, benimmt er sich nicht so, wie die Kinder das offensichtlich von ihm erwarten: Er ist ‚frech' und reizt die Kinder... Wenn ihre Toleranzgrenze überschritten wird (Philipp verhindert mehrmals ein gemeinsames Spiel), gehen sie meist hin und hauen ihn. An dieser Stelle unterbricht der Lehrer das Spiel und erinnert, daß ‚wir doch abgemacht haben, ganz nett zu ihm zu sein und ihn nicht zu hauen', dies ist *ein* entscheidender Punkt, nicht nur für das Stück (das diesen Widerspruch thematisiert und integrative Spiele beinhaltet), sondern für das Mitspiel der ‚Zuschauer' Kinder: Es ist nicht einfach irgendein Verhalten, was hier *ab*gehandelt wird, es ist ihr *eigenes*, was hier *ver*handelt wird. Sehr oft ist die erste Antwort der Kinder: ‚Ich hab ihn gar nicht gehauen' oder ‚das war der Oliver'. Das zeigt nicht nur deutlich, was für Anpassungsmechanismen tagtäglich an ihnen erzogen werden, sondern auch, daß sie sich angegriffen fühlen, ertappt — schlicht: daß es ihr eigenes Verhalten betrifft. Es ist nicht mehr einfach eine Frage der Meinung, sondern des eigenen Tuns.
Wie sehr die Kinder das Auseinanderfallen von eigenem Vorsatz und tatsächlichem Tun empfinden, kann man an der Antwort eines Siebenjährigen ablesen, der — als die Tätlichkeiten gegen Philipp abzusehen waren — meinte: ‚Zu so einem sollen wir freundlich sein?'!!!" (BRÄNDLI 1977, 1 — 3).
An dieser Stelle findet ein Einschnitt statt. Philipp und die Kinder sehen sich gemeinsam ein Puppenspiel mit Problemen ähnlich denen Philipps und der Gruppe an; das gemeinsame Musizieren einer Tiergruppe kommt so lange nicht zustande, wie der Elefant versucht, den anderen seine Melodie und seinen Takt aufzuzwingen. Philipp und die Kinder erkennen darin ihr Problem wieder, Philipp ändert sein Verhalten, das gemeinsame Spiel gelingt nun zur Freude aller; Philipp öffnet sich der Gruppe gegenüber immer mehr und verteilt schließlich seine mitgebrachten Bonbons (vgl. Birne o. J.).

Andere vom Birne-Theater entwickelte Stücke arbeiten nach ähnlichen Prinzipien. In „Hau den Lukas" gewährt ein einzelnes Kind (= Schauspieler) allen anderen (= Publikum + Schauspieler) nicht den Zutritt zu ‚seinem' Spielplatz (= Bühne). Die sechs- bis neunjährigen Kinder können unter Lenkung der Zuschauer-Schauspieler ihre Gefühle und Interaktionen mehrfach probehandelnd durchspielen und kommen zum Schluß zu einer adäquaten Lösung, in der sie sich selbst fühlend und handelnd erlebten (Birne o. J.).
Was für eine andere Qualität von Erfahrung wird hier vermittelt, als wenn den Interaktionen einiger Protagonisten nur von außen zugesehen würde! Die Kinder erfahren an und in sich selbst neue Handlungsmöglichkeiten. Sie können mit ihren Gefühlen und den auftretenden Problemen annähernd so umgehen, wie es sich danach in der Wirklichkeit anbietet, nur daß ihre Erfahrungen hier zunächst probeweise und sanktionsfrei ablaufen. Will man im Bild von WELLEKs „strukturellem Rahmen" bleiben, so muß man dieser Theaterspielform in der Tat bescheinigen, ihn aufgelöst und die Trennung von Alltagsgefühlen und handlungsblockierenden „Kunstgefühlen" aufgehoben zu haben. Dabei ist man sich unter den Mitspieltheatermachern durchaus darüber im klaren, daß Theater die Welt nicht verändert — doch kann es dafür sorgen, daß Lust auf Veränderung des eigenen Selbst und der Welt entsteht. Und das geschieht durch Tun:

„Um zu wissen, wie gut eine reife Birne schmeckt, genügt es nicht, sie zu sehen oder sich mit jemandem zu identifizieren, der den Verzehr einer Birne genießt. Das (nicht nur lustvollste) sondern auch nachhaltigste Erlebnis und die sicherste Erkenntnis: *Selbst in die Birne beißen!!*" (BRÄNDLI 1977, 1, 8).

V. Konsequenzen

Eines der Hauptprobleme, die diese Art von Stücken für die Theatergruppen und insbesondere für die öffentlichen Bühnen mitsichbringt, betrifft das Qualifikationsprofil der Akteure. Es liegt auf der Hand, daß ein traditionell ausgebildeter Schauspieler überfordert ist, wenn er, nur mit Engagement und dem seinem Berufsstand eigenen Selbstvertrauen ausgerüstet, flexibel auf wirkliche Eingriffe einer Kindergruppe eingehen, dabei spontane Handlungsimpulse setzen und dann gleichwohl zu konstruktiver Erfahrungsbildung führen soll. Die „Macher" eines solchen Mitspieltheaters müssen, schlicht gesprochen, über nicht geringe Erfahrungen im Umgang mit Kindern verfügen. Schon die Inszenierung eines Stückes ist ohne die häufige Beteiligung von Kindergruppen bei den Proben undenkbar.

Diese Notwendigkeit führte bereits zu neuen Berufsbezeichnungen. An vielen Bühnen begegnen uns heute „Theaterpädagogen" und „Animateure". Dabei handelt es sich in der Regel um Sozial- und Diplompädagogen mit spielpädagogischem Arbeitsschwerpunkt, zuweilen auch um Theaterleute mit entsprechenden Zusatzqualifikationen. Mitspielstücke werden nur allzu häufig zum Teil mit schauspielerisch begabten Sozialpädagogen besetzt.

Diese Entwicklung verdeutlicht, daß die neuen Formen des Kindertheaters nur mit einem spezialisierten eigenen Ensemble zu realisieren sind. Und das sind dann entweder freie Gruppen, die oft keine öffentliche Förderung erfahren, oder vom übrigen Betrieb getrennte Sparten an den großen Bühnen. Der Trend geht dahin, daß die dort beschäftigten Akteure sich ausschließlich dem Kindertheater widmen. Qualitätsfragen stehen im Vordergrund wie nie zuvor in diesem Genre.

Die Zahl der solches bereits praktizierenden Bühnen läßt sich nicht exakt ermitteln. In der jährlich erscheinenden Theaterstatistik des Deutschen Bühnenvereins werden in der Regel 86 öffentliche Theater angeführt. Von diesen bieten laut Handbuch der ASSITEJ (= Association Internationale du Théâtre pour l'Enfance et la Jeunesse) mit ca. 44 fast genau die Hälfte Kinder- und Jugendtheater an (ASSITEJ 1980). Dabei muß man allerdings berücksichtigen, daß manche Stadttheater, wenn sie sich zu einem Kindertheater-Angebot entschließen, neben dem traditionellen Weihnachtsmärchen oft nur ein zweites Stück aufnehmen. Insgesamt existieren in der Bundesrepublik Deutschland heute 63 Kindertheater-Anbieter in öffentlicher Trägerschaft und ca. 80 freie Gruppen bzw. Theater (ASSITEJ 1980).

Mit Beginn der achtziger Jahre sind wieder alle Spielarten im Kindertheater möglich geworden. Den Kanon des angebotenen Programms kann man inhaltlich und formal unterscheiden. Auf der inhaltlichen Ebene bietet sich folgende Grobeinteilung an:

- *Illusionistisches Märchentheater.* Hierunter fallen traditionelle weihnachtliche Kindertheaterspektakel wie „Peterchens Mondfahrt" oder „Schneewittchen".
- *Individualpsychologische Problemhandlungen.* Einige realistisch orientierte Märchenbearbeitungen sowie Momentaufnahmen von kindlichen Problemfällen und Aufklärungsstücke thematisieren entwicklungsbedingte Konflikte (MERKEL 1977; WÄCHTER 1977; SCHNEIDER 1976; Rote Grütze 1980).
- *Clown-Spiele.* Clowneske Komik demonstriert kreativen und listenreichen Umgang mit Herrschaftsansprüchen (WÄCHTER 1976).
- *Sozial-emanzipatorische Lehrstücke.* Realitätsnahe Bedürfnisse und Probleme werden in ihrer gesellschaftlichen Bedingtheit zusammen mit Lösungsansätzen vermittelt (sämtliche Grips-Stücke, vgl. KOLNEDER / LUDWIG / WAGENBACH 1979).

Auf der formalen Ebene liegen heute *drei Unterscheidungskategorien* nahe:

- *Vorspieltheater.* (Grips; Rote Grütze 1981; Märchenstücke)
- *Mitmachtheater.* Kinder nehmen Statistenrollen ein und/oder äußern sich zu einzelnen Situationen im Gang der Handlung, was diese weder beeinflußt noch in sich relevant ist (diese Form entsteht oft aus Bearbeitungen von Vorspielstücken).
- *Mitspieltheater.* Die Kinder werden in den Prozeß, der die Spielhandlung voran treibt, voll einbezogen und ernst genommen. Die Ausgestaltung eines groben Rahmens ist allein von ihnen abhängig (Birne-Stücke; LEMAIRE 1979; Rote Grütze 1980).

VI. Wertung und Ausblick

Vom Märchenspiel der Jahre 1969 bis zum „Philipp Lämmerzahl" des Birne-Theaters vergingen kaum fünf Jahre. Erstaunen muß an der skizzierten Entwicklung zweierlei. Zum einen, daß sich der Einbruch und das Akzeptieren des im Grunde neuen Genres so vehement und nahezu reibungslos selbst in vielen öffentlichen Institutionen vollzieht — schließlich fallen gesellschaftspolitische Parteinahmen der neuen Stücke oft recht deutlich aus (man denke vergleichsweise an die Rolle der freien Waldorf-Schulen, deren allseits anerkannte ‚unpolitische' Pädagogik in der öffentlichen Schulpolitik seit Jahrzehnten konsequent ignoriert wird).
Zum zweiten muß es geradezu verblüffen, wie massiv eine wissenschaftliche Disziplin, die (Spiel-)Pädagogik, in die sonst so heiligen Bereiche reinen Künstlertums eingreifen konnte. In der Umbruchphase des Kindertheaters, die gegen Ende der siebziger Jahre einen vorläufigen Abschluß gefunden hat, standen traditionell ästhetische Momente zunächst vollkommen hintan. Stück- und Inszenierungskonzepte orientieren sich nahezu ausschließlich an der Kernforderung: die Kinder müssen durch die Aufführung etwas gelernt haben. Und so stehen wir hier vor einer Pädagogisierung und Therapeutisierung eines Theatergenres, die die Impulse setzenden Theatermacher der freien Gruppen für so zwingend und selbstverständlich hielten, daß sie als solche nie in Frage gestellt wurde, der aber die sich künstlerisch profilierenden Leitungsteams der öffentlichen Bühnen recht indifferent, abwartend und auch verständnislos gegenüberstanden.
Eine Prognose für weitere Entwicklungstendenzen muß sich der Schwierigkeit stellen, daß sich das Genre im Schnittfeld von künstlerischen und

pädagogischen Elementen angesiedelt hat. Nun wird zeitgenössische Kunst häufig als Seismograph für geistige und gesellschaftliche Prozesse verstanden, während pädagogische Praxisfelder sich meist aus einem Konglomerat von wissenschaftlichen und gesellschaftspolitischen Forderungen herausschälen. Zumindest ein analoger Entwicklungsstrang scheint in diesen Bereichen erkennbar. Das avantgardistische Kunstschaffen wendet sich seit den expressiven Exzessen der späten sechziger Jahre wieder verstärkt einer eher innerlich-bescheidenen, persönlichen Sprache zu, in der private Gefühle vor aggressive Äußerlichkeit treten und in der formale Aspekte bestimmender werden. In der Pädagogik stehen wir am Beginn der achtziger Jahre vor einer wieder zunehmenden Aufsplittung von kognitiven Lerninhalten und freizeitpädagogischen Bemühungen im Sinne sozialer und emotionaler Lernerfahrungen. Hier finden spielpädagogische Elemente denn auch in immer mehr Ansätzen und Bereichen Verwendung, und dies, nach den eher gesellschaftspolitisch orientierten Auffassungen der frühen siebziger Jahre, nunmehr als überwiegend psychologische Hilfe und künstlerisch-kreativer Lernansatz.

Diesen Tendenzen entsprechend bestätigt sich für das Kindertheater immer mehr die Erwartung, daß es sich inhaltlich zunehmend individuellen psychologischen Problemstellungen zuwendet. Ferner, daß es sich nach einer fast ausschließlichen pädagogisch-therapeutischen Orientierung wieder mehr nach formalen ästhetischen Aspekten ausrichtet und/oder die Kreativierung seines Publikums durch eher künstlerisch motivierte Spielaktionen betreibt. Das Kindertheater erfährt Tendenzen sowohl zu einer *Psychologisierung* als auch zu einer *Ästhetisierung*, wobei diese Prozesse, entsprechend den Entwicklungen in zeitgenössischer Kunst und in der Spielpädagogik, auch weiterhin mit Vorstellungen von *Individualisierung*, *Selbstfindung* und *Selbstaktivierung* einhergehen.

Literatur

ASSITEJ: Handbuch des Kinder- und Jugendtheaters in der Bundesrepublik Deutschland, Duisburg 1980
Bauer, W.: Emanzipatorisches Kindertheater, München 1980
Bettelheim, B.: Kinder brauchen Märchen, München 1980
Birne-Theater: Hau den Lukas, Berlin o. J.
— Philipp Lämmerzahl, Berlin o. J.
Brändli, K.: Mitspiel, Berlin 1977
Brecht, B.: Kleines Organum für das Theater, in: Werke, Schriften 1, Frankfurt 1967, 661 – 700
Dringenberg, R. / Krause, S. (Hrsg.): Jugendtheater — Theater für alle, Braunschweig 1983
Fromm, E.: Märchen, Mythen, Träume, 3. Aufl. Zürich 1957
Grips: Doof bleibt Doof / Ein Fest bei Papadakis, Starnberg 1974
Jahnke, M.: Von der Komödie für Kinder zum Weihnachtsmärchen, Meisenheim 1977
Kolneder, W. / Ludwig, V. / Wagenbach, K.: Das Grips-Theater, Berlin 1979
Lemaire, L.: Wiedusclub, Velbert 1979
Merkel, H. M.: Das Märchen vom starken Hans, München 1977

Merkel, J.: Märchen, in: Bauer, K. W. / Hengst, H.: Kinderkultur, München 1978, 245 – 252
Paul, A.: Zu einigen Strukturelementen der Grips-Dramaturgie, in: Kolneder 1979, 121 – 124
Richter, D. / Merkel, J.: Märchen, Phantasie und soziales Lernen, Berlin 1974
Rote Grütze: Darüber spricht man nicht!!!, 5. Aufl. München 1980
– Was heißt hier Liebe?, 7. Aufl. München 1981
Schedler, M.: Kindertheater, 3. Aufl. Frankfurt 1977
– Sieben Thesen zum Theater für sehr junge Zuschauer, in: Theater heute 8 (1969), 30 – 33
Schneider, H.: Robinson lernt tanzen, in: Dreimal Kindertheater V, München 1976, 67 – 105
Stadt Marl: Protokolle der Kindertheatertagung in Marl vom 16. bis 18. 10. 1970, Marl 1971
Wächter, F. K.: Die Bremer Stadtmusikanten, Frankfurt 1977
– Schule mit Clowns, in: Dreimal Kindertheater IV, München 1976, 5 – 46
Wellek, A.: Musikpsychologie und Musikästhetik, Frankfurt 1963

8. Kinder- und Jugendtheater in der Bundesrepublik Deutschland

Werner Schulze-Reimpell

I. Karl August GÖRNER und die Folgen

Das Kinder- und Jugendtheater ist in der Bundesrepublik Deutschland die jüngste Sparte des professionellen Theaters — obwohl hierzulande doch schon seit rund einem Jahrhundert für Kinder und mehr als fünfzig Jahre für Jugendliche gespielt wird. Titel wie „Peterchens Mondfahrt", „Der Graue", „Peter Pan" oder „Emil und die Detektive" sind weithin bekannt geworden und zeugen von einer Tradition, die es in Wahrheit gar nicht gibt.

Denn anders als in anderen Ländern — in Moskau und Leningrad gründeten Natalie SAZ, Asja LACIS und andere zwischen 1918 und 1922 die ältesten autonomen Kindertheater der Welt, zur gleichen Zeit entstand in New York ein Pendant, wenig später auch in Frankreich — bot in Deutschland bis an die Schwelle der Gegenwart immer nur das Erwachsenentheater gelegentlich und peripher einmal Aufführungen speziell für Kinder zur Weihnachtszeit und noch seltener für Jugendliche. Gespielt wurden fast ausschließlich Märchen-Dramatisierungen, meist nach Vorlagen der Gebrüder GRIMM (die übrigens bis heute im Kindertheater dominieren). Diese Weiche stellte der Vater des Theaters für Kinder in Deutschland, der Schauspieler, Regisseur, Theaterleiter und Dramatiker Karl August GÖRNER (1806 bis 1884), der hier als erster eine Marktlücke entdeckte und „Aschenbrödel", „Schneewittchen" und vieles mehr für die Bühne bearbeitete. 1855 bis 1859 ließ er fünf Bände „Kindertheater" erscheinen und 1884 sechs Hefte „Neues Kindertheater" folgen.

Nicht ganz zufällig waren es nicht die Hoftheater, die für Kinder zu spielen begannen, sondern ausschließlich die kommerziell geführten Geschäftstheater. Bis in unsere Zeit wurde das Spielen für Kinder — schließlich auch von den Bühnen der öffentlichen Hand — hauptsächlich unter ökonomischen Gesichtspunkten gesehen und gepflegt. Fast hundert Jahre lang war das Kindertheater mit dem sogenannten Weihnachtsmärchen identisch und ein wesentlicher, verläßlich zu kalkulierender wirtschaftlicher Faktor: Gering im Aufwand, billig in der Produktion und einer kaum zu befriedigenden Nachfrage unkritischer Besucher sicher.

Die einer jeden Dramatisierung von Märchen immanenten ästhetischen, pädagogischen und gattungsspezifischen Probleme wurden konsequent ignoriert und verdrängt. Daß Märchen erzählt sein wollen und einer epischen

Struktur gehorchen, daß die Konkretisierung im Szenischen immer auch zu einer Verengung führt und statt schöpferische Phantasie zu entwickeln passives Konsumieren einer vorgegebenen Interpretation fördert und damit Phantasie verdinglicht — derlei wurde allzulange nicht gesehen und vor allem in der Wissenschaft nicht diskutiert. War es das Kind schon kaum, so war auf jeden Fall das Kind als Theaterbesucher kein Thema von Interesse — sei es der Forschung, sei es der Öffentlichkeit. Und gelegentlich aufkeimende Zweifel der Theaterleute, genährt auch von der zumeist dürftigen Qualität der Vorlagen und der lieblos realisierten Produktionen, wurden von der offenkundigen Begeisterung der kleinen (und großen?) Zuschauer beschwichtigt. Sie erhöhte sich noch durch jahreszeitlich bedingte Zutaten, die eigentlich weder dramaturgisch noch ästhetisch zu rechtfertigen waren, nach Meinung vieler Theaterleute aber erwartet und deshalb als unabdingbar angesehen wurden: Ob „Hänsel und Gretel" oder „Dornröschen" — sie erhielten den obligaten „Weihnachtsschluß" aufgepappt, oft ohne Rücksicht auf Logik und die vorangegangene Handlung. Da kam dann der Weihnachtsmann zu Rotkäppchen und belohnte sie mit Geschenken, Hänsel und Gretel fanden ihre gar nicht so christlichen Eltern unter dem Weihnachtsbaum wieder.
Welche ökonomische Bedeutung das „Weihnachtsmärchen" hatte und leider immer noch hat, zeigt die Statistik: Für viele Stadttheater ist das Kinderstück zu Weihnachten nach wie vor die sicherste Position im Etat mit unter Umständen fünfzig zusätzlichen Vorstellungen neben dem normalen Abendspielplan und nicht selten einem Viertel der Gesamtbesucherzahl des Schauspiels in der Saison.
Zur Misere des „Weihnachtsmärchens" trug nicht zuletzt der Mangel an ausreichend qualifizierten Stücken für Kinder bei. Der so offensichtlich fehlende künstlerische Ehrgeiz der Theaterleute in diesem Sektor — in der Regel finden dort Regieassistenten und Schauspieler des dritten Glieds ein Betätigungsfeld — konnte renommierte Autoren nicht motivieren. Jahrzehntelang — und in den Ausläufern bis heute — wurde der Bedarf an „Weihnachtsmärchen" durch dilettierende Schauspieler und Dramaturgen abgedeckt: Karl August GÖRNER und die Folgen, auch in dieser Hinsicht. Die wenigen Ausnahmen von literarischer Qualität im Repertoire unserer Bühnen stammten fast ausnahmslos von fremdsprachigen Autoren wie Jewgenij SCHWARZ und Nicholas Stuart GRAY, die freilich nur etwas ältere Kinder erreichen, oder vom Teatro del sole in Mailand.

II. Anfänge einer Verselbständigung des Kindertheaters nach 1945

Was sich zwischen Nikolaus und dem Dreikönigstag auf den doch wohl die Welt bedeutenden Brettern jahraus, jahrein tat und angeblich den Besuchern von morgen galt, wurde erst seit Anfang der sechziger Jahre einer kritischen Wertung in der Öffentlichkeit unterzogen und problematisiert. Vorangegangen waren punktuell einige hilfreiche organisatorische Initiativen.

Während in der damaligen sowjetischen Besatzungszone schon 1945 ein Gesetz zur Gründung von Kindertheatern erlassen und 1946 in Leipzig das erste in Deutschland gegründet wurde (dem schnell weitere Gründungen folgten), kam es auf dem Gebiet der heutigen Bundesrepublik Deutschland 1948 wenigstens zur ersten Verselbständigung und Aktivierung dieses Spielbereichs im Verbande des Stadttheaters in Nürnberg. Das den Städtischen Bühnen angegliederte „Theater der Jugend" brachte jährlich zwei bis drei Inszenierungen für Kinder zwischen sechs und zehn sowie zwei für Zehn- bis Sechzehnjährige heraus. Rund dreißig Jahre später (!) wurde es in dieser Form aufgelöst und auf den alten Status zurückgestuft.

1953 griffen die Städtischen Bühnen Dortmund die Nürnberger Pioniertat mit einem ganzjährigen Angebot für Kinder und Jugendliche auf, und im gleichen Jahr folgte in München die zunächst privat initiierte Gründung eines „Theaters der Jugend", das später den städtischen Münchner Kammerspielen angegliedert und damit ebenfalls – und am meisten autonom – von der öffentlichen Hand betrieben wurde.

Der Spielplan dieser Bühnen war freilich erst einmal nicht wesentlich anders als der der „Weihnachtsmärchentheater", wenn auch mit etwas mehr Verantwortungsbewußtsein und größerer Sorgfalt gearbeitet wurde. Auch ihnen fehlten weitgehend literarisch relevante und dramaturgisch adäquate Originalstücke und ein Umfeld, das der Aufgabe, für Kinder zu spielen, Wichtigkeit beimaß und Interesse entgegenbrachte.

Allerdings dachten die damals Verantwortlichen selbst noch in den tradierten Begriffen und konnten sich aus den alten Vorstellungen über die Funktion des Kindertheaters nur schwer lösen. Es fehlte hierzulande jegliche kritische Theorie – eine Arbeit wie Walter BENJAMINs „Programm eines proletarischen Kindertheaters" von 1928 (geschrieben für Asja LACIS) war gänzlich unbekannt und wäre zudem anderenfalls tabuisiert worden. Zu viele hielten sich an die Faustregel der denkfaulen Bequemlichkeit aller Theaterkonfektion, wie sie noch im Dezember 1969 der Hamburger Märchen-Regisseur Arthur E. DREYER öffentlich formulierte:

„Für unser Theater hat sich erwiesen, daß diese Märchen ihr Publikum finden. Die Mütter oder Väter haben dieses Märchen ‚Frau Holle' oder ein anderes GRIMMsches Märchen schon in der Bühnenform gesehen in ihrer Jugend. Das war für sie ein Erlebnis, und dieses Erlebnis möchten sie ihren Kindern vermitteln" (BAUR 1970, 36).

Kindertheater also weniger für die Bedürfnisse der Kinder, sondern adressiert an die sentimentalen Erinnerungen der Eltern.

III. Emanzipatorisches Kindertheater als Alternative

Der Beginn der Neuorientierung der Theaterarbeit für Kinder läßt sich ziemlich genau datieren. 1966 gründete das „Reichskabarett" in Berlin unter der Leitung von Volker LUDWIG ein „Theater für Kinder", aus dem bald darauf das „Grips-Theater" hervorging, dessen Stücke ein Maßstab für ein gegenwartsbezogenes, unverlogenes Kindertheater setzten und damit eine immense, leidenschaftlich kontrovers geführte ideologische Diskussion auslösten.

Die aufklärerische Tendenz des „Reichskabaretts" wurde übertragen und übersetzt in „Alltäglichkeit des Kindes, Realismus, Verhaltensbeobachtung, nicht Gag und Witzchen, die mehr nach dem Erwachsenen schielen und vielleicht über das Kind hinwegrauschen als bunter Lärm" (H. W. NICKEL, in: BAUR 1970, 39).

Für das, was hier entstand – zwangsläufig mußten die Stücke im Hause und mit dem Ensemble entwickelt werden, meist unter Federführung von Volker LUDWIG –, wurde bald der Begriff „emanzipatorisches Kindertheater" geprägt. Dies beschreibt ebenso die Zielsetzung wie die neue Sicht des Adressaten, der nicht mehr in der Illusion einer heilen Welt aufgehoben werden sollte, sondern als ein noch rechtloses und darum benachteiligtes Mitglied der Gesellschaft mit eigenen Wünschen und Problemen ernstgenommen wird. Da auch das Kind schon in einem sozialen Spannungsfeld steht, werden ihm via Bühne die Zusammenhänge verständlich gemacht, die vielleicht einen Schatten auf sein Leben werfen, daß und welche Schwierigkeiten zum Beispiel die Eltern vielleicht haben. Umwelt erfährt das Kind ja weitgehend passiv, als deren Objekt und nicht selten als ihr Opfer. Alle Entscheidungen werden von anderen getroffen (Ortswechsel, Trennung, Ehescheidung etc.), alle Verhaltensregeln oktroyiert – mit den Konsequenzen ist das Kind oft allein gelassen. Grips-Stücke (und andere, die bald in deren Gefolge entstanden) sind in diesem Sinne parteilich und versuchen, den Kindern mit spielerischen Mitteln (denen die Herkunft des Theaters aus dem Kabarett zugutekamen) und schlüssigen, in Milieu und Problemstellung ihnen vertrauten Geschichten Mut zu machen.

Sie „zeigen Ungerechtigkeit und falsche Autorität, gegen die sich die Kinder zur Wehr setzen dürfen" (LUDWIG, zitiert in: BAUR 1970, 40).

Die Produktionen des „Grips-Theaters" waren der radikalste Angriff auf die schlimme Tradition der schablonisierten „Weihnachtsmärchen" in den Stadttheatern. Zum ersten Male begegneten sie einer künstlerischen legitimierten Alternative, die zugleich der Gattung hohen Aufmerksamkeitswert und erstmals Geltung verschaffte. Der sich früher kaum je artikulierende Anspruch des Kinder- (und Jugend-)theaters auf Anerkennung als eine spezielle Spielgattung, die nicht länger als Appendix des Schauspiels ein Schattendasein führen darf, sondern mit eigenem Ensemble und Etat auszustatten ist, erhob sich in der Folge immer häufiger und energischer.

Es war gewiß kein Zweifel, daß das neue Engagement für das Kindertheater nicht von den kommunalen (und subventionierten) Bühnen, sondern ausnahmslos von (unsubventionierten) Privattheatern und Freien Gruppen ausging. Bei ihnen hatte sich vor dem Hintergrund des gesellschaftspolitischen Aufbruchs im Zeichen der Studentenbewegung um 1968 das Bewußtsein für die Problemfelder innerhalb der Gesellschaft geschärft – und die Situation des Kindes in einer eher kinderfeindlichen Umwelt ist sicher eines. Für die jüngeren Theatermacher aber war sicher noch ein anderer

Aspekt im Spiel: Die Vermutung nämlich, daß sich die erstarrte Ästhetik des Theaters wohl am leichtesten auf dem Umweg über ein neues Kindertheater und mit Hilfe der dort entwickelten und erprobten Spielweisen verändern und erneuern läßt.

Das „emanzipatorische Kindertheater" war damit zweifellos politisch intendiert. Es wollte den Kindern eine Stimme geben und bei ihnen Angst abbauen, insbesondere jedoch die Haltung der Gesellschaft zum Kind verändern, zugleich aber auch auf eine Reform der Theater hinwirken. Nicht minder politisch war die Reaktion eines Teils der Öffentlichkeit – die Geschichte des „Grips-Theaters" (das dreimal mit dem Gebrüder-GRIMM-Preis des Landes Berlin ausgezeichnet wurde), der „Roten Grütze" vor allem, aber auch von „Birne", „Rote Rübe" und anderen zumeist aus dem Geiste von „Grips" entstandenen Truppen ist eine einzige Chronik von Verketzerung, Behinderung und sogar Verboten. Die Kritik war weitgehend politischer Natur, wurde indes mit pädagogischen Sorgen begründet (die gewiß vorhanden waren) und kam hauptsächlich von den Bewahrern der vermeintlich heilen Welt des Kindes aus konservativen Kreisen. Sie fürchteten eine Belastung des Kindes und machten dem „emanzipatorischen Kindertheater" den zuweilen tatsächlich berechtigten Vorwurf, es würde die Kinderbühne für den Klassenkampf mißbrauchen. Kaum stichhaltig erscheint dagegen die Behauptung, es würde die Kinder gegen ihre Eltern aufhetzen.

Der vehemente Streit um das neue Kindertheater, intolerant, verbissen und dogmatisch ausgetragen, blockierte einige Jahre lang die sinnvolle Auseinandersetzung mit neuen Inhalten und Rezeptionsweisen. Zwei Lager standen sich feindlich gegenüber und verdächtigten einander ideologischer Hintergedanken. Eine vorurteilsfreie Beschäftigung mit der Materie war unmöglich geworden.

Dies schadete der Sache, um die es ging, zunächst und nützte ihr schließlich doch. Denn mit einem Male war das Kindertheater ein Thema der öffentlichen Diskussion und wie das Theater in seiner Gesamtheit weder vorher noch nachher ein Gegenstand gesellschaftlichen Interesses, der Schlagzeilen machte und die Veranstaltung einer Fülle von Tagungen und Symposien wert schien.

Im Streit um das „richtige" Kindertheater beantwortete sich die Frage nach dessen Notwendigkeit gewissermaßen von selbst. „Grips" hatte vor allem Mut gemacht: Um und nach 1968 wurden auch verschiedene nicht „linke", traditioneller orientierte Kinderbühnen gegründet („Berliner Kammerspiele", „Theater für Kinder" in München und Hamburg), die sich ebenfalls nicht (oder nicht nur) als „Weihnachtsmärchentheater" verstanden, obwohl sie durchaus nicht primär Aufklärung und Emanzipation ihrer Zuschauer im Sinn hatten. Hier dominieren bis heute Bühnenbearbeitungen von klassischen Kinderbüchern und Sagenstoffen, also vertraute Figuren und Geschichten (Huckleberry Finn, Oliver Twist, Pippi Langstrumpf, Eulenspiegel etc.). Auch sie hielten nach neuen Autoren und neuen Stücken Ausschau, freilich naturgemäß nach anderen als „Grips" und Co. und mit insgesamt geringerem Erfolg. So zeigte sich sehr bald, daß die enorme Resonanz der Stücke des „emanzipatorischen Kindertheaters" sie die Grenzen des eigenen Zirkels überspringen ließ. Während noch heftiger Streit tobte, ob sie nicht den Kindern gar schadeten (oder vielleicht der herrschenden Gesellschaftsordnung?), hielten sie bereits Einzug in den Stadttheatern. Sie waren in jeder Weise so konkurrenzlos, daß ein Theater, das nicht nur zur Weihnachtszeit spielen wollte, fast gar nicht umhin konnte, es mit ihnen zu versuchen — was die Diskussion zumeist, nun lokal, neu aufflammen ließ.

Zweifellos war die wichtigste Pioniertat bei der Neuorientierung des Kindertheaters in den späten sechziger Jahren die Erweiterung des Spektrums der Themen und Stoffe sowie die Entwicklung von dramaturgisch schlüssigen Spieltexten mit theatralischem Pfiff. Was eigentlich aus der Not und für das eigene Bedürfnis geboren wurde, gewann nicht nur sehr schnell exemplarischen Rang, sondern begründete ein erstaunlich „wetterfestes" Repertoire, das inzwischen schon mehrere Kindergenerationen erfreute. Ob „Stokkerlock und Millipilli", „Maximilian Pfeiferling" oder „Die Mugnog-Kinder" — sie stammen alle aus den sechziger Jahren und finden sich heute noch im Spielplan manchen Kindertheaters.

Zu den neuen Themen mit der größten Brisanz gehörte die Enttabuisierung der Sexualität und die kindgemäße Darstellung des Zusammenhangs von Liebe, Zeugung und Geburt. „Darüber spricht man nicht", geschrieben und produziert vom Berliner Theaterkollektiv „Rote Grütze", kann für sich gewiß den traurigen Ruhm in Anspruch nehmen, das Theaterstück der Nachkriegszeit zu sein, das den stärksten Aggressionen begegnete und die meisten Skandale ausgelöst hat. Obwohl die Aufführung vielerorts eher behindert als gefördert wurde, konnte allein die Urinszenierung mehr als vierhundertmal gespielt werden. Später wurde das Stück in anderen Inszenierungen mehrfach nachgespielt, auch an Stadttheatern. „Kein Autor und kein Theater hat jungen Schauspielern überall in der Republik mehr zur Lockerung und uneitlen Personalisierung ihres Spiels, zur Überwindung von Rampenkomplexen und zur ernsthaften Verwendung von Heiterkeit verholfen als die ‚Grütze' mit ihren gegen alle politischen und schulischen Widerstände so ungemein erfolgreichen Stücken", charakterisiert Dirk H. FRÖSE die theaterimmanente Bedeutung dieses Theaters (Zweites Handbuch des Kindes- und Jugendtheaters Bundesrepublik Deutschland, 12).

Intentional verwandt und ähnlich strukturiert wie „Grips" und „Rote Grütze" ist auch die Kindertheatergruppe „Birne" in Berlin, die vor allem mit Möglichkeiten des Mitspiels experimentiert. Auch „Birne" hat bemerkenswert viel Nachspielresonanz. Der Umstand, daß diese drei wohl wichtigsten Vertreter des „emanzipatorischen Kindertheaters" in Berlin entstanden, machte diese Stadt zum Zentrum der Reformbemühungen auf diesem Sektor.

IV. Ansätze zur Theoriebildung und Theaterpädagogik

Zu den entscheidenden Fragen in der Kindertheaterdiskussion der letzten fünfzehn Jahre gehörte immer wieder die nach dem Besucher, nach den

Bedürfnissen, Erlebnisstrukturen, Sehgewohnheiten und Verarbeitungskapazitäten des Kindes im Theater. In der Rezeptionsforschung zeigt sich vielleicht am deutlichsten der radikale Wandel im Kindertheater während der letzten eineinhalb Jahrzehnte. Die Theatermacher haben inzwischen allgemein begriffen, daß Kinder Zuschauer eigener Art sind, die Bühnenvorgänge anders als Erwachsene rezipieren. Ein Stück für Kinder zu schreiben, bedingt die Kenntnis der Natur des Kindes.

Mehr und mehr wurde es zu einer Selbstverständlichkeit, mit Pädagogen zusammenzuarbeiten und Erziehungswissenschaftler zu Rate zu ziehen. Wichtig genommen wurde darüber hinaus die pädagogisch Betreuung der Rezipienten in Vor- und Nachbereitung eines Aufführungsbesuchs — teils durch Dramaturgen, teils durch Lehrer, im günstigsten Falle von beiden. Ausgeprägte Kindertheater versicherten sich dafür eines festangestellten Theaterpädagogen mit einschlägiger Erfahrung.

Die Kindertheaterarbeit verlagerte sich damit vom theatralisch-komödiantischen Selbstzweck in Richtung auf pädagogische Verantwortung. Da zudem den Kindern nicht nur Spaß, sondern auch Informationen und Lebenshilfe geboten werden sollte — mindestens im „emanzipatorischen Kindertheater" (obwohl natürlich auch die traditionellen Märchen ein Anliegen und damit eine Botschaft haben) —, mußten der Vermittlung sowie den Aufnahme- und Verarbeitungsmöglichkeiten erhöhte Aufmerksamkeit gelten.

Dies schlug sich in einer Flut von Publikationen nieder, die freilich kaum je von der Theaterpraxis ausgingen, sondern von der Theorie her eine Begründung des neuen Kindertheaters lieferten und dessen Bedingungen und Zielsetzungen beschrieben. Viele dieser Texte lasen sich wie Kampfschriften, die zuweilen mehr dem Gegner Munition lieferten als daß sie sich für die Sache als nützlich erweisen. Wesentlich vorangetrieben wurde jedoch die Untersuchung der zuvor stets ignorierten pädagogischen Kriterien und die Kenntnis des Kindes.

Im Herbst 1970 fand in Marl eine viel beachtete Tagung statt, die Theoretiker und Praktiker des Kindertheaters versammelte und zu einem Meilenstein in der Entwicklung dieser Sparte wurde, die verschiedenen Richtungen aber für lange Zeit trennte. Inzwischen waren auch die Stadttheater aufmerksam geworden, die sich der neuen Entwicklung nicht länger verschließen wollten oder konnten. Der Deutsche Bühnenverein, die Arbeitgeberorganisation der Theater in der Bundesrepublik Deutschland, veranstaltete bei seinen Mitgliedsbühnen eine Umfrage und erfuhr, daß in der Spielzeit 1968/69 von 62 Theatern 75 Inszenierungen von Kindertheaterstücken einschließlich der Weihnachtsmärchen erarbeitet wurden, aber nur 23 Theater 37 Inszenierungen für Jugendliche. Als Gründe für die geringe Zahl von Produktionen führten die Bühnen der öffentlichen Hand an:

„Arbeitsüberlastung oder Auslastung der Bühnen für das normale Abendprogramm, der Etat enthalte dafür keine Mittel, das technische Personal reiche nicht aus, das künstlerische Personal reiche nicht aus, es sind nicht genug Räume vorhanden."

Ausgehend von diesen Daten und Erkenntnissen legte der Deutsche Bühnenverein eine Studie vor, in der die Notwendigkeit und Bedeutung dieser Sparte unterstrichen und den Bühnen empfohlen wurde, pro Jahr mindestens zwei bis drei Inszenierungen für Jugendliche und Kinder in den Spielplan aufzunehmen. Diesem Appell, dem ersten gewissermaßen offiziösen (im Deutschen Bühnenverein sind die Rechtsträger und die Intendanten der Theater Mitglied), entsprachen einige Stadttheater sofort, dem sich im Laufe der siebziger Jahre andere anschlossen.
Insbesondere diese Theater bildeten Arbeitskreise mit den Lehrern am Ort zur eigenen Rückversicherung und um ein Feedback zu bekommen, Ansatz und Ergebnis ihrer Kindertheaterarbeit hinterfragen zu können, denn nahezu allen Theaterleuten der kommunalen Bühnen fehlten vorerst die spezifischen Erfahrungen und theoretischen Voraussetzungen für die Arbeit für die Kinder. Interesse regte sich nun aber auch in den kleinen Mittelstädten, die auf Gastspiele auswärtiger Theater angewiesen sind. In Nordrhein-Westfalen gründeten diese Kommunen einen Interkommunalen Arbeitskreis für Kinder- und Jugendtheater (zuerst in Velbert, jetzt in Bergisch Gladbach). In dessen Tagungen behandeln Kulturamtsleiter und Vertreter der regionalen Kindertheater aktuelle und grundsätzliche Fragen, laden Experten und Wissenschaftler sowie Autoren zu Referaten ein und diskutieren die Spielpläne, aber auch die gesehenen Aufführungen. Es ist dies zugleich ein Informationsforum und eine Börse, in der sich Angebot und Nachfrage auf noch informeller Ebene sehr konkret begegnen. Diese Einrichtung erwies sich für alle Beteiligten als sehr nützlich. Sie hat der Sache des Kinder- und Jugendtheaters einige Breschen geschlagen und vor allem in konservativen Landgemeinden Vorurteile gegen das „emanzipatorische Kindertheater" abgebaut — so sahen einmal alle Tagungsteilnehmer eine Aufführung von „Darüber spricht man nicht". Erstaunlicherweise fand diese Initiative in den anderen Bundesländern keine Nachahmung. In jüngster Zeit bewährte sich der Interkommunale Arbeitskreis auch als Lobby zur Verteidigung der noch immer wenigen halbwegs autonomen Kindertheater gegen den Rotstift.

V. Stiefkind Jugendtheater

Wenn hier bisher fast ausschließlich vom Kindertheater die Rede war, jedoch kaum vom Jugendtheater, so ist das symptomatisch für die gegenwärtige Situation: Die Entwicklung dieser Sparte stößt weniger auf organisatorische als auf erhebliche definitorische und soziologisch bedingte Schwierigkeiten. Während das Kindertheater allein altersspezifisch klassifiziert zu werden braucht — das Angebot ist nach Vorschul-, Grundschul- und Kindern auf weiterführenden Schulen unterschieden —, lassen sich Jugendliche nicht als einheitliche Gruppe betrachten. Die beginnende soziale Differenzierung — hier Gymnasiasten, dort Auszubildende (vielleicht gar Arbeitslose) — polarisiert die Interessen und Erwartungshaltungen. Ist Kindertheater

schon bis zu einem gewissen Grade Zielgruppentheater für allerdings ein halbwegs homogenes Publikum, so ist das Jugendtheater dies par excellence. Als problematisch erweist sich auch die Altersabgrenzung nach oben und unten, zudem hat fast jeder Teenager-Jahrgang seine eigenen Bedürfnisse und Probleme.
All das wirkt auf Autoren nicht motivierend. Der Mangel an qualifizierten Jugendstücken ist nach wie vor eklatant und unvergleichlich größer als im Kindertheater, dessen Reservoir an brauchbaren Texten gewiß auch noch zu wünschen übrig läßt. Freilich ist der Nachfragedruck der Bühnen beim Jugendstück viel geringer. Da zeigt sich ein circulus vitiosus: Die Theater reden sich mit dem Mangel an Stücken heraus, die Autoren verweisen auf die minimalen Aufführungsmöglichkeiten.

Während in Berlin neuerdings das „Grips-Theater" sein Repertoire allmählich in Richtung auf ein älteres Publikum erweiterte (zum Beispiel mit „Alles Plastik" für „Menschen ab 14") und die „Rote Grütze" zwei Stücke für diese Zielgruppe erarbeitete („Was heißt hier Liebe" und „Mensch, ich liebe dich doch"), akzentuieren nur das Münchner „Theater der Jugend" — hier besonders Werner GEIFRIG mit einigen vorzüglichen Jugendstücken („Bravo Girl", „Stifte mit Köpfen") — und bis zu dessen Schließung 1979 das „TAT" in Frankfurt (vor allem mit Rock-Musicals) die Theaterarbeit für Heranwachsende. Der Nachspieleifer der Bühnen hielt sich allerdings in bescheidenen Grenzen.

Zum Mangel an Stücken für das noch nicht erwachsene Publikum trägt nicht zum geringsten die miserable Honorierung der Autoren dieser Sparte bei. Als vor einigen Jahren die Tantiemisierung auf der Basis der Kassenpreise durch die Urheberrechtsabgabe pro besetztem Theaterplatz ohne Rücksicht auf den tatsächlichen bezahlten Preis abgelöst wurde, mußten sich die Autoren des Kinder- und Jugendtheaters mit der Hälfte dessen zufrieden geben, was einem Dramatiker des Erwachsenentheaters zusteht.

Erhält dieser in einem Theater pro Besucher ein Honorar von 1,20 DM, so sein Kollege vom Kinder- und Jugendtheater lediglich 0,60 DM. Dies macht das Schreiben für diese Sparte zu einem in der Regel brotlosem Unterfangen. Andererseits: Die ganz erfolgreichen Stücke, etwa die von „Grips", erleben gelegentlich sechs bis acht Inszenierungen pro Saison und erreichen beträchtliche Besucherzahlen — so „Max und Milli" von Volker LUDWIG in der Spielzeit 1979/80 rund 63 000, „Ein Fest bei Papadakis" von Volker LUDWIG und anderen 58 000 — „Schneeweißchen und Rosenrot" nach den Gebrüdern GRIMM in der gleichen Spielzeit allerdings hatte 164 000 Besucher!

VI. 6000 Aufführungen, zweieinhalb Millionen Besucher?

Wer zu Beginn der achtziger Jahre Bilanz zu ziehen versucht, um herauszufinden, welche Ergebnisse in quantitativer Hinsicht der Aufbruch vor 15 Jahren zeitigte, und nach der derzeitigen Situation des Kinder- und Jugendtheaters in der Bundesrepublik Deutschland fragt, begegnet erstaunlichen Zahlen. Die Szene ist ungemein lebendig und vielfältig geworden — was mehr dem Verdienst privater als staatlicher oder kommunaler Initiative zu verdanken ist. Die Sektion Bundesrepublik Deutschland der ASSITEJ, der internationalen Vereinigung der Kinder- und Jugendtheater in 39 Ländern, nennt rund 160 kommunale und private Bühnen, Tourneetheater und Kollektive, die hierzulande nebenbei oder ausschließlich in dieser Sparte tätig sind. Die Zahl der Aufführungen und Besucher kann bei einer so heterogen zusammengesetzten Gruppe nur geschätzt werden. Exakt lassen sich allerdings die Daten der stehenden Bühnen erfassen: Sie bieten etwa 3 300 Aufführungen im Jahr und haben 1,6 Millionen Besucher. Die übrigen professionellen Kindertheatermacher erreichen vermutlich eine Million Besucher in mehr als 2 500 Vorstellungen. Keine andere Spielgattung des Theaters erreicht mit so geringen finanziellen Mitteln so viele Besucher, was einige Rückschlüsse auf die gelegentlich noch immer bedenklichen Arbeitsbedingungen und die Einkommensverhältnisse im Kinder- und Jugendtheater erlaubt.

Indes, von den 3 300 Aufführungen der etablierten Theater entfallen auch jetzt noch etwa 25 % auf „Weihnachtsmärchen" in überwiegend unsäglicher Machart — aber rund ein Drittel wird bereits von Stücken des „emanzipatorischen Kindertheaters" bestritten. Der Spielplan für Kinder (weniger für Jugendliche) ist also inzwischen im Prinzip pluralistisch und mindestens in einigen Großstädten bieten sich scharf profilierte Alternativen — zwischen „Grips" etc. und „Berliner Kammerspielen", „Theater der Jugend" und „Theater für Kinder" in München, „Klecks" und „Theater für Kinder" in Hamburg. Allerdings ist es in anderen Großstädten wie Köln und Stuttgart bis heute nicht gelungen, auf Dauer ein ständig spielendes Kindertheater zu etablieren.

Ohnehin trügt der Schein. Trotz der beeindruckenden Zahlen kann von einer Blütezeit des Kinder- (geschweige denn des Jugend-)theaters allenfalls mit großen Einschränkungen die Rede sein. Nach wie vor ist seine Position höchst gefährdet. In Sparzeiten wie gegenwärtig erweisen sich die vielen Sympathiebekundungen allzuoft als beifallsheischende Lippenbekenntnisse. Wo sich in den Theatern der öffentlichen Hand ein Kindertheater als eigene Sparte relativ frei entfalten konnte, ist es zumeist das erste Opfer des Rotstifts, wie sich in jüngster Zeit mehrfach zeigte. Noch wird es hierzulande zu häufig als zwar schmückendes, aber letztlich doch entbehrliches Accessoire betrachtet, das zudem immer wieder einmal politisch Ärgernis erregt. Noch ist das Bewußtsein für die Notwendigkeit musischer Erziehung des Kindes mittels Theater in diesem Lande nicht genügend geweckt und schon gar nicht gefestigt. Aufklärungsarbeit tut hier weiterhin Not.

VII. Keine spezielle Ausbildung für Schauspieler

Aufklärungsarbeit allerdings wohl vor allem auch durch künstlerische Qualität. In jüngster Zeit begegnete besonders das Kindertheater häufig dem Vorwurf, es stelle seine pädagogischen oder emanzipatorischen Anliegen allzu plakativ aus, ohne viel Mühe auf die ästhetische Umsetzung der Inhalte zu verwenden, auf die künstlerische Gestaltung einer Story. Wo es aber versucht wurde, die Fülle der theatralischen Mittel zu nutzen und eine

Botschaft künstlerisch adäquat zu vermitteln, erschöpfte sich dies zu oft in längst verbrauchten Formen der Theaterkonfektion.
Das gilt sicher nicht allgemein, trifft aber für viele Kindertheater und -gruppen und ihre Spielvorlagen zu. Gerade das neue, emanzipatorische Kindertheater verlor im Blick auf die Inhalte nicht selten die Notwendigkeit einer formalen Gestaltung aus den Augen, während das traditionelle „Weihnachtsmärchen-Theater" in aller Regel auf überholte Rezeptionsmuster gründet.
Das Theater ist ein Forum der künstlerischen Auseinandersetzung mit Problemen des Menschen. Das Kindertheater als Teil der Erscheinungsform Theater kann sich dem nicht entziehen — zumal wenn es den Anspruch erhebt, eine eigene Sparte der Bühnenkunst zu sein und kein Anhängsel des Schauspiels für die Belange von Nicht-Erwachsenen (wobei die eher propagandistische Behauptung außer Acht bleiben kann, bei den kleinen Zuschauern handele es sich schließlich um das Theaterpublikum von morgen — Kindertheater sind keine Zuschauerschule, sondern ihrem Wesen nach autochthon).
Zu den Versäumnissen gehört schließlich, daß es in der Bundesrepublik Deutschland keine Ausbildungsstätte für die professionelle künstlerische Tätigkeit am Kinder- und Jugendtheater gibt. Nach wie vor werden alle Schauspielschüler für das Erwachsenentheater und dessen Rezeptionsformen ausgebildet — daß Aufführungen für Kinder methodisch und formal andere Spielweisen verlangen, ist zwar nicht mehr strittig, doch an den Folgerungen für die Ausbildung mangelt es.

Allenfalls in Ansätzen wurde bisher der Mangel an einem Musiktheater für Kinder problematisiert. Lediglich das Hamburger „Theater für Kinder" versuchte mit Erfolg, Opern wie „Die Zauberflöte", „Der Freischütz", „Zar und Zimmermann" und jüngst sogar WAGNERs „Ring der Nibelungen" kindgerecht zu adaptieren. Originäre Vorlagen werden noch kaum entwickelt.

Literatur

Baur, E.: Theater für Kinder, Stuttgart 1970
Brändli, K.: Mitspieltheater. Erfahrungen mit einer neuen Spielform oder Der Biß in die Birne, Berlin 1977
Fröhlich, W. (Hrsg.): Ein anderes Theater, München 1977
Kolneder, W. / Ludwig, V. / Wagenbach, K. (Hrsg.): Das Grips-Theater, Berlin 1979
Schedler, M.: Kindertheater, Frankfurt 1972
— Schlachtet den blauen Elefanten!, Weinheim 1973
Schriegel, S. / Tamoschus, A.: Kindertheater als Medium politisch-pädagogischer Praxis, Frankfurt 1978

Handbuch des Kinder- und Jugendtheaters in der Bundesrepublik Deutschland, 1980
Zweites Handbuch Kinder- und Jugendtheater Bundesrepublik Deutschland, Sonderteil Modell Baden-Württemberg, Duisburg 1982

9. Amateurtheater als pädagogische Aufgabe
Norbert Gutenberg

I. Einleitung: ‚Lohnt es sich, vom Amateurtheater zu reden?'

Eine der Begründungen, warum BRECHT die von ihm vor ca. vierzig Jahren gestellte Frage mit ‚Ja' beantwortete, war eine simple Rechnung:

> „Zu den Ländern, in denen das Amateurtheater besonders ausgebreitet ist, gehört Schweden (. . .). Der schwedische Amateurtheaterbund zählt nahezu tausend aktive Theatergruppen, die aalljährlich in mindestens zweitausend Aufführungen mindestens eine halbe Million Zuschauer haben. Eine solche Bewegung ist von großer kultureller Bedeutung für ein Land von sechs Millionen Bewohnern" (BRECHT, Bd. 4, 1963, 59).

Diese Begründung läßt sich nahezu bruchlos für die Situation in der Bundesrepublik Deutschland übernehmen:
Im ‚Bund Deutscher Amateurtheater', Stand 1. 4. 1980, sind 516 Amateurbühnen und Schulspielgruppen organisiert. Hinzu kommen die vielen Schulspielgruppen und Theatergruppen anderer Vereine (Gesangverein, Frauenverein, Kirchenchor etc.), die nicht zum BDAT gehören. Laut Saarbrücker Zeitung vom 27. / 28. 11. 1983 hatten 1981 Amateurtheateraufführungen in der Bundesrepublik Deutschland 1,8 Millionen Zuschauer. Das ist von ‚großer kultureller Bedeutung' auch für ein Land von 60 Millionen Einwohnern.
Wenn also „Tausende vor Hunderttausenden Theater spielen" (BRECHT, Bd. 4, 64), so lohnt es sich, von Amateurtheater zu sprechen. Verwunderlich nur, daß so wenig darüber gesprochen wird. Eine erste Literatursammlung förderte eine Reihe von Büchern zutage, die zumeist als Praxisanleitungen oder ideologieproduzierende Fibeln aus dem Kreis derer stammen, die Amateurtheater machen. Wissenschaftliche Publikationen sind selten (vgl. Literaturverzeichnis).
BRECHT zitiert das auch heute häufig zu hörende Vorurteil „daß die Vorstellungen der Amateurtheater auf niedrigem geistigen und künstlerischem Niveau stehen" (BRECHT, Bd. 4, 59).
Daran mag etwas sein, vor allem wenn man das Repertoire an Stücken anschaut. Was die schauspielerische Qualität der Aufführungen anbelangt, so müssen dem landläufigen Vorurteil mit BRECHT „andere Behauptungen" entgegengehalten werden,

> „nach denen zumindest ein Teil der Vorstellungen viel natürliches Talent und einige Truppen großen Eifer, sich zu vervollkommnen zeigen" (59 f.). Und schließlich: „Was

wäre denn, wenn das Niveau der Amateurtheater wirklich so niedrig wäre? Wäre es dann ganz unwichtig? Die Antwort müßte sein: Nein!" (60).

Diese Antwort findet ihre Begründung in einem kulturpolitischen Argument.

Seit BRECHT über Amateurtheater nachdachte und auch mit Amateurtheatern zusammenarbeitete, hat sich die Kulturlandschaft qualitativ geändert. Mit der Ausbreitung des Fernsehens als Massenkommunikationsmittel hat das Theater einen neuen Stellenwert bekommen. Dies gilt für das professionelle Theater, das nach einer Phase quantitativen und qualitativen Niedergangs sich qualitativ (neue Stoffe, Stücke, Spielweisen und Organitionsformen) und quantitativ (neue Theater durch Gründung Freier Gruppen) behaupten konnte, da offensichtlich die Spezifik des theatralischen Kommunikationsprozesses durch das Medium Fernsehen genauso wenig ersetzt werden konnte wie früher durch das Medium Film und immer noch ein gesellschaftliches wie individuelles Bedürfnis nach Theater zu existieren scheint. Das gilt auch für das Amateurtheater. Allerdings sind mir keine Untersuchungen bekannt über Reaktionen der Amateurtheaterbewegung auf die Ausbreitung des Fernsehens. So ist keine Aussage darüber möglich, ob die heutigen Zahlen (516 im BDAT organisierte Bühnen, 1,8 Millionen Zuschauer) geringer sind als etwa 1950 oder einen Neueinstieg darstellen nach einem Zurückgehen in den sechziger und siebziger Jahren. Hier liegt also eine wichtige Frage für eine Geschichte des Amateurtheaters. Punktuell bleibt lediglich festzuhalten, daß die Aktivität der schätzungsweise 10.000 Mitglieder der im BDAT organisierten Vereine und der 1,8 Mio. Zuschauer doch erheblich abweicht von den durch die Medien geprägten vorwiegend rezeptiven Formen kultureller Betätigung breiter Bevölkerungsschichten. Quantitativ gesehen stellt das Amateurtheater so etwas dar wie ein relevantes Element von Volkskultur. Ob das auch inhaltlich gilt, oder ob das ‚Volk' im Amateurtheater etwa ‚tümlich' ist, wie BRECHT das an anderer Stelle ausdrückte, bleibt einer Begriffsbestimmung von Volkskultur und einer Analyse der im Amateurtheater gespielten Stücke vorbehalten. Hervorzuheben ist jedenfalls, daß hier eine Form von aktiver künstlerischer Tätigkeit breiter Volksschichten vorliegt. Wer sich gegen eine rein rezeptivpassive Kulturtätigkeit wendet und den Medien einen Anteil an der Passivierung der kulturellen Bedürfnisse vorwirft, den müßte das Amateurtheater interessieren.

Hier erheben sich Fragen nach den Ursachen dieses Phänomens, nach der soziologischen Verteilung, nach den sozialstrukturellen Zusammenhängen, nach der sozialen und sozialisatorischen Funktion, nach den politischen und ideologischen Wirkungen, nach der Auseinandersetzung offizieller kommunaler oder regionaler Kultur- und Bildungspolitik mit diesem Phänomen.

Alle diese Fragen kulminieren in der Frage nach den pädagogischen Aspekten des Amateurtheaters. Diese Aspekte sind nicht nur, allgemein gesprochen, erwachsenenpädagogisch, sondern insbesondere auch für Jugendliche zwischen mindestens 12 und 18 Jahren pädagogisch relevant, weil diese, und sogar jüngere, nicht nur zu Zuschauern, sondern auch zu den Spielern von Amateurtheatern zählen. Der Beitrag versucht, systematisch Problembereiche von ‚Amateurtheater als pädagogische Aufgabe' zu skizzieren. Insofern dient er auch als Vorbereitung einer systematischen Auseinandersetzung mit einschlägiger Literatur. Speziell auf Amateurtheater unter pädagogischem Aspekt ausgerichtet sind nur sehr wenige Arbeiten. Der pädagogische Aspekt des Amateurtheaters müßte als Spezialfall des gesamten pädagogischen Aspektes von ‚darstellendem' oder ‚szenischem' Spiel herausgearbeitet werden. Die beigefügte Literaturliste stellt eine Auswahl aus dieser Literatur dar.

II. Theater als ‚ästhetische Tätigkeit'

Bevor ich auf die angesprochene pädagogische Aspekte des Amateurtheaters eingehe, und auch um diese dann genauer fassen zu können, möchte ich versuchen, eine knappe Strukturbestimmung für ‚Theater' zu geben, unter die auch das Amateurtheater zu fassen ist, und daran den ästhetischen Charakter von Theater als Spiel und Kunst aufzeigen. Die Darstellung verzichtet darauf, detailliert an zugrunde liegende theoretische Ansätze anzuknüpfen. Ich verstehe die im folgenden vorgetragenen Gedanken insgesamt als eine Reformulierung und Weiterentwicklung der ästhetischen Theorie BRECHTs und der sich mit Spiel und Kunst befassenden Arbeiten der sowjetischen Psychologie (vgl. Literaturverzeichnis).

1. Theater als Zeichenprozeß

Theatermacher (wovon die Schauspieler ein Teil sind) wollen zu bestimmten Themen einem bestimmten Publikum aus bestimmten Gründen zu bestimmten Zwecken bestimmte Dinge mitteilen. Sie tun das, indem sie diesem Publikum Theateraufführungen vorspielen. Ist die Vorführung aber Mittel, so steht das Vorgeführte nicht für sich, sondern für etwas anderes, nämlich für das, was mitgeteilt werden soll. Wenn etwas für etwas anderes steht als sich selbst, deutet es auf dieses hin, es *be*-deutet es. Es ist Zeichen für etwas. Woraus bestehen die Zeichen des Theaters? Was ist das Zeichenmaterial des Theaters? Antworten auf solche Fragen lauten oft: Der Schauspieler, sein Körper und seine Persönlichkeit. Oder: Bewegungen von Körpern und Klängen und Klänge im Raum. Diese Antworten enthalten richtiges. Sie sollen hier auch nicht ausführlich diskutiert werden. Nur sei der Hinweis gestattet, daß Puppentheater auch Theater ist, und daß die computergesteuerte, gänzlich abstrakte Zirkulation von gänzlich abstrakten geometrischen Sphäroiden zu Sinus-Schwingungen in einem nur geometrisch determinierten Raum kein Theater ist. Material des Theaters sind vielmehr die Vorgänge zwischen den Menschen.
Normalerweise bedeutet die Handlungsfolge ‚Wasser kochen — Tee aufgießen — Tee trinken' oder ‚Ankunft von Leuten — Begrüßung — Konversa-

tion — Streit — Abreise' nichts anderes als sich selbst, sie ist nicht Zeichen in dem Sinne, daß sie intentional vorgeführt wird, um anderen etwas mitzuteilen, was nicht genau diese Handlung und nur diese ist. Dagegen ist Theater gerade dadurch definiert, daß alle Handlungen, auch Nicht-Handlungen, die das Publikum sieht, *nie* sich selbst bedeuten, sondern immer etwas anderes; was, das ‚vermeint' das Publikum aus der Art der Vorführung, auch wenn keine vorhanden ist. Das gehört mit zur Theaterdefinition.
Bei genauerem Hinsehen muß eine Unterscheidung getroffen werden zwischen dem grundsätzlichen Wie des Theaters, also Vorgänge zwischen den Menschen abzubilden, dessen Wahl nach einer grundsätzlichen Entscheidung der Theaterproduzenten für dieses ‚Medium' erfolgt, und der spezifischen aktuellen Ausformung dieses Wie, die aufgrund der aktuellen Intentionen, Motivationen etc. der Theaterproduzenten erfolgt: Wie des Wie. Je nachdem für welches Publikum mit welchen Intentionen aus welchen Anlässen zu welcher Problematik (immer des menschlichen Zusammenlebens!) die Theaterproduzenten Theater machen, je nachdem bestimmt sich, *wie*, auf welche Art Vorgänge zwischen Menschen abgebildet werden. Daß aber Vorgänge zwischen Menschen abgebildet werden, ist die Grundentscheidung des Theatermachens, die durch keine Stilfrage revidiert wird.
Es wurde oben ausgeführt, daß beim Theater, im Gegensatz zum normalen Handlungsgefüge unserer Welt, Vorgänge zwischen Menschen vorgeführt werden, die aber mehr sind als sie selbst, nämlich Zeichen für etwas anderes, etwas was die Theaterproduzenten aussagen wollen. Was sie aussagen wollen, ergibt sich für das Publikum aus der Auswahl der vorgeführten Vorgänge und aus der Art ihrer Vorführung (Wie des Wie). Bedeutet das nun, daß es völlig der Willkür der Theaterproduzenten überlassen bleibt, was die von ihnen vorgeführten Vorgänge bedeuten und was nicht, daß also das Wie des Wie beliebig ist?
Eine Besonderheit der Theaterproduktion in unserem Kulturkreis ist nämlich (im Gegensatz zu anderen Kulturen), daß es für das Theater nicht, wie für andere Arten der Zeichenverwendung, ein festes Lexikon gibt, das die Beziehung zwischen Zeichen und Zeichenbedeutung für einen bestimmten historischen Zeitraum festlegt, so wie das Wörterbuch des Deutschen die Beziehung zwischen dem Lautgebilde „Tisch" und dem, was es bezeichnet, festlegt. Die Beziehung zwischen dem Lautgebilde „Tisch" und seinem Bezeichneten ist willkürlich, insofern als keine strukturelle Verwandtschaft oder kausale Beziehung zwischen diesem Lautgebilde und dem Bezeichneten besteht. So gesehen ist die willkürliche Zuordnung nötig, um überhaupt eine Zeichenrelation zu schaffen. Es gibt aber Zeichenrelationen, die sozusagen naturwüchsig existieren. So ist Rauch, den man in der Ferne emporsteigen sieht, Zeichen, nämlich An-Zeichen für Feuer. Hier steht das, was vom Beobachter, dem Zeichenverwender, ja erst zum Zeichen gemacht wird, in direkter Kausalbeziehung zu dem, was es — für den Zeichenverwender — bedeutet. Wird jetzt Rauch (oder Feuer) auf einem Warnschild abgebildet und dieses an feuergefährdeten Stellen aufgestellt, so ist die Bedeutung und kommunikative Funktion dieses Zeichens klar, auch ohne daß es ein von

Zeichenaufsteller und Zeichenleser benutztes Lexikon gibt, das die Beziehung zwischen Zeichen und Bezeichnetem festlegt; der Zeichenleser erkennt in dem Zeichen eine Analogie zum Bezeichneten und versteht unmittelbar die kommunikative Funktion. Um Zeichen dieser letzten Kategorie handelt es sich auch beim Theater. Es läßt sich eine Minimalregel formulieren, die da heißt: Die Zeichen des Theaters müssen so gestaltet werden, daß ohne ein Lexikon, das dem Zuschauer erklärt, das bedeutet das, dem Zuschauer möglich wird, die Zeichen des Theaters zu verstehen aus der Analogie zwischen den Zeichen und dem Bezeichneten. Die Zeichen des Theaters sind also dann Zeichen für den Theaterrezipienten, d. h. sie bedeuten ihm etwas, wenn aus der Zeichengestalt, d. h. aus der Auswahl der vorgeführten Vorgänge zwischen Menschen und der Art ihrer Vorführung, für den Betrachter *ohne weiteres selbst*-verständlich ihre Bedeutung hervorgeht, so selbstverständlich wie ohne die Zuhilfenahme eines Lexikons eine Arbeitsanweisung in Form eines Kurz-Comics für alle diejenigen verständlich ist, die mit dem entsprechenden Arbeitshintergrund vertraut sind.

Diese Besonderheit der Zeichen des Theaters, diese Analogiebedingung, wird schon allein daraus deutlich, daß durch die Auswahl des Mediums Theater der Themenbereich der Theaterproduzenten eingeengt wird: Mit der Vorführung von Vorgängen zwischen Menschen kann man nur über zwischenmenschliche (gesellschaftliche) Beziehungen aussagen. Alles auf dem Theater wird verstanden als eine Aussage über Beziehungen zwischen Menschen. Eine Behauptung, die durch das sogenannte WEKWERTH-Experiment überzeugend belegt ist (s. Manfred WEKWERTH 1972).

Ein entscheidender Unterschied zwischen den übrigen Zeichensystemen, die nach dem Analogieprinzip verfahren, und dem Theater ist, daß das Zeichenmaterial, aus dem die Bedeutung ohne willkürliche Festlegung deduzieren soll, selber aus Zeichen besteht. Die vorgeführten Vorgänge sind Vorgänge zwischen Menschen, die durch vielfältige Zeichen-Systeme — darunter die Sprache — vermittelt werden, und die Art der Vorführung (Wie des Wie) darf diese Vorgänge nur insoweit verändern, wie der Zuschauer aus seiner Kenntnis der zugrunde liegenden Zeichen-Systeme das Gemeinte erschließen kann. So ist es möglich, dem Zuschauer Figuren dadurch als schüchtern, hochgradig gehemmt etc. vorzuführen, daß man diese Figuren stottern läßt, weil das Stottern normalerweise als An-Zeichen (!) für hochgradige Gehemmtheit gilt. Es ist auch möglich, das Stottern von vorgeführten Menschen über das Anzeichen einer individuellen Sprechneurose hinaus zum Symbol für gestörte Kommunikation schlechthin zu machen. Es ist aber nur dann möglich, dem Zuschauer Figuren durch Stottern als besonders weltgewandt, geschickt, anpassungsfähig und kommunikativ zu schildern, wenn vorher ausdrücklich klargemacht worden ist, daß in der vorgeführten Welt Stottern als Zeichen für Anpassungsfähigkeit und Redegewandtheit gilt. Der Zuschauer wird dann die vorgeführte Welt als eine verkehrte, merkwürdige erleben.

Die Art der Vorführung von Vorgängen auf dem Theater vollzieht die gesellschaftlich geltenden Zeichensysteme nach, rekonstruiert sie, verändert sie, durchbricht sie, aber immer so, daß die Art der Vorführung, der Prozeß des Zeichensetzens, für den Zuschauer mitvollziehbar bleibt.

2. Theater als Spiel und Kunst

Bleibt noch zu fragen, was ist eigentlich das Künstlerische, das Ästhetische am Theatermachen?
Ich will versuchen, einen eher alltagssprachlichen Vorschlag für die Bestimmung von ‚ästhetisch' zu skizzieren. Ich gehe aus von einigen Äußerungen BRECHTs, die das konventionelle BRECHT-Vorurteil erstaunen werden:

„Behandeln wir das Theater als eine Stätte der Unterhaltung, wie es sich in einer Ästhetik gehört" (BRECHT, Bd. 7, 9).
„Die Beschreibung der allgemeinsten Funktion der Einrichtung Theater als eine Vergnügung (...) ist die nobelste Funktion, die wir für Theater gefunden haben (BRECHT, Bd. 7, 10).

Die Bestimmungen bedeuten keine Rückkehr BRECHTs zum platten Kulinarismus, sondern zeigen auf die Möglichkeit, ein ganz einfaches, nicht nur alltagssprachliches, sondern auch alltägliches Kriterium für Ästhetizität zu formulieren. In den Nachträgen zum Messingkauf definiert BRECHT:

„Die Kunst als das Reich des Schönen zu bezeichnen, heißt allzu sammelnd und rezeptiv vorgehen. Die Künstler entwickeln Geschicklichkeit, das ist der Anfang. Das Schöne an den künstlichen Dingen ist, daß sie geschickt gemacht sind. Die Schönheit in der Natur ist eine Qualität, welche den menschlichen Sinnen Gelegenheit gibt, geschickt zu sein. Das Auge produziert sich. Das ist kein selbständiger Vorgang, kein Vorgang, ‚bei dem es bleibt'. Und keiner, der in anderen Vorgängen nicht vorbereitet ist, nämlich gesellschaftlichen Vorgängen, Vorgängen anderweitiger Produktion" (BRECHT, Bd. 5, 236 f.).

Hier wird nicht nur auf das Moment des Könnens, der ‚ars' oder ‚techne' abgehoben, sondern auch der Ausdruck ‚Ästhetik' wörtlich genommen, als eine Angelegenheit der menschlichen Sinne, die ihrerseits durch die gesellschaftliche Entwicklung so geprägt wurden. Der wahre Grund für das Vergnügen an der Schönheit geschickter Tätigkeit (werkzeugend, Sinnentätigkeit) liegt darin, „daß im Künstler der Mensch sich produziert, daß es Kunst ist, wenn der Mensch sich produziert" (BRECHT, Bd. 5, 236). Versteht man das Sich-Produzieren des Menschen im MARXschen Sinne, so wird hier der gesamte weltgeschichtliche Prozeß zur Kunst. Aber Sich-Produzieren des Menschen meint auch ganz konkret, daß mit jeder menschlichen Tätigkeit nicht nur menschlicher Geist und menschliche Arbeit in Gegenstände hineinproduziert, entäußert werden, sondern die produzierenden Menschen sich durch diese Tätigkeit selbst und gegenseitig beeinflussen und formen. Bringt man dies mit dem Vergnügen an der Geschicklichkeit zusammen, so ergibt sich folgendes:
An jeder menschlichen Tätigkeit ist außer ihrer unmittelbaren Zweckorientierung ein Moment wahrnehmbar, das sie als eine produktive erkennbar werden läßt im gerade beschriebenen Sinn: menschlich entäußernd und menschliches bestimmend. Je besser, geschickter, eleganter, schneller, ge-

lungener etc. eine solche Tätigkeit ausgeführt wird, um so mehr tritt dieses Moment hervor für die Sinne dessen, der durch die Entwicklung der menschlichen Produktivität entsprechend geprägt wurde, dessen Sinne dafür ‚produziert' wurden. Dieses Moment menschlicher Produktivität, wie ich es verkürzt nennen möchte, ist es, was Vergnügen bereitet, dem Schaffenden und dem Aufnehmenden. Es ist für die differenzierte Wahrnehmung an fast allen menschlichen Tätigkeiten und ihren Produkten vorhanden, es kann beim Produzieren aber fehlen, wenn nicht alle Möglichkeiten ausgeschöpft werden oder Umwege entstehen oder Dinge nur gerade so erreicht werden.
Dieses genußbereitende Moment menschlicher Produktivität nenne ich „ästhetisch'. Es kann wachsen und an der menschlichen Tätigkeit dominant werden. Dann entstehen die historischen Formen künstlerischen Schaffens. Es kann sich in l'art pour l'art verselbständigen (wobei es seinen Bezugspunkt verliert, denn nur auf einen nicht in ihr selbst liegenden Zweck ist menschliche Tätigkeit definiert). Es kann auch akzentuiert werden zum Vergnügen (an menschlicher Produktivität) oder zum Lernen, im Spiel (von Kindern und Erwachsenen). Es haftet allerdings tendenziell an allen Formen menschlicher Tätigkeit, somit auch in allen Formen menschlicher Kommunikation. Ästhetische Kommunikation ist solche, an der dieses Moment menschlicher Produktivität aufgrund von Eigenschaften der Kommunikation dem dafür sensiblen Adressaten im Verstehen erfahrbar wird. Damit ist nicht nur Kommunikation, die explizit sich als Kunst versteht, wie Literatur und Literatursprechen, ästhetisch und ästhetisierbar (und kann ihre Ästhetizität verlieren!), sondern tendenziell jede. Der so gewonnene Ästhetikbegriff ist methodologisch fruchtbar, da er dynamisch und historisch ist; er schließt ein ästhetisches Hören ein. Dessen Eigenart besteht darin, daß die Zuhörintention sich auf den Genuß eben jenes Momentes menschlicher Produktivität richtet, das oben als das Kennzeichen des Ästhetischen als einer Eigenschaft der menschlichen Kommunikationstätigkeit selber bestimmt worden war. Gleichzeitig bedeutet ästhetisches Zuhören selbst eine Realisation menschlicher Produktivität, die in sich als ästhetische Tätigkeit aufzufassen ist, da sie ja eine Fähigkeit ist, die nur durch die geschichtliche Selbstproduktion des Menschen entstanden ist. Hier trifft sich der Gedankengang wieder mit BRECHTs Ausgangspunkt ‚das Auge produziert sich': die primäre ästhetische Tätigkeit ist das ästhetische Verstehen. Gleichzeitig ist aber festzuhalten, daß dieses Moment nicht verabsolutiert werden darf. Ästhetisch ist auch eine Eigenschaft der Sprechhandlungen und der Sprachwerke, die aber wiederum der Realisierung in einem Akt ästhetischen Verstehens bedarf. Hier liegt der Grund für die letztlich unbegrenzte Zahl der Möglichkeiten ästhetischen Verstehens ein und desselben ästhetischen Prozesses oder Werkes, aber auch der Grund, warum nicht alle ästhetischen Verstehensakte den je aktuellen Prozeß, das jeweilige Werk treffen: je nach Sprech-Hör-Situation sind unendlich viele Deutungen möglich, aber manche verfehlen das ästhetische Objekt.
Durch einen Akt ästhetischen Zuhörens kann jeder Kommunikationsprozeß ästhetisiert werden. Als Eigenschaft von Sprechhandlungen oder Sprach-

werken setzt das Ästhetische die auf die Realisierung menschlicher Produktivität orientierte Intention voraus. Diese Eigenschaft ist solange nur virtuell, wie sie nicht in einem Akt ästhetischen Zuhörens verstanden wird.
Spiel und Kunst lassen sich hiermit bestimmen als menschliche Tätigkeiten, deren Ziele darin liegen, dieses Moment menschlicher Produktivität den Ausführenden und den eventuellen Adressaten (bei den Formen künstlerischer Tätigkeiten) erfahrbar zu machen. Während insbesondere beim Kinderspiel der Ursprung oft in der Unmöglichkeit liegt, Tätigkeiten der Erwachsenen nachzuvollziehen, was zu ihrer spielenden Nachgestaltung außerhalb des realen Zweckzusammenhangs führt – wobei die Motivation dazu gerade aus der Lust an jeder Äußerung menschlicher Produktivität in realen Zweckzusammenhängen entspringt –, sind die Künste jene durch menschliche Arbeitsteilung entstandenen ästhetischen Tätigkeiten, die nunmehr ganz und gar auf die Realisierung menschlicher Produktivität gerichtet sind und dazu auch ausschließlich auf die Ausführung spezifisch künstlerischer Tätigkeiten gerichtete Handlungssysteme und Arbeitstechniken entwickelt haben. Ihr Ursprung in dem an jeder menschlichen Tätigkeit überhaupt möglichen ästhetischen Moment ist der Grund dafür, daß Spiele und Künste nun wiederum Ziele verfolgen können, die über die – ästhetische – Realisierung und Wahrnehmung menschlicher Produktivität hinausgehen: in jedem Spiel ist außer dem Spielen etwas lernbar, Kunstwerke und künstlerische Prozesse transportieren Inhalte. Künste müssen sich geradezu Inhalte und Ziele setzen, an denen sie jenes Moment menschlicher Produktivität verwirklichen.
An ihnen ist außer Ästhetischem noch weiteres lernbar.
Von daher kann es unentschieden bleiben, ob Amateurtheater als eine von Amateuren ausgeübte Kunstform oder als Spieltätigkeit aufzufassen ist, nicht weil Spiel und Kunst nur als zwei Erscheinungsformen ästhetischer Tätigkeit aufzufassen sind, die sowohl historisch als auch in der Praxis ineinander übergehen, insofern Spiel zu den Arbeitsmethoden künstlerischer Betätigung gehört, und nicht nur, weil im Einzelfalle die Klassifizierung ohnehin schwerfallen mag.
Es genügt darauf hinzuweisen, daß auch Amateurtheater unter die weiter oben entwickelte Strukturbestimmung von Theater fällt, und somit an der spezifischen ästhetischen Qualität von Theater teilhat, die im folgenden kurz aufzuzeigen ist.
Folgt man der oben vorgetragenen Strukturbestimmung, dann ist Theaterspielen eine ästhetische Tätigkeit besonderer Art. Nicht nur daß sie, ob als Spiel oder als Kunst, wie alle anderen ästhetischen Tätigkeiten den Spielern und Zuschauern (= wahrnehmende Spieler) jenes Moment menschlicher Produktivität erfahrbar macht, führt sie, anders als andere Spiele und Künste, die Tätigkeiten von Menschen selber vor. Im Theater ist menschliche Tätigkeit nicht nur Mittel, sondern auch Gegenstand und gleichzeitig Zeichenmaterial von Spiel und Kunst. Menschliche Produktivität ist dort nicht nur erfahrbar als Tätigkeit der darzustellenden, sondern auch der dargestellten Menschen: im Theater kann man sehen und spielen, daß mit jeder

menschlichen Tätigkeit nicht nur menschlicher Geist und menschliche Arbeit in Gegenstände hineinproduziert, entäußert werden, sondern die produzierenden Menschen sich durch diese Tätigkeit selbst und gegenseitig beeinflussen und formen (s. oben).

III. Pädagogische Fragestellung

Unter der pädagogischen Fragestellung ergeben sich damit *zwei Kernbereiche:*

- die Ebene der dargestellten Vorgänge (1)
- die Ebene des Darstellens der Vorgänge (2)

Ebene (1) macht zum pädagogischen Gegenstand die Gesamtheit der auf dem Theater darstellbaren Vorgänge in und zwischen Menschen, mithin das Gesamtfeld der sozialen, psychischen und psychosozialen Prozesse.
Ebene (2) macht zum pädagogischen Gegenstand die Gesamtheit der Darstellungsvorgänge auf dem Theater, mithin das Gesamtfeld der künstlerischen und spielerischen Prozesse beim Theater. Beide Ebenen können pädagogisch *zweifach* gewendet werden:

- eimal auf die (Amateur-)Theater Machenden (I)
- einmal auf die (Amateur-)Theater Sehenden (II)

BRECHT spricht hier von „charakterbildender Wirkung' des Amateurtheaters. Er begründet dies durch die „theatralische Art", mit der „die Erziehung des Menschen vor sich geht" (BRECHT, Bd. 4, 63).

„Das Kind erfährt (. . .) auf ganz theatralische Art, wie es sich zu verhalten hat. Wenn das und das geschieht, hört (oder sieht) es, muß man lachen. Es lacht mit, wenn gelacht wird, und weiß nicht warum (. . .). Es sind theatralische Vorgänge, die da die Charaktere bilden. Der Mensch kopiert Gesten, Mimik, Tonfälle. Und das Weinen entsteht durch Trauer, aber es entsteht auch Trauer durch das Weinen. Dem Erwachsenen geht es nicht anders" (BRECHT, Bd. 4, 63 f.).

Diese Art von ‚charakterbildender Wirkung' gilt um so mehr für die Medien, die heute viel stärker rezipiert werden als das beim Theater je der Fall war. Natürlich gilt dies auch immer noch für das Theater, auch für das Amateurtheater. Aber es kommt eben der Aspekt ins Spiel, an den BRECHT nur im Zusammenhang mit seiner Lehrstückkonzeption dachte: die ‚charakterbildende Wirkung' auf diejenigen, die Theater spielen. Selbst wenn die Wirkung auf die Zuschauer im Vergleich zu der der Massenmedien beim Amateurtheater nahezu vernachlässigt werden könnte, so ist die Wirkung des Theaterspielens auf die Spieler etwas, was mit nichts beim Konsum von Massenmedien vergleichbar ist. Hier zeigt sich eine erwachsenen- und jugendpädagogische Relevanz von Amateurtheater (und eine schul- und vorschulpädagogische Relvanz von Schulspiel — eine der Rekrutierungsinstitutionen für Amateurtheater) in einem neuen Licht.
Mit dem Hinweis auf Schulspiel als Rekrutierungsinstanz für Amateurtheater ist eine weitere Zweiheit pädagogisch relevanter Fragerichtungen an-

gesprochen, die wiederum auf die vier bisher skizzierten Fragerichtungen anzuwenden ist:

- einmal eine ‚Pädagogik durch Amateurtheater', die auf die pädagogischen Einflüsse des Amateurtheaters auf Spieler und Zuschauer sowohl auf der Ebene der dargestellten Vorgänge als auch auf der der spielerischen Darstellung reflektiert;
- zum anderen eine ‚Pädagogik für Amateurtheater', die darauf reflektiert, in welcher Weise Spieler und Zuschauer für Machen und Sehen von Amateurtheater, sowohl für die Ebene des Darstellens als auch für die Ebene des Dargestellten, ‚erzogen', d. h. vorbereitet (bzw. für die Spieler auch fortgebildet) werden können oder müssen.

Mit dieser Zweiergliederung möchte ich im folgenden die vier weiter oben skizzierten Ebenen nach möglichen und sinnvollen Lernbereichen durchmustern. Ein Problem dabei ist, daß es meines Wissens keine neueren empirischen Untersuchungen über das westdeutsche Amateurtheater gibt. Von daher ist es schwierig, Lernbereiche auf der Grundlage einer Beschreibung des Ist-Zustands so zu formulieren, daß Lernziele deutlich werden können. Es wäre lediglich möglich, relativ abstrakt, sozusagen systematisch, abzustecken, welche Lernfelder existieren. Empirischen Arbeiten muß es vorbehalten bleiben zu sagen, was augenblicklich gelernt wird und was gelernt werden sollte. Andererseits ist eine solche abstrakte Zusammenstellung relativ unbefriedigend. Ich möchte daher versuchen, an einigen Beispielen konkreter zu werden. Dabei nehme ich in Kauf, daß die angesprochenen Punkte keine empirische Signifikanz beanspruchen können, da sie sich aufgrund vereinzelter, notwendig subjektiver Erfahrungen ergeben.

1. Pädagogik durch Amateurtheater

a) Ebene des Spielens

Allgemein gesprochen, auf der Grundlage des weiter oben Gesagten, ist das sich hier ergebende Lernfeld das der ästhetischen Erziehung im engeren Sinne. Die Macher des Amateurtheaters lernen durch Theaterspielen das Theaterspielen. Die Zuschauer lernen durch Theatersehen das Theatersehen. Hierin ist impliziert, daß beide das natürlich nicht allgemein lernen, sondern jeweils eine bestimmte Art des Theatermachens und Theatersehens. Diese ist im wesentlichen bestimmt durch die Art, wie im professionellen Theater gespielt und zugeschaut wird.

Geht man davon aus, daß Berufsschauspieler über ganz spezifische, eben professionelle Darstellungsfähigkeiten verfügen — wie zum Beispiel gleichzeitig in ganz unterschiedlichen Regiekonzeptionen ganz unterschiedliche Figuren darstellen zu können oder nahezu beliebig oft nahezu gleichartig eine einmal erarbeitete Konzeption reproduzieren zu können —, dann ist deutlich, daß ein solches Amateurtheater nichts weiter sein kann als ein schlechteres Profitheater. Für die Spieler bedeutet dies, daß sie ihre Spielfähigkeit am Vorbild der Berufsschauspieler entwickeln, was nur in wenigen

Fällen zu einer objektiv, vielfach nur subjektiv befriedigenden Darstellungsfähigkeit führt. Das sich am Berufstheater orientierende Amateurtheater wird so nur selten zu einer vollen Entfaltung der darstellerischen Potentiale seiner Spieler kommen. Gleiches gilt für das Publikum. Seine ästhetische Wahrnehmungsfähigkeit bleibt ständig unterfordert. Es sieht Produktionen, deren Qualität es entweder ex negativo – als zwar am Berufstheater gemessen schlechtere, aber für die (ebenfalls am Berufstheater orientierten) Fähigkeiten der Amateurspieler ‚relativ' gute – goutieren kann; oder es lernt, in Unkenntnis von professioneller Theaterqualität, nur etwas kennen, was objektiv nicht einmal die ästhetische Wahrnehmungsfähigkeit des Berufstheaterpublikums voraussetzt bzw. herausbildet. Erschwerend kommt hinzu, daß häufig nicht einmal die führenden Berufstheater als Vorbild dienen, sondern lediglich die örtlichen Stadttheater.

Gegenbeispiel hierzu sind viele in den letzten zehn bis fünfzehn Jahren in der Bundesrepublik Deutschland entstandenen Freien Gruppen, zu deren Spielern ebenfalls oft Laien gehören und die eine ganz eigene ästhetische Qualität erreichen, ohne sich überwiegend an professionellen Theaterfähigkeiten zu orientieren.

Das Vergnügen der Zuschauer an Amateurtheateraufführungen, die Profimaßstäben nicht genügen, ist ein weiteres Argument gegen einen solchen Ansatz beim Amateurtheatermachen. Es resultiert zum Beispiel aus dem anregenden Widerspruch zwischen der bekannten Alltagsexistenz des Berufskollegen oder Nachbarn und seinem Auftreten auf der Bühne, in einer Verwandlung, die ihn gleichzeitig kenntlich und unkenntlich macht, in einer Situation, die überraschende Seiten an ihm offenbart oder bekannte Züge überdeutlich macht. Letztlich erwächst es aus der Erkenntnis, selber auch spielen zu können, wenn der andere, der Nachbar, der Nicht-Berufsschauspieler, doch spielen kann. Das Vergnügen, das die Darsteller haben, resultiert aus dem Ausleben von im Privatleben nicht oder nur teilweise zugelassenen Seiten, vom Darstellen fremder, in der Realität nicht zugänglicher Handlungsweisen, neben der – wie oben skizziert – Freude am Spielen als ästhetischer Tätigkeit überhaupt.

Bedenkt man weiterhin, daß Amateurtheater ihre Inszenierungen selten mehr als maximal drei- bis viermal spielen, so ist deutlich, daß zum Beispiel Reproduktionsfähigkeit kein wünschenswertes Lernziel für Amateurtheaterdarsteller ist. Das spezifische Vergnügen, das Berufsschauspieler an der Exaktheit und Zuverlässigkeit der Reproduktion von Konzeptionen haben können, setzt Fähigkeiten und Haltungen voraus, die dem Amateurspieler per definitionem nicht eigen sind. Gerade das Vergnügen am Spiel, auch bei den Zuschauern, und die Kreativität auch von Amateuren, wenn sie, in Aufführungen dem direkten Eingreifen des Spielleiters entzogen, ‚schwimmen' und zum Teil kollektiv zu improvisieren beginnen, ist ein Argument gegen die Berufstheaterorientierung. Was hier als Unvollkommenheit erscheinen muß, kann eine große Qualität sein. Sie setzt allerdings voraus, daß die Reproduktion minutiös einstudierter Regiekonzeptionen nicht mehr der alleinige Gütemaßstab ist.

Die Freude am Theaterspielen im eben skizzierten Sinne, wozu auch das Erlebnis gehört, kreativ und vital zu sein, selbst wenn diese Kreativität und Vitalität im sonstigen beruflichen und außerberuflichen Alltag nicht gefordert ist, und die dazu korrespondierende Freude am Zuschauen scheint es zu sein, die das wesentliche Moment auch der ästhetischen Erziehung durch Amateurtheater ausmacht.
Die Orientierung am Berufstheater steht dieser Möglichkeit, ästhetische Fähigkeiten beim Spielen und Zuschauen voll zu entwickeln, in mehr als einer Hinsicht entgegen. *Beispiele dafür sind unter anderem:*

- das Problem von Dialekt vs. Hochlautung,
- das Repertoire,
- die Imitation der Produktionsbedingungen des Profitheaters durch feste Premierentermine, feste Probenzeiten, Dominanz eines Regisseurs mit fester Konzeption u. a.

Generell gilt, daß die Orientierung des Amateurtheaters am Berufstheater insofern eine Barriere für die Entfaltung der ästhetischen Fähigkeiten des Amateurspielers darstellt, insofern sie ihn an den spezifischen technischen Fertigkeiten des Berufsschauspielers mißt. Hierzu gehört zum Beispiel die Beherrschung der Hochlautung bzw. Standardaussprache durch den Berufsschauspieler. Durch das Repertoire und die Meinung, daß auf der Bühne außer in Dialektstücken eben Hochdeutsch gesprochen werden müsse, wird dem Amateurspieler Standardaussprache abverlangt, obwohl er sie in den allermeisten Fällen eben einfach nicht beherrscht. Auf der Probe wird Lautung geübt, die Texte werden auf Lautung gesprochen, aber nicht mehr gespielt, obwohl das Erlernen einer neuen Lautungsstufe ein mühsamer Übungsprozeß ist, der erst nach längerer Zeit unter sachkundiger Anleitung zum spontanen Verwenden der neuen Lautung führen kann. Dies, unter anderem selbstverständlich, ist dafür verantwortlich, daß Amateuraufführungen häufig gekünstelt, gestelzt, unlebendig wirken. Dieselben Spieler zeigen in Dialektstücken häufig eine ungeahnte Präsenz, Spielfreude und -freiheit, Lebendigkeit und Darstellungskraft, die ihr Auftreten in ernsten Stücken nicht erwarten lassen würde. Wie soll sich Spiel und damit ästhetische Produktivität auch entfalten, wenn die gesamte Kraft des Spielers sich auf die Artikulation konzentriert? Wie soll der Zuschauer ästhetische Wahrnehmung entfalten, wenn er nur die Mühe wahrnimmt, mit der Dialektakzente dissimuliert werden? Wie soll der Spieler spielen lernen, wenn er beim Text-Aufsagen damit beschäftigt ist, Lautung zu lernen?
Diese Einsichten müßten Konsequenzen haben für das Repertoire und für den Umgang mit diesem Repertoire in Regiekonzeptionen: generell müßten Stücke bevorzugt werden, die keine Profianforderungen stellen bzw. müßten Regiekonzeptionen erarbeitet werden, die der Spielfreude und Spielfähigkeit die Möglichkeit geben, sich zu entfalten, statt sie zu hemmen. Zwar sollten in einer ‚Pädagogik für Amateurtheater' die Spieler sicher auch technische Fertigkeiten lernen, aber die Entfaltung ästhetischer Fähigkeiten lernen Spieler und Zuschauer sicher am ehesten, wenn die Fertigkeiten nicht vorausgesetzt werden.

Das Beispiel der Dialektlautung sollte als stellvertretend angesehen werden für viele Aspekte der Erarbeitung von Amateurtheaterproduktionen.

Abschließend möchte ich noch kurz eine weitere Analogie zum Berufstheater streifen: Meist haben Amateurtheatervereine fest installierte Spielleiter, die Stücke aussuchen, Besetzungen machen, eine Regiekonzeption erarbeiten und diese in den Proben mit Spielern inszenieren. Abgesehen davon, daß diese Arbeitsweise wiederum von den Spielern Profifertigkeiten verlangt (Umsetzen von Anweisungen, Nachmachen von Vorgespieltem, Reproduktionsfähigkeit etc.), kann sie auch zu ausgesprochen autoritären Kommunikationsstrukturen beim Probenprozeß führen. Nicht nur, daß die Spieler am Prozeß des Suchens und Findens nicht beteiligt werden, ist auch ihr Spiel nicht selbst-, sondern fremdbestimmt. Es kommt auch zu Typenfestlegungen bei der Besetzung, statt daß die Spieler ihre ästhetischen Fähigkeiten entfalten lernen, lernen sie nur, die Theaterphantasie eines anderen zu realisieren. Nicht sie spielen, sie werden gespielt. Nicht sie erfinden Figuren, Handlungen, Beziehungen, sondern sie setzen die Einfälle eines anderen um. Nur in begrenztem Maße können sie selber theatralische Phantasie entfalten, sich selbst im Spiel mit anderen erfahren. Diese, zugegeben überspitzte, Darstellung zeigt, in welchem Maße Fortbildung für Amateurtheater (als Teil einer ‚Pädagogik für Amateurtheater') gefordert ist, um Spielern und Zuschauern die Chance ästhetischen Lernens im Sinne einer Entfaltung ihrer Möglichkeiten zu geben.

b) Ebene der dargestellten Vorgänge

Auf diese Ebene beziehen sich die weiter oben angeführten Anmerkungen BRECHTs über die charakterbildende Wirkung des Theaters. Was auf der Ebene des Spielens die Lust am Ausleben von im Berufs- und Privatleben nicht oder nur wenig zutage tretenden Seiten der Persönlichkeit, am Erfinden, Nachvollziehen und Überprüfen von Handlungen und Sozialbeziehungen war, gleichzeitig die Chance, die ästhetische Erfindungsgabe, Spielfähigkeit und Kreativität dabei weiterzuentwickeln, ist auf dieser Ebene die Möglichkeit, die eigene Persönlichkeit und die Sozialbeziehungen über die ästhetische Tätigkeit beim Spielen und Zuschauen hinaus inhaltlich weiterzuentwickeln. Beide Ebenen greifen insofern ineinander, als man sagen kann, daß die ästhetische Entwicklung um so mehr Impulse bekommt, je gehaltvoller, interessanter und förderlicher die erspielten und gesehenen Inhalte sind. Umgekehrt dürfte gelten, daß Persönlichkeits- und Sozialentwicklung um so mehr Impulse bekommen, je interessanter und schöpferischer die ästhetische Tätigkeit ist, je mehr sie menschliche Produktivität in Spiel und Zuschauen aktiviert und freisetzt.

Die mögliche Selbstverwirklichung in anderen Figuren und die dabei mögliche Erweiterung sozialer Erfahrung, im Spiel für die Darsteller, im Zuschauen für das Publikum, ist gebunden an die Beziehung der dargestellten Vorgänge zu den Lebensformen der Spieler. Weder dürfen die dargestellten Vorgänge schlichte Reproduktionen der Alltagswelt von Spielern und

Publikum sein, doch dürfen die Darstellungen dieser Alltagswelt so fremd sein, daß überhaupt kein, nicht einmal ein widersprüchlicher Bezug sichtbar wird.
Das Amateurtheater hat gegenüber dem Profitheater den einzigartigen Vorteil, daß die Spieler eine berufliche Lebenswirklichkeit außerhalb des Theaters besitzen. Gerade das Einbringen und Verarbeiten, das Konterkarieren und Verfremden dieser Lebenswirklichkeit mit den dargestellten Vorgängen bzw. das Hinterfragen und Ausleuchten, das Verfremden und Konterkarieren der dargestellten Vorgänge durch die Lebenswirklichkeit der Spieler könnte eine ganz außerordentliche Qualität von Amateurtheater ausmachen, die vom Profitheater so nie zu erreichen ist. Diese Qualität ist gleichzeitig die Lernchance für Spieler und Publikum. Dies gilt insbesondere für jugendliche Spieler und jugendliches Publikum.
Hier ist nicht einmal so sehr zu kritisieren, daß Amateurtheater vielfach im Bereich ‚ernster Stücke' das Repertoire der Stadttheater kopieren, und zwar häufig unter Auslassung des zeitgenössischen Anteils des Repertoires. Vielmehr muß die Kritik ansetzen am ‚lustigen Teil' des Repertoires, der vielfach aus den plattesten Schwänken besteht. Der sogenannte Unterhaltungswert dieser Stücke ist zwar relativ hoch, aber es bleibt festzuhalten, daß solche Stücke, Schwänke à la OHNSORG und MILLOWITSCH, Boulevardkomödien à la Hansatheater Berlin, Ideologie im Sinne von falschem Bewußtsein in gröbster Weise transportieren. Hier besonders, aber auch für alle Stücke ist für eine mögliche ‚Pädagogik durch Amateurtheater' zu fragen, ob und in welcher Weise Stücke nicht-ideologische Möglichkeiten von Selbstverwirklichung und sozialer Erfahrung in Spielen und Zuschauen bieten, die insbesondere Jugendlichen kein verzerrtes Bild menschlicher Psyche und sozialer Beziehungen liefern. Ein weiterer Problempunkt, aus einer Vielzahl möglicher anderer, ist im Zusammenhang mit der Beziehung zwischen Lebenswirklichkeit und Repertoire die Darstellbarkeit der in Stücken enthaltenen Vorgänge für die Amateurtheaterspieler. Dies ist, wie auch oben schon, unter anderem auch ein Sprachproblem.
Auch auf dieser Ebene kann der Dialekt bzw. die Hochlautung zur Spiel- und damit zur Lernbarriere für Spieler und Zuschauer werden. Zwar bietet auf dieser Ebene das Theaterspielen dem Spieler die Chance, neue Kommunikationsformen, auch neue Wirklichkeiten sprachlicher Verständigung kennenzulernen, damit sich und seine Sozialfähigkeit zu entwickeln, aber es wäre doch zu armselig, wenn sich dies auf den Erwerb einer neuen Lautungsstufe beschränken würde. Vielmehr kann diese die Barriere sein, die den Spieler daran hindert, andere, ihm im Alltag nicht geläufige Gesprächsformen, Argumentationsweisen, sprachliche Formulierungsweisen kennenzulernen, auszuprobieren und daran zu lernen. Solche Lernchancen (die gerade genannten sind wenige Beispiele für eine mögliche Vielzahl) setzen Stücke bzw. einen konzeptionellen Umgang mit Stücken voraus, der solche dargestellten Vorgänge in den Vordergrund stellt, die für Spieler und Zuschauer zunächst einmal überhaupt lernbar, sodann auch relevant für ihre alltägliche Praxis sind.

2. Pädagogik für Amateurtheater

Die Aufgaben einer Pädagogik für Amateurtheater zeichnen sich durch das im vorigen Abschnitt Skizzierte schon ab. Für beide Ebenen sind hier Schule, außerschulische Jugendbildung und das Amateurtheater selbst angesprochen.

a) Schule

Durch Spielen und Zuschauen für die Persönlichkeits- und Sozialentwicklung profitieren zu können, setzt natürlich eine bestimmte Stufe dieser Entwicklung bereits voraus. Während das Spiel für kleinere Kinder *das* Medium der Persönlichkeits- und Sozialentwicklung ist, gilt dies für Jugendliche schon nicht mehr in demselben Ausmaß. Gerade durch Theaterspielen sich selbst und seine Sozialfähigkeit entfalten zu können, bedarf einer besonderen Anleitung. Dies wäre von vornherein die Aufgabe der Schule. Es liegt auf der Hand, daß die Schule dies nicht durch Wissensvermittlung im Unterricht, sondern ihrerseits wiederum nur durch pädagogisch angeleitetes Theaterspiel tun kann, nicht nur im konventionellen Schulspiel, sondern auch und vor allem durch Einbeziehung moderner spiel- und theaterpädagogischer Methoden in Theater-AGs und Unterrichts, am besten durch Einrichtung eines Schulfaches ‚Spiel und Theater'.
Die Entwicklung der Fähigkeit, durch Zuschauen etwas zu lernen, wäre gleichermaßen Aufgabe eines solchen Faches, könnte aber auch schon Gegenstand des Deutschunterrichts sein. Die Arbeit daran kann natürlich nur durch pädagogisch angeleitetes Sehen und Besprechen von Theateraufführungen im Profi-, Amateur- und Schultheater geleistet werden. Gleichzeitig gilt, daß Selberspielen und -darstellen auch die beste Voraussetzung ist für die Entwicklung der Fähigkeit, durch Zuschauen zu lernen.
Die Problembereiche dieser Vorbereitung auf Amateurtheater liegen ähnlich wie für die ‚Pädagogik durch Amateurtheater' skizziert wurde (Bezug zwischen Alltagsrealität und dargestellten Vorgängen, Ideologizität der Stoffe usw.). Natürlich kann die Schule nicht gezielt auf Amateurtheater vorbereiten. Sie tut dies aber immer schon dann, wenn sie überhaupt Theatersehen und -spielen in die Schule einbezieht, wenn sie nur ihr eigenes Schultheater für diese Ebene pädagogisch nutzt.
Was gerade für die Ebene der dargestellten Vorgänge gesagt wurde, gilt gleichermaßen für die Ebene des Spielens. Ästhetische Erziehung als Entwicklung der Spiel- und Wahrnehmungsfähigkeit ist ebensogut Aufgabe der Schule. Es ist eine sattsam bekannte Tatsache, daß die Spielfähigkeit kleinerer Kinder, besonders beim Darstellen, bis ins Jugendalter erheblich verkümmert ist. Spielen und Sehen als ästhetische Tätigkeiten müssen erst wieder gelernt werden. Gerade dadurch, daß Schule zum Teil selber zu dieser Verkümmerung beiträgt, legitimiert sich die Forderung, daß die Schule im Deutschunterricht, in Theater-AGs, in einem Schulfach ‚Spiel und Theater' dazu beiträgt, ästhetische Wahrnehmung und Spielfähigkeit zu erhalten, wieder zu erwecken, weiterzuentwickeln. Dadurch wird Schule zwar nicht zur ‚Ausbildungsstätte für Amateurtheater', würde aber dazu beitragen,

dem Amateurtheater in seine Spielern und und Zuschauern bessere Voraussetzungen zu geben, denn Spieler und Zuschauer von Amateurtheater sind in vielen Fällen Spieler und Zuschauer von Schultheater gewesen.

b) Amateurtheater als außerschulische Jugendarbeit

Zunächst einmal gilt es festzuhalten, daß Amateurtheater selber als eine Form außerschulischer Jugendarbeit begriffen werden kann. Zum zweiten wäre es überzogen, von außerschulischer Jugendarbeit anderer Sektoren spezielle Vorbereitung in Theater und Spiel zu verlangen, wenn auch dort zunehmend spiel- und theaterpädagogische Methoden eingesetzt werden dürften. Vielmehr ist zu fragen, in welcher Weise in Amateurtheatervereinen Aktivitäten entfaltet werden könnten, die Jugendliche an Spielen und Zuschauen heranführen und wie Mitglieder von Amateurtheatern in anderen Sektoren außerschulischer Jugendarbeit diese Vorbereitungsarbeit leisten könnten. Der zweite Punkt dürfte überwiegend organisatorischen Charakters sein und soll daher hier ausgeklammert werden. Die Aufgaben des Amateurtheaters in einer Pädagogik für sich selbst hängen zusammen mit seiner Rekrutierungs- und Fortbildungsproblematik.

Die Nachwuchsprobleme des Amateurtheaters lösen sich zur Zeit sozusagen naturwüchsig. Jugendliche, die in der Schule in Theater-AGs mitgearbeitet haben, und Jugendliche aus Familien, in denen die Mitgliedschaft in einem Amateurtheaterverein oft generationenlange Tradition ist, bilden die Hauptquelle des Nachwuchses für die Vereine. Vielfach reicht diese Rekrutierung aber nicht mehr aus. Hinzu kommt, daß oft die ‚besten' Spieler der Vereine zum Profitheater abwandern, indem sie auf eine Schauspielschule wechseln. Auch dies eine Begleiterscheinung der Orientierung des Amateurtheaters am Berufstheater. Die Vereine selber, d. h. Spielleiter und Spieler, sind oft nicht in der Lage, aktiv für Nachwuchs zu sorgen. Dazu würde schon gehören, die Jugendlichen, die von selbst zu den Vereinen stoßen, nicht lange mit Statistenaufgaben zu langweilen oder mit Darstellungsaufgaben zu überfordern, denen sie nicht gewachsen sind, sondern ihr Spielfähigkeit auf der ästhetischen und der Ebene der dargestellten Vorgänge gezielt zu entwickeln, also im Amateurtheater das nachzuholen, was die meisten Schulen noch systematisch versäumen. Eine solche Entwicklungsarbeit würde den Einsatz spiel- und theaterpädagogischer Methoden erfordern. Dies scheitert bzw. geschieht nicht wegen der das Profitheater imitierenden Produktionsbedingungen, zu denen Termindruck ebenso gehört wie die Übertragung konzeptioneller Aufgaben, das ist Dramaturgie und Regie, an einen Spielleiter, der zumeist mit den Spielern als Mittel Regiekonzepte inszeniert, wie ein Profiregisseur, aber nicht das Spiel anleitet. Die auch oben skizzierten Arbeitsweisen des Amateurtheaters sind nicht dazu angetan, interessierte Jugendliche zum Spielen hinzuführen, ihre Spielfähigkeit planvoll zu entwickeln. Sowohl von der künstlerischen Arbeitsweise als auch von der Kommunikationsstruktur der Vereine her wird keine noch so geringe ‚Pädagogik für das Amateurtheater' getrieben, sondern

es bleibt dem Zufall günstiger Konstellationen bzw. der Anpassungsfähigkeit der Interessierten überlassen, ob sie in einen Verein hineinwachsen oder nicht. Die Notwendigkeit einer solchen Nachwuchsarbeit würde von Spielleitern und Spielern eine systematische Fortbildung in modernen spiel- und theaterpädagogischen Methoden verlangen und außerdem auch Änderungen in den Produktionsbedingungen der Vereine voraussetzen. Entsprechende Angebote der Landesarbeitsgemeinschaften und des Bühnenvolksbundes des jeweiligen Bundeslandes liegen zwar zum Teil vor, über ihre bisherigen Auswirkungen kann ich jedoch nichts sagen. Andererseits spiegeln große Teile der Fortbildungsveranstaltungen, aber auch die Orientierung am Berufstheater wider. Dies gilt insbesondere für den Bereich ‚Sprecherziehung'. Hier werden zum Teil unreflektiert Uralt-Konzeptionen von Atem- und Stimmbildung und von Bühnenhochlautung vertreten, die nicht nur uneffektiv, sondern geradezu abschreckend sind.
Es ist deutlich, daß auch die Fortbildung von Spielleitern und Spielern, vor allem auf der Ebene des Spielens, Aufgabe einer ‚Pädagogik für Amateurtheater' ist, insbesondere weil in der Nachwuchsarbeit Spieler und Spielleiter Multiplikatoren sind.
Der wichtigste Teil einer ‚Pädagogik für Amateurtheater' sowohl für die Entwicklung von Zuschaufähigkeit beim Publikum als auch für die Rekrutierung von Spielern sind die Aufführungen des Amateurtheaters selbst. Sie können die ästhetische Wahrnehmungsfähigkeit des Publikums ausbilden und potentielle Mitspieler anziehen, je mehr sie in Spielweise und Repertoire die genuinen Möglichkeiten des Amateurtheaters bei Spielern und Publikum ausschöpfen.

3. Schlußbemerkung

Das bisher Entwickelte hat nur einige Aspekte gestreift, die am Amateurtheater relevant sind. Der folgende Katalog von Stichpunkten, die als mögliche Fragen einer schriftlichen Erhebung oder mündlicher Interviews im Rahmen einer empirischen Bestandsaufnahme dienen, zeigt all das, was hier nicht angesprochen wurde. Gleichzeitig sollte deutlich werden, daß alle oben gemachten Aussagen einer empirischen Prüfung bedürfen. Dies kann nur geschehen im Rahmen einer umfassenden empirischen Untersuchung des westdeutschen Amateurtheaters. Diese würde die Grundlage liefern für die Ausarbeitung der pädagogischen Aufgaben, die das Amateurtheater stellt (vgl. Übersicht).

Fragen für Untersuchungen, die sich aus der Übersicht ergeben
aus A:
- Wieviele Mitglieder hat der Verein?
- Wieviele spielen selbst?
- Wieviele sind aktiv in der Vereinsarbeit tätig?
- Wieviele passive Mitglieder gibt es?
- Wer kümmert sich um die Finanzen?
- Wie finanziert sich der Verein?
- Gibt es andere Geldquellen außer Mitgliedsbeiträgen?

Übersicht: Untersuchungs-Aspekte des Amateurtheaters

A. Organisation	B. Spieler / Vereinsmitglieder Sprachherkunft	C. Stück	D. Probenarbeit	E. Aufführungen / Publikum
außen:	Motivation:	Auswahl:	Besetzung:	Wunschpublikum
• kommunalpolitisches	• Schultheater	• nach Ensemble?	• individuell	reales Publikum
Umfeld	• Familie	• nach Literaturgattung?	• im Ensemble	Tourneen?
eigenständig?	• Vorbilder	• politisch?	• Typen-Festlegung	Aufführung wo?
unabhängig?	• Wie sonst?	• regionale Anlässe	Aufbau der Figur	Reaktionen des realen Publikums
Finanzierung?	• Warum *dieser* Verein?	• Dialektstücke?	theaterpäd. Methoden	Öffentlichkeitsarbeit
• andere Vereine,		• Verlagsangebote	• Vorbilder	Werbung, Programmhefte
Kooperation mit	Alter	• Sparten	• Sprechweise	Eintrittsgeld
anderen Vereinen	Herkunft		Probensprache	Absprachen mit anderen Vereinen
	Geschlecht	selbst schreiben	Dialekt?	wieviele Zuschauer sind Mitglieder
innen:	Beruf / Ausbildung	andere schreiben	Probenzeiten	(in diesem oder einem anderen
	sonstige Aktivitäten	(Aufträge v. Autoren)	Raum	Theaterverein)?
• Aufführungsrechte	Vorbildung für Theater	Aufführungsrechte	Arbeitsteilung	
(wer kümmert sich)	Fluktuation im Verein	wer wählt Stücke aus?	fest,	
• Hierarchie	Ensembleentwicklung	Stückauswahl nach	flexibel,	
• Mitbestimmung	Fortbildung	Publikum?	Gastregie an Publikum	
(jenseits der Satzung)	Abgänge zum Berufs-	Absprachen mit	orientiert	
• Fundus, Kasse	theater	anderen Vereinen		
• Arbeitsteilung	Mitarbeit am Profi-		• autoritäre Regie?	
• Neuaufnahmen	theater			
• Mitgliederzahl:	persönliche Entwicklung			
aktive				
passive Spieler				
• Vereinsentwicklung				

- Wer verwaltet den Fundus?
- Wer kümmert sich um Verlagsangelegenheiten wie Aufführungsrechte?
- Gibt es Zusammenarbeit mit anderen Vereinen?
- Wie sieht das Verhältnis von Einnahmen zu Ausgaben aus?
- Wie hat sich der Verein von der Gründung bis heute entwickelt?
- Wie wird über Neuaufnahmen entschieden?
- Wer hat den meisten Einfluß im Verein?

Fragen für Untersuchungen, die sich aus der Übersicht ergeben aus B:
- Wie lange ist ein Spieler im Durchschnitt aktiv?
- Haben Sie Abgänge zur Schauspielschule oder zum Profitheater?
- Spielt jemand am Profitheater?
- Personalien: Alter, Name, Geschlecht, Ausbildung, Beruf
- Wie wirkt das Theaterspielen auf Ihre persönliche Entwicklung ein?
- Haben Sie vorher Schultheater gespielt?
- Welcher Theater- / Filmschauspieler gefällt Ihnen besonders gut?
- Waren Ihre Eltern schon im Theaterverein?
- Haben Sie oder Ihre Familie früher oft das Theater besucht?
- Warum machen Sie Amateurtheater?
- Warum spielen Sie in diesem Verein?
- Stammen Sie hier aus der Umgebung?
- Wie lange spielen Sie schon?
- Haben Sie noch andere Hobbys?
- In welchem Beruf arbeiten Sie?
- Welche Schulausbildung haben Sie?
- Machen Sie Fortbildung? Welche?
- Wie sieht die Ensembleentwicklung aus?

Fragen für Untersuchungen, die sich aus der Übersicht ergeben aus C:
- Was für Stücke spielen Sie?
- ältere oder moderne Stücke / Autoren?
- ernste – heitere?
- Lieblingsautoren?
- Spielen Sie Dialektstücke? Wieviele?
- Haben Sie schon Singspiele oder Muscials aufgeführt?
- Machen Sie Tanztheater?
- Führen Sie Pantomimen auf?
- Richtet sich die Auswahl nach Verlagsangeboten?
- Haben Aufführungstantiemen Einfluß auf die Stückauswahl?
- Bieten Ihnen Autoren (welche?) Stücke an?
- Gibt es in Ihrem Verein Verfasser von Theaterstücken?
- Geben Sie Stücke in Auftrag?
- Gibt es Absprachen mit anderen Theatervereinen bei der Auswahl von Stücken?
- Wer wählt die Stücke aus?
- Übersetzen Sie Stücke in Ihren Dialekt?
- Bearbeiten Sie Prosaliteratur oder Theaterstücke?
- Entwickeln Sie selbst Stücke?
- Schreiben Sie auch Stücke für sich selbst?
- Werden die Stücke im Hinblick auf das Ensemble ausgesucht?
- Wählen Sie sie im Hinblick auf das Publikum aus?
- Erfolgt die Auswahl nach politischen Gesichtspunkten?
- Wird die Auswahl durch besondere Anlässe bestimmt?
- Gibt es andere Auswahlgesichtspunkte?

Fragen für Untersuchungen, die sich aus der Übersicht ergeben
aus D:
- Suchen Sie sich selbst Ihre Rolle aus?
- Bestimmt das Ensemble, welche Rolle Sie bekommen?
- Entscheidet der / die Regisseur/in über die Rollenbesetzung?
- Sprechen Sie während der Proben Hochdeutsch oder Dialekt miteinander?
- Haben Sie: Regisseur/in (fest); Maskenbildner/in (fest); Beleuchter/in (fest); eine Werkstatt?
- Haben Sie eine(n) Dramaturgen/in? (fest); wenn nicht, macht jemand Dramaturgie?
- Haben Sie manchmal Gastregisseure? Wenn ja, sind es Amateure oder Profis?
- Haben Sie einen eigenen Probenraum?
- Proben Sie regelmäßig zur selben Zeit?
- Was halten Sie für das Charakteristische Ihrer Sprechweise?
- Setzen Sie das beim Spielen der Rolle ein oder verändern Sie das?
- Welche Mittel setzen Sie dazu ein?
- Wie arbeiten Sie an Ihrer Rolle?
- Wird bei Ihrer Arbeit improvisiert?
- Gehen Sie vom Text aus?
- Gehen Sie von den Bewegungen aus?
- Gehen Sie von den Situationen aus?
- Machen Sie zuerst Stellproben?
- Nehmen Sie beim Proben Rücksicht auf das zukünftige Publikum?
- Gibt es in Ihrer Gruppe Leute, die immer die gleichen Aufgaben übernehmen? Wenn ja, um welche Aufgaben handelt es sich?
- Suchen Sie für Ihre Rolle nach Vorbildern?
- Haben Sie den Eindruck, daß die Proben straff durchgeführt werden?
- Wer sorgt für die Einhaltung des Probenplans?
- Planen Sie den Ablauf der Proben gemeinsam? Wenn nicht, wer hat diese Aufgabe?
- Gibt es Spieler, die immer die gleichen / ähnlichen Rollen übernehmen?
- Wie werden die Rollen verteilt?

Fragen für Untersuchungen, die sich aus der Übersicht ergeben
aus E:
- Wer besucht Ihre Vorstellungen?
- Wie kommen Ihre Vorführungen bei diesen Zuschauern an?
- Wie sähe Ihr Wunschpublikum aus?
- Machen Sie Werbung für Ihre Aufführungen? Wenn ja, wie?
- Machen Sie Programmhefte? Was steht drin?
- In welchen Räumen spielen Sie? (Turnhalle, Gemeindesaal, Aula, Pfarrheim ...)
- Spielen Sie auch in anderen Gemeinden oder machen Sie sogar Tourneen?
- Erheben Sie Eintritt? Wenn ja, wieviel?
- Sprechen Sie die Aufführungstermine mit anderen Vereinen ab?

Literatur

Ahrens, E.: Die pädagogische Problematik des jugendlichen Theaterspiels, (Phil. Diss.) Göttingen 1955
Amtmann, P. / Kaiser, H. (Hrsg.): Darstellendes Spiel, Kassel / Basel 1966
Beitl, R. (Hrsg.): Laienspieler, Berlin 1928
Benjamin, W.: Kinder, Jugend und Erziehung, Frankfurt/M. 1969
Brandes, E. / Nickel, H. W. (Hrsg.): Beiträge zu einer Interaktions- und Theaterpädagogik. Bd. I, Berlin, Pädagogisches Zentrum 1971; Bd. III: Zu Fragen des Interaktionstrainings, Berlin, Pädagogisches Zentrum 1973
Brecht, B.: Schriften zum Theater, 7 Bde., Frankfurt/M. 1963

Brix, G.: Wesen, Gestaltung und Wert der jugendlichen Laienspielbewegung in den Jahren der Wirrnis von 1918 — 1933, (Dissertation) Rostock 1937
Bücheler, W.: Beobachtungen zur Sprecherziehung in der Referendarausbildung und in der Laienspielarbeit, in: Die Pädagogische Provinz, Frankfurt/M. 1958
Dinges, O. / Kaiser, H.: Spielgestaltung und Menschenbildung, Recklinghausen 1975
Dorpus, K.: Regie im Schul- und Jugendtheater. Ein Studien- und Werkbuch zur Theatererziehung, Weinheim 1970, 2. Aufl. 1972
Drenkow, R. / Hörnig, H. K. (Hrsg.): Handbuch für Laientheater, Berlin (Ost) 1968
Elkonin, D.: Psychologie des Spiels, Köln 1980
Finke, K.: Wir machen eine Theater-AG. Ein Arbeitsbuch für die Schulpraxis, Weinheim 1982
Galperin, P. I.: Zu Grundfragen der Psychologie, Köln 1980
Geißner, H. (u. a.): Grundlagen der Schauspielkunst, Velber 1965
Gentges, I.: Das Wort im Laienspiel in Sprechkunde und Sprecherziehung, Emsdetten 1951
Giffei, H.: Martin Luserke und das Theater, Recklinghausen 1979
Haven, H.: Darstellendes Spiel in Unterricht und Erziehung, Düsseldorf 1970
Höffe, W. L. (Hrsg.): Gesprochene Dichtung — heute? Zur Theorie und Praxis ästhetischer Kommunikation, Kastellaun 1979 (darin: Gutenberg, N.: Theater und Rhetorik)
Kamender, F.: Spiel im Dorf, Frankfurt/M. 1953
Klewitz, M. / Nickel, H.-W. (Hrsg.): Kindertheater und Interaktionspädagogik, Stuttgart 1972
Kluge, N. (Hrsg.): Vom Geist musischer Erziehung, Darmstadt 1973
Krantz, M.: Wir spielen Geschichten. Wie Kinder beim „Theater"-Spielen sich und die Welt erleben, Köln 1972
Krause, S.: Zur Praxis des Rollenspiels in der Schule. Mit einem Beitrag über Mitspieltheater für Kinder, Stuttgart 1975
Kube, K.: Spieldidaktik, Düsseldorf 1977
Leonhardt, P.: Handbuch des Darstellenden Spiels. Mit besonderer Berücksichtigung des Kinder- und Jugendspiels, Weinheim 1972
Leonhardt, P. / Helbig, K.: Das Spielhandwerk, Weinheim o. J.
Leont'ev, A. N.: Probleme der Entwicklung des Psychischen, Kronberg 1979
Literaturliste Spiel und Theater. Zwei Teile. Hrsg. Landesarbeitsgemeinschaft Spiel und Theater NW e. V. 1979 und 1980, Dortmund
Lotzmann, G. (Hrsg.): Mündliche Kommunikation in Studium und Ausbildung, Königstein/Ts. 1982 (darin: einige Aufsätze über Amateurtheater)
Meissner, K.: Das Laienspiel und seine Bedeutung für die Erziehung, Kiel 1950
Meyer, W. / Seidel, G.: Spielen und Darstellen I: Spielmacher. II: Szene. Begleitband für den Spielleiter, Hamburg 1976, 1978
Müller, R. (Hrsg.): Spiel und Theater als kreativer Prozeß. (Handbuch der Kunst- und Werkerziehung Bd. II/2), Berlin 1972
Nickel, H.-W.: Rollenspielbuch. Theorie und Praxis des Rollenspiels. Landesarbeitsgemeinschaft Spiel und Amateurtheater in NRW (Hilfen für den Spielleiter) 1973
Phillipp, H. W.: Grammatik der Schauspielkunst, Bd. 1 und 2, Wiesbaden 1951
Projektbuch, Das. Modellversuch „Künstler und Schüler", Berlin 1980
Prozeß und Produkt. Materialien und Überlegungen zum 3. internationalen Kongreß ‚Spielpädagogik', Hamburg 1979
Rubinstein, S. L.: Grundlagen der allgemeinen Psychologie, 1971
Ritter, H. M.: Modellstück und Modellspiel. Versuche mit Masken. Studienprojekt Schulspiel im Berliner Modellversuch „Künstler und Schüler". Studienmaterialien Spiel- und Theaterpädagogik, Berlin 1980
— Das Studienprojekt im Berliner Modellversuch „Künstler und Schüler" 1977 bis 1979, Berlin 1979
Seidel, G. / Meyer, W.: Spielmacher. Spielen und Darstellen I, Hamburg 1978

Sonderinformation Spielen mit Gruppen. Gruppendynamische Spiele, Spiele in der Schule, Rollenspiele, Spielesammlungen, Spiele für Sonderschulen, Spielkarteien, Kinder- und Jugendtheater, PÄKI Fachbuchhandlung, Hamburg
Stankewitz, W.: Szenisches Spiel als Lernsituation, München 1977
Schneider, R. / Schorno, P. (Hrsg.): Theaterwerkstatt für Kinder, Bd. 2: Weiterspielen, Basel 1979
Schorno, P. / Wassermann, P. (Hrsg.): Theaterwerkstatt für Kinder. Bd.1: Spielen, spielen, spielen, Basel 1978
Schriegel, S. / Tamoschus, A.: Jugendtheater als Medium politisch-pädagogischer Praxis, Frankfurt / M. 1978
Schwenke, O. (Hrsg.): Ästhetische Erziehung und Kommunikation, Frankfurt / M. 1972
Theaterpädagogik. Beiträge zur Theorie und Praxis der Theaterausbildung. Hochschule der Künste Berlin (Hrsg.), bis jetzt vier Hefte
Valentin, M.: Vom Stegreif zum Stück, Berlin 1943
Waiser, C. / Waiser, Th.: Mit Gefühl spielen. Übungen für Partner, Berlin / Freiburg 1975
Wekwerth, M.: Theater und Wissenschaft, Berlin 1972
Wigotsksy, L. S.: Denken und Sprechen, Frankfurt / M. 1977
Wille und Werk. Ein Handbuch des Bühnenvolksbundes, Berlin 1928
Wolf, F.: Hörspiele und Laienspiele, Berlin 1955

10. Das Lehrstück
Hans Martin Ritter

I. Historischer Zusammenhang

1. Vom epischen Theater Bertolt BRECHTs zum Lehrstück

Der Begriff des Lehrstücks und die ihm zugehörigen szenischen Arbeitsformen sind wesentlich mit dem Namen Bertolt BRECHTs verbunden. Die Entwicklung dieses Theatertypus' ist bei ihm im Zusammenhang einer Theaterarbeit zu sehen, die sich dem Problem des Lernens durch Theater durchgängig stellt. Die Frage des Lernens ist dabei für BRECHT immer zugleich eine politische Frage, nämlich die Frage, in wessen Interesse, für welche Praxis, von welchem Standort, welchen Erfahrungen und Quellen ausgehend, mit welchen Methoden und mit welchem Ziel gelernt wird. Der Bereich der Lehrstücke, in dem es am unmittelbarsten um die Fragen des Lernens geht, ist dementsprechend nicht zufällig der politischste Bereich innerhalb der Theaterarbeit BRECHTs und der Bereich, in dem sich das Theater als isolierte Kunstwelt am deutlichsten in Frage stellt.

BRECHTs Auseinandersetzung mit dem Theater, wie er es vorfand, und seine neuen Konzeptionen – allgemein für ein nichtaristotelisches, ‚episches' Theater und speziell für das Lehrstück – sind eng verknüpft mit der politischen und kulturellen Situation der zwanziger Jahre, mit seiner eigenen politischen Entwicklung und angeregt durch die Zusammenarbeit mit PISCATOR, einer Reihe von schauspielerischen und dramaturgischen Mitarbeitern und Musikern.

In dieser Vorstellung von Theater erscheinen als negativ bzw. überholt:

- die Verschmelzung von Schauspieler und Rolle (Figur), Identifikation, Einfühlung; die Begründung von Verhalten auf ausschließlich psychologischer Ebene, die Entgesellschaftung von Emotionen und Verhalten; das Verwischen des Theaters als ‚Theater', die Illusion von ‚Leben'.

Stichworte, unter denen die neue ‚nichtaristotelische' Theaterkonzeption zu beschreiben ist, wären:

- Distanz zwischen Schauspieler und Rolle (Figur), Unterstreichen und Sichtbarmachen der zweifachen Existenz des Schauspielers (als Spieler und Figur); Erzählen der Handlung (Episieren), Demonstrieren von Verhalten und von Beziehungen zwischen Personen von einem gesellschaftskritischen Standpunkt aus, Kommentieren und Beurteilen von Handlungen und Handlungsweisen; deutliche Trennung der ästhetischen Elemente (Darstellung, Text, Musik, Bild usw.).

Diese beiden Erscheinungsformen von Theater stellt BRECHT als Karussell- und Planetarium-Typus einander gegenüber (GW 16, 540 ff.). Das ‚alte Theater' entspricht dem Karussell, das „uns auf hölzernen Rossen oder Autos oder Flugzeugen an allerhand auf die Wände gemalten Darstellungen von Gebirgslandschaften" (GW 16, 541) vorüberträgt. Diesem *K-Typus* mit seinen wesentlichen Momenten der Einfühlung und Fiktion gegenüber steht der *P-Typus*, der, dem Planetarium entsprechend, ein Untersuchungsmodell zur Verfügung stellt, ein Modell in diesem Fall menschlicher Beziehungen, Verhaltensweisen und Bedingungsstrukturen.

Der Schritt von den frühen epischen Stücken BRECHTs zu den Lehrstücken wird auf zweifache Weise getan: einmal geht es um eine stärkere Akzentuierung des pädagogischen Moments, um den „Funktionswechsel des Theaters als gesellschaftliche Einrichtung" (GW 15, 222), zum anderen um die Überwindung der Funktionstrennung von Spieler und Zuschauer.

„Die Gesamtheit des Theaters muß umgestaltet werden, nicht nur der Text oder der Schauspieler oder selbst die ganze Bühnenaufführung – auch der Zuschauer wird einbezogen, seine Haltung muß geändert werden" (GW 15, 222).

Bezeichnenderweise geht BRECHT – zumindest theoretisch – dazu aus der Institution Theater heraus und konzipiert das *Pädagogium*, eine Art Institut zur praktischen Untersuchung gesellschaftlichen Verhaltens,

wo „die jungen Leute durch Theaterspielen" erzogen werden können, indem sie „zugleich zu Tätigen und Betrachtenden" (GW 17, 1023) werden.

BRECHTs Beschäftigung mit dem Lehrstück setzt etwa um 1928 ein und schlägt sich nieder in einer Reihe von kurzen Stücken, die sich in der Dramaturgie, der Personenzeichnung, der Sprachbehandlung deutlich abheben von den übrigen Stücken: *Flug der LINDBERGHs* (1929, seit 1949 Der *Ozeanflug*), *Das Badener Lehrstück vom Einverständnis* (1929), *Der Jasager* (1930) bzw. *Der Jasager und Der Neinsager* (1931), *Die Maßnahme* (1930), *Die Ausnahme und die Regel* (1930/31 bzw. 1937), *Die Horatier und die Kuriatier* (1934). Sie schlägt sich weiter nieder in einer Reihe von Lehrstück-Veranstaltungen in Zusammenarbeit mit Schülern, Lehrern, pädagogischen Institutionen, Arbeiterchören, Schauspielern und Musikern und schließlich in einer Reihe von Stückfragmenten (zum Beispiel dem Fatzer-Fragment und den Entwürfen zu *Der böse Baal, der Asoziale*) und in einem Komplex theoretischer, zum großen Teil fragmentarischer Texte zur Theorie des Lehrstücks (nahezu vollständig in: STEINWEG 1976).

Die Flucht BRECHTs aus Deutschland (1933) beendet die praktische Beschäftigung mit dem Lehrstück, während die theoretische weiterläuft – der wichtigste zusammenhängende Beitrag stammt aus dem Jahr 1937 – und in den letzten Jahren BRECHTs immer noch eine Rolle spielt, wenn es auch zu einer wirklichen Weiterentwicklung nicht kommt.

2. Ansätze zur Lehrstückpraxis in der Weimarer Zeit

Die von BRECHT selbst durchgeführten oder angeregten Praxisversuche haben den Charakter von Vorversuchen, Demonstrationen und zwischenzeitlichen Überprüfungen. Sie fanden jeweils unter sehr verschiedenen Bedingungen statt. Der *Flug der LINDBERGHs* und das *Badener Lehrstück vom Einverständnis* etwa wurden im Rahmen der Baden-Badener Kammermusik (1929) aufgeführt. Diese Musiktage fanden unter der starken Beteiligung einer ganzen Komponistengeneration, darunter auch WEILL und EISLER, statt. Die Aufführungen der BRECHTschen Stücke hatten hier den Charakter einer einmaligen Demonstration und wurden natürlich mitgeprägt durch den besonderen Charakter dieses Musik-Festivals.

In bezug auf die Schule war die praktische Erprobung des *Jasagers* BRECHTs gewichtigster Lehrstückversuch. Von einer Aufführung in der Neuköllner Karl-MARX-Schule liegen Protokolle über Diskussion aus acht Klassen vor, die im Anschluß an die Vorführung abgelaufen sein müssen (SZONDI, 59 ff.). Diese Protokolle enthalten neben wechselseitigen Fragen und Deutungen zum Vorgang, neben Stellungnahmen zu ästhetischen Fragen (Text und Musik) eine vielfältige differenzierte Kritik des vorgegebenen Handlungsmusters, verbunden mit einer Reihe von Änderungsvorschlägen (vgl. RITTER 1978). BRECHT hat aufgrund dieser Protokolle und der darin geäußerten Kritik und mit zum Teil wörtlicher Übernahme von Änderungsvorschlägen zwei neue Versionen des Stückes geschrieben, einen neuen *Jasager* und den *Neinsager*.

Die Aufführung der *Maßnahme*, in der Berliner Philharmonie (1930), machte in der proletarischen Öffentlichkeit einen ungeheuren Eindruck, vor allem als Beispiel einer neuen Arbeitermusik-Kultur, und führte zu heftigen Auseinandersetzungen, u. a. im Anschluß an eine Fragebogenaktion zum Lehrwert, den Lehrtendenzen und zur Veranstaltungsform der *Maßnahme* (vgl. STEINWEG 1972, 323 ff.). Auch dieser im Prinzip ähnliche, wenn auch politisch weitreichendere Vorgang von Diskussion und Kritik des Lehrstück-Musters führte zu erheblichen Veränderungen im Text der *Maßnahme*.

Im ganzen ist festzustellen, daß die praktischen Versuche BRECHTs jeweils nur Elemente des Lehrstücks und seiner spezifischen Verfahren demonstrierten, so wie sie sich aus den Fragmenten zur Lehrstücktheorie herauslesen lassen. Demonstriert wurde durch diese Versuche etwa,

- wie ein Publikum aktiv eingeschaltet werden kann in (zum Beispiel musikalische) Handlungsprozesse,
- wie Szenen unterbrochen, Teile wiederholt, präzisiert, variiert werden können,
- wie Theaterabläufe in Auseinandersetzung und durch Zusammenfügung von technisch fixierten und vorproduzierten Elementen mit direkt (live) durchgeführten Aktionen aussehen können,
- in welcher Weise Textvorlagen kritisiert werden können und Textmuster verändert bzw. nach bestimmten dialektischen Prinzipien variiert werden können,
- auf welche Weise ästhetische Ebenen gegeneinander gesetzt und zugleich miteinander verknüpft werden können,
- wie ein auf der konkreten Ebene in direktem Kontakt mit einem Publikum stehende Arrangeur in den Prozeß eingreifen und ihn steuern kann usw.

Die Arbeit BRECHTs an den Lehrstücken und die Reflexion ihres Wirkungszusammenhanges sind stark mitbestimmt durch die Zusammenarbeit mit Musikern (WEILL, HINDEMITH, EISLER). Diese Zusammenarbeit und die spezifischen Funktionen, die der Musik im Lernzusammenhang des Lehrstücks jeweils zugewiesen werden, relativieren gewissermaßen schon von vornherein die Vorstellung einer rationalistischen Lernform bzw. eines abstrakten, zum trockenen Lernstoff degenerierten Theaters (und damit ein verbreitetes Mißverständnis). Dabei bezieht sich das musikalische Element durchaus nicht ausschließlich auf die vokale oder instrumentale Produktion von Klängen, sondern schlägt sich beispielsweise unmittelbar nieder in dem sprachlichen Gestus der Lehrstücktexte.

Allgemein wichtig ist, daß die Musik eigene gestische Qualität bekommt, d. h. daß durch sie gesellschaftliche Haltungen vermittelt werden. Die Musik beteiligt sich damit an der Analyse und Ausstellung gesellschaftlicher Momente von Vorgängen zwischen Menschen, nimmt Stellung, gibt das Verhalten (vgl. GW 17, 1011), sie wird „selbständiges Element als musikalischer Kommentar" (EISLER, nach: STEINWEG 1976, 154).

Der Gedanke, daß Musik auf diese Weise zu einer Verstärkung von Haltungen beitragen kann, die von vielen eingenommen werden können, findet sich bei BRECHT von Anfang an. Allerdings finden sich in der frühen Zeit der Zusammenarbeit mit WEILL und HINDEMITH durchaus Textpassagen, die als Plädoyer für eine ausschließliche Musizierpraxis mißverstanden werden konnten. EISLER schließlich hebt diese gesellschaftlich relativ neutrale Funktionsbestimmung in einer politischen und damit lehrstückadäquaten Weise auf:

Die Musik benützt ihre Schönheit nicht mehr als Selbstzweck, sondern bringt in die verwirrten Gefühle der einzelnen Ordnung und Disziplin" (EISLER, nach STEINWEG, 119).

Das Lehrstück BRECHTs steht so in direktem Zusammenhang mit vielfältigen kulturellen Erscheinungen, zunächst innerhalb von BRECHTs Theaterarbeit selbst, andere Beziehungen wären etwa mit der „Neuentwicklung von Opernformen' (WEILL), Entwicklung einer Arbeitermusik- und Agitprop-Kultur (EISLER) zu kennzeichnen oder mit einer neuen ‚Schulmusik', die sich im Zwischenfeld der Neuen Musik (Paul HINDEMITHs u. a.) und der an der Jugendbewegung orientierten Jugendmusik (Fritz JÖDE) allmählich entwickelt. In der Nachfolge HINDEMITHs zum Beispiel beteiligten sich eine ganze Reihe von Komponisten an der Produktion von ‚Lehrstücken' und Schulopern. Diese ‚Lehrstücke' verfehlten zumeist jedoch sowohl die politischen Intentionen BRECHTs (Einsicht in gesellschaftliche Widersprüche, praktische Kenntnis dessen, was Dialektik ist, Parteinahme, ‚eingreifendes Denken und Handeln') als auch die pädagogischen Intentionen der Lernform *Lehrstück* (kritische Selbstbelehrung und Untersuchung eines Handlungszusammenhangs anhand einer Vorgabe.)

3. Das Lehrstück als Lernzusammenhang

Das Lehrstück wurde durch die Veröffentlichungen Reiner STEINWEGs seit etwa 1971 zum Gegenstand einer intensiven Debatte. Durch die Rekonstruktion der *Lehrstücktheorie* hat STEINWEG (1971, 1972) die Besonderheit und den Modellcharakter des Lehrstück-Typus gegenüber den epischen *Schaustücken* BRECHTs herausgearbeitet. Das entscheidende Moment ist der Untersuchungscharakter des Lehrstücks: „Lehrstücke sind nicht lediglich Parabeln, die eine aphoristische Moral mit Zeigbildern ausstatten, sie untersuchen auch" (nach STEINWEG 1976, 53).
Es sind verschiedene Faktoren, die das Lehrstück zu einem Instrument der Untersuchung gesellschaftlicher Vorgänge und Zustände im konsequenten Sinne des *Planetarium-Typus* machen:

- Die Aufhebung des Systems Spieler und Zuschauer

   „Das Lehrstück lehrt dadurch, daß es gespielt wird, nicht dadurch, daß es gesehen wird, prinzipiell ist für das Lehrstück kein Zuschauer nötig, jedoch kann er natürlich verwertet werden" (GW 17, 1024).
   Diese „Basisregel" bedeutet, daß das Lehrstück Formen entwickeln muß, die die bisherigen Zuschauer an Handungsformen beteiligen. Sie bedeutet darüber hinaus, daß die Funktionen *Handeln* und *Betrachten*, von den betreffenden Gruppen abgelöst, zu wechselseitig aufeinander bezogenen Funktionen aller Beteiligten werden (vgl. RITTER 1975).

- Nachahmung und Kritik vorgegebener *Muster*

   Der Text des Lehrstücks stellt das Modell her, das zum Gegenstand und zugleich Mittel der Untersuchung gesellschaftlicher Zusammenhänge wird. Die Textvorgabe bietet *Muster von Handlungen und Reden*, die den am Versuch Beteiligten zur Nachahmung und Kritik und zur kontrollierten Variation freigegeben sind und sie auffordern zu theatralischen und kommentierenden Einschüben eigener Erfahrung und Erfindung. Die Textstücke stellen also Ausgangsmaterialien dar, sie sollen nicht inszeniert werden (GW 17, 1024).
   Dem Konzept, den theatralischen Lernprozeß bei Nachahmungen (*Kopien*) vorgegebener Muster ansetzen zu lassen, liegt die lerntheoretische Annahme zugrunde, daß die Einnahme und Übernahme von Haltungen gesellschaftliche Erfahrungen vermitteln. Die Kritik und experimentelle Veränderung der Haltungen kann — so die These — die übernommene und die eigene Haltung bewußt und gesellschaftlich einschätzbar machen und die unbewußte Übernahme von Haltungen verhindern.

- Die epische Spielweise

   Die Spielweise, die die Theaterarbeit bestimmt, ist die epische Spielweise: „Das Studium des V-Effektes ist unerläßlich" (GW 17, 1024). Also etwa die Unterbrechung des ‚natürlichen Flusses der Ereignisse', das Durchsetzen des Handlungsvorganges mit Stellungnahmen, Kommentaren, Beschreibungen, die Kontrastierung und selbständige Verwendung der ästhetischen Ebenen. Wichtig für das Lehrstück wird zudem phasenweise die (unterbrochene) Einfühlung in Menschen, Handlungsweisen, Haltungen und Situationen.
   „Ästhetische Maßstäbe" des Vorführtheaters gelten dabei weder für die eigentliche Theaterarbeit, die „Gestaltung von Personen", noch gelten sie für die Vermittlung an ein Publikum, im Gegenteil ist auch hier eine „ungeheure Mannigfaltigkeit möglich": Wiederholungen, Variation von Abläufen usw. (GW 17, 1024)

- Kommentare

    In seiner spezifischen Bedeutung innerhalb der Lehrstücktheorie und Lehrstückpraxis bezeichnet der *Kommentar* eher theoretische Texte (Lesekommentare), Lehrtexte, die den Lehrstücken beigegeben sind. Unter *Kommentar* kann weiter verstanden werden „die Gesamtheit aller theatralischen Mittel mit kommentierender bzw. die Handlung unterbrechender Funktion (wie zum Beispiel Film), die bereits PISCATOR als ‚Kommentar' bezeichnet hat" (STEINWEG 1972, 105). Als derartiger ‚Kommentar' fungieren bei BRECHT etwa Tafeln und Projektionen, Filme, Bildeinblendungen, Lieder (Songs) und Chöre, schließlich auch das Sprechen von Regieanweisungen und Stellungnahmen zu den Dialogtexten.

- Die Kontrolle der Apparate

    Unter den Begriff *Apparat* fallen bei BRECHT sowohl technische Apparate wie Filmgeräte, Projektionsapparate, mechanische Musik, als auch gesellschaftliche Institutionen, zum Beispiel der Rundfunk (als Gerät wie als Institution), schließlich auch der „kollektive Apparat", der durch das Lehrstück „organisiert" wird (GW 3, 3*). Aus dieser ‚Ambivalenz' leitet sich der Stellenwert des *Apparates* im Lehrstückprozeß ab. Der *LINDBERGHflug* bzw. *Ozeanflug* war bespielsweise u. a. ein Experiment in Richtung auf eine Demokratisierung der technischen Massenmedien: „Der Rundfunk ist aus einem Distributionsapparat in einen Kommunikationsapparat zu verwandeln" (GW 18, 127).
    Neben der Kontrolle *über* die (technischen) Apparate spielt im Lehrstück die Kontrolle *durch* die Apparate eine Rolle. Von der Auseinandersetzung des Subjekts oder der lernenden Gruppe mit einem objektivierten Vorgang (Film, Foto, mechanische Musik, heute auch: Tonband, Video etc.), verspricht sich BRECHT ‚erzieherische Wirkung' (vgl. GW 18, 127). Von hier aus entwickelt STEINWEG im Anschluß an BENJAMIN die Vorstellung vom Lehrstückexperiment als wissenschaftlicher Versuchsanordnung im Sinne eines „soziologischen Experiments" (STEINWEG 1971, 110), das mit abhängigen und unabhängigen Variablen arbeitet. Der objektive Widerstand der Apparate (die Kontrolle) in der Lehrstückarbeit bildet so die Kontrolle durch gesellschaftliche Zwänge ab und formalisiert sie innerhalb des Lehrstückprozesses. Er ist gewissermaßen die materiale Basis für die Organisation des kollektiven Apparates der Versuchsteilnehmer.

II. Umsetzungsversuche

Die Lehrstückarbeit ist in ihren Praxisformen wesentlich bestimmt durch das Prinzip der *Straßenszene* und das *gestische* Prinzip. Das gestische Prinzip betrifft dabei vor allem die Umsetzung von Erscheinungen und Vorgängen der gesellschaftlichen Wirklichkeit in Theatervorgängen: Auswahl, Entschlüsselung und Entflechtung, Akzentuierung, Umwandlung, Verknüpfung usw. und bestimmt damit Theater als Form der Untersuchung gesellschaftlicher Praxis, als eine Möglichkeit des *praktischen Nachdenkens* über sie. Das Prinzip der *Straßenszene* beschreibt vor allem, wie dieser Prozeß des *praktischen Nachdenkens* sich organisiert und wie er aus den Vermittlungs- und Handlungsformen des Alltags heraus sich entfaltet.

1. Das Prinzip Straßenszene

Die *Straßenszene* ist eine Form des *alltäglichen Theaters*, in der szenische Elemente, Klärung von Sachverhalten und Meinungsäußerung unmittelbar miteinander verknüpft sind. Aus dieser eigentümlichen Kommunikationsstruktur des Alltags leitet BRECHT die Verfahrensweisen und die Ästhetik seines *epischen Theaters* ab: die *Straßenszene* wird zum „Grundmodell einer Szene des epischen Theaters" (GW 16, 546 ff.). Der Vorgang dieses „allereinfachsten, sozusagen ‚natürlichen' epischen Theaters" (GW 16. 546) ist dieser:

„Der Augenzeuge eines Verkehrsunfalls demonstriert einer Menschenansammlung, wie das Unglück passierte. Die Umstehenden können den Vorgang nicht gesehen haben oder nur nicht seiner Meinung sein, ihn ‚anders' sehen — die Hauptsache ist, daß der Demonstrierende das Verhaltens des Fahrers oder des Überfahrenen oder beider in einer solchen Weise vormacht, daß die Umstehenden sich über den Unfall ein Urteil bilden können" (GW 16, 546).

Vergegenwärtigt man sich das Bild dieser Menschenansammlung um einen Unfall, so hat man eine ‚naturwüchsige' Form von Theater vor sich, das auf der Straße stattfindet, allerdings in vielfacher Weise durchbrochen durch Diskussionen, Rollenwechsel, Wiederholungen usw., anders gesagt, bestimmt durch die unterschiedlichsten Haltungen und Beteiligungsformen der versammelten Menschen: Demonstration, konkrete Handlungen (Markieren der Fahrbahn, Beiseiteräumen von Scherben usw.), Zuschauen, Zustimmung, Einspruch und Kritik, Gegendarstellung, emotionale Ausbrüche, Seitengespräche, Assoziationen und Reflexionen über ähnliche Fälle, den Zustand von Straßen, Arbeitszeit von Chauffeuren usw. bis möglicherweise zur genauen Rekonstruktion des ganzen Vorgangs durch die Polizei, unter ihrer Anleitung oder in ihrem Beisein (entsprechend dem ‚Ortstermin'), und immer gebunden an die örtliche Situation mit ihren konkreten Gegenständen (Requisiten) oder ersatzweise benutzten Funktions- und Bedeutungsträgern. Als besondere Theatersituation verstanden heißt das, daß die Anwesenden ihre Erfahrungen und Standpunkte in bezug auf einen Fall oder einen Zusammenhang von Ereignissen handelnd und beschreibend und wechselseitig begutachtend als Handlungszusammenhang und damit als ‚Theater' wieder herstellen.

BRECHT selbst hat vor allem die Folgerungen für die Konzeption eines ‚großen Theaters', eines ‚Theaters des wissenschaftlichen Zeitalters' gezogen. Sie betreffen die Verhaltensweisen und Techniken der Schauspieler, die Verwendung der ästhetischen Mittel und Ebenen, die Dramaturgie der Stücke usw., sie sind unmittelbar beziehbar auf das gestische Prinzip als Verfahrensprinzip und die davon ableitbaren Erscheinungen des BRECHTschen Theaters: Unterbrechung und Montage, V-Effekt usw., sie bestimmen letztlich das Realismusverständnis BRECHTs und seine Vorstellungen von Lernen, von Erkenntnisgewinnung und -vermittlung durch Theater und Theaterarbeit. Von daher bestimmen sie zugleich die Verfahrensweisen der Lehrstückarbeit.

Aus dem Beispiel der *Straßenszene* lassen sich für die theaterpädagogische Arbeit eine Reihe von Konsequenzen ziehen, die über diejenigen BRECHTs in verschiedenen Richtungen hinausgehen, Konsequenzen für Verfahrensweisen und -techniken, für die Verwendung theatralischer Mittel im einzelnen, Konsequenzen für Theaterabläufe, Aufführungsformen, für Projektorganisation und Projektdurchführung und Konsequenzen für die Annäherungsweise an Textvorgaben, szenisches Material und dessen Verarbeitungsformen.

Die *Straßenszene* als Projektform nimmt gewissermaßen den Vorgang an der Straßenecke wörtlich. Sie ist zu verstehen als die szenische Rekonstruktion eines Vorfalls, eines komplexen Handlungs- oder Lebenszusammenhangs, die szenische Untersuchung eines sozialen Ortes aus der subjektiven Erfahrung der Beteiligten heraus. Entsprechend dem Beispiel BRECHTs verbinden sich dabei konkrete Handlung (Aufsuchen originaler Schauplätze, Befragen von Leuten, Bedienen von Apparaten), ästhetische Handlungen und intellektuelle Handlungen (Systematisierung, Berechnungen, Reflexionen) ständig miteinander und vermitteln sich wechselseitig. Die *Straßenszene* als Form einer Theaterveranstaltung entspricht dem grundsätzlich, sie setzt die vielschichtige Kommunikationsstruktur der Menschenansammlung an der Straßenecke als Modell für die Veranstaltungsstruktur von Theater.

Erprobt wurde die Projektform in dem Versuch *Straßenszene am Immenweg*, bei dem eine Gruppe von Studenten der ehemaligen PH Berlin (Fach *Schulspiel*) gemeinsam mit Schülern eines 8. Jahrgangs eine Woche arbeiteten und die Situation der Klasse in ihrer Schule (Bildungszentrum), ihre Erfahrungen, Probleme, ihre Kritik und ihre Wünsche rekonstruierten und über szenische Arragements, Ton-Dia-Schau, Video ins Bild und vor die Augen und Ohren ihrer Mitschüler und Lehrer brachten. Die Schule war dabei nicht nur Gegenstand der Untersuchung (mit ihren Unterrichtssituationen, Freizeitmöglichkeiten, Disziplinierungsformen und Unterdrückungen, Langeweile usw.), sondern Szenerie und Aktionsfeld (vgl. RITTER 1981a, 74 ff.).

In ihrem direkten Zugriff auf die Erfahrungswelt ist das Straßenszenen-Modell gewissermaßen Vorstufe und Einstieg für die Arbeit mit dem Lehrstück. Zugleich bietet es eine Verfahrensstruktur für Lehrstückarbeit generell.

Unmittelbare Korrespondenzen gibt es in dieser Hinsicht zur Struktur des wohl entwickeltsten Lehrstücks *Die Maßnahme*, das in stilisierter Form das Straßenszenen-Modell vorwegnimmt: Untersuchung eines Ereignisses vor einer Kontrollinstanz, Demonstration wichtiger Einzelvorgänge, Diskussion und Resumee (vgl. RITTER 1981c, 38 ff.).

Gewisse Parallelen zum Straßenszenen-Modell finden sich in dem Vorschlag für ein *Kooperatives Theater*, den HOPPE (1973, auch 1978) vorlegte; Zielsetzung und Verfahrensweisen rücken das *Kooperative Theater* auf der anderen Seite in die Nähe des *Soziodramas* (vgl. dazu RITTER 1981a, 54).

Ähnlich als Vorstufe zur Lehrstückarbeit, zugleich eine in sich selbständige Variante der Lehrstückarbeit ist das *Modellstück / Modellspiel*, abgeleitet aus Vorschlägen WEKWERTHs (1974, 134 ff.): Eine Gruppe von Darstellern stellt Zuschauern das Modell einer Situation, eines Situationszusammenhanges in einer knappen szenischen Form vor — im Sinne der *Straßenszene* eine szenische ‚Zeugnisaussage', im Sinne des Lehrstücks ein ‚Handlungsmuster'. Das *Modellstück* kann dabei sehr offen, in sich durchaus widersprüchlich, provozierend sein, muß aber beziehbar sein auf die Fragestellungen und Probleme der jeweiligen Zuschauergruppe. Es muß weiter Verfahrensmodelle bieten für Eingriffe in den szenischen Ablauf. Die weitergehende szenische Untersuchung ist das *Modellspiel*, die praktische Kritik, die Einfügung von Varianten, Gegendarstellungen usw., diese ‚szenische Diskussion' erfolgt gemeinsam mit den Zuschauern; insofern erscheint das *Modellspiel* zugleich als spezifische Form des Straßenszenen-Typus (vgl. RITTER 1978 und vor allem 1980a).

Eine lockere Variante des Modellstücks / Modellspiels ist das ‚Forumtheater', das BOAL (1979, 82 ff.) beschreibt. Eine vor allem dramaturgisch systematisierte Form des *Modellspiels* bis hin zur Lehrstückarbeit hat RICHARD im Anschluß an Nachbereitungskonzepte zum Kindertheater in seinem *Stücktypenmodell* entwickelt und lerntheoretisch begründet (RICHARD 1978).

2. Das gestische Prinzip

Mit dem Modell der *Straßenszene* unmittelbar verbunden, wenn auch nicht ausschließlich aus ihm, sondern aus den verschiedensten Einflüssen (zum Beispiel Schaubude, Stummfilm, Fotografie, realistischer Malerei) abzuleiten, ist der BRECHTsche Begriff des *Gestus*, der sowohl eine theatertechnische, auf die konkrete Theaterpraxis bezogene Bedeutung als auch eine analytische, auf die Vorgänge in der Gesellschaft bezogene Bedeutung hat.

Das in diesem Begriff angelegte Prinzip entspricht der besonderen Haltung des ‚Stückschreibers' BRECHT seinem Gegenstand, der Gesellschaft, gegenüber:

„Ich bin ein Stückschreiber. Ich zeige / was ich gesehen habe. Auf den Menschenmärkten / habe ich gesehen, wie der Mensch gehandelt wird. Das / zeige ich, ich, der Stückschreiber. / Wie sie zueinander ins Zimmer treten mit Plänen / oder mit Gummiknüppeln oder mit Geld / Wie sie auf den Straßen stehen und warten / Wie sie einander Fallen bereiten / voller Hoffnung / Wie sie Verabredungen treffen / Wie sie einander aufhängen / Wie sie die Beute verteidigen / Wie sie essen / Das sage ich" (GW 9, 789).

Das Auge des ‚Stückschreibers' seziert, es löst jeweils Details oder Vorgänge der gesellschaftlichen Wirklichkeit voneinander ab, nimmt Momente wahr, sieht Ausschnitte, wählt sie aus und fügt sie neu zusammen.

Der Begriff des Gestus bezieht sich einmal auf die ganz konkrete Ebene der Gesten, der Mimik, der Aussagen, deren Zusammenhang in einem Komplex durch den Gestus-Begriff ausgedrückt wird, d. h. also auf menschliche Handlungen, denen – oder soweit ihnen Beziehungen zwischen Menschen zugrunde liegen. Entsprechend bezieht sich der Begriff auf die einzelnen Momente dieses Komplexes für sich; Äußerung, Tonfall, Mimik, Geste, Körperhaltung haben eine Gestus bzw. zeigen ihn (vgl. GW 15, 409).

Inbegriffen im Gestus-Begriff ist weiter die Abteilbarkeit und Isolierbarkeit einzelner Phasen, Momente oder Schichten des zwischenmenschlichen Handelns in ihren verallgemeinernden Momenten und ihre jeweilige komplexe Zusammenfassung: „Jedes Einzelgeschehnis hat seinen Grundgestus" (GW 16, 693). Darüber hinaus ist jede Haltung, jeder Vorgang zwischen Menschen in sich differenziert, gegebenenfalls widersprüchlich, d. h. bereits komplexer Gestus. Der Gestusbegriff bezieht sich schließlich auf unterschiedlich große Einheiten des sozialen Gefüges, von der ‚Grundhaltung' des einzelnen mit ihren Äußerungsformen bis zur ‚Gesamthaltung' vieler Menschen (vgl. GW 16, 753).

Jede gestische Einheit hat dabei bei allen Differenzierungen und Widersprüchen ein dominierendes Moment, das sie letztlich bestimmt: den *Grundgestus* (zum Beispiel der des Geizigen, der sich bemüht, freigiebig zu sein, in der Art seiner Freigiebigkeit letztlich nur wieder seinen Geiz zeigt). Der *Gesamtgestus* schließlich faßt alle wechselseitigen Abhängigkeiten zusammen als komplexe Gesamterscheinung.

Im Gestusbegriff verbinden sich als wahrnehmungspsychologische Momente, und damit Momente der Erkenntnis, mit Momenten ästhetischer Produktion auf eine sehr direkte Weise. Daraus folgen eine Reihe von Qualitäten, die seine lerntheoretische und ästhetische Funktion und Brauchbarkeit begründen: der Begriff *faßt* separate, konkrete Erscheinungen *zusammen* und ordnet ihnen eine bestimmte Bedeutung zu, er *verallgemeinert* und stellt zugleich den Rückbezug her zur konkreten Geste, dem Tonfall, einer Körperhaltung, bestimmten musikalischen oder materialen Elementen (Requisiten bzw. ihren ‚natürlichen Vorbildern' usw.), er hat *analytische*

Qualität, indem er komplexe Erscheinungen in ihren konkreten und ihren Bedeutungselementen voneinander isolierbar erscheinen läßt, und *konstruktive* Qualität, indem er neue ‚künstliche' ästhetische Einheiten gestalten hilft, die — in sich wiederum komplex und widerspruchsvoll — einen Erkenntniszusammenhang ausformulieren (vgl. RITTER 1976 und 1980b).
Die szenische Arbeit nach dem gestischen Prinzip verwendet entsprechend zwei Grundtechniken: Unterbrechung und Montage. Beide Grundtechniken gehören zusammen, durch sie wird ,,der Fortgang der Handlung ein sprunghafter" (GW 16, 605), durch sie werden die ‚auffälligen Knoten geknüpft', durch sie entsteht der Effekt der Verfremdung (der V-Effekt), der sich damit als eine Resultante des gestischen Prinzips erweist. Die Zeitstruktur, die der Theaterarbeit nach dem ‚gestischen Prinzip' und damit der Lehrstückarbeit zugrunde liegt, ist demnach nicht die Zeitstruktur des Geschehens selbst bzw. der ‚Geschichte', sondern die des Denkens, des Eingreifens in das Geschehen, in die ‚Geschichte'.

‚Unterbrechung' kann einmal heißen — und das ist vielleicht das nächstliegende: Anhalten eines Ablaufs, Fixieren von Haltungen, von Konstellationen, die normalerweise in Bewegung zerfließen, das Herausstellen des Moments im Vollzug (entsprechend dem Planetarium-Typ des Theaters). In der szenischen Arbeit erscheint diese Form der Unterbrechung als Tableau, fixierte Haltung, ‚Momentaufnahme', durch sie entstehen im Gegensatz zu gewohnten bewegten Abläufen neue Zeitstrukturen, damit neue Wahrnehmungsstrukturen oder -rhythmen und neue Handlungsformen; Handeln und Betrachten wird in ein qualitativ neues Verhältnis zueinander gebracht (vgl. RITTER 1975). Im weiteren Sinn gehören zu dieser Form der Unterbrechung verlangsamte Abläufe (Zeitlupe), ausgestellte Gesten, Sätze, die sich dem regulären Ablauf widersetzen usw. — BENJAMIN nennt das das *Sperren der Gebärden:* ,,‚Gesten zitierbar zu machen', ist eine der wesentlichen Leistungen des epischen Theaters. Seine Gebärden muß der Schauspieler sperren können wie der Setzer die Worte." Dieser Begriff des *Sperrens* scheint mir zugleich ein anschaulicher Begriff zu sein für den Umwandlungsprozeß von der Entdeckung zur Erkenntnis gesellschaftlicher Zustände durch deren Ausformulierung in einem exemplarischen Bild, das in Auswahl und Zusammenfügung ‚typischer' gestischer Momente verstärkt, ,,was das Original mit zu leiser Stimme aussagt" (GW 16, 687). Auch dieses *Sperren* hat seine ‚natürlichen' Vorbilder in der *Straßenszene*. Ihm entspricht auf der anderen Seite das Zusammenfassen, das summarische Darstellen von Ereignissen, der szenische ‚Zeitraffer'.

Bei der Verwendung unterschiedlicher ästhetischer Elemente führt das Prinzip der Unterbrechung zur *Trennung.* Diese ,,Trennung der Elemente" (GW 17, 1011) — und ihr zugleich konstruktives Zusammenwirken — kann eine gleichzeitige, jeweils spezifische ‚Stellungnahme' von Darstellung, Text, Bild, Musik usw. zu einem gesellschaftlichen Vorgang anstreben. Sie kann weiter zu Unterbrechungen im zeitlichen Ablauf führen, indem die Elemente Aktion, Text, Bild, Musik, Film einander ablösen und sich so wechselseitig kommentieren. Diese Elemente können schließlich arbeitsteilig einen Vorgang ‚gestisch aufblättern', d. h. seine Schichten freilegen und jeweils für sich akzentuieren oder ausschließlich tragen.
Das Prinzip *Straßenszene* und das gestische Prinzip legen den neuen, widersprüchlichen Grundgestus des Lehrstücktheaters fest, der sich aus dem dialektischen Spannungsverhältnis von Rationalem und Emotionalen, von

Erfahrung und Erkenntnis, von Bild und Argument (verstanden als zielgerichteter Kommentar) jeweils neu ausbildet. Indem das „Formulierte" das „Gestaltete" (GW 17, 992) immer wieder durchbricht, wird das Bild als Argument, das Argument als szenisches Ereignis umsetzbar. In diesem Zusammenhang wird der *Spiel-Stil* wichtig, der Gestus mit dem der gegebene Sachverhalt szenisch ‚verhandelt' wird, bzw. die Art szenischer ‚Verhandlung', die ihm angemessen ist. Er färbt den Grundgestus des Lehrstücktheaters jeweils in einer charakteristischen Weise um, verwandelt es erst eigentlich aus einer besonderen Form von Diskussionveranstaltung in ‚Theater' und bestimmt so den Gesamtgestus der Veranstaltung mit.

Der Begriff des *Stilprinzips* wurde zuerst von BINNERTS (1976) verwendet. Er geht von der Überlegung aus, daß Theater als Veranstaltungsform auf bestimmte öffentliche Veranstaltungsformen zurückgreift, etwa Gottesdienst, Gerichtsverhandlung, Jahrmarkt, Zirkus, zu denen dann auch zum Beispiel wieder bestimmte theatralische Veranstaltungstypen gehören können, etwa Oratorium, Krippenspiel, Dichterlesung. Die bewußte Anwendung — die bezüglich der sozialen Vorlagen kritische, bezüglich der Theaterabläufe konsequente, widersprüchliche, durchgehende oder durchbrochene Anwendung solcher Handlungzusammenhänge, ihr Zitat, führt zum *Stilprinzip*.

Die konsequenteste Anwendung eines solchen Stilprinzips findet sich in der Bearbeitung des Stücks ‚Die Ausnahme und die Regel' durch eine „Einmalige Theatergruppe" (BINNERTS u. a. 1977). Diese Gruppe arbeitete mit dem *Clowns-Prinzip* und übertrug die personelle Struktur des Lehrstücks und ihre Hierarchie auf die Clowns-Hierarchie *Sprechstallmeister — Weißer Clown — Clown — Dummer August* (= Richter / Ansager — Kaufmann — Führer — Kuli) und verlegte das Geschehen als Clowns-Aktion in die Arena.

3. Lehrstückarbeit heute

Inzwischen gibt es eine ganze Reihe von Versuchen, die sich in unterschiedlichster Weise dem Lehrstückkomplex genähert haben (u. a. STEINWEG 1976, 1978; RITTER 1980b, 1981a, 1981b, 1981c, 1983; KOCH / STEINWEG / VASSEN 1984). Eine theatrale Lernform mit spezifischen Verfahrensweisen zeichnet sich ab und zeigt sich zugleich unterschiedlichen Impulsen und Veränderungen offen. Dabei kann man im ganzen von folgenden Prämissen ausgehen — sie umreißen eine Theaterarbeit zwischen den drei Spannungspunkten *Ästhetische Praxis — Politische Praxis — Kollektive Praxis / Gruppenpraxis:*

- Lehrstückarbeit ist Theaterproduktion, aber eine Form von Theaterproduktion, die sich vielerlei Umwege leisten kann und die den Zuschauer als Partner in einem gemeinsamen Experiment braucht.
- Lehrstückarbeit bedeutet Auseinandersetzung mit ästhetischen Materialien (Texten, Musik, Gegenständen usw.) und ihre Ausformulierung in einem Produkt. Textliches musikalisches, gegenständliches Material ist Ausgangsmaterial, sowohl mit Aufforderungs- als auch mit Forderungscharakter, es kann verbraucht werden, aber seine Widerstände müssen spürbar werden, es gibt keine eindimensionale Interpretation, keine glatte Inszenierung, aber der Umgang mit dem Material ist nicht beliebig.
- Lehrstückarbeit ist auf das Wechselspiel zwischen spotanen szenischen Handlungen und Prozessen der praktischen Kritik, des Einübens, Ausarbeitens, des Nachvollziehens von Vorschlägen usw. angewiesen. Lehrstückarbeit entwickelt dabei in sich

eine besondere Metastruktur, in der mehrschichtige Aktionsebenen, Kommentar- und Diskussionsebenen alle theatralischen Vorgänge und gegebenenfalls die Aufführung bestimmen.
Wichtiger Arbeitsgegenstand ist die Suche nach einem Stilprinzip und darüber hinaus nach Handlungsbildern, in denen theatralische und erkenntnistheoretische Momente zusammenfallen. Dazu sind spezifische Formen der Darstellung, aber auch allgemein inszenatorische, die Verwendung des Raumes, die Beteiligung von Zuschauern betreffende Momente zu untersuchen.

- Lehrstückarbeit ist kein Sozialtraining, sondern eine Form politischen Lernens durch Handeln und Betrachten von Handlungen: durch Theater. Gegenstand sind die Haltungen der Menschen zueinander, ihre Handlungen und ihre sozialen und politischen Verhältnisse: Lehrstückarbeit ist untersuchende Tätigkeit, eine Auseinandersetzung mit eigenen Erfahrungen in Auseinandersetzung mit Gegenständen und mit Erfahrungen anderer – dabei kein gruppendynamisches Labor, sondern Gruppendynamik, ist ein Faktor der ästhetischen Produktion und des politischen Lernens.
- Lehrstückarbeit bezieht Öffentlichkeit auf zweifache Weise ein: thematisch in der Auseinandersetzung mit Materialien, die von außen in eine Gruppe hineingegeben werden und auf Lebenszusammenhänge außerhalb der Gruppe verweisen, und organisatorisch, indem das Produkt in Auseinandersetzung mit einem Publikum veröffentlicht wird; die besondere Qualität des Publikums stellt dabei jeweils unterschiedliche Grade von Öffentlichkeit her. Dies korrespondiert mit dem allgemeinen Lernziel der Lehrstückarbeit („Eingreifendes Denken und Handeln") und dem Verständnis von Lehrstücktheater als spezifischer Form gesellschaftlicher Praxis (RITTER 1980b).

Wesentliche Praxiselemente und Verfahrensweisen der Lehrstückarbeit sind, soweit sie auf BRECHT rückverweisen, unmittelbar aus den Handlungsformen der *Straßenszene* abzuleiten. Es sind dies – neben bereits genannten – vor allem:

Kopie und Variante: In diesen beiden Momenten steckt ein darstellerisches Grundprinzip der Lehrstückarbeit. Die Darstellungen von Haltungen und Vorgängen müssen so deutlich und ausgeformt sein, daß sie von jedem Mitspieler in ihrem Kern übernommen und in einem weiteren Schritt kontrolliert abgewandelt werden können. Dazu gehört vor allem die Entwicklung der Fähigkeit, komplexe ‚natürliche' Vorgänge als verbundene oder sich überlagernde gestische Einheiten wahrzunehmen und darzustellen.

Gestische Analyse: Dies ist entsprechend ein Verfahren, fließende Vorgänge zu unterbrechen und in Schritten erfahrbar und bewußt werden zu lassen. Ein Vorgang wird unterteilt in Einzelvorgänge, in denen jeweils ein eindeutiger Einzelgestus sichtbar wird. Das entscheidende gestische Moment wird in einer Haltung (Tableau) oder in einem kurzen Spielzeug festgehalten. Die gestischen Schritte können dabei verschieden groß sein, von der Unterteilung eines Bewegungsvorgangs in kleinste physische Bewegungselemente, in denen sich ein gesellschaftlicher Gestus äußert, bis zu komplexen Handlungseinheiten. Zum eigentlichen Spielvorgang kommt hierbei der epische Kommentar, die begründete Regieanweisung, das Fixieren *des Nicht – Sondern* (GW 15, 343), das neben den vollzogenen zugleich die nicht vollzogenen oder unterdrückten Verhaltensmöglichkeiten deutlich macht (zum Beispiel ‚er bäumt sich *nicht* auf, *sondern* zieht den Kopf zwischen die Schultern') (vgl. RITTER 1980a, 1980b, 1981a, 1981b; auch SCHERF 1973 hat mit den ‚Verfremdungstechniken' *Zeiger* und *Echo* hier Anregungen gegeben).

Handlungsbilder: Dieser Begriff meint die Konzentration bestimmter wichtiger Handlungselemente in einer mehr oder weniger geschlossenen Form oder einem geschlossenen Formelement des Theatervorgangs, konkret nicht unbedingt ein stehendes Bild (Tableau), sondern auch bewegte Bilder, Vorgänge, die in sich kreisen, eine gewisse

Statik zeigen und ihren Sinn immer wieder neu vermitteln, auch Vorgänge, deren Statik darin liegt, daß sie einen in sich geschlossenen gestischen Komplex exemplarisch vermitteln (RITTER 1980b).
Szenische Situationsanalyse: Dieses Verfahren greift bestimmte herausragende oder zentrale Situationen heraus, die Gelenkstellen der Handlung, und entfaltet sie in Varianten unter jeweils veränderten Handlungsbedingungen. Hier setzt das „Soziologische Experiment" an (STEINWEG 1971; RICHARD 1978; vgl. auch hier S. 484). Als direktes Vorbild bei BRECHT kann die Umarbeitung des ursprünglichen Stückes *Der Jasager* zu dem Doppelstück *Der Jasager* und *Der Neinsager* gelten (SZONDI 1966; RITTER 1978), sie ist im Grunde eine Umsetzung des Prinzips *Nicht — Sondern* auf die Lehrstückdramaturgie.
Parallelszenen: Dieses Verfahren ist unter verschiedenen Aspekten von BRECHT selbst entwickelt worden, vor allem in seinen *Übungsstücken für Schauspieler* (GW 7). Für die Lehrstückarbeit ist dieses Verfahren ein Mittel, die *Metapher* des Lehrstücks auf die Erfahrungs- und Vorstellungswelt der Spieler zu beziehen, indem man ihren Gestus, die *Fabel*, übersetzt. Sie können darüber hinaus als Kontrastszenen, als Aktualisierungen, als Einblendungen von Assoziationen erscheinen (RITTER 1978, 1981b, 1981c).

Die Richtungen, in denen sich die Beschäftigung mit dem Lehrstück schließlich auch über BRECHT hinaus weiterentwickelt hat, lassen sich nicht exakt voneinander absetzen, doch sind verschiedene Akzentuierungen auszumachen, die sich zugleich an bestimmten pädagogischen Arbeitsfeldern festmachen lassen.
Die Versuche der „Einmaligen Theatergruppe" (BINNERTS u. a. 1977; MAIER u. a. 1978) fanden ihre Fortsetzung zum Teil als *Theaterarbeit im Rahmen kultureller Lebenszusammenhänge* unter Einbeziehung wiederentdeckter Elemente des Volkstheaters und der Volkskultur. Exemplarisch ist hier das Modellprojekt „Zwischen Weltfirma und Dorf", das von der Jugendbildungsstelle Dietzenbach aus durchgeführt wurde (AG Außerschulische Bildung / PRAML u. a. 1982).

Dieses Kulturprojekt (1979 bis 1981) handelt von dem Spannungsfeld zwischen „Leben im 19." und „Arbeiten im 21. Jahrhundert", das die Lebensverhältnisse und die sozialen Beziehungen in dem Dorf Niederbrechen bestimmt. Spurensuche nach Resten kultureller Tradition (Kirmes u. a.) über Interviews, Fotodokumente, Teilnahme an Veranstaltungen, Wiederbelebung des Vereinstheaters führte zu einer Reihe von Theateraktionen, an denen sich schließlich große Teile des Bevölkerung beteiligten: Ton-Dia-Dokumentationen der Feste, Straßentheater-Spektakel, ein Jugendtheaterstück über die Formen des Zusammenlebens der Generationen im Dorf und ein Stück, das eine prägende historische Situation des Dorfs, den Anbruch des Industriezeitalters, beschreibt: „Die Nirrerländer" (Niederbrechener Männer verlassen 1850 ihr Heimatdorf, um im Ruhrgebiet, genannt das Nirrerland, als Maurer in Saisonarbeit ihr Geld zu verdienen).

Lehrstückarbeit kann weiter als exemplarischer Fall einer *Lernform Theater* vor allem im schulischen Bereich gelten. Dahinter stehen Versuche, Theaterarbeit und projektorientiertes Lernen in komplexer Weise miteinander zu verbinden, einmal um handlungs- und erfahrungsorientiertes Lernen zu ermöglichen, zum anderen um Jugendlichen ästhetisch entfaltete Möglichkeiten kultureller Selbstverständigung und Selbstdarstellung zu verschaffen (vgl. RITTER 1979, 198a, 1984).
Das Schulprojekt *Ozeanflug* (September / Oktober 1979) entstand im Rahmen des Fachstudiums *Schulspiel* an der ehemaligen PH Berlin und des

Modellversuchs *Künstler und Schüler* und fügte beispielsweise in einer komplexen Versuchsanordnung mehrere Projekttypen zusammen.

Basisprojekt (Projekttyp *Straßenszene*): Die Klasse macht sich selbst zum Gegenstand, ihre Gruppierungen, ihre Erfahrungen innerhalb und außerhalb der Schule, ihre soziale und materielle Umwelt. Sie stellt ein Portrait von sich und den übrigen Projektbeteiligten her: Gesichter, Haltungen, Gänge, Gruppenposen, Pausenszenen, Alltagsszenen zu verschiedenen Erlebnissen, typische Situationen (Auseinandersetzungen von Jungen und Mädchen, Handtaschen- und Ladendiebstähle, Beziehungen zu den Eltern, zur Polizei usw.), zum Teil auf originalen Schauplätzen gespielt, Eigeninterviews, Interviews mit Passanten, Bilder von Schulwegen, Wohnbereichen, Hochhäusern im Märkischen Viertel usw. Das Produkt der Woche war ein Gesamtporträt, festgehalten durch Fotowand, Filmsequenzen, Vidoschnitte, Dia-Serien.
Fächerintegrierender Lernzusammenhang zu Fragen und Problemen des Stückes und der Stückproduktion: Entsprechend den inhaltlichen Fragestellungen des Stückes *Ozeanflug* von BRECHT / WEILL (Problematisierung des technischen Fortschritts / Auseinandersetzung zwischen Mensch – Technik – Natur / Der LINDBERGH-Flug als Meilenstein in der Entwicklung des Fliegens, Identifikation mit technischen Leistungen und Maschinen / Pioniergeist – Heroismus – Abenteuer, Funktion von Massenmedien bei der Vermittlung von Ereignissen und Sensationen) und entsprechend den technischen, zum Teil musikalischen Anforderungen, die das Stück und die Stückproduktion an die Schüler stellt, wurden in den Fächern Deutsch, Geschichte, Bildende Kunst, Musik, Erdkunde, Mathematik Texte zur Entwicklung des Fliegens, zur Biographie und Zeitgeschichte Charles LINDBERGHs, technische, ökonomische und geographische Fragen der Verkehrsentwicklung, der Bau von Flugmodellen, dazu Vorversuche zur musikalischen Arbeit in einem umfassenden Lernzusammenhang angegangen.
Die *Theaterwoche* faßte alle Lernvorgänge zusammen in der Produktion des *Ozeanfluges* von Bertolt BRECHT unter Verwendung der Musik von Kurt WEILL. Im Stück selbst sind die drei Ebenen Darstellung / Musik / technische Medien bereits strukturell angelegt, daraus ergab sich zugleich das Kooperationssystem einander zuarbeitender Gruppen: Spielgruppe, Musikgruppe, Mediengruppe. Für die Spielgruppe stellte sich die Aufgabe, die Situationen des Fluges (Aufbruch aus der Stadt New York / Kampf mit Nebel, Sturm, Schlaf / Ankunft in Paris) szenisch umzusetzen. Die Musikgruppe hatte sich mit der Musik Kurt WEILLs auseinanderzusetzen, sie teils zu bearbeiten, teils aus ihren Elementen, in Anlehnung an ihren Charakter, gelegentlich auch völlig frei Musik für die einzelnen Szenen zu entwickeln. Die Mediengruppe hatte teils die Rolle der öffentlichen Medien als stimulierenden und kommentierenden Bestandteil dieses Sensationsfluges darzustellen, teils den Prozeß der gesamten Arbeit durch das technische Medium zu reflektieren.
Daraus leitete sich schließlich auch das *Stilprinzip* ab, das die Aufführung bestimmte; gezeigt wurde die Erarbeitung des *Ozeanfluges* als ‚Fernsehproduktion': einmal also in szenischer, musikalischer und technischer Produktionszusammenhang (live) und zugleich der technische Mitschnitt des Videoteams einschließlich der vorproduzierten ‚Fernsehsendungen' über den Flug auf zwei Monitoren (vgl. RITTER 1980b, 1983, 1984).

Die breiteste Lehrstückpraxis hat sich inzwischen in den Hochschulen entwickelt, und zwar unter den verschiedensten Aspekten und aus den unterschiedlichsten Motivationen heraus: u. a. um Möglichkeiten eines aktiven Lernens im Hochschulzusammenhang, das die Verkopfung aufhebt, oder einer praxisorientierten politischen Arbeit zu erproben, Einführungen in die Literaturwissenschaft mit gruppenbildenden Momenten zu verbinden und zugleich neue Zugänge zur Literatur und neue Vorstellungen von Funktionen der Literatur zu gewinnen, Handlungs- und Haltungsanalyse in der Lehrerbildung bzw. Modelle für die pädagogische Praxis in Schule und

Jugendarbeit zu entwickeln. Hier im Hochschulbereich als einem relativ großen Freiraum für Experimente dieser Art hat sich auch verhältnismäßig schnell der Prozeß einer Integration aller möglichen Spiel- und Theaterverfahren in die Lehrstücktätigkeit vollzogen. Innerhalb von Lehrstückpraxis ist heute nahezu alles möglich, von Interaktionsspielen, gruppendynamischen Übungen, Atem- und Körpertraining unterschiedlichster Herkunft, über Improvisationen mit Textelementen oder Stimmklängen, Bewegungsritualen und Rollenspielen bis zu eher theaterorientierten Aufführungen (vgl. KOCH / STEINWEG / VASSEN 1984). Dies hat durchaus guten Sinn: eine wie immer geartete BRECHT-Scholastik oder -Esoterik wäre innerhalb von lebendig verstandener Lehrstückarbeit fehl am Platze. Dennoch bleiben die obengenannten Orientierungspunkte einer zugleich ästhetisch, politisch, kollektiv bestimmten Theaterpraxis wichtig.

Literatur

AG Außerschulische Bildung / Praml, W., u. a.: Modellprojekt „Zwischen Weltfirma und Dorf" — Ein Abschlußbericht, Frankfurt-Höchst o. J. (1982)
Benjamin, W.: Versuche über Brecht, Frankfurt/M. 1966
Brecht, B.: Gesammelte Werke (GW), Bd. 1 — 20, Frankfurt/M. 1967
Binnerts, P.: ‚Die Maßnahme' von Bertolt Brecht, Ein politisch-didaktisches Experiment im Fachbereich Regie-Pädagogik an der Theaterschule Amsterdam, in: Steinweg, R. (Hrsg.): Brechts Modell der Lehrstücke, Frankfurt/M. 1976
— u. a.: Die Ausnahme und die Regel, Ein Versuch mit dem Lehrstück von Bertolt Brecht, Berlin 1977
Boal, A.: Das Theater der Unterdrückten, Frankfurt/M. 1979
Gruppe ‚leren leren': Die Entstehung des Lehrstücks ‚Die Schüler', Die Praxis der Gruppe ‚leren leren' (Delft) mit Aspekten des Lehrstücks, in: Steinweg, R. (Hrsg.): Auf Anregung Bertolt Brechts, Frankfurt/M. 1978
Hoppe, H.: Kooperatives Theater, Thesen und Vorschläge zum Modell eines emanzipatorischen Theaters, in: Ästhetik und Kommunikation (1973), H. 13
— Vom Rollenspiel zum kooperativen Theater, in: Harms, P. (Hrsg.): Lehrtheater / Lerntheater, Hamburg 1978
Koch, G. / Steinweg, R. / Vaßen, F. (Hrsg.): Assoziales Theater, Erfahrungen durch Lehrstücke: Spielversuche und Anstiftung zur Praxis, Köln 1984
Künstler und Schüler: Modellversuch, BMBW-Werkstattberichte 11, darin: Projekt Werkstatt-Theater Köln (Stankewitz, W., u. a.), Bonn 1978
Maier, H., u. a.: ‚Die Ausnahme und die Regel', präsentiert von einer einmaligen Theater-Gruppe, in: Steinweg, R. (Hrsg.): Auf Anregung Bertolt Brechts, Frankfurt/M. 1978
PVBK (Pädagogische Versuchsbühne Köln): Modell eines Schultheaters, Beiheft zur Zeitschrift ‚Der Spielkreis' (Spiel in der Diskussion) 2 (1974)
Richard, J.: Brechts ‚Lehrstücktheater und Lernen in der Schule', in: Steinweg, R. (Hrsg.): Brechts Modell der Lehrstücke, Frankfurt/M. 1976
Ritter, H. M.: Handeln und Betrachten, Überlegungen zu zwei Kategorien pädagogischer Theaterverfahren, Pädagogische Hochschule, Berlin 1975 (erscheint neu: 1984)
— Das gestische Prinzip als Verfahrensprinzip, Überlegungen und Vorschläge zu einer Theorie und Praxis pädagogischer Theaterverfahren, Pädagogische Hochschule, Berlin 1976 (erscheint neu: 1984)
— Auf dem Weg zum Lehrstück in der Schule, in: Steinweg, R. (Hrsg.): Auf Anregung Bertolt Brechts, Frankfurt/M. 1978a

- Aus Nichts wird Nichts, Textmaterial nach einem Fragment von Bertolt Brecht, in: Steinweg, R. (Hrsg.): Auf Anregung Bertolt Brechts, Frankfurt/M. 1978b
- Das Studienprojekt im Berliner Modellversuch ‚Künstler und Schüler', Berlin 1979
- Modellstück / Modellspiel, Versuche mit Masken, Berlin 1980a
- Ausgangspunkt: Brecht, Versuche zum Lehrstück, Recklinghausen 1980b
- Theater als Lernform, Beiträge zur Theorie und Praxis pädagogischer Theaterverfahren, Berlin 1981a
- Materialien zur Lehrstückpraxis I, Berlin 1981b
- Materialien zur Lehrstückpraxis II, Berlin 1981c
- Der Ozeanflug, Materialien zur Lehrstückpraxis III, Berlin 1983
- Berliner Lehrstückgut, Der „Ozeanflug" mit Hauptschülern, in: Koch / Steinweg / Vaßen (Hrsg.): Asoziales Theater, Erfahrungen durch Lehrstücke, Spielversuche und Anstiftung zur Praxis, Köln 1984

Scherf, E.: Aus dem Steigreif – soziodramatisches Spiel mit Arbeiterkindern, in: Kursbuch 34 (1973)

Stankewitz, W.: Schultheater mit Lehrstücken, in: Praxis Deutsch 20 (1976)

Steinweg, R.: Das Lehrstück – ein Modell des sozialistischen Theaters, in: alternative 78/79 (1971)
- Das Lehrstück, Brechts Theorie einer politisch-ästhetischen Erziehung, Stuttgart 1972a
- Bertolt Brecht, Die Maßnahme, Kritische Ausgabe mit einer Spielanleitung, Frankfurt/M. 1972b
- (Hrsg.): Brechts Modell der Lehrstücke, Zeugnisse, Diskussion, Erfahrungen, Frankfurt/M. 1976
- (Hrsg.): Auf Anregung Bertolt Brechts: Lehrstücke mit Schülern, Arbeitern, Theaterleuten, Frankfurt/M. 1978

Szondi, P.: Bertolt Brecht, Der Jasager und Der Neinsager, Vorlagen, Fassungen und Materalien, Frankfurt/M. 1966

Wekwerth, M.: Theater und Wissenschaft, München 1974

Eine vollständige Zusammenstellung der Literatur zum Lehrstückproblem findet sich in Koch / Steinweg / Vaßen 1984. Unveröffentlichte Literatur ist nahezu vollständig im Lehrstück-Archiv an der Universität Hannover einzusehen.

11. Theaterkunst und Zuschaukunst
Walter Beimdick

In der Einleitung des Artikels „Theaterpädagogische Trends — eine Literaturübersicht" stellte Jürgen FRITZ (1980, 314) fest:

„Begriffe wie ‚Darstellendes Spiel‘, ‚Theaterspiel‘, ‚Rollenspiel‘, ‚Bewegungstheater‘, ‚Kindertheater‘, ‚Schultheater‘, ‚Schulspiel‘, ‚Gestaltungsspiel‘ u. v. a. bedeuten mal dies, mal jenes, meinen häufig ähnliches, grenzen sich nur scheinbar ab, enthalten aber auch sehr unterschiedliche didaktische und methodische Vorstellungen. Wie sich da zurechtfinden?"

Dieses sehr resignativ klingende Fazit macht deutlich, daß der 1976 von Barbara KOCHAN begonnene Definitionsprozeß auf dem Gebiet der Spiel- und Theaterpädagogik nur sehr langsam vorankommt. Der nach wie vor unreflektierte Gebrauch gleicher oder ähnlicher Begriffe in unterschiedlicher Auslegung verdeckt eine Reihe wichtiger Tatsachen: In der didaktisch-methodischen Literatur für den Deutschunterricht weicht die Bedeutung des Wortes ‚Theater‘ nicht unerheblich von dem allgemeinen Sprachgebrauch ab, der ihn zuerst und vor allem auf die kulturelle Institution bezieht — auf die Staats-, Stadt- und Landestheater, auf Tourneetheater, Privatbühnen und experimentelle Gruppen, auf Oper, Operette, Ballett und Schauspiel, auf die Arbeit professioneller Ensembles also. Die oft undefinierten didaktischen Bezeichnungen verschleiern somit, daß alle Aufführungen der Schule Laienspiel in der exakten Bedeutung des Wortes sind, denn niemand der an einer Schulinszenierung Beteiligten dürfte — den Normalfall vorausgesetzt — eine Ausbildung als Schauspieler, Regisseur, Bühnenbildner, Kostembildner, Maskenbildner absolviert oder praktische Erfahrungen in der Theaterarbeit haben. Daraus wiederum resultiert eine Frage, die bisher so gut wie gar nicht beantwortet wurde, nämlich ob und wie die laienhaft-aufführungsbezogene Auseinandersetzung mit einem dramatischen Text, das Schultheater also, auf die Theaterkunst verweist, ob und wie sie Maßstäbe entwickelt für die kritische Beobachtung und Bewertung der kulturellen Institution Theater. Wie in der Literatur, der Musik oder der Malerei gibt es auch in der Theaterkunst Unterschiede zwischen Konvention und Neuerung, zwischen Trivialem und Bedeutendem, zwischen der Phrase und der Originalität, zwischen Mißglücktem und Gelungenem, zwischen Gewolltem und Gekonntem. Sie bedarf also wie jede andere Kunstform einer von Distanz und Engagement, Kenntnissen und Erfahrungen bestimmten Rezeption. Die Fachdidaktik hat sich bisher kaum damit beschäftigt, die Voraussetzungen für eine solche Rezeption zu erörtern oder zu beschreiben; das ist leicht zu belegen. Klaus GÖBEL (1975, 303) umriß die Situation bemerkenswert deutlich so:

„Auch das Verhältnis *Berufstheater : Schule* war eher unreflektiert bildungspädagogisch institutionalisiert. Gemäß den Ansprüchen einer humanistisch-bürgerlich geprägten Instanz Stadt-, Staatstheater bot die Schule Theaterbesuche als Ergänzung zum Literaturunterricht bzw. zur Einführung der Schüler in die noch in den fünfziger Jahren funktionierende Kulturgesellschaft der Erwachsenen. Der erwarteten Zuschauerhaltung, Theaterspiel als ‚Feier' hohen Niveaus zu erleben, setzten in der Regel weder das Theater noch die Schule eine Alternative für die Schüler entgegen."

Nur zwei Jahre später veröffentlichte GÖBEL einen Aufsatz „Drama und Theatralität" mit dem aufschlußreichen Untertitel „Zur Geschichte eines Versäumnisses in der Literaturdidaktik"; dort (1977, 18) heißt es kommunikationstheoretisch-kompliziert:

„Das Drama als Makrostruktur von Zeichen, verbalen und nonverbalen, als ein immanenter Medienverbund also, tritt in den Vordergrund. Immer mitbedacht, doch selten kompetent ausgeführt, wird dieser Gedanke gerade in der Fachdidaktik jetzt vorrangig: Der Dramentext als vervielfältigte (gedruckte) Vorlage zum Zwecke des Transfers und der Realisierung in der Aufführung, Drama als *Partitur*, die erst in der Versinnlichung das zeigt, was sie ist."

Dieser Gedanke ist keineswegs vorrangig geworden. Als Jürgen FRITZ (1980, 315) im August 1980 eine „Landkarte der Theaterpädagogik" erstellte, konnte er nur einen einzigen Titel zur Didaktik des Erwachsenentheaters eintragen — die „Grundzüge einer Theaterpädagogik" (BEIMDICK 1980), deren Zweck die Ausbildung eines kenntnisreichen, aufmerksamen, kritischen Theaterbesuchers ist.

I. Grundlagen der Theaterpädagogik

Theaterpädagogik als Versuch, einen kritisch-urteilsfähigen Zuschauer auszubilden, kann man mit einer Reihe von Argumenten begründen, durch die unterschiedliche Perspektiven der Theaterkunst aufgenommen und didaktisch ausgewertet werden.

Am Anfang muß die *textorientierte* Begründung stehen, weil sie die Grundlage aller weiteren Überlegungen gibt (BEIMDICK 1980; PFISTER 1977; PLATZ-WAURY 1978). Fast alle erfolgreichen Dramatiker haben sich — mehr oder weniger grundsätzlich, mehr oder weniger ausführlich — zu dem Verhältnis zwischen Dramentext und Theater geäußert. Sie sahen das sprachliche Kunstwerk und die Aufführung als aufeinander bezogene Teile eines Ganzen, sie sahen ihre Arbeit auf dem Ziel Theater ausgerichtet. LESSING schrieb in der Vorrede der Zeitschrift „Beiträge zur Historie und Aufnahme des Theaters" im Oktober 1749:

„Wer weiß nicht, daß die dramatische Poesie nur durch die Vorstellung in dasjenige Licht gesetzt werde, worinne ihre wahre Schönheit am deutlichsten in die Augen fällt? Sie reizet, wenn man sie lieset, allein sie reizet ungleich mehr, wenn man sie hört und sieht."

In der ausführlichen Diskussion mit GOETHE über die Merkmale epischer und dramatischer Dichtung bemerkte SCHILLER am 26. Dezember 1797:

„ich wüßte nicht, was einen bei einer dramatischen Ausarbeitung so streng in den Grenzen der Dichtart hielte, und wenn man daraus getreten, so sicher darein zurückführte, als eine möglichst lebhafte Vorstellung der wirklichen Repräsentation, der Bretter, eines angefüllten und bunt gemischten Hauses."

In seiner „Selbstbiographie" (1853) bekannte GRILLPARZER:

„Aber ich war nun einmal eingefleischter Oesterreicher und hatte bei jedem meiner Stücke die Aufführung, und zwar in meiner Vaterstadt, im Auge. Ein gelesenes Drama ist ein Buch statt einer lebendigen Handlung. Wenige Leser haben die Gabe, sich jene Objektivierung, jene Wirklichkeit hinzuzudenken, welche das Wesen des Dramas ausmacht, wenigstens seinen Unterschied zu den übrigen Dichtarten."

BRECHT arbeitete für das Theater in der Überzeugung:

„Es ist unmöglich, ohne die Bühne ein Stück fertig zu machen ... Nur die Bühne entscheidet über die möglichen Varianten."

Und DÜRRENMATT erklärte in dem Vorwort seines Übungsstücks für Schauspieler „Porträt eines Planeten":

„Ich integriere die Literatur in die Schauspielkunst und nicht die Schauspielkunst in die Literatur. Die Bühne wird bei mir zu einem theatralischen Medium, nicht zu einem literarischen Podium. Noch extremer: Ich schreibe meine Theaterstücke nicht mehr für Schauspieler, ich komponiere sie mit ihnen."

Autor und Theater, Text und Aufführung – Hugo von HOFMANNSTHAL hat das Problem in einem Essay über den Regisseur Max REINHARDT besonders präzise und aufschlußreich formuliert:

„der dramatische Text ist etwas Inkomplettes, und zwar um so inkompletter, je größer der dramatische Dichter ist. (...) Nichts ist wunderbarer als, mit etwas gereiftem Blick, bei den größten Dramatikern der neueren Welt, bei SHAKESPEARE und CALDERON, zu erkennen, wie sehr alles, was sie gearbeitet haben, bei aller magischen Komplettheit doch den Charakter der Skizze beibehält, wie sehr sie es verstanden haben, frei zu lassen, das Letzte, ja auch das Vorletzte nicht zu geben. Hierin liegt der entschiedenste Unterschied zwischen dem dramatischen und dem epischen Schaffen."

Wenn HOFMANNSTHAL die Größe eines Dramatikers und die Bedeutung eines Dramas durch den Raum des Inkompletten angezeigt sieht, dann weist er auf die unabdingbare Forderung, ein Stück in der Aufführung anzuschauen, um die sonst verborgenen Möglichkeiten des Werks zu erkennen. Die Variationen, die sich dabei anbieten, sind in der Tat außerordentlich aufschlußreich: Inkomplett ist der dramatische Text insofern, als die mehr oder weniger ausführlichen Regieanmerkungen in bezug auf Bühne, Kostüme, Spiel, Musik, Tanz sowie Charakterisierung der Figur – sie werden leider immer noch als „Nebentext" bezeichnet – die Aufführung als selbstverständlich voraussetzen. Inkomplett ist der dramatische Text insofern, als die Dialoge eine Fülle direkter und indirekter Hinweise auf die Darstellung enthalten, als mancher Satz erst durch das ergänzende Spiel einen Sinn bekommt, als Prosa- und Verssprache unterschiedliche Betonungen oder

Nuancierungen zulassen. Inkomplett ist der dramatische Text insofern, als er den Mitarbeitern des Theaters — Regisseur, Bühnen- und Kostümbildner, Schauspieler — Möglichkeiten der Veränderung, der Ausdeutung, der Aktualisierung öffnet, so daß eine neue, eigenständige Kunst entstehen kann, die Theaterkunst. Und inkomplett ist der dramatische Text auch insofern, als er vorher keineswegs sicher abzuschätzende Reaktionen der Zuschauer hervorruft. Was komisch, tragisch, tragikomisch, grotesk oder absurd wirkt, hängt von gesellschaftlichen und politischen Gegebenheiten ab, verändert sich von Epoche zu Epoche.
Die Rezeptionsforschung hat darauf hingewiesen, daß jedes literarische Werk dem Leser Freiräume der Interpretation, der Assoziation, der Anwendung läßt. Hier setzt die *rezeptionsorientierte* Begründung der Theaterpädagogik an. Sieht man von den nur sporadisch stattfindenden Dichterlesungen oder Rezitationsveranstaltungen ab, ist der dramatische Text der einzige, der eine institutionalisierte Rezeptionsinstanz hat, nämlich das Theater. Daraus ergibt sich, daß jeder Zuschauer als Teil des Präsenspublikums eine zweifache Rezeption vornehmen muß, die des Stückes und die der Inszenierung. Er sollte also nicht nur genau lesen, sondern auch genau zuschauen können, nicht nur literarische, sondern auch theaterbezogene Maßstäbe anlegen, nicht nur Wissen zur kritischen Wertung des Textes, sondern auch Kenntnisse zu einer kritischen Aufnahme der Theaterarbeit haben. In diesen Zusammenhang gehört der Begriff ‚Werktreue‘, der bei Diskussionen über Regiekonzeptionen und Inszenierungen immer wieder benutzt wird. Er folgt aus der Tatsache, daß die Theaterpraktiker sich nicht an die Regieanweisungen des Dramatikers halten, sondern eigene Lösungen suchen, daß sie selbständig-frei und unbeeindruckt von literaturwissenschaftlichen Ergebnissen an einen Text herangehen. Um das an einem Gegenbeispiel zu verdeutlichen. Es gibt keinen Literaturwissenschaftler, der als Voraussetzung für die Interpretation eines lyrischen Textes die Zeilen des Gedichtes umstellt, einzelne Strophen ausläßt, Bruchstücke aus anderen Werken des Autors oder Äußerungen von Zeitgenossen einarbeitet. Und auch einen Roman wird der Interpret nicht dadurch für die Analyse vorbereiten, daß er Kapital ausläßt, Passagen streicht, Figuren übergeht oder Texte aus anderen Werken einfügt. In der Theaterarbeit sind solche einschneidenden Veränderungen im Sinne der Regiekonzeption — wie immer sie zu beurteilen sein mögen — üblich, daher muß der Zuschauer fähig sein, die Präsentation des Dramentextes nicht als einzigen und letzten Maßstab zu sehen, sondern als einen, oft weniger wichtigen Teil des Theater-Gesamtkunstwerks ‚Inszenierung‘.
Alle auf den Zuschauer bezogenen Probleme wurden in den theaterwissenschaftlichen Untersuchungen zumeist ausgesprochen kurz dargestellt, wobei man eine Fülle von Fragen zwar als ungelöst aufzeigte, aber letztlich auch ungelöst ließ. Das verwundert, weil der Dramatiker den Bezug auf das Publikum immer mitreflektiert, weil er immer ein bestimmtes Ziel erreichen will: Verwunderung, Erstaunen, Wehmut, Schrecken, Verwirrung, Belustigung, Vergnügen, Lachen, Erbauung, Mitleid, Lernbereitschaft,

kritische Reflexion, spontane Aktivität. So kann es nicht überraschen, daß ein wesentlicher Anstoß für die Beschäftigung mit der ‚Rolle' des Publikums von jenem Dramatiker kam, der dieses Publikum rational ansprechen, kritikfähig machen und zur Veränderung der bestehenden Gesellschaftsformen aufrufen wollte. Bertolt BRECHT setzte an den Anfang einer Abhandlung über die Arbeit des Schauspielers, die während des skandinavischen Exils entstand und nicht abgeschlossen wurde, den Satz:

„Die Schauspielkunst wird für gewöhnlich nicht in Büchern gelehrt, noch wird es die Zuschaukunst, die sogar nicht einmal als eine Kunst bekannt ist."

Einer seiner Schüler, der Regisseur Manfred WEKWERTH (1974, 21) bezog sich offenbar auf diesen Ansatz, als er feststellte, eine intensive Beteiligung des Zuschauers am Theatergeschehen setze „natürlich neben der Entwicklung einer hohen Schauspielkunst zugleich die Entwicklung einer hohen Zuschauerkunst voraus". Darauf baut die *aufführungsorientierte* Begründung der Theaterpädagogik auf. In jeder Theateraufführung treffen „das Ensemble der Schauspieler und das Ensemble der Zuschauer" (Max REINHARDT) aufeinander, dem spielenden Künstler auf der Bühne entspricht der mit-spielende, reagierende, interpretierende, der aufmerksame oder gelangweilte, gefesselte oder abgestoßene Zuschauer im Parkett. Beide Seiten der Rampe sind aufeinander angewiesen, eine ist ohne die andere nicht denkbar, ja geradezu sinnlos (PLATZ-WAURY 1978). Dabei spielen die Künstler zunächst die ‚aktive Rolle', aber ihre Leistung, ihre geistige und künstlerische Präsenz ist von dem Verhalten des Publikums abhängig. Manfred WEKWERTH (1974) konnte durch ein Experiment nachweisen, daß die Anzahl der Zuschauer und ihr Verhalten entscheidenden Einfluß auf die Aufführung haben, daß selbst vermeintlich so unwichtige Details wie gespannte Stille im Parkett, reagierendes Lachen, spontanes Klatschen wesentlich für den Verlauf eines Theaterabends ist. Wer mehrere Aufführungen einer Inszenierung sieht, wird leicht feststellen, wie stark sich die Reaktionen des Publikums unterscheiden, wie auf Abende intensiver Teilnahme Abende starker Distanz folgen und wie die Schauspieler als Folge solch unterschiedlichen Zuschauerverhaltens unterschiedlich spielen. Man kann also folgern: Ein in der „Zuschaukunst" ausgebildetes Publikum, das neue Regiekonzeptionen erkennt, Anspielungen versteht, Textänderungen verständnisvoll überdenkt, schauspielerische Leistungen zu werten weiß, die Einheit einer Inszenierung würdigen kann, hebt die Qualität einer Aufführung und die Qualität der Theaterarbeit insgesamt – Zuschaukunst bedingt Theaterkunst.

Eine nur oberflächliche Beschäftigung mit der Theatergeschichte macht deutlich, daß die Bühne zu allen Zeiten auch ein Forum der politisch-gesellschaftlichen Auseinandersetzung war: Die sozialen Spannungen des ausgehenden 19. Jahrhunderts spiegelten sich in den realitätsverpflichteten Inszenierungen der naturalistischen Dramen von IBSEN, HAUPTMANN, HALBE oder SUDERMANN durch Otto BRAHM, die demokratischen und pazifistischen Strömungen in und nach dem Ersten Weltkrieg bestimmten die Arbeit der expressionistischen Regisseure Leopold JESSNER und Karl-Heinz MARTIN, die heftigen Auseinandersetzungen zwischen linken und rechten Parteien während der Weimarer Republik beeinflußten den Spielplan und die Inszenierungen von Erwin PISCATOR (BRAUNECK 1982; RÜHLE 1976, 1982), die Entwicklung der Bundesrepublik Deutschland von den Reformversuchen der späten sechziger Jahre bis heute wird kaum irgendwo so deutlich wie durch die Gründung und die Geschichte der „Schaubühne am Halleschen Ufer" in Berlin (IDEN 1979). Theater und geschichtliche Realität kann man nicht voneinander trennen — daraus ergibt sich die *politische* Begründung der Theaterpädagogik. Wenn BRECHT in einem Vortrag „Über experimentelles Theater" die Bedeutung Erwin PISCATORs hervorhob mit dem Hinweis, für den umstrittenen Intendanten und Regisseur sei „das Theater ein Parlament, das Publikum eine gesetzgebende Körperschaft" gewesen, wenn Peter WEISS das dokumentarische Theater als „Bestandteil des öffentlichen Lebens" bestimmte mit der Aufgabe, „die Form eines Tribunals" anzunehmen, dann wird klar, wie wichtig die kritische Funktion der Bühne für die politische Kultur der Demokratie ist. Fast alle bedeutenden Dramen zeigen das Individuum in gesellschaftlichen, sozialen und politischen Zusammenhängen oder Konflikten, machen die Theaterkunst damit zu einer Herausforderung der Herrschenden, Mächtigen — und der Zuschauenden. Es muß diese Herausforderung vor der Öffentlichkeit des Publikums sein, die Stücke und Inszenierungen oft in die Diskussion, in die heftige Auseinandersetzung bringt und zu Protesten oder Demonstrationen aller Art führt. Hier sollte der kritische Zuschauer distanziert und engagiert Stellung beziehen und seine eigene Überzeugung mit Argumenten vertreten können. In diesen Zusammenhang gehört ein zweiter Aspekt. Das Theater umfaßt den größten und wichtigsten Bereich der Kulturpolitik, über den Länder, Städte und Gemeinden zu befinden haben, für den sie pro Jahr mehr als 1,5 Milliarden DM ausgeben. Politische Gremien wählen Generalmusikdirektoren, Intendaten oder Schauspielleiter, politische Gremien entscheiden über Theaterbauten, Spielstätten, Etatkürzungen oder Einsparzwänge. Es gibt eine Fülle von Beispielen dafür (BEIMDICK 1980), daß die demokratischen ‚Spielregeln' bei solchen Entscheidungen durchaus nicht immer genau eingehalten werden, daß der künstlerische Sachverstand keineswegs in jedem Falle die entscheidenden Kriterien erstellt. Das kann nur geschehen, weil die Gestaltung der Kulturpolitik so gut wie keinen Einfluß auf das Wahlverhalten der Bürger hat. Die an der Arbeit des Theaters interessierten, in der Zuschaukunst erfahrenen Wähler akzeptieren die Aufgabe, die Kulturpolitik kontinuierlich und genau zu beobachten, sie werden ihre Wahlentscheidung eventuell auch von der Konzeption, der Transparenz und dem Rang dieser Kulturpolitik abhängig machen wollen.

Zuletzt ist die *schulorientierte* Begründung der Theaterpädagogik zu erläutern. Es dürfte heute selbstverständlich sein, daß die Schule die wichtigen kulturellen Bereiche Literatur, Musik und bildende Kunst in den Lehrplänen berücksichtigt, elementare Kenntnisse der Analyse und Interpretation auf diesen Gebieten vermittelt, den Schülerinnen und Schülern wesentliche Kunstwerke vorstellt und nahezubringen sucht. Die Theaterkunst allerdings bleibt weitgehend ausgeschlossen, wenn man von den traditionelltextorientierten Theaterbesuchern absieht, die gelegentlich den Deutschunterricht ergänzen und in der didaktischen Literatur damit begründet werden, ‚Bildungswerte' aufzuzeigen und das ‚Erleben der dramatischen Dichtkunst' zu fördern. Natürlich geht es der Theaterpädagogik nicht darum, die Schüler(innen) in eine unreflektierte, falsch verstandene Tradition des Theatererlebnisses zu geleiten, sondern allein darum, sie zu einer nüchternen, sachlichen und kritischen Auseinandersetzung mit der Theaterkunst zu bringen. Siegfried MELCHINGER schrieb noch Mitte der sechziger Jahre als Auswertung einer Meinungsumfrage (HÜRLIMANN 1966, 23):

„Das heißt, daß höchstens ein Fünftel der Menschen jenes Bedürfnis oder jenen Antrieb so stark in sich spüren, daß man es ‚Lust auf Theater' nennen kann. Es wird immer eine Minderheit sein, und darin liegt die Grenze der Demokratisierbarkeit des Theaters."

Dieser theaterwissenschaftlichen Resignation widersprechen die Ergebnisse der Pädagogischen Psychologie, die den Menschen als erziehungsbedürftiges und erziehungsfähiges Wesen sieht, dem Lern-Angebote zu machen sind:

„auch das, was wir das Schöpferisch-Geistige genannt haben, der Einfall, das Gespür, der Geschmack, die freie Energie, die befreiende Tat, auch sie müssen noch angeregt und erweckt werden" (Heinrich ROTH).

Da diese Tatsache in bezug auf die Theaterkunst nur ganz selten bedacht wurde, kann man sagen, daß es auch die Schuld der Schule ist, wenn das Theater immer noch als eigentlich überflüssige Institution für eine bürgerlichelitäre Minderheit angesehen wird. In diesen Zusammenhang paßt die aufschlußreiche Feststellung, die Albin HÄNSEROTH in einer theatersoziologischen Untersuchung traf:

„Nun scheinen die vorliegenden Forschungsergebnisse die Ansicht zu bestätigen, daß die im Sozialisierungsprozeß versäumte Bekanntschaft oder Vertrautheit mit der Dramenrealisierung auf der Bühne als eine gewichtige Ursache für die Nichtnutzung, ja Ablehnung des Theaters im späteren Lebensalter anzusehen ist" (GÖBEL 1977, 22).

Damit erhält die Schule die Aufgabe zugewiesen, in die Zuschaukunst einzuführen, die kritische Rezeption der Theaterkunst einzuleiten, den Kreis der potentiellen Besucher zu erweitern, die Grenzen der Demokratisierbarkeit möglichst weit abzustecken und das Theater als Angebot für viele darzustellen. Ein letzter, unterrichtspraktischer Aspekt bleibt zu ergänzen. Günther RENNERT bezeichnete die Arbeit des Regisseurs als „intuitiven Kalkül", Will QUADFLIEG und Ernst SCHRÖDER erinnerten an die Äußerung ihres Schauspielerkollegen Heinrich GEORGE, für den das Spiel vor dem Publikum „kontrollierte Trance" war. Solche paradoxen Formulierungen verweisen darauf, daß auch in der Theaterkunst Emotionalität, Persönliches, Unerklärbares, Intuitives zusammentrifft mit Rationalität, Überlegung, Nachprüfbarkeit, Geplantem. Das kann die Theaterpädagogik verdeutlichen, indem sie einerseits soweit als möglich Forschen, Kenntnisse, Wissen, Argumente verlangt, indem sie andererseits soweit als möglich dem

Einfall, der Kreativität freien Raum läßt, indem sie sowohl kognitive als aich affektive Lernziele setzt. Da Theaterarbeit immer ‚Teamwork' ist, in dem jeder Beteiligte eine fest umrissene Aufgabe bekommt, die in das Gesamtkunstwerk eingeordnet werden muß, verlangt Theaterpädagogik Gruppenarbeit, die Einordnung in ein Ensemble, in dem sachliche Kooperation zu einer gemeinsam verantworteten Lösung führt, in dem Vorschläge und Vorstellungen des einzelnen einzubringen sind in die Aufgabe, die eine Gruppe zu lösen hat.

II. Praxis der Theaterpädagogik

Es dürfte heute unbestritten sein, daß zu den ‚Elementen des Dramas' (BEIMDICK 1979), die während der Sekundarstufe I im Deutschunterricht zu besprechen sind, auch Aspekte der Aufführung und Details der Theaterarbeit gehören. In fast allen Lesebuchwerken stehen Auszüge aus Dramen, die häufig durch Szenenphotos, Bühnenbildmodelle oder Arbeitsberichte von Regisseuren, Schauspielern oder Dramaturgen ergänzt werden. Außerdem enthalten alle während des letzten Jahrzehnts erschienenen didaktisch-methodischen Werke und Textsammlungen (DENK 1982; RENK 1978; von NAYHAUSS 1977) Hinweise darauf, wie man Theaterformen, Theaterarbeit, Theaterbauten in Unterrichtsreihen einplanen und wie man – zumindest in den Jahrgangsstufen 9 und 10 – praktische Arbeiten der Schüler(innen) zur Erschließung eines dramatischen Textes einsetzen kann. Damit ist es möglich, eine tragfähige Grundlage für die Theaterpädagogik in der Sekundarstufe II zu legen.

Für die Behandlung des Dramas in den Jahrgangsstufen 11 bis 13 gibt es zahlreiche Materialienbände und Erläuterungen, die entweder Dialog, Struktur, Bearbeitungen, Interpretationen und literaturgeschichtliche Fakten (BEILHARDT et al. 1975; HABECKER / HOFMANN 1974; HAFFNER 1980; KARUTZ 1976; MÜLLER 1974; POPP 1980; SCHOORMANN 1976; van RINSUM 1978) oder Aspekte des Theaters wie Publikum (POPP 1978), Bewertung einer Inszenierung (BEIER 1978), Theaterkritik (BEIMDICK 1981) und Aufführungsgeschichte eines Werkes (MAHL 1983; SCHERPE 1983) akzentuieren. Diese Anregungen können in jedem Grund- oder Leistungskurs verwertet werden, um an ausgewählten Beispielen Theaterarbeit exemplarisch zu verdeutlichen. In Nordrhein-Westfalen bieten die dreistündigen „Literaturkurse", die für die Jahrgangsstufe 12 oder 13 gedacht sind, eine besonders gute Möglichkeit, Probleme der Theaterpädagogik zu thematisieren. Nach den 1981 erschienenen Richtlinien sollen diese Kurse ein „Erprobungsfeld für Kreativität" sein und „Freiräume für spontanes Handeln, Innovationen, nonkonformes Verhalten, Selbstbestimmung und Selbsttätigkeit in möglichst großem Umfang" öffnen. Literarische Texte dienen deshalb nicht allein als Lektüre, sondern als „Partituren", als „Spiel- und Arbeitsmaterial". Wichtig ist, daß so oft wie möglich in Gruppen gearbeitet wird, um kritische Kooperation zu entwickeln und ein „Projekt" als Ergebnis gemeinsamer Bemühungen zu erstellen. Die folgende Beschreibung der möglichen Jahresarbeit eines Literaturkurses „Theaterpädagogik" wertet Erfahrungen aus, die seit dem Schuljahr 1977/78 am Helene-Lange-Gymnasium, Dortmund, gemacht wurden. Selbstverständlich bietet die auf ein ganzes Schuljahr bezogene Kursplanung ideale Voraussetzungen — einzelne Kurssequenzen können aber ohne Schwierigkeiten auch in Grund- oder Leistungskursen Deutsch geplant werden, um die traditionell-textorientierte Dramenbesprechhung zu ergänzen und zu erweitern. Nach wenigen einleitenden Stunden, in denen anhand von Lexikonartikeln über die Theaterberufe diskutiert wird, wählen die Kursteilnehmer aus dem Spielplan des Schauspiels ein deutsches oder ausländisches Drama, dessen Inszenierung etwa zwei Monate später Premiere hat. Nach der Lektüre und einer ersten grundsätzlichen Besprechung von Schwierigkeiten und möglichen Interpretationsansätzen beginnt die selbständige Arbeit in den Gruppen. Einige Schüler(innen) stellen, der Aufgabe des Regisseurs entsprechend, Regiekonzeptionen zusammen, sie untersuchen also, welche Aussagen / Probleme / Figuren des Stückes durch die Inszenierung hervorgehoben oder aktualisiert und den Zuschauern als Aufforderung zum Nachdenken vermittelt werden sollen. Dazu sind unterschiedliche Interpretationen und Analysen zu lesen, auch biographische und historische Informationen zu sammeln. Eine zweite Gruppe baut ein Bühnenbildmodell, an dem Spiel-Möglichkeiten und die Intention der Regie erkennbar sein müssen. Voraussetzung dieser Arbeit ist die genaue Lektüre der Regieanmerkungen und der Dialoge sowie das Studium theatergeschichtlicher Darstellungen, um eigene und eigenständige Entscheidungen treffen und begründen zu können. Das Modell zu dem Lustspiel „Der zerbrochne Krug" von Kleist (vgl. Abb. 1) zeigt — entgegen den Regieanmerkungen, die eine dörfliche Gerichtsstube verlangen — eine extrem einfache Spielfläche, die halbkreisförmig von hohen, grauen Wänden umgeben und durch eine Treppe mit dem Zuschauerraum verbunden ist und auf der nur wenige schwarze Möbel für den Prozeßverlauf stehen. Es verdeutlicht die Absicht, die allgemein gültige Problematik des schuldig gewordenen Richters — Lüge und Wahrheit, Recht und Unrecht, Vergehen und Sühne — zu betonen und die komischen Effekte zurückzunehmen. Diese Interpretation wird durch die Zeit erklärt, in der das Modell entstand (1980). Damals fand man in allen Zeitungen mehr oder weniger ausführliche Berichte über den umstrittenen Richter Victor Henry de SOMOSKEOY und das Verhalten der Kölner Justizbehörden sowie über die Marinerichter-Tätigkeit des Ministerpräsidenten von Baden-Württemberg, Hans FILBINGER, während des Dritten Reiches. Eine dritte Gruppe malt Figurinen, an denen nicht nur Form, Farbe und Material der Kostüme erkennbar sein sollen, sondern auch die Charaktere der Figuren. Während die Figurine zu der Vorstadtlegende „Liliom" von MOLNAR (vgl. Abb. 2) das Beklemmende, das Unwirkliche des Detektivs hervorhebt, der als Himmelspolizist Tote von der Erde in das Jenseits begleitet, entspricht die Figurine zu dem Dokumentarstück „In der Sache J. Robert Oppenheimer" von

Abbildung 1: Heinrich von KLEIST: Der Zerbrochne Krug (Bühnenbildmodell)

Abbildung 2: Franz MOLNAR: Liliom (Figurine ‚Detektiv')

Abbildung 3: Heinar KIPPHARDT: In der Sache J. Robert Oppenheimer (Figurine ‚Rabi')

KIPPHARDT (vgl. Abb. 3) der nüchternen Sachlichkeit, mit der die Physiker auftreten und argumentieren. Angemessene Ergebnisse sind in diesen Arbeitsgruppen nur zu erzielen, wenn Geschichten der Mode sowie kulturhistorische Darstellungen bestimmter Epochen mit Photos und Abbildungen zeitgenössischer Gemälde sorgfältig durchgesehen und auf Anregungen hin geprüft werden. Eine vierte Gruppe stellt, der Funktion des Dramaturgen entsprechend, ein Programmheft her, das den Autor und sein Gesamtwerk sowie das Drama und seine Bedeutung aufgrund intensiver biographischer und historischer Vorarbeiten durch Texte und Bilder erläutert. Das Titelbild des Programmheftes zu der Komödie „Die Kassette" von STERNHEIM (vgl. Abb. 4) zeigt exemplarisch, worum es in dem Stück — und also auch in dem Heft — geht: um die Macht des Geldes, das alle persönlichen Beziehungen

Abbildung 4: Carl STERNHEIM: Die Kassette (Titelbild des Programmheftes)

und Gefühle zerstört. Nach einer kritisch-intensiven Besprechung der Gruppenprojekte folgt der Besuch der Aufführung, danach werden die selbst gefundenen Lösungen mit denen des Theaters verglichen, wodurch es zu einer weitgehend sachlichen, von Argumenten bestimmten Bewertung der Inszenierung kommt, zu der auch eine ergänzende Analyse der Premierenkritiken beiträgt, die in den regionalen Zeitungen erscheinen. Die Inszenierung macht aber auch deutlich, daß alle Gruppenarbeiten von unterschiedlichen Voraussetzungen und verschiedenen Interpretationen des Dramas ausgingen, daß also eine wichtige Forderung nicht erfüllt wurde: die Einheit einer begründeten Konzeption. Daraus ergibt sich die Planung für den zweiten Teil des ersten Schulhalbjahres. Die theaterorientierte Dramen-interpretation wird noch einmal mit einem anderen Stück wiederholt; jede der neu zusammengestellten, größeren Gruppen muß alle genannten Arbeiten als Gesamtkonzept ausführen, auf eine genau erläuterte Regie-konzeption bezogen, die Bühnenbildmodell, Kostümentwürfe und Programm-heft bestimmt. Im zweiten Schulhalbjahr steht zunächst die Theaterkritik im Mittelpunkt. Nach der Besprechung mehrerer Beispiele aus regionalen und überregionalen Zeitungen schreiben die Schüler(innen) in kleinen Gruppen Kritiken über Inszenierungen, die sie selbst aussuchen und außer-halb des Kursprogramms besuchen. Dazu müssen zuerst Informationen über den Autor und das Stück gesammelt werden, auch die im Programmheft des Theaters angebotenen Hilfen sind für die Kritik zu nutzen, die berichten, beschreiben und mit Argumenten und Belegen werten soll. Den letzten (zumeist sehr kurzen) Teil des Schuljahres gestaltet jeder Kurs anders – es gibt Theaterfahrten in die nähere Umgebung, um andere Ensembles und andere Regisseure kennenzulernen, es gibt mehrtägige Studienfahrten in Theatermetropole wie Hamburg oder Berlin oder München, es gibt selbst erarbeitete und gestaltete Aufführungen innerhalb der Schule, um nun auch die schwierige ‚Rolle' des Schauspielers praktisch zu erproben. Vorbereitung und Durchführung der abschließenden Projekte fordern noch einmal das, was die gesamte Jahresarbeit bestimmte: Sachlichkeit und Wissen, Engage-ment und Kreativität.

Literatur

Beier, H.: Grundkurs Deutsch 1. Kommunikation Rhetorik Drama, München 1978
Beilhardt, K. / Kübler, O. / Steinbach, D.: Formen des Gesprächs im Drama, Stuttgart 1975
Beimdick, W.: Elemente des Dramas. Eine Einführung für die Sekundarstufe I, Dortmund 1979
– Theater und Schule. Grundzüge einer Theaterpädagogik, 2. Aufl. München 1980
– Theaterkritik. Eine literarische Gebrauchsform, Dortmund 1981
Brauneck, M.: Theater im 20. Jahrhundert. Programmschriften, Stilperioden, Reform-modelle, Hamburg 1982
Denk, R. (Hrsg.): Spiel und Alltag. Szenen und Stücke der 70er Jahre, Frankfurt / Berlin / München 1982
Fritz, J.: Theaterpädagogische Trends – eine Literaturübersicht, in: Westermanns Päd-agogische Beiträge 8 (1980), 314 – 321
Göbel, K.: Spieldidaktik und Deutschunterricht, in: Sowinski, B. (Hrsg.): Fachdidaktik Deutsch, Köln / Wien 1975, 303 – 308
– (Hrsg.): Das Drama in der Sekundarstufe, Kronberg/Ts. 1977
Habecker, S. / Hofmann, A.: Theorien – Texte – Analysen. Das deutschsprachige Theater seit 1945, München 1974
Haffner, H.: Dramenbearbeitungen, München 1980
Hürlimann, M. (Hrsg.): Das Atlantisbuch des Theaters, Zürich / Freiburg 1966
Iden, P.: Die Schaubühne am Halleschen Ufer 1970 – 1979, München 1979
Karutz, G.: Typologie des Dramas, Düsseldorf 1976

Kochan, B.: Szenisches Spielen, in: Praxis Deutsch 20 (1976), 10 — 18
Mahl, B.: ‚Faust'-Experimente. Zur Bühnengeschichte von Goethes Drama seit den 50er Jahren, in: Der Deutschunterricht 1 (1983), 36 — 60
Müller, H.: Moderne Dramaturgie. Texte zum Verständnis des modernen Theaters, Frankfurt / Berlin / München 1974
Nayhauss, H.-C. von: Von der Pantomime zum Kleinen Stück. Dramatische Formen im Unterricht der Sekundarstufe I, Bochum 1977
Pfister, M.: Das Drama. Theorie und Analyse, München 1977
Platz-Waury, E.: Drama und Theater, Tübingen 1978
Popp, H.: Strukturelemente des Dramas, München 1980
— Theater und Publikum, München 1978
Renk, H.-E.: Dramatische Texte im Deutschunterricht, Stuttgart 1978
Rinsum, A. van / Rinsum, W. van: Interpretationen: Dramen, München 1978
Rühle, G.: Theater in unserer Zeit, Frankfurt/Main 1976
— Anarchie in der Regie?, Frankfurt/Main 1982
Scherpe, K. R.: Schillers ‚Räuber' — theatralisch, in: Der Deutschunterricht 1 (1983), 61 — 77
Schoormann, J.: Komik und Komädie, Hannover / Dortmund / Darmstadt / Berlin 1976
Wekwerth, M.: Theater und Wissenschaft. Überlegungen für das Theater von heute und morgen, München 1974

V. Spiel und Sport

1. Das Sportspiel in Theorie und Praxis

Hermann Röhrs

I. Das spielerzieherische Fundament des Sportspiels

Das Spiel wird mit Vorliebe als eine quantité négligeable, als eine liebenswürdige Begleiterscheinungen des Lebens betrachtet. Es vermag das Leben zu erleichtern, lichter zu gestalten, so lautet die vorherrschende Auslegung. Aus diesem Blickpunkt werden Spiel und Spielerei als eine Angelegenheit des Kindes eingeschätzt, das seine Zeit noch nicht besser zu verwenden weiß.
Demgegenüber muß zum Ausdruck gebracht werden, daß dem Spiel für die Entfaltung des Lebens eine grundlegende Aufgabe zufällt; sie begrenzt sich keineswegs auf die körperlich-reaktiven Funktionen, vielmehr erstreckt sie sich gleichermaßen auf die geistigen, emotionalen und sozialen Fähigkeiten. Überhaupt ist das Spiel eine Tätigkeitsform, die den ganzen Menschen aktiviert. Die spielerische Lebendigkeit betrifft alle Seiten des Menschseins, die empfindend-fühlenden, die erkundend-erfindenden, die wollenden, verzagenden und sich unbändig freuenden. Diese Form des Ergreifens und Begreifens der spielerischen Aufgabe sowie des spielend Ergriffen- und Betroffenseins macht ein wichtiges Merkmal des Spiels aus und erklärt zugleich seine prägend-formende Kraft.
Menschliches Leben entfaltet sich in der fortlaufenden Auseinandersetzung mit der Welt, die jeweils als die Umstände die individuelle Lebenssituation kennzeichnen. Das Spiel ist eine (früh beginnende und bei optimaler Entwicklung nie aufhörende) Form der Auseinandersetzung mit der Welt und ihren Inhalten. Im Spiel wird das in imaginativ-kreativer Form zum Gegenstand erhoben, was den Menschen handelnd, denkend, empfindend umgibt und was daher der Gefahr unterliegt, als Selbstverständliches fraglos zu werden. Für die sich bildende Weltvorstellung ist es daher von großer Bedeutung, daß das Spiel die Auseinandersetzung lebendig erhält und somit vor dem Erstarren zum Selbstverständlichen bewahrt.
Jedes gestaltete Lebensverhältnis und in Korrespondenz zu ihm jede Weltvorstellung ist mitgetragen und mitgeprägt von der Summe der Spiele, die ein unmittelbares Empfinden, Fragen, Infragestellen und Erfinden wachhalten. Die spielerische Handlung zeigt den Menschen in einer besonderen Bewährung, die letztlich zur Ausbildung der Erfahrungen und des sich auf ihrer Basis konstituierenden Weltbildes führen. Wenn der Mensch in seiner Existenzweise auch keineswegs auf seine Spielpraxis und die in ihrem Lichte

gewonnenen Erfahrungen zurückführbar ist, so sind Lebensstimmung und -stil dennoch in hohem Maße in Korrespondenz zur Spielpraxis entstanden. Die Personagenese resultiert daher (wenn auch nicht ausschließlich, so doch strukturell die Lebenseinstellung mitbestimmend) aus einer letztpersönlichen Art des Spielens, der Spielgestaltung und -erfahrung.

Spiel ist eine symbolhafte Rekonstruktion des Lebens, das aus der Mehrseitigkeit des Wirklichen einige Züge in phantasievoll-kreativer Betonung vergegenwärtigt. Das Spiel gewährt daher Distanz gegenüber dem Wirklichen, das in seinen Formen imaginativ umgebildet und vervollkommnet werden kann. Insofern gewährt das Spiel einen Durchblick auf das Substantielle, das in seinem Wert bewußt wird. Das spielerische Erproben des Möglichen kann zu einer Fähigkeit werden, Künftiges bewußter zu gestalten. Trotz aller Flüchtigkeit und Veränderbarkeit ist dem Spiel eine Macht eigen, Wirkliches richtig einzuschätzen, weil seine Variabilität beispielhaft erfahren wurde.

Die jeweilige Lebenssituation, ihre Grundbefindlichkeit und ihr Bewußtseinsstand sind auch das Ergebnis der gespielten Spiele. Das Sich-Steigern und damit das über die (temporär) gesetzten Grenzen Hinausgreifen ist ein dem Spiel (wie dem Leben) eigenes Element. Insofern zielt der Indikativ Spiel stets bereits den Komparativ Mehr als Spiel an, wie es Georg SIMMEL aus lebensphilosophischer Sicht für die Existenzweise formuliert hat, die immer schon eine Geste der Progression und auch der Transzendenz ist.

Spiel meint eine existentielle Grundbefindlichkeit, in der alle menschlichen Kräfte in gelöster Form angesprochen sind. Das ästhetisierende Grundaxiom SCHILLERs, daß nur der spielende Mensch sich seiner Ganzheit bewußt werde, kennzeichnet diese Existenzweise. Daher erfordert die Deutung des Spiels ob seiner Komplexität den Einsatz mehrerer Wissenschaften. Diese Auffassung findet gegenwärtig eine Bestätigung. Beispielhaft sei die biologisch orientierte Definition von FAGEN angeführt:

„Through play, the cerebral cortex is stimulated to grow, to develop, and therefore to take a larger role in control of behavior, making that behavior more flexible. Simultaneously, play experience produces adaptive modifications of effective structures, such as muscle, bone and connective tissue, used in that behavior. Through play animals require physical ability and develop social relationships" (FAGEN 1981, 19).

Spiel und Spielen beinhalten eine ganzheitlich strukturierte Auseinandersetzung mit den Inhalten der Welt. Ihre fundamentale Bedeutung für die Entwicklung des Lebens besteht darin, daß sie den Menschen als Einheit fördern — jenseits der Spezialisierung in kognitive, soziale oder emotionale Bereiche. Das Spiel macht den Einsatz des ganzen Menschen notwendig, so daß auch alle menschlichen Dimensionen gefordert und gefördert werden. Es beinhaltet daher auch immer schon eine Weltauslegung sub specie ludi, die als solche sogleich ein Baustein für die sich bildende Persönlichkeit wird.

Unter Berücksichtigung dieser allgemeinen spieltheoretischen Gesichtspunkte wird das Sportspiel seine Auslegung finden müssen. Sportspiel ist ein spannungsreicher Begriff, der durch seine scheinbar gegensätzlichen (Begriffs-)Glieder kontroverse Auslegungen nach sich ziehen kann. Sport und Spiel haben ihre eigene Geschichte, Aufgabe und Zielstellung. Während der Sport stark auf die Leistung und den Leistungsvergleich abgestimmt ist, die ihre klarste Deutung in dem olympischen Imperativ „Citius, altius, Fortius" finden, lebt das Spiel relativ zweckfrei von dem Selbstausdruck und der Selbstgestaltung des Spielenden.

Dennoch vergegenwärtigt das Sportspiel mehr als die Summe der beiden ursprünglichen Tätigkeitsbereiche. Sport und Spiel erfahren im Sportspiel eine durchaus schöpferische Synthese, eine Potenzierung ihrer Möglichkeiten. Das Sportspiel ist daher anders als Sport und Spiel sowie mehr als die Summe beider. Der jeweilig stärkeren Akzentuierung einer seiner zugrunde liegenden Komponenten entsprechend, kann ein besonderes Profil entstehen, das schwerpunkthaft vom Sportlichen oder vom Spielerischen bestimmt ist. Diese jeweilige Betonung eines besonderen Sportspiels kann sowohl von entwicklungspsychologischen Gegebenheiten als auch von der Einstellung und Auslegung des Spielenden sowie von gesellschaftspolitischen Einflüssen bestimmt sein.

In den frühen Entwicklungsphasen des Säuglingsalters und der frühen Kindheit herrscht eindeutig das Spiel vor, das das Werk der phantasiebestimmten Impulse des Spielenden darstellt. Das Spiel verkörpert aber bereits während dieser frühen Entwicklungsstufe ein Gebilde, das von den Vorstellungen und Wünschen, dem Wollen und Streben des Kindes getragen ist, das spielend in seine menschliche Rolle des verantwortlich Handelnden hineinwächst. Eine Wechselwirkung, die den Spielenden zu einer Selbstdarstellung und -deutung seiner Vorstellungen und Strebungen im Spiel bringt, ist vom ersten Augenblick an angelegt; sie wirkt dem jeweiligen Objektivitätsgrad entsprechend als sich vollendendes Gebilde auf den Spielenden zurück.

Die Dialogik dieses Vorgangs, der wegen der spielerischen Offenheit und damit Gestaltbarkeit nirgends unmittelbar angelegt ist, hat FRÖBEL folgendermaßen beschrieben:

„Äußerliches innerlich und Innerliches äußerlich machen und für beides die notwendige Einheit zeigen" (FRÖBEL 1981, 16).

Unter Wahrung der Wechselwirkung und der dadurch freigesetzten Entwicklungsmöglichkeit spricht PIAGET von „Assimilation" und „Akkomodation". Das Spiel ist auch für PIAGET eine Grunderscheinung des menschlichen Lebens, die ihre Formen während der Altersstufen wechselt. Während Akkomodation die Anpassung an die Vorgänge der Umwelt darstellt, ist unter Assimilation die An- und Eingliederung dieser Vorgänge in die individuelle Verhaltensweise zu verstehen. Wie die Imitation eine Variante der Akkomodation ist, so entfaltet sich das Spiel im Rahmen der Assimilation:

„Das Spiel entsteht in einem Übergangsbereich zwischen Ich und Welt; es ist mehr als Nachahmung und grundsätzlich anders als Lernen oder Erfahrung. Als individuelle Aktionsform steht es zwischen dem Handeln und dem Träumen, beiden Regionen durchaus verwandt, aber von beiden durch die spezifische Entscheidungsfreiheit und die damit verbundene Freude unterschieden" (PIAGET 1975, 11; RÖHRS 1981a, 31; 1981b, 23).

Das Spiel ist unabhängig vom Reifegrad sowie der Einsichts- und Gestaltungsfähigkeit des Spielenden. Spiele wollen gelernt und hinsichtlich ihrer Grundintentionen eingesehen und verstanden sein. Das spielerische Improvisieren und Phantasieren wird erst auf dem Hintergrund einer genauen Kenntnis von Spielregel und -ziel, gleichsam als ihre Variation gelingen; sonst bleibt es ein spielerisches Stammeln, das zwar zuweilen von Erwachsenen anerkannt wird, aber weder den Spielenden noch einen möglichen Mitspieler zu befriedigen vermag.
Das Ziel des Spiels ist in seiner Entwicklungsspanne vom Säuglings- bis ins Erwachsenenalter auf die Selbstgestaltung durch Verinnerlichung von Lebenseindrücken und -erfahrungen gerichtet. Diese Intention kennzeichnet das Spiel in seinen vielfältigen Erscheinungsformen als Funktions-, Imitations-, Innovations-, Sozialisations-, Expressions-, Repräsentations-, Illusions-, Fiktions-, Explorationsspiel u. a. Kennzeichnend für den Komplexitätsgrad des Spiels ist die Tatsache, daß alle diese Grundcharakteristika in jedem Spiel in unterschiedlicher Akzentuierung angelegt sind. Gerade diese Komplexität erlaubt durch die Vielseitigkeit den Wechsel von einer zur anderen Sphäre; sie umschreibt insgesamt erst das Phänomen des Spielerischen, das REYNOLDS als „Flexibilitätskomplex" (flexibility complex) bezeichnet (REYNOLDS 1976, 22; RÖHRS 1983, 52).
Konkret ist damit ausgedrückt, daß das bloße Funktionsspiel als Strampeln oder Umgreifen und Werfen von Gegenständen im Säuglingsalter immer auch schon offen ist für Imitation, Fiktion, Exploration und Innovation von Vorgängen aus dem Lebenskreis. Bereits das Funktionsspiel ist eine erste Form der Selbstgestaltung durch Verinnerlichung von ersten Erfahrungen aus dem Lebensumkreis mit dem Ziel der Ich-Findung und -Verwirklichung. Gerade durch seinen explorativen Grundzug ist das Spiel offen für Erfahrungen unterschiedlichster Art, so daß es über die Schulung bestimmter Funktionen hinaus den ganzen Menschen zu erfassen vermag.
Spielend tritt der Mensch von Anbeginn in ein Spannungsgefüge zum Spielobjekt, das ein Phantasiegebilde bzw. ein Gegenstand oder (und) ein Mensch sein kann. Im Gegensatz zur Aufgaben- und Arbeitshaltung, die aufgrund einer Ausbildung ergebnis- bzw. produktorientiert ist, gewährt das Spiel die Freiheit des Improvisierens, Variierens und der Imagination. Diese Freiheit des Spielerischen ist im Kleinkindalter am größten, weil die präformale Funktionsschulung erst die Möglichkeit des Spielens zu sichern hat. Dennoch ist von Anbeginn ein ausgeprägter Spiel*wille* als Ausdruck des Lebenswillens festzustellen; er ist in fortlaufender spielerischer Wiederholung auf Vervollkommnung ausgerichtet. Das Besser- und Angemessener-Darstellen der jeweiligen spielerischen Aufgabe ist schon früh feststellbar, so daß die scheinbare Selbstverlorenheit des Wiederholens und Abwandelns auf bessere spielerische Durchdringung des jeweiligen Vorgangs gerichtet ist. Das gilt selbst im Bereich spielerischer Soziabilität, etwa dem Rollenspiel, dessen Rollen der Wahl der Kinder entsprechend jenen übertragen werden, die sie am trefflichsten darzustellen vermögen und die wiederum der Gruppe einen Impuls zum Nacheifern vermitteln.

Das Leistungsstreben — im ludischen Gewande — ist daher ein konstitutiver Bestandteil des Spiels. Es zeigt sich sehr deutlich in jenen Spielen, die in einer Gruppe gestaltet werden und durch eine Regel in ihrem Ablauf bestimmt sind. Dazu gehören die Kreisspiele wie den Dritten abschlagen, das Kriegenspielen, in denen es sehr auf Schnelligkeit und Geschicklichkeit sowie Wendigkeit in der Auslegung der Regel ankommt. Zum anderen wird dieses Leistungsstreben in den elementaren Ballspielen deutlich wie dem Probespielen der Mädchen, dem Völker- und Treibball in gemischten Gruppen, in denen es neben Wurfkraft und -genauigkeit auch auf Fangsicherheit, Schnelligkeit und Gewandtheit ankommt. Die Kinder wissen beim Wählen der Mannschaften diese spielerischen Qualitäten bereits sehr genau zu würdigen. Unverkennbar entstehen Rangordnungen unter den Spielenden, die die Rolle eines Kindes über die Spielsituation hinaus zu bestimmen vermögen. Das Kriterium für diesen spielerischen Übergang vom Spiel zum Sport ist in der Regelhaftigkeit, verbunden mit dem vom Wettkampf inspirierten Leistungsstreben, zu suchen. So wirkt die frühe Wahl in eine der sich bildenden Mannschaften als eindrucksvolle Selbstbestätigung wie das weitere Warten im Kreis der letzten schamvoll verunsichern kann.

Diese durch die spielerische Leistung bestimmte Wertschätzung im Rahmen der Gruppe hält über das Spiel durchaus bis in die Alltäglichkeit durch. Die Kennzeichen der neuen Form des Spielens, die im Alter beginnender Schulfähigkeit auftritt und sich während der Phase der vollen Kindheit dominierend zu entfalten beginnt, sind Regelhaftigkeit und Leistungsvergleich aufgrund festgelegter Spielnormen. Damit ist im Umkreis des Spiels eine der Wurzeln des Sportspiels aufgewiesen. Da in dieser Entwicklungslinie eindeutig das Spielerische vorherrscht, soll vom *Spielsport* gesprochen werden.

II. Die Wechselwirkung zwischen Spiel und Sport

Der breitere Wurzelgrund des Sportspiels liegt indessen im Rahmen der Sportbewegung. Der Sport, dessen primäre Ursprünge in der antiken Welt zu suchen sind, hat sich in seiner modernen Form im 19. Jahrhundert in England entfaltet; er hat von dort auf den Kontinent eingewirkt. Hier traf er auf die deutsche Turnbewegung, die durch die Ideen von GUTS MUTHS und JAHN stark den Zielen der Mannes- und Wehrertüchtigung verpflichtet war. Nachdem GUTS MUTHS aus dem Geiste des Philantropinismus heraus seine Grundgedanken in seinem Buch „Gymnastik für die Jugend" (1793) entwickelt und in Schnepfenthal den ersten Sportplatz in Deutschland zur leibeserzieherischen Ertüchtigung der Jugend eingerichtet hatte, konnte „Turnvater" Friedrich Ludwig JAHN in seinem (zusammen mit EISELEN verfaßten) Buch „Deutsche Turnkunst" (1816) die Grundzüge der Turnkunst und ihre Ideologie entwickeln. Das Fundament bildeten die Praxis der „Hasenheide", des ersten Turnplatzes in Deutschland und Geburtsstätte der Turnbewegung, sowie die sie leitenden politischen Ideen, die während der NAPOLEONischen Vorherrschaft auf körperliche Übung und geistige

Disziplinierung gerichtet waren. Das Spiel war (neben dem Fechten, Schwimmen, Laufen) ein wichtiger Teil der Turnkunst, deren übergreifendes Ziel aber die physische und moralische Ertüchtigung im Dienste der Manneszucht blieb.

Auf diese Entwicklung trafen die Impulse, die von England, dem Mutterland des Sports, seit Mitte des 19. Jahrhunderts ausgingen. Angesichts der unterschiedlichen geistesgeschichtlichen Voraussetzungen kam es zu schweren Auseinandersetzungen. Aus der Sicht der Turnbewegung mußten die weitaus interessanteren sportlichen Wettkämpfe wegen ihres säkulären Grundcharakters eine Ablehnung erfahren. Die Kritik trug stark stigmatisierende Züge, indem der Sport als internationaler Zugvogel und wegen seines britischen Ursprungs als unvereinbar mit den nationalen Zielen deutscher Leibesertüchtigung hingestellt wurde.

Die Gründe für die säkulare und rationale Gestalt des englischen Sports sind ebenfalls in ihrer Geschichte zu suchen. Der englische Puritanismus — insbesondere in der CALVINistischen Form — war in seiner Haltung gegenüber dem Sport eindeutig ablehnend. In der Wertschätzung der Arbeit als Gottesdienst mußte der Sport als Zeitvergeudung, ja als Sünde erscheinen. Der Versuch, den Körper eindeutig den geistig-seelischen Kräften unterzuordnen, führte zu der Auffassung von der Sündhaftigkeit des Körpers, der nur durch Askese zu begegnen sei (HILL 1962, 256). Die Folge war eine konsequente Ablehnung von Sport und Spiel: „drastic legislation against sports and games was almost inevitable" (BRAILSFORD 1963, 133). Dadurch wurde der englische Sport, der seinen Ursprung in den folk plays, feast days, common games mit ihren rituellen Zielen hatte, aus dem festlichen Rahmen heraus und zu einer entschiedenen Säkularisierung getrieben. Aber gerade diese säkularen Formen, deren Charakteristikum die Verbindung des Spielerischen mit dem Leistungsstreben aufgrund rationaler Regelhaftigkeit war, mußte den Turnern im Geiste JAHNs suspekt erscheinen (RÖHRS 1981a, 151).

Als ein Vermächtnis dieser Entwicklung haben die Vorbehalte gegenüber dem Sport durchgehalten, der in seiner Leistungsorientierung das Spiel bedränge und letztlich zerstöre. Das Verhältnis zwischen Spiel und Sport läßt sich in diesem Zusammenhang auf vielfältige Weise gestalten. Einerseits besteht in Gestalt des Spielsports eine Erscheinungsform, in der das spielerische Element eindeutig vorherrscht. Das Leistungsstreben ist eine dem Menschen eigene Einstellung, die sich bereits früh bei der Entwicklung der ihm eigenen Fähigkeiten zeigt. Ein unermüdliches Üben begleitet auch das Spiel und führt den Spielenden zu einer möglichst perfekten Beherrschung der Spielbedingungen. Unter diesen Voraussetzungen entsteht der Spielsport im Vorschulalter dadurch, daß von den Kindern an das Spiel bewußt Leistungsgesichtspunkte herangetragen werden. So wird aus dem Hüpfen ein Springen, das schließlich gemessen und verglichen wird, und aus dem Werfen und Fangen des Balles kann ein Gruppen- bzw. Mannschaftsspiel werden, in dem sich die jeweils Leistungsstärksten zusammenfinden. Der Spielsport bleibt unter der Dominanz des Spielerischen variabel in seiner Regelhaftigkeit: im

Frühstadium wird er streckenweise wieder zum Spiel, aber mit zunehmendem Alter vermag er in das Sportspiel überzugehen.
Das Sportspiel setzt die Vertrautheit mit seinen elementaren Bedingungen technischer und taktischer Art sowie eine entsprechende körperliche Geübtheit zu deren Umsetzung voraus. Körperliches und mentales Üben, das über weite Strecken unter Lockerung der Wettkampfbedingungen als Spielsport abläuft, sind die Grundvoraussetzungen für die regelrechte und erfolgversprechende Gestaltung des Sportspiels. Daneben wirkt die bestehende Sportspielpraxis in Gestalt der Vereine und ihres Wettkampfbetriebes weitgehend motivierend und sozialisierend auf die jungen Menschen. Gewählte Vorbilder und übernommene Maßstäbe sowie ihre schrittweise Umsetzung in der Übungs- und Trainingspraxis vermögen den spielerischen Sozialisierungsprozeß im Rahmen des Spielsports abzukürzen und unmittelbare Zugänge zum Sportspiel zu öffnen.
Eine Analyse dieses spielerischen Sozialisationsprozesses vermag zu zeigen, daß Leistung sowie Leistungssteigerung ihm organisch eingelagert sind. Der Weg in den Leistungs- und Hochleistungssport kann bei guter Begabung und ihrer bewußten Pflege durch eine sportspielgerechte Einstellung durchaus organisch verlaufen. Was dem Außenstehenden sensationell und nur durch Brüche in der personalen Entfaltung erkauft zu sein scheint, erweist sich in rationaler Abschätzung der einzelnen Entwicklungsschritte als ein verständlicher Aufstieg; er wird allerdings nur durch eine moderne Form innerweltlicher Askese (als eine Art religio athletae) möglich, die alle Lebenskraft auf die Leistungspraxis lenkt; sie muß dennoch nicht bar der sportspielerischen Freude sein. Die Befragung von Leistungs- und Hochleistungssportlern hat

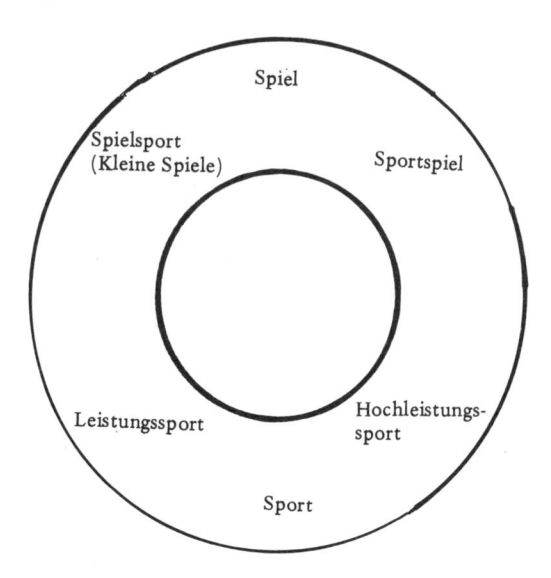

Abbildung 1: Wechselwirkung von Spiel und Sport

gezeigt, daß sie die sportspielerischen Elemente keineswegs als additive Arabesken, sondern als den konstitutiven Kern des leistungsgerechten Sportspiels (vgl. Abb. 1) betrachten (RÖHRS 1981a, 227 ff.).
Das Spielerische ist daher die Mitte des Sportspiels — selbst in seiner Aufgipfelung zur Hochleistung. Sobald aber das Spielerische vom Leistungswillen aufgesogen wird, schwindet mit der Freude die natürlichste Grundlage für die Leistungserstellung und -steigerung. Nur solange das Spielerische die Leistung trägt, bleibt Entwicklungsmöglichkeit gewahrt — sonst gerät das Sportspiel in die Nähe der industriellen Arbeit — rational geplant und unter Wahrung des Gesichtspunkts der Leit- und Kraftökonomie gestaltet. Der Arbeitsaspekt ist keineswegs die Norm des Sportspiels, sondern ein Abgleiten vom Spielerischen und somit ein sicheres Anzeichen für den Verfall der Spielkultur.

III. Konzept und Funktion des Sportspiels

Spiel und Sportspiel sind nicht als eine Gegenwelt zur Arbeit zu verstehen; sie haben vielmehr ihr Eigengesetz, das keineswegs zweckfrei ist, aber doch der Eigenbestimmung unterliegt. Das Sportspiel bildet eine schöpferische Synthese aus Sport und Spiel, wobei beide Anteile zur Profilierung der neuen Form in ihren eigenen Merkmalen zur Geltung kommen. Der Sport, dem — der lateinischen Wurzel des- bzw. dispora entsprechend — der Bedeutungsgehalt ablenken, unterhalten, sich messen anhaftet, steuert den Gedanken des Wetteiferns im Umkreis eines objektivierbaren Regelwerks bei; dagegen vergegenwärtigt das Spiel in diesem Rahmen das Spontane und Erfindungsreiche, das selbst das Leistungsstreben mit der Freude zu verbinden erlaubt.
Das Spiel ist ein geistig-körperliches Phänomen, das daher den ganzen Menschen erfaßt. Die Aktivierung der geistigen und körperlichen Komponenten erfolgt allerdings in unterschiedlichem Ausmaß. So spricht das Schachspiel als typischer Repräsentant der Kategorie der Brett- und Kartenspiele nahezu ausschließlich die geistigen Fähigkeiten an. Diese einseitige Einstellung kommt noch krasser in den Computer-Spielen zum Ausdruck, die zunehmend Resonanz finden. Kürzlich ging die Pressenotiz um die Welt, daß die kanadische Fluggesellschaft CPAir auf den Flügen zwischen Amsterdam und Vancouver Video-Computer-Spiele, die genau auf das Eßtablett passen, an die Fluggäste verteile (Welt am Sonntag, 31. Juli 1983). Damit feiert ein Spiel seinen Einstand, das zwischen Essen und Drink sitzend ohne jeglichen körperlichen Einsatz ausgeübt werden kann.
Demgegenüber muß zum Ausdruck gebracht werden, daß das Spiel seiner Grundintention entsprechend den ganzen Menschen fordern muß. Diese Wirkung geht in idealer Weise von den Sportspielen aus, in denen sich wechselweise Körperliches und Geistiges so unmittelbar durchdringen, daß sie nicht mehr zu trennen sind. Darin besteht zugleich der hohe Bildungswert der Sportspiele, daß — soweit ihre inhaltlichen Ziele voll aufgenommen wer-

den — der ganze Mensch sich im mannschaftlichen Zusammenwirken in seinen Grundtugenden bewähren muß. Einsatzbereitschaft, Mut, Wagnis, Gewandtheit, Ausdauer, Verläßlichkeit sind unter Wahrung der kooperativen Einstellung (Toleranz, Fairneß) die Grundtugenden, die der Spieler bewähren muß und als wichtigen Bildungsertrag am Sportspiel schätzt, wie Befragungen gezeigt haben (RÖHRS 1981a, 243, 247).

Eine offene Frage bleibt neben der überzeugenden Realisierung dieser Grundtugenden in der Sportsphäre ihre Übertragbarkeit auf den Lebensalltag. Festzuhalten ist zunächst die Tatsache, daß ähnlich wie spielerische Fähigkeiten in ihren Grundstrukturen durchhalten, d. h. bis ins hohe Alter nicht verlernt werden — auch die überzeugend geübten Spieltugenden Teil der Persönlichkeit werden und sich in jedem Lebensbereich bewähren.

Überzeugend können Spieltugenden indessen nur umgesetzt werden, wenn sie als solche eingesehen und bejaht werden. Damit ist ihre geistige Durchdringung und Bewältigung angesprochen, die erst erwirkt, daß sie nicht nur Annex der Spielregel bleiben, sondern ein integrierender Bestandteil der Persönlichkeit geworden sind (RÖHRS 1981a, 258 ff.). Wenn dieser Prozeß gelingen soll, dann muß die Spielhaltung und -einstellung im Rahmen der Gruppe wiederholt (möglichst beispielhaft) zum Gegenstand der Reflexion und damit in die Helle des Bewußtseins erhoben werden. Eine natürliche Form der Geselligkeit in Gestalt von Mannschaftsabenden, Vereinsfesten u. a. gibt eine wichtige Gelegenheit, durch die Transformation auf gesellige Formen, soweit es gelingt, einen Stil optimalen Niveaus zu entfalten, der alle — trotz unterschiedlicher Personalisation — anzusprechen vermag.

Die Sportspiele sind vorwiegend Mannschaftsspiele, die auch die Interaktion und ihre zwischenmenschliche Abstimmung zum Gegenstand sportspielerischer Aktivität machen. Dadurch gewinnen die Sportspiele ein ungewöhnlich breites Repertoire der Selbst- und Mannschaftsdarstellung, die nicht zuletzt durch die spielerische Interdependenz zwischen beiden an dramaturgischer Dialektik gewinnen. Das Sportspiel besitzt wegen der großen Gestaltungsfähigkeit in hohem Maße einen Ausdruckswert, der den Vergleich mit dem Schauspiel nahelegt. Diese Feststellung hat allgemeinen Aussagewert, wenngleich sie hinsichtlich des jeweiligen Typs des Sportspiels einer Präzision bedarf.

Die Sportspiele sind vorwiegend Ball- und Bewegungsspiele, in denen sich zwei Mannschaften gegenüberstehen. Begrenzt auf die wichtigsten Formen, lassen sich die Tor-, Mal-, Korb- und Schlagballspiele unterscheiden. Während sich in den Schlagballspielen, wie Cricket und Schlagball, die souveräne Beherrschung des Schlagholzes als eine entscheidende Aufgabe stellt, sind alle anderen Sportspiele in ihrer Gestaltung auf das technische Können und taktische Verständnis aller im mannschaftlichen Gefüge angewiesen (DÖBLER 1969, 33). Zur Verwirklichung dieser sportspielerischen Fähigkeiten stellen sich wichtige sporterzieherische Aufgaben, wie Erziehung zur Mannschaftsdienlichkeit und zum Fairplay, was das richtige Siegen- und Verlieren-Können einschließt.

Neben diesen Sportspielen im engeren Sinne trägt die Mehrzahl der weiteren sportlichen Disziplinen einen stark spielerischen Akzent. Das gilt nicht nur von den leichtathletischen Disziplinen, sondern auch vom Fechten und Boxen — soweit die spielsportliche Komponente zum Orientierungspunkt wird (RÖHRS 1981d, 156). So kann selbst das Boxen, wenn es wie das Fechten, in dem es in der englischen Sporttradition eine seiner Wurzeln hat, auf das berührende Treffen (statt des Schlagens) begrenzt wird, zu einem Sportspiel werden, das sich durch technisch gekonnte Ein- und Umstellung auf den Partner auszeichnet.

Dadurch würde es dem Fechten wieder ähnlich werden, weil wie in jenem die Fähigkeit des Treffens und nicht das Vernichten seine sportliche Honorierung findet. Ähnlich kann das Fußballspiel — beispielsweise als Fußtennis — ohne Berührung des Gegners auf die technische und taktische Fähigkeit begrenzt werden, ohne daß die spielerischen Tugenden eine Einengung erfahren. Die Sportspiele als Teile der kulturellen Wirklichkeit sind entwicklungsfähig und daher durch die Ergebnisse einer kritischen Erörterung auch modifizierbar.

Vorläufer und häufig auch Begleiter der Sportspiele sind die Kleinen Spiele. Darunter werden Spielformen verstanden, die frei von einem endgültigen Regelwerk eine spontane Gestaltung erfahren; sie drücken spielerische Freude und Übermut aus und können situativ in die Regel finden. Die Kleinen Spiele kennen als Rahmen die Sing-, Lauf- und Ballspiele, die aber jederzeit in spielerischen Variationen ihre Fortführung erfahren können (DÖBLER 1966; HILMER 1969, 174). Sie vermögen in die Sportspiele zu münden, wie auch das Sportspiel in das Kleine Spiel situativ zurückführen kann, wenn Übermut und Spielfreude Regel und Leistungsstreben eindeutig aufheben, wie es in Übungs- und Trainingsphasen zuweilen vorkommt. Die Kleinen Spiele haben eine gewisse Verwandtschaft mit dem Spielsport, allerdings mit dem unverkennbaren Unterschied, daß im letzteren Bereich trotz Dominanz der Freude die spielerische Regel und die Leistung an Orientierungskraft gewinnen.

Daher ist die Polarität zwischen Sportspiel und Spielsport außerordentlich groß, denn es lassen sich alle Sportspiele in spielsportlicher Einstellung treiben. So können Leistungssportler in spielsportlicher Absicht Tennis, Basketball oder Fußball *spielen*, was bei eindeutiger Priorität des technisch darstellerischen Elements das wetteifernde Erfolgsstreben hineinnimmt in die spielerisch perfekte Darbietung, in deren Diensten der Gegner zum Partner wird.

Kennzeichnend für die Sportspiele ist der hohe persönliche Einsatz — physischer und psychischer Art — bei ausgeprägtem Bewegungsgespür und entsprechend elastischem Krafteinsatz, der sich — soweit er Spielkomponente bleiben soll — dem taktischen Konzept einzuordnen hat. Die bloße körperliche Kraft zerstört mit dem spielerischen Element die Basis des Sportspiels.

Daher bleibt es ein ungeschriebenes Gesetz, daß alle Beteiligten — Spieler, Funktionäre und Schiedsrichter — darüber wachen, daß die spielerische

Komponente nicht durch Sekundärfaktoren wie Taktik, körperlicher Einsatz, blinder Siegeswille zerstört wird. Ihnen allen, aber insbesondere dem Schiedsrichter und Trainer, kommt eine wichtige spielerzieherische Funktion zu, die vor allem die Verantwortung vor dem gemeinsamen Spiel zu schärfen hat (DÖBLER 1969, 104 f.). Soll das Spiel gelingen, so ist die Mitwirkung *aller* wichtig.

1. Soziale Interaktion im Sportspiel

Das eigentliche Spezifikum des Sportspiels, das auch seine hohe sporterzieherische Beeinflußbarkeit und Wirkung umschließt, ist die soziale Interaktion. Das Sportspiel bildet ein soziales Handlungssystem, das — trotz der Bindung an ein vorgegebenes Regelwerk — spielerische Freiheit in der Gestaltung der Spielidee gewährt. Gerade die Kontrastharmonie zwischen dem regelhaft umgrenzten Rahmen und der relativ freien Umsetzung der Spielanforderungen macht das Faszinosum der Sportspiele aus. Der Spieler ist zugleich Glied und Gestalter des sportspielerischen Geschehens, wobei er den durch die Regel gesicherten Freiraum listig und erfindungsreich auszuschöpfen versucht (DIETRICH 1974, 55).
Die Spielhandlung ist jeweils die kreative Auslegung der Spielidee in einer durch den Spielverlauf bedingten Situation.
Die Handlungsstruktur des Sportspiels ist wegen der direkten und indirekten Mitbeteiligung aller Spieler an der jeweiligen Spielsituation äußerst komplexer Art. Als soziales Regelspiel stellt es den einzelnen in das Spannungsgefüge zwischen den Mit- und Gegenspieler, deren Handlungsmöglichkeiten in der eigenen Aktion mitbedacht sein wollen. Dabei muß das für die Mannschaft verbindliche Spielkonzept als taktische Maßnahme dem eigenen Positionswert entsprechend umgesetzt werden, daß der einzubeziehende Mitspieler die spielerische Anmutung verstehen und aufnehmen kann, während der Gegenspieler durch die verdeckte Handlungsform möglichst ausgeschaltet wird.
Dazu dient die nonverbale Kommunikation, die als sportspielerische Körpersprache für alle ausdruckskräftig ist, deren interner Code aber nur dem Mitspieler bekannt ist. Keine zweite Kommunikationsform ist so stark codiert, wie die sportspielerische Aktion in den sozialen Regelspielen; das gilt insbesondere vom Fuß-, Hand- und Korbball, weil das unmittelbare Gegenüber der Mannschaften in der Mann-Mann-Konfrontation zur Verschlüsselung aller Spielhandlungen zwingt.
Wenn als Beispiel das Fußballspiel herangezogen wird, so darum, weil von den jeweils 22 Spielern bei der Aktion eines einzelnen potentiell jeweils 21 angesprochen sind. Das erhöht die Dramatik dieses Spiels und erklärt die große Resonanz, die es in allen Kreisen der Öffentlichkeit findet. So wird die Spielaktion, die zu einem Zuspiel oder einer Flanke führen soll, scheinbar pragmatisch angesetzt, um die entsprechende Abwehrreaktion des Gegenspielers herauszufordern. Erst in diesen blockierenden Bewegungsablauf hinein erfolgt der geplante reale Spielzug, der nach dem Ausspielen ein freies Aktionsfeld öffnet.

Diese kaschierbare Offenheit macht die Sportspiele durch den schnellen Wechsel der Situationen so spannungsgeladen, weil Mitspieler und Gegenspieler stets einbezogen sind. Die einzelnen Spielzüge sind zwar Teil eines übergreifenden Konzepts, das aber den Spiellagen entsprechend vielfältig auszulegen ist. Diese Aufhebung des Planbaren und faktisch Geplanten durch das Unplanbare in Gestalt der situativen Improvisation verleiht dem Sportspiel seinen hohen Ausdruckswert, der der individuellen Eingabe im mannschaftlich vorgegeben Gefüge einen bedeutenden Spielraum gewährt.

Dennoch bleibt die Mannschaftsdienlichkeit der orientierende Leitwert der Sportspiele. Daraus leitet sich die sozialerzieherische Funktionalität ab, die den Sportspielen zugemessen wird (BÜHRLE 1971). Richtig daran ist, daß die Sportspiele wegen ihrer intensiven Interaktion wichtige sozialerzieherische Möglichkeiten bergen. Ihre sporterzieherische Aktivierung hängt aber weitgehend von der geistigen Durchdringung ab und von dem Ausmaß, in dem es gelingt, diese Prozesse durch eine Interaktionsanalyse in ihrem sozial verpflichtenden Charakter bewußt zu machen. Die Kommunikation und Kooperation als Grundvoraussetzungen für das Sportspiel sind zu ihrer Vervollkommnung auf Üben und Trainieren in wettkampfähnlichen Situationen angewiesen, die aber in sporterzieherischer Verantwortung gestaltet sein wollen.

In diesem Rahmen muß (im Sinne des Spiels) die Erziehung zur Fairneß und zum Fairplay eine vorzügliche Rolle spielen, denn die Fairneß ist eine wichtige Voraussetzung für das Gelingen des Spielsports und Sportspiels in der Vielfalt ihrer Erscheinungsformen. Sie umschreibt als Sorge um die regel- und spielgerechte Gestaltung die Freude am Spielerischen als der Lebensmitte des Spiels. Fairneß bedeutet in diesem Sinne mehr als formalkorrekte Regelhaftigkeit; sie umschließt nicht nur ein Spielen *mit* dem Partner, sondern auch *für* ihn als den Mitverantwortlichen für die Kultivierung des Spiels. So gesehen wird das Spiel durch das Gesetz der Fairneß zu einem Humanisierungsprozeß, der auf die menschlichen Werte und ihre freie Entfaltung verpflichtet (JOST 1973; RÖHRS 1981a, 251; RÖSCH 1982, 177). Menschlichkeit läßt sich durch das Spiel — mag es sich um Kinderspiele oder Sportspiele handeln — nur verwirklichen, wenn es am Prinzip der Fairneß orientiert ist. Heimtücke und Brutalität verderben das Spiel, weil mit der Sinnhaftigkeit auch die Freude verloren geht.

Neben der Rücksichtslosigkeit droht dem Fairplay von der Arroganz eine große Gefahr. Arroganz ist die Überheblichkeit aufgrund sportspielerischer Qualifikation, die aber in keinem Einvernehmen mit den daraus abgeleiteten Ansprüchen steht; sie ist eine Bankrotterklärung an den Sportgeist, der in seinen Grundtugenden nie verstanden wurde und daher unentfaltet blieb. Sie vermag wegen ihrer tiefen Gegensätzlichkeit zu Kooperation und Kommunikation das Mannschaftsspiel zu ruinieren.

Dadurch wird keineswegs das Täuschen, Überlisten und Fintieren ausgeklammert, denn sie sind legale sportspielerische Mittel, die die Spielfreude durchaus zu erhöhen vermögen. Ausgeschlossen werden muß dagegen eine

Form des Täuschens, die auf Kosten der personalen Integrität des Partners geschieht — insbesondere, wenn der Vorgang Verletzungen nach sich ziehen könnte. Der Gegenspieler ist als der andere auch immer Mitspieler, den es partnerschaftlich mitzubedenken gilt. Die anderen in das eigene Konzept perspektivisch einzubeziehen, ist daher eine sportspielerische Maxime von großer sozialerzieherischer Relevanz.
Darin darf eine Bestätigung für die kontaktstiftende Funktion des Sportspiels gesehen werden. Gerade die Gemeinsamkeit in elementaren spielerischen Situationen führt die Menschen zueinander und schafft eine neue Verständigungsbasis. Soweit sie breit genug als Erlebnis- und Erfahrungsbasis ausgestaltet war und sporterzieherisch bewußt aufgearbeitet wurde, vermag sie zu einem wichtigen Teil einer Lebenslehre zu werden, wie die Befragung von aktiven Sportlern, Sportstudenten und Funktionären zeigen konnte (RÖHRS 1981d, 229, 244). Diese Tatsache, daß die Sportspiele durch das Erleben in spielerischen Ursprungssituationen die Gemeinsamkeiten stärken und den Weg zueinander ebnen, gilt es im Alltagsleben weitaus bewußter zu berücksichtigen.
Unter diesen Voraussetzungen kommt auch der Spielbewegung der New Games, die sich weltweit entwickelt hat, eine große Bedeutung zu. Sie ist in diesem Rahmen schon darum bemerkenswert, weil sie frei von vorgegebener Regelhaftigkeit und Leistungsstreben in der Art der Kleinen Spiele und des Sportspiels das Spielerische und die Spielfreude in den Mittelpunkt stellt. Der Ursprungssituation in Kalifornien der mittsechziger Jahre entsprechend, also der Zeit des Vietnam-Krieges sowie der beginnenden Studentenbewegung, wird das Kämpferische im Spiel ebenso abgelehnt wie seine starre Regelhaftigkeit. Wo sie im spontan entfalteten Spiel dennoch auftreten, werden sie Anlaß zu spielerischer Abwandlung oder Überwindung, so daß das Spiel selber sich im Spiel spielerisch zur Disposition stellt.
So gesehen sind die New Games (KAPUSTIN 1980) eines der produktivsten Ergebnisse der Studentenbewegung von 1966, weil sie ein neues Feld sozialen Lebens (bei Relativierung gesellschaftlicher Barrieren) spielerisch jedermann erschließen. Das Spiel wird durch die Rückführung auf seine Grundintention, einer freudigen Form der Selbstgestaltung und des Selbstausdrucks, zu einer sozialen Handlung für jedermann. Insofern finden die Postulate der Studentenbewegung, den academic market place — am Beispiel von BERKELEY — auf das ganze Land auszudehnen, in Gestalt der New Games eine erste glaubwürdige Realisierung. Die ludischen Imperative: „Spiel intensiv, spiel fair, tue niemandem weh!" sind Ausdruck des Strebens nach dem soft war zur Überwindung jeglicher aggressiven Einstellung. Diese Züge sind auch der europäischen Spielbewegung eigen, die durch die amerikanische New Games Foundation durch die Initiation der Spielfeste 1976 in Brighton und 1978 (unter Mitwirkung des Deutschen Sportbundes) in Essen organisiert wurden.
Die Spielbewegung ist auch für die Theorie und Praxis des Sportspiels bedeutsam, weil sie die Initiationskraft des Spielerischen erweist; sie offenbart

allerdings auch deren Grenzen und Gefahren, die darin bestehen, daß die Rückführung des Spiels auf das spontan intuitive Element ohne Regelhaftigkeit, die die Bemühungen zu koordinieren vermag, in die bedrückende Ausnahmesituation des exzeptionell Erfinderischen führt. Als spielerische Eingebung stellt es sich nur in seltenen Augenblicken ein, aber nicht fortlaufend in der spontan zusammengeführten Gruppe. Nicht personale Lösung und Sachdistanz als Grundtugenden des Spiels sind die Folge, sondern sozialer Zwang zur spielerischen Eingebung, die situativ stets unzulänglich bleiben muß und daher die „Jouissance ludique" (CHATEAU) als Ergebnis des Spiels vorenthält.
Eine Pflege der Menschlichkeit ohne einen festen Führungsstil, der zu klaren taktischen Maßnahmen auf der Basis gediegenen Könnens führt, wird im Sportspiel im Rahmen einer Mannschaft kaum zu entwickeln sein, denn Sport erfordert ein Stück Askese, was auch immer Selbstverzicht und Einordnung bedeutet. Allerdings sollten wir lernen, im Sportspiel auch die Fortschritte im mitmenschlichen Bereich – der Kooperationsbereitschaft, der Toleranz, der Fairneß – zu würdigen und nicht lediglich die äußeren Erfolge zu honorieren. Diese einseitige Entwicklung wird entscheidend durch den Hochleistungssport im professionellen Rahmen vorangetrieben. Dennoch muß bewußt bleiben, daß diese Gruppe der Massenbewegung des Deutschen Sportbundes von insgesamt ca. 16 Millionen Sporttreibenden nur den Bruchteil eines Prozentes ausmacht und daß für den Breitensport durchaus dem sozialerzieherischen Postulat eine Priorität zukommt. Sie zu realisieren ist sowohl eine Aufgabe der Ausbildung geeigneter Sportlehrer als auch der Aufklärung der jeweiligen Vereinsführung (RÖHRS 1982, 135).
Soweit die Sportspiele in spielerzieherischer Verantwortung gestaltet werden, können sie ein wichtiges pädagogisches Mittel zur Entfaltung der Friedensfähigkeit werden. Der Frieden als anthropologisches und weltpolitisches Problem ist eine äußerst komplexe Aufgabe, die nicht nur erfahren, eingesehen und erkannt sein will, sondern die auch der steten Umsetzung bedarf. Als vordringliches Existenzproblem muß sie den Menschen ganz ausfüllen, damit sie Leitmotiv für sein Handeln wird. Diese Einstellung kann in den Sportspielen wirkungsvoll vorgeübt werden.
Gerade in den Sportspielen können wichtige Grundtugenden, die die Friedensfähigkeit sichern, wie Kooperationsbereitschaft, Denken und Handeln vom anderen her, Einsatzbereitschaft für die anderen, Fairneß, Toleranz, in den wechselnden sportspielerischen Situationen vorgeübt werden. Wichtig erscheint dabei, daß die Friedensfähigkeit sich hinsichtlich ihrer Friedensbereitschaft und -fertigkeit bewähren muß. In den sportspielerischen Situationen – soweit sie ihre pädagogische Dimensionierung erfahren – bleibt die Friedensfähigkeit nicht Bestandteil der ästhetisierenden Innerlichkeit, sondern sie muß fortlaufend unter wachsenden harten Anforderungen und Anfechtungen ihre Friedensbereitschaft und -fertigkeit unter Beweis stellen (RÖHRS 1981a, 127; 1983, 320).

2. Das Fußballspiel – Beispiel eines Sportspiels

Unter den Sportspielen nehmen die Ballspiele und insbesondere das Fußballspiel eine besondere Rolle ein. Das hängt sicherlich mit der großen Spielanmutung zusammen, die von dem Ball ausgeht. Der Ball als rundes Spielding, das rollen und fliegen kann, das gestoßen, geworfen und gefangen wird, trägt einen hohen spielerischen Aufforderungscharakter in sich. Wer je zu dem Ball ein begründetes Spielverhältnis gestaltet hat, wird kaum einem Ball begegnen, ohne – wenigstens im Ansatz – ein Spiel zu beginnen.

Darin sind auch die Gründe für die lange Geschichte der Ballspiele und ihre zunehmende Beliebtheit zu suchen. Das erste Buch der Neuzeit über das Ballspiel erschien 1555 in Venedig von Antonio SCAMIO unter dem Titel „Trattato del giucco della palla". Das Fußballspiel wurde allerdings bereits im alten China gespielt und beschrieben (MENDNER 1956, 50, 65). Es hat als soziales Regelspiel seinen Ursprung erst im 19. Jahrhundert in England. Herausgewachsen aus den folk games, ist der Urfußball von volksspielerischen Zügen geprägt, die sich durch Kraft und Robustheit auszeichneten. Die Begleiterscheinungen sind oft beklagt worden: „broken bones, bloody noses or not" (ELIAS / DUNNING 1971, 118). Erst im Verlauf des 19. Jahrhunderts wurde (zusammen mit der Gründung der „Football Association") ein Regelwerk entwickelt, das aus dem folk game football ein Ballspiel von großer sozialer Relevanz entfaltet, das in den Ländern aller Kontinente eine eigene Entwicklung erfuhr.

Durch das Regelwerk wurde der bisher (nach Art des Rugby) bevorzugte body check auf ein Minimum begrenzt, so daß die eigentliche Spielchance im virtuosen Umgang mit dem Ball in Übereinstimmung mit den mannschaftlichen Zielen besteht. Dadurch war das Sportspiel Fußball als soziales Regelspiel kreiert, das bei bewußter Befolgung der ihm eigenen Spielintention einen hohen Grad an Soziabilität zu entfalten vermag. Insofern repräsentiert das Fußballspiel ein Mannschaftsspiel mit einer ungewöhnlich großen Kommunikationsforderung, das role-taking, -making und -suggestion in einem verwirrenden Wechsel einschließt. Jeder der 22 Akteure ist von der Spielintention her potentiell „Mit"-Spieler („free-for all") im Sinne des MEADschen Konzepts (MEAD 1973). Die weitgehend nonverbale Verständigung, die die Absichten den jeweilig dominanten Spielstrukturen abliest, die ein Kreuzgeflecht eigener und gegnerischer Intentionen darstellen, bilden ein besonderes Kommunikationsgepräge mit einem spezifischen Profil (RÖHRS 1981a, 200).

Im Rahmen der Spitzenmannschaften wird immer mehr erkannt, daß die bloße spielerische Disponibilität der einzelnen Spieler für das mannschaftliche Ensemble und seine sportspielerische Wirksamkeit allein keineswegs ausreichend ist. Der Faktor x als die große Unbekannte ist die mitmenschliche Abstimmung durch Verständigung.

Dennoch birgt weder die Formel „Hohe Kohäsion einer Mannschaft kann der Leistung abträglich sein" noch die Gegenposition „Hohe Kohäsion einer

Mannschaft kann leistungsfördernd wirken" (KOHL 1976, 96) die Lösung. Im Rahmen der sozialen Regelspiele ist nicht die freundschaftliche Beziehung an sich ein mannschaftsförderndes Datum, sondern erst der planmäßige Versuch, diese Bedingungen sinnvoll auf das mannschaftliche Gefüge zu übertragen und für das Spiel zu aktivieren.
Das Spiel ist zwar keine Gegenwelt, aber doch ein Wirklichkeitsbereich eigener Prägung, in dem der einzelne seine private Existenz transzendiert. An ursprünglichere Seins- und Erlebnisweisen anschließend, schafft sich der einzelne eine eigene Welt, die in den zu knüpfenden mitmenschlichen Beziehungen gewürdigt sein will, wenn sie im interdependenten Rahmen des Mannschaftsspiels fördernd wirken soll.
Das Fußballspiel ist wiederholt mit dem Schauspiel verglichen worden (HORTLEDER 1974, 71; RÖHRS 1981a, 209); der Vergleich ist wegen der Selbstdarstellung der einzelnen im mannschaftlichen Zusammenspiel durchaus berechtigt. Allerdings ist der Grad der Spontaneität höher, da der nonverbale Text in der Körpersprache – trotz des vorgegebenen taktischen Konzepts – situativ ausgedrückt und verstanden werden muß. Diese Offenheit der jeweiligen Situation hinsichtlich einer einzuleitenden Aktion maximiert mit der Variabilität der Handlungsverläufe die Dramatik erheblich.
Aus diesen Gründen ist aus dem gesellschaftlichen Randphänomen Fußball, das als ruppig und vulgär galt, ein Sportspiel geworden, das wegen seiner hohen technischen und taktischen Anforderungen differenzierte Ausdrucksqualitäten entfaltet und daher eine große Resonanz in der Öffentlichkeit – einschließlich breiter Kreise der Intellektuellen (JENS 1981b, 179) – gefunden hat.
Wie stark das Spielerische die Dominante bilden sollte, wenn das Fußballspiel seiner Konzeption entsprechen soll, dafür gibt es viele Beispiele. Ein besonders eindrucksvolles Exempel lieferten die südamerikanischen Mannschaften während des Weltmeisterschaftsturniers 1981 in Motevideo. Während die saturierten Spieler der europäischen Mannschaften bis auf wenige Ausnahmen die Grenzen ihrer Spielauffassung und -gestaltung als natürliches Ergebnis ihrer professionellen Einstellung offenbarten, zeigten die Südamerikaner eine überschäumende Spielfreude und -intelligenz, wie sie nur aus einer nimmermüden Spielpraxis resultieren können. Auf der einen Seite vertraglich geregelte und möglichst nicht überschrittene Trainingszeiten, gekoppelt mit überhöhten Prämienforderungen, und auf der anderen Seite vorwiegend sehr junge Spieler, häufig aus armen Verhältnissen kommend, die im wahrsten Sinne des Wortes spielend aufgewachsen sind; sie beherrschen daher souverän Ball und Spiel, weil sie mit ihnen unmittelbar verbunden sind.
So paradox es auch klingen mag: sie gewinnen vom Spiel dadurch Distanz, daß sie spielerisch ganz in ihm aufgehen. Obwohl sie jeden Spielzug beherrschen, wird das Spiel leidenschaftlich und unter Beteiligung der ganzen Person gespielt, ja förmlich zelebriert. Spielbeherrschung und -distanz sind in erster Linie das natürliche Ergebnis vielstündigen spielerischen Übens

und nicht der Taktik, die auf ihren Dienstwert begrenzt bleibt. Das Eingespieltsein ist die natürliche Resultante aus einem spielerischen Sich-Ausgeben, das funktioniert, weil jeder ganz für das Spiel lebt und jeden daher vom Bewegungsablauf her blind versteht. Daher ist jeder jederzeit bereit, jede Position zu übernehmen – sei es in Angriff oder Abwehr. Durch diesen spielerischen Kraftüberschwang sind in Angriff und Verteidigung stets mehr Spieler eingriffsbereit als es in taktisch formierten Mannschaften allgemein möglich ist, weil Kraft und Ausdauer für diese aufreibende Spielweise nicht aufgebracht werden können.

Das Fußballspiel ist durch ein lebendiges Kommunikationssystem geprägt, das einmal in dem taktischen Konzept und der dem einzelnen darin zugedachten Rolle angelegt ist; zum anderen erfährt das moderne Spiel zunehmend dadurch eine Dynamisierung, daß die Rollen äußerst flexibel werden. Der daraus resultierende Rollenwechsel erfordert eine um so feinere Abstimmung der Funktionsbereiche und nicht Koordinierung der spielerischen Maßnahmen im steten Wechsel.

Diese Spielweise erheischt ein hohes Maß an Soziabilität, die nicht ohne sozialerzieherische Fundierung zu erreichen ist.

3. Die sozialerzieherische Funktion des Sportspiels

Die gekonnte Teilnahme am Sportspiel setzt die Sportspielfähigkeit (HILMER 1969, 119) voraus; sie schließt neben der sportspielerischen Disposition eine optimale Grundschnelligkeit sowie Bewegungsbewußtsein, Bewegungsgestaltung und Bewegungsfreude ein. Die sportspielerische Qualifikation erfordert Spielverständnis im Sinne einer Einfühl- und Einfügsamkeit in das Spielgeschehen und die Fähigkeit, es der jeweiligen taktischen Direktive entsprechend zu gestalten. Die Spieltechnik, die in allen Sportspielen bis zu Graden artistischer Virtuosität ausgebildet werden kann, umschließt die Fähigkeit, im Umgang mit dem Ball die jeweilige Spielphase – trotz der Behinderung durch den Gegenspieler – spielerisch so gestalten zu können, daß sie sich produktiv der mannschaftlichen Selbstdarstellung einfügt.

Einen außerordentlich wirksamen Prägefaktor bildet in diesem Prozeß die Sozialisationswirkung der Sportspielwirklichkeit mit den bereits motivierten Altersgenossen und der Motivationskraft der sportlichen Leitbilder. Gerade die jeweils gewählten Idole – sowohl regional oder gar international – können die sportliche Laufbahn entscheidend bestimmen. Über partielle Identifikationen – insbesondere während der Kindheit und des Jugendalters – kann es zu einer Annäherung an den Spielstil des jeweiligen Vorbildes kommen, das über weite Strecken in seinen Bewegungsabläufen und Spielformen nachgeahmt wird.

Als soziales Gebilde ist das Sportspiel anfällig für Dissoziierungserscheinungen (HEINEMANN 1974, 49), die aufgrund mangelnden Spielverständnisses den Spielfluß empfindlich zu beeinträchtigen und bei den Mitspielern entweder eine Erhöhung der Aggressionsbereitschaft oder aber ein Versagen herbeizuführen vermögen. Was von beiden eintritt, hängt sowohl von der sozialen Struktur der Mannschaft und ihrer Fähigkeit, soziale Labilität auszugleichen, als auch von dem Persönlichkeitsprofil der Spieler ab. Die Überwindung dieser sozialen Disproportionalität im Mannschaftsgefüge ist letztlich aber nur durch eine sozialerzieherisch bewußt gestaltete Bildungsarbeit möglich, die gerade in der Sportspielwirklichkeit auf gute Voraussetzungen trifft, weil die Schulklemmen nicht mehr wirksam sind.

Die Sportspiele erfordern daher in jeder Phase eine ausgeprägte Kommunikation im Dienste der mannschaftlichen Kooperation.

Kein Mißverständnis — gewollter oder ungewollter Art — läßt sich verbergen, denn alles ereignet sich vor aller Augen und wirkt sich störend auf das Spielgeschehen aus. Einen Mitspieler „schneiden", d. h. ihn nicht oder schlecht ins Spiel bringen, hat negative Rückwirkungen auf das mannschaftliche Zusammenspiel; sie bleiben nicht unbemerkt und finden ihre Kritik, die aber bei dem Urheber einsetzen wird — Erscheinungen also, die im Alltagsleben in ihren ursächlichen Zusammenhängen häufig weder durchschaut noch kritisch aufgedeckt werden.

Wegen dieser Offenkundigkeit des Handlungskontextes ist das Sportspiel ein ausgeprägtes Bewährungsfeld, in dem auch das verstecke Foul nicht verborgen bleibt, selbst wenn der Schiedsrichter es übersehen haben sollte. Wichtig ist es daher, die sozialerzieherische Funktion der Sportspiele allen Beteiligten — den Spielern, den Trainern, dem Schiedsrichter, den Verantwortlichen des Vereinslebens — stärker bewußt zu machen. Darum ist es keineswegs notwendig, auf die den Sportspielen eigene natürliche Härte als Ausdruck einer guten Kondition zu verzichten; unterbunden werden muß vielmehr auf jeden Fall eine Spielweise, die den Gegenspieler gefährden könnte.

Darum bedarf in den Sportspielen wie im Sport überhaupt das Leitbild des Sportsmannes einer bewußten Ausfaltung. Der Sportsmann ist keineswegs identisch mit dem good guy, dem Kumpel, der verläßlich, aber auch ein wenig unkritisch in allen Situationen zur Seite steht; er verkörpert vielmehr einen sportspielerisch bewährten Menschentyp, der in den vielfältig bewußt erfahrenen Anforderungen der Sportwirklichkeit mitmenschliche Verläßlichkeit als Ausdruck eines geprägten Urteilsvermögens erworben hat. Der Sportsmann vermag Charakterstärke zu entfalten, soweit die sportspielerischen Anforderungen eine bewußte sozialerzieherische Durchdringung erfahren.

Das Persönlichkeitsprofil des Sportsmannes schließt das politische Verantwortungsbewußtsein ein, das in der Sportspielwirklichkeit, in die auch die gesellschaftspolitischen Dimensionen hineinwirken, seine Bewährung erfährt. Die eigentlich prägende Kraft ist der Mannschaftsgeist, der zwar vom Sportsgeist des einzelnen durchdrungen ist, aber in seiner Einwirkung doch mehr darstellt als die Summe aller. Seine Wirksamkeit wird zweifellos erhöht durch eine bewußte Traditionspflege im Rahmen des Vereinslebens.

Wie alle sportlichen Aktivitäten, so ist auch das Sportspiel lehrbar und somit Gegenstand der Sporterziehung und -didaktik — sei es in der Schule oder im Verein (SCHMITZ 1966; EGGER 1975; GRÖSSING 1979). Soweit beide Lernbereiche vorausgesetzt werden können, ist ihre Koordinierung notwendig. In jedem Falle ist eine sportspielerische Grundbildung unabdingbar, die die Laufschnelligkeit und -ausdauer zusammen mit der Beweglichkeit als Basis für die Ballbehandlung im mannschaftlichen Zusammenspiel pflegt. Dabei kommt dem mentalen Üben sportspielerischer Anforderungen und der in ihnen zu berücksichtigenden Sportspieltugenden wie Fairneß und Toleranz — nicht zuletzt als Analyse bestimmter Spielhandlungen — eine wegweisende Bedeutung zu.

Das Sportspiel sollte in Betonung seiner sozialerzieherischen Funktion bewußt auch mit gemischten Gruppen unterschiedlichen Leistungsniveaus getrieben werden, in denen das Spiel gezielt auf die leistungsschwächeren Teilnehmer zugeschnitten wird. Ein besonderes Aufgabenfeld bildet der Einbezug der Sportspiels (unter der Initiation einer kurativen Sportpädagogik) in den Umkreis des Behindertensports (RIEDER 1977; RÖHRS 1982, 102). Unter der Voraussetzung einer sorgsamen fallspezifischen Wahl der Aktivitätsbereiche und ihrer Absicherung gegenüber Unfällen kann gerade die kooperative Grundhaltung bei besonderer Betonung des spielerischen Moments die lebensbejahende Haltung unterstützen, indem das Selbstbewußtsein in der sozialen Bewährung mit dem anderen eine Stärkung erfährt.

Literatur

Andresen, R. / Hagedorn, G. (Hrsg.): Training im Sportspiel. 4. Internationales Berliner Sportspiel-Symposium, Ahrensburg 1982a
— Lernen im Sportspiel, Berlin 1982b
Brailsford, D.: Sport and Society. Elizabeth to Anne, London / Toronto 1969
Brettschneider, W.-D.: Spezifisches motorisches Leistungsvermögen oder soziale Kompetenz: falsche Alternative oder zentrales Problem der Sportdidaktik, in: Dietrich, K. / Landau, G. (Hrsg.): Beiträge zur Didaktik der Sportspiele. Teil III: Sportspiel im Unterricht, Schorndorf 1977, 15 — 26
Bührle, M.: Die sozialerzieherische Funktion des Sports, Ahrensburg 1971
Cachey, K.: Sportspiel und Sozialisation, Schorndorf 1978
Czwalina, C.: Pädagogische Probleme des Mannschaftsspiels, in: Kohl, K. / Czwalina, C. (Hrsg.): Psychologische und pädagogische Untersuchungen zum Sportspiel, Ahrensburg 1978, 71 — 107
— Zur Bewertung sportspielerischer Leistungen, in: Andresen, R. / Hagedorn, G. (Hrsg.): Beobachten und Messen im Sportspiel, Berlin 1980, 25 — 32
Dietrich, K.: Sportspiele und Interaktion, in: Sozialisation und Sport, hrsg. vom Ausschuß Deutscher Leibeserzieher, Schorndorf 1974
— Interaktionsanalyse der Sportspiele, in: Andresen, R. / Hagedorn, G. (Hrsg.): Theorie und Praxis der Sportspiele, Bd. 1, Berlin 1976, 51 — 71
Döbler, H.: Abriß einer Theorie der Sportspiele, Leipzig 1969
Döbler, E. / Döbler, H.: Kleine Spiele. Ein Handbuch für Schule und Sportgemeinschaft, 3. Aufl. Berlin 1966
Egger, K.: Lernübertragungen in der Sportpädagogik, Basel 1975
Elias, N. / Dunning, E.: Folk Football in Medieval and Early Modern Britain, in: Dunning, E. (Ed.): The Sociology of Sport, London 1971
Fagen, R.: Animal Play Behavior, Oxford University Press 1981

Fröbel. Ausgewählte Schriften. Menschenerziehung, hrsg. von E. Hoffmann, 2. Aufl. Stuttgart 1981
Gröger, A.: Turn- und Neckspiele, 6. Aufl. Leipzig 1939
Größing, S. (Hrsg.): Spektrum der Sportdidaktik, Bad Homburg v. d. H. 1979
Grupe, O.: Das Spiel im Sport — der Sport als Spiel, in: Grupe, O. / Gabler, H. / Göhner, Z. (Hrsg.): Spiel, Spiele, Spielen. Bericht über den 5. Sportwissenschaftlichen Hochshultag, Schorndorf 1983, 18 — 42
Hagedorn, G.: Handlungsstruktur und Didaktik des Sportspiels, in: Dietrich, L. / Landau, G. (Hrsg.): Beiträge zur Didaktik der Sportspiele, Teil III: Sportspiel — Analysen, Interpretationen, Folgerungen, Schorndorf 1977, 31 — 50
— Probleme des Beobachtens und Messens im Sportspiel, in: Andresen, R. / Hagedorn, G. (Hrsg.): Beobachten und Messen im Sportspiel, Berlin 1980, 9 — 24
Hartmann, H.: Über Möglichkeiten und Grenzen der Entwicklung und Analyse von sozialen Handlungsdimensionen im Sportspielunterricht, in: Andresen, R. / Hagedorn, G. (Hrsg.): Theorie und Praxis der Sportspiele, Bd. 1, Berlin 1976, 72 — 94
Heinemann, K.: Sozialisation im Sport, in: Sportwissenschaft 4 (1974), 49 — 71
Hill, C.: Puritanism and Revolution, London 1962
Hilmer, J.: Grundzüge einer pädagogischen Theorie der Bewegungsspiele, Hannover 1969
Hortleder, G.: Die Faszination des Fußballspiels, Frankfurt a. M. 1974
Jens, W.: Vorbei, die Emsbüttler Tage, in: Röhrs, H. (Hrsg.): Das Spiel — ein Urphänomen des Lebens, Wiesbaden 1981, 179 - 182
Jost, E.: Die Fairneß, 2. Aufl. Ahrensburg 1973
— Kategorien für die Strukturanalyse des Sportspiels, in: Dietrich, K. / Landau, G. (Hrsg.): Beiträge zur Didaktik der Sportspiele, Teil II: Sportspiel — Analysen, Interpretationen, Folgerungen, Schorndorf 1977, 69 — 82
Kapustin, P.: New Games — eine neue Spielbewegung aus den USA, in: Sportpraxis in Schule und Verein, 5/6 (1980), 94 f. und 111 — 113
Kohl, K.: Mannschaftsführung und Mannschaftsformung, in: Andresen, R. / Hagedorn, G. (Hrsg.): Theorie und Praxis der Sportspiele, Bd. 1, Berlin 1976, 95 — 105
— Zur Psychologie des Mannschaftsspiels, in: Kohl, K. / Czwalina, C. (Hrsg.): Psychologische und pädagogische Untersuchungen zum Sportspiel, Ahrensburg 1978, 9 bis 70
Kreuzer, K. J. (Hrsg.): Handbuch der Spielpädagogik, Bd. 1 und 2, Düsseldorf 1983
Landau, G.: Grundsätzliche Überlegungen zum Regelbewußtsein im Sport- und Bewegungsspiel, in: Dietrich, K. / Landau, G. (Hrsg.): Beiträge zur Didaktik der Sportspiele, Teil II: Sportspiel — Analysen, Interpretationen, Folgerungen, Schorndorf 1977, 83 — 97
Mead, G. H.: Geist, Identität und Gesellschaft, Frankfurt a. M. 1973
Mendner, S.: Das Ballspiel im Leben der Völker, Münster 1956
Piaget, P. C.: Play, language and human evolution, in: Bruner, J. S. / Jolly, A. / Sylva, K. (Eds.): Play — its role in development and evolution, New York 1976, 621 bis 635
Rieder, H.: Sport als Therapie, 2. Aufl. Berlin / München / Frankfurt a. M. 1977
Röhrs, H.: Spiel und Sportspiel — ein Wechselverhältnis, Hannover 1981 (darin: Das Fußballspiel — Theorie einer Praxis, 200 — 228)
— (Hrsg.): Spiel — ein Urphänomen des Lebens, Wiesbaden 1981b
— Sportpädagogik und Sportwirklichkeit, Bad Homburg v. d. H. 1982
— Das Spiel — eine Grundbedingung für die Entwicklung des Lebens, in: Kreuzer, K. J. (Hrsg.): Handbuch der Spielpädagogik, Bd. 1, Düsseldorf 1983, 43 — 67
— Vom Sinn des Lebens-Spiels, in: Meyer, E. (Hrsg.): Spiel und Medien in Familie, Kindergarten und Schule, Heinsberg 1984
Rösch, H.-E.: Spiel und Menschenwürde im Sport, in: Jacobs, P. / Rösch, H.-E. (Hrsg.): Sport und Menschenwürde, Mainz 1982, 177 — 186

Schmitz, J. N.: Studien zur Didaktik der Leibeserziehung, 4 Teile, Schorndorf 1966, 1967, 1970, 1972

Wickenhagen, H.: Turnen und Jugendspiele, Handbuch der Erziehungs- und Unterrichtslehre, Bd. 4/II, München 1898

2. Spiele im Sportunterricht

Klaus-Wieprecht Hielscher

I. Zum Theorieverständnis

Die Sportpädagogik, jene Wissenschaft, die sich auf die Zusammenhänge von Sport und Erziehung bezieht, kann im Bereich der Bundesrepublik Deutschland nicht auf eine alle Erscheinungen des Sports und der Erziehung systematisch-gedanklich verbindende Theorie zurückgreifen; das gilt gleichfalls für Spieltheorien, die im Sport „nur punktuell einen widerspruchsfreien Zusammenhang zwischen Tatsachen und Denken herzustellen vermögen" (ANDRESEN / HAGEDORN 1976, Bd. 1, 21).

Nach HOLZKAMP (1968) ist eine Theorie der Sportspiele eine umfangreiche Theorie, weil der in ihr zu erfassende Realitätsbereich höchst mannigfaltig ist. Er umfaßt sowohl Wahrnehmungsgegebenheiten als auch kognitive, intentionale, motivationale, soziale Prozesse und vielleicht nicht zuletzt auch motorische Komponenten. Der Realitätsbereich Sportspiel hat somit eine philosophisch-pädagogische, eine soziale, eine psychologische und eine strukturell-funktionale Dimension.

Die routinierten Sportlehrer und Sportpraktiker, die ihren Unterricht in der Regel unter erheblichem Zeit-, Handlungs- und Erfolgsdruck planen müssen, haben den Anspruch bewußter Theorien im obengenannten Sinne meist aufgegeben. Den problematischen Aspekt eines unbewußten und unreflektierten Theoriegebrauchs bei Sportpraktikern und -lehrern beschreibt HAGEDORN (1981, Bd. 4, 17) und nennt dieses „Theorie der Praxis". Ihre Merkmale sind Teilstücke aus anderen Theorien, die meist dem praktischen Handlungskonzept des augenblicklichen Erfolghabens und der Leistung untergeordnet sind. Die fehlende Möglichkeit, diese Konzepte zu überprüfen und zu revidieren, sollte von Sportpraktikern besser erkannt werden.

„Ein Spielkonzept, auf das diese Kritikpunkte zutreffen, bleibt der geheime oder geheimnisvolle Besitzstand des Trainers, von dem er jeweils nur das Notwendigste preiszugeben gewillt ist. So bewegt sich ihre Begründung nur auf der Ebene der Tradition (,Das wurde immer so gemacht') oder der subjektiven Erfolgserfahrung (,So haben wir die damals ... geschlagen')."

In vielen neuen Ausgaben werden Versuche unternommen, die Bedeutung von Theorien für das Lehren und Lernen im Sport zu begründen. Dabei kann das Bild und die Auffassung, die Wissenschaft vom Sportunterricht entwickelt, im starken Gegensatz stehen zu dem, wie Sport üblicherweise aufgefaßt und verstanden wird.

II. Sportunterricht und außerschulischer Sport

Angesichts dieser Lage sind nicht nur die praktizierten „bewährten" Verfahren des Sportunterrichts in diesen Beitrag aufzunehmen, sondern auch neue Wege im Sportunterricht, wie sie die in letzterer Zeit vorgelegten größeren didaktischen Entwürfe (vgl. u. a. BRETTSCHNEIDER 1977; EHNI 1977; DIETRICH 1977, 1980; GRÄSSING 1977; BRODTMANN 1979; HECKER 1979) als gemeinsames Kennzeichen des Bemühens um die Aufnahme und Auseinandersetzung mit dringenden Fragen des konkreten Sportunterrichts aufweisen. Sport selbst gilt als kulturelle Erscheinung innerhalb des komplexen Feldes von Aktionsformen und Erscheinungen, die den Menschen Vervollkommnung körperlicher Eigenschaften, körperliche Entspannung, Geselligkeit, erwünschte Abenteuer, Aufregung und Vergnügen bescheren, die ihnen Handlungsmöglichkeiten außerhalb der Arbeit bieten, die der Reproduktion ihrer Arbeitskraft dienen und die ihnen kulturelle Anregungen vermitteln (vgl. FUNKE 1979, 123). Für DIETRICH / LANDAU (1977, Bd. III, 16) findet der Begriff Sportspieldidaktik oder Didaktik der Sportspiele für alle Überlegungen und Sätze Anwendung, die den Unterricht im Sportspiel als einen Ort organisierten Lernens zum Gegenstand haben und das Ziel verfolgen, diesen zu verbessern.

Sportunterricht bedeutet laut Sportwissenschaftlichem Lexikon (1983, 373) im weitesten Sinn „die Gesamtheit unterrichtlicher Veranstaltungen unter Leitung eines Sportlehrers. Er schließt dabei sowohl die schulischen als auch die außerschulischen Formen unterrichtlicher Vermittlung von Sportlehrern ein". Für die allgemeine Öffentlichkeit scheint die Identität des Schulfaches mit dem außerschulischen Sport fraglos und selbstverständlich; gibt es doch überall die gleichen Bewegungsräume und -formen. Mit dem Konzept des institutionalisierten Sportbetriebs scheint eine schlüssige Antwort zum Problem menschlicher Bewegung in unserer Zeit gefunden zu sein. Die darin aufgehobenen Vorentscheidungen bleiben damit jedoch außerhalb sportpädagogischer Betrachtung: wie zum Beispiel das Verhalten der Kinder zu ihrem Körper und ihrer Bewegung in ihrer Bewegungswirklichkeit organisiert ist.

Der gewollte Leistungsvergleich im Sport, der standardisierte Bedingungen herstellt, um die erbrachten Leistungen „objektiv" und überall in der Welt vergleichbar zu machen, bringt erst jenes Gemeinsame hervor, an dem wir Sport in seiner historischen Wirklichkeit erkennen. Insbesondere ist dies erkennbar in der architektonischen Materialisierung der Sporträume wie Stadien, Wettkampfbäder, genormten Turnhallen u. a.

Die wissenschaftlichen Steigerungsmöglichkeiten haben konsequenterweise zu einem Bestand an biologischem Funktionswissen und daran ausgerichteter Beeinflussungsmaßnahmen geführt.

Der trainierte Sportler lernt, daß eine dosierte „Körperarznei" die Steigerung sportlicher Leistungsfähigkeit garantiert. Auf ganz bestimmte Funktionsbereiche gerichtete Trainingsprogramme unterstützen in ihrem abprüfbar leistungssteigernden Effekt ein Bewußtsein vom Körper als gut

funktionierendem Werkzeug. Das für den Leistungssport charakteristische instrumentelle Körperverständnis hat auch im Schul- und Breitensport zunehmend an Bedeutung gewonnen.
Circuit-Training, Fitneß-Sport, Trimm-Dich-Aktionen u. ä. unterstellen jenes Zweck-Mittel-Verständnis menschlicher Körperlichkeit. Dem Streben nach Höchstleistungen entspricht die biologisch besonders günstige Disposition des Kinder- und Jugendalters zur sportmotorischen Höchstleistung. Innerhalb der sportdidaktischen Diskussion sind allerdings wenig Ansätze erkennbar, die über das sportive (= wettkampf-orientierte) Bewegungskonzept hinausweisende Aussagen formulieren.

III. Das Schulsportspiel unter den Rahmenbedingungen der Schule

Das diesen Beitrag leitende pragmatische Interesse legt nahe, die gegenwärtige Spielpraxis des Sportunterrichts und die darin enthaltenen Kräfte als Ausgangs- und Bezugspunkt konstruktiver didaktischer Überlegungen zu wählen. Vor diesem Hintergrund sind auch die geltenden Rahmenbedingungen zu interpretieren, die als institutioneller Niederschlag der gesellschaftlichen Funktion der Schule gelten können.
Hartmut v. HENTIG (1972) hat die „Pädagogisierung des Sports" als das große Übel des Schulsports bezeichnet. Er beschreibt, wie der Sport zum Schulsport wird und wie diese Transformation dem Sport schlecht bekommt. Der Sport wird zum „Fach", zur „Pflicht", zur „Vorbereitung auf etwas", zum „Kompensationsmittel", zum „Teil eines allgemeinen Berechtigungssystems". Wesentliche Dimensionen des Sports gehen dabei verloren. Die rechtlichen Regelungen bestimmen nicht nur die Einfügung des Sports in den Organisationsablauf der Schule wie die Festlegung von Stundenzahlen, definierte Raum- und Zeiteinheiten, die Festlegung der Interaktionspartner, sondern sie tragen in dem vom Konkurrenzdenken geprägten System Schule und Sport auch die Tendenz in sich, Menschen anhand festgelegter Standards zu unterscheiden und einzustufen (soziale Differenzierung).
„Das Fehlen überzeugender pädagogischer Bewertungskriterien hat im Sportunterricht dazu geführt, die Standards des Sports auch zur Grundlage der Bewertung der schulischen Leistung zu machen" (DIETRICH / LANDAU 1979, 13).

Die Lehrplanrevision durch die Bundesländer in den letzten zehn Jahren zeigt am Beispiel Niedersachsens die Interessengegensätze zwischen den großen Verbänden des Sports, dem Kultusministerium und dem Anspruch einer pädagogisch definierten Schule. In diesem Verfahren haben Personen und Ideen so gut „kooperiert", daß die Anpassung der Leibeserziehung an die Bedürfnisse des Sports, vor allem an die Bedürfnisse des Leistungssports sehr weit fortgeschritten ist. Es gibt Modelle zur Leistungsdifferenzierung, bundesweite Schülerwettkämpfe, Bundesjugendspiele als Pflichtübung.

Dennoch spiegelt sich ein Bildungsverständnis wider, das den Sportunterricht nicht einseitig für gesellschaftliche Funktionen vereinnahmen läßt, sondern ihn auch als Erfahrungs- und Handlungsspielraum betrachtet, in den die Schüler ihre subkulturellen Interessen, Bedürfnisse, Emotionen und Prägungen einbringen können.

IV. Aus den Grundsätzen und Bestimmungen für den Schulsport des Landes Niedersachsen (gültig ab 1. 8. 1982)

Lernfeld Spiele

Zum Lernfeld Spiele gehören alle Formen des Bewegungsspiels. Die Bewegungsspiele erstrecken sich von kleinen Spielen über kleine Sportspiele bis hin zu den großen Spielen. Die besondere Bedeutung des Lernfeldes Spiele besteht darin, daß

- den Schülern das Erlebnis des Spielens in vielfältigen Situationen vermittelt wird,
- die Schüler Erfahrungen mit Spielabläufen, Partnern, Spielgruppen, Spielgeräten und Spielräumen sammeln,
- die Schüler die Voraussetzungen und Bedingungen einer Mannschaftsleistung erfahren und einsehen können.

Voraussetzung für das Gelingen von Spielen ist vor allem, daß

- der vorgegebene Spielgedanke erfaßt wird,
- die im jeweiligen Spiel angelegten Spielerrollen und die mit ihnen verbundenen Anforderungen erkannt werden,
- der Spieler bereit ist, sich rollengemäß am Spielgeschehen zu beteiligen,
- der Spieler die Notwendigkeit von Regeln einsieht, Regeln kennt, versteht und einhält, sich Entscheidungen eines Schiedsrichters fügt.

Das Spielen muß im Mittelpunkt dieses Unterrichts stehen. Deshalb sollen Lehrwege in Form sinnvoll aufgebauter Spielreihen unter Einbeziehung vereinfachter Spielformen, spielnaher Komplexübungen und ergänzender methodischer Übungsreihen angeboten werden. Technik-, Taktik- und Koordinationsschulung sollen nicht isoliert betrieben werden, sondern sind Bestandteile des spielnahen Unterrichtskonzeptes. Das Erreichen der allgemeinen Spielfähigkeit zeigt sich

- in der Übernahme und Verwirklichung unterschiedlicher Rollen,
- im Anpassen des Spiels an veränderte äußere Bedingungen.

Auswahl und Einsatz des Spiels im Unterricht bedürfen sorgfältiger Abwägung. Es ist nicht sinnvoll, bei den Schülern beliebte Spiele ständig im Unterricht zu berücksichtigen oder andererseits ein gerade erlerntes Spiel zugunsten der Erweiterung des Bestandes an Spielen kurzfristig zu wechseln. Spiele aus dem Alltagsleben der Schüler und dem regionalen Brauchtum sind auch zu berücksichtigen.

Die in einem Spiel angelegten Möglichkeiten können erst dann vollständig erfahren und erfaßt werden, wenn das Spiel über längere Ziet im Unterricht betrieben wird.

Der Wettkampf ist ein wesentliches Element des Spielens. Der Konkurrenzgedanke darf jedoch nicht das Spiel beherrschen. Die guten Spieler müssen lernen, unter Umständen auf das Ausspielen ihrer Überlegenheit zu verzichten und schwächere Mitspieler bewußt zu unterstützen; die sportschwächeren Schüler sollen lernen, sich mit der Niederlage auseinanderzusetzen und bessere sportliche Leistungen anderer anzuerkennen. Vergleichskämpfe und Turniere sind so zu organisieren, daß auch leistungsschwächere Gruppen sich beteiligen können. Um das Einüben von Spielerrollen zu erleichtern, sollen Schüler über längere Zeit in einer Mannschaft zusammenbleiben.

Das Bilden von Spielgruppen ist abhängig von den jeweiligen Unterrichtszielen. Die Schüler sollen befähigt werden, sich nach Einsicht und Verantwortung einer passenden Gruppe anzuschließen und Mitschüler vorurteilsfrei aufzunehmen.

V. Bedürfnisse und Interessen der Schüler

Die derzeit gängigen Normen, die den Bildungsbegriff als leitende Kategorie abgelöst haben, lauten Emanzipation, Selbst- und Mitbestimmungsfähigkeit, Solidarität, Autonomie u. a. Das heißt im Sportunterricht die Entwicklung von Handlungsfähigkeit im Sport, wobei eine solche Zielbestimmung die Erziehung durch Sport und damit die Möglichkeit fächerübergreifende Ziele zu verfolgen, keineswegs ausgeschlossen ist. Die zentrale Frage nach dem Ziel, der inhaltlichen Gestaltung und Inszenierung des Schulsports läßt sich aus vielen Gründen nicht aus empirischen Daten beantworten. Aus dem Ergebnis, daß zum Beispiel Hauptschüler vor allem Fußball, Gymnasiasten gerne Basketball spielen wollen, jüngere Schüler eher einen leistungsorientierten Sportunterricht wollen, Mädchen eher die ästhetische Dimension sportlicher Bewegungen, Jungen stärker die Auseinandersetzung mit dem Gegner suchen, kann nicht geschlossen werden, der Schulsport habe ausschließlich diesen Wünschen Rechnung zu tragen. Das Interesse der Schüler an einem Lerngegenstand ist ein wichtiges Kriterium für inhaltliche Entscheidungen in der Unterrichtsplanung. Sich an Schülerinteressen orientieren heißt aber auch, sich klar zu machen, daß nicht alle Schüler das gleiche Bild vom Sport haben und daß nicht alle Schüler das gleiche vom Schulsport erwarten.

„Partizipation der Schüler kann einmal auf dem Weg der Kenntnisnahme ihrer Interessen bezüglich Zielvorstellungen, bevorzugter Handlungsmuster etc. erfolgen" (BRETTSCHNEIDER 1981, 39).

Die Lehrerrolle erfährt dabei eine erweiterte Rollenfixierung: neben der des Organisators, Informators, Demonstrators verstärkt sich die Helfer-Betreuer-Rolle, die des Gesprächspartners, wenn die Selbstregulierung von Konflikten versagt – die des Mitspielers.

VI. Sozialisationsorientierter Sportunterricht

Sportunterricht beabsichtigt mehr als das Erlernen motorischer Eigenschaften und Fertigkeiten. Daß er über die Vermittlung von Kenntnissen und über die Entwicklung von individuellen Eigenschaften hinaus auch einen Beitrag zur Sozialerziehung leisten soll, wird schon augenfällig in den militärischen Ordnungsübungen und in der Gewichtung zu „williger Unterordnung unter die Zwecke eines größeren Ganzen" (aus: Leitfaden für den Turnunterricht an Preußischen Volksschulen, Berlin 1895). Nicht nur die Geschichte des Schulfaches und die Besonderheit des Sports als ein Stück Bewegungskultur, sondern auch die Alltagsprobleme des Sportlehrers zwingen dazu, soziale Beziehungen, die der Sportunterricht stiftet, stärker zu beachten. Durch den Vermittlungsrahmen von Schule und Unterricht, der weit zwingender ist als Intentionen des Sportunterrichts und der vorschreibt, wie Schüler und Lehrer interagieren, ist das soziale Lernen und Lehren nicht unumstritten.

Der Niedersächsische Kultusminister hat in seinen Grundsätzen und Bestimmungen für den Schulsport (1982, 16) das soziale Handeln definiert und zu vielen Lerngelegenheiten aneinandergereiht (vgl. Übersicht 1).

Das Spielen im Sportunterricht wird in diesem Zusammenhang immer wieder herausgehoben, weil es den Prozeß der Sozialerziehung besonders effizient beeinflussen kann (siehe hierzu: Übersicht 1, S. 539 – 541).

VII. Entwicklung der Spielfähigkeit

Schüler spielfähig zu machen heißt, sie in die Lage zu setzen, in Situationen des Spiels erfolgreich zu handeln. Es steht fest, daß die Fähigkeit, sportlich zu spielen, nicht angeboren ist, sondern erworben werden muß. Die Phasenmodelle der Entwicklungspsychologie sind demnach in den Hintergrund gedrängt. Dafür werden Spielinhalte, ‚Spielstufen‘, zugeordnet, deren Reihenfolge von einer systematischen Spielerziehung bestimmt wird. Theo LAUTWEIN (1978), beispielhaft für ein unübersehbares Literaturangebot auf dem Gebiet der Spielerziehung, initiiert das Spielen-Lernen im Rahmen der ‚Spielreihen‘. Die methodischen Spielreihen sind nach FETZ „nach methodischen Grundsätzen erstellte Spielfolgen, die zu einem bestimmten Spiel (als Ziel der methodischen Reihe) hinführen sollen". Dies geschieht durch „elementare Vereinfachung" der Spielidee (Tore, Körbe, Treffer erzielen bzw. verhindern), indem erst der Spieler allein, dann mit dem Partner und dann in der Gruppe, auch gegen den Widerstand abwehrender Spieler zum Erfolg kommen will. Beim „Mit dem Ball spielen" liegen die Schwerpunkte der ersten Spielstufe einmal im Kennenlernen der korrekten Handhabung des Balles als Sport- und Spielgerät, zum anderen in der „Provokation von Erlebnissen mit anderen im Rahmen von einfachen Ballspielen (Kleine Spiele)" (LAUTWEIN 1978, 23). Die methodischen Hilfsmittel, mit denen ein Spielleiter arbeitet, sind in

Übersicht 1: Ziel: Soziales Handeln

Der Schüler soll ...	Ein Lernfortschritt zeigt sich darin, daß der Schüler ...	Lernfortschritte können dadurch gefördert werden, daß der Lehrer ...	Hinweise für den Unterricht
• lernen, daß beim Sporttreiben jeder durch sein Verhalten auf sein Verhalten und Befinden anderer einwirkt und selbst durch deren Verhalten beeinflußt wird.	• Verhaltensweisen anderer aus der Situation heraus erklären kann, • bereit ist, egoistische Strebungen beim Planen und Verfolgen von Gruppenzielen zurückzustellen, • sachlich begründete Kritik in nicht verletzender Form äußern kann.	• aktuelle Situationen nutzt, um Einblicke in Gruppenprozesse zu vermitteln, am Beispiel verdeutlicht, wie sprachliche Äußerungen, Gestik oder Mimik auf andere wirken können, • sich um eine angenehme Unterrichtsatmosphäre bemüht.	• in Spiel- und Wettkampfpausen Unmutsäußerungen über Mitschüler zur Diskussion stellen. • Unterbrechen eines Spieles, um die eigensinnige Spielweise eines Schülers zu erörtern. • Anläßlich von Gruppenwettkämpfen verdeutlichen, wie jemand von der Gruppe zum „Sündenbock" gemacht wird.
• fähig werden, beim Sporttreiben Bindungen mit anderen einzugehen und sie auszudrücken.	• sich Sport- und Spielgruppen anschließt und sich darin wohlfühlt, • selbst Initiativen zur Bildung von Spielgruppen ergreift, sich bemüht, Gruppen vor dem Auseinanderbrechen zu bewahren, • andere lobt, tröstet und ermutigt.	• Sportarten oder Unterrichtsformen wählt, die Gruppenbildung und Zusammenarbeit erfordern, • die Gefühlslage der Schüler berücksichtigt und sich Schülern mit emotionalen Schwierigkeiten besonders zuwendet.	• Bei der Bildung von Gruppen bestehende Freundschaften berücksichtigen. • Spiel- und Übungsgruppen längere Zeit bestehen lassen. • Die Zahl der Übungsgeräte so bemessen, daß Gruppenbildungen notwendig werden, zum Beispiel 5 Bälle für 25 Schüler.
• im Interesse der Gemeinschaft eigene Wünsche zurückstellen können und zu Kompromissen bereit sein, aber auch berechtigte eigene	• den anderen anhört und für seine Argumente aufgeschlossen ist, • Entscheidungen der Gruppe akzeptiert und nicht durch	• sachlich begründeten Schülerinitiativen Raum gibt, • auf alternative Verhaltensmöglichkeiten hinweist und Entscheidungshilfen gibt,	• Die Schüler an Planung und Durchführung des Unterrichts zunehmend beteiligen, wobei auch Wünsche von Minderheiten zu berücksichtigen sind.

Der Schüler soll ...	Ein Lernfortschritt zeigt sich darin, daß der Schüler ...	Lernfortschritte können dadurch gefördert werden, daß der Lehrer ...	Hinweise für den Unterricht
Interessen angemessen vertreten.	störendes Verhalten (zum Beispiel Spielverderber, durch passiven Widerstand) das emotionale Klima innerhalb der Gruppe belastet, eigene Wünsche und Bedürfnisse äußert, seine Mitschüler durch sachliche Argumente dafür zu gewinnen sucht und sich durch anfänglichen Widerstand nicht entmutigen läßt.	Absprachen innerhalb von Gruppen anregt und von Schülern gefundene Lösungen übernimmt, gruppendienliches Verhalten lobt, eigene Vorschläge begründet und dadurch beispielhaft wirkt.	Aufgaben stellen, die nur aufgrund von Absprachen zu lösen sind (zum Beispiel Aufbauen einer Hindernisbahn). Selbständiges Bilden spielfähiger Mannschaften.
• lernen, Übereinstimmung in der Gruppe zu erwirken, Kritik durch die Gruppe zu akzeptieren, aber sich nicht ohne weiteres Gruppenmeinungen anzuschließen.	die auf sein Verhalten gerichtete Kritik annimmt und in angemessener Form daraus Konsequenzen zieht.	sachlich begründeten Schülerinitiativen Raum gibt, auf alternative Verhaltensmöglichkeiten hinweist und Entscheidungshilfen gibt, Absprachen innerhalb von Gruppen anregt und von Schülern gefundene Lösungen übernimmt, gruppendienliches Verhalten lobt, eigene Vorschläge begründet und dadurch beispielhaft wirkt.	Die Schüler an Planung und Durchführung des Unterrichts zunehmend beteiligen, wobei auch Wünsche von Minderheiten zu berücksichtigen sind. Aufgaben stellen, die nur aufgrund von Absprachen zu lösen sind (zum Beispiel Aufbauen einer Hindernisbahn). Selbständiges Bilden spielfähiger Mannschaften.
• lernen, die Eigenart anderer beim Sporttreiben zu achten und sich für Minderheiten einzusetzen.	seine eigenen Vorstellungen vom Sporttreiben anderen nicht aufzwingt, ängstliche Mitschüler akzep-	verhindert, daß Schüler bloßgestellt oder isoliert werden, sein Verhalten insbesondere gegenüber benachteiligten oder	Gemeinsam mit den Schülern die Spiel- und Sportbedürfnisse von leistungsstarken und leistungsschwachen Minderheiten

Spiele im Sportunterricht

tiert,

sich in Spiel- und Übungsgruppen für die Beteiligung von Außenseitern und Minderheiten verwendet,

den sportlichen Bedürfnissen und Gewohnheiten von Mitschülern anderen Geschlechts, Lebensalters und anderer Nationalität vorurteilsfrei begegnet.

- Auseinandersetzungen weitgehend affektfrei führt, um Einigung und Zusammenarbeit zu ermöglichen,
- unterschwellig vorhandene Konflikte erkennt und seinem Unbehagen Ausdruck verleiht,
- häufig wiederkehrende Konfliktsituationen durch Absprachen zu bewältigen versucht.

- die Rechte und Bedürfnisse anderer respektiert,
- eigene Machtpositionen nicht zu Lasten anderer ausnutzt.

isolierten Gruppenmitgliedern kontrolliert,
- Minderheiten hilft, ihre Wünsche und Bedürfnisse zum Ausdruck zu bringen,
- soch nicht scheut, solche Sportformen sich anzueignen und sie auszuüben, die für Angehörige seines Geschlechts als unüblich gelten.

- Konfliktsituationen offenlegt und die Beteiligten veranlaßt, den Konflikt und seine Ursachen zu klären,
- den Schülern Gelegenheit gibt, ihr Sporttreiben selbständig zu organisieren und dabei auftretende typische Konflikte nicht von sich aus schlichtet, sondern mit den Schülern gemeinsam nach geeigneten Lösungen sucht.

- den Schülern zumutbare Verantwortung überträgt und sich selbst als Entscheidungsinstanz möglichst zurückhält, darauf achtet, daß Führungsaufgaben im Wechsel von verschiedenen Schülern wahrgenommen werden.

räumlich und zeitlich einplanen.
- Als geschlechtsspezifisch geltende Sportformen des anderen Geschlechts vorstellen.
- Spiele von Mitschülern anderer Nationalität im Unterricht aufgreifen und gegebenfalls aufnehmen.

- Selbständiges Bilden von Gruppen für Spiele, Wettkampf, Tanz o. ä.
- Spielen ohne Schiedsrichter.
- Gemeinsame Aussprache über unangemessene Verhaltensweisen bei Siegern, Verlierern oder Zuschauern, bei umstrittenen Schiedsrichterentscheidungen o. ä.
- Sport auch in leistungsheterogenen Gruppen treiben lassen.
- Häufiger Einsatz von Schülern als Schiedsrichter und Kampfrichter.
- Schülern die Betreuung von Spiel- und Übungsgruppen übertragen.

- Konflikte, die beim Sporttreiben auftreten, gemeinsam mit anderen bewältigen können.

- Führungsaufgaben verantwortungsbewußt wahrnehmen bzw. die notwendigen Führungsaufgaben anderer akzeptieren lernen.

verbale, optische, akustische und räumliche aufzuteilen. Hervorzuheben ist, daß jedes Üben zum Erlernen und zur Verbesserung sportmotorischer Fertigkeiten auf allen Gebieten des Sports in Spielhandlungen eingebettet werden kann, wodurch die große Anzahl von Bewegungswiederholungen weniger belastet, insgesamt eine bessere Motivationslage herstellbar ist. An Laufspielen bietet zum Beispiel Hannelore NOLL (1975, 35 ff.) ein vielfältiges Angebot, das den Unterricht erfrischen kann.

Auf einer weiteren Spielstufe werden ‚Kleine Sportspiele' wie Korbball, Dreifelderfußball, Kampf um den Ball sowie Ball über die Schnur zum wesentlichen inhaltlichen Schwerpunkt. LAUTWEIN (1978, 42) beschreibt die Lernziele wie folgt:

Zusammenspielen in der eigenen gegen den Widerstand der anderen Mannschaft mit abschließendem Erfolg (Korb, Tor, Punkt).

- Erlernen von spielspezifischen technischen Fertigkeiten zur Bewältigung des Spielablaufs:
  Korbball: Korbschuß, Druckwurf, Dribbeln.
  Dreifelderfußball: Torschuß, Innenseitstoß, Dribbeln.
  Kampf um den Ball: Torwurf, Schlagwurf, Dribbeln.
  Ball über die Schnur: Gezielter Überkopfwurf / Pritschen (Partner, Bodenmarkierungen).
- Erhöhung des konditionellen Leistungsniveaus (besonders Geschicklichkeit und Ausdauerfähigkeit).
- Bewußtmachen der Notwendigkeit sozialen Verhaltens durch zwingende Beachtung der Spielregeln (faires Verhalten erproben);
  Rücksicht nehmen (auf Gegenspieler, schwächere Mitspieler, Schiedsrichter).

Besonnenheit praktizieren lernen (Schiedsrichterentscheidungen anerkennen, begangene Fouls nicht rächen wollen, dem Sieger Anerkennung zollen).

- das Konzentrationsvermögen, die Aufmerksamkeit schulen (sich auf Mit- und Gegenspieler einstellen, sich der Spielsituation anpassen);
- Kennenlernen der Spielregeln.

Die dritte Spielstufe bedeutet für LAUTWEIN dann, daß im Rahmen des Spielganzen die charakteristische Absicht des Spiels realisiert werden soll. Die Teilziele werden im Sinne der oben angegebenen Grundsätze und Bestimmungen für den Schulsport in spielspezifische, emotional-affektive und kognitive formuliert.

Spielspezifische Teilziele

- Zusammenspielen in der eigenen Mannschaft mit erfolgreichem Abschluß (Tor, Korb, Punkt);
- gemeinsame Abwehr von Angriffen der gegnerischen Mannschaft (Manndeckung);
- Verbessern, Erlernen spielspezifischer Fertigkeiten zur Bewältigung des Spielablaufs:
  Basketball: Druckpaß, Einhandwurf, Korbleger (Schrittregel), Dribbeln;
  Fußball: Innenseitstoß, Torschuß, Dribbeln;
  Handball: Passen, Torwurf (Schlagwurf), Dribbeln;
  Volleyball: Pritschen, Baggern, Anschlag von unten.
- *Herausbildung von charakteristischen Bewegungsqualitäten:*
  Bewegungsübertragung (Einhandwurf, Anschlag),
  Bewegungselastizität (Fangen, Dribbeln),
  Bewegungsrhythmus (Dribbeln, Korbleger).

Bewegungsgenauigkeit (Werfen, Schießen, Pritschen),
Bewegungsantizipation (Ballannahme).
* *Verbesserung, Stabilisierung der Kondition* (besonders Reaktionsvermögen, Anpassungsfähigkeit, Kurzzeitdauer).

Für die leistungsschwachen Schüler gibt es im Spiel Situationen, sie durch direkte didaktische Hilfen aus ihrer Außenseiterposition herauszuführen und darauf hinzuarbeiten, daß eine soziale Sensibilität für ihre Situation in ihrer Umwelt hergestellt wird, die schließlich auch zu sozial-integrativen Handlungsweisen führen sollte. Für Leistungsschwache sollten möglichst angst- und repressionsfreie Räume geschaffen werden, die ihnen das Gefühl der Sicherheit und des Schutzes vermitteln. Mißerfolge sind zu vermeiden und bessere Chancen für Erfolgserlebnisse herzustellen. Bei geringen Erfolgen sind sie häufiger zu ermutigen. Die Leistungsstärkeren dürfen nicht immer solche Spielsituationen geboten bekommen, in denen sie ihre Dominanz unkontrolliert ausspielen können.

Für den Pädagogen stellt sich die Aufgabe

a) häufiger neue weitgehend unbekannte Spiele einzuführen;
b) bevorzugte Spielformen, für die möglichst die ganze Gruppe Interesse zeigt, anzubieten, wobei aber die Neigungen der Leistungsschwächeren ein besonderes Gewicht erhalten sollen;
c) Spielregeln so zu verändern, daß die Schwächeren häufiger angespielt werden müssen;
d) den übertriebenen Wettbewerb zu dämpfen;
e) bei Fehlleistungen auf Sanktionen zu verzichten.

Dieses Konzept wird allein nicht zu einer befriedigenden Lösung führen. Spielsituationen, die im stärkeren Maße anregen zum Hinterfragen der bisherigen Handlungsnormen und offener sind für eine selbständige Aus- und Umgestaltung, werden zunehmend mehr Berücksichtigung finden müssen (vgl. dazu HARTMANN 1977).

Literatur

Andresen, R. / Hagedorn, G.: Zur Sportspielforschung, Berlin 1976
— Lernen im Sportspiel, Berlin 1982
Brettschneider, W.-D.: Sportunterricht 5 — 10, München / Wien / Baltimore 1981
Der Niedersächsische Kultusminister: Grundsätze und Bestimmungen für den Schulsport, Hannover 1982
Dietrich, K. / Landau, G.: Beiträge zur Didaktik der Sportspiele II und III, Schorndorf 1977
— Soziales Lernen und Lehren, in: Sportpädagogik 1 (1979)
Fetz, E.: Allgemeine Methodik der Leibesübungen, Bad Homburg 1979
Funke, J.: Curriculumrevision im Schulsport, Ahrensburg 1979
Hagedorn, G.: Training im Mannschaftsspiel, Berlin 1981
Hartmann, H.: Die Auserwählten und die Ausgestoßenen, in: Dietrich, K. / Landau, G.: Beiträge zur Sportdidaktik III, Schorndorf 1977
Hentig, H. v.: Lerngelegenheiten für den Sport, in: Merkur 10 (1972)
Holzkamp, K.: Wissenschaft als Handlung. Versuch einer Grundlegung der Wissenschaftslehre, Berlin 1968

Lautwein, Th.: Sportliches Spielen in der Grundschule. Leitfaden für den Turnunterricht an Preußischen Volksschulen, Berlin 1895
Noll, H.: Das sportliche Spiel, München 1975
Röthig (Red.): Sportwissenschaftliches Lexikon, 5. Aufl. Schorndorf 1983

3. Didaktische Theorie und Praxis der Sportspiele

Hans-Jürgen Schaller

I. Sportspiel

Im *Sport* begegnet uns das *Spiel* in erster Linie als *Sportspiel*. Hierunter wollen wir ein am optimalen Leistungsbegriff orientiertes, von Freude an Wettkampf und Sieg bestimmtes Bewegungsspiel verstehen, welches zwischen Partnern oder Mannschaften ausgetragen wird. Seine Handlungsverläufe sind entweder an längerfristig festgeschriebenen oder spontan vereinbarten Regeln orientiert, wohingegen das dramatische Spielgeschehen selbst in sich nicht festlegbar ist (BERNETT 1967, 63 ff.; BRETTSCHNEIDER 1976, 167). Nach ihren unterschiedlichen Spielideen lassen sich die Sportspiele in *vier Gruppen* einteilen (RÖTHIG 1977, 289):

- Tor-, Mal- und Korbspiele (zum Beispiel Fußball)
- Rückschlagspiele (zum Beispiel Tischtennis)
- Schlagball- oder Abwurfspiele (zum Beispiel Baseball)
- Ziel- oder Treibspiele (zum Beispiel Golf)

II. Didaktische Theoriebildung

Eine *didaktische Theorie* der Sportspiele kann auf einem relativ hohen Abstraktionsniveau als eine die unterschiedlichen Spielideen und Spielformen übergreifende, *allgemeine didaktische Theorie der Sportspiele* erstellt werden (SCHALLER 1970; 1976). Auf reduziertem Abstraktionsniveau sind *spezielle Didaktiken* einzelner Spielgruppen (KRÖNER 1982) sowie bestimmter Spielformen (BRETTSCHNEIDER et al. 1976) verbreitet.

Die folgenden Ausführungen verstehen sich als Abriß einer *allgemeinen* didaktischen Theorie. Diese Vorentscheidung hat insofern einen Verlust an Reichweite zur Folge, als unmittelbar auf unterrichtliche Praxis gerichtete Handlungsperspektiven nur im Rahmen eines Paradigmas gegeben werden können. Die Kenntnis der allgemeinen Theoriebildung läßt daher die Rezeption spezieller Didaktiken nicht als überflüssig erscheinen; sie macht diese geradezu erforderlich, wenn konkrete Aufgaben der Planung, Durchführung und Kontrolle von Unterricht anstehen.

Eine weitere Einschränkung bedeutet die Absicht, die didaktische Theorie der Sportspiele unter Zurückstellung im engeren Sinne edukativer Fragen als „Lerndidaktik" anzulegen. Weil davon auszugehen ist, daß *Spielerziehung* innerhalb des Unterrichts im Sportspiel und nicht unabhängig von diesem zu erfolgen habe, ist daher auf die Notwendigkeit einer Ergänzung der Theoriebildung zu verweisen, wie sie an anderer Stelle versucht worden ist (SCHALLER 1975). Die Verdichtung der didaktischen Theorie im Problemfeld des Lehrens und Lernens im Sportspiel kann aber auch als Ausdruck jenes pragmatischen Verständnisses von Sportunterricht verstanden werden, wonach „der Schulsport bereits dann einen Erziehungsbeitrag leistet, wenn er die Schüler zur Teilnahme an bestimmten Bereichen des Sports befähigt" (BAUR / BRETTSCHNEIDER 1979, 281).

III. Zielsetzung und Bedingungen didaktischer Entscheidungen

Die methodischen Ansätze im Bereich der Sportspiele sind außerordentlich vielgestaltig und machen auf diese Weise didaktische Entscheidungen zum Problem. Jeder didaktische Vorschlag wird sich deshalb die Frage nach seiner theoretischen Dignität gefallen lassen müssen. Denn jedweder Erörterung ihrer Voraussetzungen und Begründungen bare methodische Rezepte über Lernschritte, methodische Maßnahmen und Verfahren werden sich heute vergeblich darum bemühen, überhaupt als erwägenswert in die Diskussion über Methodenentscheidungen einbezogen zu werden. Ebenso muß auch eine ausschließliche Orientierung an speziellen Methodiken ohne vorgängige Kenntnisnahme allgemeiner didaktischer Theoriebildung als Horizontverengung abgelehnt werden.

Unterricht in den Sportspielen wird drei für eine zeitgemäße didaktische Praxis richtungweisende Orientierungspunkte nicht übersehen dürfen: Die Erträge der bildungstheoretisch orientierten *pädagogischen Theorie der Bewegungsspiele*, die Hinweise *lernpsychologischer* Forschung sowie die anthropologisch argumentierende *„Übungsbewegung"*. Mit diesen Koordinaten ergibt sich ein Maßstab, an dem sich die verschiedenen, zur Diskussion stehenden Konzepte messen lassen und der damit zugleich deren Anspruch auf Einrichtung unterrichtlicher Praxis zu bestärken oder abzuwehren hilft.

1. Die pädagogische Theorie der Bewegungsspiele

Über die Angemessenheit spieldidaktischer Vorschläge kann erstens nicht befunden werden ohne Berücksichtigung der *pädagogischen Theorie der Bewegungsspiele* (DIETRICH 1964; HILMER 1963, 1969), welche eine „Wende zum Spielen" proklamiert und so die bis dahin dominierenden übungsorientierten Konzepte in Bedrängnis gebracht hat. Ausgehend von der zentralen bildungstheoretischen Frage nach dem Bildungsgehalt des Lerngegenstandes, wurde die Realisierung der *Spielidee* zur Richtschnur didaktischen Handelns:

„Dem Spiel gerecht werden heißt . . ., seiner Idee gerecht werden . . . Unser Ziel müßte es sein, zu erreichen, daß die Kinder und Jugendlichen diese Idee erfassen und sie im Spiel in einer würdigen Form verwirklichen" (DIETRICH 1964, 237 f.).

Weil aber das vom konstatierten Bildungsgehalt her naheliegende Angebot der Sportspiele in ihrer unter Erwachsenen verbreiteten Form bei Kindern nicht auf hinreichende Spielbefähigung rechnen kann und allenfalls auf Kosten einer erfüllten Spielgegenwart der Kinder durchzusetzen wäre, geriet die Forderung nach Sachgerechtigkeit in Konflikt mit dem pädagogischen Prinzip der Kindgemäßheit. In dieser Situation kam es zu der richtungweisenden Idee, zunächst auch in der didaktischen Praxis von jenen vereinfachten Formen der Sportspiele auszugehen, wie sie in der freien Spielwelt der Kinder und Jugendlichen verbreitet sind und dort auch mit geringen motorischen Fertigkeiten in adäquater Form aktualisiert werden (DIETRICH / LANDAU 1974). Anfang und Kern des Spiel-Lernprozesses müsse es ausmachen, solche reduzierten Spielformen anzubieten, durch deren Vollzug auch Spielanfänger in die Lage versetzt werden, die jeweilige Spielidee zu erfassen und sachgerecht zu gestalten. Im Grunde wurde damit die Vorgehensweise in der Spieldidaktik zu einem Problem

„der Elementarisierung, wobei unter Elementarisierung eine ganzheitliche Vereinfachung . . . zu verstehen ist, die nicht zu verwechseln ist mit dem Zerlegen eines Spiels in einzelne Elemente, einzelne Spieltechniken" (HILMER 1969, 159).

2. Das Lernkonzept

Bei der Einrichtung didaktischer Praxis muß zweitens gesichert sein, daß Hinweise, nach denen Spiel-Lernen vorrangig als *kognitives* Lernen verstanden werden kann, hinreichend Berücksichtigung finden.

Neuere spieldidaktische Konzepte gehen immer mehr vom begrifflichen Konstrukt einer *Spielfähigkeit* als Ziel des Sportspiel-Unterrichts aus (BRETTSCHNEIDER et al. 1976). Dabei besteht Übereinkunft, daß die Befähigung zur Teilnahme an sportlichen Spielen als komplexe Qualifikation anzusehen ist (BRETTSCHNEIDER et al. 1976; MAHLO 1974; HEINRICH 1980; KONZAG / KONZAG 1980):

„Spielfähigkeit oder Spielen-können stellt sich . . . als ein qualitativer Ausdruck für ein bestimmtes Maß an spezifischer *spielmotorischer* Leistungsfähigkeit, *kognitivem* Vermögen sowie *sozialer* und *emotional-affektiver* Kompetenz dar" (BRETTSCHNEIDER 1977, 24 f.; Hervorhebungen von mir).

Einer solchen mehrperspektivischen Fassung des Begriffs der Spielfähigkeit kommt hinsichtlich der Vollständigkeit des Zielspektrums eine Zeigefunktion zu. Geht es aber darum, konkrete Indizien für die Zurückweisung methodischer Konzepte zu gewinnen, dann erweist sich die lediglich additive Konturierung als nicht hinreichend aussagekräftig.

Als signifikanter erweisen sich Ansätze, die von einer hierarchischen Struktur der Spielfähigkeit ausgehen (HAGEDORN 1976; KONZAG / KONZAG 1980; MAHLO 1974; SCHUYT 1978; WEBER 1974). Danach laufen alle motorischen Handlungen nach psychologischen Gesetzmäßigkeiten ab, d. h. sie werden von erheblichen psychischen Prozessen initiiert, begleitet und kontrolliert und müssen demnach als unter einem „höheren", kognitiven Konzept angesiedelt, angesehen werden. Für das Spielgelingen ist entscheidend, welche Handlungskonzepte die Spieler in den konkreten Spielsituationen entwerfen, wie sie diese realisieren können und wie sie schließlich diese interpretieren (NITSCH 1975, 43). *Spielenlernen* heißt somit zielgerichtetes Handeln erlernen, das auf interner Planung sowie ständiger Auswertung von rückgemeldeten Handlungsergebnissen beruht.

Ein Vergleich der Spielfähigkeit des Sportspielers mit der eines Schachspielers macht die grundsätzliche Angemessenheit des kognitiven Lernmodells deutlich: Auch das Können guter Schachspieler wird nicht in ihrer „motorischen" Befähigung vermutet werden dürfen, durch geeignete Muskelkontraktionen die Figuren auf dem Schachbrett zu bewegen: Es liegt vielmehr darin begründet, daß sie in der Lage sind, in den wechselnden Figurenkonstellationen jeweils der Spielidee und den Spielregeln konforme, erfolgversprechende Verteidigungs- und Angriffskonzepte zu realisieren. Die „motorische" Komponente ist dabei als sekundär anzusehen. Gleiches gilt für den Sportspieler: Für Spielhandlungen erforderliche Verhaltensweisen motorischer, emotional-affektiver und sozialer Art werden von kognitiven Prozessen aus und durch sie veranlaßt, geregelt und kontrolliert. Selbst in den scheinbar rein physischen Faktoren wie den konditionellen Fähigkeiten sind kognitive Prozesse durchaus relevant (SCHELLENBERGER 1981, 9). Damit wird aber auch deutlich, daß sich die Entwicklung von Spielfähigkeit nicht auf die Ausbildung kognitiver Aspekte reduzieren läßt: Das Sportspiel ist nicht bloß-kognitives Verhalten, sondern stets *handelnde* Auseinandersetzung. Weil Spielhandlungen zwar Planungsstrategien voraussetzen, ihre Koordination aber nur im Vollzug gelingen kann, können sich auch die kognitiven Funktionen nur „im Prozeß der aktiven Auseinandersetzung des Menschen mit seiner Umwelt, im Prozeß der Orientierung und Regulation der Tätigkeit ausbilden und entwickeln" (KONZAG / KONZAG 1980, 28). Deshalb kann man zwar Spiel-Lernprozesse dadurch unterstützen, daß man Lehrbücher zur Hand nimmt, man kann aber Sportspiele weder aus Büchern noch vom Zuschauen lernen.

„Komplexe Spielfertigkeiten bilden sich nur in der Spieltätigkeit selbst aus. Das schließt nicht aus, daß die einzelnen Faktoren der Spielfähigkeit, wie Physis, Technik, Kenntnisse ... schwerpunktmäßig mehr oder weniger gesondert entwickelt werden müssen ... Das Spiel aber bleibt immer die letzte Stufe eines gegliederten Ausbildungsprozesses der Spielfähigkeit. *Die Herausbildung der Spielfähigkeit beginnt und endet im Spiel*" (MAHLO 1974, 552; Hervorhebung von mir).

Der von der pädagogischen Theorie der Bewegungsspiele her vertraute Primat des Spielens erhält auf diese Weise ein lerntheoretisches Pendant.

3. Üben als Korrektiv

Die zweifach abgesicherte Forderung nach zentraler Präsenz des Spielens im Spiel-Lernprozeß ist schließlich zu konfrontieren mit dem Ertrag der insbesondere von BOLLNOW (1978) initiierten pädagogischen Bewegung, welche das Üben als anthropologische Kategorie für die Pädagogik entdeckt hat und neben die geläufige SCHILLERsche Maxime vom spielenden Menschen die provokative Gegenthese stellt, daß nur in beständigem Üben menschliches Sein sich erfüllen könne. Zwar bereite Üben Können auch vor, der tiefere Sinn des Übens erschließe sich aber erst dann, wenn es in seiner könnensichernden Funktion als lebenslanges Üben in den Blick komme.

Für eine Sportdidaktik, die ihr Selbstverständnis vom Sport neben und nach der Schulzeit herleitet und in der Befähigung zu lebenslangem Sporttreiben ihr wichtigstes Ziel sieht, muß die Aussage von allergrößter Bedeutung sein, daß der Mensch ohne Üben — und in sportpädagogischer Sicht muß dies in gleicher Weise für das Trainieren gelten — unter das Niveau seiner eigentlichen Seinsmöglichkeiten absinke.

Daß die Vervollkommnung einer angestrebten Leistung allein über spielerische Aktivitäten weder möglich noch pädagogisch vertretbar erscheint, ist immer wieder betont worden.

Die anthropologische Sichtweise modifiziert diese imperative Ausgewogenheit von Spielen und Üben innerhalb eines neuen Verständnishorizontes, in welchem das Üben nicht im Sinne einer methodischen Folge durch das Spiel ablösbar ist. Üben und Trainieren sind als substantielle Bestandteile des Könnens zu akzeptieren und können in ihrer für Spielfähigkeit konstitutiven Funktion an keiner Stelle und zu keiner Zeit der spielerischen Aktivität ganz Platz machen. Diese prinzipielle Ergänzungsbedürftigkeit des spielerischen Vorgehens ist vor allem deshalb im Auge zu behalten, weil die Sportspieldidaktik im Zuge der Einrichtung spielimmanenter Lernprozesse nicht selten gegen diesen Grundsatz verstoßen hat.

Resümierend bleibt festzuhalten, daß die Qualität spieldidaktischer Praxis an der Einhaltung der drei von der didaktischen Theorie her abgeleiteten Forderungen erkennbar sein wird:

- Der Erwerb von *Spielfähigkeit* ist in erster Linie über die *handelnde Auseinandersetzung* mit Sportspielen anzubahnen.
- Wegen ihres hohen Komplexitätsgrades sind die Sportspiele im Lernprozeß zunächst durch vereinfachte, im Schwierigkeitsgrad steigerbare Formen zu repräsentieren, die jedoch eine jeweils *identische Spielidee* aufweisen müssen.
- Neben das Spielen müssen *Üben* und *Trainieren* als komplementäre Handlungsformen treten und durch den gesamten Prozeß des Könnenserwerbs hindurch ausreichend vertreten sein.

IV. Die Methoden spieldidaktischer Praxis*

Über Voraussetzungen und Ziele möglicher Methoden in der Spielvermittlung nachzudenken, war deswegen notwendig, weil bei der Planung unterricht-

---

* Zu den Ausführungen in Kapitel IV sind frühere Arbeiten des Verfassers (SCHALLER 1976) zum Teil wörtlich, zum Teil sinngemäß herangezogen worden.

licher Prozesse der *Zielprojektion* im Sinne des Implikationstheorems „eine negativ ausgrenzende Funktion" bei der Entscheidung über die Vermittlungsvariablen zugestanden werden kann (BRETTSCHNEIDER 1975, 152). Weil es nicht gleichgültig ist, welche Methode Unterricht determiniert, gilt es, in einer synoptischen Übersicht die verschiedenen spielmethodischen Ansätze und Modelle als unterschiedliche Verfahren mit ungleichen Zielerreichungschancen zu unterscheiden und die sie begleitenden kontroversen pädagogischen Vorstellungen und lerntheoretischen Einschlüsse offenzulegen.

Tabelle 1: Systematik der spielmethodischen Kategorien

1.   Spielmethodische Formen
1.1   *Spielmethodische Übungsformen*
1.1.1   einfache, reine Übungsform
1.1.2   spielerisch eingekleidete reine Übungsform
1.1.3   Komplexübung
1.1.4   spielerisch eingekleidete Komplexübung
1.1.5   methodische Modifikation Kleiner Spiele
1.1.6   Spielphasen-Übung
1.1.7   Übungsspiel
1.2   *Spielmethodische Spielformen*
1.2.1   Rohformen der Sportspiele
1.2.2   Grundformen der Sportspiele
1.2.3   Grundspiel Kastenball
1.2.4   Wettspiel Kastenball
1.2.5   Mini-Sportspiele als Grundspiele
1.2.6   Mini-Sportspiele als Wettspiele
1.3   *Spielmethodische Lernkontrollformen*
1.4   *Spielmethodische Trainingsformen*
2.   Spielmethodische Reihen
2.1   *Übungsreihe*
2.2   *Spielreihe*
2.3   *Lehrprogramm*
2.4   *Trainingsprogramm*
3.   Spielmethodische Konzeptionen
3.1   *elementenhaft-synthetisch*
3.2   *ganzheitlich-analytisch*
4.   Spielmethodische Konzepte
4.1   *Konfrontationsmethode*
4.2   *Zergliederungsmethode*
4.3   *Kindgemäßes Konzept*
4.4   *Spielgemäßes Konzept*
4.5   *Lernzielorientiertes Konzept*
4.6   *Interaktionistisches Konzept*

Das spielmethodische Inventar läßt sich vier verschiedenen Ebenen zuordnen (vgl. Tab. 1): Methoden können sich auf einfache oder komplexe Ziele richten. Für ein Feinziel reicht gelegentlich schon der Einsatz einer *einfachen, reinen Übungsform* aus. Auch eine *spielmethodische Übungsreihe* kann dieses Ziel erreichen helfen. Für komplexe Ziele wie Spielfähigkeit werden jedoch auch komplexe Methoden benötigt. Diese entstehen durch eine nach einer *spielmethodischen Konzeption* vollzogenen Kombination spielmethodischer Formen und Reihen. Es sind die *spielmethodischen Konzepte*, die spielmethodische Formen und Reihen auf einen Gesamtentwurf hin organisieren. Alle methodischen Elemente sind im Prinzip auf alle Sportspiele anwendbar. Für die tatsächliche Realisierung im Bereich einzelner Spiele bedarf es der inhaltlichen Füllung. Dies ist Aufgabe spezieller Methodenbildung (vgl. Tab. 3, S. 563).

1. Die Ebene der spielmethodischen Formen

Als spielmethodische Formen können die spielmethodischen *Übungsformen, Spielformen, Lernkontrollformen* und *Trainingsformen* zusammengefaßt werden. Aus ihnen lassen sich *spielmethodische Reihen* zusammensetzen.

a) Die spielmethodischen Übungsformen

In Übungsformen werden technische oder taktische Spielelemente abseits vom Kontext der Spielidee erlernt. Die verschiedenen spielmethodischen Übungsformen werden das Üben im Spiellernprozeß zu repräsentieren haben, können aber nicht als zentrale methodische Maßnahmen in Frage kommen. Unter ihnen sind es die *spielerisch eingekleideten Übungen* und die *methodische Modifikation Kleiner Spiele*, die unter dem Gesichtspunkt der Übungsbedürftigkeit des Spielens Bedenken wecken.

b) Die spielmethodischen Spielformen

Bei den verschiedenen spielmethodischen Spielformen handelt es sich jeweils um vereinfachte Spiele, die den Spielgedanken des Großen Spiels unter reduzierten Bedingungen repräsentieren. Spielformen sind daher im Prinzip methodische Formen, die auf die eingangs erhobene Zielsetzung des spielimmanenten Könnenserwerbs abgestimmt sind. Allerdings werden dabei die *Rohformen der Sportspiele* wegen der ihnen anhaftenden unzureichenden Elementarisierung kaum für eine anfängergerechte Lehrweise in Frage kommen können.

c) Die spielmethodischen Lernkontrollformen

Spielmethodische Lernkontrollformen erstrecken sich auf das Messen von Lernfortschritten im Bereich technischer oder taktischer Elemente eines Spiels. Eine Sonderform der Lernkontrollformen stellen Tests dar.

d) Die spielmethodischen Trainingsformen

Von spielmethodischen Trainingsformen wollen wir sprechen, wenn konditionelle Faktoren der Spielfähigkeit gezielt in den Blickpunkt didaktischen Interesses geraten.
Spielmethodische Formen sind in der Regel nur sinnvoll im größeren Zusammenhang *spielmethodischer Reihen*.

2. Die Ebene der spielmethodischen Reihen

Als spielmethodische Reihen bezeichnen wir die *Übungsreihe,* die *Spielreihe,* die *Lehrprogramme* und die *Trainingsprogramme* im Bereich der Sportspiele.

a) Übungsreihen

Die methodische Übungsreihe beruht auf Annahmen der traditionellen Transfertheorie. Ihr liegt die Erwartung zugrunde, daß über das Erlernen vorgeordneter Bewegungen das Lernen nachgeordneter ähnlicher Bewegungen erleichtert wird. Um Lernprozesse optimal zu gestalten, komme es darauf an, eine sinnvolle Reihung der Lerninhalte nach methodischen Prinzipien zu finden. So gilt die *Übungsreihe* als eine geordnete Folge von Übungsformen, „die alle schon den Charakter der Zielübung enthalten, in der Ausführung leichter, aber doch in sich geschlossen sind" (MESTER 1969, 117). Im Bereich der Spielmethodik müssen wir unter Zielübung eine technische oder taktische Fertigkeiten verstehen (zum Beispiel Dribbeln, Zonendeckung, Gegnerverhalten). Weil das Transfermodell der Hierarchisierung ähnlicher Bewegungen umstritten ist, war man eine Zeitlang nicht mehr bereit, der Übungsreihe den traditionell eingeräumten Kredit zuzugestehen. Die Forderung, das Üben wieder in seine Rechte einzusetzen, kann aber als Geste einer pädagogischen Rehabilitation der Übungsreihe aufgefaßt werden.

b) Spielreihen

In der Spielreihe sind nicht mehr wie in der Übungsreihe isolierte Spielelemente relevant. Die Spielidee als der „das Spielgeschehen konstituierende um die sachliche Struktur der *Bewegungsspiele* bestimmende Grundgedanke, den der Spieler erfassen muß" (RÖTHIG 1977, 276), bestimmt die Auswahl der spielmethodischen Formen. Da die Totalität der Spielidee ein Aufschlüsseln nicht zuläßt, kann eine methodische Aufbereitung nur darin bestehen, das Spielgeschehen auf spielmethodische Spielformen zurückzuführen. Diese bedeuten immer schon Vorwegnahme des Großen Spiels. Nach methodischen Gesichtspunkten geordnet, können sie das Zielspiel auf zunehmend höheren Ebenen präsentieren. Eine solche methodische Anordnung von Spielformen fortschreitender Komplexität bezeichnen wir im Anschluß an LANDAU (1969) als *Spielreihe.* Die Spielreihe ist ein spielmethodisches Verfahren, welches der eingangs erhobenen Forderung spielimmanenten Lernens in vereinfachten Spielsituationen adäquat ist.

c) Lehrprogramme im Bereich der Sportspiele

Lehrprogramme werden konzipiert, um Spiel-Lernprozesse über das durch Übungs- und Spielreihen hinaus Mögliche zu verbessern. Wir kennen drei Arten solcher Maßnahmen: Lehrprogramme als Sonderform einer Übungsreihe, Lehrprogramme als Sonderform einer Spielreihe und Lehrprogramme zur Vermittlung von spielspezifischen Kenntnissen. Gelegentlich wird auch eine exakte, bis ins Detail festgelegte Verlaufs- und Kontrollplanung von Unterrichtsabschnitten „Lernprogramm" genannt.

d) Trainingsprogramme

Eine systematische Folge von spielmethodischen Trainingsformen kann man als *Trainingsprogramm* bezeichnen, wenn diese über einen längeren Zeitraum hinweg praktiziert werden (zum Beispiel Circuit-Training).
Spielmethodische Reihen erhalten ihren Sinn nur in den pädagogischen Begründungszusammenhängen von *spielmethodischen Konzeptionen*.

3. Die Ebene der spielmethodischen Konzeptionen

Die verschiedenen Organisationsprinzipien, nach denen spielmethodische Reihen zu spielmethodischen Konzepten zusammengefügt werden können, nennen wir *spielmethodische Konzeptionen*. In unterschiedlicher Gewichtung finden sie sich in zwei grundsätzlich voneinander abweichenden Verfahrensweisen wieder, die sich in der spieldidaktischen Diskussion als relativ stabil und methodenprägend erwiesen haben:

- die elementenhaft-synthetische Konzeption
- die ganzheitlich-analytische Konzeption

Von diesen beiden Organisationsgrundsätzen aus haben sich methodische Konzepte entwickelt, die so gegensätzlich ausgefallen sind, daß man in ihrem Zusammenhange von der Kontroverse schlechthin in der Lehrweise der Sportspiele gesprochen hat. Kein anderer Konstruktionsgesichtspunkt hat so gegensätzliche spielmethodische Konzepte hervorgebracht wie die Frage, ob beim Spiel-Unterricht von einem Gesamteindruck aus ein differenziertes Bild erschlossen werden soll oder ob von Spielelementen aus Zusammenhänge hergestellt werden können.

a) Die elementenhaft-synthetische Konzeption

Werden Spiel-Lehrgänge erstellt, die von einzelnen (technischen oder taktischen) Elementen der Spiele ausgehen, diese nach und nach zu größeren Komplexen zusammenfügen und auf diese Weise die Teile nachträglich in einen Sinnzusammenhang einbringen, dann ist die Konzeption der Methode eine *elementenhaft-synthetische*.

b) Die ganzheitlich-analytische Konzeption

Die *ganzheitlich-analytische* Konzeption erstellt Lehrgänge, die von altersspezifischen Abwandlungen der Sportspiele aus über zunehmend komplexere Spielformen zum Zielspiel voranschreiten. Bereits die erste spielmethodische Form läßt einen Gesamteindruck des Zieles zu. Auf jeder Stufe des methodischen Vorgehens können Spielelemente ausgegliedert werden, die unmittelbar im Sinnzusammenhang mit dem vorgeordneten oder dem nachgeordneten Spiel stehen.

Messen wir die Konzeptionen an der Zielfrage des Spielunterrichts, dann erscheint eine ganzheitlich-analytische Konzeption des Lernprozesses wünschenswert: Der Spielanfänger kann Wege gehen, die von Beginn an handelnde Auseinandersetzung mit Sportspielen auf reduziertem Niveau gestatten. Andererseits ist es möglich, durch Ausgliederung von Spielelementen dem Anliegen gezielten Übens und Trainierens Rechnung zu tragen.

4. Die Ebene der spielmethodischen Konzepte

Ihren konkreten Ausdruck finden die Methodenkonzeptionen in den komplexen Vermittlungsmodellen für Sportspiele, die wir *spielmethodische Konzepte* nennen. Idealtypisch lassen sich sechs solcher Konzepte unterscheiden:

- die Konfrontationsmethode
- die Zergliederungsmethode
- das Kindgemäße Konzept
- das Spielgemäße Konzept
- das Lernzielorientierte Konzept
- das Interaktionistische Konzept

Zergliederungsmethode und Kindgemäßes Konzept sind elementenhaft-synthetisch, die übrigen Verfahren ganzheitlich-analytisch orientiert: Einem ausgeklügelten, algorithmischen Spielaufbau mit dezidierten Maßnahmen und Verfahren steht die Forderung nach Spielenlernen durch Spielenlassen gegenüber. Eine besondere Stellung nimmt das Interaktionistische Konzept ein, welches mit den fünf übrigen Verfahrensweisen nur indirekt vergleichbar ist.

a) Die Konfrontationsmethode

Die *Konfrontationsmethode* verzichtet auf eine Zergliederung des Spiels in einzelne Elemente und deren lehrgangsmäßige Aneinanderreihung. Weil Kinder zum Spiel drängten und ein Spiel nur durch Spielen erlernbar sei, erschöpft sich Methode im Angebot von Spielpraxis. Die eingangs erhobene Forderung nach Orientierung am kognitivem Lernmodell scheint das Konzept zu erfüllen, da alle motorischen, sozialen und emotional-affektiven Spielaspekte von Beginn an nur im kognitiven Kontext der Spielidee virulent werden. Vor einer Übernahme ist dennoch zu warnen. Das Interesse der Spielanfänger am Spielvollzug steht meist in einem krassen Mißverhältnis zu den Fähigkeiten, die sie in das Spiel einbringen können. In der *Konfrontation* mit dem vorgefertigten Spiel sind die Spielanfänger überfordert. „Nur Spielen bedeutet deshalb vielfach, auf echtes Spiel-Lernen zu verzichten" (HAGEDORN u. a. 1972, 15). Die Auffassung, das Spiel selbst sei schon die beste Methode, trifft daher nur dann zu, wenn das Spiel innerhalb des Lernprozesses als eine spielmethodische Form verstanden, didaktisch aufbereitet und durch systematisches Üben und Trainieren ergänzt wird.

b) Die Zergliederungsmethode

Die Vertreter der *Zergliederungsmethode* halten die landläufige Systematik der Sportspiele „Technik – Taktik – Training" für eine auch didaktisch relevante Gliederung, die einen gestuften Lernprozeß nahelege. Im Sinne einer Schrittfolge werden aneinandergereiht nicht nur die Komplexe Technik, Taktik und Training, sondern auch die technischen, taktischen und trainingsmäßigen Elemente sowie die spielmethodischen Formen zum Erlernen dieser Elemente. Als Argument wird die Tatsache angeführt,

„daß eine befriedigende Leistung im Zielspiel ... erst mit der Beherrschung der grundlegenden Technik möglich wird, daß dem Erlernen der Technik also zunächst ein breiterer Raum gegeben werden muß" (HARTMANN 1973, 71).

Das bevorzugte methodische Verfahren ist die *Übungsreihe*. Die Auswahl der spielmethodischen Übungsformen orientiert sich an den einzelnen Elementen des Zielspiels. Daher ist zuzugestehen, daß die Zergliederungsmethode ein motorisch exaktes, „lehrbuchhaftes" und intensives Üben einzelner Spielkomponenten ermöglicht.

Mit dem Konzept verbinden sich aber auch augenfällige Nachteile: Weil der Lernende erst zu einem relativ späten Zeitpunkt mit der die Motorik determinierenden Spielidee bekannt wird, können die zuvor erworbenen Verhaltensmuster in die wechselnden Spielkonstellationen nicht funktionsgerecht eingepaßt werden oder sie brechen im Druck des Wettkampfes wieder zusammen. So besteht die Gefahr, daß das Zergliederungskonzept entgegen seiner erklärten Absicht spielfremd verläuft und das Vor-Üben des Spiels zu einem Am-Spiel-vorbei-Üben gerät. Darüber hinaus wird das Üben ungeachtet seines hohen Ranges im Grunde als zu überwindende Stufe angesehen und kann daher nicht in die ihm zuzumessende könnenskonstitutive Funktion eintreten. Ein richtiger Kern ist freilich festzuhalten: Der Weg zur Spielfähigkeit muß in methodischen Schritten über Teilziele führen.

Konfrontationsmethode und Zergliederungsmethode beinhalten demnach durchaus sinnvolle Prinzipien: den systematischen Spielaufbau durch Aneinanderreihen einerseits und das Spielen von Anfang an andererseits. Mit ihnen gehen aber jeweils so gravierende Nachteile einher, daß es nicht angeraten erscheint, sich bei der Einführung von Sportspielen der beiden traditionellen Verfahren zu bedienen.

c) Das Kindgemäße Konzept

Ausgehend von Überlegungen, wie in den Schulen ein Sportspiel „kind- und jugendgemäß eingeführt werden kann", hat STÖCKER (1978) ein vielbeachtetes Konzept vorgelegt, dessen Hauptaugenmerk zwar dem als sachgerecht empfundenen, exakten Einüben sportspielspezifischer Motorik gilt, das aber zugleich das als bedeutsam eingeschätzte Spielen substantiell berücksichtigt wissen will. Das am Basketball exemplifizierte Vermittlungsmodell kann als eine Form der Synthese von Zergliederungsmethode und Konfrontationsmethode und damit als deren Weiterentwicklung verstanden werden.

Der Spiellehrgang erhält sein Gepräge von vier *Übungsreihen*, deren Folge von einer querliegenden *Spielreihe* durchdrungen wird. Die *Übungsreihen* zielen auf das Erlernen der basketballspezifischen Fertigkeiten ab; als solche gelten Passen / Fangen, Dribbeln, Zweierrhythmus und Korbwurf. Das Problem einer Reduzierung des als nicht kindgemäß erachteten Übens, wie es in Gestalt *einfacher und komplexer Übungsformen* in Zergliederungskonzepten üblich ist, versucht der Autor durch Rekrutierung merkmalsgleicher Kleiner Spiele zu lösen. Bei diesen handelt es sich — spieldidaktisch gesehen — sowohl um *methodische Modifikationen Kleiner Spiele* als auch um *spielerisch eingekleidete reine* und *komplexe Übungsformen*. Jede Übungsreihe läuft *induktiv* auf ein Spiel unter vereinfachten Bedingungen zu, welches — gleichsam die Nahtstelle ausfüllend — das zuvor Geübte zur Anwendung bringen soll. Diese *Rohformen des Sportspiels* sollen Grundeinsichten in die Handlungsstruktur des Zielspiels ermöglichen. In der Verknüpfung lassen sie sich als *Spielreihe* deuten.

Im Vergleich zur Zergliederungsmethode ergibt die Verwendung Kleiner Spiele, vordergründig gesehen, eine stärkere Berücksichtigung kindlicher Spielbedürfnisse: Die Techniken des Spiels werden in lebendige Spiele eingekleidet, in deren Vollzug sich Lernprozesse gleichsam im Rücken des Tuns ereignen. Daher trifft aber auch die eingangs erwähnte Kritik BOLLNOWs am spielerischen Üben im vollen Umfang zu (vgl. auch HILMER 1979). Auch kann das auf einem formal-abstrakten Spielverständnis beruhende Angebot der Kleinen Spiele nicht als geeignet gelten, handelnde Auseinandersetzung mit der *Spielidee* des Zielspiels zu ermöglichen. Dieser Forderung kommt das *Kindgemäße Konzept* nur in der Spielreihe nach, in der eine erste Begegnung mit dem komplexen Sportspiel stattfindet. Diese vollzieht sich indessen lediglich in einer abgeschwächten Form von Konfrontation, was als nicht hinreichende Form der Elementarisierung angesehen werden muß.

d) Das Spielgemäße Konzept

Auch das *Spielgemäße Konzept* läßt sich als Versuch verstehen, die Kluft zwischen Konfrontations- und Zergliederungsmethode zu überbrücken. In dem im Zentrum didaktischen Vorgehens stehenden methodischen Verfahren der *Spielreihe* gehen die kontroversen Forderungen nach *Spielen von Anfang an* und *schrittweisem Spielaufbau* eine Synthese ein. Spielreihen geben Spielanfängern Gelegenheit, sich ein Sportspiel von Beginn an in seiner vereinfachten, aber unverwechselbaren Gestalt zu „erspielen" und sich mit wachsendem Können an zunehmend komplexeren Formen zu versuchen. Ganz im Sinne ganzheitlich-analytischen Vorgehens eröffnet bereits die erste methodische Form einen ganzheitlichen Eindruck vom Zielspiel und schafft damit zugleich eine Fülle von Möglichkeiten für spielstrategische Manipulationen, wie sie für den Aufbau flexibler Handlungspläne vom kognitionspsychologischen Standpunkt aus als unverzichtbar erachtet werden. Unter den spielmethodischen Spielformen sind es die *Grundformen der Sportspiele*, die sich für Spielreihen in besonderer Weise anbieten. Diese

Spielformen weichen nicht in ihren Spielgedanken und nicht so sehr in ihrer inneren Schichtung vom zugehörigen großen Sportspiel ab als vielmehr in den äußerlichen Spielbedingungen: dem Spielraum, dem Spielgerät, der Spielzeit, einigen Regeln, vor allem aber in der Spielerzahl. Aufgrund dieser Vereinfachungen kommt die Spielreihe dem spieldidaktischen Anliegen weitestgehend entgegen, sportspielgemäße Handlungsperspektiven in altersgemäßer Transformation zu eröffnen. In ihr vervollkommnen sich die Handlungspläne, welche sich in fundamentaler Weise schon in den ersten Grundformen bilden können.

Neben dem spielimmanenten Lernen sind für das Spielgemäße Konzept auch das systematische Üben und Trainieren konstitutiv. Gesichert wird dies durch die planungsmäßige *Deduktion* von Übungsreihen und Trainingsprogrammen aus der Spielreihe. Üben tritt somit nicht bloß als Vorübung auf. Es stellt einen gleichgewichtigen Weg zum Spiel dar, mit dem es in einem Wechselverhältnis steht.

Dem Spielgemäßen Konzept gelingt vom Prinzip her eine überzeugende Realisierung der eingangs gestellten drei Forderungen an eine zeitgemäße Spieldidaktik. Mit der Entscheidung für das Spielgemäße Konzept, wie sie sich etwa auch in der aktuellen Lehrplangestaltung (Richtlinien und Lehrpläne 1980) niedergeschlagen hat, gelingt der entscheidende Durchbruch zu einer zugleich sachgerechten wie kindgemäßen Methode, die Spielfähigkeit in pädagogisch wünschenswerter und lerntheoretisch begründbarer Weise anzubahnen, imstande ist.

Bevor das Spielgemäße Konzept abschließend am Modell konkretisiert wird, sollen zunächst noch zwei spielmethodische Konzepte Erwähnung finden, welche die aktuelle Diskussion bereichert haben.

e) Das Lernzielorientierte Konzept

Unter der Bezeichnung des *Lernzielorientierten Konzeptes* werden zwei zusammengehörige, aber relativ eigenständige spielmethodische Konzepte zusammengefaßt: Neben einem für den Bereich der Primarstufe gedachten sportspielübergreifenden Vermittlungsvorschlag liegt neuerdings eine Reihe formal identischer didaktischer Muster vor, welche als spielspezifische Verzweigungen des ersten Teils anzusehen sind.

Dem ersten Teil (HAGEDORN et al. 1972) liegt die Annahme zugrunde, daß allen Sportspielen eine gemeinsame Handlungsgrundstruktur hinterliege, welche im Konstrukt des „*Mannschaftsspiels*" greifbar werde. Als dessen *fünf charakteristische Handlungsweisen* gelten:

- Ballverhalten (Ball erobern),
- Raumverhalten (Ball vortragen),
- Zielverhalten (Ball ins Ziel bringen),
- Partnerverhalten (Partner helfen),
- Gegnerverhalten (Gegner stören).

Diese Handlungstypen sind in komplexer Form in der spielmethodischen Spielform *Kastenball* anzutreffen, in je gesonderter Weise können sie aber

auch in eigens vorzusehenden Übungsreihen als *Teillernziele* ausgewiesen werden.
Das Verfahren sieht demzufolge eine *Spielreihe* vor, welche vom *Grundspiel Kastenball* zum *Wettspiel Kastenball* führt. Zwischengeschaltet sind fünf auf die mannschaftsspieltypischen Handlungsweisen abgestimmte *Übungsreihen*, die sich im wesentlichen aus *methodischen Modifikationen Kleiner Spiele* und *spielerisch eingekleideten Übungsformen* konstituieren, die Realisierung der Teillernziele aber in ein streng reglementiertes Korsett von Lernschritten und Lernkontrollen einbetten.
Eine im wesentlichen identische Struktur weist auch der zweite, sportspielspezifische Teil des Lernzielorientierten Konzepts auf (BISANZ / GERISCH 1979; DUELL / KLEIN 1979; GÖTSCH et al. 1980; HAGEDORN / SCHMIDT 1979). Global betrachtet, folgt der Lehrweg jeweils einer *Spielreihe*, die vom *Grundspiel* des jeweiligen *Mini-Sportspiels* mit seinen stark vereinfachten Regeln zur *Wettspiel*form des *Mini-Sportspiels* führt. Die verbindenden *Übungsreihen* verfolgen sportspielspezifische *Teillernziele*.
Das Lernzielorientierte Konzept kann als Modifikante des Spielgemäßen Konzepts unter Einbezug von Vorgehensweisen aus dem Kindgemäßen Konzept gelten: Ganzheitlich-analytischen Zuschnitt haben die *Spielreihen* und die aus ihr abgeleiteten *Übungsreihen*. Auf diese Weise sichert sich das Verfahren die Vorzüge Spielgemäßer Konzepte, in die es mit der Kreation der Mini-Sportspiele eine beachtenswerte neue Komponente einbringt (vgl. Tab. 3). Mit dem Kindgemäßen Konzept verbindet die Gestaltung der Übungsreihen durch Kleine Spiele. Obwohl das Lernzielorientierte Konzept durch die grundsätzlich abweichende Fassung der Teillernziele als taktische Teilhandlungen Distanz zum Kindgemäßen Konzept und seine Verankerung in einer kognitiven Lerntheorie dokumentiert, werden Einwände hier einzusetzen haben: Es ist zu reklamieren, daß die Spiele zu Lern-, Übungs- und Trainingsspielen denaturieren (vgl. HILMER 1979, 86 f.), zugleich damit aber eine Vernachlässigung systematischen Übens einhergeht. Darüber hinaus bestehen Bedenken hinsichtlich der rigorosen Algorithmisierung insbesondere des ersten Teils des Lernzielorientierten Konzepts (vgl. SCHALLER 1976, 165).

f) Das Interaktionistische Konzept

Die bisher beschriebenen spielmethodischen Konzepte können als miteinander konkurrierende methodische Verfahrensweisen verstanden werden, die mit dem — wenn auch nicht immer in identischer Weise verstandenen — Ziel *Spielfähigkeit* angetreten sind.
Daß ihnen die Bewältigung dieser Aufgabe nicht in jedem Falle zuzutrauen ist, ist eine andere Frage. Ihnen gegenüber stellt das *Interaktionistische Konzept* einen Ansatz dar, welcher sich von anderen Modellen mehr abhebt, als sich diese untereinander unterscheiden. Wenn überhaupt, dann gilt hier die Feststellung DIETRICHs (1971), daß die Kontroverse zwischen den Spielmethoden in Wahrheit ein Streit um die Ziele des Spielunterrichts sei.

An die Stelle der *Spielfähigkeit* als Zielgröße des Spielunterrichts tritt im interaktionistischen Vorschlag der Begriff der *sozialen Kompetenz*. Zwar gesteht man zu, daß auch im Zusammenhang anderer Konzepte die soziale Lernzieldimension nicht nur peripher erfaßt werde (DIETRICH 1971, 94); soziales Lernen ereigne sich aber dort eher zufällig, weil konkrete Vorstellungen zu seiner Realisierung nicht existierten:

„Auch wenn die . . . Einbettung des Lernens in ein soziales Feld gesehen wird, bleibt doch der eigentliche Akt des Lernens . . . immer noch ein ausschließlich individuelles Ereignis" (KRAPPMANN 1973, 191).

In dieser Problematik lehnen sich einige Spieldidaktiker an pädagogische Fassungen des Symbolischen Interaktionismus an (KRAPPMANN 1973; MOLLENHAUER 1974), deren didaktisches Konzept in einer Verbesserung der Kommunikations- und Interaktionsbedingungen im Alltag besteht. Unter dieser Zielsetzung erscheinen bestimmte komplexe Verhaltensmuster im Sinne von Grundqualifikationen sozialen Handelns notwendig: Flexibler Umgang mit Regeln, soziale Sensibilität, Fähigkeit zur Kommunikation, Handlungsdispositionen sowie Fähigkeit zur Veränderung vorgegebener Handlungsbedingungen. Soziale Kompetenz entwickle sich innerhalb kommunikativer Prozesse, bei denen die Gestaltung der interpersonellen Beziehungen im Diskurs zu vereinbaren sei. Dies verlange offene, stets neu definierbare Situationen. Alles gesellschaftlich Festgelegte müsse zunächst zur Disposition gestellt, aufgebrochen und strukturell verändert werden.

Die Übertragung dieser Theorie auf die Didaktik der Sportspiele geschieht — sieht man einmal von der Aura der Progressivität ab, mit der die Proklamation des sozialen Lernens im Sport verbunden ist — durch Analogiesetzung: Auch Spiele können als Systeme sozialen Handelns verstanden werden. Sie gelingen nur dann gut, wenn die Interaktionsprozesse zwischen den Spielern stimmen. Als Spielen-Können gilt demnach die Befähigung, eine fiktive soziale Wirklichkeit zu vereinbaren, einen entsprechenden Handlungskontext festzulegen und über ein spezifisches Repertoire an Kommunikationsmitteln zu verfügen, um diese soziale Wirklichkeit für eine gewisse Zeit aufrechtzuerhalten (DIETRICH 1977, 157). Der Sportlehrer wird sich aus der Gestaltung der Spiele weitgehend zurückziehen und bewußt eine möglichst komplexe, unstrukturierte Spielsituation in den Raum stellen. In solchermaßen „offenen" Spielsituationen wird erst jeweils das Gespräch der Beteiligten zu konkreten Spielszenen führen, die dann wiederum zum Anlaß werden, die Interaktionen zu reflektieren und nach Veränderungen zu suchen. Daß dabei Spiele entstehen, die von der Gestalt der vertrauten Sportspiele erheblich abweichen, wird nicht nur billigend in Kauf genommen, sondern bewußt initiiert. Über einen Modellversuch haben CACHAY / KLEINDIENST (1976) berichtet.

Daß Spielfähigkeit soziale Qualifikationen einschließen muß, ist von der Sportdidaktik akzeptiert worden (vgl. BRETTSCHNEIDER 1977; DENK 1977). In seinem Geltungsanspruch ist das Interaktionistische Konzept jedoch begrenzungsbedürftig. An die Stelle anderer Verfahren gesetzt, würde es nicht nur eine Verarmung didaktischer Praxis bedeuten, in welcher Ziellosigkeit zum zentralen Lehrziel avanciert (vgl. BRETTSCHNEIDER 1977, 23); eine Instrumentalisierung des Sportspiels für das Ziel der sozialen Kompetenz würde auch auf die Institutionalisierung eines Sportunterrichts hinauslaufen, in dem die Spielbedürfnisse der Kinder und Jugendlichen korrumpiert werden (vgl. in dieser Hinsicht besonders CACHAY / KLEINDIENST 1976; zur Kritik vgl. BRETTSCHNEIDER 1977 und SCHALLER 1979).

V. Modell eines Spielgemäßen Konzeptes am Beispiel des Handballspiels

Spielfähigkeit im Handballspiel resultiert aus der Fähigkeit, die Spielidee des Handballspiels erfassen und gestalten zu können. Dazu ist es erforderlich, auch über die spielspezifischen motorischen Fertigkeiten, taktischen Handlungsmuster sowie konditionellen und emotional-affektiven Fähigkeiten verfügen zu können, die zum Gelingen des Handballspiels beitragen (vgl. Tab. 2).

Tabelle 2: Spielfähigkeit im Handballspiel

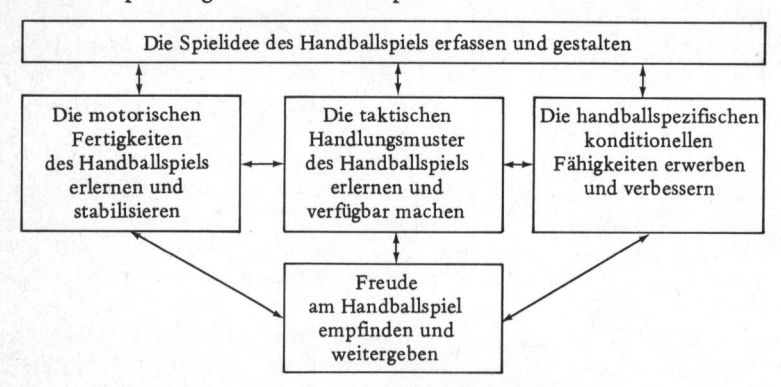

Die Spielidee des Handballspiels erfassen und gestalten		
Die motorischen Fertigkeiten des Handballspiels erlernen und stabilisieren	Die taktischen Handlungsmuster des Handballspiels erlernen und verfügbar machen	Die handballspezifischen konditionellen Fähigkeiten erwerben und verbessern
	Freude am Handballspiel empfinden und weitergeben	

1. Die Spielidee des Handballspiels erfassen und gestalten

Handball zählt zu den Tor-, Mal- und Korbspielen: Zwei Mannschaften suchen in direktem Kampf, jeweils gegen die gegnerische Abwehr, von der eigenen Spielfeldhälfte her den Raum des Gegners zu überwinden, um eine gute Ausgangsposition zum alles entscheidenden Zielschuß(wurf) zu erkämpfen (vgl. DIETRICH 1974, 80). Innerhalb dieser Rahmenvorgabe läßt sich das Spielgeschehen auf *fünf* jeweils gegengerichtete *Grundsituationen* reduzieren (SCHALLER 1980):

- Ballbesitz / Ballgewinn — Ballverlust
- Torwurf — Torwurfabwehr

- Herausspielen der Torgelegenheit — Abschirmen des Tores
- Vortragen des Balles — Formieren der Abwehr
- Tempogegenstoß — Stören des Tempogegenstoßes

Die Grundsituationen lassen insofern eine hierarchische Struktur erkennen, als „*Torwurf / Torwurfabwehr*", funktionell gesehen, zwar die Hauptkomponente des Spiels ausmacht, „*Herausspielen der Torgelegenheit / Abschirmen des Tores*" aber vom Spielanteil her die wichtigste Handlungsform darstellt: Die grundlegende Spielidee des Handballspiels besteht somit darin, in der Abwehr den eigenen Torraum und das eigene Tor möglichst undurchlässig abzuschirmen sowie Torwürfe abzuwehren und sich im Angriff den Ball in der Nähe des gegnerischen Torraums so geschickt zuzuspielen, daß sich eine günstige Torgelegenheit ergibt, die man wahrzunehmen hat.

Das Handballspiel vereinfachen heißt daher, es zunächst auf seine spielbestimmenden Grundsituationen *Torwurf / Torwurfabwehr* und *Herausspielen der Torgelegenheit / Abschirmen des Tores* zu reduzieren. Es gilt, Kleine Spiele zu finden, deren Handlungsstruktur diese beiden Grundsituationen abdeckt. Diese gilt es dann nach ihrer unterschiedlichen Komplexität zu einer *Spielreihe* zusammenzustellen. Hetzball, Burgball, Schloßball, Schloß-Burgball und Bahnball (vgl. SCHALLER 1982a) stellen solche elementaren Handballspiele dar. Aufgrund der in ihnen vorgegebenen Vereinfachung der Handlungsstruktur des Handballspiels sind sie in besonderem Maße geeignet, Anfänger mit der Spielidee des Handballspiels vertraut zu machen und deren Gestaltung zu ermöglichen. Mini-Handball bringt die Komponenten „*Vortragen des Balles / Formieren der Abwehr*" sowie „*Tempogegenstoß / Stören des Tempogegenstoßes*" in die Spielreihe ein und vermag so das Aktionsgefüge zu komplettieren. Alle spielmethodischen Spielformen sind jeweils relativ offen definiert, so daß je nach den gegebenen Bedingungen und Bedürfnissen ihre Variation angezeigt ist (zum Beispiel: Wie können wir Handball spielen, wenn keine Tore vorhanden sind? Können auch einmal Anfänger gegen Geübte spielen, ohne daß die Freude am Spiel verlorengeht?).

2. Die motorischen Fertigkeiten des Handballspiels erlernen und stabilisieren

An *motorischen* Fertigkeiten des Handballspiels kommen insbesondere in den Blick:

- Passen und Fangen,
- Ballführen und Dribbeln,
- Torwürfe,
- Angriffstechniken (einschließlich Torwarttechniken),
- Abwehrtechniken (einschließlich Torwarttechniken).

In ihren unterschiedlichen technischen Ausführungen werden die motorischen Fertigkeiten jeweils in *Übungsreihen* erlernt, sobald von ihnen eine Vervollkommnung der jeweiligen Spielform zu erwarten ist. Sie müssen laufend gefestigt und in der Ausführung den unterschiedlichen Spielsituationen angepaßt werden.

3. **Die taktischen Handlungsmuster des Handballspiels erlernen und verfügbar machen**

Vorzugsweise in *Übungsreihen* werden *taktische* Kenntnisse und Fertigkeiten erworben und die Fähigkeit zu ihrer situationsgerechten Anwendung entwickelt. Dabei handelt es sich um handballspezifische Formen von
- individueller Taktik,
- Gruppentaktik,
- Mannschaftstaktik

in Angriff und Abwehr.

4. **Die handballspezifischen konditionellen Fähigkeiten erwerben und verbessern**

Die Entwicklung von Spielfähigkeit ist nicht möglich ohne Kondition. Dabei kommen aus handballspezifischer Sicht insbesondere folgende Komponenten in den Blick:
- Schnelligkeit,
- Kraft (Sprung- und Wurfkraft),
- Beweglichkeit,
- Ausdauer (Grundlagenausdauer, Schnelligkeitsausdauer, Kraftausdauer).

Die Verbesserung der konditionellen Leistungsfaktoren geschieht ohne besonderes Arrangement in den *Spiel- und Übungsformen* selbst, aber auch in speziellen *Trainingsformen und -programmen* (WESTPHAL 1982).

5. **Freude am Handballspiel empfinden und weitergeben**

Ein Spieler wird dann besonders willkommen sein, wenn er ein begeisterter Spieler ist, d. h. wenn er Spielfreude empfinden und weitergeben kann. Es ist davon auszugehen, daß sich Spielfreude in erster Linie in den *Spielformen* entwickelt. Daß auch Übungs- und Trainingsformen Freude stiften können, muß häufig erst erfahren werden. Dabei kommt dem Sportlehrer eine besondere Bedeutung zu (BREUER 1983, 177).
Fortschritte in den Bereichen Technik, Taktik und Kondition können in *Lernkontrollformen* überprüft werden.
Alle Komponenten von Spielfähigkeit bestehen nicht unabhängig voneinander. Die verbindenden Pfeile in den Tabellen 2 und 3 sollen auf diesen Sachverhalt aufmerksam machen.
In Tabelle 3 ist die Struktur des Spielgemäßen Konzeptes zur Einführung des Handballspiels stichwortartig zusammengestellt. Bei den angegebenen Spiel-, Übungs- und Trainingsformen handelt es sich um Beispiele, die in der didaktischen Praxis auf die jeweils unterschiedlichen Bedingungen abgestimmt, ergänzt oder gestrafft werden müssen.

Tabelle 3: Modell eines Spielgemäßen Konzeptes (Handball)

Übungsformen und -reihen	Spielreihe	Trainingsformen und -programme
Passen und Fangen (in Partnerform) – Schlagwurf auf Ziele	←→ Hetzball ←→	allgemeine Konditionsschulung (Hindernisläufe)
Torwarttechnik (Abwehr von Wurfserien) – Ballführen (Staffelformen) – Täuschen – Drehen	←→ Burgball ←→	Kräftigung der Schultermuskulatur – Schulung der Beweglichkeit (Slalomlaufen)
Angriffstechniken – Sprungwürfe – Dreierrhythmus	←→ Schloßball ←→	Kräftigung der Sprungmuskulatur (Seilchenspringen, Sprünge über Kästen)
Fallwürfe (Weichmatten) – Kreuzen (2 : 2)	←→ Schloßburgball ←→	Armkräftigung – Schulung der Beweglichkeit (Aufgaben mit Medizinbällen, Abrollen auf Weichmatten)
Wechseln – Sperren – Würfe aus der Fernwurfzone – Blocken – Stören – seitliches Verschieben – Abwehrtechniken	←→ Bahnball ←→	Kräftigung der Bauch- und Rückenmuskulatur (Circuit-Training)
Angriffs- und Abwehrtechnik – Positionsangriff – Freiwürfe – Tempogegenstoß – Dribbeln	←→ Mini-Handball ←→	Schnelligkeit – Wurfkraft – Ausdauer (Partnerverfolgungssprints, Werfen mit dem Medizinball, Läufe)
Angriffs- und Abwehrsysteme – Überzahl – Unterzahl – Spezialwürfe von allen Positionen ...	←→ Handball nach internationalen Regeln	Schnelligkeitsausdauer – Ausdauer (Fahrtspiel) – Schnelligkeit (Sprints mit Dribbeln) – Beweglichkeit des Torwarts ...

VI. Systematisches Literaturverzeichnis

1. Allgemeines zur Sportspieldidaktik

Baur, J. / Brettschneider, W.-D.: Zur Didaktik der Sportarten – Überlegungen zur Transformation von Sportarten zu Themen des Sportunterrichts, in: Größing, S. (Hrsg.): Spektrum der Sportdidaktik, Bad Homburg v. d. H. 1979, 263 – 292
Bernett, H.: Grundformen der Leibeserziehung, 2. Aufl. Schorndorf 1967
Brettschneider, W.-D.: Grundlagen und Probleme einer unterrichtsrelevanten Sportdidaktik, Ahrensburg 1975
– Zum Theorem vom Implikationszusammenhang von Zielprojektion und Vermittlungsvariablen als Grundlage didaktischer Entscheidungen im Sportspiel, in: Andresen, H. / Hagedorn, G. (Hrsg.): Zur Sportspiel-Forschung, Berlin 1976, 167 bis 185
– Spezifisches motorisches Leistungsvermögen oder soziale Kompetenz: falsche Alternative oder zentrales Problem der Sportspieldidaktik?, in: Dietrich, K. / Landau, G. (Hrsg.): Beiträge zur Didaktik der Sportspiele, Teil III, Schorndorf 1977, 15 – 26
Brettschneider, W.-D. / Westphal, G. / Westphal, U.: Das Volleyballspiel, Ahrensburg 1976
Breuer, H.-P.: Spielen wollen, aber üben müssen?, in: Sportunterricht 32 (1983), 174 bis 179
Bollnow, O. F.: Vom Geist des Übens, Freiburg 1978
Denk, H.: Orientierung über Sport – Aufgabe und Ziel des Sportunterrichts?, in: Zeitschrift für Sportpädagogik 1 (1977), 38 – 46
Dietrich, K.: Die Kontroverse über die Lehrweise der Sportspiele, in: Recla, J. / Koch, K. / Ungerer, D. (Hrsg.): Beiträge zur Didaktik und Methodik der Leibesübungen, Schorndorf 1971, 167 – 171
– Zur Methodik der Sportspiele, in: Dietrich, K. / Landau, G. (Hrsg.): Beiträge zur Didaktik der Sportspiele, Teil I, Schorndorf 1974, 74 – 82
Dietrich, K. / Landau, G.: Handballspielen und Fußballspielen im freien Bewegungsleben der Kinder und Jugendlichen, in: Dietrich, K. / Landau, G. (Hrsg.): Beiträge zur Didaktik der Sportspiele, Teil I, Schorndorf 1974, 53 – 67
Hagedorn, G.: Vorüberlegungen zu einer Theorie der Sportspiele, in: Andresen, R. / Hagedorn, G. (Hrsg.): Zur Sportspiel-Forschung, Berlin 1976, 18 – 46
Heinrich, W.: Die Handlungskompetenz im Sportspiel, in: Sportunterricht 29 (1980), 417 – 425
Hilmer, J.: Aspekte und Probleme einer Didaktik der Leibeserziehung, dargestellt am Spiel, in: Die Leibeserziehung 12 (1963), 54 – 58
– Grundzüge einer pädagogischen Theorie der Bewegungsspiele, Hannover 1969
– Allgemeine Didaktik und Fachdidaktik, Schorndorf 1979
Krappmann, L.: Soziale Kommunikation und Kooperation im Spiel und ihre Auswirkungen auf das Lernen, in: Daublebsky, B.: Spielen in der Schule, Stuttgart 1973, 190 – 226
Kröner, S.: Aspekte einer Didaktik der Partnerspiele, in: Schaller, H.-J. (Hrsg.): Die Großen Partnerspiele, Wuppertal 1982, 17 – 32
Konzag, I. / Konzag, G.: Anforderungen an die kognitiven Funktionen in der psychischen Regulation sportlicher Spielhandlungen, in: Theorie und Praxis der Körperkultur 29 (1980), 20 – 31
Landau, G.: Zum Begriff der Spielreihe, in: Die Leibeserziehung 18 (1969), 36 – 38
Mahlo, F.: Die Ausbildung von Spielfähigkeiten im Sportunterricht, in: Körpererziehung 24 (1974), 550 – 558
Mester, L.: Grundfragen der Leibeserziehung, 3. Aufl. Braunschweig 1969
Mollenhauer, K.: Theorien zum Erziehungsprozeß, 2. Aufl. München 1974
Nitsch, H.: Sportliches Handeln als Handlungsmodell, in: Sportwissenschaft 5 (1975), 39 – 55

Richtlinien und Lehrpläne für den Sport in den Schulen im Lande Nordrhein-Westfalen, Bd. III, hrsg. v. Kultusminister des Landes Nordrhein-Westfalen, Köln 1980
Röthig, P. (Red.): Sportwissenschaftliches Lexikon, 4. Aufl. Schorndorf 1977
Schaller, H.-J.: Vermittlungsmodelle Großer Spiele, in: Die Leibeserziehung 19 (1970), 109 — 111
— Spielerziehung — Gegenstand und Programmatik eines sportpädagogischen Begriffes, Schorndorf 1975
— Zur Systematik der Lehrverfahren im Bereich der Sportspiele, in: Andresen, R. / Hagedorn, G. (Hrsg.): Zur Sportspiel-Forschung, Berlin 1976, 151 — 166
— Rezension: Dietrich, K. / Landau, G. (Hrsg.): Beiträge zur Didaktik der Sportspiele, in: Sportpädagogik 3 (1979), 44 — 47
— Untersuchung zur Struktur des Handballspiels auf funktionsanalytischer Grundlage, in: Andresen, R. / Hagedorn, G. (Hrsg.): Beobachten und Messen im Sportspiel, Berlin 1980, 185 — 203
Schellenberger, H. (Ltg.): Psychologie im Sportspiel, Berlin (Ost) 1981
Schuyt, L.: Leren spelen, Bakkum 1978
Weber, R.: Das Fußballspiel als Kommunikationssystem, in: Dietrich, K. / Landau, G. (Hrsg.): Beiträge zur Didaktik der Sportspiele, Teil I, Schorndorf 1974, 98 — 115

2. Zur Konfrontationsmethode

Hoffmann, G.: Ansatz zu einer Anfängermethodik über die Konfrontation mit dem Zielspiel, in: Lehrhilfen für den Sportunterricht 31 (1982), 129 — 133
Reuß, P.: Konfrontationsmethode im Minibasketball (unveröffentliches Manuskript), Karlsruhe 1978

3. Zur Zergliederungsmethode

Hartmann, H.: Untersuchungen zur Lernplanung und Lernkontrolle in den Sportspielen, Schorndorf 1973
Waldowski, L.: Grundschule des Basketballspiels, 5. Aufl. Münster 1975

4. Zum Kindgemäßen Konzept

Stöcker, G.: Schulspiel Basketball — vom Spielen zum Spiel, 6. Aufl. Schorndorf 1978

5. Zum Spielgemäßen Konzept

Alberti, H. / Rothenberg, L.: Spielreihen in der Spielschulung, Schorndorf 1973
Dietrich, K.: Didaktische Überlegungen zum Schulfußball, in: Die Leibeserziehung 13 (1964), 237 — 241
Dietrich, K. / Dürrwächter, G. / Schaller, H.-J.: Die Großen Spiele, 3. Aufl. Wuppertal 1982
Schaller, H.-J. (Hrsg.): Die Großen Partnerspiele, Wuppertal 1982

6. Zum Lernzielorientierten Konzept

Bisanz, G. / Gerisch, G.: Mini-Fußball, Berlin 1979
Duell, H. / Klein, G.: Mini-Handball, Berlin 1979
Götsch, W. / Papageorgiou, A. / Tiegel, G.: Mini-Volleyball, Berlin 1980
Hagedorn, G. / Bisanz, G. / Duell, H.: Das Mannschaftsspiel, Frankfurt a. M. 1972
Hagedorn, G. / Schmidt, G.: Mini-Basketball, Berlin 1979

7. Zum Interaktionistischen Konzept

Cachay, K. / Kleindienst, C.: Soziale Lernprozesse im Sportspiel, in: Sportwissenschaft 6 (1976), 291 — 310
Dietrich, K.: Interaktionsanalyse der Sportspiele, in: Dietrich, K. / Landau, G. (Hrsg.): Beiträge zur Didaktik der Sportspiele, Teil II, Schorndorf 1977, 140 — 158

8. Zur Didaktik des Handballspiels

Käsler, H.: Handball — vom Erlernen zum wettkampfmäßigen Spiel, 4. Aufl. Schorndorf 1976

Nabbefeld, R.: Schulgemäßes Konzept zum Erlernen des Handballspiels über Situationsreihen, in: Lehrhilfen für den Sportunterricht 32 (1983), 1 — 12

Schaller, H.-J.: Handball, in: Dietrich, K. / Dürrwächter, G. / Schaller, H.-J.: Die Großen Spiele, 3. Aufl. Wuppertal 1982a, 123 — 164

Singer, E.: Spielschule Hallenhandball, Stuttgart 1978

Westphal, G.: Methoden der Belastung und ihre Anwendung im Hallenhandball, in: Sportpraxis in Schule und Verein 23 (1982), 110, 118, 129 — 130

4. Die ästhetische Dimension der Bewegung im Sport

Eva Bannmüller

In der Auseinandersetzung um die Didaktik des Sportunterrichts zeichnet sich eine neue Stufe ab. Während des Wandels der Leibeserziehung zum Sportunterricht konzentrierte sich die Diskussion auf das Schulfach und dessen spezifische Fragestellung. Im Kinde sah man nicht den jungen Menschen, der aus eigener Entscheidung Sport treibt, sondern den Sportschüler, dessen sportliche Richtung weitgehend vorbestimmt wird. Die einseitige Ausrichtung auf das Fach führte zu einem sich immer mehr einengenden Horizont des fachspezifischen Denkens. Dieses entwickelte sich vor allem an den Erkenntnissen der lerntheoretischen und bewegungstheoretischen Forschung (UNGERER 1971; GÖHNER 1979). Die Auswahl der Inhalte des Schulsports erfolgte in erster Linie nach Maßgabe des Sports außerhalb der Schule und richtete sich nach den Bedürfnissen der Vereine. Die Gefahr der ‚Versportung' des Sportunterrichts (KURZ 1977, 33) blieb unbemerkt, weil die Aufmerksamkeit ohnedies nur den Sportarten galt. Dabei entwickelte sich eine Vielfalt von Trainingsmöglichkeiten, die mit wissenschaftlichen Methoden differenziert vermessen und dargestellt wurden (vgl. neue Darstellungen über das Bewegungslernen).

Bei aller Bedeutung der Ergebnisse, die aus dieser Entwicklung hervorgegangen sind, hat die Einseitigkeit dieser Perspektive den Blick auf die Leiblichkeit verstellt. Es gilt nun, mit der wieder zu gewinnenden anthropologischen Sichtweise, die den Leib ins Zentrum der Betrachtung stellt, eine weitere Dimension der Bewegung und Wahrnehmung zu öffnen.[1]

Mit dieser neuen Perspektive, die den Leib wieder entdeckt, ist allerdings nicht die Spiel- und Freizeitkultur gemeint, die sich gegenwärtig überall breit macht.

Denn die Formen der Spiel- und Sportbewegung, die zu festen Bestandteilen der Freizeitkultur und der sie versorgenden Industrie geworden sind, unterwerfen nicht anders als die Arbeit das motorische Potential des Leibes externen Bedingungen und stehen damit außerhalb der anthropologischen Perspektive. Die anthropologische Sicht dagegen löst das Nachdenken über die Bewegung aus den soziologischen und sozialpsychologischen Modellen und versucht, den Blick frei zu machen für die Eigendynamik des Leiblichen.

---

1 Die anthropologische Betrachtungsweise in Biologie, Medizin, Psychologie, Pädagogik ist verbunden mit: BOLLNOW, BUYTENDIJK, GEHLEN, GRUPE, MERLEAU-PONTI, PLESSNER, PLÜGGE, PORTMANN, V. v. WEIZSÄCKER.

Erst nach einer solchen Befreiung von festgelegten Formen ist ein Freisetzen von Kreativität möglich.
Die anthropologische Betrachtung geht von der dynamischen Form der Bewegung aus, d. h. von einer Bewegung, die sich in der Auseinandersetzung mit den Einflüssen der Umwelt nicht von diesen festlegen läßt, sondern kraft ihrer Dynamik sich ständig erneuert. Die pädagogische Orientierung der Bewegungserziehung an der Dynamik der leiblichen Existenz ist aber nur möglich, wenn die ästhetische Dimension mitbedacht wird. Ästhetische Erziehung und Bewegungserziehung stehen in einem Verhältnis ständiger Wechselwirkung. Die Erneuerung der Bewegung aus ihrer inneren Dynamik ist wiederum nicht möglich ohne sensible Wahrnehmung, und ohne Wahrnehmen ist keine Bewegung möglich. Hier wäre an die Lehre von V. v. WEIZSÄCKER (1940) vom biologischen Akt anzuknüpfen. Deshalb ist Bewegungserziehung auch Ästhetische Erziehung im Sinne einer Differenzierung der Wahrnehmungsfähigkeit. Ästhetische Erziehung ist ein Fundament der Bewegungserziehung. Sie darf aber nicht verwechselt werden mit den entwickelten Formen des Ausdruckstanzes. Ästhetische Erziehung ist mehr und anderes als Adaption des Ausdruckstanzes für ihre Zwecke. Es kann also nicht darum gehen, Ästhetische Erziehung nur in den Kulturformen des Tanzes und der Pantomime zu verwirklichen. Jede Bewegung, die aus dem Zusammenspiel von Wahrnehmen und Bewegen entsteht, kann in eine ästhetische Ausdrucksqualität überführt werden (C. F. v. WEIZSÄCKER 1977). Vor dem Hintergrund dieser Überlegungen ergibt sich eine Reihe von Fragen: Wenn Ästhetische Erziehung weder an Sportformen noch an Ausdruckstanz angeschlossen werden kann, an was ist dann anzuknüpfen? Welche Möglichkeiten der Anknüpfung im Rahmen des Schulsports lassen sich dann finden? Wie ist eine Bewegungserziehung aufzubauen, die in einem unauflösbaren Zusammenhang mit Ästhetischer Erziehung steht?
Den wichtigsten Anknüpfungspunkt bilden diejenigen Wahrnehmungen und Bewegungen, die der Schüler in seiner Alltagswelt erfährt, also die Wahrnehmungen und Bewegungen, die in Handlungszusammenhängen aufeinander bezogen sind, wie zum Beispiel werfen und fangen eines Balles, einen Nagel einschlagen, ein Tablett tragen, anfassen von und umgehen mit Dingen u. a. m. Diese Einheit von Bewegung und Wahrnehmung ist in der Auslegung von Alltagswirklichkeit ständig koordiniert: Bewegungen wie Radfahren, Treppensteigen, über die Straße gehen sind ohne Zusammenwirkung mit den Wahrnehmungen nicht möglich. Hier ist von vornherein die Einheit von Wahrnehmung und Bewegung gegeben. Wir sprechen hier von einer pragmatischen Qualität der Bewegung, weil diese der Qualität des Umgehens mit den Dingen angemessen ist. In der Einheit des Handelns ist Bewegung als Schlüssel zur Entdeckung der Umwelt zu verstehen. Die Einheit des Handelns selbst ist tradiert, in ihr artikuliert sich die Lebenswelt. Im Handeln selber sind Bewegung und Wahrnehmung aufeinander bezogen. Das Problem der Bewegungserziehung im Zusammenhang mit der Ästhetischen Erziehung ist die Frage, wie das Freisetzen der Wahrnehmung aus den pragmatischen Kontexten herausgelöst werden kann. Dies ist sehr

schwierig (E. STRAUS 1960: Zur Analyse des Tanzes; BOLLNOW 1963). Es ist nämlich schwer möglich, jemanden aus geprägten Hörgewohnheiten zu neuem Hören, aus festgelegten Bewegungsgewohnheiten zu neuer Bewegung anzuleiten. Ein möglicher Weg, neue Bewegung auszulösen, führt über Reize, die ihrerseits aus bestimmten Handlungsbezügen herausgenommen sind (BANNMÜLLER 1982), zum Beispiel: Zeitungen, die nicht gelesen werden, mit denen vielmehr unterschiedliche Geräuschqualitäten erzeugt werden können. Es gilt also, Sinnstrukturen des Wahrnehmens und Bewegens zu finden, in denen die pragmatischen Kontexte durchstoßen und neue Organisationsformen von Eindrücken gewonnen werden.

Das anthropologische Verständnis von Bewegung macht deutlich, daß Bewegung immer schon als Schlüssel zur Entdeckung der Umwelt verstanden wird. Dieser Erschließungsvorgang ist im Zusammenhang von Bewegen und Wahrnehmen zu sehen (vgl. V. v. WEIZSÄCKER 1940; PLESSNER 1970). Wahrnehmen, das Bewegung auslöst, wirkt in der Weise auf die Sinne, daß sie zum Organ des erkundenden Erfahrens von Wirklichkeit, ja zur organisierenden Kraft der Erfahrung „gebildet" werden können. Bei dieser „Bildung" eines erkundenden Erfahrens verschmilzt die Entfaltung der produktiven oder dynamischen Wahrnehmung mit dem Erschließen der Lernfähigkeit. Die Grundlagen allen Lernens werden durch das Wahrnehmen gelegt. Vor dem Hintergrund dieser Überlegung gewinnt das Verständnis des Sports eine neue Dimension. Eine differenzierte Bewegungsentwicklung, sei sie nun für den Wettkampfsport, für das Sportspiel, für den Tanz oder die darstellende Bewegung, ist ohne eine Sensibilisierung der Wahrnehmung nicht möglich. Von daher gewinnt die Ästhetische Erziehung im Rahmen des Schulsports ihre eigentliche Bedeutung. Wir verstehen darunter nicht das Übernehmen von vorgefertigten Übungen in den einzelnen Sportdisziplinen, festgelegte Schrittmotive in den Tänzen oder bereits systematisierte Spielzüge, sondern die Anleitung zum Gebrauch der Sinne, die Förderung der Wahrnehmungsfähigkeit über die Bewegung. Das griechische Wort „aisthanomai" bedeutet in seiner ersten Bedeutungsschicht „durch die Sinne auffassen". Insofern geht es der Ästhetischen Erziehung auf ihrer elementaren Stufe als Bewegungserziehung um die Erziehung zum Sehen, Hören, Tasten, Schmecken und Riechen. Dieses erkundende Erfahren und Erschließen der Alltagswirklichkeit wird immer getragen vom Zusammenspiel der Sinne, deren Ausdrucksqualitäten sich vor allem über die Bewegung hervorbringen lassen. Deshalb müssen für den Wahrnehmenden Handlungsräume bereitgestellt werden, die entsprechende Eindrücke ermöglichen. Eine ständige Auseinandersetzung von Bewegen und Wahrnehmen mit der Umwelt hat eine organbildende Wirkung auf die einzelnen Sinne (vgl. GOETHE):

„Das Auge hat sein Dasein dem Licht zu danken. Aus gleichgültigen tierischen Hilfsorganen ruft sich das Licht ein Organ hervor, das seinesgleichen werde, und so bildet sich das Auge am Licht fürs Licht, damit das innere Licht dem äußeren entgegentrete" (1955, 323).

Erst danach geht es der Ästhetischen Erziehung um verstehendes Aneignen und Genießen von Ausdrucksformen künstlerisch artikulierter Wahrnehmung, um Ästhetik im engeren Sinne.

„Wahrnehmen heißt: Die Eindrücke der Umwelt nicht nur in dumpfer Gewohnheit annehmen und nach eingeschliffenen Mustern verarbeiten, sondern sie durch tätiges Aufnehmen in eigene Erfahrungssubstanz verwandeln" (BANNMÜLLER 1982).

Wahrnehmen geschieht als Unterscheiden und Zusammenfügen von Sinneseindrücken. Das wahrnehmende Subjekt trennt und verbindet, was die Sinne ihm als ganzheitlichen Eindruckskomplex vermittelt haben. Dabei nimmt das Auge die räumlichen Eindrücke in den Unterscheidungskriterien von Nähe und Ferne, „rechts" und „links", Höhe und Tiefe auf. Das Ohr faßt und ordnet die akustischen Eindrücke, indem es „laut" und „leise", aber auch „vorher" und „nachher" unterscheidet. Das Geschmacksorgan erfaßt die Welt zwischen den Kontrasten „bitter" und „süß", das Organ des Fühlens und Tastens zwischen „hart" und „weich", „heiß" und „kalt". Und die Eindrücke des Geruchs nimmt das Subjekt als „stark" und „schwach", vor allem aber als „angenehm" und „unangenehm" wahr. Demnach ist der Geruchssinn am meisten an subjektive Voreinstellungen gebunden. Alles sinnliche Wahrnehmen ist also ein Festlegen von Eindrücken im Ordnungsschema von Grundkontrasten, wobei die Sinne des Sehens und Hörens an die beiden Grundkategorien menschlichen Erfahrens, an Raum und Zeit, gebunden sind. Wahrnehmen ortet und ordnet Eindrücke im Schema von Grundkontrasten.

Es ist also notwendig, Wahrnehmen wieder als eine produktive Tätigkeit zu verstehen und zu vermitteln und damit der zunehmenden Verdumpfung und Abstumpfung der Sinne entgegenzuwirken. Es gilt, wieder eine „produktive Sinnlichkeit" zu entwickeln.

Die Umsetzungsprozesse von Eindrücken in Ausdrucksformen sind vielfältig. Es gibt unterschiedliche Anlässe bzw. Sinneseindrücke, die den Bewegenden zu vielfältigen Ausdrucksformen führen können: Der Raum, die Musik, die Sprache, das Bild (BANNMÜLLER 1982).

I. Bewegung und Raum

Es geht hier darum, Bewegungsmöglichkeiten zu entfalten, die nicht von vornherein zweckgerichtet sind, also Bewegungsmöglichkeiten, die nicht in Diensten und in Funktionen stehen, also von außen gesteuert werden. Vielmehr gilt es, Bewegungsmöglichkeiten zu erkunden, die sich von selbst motivieren und somit das Gefühl der Befreiung vermitteln, wie zum Beispiel der Tanz: Freies Sich-Ausspielen der Bewegung, die darin ihre eigene Form findet, eine Form zumal, die sich selbst genügt. Hier handelt es sich auch um Bewegungsmöglichkeiten, die ihre eigenen räumlichen Beziehungen aufbauen. Der Raum wird hier nicht vor allem von der Distanz her bestimmt als etwas, was in der Bewegung und durch sie überwunden werden muß. Raum wird hier in der Bewegung allererst gestaltet. Der so gestaltete Raum ermöglicht umgekehrt erst wieder freie Bewegung, nämlich als reiner Bewegungsraum, der zu unverzweckten Bewegungen stimuliert. Raumerfahrung, die nicht von verzweckten Räumen ausgeht, von dem sogenannten „hodologischen Raum" (vgl. SARTRE 1962, 404; LEWIN 1934, 249; BOLLNOW 1963, 202; GALLÉE 1981), solche Raumerfahrung ist nichts weiter als die Erfahrung der sich selbst genügenden Bewegung. Es ist die Erfahrung des zu sich selbst befreiten Leibes. Einige praktische Aufgaben mögen das verdeutlichen:

- Bewegungsaufgaben, die die Erfahrung des Spannens und Lösens in der Bewegung vermitteln, zum Beispiel aus einer Sprungbewegung in eine Laufbewegung kommen.
- Das Spiel mit den vielseitigen Bewegungsmöglichkeiten der Arme und Beine. Ausmessen der Bewegungsradien der Arme, der Beine, des Rumpfes.
- Verschiedene Möglichkeiten des Aufrichtens des Körpers aus dem Liegen. Sich aus der Bewegung in die Bodenlage bringen und wieder zum Stand kommen.
- Spiel mit den Körperachsen und den verschiedenen Raumachsen (horizontal, vertikal, sagital).
- Entwickeln unterschiedlicher Bewegungen aus dem Gehen, große und kleine Schritte, schnelle und langsame Schritte, runde und gerade Wege.
- Erstellen eines Geräteparcours, der den Kindern Klettern, Steigen, Schaukeln, Springen usw. ermöglicht.
- Erschließen neuer Bewegungsmöglichkeiten mit unterschiedlichen Materialien, zum Beispiel Autoreifen, Zeitungen, Tücher usw.

II. Bewegen und Hören

Der reine Bewegungs-Tanzraum ist zunächst einmal ein durch Geräusche und Töne orientierter Raum. Rhythmen, die ja vornehmlich Zeitgestalten sind, sind Formen des Hörens und Formen für das Hören. Der Sinn des Gehörs ist in einer spezifischen Weise der Sinn für den Rhythmus. Nur über den Sinn des Gehörs gelingt es uns, diachronische Abläufe und Folgen synchron wahrzunehmen, zum Beispiel im Hören von Melodien. Rhythmische Bewegung ist daher ein durch Hören orientiertes Sich-bewegen. Klänge, Tonfolgen bilden die tragende Grundlage einer zu sich selbst befreiten Bewegung: Das Hören entkrampft, befreit den Körper zu seinen Bewegungsmöglichkeiten, trägt die Bewegung, die ja keinen Anhalt mehr an den Dingen, an den Wegen und den Zwecken hat, über die Abgründe der Zeit hinweg. Es überwindet den horror vacui.
Rhythmen ermöglichen auch einen eigentümlichen Zugang zur Sprache, insofern die Sprache immer eine gehörte und gesprochene Sprache ist. Texte verstehen und Musikhören und Geräusche in Bewegung umsetzen, sind verwandte Formen der Rezeption. Melodie und Akzent spielen beim Aufnehmen von Redeeinheiten eine ganz entscheidende Rolle. Und erst die durch Melodie und Akzent gestaltbare Sprache wird ein Organ des denkenden Erschließens. Eine wichtige Aufgabe der Elementarbildung ist es daher, die Sprache als ein Organ des denkenden Erschließens zu vermitteln.
Lesenlernen ist nur denkbar auf der Basis eines rhythmischen Sprechens. Dieses Sprechen bietet die Möglichkeit zur hörbaren Gestaltung der Sprache

und damit zur ständigen Inanspruchnahme des Sprech- und Hörorgans. Sicherheit und Ausdrucksgewandtheit lassen sich entwickeln und intensivieren im übenden Umgang durch Hören und Bewegen, durch Hören und Sprechen und durch Hören und Singen bzw. Musizieren. Dieses Umsetzen von akustischen Eindrücken in Ausdrucksformen der verschiedensten Art ist eine Grundlage der Elementarbildung. Dem Kind öffnen sich dabei Wege, auf denen es noch nicht Wahrgenommenes entdeckt und durch unterschiedliches Zusammenspiel der Sinne ordnet und gestaltet.

III. Bewegen und Sehen

Der Umgang mit Farbe, Form, Fläche und Bild war ja immer schon Gegenstand Ästhetischer Erziehung. Kinder werden in unserer heutigen Zeit visuell sehr in Anspruch genommen. Werbeplakate, Fernsehen, Illustrierte und Zeitungen fordern täglich im Übermaß die Augen unserer Kinder heraus. Sie sind dieser Flut ausgeliefert und müssen sich selbst damit zurechtfinden.
Malerisches und zeichnerisches Gestalten, und erst recht das plastische Gestalten, sind aber nur, wo das alles nicht als Abbilden von Vorlagen verstanden wird, durch befreite, wachgewordene Hände möglich. Man muß den Schwung einer Linie, den Rhythmus einer Fläche erfaßt haben, um malen oder zeichnen zu können. Man zeichnet ja nicht nach einer Punkt-für-Punkt-Abbildung. Malerische, zeichnerische und plastische Formen sind rhythmische Gliederungen von Bewegungsmöglichkeiten: Das Erfassen von Formen ist gestaltete Bewegung. Der Unbewegliche kann keine Formen wahrnehmen, weil man ihren Schwung nicht einfach ablesen kann. Man muß den Schwung einer Form mitvollziehen. Elementares Zeichnen / Malen ist Entstehenlassen von Formen (elementar) aus rhythmischen Bewegungsabläufen der Hand, ist Niederschrift von Rhythmen, ist hinterlassene Bewegungsspur. Dadurch wird das Auge, das eigentlich der starrste Sinn ist, bewegt, befreit zu neuen Möglichkeiten des Sehens. So spielt der Rhythmus auch bei der Entwicklung des Sehvermögens eine bedeutende Rolle.

„Auch das Erlernen des Schreibens ist ein Umgang mit Linien, Punkten und Formen der rhythmisch bewegten Hand. Deshalb hat auch die Schreibkultur besonders den Rhythmus als unterstützende Hilfe aufgegriffen. Eine wichtige Rolle spielt die Bewegung auch bei der Zeichensprache des Körpers. Gestik, Mimik und Haltung sind geprägt durch die Konturen von Linien, Punkten, Formen und Figuren, also durch Bewegungsabläufe. Die Beziehung, die über die Bewegung zum Raum entsteht, führt zum Verständnis der Dreidimensionalität des Körpers und einer jeden plastischen Form. Diese leibliche Erfahrung ist grundlegend für alles bildhafte Gestalten" (vgl. BANNMÜLLER 1982).

IV. Unterricht ist ein Prozeß des Gestaltens

In der anschließenden Unterrichtseinheit soll am Beispiel eines Materials aus der Alltagswelt gezeigt werden, wie

Raum und Bewegung
Bewegung und Geräusche / Klänge
Bewegen und bildhaftes Gestalten (Darstellen)

im produktiven Handeln miteinander in ein Zusammenspiel kommen.

V. Raumetuden – Geräuschetuden – Gestaltungsetuden mit der Zeitung

1. Raum und Bewegung

Etuden zu Raumorientierung mit Material und Gruppe

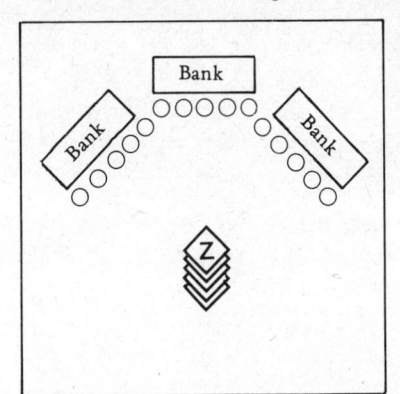

Ausgangsposition:
Jedes Gruppenmitglied holt sich eine Zeitung und sucht sich mit der Zeitung einen Platz im Raum.

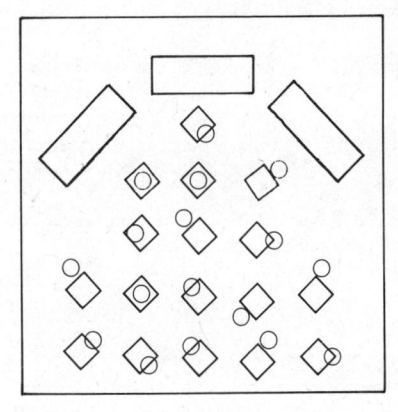

Die Plätze sollen so ausgewählt werden, daß die „Zeitungen" gleichmäßig im Raum verteilt sind.

Aufgabe: Sich frei im Raum um die Zeitungen bewegen, auf Signal (Zeichen) wieder auf seinen Ausgangsplatz zurückgehen.
Verschiedene Möglichkeiten erproben, wie man über und neben den Zeitungen sich bewegen kann.

Variation der Aufgabe: Sich am Platz um, über und auf der Zeitung bewegen und sich frei im Raum um die Zeitungen bewegen. Wechsel mit entsprechender Bewegungsbegleitung bei Holzklängen an und auf der Zeitung (also am Platz) sich bewegen, bei Fellklängen frei im Raum um alle Zeitungen sich bewegen.

- erkunden und entdecken des Materials, entwickeln von Formen der Geschicklichkeit und Gewandheit.

Aufgabe: Sich mit der Zeitung bewegen, ohne sie mit den Händen festzuhalten. Zum Beispiel einen Zeitungsbogen an den Körper legen und damit laufen, ohne die Zeitung zu verlieren oder die Zeitung über den Arm legen und damit kreisen, drehen, auf- und abbewegen, mit der Zeitung Bewegungen finden, ohne die Zeitung zu verlieren.

- Die Bewegungen der Zeitung können mit der eigenen Stimme, mit Klanginstrumenten oder mit Musik begleitet werden.

Variation der Aufgabe: Entwickeln verschiedener Geschicklichkeitsformen zu Paaren oder in Gruppen. Zum Beispiel zu zweit die Zeitung tragen, ohne sie festzuhalten (Rücken an Rücken, über die Handflächen, balancieren mit den Handrücken usw.).

Variation der Aufgabe: Aus Zeitungen Papierbälle formen und verschiedene Spielformen gemeinsam entwickeln (zum Beispiel treffen: „Schneeballschlacht", zielen: verschiedene Ziele erfinden, Körbe, Eimer, Wände, usw.). Aufbau von einfachen Regeln.

2. Bewegung und Musik

Etuden zur Differenzierung verschiedener Geräusche und musikalischen Abläufen mit der Zeitung
Aufgabe: Die Gruppen sitzen verteilt auf Matten (Bänken), jeder hat einen Doppelbogen der Zeitung.

- erkunden und entdecken von Geräuschen mit der Zeitung.

Ablauf zur Differenzierung des Hörvorgangs:

1. *wahrnehmen*: Mit Zeitungen lassen sich unterschiedliche Geräusche erzeugen: rascheln, knistern, schütteln, streichen, schlagen, reißen, reiben usw.
2. *unterscheiden*: laute und leise Geräusche, „Reibgeräusche" und schlagende Geräusche.
3. *wiedergeben*: mit geschlossenen Augen ein erzeugtes Geräusch mit der Zeitung erraten und nachspielen.

Organisationsform: Ablösespielform (Solo / Tutti)
Gruppenaufgaben: Entwickeln einer gemeinsamen musikalischen Form, zum Beispiel

vom leisen zum lauten   <

oder vom lauten zum leisen   >

oder vom leisen zum lauten und wieder zum leisen   <>

oder eine A B A-Form als Bewegungsform entwickeln. Die Bewegung wird selbst mit der Zeitung begleitet. Zum Beispiel: Auf der Kreisbahn gemeinsam in der Vorwärtsbewegung, die Bewegungen nach einem bestimmten Zeitablauf mit der Zeitung begleiten (Teil A), Teil B entwickeln freier rhythmischer Geräuschgestalten mit der Zeitung, auf Zeichen wieder zum A-Teil zurückkehren (Wechsel zwischen gebundener und frei rhythmischer Form).

3. Bewegen und Darstellen

Zeitungen lassen sich vielseitig zu *Verwandlungsaufgaben* im Darstellenden Spiel anwenden.

1. Etudenreihe *Zeitung als Requisit*
   Die Spielgruppe sitzt im Halbkreis, in der Mitte liegen Zeitungen.
   Aufgabe: Die Zeitung wird im alltäglichen Leben ganz unterschiedlich gebraucht. Stelle solche Möglichkeiten dar — die Zuschauer erraten die Gebrauchsform, zum Beispiel die Zeitung wird benützt zum Schuhe ausstopfen, Fenster putzen, Feuer machen, Regenschutz, Kopfunterlage, Fliegenpatsche usw.
   Ablauf: Die einzelnen Beispiele werden vorgespielt und anschließend von der Gruppe erraten und das Typische der Bewegung beschrieben.
2. Zeitungen werden als Requisiten für den Aufbau von Figuren genommen.
   „Der Hut verwandelt mich und meine Bewegung".
   Aus Zeitungen werden unterschiedliche Hüte gefaltet (für den besseren Halt mit Klebstoff verstärkt). Die Hüte werden aufgesetzt und die Bewegung und Spielaktionen auf den Hut abgestimmt. Entwickeln von typischen Bewegungen, die auf die Hutform abgestimmt sind. Zum Beispiel: Mit dem Zeitungshelm die Figur des Soldaten darstellen, quer aufgesetzt wie NAPOLEON stehen, die Spitze umgeklappt als Narrenkappe fordert eine typische Spielweise von uns, oder die Seitenspitzen hochgeklappt als Holländerin einen Tanz vorführen usw. Entwickeln der typischen Gangarten, Aufbau kleiner Spielszenen: wie Begegnung, Hauptstraße, Beschimpfung u. a.
3. mit Zeitungen Kostüme gestalten
   In kleinen Gruppen sich gegenseitig kostümieren, Phantasiekostüme, Indianerkostüme, Könige usw. zusammenstellen. Sich mit dem Kostüm darstellen, eine Geschichte zu seinem Kostüm (Figur) entwickeln.

Entwickeln einfacher Spielszenen aus der Figur heraus. Ein Tanzfest mit den kostümierten Teilnehmern inszenieren.

Die aufgezeigten Spieletuden mit der Zeitung sollen die Vielseitigkeit des Materials unter ganz bestimmten Wahrnehmungsaspekten zeigen:

1. Das Material als Hilfe zur Raumorientierung.
2. Entdecken und gestalten verschiedener Geräuschqualitäten.
3. Das Material als Requisit bzw. zur Darstellung verschiedener Typen.

Literatur

Bannmüller, E.: Zeitschrift Sportunterricht 2 (1982)
— Neuorientierung der Bewegungserziehung in der Grundschule, Stuttgart 1979
Gallée, H. B.: Die Wiederentdeckung des Leibes, in: Pflüger, P. M. (Hrsg.), Fellbach 1981
Göhner, U.: Bewegungsanalyse im Sport, Schorndorf 1979
Goethe, J. W. v.: Zur Farbenlehre, zitiert nach: Goethes Werke, Hamburger Ausgabe in 14 Bänden, hrsg. v. Erich Truntz, Bd. 13, 1955
Kükelhaus, H. / Lippe, R. z.: Entfaltung der Sinne. Ein „Erfahrungsfeld" zur Bewegung und Besinnung, Frankfurt 1982
Kurz, D.: Elemente des Schulsports, Schorndorf 1977

Lewin, K.: Der Richtungsbegriff in der Psychologie. Der spezielle und allgemeine hodologische Raum. Psychologische Forschung Bd. 19 (1934)
Plessner, H.: Philosophische Anthropologie, Lachen und Weinen, Anthropologie der Sinne, Stuttgart 1970
Sartre, J. P.: Das Sein und das Nichts, vollständige deutsche Ausgabe, Hamburg 1962
Straus, E.: Die Formen des Räumlichen, ihre Bedeutung für die Motorik und die Wahrnehmung, in: Straus, E.: Psychologie in der menschlichen Welt. Gesammelte Schriften, Berlin / Göttingen / Heidelberg 1960
Ungerer, D.: Zur Theorie des sensomotorischen Lernens, Schorndorf 1977
Weizsäcker, C. F. v.: Garten des Menschlichen, München 1977
Weizsäcker, V. v.: Der Gestaltkreis. Theorie der Einheit von Wahrnehmen und Bewegen, Stuttgart 1940

5. Kooperative Spiele im Sportunterricht
– Entwicklung, Konzeption, Untersuchungsergebnisse –

Gerhard Bittner

Problemstellung

Kooperative Spiele sind Nicht-Nullsummenspiele. Weder Mannschaften noch Einzelspieler spielen gegeneinander. Stattdessen sind Spielaufgaben durch Kooperation zu lösen. Im Sportunterricht dominieren im allgemeinen Spielformen, die sich als Nullsummenspiele (der Sieg einer Partei bedeutet die Niederlage der anderen) beschreiben lassen und durch das Überbietungsprinzip charakterisiert sind. Kooperative Spiele im Sportunterricht einzusetzen bedeutet, sie traditionellem und kulturspezifischen Spielgut gegenüberzustellen und erfordert eine didaktische Begründung und Umorientierung.

Der Impuls, Kooperative Spiele zu entwickeln, entstand aus unterschiedlichen Überlegungen. Zum einen aus dem Unbehagen zu sehen, wie die Betonung des Wettkampf- und Überbietungsprinzips im Schulsport bestimmte Schülergruppen permanent benachteiligt und von Erfolgserlebnissen weitgehend ausschließt (vgl. PREISING 1979). Dabei befinden sich Schüler auf zwei Ebenen unter Wettkampfdruck. Sie stehen in der Sozialisationsinstanz Schule im „sozialen Vergleich" ihrer Leistung mit der ihrer Klassenkameraden, wie er durch Bewertungen von Lehrpersonen hergestellt wird, also im pädagogisch initiierten Wettkampf. Zudem „spielen" sie Spiele, in deren Haupt-Spielidee die Überbietung eines Gegners ist. Kooperative Spiele relativieren das Überbietungsprinzip, ohne es zu negieren.

Zum anderen wird in Richtlinien gefordert, die Kooperationsfähigkeit von Schülern zu fördern oder, wie DIEGEL (1977) formuliert, die kommunikative Kompetenz von Schülern im Rahmen sozialer Lernprozesse auszubilden. Leider enthält diese Forderung wenig differenzierende und operationale Aussagen darüber, welche Art von Kooperation in welchem Kontext sozialer Situationen an welchen Inhalten gelernt werden soll. Das kann daran liegen, daß das Phänomen Kooperation in der Sportwissenschaft noch nicht entsprechend theoretisch erfaßt ist. Es wird eher pauschal auf soziale Situationen bezogen, die unterschiedliche Anteile von Kooperation enthalten. So unterscheidet sich Kooperation im Wettkampfspiel (Koalition) – Zusammenarbeit mit dem Ziel, einen Gegner zu schlagen – qualitativ von der Zusammenarbeit zwischen Schülern mit dem Ziel, eine Bewegungsaufgabe zu lösen, ohne einen Gegner besiegen zu müssen.

Kooperative Spiele bezeichnen eine spezifische Lernumgebung, die weitgehend kooperativ und weniger kompetitiv strukturiert ist. Determinanten sozialer Lernumgebungen werden im folgenden genauer analysiert.

I. Entwicklung Kooperativer Spiele

1. Zum Begriff Kooperation

Das komplexe Phänomen Kooperation muß differenziert beschrieben werden, um unterschiedliche Determinanten kooperativen Verhaltens erfassen zu können. Sieht man Kooperation als Aspekt sozialer Situationen, lassen sich Erklärungsansätze von zwei Standpunkten aus ableiten. Erstens geht es darum, Interaktionsprozesse und soziale Strukturen kooperierender Systeme (Gruppen) zu untersuchen; zweitens die Motive, Wahrnehmungen und Interessen der an der Interaktion beteiligten Personen zu analysieren. Beide Aspekte gehören zusammen.
Determinanten kooperativ strukturierter Situationen sind:

- die Existenz von mindestens zwei Individuen oder einer Gruppe,
- eine Ziel- und Aufgabenstruktur, die zu ihrer Erreichung bzw. Lösung Kooperation erfordert.

In seiner klassischen Theorie der Kooperation definiert DEUTSCH (1949) eine kooperative soziale Situation als eine, in der eine positive Beziehung zwischen den Zielen von Gruppenmitgliedern besteht. Das Ziel kann vom einzelnen nur erreicht werden, wenn alle das Ziel erreichen können. Eine komplementäre Ziel- oder Aufgabenstruktur liegt vor, wenn sich Leistungen einzelner Personen zwecks Aufgabenlösung in irgendeiner Form ergänzen müssen. Kooperative Spiele sollen eine komplementäre Aufgabenstruktur aufweisen.
Vom kognitiven Standpunkt des Individuums aus sieht LEWIS (1949) Kooperation als gegeben, wenn eine Person egoistische Interessen weniger wichtig als Gruppeninteressen nimmt, wenn ego-Bedürfnisse nachlassen. Wirkliche Kooperation liegt vor, wenn individuelle und Gruppeninteressen identisch sind. LEWIS' Ansatz, Strukturen sozialer Situationen mit Bedürfnissen der an der Interaktion beteiligten Individuen in einen funktionalen Zusammenhang zu bringen, wirft nicht unerhebliche methodische Probleme auf, wenn er empirischen Untersuchungen zugrunde gelegt werden soll. Dies betrifft vor allem die Quantifizierbarkeit und Messung von ego-Interessen in Relation zu Gruppeninteressen.
Behaviourale Definitionen (ihnen liegt die Theorie des Lernens am Erfolg zugrunde) beschreiben Kooperation generell als den Fall, in dem das kombinierte Verhalten zweier oder mehrerer Organismen irgendwie gebraucht wird, damit diese sich positive Verstärkung verschaffen oder aversive Reize (Strafe) vermeiden (KELLER / SCHOENFELD 1950).
Nach ZAJONC / MARIN (1967) ist die Belohnung der Person x positiv mit der Leistung von Person y korreliert und umgekehrt. Behaviourale Ansätze

fanden Verwendung, um Belohnungsstrukturen sozialer Situationen zu beschreiben und zu untersuchen, inwieweit durch den Einsatz von Verstärkern kooperatives Verhalten induzierbar und/oder steuerbar ist.

Im folgenden sprechen wir von einer kooperativen Belohnungsstruktur, wenn Gruppenmitglieder für ihre Leistungen gleichermaßen belohnt werden, die Gruppe insgesamt eine Belohnung erhält oder Sieger ist. Es ist der Fall einer komplementären Aufgabenstruktur denkbar — die Aufgabe bedarf zu ihrer Lösung der Mitarbeit aller Gruppenmitglieder —, bei der Belohnung für Einzelleistungen unterschiedlich gegeben wird oder nur eine Person belohnt wird, zum Beispiel die leistungsstärkste.

Zusammengefaßt: Zwecks umfassender und ausreichend differenzierter Beschreibung des Phänomens Kooperation ist es sinnvoll, *drei Determinanten* sozialer Situation zu berücksichtigen. Es sind:

1. die Aufgabenstruktur — sie sollte überwiegend oder gänzlich komplementär sein,
2. die Belohnungsstruktur — hier gilt es zu berücksichtigen, welcher Art die Belohnungen sein können. Wir unterscheiden solche,
    a) die von außen, zum Beispiel in Form von Preisen an das kooperierende System gegeben werden als „systemexterne", und solche,
    b) die im Verlauf sozialer Interaktion zwischen Individuen verteilt werden, wobei der Kontakt zwischen Gruppenmitgliedern an sich belohnend sein kann, als „systeminterne".
3. Einstellungen, Absichten und Wahrnehmungen der an der Interaktion beteiligten Individuen zur Nützlichkeit einer Zusammenarbeit, in der sie individuelle Interessen hinter Gruppeninteressen zurückstellen oder beide identisch sind.

Sportspiel- oder Alltagssituationen sind selten oder gar nicht rein kooperativ oder kompetitiv strukturiert. Vielmehr enthalten sie eine Menge von verschiedenen Zielen. COOK / STINGLE (1974) bezeichnen Sportspiele als „mixed-motive games". Kooperative und kompetitive Motive und Einstellungen existieren gleichzeitig. So kooperieren zum Beispiel Fußballer; um einen Gegner zu besiegen, verhalten sich aber gleichzeitig innerhalb ihrer Mannschaft kompetitiv, um zum Beispiel ihre Leistung mit dem Ziel besserer Bezahlung optimal selbst darzustellen. Es kann Ziel eines Gruppenmitgliedes sein, der beste Kooperierende zu werden.

Wettkampfspiele enthalten Anteile von Kooperation, Kooperative Spiele Anteile von Wettkampf. Das Maß unterscheidet sie.

2. Merkmale Kooperativer Spiele

Es sind

- eine möglichst komplementäre Aufgabenstruktur, vgl. Puzzle-Prinzip. Wie GARIBALDI (1979) nachweist, wächst unter Kooperationsbedingungen die Attraktivität und positive Einschätzung der Aufgabenlösung. Grundschulkinder amerikanischer Schulen ziehen kooperativ strukturierte Lernumgebungen kompetitiven vor (JOHNSON / JOHNSON / BRYANT 1973).
- eine komplementäre Belohnungsstruktur, wobei alle Spieler der Spielgruppe zu gleichen Teilen belohnt werden. Wenn Gruppenarbeit belohnt wird, steigt die Frequenz von freundschaftlicher Konversation, Teilen und Hilfeleistung zwischen Gruppenmitgliedern an (COOK / STINGLE 1974).

Kinder und erwachsene Versuchspersonen mögen sich weniger und sind weniger bereit zu kooperieren, d. h. sie ziehen Einzelarbeit vor, wenn sie individuell und öffentlich für Leistung belohnt werden (CROCKENBERG / BRYANT / WILCE (1976). Der Lehrer sollte daher in Kooperativen Spielen Einzelleistungen gegenüber der Gruppenleistung nicht besonders herausstellen.

Da Jungen im Vergleich zu Mädchen eher wettkampforientiert sind (LEVER 1976) und sozialisationsbedingt höhere Siegerwartungen haben, erleben sie Gruppenbelohnungen häufig als Niederlage (CROCKENBERG / BRYANT / WILCE 1976). Vor allem leistungsstarke Spieler, die häufig zu den Siegern gehören und als solche überproportional Belohnung erhalten, werden bei Kooperativen Spielen weniger belohnt.

- positive Verstärkung kooperativer Verhaltensweisen durch den Lehrer, weil dadurch ihre Frequenz ansteigt, während Bestrafung sie senkt (AZRIN / LINDSLEY 1956). Wenn kooperatives Verhalten im Sportunterricht etabliert werden soll, wirken dabei Effekte des Lernens am Erfolg. Wie CROCKENBERG et al. (1976) zeigen, wird die Auftretenswahrscheinlichkeit kooperativen Verhaltens durch Beobachtung belohnter, kooperativer Verhalten gesteigert.
- der Versuch, solche Rollen im Spiel zu verteilen, in denen Mitschüler als Partner / Helfer und weniger als Gegner wahrgenommen werden. COOK / STINGLE (1974) zeigen, daß Gruppenmitglieder unter Kooperationsbedingungen positiver wahrgenommen werden.

3. Zum Aufbau Kooperativer Spiele

Bei der Entwicklung der Spiele betrachten wir folgende Prinzipien als wesentliche Elemente der Spielkonstruktion:

1. Das Puzzle-Prinzip. Die Spielaufgabe soll so formuliert sein, daß jeder Spieler zur Aufgabenlösung wichtig ist. So wie im Puzzle jedes Element wichtig ist, um ein komplettes Ganzes entstehen zu lassen, soll jeder Spieler eine Rolle erhalten, in der ein konstruktiver Beitrag zur erfolgreichen Lösung der Spielaufgaben enthalten ist. Die Anwendung dieses Prinzips entspringt u. a. der Überlegung, Außenseiter oder leistungsschwache Schüler, die im Wettkampfspiel dem Spielerfolg oft eher im Wege stehen. in die Spielgruppe zu integrieren und sie für eine erfolgreiche Lösung der Spielaufgabe wichtig zu machen.
2. Kooperative Spiele enden erst, wenn *alle* Spieler einer Gruppe im Ziel sind.
3. Die Spielregel sieht Wettkampf einzelner Schüler oder Gruppen gegen andere nicht vor.
4. Leistung wird nicht im sozialen Vergleich (besser als . . ., schlechter als . . .) bewertet.
   Maß der Leistung kann sein:
   a) Wurde die Aufgabe gelöst oder nicht?
   b) Wurde eine im ersten Durchgang erreichte Zeit im zweiten unterboten, weil eine effektivere Kooperationsform gewählt wurde?
5. Nachdem der Lehrer die Spielaufgabe gestellt hat, erhalten die Spielgruppen eine „Bedenkzeit" von wenigen Minuten, um:
   - sich über die Verteilung der Rollen zu einigen;
   - Lösungswege zu besprechen;
   - Erfahrungen aus einzelnen Durchgängen zu verwerten.
6. Jedes Spiel soll in mehreren Durchgängen hintereinander stattfinden, um Schülern Gelegenheit zu geben, eine direkte Übertragung ihrer Erlebnisse und Erfahrungen eines Spieldurchgangs auf den nächsten zu ermöglichen.

Jeder Sportlehrer ist, mit etwas Phantasie, in der Lage, selbst Kooperative Spielformen zu entwerfen, wenn er diese Prinzipien beachtet. Nach ihnen haben wir zunächst etwa vierzig Spiele entwickelt. Wir konzipierten neue

Spiele und veränderten die Spielidee von Wettkampfspielen in Richtung Kooperation. Ein Beispiel dazu:
Bekannt ist das Spiel „Feuer und Wasser". Auf einen Ausruf des Lehrers „Feuer" bzw. „Wasser" „retten" sich Schüler möglichst schnell auf Matten bzw. Kästen. Im Wettkampf-Spiel heißt die Regel: Wer zuletzt Matte oder Kasten erreicht, scheidet aus. Im Kooperationsspiel baut man die Kästen so hoch, daß es für einen Schüler nur schwer möglich ist, allein auf den Kasten zu gelangen. Statt dessen ist gegenseitige Hilfestellung notwendig. Man stellt wenige Kästen auf, damit Schüler ziemlich eng auf dem Kasten stehen und sich gegenseitig festhalten müssen, um oben zu bleiben. Das Spiel endet, wenn alle Schüler der Klasse auf dem Kasten stehen. Es wird die Zeit gemessen, die die *gesamte Klasse* benötigt, um das Spielziel zu erreichen. Der Lehrer führt mehrere Durchgänge aus. In diesem Fall ist die ganze Klasse die Spielgruppe.
Das Spektrum unseres Spielangebots reicht von Staffelspielen über Hindernislauf, Ballspiele u. a. m. Es gibt Spiele für kleinere Gruppen (drei bis acht Personen) und für die ganze Klasse.

4. Lernziele Kooperativer Spiele

Kooperativen Spielen kommt vorwiegend eine sozialerzieherische Funktion zu. Der sozialaffektive und kognitive Lernzielbereich soll dem motorischen nicht untergeordnet sein. Unter didaktischen Leitvorstellungen wie der Förderung sozialer Integration leistungsschwacher Spieler, der Entwicklung von Hilfsbereitschaft als Einstellung, vom Erwerb kommunikativer Kompetenz und der Idee, alle in die Spielhandlung einzubeziehen, bezeichnen wir folgende Lernzielbereiche als wesentlich.

1. *Schüler lernen im Bereich sozialer Lernziele:*
   - ihre Gruppe eigenständig zu organisieren;
   - sich über Wege zur optimalen Aufgabenlösung abzusprechen und zu einigen;
   - Rollen im Spiel so zu verteilen, daß die Aufgabe gelöst werden kann, indem *jeder* Schüler der Gruppe am Spiel beteiligt ist;
   - sich gegenseitig Hilfestellung zu geben;
   - eigene Interessen zurückzustellen, um eine Gruppenleistung zu ermöglichen;
   - alle Schüler einer Spielgruppe ins Spiel einzubeziehen;
   - wahrzunehmen, wie sich Partner im Spiel fühlen, indem sie sich in die Rolle des Mitschülers hineinversetzen (Empathie);
   - zuzuhören.
2. *Schüler lernen im Bereich kognitiver Lernziele:*
   - Mitspieler als Partner wahrzunehmen statt als Gegner;
   - zu erkennen, welches Verhalten zur Aufgabenlösung notwendig ist und so die Struktur von Spielsituationen zu erfassen;
   - in Gesprächen zu verbalisieren, wie sie sich im Spiel fühlen.
3. *Der motorische Lernzielbereich umfaßt* — je nach Spiel — Laufschulungen, Gymnastik mit Partnern, Konditionstraining, Ballschulung u. a. m. Die Anforderungen an die motorische Leistungsfähigkeit von Schülern sind keinesfalls niedrig.

Um die genannten Ziele zu erreichen, schlagen wir eine Organisationsform Kooperativer Spiele vor, die sich bei der Durchführung etlicher Unterrichtsreihen bewährt hat.

5. Eine mögliche Organisationsform Kooperativer Spiele

1. Der Lehrer liest das Spiel vor — teilt Gruppen ein oder läßt sie frei wählen.
2. Vor Beginn des ersten Durchgangs bespricht sich jede Gruppe ein bis drei Minuten lang über die Rollenverteilung, das nennen wir „Bedenkzeit".
3. Die ersten Durchgänge sollen Probedurchgänge sein, damit die Spieler ausreichend Zeit haben, das Spiel kennenzulernen und Lösungswege auszuprobieren.
4. Nach jedem Durchgang erhält jede Spielgruppe eine Minute Bedenkzeit, um Erfahrungen auszutauschen und sich über neue Lösungswege zu einigen.
5. Wurden mehrere Durchgänge gespielt, trifft sich die ganze Klasse zu einer kurzen, gemeinsamen Besprechungszeit. Man bespricht zum Beispiel folgende Fragen: Sind die Regeln eingehalten worden? Was muß jeder tun, damit die Aufgabe gemeinsam schnell und gut gelöst werden kann? Der Lehrer kann jetzt gute Zusammenarbeit und gegenseitige Hilfeleistung positiv bekräftigen.
6. Danach folgen weitere Durchgänge oder Spielvariationen.

Die Besprechungszeiten sind kurz und knapp zu halten, damit die Bewegungszeit nicht zu gering wird. Wenn der Lehrer während des Spiels weitgehend in der Beobachterrolle bleibt und wenig ins Spiel eingreift, hat er u. a. Zeit, das Schülerverhalten zu beobachten, das er nach dem Spiel positiv bekräftigen will. Zudem ist gewährleistet, daß die Schüler ihre Verhalten nach ihren eigenen Erfahrungen verändern, wie es im Sinne der Aufgabe notwendig ist, und daß Lösungen weniger vom Lehrer vorgegeben werden.

6. Zum Verlauf typischer Lernprozesse

Im allgemeinen zeigen Schüler auch im Kooperativen Spiel zunächst Wettkampfverhalten. So steht zum Beispiel im Hindernislauf einer Vierergruppe über hohe Hindernisse der leistungsstärkste Schüler schon jubelnd im Ziel, während sich die schwächeren Schüler noch über die Hindernisse mühen. Erst nach einer Reihe von Durchgängen verstehen die leistungsstarken Schüler, daß das Spiel erst endet, wenn alle Schüler ihrer Gruppe im Ziel sind. Dann ändert sich das Verhalten. Meist helfen die stärkeren Schüler zuerst den schwächeren über die Hindernisse, bevor sie selbst ins Ziel laufen. Dadurch kommt die Gruppe schneller ins Ziel. Noch besser geht es bei gegenseitiger Hilfeleistung. In dieser Phase entwickeln Schüler wichtige Einsichten in die Aufgabenstruktur. Während die Spieler mit der Rollenverteilung in ihrer Gruppe experimentieren, braucht der Lehrer Geduld. Er sollte möglichst nicht in das Spiel eingreifen. Auch die Erfahrung, daß etwas nicht klappt, ist für Schüler im Rahmen kognitiver Lernprozesse wichtig.

II. Zum Experiment

1. Aufbau des Experiments

An einem 16 Wochen dauernden Unterrichtsversuch nahmen vier Real- und eine Hauptschulklasse des sechsten Schuljahres mit insgesamt 144 Schülern teil. Jeder Klasse standen pro Woche zwei Sportstunden zur Verfügung. Im Rahmen eines B-A-B-A-Versuchsplanes teilten wir die 16 Wochen in vier Phasen ein.

Phase 1 = drei Wochen Wettkampfspiele,
Phase 2 = fünf Wochen Kooperative Spiele,
Phase 3 = drei Wochen Wettkampfspiele,
Phase 4 = fünf Wochen Kooperative Spiele.
In den Wettkampfphasen 1 und 3 spielten die Schüler Kooperative Spiele mit Wettkampfspielgedanken, d. h. Einzelsieger wurden belohnt, es kämpft Gruppe gegen Gruppe. Versuchsleiter sind die Sportlehrer der Klassen. Ziel eines solchen -intra-Gruppen-designs war zu überprüfen, inwieweit sich Schülerverhalten während der zweimal fünf Wochen dauernden treatment-Phase mit Kooperationsbedingungen im Vergleich zu Wettkampfbedingungen ändert.

2. Methode

Mittels eines Kategoriensystems erfaßten wir durch systematische Beobachtung nonverbale Verhaltensweisen von Schülern im Bereich taktiler Kommunikation. Ausgangspunkt hypothetischer Überlegungen zur Entwicklung des Beobachtungsverfahrens war die empirisch bisher wenig fundierte Aussage, räumliche Distanz zwischen Personen kovariiere mit psychischer bzw. sozialer Distanz (LOTT / SOMMER 1967). Danach bevorzugen Personen, die sich mögen, zum Beispiel Freunde, geringere interpersonale Distanzen, als Personen, die sich nicht mögen, zum Beispiel Gegner (HALL 1963). Unsystematische Beobachtungen vor der Unterrichtsreihe bestätigten, daß abgelehnte leistungsschwache Schüler im Vergleich zu beliebten und leistungsstarken Mitschülern häufig wesentlich größere räumliche Distanz zu Klassenkameraden einnehmen. Uns interessierte, ob sich unter Kooperationsbedingungen Distanzen von Außenseitern im Vergleich zu Wettbewerbsbedingungen verändern.

Pre-tests zur Messung von Distanzen zeigten schnell die methodischen Schwierigkeiten bzw. die Unmöglichkeit, per Beobachtung Entfernungen zwischen Personen exakt zu schätzen. Besser operationalisierbar und zur Erstellung eines Beobachtungsschemas geeignet sind Körperberührungen.

Das Beobachtungsschema enthielt vier Kategorien, die vereinfacht dargestellt werden:

1. Hilfeleistung. In diese Kategorie gehören Verhaltensweisen wie „über ein Hindernis helfen, auf ein Hindernis ziehen, die Hand reichen um zu helfen" u. a. m.
2. Freundschaft. Verhaltensweisen sind „Arm um die Schulter legen, an die Hand nehmen, aneinander anlehnen" u. a.
3. Aggression. Verhaltensweisen sind „schubsen, treten, schlagen, kneifen, wegstoßen" u. a.
4. Sonstige. Diese Kategorie enthält diejenigen Körperkontakte, die vom Beobachter nicht eindeutig den Kategorien 1, 2 und 3 zuzuordnen sind, zum Beispiel „anstoßen beim Umherlaufen in der Halle", u. a.

Jede der drei ersten Kategorien enthält eine Unterteilung in „Gibt Kontakt" und „Bekommt Kontakt", um die Kontaktrichtung zu erfassen. „Gibt" bedeutet, daß der beobachtete Schüler zum Beispiel jemandem hilft, zu einem

„Mitschüler aggressiv ist" usw., der Kontakt von ihm ausgeht. „Bekommt Kontakt" bedeutet, daß ihm geholfen wird, er gekniffen wird usw.
In jeder Stunde der Unterrichtsreihe waren drei Beobachter im Einsatz. Am Ende der Beobachterschulung ermittelten wir einen Wert für die Beobachterübereinstimmung von r = 0,9. Die Länge eines Beobachterintervalls betrug 4 Min., es folgte 1 Min. Pause. Jeder Beobachter beobachtete im Wechsel zwei Schüler(innen) je 4 Min. Nach THOMSON (1977) führt diese Verteilung von Beobachtungsintervallen nur zu einer Fehlerrate von 4 % bis 11 % gegenüber einer kontinuierlichen Beobachtung. Die Beobachter saßen im Geräteraum, um die Distanz zum Beobachtungsfeld möglichst groß zu halten. Wir beobachteten in jeder Stunde drei der beliebtesten und drei der unbeliebtesten Schüler(innen) jeder der vier Gruppen, ermittelt nach dem Merkmal „Sympathie" eines Soziogramms.

Vermutete Effekte kooperativer Lernumgebungen im Vergleich zu kompetitiven fassen wir in folgende Hypothesen:

1. H_1 — Unter Kooperationsbedingungen ergibt sich zwischen Schülern eine höhere Anzahl von Körperkontakten als unter Wettkampfbedingungen.
2. H_2 — Unter Kooperationsbedingungen ergibt sich zwischen Schülern eine niedrigere Zahl von Aggressionskontakten als unter Wettkampfbedingungen.
3. H_3 — Unter Kooperationsbedingungen ergibt sich zwischen Schülern eine höhere Zahl von Hilfeleistungskontakten als unter Wettkampfbedingungen.

3. Ergebnisse und Interpretation

Zu H_1

Tabelle 1: Durchschnittliche Zahl von Körperkontakten je Unterrichtsstunde

Phase	N	Mittelwert	(Standardabweichung)	P-Wert
W	622	26,3	(4,2)	0,08
K	622	37,8	(6,9)	

P ≤ 5 %; W = Wettkampfbedingungen; K = Kooperationsbedingungen; N = 1 entspricht vier Beobachtungseinheiten in 4 Minuten

Unter Kooperationsbedingungen nimmt gegenüber von Wettkampfbedingungen die Gesamtzahl der Körperkontakte zwischen Schülern signifikant (p = 0,0 %) zu.

Interpretation

Darin sehen wir einen Effekt Kooperativer Spiele, die, bedingt durch ihre Aufgabenstruktur, intensivere Interaktion zwischen Schülern provoziert. Interpretiert man dieses Ergebnis im Sinne der HOMANSschen Regel, könnte die erhöhte Zahl von Körperkontakten auf verbesserte Sympathiebeziehungen zwischen Schülern hinweisen. Das Fehlen von Gegnerschaft und stattdessen das Gefühl, in der Spielgruppe an einem Strick zu ziehen, den Mitschüler eher als Helfer zu erleben, kann eine Sympathiesteigerung verursachen.

Zu H_2

Tabelle 2: Körperkontakte der Kategorie „Aggression"

Kategorie	Phase	N	Mittelwert	(Standardabweichung)	P-Wert	erklärte Varianz
absolute Aggression	W	232	6,6	(7,7)	0,0 %	6,2 %
	K	390	3,4	(5,0)		
relative Aggression	W	231	23,8	(20,6)	0,0 %	15,1 %
	K	390	9,7	(13,0)		

$p \leqslant 5$ %; W = Wettkampfbedingungen; K = Kooperationsbedingungen; N = 1 entspricht vier Beobachtungseinheiten von je 4 Minute.

Unter Kooperationsbedingungen nimmt die Frequenz aggressiver Verhaltensweisen im Vergleich zu Wettkampfbedingungen signifikant ab (p = 0,0 %). Die Kategorie „relative Aggression" sagt aus, in welchem prozentualen Verhältnis sie zu den anderen Kategorien des Beobachtungsschemas steht. Der Anteil der Aggressionskontakte an der Gesamtzahl aller Körperkontakte beträgt unter Wettkampfbedingungen 23,8 %, unter Kooperationsbedingungen nur 9,7 %.

Interpretation

Aggressives Verhalten im Spiel kann einerseits durch die Spielidee provoziert sein, wenn Spieler im Wettkampf durch Behindern des Gegners zum Erfolg kommen. Andererseits kann aggressives Verhalten Ausdruck von Antipathie zwischen Spielern sein. Wir interpretieren die Abnahme von Aggressions-

Zu H_3

Tabelle 3: Körperkontakte der Kategorie „Hilfeleistung"

Kategorie	Phase	N	Mittelwert	(Standardabweichung)	P-Wert	erklärte Varianz
absolute Hilfe	W	232	0,9	(3,0)	0,0 %	14,3 %
	K	390	9,7	(13,0		
relative Hilfe	W	231	2,9	(8,7)	0,0 %	27,2 %
	K	390	23,9	(19,1)		

$p \leqslant 5$ %; W = Wettkampfbedingungen; K = Kooperationsbedingungen; N = 1 entspricht vier Beobachtungseinheiten von je 4 Minuten

verhalten unter Kooperationsbedingungen als Effekt sowohl der Aufgabenstellung im Spiel — aggressives Verhalten behindert die optimale Aufgabenlösung — als auch verbesserter Sympathiebeziehungen zwischen Spielern.
Die Zahl der Körperkontakte der Kategorie „Hilfeleistung" erhöht sich unter Kooperationsbedingungen signifikant (p = 0,0 %). Das Gewicht der Kategorie nimmt im Vergleich zu den anderen Kategorien signifikant zu (p = 0,0 %).

Interpretation

Der Anstieg der Frequenz von Hilfeleistungsverhalten führen wir auf die Aufgabenstellung Kooperativer Spiele zurück, in der Hilfeleistung zur Aufgabenlösung gefordert ist. Unsystematische protokollierte Beobachtungen vor und nach den Unterrichtsstunden zeigten, daß gegenseitige Hilfeleistung auch dann verstärkt auftrat, wenn nicht Kooperative Spiele gespielt wurden, zum Beispiel beim Auf- und Abbau der Sportgeräte und beim Umkleiden. Das kann ein Hinweis auf Transfereffekte sein.

4. Ausblick

Kooperative Spiele sind im Unterricht erprobt, diese Form einer didaktischen Konzeption zur Förderung kooperativer Verhaltensweisen von Schülern im Sportunterricht hat sich als durchführbar erwiesen. Insgesamt wurden ca. vierzig Spielformen eingesetzt. Die Schüler brauchten zwar einige Wochen, um sich an die — für sie im Sportbereich fremde — Norm Kooperation zu gewöhnen. Sie spielten begeistert mit und entwickelten eine Menge guter Ideen zur Aufgabenlösung. Für den Sportlehrer, der im Sport und im Laufe seiner Ausbildung weitestgehend über im Sport traditionell enthaltene Wettkampfmuster sozialisiert ist, bedeutet die Durchführung Kooperativer Spiele eine Umstellung. Sie bringt sowohl Verunsicherung als auch eine Reihe von angenehmen Erlebnissen mit sich. Dazu gehört der Spaß zu sehen, wie Schüler auch ohne Wettkampfdruck als Motivationsmittel bereit sind, sich körperlich stark selbst zu fordern. Leistungsschwache und abgelehnte Schüler können ihre Leistung in Kooperativen Spielen besser darstellen als in Wettkampfspielen. Wie die systematische Beobachtung zeigt, reduziert sich die Frequenz aggressiven Verhaltens, die von Hilfeleistungskontakten steigt an.
Längsschnittuntersuchungen müßten zeigen, ob diese Effekte kooperativ strukturierter Lernumgebungen persistieren.

Literatur

Azrin, N. / Lindsley, O.: The reinforcement of cooperation between children, in: Journal Abn. Soc. Psychol. 52 (1956), 100 — 102
Cook, H. / Stingle, S.: Cooperative behaviour in children, in: Psychological Bulletin Vol. 81 (1974), 918 — 933
Crockenberg, S. / Bryant, B. / Wilce, L.: The effects of cooperatively and competitively structured learning environments on inter- und intrapersonal behaviour, in: Child Development 47 (1976), 386 — 396

Deutsch, M.: A theory of co-operation and competition, in: Human Relations (1949), 129 – 152

Diegel, H.: Möglichkeiten zur Erweiterung der kommunikativen Kompetenz in und durch Sport, in: Zeitschrift für Sportpädagogik 1 (1977) 148 – 167

Garibaldi, A. M.: Affective contributions of cooperative and group goal structures, in: Journal of Educational Psychology Vol. 71 (1979), 788 – 794

Hall, E. T.: A system for the notation of proxemic behaviour, in: Am. Anthropolgy 65 (1963), 1003 – 1026

Johnson, D. W. / Johnson, R. T. / Bryant, B.: Cooperation and competition in the classroom: Perceptions and preferences as related to students' feelings of personal control, in: Elementary School Journal 74 (1973), 172 – 181

Keller, F. S. / Schoenfeld, W. N.: Principles of psychology, New York 1950

Lever, J.: Sex differences in the games children play, in: Social problems Vol. 23 (1976), 478 – 487

Lewis, H. B.: An experimental study of the role of ego in work, in: Deutsch, M.: A theory of co-operation and competition,, in: Human Development (1949)

Lott, D. F. / Sommer, R.: Seating arrangements and status, in: J. of Pers. and Soc. Ps. 7 (1967), 90 – 95

Preising, W.: Der Wettkampf als pädagogisches Problem, in: Sportunterricht 11 (1979), 420 – 425

Sherif, C. W.: Intergroup conflict and competition, in: Sportwissenschaft 3 (1973), 138 – 153

Thomson, R. W.: Participant observation in the sociological analysis of sport, in: Intern. Rev. Sport-Sociol. 12 (1977), 99 – 109

Zajonc, R. / Marin, I.: Cooperation, competition and interpersoanl attitudes in small groups, in: Psychonomic science Vol. 7 (1967), 271 – 272

VI. Spiel und Umwelt

1. Spielräume in der Stadt

Bernhard Meyer

Spielraum zu haben — das kann sowohl territorial im Sinne von Spielplatz verstanden werden als auch funktional im Sinne von Entscheidungsfreiheit. Die Realität weist beides nur eingeschränkt aus.
Nach einer Prognose des Deutschen Kinderschutzbundes fehlen zur Zeit 100 000 Spielplätze in der Bundesrepublik Deutschland. Und die vorhandenen stehen allenthalben unter massiver Kritik (zum Beispiel THOMAS 1979a; MEYER 1980). Aber auch die Spielräume, die Kinder haben, sich die Umwelt anzueignen, selbst zu bestimmen, auswählen zu können, scheinen angesichts einer Flut von Verboten, Gesetzen und Regeln gering zu sein. Nicht ohne Grund spricht KUPFFER (1981) von einer Pädagogik, die den Lebensweg des Menschen mit Hinweisschildern umstellt.
Im folgenden sollen die Spielräume von Kindern in der Stadt ausgelotet und Perspektiven entwickelt werden. Dazu sind zunächst die historische Entwicklung der Stadt einerseits und die Geschichte der Kindheit andererseits in den Blick zu nehmen, um verlorengegangene oder verhinderte Spielräume aufzuspüren. Beides soll speziell am Beispiel des Kinderspielplatzes (Spielraum ohne Spielraum?) genauer in den Blick genommen werden. Eine weitere Differenzierung erfolgt innerhalb des Zusammenhanges von Kinderalltag und städtischem Spielraum. Diagnostizierten Mängeln und Behinderungen soll nach der Analyse der Rahmenbedingungen perspektivisch durch Verbesserung der Spielräume in doppelter Hinsicht entgegengewirkt werden.

I. Stadtentwicklung und Stadtveränderung

„Hier war's bedeutend schöner, auch weil hier alles Land war und so; dann gingen wir zum Acker, dann traf einer den anderen, dann, und nu ist all' weg. Alles darübergebaut" (DISSINGER 1980, 140).

Die Industrialisierung und die Ausbildung marktwirtschaftlicher, kapitalistischer Systeme werden in der Stadtentwicklung als die einschneidenden Veränderungen gesehen, deren Entwicklungslinien bis heute reichen.
Dazu gehören:

- *Die funktionale Entmischung*
  Was angesichts einer beginnenden Industrialisierung, die die Umwelt belastenden Industrien in die Nähe der Wohngebiete rückte, noch sinnvoll erschien, nämlich eine funktionale Entmischung von Wohnen, Arbeit und Freizeit (Charta von Athen) zu

vollziehen, hat heute nicht nur eine Teilung der Flächen, sondern auch der Menschen zur Folge. Immer mehr Zeit muß aufgewendet werden, um die einzelnen Bereiche untereinander zu verbinden und so wieder zu einem Ganzen zu gelangen.

- *Die Verkehrsprobleme*
  Die Verbindung der einzelnen Funktionsbereiche ist nur noch durch den Individual- oder Massenverkehr herzustellen. Das Verkehrsaufkommen erhöht sich und führt zu einem weiteren Ausbau des Straßennetzes. Steigender Lärm und Abgase fordern eine Abwanderung in das städtische Umland, in „gesunde Luft" und „erholsames Grün". Die Zahl der Pendler steigt weiter an.

- *Die Entmischung gesellschaftlicher Gruppen*
  Die durch die funktionale Entmischung eingeleiteten Wanderungsbewegungen führten zu einer Veränderung der Sozialstruktur. Wer es finanzieren kann, zieht ins suburbanisierte Umland, während sich in den innerstädtischen Wohnquartieren mit sinkendem Wohnwert die sogenannten A-Gruppen sammeln: Alte, Arme, Ausländer, Arbeitslose, Auszubildende, Asoziale.

- *Die finanziellen Verluste der Kommunen*
  Die soziale Entmischung hat für die kommunalen Haushalte zur Folge, daß einerseits einkommensstarke Haushalte abwandern, während bei den zuwandernden wie verbleibenden Haushalten Einkommensschwache überwiegen. Die Zuweisungsquoten der Steuern sinken, während gleichzeitig die Sozialaufgaben zunehmen.

- *Die Verschlechterung der Infrastruktur*
  Die Abwanderung kaufkräftiger Kunden hat nicht nur Folgen für die Entwicklung des Einzelhandels, sondern sinkende Einwohnerzahlen zeigen auch Auswirkungen auf Infrastrukturentwicklung in Schule und Kindergärten. Die Schließung verlängert die Wege zur nächsten erreichbaren Einrichtung und verschlechtert somit die Versorgungslage.

Diese Aspekte verknüpfen sich miteinander und beschleunigen einen Entwicklungsprozeß, den HÄUSSERMANN / SIEBEL (1978) diagnostizieren:

„Die Stadt als räumlich relativ enger Zusammenhang von Produktion, Zirkulation und Reproduktion ist aufgelöst – und zwar nicht weil sich „Bedürfnisse" geändert haben, sondern weil die ökonomische Realität jedes einzelnen gesellschaftlichen Sektors heute eine andere räumliche Struktur ergibt, als es im Mittelalter oder in der Frühphase der Industrialisierung der Fall war."

Diese antihistorische Komponente sowie die zerstörerische Dynamik kapitalistischer Wirtschaftsstrukturen werden auch von MUMFORT (1979, 481) angeklagt:

„Wer finanziellen Erfolg haben wollte, mußte die Vergangenheit verachten und mußte das Neue begrüßen, weil es ein Aufbruch war und damit ein Ansatzpunkt für gewinnbringende Unternehmungen. Um der Expansion willen war der Kapitalismus bereit, auch das stabilste gesellschaftliche Gleichgewicht zu zerstören. Wie die neuen Ideen im Geschäftsleben – vom 16. Jahrhundert an langsam, vom 18. Jahrhundert sehr rasch – zur Unterdrückung und Zerstörung der Zünfte führte, so zerstörten sie auch alte Häuser und beseitigten Spielplätze, Gemüsegärten, Obstwiesen und Dörfer, die der wachsenden Stadt im Wege standen. So ehrwürdig diese alten Einrichtungen, so heilsam für das Dasein der Stadt sie sein mochten, man opferte sie dem schnellen Verkehr oder finanziellem Gewinn."

Ein Wirtschaftssystem, das auf Konkurrenz begründet ist und Entfremdungsprozesse hervorruft, bleibt nicht ohne Wirkung auf die zwischenmenschliche Kommunikation" (OTTOMEYER 1977). Der ständige Konkurrenzkampf, der auch verlorengehen kann und eine ständige Bedrohung darstellt, stärkt die Tendenz, sich den privaten Bereich zu erhalten und nach außen zu verteidigen. Der Mensch wird zum Feind des Menschen.

„Horizontal sind Menschen normalerweise getrennt; ich kann an einer fremden Wohnung nicht klingeln und den, der öffnet, umarmen. Ein Warenbesitzer tauscht mit dem anderen Waren, aber deshalb noch keine Umarmungen aus. In der Straßenbahn stehen Leute dicht gedrängt, haben aber kein Recht, die Berührung für Zärtlichkeit zu halten. In vertikaler Verknüpfung, d. h. unterhalb der gesellschaftlichen Rollen, erkennen fast alle Menschen einander als Beziehungsarbeiter wieder. Sie prüfen ständig Abstoßung und Anziehung. Auf dieser mimetischen Basis bilden sie eine vollständige Gesellschaft. Die Geldform davon enthält positive und negative Konten und heißt Höflichkeit oder fremdeln. Es besteht ein Bedürfnis nach einer Schutzzone; deshalb wird fremdeln ebenfalls höflich ausgedrückt" (NEGT / KLUGE 1981, 873).

Der Rückzug der Individuen aus der Öffentlichkeit in die Privatheit der Familie wird gleichzeitig durch Entfremdungsprozesse gefördert, die bei wachsender gesellschaftlicher Komplexität zunehmende Orientierungsschwierigkeiten und Verhaltensunsicherheit erzeugen. Privatisierungstendenzen koppeln sich so mit Passivität und unreflektierter Anpassung. Da aber das Hineinholen kommunikativer Orte (zum Beispiel Hausbar) in den privaten Raum wie auch deren Kommerzialisierung (Freizeitindustrie) neue Anstrengungen erfordert, tritt keine wirkliche Ruhe und autonome Selbstentfaltung ein. NEGT / KLUGE (1981, 959) kennzeichnen dies als Gewalt des Zusammenhanges.

„Der katastrophale Mangel an Grenzsetzungen, die ja insbesondere private Beziehungsarbeit in unserem Lande auszeichnet, hat zur Folge, daß in den Beziehungen der jeweiligen Boden und das Gemeinwesen ad hoc, stückweise und für jeden Anlaß neu ergattert, d. h. dem viel zu weitreichenden Versprechen: alles ist inbegriffen, was nicht ausdrücklich ausgeschlossen ist, abgewonnen werden muß. Dies ist eine der Ursachen für die Verkehrung von Produktion und Distribution, d. h. für die spezifische Instabilität im Beziehungsverhältnis."

Zusammenfassung

Die soziale und funktionale Segmentierung der Lebensbereiche sowie die durch Konkurrenz und Isolation zu kennzeichnenden Auswirkungen auf die menschlichen Beziehungen bilden die Hauptmerkmale der städtischen Entwicklungen.

II. Bedeutungswandel der Kindheit

„Die Kinder heute, die haben alles, Fahrräder und so, das war früher nicht so, das hatten wir nicht. Wir machten uns irgendwie, wie konnten überall mit spielen. Dann spielten wir, das ging immer so periodenweise. Wie die eine Zeit spielten wir Murmeln, die andere Zeit spielten wir Kreise und dann wieder Tauspringen, Ballspielen. Wir haben sogar schön gespielt, hier in der Straße, wir haben Völkerball gespielt und Brennball, die Leute haben nie was gesagt. Ob wir mal ein paar Scheiben eingeschlagen haben, das war auch nicht so schlimm. Wir sind nicht ausgerissen. Wir sind stehengeblieben und wir haben gesagt, wir haben's gemacht und dann haben wir jeder 'nen Groschen gegeben und haben gesagt, so, wir haben eine Scheibe eingeschlagen und dann wurde das wieder eingesetzt" (DISSINGER 1980, 117 ff.).

Auf die Frage, was Kindheit ist, charakterisiert sie LAUB (1974, 7)

als „ein Sesamschlüssel für poetische Klischees von unbekümmerten Jahren des uneingeschränkten Glücks. Denn der Mensch betrügt niemanden so gerne wie sich selbst. Und er hat sich dazu einen schönen und wirksamen Trick ausgedacht — man siedelt die Utopie in Landschaften an, die garantiert unerreichbar sind. Die Kindheit ist so eine Landschaft, denn es gibt keinen Weg, in sie zurückzukehren."

Die Landschaft aber war strukturell nicht immer gleichbleibend. So zeigt ARIES (1975), daß das Leben sich bis zum 17. Jahrhundert vor allem in der Öffentlichkeit abgespielt hat. Zwar existiert die Familie, aber erst seit dem 18. Jahrhundert festigte man die Intimität des Privatlebens. Es liegt nahe, den Schluß zu ziehen,

„daß Familiensinn und Sozialität nicht vereinbar waren und eines sich jeweils nur auf Kosten des anderen entwickeln konnte" (ARIES 1975, 558).

Dieser Übergang ist charakterisiert durch den Rückzug des Bürgertums aus einer polymorphen Gesellschaft. Das Nebeneinander der Ungleichen wurde als nicht mehr erträglich angesehen. Diese Veränderung wird durch eine Gegenüberstellung deutlich:

„Die alte Gesellschaft konzentriert ein Maximum an Lebensformen in einem Minimum von Raum und akzeptierte, ja sie suchte die barocke Annäherung zwischen den Ständen, so groß der Rangunterschied zwischen diesen auch sein mochte. Die neue Gesellschaft stellt dagegen jeder Lebensform einen gesonderten Raum zur Verfügung, innerhalb dessen ausgemacht war, daß die dominierenden Merkmale respektiert werden mußten ..." (ARIES 1975, 564).

Auch hier eine vollzogene Segregation, die auch dem Kind einen neuen Platz zuweist. Das Kind nahm nicht mehr selbstverständlich seinen Platz an der Seite von Erwachsenen ein und unterlag einer öffentlichen Sozialisation. Erst mit der Entwicklung des Familiensinns und der segmentierten Verantwortung für das Kind wird eine spezielle Einflußnahme für notwendig erachtet, ehe es als „Familienprodukt" in die Welt der Erwachsenen entlassen wird. Die Eltern beginnen sich unablässig Sorgen um die Gesundheit und das Wohlergehen ihrer Kinder zu machen. Um aber das Kind der Gesellschaft in die Familie zu entreißen, ist es notwendig, seine Unvollkommenheit, Schwächen und Angewiesenheit zu „entdecken". Ergebnisse dieser „Schwarzen Pädagogik" hat RUTSCHKY (1977) zusammengetragen und MILLER (1981, 77) hat in ihrer Analyse herausgefiltert, daß daraus zu lernen sei,

„1. daß die Erwachsenen Herrscher (nicht Diener) des abhängigen Kindes seien;
2. daß sie über Recht und Unrecht wie Götter bestimmen;
3. daß ihr Zorn aus ihrem eigenen Konflikt entstammt;
4. daß sie das Kind dafür verantwortlich machen;
5. daß die Eltern immer zu schützen seien;
6. daß die lebendigen Gefühle des Kindes für den Herrscher eine Gefahr bedeuten;
7. daß man dem Kind so früh wie möglich seinen ‚Willen benehmen' müsse;
8. daß alles sehr früh geschehen soll, damit das Kind ‚nichts merke' und den Erwachsenen nicht verraten könne."

Eine solche als „Schwarze Pädagogik" zu bezeichnende Haltung macht erst Vorgänge möglich, die sonst kaum die eingangs charakterisierte Kindheit als unerreichbare Landschaft verständlich werden lassen.
Wie sonst kann eine WILHELMINE von Preußen in ihren Erinnerungen schreiben: „Wie glücklich man doch in diesem Alter ist! Die geringste Kleinigkeit unterhält und erfreut uns! (VOSS 1979, 18), und dies angesichts psychischer und physischer Belastungen, die nur als Martyrium gekennzeichnet werden können.
Der Zugang Erwachsener zur Kindheit, zu Kindern und ihren Lebensbedingungen steht am Ende eines Prozesses, dessen einzelne Stationen nach MILLER (1981, 128) wie folgt verlaufen:

„1. Als kleines Kind Verletzungen empfangen, die niemand als Verletzung ansieht;
2. Auf den Schmerz nicht mit Zorn reagieren;
3. Dankbarkeit für die sogenannten Wohltaten zeigen;
4. Alles vergessen;
5. Im Erwachsenenalter den gespeicherten Zorn auf andere Menschen abladen oder gegen sich selber richten."

Die Weitergabe von Demütigungen aus der eigenen Kindheit wie auch die Angst vor der Wiederkehr des Verdrängten und damit einer Zerstörung der Idealisierung der eigenen Kindheit sind nur einige erkennbare Bedürfnisse aus der Geschichte Erwachsener; Erzieher, die einmal Zöglinge waren.

Zusammenfassung

Die Geschichte der Kindheit zeigt eine gesellschaftliche Segregation, die auch Folgen für die Kinder hat. Die Familie wird zum Ort von Beziehungs- und Gesellschaftsarbeit (Schwarze Pädagogik), die in ihren unbewußten Anteilen das Handeln Erwachsener prägt.

III. Soziale und funktionale Segmentierung: Der Kinderspielplatz

„Wir durften also nur auf den Spielplatz. Zu ein paar Hochhäusern gehörte immer ein Spielplatz. Der bestand aus verpißtem Sand und ein paar kaputtenen Klettergeräten und natürlich einem Riesenschild. Das Schild steckte in einem richtigen eisernen Kasten drin, unter Glas und vor dem Glas waren Gitter, damit wir den Quatsch nicht kaputtschmeißen konnten. Auf dem Schild stand also „Spielplatzordnung" und darunter, daß die Kinder ihn zur „Freude und Erholung" benutzen sollten. Wir durften uns allerdings nicht „erholen", wann wir gerade Lust hatten. Denn was dann kam, war dick unterstrichen: „. . . in der Zeit von 8 bis 13 Uhr und 15 bis 19 Uhr.' Wenn wir also aus der Schule kamen, war nichts mit Erholung" (CHRISTIANE F. 1979, 24).

Die in der Geschichte der Stadt und der Kindheit sichtbar gewordenen Veränderungen, vor allem der sozialen und funktionalen Segmentierung von Lebensbereichen, wird sich im Hinblick auf Spielorte von Kindern wiederholen. Diese Analogie-Vermutung soll nachfolgend am Beispiel des Kinderspielplatzes nachgegangen werden. Folgt man der Einteilung von THOMAS (1979a, 16 ff.), so stehen am Anfang der Entwicklung „sozial-utopische

Intentionen" (VILLAUME, OWEN), wobei der Kinderspielplatz als Mittel zur Erprobung von Erziehungsmodellen gesehen wird. Es schließen sich Ansätze mit „sozialpädagogischer Intention" (FRÖBEL, FÖLSING, FLIEDNER) an, mit dem auf die beginnende Industrialisierung reagiert wird. Es wird ein Zusammenhang hergestellt zwischen dem „tüchtigen Spiel des Kindes" und der Tüchtigkeit im späteren Leben. Damit reduziert und segmentiert sich die Funktion auf einen engen Zusammenhang. Eine vergleichbare Engführung auf die Wehrtüchtigkeit der Jugend ist ebenfalls bei der „sozialhygienischen Intention" (SCHREBER, HAUSCHILD, DIEM) anzutreffen, die die Gesunderhaltung des Körpers in den Vordergrund stellt. Der Kinderspielplatz stellt sich als Sammlungsort zur institutionellen Beeinflussung dar, dessen funktionale Zielsetzung sich inhaltlich ändert, aber jeweils einen Ausschnitt gesamtgesellschaften Lebens darstellt.

Die Bewegung mit „sozialpolitischer Intention" nach dem Zweiten Weltkrieg reagiert auf räumliche Zusammenhänge. Das Nachkriegschaos wurde geordnet und dabei auch den Kindern ein Ort zugewiesen. Doch dies erfolgte kompensatorisch im Zusammenhang mit der Verdrängung aus anderen Lebensbereichen. Damit vollzieht sich die Geschichte der Stadt auch für Kinder, genauso wie sich die gesellschaftliche Segregation auch in der Funktionalisierung des Kinderspielplatzes widerspiegelt. Unausgesprochen wurde gleichzeitig die Notwendigkeit des Spieles und des Raumes für Kinder unterstellt.

Verschiedene wissenschaftliche Disziplinen, wie die Entwicklungs-, Lern- und Sozialpsychologie, sowie die Psychoanalyse haben die Funktion des Spiels für die Entwicklung der kindlichen Persönlichkeit untersucht. Es wird vom Erwerb und der Einübung körperlicher, geistiger und sozialer Fähigkeiten gesprochen, von der Verarbeitung und Nachahmung von erlebten Situationen sowie der Entwicklung von Autonomie und Ich-Identität (SCHOTTMEYER / CHRISTMANN 1977).

Ein gesellschaftlich antistrukturelles Merkmal lassen Definitionen wie die nachfolgende erkennen:

„Spielen ist eine Form der Auseinandersetzung mit der Umwelt. Wer sich spielend mit der Umwelt auseinandersetzt, tut dies ohne fremdbestimmte Leistungsnorm, was nicht heißt ohne Leistung. Diese wird erbracht, weil der Spielende Lust hat, einen ihm sinnvoll erscheinenden Handlungsablauf voranzutreiben. Der Zweck des Handelns wird also selbst bestimmt" (FROMMLET u. a. 1975, 12).

In einer durch Vergesellschaftungsprozesse gekennzeichneten Situation, also der Unterordnung aller Lebensvorgänge unter die Prinzipien der Kapitalverwertung, in der Entfremdung, Konkurrenz und Mehrwertproduktion zentrale Kategorien sind, müssen Tätigkeiten ohne fremdbestimmte Leistungsnormen, müssen lustvolle Tätigkeiten als dysfunktional erscheinen. Insofern erhält „Spiel" das Etikett des unwichtigen und nicht ernstzunehmenden. Sprichworte wie „Erst die Arbeit – dann das Spiel" zeigen die Prioritäten auf. Inhaltlich und räumliche Ausgliederung des Kinderspiels aus der Alltagsrealität, aus der Erwachsenenwelt kann gleichzeitig auch als Entwertungsprozeß begriffen werden.

Insofern tragen die Wahrheiten, die Kinder durch Wort und Tat vermitteln, auch die Beschädigungen in sich, von denen sie betroffen sind.

„Das wird auch dort der Fall sein,
- wo ihre Lebens- und Überlebensversuche als Widerstand und Verweigerung gegen die Isolation in Kinderghettos, die engen Wohnungen, die allgemeine Automobilmachung, die Erfahrungs- und Lernbehinderungen in Schulen, die autoritäre Behandlung und gegen andere Zumutungen verstanden werden kann;
- wo sie die Erwachsenen kopieren – was sie übrigens in Wut bringt –, um der heillosen Kinderwelt zu entfliehen, die diese für sie eingerichtet haben (oder für sich?);
- wo sie die angebliche Herrschaft der Sachzwänge und ihrer Stundenpläne durch ‚Blödsinn', Sabotage, Umfunktionieren von Regeln und Sachen, listig mit Gewalt oder witzig, gemeinsam oder allein auf selbständige Weise außer Kraft setzen;
- wo sie all das lernen, was ihnen in den pädagogischen Kinderwelten vorenthalten wird, weil es dort als Programm daherkommt – vor allem Angstbewältigung, Neinsagen, Selbstvertrauen, Zusammenarbeit, technisches Können, etwas Schaffen, Spaß, Zuneigung, aber eben auch Brutalität erleiden oder ausüben, konkurrieren und die versteckte Kleinkriminalität, ohne die hierzulande keiner überlebt" (BECK 1979, 9).

Insofern verbinden sich mit den Spielräumen Empfindungen, die kaum noch mit dem Glück befriedigender Erfahrungen korrespondieren:

„Orte, an denen ich glücklich war, heißt: Die Gegenstände stehen an Orten, an denen sie durch Personen, durch die ich glücklich wurde, hingestellt wurden. Sie sind angefaßt worden. Die Wege zwischen ihnen waren Gänge von Personen. Bestimmte Abenddämmerungen, Herbsttage, Zeiten von Tauwetter erinnern an glückliche Umstände und vor allem an einen Umkreis von Menschen, die vielleicht zu diesem Zeitpunkt gar nicht anwesend waren, zu denen aber eine feste und zuverlässige Beziehung bestand" (NEGT / KLUGE 1981, 39).

Der affektiven Dimension des Kinderspiels ist also eine soziale hinzuzufügen, so daß nach der interaktionellen Dimension kindlicher Spielräume, nach ihren personalen und gesellschaftlichen Bedeutungszusammenhängen gegenüber einer segmentierten Funktionalisierung zu fragen ist.

Zusammenfassung

Die Geschichte der Stadt wirkt sich auch auf Kinder aus, was an der Geschichte des Kinderspielplatzes mit seiner segmentierten Funktionalisierung ablesbar ist. Angesichts der Bedeutung des Spielens für Kinder müssen Entwertungsprozesse konstatiert werden.

IV. Kinderalltag und städtischer Spielraum

„Also, wenn wir Kinder spielten, kamen aus der Oberstadt sogenannte bessere Leute, feine Leute, und guckten vom Brink her, vom Pferdemarkt, guckten zu, wie wir spielten. Ihre eigenen Kinder, die waren ja was besseres wie wir, um Jottes willen. Aber es war eine Sensation, wie wir in diesen sogenannten ärmeren Vierteln uns die Zeit vertrieben. Und das lief ja immer auf Knüppelschlachten zwischen uns Jungs hinaus. Das war Volksleben auf offener Straße, was ja heute nicht mehr denkbar ist, das gibt es ja heute nicht mehr" (MARSEN 1980, 183).

Können Kinder in ihrem Spielraum noch Personen identifizieren, noch Bedeutungszusammenhänge erkennen? Wie sehen im Alltag der Kinder Aneignungsprozesse aus? Können Kinder in segmentierten städtischen Spielräumen noch Gesellschaft „buchstabieren"? Alltag – das ist ein System von Wiederholungen, Gewohnheiten und kaum erkennbaren Veränderungen und Variationen. Alltagsleben bedeutet zunächst subjektive Praxis, die allerdings nicht beliebig ist, sondern auch als gesellschaftliches Produkt gesehen werden muß. Im städtischen Zusammenhang sieht AHLHEIT (1981, 59 ff.) in der Analyse *vier* wesentliche Aspektem die den Alltag kennzeichnen:

- *Der Lebenszusammenhang als Scheinsystem*
  Da das Leben in der Stadt für Erwachsene kaum überschaubar und nicht durchschaubar ist, entstehen Erfahrungsdefizite, die das Bedürfnis nach einem ganzheitlichen Lebenszusammenhang entstehen lassen. Dem entsprechen industrielle Verwertungsprodukte (Medien, Werbung), die die Fiktion einer „Ganzheitlichkeit" entstehen lassen. Dies ist aber nur möglich, wenn segmentierte Alterserfahrungen ignoriert werden.
- *Stadtplanung als Krankheitserreger*
  Der synthetische Lebenszusammenhang ergibt sich aus der Entmischung von Lebensfunktionen und Wanderungsbewegungen. Soziale Allokationen und der Rückzug ins Private fördert eine großräumige Segregation, die zu einem Erfahrungsdefizit führen, das auch nicht von der Familie kompensiert werden kann.
- *Erfahrungsverluste und Alltagsphantasie*
  Eine Verarmung der Erfahrungen wird durch private Alltagsphantasie – hervorgerufen durch die Bewußtseinsindustrie – kompensiert. Jeder lebt gleichsam parallel zwei Leben: Ein reales Stadtleben, das ihn langsam zerstört, und ein synthetisches Ausflucht-Leben.
- *Erfahrung als Ware*
  Der Verlust an Erfahrung geht einher mit einem Gewinn an Scheinerfahrung, wie sie durch Medien vermittelt wird. Kriterien des Publikumserfolges und der Wirtschaftlichkeit spielen eine Rolle.

Erfahrungsverlust entsteht auch bei dem Versuch, das Leben in der Stadt überschaubarer und durchschaubarer werden zu lassen. So haben Erwachsene alles geordnet und im Griff, was KADE (1980) zu der Klage führt, daß es die geheimen Orte und Zeiten der Kindheit nicht mehr gibt, und sie das Recht des Kindes fordert, ein Geheimnis zu haben. Aus den Böden, Kellern und Flurecken sind Hobby- und Spielräume geworden. Die Orte, an denen sich lebensgeschichtliches Gerümpel sammelt, sind öffentlich und vorübergehend geworden (Sperrmülltag).

„Weder gibt es mehr der von Erwachsenen gesetzten Tabuzonen, die dann erst recht zu durchbrechen wären, ..."; „nicht mehr gibt es die Rückzugsgebiete, die uns Kinder vor dem Zugriff der Erwachsenen befreit haben und zugleich vertraute, bekannte Orte bildeten, ..." (KADE 1980, 16).

Ein Erfahrungsverlust und eine Fiktion von ganzheitlichen Erfahrungen haben auch Auswirkungen auf die Sozialisation der Kinder. Die Untersuchungen von DE LAUWE (1977) zeigen die Wichtigkeit *zweier Prozesse*:

- Die Umwelt muß eine Lektüre der Gesellschaft ermöglichen, damit das Kind sich in seinen sozialen und familialen Milieu verorten kann. „Auf diese Weise versichert, kann es seine Sozialisation aktiver durchleben, vor allem wenn die ihm zugestande-

ne Stellung eine gewisse Freiheit in der Entwicklung von Verhalten erlaubt" (DE LAUWE 1977, 26).
- Kinder müssen sich Orte aneignen können, d. h. Beziehungen zu der Umwelt aufbauen, ihr eine eigene Prägung zu geben, Akteur seiner Veränderung zu werden. Die Bedeutung aneignenden Verhaltens hängt auch zusammen mit der Hierarchie der Räume und der Stellung der Kinder. Untersuchungsergebnisse zeigen, daß es nicht *die* Stadt und *das* Kind gibt. Die Prozesse der Aneignung von Räumen verlaufen unterschiedlich, für städtische Umwelten können einige Ergebnisse differenziert nach Wohnquartier gegenübergestellt werden:
- das Altbauquartier
Lektüre der Gesellschaft:
Personen aller Altersstufen, vielfältiges Berufsspektrum, Erinnerungen an die Vergangenheit, Plakate für Veranstaltungen, politische Parolen . . .
Raum und Verhalten:
Nutzung der Räume öffentlich, kollektiv und erlaubt. Die Straße ist ein Territorium für Kinder, doch um den Preis von Risiko und Angst. Eine Aneignung hat keine Chance der Verwirklichung. Die Suche nach einem eigenen Territorium kann nur über eine Umfunktionierung des zugewiesenen Raumes oder eine Übertretung von Verboten erfolgreich sein.
- die Neubausiedlung
Lektüre der Gesellschaft:
Angst um den Arbeitsplatz, Angst vor Exmittierung, Geldmangel, Flucht vor dieser Stätte der Verunsicherung in die benachbarten Einkaufszentren . . .
Raum und Verhalten:
Spielen unter dem Fenster der Mütter. Versuche, die ausgestatteten Plätze zu verändern, scheitern, werden nicht geduldet. Trotz Risiken benutzen Kinder unbebautes Gelände. Auf einigen spezifischen Plätzen als Residuum öffentlichen Raumes verwiesen, bewegen sich Kinder in den von Erwachsenen gesetzten Bedingungen. Trotz tendenzieller Unterschiede müssen im städtischen Raum bereits für Kinder Erfahrungsdefizite diagnostiziert werden.

Zusammenfassung

Die Möglichkeit bzw. die Unmöglichkeit einer Lektüre der Gesellschaft sowie der realen Aneignungsprozesse charakterisiert den Kinderalltag in städtischen Quartieren. Dabei prägen unterschiedliche Sozialisationsumwelten die Lebenswirklichkeit der Kinder.

V. Spielräume in der Stadt

„Bei uns war lange ein Feld. Da haben wir uns viele Hütten gebaut. Aber dann haben die Erwachsenen aus dem Feld eine Grünanlage gemacht" (AGW 1979, 24).

Die bisherigen Überlegungen zeigen in der Analyse der Rahmenbedingungen fünf Dimensionen,

- eine ökonomische (Vergesellschaftsprozesse führen zu einer Segmentierung bzw. Scheinerfahrung)
- eine sozial-strukturelle (eine Mischung von Bevölkerungsgruppen sowie die Beziehungen, die durch Konkurrenz und Isolation gekennzeichnet sind)
- eine lebensgeschichtliche (die Weitergabe von Demütigungen der eigenen Kindheit wie auch die Angst vor der Wiederkehr des Verdrängten)
- eine kommunikative (Beziehungen werden nach ihrem Tauschwert verurteilt – Spielen in diesem Zusammenhang entwertet)

Abbildung 1: Spielräume für Kinder?

Abbildung 2: Rückzug in den Hinterhof

- eine sozialisatorische (Gesellschaft kann nicht mehr ganzheitlich gelesen werden; Aneignungsprozesse reduzieren sich zunehmend).

Wenn man den Doppelcharakter von Reformen, sowohl verändernd als auch stabilisierend zu wirken, in Rechnung setzt, ergeben sich auch für die Spielräume in der Stadt Forderungen und Perspektiven. Diese stellen eine Antwort dar auf die diagnostizierten Entfremdungsprozesse, auf das sich verbreitende gesellschaftliche Analphabetentum, auf erkennbare Gewaltverhältnisse sowie die Folgen einer „Schwarzen Pädagogik".

- Aneignungsprozesse
  Kinder selbst geben Hinweise auf ihre Bedürfnisse und ihre Bereitschaft, sich ihre Umwelt aktiv anzueignen. Spielplätze als Erfahrungsghettos werden vor allem bei monofunktionaler Ausstattung kaum frequentiert (SCHOTTMEYER / CHRISTMANN 1977). Die Momentaufnahme in einer Hamburger Untersuchung findet drei Viertel aller Kinder außerhalb von Wohnungen im Straßenraum vor (KRAUSE u. a. 1977). Der Vergleich von Kinder- und Erwachsenenzeichnungen einer Hafenstadt zeigt signifikante Unterschiede (BISHOP 1973).

  „Mitten im Hafen steht dort ein Leuchtturm, der von sämtlichen Erwachsenen als hervorstechendes Merkmal eingetragen worden ist. Hingegen kam der Leuchtturm auf keiner der Kinderzeichnungen vor, obwohl auf vielen von ihnen die öffentlichen Toiletten am Fuße des Leuchtturms eingezeichnet waren. Zu den Dingen, die für die Kinder wichtig waren, gehörten Kioske, Bauzäune, Hinterhöfe oder sonstige Plätze, wo sich irgendwelches Gerümpel angesammelt hatte" (WARD 1978, 27).

  Bilder aus Berlin-Kreuzberg zeigen, daß Kinder Papprohren aus dem Müll einer textilverarbeitenden Hinterhoffabrik zum Spielen benutzen, daß Baumaterialien zum Bau eigener Häuser und Straßen genutzt werden (MÖCKLINGHOFF / SINGER 1979, 71). Aneignen, d. h. den Dingen einen eigenen Namen geben und nicht nur formale Worte lernen. Aneignen bedeutet etwas herzustellen, und sich nicht nur etwas herstellen zu lassen. Aneignen beinhaltet sinnliche Erfahrbarkeit und kreativen, selbstbestimmten Umgang.

- Gesellschaftliche Alphabetisierung
  Auf dem Aktiv- oder sogenannten Abenteuerspielplätzen wird zusammengetragen, was Kinder attraktiv finden, wie Baudielen, Steine, Rohre usw. Doch sie sind ihrer Umgebung entrissen. Es geht nicht nur um das Holz, sondern auch um seine Verwendung. Holz, das die Eltern zum Regal verarbeiten, der Bauarbeiter zur Verschalung, der Tischler zur Überdachung, vermittelt auch gesellschaftliche Zusammenhänge. Doch wo tritt noch die ganze Gesellschaft in Erscheinung, wo können Kinder das Gesellschafts-ABC lernen?

  Sie setzen sich zum Beispiel an Durchgangsstellen der Erwachsenen und nicht auf vorgesehene, abgelegene Plätze. Überall dort, wo sich Wege kreuzen, wo Ein- und Ausgänge sind, halten sich Kinder oft auf. Hier können sie die verschiedensten Menschen beobachten, lernen Berufe kennen, identifizieren unterschiedliche Kleidungen, sehen Nationalitäten und Altersgruppen aller Art.

Revitalisierung von Stadtteilen (SPITZER u. a. 1979, 56 ff.) bedeutet nicht nur, einer kommunikationshemmenden Architektur Einhalt zu gebieten, sondern auch die Möglichkeit herzustellen, daß Kinderspiel nicht neben, sondern in der Erwachsenenwelt stattfindet. Das hat aber eine Aufhebung der Reservate für Kinder zur Folge (THOMAS 1979b) und eine akzeptierende Haltung gegenüber Kindern in allen Ecken und Winkeln der Stadt. Dazu gehört auch, daß das gesellschaftliche ABC von A (wie zum Beispiel Arbeit) bis Z (wie zum Beispiel Zimmermann) gelesen werden kann. Der Kampf gegen Schilder, die den Zutritt zu vielen gesellschaftlichen Bereichen verbieten, gehört auch dazu. Die Neugier zu buchstabieren, sich die Welt ganzheitlich anzueignen, muß erhalten werden.

- Herrschaftsfreie Räume
Kinder haben mittlerweile die ihnen gesetzten Grenzen verinnerlicht. So antwortete ein Kind bei einer UNESCO-Kinderkonferenz auf die Frage, warum wohl die Erwachsenen einen Zaun um Spielplätze machen:

„Einerseits gehen da die Bälle nicht raus und zweitens weiß man dann, wo der Spielplatz aufhört" (MEYER 1980, 19).

Jedoch sind auch die Rückzugsgebiete, wo man noch unbeobachtet ist, kaum noch vorhanden. Es fehlen

„die Höhlen in Büschen, Hintergärten, in denen man noch das Rufen der Mutter hörte, ohne jedoch gesehen zu werden, die verlassenen Gärten, die unermüdlich weiter Obst produzieren, die alten Stellen der Friedhöfe, um die sich niemand mehr kümmert, die Ruinen des Krieges und die Ruinen der Zeit – das alles ist längst wegsaniert, geordnet, im Griff" (KADE 1980, 16).

Solche Bereiche, die kaum von Erwachsenen eingesehen, betreten oder kontrolliert werden, können als herrschaftsverdünnte oder herrschaftsfreie Zonen bezeichnet werden.

„In jenen Geländen konnte sich Kinderöffentlichkeit herstellen, ohne ein von Erwachsenen inszeniertes Ereignis zu sein" (WAWRZYN 1975, 5).

Dies bedeutet, daß Kinder voneinander lernen, miteinander Interessen aushandeln, daß sie Erfahrungen machen mit Situationen, in denen sie nicht auf Erwachsene rechnen oder ihr Eingreifen befürchten müssen. Herrschaftsfreie Räume bilden eine korrigierende Gegenwelt heraus, deren Aufsuchen aber dem einzelnen Kind überlassen wird. Auch hier gilt es, erhaltend aktiv zu werden.

- Beziehungen zu Kindern
Die Kinderfeindlichkeit der Städte wurde bereits in vielen Analysen deutlich. Doch nicht nur ökonomische Konsequenzen oder die Gedankenlosigkeit von Planern jeder Art sind kritisch in den Blick zu nehmen, sondern auch die folgenden Verhaltensweisen Erwachsener:

„Erst wird an den Bedürfnissen von Kindern vorbeigeplant, -gebaut, -gemietet, -eingerichtet, -gegärtnert usw., und auf diese Versäumnisse, die man als passive Kinderfeindlichkeit einstufen kann, folgen dann unweigerlich höchste aktive kinderfeindliche Akte zur Anpassung (Erziehung) der Kinder an diese Umwelt (von BRAUNMÜHL 1979, 21).

Hier wird Kindern ein gleichberechtigter Status als Mitmensch abgesprochen. Nicht nur die eigene Kindheit wird in diesen Anpassungsprozessen aktuell, sondern es drängt sich die Frage auf:

„Ist ein selbstbestimmtes Handeln der Kinder eine derartige Bedrohung, daß wir sie in der Gegendrohung auf einen der vielen Kinderspielplätze schicken, die von einem Kommentator als Hinrichtungsplatz kindlicher Phantasie und Selbstbestimmung bezeichnet wurde?" (MEYER 1980, 201)

Eine Analyse dieses Zusammenhanges hat MILLER (1981) angeboten, doch wird das Ausmaß dieser Anpassungsprozesse erst deutlich, wenn nicht nur die Bewältigung der eigenen Kindheit gesehen wird, sondern gleichzeitig die Notwendigkeit, gesellschaftliche Identifikationsprozesse einleiten.

Menschen, die nicht bereit sind, sich für diese Gesellschaft zu engagieren, gefährden den Bestand der Gesellschaft.

Berücksichtigt man die Ergebnisse von LANTERMANN (1974, 24), so wird die gesellschaftliche Destruktivität solcher Anpassungsprozesse von Kindern deutlich:

„Mit einem Höchstmaß an erlebter Wahlfreiheit im Aufsuchen oder Vermeiden von sozialen Kontakten jedweder Art innerhalb städtischer Wohnquartiere korrespondieren eine maximale Bereitschaft zum sozialen Engagement, zu positiv bewerteten Interaktionen unter den Bewohnern."

Kann nicht an die Stelle von Erziehung eine Beziehung zu Kindern gesetzt werden? Eine authentische Beziehung, in der

- die eigene Kindheit reflektiert gehandhabt wird,
- Sensibilität für kindliche Bedürfnisse und Sichtweisen der Kinder aufgebracht wird,
- Freiheitswünsche gleichberechtigt eingebracht werden und so wechselseitig Grenzen setzen (vgl. MILLER 1980; MEYER 1979).

Zusammenfassung

Es ist notwendig, Kindern Aneignungsprozesse zu ermöglichen. Gesellschaftliche Alphabetisierung ist dazu gleichfalls gefragt wie herrschaftsfreie Räume und authentische Beziehungen zu Kindern.

VI. Befreiungsarbeit

„Wird einem ja alles genommen, die Freiheit und die Aussicht" (DISSINGER 1980, 140).

Aneignungsprozesse, die zur Überwindung von Entfremdung beitragen, verbesserte Lektürebedingungen zur Beseitigung eines gesellschaftlichen Analphabetentums, herrschaftsfreie Räume als Widerstandsorte gegen Unterdrückung und Beziehungen statt Anpassungsprozesse sind Elemente einer stadtverändernden Arbeit. Eine solche Gemeinwesenarbeit nimmt seinen Ausgang bei einer Vielzahl existentieller Lebensbedürfnisse, manifestiert sich in der „gegenständlichen Praxis", im Stadtteil. Dies drückt sich in Forderungen von Kindern aus:

„ — Wir müssen verhindern, daß Autos durch die Wohnstraßen rasen und überall rumstehen. Straßen sind auch zum Spielen da, zum Rollschuhlaufen und Fetenfeiern.
— In allen Straßen müssen auch wieder Bäume gepflanzt werden.
— Die Erwachsenen sollen nicht jeden freien Platz bebauen. Alles freie Gelände ist für uns Spielraum.
— Wir dürfen uns nicht immer vertreiben lassen, sondern müssen uns zusammentun (mit den Erwachsenen), uns wehren und einmischen: bei den Politikern und der Verwaltung. Es liegt auch an uns!" (AGW 1979, 17)

Befreiungsarbeit will, daß Absichts- und Wirkungsstrukturen wechselseitig gelten. Die Freiheit des anderen setzt die Grenzen. Als professionelle Arbeit ist Gemeinwesenarbeit in der Stadt Befreiungsarbeit insofern,

„als sie die unmittelbaren Wünsche und Probleme der Menschen ernstnimmt, zu veränderndem Handeln unter Berücksichtigung der politisch-historischen Möglichkeiten motiviert und Einsicht in die strukturellen Bedingungen von Konflikten vermittelt" (BOULET u. a. 1980, 156).

Vor allem Erwachsene sind es, die den Kampf für eine Veränderung aufnehmen können. Wenn Erwachsene freier werden, partizipieren Kinder davon (sofern sie nicht der Preis der Freiheit sind). Und wenn Kinder freier werden, partizipieren andere Kinder davon. Ein langer Prozeß. Deshalb beginnt die Zukunft unserer Kinder, die Zukunft unserer Städte immer jetzt!

Literatur

Alheit, P.: Leben in der Stadt, in: Brandes, V., u. a. (Hrsg.): Leben in der Bundesrepublik, Berlin 1980
Arbeitsgemeinschaft Wohnberatung e. v. (Hrsg.): Kinder in der Stadt, Bonn 1979
Ariès, P.: Geschichte der Kindheit, München / Wien 1975
Beck, J.: Straßenspiele, in: Ästhetik und Kommunikation 10 (1979), 38
Bishop, J. / Foulsham, J.: Children's Images of Harwich, Kingston Polytechnic Architectural Psychology Research Unit, Environmental Education Research Report Nr. 3 (1973)
Boulet, J., u. a.: Gemeinwesenarbeit — Eine Grundlegung, Bielefeld 1980
Braunmühl, E. von: Gleichberechtigung des Kindes, in: Arbeitsgemeinschaft Wohnberatung e. v. (Hrsg.): Kinder in der Stadt, Bonn 1979
Christiane F.: Wir Kinder vom Bahnhof Zoo, 8. Aufl. Hamburg 1979
Dissinger, W., u. a. (Hrsg.): Alt-Transvaal — Ein Emder Stadtteil aus der Sicht der Bewohner, Emden 1980
Esser, J.: Soziale Arbeit in der Eiszeit, Darmstadt 1984
Frommlet, W., u. a.: Eltern spielen — Kinder lernen, München 1972
Häußermann, H. / Siebel, W.: Die Stadt im traditionellen Sinne hat aufgehört zu existieren, in: Frankfurter Rundschau vom 15. 11. 1978
Kade, S.: Das Recht des Kindes, ein Geheimnis zu haben, in: Sozialmagazin 5 (1980), 6
Krause, H. J.: Kinder in der inneren Stadt, Teil I und II, Hamburg 1977
Lantermann, E. D.: Solidarität und Wohnen (Dissertation), Bonn / Darmstadt 1974

Laub, G.: Die Kindheit ist ein Märchen, in: Voß, U. (Hrsg.): Kindheiten, München 1979
Lauwe, M.-J. C. de: Kinder-Welt und Umwelt-Stadt, in: Arch + (1977), 34
Marsen, H., u. a.: Stadtteilgeschichte als Stadtgeschichte: Kassel, Kassel 1980
Meyer, B.: Die Kinderfeindlichkeit der Städte — Zum Handeln Erwachsener, in: Esser, J. (Hrsg.): Wohin geht die Jugend, Reinbek 1979
— (Hrsg.): Kind und Spiel im öffentlichen Raum, München / New York / London / Paris 1980
— (Hrsg.): Die Zukunft unserer Kinder beginnt immer jetzt!, Darmstadt 1982
— (Hrsg.): Gemeinwesenarbeit, Darmstadt 1983
Miller, A.: Am Anfang war Erziehung, Frankfurt a. M. 1981
Möcklinghhoff, M. / Singer, C.: Bilder zum Lernen auf der Straße, in: Ästhetik und Kommunikation 10 (1979), 38
Mumford, L.: Die Stadt — Geschichte und Ausblick, München 1979
Negt, O. / Kluge, A.: Geschichte und Eigensinn, Frankfurt a. M. 1981
Ottomeyer, K.: Ökonomische Zwänge und zwischenmenschliche Beziehungen, Reinbek 1977
Rutschky, K. (Hrsg.): Schwarze Pädagogik, Frankfurt a. M. / Berlin / / Wien 1979
Schottmayer, G. / Christmann, R.: Kinderspielplätze, Stuttgart / Berlin / Köln / Mainz 1977
Spitzner, K., u. a.: Kommunikation in der Stadt, in: Andritzky, M. / Selle, G. (Hrsg.): Lernbereich Wohnen, Bd. 2, Reinbek 1979
Thomas, I.: Bedingungen des Kinderspiels in der Stadt, Stuttgart 1979a
— Plädoyer für die Abschaffung des Kinderspielplatzes, in: deutsche jugend 27 (1979b), 10
Voß, U. (Hrsg.): Kindheiten, München 1979
Ward, C.: Das Kind in der Stadt, Frankfurt a. M. 1978
Wawrzyn, L.: Zum Stichwort „Kinderalltag", in: Ästhetik und Kommunikation 10 (1979), 38

2. Vom Spielplatz zum Freizeitpark
Zur pädagogischen Problematik gestalteter Spielumwelten

Johannes Niermann

I. Die pädagogische Problematik von Spielwelten und Spielumwelten

1. Die Spielwelt des Menschen

Es gibt verschiedene wissenschaftliche Ansätze, das Spiel theoretisch zu begründen. Hierzu zählen der phänomenologische, der psychoanalytische, der entwicklungspsychologische, der lerntheoretische und der sozialpsychologische Ansatz. Allen theoretischen Ansätzen ist gemein, daß Spiel als eine Aktivität verstanden wird, in der der einzelne Mensch etwas entwickelt, ausprobiert und experimentiert, etwas selber erfährt, darin für sich und seine Umwelt etwas erkennt, Schlußfolgerungen zieht und an sich und seiner Umwelt mitgestalterisch tätig wird. Das Spiel kann dem einzelnen Menschen Spannung und Entspannung sein, es kann ihm Antrieb und Motivation für spielerische und andere Aktivitäten sein, es kann seine Sinne und die Ansprechbarkeit der Sinne schulen, es kann spaßhaft und ernsthaft sein, es kann den einzelnen Menschen und ganze Gruppen von Personen so in seinen Bann ziehen, daß sie andere als das Spiel berücksichtigende Elemente zum Zeitpunkt des Spiels völlig außer Acht lassen. Das Spiel ganz allgemein und jedes einzelne Spiel in seiner stärksten Differenzierung bieten dem einzelnen Menschen und der Gruppe von Personen Anhaltspunkte und Reizwerte, sich im Spiel selber zu finden wie auch für Aufgaben außerhalb des Spiels fähig und bereit zu machen. Damit wird bereits angedeutet, daß das Spiel nicht primär seinen Zweck im Spiel erfüllt, also um des Spielens willen, sondern daß im Spiel Wünsche und Bedürfnisse, Antriebe und Motivationen erkennbar werden und entwickelt werden, die Charakteristisches über die Individual- und Sozialwelt des einzelnen aussagen können. Das Spiel des einzelnen – des Kindes, Jugendlichen und Erwachsenen wie auch des alternden Menschen – dient ihm und seiner Umwelt zur Entfaltung und Beobachtung der vielfältigen psychischen und psychomotorischen Prozesse. Es läßt dem einzelnen die Möglichkeit, sowohl im Spiel zu versinken und wenigstens für einen, wenn auch kurzen Zeitraum wie von der anderen Umwelt abgeschieden am Ort des Spielgeschehens eingefangen zu sein von Spannung und Entdeckung und sich tragen und umgeben zu lassen von Momenten und Merkmalen, die im Spielgeschehen selbst Realcharakter besitzen, von außerhalb des Spiels

Stehenden jedoch vielfach als von der Realwelt entfernt interpretiert werden. Im Spiel kann sich der einzelne Mensch lösen und binden, er kann suchen und finden, stets ist er für seine Teilnahme am Spielgeschehen den außerhalb des Spielgeschehens stehenden Personen in unterschiedlichster Weise zur Verantwortung verpflichtet. Daher besitzen das Spiel, die Spielwelt und die Spielumwelt des einzelnen und der Spielgruppe den Charakter des Schonraumes. Schonraum meint hier jedoch nicht, daß fern jeder Realität Tätigkeitsprozesse und Denkprozesse initiiert werden, die völlig realitätsfern sind. Das schon allein zu inszenieren und zu verwirklichen ist kaum möglich, da jeder einzelne, der am Spiel teilnimmt, stets seine realen Wünsche und Bedürfnisse, Motivationen und Antriebe mit einbringt oder diese doch im Spiel neu- oder weiterentwickelt. Der einzelne wie auch seine Umwelt, die Gemeinschaft und die Gesellschaft können auf das Spiel, auf die in ihm entwickelten und die von ihm ausgehenden Aktivitäten nicht verzichten. Sie sind notwendiger und realer Bestandteil des individuellen, sozialen und gesellschaftlichen Lebens.

2. Die Einteilung der Spiele

Es gibt unterschiedliche Theorien zum Spielgeschehen und über Bedingungen des Spiels. Hierfür zeichnen nicht nur Wissenschaftler unterschiedlicher Denkschulen innerhalb einer Disziplin, sondern von Wissenschaftlern verschiedener Disziplinen sind Merkmale und Bestimmungen für die vielfältigen Formen von Klassifizierungen der Spiele zusammengetragen worden. Die Vielfalt der Klassifizierungsversuche ist ein Ausdruck für die Komplexität des Spielverhaltens und die Merkmalsvielfalt, unter der Spiele zu sehen sind, unter der aber Spiele innerhalb einer Wissenschaftsdisziplin nicht immer eindeutig zugeordnet werden. In dieser Darstellung wird von einer Einteilung des Spielgeschehens nach der Prozeßstruktur oder auch den Tätigkeitsmerkmalen ausgegangen. Will man Spiele grob strukturieren, so kann man Spiele von der Tätigkeit des Individuums her zum Beispiel mit Klettern, Rutschen, Malen, Bauen, Hämmern bezeichnen. Damit wird die Spielart des Individuums erfaßt. Mit Spielform läßt sich eine mehr grobe Einteilung des Spielgeschehens der Individuen beschreiben, so zum Beispiel das Funktionsspiel, das Konstruktionsspiel, das Bewegungsspiel, das Rollen- und Regelspiel. Die für die Einleitung und Entwicklung von Erziehungs- und Bildungsprozessen geeignete Spiele werden verschiedentlich als didaktische Spiele bezeichnet.

Spielaktivitäten können von einzelnen wie auch für einzelne Personen entwickelt werden, sie können gleichfalls auch in und für eine Gruppe, für Partner entwickelt und realisiert werden. Das *Einzelspiel* ist die Tätigkeit des einzelnen mit sich selbst, einem Gegenstand oder den Konstrukten der Objektwelt. Funktionsspiele, Konstruktions- und Bewegungssspiele sind häufig Einzelspiele. Funktions-, Konstruktions- und Bewegungsspiele müssen nicht zwangsläufig Einzelspiele sein, der Reiz an Vielfalt und Ansprechbarkeit erhöht sich im *Partner-* und *Gruppenspiel*. Vielfach bildet das

Einzelspiel nur eine Ausnahme, weil es an Spielpartnern mangelt. Zwei Personen sind abhängig von den verschiedensten Bedingungen der Entwicklung von Fähigkeiten und dem jeweiligen Fähigkeitsstand des einzelnen wie auch von Bedürfnissen, die die einzelnen Partner in das Spiel einbringen. Gruppenspiel, Partnerspiel und Einzelspiel sind generell für den Teilnehmer des Spielgeschehens Erprobungs- und Experimentiersituationen, in denen sich der einzelne auf seine individuelle, partnerschaftliche und gesellschaftliche Rolle vorbereitet.

3. Die Alltagsumwelt als Spielumwelt

Der Alltag als Erfahrungs- und Erkenntnisraum bildet sowohl den Bedingungsrahmen als auch die Realsituation, in dem alle Individuen sich zu verwirklichen suchen. Der Alltag, das ist der Lebensraum, in dem der einzelne sich mit den Gegebenheiten und Problemen seiner eigenen Wünsche und Interessen, seiner sozialen und objektbezogenen Umwelt auseinandersetzt. Bestimmt ist der Alltag von Gewöhnungen und dem Einbruch neuer Komponenten sowie von einer Wirklichkeit, der der einzelne nicht auszuweichen vermag, die er im Gegenteil zu bewältigen hat. Die Alltagsumwelt als Objektumwelt ist der Wohnraum, das Haus, der Garten, der Betrieb, der Arbeitsplatz, die Verkehrsmittel, die Medien und Massenmedien, die Bezüge zwischen den Partnern. Diese Alltagswelt und Alltagsumwelt ist je nach Kultur unterschiedlich.

Mit Beginn der Industrialisierung hat die Alltagsumwelt eine hohe Differenzierung und Spezialisierung erfahren, so daß Arbeitsplatz, Erziehungs- und Bildungsraum, Wohn- und Schlafstätte wie auch der Platz zur Entspannung nicht mehr identisch sind. Bedingt durch diese Veränderung und hohe Spezialisierung der den Plätzen spezifisch zugeordneten Tätigkeiten und Prozesse haben sich Wissenschaftler mit der Frage auseinandergesetzt, wie und wo bestimmte Tätigkeiten nachgeholt und geübt werden können, die durch die Spezialisierung nur noch mit Einschränkung entwickelbar sind. Das führte dazu, besondere Spielwelten für Kinder, Jugendliche und Erwachsene zu entwickeln. So wurde der Spielplatz im Freien entwickelt, es wurden Spielmittel entwickelt, die den realen Dingen nachgebaut sind oder den Mustern von Wunschvorstellungen entsprechen. Auch in den Wohnungen und Häusern wurde das Spiel auf spezifische Orte und Stellen eingegrenzt, so auf das Kinderzimmer, den Hobbyraum, den Spielplatz. Diese Plätze haben schließlich durch die Wahrnehmung von hochspezifischen Funktionen wie zum Beispiel der Fernsehrezeption, der in Ruhe zu erfolgenden Entspannung eines berufstätigen Familienmitglieds eine Einschränkung oder neue Zuordnung gefunden. Vielfältig sind Formen familiärer Aktivitäten, so zum Beispiel auch des Spiels auf wenige zeitliche Momente, auf wenige Spielaktivitäten begrenzt und nur noch von wenigen Familienmitgliedern erfahrbar. Die Entwicklung hochspezialisierter Formen der Lebensentwicklung und Lebensbewältigung hat dazu geführt zu überlegen, ob nicht gerade die Alltäglichkeit als Grundlage des Spiels neu in Beziehung zu setzen ist.

4. Betreute und nicht betreute Spielumwelten

Wird schon das Spiel in seiner Differenziertheit wie auch in seiner Möglichkeit gesehen, Kinder, Jugendliche, Erwachsene und alternde Menschen zu sich selbst zu führen, so bedeutet dies, daß Überlegungen angestellt werden müssen, wie das Spiel und damit eine Spielumwelt geschaffen und aufrechterhalten werden können, die dem einzelnen, den Partnern und der Gruppe vielfältige Spiele ermöglichen.

Die Frage, ob das Spielen betreut werden soll, hängt von zahlreichen Bedingungen ab. Grundsätzlich hängt die Frage der Betreuung von Spielen davon ab, inwieweit erstens den beteiligten Personen Freiräume für die Entwicklung von Spielen zur Verfügung gestellt werden und die Aufrechterhaltung der Freiräume gewährleistet werden kann und inwieweit zweitens die beteiligten Personen selbst in der Lage sind, ihre Wünsche und Interessen, ihre Fähigkeiten und Fertigkeiten in Spielprozesse einzubringen, um damit sich und andere zu verwirklichen. Das Spiel bedarf eines freien Raumes. Der Begriff des freien Raumes für die Entwicklung von Spielen ist jedoch relativ. Einen freien Raum kann der Insasse eines Zuchthauses für sich und für andere Partner im Schach- und anderem Regelspiel genauso entwickeln und einhalten wie der Fußballspieler beim Spiel auf einem großen Fußballfeld, auf dem es gewährleistet ist, daß der Ball mit kräftigen Fußtritten weit geschleudert werden darf, ohne andere Personen in ihren Aktivitäten und Freiräumen zu behindern. Grundsätzlich besitzt jedes Individuum für die Teilnahme am Spiel einen ihm individuell zur Verfügung stehenden Freiraum. Selbst in Spielen mit festen Regeln können Individuen als Einzelspieler, als Partnerspieler und als Gruppenspieler eigene Wünsche und Interessen mit anderen Personen diskutieren und dafür neue Regeln aufstellen, die den eigenen Bedürfnissen eher entsprechen.

Mit Rücksicht auf die hohe Spezialisierung in sozialen, gesellschaftlichen, wirtschaftlichen und politischen Bereichen haben viele Individuen die Spielfähigkeit und Spielfertigkeit, befriedigende Spielprozesse einzuleiten und über einen längeren Zeitraum zu realisieren, nicht differenziert entwickeln können. Arbeitsanspannung, die Benutzung der Verkehrsmittel, die ebenfalls größte Aufmerksamkeit erfordert, wie auch der zeitlich umfassende und intensive wirkungsspezifische Einbruch der Massenmedien in die Wahrnehmungs- und Aktivitätswelt des einzelnen haben zahlreiche Entwicklungsformen für die Spielentfaltung verkümmern lassen, so daß der einzelne vielfach zunächst der Spielhilfe, der Spielanleitung, des Spielreizes und der Hinlenkung zur Teilnahme am Spielgeschehen bedarf.

Die Betreuung des Spiels reicht deshalb von der zaghaft andeutungsweisen Anregung von Bezugspersonen, die mehr oder weniger direkt oder indirekt am Spielgeschehen teilnehmen, über die gezielte Lenkung von Erziehern, die einzelne Individuen in das Spielgeschehen einbinden, bis zur gewerbemäßigen Animation, die in den vergangenen Jahrzehnten nicht nur wie bisher üblich die Erwachsenen erfaßt hat, sondern sich ebensosehr auch auf Kinder und Jugendliche ausdehnt. Die gewerbemäßige Animation beschränkt sich keineswegs nur auf Personen, die für das Spiel werben, sondern Objekte werden derart interessant und vielfältig gestaltet, daß die von ihnen ausgehenden Reize den einzelnen faszinieren und ihm wenigstens die Wahrnehmung von Spielhaftem gewähren, welches ihm das Empfinden einer Teilnahme am Spielgeschehen ermöglicht.

In den letzten zehn bis fünfzehn Jahren haben zahlreiche Spielprojekte, vornehmlich in Großstädten, auf Bedürfnisse und Notwendigkeiten aufmerksam gemacht, Kinder, Jugendliche, Erwachsene und alte Menschen in das Spielgeschehen einzuführen. Hierzu zählen vor allem die ersten großen Spielaktionen in den Großstädten Berlin, Hamburg, Köln und München, die gesellschaftlichen Bewegungen der Straßenanwohner, der Siedlungs- und der Stadtteilbewohner, die durch die Errichtung von Abenteuerspielplätzen, die Durchführung von Straßen- und Stadtteilfesten, die gemeinsame Betreuung von hilfsbedürftigen Personen mehr waren und sind als die sichtbare Teilnahme des einzelnen in der Gruppe von vielen, die sich an der Entwicklung von Aktivität durch wenige erfreuen. Die Spiel-, Spielplatz-, Spielfeste- und anderen Bewegungen haben deutlich gemacht, daß aus der sozialen Gemeinschaft und aus dem gesellschaftlichen Leben heraus Aktivitätsentwicklungen möglich sind, die, da sie selbst Spielprozesse sind, durch ihre Experimentier- und Handlungsfreundlichkeit große Gruppen von Kindern, Jugendlichen, Erwachsenen und alten Menschen in ihren Bann und in ihren Aktivitätsrahmen ziehen.

5. Die kommerzialisierte Spielumwelt

Eine kommerzialisierte Spielumwelt gibt es, seitdem Wirtschaft und Industrie den Zeitraum arbeitsfreie Zeit entdeckt haben. In der arbeitsfreien Zeit, die sich von der Arbeitszeit dadurch unterscheidet, daß der Mensch nicht permanent und ohne Unterbrechung in einem fortwährenden Arbeitsprozeß steht, in dem seine Gedanken und sein Tun fast in Ausschließlichkeit der Initiierung und Fortsetzung des Arbeitsprozesses dienen, wünscht der Mensch häufig nicht nur eine handlungsmäßige, sondern auch eine bewußtseinsmäßige Trennung von der Arbeitszeit. Vielfach möchte er sich nicht mehr mit Themen, Fragen und Problemen aus dem Arbeitsprozeß auseinandersetzen, sondern gänzlich ein anderer sein. Die Entwicklung zu einem Anderssein wie auch zur Erholung, zum Abschalten von der regelmäßigen Arbeit gelingt nicht jedem Menschen. Vielmehr zeigen die permanente und häufig gewohnheitsmäßige Beanspruchung der physiologischen, psychomotorischen und geistigen Kräfte des einzelnen Menschen Verspannung und den Hang zum Dasitzen und In-Empfang-Nehmen. Kleinere Spielbetriebe, in denen Flipper und einige andere Spielgeräte stehen, bis hin zu großen Spielanlagen, die eine Traumwelt vorfabrizieren und so phantasiereiche Namen wie „Phantasialand" führen, versuchen, den einzelnen Menschen, die Familie oder ganze Gruppen von Bekannten, Verwandten und Betriebsangehörigen mit Spielprofessionellem zu bedienen. Die Kommerzialisierung des Spiels findet überall dort statt, wo es infolge arbeits-, wohnungs- und verkehrsspezifischer Spezialisierungen zu Ballungsräumen mit hochdifferenzierten Entwicklungen kommt, bei denen der einzelne oder auch die kleine Gruppe präzise, kleine Aufträge übernimmt und in präzise abgrenzbaren Lebensbereichen lebt und wohnt. In den Spielhallen, an den Spielautomaten und in den Spielbetrieben wird dem einzelnen von Animateuren oder von den Spielobjekten selber die Möglichkeit geboten, an mehr oder weniger mechanischen Abläufen teilzunehmen, die Chance des Glücks zu suchen und sich einzufügen in vorgegebene Verlaufsformen.

II. Die pädagogische Problematik der gestalteten Spielumwelt

1. Lebens- und Lernraum als Experimentierfeld

Die Möglichkeiten, die das Kleinkind besitzt, wenn es nicht festgebunden oder festgeschnürt mit all seinen Sensoren seine Umwelt in der Vielfältigkeit erfahren kann, erlauben dem Kind, seinen Lebensraum selbst zu ertasten, zu sehen, zu hören, zu fühlen, zu schmecken und zu riechen. Dieser Prozeß erfolgt nicht mechanisch oder automatisch, sondern im Wechselspiel zwischen den Bedürfnissen, Erfahrungs- und Erkenntnismöglichkeiten des Kindes und der einwirkenden Umwelt. Mit dieser einwirkenden Umwelt sind sowohl das Ansprechen und das Berühren des Kindes gemeint wie auch die für das Kind wahrnehmbaren und damit erfaßbaren Gegenstände und Verlaufssituationen. Hierzu zählen die räumlichen Bedingungen, die im Raum aufgestellten Objekte, die an den Wänden befestigten Gegenstände und natürlich die Basis für sein eigenes Fortbewegen, nämlich der Fußboden. Bereits durch das Gespräch der Bezugsperson beginnt das Kind, über die eigene Steuerung seiner Wahrnehmung und Sensibilisierungsfähigkeit hinaus sich Kontakte und Erfahrungsmöglichkeiten, insbesondere aber auch Teilnahme- und Zugriffsmöglichkeiten zu erschließen, durch die es in die Lage versetzt wird, mehr als durch den nur selbst initiierten Anreiz wahrzunehmen und mit der Umwelt anzufangen. Ein Kind, das in der ersten Begegnung mit seiner Umwelt auf zu starke oder zu schwache Reize zu reagieren hat, wird entsprechend den zu starken und zu schwachen Reizen geprägt. Die Art, die Weise und der Umfang der Anregungen, die die Bezugspersonen in der sozialen und objektbezogenen Umwelt dem Kind vermitteln, sollten deshalb wohl abgewogen und reflektiert sein, so daß die Bezugspersonen über die augenblickliche Zuwendung zum Kind hinaus die Ziele und die Inhalte ihrer Anregungen auch für das spätere Leben sehen und darüber nachdenken.
Die Entwicklung der Spielfähigkeit und der Spielfreude eines Kindes hängt keineswegs nur davon ab, welche Fülle, welche Vielfalt oder welche wenigen Spielzeugteile ihm zur Verfügung stehen, sondern sie hängt von zahlreichen und differenzierten Bedingungen ab, die hier nur angedeutet werden können. Die Umwelt des Babys und Kleinkindes, die ihm das Spielen ermöglicht und ihm durch sein Spielen die Welt erschließen läßt, ist für die Entwicklung der Spielfähigkeit und der Spielfreude für den Jugendlichen, den

Erwachsenen und alternden Menschen anders, sie ist jedoch nicht prinzipiell verschieden. Auch ein Erwachsener vermag durch eine Anregungsvielfalt, sei es im Gespräch, in der individuellen Auseinandersetzung mit einem Buch oder in der Kenntnisnahme einer Bastelanleitung oder eines Ausschnittes der Natur vielfältige Bezugsmöglichkeiten oder eben wenige oder keine Bezugsmöglichkeiten zur Entwicklung seiner Spielfähigkeit und Spielfreude zu entdecken. Die Entwicklung einer spielfreudigen Umwelt ist manchmal mit Schwierigkeiten verbunden, weil die Gewöhnung im Alltag und die kaum nennenswerte Förderung der Spielfreudigkeit die Spielfähigkeit und Spielfreude aus dem Alltag in besondere Bereiche verlagern und an besondere Objekte binden. So findet ein Kind beim ersten Betreten eines Spielzeugwarengeschäftes mehr demonstrative Freude zur Entwicklung von Spielvorstellungen als im vielfach durch Gewöhnung bestimmten Alltagsbreich des Hauses, weil es Spielentwicklungen und Spielverläufe nach seinen Vorstellungen, die häufig situativen Charakters sind, nicht so durchsetzen kann. Häufig ist es in der häuslichen Umwelt an Ordnungsfaktoren gebunden, die es hindern, Spielvorstellungen in ausgedehnter Art und Weise in die Wirklichkeit umzusetzen. Gerade aber das Elternhaus, die Wohnung als ein im wesentlichen von der Öffentlichkeit abgeschirmter Bereich können dem Kind, ebenso auch dem Jugendlichen, dem Erwachsenen und dem alternden Menschen Spielmöglichkeiten bieten, durch die sie in die Lage versetzt werden, sich und ihre soziale und objektbezogne Umwelt neu zu sehen, neu zu erfassen und zu einem Teil zu erneuern.

2. Spielräume

Zunächst erfährt der Mensch im häuslichen Bereich eine Möglichkeit, im Schutz- und Anregungsbereich der erwachsenen Bezugspersonen Spielfähigkeiten zu entwickeln. Für die Entwicklung von Spielmöglichkeiten sollten das Zimmer, sollten die Wohnung und das Haus so gestaltet sein, daß sich das Kind sehr früh an den alltäglichen Lebensprozessen beteiligen kann. Wenn im *Zimmer*, in der *Wohnung* und im *Haus* alles fest und unverrückbar ist, wenn die Türklinken und die Lichtschalter nicht erreichbar sind, wenn Tische und Stühle dem Kind verdeutlichen, daß es an den Lebensprozessen der Erwachsenen noch nicht teilhaben kann, wenn es Dinge und Vorgänge sieht und wahrnimmt, die es nicht nachvollziehen darf, wie zum Beispiel das Rundfunkgerät oder das Fernsehgerät anschalten oder einen Knopf an der Herdplatte bedienen, wenn ihm alle diese Einzelheiten weder für sich getrennt noch in den Zusammenhängen gezeigt und erklärt werden, wenn es also eine von seinen Fähigkeiten ausgehende erfahrungsbezogene Hinwendung zu den Teilen nicht erfährt, so bedeutet der Spielraum für das Kind, daß er von statischen Bedingungen her Begrenzungen für die individuelle Sprach- und Handlungsentwicklung setzt. Es bedeutet, daß vieles, was das Kind sieht, hört, berührt, schmeckt, riecht, möglicherweise nur sprachlich erklärend erfahren wird, möglicherweise nur restriktiv, in dem Sinne, daß es dieses und jenes nicht darf, die Erfahrung aber, selbst den Wert für

eine Entscheidung kennenzulernen, sieht das Kind lediglich an anderen Personen orientiert.
Räumlichkeiten, die das Individuum Spielfähigkeiten entwickeln lassen, müssen ihm eine nicht nur sprachliche Einwirkung auf diese Räumlichkeiten ermöglichen, sondern die handhabende Inbeziehungsetzung seiner eigenen, sich langsam entwickelnden Fähigkeiten gewährleisten können. Das bedeutet jedoch, daß das Kind sehr früh und von sich aus die im geschützten Raum entwickelbaren Antriebe entfalten muß. Dem entsprechend sollen die Räumlichkeiten dem Kind Veränderbarkeit zeigen, so zum Beispiel ein Stuhl, der nicht nur für das Kind seinen Gebrauchswert durch sein Daraufsitzen erhält, sondern der dem Kind zugleich Auto und Zugmaschine u. a. darstellt. So wichtig für die Entwicklung der Individualität und der Soziabilität der einzelnen Familienmitglieder und Personen ihre Entfaltung in Räumlichkeiten ist, in denen sie individuell erfahrbare Experimentiermöglichkeiten entwickeln können, so bedeutsam erscheint gleichsam auch das Vorhandensein einer Räumlichkeit, in der sich alle Mitglieder der Gruppe treffen, besprechen und darstellen können.
Im *Freien* haben zunächst und grundsätzlich alle jene Spiele ihre Berechtigung, die auch im Zimmer, in der Wohnung und im Haus gespielt werden können. Darüber hinaus besitzt das Spiel im Freien für Kinder, Jugendliche, Erwachsene und alternde Menschen einen zusätzlichen Reiz, spielend tätig zu werden in einer für die individuelle und soziale Entwicklung des einzelnen notwendigen Form der Bewegungsentwicklung und der Erweiterung der Kontaktfähigkeit. Das Spiel im Freien läßt sich aus den vielfältigsten Gesichtspunkten reflektieren und begründen, zum Beispiel grundsätzlich aus der Sicht der Karthasismöglichkeit. Dieses trifft vor allem dann zu, wenn bedacht wird, daß der Aufenthalt im Zimmer, in der Wohnung, im Haus mit einseitigen Bewegungs- und Darstellungsformen der einzelnen verbunden ist, wobei häufig der Fernsehkonsum und der Genuß von Süßigkeiten Bewegungsformen und die Bewegungsvielfalt der Kinder und Jugendlichen einschränken. Das Freispiel kann aber auch aus jener Perspektive notwendig sein, daß der menschliche Organismus nicht nur für das Sitzen, Stehen und Gehen entwicklungsfähig ist, sondern für die vielfältigsten Bewegungsmöglichkeiten. Je früher der Mensch beginnt, Freude an der regelmäßigen und intensiven Bewegung des Körpers zu gewinnen, um so eher und intensiver wird er als Jugendlicher und Erwachsener Bewegungsformen und Bewegungsarten fortgesetzt und intensiv betreiben. Damit kann der einzelne auf Erfahrungs- und Erkenntnisgebieten sich Erfolgserlebnisse verschaffen, die nicht nur physiologischer, sondern ebenso auch sozialer, emotionaler und intellektueller Art sind. Wenn jedoch die natürlichen Übungsmöglichkeiten im Lebensraum der Kinder und Jugendlichen, der Erwachsenen und alternden Menschen ausfallen, so müssen künstliche oder gleichwertige Stellen geschaffen werden, die die Freude, Intensität und Ausdauer in der Bewegung zulassen.
Das Spiel der Individuen im Freien bedeutet stets eine Verlagerung der Aktivitäten in die Öffentlichkeit, es bedeutet damit Selbstdarstellung und

zugleich auch Ausgesetztsein der Individualität dem sozialen und gesellschaftlichen Ganzen. Im Freien können Kinder und Jugendliche sich im Schulsport betätigen, in Übungen und Wettkämpfen spezifische Bewegungsformen weiterentwickeln. Vielfach ist der Schulsport auf Teildisziplinen beschränkt, die dem Kind und Jugendlichen nicht insgesamt eine Bewegungsschulung ermöglichen. Eine auf den Schulsport bezogene Bewegungsschulung, die sich zumeist auf wenige Stunden in der Woche beschränkt, ist zu gering, als daß sie den Bewegungsbedürfnissen und Bewegungsnotwendigkeiten der Kinder und Jugendlichen zu entsprechen vermag. Häufig haben Erwachsene und alternde Menschen noch weniger Bewegung als Jugendiche, da sie weder an regelmäßigen Sportveranstaltungen aktiv teilnehmen noch ihren gewohnheitsmäßigen Bewegungsablauf verändern. Auf Spieleinrichtungen und Spielplätzen im Garten, vor dem Haus, in der Siedlung, in einer ruhigen Straße, auf dem Dorfplatz oder in Parks können die Individuen allein oder in Gruppen Bewegungsabläufe trainieren und an verschiedenen Spielen teilnehmen. Dabei lassen sich für die Stütz- und Sprungkraft verbessernde Maßnahmen durchführen, die dem einzelnen nicht nur die Grenzen seiner Bewegungsvielfalt zu erkennen geben, sondern auch die Bewegungsvielfalt erweitern. In den letzten zehn Jahren konnten populäre Spiel- und Bewegungsformen große Resonanz entwickeln, wie zum Beispiel Trimmen, Jogging, Fahrradfahren und Rollschuh- und Rollbrettlaufen. Diese Bewegungsformen zeigen aber auch, daß nicht die Mehrzahl der Bevölkerung von diesen Spiel- und Sportarten aktiv erfaßt wird. Zwar hat die Werbung das Trimmen und Joggen in ihre Slogans aufgenommen und so auch für die gesamte Bevölkerung bewußtseinsmäßig den Spiel- und Sportbereich erweitert, gesellschaftliche Gruppen, kleine Sozialgruppen und Einzelpersonen haben sich diesen Bewegungen jedoch zu wenig angeschlossen. Der Besuch eines Trimmpfades, die Teilnahme am Jogging und anderen populären Spiel- und Sportarten verlangt vom einzelnen nicht nur die Bereitschaft und den Willen mitzumachen, sondern die Vorgabe von für ihn notwendigen Umständen und Bedingungen, die ihm die Teilnahme erleichtern. Dazu gehört vor allem, daß dem Individuum die Notwendigkeit körperlicher Bewegung und sozialer Kontakterweiterung zu wenig praxisbezogen nahegebracht werden, so daß seine Bedürftigkeit zur Teilnahme ihm zwar erkenntnismäßig notwendig erscheint, daß jedoch die sozialen, die emotionalen und die psychomotorischen Bedingungen ihm eine Teilnahme erschweren.
In der Bundesrepublik Deutschland sowie insbesondere in den skandinavischen Ländern hat man zahlreiche positive Erfahrungen gemacht mit Spiel- und Sportbereichen im Freien, die nicht nur einzelne Personen zum Mitmachen animieren, sondern die ganze Familiengruppen, Betriebsgruppen in der Freizeit oder auch Unterrichtsklassen motivieren, an Spielen und sportlichen Veranstaltungen aktiv teilzunehmen. Die bisherigen Erfahrungen zeigen, daß Spiel- und Sportterrains, die in Wohnsiedlungen, in Wohngärten und in nicht dem Autoverkehr überlassenen Straßen veranstaltet werden, durch die Nähe zum Wohnbereich eine besonders große Besucherintensität

gewährleisten. Es zeigte sich aber auch, daß die in fast allen deutschen Großstädten eingerichteten Spielstraßen und ähnliche Anlagen Bewohner naheliegender Häuser zwar anlocken, jedoch nicht zwangsläufig über einen längeren Zeitraum auf diese aktivierend wirken. Was zahlreiche Experimente und Beobachtungen im In- und Ausland zeigen, wird hier deutlich, daß nämlich Materialobjekte selbst noch nicht für jeden einzelnen eine unabdingbare Aufforderung zur spielerischen Bewegung und Darstellung abgeben, sondern daß erst soziale Beziehungsgrößen mit emotionaler und intellektueller Untermalung Spielanreize verdeutlichen, auf Spielformen hinweisen, Spielentwicklungen einleiten und den einzelnen überhaupt für das Spielen gewinnen. Die stürmisch verlaufende Spielplatzentwicklung seit den sechziger Jahren hat deutlich gemacht, daß Spielbereiche, die dem einzelnen ein Handhaben, eine körperliche, soziale, emotionale und intellektuelle Auseinandersetzung mit Personen und Gegenständen ermöglichen, besonderen Anreiz für Besucher bilden. Solcherart Spielplätze sind insbesondere die Robinson-Spielplätze, die Abenteuer-Spielplätze, überhaupt alle Spielplätze, die beim einzelnen Besucher Aktivierungsmöglichkeiten freisetzen, indem diese Geräte, Objekte und Materialien verändern und dadurch zu einer besonderen Beziehung zum eigenen Denken und Verhalten führen.

3. Spielanlagen

Die Gestaltung des Spiels hängt einerseits von den Bezugspersonen ab, die den einzelnen in das Spiel einbinden, sie hängt zum anderen jedoch von den Möglichkeiten ab, die die Spielplätze bieten können.
Die Gestaltung der Spielplätze und Spielbereiche geben dem einzelnen im Zusammenhang mit anderen Bezugspersonen Gelegenheit, sich spielerisch darzustellen und zu entwickeln. In der Frage nach der Art, dem Umfang und der Vielfalt der Spielanlagen kann es keine Alternative zwischen fest installierten und mobilen zur Verfügung gestellten Spielmaterialien für Kinder, Jugendliche, Erwachsene und alte Menschen geben. Für die Entwicklung von Spielverhalten sind für alle Altersgruppen beide Formen von Wichtigkeit. Der verschiedentlich geäußerte Verdacht, Spielmittel und Spielmaterial könnten zerstört werden, wenn sie nicht unverrückbar fest installiert sind, berücksichtigt nicht oder zu wenig die Tatsache, daß die Beschädigung oder Zerstörung von Spielmaterialien häufig auf einen Mangel an Veränderung von Materialien generell und von Spielmaterialien im besonderen zurückzuführen sind. Im folgenden sollen einige Funktionalbereiche dargestellt werden, die auf einer Spielplatzanlage vorhanden sein sollten.
Für die Entwicklung des Kindes im allgemeinen und seine spielerische im besonderen ist der *Sandspielplatz* von besonderer Wichtigkeit. Sand ist ein Spielmaterial, welches sich sehr gut zum Formen und Modellieren eignet. Für Kinder bis zu 10 / 12 Jahren, selbst für Jugendliche und Erwachsene im Urlaub am Strand bildet der Sand eine Materialmasse, die mit viel Geschick, Phantasie und Freude zu Kuchen, Burgen, Landschaften und zu anderen Objekten geformt werden kann. Sandspielplätze gehören für Kinder bis zu

12 Jahren zur Ausstattung von Spielanlagen. Sandspielplätze sollten vor jedem Haus, in der Nähe von Hauseingängen und überall dort eingerichtet sein, wo sich Kinder mit erwachsenen Bezugspersonen aufhalten können. Zum Sandspiel gehört in der Regel auch *Wasser*. Es sollte selbstverständlich sein, daß in direkter Nähe zu einem Sandspielplatz die Möglichkeit des Wasserabzapfens oder Wasserpumpens besteht.
Wie beim Sand, so muß jedoch auch beim Spiel mit Wasser darauf hingewiesen werden, daß aus gesundheitlichen und sicherheitstechnischen Gründen Probleme auftauchen können, da in beiden Grundelementen pathologische Keime vorhanden sein können, insbesondere infolge Verunreinigung durch Tierexkremente. Es erscheint daher notwendig, daß Sandspielflächen wie auch Wasserspielplätze außerhalb der Spielnutzungszeit abgedeckt sind.
Das Spiel im Freien wird von Kindern, Jugendlichen und Erwachsenen besonders dann favorisiert, wenn für *Ballspiele* bestimmte Einrichtungen vorgesehen sind. Hierzu reicht das Zurverfügungstellen einer Fläche, auf der Mannschaftsspiele, Gruppenspiele oder auch Einzelspiele durchgeführt werden können. Torelemente und andere für die Durchführung von Regelspielen notwendige Materialobjekte können von den Spielern selbst mitgebracht werden. Verschiedentlich gibt es in den Städten und Dörfern Spielplätze für Mannschaftsspiele in Siedlungsbereichen, die Ballspiele aller Art ermöglichen.
Ballspielplätze sollten generell so eingerichtet werden, daß die Spielenden sich beim Ballspiel bewegungsintensiv verhalten können, wie es das Ballspiel grundsätzlich erfordert.
Beliebt bei Kindern und Jugendlichen sind *Fahr- und Rollerspielplätze*, die bereits von Kleinkindern mit ihren Rollerfahrzeugen besucht werden können. Tretautos, Tiere mit Rädern und Leiterwagen sind für die kleinen Kinder die wichtigsten Fahrzeuge, um dort Geschicklichkeit, Mut und Beweglichkeit zu erfahren und zudem am Bewegungsreichtum Freude zu entwickeln. Wenn die Kinder etwas älter, psychomotorisch sicherer und kräftiger geworden sind, versuchen sie, mit dem Roller, dem Dreirad oder mit Rollschuhen zu fahren und sich am Verkehrsspiel auf dem Spielplatz zu beteiligen. Fahr- und Rollspiele sind allgemein sehr bewegungsaktiv. Sie erfordern Mut und Geschicklichkeit und ermöglichen eine gleichmäßige Ausbildung der Körpermuskulatur, die je nach Art des Fahrens und der Bewegung besonders ausgebildet und beansprucht wird.
Von Erwachsenen zunehmend frequentiert werden Tischtennisplätze in der Nähe der Wohnhäuser. Häufig spielen Erwachsene mit Kindern gemeinsam *Tischtennis*. Zumeist steht eine Tischtennisplatte als feste Betonfläche zur Verfügung. Schläger, Netz und Bälle bringen die Spieler selber mit. Vielfach ist in Parks, an Ausflugsgaststätten auch die Ausleihe der Zubehörteile möglich. Da zum Tischtennisspielen viel Geschicklichkeit gehört, brauchen Anfänger viel Mut, um in der Öffentlichkeit ihren Mangel an ausreichenden Fertigkeiten in diesem Spiel zu erkennen zu geben.

Mit Beginn der kalten Jahreszeit warten Kinder und Jugendliche, ebenso aber auch Erwachsene häufig auf Schnee. Besonders Kinder und Jugendliche *rodeln* gern, sie *schlittern* und *rutschen*. Jede kleine Erhebung nutzen Kinder zum Ausgangspunkt von Schlittenfahrten und Rutschpartien, unabhängig davon, ob die Rodelbahn nun eine Straße, ein Weg ist, diese kreuzt oder in Pflanzungen führt. Die Freude, die Kinder beim Rodeln und Rutschen haben, der gesundheitliche Wert eines solchen Aufenthaltes an frischer Luft und der Schutz der Kinder vor Unfällen beim Rodeln auf der Straße sollten Anlaß genug sein, gerade für die kalte Jahreszeit in Wohngebieten, im Park und in Grünanlagen Möglichkeiten einzuräumen, damit Kinder sich im Freien bewegungsintensiv betätigen können. Für Kinder im Vorschulalter sind insbesondere Rodelhänge in Wohnungsnähe notwendig. Ihre Ausmaße und Abmessungen müssen dem Leistungsvermögen der kleinen Kinder angemessen sein. Rodelbahnen können so eingerichtet werden, daß sie im Winter den Kindern und Jugendlichen zum Rodeln, Schlittern und Rutschen dienen, im Frühjahr, im Sommer und im Herbst jedoch zum Fahrradfahren und zum Rollern benutzt werden können.

Die Plätze und Bereiche zum Spielen sind zumeist durch fest installierte Geräte gekennzeichnet. Zweck dieser *Gerätespielplätze* ist es, den Kindern aller Altersgruppen das Kriechen, Balancieren, Steigen, Klettern, Hangeln, Turnen, Schaukeln und Rutschen an Objekten zu ermöglichen. Wenn die Geräte auf den Spielplätzen durch Farbe, Form und Vielfalt auf sich aufmerksam machen, dann sind die Kinder gern bereit, sich daran zu messen. Vor allem sollten auf diesen fest eingerichteten Gerätespielplätzen natürliche Kletter-, Hangel-, Turn- und Schaukelelemente aus Bäumen und Ästen, aus umgefallenen Baumstämmen und Holzstapeln verwendet werden. Die Gestaltung von Gerätespielplätzen macht die Berücksichtigung der verschiedensten Anforderungen notwendig. So ist es erforderlich, die Gestaltung und Ausstattung in Abhängigkeit vom physischen und psychischen Entwicklungsstand der Kinder, für die der Spielplatz eingerichtet wird, vorzunehmen. Dieses bedeutet, daß für Kinder im Vorschulalter in Form und technischer Schwierigkeit zum Beispiel einfachere Spielelemente und kleinere Spielgeräteplätze eingerichtet werden müssen als dieses zum Beispiel für Schulkinder der Fall ist. Gleichfalls ist es wichtig, daß die Unterschiedlichkeit der Spielarten bei der Gestaltung der Spielplätze berücksichtigt werden muß. So ist es zum Beispiel nicht richtig, wenn in unmittelbarer Nähe eines Kletterbaumes, von dem Kinder auch gerne abspringen, Spielelemente zum Kriechen oder Balancieren eingerichtet werden oder die Spielelemente ohne Beachtung der Sicherheitsanforderungen zu dicht zueinander eingebaut werden. Gerätespielplätze sind mit viel Kritik bedacht worden. Das hat nicht zuletzt seinen Grund darin, daß die Spielgeräte häufig ohne erkennbaren Aufforderungscharakter auf einem öde erscheinenden Terrain stehen. Gerätespielplätze erwecken infolge der obligatorischen, installierten Hangel- und Bewegungsgeräte verschiedentlich den Eindruck, daß sie das kindliche Verhalten programmieren. Nach über zehn Jahre währenden Diskussionen, ob Spielgeräte oder Spielobjekte aus

Holz, Metall, Plastik, Beton oder Stein für das kindliche Spiel vorteilhaft sind, kann inzwischen aufgrund zahlreicher Experimente und Beobachtungen festgestellt werden, daß Kinder auf Spielplätzen mit vielen Materialien in Berührung kommen sollten. Bezüglich der Pflege bedürfen nicht nur Holzspielgeräte des jährlichen Anstrichs und der Ausbesserung, sondern ebenso müssen auch Metall- und Plastikgeräte mit Farbe neu versehen, Kugellager möglicherweise ausgewechselt werden. Alle Spielgeräte und Spielobjekte, selbst die aus Beton und Stein, müssen im Jahr mehrfach auf ihre funktionelle Verwendung hin untersucht werden.

Für Jugendliche vom 12. bis zum 16. Lebensjahr sind die meisten Spielplätze ohne erkennbaren Reiz. Jungen und Mädchen im Alter von 12 bis 16 Jahren treffen sich gern zum Gespräch im Freundeskreis, nehmen an Diskussionen teil, interessieren sich für gemeinsame Probleme und hören zudem gern Musik. Diese jungen Menschen wollen unter sich sein und nicht gestört werden, gelegentlich möchten sie auch ihren Mut und ihre Geschicklichkeit unter Beweis stellen. Für diese Altersgruppe hat man bislang weithin versäumt, entsprechende Spielplätze und Spielbereiche zu schaffen, die Spielformen entsprechend den Bedürfnissen und Wünschen ermöglichen. Solche Spiel- und Treffpunkte für Jugendliche verfehlen ihren Sinn, wenn sie aus Wohn- und Siedlungsgebieten ausgelagert werden, weil möglicherweise störender Lärm zu den Wohnungen dringt. Spiel- und Treffpunkte für Jugendliche müssen so gestaltet sein, daß sie im Wohngebiet integriert sind und nicht das Empfinden des Ausgeschlossenseins, des Abgeschiedenseins, des Verdrängtwerdens vermitteln. Treffpunkte für Jugendliche können zum Sitzen, zum Fahrrad- oder Mopedfahren eingerichtet werden. Ebenso sollten Anlagen wie zum Beispiel Spielwiesen zur Verfügung stehen, die vielfältige Formen der Bewegung wie auch der Ruhe und Entspannung ermöglichen.

Aus der Kritik an den herkömmlichen Spielanlagen und insbesondere an Gerätespielplätzen haben sich Spielbereiche und Spielplätze entwickelt, die als Bauspielplätze, als Robinson-Spielplätze oder auch als Abenteuer-Spielplätze bezeichnet werden. Der Einrichtung von solchen Aktiv-Spielplätzen liegen in der Regel Beobachtungen zugrunde, die von den Fragen ausgehen: Wie wollen Kinder wirklich spielen? Womit wollen sie sich auf dem Spielplatz beschäftigen? Woran hat sich der Erwachaene in seiner Kindheit besonders erfreut? Solche und ähnliche Fragen haben dazu geführt, nach neuen Möglichkeiten für die Spielplatzgestaltung und -ausstattung zu suchen. Ausgehend von der Überlegung, daß Kinder und Jugendliche am liebsten selbst gestalten, konstruieren und bauen wollen und daß diese Tätigkeiten auf die Persönlichkeitsentwicklung einen besonders großen Einfluß haben, sind in einigen Ländern, so auch in der Bundesrepublik Deutschland, Robinson-, Abenteuer-, Bauspielplätze entwickelt worden, die insgesamt als Aktivspielplätze bezeichnet werden.

Solche Aktivspielplätze werden pädagogisch betreut. Der Spielplatzleiter ist dabei nicht nur eine Aufsichtsperson mit der Funktion eines Platzwartes, sondern er hat die Aufgabe, zum Beispiel Organisator, Bezugs-

person und Erzieher, Helfer und Techniker in einer Person zu sein. Im Vordergrund steht das Bauen mit den verschiedensten Materialien. Zumeist ist es Abfallmaterial, welches zur Verfügung gestellt wird. Bei diesem Basteln und Bauen können alle Spielarten vertreten sein. Aber auch konventionelle Spielmöglichkeiten für Kleinkinder können auf solchen Aktivspielplätzen eingerichtet werden. Für Jugendliche bietet ein Aktivspielplatz zahlreiche Beschäftigungsmöglichkeiten. Häufig werden im Zusammenhang mit der Planung von Spielprojekten auf Aktivspielplätzen Ausflüge und organisierte Wochenenden sowie Lagerveranstaltungen und das Übernachten in Hütten geplant und durchgeführt. Lagerfeuer, Robinsonfeste, Zeichnungs- und Spielwettbewerbe entwickeln häufig eine recht differenzierte Beziehungsvielfalt zu Personen in den umliegenden Wohnbereichen. Auf zahlreichen Aktivspielplätzen werden Tiere gehalten wie Esel, Kaninchen, Meerschweinchen u. a., an denen die Kinder ihr Verantwortungsbewußtsein und zahlreiche andere Eigenschaften und Fähigkeiten entwickeln lernen.
Aktivspielplätze wecken bei Kindern in der Regel das Empfinden, dort Abenteuer zu entwickeln und zu erleben. Dieses trifft um so mehr zu, wenn sie Bücher über Robinson Crusoe und Huckelberry Finn gelesen haben und nunmehr selbst das Bedürfnis verspüren, ein Abenteuer zu erleben. Aktivspielplätze werden in der Regel durch eine Trägerschaft betreut und beraten. Die Trägerschaft setzt sich zumeist aus Eltern und teilweise auch aus Mitgliedern sozialer und caritativer Institutionen zusammen, die für die ökonomische und organisatorische Aufrechterhaltung der Einrichtung verantwortlich zeichnen. Für die Einrichtung eines Aktivspielplatzes sollten in der Regel wenigstens folgende Bedingungen erfüllt werden:

1. Da die Kinder zum Teil den ganzen Tag oder aber den gesamten Nachmittag auf dem Spielplatz verbringen, sollten Einrichtungen wie Telefon, WC-Anlagen, Bastel- und Aufenthaltsraum mit Heizung und Stromanschluß und Spielmöglichkeiten wie Tischtennis vorhanden sein. Notwendig ist ebenso ein Lagerraum für Spielsachen und Werkzeug und ein kleines Büro für die jeweilige Aufsichtsperson.
2. Es sollte gleichfalls eine Spiel- und Tummelfläche für Kleinkinder und eine Fläche für Ball- und Straßenspiele vorhanden sein.
3. Eine abgetrennte Fläche zum Bauen mit Holz, Nägeln und anderen Teilen sollte vorhanden sein.
4. Der gesamte Platz sollte zum Lärm- und Staubschutz von Hecken, Büschen oder Bäumen umgeben sein.
5. Wenigstens eine Aufsichtsperson sollte fest angestellt sein, damit die Kinder nicht fortwährend ihre Bezugspersonen wechseln müssen.
6. Von Vorteil ist es, gleichzeitig mit der Planung eines Aktivspielplatzes einen Platz für die Tierhaltung einzuplanen.

Allgemein kann man die Forderungen für einen Aktivspielplatz in *zwei* Punkten zusammenfassen:

1. Aktivspielplätze erfordern ein Betreuungspersonal, das das Spielen ohne zu reglementieren anleitet, hilft und Anregungen für die vielfältigen Tätigkeiten vermittelt.
2. Aktivspielplätze ersetzen nicht zwangsläufig die anderen Spielbereiche und Spielplätze, sondern sie ergänzen diese um zusätzliche Spielmöglichkeiten.

Ob und in welchem Umfang Aktivspielplätze in Wohngebieten eingerichtet werden, hängt von einer ganzen Reihe von Bedingungen ab, die stets nur konkret im Zusammenhang mit den Eltern und Erwachsenen der Kinder einer jeweiligen Siedlung, Straße, eines Stadtteils oder eines entsprechenden Wohnbereichs geklärt werden können.

III. Abschließende Bemerkungen

Die Planung und Einrichtung von Spielflächen und Spielräumen erfordern das Berücksichtigen grundsätzlicher Bedingungen, die, wenn erst nach Fertigstellung zum Beispiel der Häuser und des Wohnraumes für das Spiel geplant wird, das Bewältigen gewisser Schwierigkeiten mit sich bringt. Spielräume und Spielflächen wie auch Spielobjekte müssen nicht immer von Erwachsenen für Kinder und Jugendliche geplant und eingerichtet werden. Die Planung und Herstellung von Spielflächen, Spielräumen und Spielobjekten hängt von den Vorstellungen und den Erfahrungen, von den Wünschen und Bedürfnissen der Planenden und Einrichtenden ab. Kinder und Jugendliche planen und richten in der Regel Spielflächen und Spielplätze anders ein als Erwachsene. Als deutliches Beispiel hierfür gilt der den Kindern und Jugendlichen zur Verfügung gestellte Spielbereich zum Bau eines Aktivspielplatzes. Ein Spielbereich, ein Spielplatz, Spielobjekte, die aus der Planung von Experten für die betroffenen Kinder, Jugendlichen, Erwachsenen und alten Menschen hervorgehen, können möglicherweise von der Differenziertheit der gesetzlichen Bedingungen, von den Ordnungsvorstellungen und Erfahrungen und Erkenntnissen der Fachleute getragen sein. Damit sind aber die Bereiche, Plätze, Räume noch nicht unbedingt spielgemäß, kindgemäß, jugendgemäß und so anregungsreich, daß die Individuen zum Spiel angezogen werden. Die Planung und Einrichtung wie auch Betreuung von Spielflächen und Spielobjekten dürfte insgesamt nicht ohne Berücksichtigung der Betroffenen organisiert werden. Das beginnt bereits damit, daß Kinder, Jugendliche und Erwachsene befragt werden, zur Planung, zum Aufbau und zur Betreuung von Spielanlagen motiviert werden.

Der Spielplatz soll ein integrierter Bestandteil sozial, psycho-motorisch, emotional und konativ aktiver Kooperationsbereiche sein, in denen die Individuen ihr gewohntes Denken und Verhalten einbringen und im Spiel verändern können. Ein Spielen, das experimentierfähiges Denken und Verhalten entwickeln und fördern kann, ist bereits in einer Sandkiste möglich wie auch in größeren Spiel- und Freizeitanlagen.

Literatur

Aaron, D. / Winawer, B. P.: Child's Play, New York 1965
Autorengruppe Abenteuerspielplatz Märkisches Viertel: Abenteuerspielplatz — Wo verboten verboten ist. Experiment und Erfahrung, Reinbek bei Hamburg 1973
Autorenkollektiv: Spielanlagen für Kinder und Jugendliche, Berlin (Ost) 1979
Battistich, P. R.: Betreute Spielplätze, Wien 1976

Bierhoff, H. W.: Spielplätze und ihre Besucher, Darmstadt 1974
Centro Milanese per lo Sport e la Ricreazione: il gioco dei bambini in una grande città industriale, Mailand 1966
Dean, J.: Room Outside, London 1975
Deutscher Sportbund (Hrsg.): Bewegung, Spiel und Sport im Elementarbereich, Malente 1974
Frommlet, W. / Mayrhofer, H. / Zacharias, W.: Eltern spielen, Kinder lernen ..., Handbuch für Spielaktionen, München 1972
Grüneisl, G.: Spielen mit Gruppen, Stuttgart 1974
Institut für Landes- und Stadtentwicklungsforschung des Landes Nordrhein-Westfalen (ILS) (Hrsg.): Öffentliche Spielplätze in Städten und Gemeinden, 2. Aufl. Dortmund 1976
International Playground Association (Hrsg.): I parchi gioco Robinson: Il gioco d'aventura e la creativita' del fanciullo, Mailand 1975
Kagerer, K. (Hrsg.): Das Kind in der Stadt, München 1973
Ledermann, A. / Trachsel, A.: Spielplatz und Gemeinschaftszentrum, Stuttgart 1959
Merkle, P. / Merkle, E.: Gärten Menschen Spiele, Basel 1960
Niermann, J.: Der Kinderspielplatz. Ein Handbuch zur Planung, Gestaltung und Betreuung von Spielplätzen für Kinder, Köln 1976
Rudolph, N.: Workyards playgrounds planned for adventure, New York / London 1974
Sandoval, R. / Strick, D.: Games, games, games ... Chicano Children at Play – Games and Rhymes, New York 1977
Wohlin, H.: Freiflächen für Kinder. Wo spielen sie morgen?, München 1972
Zündorf, U.: Ene mene mu und wo spielst du? Kinderspielplätze in der Bundesrepublik, Düsseldorf 1973

3. Reintegration der Spielräume von Kindern in die Erwachsenengesellschaft

Inge Thomas

I. Einleitung

Die Tendenz, die Spiel- und Lebensräume der Kinder von der Welt der Erwachsenen immer mehr zu isolieren — wobei die unterschiedlichsten Motive eine Rolle spielen —, hat ihren Höhepunkt im modernen Spielplatzbau erreicht. Dadurch wird den Kindern die Möglichkeit an individueller und sozialer Entwicklung in unzumutbarer Weise eingeschränkt: Beengte und einseitige Bewegungs- und Erfahrungsräume führen zu einer krankhaften resignativen oder/und aggressiven Grundhaltung. Die Erweiterung der Lebensräume und die Reintegration der Spielräume von Kindern in die Welt der Erwachsenen ist deshalb eine dringende und ernstzunehmende Aufgabe, die sich darin konkretisieren sollte, die städtische Umwelt so zu gestalten, daß sie für Kinder wieder brauchbar wird.

Wenn von Reintegration gesprochen wird, kann vermutet werden, daß eine Integration bestanden und eine Desintegration stattgefunden hat. Wo waren diese Spielräume und wie sahen sie aus? Könnte die genaue Betrachtung und Beschreibung des Prozesses einer Desintegration der Spiel- und Lebensräume von Kindern zu Ansatzpunkten führen, von denen aus — an den positiven Aspekten anknüpfend — dieser Prozeß wenigstens teilweise wieder korrigiert werden kann?

Das Wort „Spielräume" wird hier nicht nur wörtlich, sondern auch im übertragenen Sinne und vor allem erweitert zu dem Begriff „Lebensräume" verwendet, weil der größte Teil des Verhaltens eines Kindes — von Schlafenszeiten abgesehen — Spiel ist, und zwar nicht nur im Vorschulalter. *Spielräume und Lebensräume müssen folglich identisch sein.* Es geht nicht an, daß ein Kind — ob fünf oder zehn Jahre alt — auf einen Kinderspielplatz, ins Kinderzimmer oder an einen anderen speziellen Ort oder Raum verwiesen wird, wenn es spielen will (oder soll), während sich sein eigentliches „Leben" woanders ab-„spielt".

Die Geschichte der Kindheit und parallel dazu die Geschichte der Pädagogik kann auf den ersten Blick wie eine ununterbrochene Kette von Wohltaten und Erleichterungen gelesen werden, die von Erwachsenen für Kinder erdacht und realisiert wurden. Im Widerspruch dazu stehen die Fakten, die eine immer totaler werdende Unterwerfung des Kindes zur Folge hatten.

Hier ist nicht der Platz für eine differenzierende Beschreibung der Lebensbedingungen von Kindern in den verschiedenen Zeiten und den unterschiedlichen Schichten und Wohnorten. Aber es kann festgestellt werden, daß die Lebensbedingungen nicht nur in Abhängigkeit von denen der Erwachsenen zu sehen sind, sondern vor allem von dem Wert, den ein einzelnes Kind für die jeweilige Gesellschaft hatte. Es läßt sich ferner allgemein aussagen, daß Kinder und Erwachsene in einem engeren Lebenszusammenhang gestanden haben als heute. Er umschloß alle Arten von privaten und beruflichen Beschäftigungen; Kinder nahmen an allen Tätigkeiten mehr oder weniger Anteil, ohne daß sich die Erwachsenen dabei als Lehrer oder Erzieher verstanden. Es gab nicht nur Kontakte zwischen den Haushaltsangehörigen aller Stände, sondern auch mit Nachbarn, Verwandten, Freunden und Geschäftspartnern (ZINN 1979).

Die Räumlichkeiten, in denen sich dieses Leben abspielte, waren Allzweckräume, in denen Handel und Handwerk, Feste und alltägliches Leben, Essen und Schlafen, Sexualität, Geburt, Krankheit und Tod stattfanden. Auf einem Minimum an Raum entfaltete sich ein Maximum an Lebensformen. Alles, was geschah, war Kindern zugänglich.

II. Auf den Spuren der Desintegration — Anmerkungen zu Wohn- und Lebensbedingungen von Kindern

Dieses in der Einleitung angedeutete gemeinsame Leben von Kindern und Erwachsenen im „Ganzen Haus" (ELIAS 1969) sollte aber nicht ausschließlich unter dem Gesichtspunkt der Integration betrachtet werden. Durch alle Jahrhunderte hindurch zieht sich nämlich auch das Phänomen der Aussonderung der Kinder aus der eigenen Familie, wofür es die unterschiedlichsten Motive und Gründe gab: das Ammenwesen, das Lehrlingswesen, der Schulbesuch, die Pagenerziehung; aber auch der Mangel an Nahrung und Wohnraum, die Befürchtung, die eigenen Kinder durch Liebe zu verderben und die Angst vor innerfamiliären sexuellen Rivalitäten (ILLICK 1977, 447, 459).

Während sich durch veränderte ökonomische Bedingungen die Wohn- und Lebensverhältnisse für große Teile der Bevölkerung veränderten, verbreitete sich im Laufe der Zeit auch eine neue Einstellung zum Kind. Industrialisierung und Spezialisierung der Arbeit spielten dabei eine entscheidende Rolle. Die zunehmende Isolierung der Kleinfamilie schaffte ein verändertes emotionales Klima zwischen Eltern und Kindern. Eine gewisse Annäherung fand statt. Im neu entstehenden Bürgertum setzte aber gleichzeitig ein Prozeß ein, der als Ausgliederung des Kindes aus der Erwachsenenwelt bezeichnet werden muß. Als vorläufiges Ergebnis dieses Prozesses ist die Tatsache anzusehen, daß zum Ende des 19. Jahrhunderts Kindern in Bürgerhäusern ein eigener räumlicher Bereich zugestanden wird, in dem sie spielen, lernen und schlafen. Das Kind, das für eine große Mehrheit gerade erst als Person entdeckt worden und den Eltern nähergekommen war, wurde hier bereits innerhalb des eigenen Zuhauses aus dem Erwachsenenleben ausgegliedert, auf Abstand gehalten.

Dieser Vorgang beschränkte sich in seinen Anfängen selbstverständlich auf die bessergestellten Schichten der Bevölkerung. Während sich — im Bürgertum im 19. Jahrhundert — das Grundrißschema einer Wohnung allmählich einer heutigen mit getrennten Bereichen (Kinderzimmer, Tabuisierung des Schlafzimmers usw.) annäherten, wiesen die Wohnverhältnisse der armen Leute im Zuge der Industrialisierung und des Bevölkerungswachstums noch lange (teilweise bis heute) die Mehrzweckraum-Konzeption auf. In ihren Behausungen gab es nur einen Raum, der eventuell durch eine winzige Kammer oder einen Verschlag ergänzt wurde; hier wurde gekocht, gewohnt, geschlafen, die gesamte Hausarbeit und gegebenenfalls auch Heimarbeit verrichtet (ZINN 1979). Meistens wohnten sogar mehrere Familien zusammen in solchen „Wohnungen".

In den Arbeiterhäusern wurde dieser eine wichtige Raum später zur Wohnküche (zum Schlafen dienten kleine Kammern), und es entwickelte sich hier eine eigenständige Kultur und ein Lebensstil, in den die Kinder voll integriert waren.

Diese Wohnküche wurde in den „modernen" Nachkriegswohnungen zum größten Teil aufgegeben zugunsten einer Funktionsküche und einem davon getrennten Wohnraum. In den beiden Bereichen war der Aufenthalt von Kindern nun nicht mehr erwünscht oder möglich, denn Kinderspiel mußte jetzt in den winzigen Kinderzimmern stattfinden, die als Nachfolger der Kammern anzusehen sind. So ist hier eine Verbesserung der Wohnsituation der Familie effektiv als Verschlechterung der Sozialisationsbedingungen von Kindern anzusehen. Den Kindern wurde nicht nur der Raum genommen, in dem sie sich notgedrungen und zwangsläufig mit den Erwachsenen zusammen aufhalten mußten, sondern durch die Abtrennung des Arbeitsbereiches der Mutter bei gleichzeitiger Funktionsentleerung der guten Stube wurde ein konfliktfreier Umgang zwischen Erwachsenen und Kindern in der Wohnung erschwert. Einen mutternahen Spielbereich für Kleinkinder gab es nicht mehr.

Parallel zu diesem Funktionsverlust der Wohnung muß die Ausweitung der Spielwarenindustrie gesehen werden, die jetzt mit ihren Artikeln das entstandene Vakuum auffüllt: der fehlende Bezug zur Wirklichkeit und zum Leben der Erwachsenen wird durch Spielzeug ersetzt, das dem Kind eine verkleinerte und vernied lichte Welt vorgaukelt. Spielzeuge waren und sind nicht zuletzt auch Erziehungsinstrumente. Sie tragen bei zum Erlernen von Kulturstandards, zur Geschmacksbildung und zum Verständnis bürgerlicher Wohn- und Lebensverhältnisse. WEBER-KELLERMANN (1979, 196) schreibt beispielsweise über das Puppenhaus:

„... so wuchs es (das Kind) spielend hinein in die Lebenswelt der Großen, die sich ihm als stabil und unveränderbar im Puppenhaus präsentiert. Häuslichkeit als bürgerliches Lebensideal, Gemütlichkeit innerhalb der eigenen vier Wände, Entwicklung einer ausgeprägten binnenfamiliären Wohnkultur mit einer Spezialisierung der Wohnzwecke in den verschiedenen Extrastuben wie Speisezimmer, Herrenzimmer, Salon, Schlafstube und Kinderzimmer: das waren alles Widerspiegelungen jener Introvertiertheit, aber auch Geborgenheit — jener Abgeschirmtheit von der Außenwelt, wie sie für die Bürgerfamilie des 19. Jahrhunderts so bezeichnend war. An den dicht mit Plüschportieren verhängten Fenstern endete die Welt auch in der Puppenstube."

In den begüterten Familien wurde das Ghetto, in dem Kinder gehalten wurde, immer perfekter. Diese Entwicklung gipfelte offenbar in unserem Jahrhundert in großbürgerlichen und neureichen Häusern in der Zeit zwischen den Weltkriegen.
Hier lebten viele Kinder in totalem Abgeschirmtsein von dem Leben ihrer Eltern; für sie war das Berufsleben des Vaters genauso unsichtbar wie das gesellschaftliche Leben der Mutter. Sie lebten mit ihren Kindermädchen in eigenen Etagen, wo es Spielzimmer, Kinderschlafzimmer, Krankenzimmer (als der Gipfel des Ausgeschlossenseins!), Kinderbadezimmer und Räume für das Personal gab. Nachmittags wurden diese Kinder an der Hand durch den Stadtpark geführt und sonntags in den Zoo. Sie durften ihre Eltern höchstens bei den Mahlzeiten sehen; abends mußten sie im Herrenzimmer antreten zum Gute-Nacht-Sagen: sie wurden sozusagen vorgeführt. Eine Kommunikationsmöglichkeit wurde säuberlich ausgespart; selbst bei den gemeinsamen Mahlzeiten durften Kinder nicht ungefragt sprechen.
Aus dieser weißbekrägelten Isolierung wurden unzählige Stadtkinder durch die Ereignisse des Zweiten Weltkrieges geradezu erlöst, denn für die meisten Familien veränderten sich die Wohnbedingungen schlagartig mit der Bombardierung der Städte. Evakuierung, Flucht und Zerstörung ließen die Menschen enger zusammenrücken. Kinder nahmen nun zwangsläufig wieder Anteil am Leben der Erwachsenen, an ihren Sorgen und Freuden.
Die wohlbehüteten Kinder aus den Bürgerhäusern nahmen jetzt wieder Vorgänge wahr, die ihnen in anderen Zeiten nie begegnet wären. Sie sahen, daß Menschen schwer arbeiten mußten, um etwas Eßbares zu produzieren, und zu diesen Menschen gehörten auch ihre Eltern. Äcker wurden bestellt, Wiesen gemäht, lebensnotwendige Geräte, Wohnräume, Ställe und Schuppen instandgesetzt, Tiere gefüttert und geschlachtet, gemeinsam gefroren, gehungert und geweint, Krankheiten durchlebt, Tote betrauert, Brennmaterial organisiert usw.
Es ergaben sich zwangsläufig und notwendig nicht nur verstärkte Kontakte zwischen den Generationen, sondern auch zwischen den Schichten. Überspitzt könnte man sagen, daß sich die Lebensverhältnisse und damit die Sozialisationsbedingungen der Kinder den mittelalterlichen oder denen des „ganzen Hauses" wieder angenähert hatten: primäre Arbeits- und Lebensvollzüge wurden nicht mehr verborgen gehalten; Kinder wurden auch zu wichtigen Aufgaben hinzugezogen und konnten und mußten etwas zum gemeinsamen Leben beitragen.
Als sich die Verhältnisse nach dem Krieg allmählich wieder normalisierten, die Kinder wieder zur Schule gingen und nicht mehr unmittelbar in den Existenzkampf eingeschaltet waren, blieb das Leben in den Städten noch sehr lange durch Wohnungsnot gekennzeichnet. Das führte dazu, daß sich das Leben der Kinder weitgehend außerhalb der Wohnung abspielte. „Draußen" – das bedeutete vor allem Straßen, Trümmergrundstücke, zerstörte und verwilderte Gärten und Höfe, bald Baustellen.
Kinder wurden in diesen Jahren nur wenig beachtet, also auch wenig beaufsichtigt, und wenig in ihren Aktivitäten eingeschränkt. Sie hatten

die Möglichkeit, überall zu spielen, und sie nutzten diese Möglichkeit aus. Sie spielten nicht nur in den zerstörten und verlassenen Häusern und Grundstücken, sondern auch dort, wo sich bereits die für den Fortgang des Lebens wichtigen Strukturen neu organisiert — aber noch nicht überorganisiert — hatten. Für den spielerischen Zutritt von Kindern waren Büros, Lager, Kirchen, Unterrichtsräume mit Materialien, Werkstätten, ja selbst Krankenhäuser und Leichenhallen offen. Kinder waren hier zwar nicht überall offiziell erwünscht und mußten oft sehen, wie sie sich verkrümelten, aber sie konnten doch weitgehend ihren Aufenthalt selbst bestimmen.

In diesem Klima konnte sich etwas entwickeln, was nahezu als eine ideale Bedingung bezeichnet werden müßte: die Lebensverhältnisse vieler Kinder erforderten damals Eigenverantwortlichkeit, ermöglichten die Entstehung von Gruppenbeziehungen, ließen elementare Erfahrungen und Kontakte zu Erwachsenen sowie Anschauung von Arbeitsvollzügen zu.

Wenn diese Kinder am Nachmittag das Haus verlassen hatten, hieß das für viele nahezu vollkommene Freiheit (die aber ohne weiteres mit der Verantwortung für jüngere Geschwister und Spielkameraden gekoppelt sein konnte). „Das frühe und späte Trödeln durch die Straßen, das freie Atmen und langsame Sehenlernen, der unüberwachte Alleingang war mein Glück" schrieb Ch. MECKEL (1980, 113) in Erinnerung an seine Kindheit (Jahrgang 1935).

WEBER-KELLERMANN (1979, 254) weist darauf hin, daß es nach dem Zweiten Weltkrieg eine Fülle von Spielen im Freien gab, die aus Generationstiefen auftauchten und neue Varianten erlebten oder die ganz frisch erdacht wurden.

„Die vielen Häuserlücken boten den herrlichsten Spielplatz, die Vaterlosigkeit vieler Kinder und die Überbeanspruchung ihrer Mütter stellte besonders die Schlüsselkinder viel weniger unter Erwachsenenkontrolle als in normalen Zeiten. So wurde das Straßenspiel zu *dem* Teil ihres Lebens, den sie selbst bestimmen konnten, bei dem sie sich ihre eigenen sozialen Ordnungen setzen und sich Leistungen nach ganz bestimmten Regeln abforderten. Das war für das einzelne Kind oft psychisch und physisch nicht leicht, aber so unabdingbar ein Teil der Kindheit, wie es sich die Fernsehkinder der Gegenwart wohl kaum noch vorstellen können."

An den Kindergenerationen, die dieser unmittelbaren Kriegs- und Nachkriegsgeneration folgten, wurde alles „wiedergutgemacht", was an „Erziehung" in den schlimmen Jahren versäumt wurde. Kinder rückten langsam immer mehr in den Mittelpunkt: Schulen und Wohnungen mit Kinderzimmern wurden gebaut, Kinderzimmereinrichtungen wurden angepriesen, Kinderkleidung fabriziert (die Aktivitäten einschränkte), „pädagogisch wertvolle" Spielwaren wurden massenweise an unsichere Eltern verkauft, usw., vor allem aber wurde reformiert an den Erziehungsinstitutionen.

Welle auf Welle schwappte über die Kinder hinweg, alle Bereiche der kindlichen Entwicklung wurden einzeln nacheinander gefördert: „Kognitive Förderung" nach dem Sputnik-Schock der sechziger Jahre, „Soziales Lernen im Kindergarten" nach erfolgter Ausgliederung aus der Erwachsenengesellschaft in den siebziger Jahren, „Emotionaltherapeutische Betreuung" für alle seelischen Krüppel der Spielplatzgeneration, Training zur Entwicklung einer gesunden Motorik für die überfressenen und antriebsschwachen Fernsehkinder und vieles andere mehr.

Solche und andere Zuwendungen und Förderprogramme zunächst im Vorschulalter, später der lebensbestimmende und strukturierende Einfluß der „Bildungsinsel" Schule, haben den Spiel- und Lebensraum von Kindern immer mehr spezialisiert und damit eingeengt.

Als eine Besonderheit dieser Entwicklung sei hier der Kinderspielplatz angeführt, auf den im folgenden näher eingegangen werden soll.

III. Zur Entwicklung des Kinderspielplatzes

In den Großstädten (und Landgemeinden) der Bundesrepublik Deutschland werden heute Kinderspielplätze gebaut, weil der Spielraum für Kinder durch den fließenden und ruhenden Verkehr stark reduziert und der Aufenthalt auf Straßen und in Höfen für Kinder gesundheitsschädlich und unfallträchtig ist.

Kinderspielplätze soll es aber schon im 18. Jahrhundert gegeben haben. Welche Leute bauten damals für welche Kinder aus welchen Motiven heraus solche Einrichtungen?

1. Die sozial-utopische Intention

In den Schriften von Peter VILLAUME (KÖNIG 1960) aus den achtziger Jahren des 18. Jahrhunderts wird der Kinderspielplatz als Bestandteil eines „demokratischen Erziehungssystems" erwähnt. Er ist bereits pädagogisch betreut: ein Vertreter der Stadt führt die Aufsicht, um Schaden und Unordnung zu verhüten und die Kinder „zu dirigieren".

Von Robert OWEN ist aus England überliefert, daß er einen Kinderspielplatz im Zusammenhang mit seinem „Institut für Charakterbildung" gebaut hat. OWEN schreibt dazu:

„So wird also dieser Platz folgenden Zweck haben: Das Kind wird der falschen Behandlung seiner noch nicht erzogenen und ungebildeten Eltern entzogen, soweit dies gegenwärtig möglich ist. – Die Eltern werden vor dem Zeitverlust bewahrt, und es werden ihnen Angst und Sorge genommen, die jetzt daraus entstehen, daß sie die Kinder von der Zeit des Laufenlernens bis zum Schulanfang beaufsichtigen müssen. Das Kind wird an einem sicheren Ort untergebracht, wo es sich zusammen mit seinen zukünftigen Schulkameraden die besten Gewohnheiten und Prinzipien erwirbt,..." (OWEN 1955, 106).

In den sozial-utopischen Systemen der Autoren VILLAUME und OWEN wird dem Kinderspielplatz eine gesellschaftsverändernde Funktion beigemessen. Lern- und Erziehungsziele stehen in einem gesamtgesellschaftlichen Zusammenhang (antifeudal, national, sozial). Unordnung wird verhütet, das Kind wird „dirigiert", „entzogen" und „untergebracht".

2. Die sozial-pädagogische Intention

Anders, aber ähnlich, verhält es sich mit den Motiven zum Spielplatzbau im 19. Jahrhundert. Kinderspielplätze finden sich hier unter sozial-pädagogischen Aspekten im Zusammenhang mit der beginnenden Institutionalisierung der Vorschulerziehung.

Friedrich FRÖBEL baute 1837 in Blankenburg einen Spielplatz, der Bestandteil seines ersten Kindergartens war. Der Lageplan (in: HOOF 1977) zeigt einen Garten mit Beeten und Pflanzungen; ein anderer Teil des Geländes wird für Nachahmungs- und *Lebensspiele*, als Bauspielplatz und als Bewegungs- und Laufspielplatz benutzt.

Julius FÖLSING (1818 – 1882) forderte für seine Kleinkinderschulen einen Hof oder Garten mit schattigen Bäumen, Blumenbeeten für die Betätigung der Kinder, mit einem großen Sandhaufen, Kletterstangen und einem dicken Seil (nach: BERNSTORFF u. a. 1960, 130).

Auch bei Theodor FLIEDNER (1800 – 1864) findet sich die Beschreibung eines Kinderspielplatzes, der einem heutigen sehr ähnlich ist (s. KRECKER 1971, 146). Hier wie auch in den anderen beiden angeführten Quellen klingt schon deutlich die gliederstärkende und gelenkig machende Funktion von Spielgeräten auf Kinderspielplätzen an.

Die Erwartungen der Sozialpädagogen an diese ersten Kinderspielplätze sind folgende: In den von ihnen gegründeten Anstalten sollte den Kindern die Möglichkeit gegeben werden für körperliche Spiele und Betätigungen, womit wiederum die allgemeine Lernfähigkeit gesteigert werden sollte. Bei FLIEDNER dienten die körperlichen Übungen im Freien aussschließlich der Regulierung eines disziplinierten Verhaltens während der angespannten Unterrichtssituation und zur Ausbildung eines bedingungslosen Gehorsams (nach: KRECKER 1971).

Eine wesentliche Funktion des Kinderspielplatzes ist also auch hier das Zusammenführen einer bestimmten Gruppe von Kindern zwecks Beeinflussung. Die Plätze waren damals schon ein Ersatz für die eigentliche Lernumwelt.

3. Die sozial-hygienische Intention

Nicht weit ab hiervon liegt der Volkserziehungs- und Volksgesundheitsgedanke, der zeitlich schon früher seine Anfänge hatte (bei BASEDOW 1744 im Philantropinium mit dem Schulturnen; bei JAHN 1811 mit dem Turnplatz „Berliner Hasenheide"). Durch die Turnsperre in den zwanziger Jahren des 19. Jahrhunderts wurden diese Ansätze aber vorübergehend in den Hintergrund gedrängt; Turnen galt als staatsgefährend.

Erst das Wirken von D. G. M. SCHREBER (1808 – 1860) verhalf der sozial-hygienischen Intention zum Durchbruch. SCHREBER hatte sich als Arzt im Angesicht der damaligen sozialen Verhältnisse in den Großstädten das Ziel gesetzt, einen Weg zur körperlichen, sittlichen und geistigen Erneuerung des Volkes zu finden. Er wollte dem seelischen Verfall und vor allem der militärischen Untauglichkeit der Stadtbewohner Einhalt gebieten

durch vorbildliche Lehranstalten für die Jugend und durch geeignete Sport- und Spielplätze mit Spielgeräten. Für die Kinder in den schnell wachsenden Arbeitervierteln der Großstädte sollte ein Ausgleich geschaffen werden zu den Auswirkungen der schlechten und beengten Wohnverhältnisse.
So werden in Berlin in den neuentstandenen Parks um 1860 von vornherein Turn-, Spiel- und Tummelwiesen eingeplant. Diese Anfänge, vor allem aber die nach der Jahrhundertwende mit großer Selbstverständlichkeit in Volksparks, Stadtwäldern und Grünanlagen integrierten Einrichtungen für Spiel und Sport standen im Dienste der Ideale Gesundheit, Stärke und körperlicher Energie.
Es ist schwer, für diese Zeit zwischen reinen Sportanlagen und Spielplätzen zu unterscheiden. Das Wort „Spielplatz" stand eher für das, was wir heute unter „Sportanlage" verstehen. Dagegen war der Begriff „Kinderspielplatz" bei den Planungsgremien wenig bekannt.

4. Die sozial-politische Intention

Die heute vorfindbare Form eines Kinderspielplatzes wurde nach dem Zweiten Weltkrieg geschaffen. Ihr lag eine sozial-politische Intention im Sinne von Schutzmaßnahmen des Staates zugunsten einer Gruppe von Gesellschaftsmitgliedern, die nicht selbst ihre Interessen vertreten können (oder sollen), zugrunde.
Erst jetzt klingt das Motiv an: wo sollen die Kinder in den zerstörten Städten spielen? Dabei wird auf die alte Form des Kinderspielplatzes zurückgegriffen, ohne sich über dessen Ghettocharakter im Klaren zu sein. Es kann nicht ausgeschlossen werden, daß alle anderen genannten Intentionen unterschwellig sogar heute noch den Kinderspielplatz mitgestalten und seine Sozialisationsfunktion bestimmen.
So hat diese Institution — als abgegrenztes Areal speziell für das Kinderspiel eingerichtet und möbliert — seinen festen Platz im Wohnungs- und Städtebau gefunden:
- ein Kinderspielplatz, der nach DIN-Normen gestaltet ist,
- ein Kinderspielplatz, dessen Erstellung immer wieder mit Hilfe einer Statistik von verkehrstoten Kindern begründet werden muß,
- ein Kinderspielplatz, der oft nur als Treffpunkt für Mütter in einer Neubausiedlung oder als Ansatz- bzw. Ausgangspunkt für jugendlichen Vandalismus funktioniert,
- ein Kinderspielplatz, für den Richtlinien, Gesetze und Entwicklungspläne mit Dringlichkeitsstufen und Flächenbilanzen erstellt werden müssen,
- ein Kinderspielplatz, der aber nicht die Bedürfnisse derer befriedigt, für die er gebaut wurde (dazu: BIERHOFF 1974; BIERMANN 1974; DITTRICH 1974; HÖLTERS-HINKEN 1971, 1972, 1975, 1976; SCHOTTMAYER / CHRISTMANN 1977).

Und es ist nicht so leicht von der Hand zu weisen, daß durch das bloße Vorhandensein dieser Einrichtung das Spielen der Kinder auf selbstgesuchten Plätzen verhindert wird („Geht auf den Spielplatz!"). Der Kinderspielplatz steht also nicht nur am Ende einer langen Reihe von Maßnahmen, die das Kind aus der Welt der Erwachsenen ausgliedert, sondern er verhindert zusätzlich eine Integrierung, wo sie noch möglich wäre.

IV. Ansätze zur Reintegration der Spielräume von Kindern in die Erwachsenengesellschaft

Es ist notwendig, daß Kindern physisch wie psychisch wieder mehr Raum in der Welt der Erwachsenen zugestanden wird. Diesen Raum ausfindig zu machen, wiederherzustellen und zu erweitern, ist eine wichtige gesellschaftliche Aufgabe.

Die gebaute Umwelt, die der Ausdruck dafür ist, was wir uns selbst und den Kindern zumuten, kann ein Ansatzpunkt für eine — auch einstellungsmäßige — Veränderung sein. Sie muß offengehalten werden für die notwendigen elementaren Erfahrungen des Kindes, seien es soziale oder dinglich-konkrete.

Es gibt durchaus Ansätze zu einer vernunftgesteuerten Veränderung in dieser Richtung. Wenn mit einer Reintegration der Kinder in die Erwachsenenwelt wirklich ernst gemacht wird, sollte zuerst die Unterscheidung „für Kinder" — „für Erwachsene" aufgehoben werden (und damit erübrigen sich selbstverständlich die Spielghettos!). Was für Kinder gut ist, kann für Erwachsene nicht schädlich sein. Und was für Erwachsene gut ist, kann auch für Kinder brauchbar sein.

1. Bereich Wohnung — Haus — „Drinnen"

Die Verbesserung der Umwelt für Kinder hat in der Wohnung zu beginnen, denn sie stellt eine der wichtigsten Rahmenbedingungen für die Sozialisation dar; hier halten sich Kinder für viele Stunden des Tages auf und hier erleben sie die stärksten Einschränkungen.

Der Wohnraumbedarf eines Kindes muß — ohne Rücksicht auf sein Alter - mit demjenigen eines Erwachsenen gleichgestellt werden (Familie und Wohnen 1976). Diese Empfehlung des Ministers für Jugend, Familie und Gesundheit unterstreicht die Bedeutung der Wohnverhältnisse für die familiale Sozialisation und ist eine relativ neu formulierte, aber unerläßliche Forderung im Hinblick auf die Realisierung eines „familiengerechten" Wohnens.

Auflockerung von Funktionsnormen führt zu Nutzungsflexibilität

Die Wohnung sollte „bis zu einem gewissen Grade uneinheitlich, unfertig und für Veränderungen offen sein" (BAHRDT 1968), so daß die Bewohner sie nutzen und Ansprüche an sie stellen können, nicht umgekehrt. Die Wohnung soll den Menschen nicht einengen und ihm Aktivitäten nach ihrer sich verselbständigenden Ordnung erlauben oder verbieten.

Eine zweckmäßige Wohneinteilung und ein Wohnverhalten, das die Bedürfnisse von Kindern berücksichtigt, wird oft nur verhindert durch überkommene Normen und Wertmaßstäbe. Die Wohnung selbst wird so zum intensivsten Prägefaktor des Wohnverhaltens: Wer in seiner Ursprungsfamilie nichts anderes erleben konnte als eine strikte Aufteilung der Räume nach Funktionen und Altersgruppen, der ist allzuleicht bereit, dieses Muster in seiner eigenen Familie fortzusetzen. Ein Aufbrechen des festen Schemas

„Wohnzimmer / Elternschlafzimmer / Kinderzimmer / Küche / Bad" — von den Wohnungsbaugesellschaften schon von vornherein festgeschrieben durch die eindeutige Ausweisung der Räume nach ihren Funktionen — könnte ein erster Schritt in Richtung auf „familiengerechtes" Wohnen sein.
Es ist eine offenere Vorstellung von Wohnen zu entwickeln, die weit entfernt sein kann von den heute üblichen Klischees. Ohne Funktionsfestschreibung kann eine Wohnung vielfacher genutzt werden.
Bezogen auf den Komplex „Kinderspiel" würde das konkret bedeuten,

- daß ein Kinderspielbereich durchaus in der Küche sein kann, wo eigentlich der Eßtisch der Familie vorgesehen ist, oder
- daß Kinder das größte Zimmer der Wohnung einschließlich Balkon bewohnen, oder
- daß ein Wohnzimmer gänzlich entfällt, weil man in der gesamte Wohnung wirklich wohnt, oder
- daß ein Kinderspielzimmer entfällt, weil Kinder sowieso überall spielen, oder
- daß die Erwachsenen jeweils einen kleinen Raum (das sogenannte halbe Zimmer) als Rückzugsort beanspruchen, oder
- daß die Wohnungstür nicht als Abschluß der Privatsphäre angesehen wird, sondern tagsüber offen steht, um Kindern den Bewegungsbereich ins Treppenhaus zu erweitern und ihnen die Kommunikation mit Kindern aus anderen Wohnungen im Hause zu ermöglichen.

Die Nutzungsfestlegung ist der Hauptgrund für eingeschränkte Aktivitäten; sie führt zu Nutzungszwängen und letztlich zur Unterdrückung von spontanen Impulsen wie beispielsweise des Bewegungstriebes und der Entfaltung freier Kreativität.
Hierunter leidet das Kind gleich *zweifach*: einmal ist es selbst betroffen von den genannten Einschränkungen; zum anderen sieht es keine Arbeits- und Lebensvollzüge mehr in seinem unmittelbaren Umfeld, weil die Erwachsenen sich — den vorgeschriebenen Funktionen entsprechend — einschränken lassen in ihren Lebensäußerungen. Letztere sind innerhalb der Wohnung im Laufe der vergangenen Jahrzehnte zunehmend auf Konsum ausgerichtet: Essen, Trinken, Lesen, Fernsehen.
Die Frage bleibt offen, ob diese Haltung durch die Enge der modernen Wohnungen erst erzeugt wurde — sie verfügen nur noch sehr selten über Nebenräume, Abstellräume, Schuppen, größere Keller, Bodenräume oder Anbauten — oder ob moderne Siedlungen so gebaut wurden, weil die Bewohner allemal keine produktiven Verrichtungen in ihrem Wohnbereich mehr dulden (Feierabendideologie) oder aber nach ihrem Arbeitstag nicht mehr dazu in der Lage sind.
Multifunktional nutzbare Räume können eine Wohnung um ein vielfaches vergrößern: ein Bad kann zu einem Wasserspielplatz für Kinder werden; ein Wohnraum kann vorübergehend zu einem Spiel- und Toberaum, einem Turn- und Gymnastikraum, einer „Werkstatt" werden, in der ein Regal gebaut oder etwas repariert wird; die Küche kann und sollte grundsätzlich so eingerichtet sein, daß alle Familienmitglieder — auch die kleineren Kinder und Gäste — darin tätig werden können; in der Wohnung kann geschneidert, gemalt, plastiziert, gehämmert und gesägt, gekocht, gebacken und eingemacht, gesungen und getanzt werden.

Die Wohnung muß auch Möglichkeiten bieten zum Sammeln, Verwahren und Aufstellen von Objekten, die kurz- oder langfristig für Kinder (und Erwachsene) von Interesse sind: das Sammeln von Steinen, Pflanzen, alten Flaschen oder Dosen, von nicht mehr funktionierenden Apparaten wie Schreibmaschinen, Staubsauger, Bügeleisen, Telefon, vor allem aber auch das Sammeln von selbstgefertigten Objekten, Bildern, Bastelarbeiten usw. sollte nicht aus Platzmangel oder übersteigertem Ordnungssinn unterbunden werden. Das gleiche gilt für die Haltung von Kleintieren.

Es ist müßig, hier im einzelnen weitere Beispiele aufzuführen, denn das Spektrum der Möglichkeiten ist unendlich groß. Es richtet sich nach den tatsächlichen Wünschen und Bedürfnissen der Bewohner. Alles Genannte kann zum Spiel für Kinder werden. Spielen ist als eine wichtige Wohnfunktion anzusehen.

Wenn Kinder an allen verbleibenden und neu zu entwickelnden produktiven und reproduktiven Verrichtungen beteiligt werden, dann ist die Verwirklichung dieses neuen Funktionsreichtums in der Wohnung gleichzeitig ein Schritt in Richtung auf eine anzustrebende Integration von Kindern in die Welt der Erwachsenen. Die Chancen hierfür sind in einer sich angeblich abzeichnenden „Freizeitgesellschaft" äußerst günstig, wenn nur die Weichen richtig gestellt werden.

Ein für Kinder interessanter Spiel- und Aufenthaltsort außerhalb der Wohnung ist das Treppenhaus und der Eingang des Hauses, der Zwischenbereich zwischen „Drinnen" und „Draußen". Dort bleibt die Rückzugsmöglichkeit in den Intimraum bestehen, gleichzeitig ist aber der Reiz der flüchtigen Kontaktnahme mit anderen Kindern und Erwachsenen in großem Maße gegeben.

Kinder können – vor allem auch an Regentagen – diese Flächen gemeinsam „bewohnen" und damit die Wohnung entlasten. Erwachsene können im Vorbeigehen an ihren Spielen teilhaben und Anregungen geben. Ferner sollten Kellerräume, Dachböden, Außentreppen und Kellerflure auf ihre Bespielbarkeit hin befragt werden. Auch eine gemeinsame Werkstatt kann eine Hausgemeinschaft fördern und zu Gemeinsamkeiten zwischen Erwachsenen und Kindern führen.

2. Bereich Straße – Wohnumgebung – „Draußen"

Auf einer Baustelle halten sich in der Regel mehr Kinder auf als auf einem Normspielplatz nebenan. Die Konkurrenzfähigkeit aller sogenannten „kindfremden Plätze" (vor allem auch Straßen) gegenüber den Spielghettos ist unumstritten. Wenn im Zuge des vermehrten Spielplatzbaus trotzdem die Besucherfrequenz auf Kinderspielplätzen zunimmt und immer weniger Kinder auf der Straße und anderen „kindfremden Plätzen" anzutreffen sind, so liegt das nicht etwa daran, daß solche Orte für Kinder nicht mehr interessant sind, sondern daß sie dort nicht mehr geduldet werden.

Es gibt aber immer noch vielfältige Spiel- und Erlebnismöglichkeiten für Kinder auf Straßen, Höfen, Plätzen und in Gärten. Es sind Orte und

Freiräume, die nicht extra zum Spielen eingerichtet sind, die sich die Kinder selbst auswählen, bezeichnen und oft auch gestalten. Sie verhelfen ihnen zu einer Identifikation mit der Wohnumgebung und sind Sicherheitszeichen in einer rundherum bedrohlichen Welt.

Verkehrsberuhigende Maßnahmen in Wohngebieten (Schriftenreihe des Bundesministers für Raumordnung, Bauwesen und Städtebau) können eine ideale Voraussetzung sein für eine Ausweitung von Spielflächen der Kinder in den Lebensraum der Erwachsenen. Fahrverkehr und Fußgängerverkehr bzw. Spielbetrieb sollten aber nicht total getrennt werden, sondern sich als gleichberechtigte Partner gegenseitig tolerieren. Es kann dem Kind in der Stadt nämlich nicht erspart werden, sich mit dem Problem Straßenverkehr auseinanderzusetzen. Ein total verkehrsfreies Gebiet hat wiederum ghettoartigen Charakter und ist deswegen nicht zu befürworten.

Mit zunehmender Planung und Realisierung von verkehrsberuhigten Zonen in Wohngebieten müßte eine Renaissance des Straßenspiels möglich und zu erwarten sein. In solchen Gebieten kann man heute schon beobachten, wie Kinder ihre Umwelt tatsächlich benutzen. Sie passen ihre Spiele der Stadtlandschaft an und integrieren die jeweiligen Gegebenheiten: Mauern, Schwellen, Rinnsteine, Treppen, Zäune, Simse, Bäume, Torpfosten, Geländer, Sockel, Querstangen, Parkplatzmarkierungen, Gebüsche, Nischen, Mauervorsprünge, Toreinfahrten usw. So kann vieles, was Erwachsenen als überflüssig oder störend erscheint, für Kinder besonders wichtig werden.

a) Dezentralisierung und Funktionsmischung

Es sollte versucht werden, die Problematik ‚Kinderspiel in der Stadt' standortbezogen individuell, flexibel und vor allem kleinräumiger zu lösen, um im Endeffekt eine größere Streubreite von Spielmöglichkeiten zu erreichen. Bisherige Bemühungen hatten immer eine gewisse Konzentration von spielenden Kindern an bestimmten Orten zur Folge. Die Nutzbarmachung aller potentiellen Spielflächen – auch der Kleinstflächen – würde eine Dezentralisierung des Kinderspiels bedeuten.

L. PEE betont die Vorteile dieses Gedankens:

„Nutznießer solcher Streuung, des natürlichen räumlichen, zeitlichen und sachlichen Wechsels im Spiel der Kinder wären auch die Erwachsenen: Konzentration des Spiels vieler Kinder auf einem begrenzten Platz bedeutet auch immer Konzentration und andauernden Lärm. Dezentralisation des Spiels bedeutet wechselnde Spiele zu wechselnden Zeiten an wechselnden Plätzen. Die ‚Lärmbelästigung' wechselt ebenso und wird bereitwilliger toleriert. Kein Kind baut 356 Tage im Jahr Hütten, aber auf einem Bauspielplatz summiert sich das Hämmern und Sägen abwechselnd baufreudiger Kinder zu einem konstanten Lärmfaktor, dessen Tolerierung leichter zu fordern ist als zu beherzigen, wenn man 365 Tage im Jahr davon betroffen ist" (L. PEE 1974).

Wechselnde Spiele zu wechselnden Zeiten an wechselnden Orten bedeuten für das Kind eine breite Basis für räumliche und soziale Erfahrungen, eine Integration in den Lebensraum der Erwachsenen und damit eine nicht zu unterschätzende Verbesserung der Sozialisationsbedingungen.

Dies könnte einerseits erreicht werden durch eine multifunktionale Nutzung von Flächen und Räumen unter Berücksichtigung der Tatsache, daß Kinder stets angezogen werden von Orten, an denen „etwas passiert", und andererseits durch die Erschließung aller erdenklichen Minimalspielräume, unübersichtlicher Ecken und Winkel als Rückzugsräume für Kinder.
Multifunktionalität ist praktisch überall möglich: es eignen sich Garagenhöfe, Toreinfahrten, Vorgärten, Lagerplätze, Baustellen, Grünanlagen, Friedhöfe, Autowaschplätze, Hausgärten, Balkone, Terrassen, Hinterhöfe, Einkaufszentren, Schulhöfe, Sportplätze, Schutthalden, Parkplätze, Verkehrsgrün, öffentliche Plätze, Kaufhäuser, Märkte, Werkstätten, Tankstellen, Frei- und Rolltreppen, Außenanlagen von öffentlichen Gebäuden oder Kirchen, Ufer von Flüssen und Kanälen, Brücken, Bahngelände, stillgelegte Fabriken, Schuppen und Speicher und vieles andere mehr.
Städtische Anlagen mit ihren Rasenflächen, Gebüschen, Bäumen, Teichen und Brunnen können — ohne in Kinderspielplätze umgestaltet zu werden — von Kindern mit „benutzt" werden. Auch Hausgärten sind nicht nur zum Anschauen, zur Erholung von Erwachsenen da. Sie bieten Raum für viele Betätigungen und Spiele.
Anhand dieser Beispiele ist einzuräumen, daß es natürlich Konflikte geben wird zwischen den Interessengruppen. Es muß aber auch darauf hingewiesen werden, daß es nicht darum geht, alle Konfliktmöglichkeiten aus dem Weg zu räumen. Kinder müssen auch lernen, Konflikte zu erkennen, einzuschätzen und zu bewältigen, und sie müssen lernen, Rücksicht zu nehmen.

b) Minimalspielflächen

Weit verbreitet ist die nicht ganz richtige Auffassung, daß Kinder immer viel Platz zum Spielen brauchen. So entstehen die oft zu großen, unstrukturierten Flächen auf Kinderspielplätzen.
In einem offenen System von Spielflächen in der Stadt zählt jede auch nur wenige Quadratmeter große Fläche, die als Versteck, als Rückzugsort oder als vorübergehender Aufenhaltsort benutzt werden kann. Die Bedeutung dieser intimen Spielorte ist ebenso groß wie die der weiten Flächen für großräumige Bewegungsspiele.
Sie ermöglichen Privatheit, Abgeschlossenheit, Unsichtbarkeit und Unerreichbarkeit. Sie erlauben den autonomen Ausbau zu einem kleinen Universum. Sie machen einen engen Kontakt mit Freunden, Gegenständen und Materialien möglich. Sie geben Raum für Gefühle und Empfindungen (was tut ein trauriges Kind auf einem großen Kinderspielplatz?). Sie schenken intensives, ungestörtes Erleben von Gemeinsamkeit und Einsamkeit. Sie sind offenes Geheimnis und geheimnisvoller Anziehungspunkt, sie sind Ausguck und Rückzugsort, Tribüne und Treffpunkt, je nach ihrer Beschaffenheit und Lage.
Sie haben ihren Wert darin, Teil eines offenen Systems zu sein. Dieses System besteht aus einer nicht feststellbaren Anzahl solcher Mini-Flächen, kleinen Treffpunkten, Verstecken, Beobachtungsstationen. Sie sind mit-

einander durch Wege verbunden und bilden die Struktur des Spielreviers einer Gruppe von Kindern.
Einige dieser Punkte werden nur selten angelaufen, andere sind Zentren des Geschehens, manchmal vorübergehend. Die Struktur dieses Systems ist den augenblicklichen Spielbedürfnissen voll angepaßt. Sie ist ständigen Veränderungen unterworfen und kann von Woche zu Woche einen anderen Schwerpunkt ausbilden. Darin liegt der nicht zu unterschätzende Vorteil: Die wechselnden Bedürfnisse der Kinder selbst, die wechselnde Zusammensetzung der Gruppen, die wechselnden Jahreszeiten und Wetterlagen garantieren den Wechsel des Aufenthaltsortes der Kinder und damit die Dezentralisierung des Kinderspiels in der Stadt.

3. Integration und aktive Kommunikation

Zu besseren Umweltbedingungen für Stadtkinder gehören aber nicht nur die räumlichen Gegebenheiten, sondern vor allem auch soziale Bezüge, die dann wiederum neue räumliche Möglichkeiten eröffnen: wenn es persönliche Beziehungen gibt zwischen Kindern und den verschiedensten Erwachsenen in ihrer näheren Umgebung, dem Platzwart des Sportvereins, dem Handwerker von nebenan, dem Rentner, der seinen Garten bestellt, der Hauswirtin, dem Einzelhändler an der Ecke, dem Tankwart, den Eltern oder Großeltern der Spielkameraden und anderen, dann sind es diese persönlichen Beziehungen, die den Kindern Räume eröffnen, die sonst verschlossen bleiben, nämlich die Arbeits- und Lebensräume dieser Menschen.
Kinder wollen und müssen an diesen Lebensräumen Anteil haben und erwarten von Erwachsenen eine aktive Kommunikation.
Ein solches Verhältnis zwischen Erwachsenen und Kindern kommt nicht etwa zustande, indem Leistung (Rasenmähen) mit Freundschaft und Taschengeld bezahlt wird, sondern es ist gerade umgekehrt: das Entgegenkommen von seiten der Erwachsenen, die akzeptierende und offene Haltung macht einem Kind das Zusammensein attraktiv und wird dann im gemeinsamen Tun mit Hilfeleistungen und anderem (Achtung, Liebe) belohnt. Daß diese Hilfeleistungen wiederum mit einem materiellen Gegenwert ausgeglichen werden, entspricht den Gepflogenheiten unserer Gesellschaft und ist für das Selbstverständnis und die Unabhängigkeit zumindest der älteren Kinder wichtig.
Kinder reagieren besonders empfindlich, wenn ihnen nur vorgemacht wird, daß ihre Hilfe nützlich ist, und auch wenn sie — anstatt in eine gemeinsame Arbeit miteinbezogen zu werden — nur zum Briefkasten oder zum Bierholen geschickt werden. Sie streben nicht nur irgendeine Beschäftigung an, sondern haben das Bedürfnis nach sozialem Kontakt und sozialer Zustimmung, nach Neuem und Noch-nicht-gekonntem, sie werden von der Neugierde in die Nähe der Erwachsenen getrieben und wollen fremde Verhaltensweisen kennenlernen und nachahmen.

Dazu brauchen sie lebendige Vorbilder, die in genügender Anzahl nur durch die Integration in das wirkliche Leben und Schaffen der Erwachsenen zur Verfügung stehen können.
Das Elternrecht — dem viele Erwachsene das Recht der Verfügbarkeit über ihre Kinder entnehmen — unterstützt auch heute noch eine weitverbreitete Frontbildung: hier Erwachsene, dort Kinder. Diese Verfügbarkeit prangert MECKEL an (1980), wenn er über seinen Vater schreibt:

„Er kontrollierte Kleider, Fingernägel und Manieren, beaufsichtigte Schulaufgaben und nahm jeden Tintenklecks zum Anlaß für prinzipielle Verkündigungen über Arbeit, Ordnung, Anstand und Kinderpflicht. Erstmals erschien der Satz *Wozu hat man Kinder*. Das Kind war zu jeder Arbeit gut und wurde zu Verrichtungen gezwungen, deren Sinn es nicht einsah. Es fegte die Gräber seiner Urgroßeltern und wusch Geschirr in verordneter Reihenfolge. Als Tabak in einer Gesellschaft fehlte, wurde es weggeschickt, Zigaretten zu holen, während zu hören war *Wozu hat man Kinder* und bejahendes Lachen erfolgte."

Eine solche Haltung ist nicht dazu angetan, Eigenverantwortlichkeit zu fördern. Ihr entspricht das Bestreben, auch im halböffentlichen und öffentlichen Leben die Kinder zu gängeln, einzugrenzen, Absperrungen zwischen den Lebensbereichen Erwachsener und denen von Kindern aufzubauen. Was innerhalb der Wohnung mit Billigung des Elternrechts geschieht, setzt sich vor der Haustür in nur abgewandelter Form fort. Wo aber soll ein Kind angemessenes soziales Verhalten und Verantwortungsbewußtsein lernen, wenn nicht im halböffentlichen Leben im Außenbereich seines Wohnhauses? Nur so ist die Möglichkeit gegeben, in den öffentlichen Bereich des Großstadtlebens hineinzuwachsen.

Mit Phantasie und der Bereitschaft, auch unkonventionelle Wege zu gehen, kann hier viel getan werden für eine Umwelt, die für Kinder wieder interessant, aufregend und anregend, informativ und befriedigend, einladend und benutzbar, rücksichtsvoll und nachsichtig, anteilnehmend und teilnehmen lassend, geduldig und großzügig, offen und einsehbar ist.

Literatur

Bahrdt, H. P.: Humaner Städtebau, Hamburg 1968
Bernstorff, E., u. a.: Beiträge zur Geschichte der Vorschulerziehung, Berlin 1960
Bierhoff, H. W.: Spielplätze und ihre Besucher, Darmstadt 1974
Biermann, G.: Kinder und Städte, in: Bauwelt 44 (1974)
Dittrich, G. G. (Hrsg.): Kinderspielplätze, Stuttgart 1974
Elias, N.: Über den Prozeß der Zivilisation, Bd. I, Bern / München 1969
Familie und Wohnen, Bundesminister für Jugend, Familie und Gesundheit (Hrsg.), Stuttgart 1976
Höltershinken, D.: Öffentliche Kinderspielplätze in der BRD, in: Westermanns Pädagogische Beiträge 24 (1972)
— Untersuchung öffentlicher Kinderspielplätze, Dortmund 1975
— Spielplätze — so oder so?, in: Die demokratische Gemeinde 11, Bonn 1976
— u. a.: Fallstudien öffentlicher Kinderspielplätze, in: Schule und Psychologie 18 (1971)
Hoof, D.: Handbuch der Spieltheorie Fröbels, Braunschweig 1977

Illick, J. E.: Kindererziehung in England und Amerika im 17. Jahrhundert, in: Mause, L. de (Hrsg.): Hört ihr die Kinder weinen, Frankfurt/M. 1977, 422 — 489
König, H.: Zur Geschichte der Nationalerziehung in Deutschland, Berlin 1960
Krecker, M.: Quellen zur Geschichte der Vorschulerziehung, Berlin 1971
Meckel, Chr.: Suchbild über meinen Vater, Düsseldorf 1980
Owen, R.: Pädagogische Schriften, Berlin 1955
Pée, L. in Freizeit '74, Siedlungsverband Ruhrkohlebezirk und Deutsche Gesellschaft für Freizeit (Hrsg.), 1974, 235
Schottmayer, G. / Christmann, R.: Kinderspielplätze. Beiträge zur kindorientierten Gestaltung der Wohnumwelt, Stuttgart / Berlin / Köln / Mainz 1977
Schriftenreihe des Bundesministers für Raumordnung, Bauwesen und Städtebau (Hrsg.): Nr. 03.071 Verkehrberuhigung, 1979
Thomas, I.: Bedingungen des Kinderspiels in der Stadt, Stuttgart 1979
Weber-Kellermann, I.: Die Kindheit: Kleidung und Wohnen, Arbeit und Spiel, Frankfurt/M. 1979
Zinn, H.: Entstehung und Wandel bürgerlicher Wohngewohnheiten und Wohnstrukturen, in: Niethammer, L. (Hrsg.): Wohnen im Wandel, Wuppertal 1979, 13 ff.

4. Sozial- und freizeitpädagogische Aspekte einer nicht-unterrichtlichen Spieldidaktik
Wilfried Noetzel

Unter mindestens *zwei Gesichtspunkten* lassen sich Spiel-, Sozial- und Freizeitpädagogik gemeinsam betrachten:
- Sie stehen, historisch und funktional, in einem komplementären Verhältnis zur kapitalistischen Industriegesellschaft.
- Sie pflegen ein ambivalentes Verhältnis zur Schulpädagogik und entsprechend zur Didaktik als Berufswissenschaft der Lehrer.

I. Irrationale Traditionen und Gefährdung durch Spiel-Ideologie

Den historischen Hintergründen und Bezügen kann hier nur flüchtig nachgegangen werden. Nach K. MOLLENHAUER (1959) entstand die Sozialpädagogik als Konsequenz der „sozialen Frage", die die fortschreitende Industrialisierung aufgeworfen hatte. Sie war die konservativ-restaurative Antwort des bürgerlichen Kapitalismus auf die Proletarisierung der Industriearbeiter und entsprechend korrektivpädagogisch ausgerichtet. Die Sozialpädagogik erreichte in der Weimarer Republik ihre Institutionalisierung und hatte an den reformpädagogischen Aufbrüchen aus dem Geist der Jugendbewegung teil. Von dort her bezog sie auch ihre „musischen" Elemente, u. a. das Laienspiel als Inbegriff bürgerlich-jugendbewegten Gemeinschaftslebens. Im Zuge ihrer Entwicklung dehnte die Pädagogik der „Verwahrlosung" auch ihre Zuständigkeit auf die Mittelschichtjugend aus und gewann dadurch an präventivpädagogischer Bedeutung (GIESECKE 1971a, 155 ff.) Doch machte sich in der institutionalisierten Sozialpädagogik, beispielsweise in der staatlich und kirchlich betriebenen Jugendpflege, von Anfang an bis heute eine gegenemanzipatorische Tendenz bemerkbar, die den Absichten der bürgerlichen wie der proletarischen Jugendbewegung nicht entsprach (GIESECKE 1971b, 17 ff.).
In diesem Aufgabenbereich also trafen die junge Spiel- und Sozialpädagogik aufeinander, nachdem sie mit FRÖBEL, der ja nach OPASCHOWSKI (1976, 22 ff.) auch freizeitpädagogisch bedenkenwert ist, bereits einen gemeinsamen Vorbereiter aufweisen konnten. Nach dem Zweiten Weltkrieg knüpfte man hier wie dort wieder an die musische Tradition an, die erst allmählich von der Gruppenpädagogik unter dem Einfluß nordamerikanischer Modelle der Gruppendynamik aufgesogen wurde

(SPANGENBERG 1969; MÜLLER 1970). In letzter Zeit verbindet sich dieser Trend wieder mit neueren spielpädagogischen Ansätzen zu einer integrativen Interaktionspädagogik (FRITZ 1975). Doch sind emanzipatorische Konzepte der Interaktionserziehung ständig durch irrationale Tendenzen gefährdet, die aus dem allenthalben gegenwärtigen Bedürfnis der Zeitgenossen nach zwischenmenschlicher Wärme und vertrauensvoller Hingabe an sensitive und kreative Gemeinschaftserlebnisse erwachsen (GUDJONS 1978).
Das reformpädagogische Konzept einer ersten Freizeitpädagogik von E. KLATT (1929, 1952) ist zwar nach dem Zweiten Weltkrieg auch von der Musischen Erziehung in Anspruch genommen worden, obwohl es keineswegs wie diese den „Ernst" der Arbeitswelt oder auch existentielle Perspektiven des menschlichen Lebens aussparte (KOSSOLAPOW 1975, 99 f.). Doch pflegte die Nachkriegs-Freizeitpädagogik in der Hauptsache gleichfalls den Zusammenhang von Muße und Muse. Sie beanspruchte im Zuge ihrer Emanzipation von der Sozialpädagogik, die sich inzwischen der Wohlstandsproblematik der Konsumgesellschaft hatte annehmen müsssen, deren präventive Anteile für sich und ließ die traditionelle „Notstandspädagogik" hinter sich (NAHRSTEDT 1974, 72 ff.). Auf der Suche nach eigenständigen Inhalten und Methoden integrierte sie auch die „kulturelle Bildung", was deren Theoriedefizit entgegenkommen dürfte (OPASCHOWSKI 1979; FZP 2/1981). Doch läßt sich die Befürchtung so leicht nicht zerstreuen, daß sich bei diesem Prozeß, trotz aller Beteuerung des Gegenteils, ein neomusischer Trend durchsetzen könnte. Nicht als ob das Wortgeklaube um „sozial-kulturell", „freizeit-kulturell" oder eben auch „musisch-kulturell" zu ernst genommen werden müßte (BLK 1977). Wenn aber ein profilierter Vertreter weiland Musischer Erziehung heute auf der neuerlichen Sensibilisierungswelle unter der Flagge der kulturellen Bildung segelt, um im Hafen einer noch so emanzipatorischen Freizeitpädagogik vor Anker zu gehen, um im Bild zu bleiben, verdient das Aufmerksamkeit. Jedenfalls scheint F. PÖGGELER (1952, 1981) durch die kritische Diskussion der siebziger Jahre wenig dazugelernt zu haben: Seine Kulturkritik ist so musisch-konservativ wie eh und je.
Mit Musischer Erziehung und Freizeitpädagogik verknüpft ist eine Ideologisierung des Spiels. G. EICHLER (1979) hat den Verflechtungen von Freizeit-Apologie und Spiel-Ideologie nachgespürt: „Freizeit" erscheint dann als ein säkularisierter Zeitbegriff jener Freiraum-Ideale, die der Begriff „Spiel" suggeriert. Die Semantik von „Freizeit" und „Spiel" wird austauschbar und verfließt überdies mit der von „Freiheit". Die individuelle Freisetzung von Zwängen und Zwecken ist aber die allgemeine Grundvorstellung gerade auch positiver pädagogischer Bestimmungen von „Freizeit", wie beispielsweise bei W. NAHRSTEDT (1974) und H. W. OPASCHOWSKI (1976), und auch von „Spiel", beispielsweise bei H. SCHEUERL (1954).
EICHLER sieht durchaus richtig, daß die Umwertung des Spiels von einer utilitaristischen Sichtweise, wie sie auch noch in der Aufklärungspädagogik überwog, zur Anerkennung seiner kreativen und ästhetischen Qualitäten mit

KANT und SCHILLER begann. Aber er verkennt, daß der keineswegs phänomenologische Spielbegriff F. SCHILLERs (1980) im Kontext seiner ethisch-politischen Ästhetik ein transzendentalphilosophisches Konstrukt ist, von dem die Ästhetische Erziehung selbst gar nicht ihren Ausgang nimmt. Die setzt nämlich bei der gedoppelten „schmelzenden" bzw. „energischen" empirischen Schönheit, nicht bei der hypothetischen „Schönheit in der Idee" an! Auch zielt sie über eine ästhetische Kultur der „Selbst-Sublimierung der Sinnlichkeit" und „Ent-Sublimierung der Vernunft" im Verständnis von H. MARCUSE (1977, 171 ff.) hinaus auf moralische Kultur. Diese, der praktischen Vernünftigkeit humanen Handelns auch unter den lustfeindlichen Bedingungen existentieller Grenzsituationen verpflichtet, setzt die Maßstäbe!
Ästhetische Erziehung soll einen sinnlichen Übergang von der „realistischen" Kultur der Triebbefriedigung und des Lebenskampfes, der politischen Gewalt und der Arbeit, zu jener „idealistischen" Kultur sittlichen Handelns schaffen helfen, die er für unverzichtbar für den langfristig über Reformen zu erzielenden Aufbau eines republikanischen „Staates der Freiheit" hält (NOETZEL 1979a).
Nicht zufällig verkam diese emanzipatorische Ästhetische Erziehung gerade während der ökonomischen, gesellschaftlichen und politischen Entwicklungen, die die Sozialpädagogik entstehen ließen, zur Musischen Erziehung (MENZE 1971). Und die moderne Ästhetische Erziehung im Rückgriff auf SCHILLER, die sich für außerschulische Erziehungsfelder ausdrücklich freizeit- und kulturpädagogisch interpretiert, unterschlägt ebenfalls gerade den moral- und notstandspädagogischen, wenn man so will sozialpädagogischen Aspekt ihrer humanistischen Quelle. H. GLASER / K. H. STAHL (1974) haben eine kulturpolitische und -pädagogische Spielraumtheorie entwickelt, wobei sie sich u. a. auf SCHILLERs Ästhetik berufen. Da sie diese über MARCUSE rezipierten, mußte es natürlich beim ästhetischen Spiel-Staat sein Bewenden haben. NAHRSTEDT (1974, 18 ff.), auf der Suche nach einem positiven Freizeitbegriff, griff ebenfalls auf die Aufklärung und den deutschen Idealismus bzw. Humanismus zurück und entdeckte dabei in SCHILLERs Ästhetischer Erziehung auch die Theorieansätze bildsamen „Müßiggangs" und emanzipierter Geselligkeit — um sie dann noch hedonistischer fehlzuinterpretieren als die „Politagogen". Und H. MAYRHOFER / W. ZACHARIAS (1976) können dann ihre Ästhetische Erziehung auf eine Sozialpädagogik beziehen, die von den Notständen und Devianzen absieht und sich in Freizeitpädagogik auflöst.
Sowohl die konservative als auch die progressive Spiel-Ideologie und Freizeit-Apologie lassen sich meines Erachtens nur im Sinne SCHILLERs durch anschauliche und praktische Konfrontation mit unserer wahrlich katastrophalen und existenzbedrohenden Lebenssituation überwinden, die Natur und Geschichte, aber auch die Kunst, plastisch vor Augen zu stellen vermögen. Nur so kann der wieder einmal verbreiteten Leidensflucht der „Schwärmer" als auch dem Materialismus der Techniker, Ökonomen, Bürokraten, Politiker und Konsumbürger begegnet werden. Nicht nur das

Ästhetische, sondern auch jene „Rüstigkeit des Charakters" muß wiedergewonnen werden, die nicht nur das Schöne und Ideale als Realität herbeisehnt, sondern die Grundlage dafür ist, daß das Wünschbare auch realisiert wird.
Es sind ausgerechnet Didaktiker wie P.HEIMANN,G.OTTO und W.SCHULZ, die dort einen Weg zu weisen vermögen. HEIMANN (1957) und SCHULZ (1965b) haben nicht nur schon früh Beiträge zu einer Didaktik der Freizeit- und Konsumerziehung geleistet (GIESECKE 1974, 190 ff.). Schon Ende der fünfziger Jahre sind OTTO (1959) und SCHULZ (1958) gegen musische Gesinnung und Praxis zu Feld gezogen. OTTO plädierte damals für mehr moderne Kunst und wissenschaftliche Rationalität im Kunstunterricht, den er dann später im Sinne einer interdisziplinären Didaktik der Ästhetischen Erziehung mit emanzipatorischen Impetus überholte (OTTO 1974). SCHULZ hat schon Jahre vor H. VON HENTIG (1967) Ästhetische Erziehung ausdrücklich der Musischen Erziehung entgegengesetzt. Er akzentuierte bereits ersteren existentiellen Blickwinkel:

> „Ich sehe den Freizeitraum bei immer mehr Menschen zum Zentrum der Lebenserwartung und der Sinngebung des Lebens werden. Die ästhetische Erziehung kann viel tun, auf eine solche Freizeit vorzubereiten: Sie ist die hohe Schule der Wahrnehmung, sie lehrt richtig hinzusehen, neue Wirklichkeiten wahrzunehmen, in einen Entwurf einzuspannen und in der Gestalt festzuhalten. Sie lehrt den Umgang mit den Künstlern, den Meistern in diesem Geschäft, lehrt den Genuß unverstellter Erfahrung, die Überraschung, das Überwältigtwerden von einer Frage, zu deren Beantwortung man auf sich selbst zurückgeworfen wird" (SCHULZ 1958, 558).

Es scheint mir an der Zeit, der leichtfüßigen Spiel- und Animationsbewegung wieder mit solchen Denkfiguren zu begegnen und ihr im Sinne der vollständigen Ästhetischen Erziehung SCHILLERs auch in Spielveranstaltungen die Möglichkeit zu existentiellem Erleben und starker Betroffenheit zur Seite zu geben, damit auch tiefergreifende Veränderungen angebahnt werden können. Der „Ernstfall" des Lebens und der Kunst muß zum „Spielraum" wieder mehr Zugang haben (VON HENTIG 1969). Sonst laufen die realitätsflüchtigen Freizeitler Gefahr, ihr Leben im Überfluß an Zeit, Konsumgütern und auch animativer Spielseligkeit noch eher zu verpassen als zu jenen mühseligen Zeiten, als es ihnen an all dem mangelte. Außerschulische Spielpädagogik muß sich deshalb nicht nur wohlstands- und freizeitpädagogisch, sondern gerade auch notstands- und sozialpädagogisch orientieren (NOETZEL 1980).

II. Tendenzwende zur Didaktik

Sozial-, Freizeit- und Spielpädagogik haben sich eine ganze Weile geziert, die Notwendigkeit didaktischer Reflexion auch für nichtunterrichtliche Methodik anzuerkennen. Man geht wohl angesichts der gemeinsamen kulturkritischen und irrationalistischen Tradition nicht fehl, wenn man als Gründe dafür annimmt,

- daß ein solcher Blickwinkel gerade die Schule als Sozialisationsinstanz für entfremdete Berufsarbeit zum Feindbild prädestinierte;
- daß es Musischer Erziehung, Spiel- und Freizeit-Apologie besonders nahelag, Schule und Unterricht als institutionalisierte Zweckrationalität der Technisierung und Bürokratisierung zu verteufeln;
- daß der methodische Intuitionismus zu kritischer Rationalität in der Lernorganisation einen besonders weiten Weg hat.

Die Sozialpädagogik blieb ihrer antimethodischen Tradition aus dem Geist der Jugendbewegung verhaftet, bis sie nach dem Zweiten Weltkrieg in der Bundesrepublik Deutschland Anleihen bei der angelsächsischen Sozialarbeit machen konnte (TUGGENER 1973). Die professionalisierte sich nämlich früher auf wissenschaftlicher Basis. H. PFAFFENBERGER (1977), der sich Verdienste um die deutsche Rezeption der nordamerikanischen Social Work erworben hat, plädierte auch als einer der ersten dafür, die Brücke zur Schulpädagogik zu schlagen, um von deren didaktisch begründeter Methodenlehre zu profitieren. In den Darlegungen von H. M. BARTLETT (1976) zum Professionalisierungsprozeß der Sozialarbeit in den USA fallen, abgesehen einmal von den ganz anderen Bezugswissenschaften, deutlich Parallelen zur hiesigen Lehrerbildung auf: Standen anfangs Methoden und Fertigkeiten im Mittelpunkt der Qualifizierungen und war Intuition die Grundlage der beruflichen „Kunst" sozialer Hilfe gewesen, so stellte man in einem reiferen Stadium der Entwicklung das praktische Handeln auf wissenschaftliche Grundlagen und begann, Reflexion und Strategie voneinander zu trennen (NOETZEL 1978). Die berühmte „Working Definition of Social Work" von 1958 weist sogar Elemente einer Strukturtheorie auf, die erstaunliche Übereinstimmungen mit einer didaktischen erkennen läßt, die P. HEIMANN (1962) ungefähr zur selben Zeit auszuformulieren begann: In beiden Fällen werden u. a. berufsbezogene und institutionelle Normen und Sanktionen, werden Ziele und Inhalte, Methodenkonzeptionen und Strategien, Probleme von Forschung und Lehre angesprochen. Auch HEIMANN war es damals darum zu tun, Didaktik als Theorie und Lehre, außer von dem charakteristisch deutschen bildungsphilosophischen „Stratosphärendenken", von den verbreiteten unterrichtspraktischen Rezeptologien abzuheben.
Nach den ideologiekritischen Auf- und Umbrüchen der sechziger und siebziger Jahre scheint sich hierzulande in der Sozialpädagogik so etwas wie eine „Wende zum Pragmatismus" abzuzeichnen. Diese schlägt sich auch im Zugewinn pädagogischer Perspektiven sogar in der Sozialarbeit nieder, was die „methodischen und didaktischen Voraussetzungen dauerhafter Lernprozesse" in den Mittelpunkt des Interesses rücken läßt (BARABAS u. a. 1977). Die Freizeitpädagogik hat schon früh begonnen, auch didaktisch zu reflektieren. H. GIESECKE (1974, 219 ff.) hält kulturelle Erziehung sogar für deren didaktische Aufgabe. Obwohl sie nicht umhinkonnte, ebenfalls ihre Opposition zur Schulpädagogik herauszustellen und sich entsprechend anti-didaktisch zu geben, hielt sie es für angebracht, eine eigene „animative" Didaktik zu etablieren (OPASCHOWSKI 1977). Bei

genauerem Zusehen lassen sich darin auch vertraute reformpädagogische Denkfiguren und gängige Kategorien der Allgemeinen Didaktik erkennen. Ich habe an anderer Stelle Strukturübereinstimmungen auch mit Theorieansätzen zur außerschulischen Pädagogik überhaupt nachweisen können: Analyse, Konzeptionierung, Strategie, kommunikatives Handeln und Kontrolle bilden ein Grundmuster, das sich bei D. BAACKE (1976) und wiederum bei P. HEIMANN findet (NOETZEL 1979b, 80 ff.). Selbst bei der außerschulischen Ästhetischen Erziehung, die zur Freizeit- und Kulturpädagogik wie zur Spielpädagogik Affinitäten aufweist, scheint sich, trotz anti-unterrichtlichen Gebarens, eine Tendenz zur didaktischen Reflexion durchzusetzen (ZACHARIAS 1983). Und auch die Spielpädagogik, in dem Bestreben, zu ihrer eigenen musischen und kunsthandwerklichen Vergangenheit Abstand zu gewinnen, öffnet sich inzwischen der notwendigen Absicherung ihrer nicht-unterrichtlichen Methodik durch Didaktik (HOPPE / KÜHL / NOETZEL 1979).

Zwar für den Schulbereich, aber gegen den Strich eher sozialpädagogisch engagiert, hat B. DAUBLEBSKY (1977) Elemente eines offenen Spielcurriculums mit dem Ziel sozialen Lernens herausgearbeitet. Besonders die Hinweise für den Spielleiter tangieren das hier angeschnittene Thema, obwohl sie nur implizit didaktisch genannt werden können. Darauf macht am selben Ort auch D. HOPF (1977, 284 ff.) aufmerksam: Mit Recht weist er darauf hin, daß der Spielleiter ebenfalls gezwungen ist, seine Ziele zu bestimmen, Entscheidungen zu treffen, sein Handeln zu planen und zu überprüfen, Urteile zu fällen und sich gegenüber seiner Planung flexibel zu verhalten. Alles das sind Maßnahmen, die dem Lehrer im Hinblick auf Unterricht bekannt sind, nur mit dem Unterschied, daß dieser sie auch systematisch zu reflektieren gelernt hat.

Für K. KUBE (1977), der auch eine schulische Spieldidaktik vorgelegt hat, sind didaktische Spiele, zu denen er das Lernspiel, Rollenspiel und Planspiel rechnet, vor allem unterrichtliche Medien. Sein Interesse am Spiel korrespondiert mit dem an offenen Unterrichtsformen: Strukturelle Offenheit als gemeinsame Basis von Unterricht und Spiel gibt somit das Kriterium für die Beurteilung der Brauchbarkeit didaktischer Spiele ab. Dabei wird dann sehr deutlich, daß Unterricht einerseits nicht in jedem Fall logisch-systematisch strukturiert ist, im Gegenteil: der programmierte Unterricht ist eine extreme Sonderform; und vor allem, daß Spielen im Unterricht andererseits keineswegs dessen Offenheit garantiert. Das Lernspiel zum Beispiel ist seiner Struktur nach ein Programm, und zumindest das herkömmliche Rollenspiel begünstigt eine geschlossene Unterrichtsstruktur. Hier erweist sich die didaktische Analyse als ein Mittel, das Freiheitsversprechen des Spiels an der Wirklichkeit zu überprüfen. Unterrichtsspiel ist hier nicht das Thema, aber KUBEs Art des professionellen Argumentierens steht in wohltuend krassem Gegensatz zu der naiven Praxismache beispielsweise der ebenfalls für die Schule gedachten Spielmacher-Scene-Bände von W. MEYER / G. SEIDEL (1975/1976). Ein positives Schulbeispiel hingegen ist wiederum das didaktisch begründete Rollenspiel mit dem Ziel sozialen Lernens im politischen Unterricht von H. BOLLMANN / U. WARM (1978). Nicht-unterrichtliche Praxis: Ein Exempel dafür, wie man eine „Rollenspiel-Didaktik" für Kindergarten und Schule vorlegen kann, ohne irgendwie die Allgemeine Didaktik als Disziplin der Erziehungswissenschaft zu Wort kommen zu lassen, bietet W. STUCKENHOFF (1978). Auch im anderen Deutschland ist bei M. ARNDT (1964) von „didaktischen Spielen" für außerschulische Lernfelder die Rede, ohne daß irgendwo Didaktik betrieben würde.

Das Anliegen der folgenden Erörterungen, die auf ausführlicheren Überlegungen an anderer Stelle fußen: in heuristischer Absicht Kategorien der Allgemeinen Didaktik auf sozial- und freizeitpädagogische Spielplanung anzuwenden, um der kaum noch zu übersehenden Neigung zu einem neuerlichen spielideologischen Intuitionismus entgegenzuwirken, der mir mit neomusischen Tendenzen einherzugehen scheint (NOETZEL 1979b). Dabei wird ein gewisses Unbehagen mancher Leser gegenüber dem Unterfangen, Unterrichtstheorie auf nicht-unterrichtliche Lernorganisation anwenden zu wollen, durchaus in Rechnung gestellt, zumal es sich auch noch um Spielen dabei handeln soll. HOPF hat das ja schon für den schulpädagogischen Bereich erahnt, wenn er eventuelle Befürchtungen spielbegeisterter Pädagogik zu zerstreuen bemüht ist, hier werde mit Hilfe der Didaktik versucht,

„die im Spiel sich bietenden Möglichkeiten freier, kreativer und flexibler Interaktion von Schülern und Lehrern und von Schülern untereinander ihres schöpferischen Gehaltes zu entkleiden und selbst die Spielstunde in die spanischen Stiefel der Effektivitätsmessung einzuschnüren" (DAUBLEBSKY 1977, 284).

Diese Furcht treibt ja auch H. KÜHL (1979) für theaterpädagogische Unternehmungen außerhalb von Schule und Unterricht um, wenn er angesichts didaktischer Ambitionen von Kollegen meint, prononciert „unsystematische Anmerkungen zu Versuchen, Ordnung und Klarheit in die Spielpädagogik zu bringen", machen zu sollen (HOPPE / KÜHL / NOETZEL 1979, 7 ff.). Aber er hängt dabei lediglich, trotz aller Tiefsinnigkeit und Poesie, demselben spontaneistischen Antimethodismus an wie die frühe Sozialpädagogik auch. Deren romantisierende Auffassung von Praxis stand nach PFAFFENBERGER (1969) ja ebenfalls mit der wohlfeilenden Rede von der „Verschulung" und „Intellektualisierung" einer wissenschaftlich legitimierten Methodenlehre im Wege, indem sie Herz und Gemüt meinte gegen berufsbezogene Rationalität ausspielen zu müssen. Auch mag der frühen Spielpädagogik eine solche Position angestanden haben. Die fortschreitende Professionalisierung des praktizierenden Spielpädagogen aber erfordert ein systematisches Reflektieren von Praxis auf der Grundlage von Wissenschaft. Da faßt auch die implizite Spieldidaktik von H. HOPPE (1978) noch zu kurz. Und E. BRANDES (1978) bedient sich zwar der Berliner Didaktik-Schule um HEIMANN für ihre sozialpädagogische Methodik der Spielerziehung, aber dermaßen restringiert, daß sie damit weder dem Anspruch ihres Gegenstands noch dem der Didaktik selbst zu genügen vermag. Gerade auch ein politisch engagierter Ansatz bedarf wacher Selbstreflexion, um der sonst zwangsläufigen Ideologisierung und Dogmatisierung von Praxis zu entgehen. So ist der Spielpädagogik ein „Theoretisieren" im Sinne HEIMANNs (1962) überaus anzuraten, der schon vor zwanzig Jahren seine „Didaktik der geistigen Wachheit" vor allem gegen die verbreitete „Geborgenheitsbequemlichkeit bei den Systemhörigen" setzte. Das ging damals und geht heute gegen die „naive Selbstsicherheit" besonders auch von Fachpädagogen.

III. Didaktische Spielplanung für Spielerzieher und -anleiter

Ich gehe davon aus, daß die Ausbildung von Spielerziehern und -anleitern an den Qualifikationsmaßnahmen für das berufliche Praktizieren von Sozial- und Freizeitpädagogen ausgerichtet sein sollte (NOETZEL 1978a). Spieldidaktik setzt zwar eigenständige spielpädagogische Reflexion und Praxis voraus, orientiert sich selbst aber an den theoretischen Begründungszusammenhängen der Professionen, auf die sie bezogen ist: in diesem Fall also an Sozial- und Freizeitpädagogik.
Der Spielerzieher ist demnach ein praktizierender Spielpädagoge in der Rolle des Sozialpädagogen und dessen beruflichen Zielorientierungen und Arbeitsbedingungen unterworfen. Spielerziehung findet im Kontext sozialpädagogischer Methodenkonzeptionierung statt als *soziale Einzelfallhilfe, soziale Gruppenarbeit* und *soziale Gemeinwesenarbeit*. Der Ausgang sozialpädagogischer Arbeit ist immer ein Defizit oder Konflikt.
Der Spielanleiter ist entsprechend ein praktizierender Spielpädagoge in der Rolle des Freizeitpädagogen und orientiert sich an den Methoden der Freizeitpädagogik: nach OPASCHOWSKI (1976) *informative Beratung, kommunikative Animation* und *partizipative Planung*.
Als spezifische Didaktik eines eigenständigen Methodenbereichs ist die Didaktik der Spielerziehung und -anleitung einerseits auf die Allgemeine Didaktik, andererseits auf eine interdisziplinäre Didaktik ästhetischer Erziehung zu beziehen, deren Bestandteil sie meines Erachtens für außerschulische Lernfelder ist. Da die didaktische Argumentation sowohl im nicht-unterrichtlichen Bereich von Spielpädagogik und Ästhetischer Erziehung als auch in dem von Sozial- und Freizeitpädagogik noch wenig entwickelt ist, bleibt der Rückgriff auf eine Allgemeine Didaktik, die sich bislang nun einmal in der Hauptsache im Hinblick auf schulisches Unterrichten artikuliert hat, unumgänglich. Nun hat diese selbst in ihrer Geschichte, besonders im Gefolge der unterschiedlichen kulturkritischen und reformpädagogischen Strömungen, gegen die zweckrationale Vereinseitigung der Schule und das Verwertungsinteresse ihrer öffentlichen Träger das Persönlichkeitsrecht der Lernenden auf die Berücksichtigung individueller Entwicklung und Motivation oft vehement verteidigt (HAUSMANN 1959). Gerade im Zusammenhang reformpädagogischer Schulentwürfe ist auch die methodische Vorliebe für das Spielen im Unterricht und dessen entsprechend herausgehobene Stellung in deren

Didaktiken feststellbar (SCHEUERL 1973, 11 ff.). Es ist also überflüssig, von einer außerschulischen Anti-Position aus Emanzipation und Progression für sich zu beanspruchen, um dann doch unter der Hand Anleihen bei der geschmähten Unterrichtswissenschaft machen zu müssen. Viel eher kommt es darauf an, eine didaktische Konzeption auszuwählen, die den Ansprüchen, die man an die sozial-, freizeit- und spielpädagogische Praxis meint stellen zu sollen, gerecht zu werden vermag, um diese dann für das nicht-unterrichtliche Lernen fruchtbar zu machen. So hat es übrigens auch die Didaktik selbst gehalten, die durchaus ursprünglich außerschulische Ansätze der Lernorganisation, beispielsweise aus Gruppendynamik und -therapie, übernommen und ihren Bedürfnissen angepaßt hat. Derart wird also auch hier verfahren.

Die sozial- und freizeitpädagogische Thematik läßt meines Erachtens weder ein bildungs- noch ein informationstheoretisches Modell von Didaktik zu, da die bildungstheoretische Didaktik überwiegend inhalts- und curriculumsorientiert argumentiert, die informationstheoretische hingegen logizistisch-strategisch. Außerdem vertragen sie sich wegen ihrer Tendenz geistes- bzw. naturwissenschaftlicher Vereinseitigung nicht mit einem emanzipatorischen Ansatz der Erziehungswissenschaft (BLANKERTS 1969). Das lern- bzw. lehrtheoretische Modell der ehemals Berliner, heute Hamburger Schule gründet auf der Vorstellung von einer universellen Didaktik, die mehr umfaßt als schulische Bildungs- und Unterrichtslehre und verstanden wird als offene und umfassende Strukturtheorie „vom Lernen und Lehren in allen Formen des Lebens und der Kunst" (HAUSMANN 1959; HEIMANN 1962). Die Entscheidung für die von W. SCHULZ allgemein-didaktisch, von G. OTTO fachdidaktisch weiterentwickelte Didaktik-Tradition begründet sich wie folgt:

- Diese Konzeption war von Anfang an ideologiekritisch ausgerichtet und ist heute im Zusammenhang emanzipatorischer Erziehungswissenschaft zu sehen (REICH 1977).
- Sie erwies sich — trotz oder wegen ihres systematischen Aufbaus — als vielseitig anwendbar und überdies fähig, kontroverse didaktische Positionen zu integrieren wie: die einseitige Überbetonung der Ziel- und Wegfragen, geschlossener oder offener Curriculumkonstruktion, der Ausgang der Lernorganisation von Prinzipien der Perfektion oder Improvisation, situations- oder disziplinorientierte Ansätze zur Gestaltung von Lernprozessen (KLAFKI / OTTO / SCHULZ 1977; RUPRECHT 1972; SCHMIED-KOWARZIK 1971).
- W. SCHULZ (1972b, c) hat selbst wichtige Beiträge zur Spielpädagogik und -didaktik geliefert und Forschungen zum Rollenspiel im Primarbereich angeregt (BAUMGARTNER / GÜNTHER 1971; GÜNTHER 1972; BAUMGARTNER 1973).
- Die Diaktik Ästhetischer Erziehung — wenn auch als schulische Fachdisziplin, so doch mit interdisziplinärer Ausrichtung — ist über G. OTTO (1974) mit der HEIMANN / SCHULZ-Konzeption verbunden. Das macht sie bedeutsam für eine gleichfalls emanzipatorische Didaktik der Ästhetik und Kommunikation, in deren größeren Rahmen Spieldidaktik anzusiedeln ist (NOETZEL 1978c).

Ich habe mich an anderer Stelle eingehender mit der didaktischen Strukturanalyse von Spieleinheiten befaßt (NOETZEL 1979b). Das soll hier nicht

nachvollzogen werden. Lediglich zur „Bedingungsprüfung", der nach
HEIMANN und SCHULZ zweiten didaktischen Reflexionsebene, die vor
allem die wissenschaftsorientierte, deshalb meist hochschulische Aus- und
Fortbildung von Spielerziehern und -anleitern betrifft, sei hier angemerkt:
Solange nicht ein gewisses Maß an Erfahrungs- und Erklärungswissen vorauszusetzen ist, das zur „Normenkritik", „Faktenbeurteilung" und „Formenanalyse" befähigt, wird auch der Dilettantismus in bezug auf Spielerziehung
und -anleitung nicht überwunden werden können. Konkreter:

- Solange Sozial- und Freizeitpädagogen die Institutionen, denen sie verpflichtet sind, deren und ihre eigenen Zielsetzungen und Werturteile, nicht kritisch, auch im Hinblick auf Spielvorhaben, zu hinterfragen vermögen,
- solange sie nicht über ein hinlängliches Annäherungswissen an die realen Bedingungen pädagogischer Spielpraxis verfügen und Probleme der Spielerziehung und -anleitung seriös zu reflektieren gelernt haben,
- solange sie ihr methodisches Repertoire nicht in seiner historischen, qualitativen und situativen Bedingtheit erkennen,
- solange muß ihnen Professionalität abgesprochen werden, soweit sie eventuelle Funktionen als Spielerzieher oder Spielanleiter betreffen soll.

Die Diskussion der Arbeiten von W. SCHULZ zur Unterrichtsanalyse und
-planung, in denen er seine Konzeption weiterentwickelte, ausformulierte
und schließlich kritisch überholte, muß hier ebenfalls nicht erfolgen. Ich
verweise da auf die Arbeit von K. REICH (1977). Da ich mich an dieser
Stelle mehr auf die didaktische Planung von Spielveranstaltungen im sozial-
und freizeitpädagogischen Zusammenhang konzentrieren möchte, wird
auch die entsprechende Publikation von SCHULZ (1980) bevorzugt zu
Rate gezogen. Der unten folgende Fragenkatalog zur spieldidaktischen
Planung ist aber überwiegend aus früheren Arbeiten abgeleitet worden
(SCHULZ 1965b, 1969, 1970, 1972a, 1972b).

Da die Planung von pädagogischen Situationen schon nach HEIMANN
(1962) im Unterschied zu der eher distanzierenden und objektivierenden
Analyse „konstruktiv, kombinatorisch, erfinderisch, entscheidungsbedacht,
engagiert" zu sein hat, mag ein Zitat von SCHULZ (1978, 89 f.) als Motto
vorangestellt werden:

„Die Menschlichkeit ist unteilbar! Hiermit will ich sagen, daß wir immer wieder fragen
und feststellen müssen, ob denn wirklich — gemessen am Stand der Produktion — alle
Menschen schon annähernd die gleiche Chance haben, sich allseitig zu entfalten, d. h.
jene Kompetenz im Umgang mit dem Vorhandenen, jene Autonomie gegenüber den
Sozialisationsagenturen zu entwickeln, die zur individuellen Entfaltung nötig sind.
Dies bedeutet, daß immer wieder solche gesellschaftlichen Kräfte problematisiert
werden müssen, die uns daran hindern, für diejenigen Menschen alles Mögliche zu
tun, denen die Entfaltungsmöglichkeiten — aus welchen Gründen auch immer —
verschlossen sind."

In diesem Sinne ist Spieldidaktik an bestimmten Erkenntnisinteressen
und Leitprinzipien auszurichten, die bei keinem der analysierenden,
konstruierenden, praktizierenden oder kontrollierenden Handlungsweisen
des Spielerziehers bzw. -anleiters aus den Augen verloren werden dürfen. Da
Spieldidaktik hier dem emanzipatorischen Interesse kritischer Erziehungs-

wissenschaft verpflichtet ist, werden das ebenfalls zu unterstellende „praktische" Interesse an hermeneutischer Verständigung über Praxis und das „technische" Interesse an deren Verbesserung durch Empirie ersterem untergeordnet (MOLLENHAUER 1970; GIESECKE 1971a; KLAFKI 1970).
Spieldidaktische Analyse und Planung muß ständig die Autonomie der Adressaten von Spielveranstaltungen im Auge haben, d. h. hier, sich sowohl deren innere als auch äußere Freiheit von nicht akzeptierbaren Zwängen und zu selbstbestimmtem Handeln angelegen sein lassen. Sie weiß sich darüber hinaus aber zur Solidarität gegenüber benachteiligten Gruppen und einzelnen verpflichtet, deren Autonomie gefährdet ist. Für unerläßlich hält sie es, daß es gewisser Kompetenzen bedarf, um Autonomie und Solidarität zu verwirklichen, daß also bestimmte Kenntnisse, Einstellungen und Fähigkeiten erst dem einzelnen eine subjektiv befriedigende und objektiv humane Lebensführung im Zusammenhang von Gruppe und Gesellschaft ermöglichen.
In tendenzieller Übereinstimmung mit SCHULZ, sein anfängliches Strukturmodell aber im Sinne HAUSMANNs (1969) und unter dem Eindruck der voranschreitenden didaktischen Diskussion ausweitend, habe ich auf der Grundlage spieldidaktischer Analyse eine Reihe von Fragen für die Planung von Spieleinheiten formuliert, auf die diese auch für nicht-unterrichtliches Spielen antworten muß, bevor sie darangehen kann, den Spielprozeß selbst vorzubereiten. Dabei gehe ich davon aus, daß mindestens *sechs formale Strukturelemente* der Praxis der Spielerziehung und Spielanleitung zu unterscheiden sind: Institution — Ausgangslage — Zielprojektion — Anregungsvariablen — pädagogischer Prozeß — Erfolgskontrolle. Dieses Planungsmodell ist in der Hochschulpraxis eines Studiengangs für Sozialpädagogen erprobt worden (NOETZEL 1982).

1. **Bedingungsfelder**
   Jede professionelle Spielpraxis ist gesellschaftlichen, institutionellen und situativen Bedingungen unterworfen.

a) *Institution:*
   Auf welche Weise determinieren die hiesigen Produktions- und Herrschaftsverhältnisse die Institution, in der die Spielveranstaltung stattfindet bzw. der der Spielerzieher oder Spielanleiter verpflichtet ist? Wie sind die institutionellen Bedingungen für die Spielarbeit?

aa) Begünstigen oder behindern die ideologischen und organisatorischen Voraussetzungen der Institution das spielpädagogische Vorhaben? Können diese beeinflußt werden und gegebenfalls durch Spielaktionen verbessert oder verschlechtert?

bb) Sind die räumlichen und technischen Voraussetzungen vorhanden, die für die Verwirklichung der Absichten erforderlich sind, oder ist eine Änderung der spieldidaktischen Konzeption erforderlich?

b) *Ausgangslage:*
   Wie sind die individuellen und sozialen Bedingungen der pädagogischen Situation für Maßnahmen der Spielerziehung oder -anleitung?

aa) Welcher Art ist die soziokulturelle Lebenswelt, der die Teilnehmer der Spielveranstaltung angehören, welche Sozialisationsvoraussetzungen bringen sie in die pädagogische Situation ein? Wie ist die soziale Gruppenstruktur einschließlich des Spielerziehers bzw. -anleiters?

bb) Wo liegen die Spielbedürfnisse oder eventuellen -behinderungen der einzelnen Teilnehmer, wie ist ihre Erwartung, Befürchtung, Motivation, psychophysische und kognitive Konstellation?

2. Entscheidungsfelder
Alle spieldidaktischen Entscheidungen der Sozial- und Freizeitpädagogen sollten weitgehend in Kooperation mit den Teilnehmern gefällt werden.

a) *Zielprojektion:*
An welchen allgemeinen Kriterien sozial- und freizeitpädagogischer Theorie und Praxis und welchen speziellen Anforderungen der unterschiedlichen Lernfelder sollen sich die Intentionen der Spielerzieher oder -anleiter ausrichten? Sind diese mit dem didaktischen Richtzielkatalog vereinbar?

aa) Sind die Erziehungsziele eher an einer kognitiven, affektiven, psychomotorischen, sozialen oder kreativen Dimension der Intentionalität orientiert und sollen diese bei den Spielen eher Erkenntnisse, Erlebnisse, Fertigkeiten, zwischenmenschliche Beziehungen oder schöpferische Prozesse initiieren?

bb) Wie lassen sich diese Ziele im Zusammenhang von Gefühlserfahrung, Sozialerfahrung und Sacherfahrung thematisch konkretisieren?

b) *Anregungsvariablen:*
Welche Methoden sollen mit Hilfe welcher Medien welche Ziele verwirklichen und welche Gefühls-, Sozial- und Sacherfahrungen thematisieren helfen?

aa) Welche spielpädagogische Methodenkonzeption, welche dramaturgische Struktur, welche Spielauswahl scheinen für diese Zielprojektion im Hinblick auf die Bedingungs- und Handlungsfelder geeignet zu sein?

bb) Welche Medienauswahl soll aufgrund der Ziele, Inhalte und Methoden der Spielveranstaltung erfolgen?

3. Handlungsfelder
Die Handlungsfelder sind mit den Bedingungs- und Entscheidungsfeldern zwar interdependent verwoben, entwickeln aber eine eigenständige Dynamik, die die Grenze von Analyse und Planung überschreitet.

a) *Pädagogischer Prozeß:*
Wie läßt sich die pädagogische Situation im Spannungsfeld von Organisation und Improvisation nach spieldidaktischen Kriterien strukturieren?

aa) Welche Sozial-, Aktions- und Urteilsformen sollen das Verhältnis von Spielgruppe und Spielerzieher bzw. -anleiter bestimmen und entsprechen den Zielprojektionen und Anregungsvariablen der Spielveranstaltung?

bb) Welche gruppendynamischen und metakommunikativen Spiel- und Handlungsformen können die Interaktionen der Beteiligten entstören helfen?

b) *Erfolgskontrolle:*
Welche Formen der Selbstkontrolle vertragen sich mit den didaktischen Leitprinzipien und können alle Beteiligten zu einer realistischen Selbsteinschätzung hinsichtlich der Verwirklichung ihrer gehegten Absichten verhelfen?

aa) In welcher Weise hat sich die soziale und individuelle Ausgangslage der Spielgruppe und der einzelnen Teilnehmer im Zuge der Spielveranstaltung verändert und wie verträgt sich diese Veränderung mit den Zielprojektionen? Müssen diese eventuell modifiziert werden?

bb) Haben sich die institutionellen Voraussetzungen der Spielpraxis im Verlauf der sozial- und freizeitpädagogischen Maßnahmen verbessert, sind sie unbeeinflußt geblieben oder haben sie sich vielleicht verschlechtert?

W. SCHULZ (1980) unterscheidet Perspektiv-, Umriß- und Prozeßplanung. „Umrißplanung" nennt er, was anfangs Strukturplanung hieß und dem obigen Fragenkatalog antworten müßte: eine „Grobplanung" also, die lediglich das Vorhaben umreißt. Der pädagogische Prozeß selbst kann nämlich völlig anders verlaufen und auf den Handlungsentwurf modifizierend zurückwirken. Was den „Implikationszusammenhang" der Strukturelemente angeht oder auch deren Reihenfolge, so wird von ihrer allgemeinen Interdependenz ausgegangen. Ziel- und Wegfragen implizieren sich wechselseitig: Intentionen und Themen auf der einen, Methoden und Medien auf der anderen Seite. Ebenso Bedingungs- und Handlungsfelder: Institutionelle Bedingungen und die Ausgangslage der Gruppe sind ebensowenig unabhängig voneinander zu sehen wie der pädagogische Prozeß selbst und die Erfolgskontrolle. Für die Schule gibt es Erfahrungswerte dafür, daß die Planung in der Regel mit den Zielprojektionen oder mit der Ausgangslage beginnen wird. Einleuchtend ist natürlich, wenn sie mit den institutionellen Bedingungen begänne, die bei SCHULZ Teil der Perspektivplanung sind. Bei Spielveranstaltungen sind aber durchaus auch Situationen vorstellbar, in denen es zweckmäßig sein kann, die Planung von vorhandenen Spielmitteln und -methoden ausgehen zu lassen. Nach SCHULZ sollte die Umrißplanung unter dem „Primat der Perspektiven" erfolgen: Von den Perspektiven der Planung aus wird die Aufmerksamkeit der Planenden gerichtet und von dort her versteht sich dann auch deren jeweiliges Vorgehen im Hinblick auf die Reihenfolge der Strukturelemente bei der Umrißplanung.

Diese Perspektive muß aber vorher noch erarbeitet werden! Deshalb hat der Umrißplanung notwendig eine Perspektivplanung vorauszugehen, an der möglichst schon alle Beteiligten, also auch die Adressaten der Spielerzieher oder -anleiter mitwirken sollten. SCHULZ will didaktische Planung generell als „Interaktion der Betroffenen" verstanden sehen. Wie OPASCHOWSKI (1976) für den freizeitmethodischen Bereich, plädiert SCHULZ im schulunterrichtlichen Zusammenhang also für „partizipative Planung". Auch jeder spielpädagogischen Praxis liegen, oft unbewußt, Vorstellungen über Sinn und Begründung dieser oder jener Vorhaben zugrunde: Einstellungen, Glaubenssätze, Erfahrungen, Wünsche, Absichten, mehr oder weniger präzise zum Ausdruck gebrachte Erwartungen der institutionellen Träger, der Adressaten oder deren Bezugsgruppen, Eltern zum Beispiel. Solche Perspektiven beeinflussen die Planung und müssen deshalb ins Bewußtsein geholt werden. Das Interesse an Emanzipation gebietet es, daß auch die Adressaten des Spielpädagogen mit seiner Hilfe ihre eigenen Vorverständnisse und Vorgefühle durchschauen, wie die der Pädagogen und deren Anstellungsträger, und sich dadurch der Planungsbedingungen, deren Grenzen und Spielräume bewußt werden. Vor diesem Hintergrund gilt es dann, einen Richtzielkatalog zu erstellen als Maßstab für die Beurteilung aller weiteren Planungs- und Handlungsschritte. Dabei sind alle Intentionen an den genannten leitenden didaktischen Interessen der Autonomisierung, der Kompetenzförderung und der Solidarisierung auszurichten. Das bedeutet:

- daß autonomiefördernde Kompetenzen nur in Solidarität mit dem Autonomiestreben der anderen erworben werden können;
- daß die Selbstbestimmung des einzelnen nur in Solidarität mit konkret Benachteiligten angestrebt werden kann, und daß die dazu erforderlichen Kompetenzen dabei geübt werden;

- daß Solidarität, die auch den praktizierenden Spielpädagogen umschließt, weder etwas mit anbiedernder Kumpanei noch autonomiefeindlichen Kollektivismus zu tun hat, sondern gegenseitige Hilfe bei der Autonomisierung durch Kompetenzerwerb bedeutet.

Diese Aspekte des Implikationszusammenhangs der Zielperspektive sollen bereits im Rahmen der Perspektivplanung mit Aspekten des Erfahrungszusammenhangs der möglichen Thematik verbunden werden:

- Gefühlserfahrungen sollen nicht ohne Sozial- und Sacherfahrungen gemacht werden;
- Sozialerfahrungen entsprechend nicht ohne das Bewußtsein der eigenen Gefühle und ohne Thematisierung von Sachbezügen;
- Sacherfahrung findet demnach nur im Zusammenhang von Sozial- und Gefühlserfahrung statt.

Auch hier gilt also wieder das Prinzip der Interdependenz, der Wechselwirkung von Personen-, Gruppen- und Sachbezügen, die miteinander und mit den Intentionen ausbalanciert sein wollen. Nun ist schulischer Unterricht natürlich stoffbezogener, die Thematik spielt eine bevorzugte Rolle — was ja SCHULZ relativieren möchte. Lernen, auch das in nicht-unterrichtlichen Spielsituationen, muß aber generell inhaltlich konkretisiert werden: Ziele beschreiben nur das „Wohin", Inhalte erst das „Was" des Lernens!
Ich halte es deshalb für vorteilhaft, SCHULZ auch dort zu folgen, wo er sich der „themenzentrierten Interaktion" von R. COHN (1975) bedient. Die „thematisch interaktive Methode" der Gruppentherapie ist bereits auf unterschiedliche pädagogische Unternehmungen übertragen worden, nicht nur auf Unterricht. Dieser Ansatz kommt dem von SCHULZ besonders entgegen, weil er ebenfalls eine dynamische Balance von Sach-, Gefühls- und Sozialerfahrung, von „Es", „Ich" und „Wir" im Auge hat. Auch für Spieldidaktik ist er vorteilhaft, weil er das Gefühl des einzelnen so hoch wertet wie auch die Gruppenbeziehungen, aber darüber hinaus eine rationale und realistische Perspektive betont, indem er Sachbezüge für unabdingbar hält. Die Überakzentuierung des Stofflichen wie in der akademischen Lehre oder im herkömmlichen Schulunterricht ist nicht das Problem von Spielerziehung und -anleitung. Aber um so mehr das Abgleiten in privatem Sensitivismus und gruppentherapeutischen Dilettantismus. Auch ist die Thematik als konstituierender Faktor beispielsweise bei Rollenspielen und Theater, als Einkleidung bei Gesellschaftsspielen usw. meist bewußt. Bei Bewegungs- und Interaktionsspielen, bei nicht eingekleideten Gesellschaftsspielen und ähnlichem fällt es indessen schwerer, die auch dort vorhandenen Inhalte auszumachen.
Ich will hier nicht die Axiomatik und Regelsystematik der themenzentrierten Interaktionen referieren, obwohl es mir für die kontinuierliche Spielgruppenarbeit durchaus zweckdienlich erscheint, dieses selbstkontrollierende verbale Verfahren der Gruppenkommunikation einzuüben. Statt dessen möchte ich COHNs Trias „Ich", „Wir" und „Es", die sich bei SCHULZ durch alle Phasen der Planung zieht, zu einer von mir in Anlehnung an H. HOPPE entwickelten dreiteiligen Strukturvorstellung der Spielsituation in Beziehung setzen, die ebenfalls von der „Kugel" der gesellschaftlichen und institutionellen

Sozial- und freizeitpädagogische Aspekte einer nicht-unterrichtlichen Didaktik 653

Bedingungen umgeben zu denken ist (HOPPE / KÜHL / NOETZEL 1979, 54 f.). Für das „Ich" steht dann der „Spieler" (nach: HOPPE: Das „Spielsubjekt").
Für das „Es" steht das „Spiel" oder „Spielobjekt", (wie man HOPPE ergänzen kann).
Für das „Wir" schließlich steht die Versammlung der „Spielenden", (nach: HOPPE: Der „Spielvollzug"); (vgl. Abb. 1)

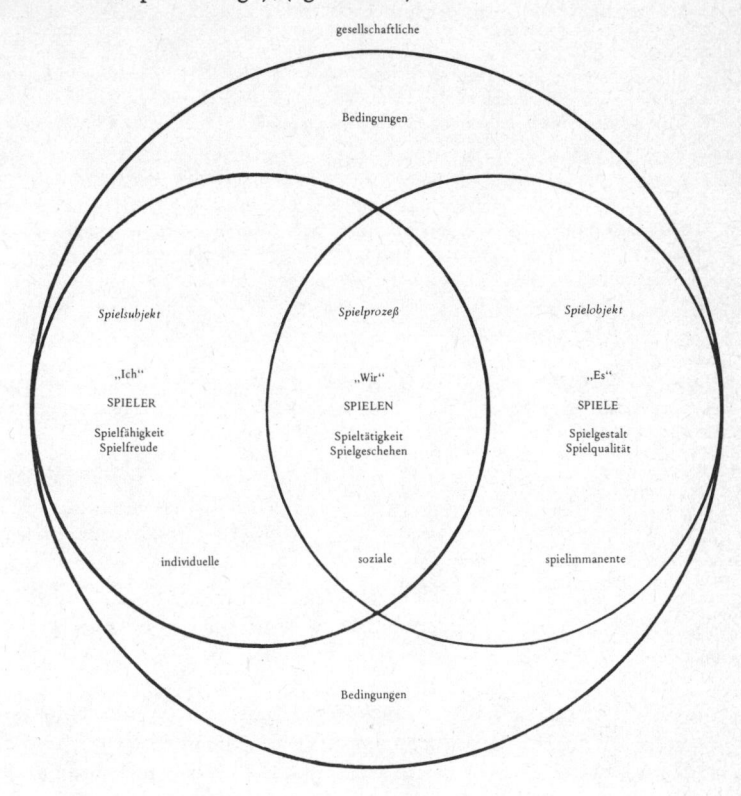

Abbildung 1: Elemente der Spielsituation

Entsprechend müssen also in der Spielsituation ausbalanciert werden:
- der einzelne *Spieler* und seine „primäre" Realität der soziokulturellen, psychosozialen, physio-pragmatischen, kognitiv-sprachlichen, biografisch-aktuellen So-Beschaffenheit (dieser subjektiven Lebenswirklichkeit entspringt letztlich das Spielvergnügen, ohne das spielendes Lernen nicht stattfindet);
- das *Spiel* als „tertiäre" Realität, kulturelle Objektivation, die immer gestaltet ist, also Form hat, Regeln, durch die der Spielinhalt, die Spielqualität, bestimmt werden (selbst wenn das einzige Ziel eines Spielangebots der unreflektierte „Spielspaß" sein sollte, basiert dieser letztendlich auf dem „Es", das im inneren Spielgeschehen der Spielenden aktualisiert werden muß);

- das *Spielen* der Spielgemeinschaft als von der primären und tertiären Realität abgehobene neuartige „sekundäre" Realität der Spieltätigkeit, die das edukative Spielgeschehen in jedem einzelnen Spieler hervorrufen soll (was mißlingen kann, wenn das Spielangebot situationsunangemessen gewesen ist).

Die Formel „Spieler spielen Spiele" drückt also die angedeutete höchst komplexe dynamische Balance der Spielsituation aus. Die Umrißplanung von spieldidaktisch legitimierten Vorhaben muß deshalb mindestens drei weitere Fragenpaare zu beantworten trachten (NOETZEL 1983):

Primäre Realität: Ich
a) Was mag dem einzelnen Teilnehmer in dieser Gruppe Freude bereiten bzw. was würde ihm „den Spaß verderben"?
b) Wie ist dessen *Spielfähigkeit* entwickelt, wo liegen seine Möglichkeiten und Grenzen?

Tertiäre Realität: Es
a) Welche Handlungsanweisungen beschreibt die Spielregel: Wie ist die *Spielgestalt*?
b) Welches potentielle Vergnügen oder Mißvergnügen soll durch die positive oder negative Sanktionierung von Handlungsweisen stimuliert werden oder welche erwünschten oder unerwünschten Nebenwirkungen können diese haben: Wie ist die *Spielqualität*?

Sekundäre Realität: Wir
a) Welche *Spieltätigkeiten* werden auf welche Weise den Teilnehmern nahegelegt, so daß sie zu spielen beginnen können?
b) Wie läßt sich wirklich ein inneres *Spielgeschehen* in jedem einzelnen Spieler und zwischen ihnen stimulieren, steigern und erhalten, – ohne welches der gesamte didaktische Aufwand nutzlos gewesen wäre? (vgl. Abb. 1)

Aufgrund dieser zusätzlichen Kernfragen mag dann die spieldidaktische Entscheidung erfolgen. Natürlich ist es denkbar, daß die sekundäre Spielwirklichkeit nicht in die Gruppe verlegt wird. Spielerziehung und -anleitung haben es aber bevorzugt mit sozialer Gruppenarbeit und Freizeitanimation in größeren und kleineren Gruppen zu tun. Die möglichst stichhaltige Beantwortung dieser Fragen scheint mir wesentlich, ob nun Spielfähigkeit das Ziel, Spiel der Inhalt, Spielen die Methode oder Spiel das Medium sein soll.

Das Modell „Unterrichtsplanung" von W. SCHULZ ist durch diese heuristische Übertragung auf sozialpädagogische Spielerziehung und freizeitpädagogische Spielanleitung bei weitem nicht ausgeschöpft. Die Details müssen in praxisnahen Prozeßplanungen, Realisationen und Selbstkontrollen erprobt werden. Erst so läßt sich schließlich die Anwendbarkeit auf Sozial- und Freizeitpädagogik überprüfen. Die Prozeßplanung ordnet im Rahmen der zur Verfügung stehenden Zeit die in der Umrißplanung ermittelten methodischen Hilfen und Kontrollen den ausformulierten Intentionen zu und stellt möglichst viele Planungsvarianten bereit, um jeder Fixierung auf die Vorbereitung und entsprechenden Vergewaltigung der Teilnehmer vorzubeugen, die zwangsläufig zur Erstarrung der Spielsituation und mit ihr zum Ersterben des Spielgeschehens führen müßte.

In dieser gerafften Darstellung kam der Bezug zur sozial- und freizeitpädagogischen Praxis zu kurz. Auch wurde zwischen Spielerziehung und Spielanleitung nicht differenziert. Dieses Versäumnis läßt sich jedoch nur durch Praxis einholen, wenn die Planung einem konkreten Vorhaben in einem spezifischen Lernfeld dient. Ob nun für die Spielberatung als soziale Einzelfallhilfe oder Freizeitberatung, ob für die Spielerziehung als soziale Gruppenarbeit oder für die Spielanleitung im Sinne freizeitpädagogischer Klein- und Großgruppenanimation, auch als Bestandteil sozialer Gemeinwesenarbeit — eine derart didaktisch begründete Methodik dürfte der beruflichen Seriösität von Spielerziehern und Spielanleitern, zum Vorteil ihrer Adressaten, zugutekommen.

Literatur

Arndt, M.: Didaktische Spiele, 5. Aufl. Stuttgart 1973
Barabas, F. / Blanke u. a.: Zur Theorie der Sozialarbeit: Sozialisation als gesellschaftliche Praxis, in: Barabas / Blanke u. a. (Hrsg.): Jahrbuch der Sozialarbeit 1978, Reinbek bei Hamburg 1977, 490 — 535
Bartlett, H. M.: Grundlagen beruflicher Sozialarbeit, Freiburg 1976
Baumgartner, A. / Günther, K. B.: Rollenspiel als Medium der Emanzipation in der Vorschule, in: Brandes, E. / Nickel, H.-W.: Beiträge zu einer Interaktions- und Theaterpädagogik, Berlin 1971, 27 — 37
Baumgartner, A.: Prinzipien für Spiel- und Lernformen, in: Zimmer, J. (Hrsg.): Curriculumentwicklung im Vorschulbereich, Bd. I, München 1973, 251 — 284
Blankertz, H.: Theorien und Modelle der Didaktik, 2. Aufl. München 1969
Bollmann, H. / Warm, U.: Kommunikative Handlungsfähigkeit durch Rollenspiel, in: Silkenbeumer, R. (Hrsg.): Politischer Unterricht und soziales Lernen in der Grundschule, Frankfurt/M. 1978
Bund-Länder-Kommission für Bildungsplanung und Forschungsförderung (BLK): Musisch-kulturelle Bildung, Stuttgart 1977
Brandes, E.: Methodik der Spielerziehung, in: Hilfen für Spielleiter, H. 17, hrsg. von LAG Spiel und Amateurtheater NW, Recklinghausen 1978
Cohn, R. C.: Von der Psychoanalyse zur themenzentrierten Interaktion, Stuttgart 1975
Daublebsky, B.: Spielen in der Schule, 5. Aufl. Stuttgart 1977
Eichler, G.: Spiel und Arbeit. Zur Theorie der Freizeit, Cannstatt 1979
Fritz, J.: Interaktionspädagogik, München 1975
Freizeitpädagogik (FZP): Zeitschrift für kritische Kulturarbeit, Freizeitpolitik und Tourismusforschung, H. 2, Frankfurt 1981
Giesecke, H.: Einführung in die Pädagogik, 3. Aufl. München 1971a
— Die Jugendarbeit, München 1971b
— (Hrsg.): Offensive Sozialpädagogik, Göttingen 1973
— (Hrsg.): Freizeit- und Konsumerziehung, 3. Aufl. Göttingen 1974
Glaser, H. / Stahl, K. H.: Die Wiedergewinnung des Ästhetischen, München 1974
Gudjons, H.: Praxis der Interaktionserziehung, Bad Heilbrunn/Obb. 1978
Günther, K.-B.: Soziales Lernen durch strukturiertes Rollenspiel, in: Nickel, H.-W., u. a.: Rollenspielbuch, Hilfen für Spielleiter, H. 9, hrsg. von LAG Spiel und Amateurtheater NW, Recklinghausen 1972, 109 — 121
Hausmann, G.: Didaktik als Dramaturgie des Unterrichts, Heidelberg 1959
— Bemerkungen zur Didaktik als einer offenen Strukturtheorie des Lehrens und Lernens, in: Nicklas, H.-W. (Red.): Politik — Wissenschaft — Erziehung, Frankfurt/M. / Berlin / Bonn / München 1969, 98 — 103
Heimann, P.: Didaktik als Theorie und Lehre (1962), in: Heimann, P.: Didaktik als Unterrichtswissenschaft, Stuttgart 1976, 142 — 167
— Erziehung zu einem sinnvollen Kulturverhalten (1957), in: Giesecke, H. (Hrsg.): Freizeit- und Konsumerziehung, 3. Aufl. Göttingen 1974, 190 — 195

Hentig, H. von: Spielraum und Ernstfall, Stuttgart 1969
— Ästhetische Erziehung im politischen Zeitalter (1967), in: Hentig, H. von: Spielraum und Ernstfall, Stuttgart 1969, 352 — 377
Hopf, D.: Analyse und Auswertung von Spielstunden, in: Daublebsky, B.: Spielen in der Schule, 5. Aufl. Stuttgart 1977, 284 — 301
Hoppe, H.: Zur Theorie und Methode pädagogischer Spielverwendung, in: Harms, P. A. (Hrsg.): Lehrtheater Lerntheater, Münsterndorf 1978, 95 — 110
Hoppe, H. / Kühl, H. / Noetzel, W.: Spielpädagogik kontrovers. Diskussionsbeiträge zur didaktischen Begründung pädagogischer Spielpraxis, Scheersberger Schriftenreihe Bd. 15, Scheersberg / Flensburg 1979
Klafki, W.: Normen und Ziele in der Erziehung, in: Klafki, W., u. a.: Erziehungswissenschaft 2, Funkkolleg, Weinheim 1970, 13 — 51
Klafki, W. / Otto, G. / Schulz, W.: Didaktik und Praxis, Weinheim / Basel 1977
Klatt, F.: Freizeitgestaltung, Stuttgart 1929
— Die schöpferische Pause, Wien 1952
Kossolapow, L.: Musische Erziehung zwischen Kunst und Kreativität, Frankfurt/M. 1975
Kube, K.: Spieldidaktik, Düsseldorf 1977
Kühl, H.: Spielen — Lernen: Ja — aber wie?, in: Hoppe / Kühl / Noetzel: Spielpädagogik kontrovers, Scheersberg / Flensburg 1979, 7 — 16
Nahrstedt, W.: Freizeitpädagogik in der nachindustriellen Gesellschaft, Neuwied / Darmstadt 1974
Marcuse, H.: Triebstruktur und Gesellschaft, Frankfurt/M. 1977
Mayrhofer, H. / Zacharias, W.: Ästhetische Erziehung, Reinbek bei Hamburg 1976
Menze, C.: Der Übergang von der ästhetisch-politischen zur literarisch-musischen Erziehung, in: Vierteljahresschrift für wissenschaftliche Pädagogik 47 (1971), 1 — 33
Meyer, W. / Seidel, G.: Spielmacher-Scene, Hamburg 1975, 1976
Mollenhauer, K.: Die Ursprünge der Sozialpädagogik in der industriellen Gesellschaft, Weinheim / Berlin 1959
— Erziehung und Emanzipation, 3. Aufl. München 1973
Müller, C. W. (Hrsg.): Gruppenpädagogik, Weinheim / Berlin / Basel 1970
Noetzel, W.: Überlegungen zur Professionalisierung von Sozialpädagogen und deren Konsequenz für die Spielpädagogik, in: Brandes, E. (Hrsg.): Curriculum ‚Spielpädagogik' an Fachhochschulen (Arbeitsmaterialien), Recklinghausen 1978a, 61 — 69
— Interdisziplinäre Didaktik der Ästhetik und Kommunikation — Begründungszusammenhänge terminologischer Bestimmungen, in: Wrisch, W. (Hrsg.): Der Lernbereich Ästhetik und Kommunikation im Rahmen der Ausbildung von Sozialarbeitern und Sozialpädagogen, Archiv für Angewandte Sozialpädagogik (Sonderdruck), Seevetal 1978b, 61 — 70
— Interdisziplinäre Aspekte der Lehre im Bereich Ästhetik und Kommunikation, in: Wrisch, W.: Der Lernbereich Ästhetik und Kommunikation im Rahmen der Ausbildung von Sozialarbeitern und Sozialpädagogen, Archiv für Angewandte Sozialpädagogik (Sonderdruck), Seevetal 1978c, 246 — 254
— Friedrich Schillers idealistische Ästhetik und deren heuristische Bedeutung für eine Didaktik Ästhetischer Erziehung im sozial- und freizeitpädagogischen Kontext, unveröffentlichte Diplomarbeit, Universität Hamburg 1979a
— Sozialpädagogik und Spieldidaktik, in: Hoppe / Kühl / Noetzel: Spielpädagogik kontrovers, Scheersberg / Flensburg 1979b, 76 — 121
— Kulturelle Animation zwischen Spiel und Ernst, in: Animation 1 (1980), 394 f.
— Spieldidaktische Umrißplanung, in: Animation 3 (1982), 124 — 127
— Spielfreude und Spielqualität, in: Animation 4 (1983), 24 — 28
Opaschowski, H. W.: Pädagogik der Freizeit, Bad Heilbrunn/Obb. 1976
— Freizeitpädagogik in der Schule, Bad Heilbrunn/Obb. 1977
— Einführung in die freizeit-kulturelle Breitenarbeit, Bad Heilbrunn/Obb. 1979

Otto, G.: Die Theorie der musischen Bildung und ihr Verhältnis zur Realität (1959), in: Kluge, N. (Hrsg.): Vom Geist musischer Erziehung, Darmstadt 1973, 232 – 246
– Didaktik der Ästhetischen Erziehung, Braunschweig 1974
Pfaffenberger, H. (Hrsg.): Grundbegriffe und Methoden der Sozialarbeit, 2. Aufl. Neuwied / Berlin 1969
– Stichworte „Methoden der Sozialarbeit / Sozialpädagogik", „Soziale Einzelhilfe", „Soziale Gruppenarbeit", in: Schwendtke, A. (Hrsg.): Wörterbuch der Sozialarbeit und Sozialpädagogik, Heidelberg 1977, 189 ff., 243 f., 125.
Pöggeler, F.: Musische Erziehung, ihre Geschichte, ihr Wirken, ihre Grenze (1952), in: Kluge, N. (Hrsg.): Vom Geist musischer Erziehung, Darmstadt 1973, 45 – 80
– Kulturelle Bildung als Problem der Freizeitpädagogik, in: FZP: Freizeitpolitik und Tourismusforschung, H. 2, Frankfurt 1981, 11 – 22
Reich, K.: Theorien der Allgemeinen Didaktik, Stuttgart 1977
Ruprecht, H.: Modelle grundlegender didaktischer Theorien, in: Ruprecht u. a.: Modelle grundlegender didaktischer Theorien, 3. Aufl. Hannover / Dortmund / Darmstadt / Berlin 1976
Scheuerl, H.; Das Spiel, 9. Aufl. Weinheim / Basel 1973
Schiller, F.: Philosophisch-ästhetische Schriften, in: Schiller, F.: Sämtliche Werke, hrsg. von Fricke, G. / Göpfert, H. G., 5. Bd., 6. Aufl. München 1980, 325 – 808
Schmied-Kowarzik, W.: Analyse gegensätzlicher Modelle didaktischer Theoriebildung, in: Pädagogische Rundschau 25 (1971), 57 – 70
Schulz, W.: Ästhetische Erziehung in der Kultur der Gegenwart, in: Die Deutsche Schule 50 (1958), 552 – 562
– Freizeitverhalten als pädagogisches Problem (1965), in: Giesecke, H. (Hrsg.): Freizeit- und Konsumerziehung, 3. Aufl. Göttingen 1974a, 195 – 219
– Unterricht. Analyse und Planung, in: Heimann, P. / Otto, G. / Schulz, W.: Unterricht – Analyse und Planung, Hannover 1965b, 13 – 47
– Aufgaben der Didaktik (1969), in: Kochan, D. C. (Hrsg.): Allgemeine Didaktik, Fachdidaktik, Fachwissenschaft, Darmstadt 1972, 403 – 440
– Didaktik, in: Zur wissenschaftlichen Begründung der Didaktik, Heft 11 der Ergänzungshefte zur Vierteljahresschrift für wissenschaftliche Pädagogik, Bochum 1970, 41 – 53
– Revision der Didaktik, Die Didaktik der „Berliner Schule" – kritisiert – revidiert, in: betrifft: erziehung 5 (1972a), H. 6, 19 – 32
– Unterricht zwischen Funktionalisierung und Emanzipationshilfe (1972), in: Ruprecht, H., u. a. Modelle grundlegender didaktischer Theorien, Hannover / Dortmund / Darmstadt / Berlin 1976b, 171 – 200
– Zur Bedeutung des Rollenspiels in Kindergarten und Grundschule, in: Klewitz, M. / Nickel, H. W. (Hrsg.): Kindertheater und Interaktionspädagogik, Stuttgart 1972c
– Von der lehrtheoretischen Didaktik zu einer kritisch-konstruktiven Unterrichtswissenschaft, in: Born, W. / Otto, G.: Didaktische Trends, München / Wien / Baltimore 1978, 85 – 115
– Unterrichtsplanung, 2. Aufl. München / Wien / Baltimore 1980
Spangenberg, K.: Chancen der Gruppenpädagogik, Weinheim / Berlin / Basel 1969
Stuckenhoff, W.: Rollenspiel in Kindergarten und Schule, Paderborn 1978
Tuggener, H.: Social Work, 2. Aufl. Weinheim / Basel 1973
Zacharias, W.: Funktion und Bedeutung Ästhetischer Erziehung in der Kulturpädagogik, in: Bundesvereinigung Kulturelle Jugendbildung (Hrsg., Red.: W. Gondolf): Jugendkulturarbeit, Bad Heilbrunn/Obb. 1983

5. Elterliche Spieleingriffe und kindliches Spielverhalten auf Gerätespielplätzen
Ergebnisse einer Pilotstudie

Norbert Kluge / Waltraud Oberfrank

I. Einleitung

Der Spielplatzbewegung der letzten Jahrzehnte ist es zu verdanken, daß unsere Bevölkerung in der Stadt und auf dem Lande nicht länger gewillt ist, Kinderspielplätze allein der Organisation und Verwaltung staatlicher Behörden zu überlassen, sondern vielerorts den Anspruch erhebt, bei der politischen Meinungsbildung und Entscheidungsfindung mitzuwirken. So ist es als das Ergebnis zahlreicher Bürgerinitiativen anzusehen, daß in manchen Orten das Defizit an Spielplätzen deutlich verringert und das Monopol des herkömmlichen Gerätespielplatzes zugunsten einer stattlichen Zahl einzelner Spielplatztypen (Kleinkinderspielplatz, Imitationsspielplatz, Aktivspielplatz [Abenteuer-, Robinsonspielplatz], Bolzplatz, Nachbarschaftsspielplatz u. a.) gebrochen werden konnte.

Wenn auch längst noch nicht alle politischen und spielpädagogischen Zielsetzungen realisiert worden sind, so ist nicht zu übersehen, daß alle bisherigen Bemühungen eine Spielplatzpädagogik auf den Plan gerufen haben, die in mühevoller Kleinarbeit die Interessen der eigentlichen Adressaten, der Kinder, vertritt. Es gehört zu den grundlegenden Erkenntnissen der pädagogischen Spielplatzforschung (SCHOTTMAYER / CHRISTMANN 1976; HÖLTERSHINKEN 1980), daß es keineswegs ausreicht, Kindern auf einer für sie reservierten Spielfläche eine größere Zahl Spielgeräte anzubieten. Spielplätze müssen als *Spiel*angebot auch von ihnen akzeptiert werden. Den kindlichen Interessen kann am ehesten entsprochen werden, wenn der Spielplatz in der Nähe der elterlichen Wohnung liegt, die Spielgeräte vor allem nach entwicklungspsychologischen Gesichtspunkten und der Vielseitigkeit der Spielmöglichkeiten und Spielformen ausgesucht werden.

Der Erwachsene hat das Bedürfnis des Kindes, spielen, sich erholen oder auch nichts tun zu wollen, zu respektieren. Er hat als Spielpartner präsent zu sein und das Kind unter Umständen zum Spiel anzuregen. Das Handeln des Erwachsenen scheint in starkem Maße von den Gefahren, die das Kind auf dem Spielplatz möglicherweise erwarten, bestimmt zu sein. Sie legitimieren und fördern Spieleingriffe unterschiedlicher Art. Das mangelnde Spielsituationsrisiko der Begleiter bleibt Kindern wohl nicht ganz verborgen. Dies dürfte auch ein Grund sein, warum Eltern von ihren Kindern nicht gern auf dem Spielplatz gesehen werden. Begleiten sie den Sohn oder die Tochter auf den Spielplatz, so wird Einschränkung der Spielfreiheit,

ständige Kontrolle und Behinderung der Bewegungsfreiheit befürchtet (HÖLTERSHINKEN 1972b).
Bei einem so divergierenden Erwartungshorizont des Kindes und Erwachsenen stellt sich die Frage nach den tatsächlichen Verlaufsformen der Interaktion von spielenden Kindern und erwachsenen Begleitern auf dem Spielplatz. Unter welchen Bedingungen kommt die soziale Interaktion zustande? Welches sind ihre Hauptmerkmale? Ist der Kinderspielplatz ein konfliktträchtiges Erziehungsfeld?
Unsere Pilotstudie untersucht nur *eine* der möglichen Fragestellungen und versucht, eine erste Antwort zu geben: Welcher Zusammenhang läßt sich auf Gerätespielplätzen zwischen elterlichen Spieleingriffen und kindlichem Spielverhalten feststellen?

II. Aufgabe und Methode

Diese globale Fragestellung wird sogleich differenzierter angesprochen, wenn auf die Aufgaben und methodischen Fragen Bezug genommen wird.
Aufgabe des Beitrages ist es aufzuzeigen, was Kinder an bzw. mit Spielelementen (zum Beispiel Geräten, Material) auf Gerätespielplätzen spielen, ob und wie häufig elterliche Spieleingriffe stattfinden und was sie gegebenenfalls bewirken.
Es wird davon ausgegangen,

- daß das Gelingen eines Spiels neben der Zweckfreiheit auch Ungestörtheit voraussetzt, d. h. dem Kind muß für ein ungestörtes Spiel genügend Spielzeit und ein dem Kind und dem kindlichen Spiel angemessener „Platz in der Welt der Erwachsenen" (Hetzer 1961, 117; BENGTSSON 1971, 21) zu Verfügung stehen;
- daß das Kind im Spiel nicht sich selbst überlassen werden darf. Es braucht eine sogenannte mittelbare Spielführung in Form von Bereitstellen „eines zum Spielen anregenden Lernfeldes" (HETZER 1976, 47), ferner eine sogenannte unmittelbare Spielführung, die ein Gleichgewicht zwischen Spielfreiheit und Bindung darstellt.

Als Untersuchungsmethode wurde die Beobachtung gewählt. Beobachtung wird verstanden als „das grundlegende Verfahren der empirisch forschenden Sozialwissenschaften und der Erziehungswissenschaft" (ROTH 1978, 80) und als „die planmäßige Erfassung sinnlich wahrnehmbarer Tatbestände, wobei der Forscher dem Untersuchungsobjekt gegenüber eine rezeptive Haltung einnimmt" (SCHEUCH, in: FRIEDRICHS / LÜDTKE 1977, 19).
In der Untersuchung ist die Rolle des Beobachters durch Passivität gekennzeichnet. Er versucht seine Rolle als Beobachter möglichst geheimzuhalten, um das Verhalten der zu beobachtenden Personen nicht durch seine Anwesenheit zu verändern. Um nicht als Eindringling empfunden zu werden, nimmt er zeitweise an Interaktionen mit Spielplatzbesuchern teil.
Im Mittelpunkt stand die standardisierte Beobachtung mittels eines Beobachtungsbogens (vgl. Kapitel III).

Von dem Untersuchungsobjekt ausgehend soll die Wahl der angewandten Forschungsmethode begründet werden. Der zu erforschende Gegenstand: kindliches Spielverhalten und elterliche Spieleingriffe stellt einen in der Realität beobachtbaren Tatbestand dar, der mittels empirischer Methoden erfaßt werden kann.
Die wichtigsten empirischen Forschungsmethoden, mittels deren ein Forschungsgegenstand direkt in der Wirklichkeit erfahren werden kann, sind die Befragung und die Beobachtung. Anders als bei der Beobachtung muß der Forscher bei der Befragung sich den zu erforschenden Personen preisgeben. Eine große Anzahl von Wunschantworten von seiten der Befragten dürfte bei einem so prekären Thema wie „Elterliche Eingriffe" die Folge sein.
Um den Grad an Validität möglichst zu maximieren, wurden die Beobachtungen mit einem noch näher zu erläuternden Beobachtungsbogen durchgeführt.

III. Instrument: Beobachtungsbogen

Der Beobachtungsbogen gliedert sich in die drei Fragenkomplexe:

1. Beobachtungsgegenstand: Erwachsene(r) / Kind,
2. Spielverhalten des Kindes,
3. Elterliche Spieleingriffe.

1. Beobachtungsgegenstand: Erwachsene(r) / Kind

Nach der Angabe der Merkmale Alter (Schätzwert) und Geschlecht der beobachteten Personen wurde festgestellt, ob und von wem (Anzahl, Geschlecht und Alter der Begleitpersonen) das Kind während seines Spielplatzbesuches begleitet wird.
Um das Verhältnis zwischen Erwachsenem und Kind zu charakterisieren, wurde die Größe „soziale Kontrolle" in Anlehnung an FRIEDRICHS / LÜDTKE (1977, 60) mittels folgender Indikatoren erfaßt: Distanz zwischen Eltern und Kindern, Möglichkeit des Blickkontaktes sowie Nutzung des Blickkontaktes.

2. Spielverhalten des Kindes

SCHEUERL sieht Spiel als eine Tätigkeit mit mehreren „Momenten" an (vgl. SCHEUERL 1977, 71 ff.).
Für unser Thema interessant ist das Merkmal „Moment der Freiheit".
Spielfreiheit soll verstanden werden als ein die beiden Komponenten Zweckfreiheit und Freiwilligkeit des Spiels umschließendes Phänomen, d. h. einem Spielablauf kann nur die Eigenschaft „frei" zugesprochen werden, wenn in dem Spiel kein außerhalb seiner selbst liegender Zweck verfolgt wird (vgl. SCHEUERL 1977, 69) und wenn der Spieler freiwillig, also ohne

äußeren Zwang, das Spiel selbst in seinem Verlauf, unter anderem durch die Wahl der Spielzeit, der Spielumgebung, des Spielelementes und der Mitspieler, selbst bestimmen kann.
Ein elterlicher Spieleingriff kann diesem wichtigen Merkmal unter Umständen entgegenwirken, d. h. einer zunächst freien Spielhandlung einen bestimmten Zweck auferlegen und das Wesen einer wirklichen Spielaktivität negativ beeinflussen. Ferner kann ein freiwilliger Spielverlauf unter Umständen zur erzwungenen Handlung werden, wenn das elterliche Eingreifen in das kindliche Spiel dem Kind nicht mehr das Ausüben und Gestalten des Spielablaufes nach freiem Willen gestattet.
Da es unmöglich ist, den gesamten Komplex „kindliches Spiel" zu erfassen, beschränkte sich die Untersuchung auf den beobachtbaren Teil des kindlichen Spiels — auf das kindliche Spielverhalten. Außer acht blieben: nicht direkt beobachtbare Tatbestände des Spiels wie Spielerfahrung, Spielbereitschaft und Spielfähigkeit.
Das jeweilige Spielverhalten wurde durch folgende beobachtbare, sich wahrscheinlich gegenseitig beeinflussende Faktoren gekennzeichnet:

a) durch das benutzte Spielelement,
b) durch die Art des Spiels (Spielform),
c) durch die Sozialform des Spiels,
d) durch die jeweilige Dauer des Spiels.

a) Benutztes Spielelement

Untersuchungen von HÖLTERSHINKEN u. a. haben gezeigt, daß Spielelemente bestimmte Spiele vorprägen (vgl. HÖLTERSHINKEN 1972b). Die *fixierten* Spielelemente wie Schaukel, Rutsche, Klettergerüst usw. lassen nur bestimmte Spielverläufe zu, die sich unter anderem in ihrer Dauer, Art und Sozialform von Spielaktivitäten mit *mobilen* Spielelementen wie beispielsweise mit Sand, Blättern, Bällen u. a. unterscheiden.

b) Art des Spiels / Spielform

Von den verschiedenen Klassifikationsversuchen des Spiels (GROOS 1899; Jean PIAGET, in: FLITNER 1977; u. a.) wurde der von HETZER (1961, 1966) gewählt, da hier Spiel nicht nur durch eine, sondern durch die zwei Kategorien: Inhalt und Form des Spiels charakterisiert wird.
Im Anschluß an HETZERs Kategorienschema sollte der jeweils beobachtete Spielverlauf einer der folgenden Spielformen zugeordnet werden:

- Bewegungsspiel,
- Konstruktionsspiel,
- Regelspiel,
- Rollenspiel.

Die Zuordnung der jeweiligen Spielverläufe kann nur als tendenziell angesehen werden, da die meisten Spiele als Mischformen von mehreren Spielformen zu betrachten sind.

c) Sozialformen des Spiels

Bei der Durchsicht der gängigen Literatur über die Sozialformen des Spiels (vgl. AUSUBEL / SULLIVAN 1974; WOHLIN 1972; PARTEN / NEWHALL in: SCHMIDTCHEN-ERB 1976) findet man oft die Ansicht vor, daß Kinder zu Beginn ihrer Entwicklung meist ohne andere Kinder, höchstens mit Erwachsenen spielen. Im Laufe der Entwicklung durchläuft das Kind verschiedene Sozialformen des Spiels, vom Einzelspiel über das Parallelspiel, das Assoziative Spiel und Partielle Spiel bis hin zum Kooperativen Spiel. Mit wachsendem Grad der Komplexität der Sozialformen der jeweiligen Spiele steigen auch die Anforderungen, die das jeweilige Spiel an das spielende Kind stellt.

Es wäre allerdings falsch, würde man nur ein Nacheinander der verschiedenen Sozialformen als Normalzustand ansehen. Vielmehr ist mit steigendem Alter des Spielers im Idealfall ein Nebeneinander verschiedener Sozialformen des Spiels vorfindbar.

In der Untersuchung wurde jeder beobachtete Spielverlauf einer der folgenden Sozialformen des Spiels zugeordnet, wobei die Zuordnung nur als tendenziell gemäß der am häufigsten beobachteten Sozialform angesehen werden kann, da ein Kind in der Beobachtungszeit mehrere Sozialformen durchspielen kann:

- Einzelspiel,
- Einzelspiel mit Nachahmung,
- Spiel mit anderen Kindern,
- Spiel mit den Eltern.

d) Dauer des Spiels

Anlehnend an HETZER, soll der Wert eines bestimmten Spielverlaufs nicht nur von seiner Spieldauer abhängig gemacht werden (vgl. HETZER 1966, 35). Unterschiedliche Ursachen können den Wechsel bzw. Abbruch von Spielverläufen bedingen, die sowohl Spontaneität ausdrücken als auch durch die Spielumgebung wie Ausstattung des Spielplatzes, Kontrolle der Erwachsenen vorbestimmt sein können. Wesentlich erscheint es aus obiger Tatsache, den jeweiligen Grund für den Spielabbruch innerhalb der beobachteten Spieldauer von zehn Minuten zu ermitteln. Das Vorhandensein eines Spielabbruchs bedeutet, daß das spielende Kind das Spielelement verläßt, ohne daß dieses Verlassen Bestandteil des ursprünglichen Spiels ist.

Jeder beobachtete Spielabbruch wurde einer der folgenden Kategorien zugeordnet:

- Ein elterlicher Spieleingriff findet statt.
- Das Spielelement bietet keinen Anreiz mehr.
- Ein anderes Kind wartet auf das Spielelement.
- Andere Kinder schlagen ein anderes Spiel vor.

Wurde der Spielabbruch durch einen elterlichen Eingriff in das Spiel des Kindes verursacht, so wurde folgender Frageteil bearbeitet.

3. Elterliche Spieleingriffe

Der jeweils beobachtete elterliche Spieleingriff wurde durch folgende Variablen charakterisiert:

- Person des Eingreifers,
- Grund für den Eingriff,
- Art des Eingriffs,
- Konsequenzen des Eingriffs.

Die letzten drei Merkmale lassen eine Einteilung in die Extreme positive und negative Eingriffe zu. Als positive Eingriffe werden solche verstanden, die in ihren Ursachen gerechtfertigt, in ihrer Art und Weise angemessen und in ihren Konsequenzen überzeugend wirken. Negative Eingriffe sind in ihren Ursachen ungerechtfertigt, in ihrer Art und Weise unangemessen und in ihren Auswirkungen nicht überzeugend.

Der Grund und hauptsächlich die Art und Weise des Eingreifens prägen die Konsequenzen mit. Vermutlich wird ein gerechtfertigter, in seiner Art und Weise für das Kind angemessener Eingriff eher befolgt als ein autoritärer Eingriff, der willkürlich und dem Kind unangemessen erscheint. In der Wirklichkeit werden wahrscheinlich nur Mischformen von beiden Arten des Eingreifens vorzufinden sein.

a) Person des Eingreifers

Die in das Spielverhalten eingreifende Person wird durch die Merkmale Alter und Geschlecht gekennzeichnet.

b) Grund für den elterlichen Eingriff

Jeder beobachtete Spieleingriff wurde analog zu der Einteilung von HEITKÄMPER (1975, 66 ff.) einem der folgenden Gründe zugeordnet:

- Gefahr durch das Spielelement,
- Konfliktsituation,
- das Kind wählt einen falschen Spielkameraden,
- den Eltern gefällt das Spiel des Kindes nicht.

c) Art des Eingreifens

Jeder beobachtete elterliche Spieleingriff wurde einer oder gegebenenfalls auch mehreren folgenden Alternativen hinsichtlich der Art des Eingriffes zugewiesen (vgl. HEITKÄMPER 1975, 66 ff.):

- Spielabbruch,
- Spielunterbrechung,
- Ermahnung des spielenden Kindes,
- Aufforderung zu einem anderen Spiel,
- Eingriff in das Gruppenverhalten,
- Förderung der Abhängigkeit des Kindes,
- positive Unterstützung des Spiels.

d) Konsequenzen des elterlichen Spieleingriffes

Folgende unmittelbar nach dem Eingriff erfolgte, objektiv sichtbare Auswirkungen auf den weiteren Spielverlauf konnten berücksichtigt werden:

- Das Kind bricht das verbotene Spiel ab und beginnt ein neues.
- Das Kind verändert das nicht geduldete Spiel gemäß den elterlichen Wünschen und legalisiert es auf diese Weise.
- Das Kind zeigt Passivität im weiteren Spielverhalten, seine Spielfreude und -aktivität erlahmt.
- Das Spiel des Kindes wird aktiviert, seine Spielfreude und -aktivität steigt.

IV. Durchführung der Untersuchung

1. Ort und Zeit

Die Einzelbeobachtungen mit Hilfe des Beobachtungsbogens wurden auf sechs ausgewählten Kinderspielplätzen in Ludwigshafen und weiterer Umgebung durchgeführt. Die Auswahl der Spielplätze stellt keine repräsentative Stichprobe gegenüber der Population aller herkömmlichen Spielplätze dar. Sie weisen gegenüber anderen Plätzen eine überdurchschnittliche Ausstattungsqualität hinsichtlich Anzahl und Neuheitsgrad der Spielelemente auf; sogenannte mobile Spielelemente sind mit Ausnahme des Sandbereiches auf keinem Platz vorhanden.

Die ausgewählten Spielplätze sind ferner durch einen hohen Anteil an Erwachsenen als Begleitpersonen der Kinder charakterisiert. Die hohe Anzahl der Erwachsenen ist wahrscheinlich in der Lage der Plätze begründet: Alle untersuchten Spielplätze liegen in Naherholungsgebieten, und der Besuch der Plätze erfordert einen relativ langen Anmarschweg, den vor allem jüngere Kinder nicht allein zurücklegen können.

Insgesamt wurden 360 Kinder in ihrem Spielverhalten beobachtet. Die Beobachtungen wurden in einem Zeitabschnitt von Ende April bis Anfang September 1981 nachmittags an Werktagen durchgeführt. Ein vor der Hauptuntersuchung durchgeführter Pretest zeigte, daß die meisten Spielaktivitäten an den für den Gerätespielplatz spezifischen Spielelementen, d. h. an der Rutsche, an der Schaukel, am Klettergerüst und im Sandbereich, zu beobachten waren. In die Hauptuntersuchung wurden deshalb nur je 90 (insgesamt: 360) Spielverläufe an obigen Elementen in die Betrachtung mit einbezogen.

Die Beobachtungen wurden von einigen Studentinnen, Teilnehmerinnen des Seminars „Spielplatzpädagogik" an der Erziehungswissenschaftlichen Hochschule Rheinland-Pfalz, Abteilung Landau, durchgeführt, nachdem eine Einführung in die Beobachtungsarbeit erfolgt war.

2. Probleme der Untersuchung

Forschungs-technische Schwierigkeiten während der Beobachtung waren hauptsächlich in der sich ständig wechselnden Wetterlage begründet. An kühlen oder heißen Tagen besuchte meist kein Kind den Spielplatz.

Probleme forschungs-ethischer Art entstanden weiterhin bei Beobachtungen auf einem der ausgewählten Spielplätze, weil eine sich auf dem Spielplatz befindliche Mauer die Sichtmöglichkeit der Beobachter versperrte und keinen Einblick ins kindliche Spielgeschehen zuließ. Der Beobachter hätte das Recht der Kinder auf Privatsphäre verletzen müssen, hätte er die Beobachtungen fortsetzen wollen.

V. Ergebnisse der Untersuchung

1. Kind und Erwachsene(r)

a) Alter und Geschlecht der beobachteten Kinder

Der Anteil beider Geschlechter an den beobachteten Kindern war ungefähr gleich groß; 51,1 % der Probanden waren weiblich und 48,9 % männlich.
Das durchschnittliche Alter der Kinder betrug 6 1/2 Jahre, wobei das der Mädchen etwas höher als das der Jungen lag (Schätzwert nach Altersklassen).
Die größte Häufigkeit bildete mit 46,7 % aller Kinder die Altersgruppe der Fünf- bis Siebenjährigen, gefolgt von der Altersgruppe der Acht- bis Zehnjährigen mit 30,3 %.

b) Benutzte Spielelemente

Die Benutzung des jeweiligen Spielelementes ist zum Teil altersbedingt. Herrscht bei den Zwei- bis Vierjährigen – gleich welchen Geschlechts – das Sandspiel vor, so wird bei den Fünf- bis Zehnjährigen dagegen das Spiel an der Rutsche, bei den Acht- bis Zehnjährigen sowie den über zehn Jahre alten Kindern das Spiel an dem Klettergerüst bevorzugt.
Da keine anderen Aktivitäten als die an den vier genannten Spielelementen beobachtet wurden, sagen obige Ergebnisse nichts über die Beliebtheit der Elemente aus.

c) Begleitung der Kinder

Die Beobachtungen zeigen, daß die Anzahl der Kinder, die von Erwachsenen begleitet wurden, mit steigendem Alter der Kinder abnahm (95,9 % der Zwei- bis Vierjährigen, 95,8 % der Fünf- bis Siebenjährigen, 74,3 % der Acht- bis Zehnjährigen und 31,3 % der Kinder, die älter als zehn Jahre waren, wurden von Erwachsenen bei ihrem Spielplatzbesuch begleitet.
59,6 % der 360 beobachteten Kinder wurden von weiblichen und 27,5 % von männlichen Erwachsenen begleitet, 12,9 % wurden nicht begleitet.
Die Mehrheit der begleitenden Erwachsenen gehörte der jüngeren Generation an. 55,1 % waren jünger als 31 Jahre, 22,6 % zwischen 31 und 40 Jahren, 6,7 % zwischen 41 und 50 Jahren und 15,6 % älter als 50 Jahre.
Die meisten, d. h. 73,3 % aller Kinder wurden von einer Person begleitet. Nur ca. ein Achtel aller Kinder (12,0 %) wurde von zwei oder mehr

Personen begleitet. Den 360 Kindern stand eine Anzahl von 345 Erwachsenen gegenüber, d. h. das zahlenmäßige Verhältnis zwischen beobachteten Kindern und Erwachsenen zeigt die zahlenmäßige Macht der Erwachsenen auf dem Kinderspielplatz an.

d) Soziale Kontrolle

Der Abstand zwischen Erwachsenen und Kindern, als ein Kriterium für die soziale Kontrolle, betrug im Durchschnitt 4,39 m. Der durchschnittliche Abstand stieg von 3,47 m bei den Zwei- bis Vierjährigen auf 4,51 m bei den Fünf- bis Siebenjährigen und 5,33 m bei den Acht- bis Zehnjährigen. Bei der Altersgruppe über zehn Jahre wies er einen Wert von 4,00 m auf.
Die meisten Kinder, d. h. 96,7 % aller Kinder, können bei ihrem Spiel von den Eltern beobachtet werden.
Fast ein Drittel aller Kinder (30,3 %) wurde ständig beobachtet, wobei das ständige Beobachten mit dem Alter der Kinder abnahm. 31,3 % aller Kinder wurden meistens und 38,4 % selten von ihren Begleitern beobachtet.

2. Spiel des Kindes

a) Spielform

Bei den verschiedenen Spielformen dominierte mit 75,6 % aller beobachteten Spielverläufe das Bewegungsspiel in reiner Form; in 7,2 % der kindlichen Aktivitäten konnte es in einer Mischform mit anderen Spielformen festgestellt werden. Die restlichen Spielformen wiesen einen relativ geringen Prozentsatz auf, wobei 8,3 % aller Spiele dem Konstruktionsspiel, 3,6 % dem Rollenspiel, 2,5 % dem Regelspiel, 1,4 % dem selbsterfundenen Spiel und 1,4 % dem „sonstigen Spiel" zuzuordnen waren. Wie vermutet, ließen alle beobachteten Spielelemente, mit Ausnahme des Sandbereiches, meist nur Bewegungsspiele zu.

b) Sozialformen des Spiels

Die Vermutung, daß die meisten Kinder allein spielen, wurde bestätigt. 68,6 % aller Spielaktivitäten waren Einzelspiele im weiteren Sinn, wobei 51,1 % den Charakter reiner Einzelspiele und 17,5 % Einzelspiele mit Nachahmung anderer Kinder besaßen. Die Dominanz des Einzelspiels nahm erst bei Kindern im Alter von über zehn Jahren ab.
Fast ein Drittel der beobachteten Kinder spielte mit anderen Kindern. Bei den Spielen zwischen mehreren Kindern (N = 87) dominierte das Spielen in Paaren mit 43,7 % gegenüber 23,0 % Spielen in Dreiergruppen, 16,1 % in Vierergruppen, 17,2 % Spielen mit mehr als vier Mitspielern. Bei den beobachteten Kinder-Spielgruppen zeigte sich, daß in 42,5 % der Spiele die Gruppe als partnerschaftlich bezeichnet werden kann; in 33,8 % der Spielvorgänge hatte ein Kind eine Führungsrolle inne, in 23,7 % konnte eine lose Gruppe beobachtet werden.

Das Spiel der Kinder mit einem oder beiden Elternteilen war bei den jüngeren Kindern stärker ausgeprägt als bei den älteren, wobei 19,1 % der Zwei- bis Vierjährigen, 7,8 % aller Fünf- bis Siebenjährigen, 3,7 % der Acht- und Zehnjährigen und keins der Kinder über zehn Jahre mit den eigenen Eltern spielten. Bei den 30 beobachteten Spielen zwischen Eltern und Kindern konnte in 73,3 % der Aktivitäten ein partnerschaftliches Spielen festgestellt werden. In den restlichen Spielverläufen übernahmen die Elternteile eine Führungsrolle innerhalb der Spielgruppe.

c) Spieldauer

Innerhalb der Beobachtungszeit von zehn Minuten konnte bei der Verteilung der Spiele festgestellt werden, daß die kurzfristigen Spiele, d. h. Spiele mit einer maximalen Spieldauer von fünf Minuten, mit 68,9 % über die längerfristigen Spiele, d. h. Spiele mit einer minimalen Spieldauer von sechs Minuten, dominierten. Die durchschnittliche Spieldauer aller Spielaktivitäten betrug 4,8 Minuten, wobei die Spielabläufe der Zwei- bis Vierjährigen einen mittleren Wert von 5,3 Minuten, die der Fünf- bis Siebenjährigen und der Acht- bis Zehnjährigen je einen Wert von 7,8 Minuten aufwiesen.

78,6 % der 360 beobachteten Spielabläufe wurden vor Beendigung der Beobachtungszeit abgebrochen. Der Anteil der abgebrochenen Spiele war bei den verschiedenen Spielelementen unterschiedlich hoch: Im Sandbereich wurden 54,4 % der Spielaktivitäten abgebrochen, bei dem Kletter- und Steiggerät waren es 74,4 %, bei der Rutsche und bei der Schaukel je 91,1 %.

Folgender Abschnitt soll Auskunft über die Gründe der jeweiligen Spielabbrüche geben.

d) Gründe für Spielabbrüche

Die Mehrzahl der Spielabläufe, d. h. 45,1 %, wurde abgebrochen, weil die Spielelemente keinen Anreiz mehr boten. Die Elemente ließen nur eine bestimmte Anzahl von Tätigkeiten zu, so daß die Spielmotivation schnell erloschen war. Für unsere Thematik wesentlich ist die Tatsache, daß 25,0 % der 360 Spielabläufe abgebrochen wurden, weil ein elterlicher Eingriff ins Spielgeschehen stattfand. Verringert man die Gesamtheit der 360 Kinder auf die Zahl der begleiteten Kinder (N = 309), so beträgt der prozentuale Anteil der durch elterliche Spieleingriffe verursachten Spielabbrüche 29,1 %. Fast ein Drittel der von Erwachsenen begleiteten Probanden wurde in ihrem Spielverhalten durch elterliche Eingriffe gestört.

Andere Gründe für einen Spielabbruch traten gegenüber obengenannten Hauptgründen in den Hintergrund. Bei 4,8 % der registrierten Spielabbrüche verursachten auf ein Spielgerät wartende Kinder den Abbruch, 8,9 % der Spielabbrüche wurden mit dem Vorschlag anderer Kinder, ein neues Spiel zu beginnen, begründet.

3. Elterliche Eingriffe ins Spielgeschehen

a) Zahlenmäßiges Verhältnis zwischen der Anzahl der elterlichen Eingriffe und der Gesamtsumme aller Tätigkeiten

Der prozentuale Anteil der elterlichen Eingriffe an der Gesamtheit aller Spielaktivitäten in einer Altersgruppe nahm mit dem Alter der Kinder ab, wobei 32,4 % der Spielverläufe der Zwei- bis Vierjährigen, 28,6 % der Fünf- bis Siebenjährigen und 15,6 % der Acht- bis Zehnjährigen durch elterliche Spieleingriffe abgebrochen wurden. Bei den Kindern über zehn Jahre konnte ein Anstieg auf 20,0 % beobachtet werden.

Vergleicht man die Ergebnisse der Spielaktivitäten beider Geschlechter miteinander, so zeigt sich, daß durchschnittlich häufiger in das Spiel der Mädchen (27,7 %) als in das der Jungen (22,2 %) eingegriffen wurde.

b) Eingreifende Personen

66,7 % aller Eingriffe wurden von weiblichen und 31,1 % von männlichen Begleitpersonen vorgenommen. In 1,1 % aller Fälle lag ein gemeinsamer Eingriff vor (sonstige Eingriffe: 1,1 %). Dieses Ergebnis läßt aber nicht den Schluß zu, daß Frauen durchschnittlich häufiger als Männer in das kindliche Spiel eingriffen, da hier von unterschiedlichen Grundgesamtheiten ausgegangen wurde. Vergleicht man das jeweilige Verhältnis zwischen der Anzahl der elterlichen Eingriffe und der Anzahl der Begleiter der Kinder bei beiden Geschlechtern, so erhält man ein fast gleiches Ergebnis bei beiden Gruppen. Setzt man das Alter der Begleiter in Beziehung zur Häufigkeit der Spieleingriffe, die in der jeweiligen Altersgruppe vorgenommen wurden, so ergibt sich kein direkter Zusammenhang.

c) Gründe für elterliche Eingriffe

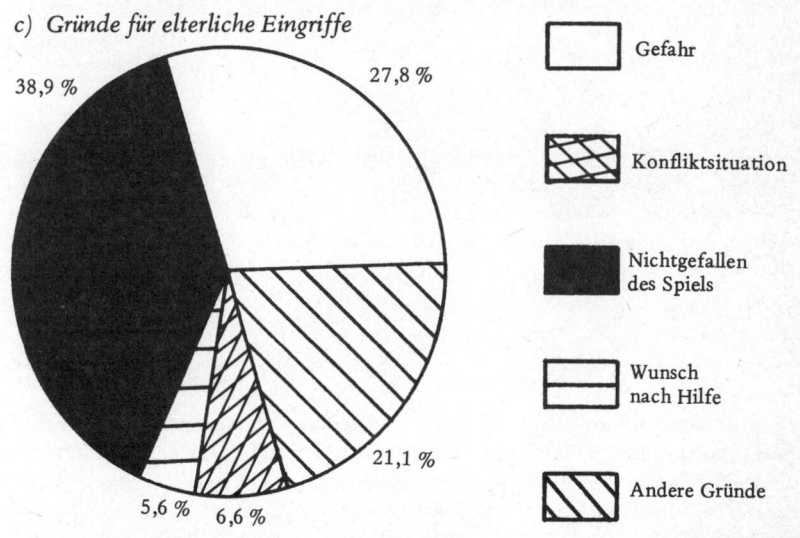

Abbildung 1: Gründe für elterliche Eingriffe

Am häufigsten (38,9 %) griffen Eltern in einen Spielverlauf ein, wenn ihnen das Spiel nicht gefiel. Vergleicht man diesen prozentualen Anteil ungerechtfertigter Eingriffe aufgrund von Nichtgefallen mit dem Anteil der elterlichen Eingriffe, bei denen sich das Kind die elterliche Hilfe wünscht (5,6 %), so fällt das starke Überwiegen der erstgenannten Ursache auf (interessant wäre sicherlich die Erforschung der Gründe, warum so wenig Kinder die Hilfe der Erwachsenen wünschen).

d) *Art des elterlichen Spieleingriffs*

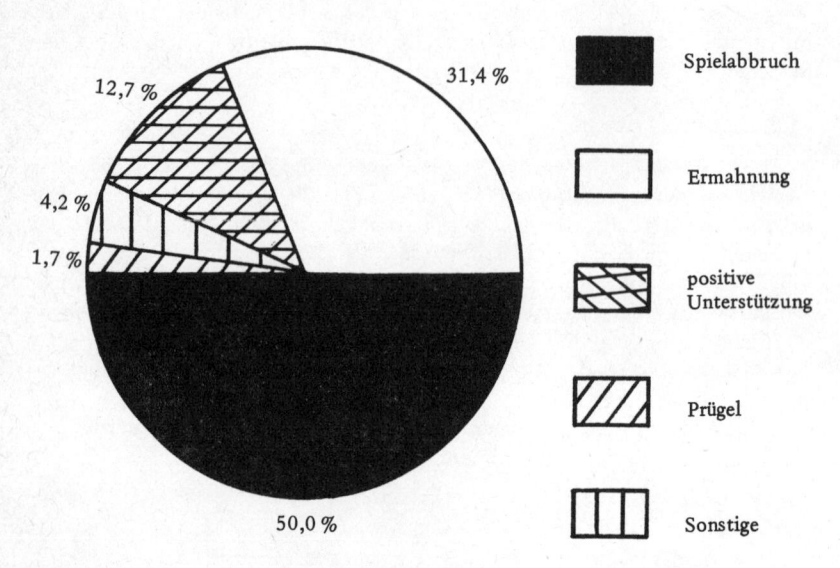

Abbildung 2: Art des elterlichen Spieleingriffs

Am häufigsten wurde das kindliche Spiel abrupt abgebrochen bzw. unterbrochen, ohne daß dem Kind eine verständliche Erklärung gegeben wurde. Bei etwa einem Drittel aller beobachteten Eingriffe wurde das Kind ermahnt, d. h. sein Spiel wurde für unerwünscht oder verboten erklärt.
Nur durchschnittlich jeder achte Eingriff stellte eine positive Unterstützung bzw. Hilfe dar.

e) *Konsequenzen des elterlichen Eingriffs*

In durchschnittlich drei Viertel aller Fälle verursachte der elterliche Eingriff eine Erlahmung oder gar einen Stillstand des Spielablaufs. Demgegenüber aktivierte nur jeder achte Spieleingriff das Kind in seinem Spielverhalten. Durchschnittlich jeder dreizehnte Eingriff erwies sich als nutzlos, da das Kind trotz des elterlichen Eingriffs das Spiel wiederholte.

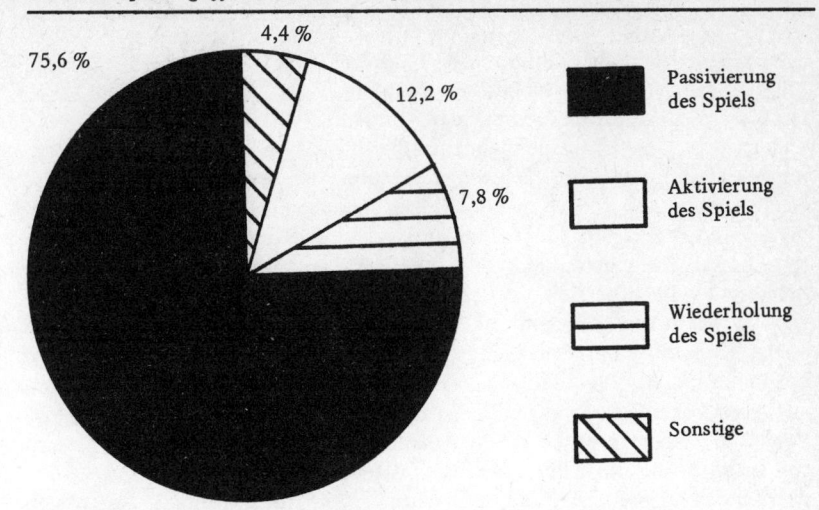

75,6 %   4,4 %
         12,2 %   ■ Passivierung des Spiels
         7,8 %   □ Aktivierung des Spiels
                       ☰ Wiederholung des Spiels
                       ▨ Sonstige

Abbildung 3: Konsequenzen des elterlichen Eingriffs

VI. Schlußfolgerungen

Ähnlich wie in den Forschungsarbeiten von Dieter HÖLTERSHINKEN (1971, 1972, 1980) und Georg SCHOTTMAYER / Renate CHRISTMANN (1976, 1978) konnten meist Spiele beobachtet werden, die kurzfristig waren, in der Mehrheit Bewegungselemente enthielten und in ihrer Sozialform einfach waren.

Die Einfachheit des Spiels resultierte wahrscheinlich aus den auf dem Spielplatz vorhandenen Spielelementen, die nur eine begrenzte Anzahl von Spielaktivitäten zulassen und somit auch Spielfreude und -dauer nur kurz währen lassen. Die fixierten Spielelemente regen zu keinen anderen als den vorgeprägten Spielverläufen an. Ausprobieren von neuen Spielen ist nicht erwünscht oder gilt als störend.

Die vorgefundenen Spielgeräte schränken ferner die Möglichkeit des Kindes zum sozialen Lernen ein, da sie nur Spiele mit wenigen Mitspielern fördern, meist sogar nur zu Einzelspielen auffordern. Die Geräte bieten Kindern, die mit Aggressionen beladen auf den Platz kommen, nicht die Möglichkeit, diese Gefühle zu verarbeiten. Das Ausleben der Aggression kann meist nur in Form von Zerstörung der Geräte geschehen.

Als weiterer Störfaktor des kindlichen Spiels ist neben der mangelhaften Ausstattung des Spielplatzes auch der auf ihm anwesende Erwachsene zu berücksichtigen.

Da die Mehrzahl der Erwachsenen auf dem Kinderspielplatz keine andere Tätigkeit ausübt, als die eigenen Kinder zu betreuen, ist es kaum verwunderlich, daß diese Betreuung in Form von ständigem Beobachten und Kontrollieren sehr intensiv ist.

Häufig stört der Erwachsene das kindliche Spiel, das ohne (negativen) Eingriff wahrscheinlich lebendiger verlaufen wäre. Der Erwachsene trägt auf diese Weise zur „Spielarmut" der Kinder bei.
Konnten in der Untersuchung nur die direkt an den Eingriff sich anschließenden und beobachtbaren Konsequenzen der elterlichen Einflüsse erfaßt werden, so sind ferner auch jene Auswirkungen zu berücksichtigen, die erst in der Zukunft feststellbar sind. Ist es die Regel, daß der Erwachsene ständig das Kind in seinem Spiel korrigiert, so verliert es die Freude am Spielen. Es flüchtet sich in Verhaltensweisen, die durchaus erlaubt sind; eine davon ist der Konsum von Massenmedien. Oft vernichten Eltern die ersten Keimlinge der Spielfreude und -fähigkeit, bevor diese zu wachsen begonnen haben. Eventuelle Folgen können Unsicherheit im Spielverhalten aus Angst vor einem ständigen Eingriff sein. Das Kind getraut sich, bestimmte Spiele, die es als verboten erfahren hat, nicht mehr zu spielen. Diese negativen Erfahrungen des Kindes bewirken offenbar eine momentane Anpassung des Kindes an die gestellten Anforderungen, die im Extremfall zur totalen Anpassung oder zum totalen Aussteigen in absehbarer Zeit führen können (vgl. auch NISSEN 1974).
Es reicht sicherlich nicht aus, den Eltern nur Vorwürfe für ihr kontrollierendes, dominierendes Verhalten zu machen, da ihre Verhaltensweisen vermutlich größtenteils das Ergebnis selbst genossener (bzw. erduldeter) Erziehung ist. Ein Großteil der Eltern ist sich anscheinend der Fragwürdigkeit und der eventuellen negativen Folgen seines Handelns nicht bewußt. Wichtig wäre es aus dem eben genannten Grund, eine Art Aufklärungskampagne zu starten, um die Eltern von der Wichtigkeit des freien Spiels zu überzeugen.
Interessant wäre sicherlich auch die Erforschung der Spielfähigkeit von Erwachsenen, indem nach einer ersten Begriffsbestimmung Indikatoren erarbeitet werden müßten, die der Bestimmung des Entwicklungsstandes der Spielfähigkeit dienen. Eventuelle Defizite der Spielfähigkeit könnten dann durch fachgerechte Spielschulung ausgeglichen werden.
Sieht man den hohen Grad an Hilflosigkeit, den viele Eltern auf Kinderspielplätzen im Spiel mit ihren Kindern zeigen (wie Unkenntnis von mehreren Spielmöglichkeiten an den vorhandenen Spielelementen; Unfähigkeit, sich als Partner in eine Spielhandlung mit dem Kind zu integrieren; die Schwerfälligkeit, kindliche Spielbedürfnisse zu erkennen und dem Kind eventuell bei deren Befriedigung zu helfen usw.), so wird die Notwendigkeit einer „Spielschulung der Eltern" deutlich.
Die Eltern müßten spielfähig gemacht werden, was die Kenntnis bestimmter Spiele sowie die situative Handlungsfähigkeit der Erwachsenen im Spiel beinhaltet und das Erleben und Weitergeben der Spielfreude der Erwachsenen an die Kinder voraussetzt.
Geht man von der Tatsache aus, daß kindliches Spiel zum größten Teil durch eine äußere Anregung entsteht und daß vor allem bei jüngeren Kindern die Eltern als Hauptbezugsperson die Rolle eines Animateurs zum Spiel übernehmen könnten, so wird klar, wie wichtig die Spielfähigkeit der Eltern für das Entstehen der Spielfähigkeit der Kinder ist.

Nur spielfähige Eltern können ihre Kinder zur Spielfähigkeit erziehen, da die Kinder durch die Imitation des elterlichen Spielverhaltens u. a. die Fähigkeit, mit sich und anderen zu spielen, erwerben.
Ein Erwachsener, der selbst gerne spielt, zeigt möglicherweise auch mehr Verständnis für das kindliche Spiel als ein Erwachsener, der nur als Beobachter am Spiel des Kindes teilnimmt, da der erstere durch das aktive Spielerlebnis wahrscheinlich mehr Freude am Spiel empfindet als ein Beobachter.
Der aktiv-spielende Erwachsene kann die Spielfreude des Kindes im eigenen Spiel nachempfinden. Er kann im Spiel ein Stück von der Welt des Kindes sowie dessen Bedürfnisse entdecken.
Vielleicht würde sich dann auch im stärkeren Maße als bisher folgende Auffassung über das Kind und sein Spiel – als Voraussetzung für eine Verhaltensänderung des Erwachsenen gegenüber dem Kind – durchsetzen:

> „Kinder sind wie Uhren,
> man darf sie nicht nur aufziehen.
> Man muß sie auch laufen lassen."

Literatur

Ausubel, D. P. / Sullivan, E. V.: Das Kindesalter, Fakten, Probleme, Theorie, München 1974
Bengtsson, A.: Ein Platz für Kinder, Wiesbaden 1971
Flitner, A. (Hrsg.): Das Kinderspiel, München 1973, 3. Aufl. 1977, 4. Aufl. (Neuausgabe) 1978
Friedrichs, J. / Lüdtke, H.: Teilnehmende Beobachtung, 3. Aufl. Weinheim / Basel 1977
Gross, K.: Die Spiele der Menschen, Jena 1899
Heitkämper, P.: Freie Kommunikation auf dem Spielplatz?, in: Forum E 28 (1975), 66 – 69
Hetzer, H.: Das Spielbedürfnis des Kindes und sein Recht zu spielen, in: Lebendige Schule 16 (1961), 116 – 123
– Das Spiel als zwecklose und doch sinnvolle Betätigung, in: Lebendige Schule 21 (1966), 45 – 47
– Spielpädagogik für die Welt von morgen, in: Lebendige Schule 26 (1971), 169 bis 181
– Spiel und Spielzeug für jedes Alter, München 1976
Höltershinken, D., u. a.: Fallstudien öffentlicher Kinderspielplätze, in: Schule und Psychologie 18 (1971), 200 – 215
– Öffentliche Kinderspielplätze. Untersuchungen und Gegenvorschläge, in: Das Spielzeug (1972a), 1696 ff., (1972b), 1899 ff.
– Empirische Untersuchungsergebnisse zum Thema „Öffentliche Kinderspielplätze". in: Kluge, N. (Hrsg.): Spielpädagogik, Bad Heilbrunn/Obb. 1980, 134 – 142
Kluge, N. (Hrsg.): Spielpädagogik. Neuere Beiträge zur Spielforschung und Spielerziehung, Bad Heilbrunn/Obb. 1980
Nissen, G.: Spielstörungen im Kleinkindalter als Vorläufer von Lernstörungen bei Kindern und Jugendlichen, in: Acta psychiatrica 40 (1974), 214 ff.
Roth, L. (Hrsg.): Methoden erziehungswissenschaftlicher Forschung, Stuttgart / Berlin / Köln / Mainz 1978

Scheuerl, H.: Das Spiel. Untersuchungen über sein Wesen, seine pädagogischen Möglichkeiten und Grenzen, 10. Aufl. Weinheim / Basel 1977
Schmidtchen, S. / Erb, A.: Analyse des Kinderspiels, Köln 1976
Schottmayer, G. / Christmann, R.: Kinderspielplätze. Beiträge zur kindorientierten Gestaltung der Wohnwelt, Teil 1 und 2, Stuttgart 1976
— Spielplatzpädagogik, in: Flitner, A. (Hrsg.): Das Kinderspiel, 4. Aufl. München 1978, 242 — 254
Wohlin, H., u. a.: Freiflächen für Kinder. Wo spielen sie morgen?, München 1972

6. Spiel und Straßenverkehr

Karl Reiter

Die folgenden Seiten sollen nicht über Straßen als Verkehrs- und Transportwege handeln. Straßen haben als Sozialisationsfelder Einfluß auf die Kommunikation zwischen Menschen bzw. auf das Verhalten von Menschen. Spiel und seine Bedeutung für menschliches Verhalten ist Gegenstand dieses Handbuches; der Einfluß der Straße auf menschliches Spiel bildet den Schwerpunkt des folgenden Kapitels.

I. Spielformen und Spielmöglichkeiten von Kindern auf der Straße

Straßen wurden und werden von jüngeren und älteren Menschen zu vielfältigen – und leider auch äußerst gefährlichen – Spielmöglichkeiten genutzt. So wurden in einer amerikanischen Untersuchung (VILARDO / ANDERSON 1969) allein für das Fahrradfahren nahezu hundert – teilweise aggressive – Fahrradspiele von Kindern genannt, in denen das Fahrrad unter anderem auch benutzt wurde, als sei es Motorrad, Rennwagen, Polizeifahrzeug oder Pferd. In WARDs Buch „Das Kind in der Stadt" schreiben Iona und Peter OPIE:

„Eine einzige Kindergruppe konnte uns 20 Spiele nennen, bei denen man quer über die Straße laufen muß. Drücken Kinder bei manchen Spielen mehr als nur Temperament aus, etwas, von sie vielleicht selbst nichts wissen? Keine gesellschaftliche Gruppe ist an ihrem Wohnort mehr verwurzelt als die Kinder. Wenn sie ‚Als-Letzter-Hinüber' spielen, wobei sie vor einem Auto über die Straße rennen, ist es der pure Mutwille, der soe zu diesem Sport treibt, oder steckt dahinter vuelleicht ein geheimer Impuls des Protestes?" (WARD 1978, 96)

Die vielfachen Möglichkeiten für Straßenspiele kennzeichnet auch die Aufzählung der Spielarten: Nachlaufen, Fangen, Suchen, Jagen, Rennen, Kämpfen, Toben bis zum Ende, „harmloses" Wagen, Rollenspiel mit fremden Rollen und Rollenspiel mit zukünftigen Rollen im Untertitel des 1969 von Iona und Peter OPIE erschienen Buches: Children's games in Street and Playground, chasing, catching, seeking, hunting, racing, duelling, excerting, daring, guessing, acting, pretending.

• *Jugendliche und Erwachsene*

Mit Hilfe der Straßenverkehrstechnik (Straßenbau und Fahrzeugtechnik) hat es der Mensch verstanden, seine Umwelt wesentlich zu verändern und seinen Alltag und Lebensablauf sehr vielseitig zu beeinflussen.

Die erste selbständige Teilnahme am motorisierten Straßenverkehr bedeutet für Jugendliche sehr oft eine erhebliche Erweiterung ihrer Möglichkeiten und vergrößerte Unabhängigkeit von der Erwachsenenwelt. Jugendliche treffen sich mit ihren motorisierten Fahrzeugen auf der Straße, um gemeinsam eine Disko aufzusuchen, um gemeinsame Fahrten zu unternehmen und/oder um zu beweisen, daß sie über Kenntnisse und Fertigkeiten verfügen, hochkomplizierte technische Geräte zu beherrschen.

Vielfach wird dieses „Spiel" mit zusätzlichen Risiken versehen, wenn als Nachweis des Könnens und der eigenen Leistung Kraftfahrzeuge ohne Fahrerlaubnis gefahren werden und/oder Fahrzeugdiebstähle von Jugendlichen aus vergleichbaren Motiven begangen werden. — Ich gestehe, daß die vorausgehenden Ausführungen Zweifel daran aufkommen lassen können, die der Straßenkriminalität nahestehenden Aktionsformen mit dem Begriff „Spiel" zu umschreiben.

Häufig nutzen viele Jugendliche und Erwachsene die Straße ungewöhnlich abenteuerorientiert, wenn sie weite Entfernungen überwinden, andere Menschen und andere Sitten erleben wollen. Dieser Faszination durch die Straße entsprechen Straßenspiele mit Aktivitäten wie: Trampen, Urlaubsfahrten in fremde Länder, Auskosten individueller Mobilität mit dem Wohnwagen im Inland oder besonders im Ausland oder Fernfahrten im internationalen Transportwesen. Der Alltag eines Fernfahrers kann sicher nicht mit Begriffen aus dem Bereich des Spiels beschrieben werden. Jedoch Bezeichnungen wie „Kapitäne der Landstraße" oder „Straßencowboy" sowie die obengenannten erlebnisorientierten Aktivitäten weisen sogar im beruflichen Alltag auf die engen Beziehungen zwischen Straße und Spiel hin.

II. Funktionen von Straße und Spiel

Der Transport von Personen und Gütern soll nicht im Vordergrund der Betrachtungen stehen, wenn es hier um Fragen der Funktionen von Straßen geht. Mit den Bezeichnungen Wohnmobil, Urlaub und Trampen wurde bereits angedeutet, daß eine für das Spielen wesentliche Funktion der Straße auch darin besteht, dem Menschen die Erkundung der weiten Welt mit vielen erlebnisreichen Abenteuern zu ermöglichen. Dieser Funktion haben die Straßen (und der Straßenausbau) in den letzten fünfzig Jahren zwar indirekt, aber in einem bisher nie gekannten Umfang entsprochen. Nie zuvor hat es für den motorisierten Verkehrsteilnehmer so komfortable, so schnelle und stark benutzte Straßen gegeben, nie zuvor war jedoch auch die Straße so gefährlich. Wahrscheinlich haben auch nie zuvor die Straßenbenutzer so große Opfer gebracht, wie sie heute in menschlicher, materieller, ökonomischer und ökologischer Hinsicht erforderlich geworden sind. Denn Straße ist Lebensraum mit besorgniserregenden Zahlen von toten und schwerverletzten Menschen, mit ernstzunehmenden ökonomischen Belastungen und ökologischen Krisenzuständen. Über Straßen bzw. Straßennutzung und sterbende Wälder wird vielfach berichtet; und überlegen wir, wie „wertvoll" Milch von Kühen ist, deren tägliches Futter auf Fernstraßen nahegelegenen Weiden wächst.

Zum Umgang mit diesen Problemen gibt es mindestens zwei Strategien, und jede für sich ist schwierig genug. Eine bedeutet Verzicht auf den Straßenverkehr unserer Zeit, die andere bedeutet naturwissenschaftlich-technische und gesellschaftswissenschaftliche Anstrengungen, die Straßenverkehr und damit verbundenes Leben der Menschen auf einem technisch höheren und gesellschaftlich vertretbaren Niveau ermöglichen.

Nicht zuletzt im Hinblick auf das Spiel sollten zerstörende Auswirkungen des Straßenbaus intensiver überdacht werden; dies gilt sowohl für den Straßenbau in dichtbesiedelten Gebieten (Stadt- und Stadtrandgebieten) als auch für weitere Erschließungen weniger dicht besiedelter Gebiete.

Doch zurück zum Thema Straße und Spiel: In unserer Zeit kommt es nahezu einer Eroberung gleich, wenn Stadt- und Vorstadtstraßen zur primären Nutzung der Fußgänger bestimmt werden. Noch scheint es tatsächlich ein Zeichen progressiver Planungsoptik zu sein, wenn Straßenbereiche ausschließlich oder überwiegend für die Nutzung durch Fußgänger (so auch für das Spielen von Kindern) und nicht für die Nutzung durch motorisierte Fahrzeuge bestimmt werden.

- Sozialisation als Funktion der Straße

ZINNECKER beginnt seine Arbeit über Straßensozialisation mit dem Versuch, einen unterschätzten Lernort zu thematisieren (ZINNECKER 1979, 727)

„Keine Altersgruppe benutzt diesen gesellschaften Raum (Straße, Anm. d. Verf.) soviel und so intensiv, wie es die 6- bis 18jährigen tun; und was die Kinder und Jugendlichen an diesem Ort alles lernen, läßt sich in seiner Bedeutung durchaus den Lernorten ‚Schule' oder ‚Familie' gleichsetzen."

Da der Lernort Straße und hier stattfindende Spiele Sozialisationsprozesse entscheidend beeinflussen, wird in diesem Zusammenhang kurz auf das Spielen einschließende Aktivitäten von Kindern und Jugendlichen im Straßenraum in Abhängigkeit von ihrer sozialen Klassenlage eingegangen. Arbeiterkinder und -jugendliche scheinen ungebundener und weniger pädagogisch organisiert. Bürgerkinder und -jugendliche scheinen die Straße weniger zum Spielen als vielmehr zum Erreichen von Institutionen zu nutzen, die ihnen eine geplante Nutzung ihrer Freizeit ermöglichen. Arbeiterkinder und -jugendliche bewegen sich außerhalb des Kontextes von Familie, lernen und arbeiten unkontrollierter unter ihresgleichen und betreiben mehr Straßen-Freizeitaktivitäten auf eigene Faust und Rechnung (vgl. ZINNECKER 1979, 734).

Zur Bedeutung der Zusammenhänge zwischen dem Lebensraum Straße und dem Spiel zwei weitere Abschnitte aus der Arbeit von ZINNECKER zum Thema Straßensozialisation:

„Aus der Sicht der Kinder und Jugendlichen ist Straße interessant unter dem Gesichtspunkt der Angebote, die der Straßenraum gegenwärtig für sie bereithält, insbesondere wenn man bedenkt, daß sie vor der Aufgabe stehen, klassen-, geschlechts- und persönlichkeitsspezifische Identitäten und biographische Perspektiven aufzubauen. Offensichtlich gibt es spezifische Soziallagen, Familienmilieus und biographische Probleme von Kindern und Jugendlichen, die diese in besonderer Weise dazu motivieren, ihre Lebensweise und ihre Identität auf den gesellschaftlichen Ort Straße auszurichten.
In bezug auf die Sozialisationsprozesse im Lernort (im Spielort; Anm. d. Verf.) Straße scheinen zwei Aspekte von besonderer Bedeutung: Unter bestimmten Bedingungen fungiert offensichtlich die Straße im Wohnquartier erstens als Sammelplatz lokaler Kinder- und Jugendkultur; es gibt Themen, die das Straßenleben bestimmen, aber es hängt sehr stark von äußeren Bedingungen ab, ob die Straße die Funktion der Sammlung von Kindern und Jugendlichen innerhalb bestimmter Wohnviertel übernehmen kann. Der zweite Aspekt betrifft vor allem die Identitätsprobleme, die sich im Bereich der Straße stellen. Identität muß und wird in vielfältig wechselnden Situationen hergestellt, problematisiert, erkämpft, neu zur Darstellung gebracht" (ZINNECKER 1979, 743).

In diesem Zusammenhang sind möglicherweise folgende Fragen von Bedeutung:

- Wie unterscheiden sich im Straßenbereich Spiele von Kindern und Jugendlichen?
- Welche geschlechtsspezifischen Unterschiede existieren (woher rühren die größeren Straßenängste von Mädchen, Frauen)?
- Welche Spielformen (gewalttätige, aggressive) werden von Kindern und Jugendlichen aus spezifischen Soziallagen gespielt?
- Welche Spielformen werden im Straßenraum von Kindern und Jugendlichen mit besonders ausgeprägten Persönlichkeitsmerkmalen (Überaktivität, Aggressivität, extreme Leistungs- und Risikobereitschaft) gewählt bzw. wie können Spiele im Straßenraum individuell und sozial vertretbar gespielt werden?

III. Kinderspiel im Straßenraum

Untersuchungen (vgl. MÜLLER u. a. 1980, 61 ff.) zeigen, daß städtische Wohnstraßen die am häufigsten genutzten Spielorte von Kindern aller Altersgruppen zu sein scheinen. Bei Vergleichen zwischen Straßenraum und Spielplätzen wird der wohnungsnahe Straßenraum deutlich bevorzugt; die Nutzungsanteile betragen zwischen 65 % und 75 %. Als wesentliche Gründe werden die Nähe des Straßenraumes zur Wohnung, die Straßenbebauung und die im Straßenraum andersartige Erlebnisqualität genannt. Fahrbahnen werden überwiegend von Schulkindern zum Spielen genutzt, und Schulkinder spielen lieber auf der Fahrbahn als auf den beengten Gehwegen.
Fahrbahnen eignen sich auch besonders für Bewegungsspiele hoher Intensität bzw. für Spiele mit Spielfahrzeugen.
Zur kurzen Kennzeichnung des Gesagten folgt die Beschreibung eines Spielablaufs (nach BECK, 38):

Spiel und Straßenverkehr

„Lieber kurz und lustig leben als gar nicht", sagte Sabine, die Ampeldrückerin:
„Du drückst auf den Knopf hier. Wenn dann das Licht für die Fußgänger wieder rot ist, dann mußt Du auf die Autos aufpassen: Wenn die dann starten, rennst Du los. Das ist alles. Also, ich laß die jetzt halten, machste mit? . . ." Sie läßt halten.
„Du wirst alt, Jonny — merkst Du das eigentlich?" spottet Bernd, der mit Sabine und Till inzwischen von der anderen Straßenseite herübergrinst. Ich gehe sicherheitshalber bei grün.
„Wer hat denn jetzt das Ampelspiel gewonnen?" frage ich.
„Wir, das siehst Du doch."
„Und gegen wen hat ihr gewonnen?"
„Ou man — bist Du doof?! Hast Du den Dickwanst mit seiner Bombe geseh'n? Der wäre ja bald durchgedreht mit seiner Hupe — aber erwischt hat uns keiner!"
Damit meinen sie die Autos, die Polizei und andere Aufseher.
Gegner brauchen die Straßenspieler nicht zu suchen. Die sind schon da. Sie gewinnen gemeinsam und verlieren einsam, wenn es einen erwischt . . . (vgl. BECK, Straßenspiele, 7).

Obiges Spiel enthält, was Unfallstatistiken belegen. Straßen sind in gewisser Hinsicht äußerst geeignete Spielorte, und es kann auch nicht überraschen, daß gerade Verkehrsunfälle von Kindern im wohnungsnahen Straßenraum besonders häufig sind. Der unfallträchtigste Straßenraum ist das zentrumsnahe Wohngebiet mit Haustüren zur Straße, fehlenden oder sehr schmalen Vorgärten, geringen Spielgelegenheiten und stark verkehrsbelasteten Wohnstraßen (vgl. MÜLLER u. a. 1980, 72). Hinzuzufügen ist, daß die Zahl der Verkehrsunfälle von Kindern in der Bundesrepublik Deutschland außerordentlich hoch ist (760 verkehrstote Kinder unter 15 Jahren im Jahre 1981) und daß die Bundesrepublik Deutschland im internationalen Vergleich bezüglich der Verkehrsunfälle von Kindern den ersten Platz hält (54.595 bei Straßenverkehrsunfällen verunglückte Kinder unter 15 Jahren in 1981). In Kapitel IV werden einige Maßnahmen vorgestellt, die Kinderspiel im Straßenraum ermöglichen und Risiken für Kinder vermindern sollen.

- *Freiheit auf zwei Rädern; Jugendliche und Erwachsene als Motorradfahrer*

Vor dreißig Jahren gab es zwar in der Bundesrepublik Deutschland weit mehr Motorräder als heute, aber Motorräder waren damals preisgünstige Transportmittel. In den letzte 15 Jahren ist das Motorrad in zunehmendem Maße zu einem in der Freizeit genutzten Sport- und Hobbygerät geworden, mit dem besonderen Wünschen nach Freiheit, Unabhängigkeit, Kraft, Schnelligkeit, körperlicher Beschleunigung, Gefahrenbewältigung und qualifizierter Techniknutzung entsprochen wird. Jugendliche Motorradfahrer organisieren sich in Motorradclubs und schaffen sich eine eigenständige Kultur Gleichgesinnter.
Spiele solcher in Gruppen fahrender jugendlicher Motorradfahrer bedeuten möglicherweise, daß eine ganze Gruppe jugendlicher Motorradfahrer das Rotlicht einer Verkehrsampel mißachtet und andere Verkehrsteilnehmer erheblich ängstigt und gefährdet. Das Motto lautet: „Freiheit auf zwei Rädern". Das Spiel ist oft genug ein Spiel mit dem Tod.

Ein weiteres Beispiel dieser Spielart: Zwei jugendliche Mofafahrer fahren aggressiv und regelwidrig über eine vielbefahrene Straße. Sie spielen ein Spiel, das „Asphaltdschungel" heißen könnte, und in diesemSpiel haben sie ihre feste Rollen. Sie spielen nach Regeln, die Außenstehende nicht kennen.

Wie für das Kinderspiel im Straßenraum, so liegen auch für das Mofa- und Motorradfahren außerordentlich hohe unfallstatistische Zahlen vor. Im Jahre 1981 gab es 1.918 verkehrstote Mofa-, Moped- bzw. Kraftradfahrer in der Bundesrepublik Deutschland.

Möglicherweise ist individuelle Mobilität ein wesentliches Element motorisierter Straßenspiele und Risiko bzw. Risikoeinsatz ein ebenso wichtiges. Die Spieler – Fahrer – lieben die Gefahren und Statistiken belegen, daß außerordentlich viele Spieler durch diese Gefahren umkommen. Immerhin trifft es auch zu, daß Unfälle mit Motorrädern die häufigste Todesursache junger gesunder Männer in der Bundesrepublik Deutschland ist.

IV. Spiel und Straße; Maßnahmen zur Erhöhung der Sicherheit

In den beiden vorausgehenden Kapiteln ist nicht zuletzt mit Hilfe statistischer Daten versucht worden, Risiko und Gefahr von Spielen im Straßenraum zu dokumentieren (entsprechende Zahlen errechnet aus Angaben in: Statistisches Jahrbuch 1983, Wiesbaden). Statistische Daten lassen erkennen, daß Spielen im Straßenverkehr mit hohen Risiken verbunden ist.

Eine Strategie zur Veränderung dieses Sachverhaltes könnte darin bestehen, eine Risikominderung durch Trennung von Straße und Spiel herbeizuführen. Für Kinder würde dies bedeuten, sie in Zukunft im wohnungsnahen Straßenbereich nicht mehr spielen zu lassen.

Es mag Lebens- und Spielbereiche von Kindern geben, die eine Umsetzung obengenannten Ansatzes ermöglichen. Tatsache ist jedoch, daß gerade in Ballungsgebieten durch verkehrs- und städtebauliche Entwicklungen der letzten fünfzig Jahre die Spielmöglichkeiten unserer Kinder so eingeschränkt worden sind, daß den Kindern sozusagen außer dem Straßenbereich keine Spielraumangebote zur Verfügung stehen. Daher wird als eine der ersten Maßnahmen zur Verbesserung der Kinderspielmöglichkeiten in Wohnbereichen vorgeschlagen, verkehrsberuhigte Bereiche einzurichten, wie sie zum Beispiel in Holland unter dem Namen Woonerfs bekannt sind.

Dem Vorteil des dadurch erhaltenen bzw. vergrößerten Lebensraumes und Spielangebots für Kinder stehen leider auch Nachteile gegenüber, so zum Beispiel Begegnungen der Kinder mit Fahrzeugverkehr. Es müssen daher die vom Kraftfahrzeugverkehr ausgehenden Gefahren und Belästigungen eingeschränkt werden, damit nicht zuletzt Unfälle mit Fußgängern, insbesondere mit Kindern reduziert werde. Entsprechende Maßnahmen müssen abzielen auf eine Verringerung des Kfz-Verkehrs in den Wohnstraßen und auf Reduzierung der Fahrzeuggeschwindigkeiten. Gleichzeitig muß erreicht

werden, daß die Kraftfahrer die Vorteile solcher verkehrsberuhigter Bereiche einsehen können und die erforderlichen Geschwindigkeitsreduzierungen selbstverständlich akzeptieren und vornehmen.
Eine weitere Maßnahme ist darin zu sehen, daß Kinder sich nicht unnötig im Verkehrsraum aufhalten.
Alle — Verkehrsteilnehmer, Eltern, aber auch Kindergärten und Institutionen — müssen bereit und fähig sein, dem Kind bessere Spielmöglichkeiten in seiner wohnungsnahen Straßenumgebung einzuräumen.
Dies bedeutet für Kraftfahrer, daß sie den Schutz von Kindern als eine selbstverständliche und wesentliche Aufgabe ansehen, und daß sie ihr Fahrverhalten jederzeit auf die Wahrnehmung dieser Aufgabe abstimmen. Eine erste und wesentliche Konsequenz hieraus dürfte sein, daß Kraftfahrer bereit sind, innerorts weit geringere Durchschnittsgeschwindigkeiten — als bisher erlaubt und praktiziert — zu fahren.
Eltern müssen intensivere Kenntnisse über das Spielverhalten ihrer Kinder im wohnungsnahen Verkehrsbereich haben und bereit und fähig sein, durch Vorbild, Üben und Spiel solche Voraussetzungen zu schaffen, daß ihre Kinder sicherer leben und spielen können.
Für die Kindergärten besteht die Hauptaufgabe darin, mit Hilfe gezielter und intensiver Elternbereiligung das Spielverhalten der Kinder so zu fördern, daß notwndige positive Einflüsse auf die Entwicklung des Verhaltens der Kinder in verkehrstechnischer Umwelt möglich sind.
Obwohl Straßenraum ein äußerst gefährlicher Spielbereich für Kinder ist, kann jedoch davon ausgegangen werden, daß die Eignung des Straßenraumes für wohnungsnahes Kinderspiel durch verkehrsberuhigende und spielfördernde Maßnahmen verbessert werden kann.
Außerdem besteht die Möglichkeit, auf die Bereitschaft der Menschen Einfluß zu nehmen, besonders im Spielbereich Straße geringere Gefahren und Risiken einzugehen. Damit verbundene Maßnahmen zur Einstellungsbeeinflussung sind leichter ausgesprochen als ausgeführt.
Immerhin gilt in unserer Gesellschaft das Sprichwort: „Wer nicht wagt, der nicht gewinnt" und dies bedeutet, daß Leistung und Erfolg mit Risiko und Wagnis verbunden sind. Dies gilt auch für das Spiel. Leistungstendenzen und Sicherheitstendenzen scheinen sich nicht zuletzt aufgrund des hohen Stellenwertes von Leistung in unserer Gesellschaft gegenwärtig auszuschließen.
Möglicherweise einige bis heute ebenfalls unzureichend genutzte Maßnahmen für Spiele im Straßenverkehr betreffen entsprechende Beeinflussungen des menschlichen Verhaltens.
Spielen im Straßenverkehr bedeutet: Spielverhalten in hochtechnischer Verkehrsumwelt.
Überleben in dieser Umwelt und damit leben in ihr sind in beträchtlichem Maße abhängig von Kenntnissen über diese Umwelt und von Kenntnissen über darin bestehende Gefahren. Straßenbezogene Gefahrenkognition, d. h. die Kenntnis von Gefahren, denen sich die Menschen beim Spiel im Straßenraum aussetzen, bilden wesentliche und notwendige Voraussetzungen, auf diese Gefahren zu reagieren.

Fehlende Gefahrenkognition hat zumindest zur Folge, daß der Mensch auftretenden Gefahren gegenüber unvorbereitet ist. Spezifische Gefahrenkenntnisse von Verkehrsstiuationen (zum Beispiel Berufsverkehr, Baustellenverkehr . . .) können jedoch zur Folge haben, daß den zeitlich und räumlich unterschiedlich auftretenden Gefahren durch entsprechende Spielvermeidung ausgewichen wird oder daß auf Gefahrenkenntnissen aufbauende Verhaltensweisen so gelernt und geäußert werden, daß Spielen im Straßenraum als Spielen in verkehrstechnischer Umwelt auch unter Gesichtspunkten der Verkehrssicherheit den Menschen nutzt.

Literatur

Beck, J.: Straßenspiele, in: Ästhetik und Kommunikation, Beiträge zur politischen Erziehung H. 38, Jahrgang 10
Böcher, W. / Schlag, B.: Kinderunfälle im Straßenverkehr, in: Böcher, W. / Walter, K. H. (Hrsg.): Verkehrserziehung und ihre Grenzgebiete, Bd. 2, Bonn 1978
Bücken, H. (Hrsg.): Die Stadt erleben, mit Kindern im Spiel die Umwelt erforschen, Freiburg 1983
Kind und Verkehr. Ein Programm des Deutschen Verkehrs-Sicherheitsrates (DVR) und seiner Mitlgieder, Bonn o. J.
Muchow, M. / Muchow, H. H.: Der Lebensraum des Großstadtkindes, Bensheim 1980 (Hamburg 1935)
Müller, P. / Zinn, H. / Flade, A. / Rutschow, A.: Kinderspiel im Straßenraum, in: Schriftenreihe „Städtebauliche Forschung" des Bundesministers für Raumordnung, Bauwesen und Städtebau, Forschungsprojekt BMBauRS IIs-4-704102-77.03, 1980
Opie, I. / Opie, P.: Children's Games in Street and Playground, Oxford University Press 1969
Reiter, K.: Kinder mit Spielfahrzeugen, Vorschulbriefe zur Verkehrserziehung im Elementarbereich 134 (1982), Braunschweig 1982
Sack, M.: Lebensraum Straße, in: Deutsches Nationalkomitee für Denkmalschutz (Hrsg.), Bd. 14, Stuttgart 1982
Statistisches Jahrbuch 1983 für die Bundesrepublik Deutschland, Statistisches Bundesamt (Hrsg.), Stuttgart 1983
Vilardo / Anderson: Bicycle accidents to schoolaged children, Chicago 1969
Ward, C.: Das Kind in der Stadt, Frankfurt 1978
Zapf, K. / Zinn, H. / Gröning, G.: Kinderfreundliche Umwelt, in: Schriftenreihe „Städtebauliche Forshcung" des Bundesministers für Raumordnung, Bauwesen und Städtebau, Nr. 3087, 1980
Zinnecker, J.: Straßensozialisation, in: Zeitschrift für Pädagogik 25 (1979), H. 5

7. Videospiele als Abbild unserer Wirklichkeit
Rolf Behn

I. Einleitung

In diesem Beitrag steht nicht, wie in den anderen dieses Abschnittes, die Frage nach der Umwelt des Spielens im Vordergrund. Vielmehr soll, exemplarisch anhand von ‚Videospielen', die Wirkung eines Spielmittels und dessen Einbindung in gesellschaftliche Prozesse dargestellt werden. Nach einer phänomenologischen Beschreibung wird das Spielmittel unter folgenden Fragestellungen untersucht:
- Welche Anforderungen stellt das Spielmittel an die Spieler?
- Welche Wirkungen hat das Spiel mit dem Spielmittel auf die Spieler?
- Welche Zusammenhänge gibt es zwischen gesellschaftlicher Wirklichkeit und dem Spielmittel?

Die Verkaufszahlen von Videospielen gehen in die Millionen. In fast allen Lebensbereichen sind diese Spiele anzutreffen, aufgestellt an öffentlich zugängigen Plätzen, wie Kinovorhallen, Einkaufszentren oder Imbißstuben, in Spielhallen und als Heimgerät in derzeit ca. einer Million deutscher Haushalte. In den Massenmedien erscheinen häufig Artikel, die das Pro und Contra dieser neuen Generation von Spielen diskutieren. Ein fundiertes Wissen über die Wirkungen dieser Spiele fehlt bislang aber noch, „die Wirkungsforschung über Videoautomaten steht völlig in den Anfängen. Aussagen über Langzeiteffekte sind zur Zeit noch nicht möglich" (SELG 1981, 14).

II. Phänomenologische Beschreibung

1. Begriffsdefinitionen

Deutlich wird die fehlende wissenschaftliche Erfassung auch daran erkennbar, daß es noch kein einheitliches Begriffssystem gibt: die Bezeichnungen ‚Videospiel', ‚Telespiel', ‚Computerspiel' und ‚Automatenspiel' werden größtenteils synonym verwendet.
Gemeint sind immer Spiele,
- die an einen Fernseher angeschlossen werden oder bei denen ein entsprechender Bildschirm eingebaut ist,
- deren Spielgeschehen computergesteuert auf diesem Bildschirm abläuft und
- bei denen der Spieler über Eingabemöglichkeiten (Joystics, Knöpfe u. ä.) das Spielgeschehen beeinflussen kann.

Eine Untergruppe der Videospiele sind freistehende Spielgeräte mit eingebautem Bildschirm, die nach Münzeinwurf eine begrenzte Anzahl von Spieldurchgängen ermöglichen. Sie sind mit dem, aus dem Amerikanischen Begriff entlehnten Begriff ‚Arcadespiele' (arcadegames) sehr treffend charakterisiert.
Videospiele für den Hausgebrauch möchte ich als Telespiele bezeichnen. Sie werden meist an einen Fernseher angeschlossen; die Spielprogrammierung wird mittels auswechselbarer software (Cartridge, Diskette oder Cassette) in den Computer (Abspielgerät) eingegeben.

2. Spielinhalte

Die Spielinhalte sind sehr unterschiedlich. Eine inhaltlich orientierte Unterscheidung der software von Telespielen brachte zehn trennscharfe Inhaltskategorien (vgl. FRITZ 1983b, 69):

- Kämpfe und Schlachten (mehr oder minder realistische Simulationen militärischer Auseinandersetzungen),
- Futuristisches Gefechtsfeld (Abwehr von Bedrohungen der eigenen Position und/ oder Angreifen ‚feindlicher' Objekte in futuristischen / verfremdeten Umwelten),
- Labyrinthe und Räume (Jagd nach Objekten und/oder ‚Gegnern' in Labyrinthen bei permanenter Bedrohung der eigenen Existenz),
- Autofahren (Simulation von Autofahrten / -rennen),
- Aufstieg (durch Überwinden von Hindernissen / Bedrohungssituationen soll ein festgelegtes Ziel erreicht werden),
- Abenteuer (Lösen von Rätseln / Aufgaben in unbekannten Räumen, aus denen ein Ausgang oder in denen versteckte Gegenstände gefunden werden sollen),
- Sport (Simulation sportlicher Betätigungen wie Fußballspielen, Skifahren, Boxen oder Golfen),
- Pong (Weiterentwicklungen des Ur-Videospiels: ein Ball wird simuliert, der, von Wänden abprallend, im Spiel gehalten werden soll),
- Gesellschaftsspiele (Videospielaufbereitungen von Gesellschaftsspielen wie ‚Schach', ‚Vier gewinnt' oder ‚Poker').
- Sonderformen (Restkategorie).

3. Spielziel

Als generelles Spielziel gilt es, das Spiel solange wie möglich aufrecht zu erhalten, d. h. meist, das eigene Spielsymbol möglichst lange im Spiel zu halten. Ausnahmen bilden nur einige Spiele der Kategorien ‚Sport', ‚Abenteuer' und ‚Gesellschaftsspiele'. Da der Spieler am Ende jedes Videospiels eine in Zahlen ausgedrückte Rückmeldung über seine Leistung erhält, kann man weiterhin sagen, daß ein möglichst hoher Punktestand angestrebt wird. Je länger ein Spiel dauert, desto mehr Möglichkeiten hat der Spieler auch, Punkte zu sammeln.
Das Spielziel ist, im Gegensatz etwa zu Brettspielen, offen, d. h. es ist nicht fest vorgegeben, sondern kann nur in der Form ‚möglichst viel' oder ‚möglichst lange' formuliert werden. Selbst bei Spielen, die ein festgelegtes Ziel besitzen, ist der Weg dahin so schwierig, daß es in den meisten Fällen nicht erreicht wird und deshalb nur die erreichte Punktzahl über die Leistungen

des Spielers informiert. Der Spielerfolg ist also nur ‚relativ', im Vergleich zu anderen Spielergebnissen, zu definieren.
Diese Quantifizierung des Spielerfolgs wird durch die Computerisierung des Spielens erforderlich. Ästhetische oder interaktive Qualitäten eines Spielzuges sind für den Computer nicht zu erfassen. So kann nur die quantifizierbare Effektivität des Handelns wiedergegeben werden. Durch dieses selektive Feed-back findet auch eine Reduktion im Erleben der Spieler statt: alle Handlungen werden nur noch im Hinblick auf ihre Effektivität zur Erreichung des Spielzieles untersucht.

III. Welche Anforderungen stellen Videospiele an die Spieler?

Zunächst muß der Spieler seine Spiel-‚Befehle' dem Computer verständlich machen. Er verfolgt die graphische Darstellung des Spielgeschehens auf dem Bildschirm und muß lernen, das von ihm zu bewegende / bedienende Symbol durch entsprechende Bewegungen des Handreglers zu steuern, d. h. er muß seine Aktionen in elektronisch auswertbare Befehle umsetzen. ‚Mit den Füßen scharren' oder ‚den Kopf einziehen' sind beim Videospiel irrelevante Reaktionen, wichtig ist nur die computeradäquate Bedienung der Steuerelemente.
Bei dieser Interaktion vollzieht sich beim Spieler unbemerkt eine weitere Anpassung an die eindeutige Logik des Computers. Eingaben, die nicht exakt der vorgegebenen Programmierung entsprechen, werden ignoriert oder uminterpretiert. So ist zum Beispiel bei einigen Spielen nur eine orthogonale Fortbewegung des Spielsymbolds möglich, wählt der Spieler eine davon abweichende Richtung, registriert der Computer nur den nächstliegenden orthogonalen Anteil. Um das Spiel erfolgreich zu bestehen, muß der Spieler lernen, diagonale Richtungen durch eine Kombination orthogonaler Befehle zu erzielen.
Dieses Lernen findet nicht bewußt oder geplant statt. Für gewöhnlich geschieht diese Anpassung, nach ‚Versuch und Irrtum', schnell und unreflektiert. Sie wird als Beherrschung des Spielgerätes aufgefaßt.
Der Spieler muß aber nicht nur lernen, wie er seine Befehle ‚an den Computer' bringt, sondern er muß auch bereit sein, sich vom Computer fremdbestimmen zu lassen. Der Computer formuliert die zu bewältigenden Aufgaben, selektiert und wertet die ‚Lösungen' des Spielers, läßt sich auf keine Interaktion ein, die nicht in seinem Programm vorgesehen ist. Der Spieler kann sich nur bemühen, den Anforderungen gerecht zu werden: sobald er das Gerät einschaltet, bestimmt der Computer sein Handeln.
Daß auch dadurch eine, von allen Kritikern der fortschreitenden Computerisierung unserer Umwelt befürchtete Reduktion menschlicher Denk- und Handlungsmöglichkeiten stattfindet, wird meist nicht gesehen:

„So wie die Computer unser Denken in einer Weise verändern, daß wir schließlich nur noch jene Denkleistungen vollziehen, in denen die Computer besser sind, so reduzieren sie auch den Umgang der Menschen miteinander und ihre Sprache auf jene Formen, die maschinenadäquat sind" (VOLPERT 1983, 24).

Eine weitere Maschinisierung des Spielers findet statt, da es zu den Videospielen gehört, ‚cool' zu bleiben, keine Gefühle hochkommen zu lassen. Wer sich aufregt, wird seinen Aufgaben als ‚Verteidiger der Erde' oder als ‚rasender Rennfahrer' nicht lange gerecht werden. Dies wird verständlich, wenn man sich vor Augen hält, daß die Aufgaben, die an die Spieler gestellt werden, diese immer an den Rand ihrer Leistungsfähigkeit bringen. Eine Autofahrt, bei der es darauf ankommt, möglichst schnell möglichst viele Autos zu überholen, ohne am Gegenverkehr zu zerschellen oder auf Öllachen ins Schleudern zu kommen, erfordert auch in der Simulation auf dem Bildschirm höchste Konzentration, bei der zuviel emotionale Erregung nur störend wirkt.

So kann es auch nicht verwundern, daß die Auswertung einer Fotostudie über das Ausdrucksverhalten von Videospielern zu dem Ergebnis kommt,

daß „Videospiele offensichtlich anstrengend sind. Dies zeigt sich im Ausdrucksverhalten der Spieler darin, daß sie durchweg konzentriert und teilweise auch ziemlich angespannt wirken. Im Anteil der Nennungen in den Beurteilungsstudien" (d. h. bei der Auswertung der Fotos durch Rater) „übertreffen ‚Konzentration' und ‚Spannung' die Zahl der Nennungen in den übrigen Kategorien. Insbesondere auch der Anteil der Nennungen von ‚Entspannung' wird um das fünffache übertroffen" (SAPIA 1983, 122).

Auch der Verband der deutschen Automatenindustrie bescheinigt in seinem ‚Positionspapier zur Diskussion der Kriegsspielautomaten', daß allen Videospielen gemeinsam ist, „daß sie hohe Konzentration und viel Geschick verlangen" (VDAI o. J., 5).

Bei den meisten Spielen gilt es, rasch und sicher die eigene Position zu verbessern oder gegen Angriffe zu verteidigen. Da meist viele und/oder sich schnell bewegende Objekte den Bildschirm bevölkern, ist es nur möglich, das eigene Spielsymbol vor der Vernichtung zu bewahren, wenn es gelingt, alle Bildelemente wahrzunehmen und jede Aktion im Spielgeschehen sofort richtig zu interpretieren.

Selbst wenn dies gelingt, ist der Spielerfolg noch nicht gesichert: der Spieler muß auch in der Lage sein, sein elektronisches Symbol auf dem Bildschirm mit derselben Präzision zu steuern, mit der die es bedrohenden computergelenkten Objekte agieren. Sekundenbruchteile entscheiden, ob eine Reaktion den gewünschten Effekt hat. Da die Handregler / Steuertasten die einzige Kommunikationsmöglichkeit mit dem Spielgerät darstellen, ist eine große manuelle Geschicklichkeit, d. h. sensomotorische Feinfühligkeit und exakte Auge-Hand-Koordination, nötig, um zu bestehen. Alle Handlungsmöglichkeiten des Spielers beschränken sich auf die Bewegung der Finger (Ausnahmen bilden einige Spiele, bei denen Zusatzgeräte auch Impulse der Füße verarbeiten). Es ist eine wesentliche Voraussetzung für das Videospielen, ein ‚Gefühl' für die Bedienung der Steuerelemente zu entwickeln, um dadurch Reaktionen auf das Spielgeschehen ‚instinktiv' richtig in minimale Handbewegungen umzusetzen.

Zusammenfassend kann man sagen, *Videospiele verlangen vom Spieler*

- eine *Anpassung* an das computerzentrierte Spielsystem mit seiner Ignoranz von qualitativen Aspekten zugunsten quantifizierbarer Tatbestände, seiner Forderung

nach Reduktion emotionalen Erlebens und dem Zwang, nur die im Programm vorgesehenen Reaktionen zu zeigen.
- *abstraktes Denken*, da das Spielgeschehen nur in visuellen Symbolen auf dem Bildschirm abläuft und die Handlungsmöglichkeiten des Spielers eine ‚Übersetzung' von Spielzügen in elektronisch verarbeitbare Befehle erfordern.
- ein *hohes Maß an Konzentration* und *Reaktionsschnelligkeit*, um die Vielzahl von verschiedenen Objekten und die rasch wechselnden Konstellationen auf dem Bildschirm zu erfassen und sofort darauf zu reagieren und
- manuelle Geschicklichkeit bei der Bedienung der Steuerelemente, die die einzige Verbindung zwischen Spieler und Spiel darstellen.

Häufiges Videospielen trainiert diese Fähigkeiten.

IV. Wirkungen des Videospielens auf die Spieler

1. Streß

Aus den Anforderungen, die ein Videospiel an die Spieler stellt, ergeben sich Implikationen über seine Wirkung:
Permanenter Leistungsdruck und ununterbrochene Konzentration führen bald zu Gefühlen wie Müdigkeit, Erschöpfung und Angespanntheit.

„Für die weitaus überwiegende Mehrheit der Jugendlichen ist ... die Videospielsituation eine ausgesprochene Streßsituation bis in den somatischen Schmerzbereich hinein. Spiel wird so zur Beanspruchung, hat mehr Arbeits- und Leistungscharakter als den der Erholung und Muße, kurz, in den Worten eines Spielers: ‚verdamt anstrengend'" (DORST 1984, 8).

Dieser Effekt stellt sich aber nicht nur wegen der hohen Leistungsanforderungen ein, sondern auch weil die Spieler im Umgang mit der Maschine lernen müssen, „wie Maschinen zu reagieren. Und das heißt: ohne Gefühl" (FRITZ 1984, 9).

2. Leistungssteigerung und Selbstwertgefühl

Wenn die Spielsituation als so anstrengend erlebt wird, stellt sich die Frage, warum sie dann von so vielen so häufig aufgesucht wird. Eigene Interviews (BEHN 1983) und die Untersuchung an der Fachhochschule Köln (FRITZ 1983, 1984; DORST 1984) kommen zu übereinstimmenden Ergebnissen: der Neuigkeitswert der Spiele steht am Anfang. Später wird das Spielverhalten hauptsächlich von einem Leistungsstreben bestimmt: die Videospiele stellen die Herausforderung dar, die eigenen Fähigkeiten an den vom Computer gestellten Aufgaben zu messen.
Gefördert wird diese Einstellung durch verschiedene Prozesse, die beim Videospielen auftreten:

- Jede Handlung des Spielers führt sofort zu einem akustischen und optischen Feedback. Leistungen des Spielers werden vom Computer sofort auf ihre Effektivität überprüft und das Ergebnis der Überprüfung wird dem Spieler mitgeteilt, etwa dadurch, daß das ‚abgeschossene' Objekt mit einem lauten Knall vom Bildschirm verschwindet.

- Ein gutes Videospiel ist dadurch gekennzeichnet, daß es von Beginn an starke positive Rückmeldungen (Erfolgserlebnisse) bietet, aber dennoch nicht so leicht ist, daß die Spieler sich nicht gefordert fühlen.
- Die bei allen Videospielen vorhandene Steigerung der Leistungsanforderungen bei fortschreitender Spieldauer führt dazu, daß Mißerfolgserlebnisse erst nach einer Reihe positiver Rückmeldungen eintreten.
- Jedes Spiel endet mit einer Niederlage: der Computer hat auch das letzte spielergelenkte Symbol geschlagen. Das Gefühl ‚versagt zu haben‘, kann durch ein ‚Zufriedengeben‘ mit der bis dahin gezeigten Leistung oder durch das Wahrnehmen einer neuen Chance, eines neuen Spieles verringert werden. Da das Ausscheiden des Spielsymbols immer auf einem ‚vermeidbaren Fehler‘ zu beruhen scheint, erwartet der Spieler, beim nächsten Spiel auch die Situation, in der er beim letzten Mal ‚versagte‘, zu meistern.
- Ein ‚Versagen‘ zieht, zumindest bei den Telespielen, keine unmittelbaren Sanktionen nach sich. Ein Knopfdruck und der Spieler erhält eine neue Chance, sich zu bewähren. Aversiv ist lediglich das Nicht-Erfüllen der eigenen Leistungserwartungen. Bei den Arcadespielen ist die Sanktionsfreiheit dadurch eingeschränkt, daß der Spieler seine Spielberechtigung bezahlen muß. Über die Wirkung dieses finanziellen Aspekts der Arcadespiele gibt es meines Wissens bislang noch keine Untersuchungen.
- Trainingseffekte sind an der erreichten Punktzahl leicht abzulesen. Der Spieler sieht, daß er, wenn er viel spielt, immer ‚besser‘ wird. Das Erspielen persönlicher Rekorde ist einer der meistgenannten Gründe für das Videospielen. Jede neue ‚persönliche Bestleistung‘ wird als Bestätigung der eigenen Fähigkeiten betrachtet. ‚Der Spieler hat etwas geschafft‘. Es gibt Anzeichen dafür, daß die damit verbundene Steigerung des Selbstwertgefühls auch auf andere Lebensbereiche übertragen wird.
- Arcadespiele bieten teilweise die Möglichkeit, daß sich Spieler mit sehr guten Leistungen in sogenannte Bestenlisten ‚eintragen‘, die immer wieder nach Beendigung jedes Spiels auf dem Bildschirm auftauchen. Diese Bestenlisten stellen Anreize dar, häufiger und damit besser zu spielen, um so die Berechtigung zu erhalten, sich dort zu ‚verewigen‘. Guten Spielern vermitteln sie das Gefühl sozialer Anerkennung. Bei Telespielen wird diese Funktion teilweise durch die Kommunikation in der Peergroup übernommen, bei der ein gruppeneigenes Rekordsystem aufgebaut wird und über die guten Spielern gleichzeitig soziale Anerkennung zuteil wird.

„Videospiel kombiniert Leistungsanforderungen mit einem effektvoll stimulierenden Feedbacksystem. Der Bildschirm liefert unmittelbar Rückmeldung über den ‚Erfolg‘ einer entsprechenden Spielreaktion und stachelt so den Ehrgeiz des Spielers an, eine bestimmte, von ihm selbst festgelegte Punktzahl zu erreichen ... Spiellust ist Leistungssteigerung" (DORST 1984, 13).

„Auf der Suche nach Erfolg und Steigerung des Selbstwertgefühls können insbesondere bei älteren Spielern fatale Sogwirkungen entstehen: Sie können vom Spielen nicht lassen, weil sie die festgesetzten Leistungsanforderungen nicht erfüllt haben und erst mit dem Erreichen dieses Zieles eine Steigerung des Selbstwertgefühls und der positiven Grundgestimmtheiten eintritt" (FRITZ 1984, 5).

3. Reduktion emotionalen, kognitiven und kommunikativen Erlebens

Die meisten Videospiele erfordern nur Reaktionsleistungen und allenfalls minimale Denkanstrengungen. Außerdem, wie schon weiter oben dargestellt, setzen sie eine Reduktion des emotionalen Erlebens voraus.
Die Spieler nehmen dies nicht nur als Nachteil wahr:

„Die emotionale Sicherheit der Spielsituation scheint neben dem Leistungsaspekt einen wichtigen Prozeß beim Videospielen darzustellen. Der Computer verhält sich emotional neutral, d. h. alle Emotionen spielen sich ausschließlich beim Spieler ab und dieser wird nicht durch Erwartungen, Ansprüche etc. von Mitspielern bedrängt. Die geringe Komplexität der Spielsituation, feste Regeln, geringe Denkanstrengungen und vorgegebene Rollenverteilung tut das ihrige, die Situation zu vereinfachen" (BEHN 1983, 75).

Gerade diese Vereinfachung führt dazu, daß das Videospiel auf einige Spieler erholsam und entlastend wirkt:

„Es bringt Spaß, weil man sich nicht mit komplexen und mehrdeutigen Situationen auseinanderzusetzen braucht" (FRITZ 1984, 7).

In der geringen Komplexität ist aber auch der Grund zu sehen, daß alle Untersuchungen zu dem Ergebnis kommen, daß Videospiele sehr schnell uninteressant und langweilig werden. Dies ist aber nicht der einzige Preis, mit dem die ‚Gefühlsfreiheit' erkauft wird: die schon mehrfach zitierten Gruppendiskussionsverfahren führten auch zu dem Ergebnis,

„daß kreative Phantasie nicht aktiviert werden kann aufgrund der unter Zeitdruck und mit hoher Konzentrationsanforderung zu erbringenden Leistung ... Phantasie, Kreativität und Identifikation werden durch die Spiele selbst eingeengt und behindert. Damit werden wesentliche psychologische Spieldimensionen nicht erfüllt" (DORST 1984, 9 f.).

Um der Reduktion von Fühlen und Denken entgegenzuwirken, präferieren die meisten Spieler das Partnerspiel, d. h. zwei Spieler spielen unmittelbar gegeneinander oder nacheinander gegen den Computer. Als interessanteste Spielform wird häufig das kooperative Spiel gegen den Computer bezeichnet.

„Das Videospiel zu zweit macht den Spielern dann auch mehr Spaß. Der menschliche Partner gibt die emotionale Rückmeldung, zu der der Computer nicht in der Lage ist. Aber auch hier überwiegt der ‚gebannte Blick' auf den Bildschirm, eine komplexe Interaktion scheint mir auch hier durch die hohe Absorption vom Spielgeschehen ... relativ eingeschränkt" (SAPIA 1983, 126).

4. Aggressivität

Da die Spielinhalte vieler Videospiele ganz offensichtlich ein aggressives Durchsetzen gegenüber ‚Feinden' fordern, ist eine heftige Diskussion darüber entbrannt, ob Videospiele zu einer Steigerung der Aggressionsbereitschaft führen oder gar „eine sozialethische Verwirrung ... eine überdauernde Schädigung beim Aufbau eines differenzierten Gewissens" (SELG 1983, 11) bewirken.

Der Verband der deutschen Automatenindustrie, Interessenvertretung der Hersteller von Videospielen, beschreibt den Spielinhalt beispielsweise so:

„Sky raider: Der Film" (der die Szenerie des Spiels darstellt) „zeigt eine Landschaft, wie der darüberfliegende Bomberpilot sie sieht. Durch Knopfdruck muß der Spieler nun versuchen, die Bomben seines Flugzeugs so zu lösen, daß er wahrgenommene Objekte auch trifft. Dazu gehören schnelle Reaktion und Übung ... Spiele wie Space Invadors oder Galaxian simulieren Weltraumgefechte, bei denen der Spieler höchste Konzentration und Geschicklichkeit beweisen muß, um einzelne Objekte zu treffen und selbst Angriffen auszuweichen. Jeder Treffer wird auf dem Bildschirm mit einem

Blitz angezeigt, das Objekt verschwindet. Außerdem werden Schüsse mit Heultönen und Treffer als dumpfe Aufschläge akustisch übermittelt . . . Mit irrealen Waffen werden irreale Objekte getroffen" (VDAI o. J., 6 f.).

Folgerichtig sind diese Spielgeräte

„nach Meinung des Jugendamtes Neuss zum Teil jugendgefährdend, weil sie verrohend wirken oder zu Gewalttätigkeiten anreizen, indem sie rücksichtslose Gewaltanwendung und ein Faustrecht als übliche Methode zwischenmenschlicher Auseinandersetzung schildern" (BEGALKE / ORTWEIN 1984, 15).

Ein Gutachten, angefordert von der Bundesprüfstelle für jugendgefährdende Schriften, kommt zu dem Ergebnis,

„daß Aussagen der Art, die Aggressivität der Kinder und Jugendlichen würde nicht beeinflußt, unhaltbar sind . . . Es gibt genügend Hinweise, daß Videospiele nicht einfach entspannend und lustvoll sind . . . Aus obigen Feststellungen folgt aber nicht das Gegenteil: das Spiel sei nachweislich von verrohendem Einfluß oder sonstwie sozialethisch verwirrend. Mit anderen Worten: Schädigende Einflüsse sind zur Zeit weder nachgewiesen noch auszuschließen" (SELG 1983, 15).

Ergebnisse von Gruppendiskussionsverfahren im Anschluß an eine etwa zweistündige Spielphase an Videospielen führten zu folgender Hypothese:

„Nicht die ohne Zweifel außerordentlich aggressiven und gewalttätigen Spielinhalte sind primär verantwortlich für aggressive Gefühle der Spieler, sondern die fordernde und frustrierende Spielsituation . . . Der Leistungs- und Anforderungscharakter der Spielsituation läßt den Spielinhalt in den Hintergrund treten . . . Hier genau, in der Eindimensionalität des Knopfdrückens, egal für welchen Zweck, liegt die Gefährlichkeit der Spiele, in der Abstraktion von aggressiven und gewalttätigen Bedeutungsinhalten der Spiele auf eine Punktzahl" (DORST 1984, 15).

Mir erscheint die Suche nach einer unmittelbaren aggressionssteigernden Wirkung der Videospiele zu kurzsichtig. Unsere technisierte Welt bietet genug Möglichkeiten zu indirekter, verdeckter Gewalt, die sich nicht gegen reale Menschen, sondern gegen deren elektronische Abbilder richtet. Auch die moderne Kriegsführung benötigt keine emotional aufgeheizten, aggressiv zuschlagenden Sturmtruppen, „die unpersönliche Form des Tötens ist die typische Situation des modernen Krieges" (LIEBEL 1983, 26). Diese Kriegssituation simulieren mehr oder minder offensichtlich sehr viele Videospiele: emotionsloses und unreflektiertes Abschießen von Zielobjektabbildern. Zu diesen Überlegungen paßt auch eine Aussage des 40. Präsidenten der Vereinigten Staaten von Amerika, Ronald REAGAN, über Videospieler:

„Die Air Force glaubt, daß diese Kinder außergewöhnlich gute Piloten sein werden, wenn sie einmal unsere Jets fliegen" (zitiert nach Frankfurter Rundschau vom 16. 3. 1983).

Die Wirkungsforschung bei Videospielen steht nicht nur in den Anfängen, die Diskussion geht meines Erachtens auch an der Gefahr der Videospiele vorbei. Es ist dringend an der Zeit zu überprüfen, ob Videospiele nicht ähnliche Wirkungen haben wie etwa das Simulationstraining bei Bomberpiloten. Anders formuliert: Das aggressionsfreie Ausführen aggressiver Handlungen scheint nach neuesten Erkenntnissen (FRITZ 1984; DORST 1984) zum ‚Lehrstoff' von Videospielen zu gehören.

„Was daran erschreckend deutlich wird, ist das durch Videospiele geforderte und geförderte funktionale Denken, das nur Quantitäten und keine Qualitäten mehr sieht, eine instrumentelle Vernunft, für die Ereignisse, Lebewesen und Dinge zu austauschbaren Objekten werden" (DORST 1984, 10).

V. Welche Zusammenhänge gibt es zwischen gesellschaftlicher Wirklichkeit und Videospielen?

Zu allen Zeiten schufen die Menschen ‚folk models' (vgl. ANDERSON / MOORE 1976), d. h. Modelle, die die Beziehung der Menschen zu ihrer Umwelt abbilden. Eine Form dieser Modelle sind Spiele, sie ermöglichen ein konsequenzloses Erlernen und Ausprobieren gesellschaftlicher Wirklichkeit.

„Alle Gesellschaften benutzen folk models zur Sozialisation ihrer jüngeren Mitglieder und zur Erbauung der älteren" (ANDERSON / MOORE 1976, 31).

Spiele entwickeln sich nicht losgelöst vom gesellschaftlichen Umfeld, insbesondere industriell hergestellte Spielmittel müssen sich an den vorherrschenden Wert- und Erlebnisstrukturen der Spieler orientieren. Durch diese Einbeziehung der „konstellativen Wirklichkeit" der Welt (vgl. JENDROWIAK / KREUZER 1982) werden Spiele aber auch zu einer Sozialisationsinstanz dieser Wirklichkeit. Dies wird am Beispiel der Videospiele besonders deutlich: Sie repräsentieren drei Prozesse, die in unserer (westlichen) Gesellschaft auftreten:

- Mediatisierung der Erfahrung
- Computerisierung des Lebens
- Leistungsorientierung

1. Mediatisierung der Erfahrung

Die „Mediatisierung der Erfahrung" (HENGST 1980, 27) wird durch die Massenmedien und deren Vernetzung vorangetrieben. Längst werden mehr Erfahrungen durch Darstellungen in den verschiedenen Medien gemacht als in der ‚realen Welt'. Film, Fernsehen und Presse überfluten den Menschen mit Informationen über Erfahrungen, die andere stellvertretend für den Medienkonsumenten gemacht haben. In einer außengeleiteten Gesellschaft stellen die Massenmedien die entscheidende bewußtseinsbildende Instanz dar (vgl. RIESMAN 1958).

Die Medienindustrien „verweisen aufeinander, liefern eine Fülle von Variationen zu denselben Themen und durchsetzen so eine graue, desorientierende Umwelt mit reizstarken Fix- und Orientierungspunkten . . . Auf diese Weise wird eine differenzierte zweite Wirklichkeit geschaffen" (HENGST 1980, 38 f.).
„Den Kindern ist ein Teil der bearbeiteten, mediatisierten Welt wirklicher als der Naturteil. Die natürliche Welt erscheint ihnen, da sie deren Bilder oft genug vorher in der Fiktion in den Medien erleben, eher als blasse, wenig eindrucksvolle Kopie" (HENGST 1980, 55).

Viele Erfahrungen sind in der realen Welt nicht mehr ohne weiteres machbar. Je mehr die ‚Natürlichkeit' von Umwelt und menschlichen Beziehungen

durch den Mensch zerstört wird, desto wichtiger werden Medien, desto bedeutungsvoller wird mediatisierte Erfahrung: ihre ‚zweite Wirklichkeit' ersetzt in der Realität Fehlendes durch Fiktion.
Die Videospiele sind Teil dieses allumfassenden Medienverbunds. Sie greifen Themen anderer Medien auf und machen sie (video-)spielbar. So sind zum Beispiel Spiele wie ‚Donkey Kong', ‚Star raiders' oder ‚Smurf' (zu deutsch ‚Schlümpfe') Aufarbeitungen von Film- und Comikfiguren, die den Spielern hinreichend bekannt sind.
Die Vernetzung findet sowohl inhaltlich wie auch organisatorisch statt: Viele Videospielhersteller produzieren gleichzeitig Filme, Comics oder andere Medien, so daß sie Figuren und Themen über alle Medienkanäle vermarkten können.

2. Computerisierung des Lebens

Parallel zu dieser ‚Mediatisierung' findet eine Computerisierung des Lebens statt. Die ‚dritte industrielle Revolution' ist gekennzeichnet durch eine fortschreitende Verwendung elektronischer Bauteile. Massenproduktion, geringe Kosten und scheinbar unbegrenzte Einsatzmöglichkeiten fördern ihren Einsatz. Verwirklicht wird, was technisch machbar ist, die Auswirkungen auf den Menschen und seine Wirklichkeit werden kaum berücksichtigt:

„Im Computer ... entsteht durch die Programme ... eine Zweitwelt, eine künstliche Welt, die von den Absichten, Bedürfnissen, Zielen des Menschen völlig losgelöst funktioniert. Und diese beschränkte Kunstwelt wird nun der äußeren, der realen Welt, dem Menschen aufgezwungen. Schon müssen wir uns in Büros, Fabriken, Verwaltungen, bei Formularen, im täglichen Leben nach ihr richten. Computergerechte Vorgaben sagen uns, wie wir uns zu verhalten haben. Durch dieses ständige Anpassen verlieren wir allmählich unsere menschliche Eigenständigkeit im Denken wie im Handeln, die Computerwirklichkeit wird unsere Wirklichkeit" (MÜLLERT 1982, 53).

Auch zu diesem gesellschaftlichen Prozeß tragen die Videospiele bei. Sie sind eben nicht nur ‚Spiele mit Computer', sie bilden selbst einen Teil der Computerisierung unserer Umwelt. Sie fordern, wie schon weiter oben beschrieben, die Anpassung an ihr „geschlossenes System" (FRITZ 1984, 4) mit allen damit verbundenen Konsequenzen.
Damit werden sie aber zum „Sozialisationsagenten' einer ‚Welt am Draht',

„deren Konturen allmählich deutlicher werden: Verstärkung der Mensch-Maschine-Beziehungen, weitere Verdinglichung menschlicher Beziehungen, Orientierungsverlust, noch stärkere Außenleitung, Entemotionalisierung, Reglementierung und ‚Formierung' ... Menschliche Natur wird zur Maschine" (FRITZ 1984, 8; vgl. auch BAMMÉ et al. 1983).

3. Leistungsorientierung

Eine zentrale Eigenschaft der modernen Gesellschaft ist die technologische Produktion (BERGER et al. 1973).

„Aus technologischen wie aus ökonomischen Gründen tendiert die Logik des Produktionsprozesses stets zu größtmöglicher Steigerung (Maximierung) der Ergebnisse: mehr

Produkt für geringeren Aufwand ... Diese Grundannahme der Maximierung beeinflußt nicht nur das Handeln des Arbeiters, sondern auch seine Phantasie. Sie hat damit ein wichtiges Übertragungspotential für andere Sektoren des sozialen Lebens" (BERGER et al. 1973, 38)

Vergleicht man weitere in der technologischen Produktion vorherrschende Prozesse, wie etwa Entfremdung und Komponentialität (vgl. BERGER), mit denen, die beim Videospiel entstehen, so ist eine verblüffende Ähnlichkeit festzustellen.

In unserer Gesellschaft ist der Wert der Maximierung von der technologischen Produktion auf (nahezu) alle Lebensbereiche übertragen worden. Leistungsorientierung gehört zu den Sozialisationszielen. Auch hier wirken Videospiele nicht ‚aus sich selbst', die Spieler werden nicht durch das Videospielen leistungsorientiert. Aber das Spielmittel verstärkt nahezu ausschließlich diesen Teil der Spielerpersönlichkeit, Gewinnmaximierung ohne Rücksicht auf andere und Zentrierung der Aufmerksamkeit auf Effektivität, und trägt so zur Verbreitung und Aufrechterhaltung dieses gesellschaftlichen Wertes bei.

Und: Beim Videospiel „können die Spieler beweisen, daß sie Fähigkeiten besitzen, die zu Erfolgen führen können. Wo die gesellschaftliche Wirklichkeit immer deutlicher Risse und Klüfte aufweist, setzt sich in der elektronischen Spielwelt der Mythos vom Erfolg ungebrochen fort" (FRITZ 1983a, 57 f.).

Videospiele als Kompensation gesellschaftlichen Versagens?
Videospiele sind ohne Leistungsorientierung nicht spielbar. Menschen, die Entfremdung, Leistungsorientierung und Ausrichtung auf Gewinnmaximierung ablehnen, werden an ihnen keinen Spaß finden.

4. Zusammenfassung

Videospiele sind Träger und Sozialisationsinstanzen gesellschaftlicher Prozesse. Sie sind ein ‚typisches' Produkt unserer Gesellschaft und

„fördern das bewußtseinsmäßige Einüben von Werten und Lebenstechniken der bestehenden Gesellschaft, sie bekräftigen, fördern und fordern Verhaltensweisen und Fähigkeiten im Einklang mit den herrschenden gesellschaftlichen Regeln ... Der Umgang mit den technologischen Spielgeräten formt die psychischen Strukturen und Verhaltensdispositionen zur Anpassung an eine elektronisch gesteuerte Gesellschaft" (DORST o. J., 2 f.).

Unter dem Deckmantel des elektronischen Freizeitvergnügens verbirgt sich

„... die gezielte Modellierung des Spielers für die Zwecke der computerbeherrschten Gesellschaft, wird die Mentalität von Arbeitskräften gefördert, die die ihnen zugewiesenen Aufgaben an den Monitoren und Terminals schnell, präzise und ohne Hinterfragen erledigen" (DORST o. J., 5).

Jeder, der die Enthumanisierung von ORWELLs „1984" nicht will, muß sich darüber im klaren sein, daß Videospiele Embryos des „Televisors" (ORWELL 1976, 5) sind.

VI. Abschließende Bemerkungen und Folgerungen: „Ein Individuum wird überall enthumanisiert, wo es nicht als ganze Person behandelt wird" (WEIZENBAUM 1978)

Die Verwendung des Computers bei den Videospielen reduziert die Erlebens- und Handlungsmöglichkeiten des Spielers. Wenn gilt, „der Mensch spielt nur, wo er in voller Bedeutung des Wortes Mensch ist" (SCHILLER 1795), dann kann man nicht von Video-‚spielen' sprechen. Ein Videospieler kann sich nur bemühen, den vom Computer formulierten Leistungsanforderungen gerecht zu werden. Werte und Prozesse, die in der Arbeitswelt vorherrschen, werden so auch auf das Spielen übertragen.

„Videospiele dienen nicht der Ich-Erweiterung und Identitätsbestätigung, sondern reduzieren in der Mensch-Maschine-Einheit den Spieler zu demjenigen, der den Computer zu ‚bedienen' hat. Videospiele bieten nur in einem begrenzten technisch-formalen Sinn Formen der Auseinandersetzung mit der Umwelt, Möglichkeiten zur Erprobung neuer schöpferischer Lösungsansätze, die Alltagsrelevanz hätten, bieten sie nicht. Sie konditionieren gefühllose Handlungsmuster, Knopfdruckmentalität" (DORST o. J., 5).

„Doch bleibt die Frage, ob die Maschine nicht schon im Menschen selbst enthalten ist, ob die Computerwirklichkeit nicht schon die Wirklichkeit eines Teils unserer Persönlichkeit war, bevor wir mit Computern zu tun bekamen, ob also die Computer nicht einfach nur bereits vorhandene Aspekte unserer Persönlichkeit verstärken" (BAMMÉ et al. 1983, 47).

Genau dieses Maschinenhafte im Menschen wird von den Videospielen angesprochen: Eigenschaften wie „abstrakte Leistungsfähigkeit, Anpassung an apparative Vorgaben, Reaktionsschnelle, Anonymität und Unterschiedslosigkeit, Verlusttoleranz, Regelhaftigkeit und Vorhersagbarkeit des Verhaltens" (DORST o. J., 4) sind Charakteristika des Maschinen-Menschen.

Die Maschinisierung des Menschen schreitet immer weiter vor, Videospiele erweitern den Einflußbereich des Computers auf Kinder und Jugendliche. Eine Kritik, die sich nur gegen die Spielinhalte wendet, greift zu kurz.

„Die Kritik am Videospiel ... kann nur radikal (an der Wurzel ansetzend) als Gesellschaftskritik formuliert werden" (DORST o. J., 7).

Eine Gesellschaft, die zuläßt, daß Kinder und Jugendliche auf die funktionale Logik von Computern ausgerichtet werden, muß sich fragen lassen, ob sie die Gefahren für ein humanes Zusammenleben berücksichtigt hat.

Ein ‚Spiel'-mittel, das den Menschen in seiner Ganzheit reduziert auf das Maschinenhafte, das Phantasie, Kreativität und menschliche Komplexität zugunsten einer mechanischen Leistungsorientierung ignoriert, kann nur als Gefährdung des menschlichen Spielers angesehen werden. Videospiele sind ein solches Spielmittel.

Literatur

Anderson, A. R. / Moore, O. K.: Einige Prinzipien zur Gestaltung von Erziehungswelten selbstgesteuerten Lernens, in: Lehmann, J. / Portele, C. (Hrsg.): Simulationsspiele in der Erziehung, Weinheim / Basel 1976, 29 — 73
Bammé, A. / Feuerstein, G. / Genth, R. / Holling, E. / Lahle, R. / Lempin, P.: Maschinen-Menschen, Mensch-Maschinen. Grundrisse einer sozialen Beziehung, Reinbek bei Hamburg 1983
Begalke, E. / Ortwein, W.: Jugendmedienschutz. Der Beitrag des Jugendamtes zum Jugendmedienschutz — dargestellt am Beispiel der Stadt Neuss, in: Jugendschutz, Organ der Aktion Jugendschutz 28 (März / April) 1983, 70 — 75
Behn, R.: Spielverhalten von Videospielern — eine Analyse möglicher Ursachen (Diplomarbeit), Köln 1983
Berger, P. / Berger, B. / Kellner, H.: Unbehagen in der Moderne, Frankfurt a. M. 1975
Dorst, B.: Videospiele: Die Verkümmerung von Fühlen und Denken (unveröffentliches Manuskript), ohne Jahr (1983)
— Erlebnisdimensionen von Jugendlichen beim Videospiel. Auswertung der Gruppendiskussionsverfahren, in: Videospiele — regelbare Welten am Draht, Spielmittel-Sonderheft, Bamberg 1984 (Zitate nach Manuskript)
Fritz, J.: Von elektronischen Singels zu Computerehen. Elektronikspiele — Phänomene, Wirkungen, Hintergründe, Teil 3, in: Spielmittel 1 1983a, 24 — 39 und 54 — 60
— Videospiele — regelbare Welten am Draht, Teil 3, in: Spielmittel 4 (1983b), 30 — 37 und 69 — 75
— Videospiele — Spiegel unserer Lebenswirklichkeit, in: Videospiele — regelbare Welten am Draht, Spielmittel-Sonderheft, Bamberg 1984 (Zitate nach Manuskript)
Hengst, H.: Mediatisierung der Erfahrung, in: Bauer, K. W. / Hengst, H.: Wirklichkeit aus zweiter Hand. Kindheit in der Erfahrungswelt von Spielwaren und Medienprodukten, Reinbek bei Hamburg 1980, 27 — 60
Jendrowiak, H. W. / Kreuzer, K. J.: Anthropologische Grundlagen des Unterrichts, Düsseldorf 1982
Liebel, M.: Die Zukunft auf's Spiel setzen, in: Päd Extra Sozialarbeit, Juli / August 1983, 20 — 26
Müllert, N. R.: Räderwerk des technischen Fortschritts — Endstation Menschen wie Maschinen?, in: Müllert, N. R. (Hrsg.): Schöne elektronische Welt, Reinbek bei Hamburg 1982, 42 — 60
Orwell, G.: 1984, Frankfurt / Berlin / Wien 1976
Riesman, D.: Die einsame Masse. Eine Untersuchung der Wandlungen des amerikanischen Charakters, Hamburg 1958
Sapia, U.: Ausdrucksverhalten von Videospielern. Untersuchung zur Wirkung von Videospielen anhand der Körpersprache der Spieler (Diplomarbeit), Köln 1983
Schiller, F.: Über die ästhetische Erziehung des Menschen in einer Reihe von Briefen (1795), in: Sämtliche Werke, Stuttgart o. J.
Selg, H.: Viel Geschrei und wenig Wissen. Über die Wirkung von Video-Automaten-Spielen auf Kinder und Jugendliche, in: Spielmittel 4 (September / Oktober 1983), 11 — 15
Verband der deutschen Automatenindustrie — VDAI — (Hrsg.): Positionspapier: Zur Diskussion um Kriegsspielautomaten. Fakten, Argumente. Pro und Contra, Köln o. J.
Volpert, W.: Denkmaschinen und Maschinendenken: Computer programmieren Menschen, in: Psychosozial 18 (Technologie und Kultur), Reinbek bei Hamburg 1983, 10 — 29
Weizenbaum, J.: Die Macht der Computer und die Ohnmacht der Vernunft, Frankfurt a. M. 1978

8. Umwelterziehung im Spiel

Karl Josef Kreuzer / Barbara Thiell

I. Anmerkungen zum Grundverhältnis von Mensch und Umwelt

Lehret eure Kinder,
daß die Erde unsere Mutter ist,
was immer der Erde widerfährt,
widerfährt den Kindern der Erde.
Wenn Menschen auf den Boden spucken,
spucken sie auf sich selbst.
Der Mensch hat
das Netz des Lebens nicht geknüpft,
er ist kaum ein Faden darin.
Was immer er dem Netz antut,
tut er sich selbst an.
(Auszug aus Häuptling SEALTHs Testament).

Wie sehr scheint dem Menschen von heute der Blick verschleiert für eine Sicht, die sowohl eine Mensch-Natur-Identifikation wie auch ein Geborgensein, Eingebettet- und Verwobensein in einen kosmischen Zusammenhang widerspiegelt. Es fällt uns schwer, eine Welt zu denken, in der der Mensch mit seinem Leben rational, emotional und transzendental eins ist. Das Wissen um diese direkte wechselseitige Bedingtheit hat sich in dem Maße verflüchtigt, in dem technologischer, wissenschaftlicher Fortschritt dem Menschen ein Handlungs- und Machtinstrumentarium lieferte, durch den das ursprüngliche Bezugssystem zwischen gleichrangigen Komponenten zu einem einseitig konsumtiven Subjekt-Objekt-Gefüge degenerierte. Die weitreichenden Folgen dieser Art von Wissensverlust werden treffend von HABERMAS (1968, 48) so formuliert:

„Säkularisierung und Entzauberung der handlungsorientierenden Weltbilder, der kulturellen Überlieferung insgesamt, ist die Kehrseite einer wachsenden Rationalität des gesellschaftlichen Handelns."

Mit dem stetig akzelerierenden Zugewinn an Machtmitteln droht die Gefahr, daß der Mensch sich eigenhändig entmachtet. In nicht wenigen Fällen erkennen wir, wie sich dem Menschen die neugeschaffenen Medien, technische Apparate und Möglichkeiten einer allgemeinen Verfügbarkeit entziehen: das Geschaffene verselbständigt sich, führt seinerseits ein Eigenleben und erhält dadurch eine Bumerangwirkung. Die Fähigkeit, sich immer mehr Materie anzueignen und sich bisher unzugängliche Sphären zu erschließen, veränderte das menschliche Weltbild und Selbstbewußtsein. Durch die Fülle und das Überangebot der Konstrukte und des Machbaren gewann der materielle Aspekt in der Handlungsausrichtung Dominanz. Die Umstrukturierung des Sinngefüges resultiert in einer Umgestaltung von Werten, Normen, Verhaltensweisen und Erwartungen, deren Basis, ein weitgefächertes, facettenreiches Weltbild, dem Menschen die Stabilisierung des Daseins erschwert. Als Konterfei der stringent sich daraus ableitenden gesellschaftlichen Krise, die durch weitverbreitete Gefühle der Orientierungslosigkeit und Vereinzelung der Individuen wie durch zunehmende Gefühls- und Glaubensunfähigkeit, Verzweiflungsphilosophien sowie durch Fluchttendenzen unterschiedlichster Art, seien es Suizidversuche oder alternative Aussteigerlebensmodelle, inzwischen hinreichend manifestierbar ist, betrachten Autoren, die sich bisher mit der Thematik „Umwelterziehung / Umweltbewußtsein" befaßt haben, die momentane Misere in unserem ökologischen Bewußtsein.

Während auf der einen Seite kritisch analytisch der Zeitgeist seziert und die Krisis diagnostiziert wird, bemüht man sich andererseits um die Wiedergewinnung konsensfähiger Fundamente. Rationalistische Konzeptionen und der Versuch der Verpflichtung von Wissenschaft auf Grundwerte hin sollen helfen, weitere Einbrüche zu vermeiden. So wichtig auch uns eine rationale Auseinandersetzung erscheint, ist doch dem Skeptizismus vieler Zeitgenossen nicht mit einer bloßen Vernunftstrategie beizukommen. Gerade wenn wir an junge Menschen denken, gewinnen konstellative Ideen und emotionale Sicherungen fundamentales Gewicht.

II. Zur Interdependenz von Umwelt, Pädagogik und Spiel

Über die Bedeutung ökologischer Verhältnisse in ihrem Einfluß auf das Spielen von Kindern und Jugendlichen gaben bereits Beiträge unter VI. 1 bis 6 beredte Auskunft. Im Zusammenhang des Themenbereiches „Spiel und Umwelt" muß jedoch auch als bedeutsam gelten, *daß junge Menschen spielend ihre Umwelt schaffen, spielend mit Umwelt umgehen und in Spielen ihren personalen, kontextualen und kulturalen Bezugsrahmen nicht nur rational erfassen, sondern erlebend erfahren und mitgestalten.* Um die Möglichkeiten des Einsatzes von Spielen in der Umwelterziehung und auch die Bereitstellungen, die Spiel für ein verändertes, verbessertes Umweltbewußtsein liefern kann, ermessen zu können, sollten zunächst Anliegen und Zielvorstellungen von Umwelterziehung formuliert werden.

Darüber, daß das augenblickliche Verhalten zur Umwelt entscheidender und tiefgreifender Veränderungen bedarf, wenn nicht die menschliche Existenz insgesamt gefährdet werden soll, wird Konsens bestehen; Verhaltensänderungen jedoch sind ohne erneute Sinnfindung und Zieldefinierung undenkbar. Somit hätte Erziehung neben der Vermittlung konstellativer Leitperspektiven heute vor allem zum Verhalten und Handeln in der Welt auszustatten.

„Denn schon der immer schneller werdende Wechsel der gesellschaftlichen Verhältnisse erfordert von Individuen Eigenschaften, die sich als Befähigung zur Flexibilität, zum mündigen und kritischen Verhalten bezeichnen lassen" (ADORNO 1970, 111).
„Erziehen zum Bestehen und Bewältigen der Veränderungen ist erforderlich" (ADORNO 1970, 123).

Diese Forderung impliziert das Schaffen eines Bewußtseins: ausgemacht wird dies durch Denken in bezug auf Realität, auf Inhalte. Es ist das in Beziehungsetzen zwischen Denkformen und -strukturen des Subjektes und dem, was es nicht selber ist. Bei diesem konstruktiven Umgehen mit Fremd- und Eigenstrukturen sollen die Vernünftigkeit wie auch die Verantwortung des Menschen hervorgerufen werden. Inwieweit jedoch eine so gekennzeichnete Vernunft, wäre sie denn erreichbar, ausreicht, um eine qualitative und temporär befriedigende Verhaltensänderung durch Erziehung herbeizuführen, muß mit einem Blick auf die Geschichte und angesichts der aktuellen Problemlage fragwürdig bleiben. Konstruktive Bewältigungen sind zwar nötig, können jedoch zur Ausformulierung von Sinnperspektiven nur Teilbeiträge leisten. Vor allem gewährleisten sie nicht die emotionale Bejahung von Werten.
Dennoch kann nicht bezweifelt werden, daß es

„... auch zu den Aufgaben der Schule (gehört) bei jungen Menschen Bewußtsein für Umweltfragen zu erzeugen, die Bereitschaft für den verantwortlichen Umgang mit der Umwelt zu fördern und zu einem umweltbewußten Verhalten zu erziehen, das über die Schule hinaus wirksam bleibt" (Beschluß der Kultusministerkonferenz vom 17. 10. 1980, zit. nach: SCHMACK 1982, 16).

Hinzusehen, die Augen nicht zu verschließen, sondern die Augen aufzutun und den anderen, insbesondere den zu Erziehenden zu öffnen, ist bereits eine moralische Aufgabe. In der Hand des Pädagogen liegt es, welche Tatbestände oder Probleme er in sein Blickfeld geraten läßt und welche er thematisiert, als Unterrichtsgegenstand behandelt. So erhebt sich als erstes die Frage nach der konstellativen Ebene des Erziehers (vgl. JENDROWIAK / KREUZER 1982). Der konstruktive Einsatz pädagogischer Thematiken, Mittel, Medien, Methoden muß in einer Konstellation verankert sein, deren schlichtes ethisches Prinzip sich auf folgenden Nenner bringen läßt:

„Gut und Böse bedeuten in ihr (der Ethik, Anm. d. Verf.) nichts anderes mehr als Überleben – und zwar kollektives Überleben oder Sterben" (AMERY 1974, 233).

Erziehung kann sich nicht aufspielen zum Hebel der Veränderung, aber sie kann zeigen, wo man ihn ansetzen muß.

„Erziehung ist eine ‚Funktion der Gesellschaft', aber ebenso ist die Gesellschaft eine Funktion der Erziehung; Erziehung und Bildung, kommunikativ dem realen gesellschaftlichen Prozeß integriert, decken in den konkreten Verhältnissen Möglichkeiten menschlicher Lebensführung auf, die der bestehenden Gesellschaft, verwickelt in ihren eigenen Institutionen und deren Interessen, noch gar nicht in den Blick gekommen sind, geschweige denn, daß sie es unternehmen konnte, sich auf sie hin zu verändern" (SCHÄFER / SCHALLER 1973, 9).

Aus dieser Sicht wird moralische Erziehung kritische Erziehung sein müssen, der es nicht um die Internalisierung geltender Werte und Normen (obgleich ihrer Beachtung) geht, sondern um die Entwicklung eines Bewußtseins von einer notwendigen Anstrengung: permanentes Fragen nach dem jetzt Richtigen und dessen Verwirklichung. Dieser verlangten „rationalen Kommunikation" (FELLSCHES 1977, 82) ist der Aspekt des Nachhinkens inhärent.

„Mündigkeit bedeutet in gewisser Weise soviel wie Bewußtmachung, Rationalität. Rationalität ist aber immer wesentlich auch Realitätsprüfung, und diese involviert regelmäßig ein Moment der Anpassung" (ADORNO 1970, 114).

Daß Pädagogik immer zu einem großen Teil aus Reaktionen (vgl. HABERMAS 1968, 104 – 108) besteht und bestehen wird, wird dem Erzieher kaum die Legitimation geben dürfen, eine abgeschlossene Reiz-Reaktion-Kette als Ruhekissen zu betrachten oder sich ihr allein in aller Muße zu widmen. Sein Anspruch sollte vielmehr darauf ausgerichtet sein, die Spannen in seiner Pädagogik des Nachvollzuges möglichst klein zu halten. Eine Pädagogik, welche bereits obsolete gesellschaftliche Veränderungen zu bewältigen sucht, kann nicht in der Lage sein, zur aktuellen Auseinandersetzung mit dem Leben und zur Behauptung in ihm beizutragen.
Immer muß auch die Transparenz von Zielen, seien sie als utopisch oder ideal klassifiziert, angestrebt werden und die emotionale Sicherung durch ein philosophisches Beziehungssystem intendiert sein. Die Maßgabe stimmt:

„Unsere Zeit ist (...) aufgerufen, neue Lebensformen und Haltungen (...) aufgrund des Zeitlos-Gültigen zu begründen" (WEHNES 1964, 7).

Das gilt sowohl im Rück- als auch im Vorausblick.
Es dürfte deutlich geworden sein, daß hier Umwelterziehung nicht als ein spezielles Unterrichtsfach definiert, sondern eher als ein Unterrichts-, besser Erziehungsprinzip begriffen wird, für dessen Wirksamkeit vier Wissensbestände von Bedeutung sind, die von KAPLAN (1972) für die Lebenserhaltung des Menschen in der Vergangenheit und auch in der Zukunft als eminent wichtig betont wurden:

„(1) Daß der Mensch weiß, wo er sich befindet;
 (2) daß er weiß, was als nächstes geschehen könnte;
 (3) daß er weiß, was gut oder schlecht ist (Bewertung);
 (4) daß er weiß, was zu tun ist (Handlung)."

Bevor der Mensch eine Bewertung vornehmen kann und zur Handlung kommt, muß er also eine *Ortung* vornehmen und zur *Orientierung* gelangen. Schlechterdings kann dem Gegenstand Umwelterziehung keine eindimensionale Betrachtung genügen,

- Umwelterziehung ist kein rein naturwissenschaftliches Problem, sondern ebenso
- ein pädagogisch-moralisches,
- ein didaktisches,
- ein psychologisches,
- ein politisches Problem.

Vor dem Hintergrund dieser Komplexität muß ein Spiel im Rahmen der Umwelterziehung mindestens zu einem der folgenden Ziele beitragen:

„A. Gefühle: Der Spielende sollte empfindsamer für die Umwelt werden, welche ja letztlich keine Lobby hat.
B. Kenntnisse: Das Spiel sollte Kenntnisse über tatsächliche Folgen von Umweltproblemen vermitteln.
C. Handeln: Ein Ökologie-Spiel sollte zu intelligentem und solidarischem Handeln zur Verhinderung weiterer Naturzerstörung bzw. zur Wiederherstellung intakter naturnaher Umwelten anleiten" (HALBACH / LEHMAN / SCHILKE 1982, 29).

Es ist oberflächlich betrachtet vielleicht nicht sofort einsehbar, warum nach unserer Meinung gerade mit Spielen ein veränderter Umgang mit der Natur, der vorfindbaren dinglichen Welt und den sie formenden und verformenden menschlichen Konstruktionen, erzieherisch erreicht werden kann. Wenn wir aber davon ausgehen, daß der Mensch mit Raum und Zeit unter Einbeziehung der Quantität, Qualität, Relation und Modalität menschlichen Denkens — im Sinne KANTs — eine Einheit bildet, und Denken, Fühlen und Handeln gleichermaßen an der Ausbildung relativ stabiler Verhaltensdispositionen beteiligt sind, dann ist uns gerade beim Spielen ein Zugang geboten, der linear und eindimensional nicht erreichbar ist: erprobend erfährt der Mensch im Spiel sein Sosein und Dasein. Spielen eröffnet nicht nur Wege zur Selbst- und Fremderkenntnis, sondern ist als ein Spiel mit „Mitteln" und einem Spiel in sich wandelnden Erfahrungsräumen unmittelbares Umwelterlebnis. Beim Spielen sind Kinder und Jugendliche zum Handeln „gezwungen" und gewinnen eben dadurch Einsichten, die auch die Lebensbeziehung von Mensch, Natur und Dingwelt betreffen.

„Wie man ein Umweltbewußtsein aufgebaut hat, das dem rein technisch-rationalen Planen Grenzen setzt, so braucht der Mensch auch ein Innenwelt-Bewußtsein, damit das Leiden an dem eindimensionalen Denken und Handeln nicht tödlich wird" (KERSTIENS 1977, 87).

Gerade im Spiel, das in seiner Grundstruktur immer mehrdimensional ist, ist ein Weltbewußtsein und -erleben zu vermitteln, das immer die Innen- und Außenwelt von einem oder mehreren Individuen betrifft. Hinzu kommt, daß der Mensch nur bei einem hohen Maß an innerer Beteiligung wirklich spielt und daß er bei einem solchen Spielen in einer besonderen Weise lernt. Denn es ist schon so:

„Die Herzensweisheit des Menschen hat eine unabsehbare kognitive Tragweite" (FRANKL 1970, 98).

III. Umwelt und Spiel — Spiel und Umwelt

Es gilt die Tatsache, daß pädagogische Inhalte am wirksamsten transportiert werden, wenn die persönliche Betroffenheit der zu Erziehenden dabei berücksichtigt wird. Für Umwelterziehung, die ein verändertes Verhalten des Menschen zur Natur intendiert, besteht daher die Aufgabe, sich diese Betroffenheit erst einmal zu schaffen. Das Lernen von Empfindsamkeiten für die Agonie von Umwelt und Natur, das Gefühl der Solidarität mit einer Umwelt, die zu sterben droht, benötigt unsere Zuneigung zu ihr. Auch darin besteht eine „Bringschuld der Pädagogik" (SCHMACK 1983, 5 ff.).

„Auch eine auf individuelles und gesellschaftliches Mündigwerden ausgerichtete Erziehung kann bei aller nötigen Rationalität nicht auf emotionale Momente verzichten" (OERTER / WEBER 1975, 97).

„Emotionalität als die durch intuitive Wertung erlebte Valenz einer relevanten Situation samt der damit verbundenen Tendenz zu entsprechendem Handeln ist von zentraler und fundamentaler Bedeutung für die moralische Erziehung" (OERTER / WEBER 1975, 98).

Jenseits rationaler Begründungen verlangen Natur- und Umweltschutz ein persönliches Verhältnis zur Natur, entsprechend dem Ursprung des Namens Ökologie: oikos = griech. das Haus, muß der Mensch seinen Lebensraum als Heimat empfinden und wertschätzen. Nur für etwas Wertvolles und Schätzenswertes ist man bereit, Verzichte, Opfer oder Unbequemlichkeiten in Kauf zu nehmen. Dazu gehört ebenso eine gewisse Selbsttranszendenz im philosophischen Entwurf und ein Weltbegriff, der die „Frage nach der ursprünglichen Ganzheit des Strukturganzen des Daseins" (HEIDEGGER 1977, 240) mit einschließt.

„Solange Pflanzen, Tiere und Landschaften bloße Objekte sind, die außerhalb einer für uns bedeutsamen Erfahrung liegen (...), ist die Mensch-Natur-Beziehung die eines Aktionärs zu seinem Kapital, es dient der Verfügung" (PATERMANN 1981).

Diese Gefahr ist auch dann nicht gebannt, wenn wir der materialistischen These folgen, nach der aus den Qualitäten der Materie kein Sinn resultiert (vgl. HORKHEIMER 1977, 65 ff.). Nur die grundsätzliche Bejahung eines organischen Zusammenhangs von Leben, Natur, dinglicher Welt und Transzendenzperspektive eröffnet die Möglichkeit zu einem Maß an Selbstdisziplin, das willkürliche Zerstörungen verhindert.

1. Spiel und Natur

Es gibt (und es gab sie schon immer) die Spiele *in der Natur* (Waldlehrpfadspiele, Schnitzeljagd, ...), und sie brachten zu ihrem Teil immer auch ein Naturerlebnis mit sich (das Sich-niederducken im Gras, das Sich-wiegen in Baumwipfeln, das Aufstauen eines Baches). Daneben erleben Kinder und Jugendliche *mit der Natur* Spiele (das Blasen auf einem Grashalm, das Flechten von Blumenbändern und -kränzen, das Zusammenbasteln von Kastanienfiguren), die sich seit altersher und in den verschiedensten Kulturen erhalten haben. Heute gesellen sich dazu geplante Spiele zur Erfahrung der Natur, die teilweise nur das vorhandene Repertoire aktualisieren und partiell mit neuen Spielideen (Baumputzaktionen, psychodramatische Naturerlebnisspiele – Kinder werden selbst zu Bäumen unterschiedlicher Art, stellen Blumen dar, identifizieren sich mit Tieren, die ums Überleben ringen) aufwarten. Eine sich verschärfende Bedrohungssituation und ein Mangel an rationaler und emotionaler Auseinandersetzung in und mit der Natur machen solche Spiele immer mehr notwendig und zu einem

Instrument, mit dem Sensibilität für die Natur und die Achtung – ja Liebe zu ihr – verstärkt werden können. Das gilt vor allem auch deshalb, weil rational-manuelle Berührungen geschrumpft sind (man denke zum Beispiel an den Schulgarten, die Waldschule oder die Ernstnahme von Fragen der Schulhygiene).
Natur nicht als reinen Konsumartikel zu betrachten, sondern sie als wesentlichen Bestandteil unserer Lebensqualität zu begreifen, ist das Ziel ökologischen Lernens, einer neuen Naturwahrnehmung und Naturerfahrung. Dieser Lernprozeß erfordert eine Sensibilisierung der Sinne. Spiele in und mit der Natur können helfen, ein lebendiges Bewußtsein und eine vertiefte Empfindsamkeit für die natürliche Umwelt zu vermitteln, die durch die gesellschaftliche Entwicklung entstandene Entfremdung abzubauen.

„Ich glaube, daß Kinder (und nicht nur Kinder, Anm. d. Verf.) im Spielen Achtung und Liebe für die Natur entwickeln können, die sie für deren Sprache empfänglich macht" (CORNELL 1979, 87).

Erleben, Entdecken, Erfahren, Elemente jedweden Spiel(en)s haben hier besondere Bedeutung. Die Natur steht als Erfahrungsraum und Medium zur Verfügung (vgl. Einleitung zu diesem Handbuchband). Um das Gefangensein in uns selbst, in unseren Sorgen und Vorurteilen, das uns hindert, unsere Einheit mit anderen Lebensformen zu erfahren, aufbrechen und überwinden zu können, sind bei Begegnungen mit der Natur Momente des Staunens, der Faszination, der Imagination und Bezauberung unerläßlich. Folgende Beispiele aus einer Fülle von Möglichkeiten (vgl. Literatur) scheinen besonders geeignet zu sein, diesen Sachverhalt deutlich zu machen:

Beispiel: „*Erdfenster* (CORNELL 1979, 22)
Der Wald wird lebendig und interessant, wenn man ihn aus einem neuen Blickwinkel betrachtet. In diesem Spiel liegen die Kinder mit Laub bedeckt in einem Wald auf der Erde und achten nur auf das Flüstern der Bäume, das Flattern der Vögel und das Rauschen des Windes. Durch Löcher in der Laubdecke können sie aus ihrem Waldzimmer hinausspähen und die Wolken betrachten, vielleicht kommen sogar Tiere heran, denn die Kinder sind ruhig und versteckt.
Jeder legt sich auf die Erde, schaut in den Himmel hinaus und beginnt sich als Teil der Erde zu empfinden. Bedecke ein Kind nach dem anderen mit Laub, Stöckchen und Tannennadeln – bis hinauf zum Kopf. Nur das Gesicht soll herausschauen und so weit von Laubwerk eingerahmt sein, daß sich das Kind mit der Erde verbunden fühlt. (...)
Erdfenster ist eine Möglichkeit, den Wald durch die Augen des Waldes zu erleben."

Spiele bringen uns auf diese Weise in physische und emotionale Harmonie mit unserer natürlichen Umgebung.

Beispiel: „*Einem Baum begegnen* (CORNELL 1979, 28).
Dies ist ein Spiel in Paaren. Verbinde die Augen deines Partners und führe ihn durch den Wald zu irgendeinem Baum, der dich anzieht. (...) Hilf dem „blinden" Kind seinen Baum kennenzulernen. Das geht am besten mit konkreten Vorschlägen. Zum Beispiel (...) „Reibe deine Backe an der Rinde ... Lebt der Baum noch? ... Kannst du ihn mit deinen Armen umfassen? ... Spuren von Tieren? ... Flechten? ... Insekten?" Wenn dein Partner gründlich Bekanntschaft gemacht hat, führe ihn zum Ausgangspunkt zurück, aber auf einem anderen Weg. Nun nimm die Augenbinde ab und laß das Kind seinen Baum finden. Auf der Suche nach seinem Baum wird plötzlich das, was vorher Wald war, eine Gruppe von höchst individuellen Bäumen."

Beispiel: „*Blinde Karawane* (CORNELL 1979, 30)
Von einem Seil geleitet zieht die blinde Karawane durch ein Land voller merkwürdiger Geräusche, geheimnisvoller Gerüche und eigenartiger Gegenstände. Die meisten Reisenden können es kaum erwarten, bis sie ihren Weg durch dieses Zauberland mit offenen Augen nachvollziehen dürfen. (...) Ein guter Pfad kann zum Beispiel so aussehen: Ihr geht einen schattigen Waldweg entlang, klettert über einen mit Moos bewachsenen Stamm, tretet auf eine von Sonnenlicht durchflutete Lichtung mit summenden Bienen, taucht wieder in den Wald ein, wo ihr jetzt unter dem dichten grünen Dach einer Fichtenschonung durchkriecht, und fühlt und hört die knisternden, glatten, trockenen Nadeln unter euren Händen und Knien. Der Geruch feuchter Vegetation und ein Chor aufgescheuchter Enten lassen euch vermuten, daß ihr an einem Weiher angekommen seid (...)."

Die Phantasie wird angeregt, zugleich wird eine Wahrnehmungsschulung gefördert. Durch spielerisch auferlegte Reduktionen – in diesen Beispielen das Unterbinden des Sehens – werden expressive Erfahrungen – Verstärkung des akustischen, haptischen und taktilen Erlebens – ermöglicht, die die Voraussetzung eines veränderten Umweltverstehens und damit auch eines veränderten Verhaltens zur Umwelt bilden. „Daß ein Wald meistens aus Bretterreihen bestehe, die oben grün verputzt sind", wie es der österreichische Schriftsteller Robert MUSIL einmal formulierte, wird nach authentischem Erleben nur noch auf ironischer, skuriler oder sarkastischer Ebene nachvollziehbar sein.
Im Spiel erworbene Kenntnisse, und seien es die Namen von Pflanzen oder Tieren, schaffen – wie SPRANGER (1962) es schon sah – eine Veränderung der Umweltbeziehung.

Beispiel: „*Baumsilhouetten* (BÜCKEN 1983a, 52 ff.)
Die Unterschiede bei den einzelnen Baumarten lassen sich an vielen Dingen festmachen: am Stamm, der Rinde, den Blättern, den Früchten. Eine einfache Unterscheidungsart ist die der Silhouetten der Umrisse. (...) Die Gruppe wird in Kleingruppen geteilt. Jede KG bekommt eine Kopie mit den neun Baumsilhouetten und den neun Namen darunter. (Fichte, Buche, Pappel, Kiefer, Weide, Tanne, Eiche, Birke, Linde). Nun sollen die Namen den Bäumen zugeordnet werden. Dabei sollten ein paar Hilfen gegeben werden, beispielsweise: Dies sind drei Nadel- und sechs Laubbäume. Sucht erst einmal die drei Nadelbäume heraus und ordnet ihnen die richtigen Namen zu. Übrigens: Am mäßigsten wächst die Tanne, das Gegenteil ist bei der Kiefer der Fall. Und nun noch ein paar Hilfen für die Laubbäume: Die Eiche ist sehr stämmig. Die Birke hoch und krumm. Die Weide schaut traurig drein. Die Pappel wächst sehr gerade. Die Linde wächst sehr rund. Und nun sucht die Buche."

Beispiel: „*Wer bin ich?* (CORNELL 1979, 80)
Tierbestimmung – normalerweise keine sehr aufregende Sache – wird hier zu einem spannenden Spiel. Schreibe Namen bekannter Tiere auf Karten (Bilder sind noch besser geeignet, weil sie mehr Interesse wachrufen und den Spielern Anhaltspunkte für korrekte Antworten geben). Hefte jedem Kind eine Karte auf den Rücken. Auf dein Zeichen stellt einer nach dem anderen den übrigen Kindern Fragen nach seiner Identität. (...) Sie können so viele Fragen stellen, wie sie wollen, aber die Antwort darf nur Ja, Nein oder Vielleicht sein. (...) Sobald alle Spieler zu wissen glauben, wer sie sind, schreiben sie ihren eigenen Namen und den des Tieres auf einen Zettel. Nun rufst du eins der Kinder auf; es stellt sich mit dem Rücken zum Publikum auf einen Felsen oder Baumstumpf und verkündet: „Ich bin eine Ameise." Ob es richtig geraten hat, wird es am Hallo und Geklatsche erkennen.

Die Kinder lernen so nicht nur Tierbestimmungen, sondern drei wichtige Eigenschaften:

1. *Aufgeschlossenheit*: Vorgefaßte Meinungen und vorschnelle Urteile helfen nicht weiter. „Ich bin ein Warmblüter. Ich schlafe am Tag und jage in der Nacht. Ich kann fliegen." „Also bist du eine Eule." „Nein, ich bin eine Fledermaus."
2. *Unterscheidungsvermögen*: Verarbeitung neuer Informationen und Überprüfung ihrer Gültigkeit. Manchmal bekommen Spieler irrtümlicherweise falsche Antworten auf ihre Fragen. Zum Beispiel denkt Klaus: Wenn ich schwimmen kann und ein Warmblüter bin, muß ich also ein Vogel oder ein Säugetier sein. Er fragt: „Bin ich ein Nagetier?" Stefan antwortet: „Ja." Klaus: „Ernähre ich mich von Pflanzen und Baumtrieben?" Susi: „Nein." Also hat mir Stefan wohl eine falsche Antwort gegeben, und ich bin doch kein Biber. „Fange ich Fische und Krebse und baue mir aus Vergnügen Rutschbahnen?" Antwort: „Ja." Also bin ich ein Fischotter.
3. *Anteilnahme*: Die Kinder machen sich bei diesem Spiel gegenseitig Mut und helfen sich auf die Sprünge. Oft wollen sie nicht aufhören, bevor nicht wirklich jeder sein Tier erraten hat, und alle stehen am Schluß noch um den letzten herum, um ihm so lange zu antworten, bis er weiß, wer er ist."

Eine Reihe von Spielen, spielerischen Tätigkeiten, die keineswegs als Spiele zur Umwelterziehung gekennzeichnet sind, beinhalten doch Begegnung und Auseinandersetzung mit der Natur. Ja, in vielen Fällen macht die Natur, das natürliche Element, diese Spiele erst möglich: Wasserballspiele, Schneeballschlachten, Rodelpartien, Skifahren etc. Obgleich die Neigung besteht, gerade diese Spiele häufig unter sportlichen Aspekten einzusetzen und zu nutzen, sollte uns nicht aus dem Blick geraten, auch mit ihnen eine intensive und spielerische Naturerfahrung zu fördern.

2. Spielen als Auseinandersetzung mit der dinglichen Umwelt

In sehr vielen Spielen bildet ein Bestandteil der dinglichen Umwelt das Apriori und Konstituens des Spielens: Man fühlt die Rauhheit der Steine, die Glätte des Leders, wird empfänglich für das Glitzern der Glas- und Eisenkugeln oder hört das stumpfe Aufeinanderstoßen von Murmeln aus Ton. Pappkartons verwandeln sich in Gehäuse der Geborgenheit, Schaumgummi wird zum sympathisch weichen Untergrund für Purzelbäume, ausrangierte und ausgeschlachtete Fernsehgeräte werden zur spontanen Aktions„bühne", ausgediente Lokomotiven zum phantasieanregenden Tummelplatz.

Das Spielen in der dinglichen Umwelt gliedert sich nach den alltäglichen Lebensbedingungen in Häusern, auf Straßen, in Kaufhäusern oder auf Plätzen: die wesentliche Unterscheidung betrifft Orte, Räume und Ausstattungsdetails. Daneben treten die gestalteten, gelegentlich auch pädagogischer Orientierung folgenden, Spielumwelten (vgl. die Beiträge VI. 1 bis 6 dieses Handbuchbandes). Auch in diesem Bereich, der sich ohnehin in vielen Fällen mit dem unter III. 1 überschneidet, werden zur Verbesserung der unmittelbaren und bewußten Auseinandersetzung – zum Beispiel mit der Stadt als Lebensraum – und zu einer orientierenden Identifikation, Spiele „veranstaltet".

Fehlorientiert, der Realität nicht gerecht und naiv verstanden wäre eine Umwelterziehung, in deren Spektrum die gebaute Umwelt ausgeklammert bleibt. „Beton umgibt unsere Kinder in der Schule wie in der Freizeit" (BÜCKEN 1983b, 8). Das hat Folgen. So ergab eine soeben abgeschlossene Untersuchung am Sozialwissenschaftlichen Institut der Universität Erlangen-Nürnberg, daß die Demolierungen an Schulen um so größer sind, je mehr Betonflächen sie haben und je neuer sie sind.

Beispiel: „*Stadtgeräusche* (BÜCKEN 1983b, 73)
(. . .) Dazu werden auf Cassette die alltäglichen Verkehrsgeräusche aufgenommen: Autos — Motorengeräusch, Hupen, Bremsen, Starten, Türen zuschlagen, Reifenquietschen, bei Motorrädern das mit den Blinkern gekoppelte Piepen, Anlassen . . .
Straßenbahnen — Klingeln, Anfahren, Bremsen, das Quietschen der Räder bei Kurven, auch hier Fahrgeräusche; dasselbe auch bei Autobussen . . .
Signale — die Warnsignale von Polizei, Feuerwehr, Krankenwagen; an manchen Ampeln gibt es Signalanlagen für Blinde (Schnarren) . . .
Geräusche — Schritte, Fahrräder, Tappen von Pfoten, Schlagen einer Haustür, Geräusche eines elektrischen Rollstuhls . . .
(. . .) Während des Spieles sollen nun diese Geräusche identifiziert werden, und zwar möglichst genau — nicht „Auto", sondern „LKW". Man kann die Gruppe in vier Spielteams aufteilen. Sie müssen nacheinander Geräusche mit den richtigen Quellen verbinden. Für jedes Gelingen gibt es einen Punkt. (. . .)"
(Diese aufgenommenen Geräuschkulissen eignen sich hervorragend für Theater-Spiele.)

Auch für diesen Sektor wird die Fähigkeit, Dinge beim Namen rufen zu können, für ein sensibles Verhältnis Basis stiften sein.

3. Simulations- und Planspiele

Ein isoliertes Handeln und Denken zur ad-hoc-Bewältigung einer Situation kann heute sehr verhängsnisvolle Neben- und Fernwirkungen haben.

„Im Blick auf die allgemeine Umweltsituation müssen menschliches Denken und Handeln über den Augenblick hinaus auf die Zukunft hin gerichtet sein" (SCHMACK 1982, 14).

Feststellbar bei breiten Bevölkerungsschichten ist jedoch die Unfähigkeit, ihr aktuelles Umweltverhalten, losgelöst von der akuten Situation, dem Gesamtkomplex Umwelt adäquat zu gestalten. Vielfach fehlt das Bewußtsein, daß Umweltreaktionen nicht kettenartig ablaufen, sondern als vernetzte dynamische Prozesse zu begreifen sind. Defizite dieser Art können mit Hilfe von Simulationsspielen abgebaut werden. Dieses Potential, auf mögliche Zukunftssituationen vorzubereiten, Handlungsstrategien im Spiel erproben zu können, wird nicht zuletzt dazu beigetragen haben, daß Simulationsspiele ihren festen Platz in Managertrainingsprogrammen innehaben.

Simulationsspiele verlangen das Umgehen mit dynamischen und operativen Modellen. In Simulationen werden Originalsysteme bzw. Teilwirklichkeiten abgebildet. Als Originalsystem ist die Anzahl der Gegenstände / Zeichen und der Beziehungen zu verstehen, welche theoretisch als relevant betrachtet werden: daraus folgt der Anspruch an die Abbildung, daß jeder

Gegenstand bzw. jedes Zeichen und jede Beziehung im reproduzierten System eine Entsprechung im Originalsystem hat, aber nicht umgekehrt (vgl. LEHMANN 1975).

„Die zentralen Punkte des Simulationsprozesses sind wohldosierte Abstraktion und Vereinfachung" (RASER 1976, 11).

Welchen Aderlaß an Elementen und Beziehungen im Vergleich zum Originalsystem die (reduzierte) Abbildung verkraften kann, ohne daß die Simulation ihren Sinn verliert, wird sich sowohl nach dem Simulationsziel wie auch — insbesondere bei Spielen — nach der Alters- / Adressatengruppe richten müssen.
Auch hierzu ein ausgewähltes Beispiel:

Beispiel: „*Toxifax* (HALBACH / LEHMAN / SCHILKE 1982, 44 ff.)
Toxifax ist ein Monopoly nachempfundenes Würfelspiel, das sich mit der industriellen Umweltverschmutzung und der internationalen Zusammenarbeit befaßt. Nur wenn die Spieler, welche Nationen verkörpern, zusammenarbeiten, haben sie eine reale Chance, der globalen Umweltverschmutzung Herr zu werden. Toxifax kann zu vier oder fünf Personen gespielt werden. Ein Spieler übernimmt den Toxifax, die übrigen je ein Land. (...) Ziel des Spieles ist es, so viel Geld wie möglich zu verdienen und dabei möglichst wenig Schmutz zu erzeugen. Die Spielregeln sind so angelegt, daß bei den vier Staatsoberhäuptern das Integrationsbestreben gefördert und durch den Erfolg pädagogisch bestätigt wird. Würfel- und Happening-Karten sorgen dafür, daß trotz der edukativen Aufforderung zu rationalem Verhalten Fortuna immer ein wenig die Hand im Spiele behält. Es geht also bei diesem Spiel — wie so oft im Leben auch — um Geld, Glück und gesellschaftliches Wohlverhalten. Das besondere an diesem Spiel ist jedoch, daß es nicht lediglich Wissen vermittelt, sondern vielmehr Einblicke in politische, ökonomische Zusammenhänge und Abläufe erlaubt. Die eigentliche Ökologie kommt dabei ein wenig zu kurz, denn es wird bei den Regeln stillschweigend vorausgesetzt, daß Umweltverschmutzung Risiken beinhaltet und ihre Beseitigung Geld kostet. Toxifax ist tatsächlich in erster Linie ein ökonomisch-politisches Spiel, welches den Spieler verabläßt, seine eigene Einstellung zum nationalen und internationalen Umweltschutz zu operationalisieren. So kann Spiel Umweltbewußtsein fördern und zu internationaler Zusammenarbeit anregen. Das simulierte System besteht aus vier Ländern, repräsentiert durch vier Spieler, welche um ein „Meer" herum angeordnet sind. Durch die Errichtung neuer Industrien werden diese Länder immer reicher. Zugleich produzieren diese Industrien jedoch Dreck (Pollution). Dieser Schmutz als toxische Umweltbelastung wird vom bösen Toxifax dargestellt. Die vier Länder-Spieler, eine Mischung aus Managern und Staats-Chefs, vertreten vier Länder mit durchaus ungleichen Voraussetzungen, d. h. unterschiedlichen Graden der Industrialisierung. Durch Würfeln reihum bewegen sich auf vorgeschriebenen Bahnen die „Moneymaker" der Länder und die „Toxen" des Toxifax, der für die allgemeine Umweltverschmutzung durch die Industrie steht. Gelegentlich zu ziehende Ereigniskarten geben durch zusätzliche Informationen Lern-Impulse und lockern das Spielgeschehen auf. Durch die Spielgeld-Einnahmen der Moneymaker können die Länder ihren Bestand an Industrie beliebig vergrößern, doch wird ihnen die von der Industrie verursachte unterschiedliche Umweltverschmutzung in Form farbiger Toxi-Ringe auf ihre „Schandpfähle" geworfen. Der unheimliche Toxifax kann aber auch wandern und — falls er nicht vorher gefangen wird — seine Schmutzlast in den nicht verursachenden Nachbarländern abladen (wie beispielsweise beim Rhein!). Den Spielern steht frei, ob sie ihre Toxi-Last — natürlich mit Unkosten — beseitigen wollen, und zwar entweder auf bequemste Weise durch Verklappung im Meer oder — mit weiteren Ausgaben — in sogenannten Toxi-Gräbern (d. h. Deponien, Klärwerken, Müllverbrennunganlagen usw.). Wer unvorsichtig spielt, kann durch den Toxifax pleite gehen und scheidet aus dem Spiel aus. Es gibt aber auch

die Möglichkeit, daß sich einige oder alle der beteiligten Ländern im Kampf gegen das giftmischende Ungeheuer Toxifax zusammentun, gemeinsame Labors einrichten, umweltschonende Erfindungen machen, eine Erdwacht in Form von Beobachtungs-Satelliten installieren und eine gemeinsame Umweltpolizei zum Fangen von Toxen einsetzen. Hier offenbart sich der solidarisierende Charakter des Spiels."

Mit dem spielerischen Erleben von Reaktionsnetzen werden dem Spieler das Durchschauen größerer Umwelteinheiten nahegebracht, ja es wird Zukunftsängsten entgegengewirkt, die aus einer Unzufriedenheit mit einer nicht mehr überschaubaren Umwelt resultieren könnten. Man kann eine sehr reale Vorstellung von den simulierten Prozessen erwerben, einschließlich eines Verständnisses für die Komplexität der Situation des wirklichen Lebens; über Erkenntnisvorgänge dieser Art ist eine solche Einstellung aufzubauen, die sich auf elementare Einschätzungen von Sachverhalten richtet und zu einer Sinnerfassung des aktuellen Tatbestandes führt.

Entspanntes „trial-and-error"-Lernen wird durch das dem Spiel innewohnende Elemente der Wiederholbarkeit begünstigt, ebenso erhält die Kategorie des divergenten Denkens, das zum unabdingbaren Potential des Menschen der Zukunft gehören muß, durch das Spiel einen Raum, in dem sie sich ohne sich existentiell auswirkende Situationen erproben kann.

Erlebte Spielwirklichkeit vermag positiven Einfluß auf die realen Lebensverhältnisse auszuüben. Die Situationsantizipationen, die Simulationsspiele liefern können, besitzen Merkmale einer „Mehrwert-Wirklichkeit". Der Spieler stellt fest, wenn er ein Problem im Spiel gelöst hat, dann kann er es auch im Leben. Es wächst das Gefühl, größere Kontrolle über seine Umwelt zu haben gleichzeitig mit dem Vertrauen in die eigene Kompetenz, komplizierte Situationen zu meistern.

„... (es) werden sich viele Spieler bewußt über die Menge der erforderlichen Informationen und das notwendige Ausmaß an Planung, die Entscheidungen in der Realität des Lebens erfordern, und gewinnen gleichzeitig Vertrauen in ihre eigene Fähigkeit, sich in solchen Situationen adäquat zu verhalten" (BOOCOCK / COLEMAN 1976, 170).

Die durch manche Spiele initiierten Verhandlungsphasen mit Mitspielern berücksichtigen eine Kooperationsförderung ebenso wie das Lernen der für bestimmte Rollen notwendigen intellektuellen Fähigkeiten, als auch der entsprechenden Einstellungen und Normen. Die Spielsituationen evozieren ein Rollenlernen, das über die reine Internalisation von Werten und Normen hinausgeht. Ein emphatisches Verstehen und Erfassen von Rollen, die dem eigenen Rollenkonglomerat fremd sind, sind Grundsteine eines verantwortlichen Realismus, auf dessen Basis eine neue Rollen-, Wert-, Norm- und Aufgabenmodifizierung stattfinden kann. In modellhaften Spielsituationen werden Ökonomie wie Ökologie als menschliche Entscheidungs- und Gestaltungsbereiche erfahrbar. Erst das Gewahrwerden von Sachverhalten ermöglicht, kritische Distanz zu ihnen zu beziehen.

Veranlaßt durch das umfangreiche textliche Begleitmaterial bei vielen Umweltsimulationsspielen drängt sich die Frage auf, ob es nicht besser ist, die Problembereiche nach konventionellen Unterrichtsformen zu behandeln. Zudem konnten amerikanische Untersuchungen von der Hypothesenreihe H_1 bis H_5 nur die erste Hypothese verifizieren. Die Hypothesen lauten:

„H_1 : Studenten, die an einem Simulationsspiel teilnehmen, werden mehr Interesse an der Simulationsausübung zeigen als in konventionellen Unterrichtssituationen.

H_2 : Studenten, die an einem Simulationsspiel teilnehmen, werden mehr Fakten und grundsätzliche Informationen lernen als bei konventionellem Studium.

H_3 : Studenten, die an einem Simulationsspiel teilnehmen, werden gelernte Informationen länger behalten, als wenn sie auf konventionelle Art gelernt hätten.

H_4 : Studenten, die an einem Simulationsspiel teilnehmen, werden mehr Fähigkeiten zum kritischen Denken und Entscheiden erwerben als Studenten in konventionellen Unterrichtssituationen.

H_5 : Studenten, die an einem Simulationsspiel teilnehmen, werden signifikante Einstellungsänderungen im Verhältnis zu den Einstellungsänderungen durch konventionelle Unterrichtsmethoden zeigen" (CHERRYHOLMES 1976, 176 bis 185).

Ist nicht aber eine erhöhte Motivation schon eine ausreichende Legitimation für den Einsatz von Simulationsspielen zu „Lernzwecken"? Ein zu sehr herausgekehrter Lernzweck zerstört das Spiel und wirkt jedem tatsächlichen Lernen im Spiel entgegen (vgl. SCHMACK, in: Handbuch der Spielpädagogik, Bd. 1). Als ein Beleg für die Notwendigkeit spielerischer Freiräume und Erlebnisbereiche fungiert dieses Handbuch der Spielpädagogik. Daß Lernerfolge im und durch Spiel nicht nach einem input-output-Verfahren meßbar bzw. kontrollierbar sind, gehört zur Phänomenologie des Spiels und zu seiner Definition zwischen Weite und Enge (vgl. Bd. 1. I). Der Pädagoge muß sich nach seinem Selbstverständnis befragen lassen; hat er Angst, seine Machtposition als Surveillant zu verlieren, wenn er den positiven Kräften des Spiels vertraut? Solange Spiel als exotisches Erziehungsmedium betrachtet wird, werden die „Nebeneffekte" (SCHMACK, in: Handbuch der Spielpädagogik, Bd. 1, 221) kaum wachsen können, da Ungeübtheit verkrampft.

Ähnlich wie die Spiele beim Umgang mit der dinglichen Umwelt können Planspiele dazu beitragen, eine Gemeinde, eine Kleinstadt, eine Vorstadt, einen Stadtteil — die markanten Gebäude oder Institutionen, die sozialen Einrichtungen, die Denkmäler, die touristischen Sehenwürdigkeiten usw. — nicht nur zu erkunden, sondern in einem spielerischen Handlungsablauf zu vernetzen, wobei eine erhöhte Chance besteht, daß die Beziehungsstiftungen internalisiert werden. Dazu das folgende Beispiel:

Beispiel: „*Stadterkundungsspiel* (BÜCKEN 1983b, 88)
Dieses Stadterkundungsspiel (...) besteht aus 24 Spielsituationen, die allesamt mit den Funktionen einer Stadt zu tun haben.
1. Geht zum Rathaus. Findet die verschiedenen Ämter heraus (mindestens sechs) und fragt, welche Titel die beiden Spitzen der Stadt haben, einmal der politische Boß, zum anderen der verwaltungstechnische.
(...)
5. In verschiedenen Verzeichnissen oder direkt beim Sportamt findet ihr alle Sportstätten unserer Stadt aufgeführt. Findet mindestens vier Sportarten heraus, für die es keine Hallen, Stadien oder Gelände gibt.
(...)

?. Hafen
    Wir möchten wissen, ob es eine Möglichkeit für die Entladung von Container-Schiffen gibt — und was eigentlich so in den Containern verpackt wird.
(...)
?. Paketamt
    Wir möchten wissen, wieviele Pakete im Durchschnitt täglich vom Paketamt aus durch die Bundesrepublik Deutschland geschickt werden und wie eigentlich das Sortieren vor sich geht.
(...)".

Das Grundmuster eines solchen Spiels ist gewissermaßen eine Jagd nach Informationen. Beliebig erweiterungsfähig sind die Fragmente, die in spielerischer Art Vertrautheit und Orientierungsfähigkeit in bezug auf bestimmte Örtlichkeiten oder Institutionen erzielen und für einen Ausbau der Selbständigkeit grundlegend sind.

4. Darstellende Spiele

Darstellende Spiele divergierendster Ausprägung bieten ebenfalls eine reiche Palette zur Auseinandersetzung mit Umweltthemen. Einfache szenische Spiele, pantomimische Darstellungen, Sketche und Scharaden, Rollenspiele differenter Art, dramatische Aktionen und Theateraufführungen können zum einen Umwelt inhaltlich problematisieren und zum anderen im Verhältnis von Rolle und Distanz Identifikationen, emphatische Erlebnisse und expressive Botschaften freisetzen. Gerade die stummen Spiele psychodramatischen Charakters eignen sich dazu, Organisches und Anorganisches in einer Form zu erleben und miterlebbar zu machen, die eine erhöhte Empfindsamkeit für das jeweils andere herbeiführt. Im Grunde gilt aber für jede szenische Darstellung, daß die in ihr agierenden Personen allein schon durch die Rollenübernahme und -auseinandersetzung zu einem veränderten Selbst- und Fremderleben gelangen. Die sich anbietenden Inhalte (im übrigen könnte man sie auch hervorragend in kabarettistischer Form verarbeiten) reichen vom alltäglichen Umweltverhalten des einzelnen über die Kluft zwischen Anspruchserhebung und Wirklichkeit bis hin zu den ökonomischen und lokal- oder weltpolitischen Vorgehensweisen und Verwicklungen. Im Straßentheater, bei Aktionen von Schülern, Lehrlingen und Studenten haben wir bereits, auch in der Form des Mitspieltheaters — so bei Tagungen, Kongressen und Festivals — erlebt, wie diese Thematik dargestellt und reklamiert wurde. Wenn sich dabei manches in einem naiv politischen Idealismus kundtat, so bekamen Spieler, Mitspieler und Zuschauer doch gerade durch die Vereinfachungen und Überzeichnungen eine Interpretation gegenwärtiger Lebensverhältnisse geboten, die Anstöße gibt und aufrührt. Zwei Beispiele erläutern das Gemeinte:

Beispiel; „*Rollenspiel* (CORNELL 1979, 33 ff.)
(...) Beim Rollenspiel geht es darum, daß du dich in Stimmungen, Eigenschaften und Verhaltensweisen verschiedenster Lebensformen einfühlst, sie dir zu eigen machst und spürst, wie dein Herz und dein Verstand darauf reagieren. (...) Wähle ein Tier, eine Pflanze, einen Baum, einen Felsen, einen Berg — was immer dir in den Sinn kommt —

und stelle dir vor, das zu sein. Versuche mit deinem Körper und deiner Fantasie das Sein, die Bewegungen und die Gefühle dieser anderen Form der Schöpfung zu erfahren. Bei deinem Tanz im Schilf läßt du deine Libellenflügel in der Sonne spielen. Der Schnee unter deinen Fuchspfoten ist weich und kalt; dein dickes Fell schützt dich gegen den eisigen Wind, aber dein leerer Magen knurrt: Hungrig beobachtest du eine Maus, die über den Schnee trippelt und alle Augenblicke anhält, um an den gefrorenen Gräsern zu schnuppern. (...) Oder etwas ganz anderes: Du veranstaltest eine öffentliche Anhörung zu der Frage, ob an einem bestimmten Fluß ein Damm gebaut werden soll. Lobbyisten treten auf — ein Bauer, ein Fischer, eine Pappel, eine Sumpfdotterblume, eine Forelle, ein Lachs, ein Reh, ein Wasserläufer, ein Eisvogel, eine Mücke und wer sonst noch gehört werden sollte. (...)"

Beispiel: „*Zukunftsspiel* (BÜCKEN 1983b, 156 f.)
An einem Nachmittag feiern wir ein Zukunftsfest. (...) Die Kinder finden sich in Gruppen. Jede Gruppe bekommt ein Thema, soll sich etwa zwei Stunden vorbereiten, zu diesem Thema etwas erfinden. Mögliche Themen: Zukunftsessen, Zukunftsmode, Zukunftsmusik, Zukunftswohnen, Zukunftsfamilie, Zukunftssport, Zukunftsverkehr, ...(...)
Zukunftsspiel
Wir verließen die Erde auf einem Raumschiff. Beim Besuch anderer Planeten stießen wir auf die Rutschwelt, die mit zehnfach so hoher Schwerkraft wie unsere Erde ausgestattet war, die Flüsterwelt, den Planeten der ewigen Dunkelheit...
Zukunftsfamilien
Männer waren abgeschafft, neue Kinder entstanden aus der Retorte. Es lebten immer zwei Frauen und zwei Kinder zusammen. Dazu gab es Oberfrauen und Hauptfrauen...".

Gerade durch Exentrik, Clownerie, Deklamation und die Personifizierung der Dingwelt (Plakatsäulen laufen, Autos erhalten eine Stimme, Straßenbäume mischen sich in das Verkehrsgeschehen ein) ergeben sich drastische und beziehungsstiftende Ausdrucksmöglichkeiten, wie einige Beispiele unter IV. dieses Handbuches bereits belegen.*

IV. Schlußbemerkungen

Spiel ist eine ganzheitliche Aktivität — Gefühl, Körper und Geist werden gemeinsam beansprucht. Spielen ist zweifellos eine der selbstbestimmtesten Lernformen der Zukunft, seine Eigenschaften führen dazu, daß Sinnvolles sinnlich vermittelt und ermittelt werden kann. Mit dem Einsatz von Spielen und der Gewährleistung spielerischer Freiräume erfüllt der Pädagoge in hohem Maße seine eigentliche Funktion als Bereitsteller von Möglichkeiten — gehört es doch primär zu seiner Aufgabe, „sich selbst überflüssig zu machen" (OPASCHOWSKI 1977, 137). Sollen generelle Verhaltensänderungen erzielt werden, so wird substantiell von der Persönlichkeit gerade des Pädagogen verlangt werden müssen, daß sie es verkraften kann, wenn nicht alle von ihr angebotenen Chancen, Mittel und Erkenntnisse genutzt oder angenommen werden. Aus Furcht vor Zurückweisung, Kritik oder gar

---

* Vergleiche zu den hier gegebenen Ausführungen besonders hinsichtlich der Beispielgebungen und mannigfaltigen Anregungen: BÜCKEN (1983a, 1983b), CORNELL (1979), HALBACH / LEHMANN / SCHILKE (1982), KSJ-Münster (1980), STÖCKLIN-MEIER (1981).

Konkurrenz wird das Stützkorsett konventioneller, eher dirigistisch geprägter Erziehungsmaßnahmen, kaum Zukunftsdienste leisten. In Spielprozessen realisiert sich die pädagogische Prämisse, den zu Erziehenden bei seinen Fähigkeiten abholen zu wollen (vgl. ROGERS 1974). Imanent ist diesem Anspruch das Vertrauen in den anderen und die Akzeptanz seiner eigenständigen Persönlichkeit. Lerninhalte sollten den Charakter von Implantaten verlieren, die nie oder erst nach langwierigen Assimilationsprozessen bei dem Lernenden funktionsfähig werden, ohne Frage werden sie größere und schnellere Wirksamkeit entfalten können, wenn sie in und mit der Persönlichkeit wachsen können. Denn bei allem sollte man im Blick behalten:

„Erziehungsziele zu verwirklichen, wird immer eine Aufgabe bleiben, die die Menschen zu lösen versuchen müssen, ohne jemals alle Bedingungen für den Erfolg zu kennen" (BREZINKA 1976, 105).

Spiel ist Aktion und Eigenaktivität — kein Konsumverhalten. Spielende treffen auf eine bestimmte Ökologie, schaffen sich beim Spielen aber eine neue *Ökologie des Spiels*. Kinder, die auf einem Baum eine Bretterbude zusammenzimmern, bewegen sich in *drei Umwelt-Ebenen*:

- der Baum und sein Umfeld,
- die spielenden Kinder (hantierend, werkend, herumtollend, kletternd),
- die fertiggestellte Bretterbude.

Wir erkennen *eine vorgefundene, eine prozessuale und eine resultierende Ökologie*. Auf der Grundebene ereignet sich zwischen Individuum und Umwelt ein prozessualer Austausch, ein Aufeinanderwirken. Das Resultat birgt nach unserer Meinung, explizit bei Spielaktionen, die Möglichkeit der Hypeterese in sich. Das Bewußtsein einer *einheitlichen* Daseinsbestimmung kann gerade durch die ganzheitliche Ansprache des Individuums im Spiel entwickelt, verändert, gefördert, ausgeprägt werden und wird über die Spielsituation hinaus für das Umgehen mit Umwelt Konsequenzen haben.
Im Rückgriff auf das zu Anfang postulierte Verständnis von Umwelterziehung als einer Art Erziehungsprinzip und bei einem Begriff der Umwelt als dem Gesamtsystem der Relationen des Menschen sind zur Verhaltensänderung Erziehungsformen notwendig, die in besonderem Maße auf die Grundbedürfnisse des Menschen eingehen und nicht fremd seiner Bedürfnisstruktur gegenüberstehen. Spiel als ein mutimediales, anthropozentriertes Phänomen ist für Umwelterziehung unverzichtbar.

Literatur

Adorno, Th. W.: Erziehung zur Mündigkeit. Vorträge und Gespräche mit Hellmut Becker 1959 — 1969, hrsg. von Gerd Kadelbach, Frankfurt/Main 1970
Améry, D.: Das Ende der Vorsehung, Hamburg 1974
Bertelsmann, K.: Ausdrucksschulung. Unterrichtsmodelle und Spielprojekte für kreatives und kommunikatives Lernen, Stuttgart 1975

Bolscho, D. / *Eulefeld, G.* / *Seybold, H.*: Umwelterziehung. Neue Aufgaben für die Schule, München 1980
Boocock, S. S. / *Coleman, J. S.*: Umweltsimulationen als Lernspiele, in: Lehmann, J. / Portele, G. (Hrsg.): Simulationsspiele in der Erziehung, Weinheim / Basel 1976, 152 – 175
Braun, A.: Umwelterziehung zwischen Anspruch und Wirklichkeit. Eine vergleichende Betrachtung theoretischer Erziehungspostulate mit Kenntnissen, Einstellungen und praktizierten Handlungsweisen 15- bis 16jähriger Schüler, Frankfurt/Main 1983
Brezinka, W.: Erziehungsziele, Erziehungsmittel, Erziehungserfolg, München 1976
Bücken, H. (Hrsg.): In und mit der Natur. Mit Kindern im Spiel die Natur erkunden, Gelnhausen / Berlin 1983a
– Die Stadt erleben. Mit Kindern die Umwelt erforschen, Gelnhausen / Berlin 1983b
Cherryholmes, C. H.: Über einige Untersuchungen zur Wirksamkeit von Simulationsspielen: Implikationen für Alternativstrategien, in: Lehmann, J. / Portele, G. (Hrsg.): Simulationsspiele in der Erziehung, Weinheim / Basel 1976, 176 – 185
Cornell, J. B.: Mit Kindern die Natur erleben, Soyen 1979
Dickopp, K.-H.: Lehrbuch der systematischen Pädagogik, Düsseldorf 1983
Diözesanleitung der Katholischen Studierenden Jugend – Diözese Münster (Hrsg.): Baum. Eine Arbeitshilfe für Gruppenleiter, Münster 1980
Fellsches, J.: Moralische Erziehung als politische Bildung, Heidelberg 1977
Fietkau, H. J. / *Kessel, H.* (Hrsg.): Umweltlernen. Veränderungsmöglichkeiten des Umweltbewußtseins. Modelle – Erfahrungen, Königstein/Ts. 1981
Frankl, V. E.: Theorie und Therapie der Neurosen, 3. Aufl. München / Basel 1970
Habermas, J.: Technik und Wissenschaft als ‚Ideologie', 6. Aufl. Frankfurt/Main 1973
Halbach, U. / *Lehmann, J.* / *Schilke, K.* (Hrsg.): Lernspiele in der Umwelterziehung. Einfache und komplexe Ökosysteme im Spiel, Weinheim / Basel 1982
Heidegger, M.: Sein und Zeit, Gesamtausgabe, I. Abteilung: Veröffentlichte Schriften 1914 bis 1970, Bd. 2, Frankfurt/Main 1972
Horkheimer, M.: Traditionelle und kritische Theorie, 4. Aufl. Frankfurt/Main 1977
Janßen, W. / *Meffert, A.* (Hrsg.): Umwelterziehung. Beiträge zur Didaktik, Baltmannsweiler 1978
Jendrowiak, H.-W. / *Kreuzer, K. J.*: Anthropologische Grundlagen des Unterrichts, Düsseldorf 1982
Kerstiens, L.: Erziehungsziele neu befragt, Bad Heilbrunn/Obb. 1978
Koch, E.: Didaktik und Methodik der Umwelterziehung, Lüneburg 1983
Kreuzer, K. J.: Konkretion, Erprobungen und Erfahrungen in Praxisfeldern, in: Kreuzer, K. J. (Hrsg.): Handbuch der Spielpädagogik, Bd. 3, Düsseldorf 1984
Lehmann, J.: Grundlagen und Anwendungen des pädagogischen Simulationsspiels, Weinheim / Basel 1975
Lehmann, J. / *Portele, G.* (Hrsg.): Simulationsspiele in der Erziehung, Weinheim / Basel 1976
Menesini, M. M. / *Seybold, H.*: Umweltschutz in der Schule. Konzeption und praxisorientierte Anregungen für einen fächerübergreifenden Unterricht, Köln 1978
Meyer, P.: Umweltbewußte Erziehung, Frankfurt/Main 1974
Oerter, R. / *Weber, E.* (Hrsg.): Der Aspekt des Emotionalen in Unterricht und Erziehung, Donauwörth 1975
Opaschowski, H. W.: Freizeitpädagogik in der Schule. Aktives Lernen durch animative Didaktik, Bad Heilbrunn/Obb. 1977
Patermann, R.: Natur und Phantasie, in: öko päd. 2 (1981), 19 – 21
Rogers, C. R.: Lernen in Freiheit. Zur Bildungsreform in Schule und Universität, München 1974
Schäfer, K. H. / *Schaller, K.*: Kritische Erziehungswissenschaft und kommunikative Didaktik, Heidelberg 1973
Schmack, E.: Chancen der Umwelterziehung, Düsseldorf 1982
– Umwelterziehung. Bringschuld der Pädagogik, in: Beiträge zur Bildungsdiskussion, hrsg. v. Verband Bildung und Erziehung 9 (1983)

— Spielendes Lernen — Lernendes Spielen, in: Kreuzer, K. J. (Hrsg.): Handbuch der Spielpädagogik, Bd. 1, Düsseldorf 1983, 211 — 228
Spranger, E.: Der Bildungswert der Heimatkunde, 3. Aufl. Stuttgart 1952
Stöcklin-Meier, S.: Naturspielzeug. Spielen mit Blüten, Blättern, Gräsern, Samen und Früchten, Ravensburg 1981
Weber, E.: Die Verbrauchererziehung in der Konsumgesellschaft, Essen 1967
Wehnes, F.-J.: Schule und Arbeitswelt. Aufgaben, Probleme, Lösungsversuche, München 1964

Die Autoren

Ulrich Baer, Dipl.-Päd., Dozent für Spielpädagogik an der Akademie Remscheid
Privatanschrift: Große Brinkgasse 7, 5000 Köln 1

Veröffentlichungen
Kennenlernspiele – Einstiegsmethoden, Remscheid 1978 – Remscheider Diskussionsspiele, Remscheid 1978 – lernziel: liebesfähigkeit. Spiele zum Thema Sexualität und Partnerschaft, Remscheid 1979 – Spielen und Lernen mit Großgruppen, Remscheid 1979 – spiel-päd: Arbeitsblätter zur Spielpädagogik, Köln 1981 – Wörterbuch der Spielpädagogik, Basel 1981 / Remscheider Spielkartei, Köln / Bremen / Essen 1982 (zus. mit Autorengruppe) – Schulspaß und Schulspiele, Reinbek 1983 (zus. m. K. Hoyer und F. Menze), Hrsg. (zus. m. A. Knapp) der Zeitschrift „gruppe & spiel", Köln

Eva Bannmüller, Dr. phil., Professor an der Pädagogischen Hochschule Ludwigsburg, Sportpädagogik
Privatanschrift: Stirnbrandstr. 13, 7000 Stuttgart

Veröffentlichungen
Schritte zu einem „offenen Bewegungskonzept", in: Sportwissenschaft 7 (1977) – Neuorientierung der Bewegungserziehung in der Grundschule, Stuttgart 1979 – Bewegung als Fundament einer ästhetischen Erziehung in der Elementarbildung, in: Sportunterricht 2 (1982)

Rolf Behn, Dipl.-Soz. Pädagoge
Privatanschrift: Usingerstr. 20, 5000 Köln 91

Veröffentlichungen
Spielverhalten von Videospielern – eine Analyse möglicher Ursachen, Köln 1983

Michael Behr, Dr. phil., Dipl.-Päd., Hochschulassistent für Erziehungswissenschaft an der Universität Gesamthochschule Essen, Fachbereich 2
Privatanschrift: Kölner Str. 14, 4300 Essen 1

Veröffentlichungen
Schul-Alternativen, Modelle anderer Schulwirklichkeit, zus. m. W. Jeske, Düsseldorf 1982 – Lernen auf der Straße. Die Freie Schule Essen (Hrsg.). Mit einem Nachwort

von Urs Jaeggi, Berlin 1982 — Musiktheater — Faszination, Wirkung, Funktion, Wilhelmshaven 1983 — Schulen ohne Zwang. Wenn Eltern in Deutschland Schulen gründen (Hrsg.), München 1984 — Kinder im Theater. Pädagogisches Kinder- und Jugendtheater in Deutschland, Frankfurt 1984

Walter Beimdick, Dr. phil., Studiendirektor am Helene-Lange-Gymnasium Dortmund
Privatanschrift: Harkortstraße 85, 4600 Dortmund 50

Veröffentlichungen
Szenische und theatralische Texte, in: Arnold, H. / Sinemus, V. (Hrsg.): Grundzüge der Literatur- und Sprachwissenschaft, Bd. 1: Literaturwissenschaft, München 1973 — Dramatik, Impressionismus, Jahrhundertwende, Neuromantik, in: Krywalski, D. (Hrsg.): Handlexikon zur Literaturwissenschaft, München 1974 — Theater und Schule. Grundzüge einer Theaterpädagogik, München 1975 — Elemente des Dramas. Eine Einführung für die Sekundarstufe I, Dortmund 1979 — Theaterkritik. Eine literarische Gebrauchsform, Dortmund 1981 — Nicht mehr als ein Anfang: Die Richtlinien „Literaturkurse", in: Bildung aktuell 12 (1982)

Gerhard Bittner, Dipl.-Päd., Wiss. Ass. im Bereich Sozialpsychologie des Sports und Sportwissenschaft an der Universität Gesamthochschule Essen
Privatanschrift: Hildegrimstr. 53, 4300 Essen 16

Jürgen Fritz, Dr. phil., Professor für Spiel- und Interaktionspädagogik an der Fachhochschule Köln, Fachbereich Sozialpädagogik
Privatanschrift: Kurt-Schumacher-Str. 20, 5060 Bergisch-Gladbach

Veröffentlichungen
Gruppendynamik und Jugendarbeit, München 1973 — Emanzipation, Gruppendynamik, München 1974 — Gruppendynamisches Training in der Schule, Heidelberg 1975 — Methoden sozialen Lernen, München 1977 — Satire und Karikatur, Braunschweig 1980

Heinz Gibas, Dr. phil., Dipl.-Päd., Wissenschaftsredakteur, Pädagogischer Verlag Schwann-Bagel GmbH, Düsseldorf
Privatanschrift: Richard-Wagner-Str. 80, 4300 Essen-Süd

Veröffentlichungen
Erhebung, Auswertung und Analyse eines soziometrischen Tests im Rahmen der Kommunikationsförderung in der Schule, in: Twellmann, W. (Hrsg.): Handbuch Schule und Unterricht, Bd. 3, Düsseldorf 1981 — Unterrichtsplanung im Sinne kritisch-kommunikativer Didaktik: Entwurf einer Planungsmatrix, in: Twellmann, W. (Hrsg.): Handbuch Schule und Unterricht, Bd. 4.2, Düsseldorf 1981 — Massenkommunikation und Erziehung — Erörtertung von Grundzügen und Kriterien, verbunden mit der Entwicklung und Erprobung eines Instruments zur Wirkungsanalyse von politischen Nachrichtentexten, in: Braun, P. / Krallmann, D. (Hrsg.): Handbuch Deutschunterricht, Bd. 2: Literaturdidaktik, Düsseldorf 1983 — Materiale, funktionale und pädagogische Aspekte kommerzieller Gesellschaftsspiele in der Jugendarbeit

(zus. m. Uwe Mölter), in: Kreuzer, K. J. (Hrsg.): Handbuch der Spielpädagogik, Bd. 3, Düsseldorf 1984 — Spieldiagnostik und Spieltherapie als Möglichkeit der Verhaltensänderung und Kommunikationsförderung, in: Kreuzer, K. J. (Hrsg.): Handbuch der Spielpädagogik, Bd. 4, Düsseldorf 1984 — Vorüberlegungen zu einem Entwurf einer Massenkommunikations-Erziehung, in: Twellmann, W. (Hrsg.): Handbuch Schule und Unterricht, Bd. 7.2, Düsseldorf 1985 — Didaktische und methodische Anmerkungen zu einer Kommunikations-Erziehung auf der Sekundarstufe I, in: Twellmann, W. (Hrsg.): Handbuch Schule und Unterricht, Bd. 7.2, Düsseldorf 1985 — Didaktische und methodische Überlegungen zu einer Massenkommunikations-Erziehung auf der Sekundarstufe I, in: Twellmann, W. (Hrsg.): Handbuch Schule und Unterricht, Bd. 7.2, Düsseldorf 1985 — Didaktische und methodische Anregungen zu einer Massenkommunikations-Erziehung auf der Sekundarstufe II, in: Twellmann, W. (Hrsg.): Handbuch Schule und Unterricht, Bd. 7.2, Düsseldorf 1985

Herbert Gudjons, Dr. phil., Professor für Allgemeine Erziehungswissenschaft an der Universität Hamburg, Fachbereich Erziehungswissenschaft
Privatanschrift: Heibergwinkel 4a, 2359 Henstedt-Ulzburg 3

Veröffentlichungen
Praxis der Interaktionserziehung, Bad Heilbrunn 1978 — Schulleben (zus. m. G. B. Reinert (Hrsg.)), Königstein 1980 — Lehrer ohne Maske? (zus. m. G. B. Reinert (Hrsg.)), Königstein 1981 — Handelnder Unterricht — handlungsorientierter Unterricht, in: WPB 9 (1980) — Das Lehrerkollegium als Gruppe, in: WPB 10 (1980),

Norbert Gutenberg, Dr. phil., M. A., Sprecherzieher (DGSS), Fachgebietsleiter an der Universität des Saarlandes, Fachgebiet Sprechwissenschaft und Sprecherziehung
Privatanschrift: Eichendorffstr. 18, 6601 Saarbrücken-Scheidt

Veröffentlichungen
Formen des Sprechens. Gegenstandskonstitution und Methodologie von Gesprächs- und Redeerziehung in Sprach- und Sprechwissenschaft, Göppingen 1981 — Theater und Rhetorik, in: Höffe, W. H. (Hrsg.): Gesprochene Dichtung — heute?, Ratingen 1979 — „Der Chef, der brüllt den Krause an ..." Sprechakttypen und rollenspezifische Sprechweisen (Analyse des Kinderstücks ‚Mannoman', in: Bartsch, E. (Hrsg.): Mündliche Kommunikation in der Schule, Kronberg 1982 — Über das Rhetorische und das Ästhetische, im Jahrbuch Rhetorik 1984

Heyo E. Hamer, Dr., Dipl.-Päd., Akad. Rat an der Universität Gesamthochschule Essen, Fachbereich 1, Philosophie, Religions- und Sozialwissenschaften
Privatanschrift: Irmgardisweg 15, Haldern, 4242 Rees 3

Veröffentlichungen
Einleitung und Herausgabe von Takizawa Katsumi, Reflexionen über die universale Grundlage von Buddhismus und Christentum, Frankfurt / Bern / Cirencester 1980, Studien zur interkulturellen Geschichte des Christentums, Bd. 24 — Europäische Schulen im Vergleich, in: Twellmann, W. (Hrsg.): Handbuch Schule und Unterricht, Bd. III, Düsseldorf 1981 — Didaktik anderer Religionen, in: Handbuch Schule und Unterricht, Bd. V.1, Düsseldorf 1981 — Der Geist der Samurai — Eine Herausforderung an den Westen?, in: Beiträge pädagogischer Arbeit, hrsg. v. d. GEE Baden 25 (1982) — Befreiung in zen — buddhistischer Tradition, in: Beiträge pädagogischer Arbeit, hrsg. v.

d. GEE Baden 25 (1982) — Reichtum verpflichtet, in: Pädagogik und Schule in Ost und West 30 (1982)

Nobuhisa Hanada, Professor für Ethik an der Kyûshû Universität, Abteilung für Allgemeine Bildung
Privatanschrift: 814 Fukuoka, Nishi-ku, Momochi 3-12-214, Japan

Veröffentlichungen
Das Moralgesetz und der Vernunftglaube bei Kant, Tokyo 1969 — Die transzendentale Deduktion und die Einbildungskraft, Fukuoka 1975 — Die Demonstration des Daseins Gottes in Kants „Beweisgrund", Fukuoka 1978 — Das moralische Gefühl und das ästhetische Gefühl bei Kant, Fukuoka 1980

Peter Heinig, Professor, Ordinarius für Kunstpädagogik, Seminar für Kunst- und Werkerziehung an der Pädagogischen Fakultät der Universität Bonn
Privatanschrift: Starweg 10, 2300 Kiel 17 — Elsa-Brandström-Straße 99, 5300 Bonn 3

Veröffentlichungen
Kunstunterricht, 3. Aufl. Bad Heilbrunn 1981 — Spielobjekte im Kunstunterricht, Ravensburg 1973

Klaus-Wieprecht Hielscher, Lehrer für Grund-, Haupt-, Realschule und Gymnasium; Wiss. Assistent an der PH/TU Braunschweig; zur Zeit Dozent an der Jugendbildungsstätte des Landes Niedersachen in Bad Harzburg
Privatanschrift: Pfarrkamp 18, 3300 Braunschweig

Hans Hoppe, Dr. phil., Professor für Spiel- und Theaterpädagogik, Universität Gesamthochschule Siegen, Fachbereich Sprach- und Literaturwissenschaften
Privatanschrift: Ludwigstr. 44, 5900 Siegen

Veröffentlichungen
Das Theater der Gegenstände. Neue Formen szenischer Aktion, Reihe Theater unserer Zeit, Bd. 10, Bensberg-Frankenforst 1971 — Spielpädagogik kontrovers. Diskussionsbeiträge zur didaktischen Begründung pädagogischer Spielpraxis (zus. m. Kühl. H. / Noetzel, W.), Scheersburger Schriftenreihe, Bd. 15, Scheersburg / Flensburg 1979

Jakob Jenisch, Professor an der Musikhochschule Ruhr; Folkwang Hochschule Musik, Theater, Tanz, Essen, Studienbereich Schauspiel / Regie. Lehrbeauftragter an der Universität Essen, Fachbereich Erziehungswissenschaft, Medienpädagogik
Privatanschrift: Nahestr. 16, 4300 Essen 18 (Kettwig)

Veröffentlichungen
Das Schauspielerseminar Lee Strasberg, Schauspielhaus Bochum, Dokumentation, hrsg. v. Schauspielhaus Bochum 1979 — Die zerstückelte Methode. Ein Überblick über die deutschsprachigen Stanislawski-Texte, in: Das Schauspielerseminar Lee Strasberg, Schauspielhaus Bochum, Dokumentation, hrsg. v. Schauspielhaus Bochum 1979 — Treffen deutschsprachiger Schauspielschulen Stuttgart 1980, Dokumentation, in: Theaterpädagogik — Beiträge zur Praxis und Theorie der Theater-Ausbildung HDK, Berlin 1980 — Regisseur-Dramaturg-Blätter zur Berufskunde, Bielefeld 1979 — Körper und Masken — Interaktion und Improvisation, in: Musik und Kommunikation, Zeitschrift für Medienpädagogik 5, 9 (1980), Lilienthal / Bremen

Ute Kessler, Düsseldorfer Schauspielhaus
Privatanschrift: Scharnhorststr. 31, 4000 Düsseldorf

Norbert Kluge, Dr. phil., Professor an der Erziehungswissenschaftlichen Hochschule Rheinland-Pfalz, Abteilung Landau/Pfalz
Privatanschrift: Am Neuberg 23, 6740 Landau 21

Veröffentlichungen
Das Unterrichtsspiel, München 1968 — Einführung in die Sexualpädagogik, Darmstadt 1978 — Spielpädagogik (Hrsg.). Bad Heilbrunn 1980 — Spielen und Erfahren, Bad Heilbrunn 1981 — Sexualpädagogische Forschung (Hrsg.), Paderborn 1981 — Handbuch der Sexualpädagogik (Hrsg.), 2. Bde., Düsseldorf 1984

Guido König, Dr. phil., Akad. Oberrat für Didaktik der deutschen Sprache und Literatur; Fachbereich 8.1, Germanistik an der Universität des Saarlandes, 6600 Saarbrücken
Privatanschrift: Am Krankenhaus 9, 6688 Illingen

Veröffentlichungen
Strukturen kindlicher Sprache. Zum Schreibstil 10- bis 12jähriger Schüler, Düsseldorf 1972 — Märchen heute. Unzeitgemäße Gedanken zu einem problematischen Lerninhalt, in: Die Grundschule 3, Braunschweig 1975 — Begegnung mit Kinderliteratur in der Eingangsstufe, in: Deutscher Bildungsrat, Gutachten und Studien der Bildungskommission 43/2, Die Eingangsstufe des Primarbereichs, Band 2/2, Soziales Lernen und Sprache, Stuttgart 1975 — Lernspiele zur Rechtschreibung und Zeichensetzung. Drei Spielcurricula für die Grundschule (zus. m. H. Weyand), Oberursel/Ts. 1975 bis 1981 — Trainingsprogramm zur funktionalen Sprachförderung, 6. Bde. (zus. m. H. Weyand). Fehlerfrei 1 bis 6, Düsseldorf 1972 bis 1876 — Lernprogramm Deutsch. 10 Bde. (zus. m. H. Weyand) Diktat: Fehlerfrei I/II, Grammatik: richtig I/II, Aufsatz: sehr gut I/II/III, Zeichensetzung: perfekt I/II, Schriftverkehr: leicht gemacht, Düsseldorf 1979 bis 1983 — Mitarbeit am Deutsch Arbeitsbuch. Erarbeitet von J. Aßheuer et al., Bd. 7/8, Düsseldorf 1973/74 — Zahlreiche weitere Aufsätze zur Deutschdidaktik (Auswahl): Individuelles Sprachprofil durch eigenschöpferische Schreibprozesse. Versuch über den Neuen Schulaufsatz, in: Braun, P. / Krallmann, D. (Hrsg.): Handbuch Deutschunterricht, Bd. 1: Sprachdidaktik, Düsseldorf 1983 — Betrifft: Lesen — Zur Konzeption, Konstruktion, Konsumtion eines Lesebuchs — Ein Werkstattbericht, in: Braun, P. / Krallmann, D. (Hrsg.): Handbuch Deutschunterricht, Bd. 2: Literaturdidaktik, Düsseldorf 1983 — Saarländischer Sagenschatz. Schöne Geschichten, Gedichte und Lieder aus alter Zeit, Dillingen 1983

Karl Josef Kreuzer, Dr., Dipl.-Päd., Privatdozent für Erziehungswissenschaft an der Universität Gesamthochschule Essen, Fachbereich 2
Privatanschrift: Ilexweg 17, 4630 Bochum 7

Veröffentlichungen
Theorie und Praxis der Elternmitarbeit im Kindergarten, in: Dollase, R. (Hrsg.): Handbuch der Früh- und Vorschulpädagogik, Düsseldorf 1978 — Mitarbeit an der „Kommentierten Bibliographie Pädagogik (Hrsg.: Jung, M. / Zimmermann, W.), Stuttgart 1979 — Expressive Pädagogik. Zur Grundlage einer neuen Kultur- und Erziehungstheorie, Düsseldorf 1980 (zus. m. Twellmann, W. / Jendrowiak, H. -W. / Hansel, T.) — Lehrer beurteilen Lehrer. Methoden, Befunde, Alternativen, Düsseldorf 1980 (zus. m. H.-W. Jendrowiak) — Lehrer zwischen Angst und Auftrag, Düsseldorf 1980 (zus. m. H.-W. Jendrowiak) — Hausaufgaben als permanentes Schulproblem, in: Pädagogische Rundschau 12 (1980) — Anthropologische Grundlagen des Unterrichts (zus. m. H.-W. Jendrowiak), Düsseldorf 1982 — Die Schule in der Spannung von Expressivität und Reduktivität: Elemente einer Theorie, in: Twellmann, W. (Hrsg.): Handbuch Schule und Unterricht, Bd. 1, Düsseldorf 1981 (zus. m. Twellmann, W. / Jendrowiak, H.-W. / Hansel, T.) — Zur Situation des Lehrers zwischen Anspruch und Wirklichkeit, in: Twellmann, W. (Hrsg.): Handbuch Schule und Unterricht, Bd. 1, Düsseldorf 1981 (zus. m. H.-W. Jendrowiak) — Spiele, Feste, Feiern in der Schule, in: Twellmann, W. (Hrsg.): Handbuch Schule und Unterricht, Bd. 4.1, Düsseldorf 1981 — Spiele, Feste und Feiern der Jugend, in: Reumann, K. (Hrsg.): Jugend heute: Aufbruch oder Aufstand?, Köln 1982 — Dem Spiel eine Chance in der Schule, in: Lehrer-Journal 7/8 (1983)

Heinrich Lenzen, Dr. phil., Professor, Direktor des Seminars für Angewandte Pädagogik, Sozialpädagogik, Soziologie der Behinderten; Lehrstuhl Allgemeine Heilpädagogik und Sozialpädagogik im Seminar für Angewandte Heilpädagogik und Soziologie der Behinderten, Universität Köln
Privatanschrift: 6551 Wallhausen

Veröffentlichungen
Neue Ansätze einer Methodologie der Heilpädagogik, in: Kongreßbericht „Das schwer erziehbare Kind", Köln 1968 — Mediales Spiel, Neuwied 1974 — Stilwandel in der Schule, Neuwied 1974 — Strafvollzugspädagogik und Delinquenzprophylaxe, Neuwied 1975 (zus. m. G. Deimling) — Heilpädagogische Ratschläge, in: F. Schmid: Mongolismus-Syndrom, 1975 — Soziale Intervention, in: Theorie und Praxis der Sozialarbeit 1 (1981)

Renate Maiwald, Dipl.-Päd., Wissenschaftliche Mitarbeiterin an der Universität Gesamthochschule Essen, Fachbereich 2
Privatanschrift: Lührmannwald 51, 4300 Essen 1

Veröffentlichungen
Stadt und Gesellschaft — Die Stadt als historisches und soziologisches Phänomen und als soziokulturelles Bedingungsfeld von Schule und Unterricht, Essen 1981

Ulrich Martini, Dr. phil., Professor an der Fachhochschule Münster, Fachbereich Sozialwesen, Lehrgebiet: Kunstpädagogik
Privatanschrift: Habichtshöhe 5, 4400 Münster

Veröffentlichungen
Die Orgeldispositionssammlung bis 1855, Kassel 1976 — Musikinstrumente — erfinden, bauen, spielen, Stuttgart 1980

Bernhard Meyer, Dipl.-Päd., Professor an der Evangelischen Fachhochschule, Fachbereich Sozialarbeit, Darmstadt
Privatanschrift: Friedrich-Ebert-Str. 3, 6103 Griesheim

Veröffentlichungen
Eine Stadt für Kinder, in: Theorie und Praxis der Sozialpädagogik, 1979 — Die Kinderfeindlichkeit der Städte — Zum Handeln Erwachsener, in: Esser, J. (Hrsg.): Wohin geht die Jugend, Reinbek 1979 — Kind und Spiel im öffentlichen Raum, Bonn 1980

Uwe Mölter, Spiel- und Sozialpädagoge, Spiele-Rezensent
Privatanschrift: An der alten Post 12, 500 Köln 40

Veröffentlichungen
Medienliste zur Friedensarbeit, Bonn 1980 — Medienliste zur Friedensarbeit, 2. Teil, Bonn 1982

Hans-Wolfgang Nickel, Prof. Dr., Hochschullehrer an der Hochschule der Künste, Institut für Spiel- und Theaterpädagogik, Berlin
Privatanschrift: Wernerstr. 14, 1000 Berlin 39

Veröffentlichungen
Grundformen des Kindertheaters und ihre didaktischen Forderungen, in: Klewitz, M. / Nickel, H.-W. (Hrsg.): Kindertheater und Interaktionspädagogik, Stuttgart 1972 — Rollen — Spiel — Buch, Recklinghausen 1973 — Spiel und Theater mit Eltern und Kindern (Hrsg. zus. m. S. Kreiner), Karlsruhe 1975 — Spiel-, Theater-, Interaktionspädagogik, Recklinghausen 1977

Johannes Niermann, Dr. Dr. habil., Dipl.-Päd., Professor für Erziehungswissenschaft an der Pädagogischen Hochschule Kiel, Seminar für Pädagogik
Privatanschrift: Kapellenweg 4, 2991 Kluse

Veröffentlichungen
Lehrer in der DDR, Heidelberg 1973 — Wörterbuch der DDR-Pädagogik, Heidelberg 1974 — Der Kinderspielplatz, Köln 1976 — Methoden der Unterrichtsdifferenzierung, Düsseldorf 1981 — Alltagsmedien im Deutschunterricht — Die Kinder- und Jugendschallplatte und -casette als Medium des Sprach-Handlungs-Lernens, Düsseldorf 1981

Wilfried Noetzel, Dipl.-Päd., Spiel- und Sprachpädagoge in Sozial- und Freizeitpädagogischen Praxisfeldern
Privatanschrift: Blockerfeld 16, 4800 Bielefeld 15

Veröffentlichungen
Spielen als soziales Lernfeld. Zur handlungstheoretischen Grundlegung interaktionspädagogischer Spielmethodik, in: Spiel als zentrale Lebensäußerung, hsrg. v. Sozialen Dienst Familie, Bad Godesberg 1984; auch abgedruckt in: W. Ingendahl (Hrsg.): Szenische Spiele im Deutschunterricht, Düsseldorf 1981 — Interdisziplinäre Didaktik der Ästhetik und Kommunikation — Begründungszusammenhänge terminologischer Bestimmungen, in: W. Wrisch (Hrsg.): Der Lernbereich Ästhetik und Kommunikation im Rahmen der Ausbildung von Sozialarbeitern und Sozialpädagogen. Archiv für angewandte Sozialpädagogik, Sonderdruck, Seevetal 1978; jetzt Schneverdingen — Sozialpädagogik und Spieldidaktik. Vorversuch zu einer didaktischen Begründung nicht-unterrichtlicher pädagogischer Spielpraxis, in: Hoppe, H. / Kühl, H.: Spielpädagogik kontrovers. Scheersberger Schriftenreihe, Bd. 15, Scheersberg / Flensburg 1979 — Kulturelle Animation zwischen Spiel und Ernst. Ein Beitrag zum Thema Ästhetische Erziehung und Animation, in: Animation, 1 (1980) — Freizeittheater und Szenische Animation, in: H. W. Opaschowski (Hrsg.): Methoden der Animation — Praxisbeispiele, Außerschulische Pädagogik, Bad Heilbrunn 1981

Waltraud Oberfrank, Dipl.-Päd., Mitarbeiterin an dem Modellversuch: Robinsonspielplatz, Ludwigsburg Neckarweil
Privatanschrift: Anebosstr. 5, 6700 Ludwigshafen

Barbara Oertel-Burduli, Dr., Leiterin Kinder- und Jugendtheater Düsseldorf
Privatanschrift: Duisburger Str. 73, 4000 Düsseldorf

Karl Reiter, Dr., Akademischer Rat an der Universität Gesamthochschule Essen, Fachbereich 2, Verkehrspädagogik / Verkehrspsychologie
Privatanschrift: Rütherstr. 24/26, 5370 Kall-Krekel

Veröffentlichungen
Einige pädagogische und psychologische Gesichtspunkte zum Kinderspielplatz-Modell „Ölmühle", in: Boeminghaus, D. / Korr, B. / Mehler, R.: Kinderspielplätze — Beurteilungskriterien und Planungshilfen, Stuttgart 1973 — Verkehrserziehung im Elementarbereich (zus. m. B. Schlag), in: Dollase, R. (Hrsg.): Handbuch der Früh- und Vorschulpädagogik, Bd. 2, Düsseldorf 1978 — Verkehrserziehung: Methoden und Lernmodelle einer Verkehrserziehung in der Sekundarstufe, Kurseinheit 3, Kurs-Nr. 3903. Erprobungsfassung (zus. m. M. Wirthmann), Fernuniversität Hagen, Fachbereich Erziehungs- und Sozialwissenschaften, 1979 — Zur Verkehrserziehung geistig- und körperlich-geistig behinderter Kinder, in: Stange, G. (Hrsg.): Verkehrserziehung mit Geistig- und Mehrfachbehinderten, Braunschweig 1981 — Kinder mit Spielfahrzeugen. Vorschulbriefe zur Verkehrserziehung im Elementarbereich 134/82, Braunschweig 1982

Christoph Richter, Dr. phil., Professor für Musikpädagogik an der Hochschule der Künste, Berlin, Fachbereich Musikerziehung und Musikwissenschaft
Privatanschrift: Glockenstr. 21, 1000 Berlin 37

Veröffentlichungen
Musik als Spiel, Wolfenbüttel 1975 — Theorie und Praxis der didaktischen Interpretation von Musik, Frankfurt 1976 — Der Lehrer als humane Instanz — Beispiel: Musiklehrer, Mainz 1981 — Handbuch der didaktischen Interpretation von Musik (mehrere Bände), ab 1981 — Zahlreiche musikwissenschaftliche und musikdidaktische Aufsätze — Herausgeber und Schriftleiter von „Musik und Bildung", Mainz

Hans Martin Ritter, Professor an der Hochschule der Künste / Berlin, Institut für Spiel- und Theaterpädagogik
Privatanschrift: Schopenhauerstr. 47, 1000 Berlin 38

Veröffentlichungen
Ausgangspunkt: Brecht. Versuche zum Lehrstück, Recklinghausen 1981 — Modellstück / Modellspiel. Versuche mit Masken, Berlin 1980 — Theater als Lernform, Berlin 1981 — Materialien zur Lehrstückpraxis I bis III, Berlin 1981 bis 1983

Hermann Röhrs, Dr. phil., Professor und Leiter der Forschungsstelle für Vergleichende Erziehungswissenschaft, Erziehungswissenschaftliches Seminar der Universität Heidelberg, Akademiestr. 3, 6900 Heidelberg 1
Privatanschrift: Bergstr. 58, 6901 Wilhelmsfeld

Veröffentlichungen
Allgemeine Erziehungswissenschaft, 3. Aufl. Weinheim 1973 — Kindergarten, Vorschule, Elternhaus in Kooperation, München / Basel 1976 — Die Reformpädagogik — Ursprung und Verlauf in Europa, Hannover 1980 — Spiel und Sportspiel — ein Wechselverhältnis, Hannover 1981 — Das Spiel — ein Urphänomen des Lebens, Wiesbaden 1981 — Sportpädagogik und Sportwirklichkeit. Eine Einführung in ihre Probleme, Tendenzen, Perspektiven, Bad Homburg 1982 — Frieden — eine pädagogische Aufgabe, Braunschweig 1983

Hans-Jürgen Schaller, Prof. Dr., Dipl.-Sportlehrer, Direktor des Seminars für Leibeserziehung an der Rheinisch-Westfälischen Technischen Hochschule Aachen
Privatanschrift: Vennstr. 9, 5190 Stolberg

Veröffentlichungen
Zur pädagogischen Theorie des Spiels, Ahrensburg 1973 — Spielerziehung — Gegenstand und Programmatik eines sportpädagogischen Begriffes, Schorndorf 1975 — Die Großen Spiele, Wuppertal 1876, 2. Aufl 1978 — Programmiertes Lernen im Sport, Wuppertal 1980 — Die Großen Partnerspiele, Wuppertal 1981 — Beiträge in Sammelbänden und Fachzeitschriften

Kurt Schreiner, Realschullehrer, Johannes-Gutenberg-Realschule Köln, Fächer: Kunst, Textilgestaltung, Deutsch AG Puppenspiel
Privatanschrift: Falderstr. 11, 5000 Köln-Weseling

Veröffentlichungen
Puppen und Theater, Köln 1980 — Kreatives Arbeiten mit Textilien, Köln 1977

Peter Schubert, Professor für Kunst und ihre Didaktik an der Universität Dortmund, Abteilung 16
Privatanschrift: Karlstr. 49, 6350 Bad Nauheim

Veröffentlichungen
Einzelbeiträge zu fachdidaktischen und fachwissenschaftlichen Problemstellungen in: „Kunst und Unterricht", Zeitschrift für Kunstpädagogik; BDK-Mitteilungen; Materialien der HdK Berlin 1965 bis 1984 — *Künstlerische Tätigkeit*: Zahlreiche Einzelausstellungen und Ausstellungsbeteiligungen im In- und Ausland

Werner Schulze-Reimpell, Dr. phil., freier Journalist
Privatanschrift: Bahnhofstr. 46, 5042 Erftstadt-Liblar

Veröffentlichungen
Entwicklung und Struktur des Theaters in der Bundesrepublik Deutschland, Köln 1975 und Bonn 1979 — Ernst Hardt, Biografie, Köln 1976

Helmut Segler, Prof. em., Technische Universität Braunschweig, Seminar für Kunst und Musik und deren Didaktik / Abteilung Musik
Privatanschrift: Rudolf-Wilke-Str. 11, 3300 Braunschweig

Veröffentlichungen
Musik als Schulfach (zus. m. L. U. Abraham), Braunschweig 1966 — Musik und Musikunterricht in der Gesamtschule (Hrsg.), Weinheim 1972 — Musik aktuell (zus. m. a.), Kassel 9 (1982) — Liedermagazin (zus. m. a.), Kassel 5 (1980) — Begleitmaterialien zu Musik aktuell (Hrsg.), Kassel 1979 ff., Braunschweig 1982

Winfried Stankewitz, Dr., M. A., Professor an der Evangelischen Fachhochschule Düsseldorf, Modellversuch Künstler und Schüler — Projekt Werkstatt-Theater Köln
Privatanschrift: Im Winkel 19, 3111 Melzingen

Veröffentlichungen
Szenisches Spiel als Lernsituation, München / Wien / Baltimore 1977 — Rollenspiel und Schultheater — Zur Überwindung des folgenlosen Rollenspiels, in: Tymister (Hrsg.): Projektorientierter Deutschunterricht, Düsseldorf 1975 — Spiel und Theater mit Ausländerkindern, in: BMMW Werkstattberichte, Bonn 1981 — Weitere Aufsätze über die Modellversuchsarbeit in der gleichen Schriftenreihe Nr. 11 und Nr. 23

Peter-Klaus Steinmann, Puppenspieler, Autor, Regisseur, Figurengestalter
Privatanschrift: Joachim-Friedrich-Str. 40, 1000 Berlin 31

Veröffentlichungen
Drei Handpuppenspiele, Kassel 1961 — Figurenspiel (Broschüre), Berlin 1974 — Puppenköpfe aus der Skizze „geboren", in: Spiel und Theater, Weinheim 1975 — Gedanken zum Wesen und Wirkungen der Puppen, in: Kunst und Unterricht, Heft 54, Seelze 1979 — Auf der Suche nach Puppen, Graphikbuch mit Entwürfen, Frankfurt 1979 —

Theaterpuppen, Handbuch, Frankfurt 1980 — Leffetto teatrale: condizionie necessita in Animazione teatrale, Pistoa (Italien), 2 (1981) — Figurentheater — Reflexionen über ein Medium aus den Jahren 1968 bis 1983, Frankfurt 1983 — 1968 Gründer und seitdem ständiger Mitarbeiter (Fachartikel und Buchbesprechungen) der Puppenspiel-Information (Fachzeitschrift des Verbandes Deutsche Puppentheater e. V.)

Barbara Thiell, cand. paed., Universität Gesamthochschule Essen, Fachbereich 2
Privatanschrift: Wesselswerth 37, 4300 Essen 16

Inge Thomas, Dipl.-Päd., freiberuflich tätig
Privatanschrift: Radhoffstr. 21, 4300 Essen 12

Veröffentlichungen
Bedingungen des Kinderspiels in der Stadt, Stuttgart 1979 — Aufsatz: Plädoyer für die Abschaffung des Kinderspielplatzes, in: Deutsche Jugend 10 (1979), München und in: Unsere Kinder 3 (1980), Linz

Gisela Wegner-Spöhring, Dr., Dipl.-Päd., Akad. Rätin an der Georg-August-Universität Göttingen, Erziehungswissenschaftlicher Fachbereich
Privatanschrift: Auf der Lieth 2, 3400 Göttingen

Veröffentlichungen
Kinder und ihre Medien (zus. m. Wangerin / Meier / Kanaler), in: Neumann, K. (Hrsg.): Kindsein, Götitngen 1981 — Soziales Lernen im Spiel, Kiel 1978 — Abbau von Vorurteilen im Vorschulalter, in: Bolscho, D. u. a.: Grundschule und Soziales Lernen, Braunschweig 1977 — Vorurteilsstrukturen im Vorschulalter — eine empirische Untersuchung, in: Zeitschrift für Pädagogik 21 (1975) 4 — Normen des Wohlverhaltens bei Vorschulkindern, in: Bildung und Erziehung 26 (1973) 6

Personenregister

Abresch, J. 137
Adler, A. 401
Adorno, Th. W. 269, 699 ff.
Akademie Remscheid 134
Alberts, J. 93
Alewyn, R. 261
Alheit, P. 598
Améry, D. 699
Amtmann, P. 208, 318 f.
Andersen, H. Chr. 383
Anderson, A. R. 691
Andresen, R. 533
Antons, K. 36
Appeldorn, W. v. 237
Arbeitsgemeinschaft Wohnberatung 599, 605
Arbeitskollektiv Proletarisches Kindertheater 57, 64
Archimbaldo, G. 147
Argyle, M. 49, 61
Ariès, P. 594
Aristoteles 222, 313
Augustinus 277
Ausländer, P. 248
Ausubel, D. P. 663
Axline, V. M. 225
Azrin, N. 580

Baacke, D. 52, 100, 104 f., 644
Baer, U. 9
Bahrdt, H. P. 631
Baier, W. 221
Bally, G. 3
Bammé, A. 692, 694
Bannmüller, E. 10, 569 f.
Barthes, R. 144
Bartlett, H. M. 643
Bartnitzky, H. 60, 64, 68
Bartok, B. 263
Batek, O. 214
Bauer, W. 437
Baur, E. 448
Baur, J. 546
Bausinger, H. 275

Beck, J. 597, 678
Beethoven, L. van 262
Begalke, E. 690
Behn, R. 11, 687
Behr, K. 72
Behr, M. 10
Behrendt, D. 52
Beilhardt, K. 502
Beimdick, W. 496, 502
Benjamin, W. 321, 447
Bentley, E. 315, 362, 371
Berenberg-Gossler, H. 321
Berger, P. 692
Berlyne, D. E. 94
Bernett, H. 545
Bernhard, H. 428
Bernstorff, E. 629
Berthold, M. 221
Besseler, H. 279
Bettelheim, B. 435
Betten, L. 161
Bierhoff, H. W. 630
Biermann, G. 630
Biermann, R. 41
Bihalji-Merin, O. 230
Binnerts, P. 489, 491
Birne-Theater 439 ff.
Bishop, J. 602
Bittner, G. 10
Bizet, G. 250
Bloch, E. 41
Blumenberg, H. 153, 160
Boccioni, U. 167
Böhm, W. 9
Böhme, F. M. 290
Bollermann, G. 72
Bollmann, H. 645
Bollnow, O. F. 4, 22, 73, 76, 197, 222, 549, 556, 569, 571
Boocock, S. S. 708
Borchert, W. 408
Borton, T. 4
Botticelli, S. 250
Boulet, J. 605

Brahm, O. 499
Brailsford, D. 516
Brandes, E. 71, 645
Brändli, K. 440
Brauneck, M. 334, 500
Braumüller, E. v. 603
Brecht, B. 86, 313, 322 f., 370, 398, 414, 437, 457 f., 479 ff., 490 ff.
Brenner, G. 104
Brettschneider, W.-D. 534, 537, 545 f., 550
Breuer, H.-D. 562
Brezinka, W. 712
Broich, H. 68
Brook, P. 398
Brown, G. I. 44
Brückner, P. 141
Brueghel, P. 249
Brumlik, M. 76
Brunner, J. 295
Buber, M. 74 f.
Bücken, H. 703 ff.
Bühler, K. 94
Bührle, M. 522
Bührmann, M. 251
Bülow, I. 290
Bürger, P. 193
Bull, R. 313, 327
Burger, M. 161
Buytendijk, F. J. J. 4, 6

Cachay, K. 559
Cage, J. 244
Caillois, R. 223 f., 271
Calder, A. 167
Calvin 516
Campbell, K. 391
Carr, H. 94
Chardin, T. de 222
Chateau, J. 174
Cherryholmes, C. H. 709
Chesler, M. 59, 64, 67
Christmann, R. 596, 602, 671
Claus, J. 95, 98
Coburn-Staege, U. 55 ff., 64, 67, 74
Cohn, R. 652
Coleman, J. S. 708
Comenius, J. A. 266
Cook, H. 579
Cornell, J. B. 703 ff.
Coutellier, F. 330
Croockenberg, S. 580

Daublebsky, B. 329, 414, 644
Deacove, J. 132
Decker-Voigt, H.-H. 245

Degenhardt, F. J. 93, 124
Demokritos 141
Denk, R. 502
Denker, R. 59
Deutsch, M. 578
Dewey, J. 5
Diegel, H. 577
Dieke, G. 342 f.
Dienelt, K. 25
Dietrich, K. 289, 534, 546 f., 559
Dilthey, W. 17, 73
Dissinger, W. 591, 593, 604
Dittrich, G. G. 630
Döbler, E. 520
Döbler, H. 519
Dörger, D. 340, 350
Dombrady, G. 305
Domin, H. 256
Dormann, J. 351
Dorst, B. 687 ff.
Dreyer, A. E. 447
Dürrenmatt, F. 497
Duncan, I. 285

Eberle, O. 341 f., 354
Ebert, H. 64
Egger, K. 529
Eichendorff, J. von 278
Eichler, G. 75, 78, 640
Eisenstadt, S. N. 52
Eisler, H. 481 f.
Elias, N. 525, 624
Ende, M. 335
Engelhard, N. 260 f.
Erb, A. 96
Erikson, E. H. 4, 94 ff.
Esser, J. 605
Eyck, J. v. 279

Farrington, P. 132
Feldernkrais, M. 367
Fellsches, J. 700
Felner, K. v. 345
Fettig, H. J. 206 ff.
Fetz, E. 538
Feuerbach, L. 141
Figge, P. A. W. 414
Fink, E. 254 f., 374
Finkel, K. 245
Fischer, E. K. 235
Fischer, W. 19
Fischer-Münstermann, V. 295
Fleischle-Braun, C. 11
Fliedner, Th. 629
Flitner, A. 96
Fluegelmann, A. 132

Fölsing, J. 629
Forster, F. 345
Frankl, V. E. 25, 700
Freire, P. 331
Freud, A. 410
Freud, S. 94
Freudenreich, D. 67 f.
Friedemann, L. 245
Friedrich, C. D. 249
Friedrichs, J. 660
Fritsch, V. 289
Fritz, J. 8 f., 36 f., 45, 48, 71, 135, 640, 684 ff.
Fröbel, F. 224, 513, 629
Fromm, E. 83 f., 86, 435
Frommlet, W. 596
Fuchs, P. 245
Fuglsang, M. 208 f., 429
Funke, J. 534

Gadamer, A.-G. 6, 253 ff.
Gaillard, O. F. 29
Gallée, H. B. 571
Garibaldi, A. M. 579
Gatti, M. 212
Gebhart, H. 398
Gehlen, A. 22
Geifrig, W. 453
George, H. 501
Gerner, B. 76
Gibas, H. 9
Giesecke, H. 80, 639
Giraudoux, J. 271
Glaser, H. 81, 641
Glozer, L. 184
Göbel, K. 496, 501
Göhner, U. 567
Görner, K. A. 344 f., 445 f.
Goethe, J. W. von 225, 401, 406, 569
Götsch, W. 558
Götz, B. 5
Goffman, E. 57, 75, 365
Gombrich, E. 193
Gordon, C. 42
Grauer, G. 104
Grauerholz, H. 295
Grawe, Ch. 222
Gray, N. St. 446
Gray, V. 338
Grips-Theater 437 f.
Grössing, S. 529, 534
Groos, K. 94, 97, 662
Grupe, O. 72
Gudjons, H. 9, 32 f., 84, 640
Gübel, G. 55
Günther, D. 291

Günther, H. 17 f., 287, 289
Günther, U. 279
Gundert, W. 304
Gutenberg, N. 10
Guts-Muths, J. E. F. 515

Habecker, S. 502
Habermas, J. 80 ff., 697 f.
Hänseroth, A. 501
Häußermann, H. 592
Haffner, H. 502
Hagedorn, G. 533, 547, 554 ff.
Halbach, U. 700 ff.
Hall, E. T. 583
Hamer, H. E. 9, 304, 307
Hanada, N. 9
Hartmann, H. 543, 555
Hartmann, N. 254
Hartung, J. 328
Haug, F. 55, 58
Hauptmann, G. 499
Hausmann, G. 648
Haven, H. 227, 296, 317 ff.
Hebel, J. P. 232
Heckhausen, H. 57, 78, 224
Heginger, W. 161
Heidegger, M. 255, 702
Heidemann, I. 254, 257
Heilmeyer, J. 340, 347
Heinemann, K. 527
Heinig, P. 9
Heinrich, W. 547
Heitkämper, P. 664
Hentig, H. von 81, 256, 535
Hengst, H. 691
Herbart, J. F. 225
Hering, W. 57
Herrmann, E. A. 345
Hertmann, M. 161
Hetzer, H. 660 ff.
Heusch, P. 389
Hielscher, K.-W. 10
Hielscher, H. 64
Hilbig, N. 270
Hill, C. 516
Hilmer, J. 520, 527, 546 f.
Hindemith, P. 482
Höltershinken, D. 630, 659 ff.
Hoffmann, Ch. 348
Hoffmann's Comic Teater 58, 67
Hofmannsthal, H. von 142, 497
Holzkamp, K. 533
Honegger, A. 244
Honnecourt, V. de 167
Hoof, D. 629
Hoppe, H. 9, 135, 315, 645

Hopf, D. 644
Horkheimer, M. 702
Hortleder, G. 526
Huberich, P. 414
Hürlimann, M. 501
Huizinga, J. 3, 94, 174, 223, 254 ff., 271, 292
Husserl, E. 277

Iden, P. 500
Ifland, A. W. 344
Illich, I. 283
Illick, J. E. 624
Ingendahl, W. 72

Jacob 231
Jahn, F. L. 515
Jahnke, M. 434
Jandl, E. 399
Jaspers, K. 254
Jendrowiak, H.-W. 17, 691, 699
Jenisch, J. 10, 398
Jens, W. 526
Jessner, L. 500
Johnson, P. W. 579
Jost, E. 522
Joya, M. 301
Jünger, F. G. 271, 274
Jung, C. G. 401
Junker, H. D. 185

Kade, S. 598, 603
Kagel, M. 248
Kandinsky, W. 189
Kant, I. 141
Kapustin, P. 523
Kartoschka, E. 248
Karutz, G. 502
Keller, F. S. 578
Kerbs, D. 86 f., 183
Kerstiens, L. 700
Kessler, U. 9
Kieselbach, E. 248
Kilga, B. 153
Kindermann, H. 221, 230
Kipphardt, H. 504
Kircher, A. 244
Klafki, W. 80, 649
Klatt, E. 640
Klaus, G. 79
Klebe, G. 250
Klee, P. 250
Kleinen, G. 251
Kleist, H. von 504
Klettke, H. 187
Klewitz, M. 317, 339, 401

Klippstein, E. 133
Klinke, W. 106, 112 ff.
Kluckhuhn, R. 68
Kluge, A. 11, 593, 597
Knapp, A. 134
Knilli, F. 235
Kochan, B. 55, 314, 495
König, G. 9, 161
König, H. 628
Kohl, K. 526
Kohler, W. 306
Kolneder, W. 349, 438
Konchok, D. 280
Konzag, I. 547
Kooij, R. van der 135
Kossolapow, L. 58, 83, 640
Kraft, P. 17, 22
Kramer-Lauff, D. 291
Krappmann, L. 57, 62, 64 f., 81, 559
Krause, H. J. 602
Krecker, K. 629
Kreuzer, K. J. 9, 11, 17, 21, 23, 25, 158, 691, 699
Krings, H. 155
Kröner, S. 545
Kube, K. 644
Kühl, H. 645
Küntzel-Hansen, M. 249
Kupffer, G. 591
Kurihara, K. 301
Kurock, W. 211, 215
Kurz, D. 567
Kutzner, H. 5

Lacis, A. 445
Lägel, H. 251
Landau, G. 552
Lanfermann, E. D. 604
Laub, G. 594
Lautwein, Th. 538
Lauwe, M.-J. C. de 598
Lawick-Goodall, J. v. 356
Lehmann, J. 57, 104, 123, 700 ff.
Lehr, U. 17
Lenzen, H. 9, 225 f., 228
Lessing, G. E. 141 f., 313
Leue, G. 132
Leutz, G. 401
Leuw, G. 287
Lewin, K. 571
Lewis, H. B. 578
Lichtenberg, G. Ch. 142
Liebel, M. 690
Liebermann, R. 244
Liebetrau, G. 245
Liedtke, H. 104

Ludig, G. 188
Ludwig, V. 335 f., 349, 352, 447 ff.
Lunatscharski 348
Luserke, M. 346
Luther, M. 274, 277 f., 342
Lutz, E. J. 296, 318
Loch, W. 76
Löffelholz, M. 19
Löwenfeld, V. 175
Löwith, K. 74
Lott, D. F. 583
Lommel, A. 221, 230
Lowdnes, B. 379

Mahlo, F. 547
Maiwald, R. 9
Marcuse, H. 82, 186, 255 f., 258, 641
Marsen, H. 597
Martin, K.-H. 500
Martini, U. 9
Marx, K. 462
Masareel, F. 148
Mayer, U. 23
Mayrhofer, H. 331, 641
McCall, G. J. 56
McGregor, L. 314, 328
Mead, G. H. 74 f., 525
Meckel, Ch. 637
Meinecke, F. 153
Melchinger, S. 221, 230, 501
Memling, H. 279
Mendner, S. 525
Menze, C. 83, 641
Menzel, A. 251
Merkel, Ch. 627
Merkel, H. M. 437
Mester, L. 552
Metzger, J. 161
Meyer, B. 591, 603 f.
Meyer, E. 41
Meyer, W. 283, 644
Meyer-Denckmann, G. 245
Meyer-Drawe, K. 5
Meyerhold, W. 398
Mielke, B. 10
Mieskes, H. 97, 106, 126
Millar, S. 100
Miller, A. 594 f., 604
Minnford, L. 592
Mirbt, R. 229, 346 f.
Möbius, P. 369
Möcklinghoff, M. 602
Mölter, U. 9
Mollenhauer, K. 82 f., 569, 639
Mondrian, P. 249
Montessori, M. 224

Moor, P. 225
Moore, P. 99
Moreno, J. L. 74, 406
Mossolow, J. L. 74, 406
Mossolow, A. 244
Mozart, W. A. 243, 259
Müller, A. 346
Müller, C. W. 640
Müller, H. 502
Müller, P. 678
Müllert, N. R. 692
Mumfort, L. 592

Nahrstedt, W. 640
Nakatsuka, Ch. 307
Nattkämper, H. 285, 292 f.
Nayhauss, H.-C. von 502
Negt, O. 593, 597
Newald, R. 317
Newberg, N. 44
Nickel, H.-W. 9, 71, 84 f., 339, 448
Niermann, J. 11
Nietzsche, F. 85
Nissen, G. 672
Nitsch, H. 548
Noetzel, W. 11, 71, 86
Nold, W. 204
Noll, H. 542
Nono, L. 244

Oberfrank, W. 11
Obraszow, S. 217
Oelkers, J. 53
Oertel-Burduli, B. 9
Oerter, R. 78, 702
Opaschowski, H. W. 19, 124, 640, 711
Opie, I. 675
Orlick, T. 132
Orff, C. 262
Otto, G. 175, 184, 192
Ottomeyer, K. 592
Owen, R. 628

Patermann, R. 702
Paul, A. 315, 437
Pearl, H. 429
Pée, L. 634
Petillon, H. 42
Petzold, H. 74
Pfeiffer, J. W. 31
Pfister, M. 496
Piaget, J. 94 ff., 513, 662
Pieper, J. 20
Piscator, E. 500
Platon 3, 222, 254, 277
Platz-Waury, E. 496

Plessner, H. 569
Pöggeler, F. 640
Popp, H. 502
Popper, F. 167
Portele, G. 95, 104, 123, 406
Portmann, A. 78, 222
Preising, W. 577

Quadflieg, W. 501
Quenau, R. 236

Raab, A. 214
Rahner, H. 222 f., 323
Rapp, U. 80
Reger, M. 250
Reich, K. 648
Reinert, G. B. 44
Reinhardt, M. 398, 497, 499
Rellstab, F. 398, 413
Rembrandt, H. van Rijn 149
Renk, H.-E. 502
Rennert, G. 501
Renoir, P.-A. 149
Respighi, O. 244
Retter, H. 72
Richard, J. 486, 491
Richter, Ch. 9, 257 f.
Richter, D. 437
Richter, L. 250
Rieder, A. 161
Rieder, H. 529
Riedl, A. 246
Riesmann, D. 691
Ritter, H. M. 481, 486 ff.
Ritter, J. 222
Röhrs, H. 10, 72, 225, 513, 516, 518, 523
Rösch, H.-E. 522
Roessler, W. 21
Röthig, P. 545, 552
Röttger, K. 345
Rogers, C. R. 77, 712
Rohberg, D. 370, 377
Roser, A. 234
Roth, H. 501
Roth, L. 660
Rubinstein, S. L. 59
Rühle, G. 155, 500
Rumpf, H. 271
Rutschky, K. 594

Sachs, C. 274, 287, 290
Sader, M. 34, 49
Sadoul, G. 238
Sälzle, K. 261
Sapia, U. 686

Sartre, J. P. 571
Saz, N. 445
Scanio, A. 523
Schäfer, H. 287, 289
Schäfer, K. H. 699
Schaeffer, P. 244
Schafer, R. M. 246, 248
Schaller, H.-J. 10, 545
Schaller, K. 699
Schedler, M. 313, 348, 434
Scheler, M. 222, 277
Schellenberger, H. 548
Scherf, E. 60, 67
Scheuerl, H. 77 f., 95 ff., 174, 254, 257, 313, 640, 661
Schiffler, H. 20 f.
Schilke, K. 700 ff.
Schiller, F. von 86 f., 254, 313, 512, 549
Schmack, E. 699, 702, 706
Schmidt, L. 341
Schmidt-Scherzer, R. 96, 124
Schmidtchen, St. 96, 663
Schmitt, R. 58, 64, 67
Schmitz, J. N. 529
Schmolke, A. 293
Schnabl, B. 161
Schneider, H. 442
Schoch, A. 367
Schönberg, A. 250
Schönfelder, T. 21
Schönfeldt, S. G. 161
Schoormann, J. 502
Schopenhauer, A. 142
Schorb, A. O. 73
Schottelius, J. G. 343
Schottmayer, G. 78, 596, 602, 630, 659, 671
Schreber, D. G. M. 629
Schreiner, G. 41 ff.
Schreiner, K. 9, 206, 208 ff., 214
Schriegel, S. 317
Schröder, C. 212
Schröder, E. 501
Schubert, P. 9
Schütz, H. G. 187
Schulte, H. 96
Schultze, H. 317
Schulz, W. 81, 648
Schulze-Reimpell, W. 10
Schuyt, L. 547
Schwarz, E. 161
Schwarz, H. 398
Schwarz, J. 446
Schwitzke, H. 235
Segler, H. 9
Seidel, A. 245

Seiffge-Krenke, I. 41
Selg, H. 683
Sequeira, A. R. 290
Shaftel, F. R. 55, 64
Shimmi, K. 307
Siebel, W. 592
Silkenbeumer, R. 64
Simmel, G. 75, 512
Singer, C. 602
Sorell, W. 287 f.
Spangenberg, K. 540
Spencer, H. 94
Spitzer, K. 602
Spranger, E. 18, 703
Stahl, E. L. 345
Stanford, G. 50 f.
Stanislawski, K. S. 229, 364, 370 f., 398, 413
Stamitz, C. 243
Stankewitz, W. 10, 85, 314, 357
Steinmann, P. K. 10, 206, 336, 417
Steinweg, R. 313, 480 ff.
Sternheim, K. 505
Stielow, R. 194
Stöcker, G. 555
Strasberg, L. 398, 401
Straus, E. 569
Strauss, A. 75
Streicher, M. 295
Stuckenhoff, W. 645
Sutton-Smith, B. 77 ff., 95, 98
Szondi, P. 481

Tairow, A. 398
Tausch, R. 133
Tembeck, S. 132
Thiell, B. 11
Thomas, I. 591, 595, 603
Thomas, K. 185
Thomson, R. W. 584
Tornau, H. 345
Trapp, E. C. 95
Trautwein, D. 86
Twellmann, W. 17

Ungerer, D. 567

Vahsen, F. G. 26
Valentin, K. 370
Volpert, W. 684 f.
Vondung, K. 86
Vopel, K. W. 31 ff., 132 f.
Voss, U. 595

Wächter, F. K. 438, 442
Wallrabenstein, K. 161
Waltmann, G. 161
Ward, C. 602, 675
Ward, W. 346
Watzlawick, P. 56, 350, 366
Wawrzyn, L. 603
Weber, A. 265
Weber, E. 41, 702
Weber, M. 153, 280
Weber, R. 547
Weber-Kellermann, I. 625
Wegener-Spöhring, G. 9, 55
Wehnes, F.-J. 700
Weill, K. 481 f., 492
Weiss, P. 500
Weisse, C. F. 317, 343
Weizenbaum, J. 594
Weizsäcker, V. von 568 f.
Wellek, A. 225, 249, 435 f.
Wekwerth, M. 79, 461, 486, 499
Wessels, B. 176
Westphal, G. 562
Wetzel, C. 174
Wieland, H. 11
Wigmann, M. 286
Wilde, O. 141
Wilhelmine von Preußen 595
Winkel, R. 44
Wittgenstein, L. 94, 369
Wolfersdorf, D. 318
Wünsche, K. 352

Zacharias, W. 644
Zajonc, R. 578
Zehle, S. 268
Zimmer, J. 187
Zinn, H. 624
Zinnecker, J. 677

Sachregister

A-Charakter (= Aufforderungscharakter)
106 ff., 112 ff., 122 ff.
Abschlußfeier 25
Abwurfspiel(e) 545
Ästhetik
— und Kommunikation 72
Aggression
und Körperkontakte 585
Aggressivität 689
Akademietheater
— Straßburger 317
Akkomodation 513
Aktion(en) 183 ff.
— aks symbolische Tätigkeit 187
— Aspekte ästhetischen Verhatlens in 191
— im Bereich der bildenden Kunst 184
— gemeinsame 191
— innengerichteter Aspekt von 188
Aktionskonzepte
— pädagogische 187
Aktionsspiel 93
Aktivierung 86
Aktivität
— spontane 499
Aktivspielplätze 619
Alltag
— -serfahrungen der Jugendlichen 52
— -skommunikation 366
— -sphantasie 598
— spielpädagogischer 137
— -swelt als Spielwelt 609
Alphabetisierung
— gesellschaftliche 602
Als-ob-Handlung 325
Amateuertheater(s) 457 ff.
— als außerschulische Jugendarbeit 472
— als pädagogische Aufgabe 457 ff.
— -aufführungen 467
— in Schweden 457
— und Schule 471
— Untersuchungsaspekte des 474
Ambivalenz
— als spieldefinierendes Merkmal 55

Aneignungsprozesse 602
Anpassung 686
Antiautoritäre Bewegung 437
Animateur 266 ff.
Animation
— kommunikative 646
Antispiel 8
Aphorismen 141
Arbeit
— gruppenorientierte 105 ff.
— -skreise von Theatern und Lehrern 452
Arcadespiel(e) 688
ars 462
Assimilation 513
ASSITEJ (Association Internationale du Théâtre pour l'Enfance et la Jeunesse) 441, 454
Aufführung 373
— Entstehung einer 390 ff.
Aufklärungstheater 350
Aufnahmebereitschaft 178
Aufregungstheater 350
Ausbildungsstätte
— für professionelles Kinder- und Jugendtheater 455
Ausdrucksmöglichkeit(en)
— beim Theaterspielen 397 ff.
Automatenspiel(e) 27, 483

Ballett 289
Ball
— und Bewegungsspiel(e) 519
Bambusflöte 301 ff.
Baseball 549
Bastelstufe 176
Beat 289
Befreiung
— -sarbeit 604
— serlebnis, religiöses 304
Begegnung 73 ff.
— stheorie, philosophische 76
Belohnung 578
— sstruktur 579

Beobachtung
— systematische 660 ff.
— von Spielverhalten 660 ff.
Berkeley 523
Berufsschauspieler 466 ff.
Berufstheater 466 ff.
— Orientierung des Amateurtheaters am 468
— Verhältnis von — und Schule 496
Besatzungszone
— sowjetische 447
Bewegen
— und Darstellen 575
— und Hören 571
— und Sehen 571
— und Wahrnehmen 569
Bewegung 168, 197
— ästhetische Dimension der — im Sport 567 ff.
— dynamische Form der 568
— Illusion von 168
— pädagogische Theorie der -sspiele 546
— rhythmische 571
— -sabläufe, kombinierte 386
— -sduktus 419
— -slehren der Schauspielschulen 367
— -sspiel(e) 98
— und Musik 574
— und Raum 570 f.
Bewußtsein(s)
— aufbauendes 152
— produktives 152
— Wandel des 153 f.
Bezugsrahmen
— kontextualer 698
— kulturaler 698
Bilder
— als Spielvorlage 410
— -spiel 414
— -theater 350
Bildsamkeit 176 f.
Birne-Theater 440
Bochum
— Festival des Puppentheaters in 204
Bodenfigur 424
Bogenschießen (Kyudo) 301
Brettspiele 35 f., 133, 139
— kooperative 139
Buch (Bücher) 156
— als Lebensmittel 159
— als Teppiche für das geistige Zuhause 151
— -curriculum 160 f.
— -macher 156
— -Spiel-Curriculum 152

— traditionelle -formen 160
Buddha 303
Bühne(n) 382
— als Forum politisch-gesellschaftlicher Auseinandersetzung 499
— Deutscher -verein 348
— und Zuschauer
Bund Deutscher Amateurtheater (BDAT) 457
Bundesprüfstelle für jugendgefährdende Schriften 690
Bundesverband Spiel, Theater, Animation 347

Cartoons 145
China 301
Clown-Spiele 442
Computerspiel(e) 27, 483
Creative Dramatics 319

Dada-Veranstaltungen 186
Darstellen 465 ff.
Darsteller(s)
— Problem des Tausendfüßler- 398 f.
— -theater 370
Darstellung
— analoge -sstruktur 350
— -sformen 329
Dasein 701
— -sbestimmung 712
Denken
— abstraktes 687
— divergentes 708
Destruktion 193
Detektivspiel 412
Deutschdidaktik 72
Deutscher Bühnenverein 441, 451
Deutscher Sportbund 523
Dichtung
— dramatische und epische 497
Didaktik
— des Theaters für Kinder 350
— des Theaters von Kindern 357 ff.
— lernortdifferenzierte 71
— prozeßorientierte 372
Dilettantentheater 345
Dokumentationsmedien 194 ff.
drama
— informel 346
Drehobjekte 173 ff.
Drogenkonsum 104 f.

Echtheit 49
Eigenaktivität 86
Einführungstheater 370
Einsicht 199

Sachregister

Einstiege
— um zu einem Spiel zu finden 206
Einübungstheorie 94
Elementarbildung 571 f.
Elemente
— spielerische — des Tanzes 292 ff.
Eltern
— -abend 333
— -haus 141
Emotion 688 f.
— -sübermittlung 418
Empathie 62, 401
— spielerische 399
Empfindsamkeiten 701
Energie(n)
— psychische 435
Erfahrung(en) 199
— abstrakte 4
— als Ware 598
— im Spiel 3 ff.
— in Interaktionsspielen 35
— konkrete 4
— Mediatisierung der 691
— pädagogische — beim Theaterspielen 397 ff.
— sinnliche 190
— von Kreativität 395
Erfahrungsraum 703
Erfindungsgabe
— ästhetische 469
Erleben(s)
— ästhetisches 436
— Reduktion emotionalen 688
Erprobungen
— im Spiel 3 ff.
— von Spielen 13
Erscheinungsformen
— des Spiels 514
Erzähler 210
Erziehung
— ästhetische 72 f., 183, 466 ff.
— moralische 699
— musische 640
— -smedium 709
— -sstrategie 267 ff.
Experimentierspiele 98
Exploration 78

Fabel
— als Handlungsverlauf eines Stückes 211
face-to-face-relations 42
Fahrspielplätze 617
Fairneß 522
Fairplay 522
Familienprodukt 594

Fantasie 335, 704
— als Flucht 335
— als Werkzeug 335
Feedback 49
— -system von Videospielen 688
Feier 86 ff.
Feierlichkeit 87
Fernsehen(s)
— Ausbreitung des 458
Fernsehentzug 7
Fest 20 ff., 86 ff.
— -ablauf 23
— -anlässe 20 ff.
— -ausgestaltung 22
— -erleben 20 ff.
— -grund 23
— kirchlicher -tag 24
Fete 23
Figur(en)
— Erlebnisraum der 413
— Wirkung der 418
Figurenspiel 417 ff.
— als Herausforderung 430
— für verschiedene Altersgruppen 430
— in der Sekundarstufe II 429 ff.
Figurentechnik 419
Figurentheater 417 ff.
— für das Kind 420 f.
— mit dem Kind 422 f.
Filmspiel 236 f.
Flachfigur 210 ff., 214, 423 ff.
Flipper-Automaten 8
Fluxus 186
Folklore 275
— -rummel 275
Folkmodels 99 ff.
Football Association 525
Formen
— spielmethodische 550 f.
Freizeit 265
— -diskussion 19
— elektronisches -vergnügen 693
— -gestaltung 381
— industrie 124 f., 265
— -pädagogik 72, 639 ff.
— -park 607 ff.
— reformpädagogisches Konzept der -pädagogik 640
— -welle 269
Frieden 524
— -sfähigkeit 524
Funktion
— -lust-Theorie 94
— -sspiel(e) 98, 514
Fußball 545
— -spiel 521 ff.

Geborgenheit 4
Gedächtnis
— emotionales 412 ff.
Gemeinschaft 41
Geräte
— mechanische 221, 228
— opto-akustische 221, 228 f.
— -spielplatz 659 ff.
Geschicklichkeitsspiel(e) 99 ff.
Geselligkeit 82
Gesellschaft
— polymorphe 594
Gesellschaftsspiele
— Formen der 100 ff.
— funktionale Aspekte der KGS 110 ff.,
  120 ff.
— KGS in der Jugendarbeit 126 f.
— KGS-Stichprobe 106 ff.
— Kommerzielle (KGS) 9, 93 ff.
— materiale Aspekte der KGS 106 ff.,
  120 ff.
— Merkmale der KGS 122 ff.
— pädagogische Aspekte der KGS 113 f.,
  120 ff.
— Übungseffekte der KGS 113 f.
Gesellschaftstanz 289
Gesprächspause 64 f.
Gestaltpsychologie
— und Theaterästhetik 436 f.
Gestisches Prinzip 484 f., 487 ff.
Gestus 482, 487 ff.
— -begriff 487
Gitarre
— japanische Art einer 303
Glücksspiele 110 ff.
Golf 549
Grips-Theater 335, 348, 352, 438
Grundschule 333
Gruppen
— -arbeit 39
— -dynamik 71
— -entwicklung 41 ff.
— -interaktion 43
— -kommunikation mit dem Publikum
  371
— -projekte 505
— -verhalten 43

Harmonie 703
Handballspiel 560
Handeln 568
— expansives 183
— koalitives 137
— soziales 539
Handlung
— politische -skompetenz 323

— -sorte 214
— -sstrategie 706
Handpuppe 419 ff., 423
— -nspiel 221, 233
Happening 186
Haus der offenen Tür (OT) 103 ff.
Hilfeleistung 585
homo ludens 28
homo soziologicus 75
Honsoku (Spielerlaubnis) 305

Ich(s)
— -stabilität 184
— Stärkung des 49
Identifikation(en) 407 f.
— beim Theaterspielen 397 ff.
— Mensch-Natur- 697
Identität 409
— -sbalance 79
— -sdiffusion 96 f.
— -sfindung 96 f.
Imagination 152
— -skraft 6
Imitationsspiel 55
Improvisation 86, 295, 364, 382, 387 ff.
Individualisierung 153 f.
Inszenierung 498 ff.
Interaktion 56, 73 ff.
— als Realitätsbezug 364
— soziale 521 ff.
— -serziehung 45, 85, 640
— -skompetenz 56, 59 ff.
— -spädagogik 45, 71 f.
— -sspiele 31 ff., 41 ff.
— -straining 84 f.
Interaktionismus
— symbolischer 75
Interkommunaler Arbeitskreis NRW 452
Intervention 47

Japan 301 ff.
Jouissance ludique 524
Jugend 17 ff.
— und Festerleben 20 ff.
Jugendarbeit 93 ff.
— außerschulische 472 ff.
— emanzipatorische 105 ff.
— Voraussetzung für den Einsatz von
  Kommerziellen Gesellschaftsspielen
  (KGS) in der 126 f.
Jugendbewegung 97 f., 318, 346
— internationale 103 ff.
Jugendhilfe 103
Jugendpiel 93 ff.
Jugendstück 453
Jugendtheater 452 ff.

Sachregister

Jugendwohlfahrt 103
Jugendzentren 103 ff.

Kabarett 448
Karikaturen 145
Kasperltheater 417
Katharsis-Theorie 94
Keks-Gruppe 187
Kind
— als Zuschauer 344
Kinderalltag 597
Kinderautorenstück 350
Kinderbühne
— für den Klassenkampf 449
Kindergarten 141
Kindermitspieltheater 433 ff.
— -stück 439
Kinderspiel 96 f.
— im Straßenverkehr 678 f.
Kinderspielplatz(es) 595, 623 ff.
— Entwicklung des 628 f.
— sozial-politische Intention des 630
Kinderstück(s) 350
— Nachbereitung des 353
Kindertheater(s) 313, 333 ff., 433 ff.
— autonomes 445, 452
— -autoren 336
— Berliner -tagung 338
— -diskussion 450
— emanzipatorisches 448
— -festival 348
— Grenzen des 433 ff.
— Märkisches Viertel 337, 340
— neues 348
— Neues — von 1884 445
— pädagogische Verantwortung der -arbeit 451
— professionelle -macher 454
— proletarisches 321
— Psychologisierung des 443
— 3. Schweizer -festival 350
— -szene 337
— und Jugendtheater 441
— und Jugendtheater in der Bundesrepublik Deutschland 445
Kinderzimmereinrichtungen 627
Kindheit 593
Kinetik 167 ff.
— virtuelle 169
Kinetika 169
Klappmaulfiguren 208
Klappobjekte 173 ff.
Können 462
Körper
— -erziehung 318
— -kontakt 583

— sportspielerische -sprache 521
— sprache 384
Kombinationsspiele
— intellektuelle 99 f.
— sensomotorische 99 ff.
Kommunikation 56, 265
— ästhetische 463 ff.
— aktive 636
— kollektive -sabsicht
— nonverbale 61 f.
— -sbefehl 268
— -sebene 266
— -sstrukturen 350
Kompetenz(en)
— demokratische 79
— kreative 79
— spielerisch-kreative 72
Konflikt
— -situation 214
— -spiel 93
Konkretionen
— von Spiel 3 ff.
Konkurrenzspiele 137
Konstruktion 193
Konsum
— -erziehung 642
— -verhalten 712
Kontrolle
— durch die Apparate im Lehrstück 484
— über technische Apparate im Lehrstück 484
Konzeption(en)
— spielmethodische 553 ff.
Konzentration 308, 687
— -sübung 308
Konviktion 226
Kooperation 50, 578
— -sförderung 708
— -sspiele 35 ff.
Kopfstockpuppe 427
Kraft-Überschuß-Theorie 94
Kreativität 155, 175 ff., 469
— als Leitziel der Kunstpädagogik 175
— Aspekte der 175
Künstlertyp 169
Kultraum 87
Kultur
— -erfahrung 184, 191
— -landschaft 458
— Teilhabe an der öffentlichen 372
Kunst 259 f., 462 f.
— als Spiel 169
— -didaktik 171 ff., 181
— -gefühle 436
— und Künstler 167 ff., 174, 181
— zum Spiel 169

Laienspiel 317 ff., 346, 395
- -bewegung und NS-Zeit 346
Laufen
- kommunikatives 265 ff.
Leben(s)
- Computerisierung des 691
- Konterkarieren der -swirklichkeit 470
- kulturelles 374
- spielerische Seite des 4
- -squalität 703
- Verfremden der -swirklichkeit 470
Lehrspiele 217
Lehrstück(s) 322 ff., 479 ff.
- als Lernzusammenhang 483
- -apparat 484
- -arbeit 489 ff.
- -diskussion 323
- -kommentar 484
- Lesekommentare zum 484
- -musik 481 f.
- -muster 481 ff.
- -praxis in der Weimarer Zeit 481 ff.
- Praxisformen der -arbeit 484 ff.
- sozial-emanzipatorisches 442
- Text des 482
- -theorie 313
Lehrziele
- literarische 158 ff.
Leiblichkeit 567
Leistung
- -smotivation 687 f.
- -ssteigerung 686
Leitbild 399, 413
Leitgefühl 399, 413
Lektüre
- kritisch-kreative 155
Lerneffekte
- der kommerziellen Gesellschaftsspiele (KGS) 113 f.
Lernen(s)
- am Erfolg 581
- Dimensionen und Bedingungsfaktoren des theatralischen 327 ff.
- kollektives 372
- Lernprinzipien und -arten des theatralischen 327
- neues 155
- theatralisches 314, 327 ff.
Lernfeld Spiele 536
Lernform
- selbstbestimmte 711
Lerngruppe
- Klimaverbesserung in der 34
Lernprozesse
- im psychosozialen Bereich 32
- kognitive 41

- soziale 43
Lernziel(e)
- literarische 158 ff.
- -perspektivik 158
Leseerzieher 160
Liebhaberbühnen 343
Literatur
- Grundfunktionen der 159
- gruppendynamische 36
- -semiotik 144
- -spiel 158
- -theater 364

Madake 301
Märchen 334 f., 350
- -dramatisierungen 445
- illusionistisches -theater 442
- -improvisation 383
- kindliche -rezeption 434
- -spiel 433 ff.
- -theater 433 f.
- traditionelle -vorstellung 434
Mannschaftsspiel(e) 519, 557
Marionette(n) 209, 213, 417 ff.
Maschinen-Menschen 694
Maskenspiel 221, 229 f., 417
Massenmedienpädagogik 72
Material-Mechanismen 170
Meadsches Konzept 525
Medialisierungen
- des Buches 151
Medien
- technische 198
Medium 703
Mehrwert-Wirklichkeit 708
Menschen
- -bild 221 ff.
- -schattenspiel 230
Meßfeier 24
Metakommunikation 49, 62
Metapher
- Teppich als - des Textes 150
Metaspiel 3
Methoden
- gruppendynamische 31
- spieldidaktischer Praxis 549
- um zu einem Spiel zu finden 206
Methodik
- des Kunstunterrichts 176 ff.
Minimalspielflächen 635
Mitmachtheater 442
Mitspiel 339 f., 350 ff.
- -theater 439 ff.
- -theatermacher 440
Mitspieler 5
Mobile 168 f.

Modellspiel 486
Moderation
— der Übung 47
Montage
— als Umgestaltungspraxis 192 f.
Motivation 177 f.
— für Theaterarbeit 330
Münchner Theater der Jugend 453
Multimedialität 184
Musik 253 ff.
— im Lernzusammenhang des Lehrstücks 482
— -spiele
Musische Erziehung 639 ff.

Nachbereitung 353
Nasa-Übung 31
Natur
— -erfahrung 703
— -wahrnehmung 703
Neuköllner Karl-Marx-Schule 481
New Games 27, 131 f., 523
— Foundation 523
Nichirin-Buddhismus 306
Nichtnullsummenspiel(e) 577
Normen 699
— kooperative 138
Nullsummenspiel(e) 577

Objekt(e)
— kinetische 167
— kinetische -kunst 167 ff.
Ökologie 702
— des Spiels 712
— prozessuale 712
— resultierende 712
— vorgefundene 712
Ontologie
— der Kunst 256 f.
Orff-Instrumente 182
Orgien
— -Mysterien-Theater 186
Orientierung 700
Ortung 700

Paartanz
— höfischer 288
Pädagogik
— der Spielbegegnung 76
— des Nachvollzuges 700
— durch Amateurtheater 466 ff.
— für Amateurtheater 466 ff.
— im Nachvollzug 19
— Schwarze 594
Pendelobjekte 173
Perfektion 86

Persönlichkeit
— emanzipierte 79
Pilger 304
Planspiel 93, 706, 709
Plastik 167 f.
Präsentationsmedien 194 f.
Praxis
— ästhetische 377
Prinzip
— gestisches 487
Privattheater 448
Problemhandlungen
— individualpsychologische 442
Produktion
— theatralische -sprozesse 325
— von Theater 315
Projektion 408
— -srollen 408 f.
Prozesse
— gruppendynamische 31 ff.
Prozeßkunst 186
Psychodrama(s)
— Methoden des 372
Psychologie
— humanistische 74
— sowjetische 459
Publikum
— Gruppenkommunikation mit dem 371
Puppe(n)
— Einsatzmöglichkeiten von 428
— und Mensch 418
Puppenspiel 352
— Aufführungsbeispiele für 212 ff.
— Landesarbeitsgemeinschaft für — e. V. 216
— -tage 418
Puppentheater 203, 336, 353, 417 ff.
— Bibliographie 204
Puppentyp 206

Qualifikationsprofil
— der Akteure 441

Rationalisierung 153 f.
Raum 197
— -erfahrung 571
— fiktiver 4
— herrschaftsfreier 603
— realer 4
— und Zeit 185
Reaktionsschnelligkeit 687
Realisationsmedien 194 f.
Realität
— Quasi- 57 f.
— -sbewältigung 57 f.

Reflexion
— kritische 499
Reformpädagogik 346
Regelkreis 399 f.
Regelspiele 99 f.
Regiekonzeption 498 ff.
Regisseure
— expressionistische 500
Reichskabarett 448
Reigen
— ländlicher 288
Reproduktionsfähigkeit
— als Lernziel für Amateurtheater 467
Rezeption
— -sforschung 498
— von Theater 315
Rhetorik
— theatralische 375
Rhythmus 571 f.
Ritual 86
Rolle 56 f., 63, 73 ff.
— Distanz zwischen Schauspieler und 479
— und Identifikation 413
Rollenauffassungen
— Erproben von 373
Rollenbegriff
— konservativer 75
Rollenbiographien 410 f.
Rollendistanz 63
Rollenfigur
— Erleben einer 372
Rollenhandeln 60 f.
Rollenschema
— der Figuren 209
Rollenspiel 38 ff., 71, 93, 347
— angeleitetes 55
— -didaktik 645
— -hilfen 67 f.
— -methoden 372
— -methodik 366
— -plätze 617
— therapeutisches 369
— -vorbereitung 66 f.
Rollentheorie 74
Rollenübernahme 62
Romantik 73
Rote Grütze 336, 352, 377, 449 ff.
Rote Rübe 449
Rückschlagspiele 545

Sacherfahrung 191
Säkularisierung 153 f.
Samurai 307
Satori (Erleuchtung) 304
Schattenspiel 208, 417 ff.

— -figur 208, 215
Schauspiel
— -kunst 499
— Repertoire von -techniken 379
Schauspieler(s)
— Ensemble der 499
— Identifikation des 408 ff.
— Projektion des 408 f.
Schein 255
Schemenspiel 221, 230 ff.
— -figur 208, 212
Schlagballspiel(e) 545
Schriftsteller 156
Schubobjekte 173 ff.
Schüler
— theaterspielende 389
— -theater mit Professionellen 334
Schuldrama 342
— lateinisches 317
Schule 471 ff.
— als Prozeß 154
— Grund- 141
— Nickel- 84
Schulklasse 41
— als äußeres System 42
Schulleben 44
Schulpädagogik
— Opposition zur 643
Schulspiel 319
Schulsport 535, 567, 569
Schultheater
— als Einführung in das Bühnenhandwerk 348
— -tage 396
Schweigen 305
Sekundarstufe II
— Figurenspiel in der 429 f.
Selbstdarstellung 61
Selbsterfahrung(en) 31 ff., 37 ff., 319, 402
Selbstgefühl(s)
— Steigerung des 191
Selbsttranszendenz 702
Selbstwertgefühl 686
Sensitivität 194
Sensualismus
— ästhetischer 86
Shakuhachi-Flöte 301 ff.
Shosoin-Museum 301
Sicherheit
— beim Spiel auf der Straße 680
Sich-Produzieren 462
Simulation 707
— -sspiel(e) 104, 706
Sinn
— -findung 698
— -perspektive 699

Situationsspiele 218
socius faber ludens 222 ff., 232, 235 ff.
Sosein 701
Sozialerfahrung 184, 191
Sozialisation
— als Funktion der Straße 677
— -sinstanz 691 ff., 694
— spielerische -sprozesse 518
— -stheorie 75
Sozialpädagogik 72, 639 ff.
Spannobjekte 173
Spiel(s) 462 ff., 596
— als Erfahrungsraum 3 ff.
— als Kunst 9
— als Lernfunktion 136
— als mediatives Erlebnis 7
— als Medium 6 ff.
— als Mittler 6
— als Unterhaltungsfunktion 136
— als Vermittler 6
— Begriffsdeutung des 3
— Bestätigungsfunktion des 135
— darstellendes 319, 710
— Dauer des 663
— Erholungsfunktion des 135
— einer Gruppe 377
— Erscheinungsformen des 514
— Erwachsenen- 96 f.
— Figuren- 417 ff.
— Film- 236 f.
— Freiraum im 377
— Funktion des 135
— Fußball- 525 ff.
— Gesellungsfunktion des 135
— grausames 28
— hartes 28
— im Straßenverkehr 675 ff.
— improvisatorisches 328
— in verschiedenen Praxisfeldern 9 ff.
— Kategorien des 152
— Kinder- 96 f.
— Konflikt- 93
— Konkretionen von 4
— Laien- 495
— Lernen durch 137 f.
— mediales 7, 221 ff.
— mit Kindern und Erwachsenen 382 ff.
— mit Verhaltensweisen 377
— Nullsummen- 577
— Regel- 99 f.
— Schatten- 208
— Schemen- 221, 230 ff.
— Strategie- 99 ff.
— szenisches 78
— Tele- 483

— Theologie und Philosophie des 222 f.
— und Arbeit 94 ff.
— und Experimentieren 5
— und Gesellschaft 683, 691 f.
— und Gespräch 64
— und Jugendarbeit 9
— und Kunst
— und Sport 10 f.
— und Selbsterfahrungsrituale 33
— und Tanz 9
— und Theater 10 f.
— vom Gestalten zum 206
— vor und mit Publikum 377
— Wechselwirkung zwischen — und Sport 515
— zwischen Erprobung und Erfahrung 13 f.
Spielabbrüche
— Gründe für 668
Spielangebote
— offene 35
Spielanlagen 616 ff.
Spielanleiter 646
Spielaufführung 203
Spielauswertung 47
Spielbedürfnis
— hospitalisiertes 4
Spielbegegnung 71, 73, 83
Spielbegriff 77 ff.
— dialektischer 77 f.
— handlungsorientierter 77 f.
Spielbewegung 72 ff., 523
— Formen der — und Sportbewegung 567
Spielcurriculum
— offenes 644
Spieldauer 663, 668
Spieldefinitionen 93 f., 95 ff.
Spieldefinitionsansatz
— kulturhistorischer 94
— psychoanalytischer 94
Spieldidaktik 642 ff.
— nichtunterrichtliche 639
— schulische 644
Spieldidaktiker 559
Spieldynamik 8
Spiele
— Anderssein der 27
— didaktisch „gebannte" 32
— Einteilung der 608
— geistliche 341
— Glücks- 110 ff.
— in der Natur 702
— in Tänzen 294 ff.
— Konkurrenz- 137
— kooperative 129 ff., 138 f., 577

- kooperative – im Sportunterricht 577 ff.
- literarische 218
- mit Fortbewegungsmitteln 27
- Nichtnullsummen- 577
- redundante 78
- Rückschlag- 545
- sensomotorische Kombinations- 99 f.
- Situations- 218
- Soziologie der 223 f.
- Symbol- 98 f.
- Tor-Mal-Korb- 545
- und Übungen 45
- Ziel- 545
- zur Stimulierung von Lernprozessen 36

Spieleingriffe
- Arten elterlicher 670
- elterliche 659 ff.
- Gründe für 669
- Konsequenzen elterlicher 671

Spieleinheiten
Strukturanalyse von 647

Spielen(s)
- absichtsloses 306
- Freude am 467
- geselliges 79 f.
- Heilpädagogik des 225 f.
- interaktionspädagogisches 72, 79
- -lernen 548
- Psychologie des 224 f.
- szenisches 314
- und Feiern 23
- Zusammen- 542

Spieler(n, s)
- als Medium 6
- Aufhebung des Systems – und Zuschauer 483
- Lebensformen der 469
- Maschinisierung des 686
- Reproduktionen der Alltagswelt von 469
- Überwindung der Funktionstrennung von – und Zuschauer 480
- und Figur 317

Spielerfahrung 3
- und Freiheitserleben 3

Spielerwartungen 174
Spielerzieher 646
Spielerziehung 546
Spielfabel 211 ff.
Spielfähigkeit 466 ff., 469, 547 f., 560, 654, 672 f.
- Entwicklung der 538

Spielfertigkeiten
- komplexe 548

Spielfigur 369, 604

Spielformen 97 ff., 662 ff.
- von Kindern auf der Straße 675 ff.

Spielfreude 84
Spielgerät(es)
- Beherrschung des 685

Spielgruppe(n) 203, 208, 537
Spielhandlungen
- konsumvorgefertigte 381

Spielhaltung
- ästhetische 78

Spielhilfen
- im Rollenspiel 66

Spielidee 203
Spielideologie 639 ff.
Spielimpuls(e) 209
Spielinhalte
- von Videospielen 484

Spielleiter(s)
- Fortbildung des 473
- helfende Funktion des 68

Spielleitung
- kompetente 372

Spielmittel 683
- -wirkung 683 ff.

Spielmöglichkeiten
- von Kindern auf der Straße 675 f.

Spielobjekt(e, en) 167 ff., 514, 653
- als fächerübergreifende Thematik 181
- im Kunstunterricht 167 ff.
- typische Merkmale von 170
- und Kunstdidaktik 171
- Unterricht an 177

Spielothek 126 ff.
Spielpädagogik
- Aufschwung der 439
- Definitionsprozeß in der – und Theaterpädagogik 495
- und Theaterspielen 363

Spielphänomenologie 77
Spielplan
- des „Literarischen Lebens" 141
- für Kinder 454
- zur Buchpädagogik 152

Spielplanung 646 ff.
- didaktische für Spielerzieher 646

Spielplatz 607 ff.
- -pädagogik 78
- -typen 659

Spielpraxis 79
Spielprozeß 653 f.
Spielqualität 654
Spielraum(s) (-räume(n)) 4, 87, 591 ff. 613 ff., 623 ff.
- Bühne 382
- der Stadt 599
- Grenzen des 5

Sachregister

- Reintegration von 631
- städtischer 597 ff.
- von Kindern in der Erwachsenengesellschaft 623 ff.

Spielrealität 327
Spielreihe 552
Spielrolle 55
Spielschulung
- der Eltern 672

Spielsituation 653 f.
- -srisiko 659

Spielsozialisation 356
Spielsport 516
Spielstoff(s) 216 ff.
- Finden eines 203

Spielsubjekt(e) 325, 653 f.
Spieltätigkeit(en) 654
Spieltechniken 203, 423 ff.
Spieltheaterbücher 160
Spielthemen 428 f.
Spieltheorie 174, 181
- erkenntnistheoretische 79

Spieltrieb 174
Spieltugenden 519
Spielumwelt(en) 607, 705
- kommerzialisierte 611
- Problematik der gestalteten 612

Spielunlust 97
Spielvergnügen 84
Spielverhalten(s)
- Faktoren des 662
- in hochtechnischer Umwelt 681
- kindliches 659 ff.

Spielvollzug 653
Spielweise
- epische 483

Spielwelten 667
Spielwerk 168
Spielwerkstatt 336, 353
Spielwirklichkeit 708
Spielziele
- von Videospielen 484

Sport(s) 545 ff.
- als Kompensation für kreatives Spielen 381
- außerschulischer 533
- Leistungsvergleich im 533
- Pädagogisierung des 535
- und Spiel 513 f.
- Vorbehalte gegenüber dem 545 ff.

Sportbetrieb
- institutionalisierter 533

Sportler
- trainierte 534

Sportpädagogik 533
Sportpraktiker 533

Sportsmann(s)
- Leitbild des 528

Sportspiel(e, s) 511, 545 ff.
- didaktische Theorie des 545 ff.
- Funktion des 518
- Konzept des 518
- Methodik des 545 ff.
- Praxis der 545
- soziale Interaktion im 521
- sozialerzieherische Funktion des 527
- spielerzieherisches Fundament des 511

Sportspieler(s)
- Spielfähigkeit des 548

Sportunterricht 533
- sozialisationsorientierter 538

Sprachbewußtsein 151
Sprecherziehung 368
Sprech-Hör-Situation 463
Stabfigur 419
Stadt
- -entwicklung 591
- -planung als Krankheitserreger 598
- -randerholung 103 ff.
- -veränderung 591

Stegreifspiel 347
Stellvertreterfunktion 419
Stockfechten (Shinai) 301
Stockpuppe(n) 209 f., 215, 423 ff., 428
- Seminar für -spiel 216

Straßburger Akademietheater 317
Straße(n) 676 ff.
- -Freizeit-Aktivitäten 677
- Funktionen von – und Spiel 676
- -spiele und Sicherheit 680 f.
- -szene 484 ff., 490, 492

Streß 687
Stücktypen
- gegenwärtigen Kindertheaters 349

Sturm und Drang 73
Subjekterfahrung 190
Surrealisten-Aktionen 186
Symbolik 152
Symbolischer Interaktionismus 56, 65
Symbolisierung 187, 192
Symbolspiel(e) 98 f.

Tätigkeit
- ästhetische 459 ff., 463 ff.

Tagesspiele 28
Tanz(es, Tänze) 570
- als Bestandteil von Schulleben 297
- als Darstellungsspiel 293, 295 f.
- als Erlebnis 290
- als Kommunikationsspiel 293
- als Lernspiel 293
- als Medium 290

— als Regelspiel 292
— als rhythmisches Bewegungsspiel 291
— als Spiel 285 ff.
— Bedeutung des 285
— Begriff des 290
— Elemente des 286, 290
— Erscheinungsformen des 288 f.
— frühe 287
— Sonderfunktionen des 289
— Ursprung des 286 f.
Tanzanlaß 287, 293
Tanzaufführung 298
Tanzen
— in pädagogischen Praxisfeldern 296 f.
Tanzformen 287
Tanzliederbücher 160
Tanzmotive 287 f., 289
Tanzraum(es) 292
— Gestaltung des 291
Tanzspiel 294
— in der Schule 296 ff.
Tanzvergnügen 291
Tanzvorlage 293
Tanzziele 296
Teatro del sole 446
techne 462
Telespiel(e) 27, 483
Theater(s) 80 ff., 313 ff., 459 ff.
— absurdes 350
— Ästhetik des 449
— als ästhetische Tätigkeit 459
— als Lernform 491 f.
— als Spiel und Kunst 462
— als Zeichenprozeß 459
— charakterbildende Wirkung des 469
— der freien Gruppe 376 f.
— der Jugend in Nürnberg 447
— Entwicklungsgeschichte des — von Kindern 354 ff.
— episches 479 ff.
— Forum- 486
— für Kinder 333 ff.
— kooperatives 486
— mit Grundschülern 333 f.
— mit Kindern 333 ff.
— pädagogisches 362
— politische Aufgaben des 376
— sozialpädagogische Aufgabe des 376
— Sprache des 353
— Titel- 350
Theaterästhetik
— und Gestalttherapie 436 f.
Theaterarbeit 315 ff.
— als Teamwork 502
— Erfahrung in der 378
— in Projektform 330 f.

— Neuorientierung der — für Kinder 447
Theater-AG 333, 386
— Zusammenstellung der 328
Theateraufführung
— und Lernen 330
Theaterbegriff 315
Theaterbesuch(en)
— Nachbereitung von 390
— Vorbereitung von 390
Theaterdidaktik 366
Theaterentwicklung 354
Theaterformen 369
Theatergenre(s)
— Pädagogisierung des 442
Theatergeschehen
— Beteiligung der Zuschauer am 499
Theatergeschichte 316 ff.
Theatergruppen
— freie 369
Theaterinteressen
— pädagogische 86
Theaterkonfektion 447
Theaterkunst
— und Zuschaukunst 495 ff.
Theatermittel
— für Lehrer 386
Theaterpädagogen 451
Theaterpädagogik 496
— in der Sekundarstufe II 502
— politische Begründung der 500
— rezeptionsorientierte Begründung der 498
— schulorientierte Begründung der 500
Theaterproduktion 460
Theaterproduzenten 460
Theaterrezipienten 461
Theatersozialisation 356
Theaterspielen(s) 313
— als Lernform 324 ff.
— als sinnhafter Vorgang 397 f.
— Elemente des 362
— Erziehungswerte des 314
— Handlungs- und Erfahrungsbereiche beim 314 ff.
— in der Schule 318
— Lernwert des 323
— rhetorisch-erzieherische Bedeutung des 317
— und Pädagogik 316 ff.
— von Laien 317
— Widerspruch von — und Wissenschaft 398
Theaterspiel-Idee 328
Theaterübung(en)
— für Lehrer 386
Theatervereine 345

Sachregister 747

Theorie
— der Gesellschaft 73
Theoriebildung
— didaktische 545 ff.
Therapie
— der Begegnung 74
Tierverhalten 356
Tischtennis 545
Todaiji-Tempel 301
Tonband
— -spiel 234 ff.
Ton-Bild-Schau 236
Tor-Mal-Korb-Spiele 545
Totenfeier 25
Tradition 21
Transfer 64
Traumübung 384
Treibspiele 545
Trivialmaterial 185
Tuchmarionette 427 ff.
Tuchspiel 402
Turmbau-Übung 36
Typenfigur 204 ff.
Typisierung 205 ff.

Übung 548 f., 552
— -sspiele 98 f.
Umgestaltung 192
— -sfähigkeit 175
Umwelt 191
— -bewußtsein
— -beziehung 704
— Computerisierung der 685
— dingliche 705
— -einheit 708
— -erfahrung 184, 191
— -sozialisation 598
— -themen 710
— -veränderung 184
UNIMA
— Union internationale de la marionette 418
Unterhaltung
— -sindustrie 93
— -sspiele 216
Untersuchungsaspekte
— des Amateurtheaters 474 ff.
Unterricht
— als Prozeß des Gestaltens 177 f.
— fachübergreifender 422
— gruppenprozeßorientierter 50
— -sbeispiele 178
Urtheater 341

Variation
— -sobjekt 181

— -sspiele 174
VDAI
— Verband deutscher Automatenindustrie 686
Verein(en)
— Amateurtheateraktivitäten in 473
— und Amateurtheater 472
Verfremden 57 f.
Verfremdung 192
Verhalten
— ästhetisches 191 f.
— -sphysiologie 367
— vergleichende -sforschung 78
— von Kindern 339
Verstärkung
— positive 580
Verstehen
— ästhetisches 463
— empathisches 708
Videobegeisterung 7
Video-Computer-Spiele 518
Videorecorderspiel 221, 237 f.
Videospiele 8, 11, 683 ff.
— als Abbild unserer Wirklichkeit 683 ff.
— als Kompensation gesellschaftlichen Versagens 693
— und gesellschaftliche Wirklichkeit 691
Videospielen(s)
— Anforderungen von — an den Spieler 485
— Wirkungen des — auf die Spieler 687 ff.
— Wirkungsforschung bei 690
Volksschauspiel 341
Volksspiel 318
Volkstanz 288
Vorführtheater 339
Vorspieltheater 442
Vorstellungsmodell(e)
— Experimentieren mit 79

Wahrnehmung 568 ff.
— ästhetische 463 ff.
— differenzierte 463
— -sschulung 704
Waldorf-Schulen 442
Weihnachtsmärchen 344 f., 435 ff.
Weimarer Republik 345
Werk
— -Betrachter-Verhältnis 171
— -didaktik 176
— -mittel 191
— -stufe 176
— -treue 498
Werte 699
Wettkampf 577
— -spiele 137

Wirklichkeit
— aus zweiter Hand 7
— Beobachtung von 191
— Inszenierung von 195
— negative -serfahrung 187
Wirkung(en)
— des Videospielens auf die Spieler 687 ff.
— -svorausetzung 422
Wonneangst 4
Wortgestaltung 369

Zeichen
— -prozeß 459 ff.
— rhetorische -praxis 152
— -systeme 461
Zeit 197

— kampf gegen die 8
Zen-Buddhismus 304
Zen-Flöte 302
Zen-Meister 307
Ziel(e)
— pädagogische 372
Zielgruppen
— soziologische -unterscheidung 350
— -theater 452
Zielspiele 545
Zukunftsangst 708
Zusammenspielen 542
Zuschauer 496 ff., 500
— Ensemble der 499
— Kind als 344
Zuschaukunst
— und Theaterkunst 495 ff.
Zweckspiele 217

Handbuch der Spielpädagogik

Herausgegeben von Karl Josef Kreuzer

Die erste geschlossene Darstellung der spielpädagogischen Fragestellung und Bereiche

Subskriptionsangebot:
4 Bände, über 2000 Seiten, Polyleinen

Band 1: Das Spiel unter pädagogischem, psychologischem und vergleichendem Aspekt
ISBN 3-590-14396-7

Band 2: Das Spiel im frühpädagogischen und schulischen Bereich
ISBN 3-590-14397-5

Band 3: Das Spiel als Erfahrungsraum und Medium
ISBN 3-590-14398-3

Band 4: Das Spiel im therapeutischen und sonderpädagogischen Bereich
ISBN 3-590-14399-1

Fachautoren nahezu aller Teilgebiete der Spielpädagogik vermitteln einen bisher einmaligen Überblick über nahezu alle spielpädagogischen Fragestellungen und Bereiche und sorgen dafür, daß dieses Handbuch
- zu einer grenzüberschreitenden Übersicht,
- zu einem universellen Nachschlagewerk,
- zu einem Wegweiser in die Haupt- und Teilbereiche der Spielpädagogik und
- zu einer Fundgrube zur theoretischen Fundierung und praktischen Auseinandersetzung, Anregung und Beispielgebung wird.

Das Handbuch der Spielpädagogik erscheint zu einer Zeit, in der die Menschen ein geschärftes Gespür dafür entwickelt haben, wie bedeutungsvoll das Spielen für das Leben des einzelnen wie der Gemeinschaft ist. Unter dem Eindruck einer immer stärker und schneller von Maschinen und Automaten beherrschten Welt erscheint das nur allzu verständlich. – Das Handbuch will deshalb mithelfen, nicht nur das Spielverständnis, sondern auch das Spielvermögen zu verbessern.

Pädagogischer Verlag Schwann-Bagel GmbH

Handbuch der Früh- und Vorschulpädagogik

Herausgegeben von Rainer Dollase

2 Bände, in Kassette, 972 Seiten, Polyleinen – ISBN 3-590-14344-X
Band 1: ISBN 3-590-14356-8
Band 2: ISBN 3-590-14357-6

Das Handbuch leistet eine differenzierte und interdisziplinär orientierte Aufarbeitung der vorliegenden früh- und vorschulpädagogischen Fachliteratur und stellt somit ein wichtiges Nachschlagewerk, eine Einstiegs- und Basislektüre dar.

Aus dem Inhalt:
Band 1:
Grundlagen der Früh- und Vorschulpädagogik – Die Erziehung des Kleinkindes in der Familie – Organisation, Struktur und Ziele der institutionalisierten Vorschulerziehung – Spezielle Probleme und Möglichkeiten vorschulischer Erziehungsinstitutionen – Pädagogische Möglichkeiten bei Entwicklungsstörungen im Kleinkindalter

Band 2:
Entwicklungspsychologische und forschungsmethodische Aspekte der Früh- und Vorschulpädagogik – Allgemeine Didaktik und Methodik der Vorschulerziehung – Entwicklung und Förderung des Kleinkindes in ausgewählten Bereichen

Lehrbuch der systematischen Pädagogik

Von Karl-Heinz Dickopp

560 Seiten, Polyleinen – ISBN 3-590-14392-4

Teil 1: Einführung in die Pädagogische Theoriebildung
Teil 2: Anthropologie der Erziehung
Teil 3: Personal-transzendente Pädagogik

Pädagogischer Verlag Schwann-Bagel GmbH

Handbuch Schule und Unterricht

Herausgegeben von Walter Twellmann
Das unverzichtbare Nachschlagewerk zum Thema Schule und Unterricht
3600 Seiten, Polyleinen
Subskriptionspreis für den 1. Teil (= 5 Bände) des Gesamtwerkes

Band 1: Pädagogisch-personelle Aspekte der Schule und des Unterrichts – ISBN 3-590-14371-1

Band 2: Die Schule als Institution und Organisation – ISBN 3-590-14372-X

Band 3: Historische, gesellschaftliche und wissenschaftliche Einflußfaktoren auf Schule und Unterricht – ISBN 3-590-14373-7

Band 4.1 + 4.2: Schule und Unterricht unter dem Aspekt der Didaktik unterrichtlicher Prozesse – ISBN 3-590-14374-6

Band 5.1 + 5.2: Schule und Unterricht unter dem Aspekt der didaktischen Bereiche – ISBN 3-590-14375-4

Band 6: Register – ISBN 3-590-14370-3

Als Band 7 ist ein Doppelband („Schule heute") geplant; in den folgenden Bänden 8 und 9 soll ein Kompendium unterrichtspraktischer Grundbegriffe erstellt werden. Darüber hinaus ist als Band 10, 11 und 12 ein Interdisziplinäres Wörterbuch konzipiert. Den Abschluß soll als Band 13 ein Ergänzungsband bilden, der die neuesten Forschungsergebnisse bis zum Ende dieses Jahrzehnts enthalten soll.

Das Handbuch ist
- Standardwerk für Lehrer aller Schulformen, Schulstufen und Schulfächer
- Basislektüre für Studenten beider Ausbildungsphasen
- Grundlagentext für Fachleiter und Ausbildungslehrer an Seminaren
- Orientierungshilfe für Fachleiter und Ausbildungslehrer an Seminaren
- Orientierungshilfe für Hochschullehrer und Wissenschaftler
- Informationsquelle für Verwaltungsbeamte und Politiker
- das unverzichtbare Nachschlagewerk für alle Bibliotheken in Schule und Hochschule, Fachbüchereien in Städten, Gemeinden und Verwaltungen

Pädagogischer Verlag Schwann-Bagel GmbH

Spiel – Erziehung – Spielen

Finkel/Decker/Voigt:
Spiel und Aktion
ISBN 3-590-14244-8

Hartung:
Verhaltensänderung durch Rollenspiel
ISBN 3-590-14235-9

Hering:
Spieltheorie und pädagogische Praxis
ISBN 3-590-14240-5

Kube: Spieldidaktik
ISBN 3-590-14234-0

Ingendahl:
Szenische Spiele im Deutschunterricht
ISBN 3-590-14536-6

Dollase:
Grenzen der Erziehung
ISBN 3-590-14206-5

Fthenakis (Hrsg.):
Tendenzen der Frühpädagogik
ISBN 3-590-14262-6

Jendrowiak/Kreuzer:
Anthropologische Grundlagen des Unterrichts
ISBN 3-590-14590-0

Jendrowiak/Kreuzer:
Lehrer beurteilen Lehrer
ISBN 3-590-14536-6

Jendrowiak/Kreuzer:
Lehrer zwischen Angst und Auftrag
ISBN 3-590-14537-4

Twellmann/Jendrowiak/Kreuzer/Hansel:
Expressive Pädagogik
ISBN 3-590-14242-1

Richter:
Pädagogische Kunsttherapie
ISBN 3-590-14803-9

Spielbücher aus unserem Kinderbuchprogramm:

Solé-Vendrell: Spiellieder
ISBN 3-590-37128-5

Solé-Vendrell: Spielreime
ISBN 3-590-37122-6

Bolliger Savelli:
wer sich umdreht oder lacht
ISBN 3-590-37010-6

Salzmann/Heinz: ich bin ich
ISBN 3-590-19103-1

Zander: Das Bauhaus Suahuab
ISBN 3-590-38007-1

Zander: Eleruh und Warzenbu
ISBN 3-590-38008-X

Zander: Eisenlokobahnmotive
ISBN 3-590-38009-8

Maass: Fledermaus und Löwenzahn
ISBN 3-590-38016-0

Grüger: Die Tierliederfibel
ISBN 3-590-37115-3

Grüger: Lasset uns singen, tanzen und springen
ISBN 3-590-37135-8

Grüger:
Lustig sein, fröhlich sein – tralalala!
ISBN 3-590-37125-0

Grüger: Die neue Liederfibel
ISBN 3-590-37205-2

Pädagogischer Verlag Schwann-Bagel GmbH